中国·陕西名矿志系列（化工名企志）

陕西北元化工集团股份有限公司志

（2003—2022）

《陕西北元化工集团股份有限公司志》编纂委员会 编

应急管理出版社

·北 京·

图书在版编目（CIP）数据

陕西北元化工集团股份有限公司志：2003—2022/《陕西北元化工集团股份有限公司志》编纂委员会编． －－北京：应急管理出版社，2023
　ISBN 978 - 7 - 5020 - 9691 - 5

　Ⅰ.①陕… Ⅱ.①陕… Ⅲ.①化工集团—概况—陕西—2003 - 2022 Ⅳ.①F426.7

中国版本图书馆 CIP 数据核字（2022）第 217925 号

陕西北元化工集团股份有限公司志（2003—2022）

编　　者	《陕西北元化工集团股份有限公司志》编纂委员会
责任编辑	武鸿儒　尹燕华　杨晓艳　赵金园
编　　辑	杜　秋　贾　音
责任校对	赵　盼　张艳蕾
封面设计	解雅欣
出版发行	应急管理出版社（北京市朝阳区芍药居 35 号　100029）
电　　话	010 - 84657898（总编室）　010 - 84657880（读者服务部）
网　　址	www.cciph.com.cn
印　　刷	三河市中晟雅豪印务有限公司
经　　销	全国新华书店
开　　本	787mm×1092mm $^1/_{16}$　印张　$51^1/_2$　插页　20　字数　1270 千字
版　　次	2023 年 5 月第 1 版　2023 年 5 月第 1 次印刷
社内编号	20221506　　　　　　　定价　328.00 元

版权所有　违者必究

本书如有缺页、倒页、脱页等质量问题，本社负责调换，电话:010 - 84657880

编纂委员会

主　　任：刘国强　刘延财
副 主 任：范智宏
委　　员：申建成　郭　建　刘建国　陈　鹏　单建军
　　　　　宁小钢　徐生智　徐继红　王卫明　孙继国
　　　　　折荣强　王奋中
主　　编：范智宏
执行主编：党德民（特邀）　薛红娟
副 主 编：蒋海宾　党增琦　刘　娜　周燕芳　李鹏智
　　　　　叶鹏云　张玲芬　王　雄　熊　磊　张　政
　　　　　刘　涛　梁虎伟　杨鹏飞　杨少君　于虎朝
　　　　　贺　磊　朱先均　刘　鹏
责任编辑：李建军　马　薇　冯永东
编　　辑：马俊生　焦理芳　陈明霞　李　慧　王亚平
　　　　　孟庆权　王富强　蔡高伟　张　明　梁　军
　　　　　姬爱玲　金玉涛　连　磊　何乃榜　王　勇
　　　　　赵志雄　张　健　李　渊　汪　艳　欧阳华文
　　　　　白小芳　丁　雄　常　安

风雨兼程二十载

砥砺奋进向未来

刘国强

二零二三年元月

企业发展 QIYEFAZHAN

北元 10 万吨/年聚氯乙烯项目建设前厂址原貌

2007 年 7 月 5 日，北元公司 100 万吨聚氯乙烯循环综合利用项目开工奠基仪式员工合影

企业发展

2007年12月28日,陕煤集团与北元公司举行合作签字仪式,开创了国有+民营混合所有制经济发展的"北元模式"

2008年5月24日,北元公司举行40万吨/年离子膜烧碱电解槽装置合同签字仪式

2010年5月13日,北元集团举行增资扩股合作建设电石生产基地签字

2010年11月10日,北元集团举行100万吨/年聚氯乙烯循环综合利用项目PVC产品下线剪彩仪式

2010年12月30日,北元集团举行企业信息化战略合作协议签字仪式

2011年11月25日,北元集团举行240万吨水泥项目二期水泥产品下线仪式

2013年7月2日,北元集团举行北京大学环境科学与工程学院实践基地授牌仪式

2017年7月16日,陕西北元化工集团股份有限公司揭牌成立

2020年5月20日,西部陆海新通道国际货运榆林班列神木(神木－重庆－广西钦州港－越南海防港)首发仪式在北元集团铁路专用线站台成功举行

2020年10月20日,北元集团在上海证券交易所成功挂牌上市

2022年4月21日，北元集团举行新型自动固碱包装线投运仪式

2022年9月30日，北元集团光伏项目开工仪式员工合影

2022年10月27日，北元集团甘氨酸及配套项目开工

2022年11月17日，北元集团举行聚氯乙烯树脂新产品下线仪式

重要会议

2010年1月14日，北元集团召开第一次党代会

2010年6月28日，北元集团工会召开第一次会员代表大会暨一届一次职工代表大会

2015年3月1日，北元集团召开2015年第一次股东会暨董事会会议

2015年6月29日，北元集团召开2015年第二次股东会暨董事会会议

2015年8月25日，北元集团召开首次上市工作推进会

2016年11月22日，北元集团召开第二次党代会

2017年9月19日，北元集团召开2017年聚氯乙烯产品质量交流会

2017年11月29日，北元集团召开2017年第一次临时股东大会

2018年6月26日,北元集团召开成立十五周年暨股份公司成立一周年庆典大会

2021年1月13日,北元集团召开锦源化工有限公司职业经理人公开选聘会

2021年11月18日,北元集团召开上市工作总结会暨表彰大会

2022年4月8日,北元集团召开2022年稳增长暨募投项目专题汇报会

科技创新 KEJICHUANGXIN

2018年7月14日，北元集团举行科技研发中心揭牌仪式

2019年7月5日，科技研发人员进行ICP微量元素检测

北元集团无汞触媒中试装置（2020年4月7日拍摄）

2022年9月27日，科技研发人员进行PVC透明片配方调试试验

2019年12月北元集团荣获"国家知识产权优势企业"称号

2021年5月北元集团的"合成氯乙烯金基无汞催化剂的研发与工业应用"项目荣获天津市技术发明一等奖

文化建设 WENHUAJIANSHE

2009年10月15日，北元集团举行第三届"创安杯"安全知识竞赛

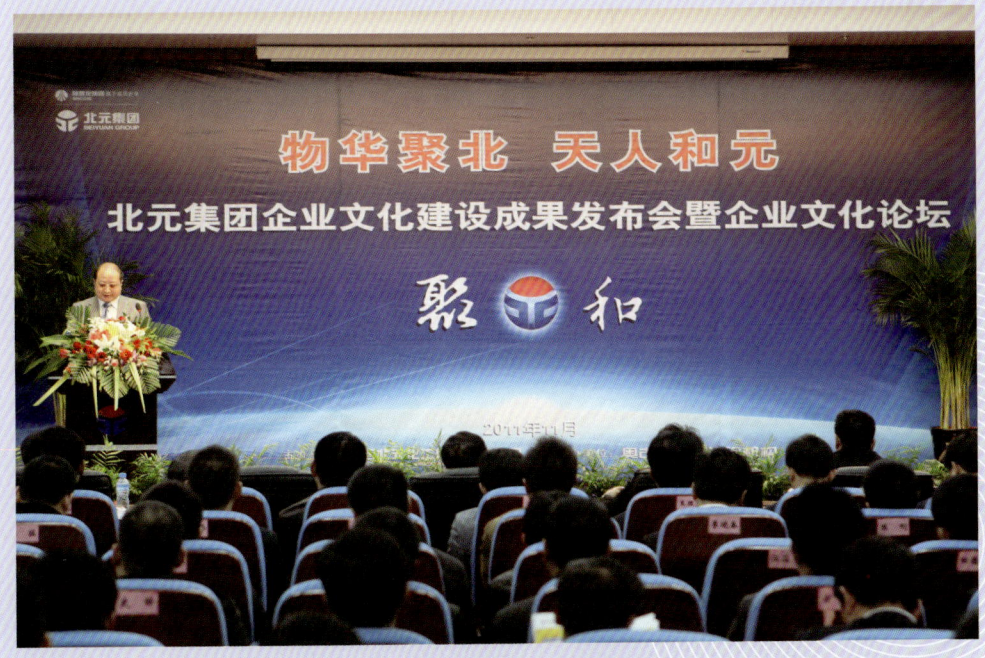

2011年11月21日，北元集团举行企业文化建设成果发布会暨企业文化论坛

2014年10月28日，北元集团召开安全文化建设启动大会

2018年8月4日，北元集团举办第五届职工家属夏令营活动

2018年12月5日,北元集团党委组织党员干部深入扶贫一线开展"主题党日+助力精准扶贫"活动

2020年12月28日,北元集团举办2019-2020年度"最美员工"颁奖典礼

2021年5月6日,北元集团举办首届"企业文化月"启动仪式

2021年5月12日,北元集团开展"追寻红色足迹,弘扬革命精神"研学实践活动

2021年6月25日,北元集团举办"学党史感党恩 强品德健体魄"健步跑比赛

2021年6月28日,北元集团举行"庆建党百年 颂时代华章"庆祝建党100周年红歌展演

2021年7月22日,北元集团举办第五届"聚和杯"足球赛

2022年2月24日,北元集团召开质量文化建设启动会

2022年6月10日,北元集团举办"学习强国"知识竞赛

2022年7月1日,北元集团举行《质量文化手册》发布仪式

2022年7月1日，北元集团举行《廉洁文化手册》发布仪式

2022年10月25日，北元集团举办首届职工运动会

社会公益 SHEHUIGONGYI

2010年4月22日，北元集团组织职工向青海玉树地震灾区捐款

2011年11月11日，北元集团举行扶助项目——陕北千年红枣业合作社竣工揭牌仪式

2013年4月28日，北元集团职工向雅安地震灾区捐款

2016年12月2日，北元集团关爱横山县贫困留守儿童，送去35箱衣物、15箱文体用品

2017年7月26日，北元集团在汉阴县双河口镇梨树河村召开助力精准扶贫工作座谈会

2017年8月8日，北元集团职工为绥德子洲受灾群众捐款

2019年3月4日,北元集团"心连心"志愿者服务队走进扶贫村

2019年12月12日,北元集团领导到结对帮扶村神木市锦界镇乔巴泥沟村慰问

2020年2月9日，北元集团驰援武汉新冠肺炎疫情防控，捐赠次氯酸钠原液22吨

2020年7月6日，北元集团领导到梨树河村调研自动化蛋鸡养殖厂

2020年12月16日，汉阴县委副书记王毅一行到北元集团就脱贫攻坚工作进行回访交流

2021年7月27日，北元集团驰援河南抗洪救灾，捐赠次氯酸钠原液29.4吨

2021年8月16日,北元集团开展"情系灾区 希望同行"——商洛暴雨灾情捐款救助活动

2021年9月16日,北元集团在帮扶村汉阴县双河口镇梨树河村开展"金秋助学"活动

2022年1月10日，北元集团驻村工作队在帮扶村汉阴县双河口镇梨树河村组织开展"春节慰问暖心怀"活动

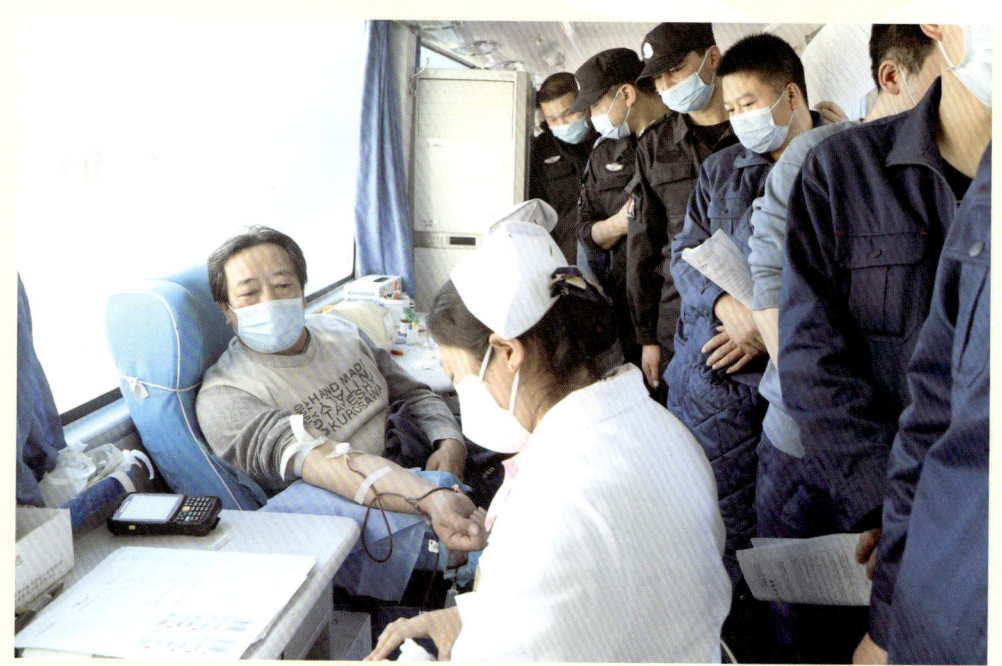

2022年1月12日，北元集团组织员工进行无偿献血

《陕西北元化工集团股份有限公司志（2003—2022）》编纂委员会（2022年12月摄）

序

  北元集团成立于2003年5月，2005年4月7日产出第一釜聚氯乙烯，标志着10万吨一期项目实现系统全线投产。第一车PVC产品于2005年4月13日销售出，这是对北元人三年来艰苦创业成果的回报。2006年8月，二期工程顺利投产。2007—2009年，为了谋求发展，北元再次与神木当地民企联合，与陕煤集团强强联袂，组建成立了北元集团公司，建设100万吨/年聚氯乙烯循环综合利用项目，实现了二者的优势互补。公司集聚了资本、多元化产业、管理、技术和人才等优势，对神木县、榆林市、陕西省区域经济的协调发展起到了积极的推动作用和示范作用。建设的大型聚氯乙烯生产基地对我国西部氯碱化工产业发展产生了深远影响，对陕北能源化工基地建设意义非常重大。这种民企与国企联姻被誉为"北元模式"。2008年4月28日，北元100万吨/年聚氯乙烯循环综合利用项目开工奠基。在扩建项目建设上，北元坚持用国际化的标准定位，选择了国内外最先进、稳定的工艺路线和技术，引进了世界先进的设备装置，确保建成后的生产线和产品质量指标均达到国内同行业的领先水平和国际先进水平，实现更安全、更节能、更环保、更高效的生产目标，为煤向电转化，煤向电及载能工业转化，煤、气、油、盐向化工产品转化的"三个转化"做出了努力和贡献。2011年12月23日，这个项目二期产品下线，标志着项目全面建成投产。由此，北元集团逐步形成了"原盐、煤、焦、电、电石、聚氯乙烯、水泥、聚氯乙烯下游产品"的一体化循环生产模式，实现了从无到有、从小到大、从弱到强的完美蜕变，走出了一条高效转化、循环利用、低碳发展的路子，走出了一条既要绿水青山、又要金山银山的绿色发展新路，走出了大型现代化集团企业改革发展之路。2020年10月20日，北元集团又在上海证券交易所挂牌上市，实现了榆林地区主板上市企业"零"突破。上市后，公司争取了更多的政府支持，吸引了许多新合作伙伴，通过强强联手，为企业高质量发展积蓄了能量和后劲，公司行业知名度和品牌影响力大幅提升，为企业积聚了无形资产。"北元"牌PVC和烧碱市场销量、出口量持续增长，PVC产品在全国市场占有率稳居前三位，公司成为榆林地区首家开展液碱出口业务的企业，市场竞争力日益增强。

20年前，在国家西部大开发、陕西省"三个转化"政策感召下，一批有担当、有责任的优秀人才踏上陕北这片旷野，他们头顶蓝天、脚踏大漠，拉开了建设大西北的序幕。这些"北移"的人在建设初期克服重重艰难险阻，在艰苦创业中体会着"幸福"，为北元奉献青春，为北元建功立业。20年来，一代代北元人不忘初心，传承特别能吃苦、特别能战斗、特别能奉献的优良传统，担负起历史赋予的责任和使命，团结一心、奋发图强，不断续写企业发展的新篇章。特别是在践行绿色发展理念方面，严守安全底线、环保红线，向"循环"要"生机"，以"循环"促"转型"，实现环境效益与经济效益双丰收。截至2022年，北元集团已形成了56种特色产品序列体系，产品销往全球44个国家和地区，人均工资突破13.19万元/年，职工的获得感和幸福指数一路攀升。这些成绩的取得，得益于各级政府、各方股东的大力支持，得益于陕煤集团的坚强领导，更得益于北元集团广大干部职工的共同努力和艰苦奋斗。

回望公司发展历程，成就北元的是北元人只争朝夕、卓越追求的精神，更是"物华聚北，天人和元——'聚·和'文化"理念的引领。在北元集团，文化氛围非常浓厚，仅以修志为例：迄今，北元集团已进行了三次修志工作。2013年编写了首部志书，2018年又续修了北元志，2022年又在前志的基础上全面整合编修了《陕西北元化工集团股份有限公司志（2003—2022）》，而且这部志书被光荣地收录进"中国·陕西名矿志系列（化工名企志）"。这本志书通过翔实、丰富的资料以及缜密的文字为世人展示了一幅北元发展壮大的历史画卷，记载了北元自2003年成立二十年来的风雨历程，展现了北元人励精图治、自强不息、艰苦奋斗的精神风貌，记述了北元人敢为人先、自我超越、与时俱进、跨越发展的历程。这部鸿篇巨制的问世，是对北元企业发展历史的再凝练、总结和升华，是北元集团精神文明建设取得的又一硕果。

读史明理，鉴古知今。2023年5月，是北元集团成立二十周年的喜庆日子，以本志作为献礼之物可谓再好不过。北元的创业和发展史中有诸多可浓墨重彩书写的人和事，一个个鲜活的人物，一件件感人的事迹，都让我们难以忘怀，读每个故事都是一次心灵的洗礼，每个故事都折射出北元人无私奉献的精神。这些故事，展示的是北元在国家战略引领下，日新月异的沧桑巨变，体现的是"聚·和"文化内化于心、外化于行的生动实践。这些宝贵的精神财富将为北元人提供珍贵的回忆和有益的借鉴、思考与启迪，也为北元未来的创新与发展提供强大的动力,激励新一代北元人接续奋斗、砥砺前行、再创辉煌。

《陕西北元化工集团股份有限公司志(2003—2022)》的编纂举全公司之力,是众手成志的结果。北元集团党政领导对志书编纂工作高度重视,组建了强有力的编纂机构,配备了专门工作人员,特别是承担具体任务的编辑同志和提供资料的人员,怀着强烈的政治责任心和历史使命感,为保证志书质量付出辛勤劳动和大量心血。这本志书为我们保留了一份珍贵的历史资料和宝贵的精神财富,保存这段历史,是存史、资治、育人的一件功德无量的大事。在此,向为本志编纂工作付出辛勤汗水与智慧的所有同志表示崇高的敬意和衷心的感谢!

无限风光在险峰。我们坚信在党的二十大精神和习近平新时代中国特色社会主义思想指引下,全体北元人将以更加饱满的热情、更加奋发的风貌、更加务实的作风、更加昂扬的斗志,为实现跨越发展踏浪前行,不断推动北元现代化建设事业的进程,为企业高质量发展作出新的更大贡献。

是为序。

2023年3月

凡 例

一、《陕西北元化工集团股份有限公司志（2003—2022）》编纂坚持以马列主义、毛泽东思想、邓小平理论、"三个代表"重要思想、科学发展观、习近平新时代中国特色社会主义思想为指导，坚持依法修志、实事求是和质量第一的原则。本志客观、全面、系统地记述本企业的历史与现状，为存史、资政、育人和建设现代化企业服务。

二、本志记载内容的起止时限为2003—2022年。

三、志书采用述、记、志、传（人物荣誉）、图、表、录体裁，以志为主。记述采用记述体，第三人称。

四、本志单位名称与组织机构及称谓按规范书写。单位名称与组织机构第一次使用全称，以后一律用规范简称。本志单位名称陕西北元化工有限公司统一简称为"北元公司"（2009年3月以前），陕西北元化工集团有限公司或陕西北元化工集团股份有限公司统一简称为"北元集团"，陕西煤业化工集团公司统一简称为"陕煤集团"。

五、本志中的各类图、表随文设置，图片以反映事物现状为主。图、表序号采用"章—节—表序号"表示。

六、本志采用公元纪年法，志中涉及的单位名称、机构、地名、人名采用事情发生时的称谓。

七、本志文字表述一律以国家语言文字工作委员会1986年10月公布的《简化字总表》为依据，使用标准的简化字书写。标点符号按《标点符号用法》（GB/T 15834—2011）使用。

八、本志使用的统计数据资料以陕西北元化工集团股份有限公司主管部门公布的数据为准。计量单位名称、符号按照规定标准统一、规范使用，计量单位一律用中文表示。统计数据小数点后按"四舍五入"法保留两位。

九、本志设"人物与荣誉"。入志的人物简介以公司历任党政领导正副职、陕煤集团及以上劳动模范（工匠）、三八红旗手、五一劳动奖章获得者等为标准录入。

十、本志照片选录以代表性、典型性、先进性为标准。附录主要包括重要文件、专论、著作简介以及在媒体上发表过的通讯报道、散文、诗歌等。

十一、本志设有索引。主要为各章节中随文设置的表和插图两类。

目　　录

序 ·· I
凡例 ··· V
概述 ··· 1
大事记 ·· 6

第一章　体　制　与　机　制

第一节　企业体制 ··· 46
第二节　法人治理结构 ··· 50
第三节　公司改制 ··· 64

第二章　基　本　建　设

第一节　建设项目 ··· 67
第二节　项目投融资 ·· 75
第三节　技改项目 ··· 77
第四节　项目施工管理 ··· 90
第五节　项目验收 ··· 95

第三章　生　产　运　行

第一节　生产管理 ··· 99
第二节　技术管理 ··· 107
第三节　产品质量管理 ··· 110
第四节　机电设备管理 ··· 121
第五节　生产产品 ··· 136

第四章　安　全　生　产

第一节　安全管理 ··· 138
第二节　职业健康管理 ··· 154
第三节　应急救援 ··· 157
第四节　生产事故 ··· 166

第五章 环境保护

第一节 环保管理 …… 181
第二节 污染治理 …… 190
第三节 应急预案与设施 …… 192
第四节 环保事故 …… 193

第六章 经营管理

第一节 企业综合考核 …… 199
第二节 人力资源 …… 203
第三节 财务管理 …… 218
第四节 物资采购 …… 238
第五节 市场营销 …… 247

第七章 公司上市

第一节 上市筹备 …… 257
第二节 IPO 上市 …… 260

第八章 科技创新

第一节 科技管理 …… 264
第二节 科技项目 …… 269
第三节 科技成果 …… 296

第九章 数智化建设

第一节 数智化管理 …… 356
第二节 数智化项目建设 …… 359
第三节 智能工厂建设 …… 362

第十章 企业文化建设

第一节 组织与实施 …… 378
第二节 企业文化理念 …… 387
第三节 企业标志 …… 394
第四节 企业文化媒介 …… 395

第五节　社会责任 …………………………………………………………………… 399

第十一章　行政事务管理

第一节　审计监督 …………………………………………………………………… 402
第二节　法律事务 …………………………………………………………………… 405
第三节　文秘与信访 ………………………………………………………………… 407
第四节　档案管理 …………………………………………………………………… 409
第五节　友好往来 …………………………………………………………………… 411

第十二章　后勤服务

第一节　后勤管理 …………………………………………………………………… 414
第二节　车辆管理 …………………………………………………………………… 418
第三节　物业管理 …………………………………………………………………… 419

第十三章　党群组织

第一节　党组织建设 ………………………………………………………………… 423
第二节　宣传教育 …………………………………………………………………… 454
第三节　纪检监察工作 ……………………………………………………………… 465
第四节　工会、共青团 ……………………………………………………………… 472

人物与荣誉

一、人物 ……………………………………………………………………………… 483
二、荣誉 ……………………………………………………………………………… 530

单位简介

一、化工分公司 ……………………………………………………………………… 626
二、热电分公司 ……………………………………………………………………… 635
三、水泥有限公司 …………………………………………………………………… 640
四、锦源化工有限公司 ……………………………………………………………… 644
五、新能源科技有限公司 …………………………………………………………… 649

附录

一、重要文件 ………………………………………………………………………… 651

二、通讯报道……………………………………………………………… 666
三、散文…………………………………………………………………… 727
四、诗歌…………………………………………………………………… 764

编纂始末 ………………………………………………………………… 813

概　　述

2017年6月26日，陕西北元化工集团股份有限公司（以下简称"北元集团"）注册成立。其前身为2003年5月7日注册成立的"神府经济开发区北元化工有限公司"，2007年5月1日更名为"陕西北元化工有限公司"，2009年3月17日更名为"陕西北元化工集团有限公司"。北元集团是由国有股东陕西煤业化工集团有限责任公司（以下简称"陕煤集团"）、民营法人股东、自然人股东和员工持股平台共计14方股东共同组建的大型煤盐化工企业，注册资本32.5亿元。

一

北元集团位于陕西神木市锦界镇境内（2017年10月神木县改市）。该镇处于神木市西南部、榆林市北部，距神木市城区约35千米，距榆林市约70千米，境内有国家级经济技术开发区、陕西省第二大经济开发区榆神工业区下辖的锦界工业园区，享有"工业重镇"之美誉。2017年10月，神木县改市后，于2019年12月，锦界工业园被批复为省级高新技术产业开发区，改名为"陕西神木高新技术产业开发区"。截至2022年，高新区共有入园项目131个，总投资达1747亿元，建成投产项目83个，完成投资852亿元，形成了清洁煤电、煤炭分质清洁利用、高性能树脂、精细化工、载能、建材、农产品加工等七大主导产业。高新技术产业开发区地处毛乌素沙漠与黄土丘陵区的过渡地带，蕴藏着丰富的矿产资源，主要有煤炭、岩盐、石英砂、天然气、石油、铁矿和石灰石等。其中煤炭资源非常丰富，岩盐探明储量8855亿吨，石英砂探明储量达436万吨，气田等资源储量可观。

北元集团所处的高新技术产业开发区地域气候属半干旱大陆性季风气候，夏季高温多雨，冬季寒冷干燥。年平均日照2876小时，平均气温8.5℃，无霜期169天，年降水量440.8毫米。

高新技术产业开发区交通便利，已建有榆神、锦大、麻瑶等公路，榆神高速公路和神延、包西铁路穿镇而过，工商、税务、公安、邮电、通信、教育、医疗、保险等职能部门和服务行业齐全，网络密布。

二

北元集团依托当地丰富的煤炭、电石和原盐等资源优势，坚持规模化、多元化、一体化的发展模式，在10万吨/年聚氯乙烯项目稳定运行的基础上，于2012年建成投产100万吨/年聚氯乙烯循环综合利用项目。100万吨/年聚乙烯循环综合利用项目总投资83.8亿元，主要建设装置包括：100万吨/年聚氯乙烯装置、80万吨/年烧碱装置、4×125 MW抽气式直接空冷汽轮发电装置、220万吨/年工业废渣制水泥装置。100万吨/年聚乙烯循环综合利用项目于2008年4月开始全面建设，2010年8月19日热电装置区1号机组并网发电，10月21日2号机组并网发电；9月26日水泥装置区产出熟料，11月6日粉磨生产出水泥；11月7日化工装置区百万吨PVC装置a线全线联动开车，11月10日成功下线运行。北元集团年可产PVC产品110万吨、烧碱80万吨、水泥220万吨，并可引导产生一批PVC上下游企业，推动地方电石、焦化产业的升级，促进地方煤炭、电力、运输、服务等相关产业迅猛发展，对促进地方经济、社会全面可持续协调发展具有重要意义。同时，北元集团还建成锦源化工50万吨/年电石技改扩建项目、化工分公司135万吨/年原盐采输卤工程。

截至2022年，北元集团通过改制，在管理上采用集团化运作模式，下设11个职能部门、2个中心和5个分、子公司。11个职能部门分别是综合管理部、党群工作部、规划发展部、企业管理部、财务管理部、生产技术部、安全环保部、采购供应部、营销物流部、证券事务部、法律事务部；2个中心为科技研发中心、数智管理中心；5个分、子公司分别为化工分公司、热电分公司、水泥有限公司和锦源化工有限公司、新能源科技有限公司。北元集团有合同制职工4081人。其中，硕士28人，本科882人，大专2140人，中专及以下1031人；年龄25周岁以下469人，26~35周岁2560人，35~40周岁以上838人，40周岁以上214人。公司取得专业技术职称人员有1375人，其中，正高级职称2人，高级职称30人、中级职称256人、初级职称1087人。

三

北元集团经历20年的开拓发展和管理创新，企业综合实力明显提升，并取得了可喜的成绩，先后获得"陕西省十佳经营诚信示范单位""陕西省安全生产先进单位""陕西省质量工作先进单位""国家循环经济标准化试点企业""全国两化融合示范企业""中国企业文化建设先进单位""全国安全文化建设示范企业""陕西省高新技术企业"等多项荣誉称号。"北元"牌聚氯乙烯被评为"陕西省名牌产品"，"北元"商标被评为"陕西省著名商标"。

20年的创新发展，北元集团呈现出以下十个方面亮点：

（1）创新党建工作，引领企业高质量发展。公司党委全面贯彻新时代党的建设总要求，坚持两个"一以贯之"，心系"国之大者"，充分发挥"把方向、管大局、促落实"领导作用，结合混合所有制企业特点，坚持服务生产经营不偏离，牢固树立抓党建就是抓生产力的理念，融入安全生产中心，厚植党建优势，培育党建支撑，明确了党组织的设置方式、职责定位和管理模式，开展了"三严三实"专题教育、"两学一做"学习教育、"不忘初心、牢记使命"主题教育、党史学习教育，形成了"133333"党建机制和"固化+创新"的党建工作方法，有力地将党建工作优势转化为企业发展优势。随着企业上市，公司每年围绕年度重点工作，积极探索混合所有制上市企业党建工作新模式、新路径，创建了"13951""15519"等党建品牌管理体系，建立了党史学习教育常态化工作机制，企业发展软实力得到全面提升。

（2）明确企业发展定位，不断推进产业转型升级。北元从10万吨氯碱项目建设伊始，就以"走向合作，做大做强"为战略定位，通过联合民企、联姻国企等形式，以资源的综合利用为重点，通过建设循环经济项目，不断探索循环经济模式，延伸循环经济产业链，形成"原盐、煤、电、电石、聚氯乙烯、水泥"一体化的循环生产模式。到2022

年，北元集团先后又相继实施50万吨/年电石技改扩建项目、135万吨/年原盐及采输卤工程、100万吨/年聚氯乙烯装置升级改造项目、3万吨/年废硫酸裂解再生项目、输卤管线技改项目和热电锅炉烟气脱硝项目，总投资259898.20万元，实现了项目循环综合利用。年生产聚氯乙烯110万吨，烧碱80万吨，水泥220万吨（含委托加工），电石50万吨，发电4×125 MW，实现了各产业均衡发展和设备"安全、稳定、长周期、满负荷、优质高效"运行。

（3）IPO上市。随着北元集团发展壮大、做大做强，公司把发展眼光投向资本市场，围绕上市进行了一系列准备工作，在IPO上市之路上迈出了坚实步伐。公司选取"2016—2020年"为上市基准年，于2019年6月19日取得中国证监会的申报材料受理批文，2020年10月20日正式在上海证券交易所挂牌上市，成为榆林市首家主板上市企业。公司股票代码601568，发行股票3.61亿股，发行价格10.17元/股，募集资金总额36.73亿元，募集资金净额34.4亿元。上市后，公司以信息披露为核心，以合规运营为基础，以投资者关系为纽带，积极探索资本运作手段，持续加强市值管理，全面提高上市公司质量，实现了公司治理规范高效、经营业绩连年攀升、信息披露合规透明、投资者关系和谐稳定、募投项目稳步落地的良好局面。2020年，公司实现营业收入98.53亿元，利润19.70亿元，归母净利润16.84亿元。2021年，公司实现营业收入131.54亿元，利润22.05亿元，归母净利润18.50亿元。2022年，公司实现营业收入125.9亿元，利润16.05亿元。

（4）狠抓安全管理工作，筑牢企业发展根基。北元集团高度重视安全管理工作，深化安全生产主体责任落实，通过采取一系列措施，构建安全文化、安全生产标准化、过程安全管理"三位一体"安全管理体系。在加强安全管理中，引进国内首创、国际领先的"金川模式"安全文化建设经验，按照"人本＋物本＝零伤害"顶层设计理念，全面开展安全文化建设工作，构建形成了具有北元特色的"4551"（四层次、五大专业化、五风险管控、一套评价标准）安全文化管控体系。通过持续开展安全检查、风险分级管控和隐患排查治理、重大危险源管理、危险化学品管理、安全教育培训等工作，防范各类生产安全事故发生。通过健全职业健康安全管理体系和职业病预防机制，定期开展事故应急救援演练，使员工安全防范意识和应急救援能力大幅提升。

（5）加强企业文化建设，促进企业和谐发展。北元集团始终重视企业文化建设，以文化为先导，把企业文化建设和项目建设同规划、同实施、同发展，在探索与实践中走出了一条"文化北元、人才北元、创新北元"的发展建设之路。通过扬弃、提炼和不断整合、塑造，北元"聚·和"文化理念有机地融入企业生产经营、项目建设、团队管理等各项工作中。2017年，又形成了组合规范的企业文化标识，在提升管理水平、改善企业形象、提高市场竞争力等方面发挥了巨大作用，被广大职工认同和践行，已经成为企业形象的名牌。2021年5月，公司将每年5月确定为公司"企业文化月"，开展一系列企业文化建设工作，引导广大员工积极践行企业文化。每年编印《北元力量》《北元故事》《思想政治工作研究成果》等书籍，充分发挥典型的示范、引导和激励作用，系统总结、传承和弘扬公司在长期实践中培育和积淀的优秀文化基因，传播企业发展正能量。

（6）规范人力资源管理，提供强大人才支撑。一直以来，北元集团紧密围绕陕煤集团人力资源与人才发展规划要求，坚持目标牵引、系统谋划、扎实开展人事管理、薪酬改革、人才培养、社保服务等各项工作,积极实施以建设管理队伍、技术队伍和职工队伍"三支队伍"为重点的人才战略,培植职工工作、生活、家庭、健康等各个领域的服务体系,打造关心关爱职工、职工爱岗爱企的和谐文化底蕴,树立先进典型的示范引领作用,切实保障企业职工权益,增强职工对企业的责任感、认同感和归属感,为打造职企利益、事业共同体接续发力。

(7)加快信息化建设,提升企业核心竞争力。北元集团数智化同100万吨/年聚氯乙烯项目同步规划、同步建设,按照"全自动操作、全要素感知、全流程优化、全业务协同、全决策智能"的总体思路,通过数据、技术、流程、组织的互动创新,使企业向实现"管理卓越、生产高效、本质安全、环保节能、产品一流、服务一流"的总目标转型升级。建设涵盖生产、办公、应急调度、4G/5G专网等基础网络平台、工业电视系统、消防联动以及生产应急指挥调度等,搭建了集计算、存储、网络、灾备等为一体的私有云数据中心。建设了PI实时数据库系统,将公司73套工控系统近10万条实时数据进行采集,构建了生产实时数据资源池,实现了生产装置的数字化管控。实施了DCS生产实时数据集成,将化工、热电、水泥的DCS实时数据集成,实现总调中心对各生产系统的集中管控。建设了主数据管理系统项目,实现了组织机构、人员、银行、客商、物料、会计科目等企业静态数据的标准化建设。实施了ERP项目、OA系统、电子采购、电子销售平台、MES项目、水泥车辆定位、无人值守称重、物流车辆排队叫号、1688云采购平台、消费一卡通等系统,全面提升了企业的经营和生产管理水平。通过实施消防联动、人员定位、可编程控制系统(PLC)、安全联锁系统(SIS)、有害气体报警系统(GDS)和APC先进控制等系统,智能仪表覆盖率达90%以上,实现人为判断向智能决策的转型。

(8)推进质量体系,打造北元特色产品序列。北元集团围绕"建立具有北元特色的产品序列体系"和"贯穿产品全生命周期的全面质量管理"的总体目标,以提品质、增品种、创品牌的"三品建设"为方向,以市场需求为导向,不断提升各类产品质量,开发新产品,打造行业一流树脂和水泥产品品牌。先后生产和推出了消光系列树脂、变温树脂、氯醋树脂、特殊聚合度及电缆专用等特种树脂,铁路专用低碱P·O42.5水泥;引入了质量系统提升项目,推动质量工具应用,建立了质量文化体系,并先后确定和实施了一大批六西格玛项目,培养了一批六西格玛管理人才;投入了PVC产品和氯碱产品质量售后服务信息平台,建立了"以客户为中心"机制;完成了质量、环境与职业健康安全管理体系的外部审核,聚氯乙烯产品和烧碱产品获得"陕西省名牌产品"荣誉称号,通过了国家级循环经济标准化试点现场验收,获得"陕西省质量标杆企业"和"全国聚氯乙烯树脂行业标准化先进单位""绿色产品设计示范企业"等荣誉称号。

(9)健全企业管理体系,完善集团化运作模式。公司深入推行集团管控优化方案,理顺了职能部门为决策管理中心,分、子公司为生产中心的功能定位,分别明确了各自的职能和管理行为,梳理了制度管理体系和业务流程体系,最大限度发挥"制度管企"效能,以制度规范管理,以管理促进集团化运作。

(10)重视民生工程建设,提高职工幸福指数。集团公司在企业发展和效益提高的同时,不断提高职工收入水平,改善职工生产、生活条件,让职工充分享受企业发展成果。建设了职工活动中心、足球场、篮球场、网球场、羽毛球场、游泳馆及图书室等多种设施建筑。深入研究和把握新形势下职工需求的新特点、新要求,把实现好、维护好、发展好职工群众的根本利益作为工作的出发点和落脚点，不断提高职工福利待遇，优化薪酬体系，进一步向生产一线、科研技术岗位倾斜，打通和用活技能、技术、管理"三支队伍"成长通道。职工人均收入逐年增长，由过去的不足2万元增长到14.83万元，职工的生活水平和幸福指数大幅提升。

四

20年风雨兼程，20年铸就辉煌。北元集团在各级政府和各方股东的坚强领导下，在历届领导班子的亲力亲为与带领下，在公司全体职工的共同奋斗努力下，取得了巨大成功和辉煌。纵观20年的不平凡发展历程，既有成功经验，也有可汲取教训，北元集团凭借资源、规模、循环产业链、区位和体制五大优势，实现了煤盐资源就地转化，带动当地化工、建材、运输、服务等相关产业快速发展，并对当地工业经济增长起到了重要作用。站在"十四五"的新起点上，北元集团将以党的二十大精神和习近平新时代中国特色社会主义思想为指引，以高质量发展为主线，把握机遇，乘势而上，借助资本市场这个智慧平台，做大规模、做优质量、做强实力，践行新发展理念，以低碳、低耗理念来推动氯碱化工全面转型发展，探索集盐化工、煤化工、煤电、有机化工原料、化工新材料、高端材料为一体的多产业融合，做优主业，做强关联产业，积极发展新型产业，全力构建全流程智能制造、绿色低碳的现代产业体系，把北元打造成为新时代具有国际竞争力的创新特色化、智能数字化、绿色生态化、产品高端化的化工企业。

大 事 记

2003 年

2月 神木电化有限责任公司委托青岛海晶化工设计院编制完成了《10万吨聚氯乙烯项目可行性研究报告》。

4月24日 陕西省发展计划委员会同意神木电化有限责任公司聚氯乙烯项目扩建至10万吨规模（陕计工经〔2003〕67号）。

5月4日 神木电化有限责任公司、神木县国有资产运营公司和神府能源开发总公司召开了第一届股东会暨董事会会议，决定共同建设聚氯乙烯项目，签订了合资协议书，确定了出资额，通过了公司《章程》，成立了董事会。

5月7日 神府经济开发区北元化工有限公司（以下简称"北元公司"）注册成立，负责筹建10万吨聚氯乙烯项目。

5月18日 10万吨聚氯乙烯项目一期5万吨工程正式开工建设。榆林市市委书记周一波，神木县县委书记万恒，神府经济开发区管委会主任李志卿等领导参加开工奠基仪式。

本月 神木电化有限责任公司委托陕西省纺织建筑设计研究院编制完成了《10万吨聚氯乙烯项目环境影响评价报告》。

6月10日 《10万吨聚氯乙烯项目环境影响评价报告》经陕西省环境保护局评审通过（陕环函〔2003〕144号）。

8月20日 神木电化有限责任公司、榆林阳光投资有限责任公司、神木县国有资产运营公司和神府能源开发总公司召开了第二届股东会暨董事会会议，决定新增榆林阳光投资有限责任公司为公司股东，签订了合资协议书，确定了出资额（项目股本金7000万元，其中神木电化有限责任公司出资2940万元，榆林阳光投资有限责任公司出资2800万元、神木县国有资产运营公司出资630万元，神府能源开发总公司出资630万元），修订了公司《章程》，成立了新一届董事会。

10月30日 中共神府经济开发区北元化工有限公司支部委员会成立。

12月 北元公司被神府经济开发区管委会评为"先进企业"。

2004 年

4月 北元公司被榆林市政府评为"重点项目建设先进单位"。

6月 北元公司委托陕西德诚安全评价公司编制完成了项目的《安全预评价报告》。

8月3日 北元公司《安全预评价报告》经榆林市安监局批复（榆政安监发〔2004〕36号）。

9月10日 北元公司被神府经济开发区评为建区十周年"先进企业"。

本月 北元公司委托甘肃利安管理咨询有限责任公司编制完成了项目的《安全评价报告》。

11月 北元公司被神木县政府确定为神木"创建安全单位试点单位"。

2005年

1月19日 北元公司项目的《安全评价报告》经榆林市安监局批复（榆政安监发〔2004〕36号）。

3月25日 陕西省榆林市市委书记周一波、神木县县委书记万恒等领导来北元公司参观。

3月29日 陕西省发展改革委员会副主任曹云龙来北元公司调研。

本月 中宣部落实科学发展观新闻采访团来北元公司调研工作。

4月7日 北元公司全线开车，第一釜聚氯乙烯产出。

5月12日 陕西省副省长赵德全在榆林市市委书记周一波、神木县县委书记万恒等领导的陪同下，来北元公司视察工作。

6月16日 榆林市政府和神木县政府相关领导来北元公司检查指导安全生产、项目建设等工作。

2006年

1月 北元公司召开了第四届股东会。会议听取并审议通过了公司2005年工作报告和监事会2005年工作报告。会议通过了公司2006年生产经营计划和实行生产责任制、安全责任制；通过了机构设置及人员编制方案和新的工资方案；通过了非生产性大宗固定资产投资计划，决定购置一辆通勤车、一辆商务车。会议同意论证修建建筑面积为5000平方米、总投资约400万元的职工公寓楼方案；同意二期工程建设工作由公司相关人员负责。会议责成公司坚持协商的原则，妥善解决一期工程决算争议。会议责成公司尽快论证申办盐项目，同时同意公司可与骨干职工合股投资电石项目。

2月 北元公司被陕西省安全生产委员会评为"2005年安全生产先进单位"。

3月 北元公司被榆林市政府评为"2005年度贡献财政总额百强企业"。

本月 北元公司被榆林市诚实守信建设系列活动组织委员会评为"2005—2006年度诚信建设先进单位"。

4月 北元公司被神木县国家税务局评为"诚信纳税企业"。

5月 北元公司董事长兼总经理王凤君被评为"2006中国石油与化工优秀民营企业家"。

8月25日 北元公司二期工程一次性开车成功投运。

本月 北元公司召开了第五届股东会暨董事会会议。会议听取了公司2006年1—8月生产经营情况、资金筹措情况、二期工程建设情况和监事会2006年1—8月工作情况汇报，讨论了员工奖励和班子建设等事宜。

10月 北元公司董事长兼总经理王凤君被评为"2006年榆林市优秀中国特色社会主义事业建设者"。

12月29日 由北元公司牵头，组织召开了神木民营企业联谊会。

本月 北元公司"北元"商标被认定为"榆林市知名商标"。

2007 年

1 月 17 日 北元公司召开第六届一次股东会暨董事会会议。会议听取了公司 2006 年工作报告、监事会 2006 年工作报告，审议了公司 2006 年预算完成情况及二期工程决算情况，确定了公司 2007 年生产经营计划，讨论了公司新的生产责任制、安全责任制、机构设置及人员编制方案、工资方案、年终经营利润提成方案、2007 年技改项目及公司更名等事项。

2 月 北元公司被榆林市综合治理委员会评为"榆林市社会治安综合治理先进单位"。

3 月 13 日 北元公司与神木民营企业家签订了"合股组建 50 万吨 PVC/年项目的协议书"。

本月 北元公司被神木县评为"十强民营企业"。

4 月 北元公司被省诚信系列活动组委会评为"陕西省质量服务信誉 AAA 企业"。

5 月 1 日 北元公司更名为"陕西北元化工有限公司"。

7 月 11 日 北元公司召开第六届二次股东会暨董事会会议。会议听取并审议通过了公司 2007 年上半年工作报告及公司 2007 年预算执行情况汇报，听取了监事会 2007 年上半年工作报告和新项目进展及费用支出情况汇报，讨论通过了神木县落实公司的扶贫支出计划，研究解决了公司电价及公司人事问题。

9 月 26 日 陕西省发改委批准公司 100 万吨/年聚氯乙烯循环综合利用项目（陕发改能源〔2007〕1336 号）。

10 月 29 日 北元公司召开第七届股东会暨董事会会议，签订了《陕西北元化工增资扩股合作协议书》，公司股本金增加到 10 亿元。

11 月 23 日 北元公司聚氯乙烯扩建项目"三通一平"工程开工。

12 月 28 日 北元公司与陕煤化集团合作签字仪式举行。至此，北元化工公司股本金增加到 16.8 亿元。

2008 年

2 月 26 日 北元公司召开了八届一次股东会暨 2008 年第一次董事会、监事会会议。会议通过并签署了公司新章程，产生了新的董事会、监事会。李厚志担任董事长。

2 月 28 日 北元公司召开了 2008 年第二次董事会会议。会议拟定了 2008 年生产经营目标和扩建项目建设目标。

2 月 29 日 北元公司扩建项目筹建处成立。

3 月 北元公司被榆林市安全生产监督管理局评为"榆林市 2007 年度安全生产先进生产经营单位"，被神木县人民政府评为"2007 年度民营企业综合实力十强企业"，被神府经济开发区管委会评为"2007 年度产业发展进步企业"。

4 月 22 日 国家开发银行陕西省分行行长茚君才一行来北元公司参观考察。

4 月 28 日 北元公司 100 万吨/年聚氯乙烯循环综合利用项目开工奠基仪式举行。陕西省省长袁纯清出席并宣布了开工令。袁纯清在讲话中强调：项目建设对促进榆林市化工产业发展壮大、优化资源配置、促进区域经济全面协调发展具有重要意义，全省上下都要全力以赴支持项目建设,为项目建设做好协调服务和保障工作,力争把该项目建成全省一流的环保工程、典范工程、样板工程,推动全省经济和社会更好更快发展。

本月 北元公司被中国企业信用评价管理中心评为"陕西省十佳诚信经营示范单位"。

5月5日 中共陕西北元化工有限公司总支委员会成立,并召开了成立大会。

5月9日 公司召开2008年第三次董事会会议。会议通过了《物资出入库管理制度(试行)》等12项规章制度,成立了公司招标领导小组。

5月24日 北元公司与德国、意大利合资企业伍德迪诺拉有限公司签订引进40万吨离子膜电解槽装置合同。

同日 北元公司100万吨/年聚氯乙烯循环综合利用项目化工装置开工。

6月10日 陕西省副省长景俊海来公司视察。

本月 北元公司被中国人民银行调查统计司确定为样本企业。

7月5日 北元公司100万吨/年聚氯乙烯循环综合利用项目热电装置开工。

7月20日 北元公司召开八届二次股东会暨2008年第四次董事会会议。会议听取并审议了公司2008年上半年生产经营情况汇报、扩建项目建设情况汇报、监事会关于公司2008年上半年生产经营工作检查情况报告等。

本月 北元公司被榆林市人民政府评为"榆林市2007年度民营经济纳税十强企业""榆林市新农村建设先进非公有制企业"。

8月25日 北元公司举行了"西北大学MBA教学实习基地"揭牌仪式。

9月23日 北元公司通过安全标准化二级达标企业考评验收。

本月 北元公司100万吨/年聚氯乙烯循环综合利用项目厂前区、水泥装置开工。

11月10日 北元公司召开2008年第五次董事会会议。会议对扩建项目2008年度建设计划作了调整。

12月16日 中央扩大内需考察团来北元公司调研。

本月 北元公司"北元"牌商标被陕西省工商行政管理局评为"陕西省著名商标","北元"牌聚氯乙烯被评为"陕西省名牌产品"。

本月 北元公司再次被评为"神木县2008年民营企业纳税大户"和"神木县2008年度十强民营企业"。

2009 年

1月9日 北元公司总经理王凤君荣获第二届"陕西省优秀中国特色社会主义事业建设者"称号。

2月27日 北元公司召开八届三次股东会暨2009年第一次董事会会议。会议同意公司将10万吨聚氯乙烯项目、100万吨聚氯乙烯项目、自备热电项目作为分公司,将盐矿、废渣水泥项目作为子公司,组建集团公司;同意盐田勘测建议方案,在扩建项目厂区打一口盐田探采井。

3月17日 陕西北元化工集团有限公司成立。

4月28日 陕西省省长袁纯清视察北元集团扩建项目。袁纯清对项目建设工作给予了高度评价,希望公司要继续抓紧建设工作,争取早日建成,早日投产,早日发挥效益。

5月13日　陕西省纪委书记郭永平视察北元集团扩建项目。

5月31日　中共陕西北元化工集团有限公司委员会成立。

6月8日　中纪委、中央组织部第四地方巡视组视察公司扩建项目。

6月10日　北元集团召开八届四次股东会。会议表决通过了神府能源开发有限责任公司股东代表变更为刘波；审议并表决通过了并购亚华热电和100万吨/年聚氯乙烯循环综合利用项目二期工程提前开工建设、投资入股自建20~30万吨/年电石项目的议案。

6月11日　陕西省副省长吴登昌来北元集团视察。吴登昌在讲话中指出北元聚氯乙烯循环综合利用项目同时具有规模、技术和成本等优势，是"三个转化"产业，体现了循环经济理念，要紧抓国家扩大内需机遇，积极应对金融危机，全力以赴推进扩建项目建设，把北元打造为全国一流的氯碱企业，为陕西经济的发展做出更大的贡献。

7月21日　国务院发展研究中心副主任、研究员刘世锦视察北元集团扩建项目。

8月9日　国家发改委副主任徐宪平视察北元集团扩建项目。

8月24日　中央第六巡回检查组视察北元集团扩建项目。

8月25日　在陕全国人大代表专题调研组到北元集团视察。

本月　公司100万吨/年聚氯乙烯循环综合利用项目二期土建工程开工。

9月17日　北元集团与伍德迪诺拉公司签订了100万吨/年聚氯乙烯循环综合利用项目一期40万吨/年离子膜烧碱电解槽合作协议。

9月23日　陕西省副省长郑小明来公司视察。

10月18日　北元集团与中国电信榆林分公司签署综合信息化合作协议。

10月24日　10万吨/年聚氯乙烯项目职业病危害防护设施竣工验收、职业病危害控制效果评价及100万吨/年聚氯乙烯循环综合利用项目职业病危害预评价一次性顺利通过专家组审查。

11月1日　北元集团召开2009年第二次董事会会议。会议审议通过了公司新的《薪酬方案》《组织架构设置方案（试行）》，审议了《关于设立西安销售中心（西安办事处）的提案》，同意公司在西安设立销售中心并承担西安办事处职能。会议还审议通过了《干部管理办法》等11项制度。

11月10日　北元集团举行100万吨/年聚氯乙烯循环综合利用项目二期土建工程签字仪式。

12月20日　北元集团发展模式入选西北大学首届EMBA班教学案例。

2010年

1月14日　中共陕西北元化工集团公司首届党员代表大会召开。大会审议并通过了李厚志代表陕西北元化工集团党委作的题"以科学发展为统领，坚持循环综合利用，为打造全国一流盐化工企业而努力奋斗"的工作报告。大会选举产生了中共陕西北元化工集团第一届委员会和中共陕西北元化工集团第一届纪律检查委员会。

1月25日　北元集团召开2010年工作会。

2月8日　在中央及省驻榆单位春节团拜暨企业家代表年会上，公司总经理王凤君被评为"责任2009·保增长杰出企业家"，公司被评为"2009年度榆林市企联工作先进单位"。

3月18日 北元集团召开2010年第一次股东会暨第一次董事会会议。会议审议通过了2010年生产经营计划、2010年建设及投资计划、公司"十二五"规划目标和关于开展PVC期货套期保值业务的提案等。

3月19日 国家安全监管总局局长骆琳一行，在陕西省副省长吴登昌等省市领导的陪同下，视察北元集团100万吨/年聚氯乙烯循环综合利用项目建设安全工作，并对公司安全文化建设、安全制度建设和安全教育工作给予了很高的评价。

3月26日 在榆林市安全生产工作会上，北元集团被授予"榆林市2009年度安全生产工作先进单位"奖牌。

3月30日 在榆林市盐务管理局和盐业协会联合召开的市盐业协会一届二次常务理事会上，北元集团荣获"榆林市盐化工项目推进先进单位"奖牌。

4月29日 总经理王凤君被评为陕西煤业化工集团有限责任公司2008—2009年度劳动模范。

5月11日 北元集团与锦源化工增资扩股合作建设电石生产基地签字仪式举行，合作后的锦源化工成为北元集团控股子公司。

5月12日 在榆林市委、市政府组织召开的榆林市"千企千村扶助行动"动员大会上，北元集团获"榆林市2009年社会扶贫工作先进单位"荣誉。

6月12日 著名经济学家、北京大学光华管理学院院长张维迎来北元集团考察调研。

6月29日 北元集团工会第一次会员代表大会暨一届一次职工代表大会胜利召开。大会通过了《北元集团"十二五"规划》《关于解决员工住房问题有关事项的说明》等，选举产生了陕西北元化工集团有限公司第一届工会委员会和经费审查委员会。

7月26日 陕西省副省长景俊海视察北元集团100万吨/年聚氯乙烯循环综合利用项目。景俊海指出，北元100万吨/年聚氯乙烯项目具有示范意义，希望公司加强管理、加快建设，尽快发挥效益，同时要求市县领导及有关部门大力支持北元做大做强。

8月5日 国家统计局局长马建堂来北元集团视察。

8月30日 北元集团召开2010年第二次董事会会议。会议通过了公司"十二五"规划及对口帮扶佳县朱家坬乡沙湾村的议案。

9月11—12日 在中国化工企业高峰论坛暨2010中国化工行业最具竞争力企业发布会上，北元集团被评为"2010中国化工行业最具竞争力500强企业"和"2010中国专用化学品制造业最具竞争力50强企业"。

9月26日 比利时安特卫普省省长贝嘉蒂女士来北元集团参观考察。

10月6日 陕西省纪委副书记张毅民来北元集团视察调研。

10月13日 陕西省委常委、宣传部部长胡悦来北元集团调研。

10月25日 中共中央组织部副部长王尔乘来北元集团考察时强调，企业在抓好党建工作的同时，应紧紧围绕科学发展观，不断改革创新，使企业发展再上新台阶。

11月4日 陕西省委常委、常务副省长娄勤俭来北元集团考察时指出，北元100万吨聚氯乙烯项目对推动陕西经济发展具有十分重要的意义，希望北元充分发挥项目循环低碳优势，在更大的范围和更高的层次上推动地方经济的发展。

11月10日 北元集团举行100万吨/年聚氯乙烯循环综合利用项目PVC产品下线剪

彩仪式。

12月17日 北元集团"千企千村扶助行动"结对帮扶村——佳县朱家坬乡沙湾村人畜饮水工程圆满竣工。

12月30日 北元集团与用友软件股份有限公司签署了企业信息化战略合作协议。

2011年

1月10日 在北元集团开展的以"激发学习热情，建设书香北元"为主题的活动中，公司总经理王凤君向广大员工捐赠书籍《世界500强企业坚决不用的13种人》《管理的常识》《集团管控110：企业帝国的构建路线图》等3216本，公司为此举行了隆重的捐资赠书仪式。

1月14日 北元集团一届二次职代会暨2011年工作会召开。

2月22日 北元集团与上海奥古特国际咨询机构合作的品牌文化战略项目启动。

3月12日 北元集团召开2011年第一次股东会暨董事会会议。会议审议通过了公司2010年工作报告、2010年度财务决算情况报告、2011年财务预算报告、2011年生产经营、基本建设及技改计划和招标管理办法等。

4月27日 中国工程院副院长谢克昌和中国工程院院士袁晴棠带领煤洁净转化课题组来北元集团考察调研。

5月11—13日 北元集团董事长李厚志等参加2011（第九届）亚洲聚氯乙烯市场发展论坛。

6月9日 全国政协常委、提案委员会副主任王显政一行来北元集团调研。

6月17日 北元集团召开西北氯碱企业经营交流会。

6月18—21日 北元集团董事长李厚志率团参加由联合国总部提供支持，联合国工业发展组织（UNIDO）和国际节能环保协会（IEEPA）共同主办的第四届"世界环保大会"。

7月1日 北元集团召开庆祝建党90周年大会。

9月6日 北元集团召开2011年第二次股东会暨董事会会议。会议审议通过了公司《关于向神木县"三大慈善公益金"捐款2000万元的提案》《关于增加股本金的提案》《关于榆林阳光投资有限责任公司转让股权的提案》《关于实施165万吨/年原盐项目工程的提案》《2011年生产经营及基建调整计划》等。

9月9日 北元集团总经理王凤君捐资5万元，为公司员工周玉艳、许磊、邵鹏、杜云虎、牛云5名歌手录制《北元人北腔北调》CD专辑并正式出版发行。

10月25日 宁夏回族自治区副主席赵小平一行来北元集团参观考察。

11月1日 陕西省国资委党委书记周玉明在陕西煤业化工集团公司董事长华炜等领导的陪同下，来北元集团检查指导工作。他在讲话中强调，北元率先与大型国企联合建设项目，从而走出了一条共赢发展的路子，"北元模式"也为省内外乃至全国企业提供了可资借鉴的经验；希望北元继续开拓创新，与时俱进，为地方经济腾飞做出新的贡献。

11月11日 北元集团在结对帮扶村佳县朱家坬镇沙湾村举行了陕北千年红枣业合作社竣工揭牌仪式。

11月17—18日 北元集团总经理王凤君应邀参加第十三届中国氯碱论坛。

11月21日　北元集团举行企业文化成果发布会暨企业文化论坛。

12月23日　北元集团举行100万吨/年聚氯乙烯循环综合利用项目二期PVC产品下线仪式。

2012年

1月10日　北元集团召开一届三次职代会暨2012年工作会。

1月18日　榆林市相关领导来北元集团，检查春节期间安全生产部署情况。

2月21日　中国石油和化学工业联合会李勇武会长在陕煤化集团副总经理尚建选的陪同下，到北元集团参观指导工作。

3月7日　公司召开2012年党建暨党风廉政建设工作会。

4月17日　陕煤集团化工板块信息化建设经验交流会在北元集团召开。

4月23日　中组部干部教育局局长李小三一行到公司参观考察。

5月3日　北元集团召开2012年第一次股东会暨董事会会议。股东会表决通过了《关于企业上市前原有注册资本处理的提案》及《公司2011年财务决算报告》《2012年财务预算报告》。董事会会议审议通过了《公司2011年工作报告》《公司2012年生产经营计划》《公司2012年基本建设投资计划》《公司2012年技术改造项目计划》《关于锦源化工50万吨/年电石技改扩建项目立项的提案》《关于开展2012年PVC期货套期保值业务的提案》等。

5月30日　全省建设项目环境监理工作现场会在北元集团召开。环保部西北环境保护督查中心副主任张军、陕西省环保厅副厅长李孝廉、榆林市副市长艾保全、神木县县长黄建军等出席大会。

6月14日　当代著名作家、省作协主席贾平凹来北元集团参观考察。

7月10日　中央党校第一调研组在国家环保部西北督查中心副主任王一鸥的带领下，来北元集团考察调研。

7月18日　北元集团与氧化铝企业战略合作签约仪式举行。

7月26日　在西安召开的"2012中国化工企业500强发布会暨管理创新——中国化工企业的使命与责任高层论坛"上，公司被评为中国化工企业500强企业之一。

8月1日　北元集团干部大会召开，宣布人事任免文件。惠维渊任陕西北元化工集团有限公司党委委员、书记和公司董事、董事长；免去李厚志陕西北元化工集团有限公司党委书记、委员和公司董事、董事长职务。

8月23日　陕西省工信厅副厅长王虹安到北元集团就"促销稳产保增长"经济运行工作情况进行调研。

8月31日　北元集团召开2012年第二次股东会暨董事会会议和2012年第一次监事会会议。股东会听取了公司1—7月生产经营与项目建设情况汇报，审议通过了《2011年度监事会工作报告》和《部分民营股东股权变更的提案》，推选了新一届董事会董事和监事会监事。董事会会议推选惠维渊担任公司董事长。监事会会议推选刘维平担任公司监事会主席。

本月　北元集团100万吨/年聚氯乙烯循环综合利用项目二期安装工程质量顺利通过验收。

9月11日 全国人大教科文卫委员会副主任、国家体育总局原党组书记李志坚来北元集团考察。

9月27日 北元集团党建质量管理体系启动大会召开。

10月9日 陕西省煤监局副局长高勤社来北元集团参观考察。

10月16—18日 北元集团100万吨/年聚氯乙烯循环综合利用项目一期档案顺利通过专项验收。

10月18日 陕西省国资委纪委书记赵春阳到北元集团检查、指导党风廉政建设责任制落实情况与"三重一大"决策制度执行情况。

10月19日 国家工业和信息化部信息化推进司副司长董宝青到公司调研信息化建设工作。

10月23日 国家工信部原材料司副司长高云虎到公司调研。

10月24—25日 陕西省全省危险化学品安全生产标准化示范企业现场推进会在北元集团召开。陕西省安全监管局党组副书记、副局长王昊文，陕西省安全监管局巡视员马延平，榆林市安全监管局副局长马明轩出席会议。

11月7日 陕西省煤炭工业协会会长曹文甫莅临公司考察调研。

同日 榆林市副市长兰新哲来公司检查省级科技统筹项目进展情况。

12月27日 北元集团举行"十年风雨·歌赞北元"主题元旦晚会。

2013年

1月 由中国化学工程第三建设有限公司承建的北元集团100万吨/年聚氯乙烯循环综合利用项目PVC区安装工程，被全国化学施工企业协会建设质量奖审定委员会授予"2012年度全国化学工业优质工程奖"；由山东迪尔集团有限公司承建的北元集团100万吨/年聚氯乙烯循环综合利用项目热电装置安装工程，被山东省建筑工程管理局和山东省安装协会授予"2012年度山东省安装工程（鲁安杯）奖"。

3月7日 法国电力集团亚太总经理傅亚先生在陕西省地电集团负责人一行的陪同下到北元集团参观考察。

3月15日 北元集团召开2013年党建暨党风廉政建设工作会议。会议传达了中央纪委十八届二次全会、陕西省纪委十二届二次全会和陕煤集团2013年党风廉政建设工作会议精神，与各单位签订了2013年党风廉政建设目标责任书。

3月22日 陕西省委第一巡视组组长、原陕西省副省长吴登昌在北元集团考察调研。

同日 由北元集团承办的西北氯碱企业经营交流会在公司召开，来自西北地区的8家氯碱企业代表出席了会议。

4月26日 北元集团2013年第一次股东会暨董事会会议召开。经全体股东代表审议，表决通过了公司2012年财务决算报告、公司2013年财务预算报告。董事会会议审议通过了公司2012年生产经营及项目建设情况汇报、关于2012年技术改造项目实施情况的提案、公司2013年生产经营计划、公司2013年技术改造项目计划以及关于公司人事问题的提案。

本月 北元集团创办的《聚·和》内刊正式出刊。内刊设置了聚焦一线、科技创新、安全管理等栏目，内容更加丰富。同时，原《北元报》停刊。

5月5日 中国人民解放军总后勤部政委刘源上将、政治部主任刘生杰少将一行来公司考察调研。

5月10—11日 北元集团营销中心经理单建军、物流中心经理折荣强等赴广州参加第十六届"中国氯碱论坛"。

5月16—19日 北元集团营销中心相关人员等赴重庆参加第十六届"中国（重庆）国际投资暨全球采购会"。

5月18日 北元集团召开来自全国11家客户座谈会暨庆祝公司成立十周年大会。会上举行了《陕西北元化工集团有限公司志（2003—2013）》发行仪式，举办了文艺晚会和书画摄影展。

5月20日 中国石油和化学工业联合会常务副会长李寿生一行，在陕煤集团副总经理尤西蒂等陪同下来北元集团考察调研。

6月5—6日 北元集团营销中心相关人员赴浙江宁波参加2013年中国塑料产业大会。

6月14—16日 北元集团参加2013年陕西科技创新与成果转化融合大会。

本月 北元集团以"强化安全基础、推动安全发展"为主题的第十二个安全生产月活动全面开展。

7月2日 北京大学环境科学与工程学院北方（神木）实践基地揭牌仪式在北元集团举行，北元集团成为北京大学环境科学与工程学院实践基地，总经理王凤君被聘为北京大学环境科学与工程学院北方（神木）实践基地学生实践指导教师。

7月31日 陕西省委常委、组织部部长毛万春来北元集团考察调研。

8月4日 北元集团通过了新的组织机构改革方案（试行），决定撤销综合管理部、党群工作部、审计监察部、规划发展部、企业管理部、人力资源部、财务管理部、生产技术部、安全环保部和营销中心、采购中心、物流中心、科研中心、信息中心、服务中心，新组建成立综合管理部、党群工作部、规划发展部、企业管理部、安全生产部、财务管理部、营销物流部、采购供应部。

8月30日—9月3日 日本电气化学株式会社渡边均专务董事一行来北元集团进行技术交流。

10月19日 北元集团通过国家二级安全生产标准化达标评审。

10月24日 北元集团被评为陕西省2013年第一批高新技术企业。

11月15日 北元集团被评为榆林市首批工业转型升级示范企业。

12月1日 北元集团总经理王凤君、纪委书记赵世强等参加在浙江宁波召开的2013中国企业文化管理年会暨中外企业道德文化研修会。会上，北元集团被评为"中国企业文化建设先进单位"，总经理王凤君被评为"中国企业文化领军人物"，纪委书记赵世强被评为"中国企业文化建设先进个人"。

2014年

1月28日 榆林市相关领导来北元集团检查公司春节期间的安全生产工作，并慰问节日期间奋战在生产一线的员工。

本月 北元集团技术中心被陕西省工业和信息化厅、陕西省科学技术厅确认为第九批省级企业技术中心。

2月18日 北元集团被中共陕西省国资委评为陕西省国资委系统企业文化示范单位。

2月20日 陕西省委常委、宣传部长景俊海来北元集团考察调研。

3月5日 陕西省工信厅副厅长王虹安一行来北元集团考察调研。

3月7日 由北元集团集体创作的《北元之歌》MV正式发布。

本月 北元集团"北元"牌高纯氢氧化钠被陕西省人民政府认定为"2013年陕西省名牌产品"。

4月9日 北元集团第二批党的群众路线教育实践活动动员会召开。

4月15日 陕西省总工会副巡视员李岳文、陕西省总工会劳动保护部部长杨锦龙一行来北元集团考察调研。

4月17日 北元集团总经理王凤君赴浙江宁波参加第十七届"中国氯碱论坛"。

4月19日 国家开发银行陕西省分行行长黄俊一行来北元集团参观考察。

5月15日 北元集团召开干部大会，陕煤集团董事会提名委员会副主任韩关玉宣布陕煤集团党委人事任免文件，任命张文华为陕西北元化工集团有限公司党委委员、书记，史彦勇为陕西北元化工集团有限公司党委委员、副书记，刘国强为陕西北元化工集团有限公司党委委员；推荐张文华为董事长，史彦勇为总经理，刘国强为董事、副总经理，申建成为副总经理。

5月21日 由国家科技部21世纪中心主任郭日生、处长张巧显，北京师范大学资源学院教授刘学敏、清华大学公共安全研究院教授黄弘一行组成的调研组来北元集团调研。

5月23—26日 北元集团派员赴西安曲江参加第十八届中国东西部合作与投资贸易洽谈会暨丝绸之路国际博览会。

5月27日 中国电石工业协会陕西地区电石企业经济运行座谈会在北元集团召开。

7月11日 北元集团在西安召开了2014年临时股东会暨北元集团董事会会议。临时股东会议审议了关于董事任免的提案，同意张文华、刘国强为北元集团董事，免去惠维渊、杜亚峰北元集团董事职务。临时董事会会议选举张文华为北元集团董事长；聘任史彦勇为北元集团总经理，聘任刘国强、申建成为北元集团副总经理；免去惠维渊北元集团董事长职务，免去王凤君北元集团总经理职务，免去杜亚峰北元集团副总经理职务。

7月20日 北元集团被全国石油和化学工业协会评为"第二届全国石油和化学工业新闻宣传工作先进单位"。

7月23日—8月15日 北元集团首次职工家属夏令营活动举行。

9月2日 北元集团工会、团委联合举办的以"青春有约 缘在北元"为主题的单身青年联谊活动在北元大酒店举行。

9月9日 在陕西的全国人大代表赴榆林调研汇报座谈会在北元集团召开。

9月12日 北元集团召开2014年第二次董事会会议。会议审议了《100万吨/年聚氯乙烯循环综合利用项目建设情况的报告》《2013年项目建设及技术改造项目实施情况的报告》等4项提案，听取了公司2014年基本建设投资计划等6项议案，同意按程序提交股东会批准。

9月11—25日 北元集团第三届职工岗位技能比武大赛举行。

10月28日 北元集团安全文化建设启动大会召开。

10月31日 北元集团荣获"2014年陕西企业文化建设优秀成果奖"。

11月19日 北元集团总经理史彦勇赴内蒙古乌海参加中国氯碱工业协会九届五次理事会议。

11月20日 北元集团党的群众路线教育实践活动总结大会召开。

11月30日—12月1日 在以"新常态、新动力、新格局"为主题的石油和化工行业高峰论坛暨《中国化工报》理事会第十次年会上，北元集团荣获"节能减排奖"。

12月12日 北元集团举行"四个一"（即"日行一善"争做北元好人、"月捐十元"筹集爱心基金、"季捐一书"内部学习交流、"年捐一物"扶贫帮困献爱心）志愿服务活动启动仪式。

12月18日 在榆林市安全生产监督管理局举办的首届《安全生产法》知识竞赛活动中，北元集团代表队获得二等奖。

12月30日 北元集团举办2015年元旦晚会暨2013—2014年度"最美员工"颁奖典礼，柳加喜、奥利军、曾宪军、王利荣4名员工获"最美员工"称号。

2015年

1月29日 北元集团二届一次职代会暨2015年工作会召开，总结2014年取得的成绩，分析存在的问题，全面部署了2015年的工作。

本月 北元集团经国家标准委和国家发改委批准，被列为国家循环经济标准化试点单位。

2月16日 榆林市相关领导来北元集团检查春节期间安全生产情况，并为节日期间奋战在生产一线的员工送来了新春的祝福。

3月1日 北元集团2015年第一次股东会暨董事会会议在西安召开。

3月12日 北元集团副总经理兼财务总监刘国强赴北京参加全国重点PVC生产企业沟通会。

4月15日 北元集团总经理史彦勇、副总经理申建成赴安徽芜湖参加第十八届中国氯碱论坛会议。

4月25日 由北元集团牵头、共青团榆林市委和陕煤集团所属六家驻榆企业联合举办的"榆林相亲·非诚勿扰"陕煤集团千人专场联谊会在榆林石油宾馆举行。

5月18日 北元集团举办公司成立12周年文艺、书画、摄影等系列活动，以此弘扬北元企业精神，为企业持续发展壮大营造舆论氛围。

5月23—25日 北元集团总经理助理刘延财赴浙江杭州参加2015年全国烧碱行业技术年会。

6月16日 北元集团第二届"聚·和"杯足球联赛举行。

6月17日 陕西省能源化工地质工会主席薛跃一行来北元集团检查指导工会工作。

6月24日 北元集团召开北元集团干部大会。陕煤集团董事会提名委员会副主任韩关玉在会上宣布陕煤集团党委人事任免文件,任命刘国强为陕西北元化工集团有限公司党委书记,并推荐其为陕西北元化工集团有限公司董事长人选;推荐郭建任陕西北元化工集团有限公司总会计师、财务总监。

6月25日 由北元集团承办的榆林市2015年企地联动应急救援演练在公司举行。

6月29日 北元集团2015年第二次股东会暨董事会会议召开。股东会审议通过了关于增资扩股协议的议案和关于修订公司章程的议案,并审议通过了关于选举新任董事和选举新任监事的议案。

8月14日 北元集团"十三五"产业规划研讨会在北京中国氯碱协会总部召开。会议介绍了北元集团"十三五"产业规划编制的历史背景和产业规划方案,与会专家围绕国家宏观经济形势、环保产业、电石装备制造、煤化工产业的发展等规划内容展开了研讨,并分别对规划内容提出了专业性的指导意见和建议。

8月18日 陕西省政协副主席李东玉,省政协常委、人资环委主任周玉明一行在榆林市政协副主席张北平和神木县县长封杰、神木县政协主席高云霄等陪同下来北元集团考察调研。

8月26日 陕西省作家协会副主席、延安大学文学院院长、《路遥传》作者梁向阳教授做客北元集团,并为干部职工举办了一场精彩的讲座。

同日 北元集团成功入围2015中国化工500强企业,位列第170名。

9月2日 陕西省副省长姜锋来公司考察调研。

9月1—3日 北元集团在第十届榆林国际煤炭暨能化装备技术博览会上交流了能化技术装备及相关产品等。

9月21—22日 在中国氯碱工业协会第十五次会员大会暨十届一次理事会上,北元集团当选为中国氯碱工业协会第十届理事会副理事长单位。

9月25日 北元集团荣获"全国石化行业两化融合优秀实践奖"。

本月 北元集团水泥有限公司上报的"100%电石渣水泥生产线电石渣输送系统的工艺设备优化改造项目"获得2015年陕西省建材行业技术革新奖二等奖。

10月17日 中共榆林市委常委班子"严以用权"第一次专题研讨会在北元集团召开。

10月28—29日 北元集团总经理史彦勇,总经理助理刘建国、刘延财参加第四届中国国际氯碱大会。

11月11—13日 北元集团组织参加在西安绿地笔克国际会展中心举办的陕西省省属国有企业优秀文化成果展。

11月30日 北元集团召开2015年第三次股东会暨董事会会议。会议审议通过了关于2016年度日常关联交易、关于置换10亿元融资租赁借款、关于购置车辆、关于开展"票据池"综合业务、关于调整公司组织机构等10项议案。

2016年

1月15日 北元集团二届二次职代会暨2016年工作会召开,回顾了2015年取得的成绩,分析了存在的问题,对2016年面临的形势进行了分析,全面部署了2016年的工作。

同日 在中国石油和化学工业联合会、中国化工报社主办的美丽化工——风云"十二五"精英评选颁奖仪式上,北元集团荣获最具竞争力企业奖项。

3月10日 中国氯碱工业协会副理事长、北元集团总经理史彦勇赴成都参加中国氯碱工业协会十届二次理事会,并作了交流发言。

3月15日 北元集团荣获榆林市总工会2015年度工会工作先进单位荣誉称号。

4月5日 北元集团SG7型PVC树脂一次性下线成功。

5月 北元集团工会被中华全国总工会授予"模范职工之家"荣誉称号。

6月15日 北元集团召开2016年第一次股东会。会议审议通过了2015年度财务决算报告、2016年度财务预算报告、2016年基本建设项目投资计划等议案,还审议通过了关于购买锦源化工自然人股东股权的议案、关于增加注册资本的议案和关于公司整体变更设立股份有限公司等议案。

6月30日 北元集团召开纪念建党95周年表彰大会暨纳新预备党员宣誓仪式。

本月 北元集团入围2016年中国化工企业500强,位列第178名。

7月12日 陕西省政协主席韩勇一行,在榆林市政协主席刘春桥,神木县政协主席高云霄等陪同下来北元集团考察调研。

本月 北元集团第三届职工家属夏令营活动举行。

8月4日 全省易制毒化学品监管工作会议及观摩活动在北元集团举行。

8月30日 北元集团荣获"第三届全国石油和化学工业新闻宣传工作先进单位"称号。

8月31日 陕西省省委统战部副部长白慧芳一行来北元集团调研指导工会工作。

9月21—23日 由中国氯碱工业协会和中国氯碱网主办、北元集团协办的第五届中国国际氯碱会议在西安召开。北元集团董事长刘国强、总经理史彦勇应邀出席。

9月22日 陕西省宋庆龄基金会副主席尹维祖来北元集团参观调研。

9月29日 北元集团2016年第三次股东会暨第二次董事会会议召开。董事会会议审议通过了锦源化工2016年技改项目、公司2016年零星技改项目及购置通勤车辆等7项议案。股东会会议听取了公司1—8月份生产经营情况汇报,审议通过了关于提请股东会豁免董事会提前通知召开2016年第三次股东会会议及固定资产报废等议案。会议还审议通过了关于更换部分监事会成员的议案,同意王胜勇、何怀斌、雷波担任北元集团监事,张增昌、王凤义、韩虎威不再担任北元集团监事。

10月21日 第十一届中国艺术节北元分会场在北元集团职工活动中心开幕。

10月28日 全国政协副主席、农工党中央常务副主席刘晓峰,在陕西省政协党组成员、副主席张社年,榆林市政协主席刘春桥,神木县政协主席高云霄,神木县锦界管委会主任王外斌等陪同下,来北元集团对生态文明建设进行专题调研。

本月 北元集团锦源化工有限公司成功入列国家发改委公布的第六批电石行业准入名单。

本月 北元集团水泥有限公司在2016年全国第十五次水泥化学分析大对比中荣获"全合格"奖。

11月12日 北元集团SG5型消光树脂下线,标志着树脂特色序列产品再添新成员。

11月19日 北元集团当选陕西省煤炭工业协会常务理事单位,董事长刘国强当选协会常务理事。

11月22日 中共陕西北元化工集团有限公司第二次代表大会召开。会议回顾了中共陕西北元化工集团有限公司第一届委员会成立以来所取得的成绩，分析了存在的不足和问题，对今后5年党委主要工作作了安排部署。

11月23日 北元集团召开安全文化建设项目总结会。国家安全监管总局安全总监、政策法规司司长支同祥，国家安全监管总局技术研究中心副主任贺定超，陕西省安监局副局长郑永刚，榆林市安监局局长刘亚忠等领导参加了会议。

本月 北元集团通过国家工信部两化融合管理体系贯标认证，标志着公司两化融合管理体系的完整建立和运行。

本月 北元集团荣登榆林市"诚信纳税人红榜"。

12月15日 陕西省委常委、组织部部长张广智，在榆林市委副书记高中印、组织部部长陈宁，神木县委副书记蔡文东、组织部部长王道山等陪同下，来北元集团考察调研。

同日 北元集团荣获"2016年中国石油和化工行业供应链管理十佳企业"称号。

2017 年

1月18日 北元集团参加由榆林市政府组织的全市制盐和盐化工企业座谈会。

同日 北元集团二届三次职代会暨2017年工作会召开。总经理史彦勇作了题为"科学管理 提质增效 居安思危 创新发展 为推动企业上市而努力奋斗"的工作报告，并与各分、子公司负责人签订了《2017年度经营业绩责任书》《2017年度安全生产责任书》。公司党委书记、董事长刘国强作了总结讲话。

1月27日 农历春节除夕，北元集团党委书记、董事长刘国强，总经理助理刘延财到各分、子公司，看望慰问春节期间坚守岗位的员工，并送去亲切的问候和节日礼品。

本月 北元集团党政领导在新春佳节来临之际，先后走访慰问了4户困难职工家庭。

2月9日 北元集团举行科技图书室成立暨揭牌仪式。

本月 在国家统计局陕西调查总队下发的《关于表彰2016年度全省采购经理调查工作先进单位及先进个人的通报》中，北元集团获得"国家统计局全省采购经理调查工作先进单位"殊荣。

3月6日 北元集团在神木县纳税企业评选中综合排名第三，荣获"2016年度神木县纳税先进企业"称号。

3月7日 北元集团2017年党建暨党风廉政建设工作会议召开。会议全面分析总结了公司2016年党建暨党风廉政建设工作情况，安排部署了2017年工作。

3月8日 北元集团消防队受邀参加榆林市消防支队联合辖区各消防队及周边企业消防队，在榆横工业园区中煤陕西榆林能源化工有限公司开展的煤化工企业灭火救援实战拉动演练。

3月23日 北元集团2017年第一次股东会暨董事会会议召开。董事会会议审议通过了2016年度财务决算报告、2016年度项目建设及技改项目实施情况报告以及关于完成

2017年度经营目标奖励等16项议案。股东会会议审议通过了新建15万吨/年PVC填平补齐技改项目、公司2017年度日常关联交易计划以及关于公司整体变更设立股份有限公司方案等10项议案。

4月15日　北元集团"消光SG3"型和"消光SG8"型树脂成功下线。

4月17日　北元集团"北元牌"高纯氢氧化钠产品蝉联"陕西省名牌产品"殊荣。

本月　北元集团被评为陕西省企业信用协会AAA联盟会员单位。

5月2日　榆林市委书记戴征社，神木县县长封杰，神木县锦界工业园区管委会主任王外斌等一行来北元集团调研。

5月5日　北元集团第一种低聚度聚氯乙烯"BY650"树脂成功下线，该树脂是继"消光"类型树脂后的全新低聚合型树脂，在聚氯乙烯系列产品中位列第十一位。

5月12日　第十一届全国政协常委、提案委员副主任、中国煤炭工业协会会长王显政等部分提案委员会委员一行16人，在陕煤集团总经理严广劳，榆林市政协主席刘春桥、市政协副秘书长刘培禄、市政协提案委主任王国伟，神木县锦界工业园区管委会主任王外斌等的陪同下，来北元集团考察调研全民健身和减盐计划、盐化工及煤炭清洁高效利用的有关情况。

6月21日　陕西北元化工集团股份有限公司创立大会暨第一次股东大会、第一届董事会第一次会议、第一届监事会第一次会议召开。股份有限公司创立大会暨第一次股东大会审议通过了关于设立陕西北元化工集团股份有限公司等8项议案，由现有全体股东作为发起人，将公司整体变更设立为股份有限公司。第一届董事会第一次会议审议通过了关于选举股份公司第一届董事会董事长等5项议案，选举产生了第一届董事会董事长，聘任了总经理、副总经理、财务总监、董事会秘书，任期3年。第一届监事会第一次会议审议通过了关于选举股份公司第一届监事会主席的议案，选举产生了第一届监事会主席，任期3年。

7月13日　在国家工业和信息化部网站发布的第三批全国工业领域电力需求侧管理示范企业名单中，北元集团榜上有名，成为第三批全国工业领域电力需求侧管理陕西省唯一获批示范企业。

7月16日　陕西北元化工集团股份有限公司成立揭牌仪式举行。

8月1日　在西安召开的陕西省工业企业质量品牌培育推进会上，北元集团被授予"2016年度陕西省质量标杆'推广全面质量管理实践经验'单位"。

8月4—7日　在渭南市举行的陕西省第一届全民健身运动会"春华杯"五人制足球比赛（行业组）中，北元集团代表陕煤集团参加比赛并荣获第五名（二等奖）。

8月7—8日　北元集团工会开展"洪水无情、北元有爱"的爱心募捐活动，为绥德、子洲受灾群众献上一份爱心，共募捐20万元。

8月19日　北元集团党委书记、董事长刘国强应邀赴浙江乌镇参加主题为"迈向云端，创变未来"2017中国企业互联网大会。

8月31日　北元集团党委书记、董事长刘国强应邀赴浙江宁波参加陕西-长三角地区现代化工产业链协作配套推介会。

本月　一艘装有中国北元集团PVC产品的巨轮停靠在非洲尼日利亚拉各斯港口，标志着中国北元集团PVC产品迈入非洲消费市场。

本月 在榆林市国家税务局对纳税企业进行的评选中,北元集团再度被评为"A级信用等级纳税人"。北元集团已连续3年获此荣誉。

本月 北元集团被评为"2017年度陕西省安全文化建设示范企业"。

9月6日 在江西瑞昌召开的2017年中国石油和化工企业500强发布会上,北元集团蝉联"中国化工企业500强",位列第176位。同时,在新发布的2017中国基础化学原料制造业百强企业排行榜中,北元集团位列第45位。

9月13日 在河南郑州举行的全国塑料标准化技术委员会聚氯乙烯产品分会2017年年会上,北元集团被授予"全国聚氯乙烯行业标准化工作先进单位"称号。

9月19日 北元集团2017年聚氯乙烯产品质量交流会在杭州举办。

本月 北元集团入选"2017年第一批绿色工厂建设示范企业",成为陕西省3家入选企业中唯一的化工企业。

10月11日 北元集团全面启动化工过程安全管理工作。

10月19日 陕西化工集团有限公司危险与可操作性分析(HAZOP)交流研讨会在北元集团举行。

10月20日 国务院安委办第25检查组到北元集团督查安全工作。

同日 北元集团被汉阴县人民政府授予安康市汉阴县精准扶贫先进单位荣誉称号。

10月24日 北元集团党委书记、董事长刘国强一行赴陕煤集团铜川矿业公司对标学习。

11月2日 北元集团召开专题会议传达学习党的十九大精神。会议主要从大会盛况、报告精神、党章修改情况、中央领导同志参加陕西团讨论讲话精神、陕煤集团贯彻十九大精神有关要求5个方面,传达了党的十九大精神和陕煤集团关于学习贯彻党的十九大精神的安排部署。

11月9日 北元集团举行2017年冬季越野赛。

11月14日 陕西省副省长张道宏一行到北元集团调研高新技术发展情况。

11月16日 党的十九大精神进企业正高级政工师宣讲团陕煤集团宣讲组到北元集团举办宣讲报告会。

11月27日 北元集团水泥有限公司通过国家安监总局"安全生产标准化一级企业"达标验收。

11月29日 陕西北元化工集团股份有限公司第一次临时股东大会、第一届董事会第三次会议在西安召开。股东大会审议通过了《关于修订陕西北元化工集团股份有限公司章程》《关于开展员工持股改革并相应增加公司注册资本》《关于陕西北元化工集团股份有限公司股东大会议事规则》等9项议案。董事会会议审议通过了《关于流动资金借款》《关于计提部分固定资产减值准备》等12项议案。

本月 北元集团水泥有限公司在2017年"弘朝科技杯"全国第十六次水泥品质指标检验大对比中荣获"全合格奖"。

12月5日 北元集团编号"BY-PJ1101"的氢氧化钠将从青岛市的黄岛港发往越南。

12月22日 由国家安监总局、中国石化联合会指导,中国化学品安全协会、中国化工报社、北元集团主办,湖北三宁化工股份有限公司冠名的第三届全国危化品安全知识竞赛总决赛在北元集团职工活动中心举行。公司代表队获得二等奖。

本月 北元集团 BY1800 和 BY2500 特种树脂分别在包装 A 线包装完成,为公司 2017 年特色产品序列建设工作画上圆满句号。

本月 在江苏省泰兴市召开的第四届中国石油和化工行业供应链发展大会上,北元集团副总经理李子景荣获"2017 年中国石油和化工行业供应链管理十佳人物"称号。

2018 年

1 月 16 日 在全国石油和化工行业新闻宣传工作会议上,北元集团被评为"全国石油和化工行业新闻宣传工作先进单位";党委副书记、纪委书记赵世强被评为十佳企业媒体领导人。热电分公司张庆丰图片新闻《北元化工将培训"课堂"搬进检修现场》获得一等奖,党群工作部王秧秧撰写的通讯《田燕龙——原料供应战线上的卫士》、马薇撰写的通讯《北元集团——两化融合释放新动能》荣获三等奖。

同日 由中国石油和化学工业联合会指导、中国化工报社主办的在北京举行的"2017 年度中国石油和化工行业十大新闻暨行业影响力人物"发布会上,北元集团被评为"2017 年度中国石油和化工行业公民楷模榜最具社会责任企业"。

1 月 19 日 北元集团二届四次职代会暨 2018 年工作会召开。

1 月 20 日 在北京人民大会堂举行的以"新时代、新企业、新金融、新实业"为主题的第十五届中国企业发展论坛会上,北元集团被授予"2017 年度中国成长力企业百强"荣誉称号。

2 月 2 日 北元集团铁路专用线正式开通运营。

同日 北元集团党委副书记、纪委书记赵世强代表公司党政深入精准扶贫结对帮扶点——安康市汉阴县双河口镇梨树河村看望慰问贫困户代表、贫困学生和驻村扶贫工作队员。

2 月 6 日 北元集团第一届董事会第五次会议、2018 年第一次临时股东大会及第一届监事会第三次会议召开。会议回顾了公司 2017 年取得的成绩,分析了存在的问题,对公司 2018 年面临的形势进行了分析,全面部署了 2018 年的工作。大会对公司领导班子及班子成员进行了民主评议,选举产生了公司职工监事,并为 2016—2017 年度劳动模范以及 2017 年度先进集体和先进个人颁奖。

2 月 11 日 北元集团审议通过了《关于为女职工发放卫生护理费的提案》和《关于为女职工进行"两癌"筛查并购买女职工特殊疾病保险的提案》。

2 月 12 日 神木市(2017 年 10 月神木县改市)市长封杰,副市长、公安局局长秦小军,副市长龚兴中,榆神工业区管委会主任李文林一行来北元集团对安全生产情况进行了检查,并向坚守在生产一线的员工表达了新春的祝福。

2 月 13 日 由北元集团工会牵头、工会文艺协会书画社组织的"笔墨飘香迎新春"送春联进厂区活动圆满结束。

本月 北元集团党委书记、董事长刘国强,总经理史彦勇,工会主席郭宏福,工会副主席折荣强等领导以及各分、子公司工会负责人分别对困难职工进行了走访慰问。

3 月 1 日 陕西省地方税务局副局长郭章献一行,在榆林市地税局局长雷健、副局长李轩，神木市副市长汪洋及地税局局长王涛的陪同下，来北元集团考察调研。

3月1—2日 北元集团举办"花灯闹岁·福满北元"职工手工灯笼展及免费送汤圆活动。

3月6日 北元集团举行"智慧女性·书香人生"读书赠书仪式，共赠送书籍50余本。

3月14日 北元集团BY2100树脂和BY3000树脂相继下线，标志着公司提品质、增品种、创品牌"三品"战略工作迈入新阶段。

3月15—16日 北元集团董事长刘国强作为陕西省煤炭工业协会常务理事受邀赴咸阳市参加陕西省煤炭工业协会三届三次理事会。

3月19日 北元集团2018年党建暨党风廉政建设工作会议召开。会议传达了陕煤集团2018年党建工作会议、党风廉政建设暨纪检监察工作会议精神，与各分、子公司党委负责人及财务管理部、营销物流部、采购供应部党支部书记分别签订了2018年党风廉政建设目标责任书。

3月28日 在西安召开的陕西省企业信用协会年会暨2017年（第13届）陕西省诚信奖颁奖会上，北元集团被授予"2017年度陕西省创新管理示范企业"荣誉称号，党委书记、董事长刘国强被评为"2017年度陕西省创新人物"。

3月31日 北元集团召开第一届董事会第六次会议。大会审议通过了《关于陕西北元化工集团股份有限公司2017年度财务决算报告的议案》《关于陕西北元化工集团股份有限公司2017年度日常关联交易发生情况的议案》《关于陕西北元化工集团股份有限公司2018年度日常关联交易情况预计的议案》《关于陕西北元化工集团股份有限公司计提部分固定资产减值准备的议案》《关于与陕西煤业化工集团财务有限公司签订〈金融服务协议〉的议案》等9项议案。

4月2日 在陕煤集团2018年"两联一包"扶贫工作会上，北元集团被授予2017年度"'两联一包'扶贫工作先进单位"荣誉称号。公司扶贫工作队队员贺磊被评为"优秀驻村第一书记"。

4月12日 陕西省政府研究室副主任王决胜一行10余人，在神木市市长封杰等陪同下，到北元集团调研了解第一季度经济运行情况。

4月21日 2017年度股东大会在北元集团召开，公司全体股东参加了会议，董事、监事、上市中介机构有关人员及公司部分领导成员列席了会议。会议由董事长刘国强主持。大会审议通过了《关于陕西北元化工集团股份有限公司2017年度财务决算报告的议案》《关于陕西北元化工集团股份有限公司2017年度日常关联交易发生情况的议案》《关于陕西北元化工集团股份有限公司2018年度日常关联交易情况预计的议案》等8项议案。

4月27日 在陕西宾馆大礼堂举行的由陕西省国资委、省总工会主办，陕煤集团承办的"礼赞劳动者·奋进新时代"五一汇报文艺演出会上，北元集团党委书记、董事长刘国强，总经理史彦勇，工会副主席、综合管理部部长折荣强与获奖代表参加并观看了演出。会上，北元集团化工分公司被评为陕煤集团2016—2017年度文明单位，规划发展部党增琦被授予陕煤集团2016—2017年度"劳动模范"称号、化工分公司辛波被授予陕煤集团"陕煤工匠"荣誉称号，并受到表彰。

4月28日 在陕西宾馆大礼堂召开陕西省庆祝"五一"国际劳动节暨表彰大会，省委书记、省人大常委会主任胡和平，省委副书记、省长刘国中等领导出席会议并为陕西省五一劳动奖和陕西省工人先锋号颁奖。北元集团党委书记、董事长刘国强参加了会议，北元集团化工分公司动力检修分厂303电仪班组荣获"2018年陕西省工人先锋号"称号。

本月 围绕系统大检修工作，北元集团党委组织开展了"党员亮身份 实干当先锋"主题实践活动。

5月11—15日 北元集团派员参加了第三届丝绸之路国际博览会暨中国东西部合作与投资贸易洽谈会。

5月15日 由加拿大、澳大利亚、罗马尼亚、以色列、土耳其、埃及、巴基斯坦、越南、缅甸等丝绸之路沿线国家政治、经济、文化、教育领域的11名知名人士及中央广播电视总台国际在线20余名记者组成的"2018丝路大V榆林行"采访团来北元集团采访采风。公司工会主席郭宏福等陪同接待。

5月18日 在陕煤集团召开的第五届科技创新表彰大会暨科技创新推进会上，北元集团党委书记、董事长刘国强，总经理史彦勇参加了会议。公司荣获2014—2017年度"科技工作先进单位"和"知识产权先进单位"两项大奖，生产技术部技术中心荣获"科技创新先进团队"荣誉称号。公司还获得陕煤集团2014—2017年度科技进步奖一等奖1项，二等奖2项，三等奖6项；专利奖二等奖2项，三等奖1项；论文奖三等奖2项；职工创新成果奖三等奖2项。

5月23日 陕西省水利厅副厅长张玉忠一行在榆林市水务局局长贺文元、神木市副市长贺若玉等陪同下，来北元集团检查考核2017年度水资源管理制度落实情况，党委书记、董事长刘国强，总经理助理刘延财等汇报接待。

6月1—30日 以"生命至上、安全发展"为主题的安全生产月活动在北元集团全面开展。

6月14日 由榆林市安监局组织、北元集团主办的以"生命至上、安全发展"为主题的榆林市危化企业安全文化辩论展示赛在公司举行。

6月20日 北元集团受邀参加在上海举办的第三届中国石化行业采购大会，公司副总经理李子景被中国石化联合会供应商工作委员会聘请为"石化行业供应链管理专家"。

6月21日 北元集团举办2018年安全知识竞赛。

6月26日 陕西化工集团成本管理工作现场会在北元集团举办。

6月26—27日 北元集团隆重举行公司成立十五周年暨股份公司成立一周年庆典活动。

7月3日 国家科技部党组成员周长奎一行在陕西省科技厅副厅长林黎明、榆林市人民政府副秘书长郝海东、神木市市长封杰、锦界工业园区管委会副主任李文林等陪同下，来北元集团调研。

7月7日 北元集团超消光树脂（BYCX-5）成功下线，将聚氯乙烯树脂产品序列由16种增加至17种。

7月13日 北元集团召开2018年科技创新工作大会。

7月14日 "陕西北元化工集团股份有限公司科技研发中心"举行揭牌仪式。

7月16日 北元集团召开上半年经营分析暨追赶超越汇报点评会。

7月19日 陕西省人民政府参事室一行5人来北元集团调研。

7月26日 咸阳市能源化工产业发展办公室党工委副书记、主任刘爱平带领的考察团一行40余人，在榆林市人民政府副秘书长高光耀、榆林市工信局局长柴小平等陪同下，来北元集团参观考察。

同日 陕西省国资委副主任王浩生、副调研员叶心瑜一行在陕煤集团企业管理部副经理郝静陪同下，来北元集团调研指导工作。

7月24—27日 中国煤矿职工第一届"乌金杯"五人制足球赛暨"中国足球发展基金会杯"中国职工足球联赛在辽宁省大连市举行。北元集团代表陕煤集团参加了此次比赛，最终以7战全胜的优异成绩获得冠军。

7月26—27日 在云南昆明举行的第三十七次全国石油和化工行业质量管理小组代表大会上，北元集团化工分公司聚氯乙烯二分厂汇报的以"匠心聚合，釜彩人生"为主题的质量信得过班组成果，荣获质量信得过班组"优胜杯"。

本月 北元集团举办了第五届职工家属夏令营，近600个家庭、约640名职工子女参与。

8月1日 陕西省工商联副主席郭慧娥一行6人，在榆林市工商联副主席张修前，神木市市委常委、统战部部长李文江，榆林市委统战部副部长、工商联党组书记李胜雄及神木市各大型企业负责人的陪同下，来北元集团调研。

8月17日 在国务院国资委召开的国企改革"双百行动"动员部署视频会议上，北元集团党委书记、董事长刘国强，董事会秘书刘建国作为陕西省"双百企业"入围企业代表，在陕西省国资委分会场参加了会议。

同日 陕西化工集团公司首届环保知识竞赛在陕化集团有限公司举办，北元集团荣获二等奖。

8月22日 榆林市政协经济委主任乔海鹏带领市政协经济委一行，在神木市副市长席拓、政协副主席李淑梅及政府相关部门领导陪同下，来北元集团调研盐化产业转型升级发展工作。

同日 北元集团党委副书记、纪委书记赵世强深入对口扶贫联系点安康市汉阴县双河口镇梨树河村，对产业项目推进情况进行了调研。

8月24—25日 北元集团举办管理干部企业文化专题培训。

8月30日 北元集团举办第三届职工夏季游泳比赛活动。

本月 在上海市浦东新区举行的2018年中国石油和化工企业500强发布会暨创新与引领——中国石油和化工大型企业高峰论坛上，北元集团蝉联"中国石油和化工企业500强"，位列第153位，较2017年上升23位。在发布的2018中国基础化学原料制造业百强企业排行榜中，北元集团位列第43位。

本月 在宁夏银川召开的由中国石油和化学工业联合会举办的2017年度石油和化工行业能效"领跑者"发布会上，北元集团作为电石法聚氯乙烯生产"2017年度能效领跑者标杆企业"受邀参加了会议。

9月10日 北元集团召开2018年质量工作大会。

9月12日 陕西省贸促会党组书记、会长薛华一行7人，在神木市市长封杰、神木市锦界管委会副主任李文林等领导的陪同下，到北元集团开展外向型经济调研活动。

同日 北元集团参加第十三届榆林国际煤炭暨高端能源化工产业博览会。

9月20日 榆林市双重预防机制建设工作现场观摩会在北元集团顺利举行。

9月29日 北元集团召开第一届董事会第九次会议。

10月9日 中国石油和化学工业联合会会长李寿生在陕煤集团副总经理尚建选和陕煤集团总经理助理、化工集团董事长兼总经理梁玉昆等陪同下，到北元集团调研指导工作。

10月10日 北元集团党委书记、董事长刘国强，工会主席郭宏福、副主席折荣强等深入对口帮扶村神木市锦界镇乔巴泥沟村进行走访调研。

10月12日 "北元杯"第四届全国危险化学品安全知识竞赛复赛（东部区）在山东潍坊盛大开幕。北元集团党委书记、董事长刘国强，党委副书记、纪委书记赵世强等出席开幕式。

10月16日 北元集团召开质量系统提升项目启动大会。

10月19日 北元集团产品超消光树脂BYCX-3首次下线，将聚氯乙烯树脂产品序列由17种增至18种。

10月15—19日 北元集团举办职工岗位技能比武大赛，400余名职工参加了大赛。

10月24日 陕西省金融办主任苏虎超及相关处室负责人一行在榆林市金融办主任葛三喜、神木市市长封杰、神木市副市长刘亚萍、神木市金融办副主任张健陪同下，来北元集团调研指导上市工作。

10月24—26日 在湖南省张家界市召开的2018年氯碱分会第四届、聚氯乙烯产品分会第九届三次会议暨氯碱行业质量工作交流会上，北元集团被授予"全国聚氯乙烯行业标准化工作先进单位"，生产技术部被评为"全国氯碱企业质检工作先进单位"。

10月29—30日 在西安举行的2018中国文化管理协会企业文化管理年会暨第五届"最美企业之声"展演活动中，北元集团荣获"改革开放40周年企业文化建设标杆单位"荣誉称号，党委副书记、纪委书记赵世强荣获"企业文化突出贡献人物"称号。

11月5日 在上海国家会展中心举办的首届中国国际进口博览会上，北元集团受邀跟随陕西代表团参加了博览会。

11月9日 陕西省煤炭生产安全监督管理局、陕西煤炭安全监察局、陕西省煤炭工业协会在西安市召开的陕西省煤炭工业志发行仪式暨第二轮煤炭系统修志工作先进单位、先进个人表彰和名矿志编纂工作推进会，会上北元集团荣获"陕西煤炭工业志第二轮修志工作先进单位"称号，公司党委副书记、纪委书记赵世强荣获"先进个人"称号。

11月15日 北元集团入围榆林市国家税务局发布的2018年诚信纳税人"红榜"名单，并再度被国家税务总局榆林市税务局评为"A级信用等级纳税人"。

11月24—25日 在山西太原召开的2018石油和化工行业领袖峰会暨《中国化工报》理事会第十四次年会上，北元集团荣获中国石油和化学工业改革开放40周年"勇立潮头榜样"奖。

11月28日 北元集团举办2018年冬季越野赛，共有600余人参加此次活动。

11月29日 由陕煤集团陕西化工集团有限公司主办、北元集团承办的安全文化建设经验交流会在北元集团隆重举行。

12月5日 北元集团党委书记、董事长刘国强，党委副书记、纪委书记赵世强一行15人，深入公司包联的安康市汉阴县双河口镇梨树河村开展"主题党日+助力精准扶贫"

活动。

12月5—6日 北元集团党委书记、董事长刘国强，党委副书记、纪委书记赵世强带领党群系统一行，赴渭河煤化工集团有限公司和铜川矿业有限公司进行对标学习。

12月7—8日 在新疆乌鲁木齐召开的纪念改革开放40周年中国石油和化学工业企业文化促进大会上，北元集团荣获"中国石油和化学工业企业文化建设先进单位"称号。

12月15日 在北京会议中心举行的2018全国国企管理年会暨"全国国企管理创新年度成果"发布仪式上，北元集团党建工作创新典范案例成果《"北元模式"开辟混合所有制企业党建新途径》荣获一等奖。

12月16日 北元集团召开"讲政治、敢担当、改作风"专题教育动员会。

12月20日 陕西省副省长赵刚、省政府副秘书长兰建文、省科技厅副厅长兰新哲一行，在榆林市市长李春临、副市长张胜利，神木市市长封杰，锦界管委会副主任李文林等领导的陪同下来北元集团考察指导工作。

12月26日 北元集团召开集中开展违规收送礼金问题专项整治工作动员部署会。

12月27日 榆林市委常委、常务副市长张凯盈，市政府副秘书长崔岭一行，在神木市常务副市长高景林、锦界开发区管委会副主任李文林等领导的陪同下来北元集团检查指导工作。

12月28日 北元集团隆重举办"聚和天地人·盛世北元情"2019年元旦文艺晚会暨2017—2018年度"最美员工"颁奖典礼。

2019年

1月10日 在陕煤集团召开的2019年安全工作会上，北元集团被评为2018年度安全标准化先进单位，化工分公司被评为安全生产先进公司，热电分公司被评为安全标准化先进公司，生产技术部、安全环保部被评为安全生产先进部门，北元集团消防队被评为安全先进应急救援队，水泥有限公司生产技术科熟料组一线运行四班、锦源化工有限公司热电分厂汽机检修班被授予先进班组荣誉称号，副总经理申建成、总经理助理刘延财、化工分公司经理叶鹏云、规划发展部聚合项目负责人雷强被授予安全生产先进工作者等多项荣誉称号。

1月11日 北元集团荣获"北元杯"第四届全国危化品安全知识竞赛三等奖。

1月15日 招商银行西安分行副行长胡永安一行，在招商银行榆林分行行长袁永进、副行长乔景林和冯晓鸿的陪同下来北元集团参观调研。

1月16日 北元集团二届五次职代会暨2019年工作会召开。

同日 在北京举行的"2019中国企业信用发展论坛暨第十届诚信公益盛典"上，北元集团被授予"中国AAA信用企业"荣誉称号，党委书记、董事长刘国强被授予全国优秀诚信企业家称号。

同日 北元集团党委副书记、纪委书记赵世强一行赴安康市汉阴县双河口镇梨树河村走访慰问贫困户。

1月18日 国家禁化武办副司长张卫、陕西省禁化武办副巡视员赵光梅一行6人，在榆林市禁化武办党组成员邱建国的陪同下，来北元集团调研禁化武履约工作。

1月19日 在北京举行的2018年度石油和化工行业新闻宣传工作会议上，北元集团被授予"全国石油和化工行业新闻宣传工作先进单位"称号。

同日 在北京举行的"2018年度中国石油和化工行业十大新闻暨行业影响力人物"发布会上,北元集团党委书记、董事长刘国强获"2018年度石油和化工行业影响力人物"荣誉称号。

1月31日 北元集团在国家环保部直属《环境杂志》面向全国开展的节能减排先进单位、先进个人推选活动中,被评为"十三五"节能减排先进单位,公司党委书记、董事长刘国强荣获"十三五"节能减排先进个人荣誉称号。

2月2—5日 北元集团党委书记、董事长刘国强,总经理史彦勇等公司领导,先后来到基层单位看望慰问节日期间坚守岗位的员工,为他们带来了节日的温暖和关怀,并致以诚挚的新年祝福。

2月18—19日 北元集团举办"团团圆圆吃汤圆 欢欢喜喜猜灯谜"元宵节系列活动。

2月21日 北元集团召开2018年度领导班子民主生活会。

2月23日 北元集团举行与榆林蒙西2019—2020年合作签约仪式。

3月5日 北元集团团委组织开展志愿者服务系列活动。

3月8日 北元集团召开2019年党建暨党风廉政建设工作会议。

3月7—8日 北元集团组织开展庆"三八"妇女节系列活动。

3月14日 由陕煤集团陕西化工集团副总经理吉秀峰带队的2018年度目标责任考核领导小组,就北元集团2018年度目标任务完成情况进行现场考核评价。

3月15日 北元集团召开第一届董事会第十一次会议、第一届监事会第四次会议。

4月8—19日 北元集团成功举办第四届"聚和杯"足球联赛。

4月17日 中共陕西北元化工集团股份有限公司代表会议召开,会议选举产生了出席中共陕西煤业化工集团有限责任公司第一次代表大会的代表。

4月23—26日 北元集团消防队荣获陕煤集团第六届矿山救援第三届消防救援及第一届医疗救护技术竞赛综合体能团体第一名以及团体一等奖。

4月29日 在陕西省土地工程建设集团召开的陕西省国资委团工委纪念五四运动100周年暨2018—2019年度团内表彰大会上,北元集团化工分公司乙炔分厂员工辛波获得2018—2019年度青年岗位能手荣誉称号,并作为优秀代表参加访谈。

5月3日 榆林市市委常委、常务副市长张凯盈带领榆林市安监局、神木市安监局等部门有关人员,对北元集团锦源化工电石生产安全工作进行类比督查。

5月10日 在陕煤集团召开的2019年精准扶贫工作推进会上,北元集团党委副书记、纪委书记赵世强获得"助力脱贫攻坚先进个人"荣誉称号,公司派驻双河口镇梨树河村的贺磊被评为"优秀驻村第一书记"。

5月11日 北元集团举办2019年第一期"北元大讲堂"。

5月13日 北元集团党委书记、董事长刘国强及副总经济师单建军作为受表彰企业代表受邀参加由榆林市政府主办的以"贸易—让榆林链接世界"为主题的榆商大会(西安)经贸合作洽谈会。

5月15日 省政协副主席、党组副书记祝列克,省政协常委、港澳台侨和外事委员会主任张雷带领港澳台侨和外事委员会委员一行40余人,来北元集团考察调研。

5月16日 陕西省工业和信息化厅总工程师崔跃民一行莅临北元集团参观调研。

同日 在西安柞水召开的陕煤集团2019年财务专项工作推进会上，北元集团荣获压降有息负债工作先进单位一等奖，财务信息化规范运行先进单位一等奖，财务管理工作先进单位二等奖。

5月17日 北元集团召开第一届董事会第十三次会议。

5月23日 陕西化工集团设备点检管理对标会在北元集团召开。

5月24日 在陕煤集团举办的"青春心向党·逐梦陕煤新发展"主题诵读比赛暨优秀青年表彰大会上，北元集团科技研发中心熊磊获得"陕煤集团首届十大杰出青年"荣誉称号，化工分公司安全环保科王飞荣获陕煤集团2017—2018年度"十佳青年安全岗位"提名奖，党群工作部张健和化工分公司综合管理科李周清获得陕煤集团2017—2018年度优秀共青团干部荣誉称号，化工分公司聚氯乙烯二分厂乙炔工段污水处理侯雄才、水泥有限公司输送设备检修徐瑞瑞、锦源化工公司碳化DCS操作工马丽分别获得陕煤集团2017—2018年度优秀共青团员荣誉称号。

5月29日 榆林市市委副书记、市长李春临一行到北元集团调研经济运行和民营经济发展情况。

5月30日 陕西省决策咨询委员会副主任、省人民政府原副省长吴登昌，陕西省决策咨询委员会工信组组长、延长石油原总经理张积耀等一行，来北元集团调研考察混合所有制经济发展情况。

6月3日 由中国化工报副总编辑李小亮带队的专家组一行12人来北元集团就能源化工"金三角"产业协同发展进行专题调研。

6月12日 陕煤集团党委书记、董事长杨照乾，企业管理部经理杜平一行，莅临北元集团检查指导工作。

6月14日 北元集团成功举办安全文化辩论展示赛暨安全知识竞赛。

6月19日 北元集团召开"不忘初心、牢记使命"主题教育工作会。

7月1日 北元集团举行《陕西北元化工集团股份有限公司志（2013—2018）》赠书发行仪式。

同日 北元集团隆重召开纪念建党98周年暨创先争优表彰大会。

7月2日 北元集团举行超低聚合度BY450聚氯乙烯树脂下线仪式。

7月8日 北元集团召开干部大会，任命赵世强为陕西北元化工集团股份有限公司党委副书记、工会负责人，郭宏福为陕西北元化工集团股份有限公司党委委员、纪委书记，刘建国为陕西北元化工集团股份有限公司副总经理，刘延财为陕西北元化工集团股份有限公司副总经理，刘娜为陕西北元化工集团股份有限公司证券事务代表。

7月10日 陕西省国资委党委书记邹展业、巡视员吴苏平、办公室副主任张明亮一行，在陕煤集团党委书记、董事长杨照乾的陪同下，来北元集团开展"不忘初心、牢记使命"主题教育专题调研。

同日 陕煤集团纪委监察室综合派驻组组长杨胜利一行4人对北元集团2019年上半年党风廉政建设暨纪检监察工作情况进行督导检查。

7月11日 北元集团参与制定的《煤化工副产工业氯化钠》《煤化工副产工业硫酸钠》两项团体标准正式发布。

7月13日 在陕煤集团召开2019年二季度追赶超越汇报点评会上，北元集团获"突出"汇报点评单位。

同日 在陕煤集团召开2019年上半年经济运行分析会暨小企业改革推进会和2018年度优秀企业表彰大会上，北元集团荣获陕煤集团2018年度目标责任考核"优秀企业"称号。

7月15日 北元集团召开2019年上半年经营分析会。

7月19—22日 北元集团代表陕煤集团参加中国煤炭工业协会第二届"乌金杯"五人制足球联赛并取得第六名。

7月22日 北元集团举办第六届职工家属夏令营活动。

7月23日 陕西省国资委副巡视员法自领一行来北元集团对安全生产、消防和环境保护工作进行督查。

8月8日 国家应急管理部研究中心副主任、国家安全生产技术委员会（专家组）副秘书长贺定超来北元集团检查指导工作。

同日 北元集团召开"不忘初心、牢记使命"主题教育调查研究成果交流会，陕煤集团主题教育第四巡回指导组副组长杨胜利到会指导。

8月11日 在榆林传媒中心1号演播厅举行的榆林市2018年度"四上企业"主营业务收入排行榜新闻发布会上，北元集团及其所属子公司锦源化工有限公司成功入围"2018年度榆林工业企业主营业务收入百强"，北元集团位列榜单第四名。

8月12—16日 陕煤集团化工板块中层管理人员第一期管理能力提升培训班在北元集团举办。

8月12日 陕煤集团党委委员、副总经理尚建选来北元集团讲"不忘初心、牢记使命"主题教育专题党课。

8月14日 陕煤集团宣讲团到北元集团开展习近平新时代中国特色社会主义思想和党的十九大精神宣讲。

8月28日 北元集团召开第一届董事会第十六次会议。大会审议通过了《关于向神木市锦界镇乔巴泥沟村扶贫捐赠的议案》等4项议案。

同日 北元集团召开北元集团干部大会，聘任刘延财为陕西北元化工集团股份有限公司总经理，解聘史彦勇陕西北元化工集团股份有限公司总经理职务、李子景陕西北元化工集团股份有限公司副总经理职务。

8月29日 陕西化工集团副总经理张小军一行来北元集团对安全大排查大整治工作进行督查。

同日 北元集团召开领导班子"不忘初心、牢记使命"专题民主生活会。

9月2日 北元集团"一种氯碱含盐废水处理系统及方法"获国家发明专利权。

9月4—6日 北元集团参加第十四届榆林国际煤炭暨高端能源化工产业博览会。

9月5日 中债资信高级技术总监李志博、陕煤集团财务资产部经理袁景民一行莅临北元集团指导工作。

9月9日 北元集团举办质量系统提升成果发布会。

9月10日 陕煤集团总政工师、巡察领导小组办公室主任李永刚来北元集团作"不忘初心、牢记使命"主题教育专题讲座。

9月19日 北元集团举办"初心共筑中国梦 文化引领北元魂"管理人员企业文化演讲比赛。

10月11日 《陕西北元化工集团股份有限公司志（2013—2018）》被陕西省图书馆收藏。

同日 中国石油和化学工业联合会与中国化工企业管理协会联合发布了2019中国石油和化工企业500强榜单，北元集团蝉联"中国石油和化工企业500强"，位列第103位。

10月17日 陕煤集团总经理助理、陕西化工集团董事长梁玉昆，陕西化工集团副总经理吉秀峰一行到北元集团开展内部调研工作。

10月18日 陕西省委依法治省委员会办公室督察组副巡视员薛海军一行，在榆林市政府副秘书长韩玉堂、神木市副市长蔡峰等领导陪同下来北元集团调研指导工作。

10月21日 北元集团"一种实验室制备水泥熟料的方法"获一项国家发明专利。

10月23日 北元集团连续3年荣获"全国聚氯乙烯行业标准化工作先进单位"，生产技术部质量主任工程师张友平被评为"全国聚氯乙烯行业标准化工作先进个人"。

10月22日 陕西省慈善协会志愿服务艺术总团来北元集团慰问演出。

10月28日 北元集团申报的《设备点检与状态检修相结合助推设备安全高效运行》，荣获第十二届全国石油和化工企业管理创新成果一等奖。

11月1日 北元集团受邀参加石油和化工行业党建思想政治工作交流现场会暨七届三次理事年会。公司党委书记、董事长刘国强撰写的论文《培育新时代背景下混合所有制企业党建新模式》荣获二等奖。

11月5—10日 北元集团受邀参加第二届中国国际进口博览会。

11月12日 陕煤集团副总经理赵福堂一行来北元集团调研指导党建工作。

11月13日 陕西证监局副局长郭世明、监管处副处长房引宁一行，在榆林市地方金融工作局总经济师白兴文的陪同下，来北元集团调研指导上市工作。

11月14—15日 由中国安全产业协会安全文化建设专委会主办、陕西煤业化工集团股份有限公司和北元集团共同承办的全国企业安全文化建设经验现场会在北元集团成功举行。

11月14—16日 北元集团召开干部大会，会上宣读了关于张军锋等职务任免文件和技术职务人员聘任文件，新任职人员分别作了表态发言。

11月16日 北元集团在聚氯乙烯成品库举行变温树脂（BYBW2100、BYBW2500）、消光树脂（BYXG1800、BYXG2100、BYXG2500）下线仪式。

11月21—22日 由陕煤集团陕西化工集团有限公司主办、北元集团承办的安全知识竞赛在北元集团职工活动中心成功举办。

11月26日 北元集团荣获陕煤集团企业文化建设先进单位。

11月28日 北元集团举办2019年冬季越野赛。

12月4日 北元集团获得"安康市社会扶贫先进集体"荣誉称号。

同日 陕煤集团总政工师、巡查领导小组办公室主任李永刚一行，对北元集团2019年党风廉政建设责任制落实情况进行检查考核。

12月5日 北元集团党委书记、董事长刘国强参加大连商品交易所PVC期货免检交割品牌签约仪式。

12月7日 北元集团党委副书记、工会主席赵世强一行到公司对口帮扶村梨树河村调研指导脱贫攻坚工作。

12月11日 陕西煤炭工业协会会长朱周岐、秘书长赵晋国等一行来北元集团调研指导工作。

12月12日 北元集团党委书记、董事长刘国强,党委副书记、总经理刘延财一行赴帮扶村神木市锦界镇乔巴泥沟村捐赠慰问并走访调研。

12月14日 北元集团党委书记、董事长刘国强,党委副书记、总经理刘延财赴帮扶村梨树河村调研脱贫攻坚工作。

2020 年

1月1日 北元集团党委书记、董事长刘国强,副总工程师陈鹏、徐生智,以及党群工作部、安全环保部、生产技术部、营销物流部等相关人员,深入基层一线检查指导节日期间安全生产工作。

1月6日 北元集团正式通过国家循环经济标准化试点企业验收。

1月10日 北元集团召开三届一次职代会暨2020年工作会。

1月11日 在北京举行的2020年度石油和化工行业新闻宣传工作会议上,北元集团被授予"全国石油和化工行业新闻宣传工作先进单位"称号。

1月17日 北元集团党委书记、董事长刘国强,党委副书记、总经理刘延财,党委副书记、工会主席赵世强,工会副主席折荣强等领导以及各分、子公司工会分别对困难职工进行走访慰问。

1月24日 北元集团党委书记、董事长刘国强,党委副书记、总经理刘延财等公司领导,看望慰问春节期间坚守在生产一线的干部职工,送去了新年慰问品,并向他们致以节日的问候和新春的祝福。

1月25日 北元集团召开紧急会议布置新型冠状病毒肺炎疫情防控工作。

1月31日 北元集团组织召开疫情防控工作视频会议,对防控新型冠状病毒肺炎疫情工作进行再部署。

同日 神木市市长李世书一行,来北元集团检查指导新型冠状病毒肺炎疫情防控工作。

2月2日 北元集团党委书记、董事长刘国强,纪委书记郭宏福,副总工程师陈鹏,工会副主席、综合管理部部长折荣强等,深入后勤一线检查指导新型冠状病毒肺炎疫情防控及保障工作。

2月9日 榆林市委书记戴征社来北元集团检查指导疫情防控和安全生产工作。

同日 北元集团紧急生产27.96吨次氯酸钠原液(折合次氯酸钠消毒液5592吨)火速运往武汉地区,全力支援当地新型冠状病毒肺炎疫情防控工作。

2月12日 榆林市工信局局长柴小平检查指导北元集团疫情防控和复工复产工作。

2月14日 陕西恒源控股集团有限公司董事局主席孙俊良、董事长孙志忠及公司董事王凤君、监事王胜勇一行,来北元集团看望疫情期间坚守岗位的员工,并送来了慰问品。

2月18日 北元集团党委书记、董事长刘国强,党委副书记、总经理刘延财,纪委书记郭宏福，以及党群工作部、生产技术部等部门负责人，深入一线检查指导疫情防控和安全生产工作。

2月23日 北元集团党委书记、董事长刘国强，党委副书记、工会主席赵世强一行赴锦界火车站走访慰问。

同日 榆林市政府副秘书长高光耀一行来北元集团督导疫情防控和安全生产工作。

同日 北元集团党委书记、董事长刘国强到锦源化工检查指导疫情防控与安全生产工作。

2月26日 榆林市市长李春临一行来北元集团督导调研疫情防控和复工复产工作。

3月5日 陕西省政府口岸办专职副主任陶绍卿一行来北元集团帮扶督导企业复工生产工作。

3月6日 北元集团召开民营股东座谈会。

3月17日 北元集团召开2020年党建暨党风廉政建设工作会。

4月4日 北元集团组织全体员工为抗击新冠肺炎疫情牺牲和逝世的同胞哀悼，并下半旗志哀。

4月15日 北元集团召开第一届董事会第十八次会议、第一届监事会第七次会议。

4月24日 在陕煤集团召开2020年宣传思想视频工作会上，北元集团喜获宣传思想工作先进单位，党群工作部宣传主管马薇荣获宣传思想工作先进个人，化工分公司侯龙飞、锦源化工有限公司段阳阳获得优秀通讯员荣誉。

4月28日 陕煤集团巡视巡察专项治理第三督查组组长范武生一行，对北元集团突出问题专项治理工作进行督查。

4月29日 北元集团安排部署领导干部违规插手干预工程建设和矿产开发突出问题专项整治工作。

5月8日 在陕煤集团召开的抗击疫情和复工复产中作贡献的先进集体、先进个人暨2018—2019年度文明单位、劳动模范、陕煤工匠表彰视频大会上，北元集团荣获陕煤集团在抗击疫情一线和复工复产中作贡献先进集体、2018—2019年度文明单位，热电分公司副总工程师王雄获得陕煤集团"2018—2019年度劳动模范"荣誉称号，水泥有限公司设备管理科副科长张文功获得"2018—2019年度'陕煤工匠'"荣誉称号，营销物流部碱氯酸销售科科长苏国情被评为在抗击疫情一线和复工复产中作贡献先进个人、化工分公司氯碱分厂工艺工程师高海阳被评为"青年先锋"。

5月14日 陕煤集团纪委综合派驻纪检组组长杨胜利一行，到北元集团督导检查领导干部违规插手干预工程建设和矿产开发突出问题专项整治工作。

5月20日 北元集团召开2019年度股东大会。

5月27日 陕煤集团技术研究院、科技发展部办公室主任王苏健一行4人到北元集团开展科技工作调研。

5月29日 延安大学党委副书记田伏虎一行来北元集团洽谈校企合作事宜。

5月30日 北元集团举办领导干部学习习近平总书记来陕考察重要讲话专题学习班。

5月31日 北元集团团委荣获陕煤集团2018—2019年度五四红旗团委，化工分公司乙炔分厂团支部荣获陕煤集团2018—2019年度五四红旗团支部，公司团委书记张健被评为2019年度省国资委系统优秀共青团干部。

同日　北元集团举行2020年"安全生产月"启动仪式活动。

6月2—9日　北元集团举办第五届"青春杯"篮球联赛。

6月5日　北元集团环保卫生级SG-3型与SG-5型软树脂在化工分公司聚氯乙烯分厂和聚氯乙烯二分厂成功下线。

同日　陕煤集团党委第二巡察组入驻北元集团，并召开了巡察党委工作动员会，对公司开展为期两个月的政治巡察。

6月15日　陕西省地方金融监督管理局党组书记、局长苏虎超一行莅临北元集团调研指导。

同日　西咸新区丝路经济带能源金融贸易区副主任郁德强一行来北元集团参观考察。

6月18日　北元集团举办2020年安全知识竞赛暨第五届安全文化辩论展示赛。

6月24日　北元集团举办危险化学品泄漏事故企地联合应急演练。

7月2日　榆林市委常委、宣传部部长、常务副市长李博一行来北元集团调研应急管理工作。

7月11日　在陕煤集团召开的2020年上半年经济运行分析会暨2019年度优秀企业表彰大会上，北元集团荣获陕煤集团2019年度目标责任考核"优秀企业"称号。

7月14日　北元集团召开上半年经济运行点评会暨战疫先锋表彰会。

7月22日　北元集团顺利签订首单26吨PVC出口贸易跨境人民币结算业务合同。

7月23日　生态环境部西北督查局局长袁道凌一行来北元集团调研指导环保工作。

7月25日　北元集团甘氨酸中试装置产品成功下线。

7月29日　陕煤集团企业管理部副总经理高志兴、化工事业部副总经理史彦勇一行11人，来北元集团调研物资集中采购工作。

7月31日　北元集团举办"立足岗位、创新创效"演讲比赛。

8月17日　在陕煤集团召开的学习贯彻习近平总书记来陕考察重要讲话暨决战决胜2020年脱贫攻坚工作座谈会上，北元集团被评为陕煤集团助力脱贫攻坚工作优秀单位，公司扶贫办主任赵世强荣获助力脱贫攻坚工作先进个人，贺磊荣获助力脱贫攻坚优秀驻村干部。

8月18日　陕煤集团对北元集团巡视巡察整改工作进行中期考核评估。

8月21日　淮北矿业集团党委书记、董事长方良才一行来北元集团交流座谈。

同日　陕煤集团以案促改工作督导检查第二组组长仝迎春一行，到北元集团检查指导以案促改工作。

8月23日　北元集团荣获2020商业创新大会数智化转型最佳实践奖。

8月31日　北元集团党委召开以案促改专题民主生活会，陕煤集团以案促改专题民主生活会指导组副组长仝迎春到会指导。

本月　北元集团开展管理干部"读书分享月"活动。

9月3—4日　陕西化工集团应急（消防）管理对标提升现场会议在北元集团召开。

9月4日　北元集团水泥有限公司申报的"降低水泥中水溶性六价铬的应用研究"项目荣获2020年第十四届陕西省建材行业技术革新奖二等奖，"水泥磨系统升级改造""冷气机在配电室的应用""球磨机滑履稀油站高压油泵的改进"项目分别获得三等奖。

9月8日　北元集团召开2020年质量工作大会。

同日　北元集团参加第十五届榆林国际煤炭暨高端能源化工产业博览会。

9月10日　北元集团牵头编制的两项电石行业团体标准正式发布。

9月14—18日　北元集团举行第六届岗位技能比武大赛。

9月17日　北元集团荣获陕煤集团化工企业环保知识竞赛一等奖。

9月23日　北元集团工会举行2020年"金秋助学"活动。

10月20日　北元集团在上海证券交易所鸣锣上市，正式登陆A股市场，为榆林市第一家IPO上市企业，是公司发展史上又一个重要的里程碑。

10月28日　北元集团特邀陕煤集团党委宣传部部长、新闻中心主任梅方义进行新闻宣传工作专题培训讲座。

同日　陕煤集团以案促改工作督导检查第二组组长仝迎春一行，深入北元集团水泥有限公司检查指导以案促改工作。

10月29日　北元集团在化工分公司聚氯乙烯成品库举行BYFP1300和BYBW3000两种聚氯乙烯树脂新产品下线仪式。

11月6日　北元集团党委召开专题会议，学习贯彻党的十九届五中全会精神，对全面落实全会精神进行详细安排部署。

11月7日　榆林市副市长陈忠一行在神木市副市长贺若玉等领导的陪同下来北元集团调研指导工作。

11月12日　北元集团党委书记、董事长刘国强，党委副书记、工会主席范智宏等一行，深入对口帮扶梨树河村调研指导脱贫攻坚工作。

11月13日　在陕西煤炭行业第十七次职工思想政治工作研讨会上，北元集团被评为优秀组织单位，3篇理论文章获奖。

11月14日　榆林市副市长张胜利一行到北元集团锦源化工有限公司调研指导工作。

11月21日　北元集团召开了2020年度追赶超越汇报点评会。

11月24日　北元集团举办2020年冬季越野赛。

11月26日　陕煤集团党委第二巡察组向公司党委反馈巡察工作情况。

11月27日　陕煤集团对北元集团2020年党风廉政建设责任制落实情况进行检查考核。

12月4日　北元集团党委副书记、总经理刘延财，战略发展研究委员会副主任赵世强，副总经理陈鹏一行，深入梨树河村调研脱贫攻坚工作。

12月17日　北元集团召开2020年科技创新工作会。

12月19日　陕煤集团对北元集团进行党支部标准化建设考核验收。

12月28日　北元集团召开三届二次职代会暨2021年工作会。

2021年

1月4—5日　北元集团组织召开专题会议，传达学习陕煤集团二届五次职代会暨2021年工作会精神。

1月13日　北元集团举行锦源化工有限公司职业经理人公开选聘会。

1月15日　北元集团党委书记、董事长刘国强荣获"2020年度陕西杰出企业家"称号。

1月22日 在汉阴县召开全县脱贫攻坚表彰大会上,北元集团被评为汉阴县脱贫攻坚先进单位,公司派驻梨树河村驻村队员陈治获得汉阴县脱贫攻坚优秀驻村干部荣誉称号。

1月27日 陕煤集团对北元集团2020年巡视巡察整改系列工作进行考核评估。

2月3日 北元集团召开2020年度领导班子民主生活会暨巡察整改专题民主生活会。

2月4—5日 北元集团工会举办"迎新春、赠对联"活动。

2月11日 北元集团党委书记、董事长刘国强,党委副书记、总经理刘延财等公司领导,到基层单位看望慰问节日期间坚守岗位的干部职工,为他们送去了新年慰问品,并向他们致以节日的问候和新春的祝福。

2月24日 北元集团举办2021年党支部书记持证上岗培训班。

2月26日 北元集团召开岗位管理及薪酬体系优化项目启动会。

同日 北元集团举办"闹元宵·猜灯谜"系列活动。

3月2日 北元集团组织召开安全生产紧急会议,传达学习3月1日应急管理部召开的全国两会危化品安全防范工作紧急视频会议精神,通报2月26日、27日湖北仙桃仙隆化工、吉林化纤公司两起典型化工事故,安排部署了两会期间公司安全生产重点工作。

3月4日 北元集团员工周保飞获"陕西省岗位学雷锋标兵"荣誉称号。

3月8日 北元集团召开首届庆"三八"国际劳动妇女节表彰大会。

3月9日 北元集团组织召开知识产权管理体系建设启动会。

同日 北元集团与建设银行举行智慧党费收缴平台合作签约仪式。

3月12日 北元集团组织召开智能工厂建设交流会。

3月15日 北元集团开展"全民反诈、你我同行"主题活动。

3月17日 北元集团与浦发银行签署战略合作协议。

3月19日 陕西省国资委企业改革处处长薛恩华一行到北元集团调研"双百行动"改革工作。

3月22日 北元集团召开党史学习教育动员会。

同日 北元集团召开2021年党建暨党风廉政建设工作会。

3月23日 陕煤集团对北元集团进行2020年度目标责任考核。

4月7日 北元集团召开事故模拟调查暨管理人员安全培训教育启动会。

4月7—8日 北元集团举办管理干部学习贯彻党的十九届五中全会精神暨党史学习教育专题研讨班。

4月13日 陕煤集团党史学习教育第四巡回指导组到北元集团检查指导工作。

4月16日 在长沙举行的2021年石油和化工新闻宣传工作会议暨新闻业务培训活动中,北元集团荣获"全国石油和化工行业新闻宣传先进单位"称号。

4月20日 陕煤集团"学党史、悟思想、办实事、开新局"党史知识竞赛决赛在蒲白矿业公司举办,北元集团代表队荣获二等奖。

同日 北元集团党委举办管理干部党史学习教育第一期读书班。

4月22日 北元集团召开2021年第一季度经济运行点评会。

4月27日 北元集团党委书记、董事长刘国强荣获"榆林市劳动模范"称号。

同日 北元集团荣获全国五一劳动奖状。

5月6日 北元集团举办首届"企业文化月"启动仪式。

5月7日 北元集团举办"喜迎建党100周年 我在岗位勇作为"企业文化演讲比赛。

同日 北元集团党委举办管理干部党史学习教育第二期读书班。

5月10日 北元集团召开2020年度股东大会。

5月11日 在西安开幕的第五届丝绸之路国际博览会暨中国东西部合作与投资贸易洽谈会上，北元集团参与并布展，党委副书记、总经理刘延财参加会议。

5月14日 北元集团参加2021年陕西辖区上市公司投资者集体接待日暨2020年度业绩说明会。

5月12日—6月6日 北元集团党委组织党员干部分三期开展红色研学教育。

5月20日 西部陆海新通道国际货运榆林班列神木首发仪式在北元集团铁路专用线站台举行。

5月24日 北元集团举办2021年第一期"北元大讲堂"。

同日 在国能销售集团主办的客户表彰会上，北元集团荣获国能销售集团"优秀客户"称号。

5月26日 北元集团举办"传承创新 奋斗前行"企业文化座谈会。

5月31日 北元集团举办"致敬时代楷模 汲取榜样力量"首届先进人物事迹报告会。

同日 北元集团举办第十届"青春旋律杯"卡拉OK大赛。

同日 北元集团举行"庆七一 迎全运 保安稳"暨"安全生产月"活动启动仪式。

6月10日 北元集团党委书记、董事长刘国强一行赴郑州商品交易所交流学习。

同日 陕煤集团党史学习教育第四巡回指导组到北元集团开展第二轮巡回指导检查工作。

6月16日 在湖北枝江市举行的由中国石油和化学工业联合会与中化政研会联合主办的石油和化工行业党建思想政治工作现场交流会上，北元集团荣获"中国石油和化工行业党建思想政治工作先进单位"称号。

6月17日 北元集团党委书记、董事长刘国强一行赴湖北昌发容器制造有限公司考察调研。

6月22日 陕煤集团副总经理赵福堂到北元集团开展党史学习教育宣讲并到基层一线走访调研。

6月24日 北元集团举办"学党史、悟思想、办实事、开新局"党史知识竞赛；举办第六届安全文化辩论展示赛暨2021年安全知识竞赛。

6月25日 北元集团举办"学党史、感党恩、强品德、健体魄"庆祝建党100周年健步跑。

6月28日 北元集团召开庆祝建党100周年暨"创先争优"表彰大会；举办"庆建党百年 颂时代华章"庆祝建党100周年红歌展演。

6月30日 陕西省商务厅副厅长唐宇刚一行来北元集团考察调研。

7月1日 北元集团各级党组织组织党员收听收看庆祝中国共产党成立100周年大会直播。

7月6日 北元集团引发剂连续加料项目合作协议顺利签约。

7月7日 陕西省副省长方光华一行来北元集团督导检查安全稳定工作。

7月8日 北元集团举行班组建设项目启动会。

7月9日 第十一次全国企业民主管理工作检查组来北元集团检查指导。

同日 在陕西省国资委党委召开的学习贯彻习近平总书记"七一"重要讲话暨"两先一优"表彰大会上，北元集团党委荣获"先进基层党组织"称号。

7月13日 北元集团举办"走进上市公司"活动。

7月14日 陕煤集团纪委第二调研督查组对北元集团纪检监察工作进行调研督查指导。

7月15日 在陕煤集团召开2020年度目标责任考核表彰大会上，北元集团获得陕煤集团"2020年度目标责任考核优秀企业"荣誉称号。

7月21日 北元集团召开2021年上半年经济运行分析会。

7月23日 北元集团顺利通过2021年度三体系外审工作。

7月25日 陕煤集团对北元集团党支部标准化建设进行考核验收。

7月27日 北元集团紧急生产29.4吨次氯酸钠原液，火速运往河南省许昌市长葛市，全力支援当地抗洪救灾工作。

7月28日 北元集团举办学习贯彻习近平总书记"七一"重要讲话精神宣讲报告会。

同日 陕煤集团党委对北元集团2021年整改工作进行中期考核评估暨专项检查。

7月30日 在陕西化工集团召开的成本管理对标工作交流会上，北元集团被评为陕西化工集团"成本管理对标工作一等奖"。

同日 北元集团组织开展"新班组建设"项目基层管理者专项培训。

8月9日 陕煤集团党史学习教育巡回指导组督导北元集团党史学习教育专题组织生活会。

8月10日 榆林市总工会副主席刘煜一行到北元集团慰问员工，现场"送清凉"。

8月11日 中国人民银行榆林中心支行党委书记、行长罗航海一行来北元集团调研座谈。

8月13日 按照《中华人民共和国知识产权海关保护条例》规定，北元集团被列为知识产权海关保护单位。

8月16日 北元集团组织各级党员干部、团员青年为商洛暴雨受灾地区捐款。

8月20日 北元集团在全景网举办2021年半年度业绩网上说明会。

9月1日 新《安全生产法》正式实施，北元集团多维度掀起新《安全生产法》宣贯热潮。

10月12日 西安海关副关长李玉一行来北元集团考察调研。

10月12—15日 在陕煤集团第七届矿山救援第四届消防救援及第二届医疗救护技术竞赛中，北元集团消防救援队荣获消防救援综合体能项目第一名、消防救援理论考试项目第二名以及消防救援团体第二名。

10月13日 北元集团应邀参加第十六届榆林国际煤炭暨高端能源化工产业博览会。

10月13—14日 在全国石油和化工行业碳达峰、碳中和发展论坛暨能效"领跑者"、水效"领跑者"发布会上，北元集团荣获"十三五"石油和化工行业节能先进单位和

2020年度能效领跑者标杆企业。

10月14日 物产中大集团副总裁杨正宏一行来北元集团调研交流。

10月17日 陕西省国资委考核验收北元集团国有企业文明单位标兵创建工作。

10月18日 榆林市总工会常务副主席宋锦文一行莅临北元集团指导工作。

10月19日 北元集团召开2021年前三季度经济运行分析会。

10月17—19日 在陕煤集团2021年化工板块职工技能大赛上，北元集团荣获"工业废水处理工"团体第一名。

10月27日 北元集团"一种高含盐有机废水处理系统及方法"获得国家专利局授予的发明专利权。

11月3日 北元集团七届一次职工岗位技能比武大赛隆重开幕。

11月8日 中国铁路西安局集团总经理蒋辉一行来北元集团考察调研。

11月9日 北元集团举行氯醋共聚三种树脂新产品BYGJ800、BYGJ1000、BYGJ1500下线仪式。

11月16日 北元集团召开领导班子学习习近平总书记来陕考察重要讲话重要指示和"七一"重要讲话精神专题研讨会。

11月17日 榆林市委书记李春临来北元集团调研工业稳增长工作。

11月18日 北元集团召开上市工作总结暨表彰大会。

11月19日 陕煤集团人力资源部总经理李聪一行到北元集团督导检查薪酬管理专项治理工作。

同日 北元集团党委召开中心组专题学习会议，专题学习党的十九届六中全会精神。

11月23日 陕煤集团学习贯彻习近平总书记来陕考察重要讲话重要指示暨"七一"重要讲话精神第四巡回指导组宣讲报告会在北元集团召开。

11月26日 陕煤集团检查考核北元集团2021年党风廉政建设责任制落实情况。

12月2日 在2021年陕西省企业"三新三小"创新竞赛中，北元集团揽获11项优秀项目。其中，3个项目荣获二等奖，8个项目荣获三等奖。

12月4日 在二十一届中国上市公司百强高峰论坛暨第七届中国百强城市全面发展论坛上，北元集团荣获"中国百强企业奖"，公司党委书记、董事长刘国强荣获"中国百强杰出企业家奖"，副总经理、董事会秘书刘建国荣获"中国百强优秀董秘奖"。

12月8日 北元集团举办陕煤集团2021年度"最美员工"颁奖晚会。

12月14日 北元集团"一种固碱自动包装方法"获得了国家发明专利权。

12月15日 陕煤集团对北元集团2021年巡视巡察整改工作进行考核评估。

12月16日 陕西省应急管理厅副厅长孟中华莅临北元集团督导检查危险化学品冬季安全工作。

同日 陕煤集团对北元集团2021年度整改工作及整改集中攻坚和"三个专项治理"工作进行考核评估。

12月18日 北元集团荣获第十三届全国石油和化工行业职业技能竞赛化工总控工赛项团体三等奖。

12月17—18日 陕煤集团对北元集团党支部标准化建设进行督导检查。

12月21日 神木市副市长贺建生一行莅临北元集团调研指导特种设备管理工作。

12月23日　北元集团与TRICON ENERGY LTD签订首单1.5万吨、出口至澳大利亚的液碱贸易合同，标志着公司实现首单液碱出口业务。

12月29日　北元集团召开三届三次职代会暨2022年工作会。

2022年

1月2日　北元集团向榆林市红十字会捐赠29.1吨次氯酸钠原液，全力支援新冠肺炎疫情防控工作。

1月9日　在中国化工报社有限公司直播平台和中国网"直播中国"平台同步举行、以"向社会讲好化工故事"为主题的2021年度石油和化工行业十大新闻暨影响力人物发布盛典上，北元集团荣登2021年度中国石油和化工行业企业公民楷模榜。

1月11日　北元集团向榆林红十字会捐赠了300吨水泥，价值近15万元，用于神木市锦界镇乔巴泥沟村乡村振兴建设。

1月12日　北元集团联系榆林市中心血站，在餐饮中心门口组织开展了无偿献血活动，助力西安渡过疫情难关。

1月18日　北元集团相继收到西安市、榆林市红十字会发来的感谢信，对公司助力疫情防控工作付出的努力和提供的大力支持表示感谢。

1月26日　北元集团旗下的陕西北元新能源科技有限公司正式注册成立。

1月28日　陕西省政府综合督导组成员、省交通运输厅副厅长戴滨华一行来北元集团督导安全生产、稳增长等工作。

2月11日　陕西省国资委机关党委副书记郭彬荣、陕煤集团助力乡村振兴办公室主任徐国强一行，到北元集团帮扶村调研指导。

2月23日　北元集团"一种兰炭球团的制备方法"获国家发明专利授权。

2月24日　北元集团荣获陕西省"2021年度优秀外贸企业"称号。

　同日　北元集团举行质量文化建设启动会。

2月25日　北元集团召开新班组建设阶段"兑标汇"会议。

2月28日　北元集团召开2021年度新闻宣传工作总结暨表彰会。

3月2日　陕煤集团陕西化工集团对北元集团进行2021年度目标责任考核。

3月3日　北元集团召开《陕西北元化工集团股份有限公司志（2003—2022）》编纂工作启动会。

　同日　在神木高新技术产业开发区召开的2022年工作会议上，北元集团获得"2021年度优秀企业""2021年度疫情防控先进单位"两项荣誉。

3月4日　北元集团召开2022年稳增长工作推进会。

3月8日　北元集团工会举办"三八"国际劳动妇女节系列活动。

3月15日　北元集团组织开展双碳政策解读培训会。

3月17日　北元集团召开2022年第一次临时股东大会。

3月23日　北元集团召开2022年党建暨党风廉政建设工作会。

　同日　北元集团召开党史学习教育总结会议。

4月7日　北元集团召开企业文化建设交流会。

4月8日　陕煤集团党委书记、董事长杨照乾一行来北元集团调研指导工作。

4月14日　北元集团举办新班组建设"1+X"例会暨轮值班长PK赛。

4月18—20日　北元集团举办职工"乒·羽"球赛。

4月19日　北元集团召开第二届董事会第八次会议、第二届监事会第七次会议。

4月21日　北元集团首次举办企业文化大使选拔暨展示赛。

同日　北元集团举行新型自动固碱包装线投运仪式。

4月22日　北元集团召开深化"三项制度"改革专项重点任务推进会。

同日　榆林市委常委、市政府副市长李二中来北元集团督导检查。

4月24日　北元集团顺利通过全国安全文化建设示范企业复审验收。

4月27日　榆林电力投资有限公司董事长申世旭一行来北元集团调研。

同日　北元集团举办2021年度业绩说明会。

4月28日　在陕煤集团召开2020—2021年度文明单位和劳动模范、陕煤工匠表彰大会上，北元集团荣获"2021年度陕西省国资委文明单位标兵"称号，热电分公司荣获"2020—2021年度陕煤集团文明单位"称号。另外，副总工程师、锦源化工有限公司党委书记、执行董事、经理徐生智被授予"陕煤集团2020—2021年度劳动模范"称号；化工分公司技术管理中心装置工艺管理专员白虎雄被授予"陕煤集团2020—2021年度陕煤工匠"称号。

同日　在2022年庆祝"五一"国际劳动节暨全国五一劳动奖和全国工人先锋号表彰大会上，化工分公司生产运营中心电气二装置获"全国工人先锋号"荣誉称号。

4月29日　在陕西省委、省政府召开的2022年陕西省劳动模范、先进工作者和先进集体表彰大会上，北元集团党委书记、董事长刘国强获"陕西省劳动模范"荣誉称号。

5月6日　北元集团举行第二届"企业文化月"启动仪式。

5月7日　北元集团工会召开二届六次全委（扩大）会暨2020—2021年度工会工作表彰会。

5月8日　中国联合网络通信有限公司陕西省分公司党委书记、总经理陈继秋一行来北元集团调研。

5月12日　陕煤集团总经理助理、陕西化工集团董事长、总经理张立岗一行来北元集团开展安全生产大检查。

5月14日　北元集团科技创新成果在2022年度陕西石化科技进步奖评选中荣获一等奖1项，二等奖2项，三等奖2项。党委书记、董事长刘国强，党委副书记、总经理刘延财等主要完成的《废硫酸裂解资源化循环利用创新成果》荣获一等奖。

5月14—24日　北元集团举办安全生产管理人员专题培训班。

5月10—17日　北元集团举办第七届"青春杯"男子篮球联赛和第二届"青春杯"女子篮球联赛。

5月17日　北元集团召开2021年度股东大会。

5月23日　陕西省国资委党委委员、副主任杨爱民一行到北元集团调研国企改革三年行动工作。

5月24日　北元集团举办第二届先进人物事迹报告会。

5月24日　神木市委常委、宣传部部长韩虎忠一行来北元集团督导检查安全生产工作。

5月27日 神木市委常委、宣传部部长韩虎忠来北元集团慰问优秀科技工作者。

同日 北元集团荣获陕煤集团宣传思想先进单位、党委理论学习中心组学习先进集体等殊荣。

5月30日 北元集团举行2022年"安全生产月"活动启动仪式。

5月31日 榆林市委常委、宣传部部长单舒平一行来北元集团调研指导工作。

6月6日 北元集团组织开展首届环保"公众开放日"活动。

6月8日 西安海关副关长吴伟栋一行来北元集团调研指导。

6月9日 北元集团荣获陕煤集团2021年度"法治陕煤"建设先进单位。

同日 陕西省市场监管局副局长耿普霞一行来北元集团调研检查工作。

同日 国家电网陕西省调度控制中心唐浩一行来北元集团指导检查工作。

同日 国能销售集团西安分公司总经理李力超一行来北元集团调研。

同日 国家外汇管理局陕西省分局肖继五一行到北元集团调研指导工作。

6月10日 北元集团成功举办"学习强国"知识竞赛。

6月14日 北元集团举行树脂新产品BY550、BYGK1000下线仪式。

6月16日 榆林市地方金融工作局党组书记、局长王志武一行莅临北元集团调研指导。

6月23日 陕煤集团副总经理袁广金一行来北元集团检查指导安全生产工作。

6月25日 中央统战部副部长、全国工商联党组织书记徐乐江来北元集团调研指导工作。

6月27日 北元集团举办第二届"迎七一"千人健步跑活动。

6月28日 北元集团举办2022年安全知识竞赛暨事故案例讲评竞赛。

6月29日 在陕煤集团纪检监察工作推进会暨纪检监察先进表彰会上,北元集团荣获陕煤集团2020—2021年纪检监察工作先进单位,化工分公司荣获陕煤集团2020—2021年纪检监察工作先进集体,北元集团党委副书记、工会主席范智宏等3人荣获陕煤集团2020—2021年纪检监察工作先进个人。

7月1日 北元集团召开庆祝建党101周年大会暨纳新党员宣誓仪式。

同日 北元集团召开第二届"企业文化月"总结暨系列文化作品发布会。

同日 北元集团党委书记、董事长刘国强以"党建引领 数智赋能 为高质量完成全年目标任务而努力奋斗"为课题,讲授专题党课。

7月2日 北元集团开展党员干部红色学习培训活动。

同日 北元集团纪委走进绥德县公安局开展警示教育活动。

7月6日 北元集团举行"全国工人先锋号"授牌仪式。

7月8日 陕西上河实业集团董事长李小平一行来北元集团对标交流。

7月10日 北元集团党委书记、董事长刘国强参加省十七运会火炬传递。

7月14日 北元集团召开2022年上半年经济运行分析会。

7月15日 北元集团荣获陕煤集团2021年度目标责任考核"优秀企业"。

7月18日 北元集团召开专题会议学习传达陕煤集团追赶超越汇报点评会、目标责任考核表彰会及上半年经济运行分析会精神。

7月21日 陕西省人大常委会副主任郭青来北元集团调研指导工作。

7月24日　西北大学校党委常委、副校长吴振磊一行来北元集团调研交流。

8月4日　北元集团荣获陕西高质量发展模范单位、陕西行业十佳标兵单位，党委书记、董事长刘国强荣获首届"时代楷模·陕西榜样"各界十大英才人物。

8月5日　陕西工人报社副社长焦晓宁一行来北元集团调研采访。

同日　"央媒聚焦神木"采风采访一行到北元集团调研指导。

8月12日　陕煤集团党委巡视巡察第三考核组来北元集团检查考核。

8月13日　榆林市委常委、组织部部长谢杉一行来北元集团调研指导工作。

8月18日　中国化工报社有限公司党委书记、董事长崔学军一行来北元集团就黄河流域能源化工高质量发展开展主题调研。

8月18—19日　在2022年陕西省"能化杯"职工职业技能大赛中，北元集团荣获"优秀组织单位"称号，电工代表队荣获"电工组团体三等奖"，化工分公司贺志刚、热电分公司陈晓荣荣获个人"电工三等奖"。

8月20日　神木市市委副书记、市长段智博来北元集团督导检查。

8月23日　北元集团召开第二届董事会第九次会议、第二届监事会第八次会议。

8月24日　北元集团党委书记、董事长刘国强，党委副书记、总经理刘延财等领导深入一线检查指导疫情防控与安全生产工作。

8月26日　北元集团召开2022年PVC市场研讨会。

8月27日　北元集团喜获国务院国企改革2021年度"双百企业"优秀等级。

同日　北元集团党委书记、董事长刘国强专题宣讲《习近平谈治国理政》第四卷。

8月31日　北元集团举办2022年半年度业绩说明会。

9月1日　榆林市总工会党组书记、主席马治东慰问北元集团防疫工作人员。

9月2日　从上海证券交易所发布的《沪市主板上市公司2021至2022年度信息披露工作评价结果》获悉，北元集团荣获上交所信息披露工作A级评价。

9月16日　陕西省应急管理厅党委委员、副厅长孟中华一行来北元集团督导检查安全生产工作。

9月17日　陕西省发展和改革委环资处处长马宏生一行来北元集团调研指导工作。

9月18日　北元集团召开锦源化工组织机构改革启动大会。

9月19—20日　在第十二届全国设备管理优秀单位表彰大会暨新时代设备管理经验交流大会上，北元集团荣获"第十二届全国设备管理优秀单位"称号。

9月20—21日　北元集团成功举办七届二次职工岗位技能比武大赛。

10月20日　北元集团召开2022年三季度经济运行分析会。

10月21日　北元集团荣获"中国上市公司ESG百强"奖。

同日　北元集团股票列入上海证券交易所主板融资融券标的股票。

10月25日　北元集团举行以"欢庆党的二十大　青春运动展风采"为主题的首届职工健身运动会开幕仪式。

10月27日　榆林市2022年四季度重点项目集中开工仪式在北元集团甘氨酸及配套项目现场举行。北元集团募投项目及配套装置建设项目包括12万吨/年甘氨酸项目、电解液－碳酸酯类联合装置项目、配套产氯装置和300 MW光伏发电项目等，项目总投资72亿元。

11月3日 在陕西省工信厅、省水利厅、省发展改革委、省市场监管局联合组织开展的2022年重点用水企业、园区水效领跑者遴选活动中，北元集团被授予2022年度省级节水标杆企业。

11月11日 北元集团举办新班组建设绝活兑标PK赛。

11月12日 江苏恒神股份集团有限公司副总经理张泉国一行来北元集团对标交流。

11月17日 北元集团在聚氯乙烯成品库举行BYXG1200、BY3300、BYBW3600三种聚氯乙烯树脂新产品下线仪式。

12月5日 《中国·陕西名矿志系列（化工名企志）——陕西北元化工集团股份有限公司志》(2003—2022) 通过终审。

12月13日 陕西省国资委考核验收北元集团国有企业文明单位标兵创建工作。

同日 陕煤集团党委宣传部部长、新闻中心主任梅方义到北元集团宣讲党的二十大精神。

同日 陕煤集团纪委委员、总经济师、人力资源部总经理李聪一行，代表第七考核组以视频形式对北元集团2022年落实党风廉政建设责任制情况进行考核。

12月14日 北元集团荣获"时代金融金桔奖——高质量发展上市公司奖"。

12月20日 北元集团以"现场+视频会议"的方式召开2022年第二次临时股东大会。

12月28日 郑州商品交易所液碱期货交割厂库线上查验会议在北元集团举行。

第一章 体制与机制

北元集团在民营企业模式的基础上,经过两次增资扩股成为国有与民营联营混合所有制模式。随着100万吨/年聚氯乙烯项目建成投产和企业资产规模不断扩大,2017年6月完成了股份制改制,易名陕西北元化工集团股份有限公司,并成功上市。在体制上北元集团历经了4个阶段,即神府经济开发区北元化工有限公司、陕西北元化工有限公司、陕西北元化工集团有限公司、陕西北元化工集团股份有限公司。法人治理结构先后历经四次变更。先后建立健全党委会及股东会、董事会、监事会,并依照制定的程序、职权履行职责,企业运行机制健全。

第一节 企业体制

一、体制沿革

北元集团发展历经了4个阶段,即神府经济开发区北元化工有限公司、陕西北元化工有限公司、陕西北元化工集团有限公司、陕西北元化工集团股份有限公司。其历史沿革如下。

(一)神府经济开发区北元化工有限公司

2003年5月7日,神府经济开发区北元化工有限公司注册成立,注册资本为2000万元人民币,之后增至7000万元人民币,经营范围主要包括聚氯乙烯、烧碱、次氯酸钠、盐酸和液氯的生产与销售。

(二)陕西北元化工有限公司

2007年5月1日,神府经济开发区北元化工有限公司根据企业发展实际更名为"陕西北元化工有限公司"。本次更名,公司类型和组织机构设置无大变化,经营范围有所扩大,在原有产品的基础上增加了电石和水泥的生产与销售。

(三)陕西北元化工集团有限公司

2009年3月17日,随着企业规模逐步扩大,公司更名为"陕西北元化工集团有限公司"。集团公司的成立主要是为了实现从单体企业到集团化运作模式的转变,充分实现化工系统、热电系统、水泥系统、采卤系统四大板块之间的资源配给,最大限度地实现资源整合利用,打造一条循环经济产业链,实现公司持续快速发展。期间,鉴于前期企业一直以"陕西北元化工有限公司"的名义申请银团贷款,名称变更后银行不仅停止贷款,而且涉及银团成员均需到各自总行重新审批贷款,为了保证资金及时到位和项目建设的顺利进行,公司被迫于2009年11月24日,将企业名称又改为"陕西北元化工有限公司"。直至2011年9月22日,为了配合发展战略规划需要,公司名称正式变更为"陕西北元化工集团有限公司",简称"北元集团"。

(四)陕西北元化工集团股份有限公司

随着企业生产运行逐步正常，产能持续释放，企业生产经营成效稳步提升，北元集团于2012年开始谋划上市。2015年3月，公司上市工作正式启动，按照筹备上市、聘请中介、股份改制、上市辅导、申报核准、股票发行的流程节点，全面推进改制上市工作。2017年6月21日，公司召开了陕西北元化工集团股份有限公司创立大会暨第一次股东大会，将公司整体变更为股份有限公司，同年6月26日，取得榆林市工商局颁发的营业执照，公司名称正式变更为"陕西北元化工集团股份有限公司"。

二、组织机构

（一）神府经济开发区北元化工有限公司

2003年5月—2007年5月，公司本着精简、高效的原则，设置"四处一室"组织机构，即财务处、供销处、技术处、生产处、办公室。在办公室下设行政科、总务后勤科、劳资人事科以及保卫科。生产处下设生产科、计控科、氯碱分厂、聚氯乙烯分厂以及动力检修分厂。技术处下设质检科、技改科以及安全环保消防科。供销处下设供应科、销售科和运输科。神府经济开发区北元化工有限公司组织构成如图1-1-1所示。

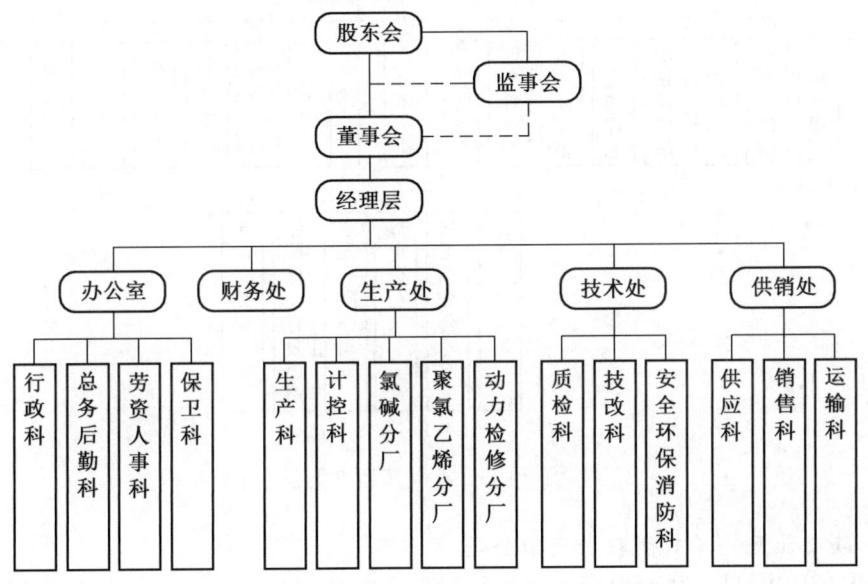

图1-1-1　神府经济开发区北元化工有限公司组织构成图

（二）陕西北元化工有限公司

2007年5月—2009年3月，公司机构设置仍按照"神府经济开发区北元化工有限公司组织构成"的"四处一室"运行，即办公室、财务处、供销处、技术处和生产处。在办公室下设行政科、总务后勤科、劳资人事科以及保卫科。生产处下设生产科、计控科、氯碱分厂、聚氯乙烯分厂以及动力检修分厂。技术处下设质检科、技改科以及安全环保消防科。供销处下设供应科、销售科和运输科。（组织机构与图1-1-1相同）

（三）陕西北元化工集团有限公司

2009年3月17日成立的北元集团是由陕西煤业化工集团有限责任公司与十户民营企

业合股组建的大型盐化工企业，属于国有企业与民营企业联手开始的一种创新型经营模式，被称之为"北元模式"，即"国企＋民营"。北元集团公司下设9个职能部门、6个业务中心和6个分、子公司。9个职能部门为综合管理部、党群工作部、审计监察部、规划发展部、企业管理部、人力资源部、财务管理部、生产技术部、安全环保部。6个业务中心为营销中心、采购中心、物流中心、科研中心、信息中心、服务中心。6个分、子公司为化工一分公司、化工二分公司、热电分公司、水泥有限公司、锦源化工有限公司、盐业分公司。陕西北元化工北元集团有限公司组织架构如图1-1-2所示。

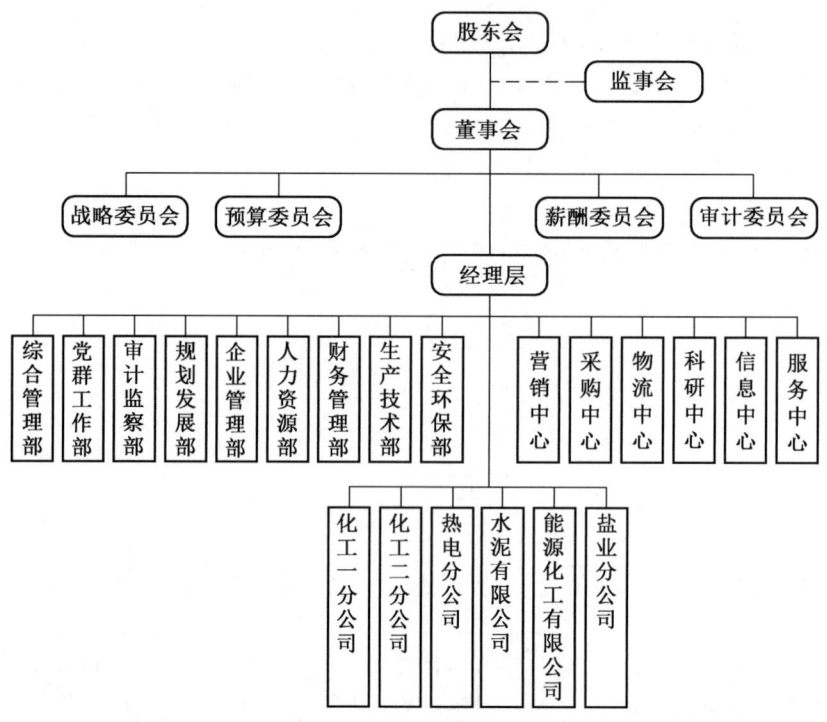

图1-1-2　陕西北元化工北元集团有限公司组织架构图

（四）陕西北元化工集团股份有限公司

2017年6月26日，陕西北元化工集团股份有限公司注册成立。公司下设10个职能部门、1个研发中心和4个分、子公司。10个职能部门分别为综合管理部、党群工作部、规划发展部、企业管理部、财务管理部、安全环保部、生产技术部、营销物流部、采购供应部、证券事务部；1个研发中心为科技研发中心；4个分、子公司分别为化工分公司、热电分公司、水泥有限公司、锦源化工有限公司。2018年陕西北元化工集团股份有限公司组织架构如图1-1-3所示。

2020年12月24日，陕西北元化工集团股份有限公司在原有职能部门的基础上成立了法律事务部。2022年1月26日，注册成立了陕西北元新能源科技有限公司。2022年5月9日，公司新设立数智管理中心。截至2022年年底，公司下设11个职能部门、2个中心和5个分、子公司。11个职能部门分别为综合管理部、党群工作部、规划发展部、企业管理部、财务管理部、安全环保部、生产技术部、营销物流部、采购供应部、证券事务

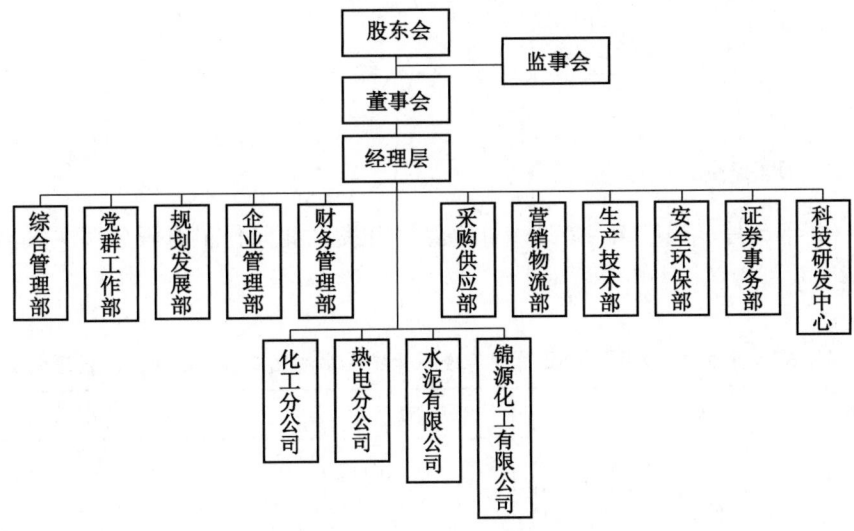

图 1-1-3 2018 年陕西北元化工集团股份有限公司组织架构图

部、法律事务部；2 个中心为科技研发中心、数智管理中心；5 个分子公司分别为化工分公司、热电分公司、水泥有限公司、锦源化工有限公司、陕西北元新能源科技有限公司。2022 年，陕西北元化工集团股份有限公司组织架构如图 1-1-4 所示。

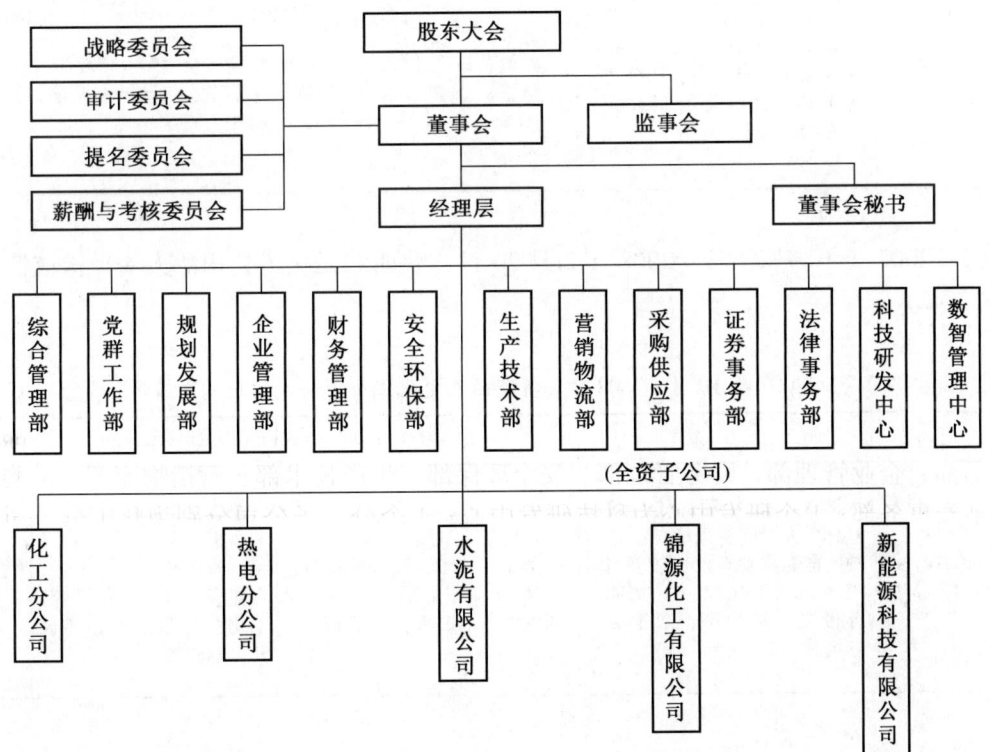

图 1-1-4 2022 年陕西北元化工集团股份有限公司组织机构图

第二节　法人治理结构

一、法人治理变更

（1）2003年5月—2017年12月，神府经济开发区北元化工有限公司法人治理构成情况见表1-2-1。

表1-2-1　2003年5月—2017年12月神府经济开发区北元化工有限公司法人治理构成一览表

变更时间	股　东	董事会	监事会	总经理
2003-05-06—08-20	股东：神木电化有限责任公司、神木县国有资产运营公司、神府能源开发总公司	董事长：王凤君 副董事长：王建平、刘震 董事：王凤君、王建平、刘震		王凤君
2003-08-20—2005-09-30	神木电化有限责任公司、榆林阳光电力有限责任公司、神木县国有资产运营公司、神府能源开发总公司	董事长：王凤君 副董事长：马永强 董事：王凤君、李光耀、马永强、崔增昌、王建平、刘震	监事会代主任：贺政 监事：贺政　张鹏	王凤君
2005-09-30—2007-10-29	神木电化有限责任公司、榆林阳光投资有限责任公司、神木县海湾洗煤有限公司、神府能源开发总公司	董事长：王凤君 副董事长：马永强 董事：王凤君、李光耀、马永强、崔增昌、张鸿运、刘震	监事会主席：贺政 监事：贺政、李明旭、韩杰	王凤君

（2）2007年10月29日—2008年2月26日，陕西北元化工公司法人治理构成情况见表1-2-2。

表1-2-2　2007年10月—2008年2月陕西北元化工公司法人治理构成情况一览表

变更时间	股　东	董事会	监事会	总经理
2007-10-29—2008-02-26	神木电化有限责任公司、榆林阳光投资有限责任公司、神府能源开发有限责任公司、王凤君、王凤义、王文明、孙俊良、刘维平、刘银娥、韩虎威	董事长：王凤君 董事：王凤君、崔增昌、王凤义、王文明、孙俊良、刘维平、刘银娥、韩虎威	监事会主席：贺政 监事会副主席：张祥翔、刘耀辉 监事：贺政、张祥翔、刘奶生、张侯儿、孙俊礼、刘耀辉	王凤君

（3）2008年2月26日—2017年12月25日，陕西北元化工集团公司法人治理构成情况见表1-2-3。

表1-2-3 2008年2月—2017年12月陕西北元化工集团公司法人治理构成情况一览表

变更时间	股东	董事会	监事会	总经理
2008-02-26—2012-08-31	陕西煤业化工集团有限责任公司、神木电化有限责任公司、榆林阳光投资有限责任公司、神府能源开发有限责任公司、王凤君、王凤义、王文明、孙俊良、刘维平、刘银娥、韩虎威	董事长：李厚志 董事：李厚志、王凤君、崔增昌、汪延浩、杜亚峰、王文明、韩虎威	监事会主席：刘维平 监事：刘维平、张茹敏、王凤义、孙俊良、刘银娥、刘耀辉（至2009-06）、刘波（2009-06—）	王凤君
2012-08-31—2012-12	陕西煤业化工集团有限责任公司、神木电化有限责任公司、榆林阳光投资有限责任公司、神府能源开发有限责任公司、王凤君、王凤义、王文明、孙俊良、刘维平、刘银娥、韩虎威	董事长：惠维渊 董事：惠维渊、王凤君、杜亚峰、夏良、王文明、韩虎威	监事会主席：刘维平 监事：刘维平、张茹敏、王凤义、孙俊良、刘银娥、王振明	王凤君
2013-01-01—2014-07-11	陕西煤业化工集团有限责任公司、神木电化有限责任公司、王文明、韩虎威、王凤义、王振明、孙俊良、刘维平、刘银娥、王凤君	董事长：惠维渊 董事：惠维渊、王凤君、夏良、王文明、韩虎威、杜亚峰	监事会主席：刘维平 监事：刘维平、张茹敏、王凤义、王振明、孙俊良、刘银娥	王凤君
2014-07-11—2015-03-01	陕西煤业化工集团有限责任公司、神木电化有限责任公司、王文明、韩虎威、王凤义、王振明、孙俊良、刘维平、刘银娥、王凤君	董事长：张文华 董事：张文华、王凤君、王文明、韩虎威、刘国强、夏良	监事会主席：刘维平 监事：刘维平、张茹敏、王凤义、王振明、孙俊良、刘银娥	史彦勇
2015-03-01—2015-06-29	陕西煤业化工集团有限责任公司、神木电化有限责任公司、王文明、韩虎威、王凤义、王振明、孙俊良、刘维平、刘银娥、王凤君	董事长：张文华 董事：张文华、王凤君、夏良、刘国强、王文明、孙俊良、韩虎威	监事会主席：刘维平 监事：刘维平、张茹敏、王凤义、王振明、刘银娥	史彦勇
2015-06-29—2016-06-15	陕西煤业化工集团有限责任公司、神木电化有限责任公司、陕西恒源煤电集团有限公司、王文明、韩虎威、王凤义、王振明、孙俊良、刘维平、刘银娥、王凤君	董事长：刘国强 董事：刘国强、王凤君、孙俊良、夏良、王文明、孙志忠、郭建	监事会主席：刘维平 监事：刘维平、张茹敏、张增昌、王凤义、王振明、刘银娥、韩虎威	史彦勇
2016-06-15—2016-11-19	陕西煤业化工集团有限责任公司、神木电化有限责任公司、陕西恒源煤电集团有限公司、王文明、王振明、何怀斌、孙俊良、刘维平、刘银娥、王凤君	董事长：刘国强 董事：刘国强、王凤君、孙俊良、夏良、王文明、孙志忠、郭建	监事会主席：刘维平 监事：刘维平、张茹敏、王振明、刘银娥、何怀斌、王胜勇、雷波	史彦勇
2016-11-19—2016-12-26	陕西煤业化工集团有限责任公司、陕西恒源煤电集团有限公司、神木电化有限责任公司、王文明、王振明、何怀斌、孙俊良、刘维平、刘银娥、苏和平	董事长：刘国强 董事：刘国强、王凤君、夏良、王文明、孙俊良、孙志忠、郭建	监事会主席：刘维平 监事：刘维平、张茹敏、王振明、刘银娥、何怀斌、王胜勇、雷波	史彦勇

表 1-2-3（续）

变更时间	股东	董事会	监事会	总经理
2016-12-26—2017-12-25	陕西煤业化工集团有限责任公司、陕西恒源煤电集团有限公司、神木电化有限责任公司、王文明、王振明、何怀斌、孙俊良、刘维平、刘银娥、徐继红、杨在仁、郝金良、苏和平	董事长：刘国强 董事：刘国强、王凤君、夏良、王文明、孙俊良、孙志忠、郭建	监事会主席：刘维平 监事：刘维平、张茹敏、刘银娥、王振明、王胜勇、雷波、孙伟海	史彦勇

（4）2017年6月26日，陕西北元化工集团股份有限公司正式变更设立，其法人治理构成情况见表1-2-4。

表 1-2-4　2017年6月陕西北元化工集团股份有限公司法人治理构成情况一览表

变更时间	股东	董事会	监事会	总经理
2017-12-25—2020-12-29	陕西煤业化工集团有限责任公司、陕西恒源投资集团有限公司、神木电化有限责任公司、王文明、王振明、何怀斌、孙俊良、刘维平、刘银娥、徐继红、杨在仁、郝金良、苏和平、榆林聚和股权投资合伙企业（有限合伙）	董事长：刘国强 董事：刘国强、郭建、孙志忠、王文明、孙俊良、王凤君、吉秀峰、付金科、相里六续、张鑫、李美霞；其中，付金科、相里六续、张鑫、李美霞为独立董事	监事会主席：刘维平 监事：刘维平、刘银娥、王振明、夏良、韩宝安、王胜勇、孙军会、张龙、刘涛、沈鹏飞、李周清；其中，张龙、刘涛、沈鹏飞、李周清为职工监事	史彦勇（2019年8月起刘延财任总经理）
2020-12-29	陕西煤业化工集团有限责任公司、陕西恒源投资集团有限公司、神木电化有限责任公司、王文明、王振明、何怀斌、孙俊良、刘维平、刘银娥、徐继红、杨在仁、郝金良、苏和平、榆林聚和股权投资合伙企业（有限合伙）	董事长：刘国强 董事：刘国强、孙俊良、孙志忠、王文明、王凤君、吉秀峰、郭建、付金科、相里六续、李美霞、蔡杰；其中，付金科、相里六续、李美霞、蔡杰为独立董事	监事会主席：刘静浪 监事：刘静浪、夏良、韩宝安、赵忠琦、王胜勇、王少山、刘雄、张龙、刘涛、沈鹏飞、苏志强；其中，张龙、刘涛、沈鹏飞、苏志强为职工监事	刘延财

二、注册资本变更

（1）2003年5月4日，神木电化有限责任公司、神府能源开发总公司、神木县国有资产运营公司签订《合股建设聚氯乙烯（PVC）生产项目协议书》，该协议约定：三方决定合股新建聚氯乙烯（PVC）生产项目；股本金确定为7000万元，其中，神木电化3000万元，神木国资公司2000万元，神府能源总公司2000万元。2003年5月7日，神府经济开发区北元化工有限公司注册成立，注册资本为2000万元。

（2）2003年8月20日，神木电化、阳光电力、神木国资公司、神府能源总公司签订《合股建设聚氯乙烯（PVC）生产项目协议书》，第一次增资至7000万元。

（3）2007年12月28日，陕煤化工集团、神木电化、阳光投资、神府能源、王凤君、王凤义、王文明、孙俊良、刘维平、刘银娥及韩虎威共同签订《增资扩股陕西北元化工有限公司合作建设大型聚氯乙烯生产基地协议书》。同意增资至168000万元。

（4）2008年12月25日，神源会计师事务所《验资报告》：截至2008年10月20日，公司已收到各出资人缴纳的新增实收资本合计37000万元。2009年3月19日，公司资本增至105800万元。

（5）2010年3月4日，神源会计师事务所《验资报告》：截至2010年3月3日，公司已收到各出资人缴纳的新增实收资本合计28200万元。变更后累计实收资本为134000万元。

（6）2010年6月24日，神源会计师事务所《验资报告》：截至2010年6月24日，公司已收到各出资人缴纳的新增实收资本合计29600万元。变更后累计实收资本增至163600万元。

（7）2010年7月10日，神源会计师事务所《验资报告》：截至2010年7月7日，公司已收到各出资人缴纳的新增实收资本合计4400万元。实收资本增至168000万元。

（8）2012年5月3日，北元集团召开2012年第一次股东会议，会议审议通过了《关于企业上市前原有注册资本处理的提案》。同意通过减资方式对原有注册资本进行规范，先同比例减资11.16亿元，减资额中将其中2.59亿元冲减无形资产，8.57亿元计入资本公积金，再以同比例方式将资本公积金中的8.57亿元转增实收资本，变更后注册资本为14.21亿元，各股东出资比例不变。

（9）2012年12月20日，北元集团有限公司召开2012年临时股东会，同意北元集团有限公司新增注册资本70000万元，由陕煤集团全额认缴，公司注册资本由142100万元增加至212100万元。

（10）2015年6月29日，北元集团召开2015年第二次股东会议，同意公司新增注册资本102900万元，由陕西恒源煤电集团有限公司全额认缴，公司注册资本由212100万元增加至315000万元。

（11）2016年12月26日，北元集团召开2016年第五次临时股东会，同意公司注册资本由315000万元变更为322840万元，徐继红以货币形式认缴新增注册资本5677万元，杨在仁以货币形式认缴新增注册资本1280万元，郝金良以货币形式认缴新增注册资本883万元。

（12）2017年11月29日，北元集团召开2017年第一次临时股东大会，审议通过《关于开展员工持股改革并相应增加公司注册资本的议案》，同意持股员工出资设立有限合伙企业"榆林聚和股权投资合伙企业"作为员工持股平台，以现金方式出资3283.2万元认购北元集团2160万股。增资后员工持股平台持有公司2160万股股份，公司股本总额增加至325000万股。

（13）2020年10月20日，北元集团首次公开发行社会公众股36111.1112万股，公司股本总额增加至361111.1112万股。

（14）2022年5月，北元集团以总股本361111.1112万股为基数，以资本公积金向全体股东每10股转增1股，共计转增36111.1112万股，转增后公司总股本增加至397222.2224万股。

三、股权转让

（1）2004年10月18日，神府北元化工有限公司召开临时股东会，同意榆林阳光电力将持有的神府北元化工有限公司40%股权以2800万元的价格转让给其控股子公司榆林阳光投资。

（2）2005年8月16日，神木国有资产运营与神木海湾洗煤签订《股权转让协议》，约定神木国有资产运营将其持有的神府北元化工有限公司9%的股权以740万元的价格转让给神木海湾洗煤。2005年9月30日，神府北元化工有限公司召开股东会，同意神木国有资产运营将其持有的神府北元化工有限公司9%的股权全部转让给神木海湾洗煤。

（3）2007年10月28日，神木海湾洗煤与孙俊良签订《股权转让协议》，约定神木海湾洗煤将其持有的北元有限公司9%的股权以630万元的价格转让给孙俊良。2007年10月29日，北元有限公司召开股东会，同意神木海湾洗煤将其持有的北元有限公司9%的股权以630万元的价格转让给孙俊良。

（4）2012年8月31日，北元集团召开的2012年第二次股东会议形成的决议同意：神府能源开发有限责任公司将其持有的北元集团1.79%的股权转让给王文明；榆林阳光投资有限公司将其持有的北元集团7.14%的股权转让给王文明；股东王文明将其持有的北元集团1.19%的股权转让给王振明；股东王文明将其持有的北元集团1.79%的股权转让给韩虎威；股东刘银娥将其持有的北元集团1.19%的股权转让给王凤义。股东王凤君将其持有的北元集团5.3571%的股权转让给王振明。

（5）2016年6月15日，北元集团召开2016年第一次股东会，同意股东韩虎威将其持有的北元集团1.3426%的股权（对应出资额4229.16万元）以4229.16万元的价格转让给何怀斌；王凤义将其持有北元集团3.2222%的股权（对应出资额10150.00万元）以10150.00万元的价格全部转让给何怀斌。

（6）2016年8月8日，北元集团召开2016年第二次临时股东会，同意股东韩虎威将其持有北元集团2.1481%的股权（对应出资额6766.67万元）以6766.67万元的价格转让给自然人王振明。

（7）2016年9月28日，北元集团召开2016年第三次临时股东会，同意股东王凤君将其持有北元集团0.2685%的股权（对应出资额845.835万元）以845.835万元的价格转让给自然人王振明。

（8）2016年11月19日，北元集团召开2016年第四次临时股东会，同意自然人股东王凤君将其持有北元集团0.2684%的股权（对应出资额845.84万元）以845.84万元的价格转让给自然人苏和平。

四、党委会职权与职责

2003—2017年6月，陕西北元化工集团有限公司党委会依照制定的程序、职权履行职责。2017年6月26日，陕西北元化工集团股份有限公司党委会程序、职权与职责按照规定进行了修订。2022年，按照上级监管要求，公司又对议事规则进行了修订。修订后的党委会程序、职权与职责简述如下。

公司党委由党员大会或者党员代表大会选举产生，每届任期5年。任期届满应当按期进行换届选举。党的纪律检查委员会每届任期和党委相同。公司党委领导班子配备党委书记1人，党委副书记1~2人，设纪委书记1人。公司党委发挥把方向、管大局、促落实的领导作用，在公司治理结构中具有法定地位，必须坚持以习近平新时代中国特色社会主义思想为指导，贯彻落实新时代党的建设总体要求和新时代党的组织路线，加强党的政治建设，增强"四个意识"、坚定"四个自信"、做到"两个维护"；学习宣传党的理论，保证监督党中央的重大决策部署和上级党组织的决定在公司贯彻落实；依照规定讨论和决定企业重大问题，把党的领导落实到公司治理各环节，支持董事会、监事会和经理层依法行使职权；抓好企业领导班子建设、干部队伍和人才队伍建设；履行全面从严治党主体责任，严明政治纪律和政治规矩，推动全面从严治党向基层延伸；加强基层党组织建设和党员队伍建设；领导思想政治工作、精神文明建设、统一战线工作，领导工会、共青团等群团组织。

（一）议事原则

（1）民主集中制原则。坚持重大问题按照"集体领导、民主集中、个别酝酿、会议决定"的要求，由集体讨论、按少数服从多数作出决定，任何党委班子成员个人无权决定重大问题。在讨论、决定重大问题前，要广泛听取职工意见，涉及职工切身利益的重大问题必须经过职代会审议。

（2）科学决策原则。以实事求是精神，运用科学方法，尊重客观规律，处理好改革、发展和稳定的关系，确保决策的科学性并符合公司发展实际。

（3）分工负责原则。会前要做好充分准备，坚持决策质量和效率相统一。要认真落实党建工作责任制要求，在议题形成决议时，坚持集体领导和个人分工负责相结合，明确落实部门和负责人，确保工作落实落细落小，防止议而不决、决而不行的问题。

（4）前置程序原则。党委研究讨论是董事会、经理层决策重大问题的前置程序，重大经营管理事项须经党委研究讨论后，再由董事会或经理层作出决定。党委按要求进行前置研究讨论后，应表明同意、附条件同意或不同意的把关意见，但不能代替企业其他治理主体作出决定。党委前置研究讨论后，提交董事会、经理层依法履行职责。根据董事会、经理层审议意见需作出重大调整的，再次提交董事会、经理层决策的重大事项，应当再次提交党委前置研究讨论。

（5）尊重治理主体原则。党委要尊重其他治理主体，厘清权责边界，做到无缝衔接，正确处理党委和董事会、经理层等其他治理主体的关系，坚持权责法定、权责透明、协调运行、有效制衡的公司治理机制，推动制度优势更好转化为治理效能，既支持其依法经营管理企业，又保证党组织的意图得到尊重和体现。党委虽发挥领导作用，但不宜直接领导具体的经营管理工作，避免党委直接成为企业生产经营的决策和指挥中心。党委主要通过参与重大事项决策、落实党管干部原则来发挥作用，并监督各项决策在企业的执行。

公司党委发挥领导作用，把方向、管大局、促落实，依照规定讨论和决定企业重大事项。主要职责是：

（1）加强企业党的政治建设，坚持和落实中国特色社会主义根本制度、基本制度、重要制度，教育引导全体党员始终在政治立场、政治方向、政治原则、政治道路上同以习近平同志为核心的党中央保持高度一致。

（2）深入学习贯彻习近平新时代中国特色社会主义思想，学习宣传党的理论，贯彻执行党的路线方针政策，监督、保证党中央重大决策部署和上级党组织决议在本企业贯彻落实。

（3）研究讨论企业重大经营管理事项，支持股东（大）会、董事会、监事会和经理层依法行使职权。

（4）加强对企业选人用人的领导和把关，抓好企业领导班子建设和干部队伍、人才队伍建设。

（5）履行企业党风廉政建设主体责任，领导、支持内设纪检监察组织履行监督执纪问责职责，严明政治纪律和政治规矩，推动全面从严治党向基层延伸。

（6）加强基层党组织建设和党员队伍建设，团结带领职工群众积极投身企业改革发展。

（7）领导企业思想政治工作、精神文明建设、统一战线工作，领导企业工会、共青团、妇女组织等群团组织。

党委议事以党委会会议为主要形式。党委会会议主要内容包括：第一议题（学习习近平总书记重要讲话精神）、研究决定、前置研究讨论企业重大问题、听取专题汇报。

（二）议事规则

党委议事以党委会会议为主要形式。党委会会议原则上每月召开一次，必要时可随时召开。党委书记可根据会议议题和内容确定会议召开的方式（党委会会议或党委会扩大会议）。党委会会议由党委书记召集和主持，书记不在时可委托副书记召集和主持，由党委秘书负责记录。召开党委会会议时须有半数以上委员到会方可召开。需要做出决议或讨论重大事项、重大人事问题时，须有三分之二以上委员到会方可召开。委员确因特殊情况不能到会，应在会前向主持人说明情况，其意见可用书面形式表达。需要列席会议的人员由主持人根据会议内容确定。党委会会议与其他治理主体会议衔接，一般经过以下程序：

（1）与董事会会议的衔接。董事会会议职责中，属于需要党委会研究讨论的议题，应先行提交党委会会议研究，再经董事会会议审议作出决议；不需要党委会研究讨论的议题，直接由董事会审议。

（2）与总经理办公会的衔接。总经理办公会研究相关议题后，属于董事会决策、党委会研究讨论事项，经有关部门根据总经理办公会意见完善议案后，按上款规定分类安排，根据议题分别直接提交董事会会议审议或先经党委会会议研究讨论再提交董事会审议决策；不属于董事会审议决策但需由党委会会议研究讨论的重大事项议题，提交党委会会议研究讨论后，根据党委会意见建议，总经理办公会再作出决定。

（3）进入董事会、经理层的党委班子成员要按照党委会决定在董事会会议、总经理办公会（专题会）上发表意见，使党委的意见得到决策主体的重视和体现。

（4）董事会、总经理办公会（专题会）应依据党委会做出的决定或意见建议，依法定程序做出决策，并在实施中做好落实和完善工作。会议意见与党委会意见不一致时应暂缓做出决策，并及时向党委会反馈。对在后续进一步论证或执行中出现的重要问题和新情况，及时向党委报告。

（三）决策流程

严格按照会前协调、准备材料、提前通知、充分讨论、逐项表决、做出决策、形成纪要的程序议事。会议议题的确定和管理：

（1）党委会会议的议题由书记确定或审定，也可由书记委托副书记审定。重要议题事先须向党委成员通气、酝酿。对议题分歧较大时，应暂缓提交会议研究。会议议题确定后，一般不再变动，无特殊情况不临时动议。

（2）属于党委会"第一议题"的事项，由党群工作部负责收集整理习近平总书记最新重要讲话精神，经分管领导审核后，报党委书记或党委书记委托的专职党委副书记审定。

（3）属于党委研究决定或听取专项汇报的事项，按照《党委会会议管理办法》要求，由相关职责部门提出议题，填报党委会会议议题审批单，经分管领导审核后，再提交党委书记或党委书记委托的专职党委副书记审定，由党群工作部汇总整理并提交党委会会议研究。

（4）属于党委研究讨论的涉及企业重大经营管理事项，有关职能部门或分管领导提出重大经营管理事项的动议或者研究提出工作建议，在充分开展调查研究、科学论证、风险评估的基础上，填报党委会会议议题审批单，经分管领导审核后，再提交党委书记或党委书记委托的专职党委副书记审定，由党群工作部汇总整理并提交党委会会议研究。议题提出后，一般由经理层研究拟订建议方案，也可以由董事会专门委员会拟订建议方案，特别重大或复杂敏感的事项，应当经党委书记、董事长与总经理等沟通后启动。

（5）对提交党委会讨论的议题，主办部门要有明确的意见和方案。议题涉及几个部门需要沟通和协商的，事先由主办部门牵头进行协调，从合规性、必要性、可操作性等方面从严把关、认真审核、评估风险，并提出明确的意见。如有必要，须将沟通的情况向党委作简明汇报。

（6）党委会议事过程中，一般不可插入临时议题，如遇急需提交党委会讨论的议题，由党委书记确定是否列入。来不及召开党委会会议的，党委书记可以临机处置有关事项，事后及时向党委报告，并得到确认。会议准备：①确定党委会的议题和时间，并由党群工作部以书面或其他形式，一般提前两天通知党委委员；②党委会召开之前，公司主要领导应就重要议题充分交换意见，沟通思想；③党委会讨论的书面材料，需及时传阅的，由相关部门提前报送党委委员。讨论表决：①党委会会议决定重大问题时，要充分酝酿讨论，然后进行表决，表决可以采取口头、举手、无记名投票或者记名投票方式，未到会党委委员的书面意见不计入票数，表决时，赞成票超过应到会党委委员人数的半数方为通过，会议决定多个事项的，应逐项表决；②对于少数人的不同意见，应认真考虑，如对重大问题发生争论，双方人数接近，除在紧急情况下必须按多数意见执行外，应当暂缓做出决定，待进一步调查研究，交换意见，下次再表决，特殊情况下，也可将争论情况向上级组织报告，请求裁决；③党委班子成员对主管、分管范围内的议题，在会前应充分调查研究，会议上认真负责地提出意见建议，对重要决策事项，必须明确表态；④召开动议会议经组织对新提拔人选进行考察后，讨论管理人员调整事项时，应按照管理人员管理权限和任免程序进行研究、决策，个人向党组织推荐管理人员人选，必须负责地写出推荐材料并署名；⑤党委秘书负责记录党委会会议情况，一般党委会会议后应形成会议纪要，党委秘书设在党群工作部。

（四）议事决定、决议的执行

经党委会会议讨论通过的，以党委名义上报或下发的文件和会议纪要，书记或书记委托专职党委副书记签发。党委会会议做出决定、决议之后,党委班子成员应按照分工负责抓好党委决定、决议的落实,并主动向党委汇报各自执行的情况。决定、决议在贯彻执行过程中发现问题,应及时解决;对重大问题要召开党委会会议进行复议,任何个人不得擅自处置。如遇重大突发事件和紧急情况,来不及召开党委会会议的,书记或副书记可临机处置,事后及时向党委报告,并得到确认。

(五)议事纪律和监督检查

党委委员个人或少数人无权改变党委的集体决定。党委会讨论问题涉及党委委员或其亲属需要回避的,该委员应主动回避或由党委在会前通知当事人回避。党委会讨论决定重大问题时,每个党委委员要畅所欲言,充分发表个人意见。如果个人意见和集体决定不一致时,必须坚决服从集体决定。个人意见允许保留,也允许向上级组织汇报。党委会会议决议一旦形成,全体党委委员必须共同遵守,认真贯彻执行,不得违背党委的决议,自行其是。认真执行保密规定,对党委会会议讨论决定的重大问题,没有传达任务的,不得泄露;会上讨论过程中个人的意见,不得向任何人员扩散。对违反保密规定造成工作被动或不良影响的,要给予批评教育或纪律处分。加强监督检查:①对党委会讨论决定的重要决策事项,由党群工作部负责制定落实方案,确定落实时限,并进行跟踪督查,督查结果要形成书面材料及时向党委报告;②党委会及其成员贯彻执行本规则的情况,要作为每年民主生活会的内容进行对照检查,并接受党员和职工群众的监督;③对出现失误和失职渎职问题的重大经营投资事项决策,党委前置研究如违反规定、未履行或者未正确履行职责,应当承担相应责任。

五、股东会、董事会、监事会职权与职责

2003—2017年6月,北元集团股东会、董事会、监事会皆依照制定的程序、职权履行职责。2017年6月26日,陕西北元化工集团股份有限公司股东大会、董事会、监事会程序、职权与职责按照规定进行了修订。2022年,按照上级监管要求,公司又对《章程》、股东大会议事规则、董事会议事规则进行了修订。修订后的股东大会、董事会、监事会程序、职权与职责简述如下。

(一)股东大会职权与职责

股东大会由全体股东组成,股东大会是公司的权力机构,依法行使以下职权:

(1)决定公司战略和发展规划。
(2)决定公司的经营方针和投资计划。
(3)选举和更换非由职工代表担任的董事、监事,决定有关董事、监事的报酬事项。
(4)审议批准董事会的报告。
(5)审议批准监事会的报告。
(6)审议批准公司的年度财务预算方案、决算方案。
(7)审议批准公司的利润分配方案和弥补亏损方案。
(8)对公司增加或者减少注册资本作出决议。
(9)对发行公司债券作出决议。
(10)对公司合并、分立、解散、清算或者变更公司形式作出决议。
(11)修改本章程。

（12）对公司聘用、解聘会计师事务所作出决议。
（13）审议批准。规定的担保事项。
（14）审议批准公司在一个会计年度内收购、出售重大资产（同时存在账面值和评估值的，以高者为准）超过公司最近一期经审计总资产30%的事项。
（15）审议批准变更募集资金用途事项。
（16）审议股权激励计划和员工持股计划。
（17）公司的下列交易行为（对外捐赠、固定资产投资、提供担保、财务资助除外），须经董事会审议通过后提交股东大会审议通过：①交易涉及的资产总额（同时存在账面值和评估值的，以高者为准）占上市公司最近一期经审计总资产的50%以上；②交易标的（如股权）涉及的资产净额（同时存在账面值和评估值的，以高者为准）占上市公司最近一期经审计净资产的50%以上，且绝对金额超过5000万元；③交易的成交金额（包括承担的债务和费用）占上市公司最近一期经审计净资产的50%以上，且绝对金额超过5000万元；④交易产生的利润占上市公司最近一个会计年度经审计净利润的50%以上，且绝对金额超过500万元；⑤交易标的（如股权）在最近一个会计年度相关的营业收入占上市公司最近一个会计年度经审计营业收入的50%以上，且绝对金额超过5000万元；⑥交易标的（如股权）在最近一个会计年度相关的净利润占上市公司最近一个会计年度经审计净利润的50%以上，且绝对金额超过500万元。上述指标涉及的数据如为负值，取绝对值计算。
（18）公司的下列关联交易行为，须经董事会审议通过后提交股东大会审议通过：①公司与其关联方达成的重大关联交易，即交易金额在3000万元以上，且占上市公司最近一期经审计净资产绝对值的5%以上的，由公司董事会审议并提出议案后提交股东大会审议；②公司为股东、实际控制人及其关联方提供的担保事项，由公司董事会审议通过后，提交股东大会审议。
（19）审议批准以下固定资产投资事宜：①单笔固定资产（包括技改、改建、扩建、环保等厂房、设备）投资额超过10000万元的由公司股东大会审议批准；②本年累计固定资产（包括技改、改建、扩建、环保等厂房、设备）投资总额超过50000万元的由公司股东大会审议批准。
（20）审议批准公司单次对外捐赠资产价值超过1000万元的实物或资金，或在一个会计年度内累计对外捐赠资产价值超过2000万元的实物或资金。
（21）审议批准超过董事会决策权限范围外的其他事项。
（22）审议法律、行政法规、部门规章或本章程规定应当由股东大会决定的其他事项。

（二）董事会程序、职权与职责

董事会是公司的经营决策机构，董事会对股东大会负责，依法行使以下职权：
（1）召集股东大会，并向股东大会报告工作。
（2）执行股东大会的决议。
（3）制订公司战略和发展规划。
（4）决定公司的经营计划和投资方案。
（5）制订公司的年度财务预算方案、决算方案。

（6）制订公司的利润分配方案和弥补亏损方案。

（7）制订公司增加或者减少注册资本、发行债券或其他证券及上市方案。

（8）拟订公司重大收购、收购本公司股票或者合并、分立、解散或变更公司形式的方案。

（9）在股东大会授权范围内，决定公司对外投资、收购出售资产、资产抵押、对外担保、委托理财、关联交易、对外捐赠等事项。

（10）决定公司内部管理机构的设置。

（11）决定聘任或者解聘公司总经理、董事会秘书及其他高级管理人员，并决定其报酬事项和奖惩事项；根据总经理的提名，决定聘任或者解聘公司副总经理、财务总监等高级管理人员，并决定其报酬事项和奖惩事项。

（12）制定公司的基本管理制度。

（13）制订本章程的修改方案。

（14）管理公司信息披露事项。

（15）向股东大会提请聘请或更换为公司审计的会计师事务所。

（16）审议批准本章程第三十八条规定须经股东大会审议范围以外的公司对外担保事项。

（17）审议批准公司在一年内购买、出售重大资产总额（同时存在账面值和评估值的，以高者为准）占公司最近一期经审计总资产不超过30%的事项。

（18）审议批准公司发生的达到以下标准，但未达到股东大会审议标准的交易事项（对外捐赠、固定资产投资、提供担保、财务资助除外）：①交易涉及的资产总额（同时存在账面值和评估值的，以高者为准）占公司最近一期经审计总资产的10%以上；②交易标的（如股权）涉及的资产净额（同时存在账面值和评估值的，以高者为准）占上市公司最近一期经审计净资产的10%以上，且绝对金额超过1000万元；③交易的成交金额（包括承担的债务和费用）占公司最近一期经审计净资产的10%以上，且绝对金额超过1000万元；④交易产生的利润占公司最近一个会计年度经审计净利润的10%以上，且绝对金额超过100万元；⑤交易标的（如股权）在最近一个会计年度相关的营业收入占公司最近一个会计年度经审计营业收入的10%以上，且绝对金额超过1000万元；⑥交易标的（如股权）在最近一个会计年度相关的净利润占公司最近一个会计年度经审计净利润的10%以上，且绝对金额超过100万元；上述指标涉及的数据如为负值，取绝对值计算。

（19）审议批准下列关联交易事项（公司提供担保除外）：①公司与关联自然人发生的交易金额在30万元以上的关联交易；②公司与关联法人发生的交易金额在300万元以上，且占公司最近一期经审计净资产绝对值0.5%以上的关联交易。

（20）单笔固定资产（包括技改、改建、扩建、环保等厂房、设备）投资额低于10000万元的由公司董事会审议批准；本年累计固定资产（包括技改、改建、扩建、环保等厂房、设备）总额低于50000万元的由公司董事会审议批准。

（21）批准公司内部重大收入分配方案，包括公司工资总额预算与清算方案等；批准公司职工收入分配方案、公司年金方案。

（22）决定公司的风险管理体系、内部控制体系、违规经营投资责任追究工作体系、合规管理体系，制订公司重大会计政策和会计估计变更方案，指导、检查和评估公司内部审计工作,董事会依法审议批准年度审计计划,对公司风险管理、内部控制、合规管理制度及其有效实施进行总体监控和评价。

(23) 听取公司总经理的工作汇报并检查总经理的工作。

(24) 审议依据本章程第二十二条第一款第(三)项、第(五)、第(六)项规定的情形收购本公司股份的事项。

(25) 审议批准银行借款或申请授信额度。

(26) 审议批准公司单次对外捐赠资产价值不超过1000万元的实物或资金,或在一个会计年度内累计对外捐赠资产价值不超过2000万元的实物或资金。

(27) 法律、行政法规、部门规章或本章程规定,以及股东大会授予的其他职权。

董事会作出前款第(二十四)项决议事项,除应当经全体董事的过半数通过外,还应当经出席董事会会议的三分之二以上董事同意。

上述董事会行使的职权事项,或公司发生的任何交易或安排,如根据本章程规定须经股东大会审议的,则应提交股东大会审议。董事会表决程序及决议如下:

(1) 会议主持人提请出席董事会会议的董事对各项提案发表明确的意见。对于根据规定需要独立董事事前认可的提案,会议主持人应当在讨论有关提案前,指定一名独立董事宣读独立董事达成的书面认可意见。董事阻碍会议正常进行或者影响其他董事发言的,会议主持人应当及时制止。除征得全体与会董事的一致同意外,董事会会议不得就未包括在会议通知中的提案进行表决。董事接受其他董事委托代为出席董事会会议的,不得代表其他董事对未包括在会议通知中的提案进行表决。

(2) 董事应当认真阅读有关会议材料,在充分了解情况的基础上独立、审慎地发表意见。

(3) 董事可以在会前向证券事务部、会议召集人、总经理和其他高级管理人员、各专门委员会、会计师事务所和律师事务所等有关人员和机构了解决策所需要的信息,也可以在会议进行中向会议主持人建议请上述人员和机构代表解释有关情况。

(4) 提案经过充分讨论后,会议主持人应当适时提请与会董事对提案逐一分别进行表决。

(5) 董事会决议表决方式为:举手投票表决或者书面投票表决(包括传真方式表决),每名董事有一票表决权。董事的表决意向分为同意、反对和弃权。与会董事应当从上述意向中选择其一,未做选择或者同时选择两个以上意向的,会议主持人应当要求有关董事重新选择,拒不选择的,视为弃权;中途离开会场不回而未做选择的,视为弃权。

(6) 采取书面投票方式进行表决的,与会董事表决完成后,证券事务代表和证券事务部有关工作人员应当及时收集董事的表决票,交董事会秘书在一名监事的监督下进行统计。现场召开会议的,会议主持人应当当场宣布统计结果;其他情况下,会议主持人应当要求董事会秘书在规定的表决时限结束后下一工作日之前,通知董事表决结果。

(7) 董事在会议主持人宣布表决结果后或者规定的表决时限结束后进行表决的,其表决情况不予统计。除本规则第二十九条第二款规定的情形外,董事会审议通过会议提案并形成相关决议,必须有超过公司全体董事人数之半数的董事对该提案投赞成票。法律、行政法规和《公司章程》规定董事会形成决议应当取得更多董事同意的,从其规定。董事会根据《公司章程》的规定,在其权限范围内对担保事项作出决议,除公司全体董事过半数同意外，还必须经出席会议的三分之二以上董事同意。不同决议在内容和含义上出现矛盾的，以形成时间在后的决议为准。

（8）出现下述情形的，董事应当对有关提案回避表决：①法律、法规规定董事应当回避的情形；②董事本人认为应当回避的情形；③《公司章程》规定的因董事与会议提案所涉及的企业有关联关系而须回避的其他情形。在董事回避表决的情况下，有关董事会会议由过半数的无关联关系董事出席即可举行，形成决议须经全体无关联关系董事过半数通过。出席会议的无关联关系董事人数不足三人的，不得对有关提案进行表决，而应当将该事项提交股东大会审议。

（9）董事会应当严格按照股东大会和《公司章程》的授权行事，不得越权形成决议。

（10）提案未获通过的，在有关条件和因素未发生重大变化的情况下，董事会会议在一个月内不应当再审议内容相同的提案。

（11）二分之一以上的与会董事认为提案不明确、不具体，或者两名以上独立董事认为提案不明确、不具体或者因会议材料不充分等其他事由导致其无法对有关事项作出判断时，会议主持人应当要求会议对该议题暂缓表决。提议暂缓表决的董事应当对提案再次提交审议应满足的条件提出明确要求。

（12）现场召开和以视频、电话等方式召开的董事会会议，可以视需要进行全程录音。

（13）董事会会议应当有记录，出席会议的董事、董事会秘书和记录人，应当在会议记录上签名。出席会议的董事有权要求在记录上对其在会议上的发言作出说明性记载。董事会会议记录及其他会议文件，包括会议通知和会议材料、会议签到簿、董事代为出席的授权委托书、会议录音资料、表决票、经与会董事签字确认的会议决议、会议记录等，作为公司档案由董事会秘书负责保存，保存期限为十年以上。如果董事会表决事项影响超过十年，则相关的记录应继续保留，直至该事项的影响消失。

（14）董事会决议经出席会议董事签字后生效，未依据法律、行政法规、部门规章和《公司章程》规定的合法程序，不得对已生效的董事会决议作任何修改或变更。会议决议应当由出席会议的全体董事签名，授权其他董事出席的由被授权人代为签署并注明代理关系。不同意会议决议或弃权的董事也应当签名，但有权表明其意见。

（15）董事应当在董事会决议上签字并对董事会的决议承担责任。董事对会议记录、会议决议或决议公告有不同意见的，可以在签字时作出书面说明。必要时，应当及时向监管部门报告，也可以发表公开声明。董事会决议违反法律、法规或者《公司章程》，致使公司遭受损失的，参与决议的董事对公司负赔偿责任。但经证明在表决时曾表明异议并记载于会议记录的，该董事可以免除责任。

（16）董事长和提交提案的董事应当督促经营管理层落实董事会决议，检查决议的实施情况，并在以后的董事会会议上通报相关决议的执行情况。

（17）根据法律、行政法规和《公司章程》的要求，在董事会上议论以及决议的事项在对外公开披露之前，均属于内幕信息，与会人员等知悉内幕信息人均负有对决议内容保密的义务。

未经董事会的同意，董事等与会人员不得泄露董事会会议内容。

（三）监事会程序、职权与职责

监事会是公司依法设立的内部监督机构,对股东大会负责,依法行使以下职权:

(1) 应当对董事会编制的公司定期报告进行审核并提出书面审核意见。

(2) 检查公司财务。

(3) 对董事、高级管理人员执行公司职务的行为进行监督,对违反法律、行政法规、本章程或者股东大会决议的董事、高级管理人员提出罢免的建议。

(4) 当董事、高级管理人员的行为损害公司的利益时,要求董事、高级管理人员予以纠正。

(5) 提议召开临时股东大会,在董事会不履行《公司法》规定的召集和主持股东大会职责时召集和主持股东大会。

(6) 向股东大会提出提案。

(7) 提议召开董事会临时会议。

(8) 选举监事会主席。

(9) 依照《公司法》第一百五十一条的规定,对董事、高级管理人员提起诉讼。

(10) 发现公司经营情况异常,可以进行调查;必要时,可以聘请会计师事务所、律师事务所等专业机构协助其工作,费用由公司承担。

(11) 法律法规及本章程规定的其他职权。

监事会议事程序如下:

(1) 召开监事会定期会议和临时会议,监事会应当分别提前十日和五日将盖有监事会印章的书面会议通知,通过直接送达、传真、电子邮件或者其他方式,提交全体监事。

(2) 公司召开监事会会议,监事会应按本章规定的时间事先通知所有监事,并提供足够的资料。

(3) 监事会会议由监事本人出席,监事因故不能出席,可书面委托其他监事代为出席。

(4) 监事均有权提出监事会议案,但是否列入监事会会议议程由监事会主席确定,如监事提出的议案未能列入监事会议程应向提案监事作出解释,如提案监事仍坚持要求列入议程,则由监事会进行表决确定。

(5) 列入会议议程需要表决的议案或决定,在进行表决前,应当经过认真审议讨论,监事可以自由发言,监事也可以书面报告形式发表意见。

(6) 会议主持人应当提请与会监事对各项提案发表明确的意见。

(7) 监事会对所有列入议事日程的提案应当进行逐项表决,不得以任何理由搁置或不予表决。

(8) 监事会会议的表决实行一人一票,以书面投票表决方式(包括通信方式表决)进行。

(9) 监事会会议应形成会议纪要和会议记录,并进行签字确认。

(10) 监事会主席应当督促有关人员落实监事会决议,并在以后的监事会会议上通报决议的执行情况。

六、董事会专门委员会设置

2018年2月6日,根据《上市公司治理准则》以及《公司章程》有关规定,经北元集团公司第一届董事会第五次会议研究，公司董事会下设4个专门委员会，即战略委员会、审计委员会、提名委员会和薪酬与考核委员会。

1. 董事会战略委员会构成、职责

战略委员会由7名董事组成，委员会委员由董事长提名，董事会过半数选举产生。委员会的主要职责：对公司长期发展战略规划进行研究并提出建议；对经董事会审议的重大投融资方案、资产经营等项目进行研究并提出建议；对公司增加或减少注册资本、发行公司债券、合并、分立、解散事项的方案进行研究并提出建议；对公司重大资产或业务重组、对外收购、兼并及资产出让进行研究并提出建议；研究并提出完善公司风险管理和内部控制的建议；对公司拓展新型市场、新型业务进行研究并提出建议；对影响公司发展的重大事项进行研究并提出建议；董事会授予的其他职权。

2. 董事会审计委员会构成、职责

审计委员会由3名董事组成，其中独立董事应占委员会成员总数的1/2以上。审计委员会委员应当具备较强的会计、财务管理和法律知识及商业经验，其中独立董事中至少有一名为会计专业人士。委员会委员由董事长提名，董事会过半数选举产生。委员会的主要职责：提议聘请或更换外部审计机构，以及确定年度审计费用，并报董事会批准，监督及评估外部审计机构工作；监督公司的内部审计制度及其实施，指导内部审计工作；协调管理层、内部审计部门及相关部门与外部审计机构的沟通；审核公司的财务信息及其披露，并对其发表意见；审查公司的内控制度，评估内部控制的有效性；董事会授予的其他职权及相关法律法规中涉及的其他事项。

3. 董事会提名委员会构成、职责

提名委员会由3名董事组成，其中独立董事应占多数。委员会委员由董事长提名，董事会过半数选举产生。委员会的主要职责：研究公司董事、总经理及其他高级管理人员的选择标准、程序及方法，向董事会提出建议；广泛搜寻合格的董事、总经理及其他高级管理人员的人选；对总经理提出的其他高级管理人员人选进行考察，向董事会提出考察意见；对全资子公司董事，股东代表监事，控股子公司、参股子公司董事（候选人），股东代表监事（候选人）等人选提出建议，报董事会批准；董事会授予的其他职权。

4. 董事会薪酬与考核委员会构成、职责

薪酬与考核委员会由3名董事组成，其中独立董事应占多数。委员会委员由董事长提名，董事会过半数选举产生。委员会的主要职责：研究董事、经理人员考核的标准，进行考核并提出建议；研究和审查董事、高级管理人员的薪酬政策与方案；审查公司董事、高级管理人员的履行职责情况并对其进行年度绩效考核；对公司董事、高级管理人员薪酬制度执行情况进行监督；董事会授予的其他职权。

第三节 公司改制

一、上市改制

（一）改制方案

2017年6月8日，陕煤集团第一届董事会专项决议，表决通过了《陕西北元化工集团公司股份制改制及国有股权管理方案》(陕煤董发〔2017〕22号)。同日,陕煤集团下发了《关于陕西北元化工集团公司改制为股份有限公司的批复》(陕煤司发〔2017〕336号)。2017年6月12日,陕西省国资委向陕煤集团下发了《关于陕西北元化工集团股份有限公司(筹)国有股权管理有关问题的批复》(陕国资产权发〔2017〕184号),同意陕西北元化工集团股份有限公司(筹)国有股权管理方案。

(二)改制运作

2017年6月21日,陕西北元化工集团股份有限公司第一届董事会第一次会议审议通过了《关于设立公司证券事务部的议案》,批准设立证券事务部。证券事务部主要职责如下:

(1)负责公司改制、上市工作。

(2)组织股东大会、董事会和监事会会议并督促决议的执行。

(3)协助规范公司法人治理结构。

(4)负责公司的信息披露及保密工作。

(5)负责处理公司各项法律事务工作。

(6)进行证券事务管理和资本运营管理。同日,陕西北元化工集团股份有限公司创立大会暨第一次股东大会在公司办公楼以现场表决方式召开。会议同意设立陕西北元化工集团股份有限公司,通过了《陕西北元化工集团股份有限公司章程(草案)》,选举了股份公司第一届董事会董事、监事会监事。同日,陕西北元化工集团股份有限公司第一届董事会第一次会议在公司办公楼以现场会议方式召开,会议选举了股份公司董事长、总经理、副总经理、财务总监、董事会秘书,并同意设立证券事务部。同日,陕西北元化工集团股份有限公司第一届监事会第一次会议在公司办公楼以现场会议方式召开,会议选举了股份公司第一届监事会主席。2017年6月26日,在榆林市工商局办理了股份公司工商变更手续后,陕西北元化工集团股份有限公司正式注册变更设立。同年7月16日,公司举行成立揭牌仪式,公司党委书记、董事长与总经理共同为"中共陕西北元化工集团股份有限公司委员会""陕西北元化工集团股份有限公司"揭牌。

(三)公司治理结构体系

改制后公司治理体系由股东大会、董事会、监事会、经理层及所属各单位组成,并根据《公司法》《证券法》《上市公司章程指引》等法律法规要求,修订了《公司章程》,选聘了独立董事和职工监事,出台了《独立董事工作制度》,修订完善了股东大会、董事会、监事会议事规则,设立了董事会专门委员会,制定了专门委员会工作细则,出台了适用上市的18项内控管理制度,建立了较为科学规范的法人治理结构和独立完善的运行机制。

二、员工持股

2017年10月,根据国务院国资委133号文件精神,公司开展员工持股试点工作并制定方案,并向陕煤集团上报开展员工持股改革的请示文件。同年11月,陕煤集团召开专题会议和董事会专项会议研究通过了北元集团员工持股改革方案。之后,北元集团召开职工代表大会,专项审议通过了员工持股方案及名单;后又召开股东大会和董事会,同意持股员工出资设立有限合伙企业"榆林聚和股权投资合伙企业",以现金方式出资认购北元化工2160万股。同年12月，取得陕西省国资委《关于北元化工开展混合所有制企业员工持股试点的复函》(陕国资产权函〔2017〕122号)，同意采取定向增发的方式，实施员工持股试点；同月，与持股员工签署入股承诺函，起草确定了员工持股平台合伙协议，选举了普通合伙人和管理委员会成员，注册设立榆林聚和股权投资合伙企业（有限合伙），并取得有限合伙企业营业执照；持股员工陆续将现金缴付至企业指定账户，足额缴纳了认购股份所对应的出资额；办理完成员工持股增资所涉及的工商变更登记手续，增资后注册资本为32.5亿元；员工持股增资经具有证券从业资格的希格玛会计师事务所（特殊普通合伙）验资机构验资，并出具了验资报告，员工持股工作顺利完成。

第二章 基 本 建 设

　　北元集团建设工程主要为100万吨/年聚氯乙烯循环综合利用项目及辅助配套公用工程，以及在2013年以来正式投产后的后续基建、技改和升级改造项目，主要包括基建50万吨/年电石技改扩建项目、135万吨/年原盐及采输卤工程、100万吨/年聚氯乙烯升级改造等项目。基建所用原材料多而杂，涉及化工、铁路、水泥、发电等多个行业；参与的工程设计、施工单位多，工程施工作业交叉重叠。在广袤的毛乌素沙漠中建成了一座大型、一流的现代化年产百万吨聚氯乙烯循环综合利用项目的化工企业。通过技改、扩建，提升了各类装置装备的性能，取得了良好的成效。

第一节 建 设 项 目

一、10万吨/年聚氯乙烯项目

（一）项目概况

　　2003年5月，神木电化有限公司、神木县国有资产运营公司和神府能源开发总公司召开第一届股东会暨董事会，决定共同建设聚氯乙烯项目，签订了合资协议书，确定了出资额，成立了董事会，通过了董事会《章程》；同年5月，神府经济开发区北元化工有限公司注册成立，负责筹建10万吨/年聚氯乙烯项目。2004年11月7日，一期5万吨/年烧碱装置开车成功；2005年4月，有机系统一次性开车成功，并于4月7日生产出第一釜聚氯乙烯；同年8月，二期5万吨/年PVC生产线开工建设，至2006年8月25日，一、二期工程一次性开车成功。截至2007年，该项目共计总投资达3.66亿元。

（二）项目规划

　　2002年2月18日，神木电化有限责任公司申请5万吨/年聚氯乙烯项目立项；3月11日，《5万吨/年聚氯乙烯项目建议书》经陕西省发展计划委员会批复；4月，神木电化有限责任公司委托青岛海晶化工设计院编制完成《5万吨/年聚氯乙烯项目可行性研究报告》，7月2日《5万吨/年聚氯乙烯项目可行性研究报告》经陕西省发展计划委员会批复；8月，神木电化有限责任公司委托陕西省纺织建筑设计研究院编制完成《5万吨/年聚氯乙烯项目环境影响评价报告》，9月2日《5万吨/年聚氯乙烯项目环境影响评价报告》经陕西省环境保护局评审通过。2003年2月，神木电化有限责任公司委托青岛海晶化工设计院编制完成《10万吨/年聚氯乙烯项目可行性研究报告》，4月24日，陕西省发展计划委员会同意项目扩建至10万吨/年规模；5月，神木电化有限责任公司委托陕西省纺织建筑设计研究院编制完成《10万吨/年聚氯乙烯项目环境影响评价报告》，同时确定10万吨/年聚氯乙烯项目出资额股本金7000万元，6月10日《10万吨/年聚氯乙烯项目环境影响评价报告》经陕西省环境保护局评审通过。2004年6月，公司委托陕西德诚安全评价公司编制完成《安全预评价报告》，8月3日，公司《安全预评价报告》经榆林市安监局批复；9月，公司委托甘肃利安管理咨询有限责任公司编制完成《安全评价报告》，2005年1月19日，《安全评价报告》经榆林市安监局批复；同年4月7日，公司产出第一釜聚氯乙烯，标志着公司实现了全线开车。2006年8月25日，公司二期工程一次性成功投运。

（三）项目设计、施工

10万吨/年聚氯乙烯项目由青岛海晶化工集团有限公司设计，青岛华夏建设监理有限公司负责监理，土建工程由榆林四达建筑工程有限公司承建，安装工程由吉林吉化华强建设有限责任公司承建。于2006年8月25日，二期工程建成投运。

二、100万吨/年聚氯乙烯循环综合利用项目与升级改造项目

（一）100万吨/年聚氯乙烯循环综合利用项目

1. 项目概况

2007年底，公司与陕西煤业化工集团有限责任公司达成合作协议，投资83.84亿元，扩建100万吨/年聚氯乙烯循环综合利用项目，项目主要建设装置包括100万吨/年聚氯乙烯装置、80万吨/年离子膜烧碱装置，4×125MW抽气式直接空冷汽轮发电装置，240万吨/年工业废渣水泥装置。项目一期工程于2008年4月28日开工建设，二期土建工程于2009年8月开工。一期工程于2010年11月建成；二期工程于2011年底建成；2012年底，项目尾留和新增工程全部施工完成。该项目总占地面积132.46公顷，项目用水由锦界工业园区供水公司供给，供电和供热由自备电厂提供。安全环保方面采用废气处理、在线监测、生化处理等措施，符合国家规定的劳动卫生标准和国家现行环保政策要求。

2. 项目规划

2007年，陕西联合煤气化工程技术有限公司组织编制了《100万吨/年聚氯乙烯循环综合利用项目可行性研究报告》；2008年，上报陕西省发展和改革委员会，经审查于同年4月对项目进行备案，初步确定项目总投资为74.18亿元；同年，办理了土地、林地批复，完成了项目选址等相关手续；2009年，陕西省环境科学研究设计院编制了《100万吨/年聚氯乙烯循环综合利用项目环境影响报告书》，陕西省环境保护厅组织审查并进行了批复；2010年10月12日，北元集团公司作出了关于100万吨/年聚氯乙烯循环综合利用项目安全设施检查的报告；同年，陕西煤化工集团有限责任公司组织对项目初步设计进行了审查，依据项目建设规模、装置水平等，将项目概算投资调整为83.84亿元。项目后期新增加了三项工程：职工活动中心、污水处理、输煤及储煤工程。2012年1月6日，陕西煤业化工集团有限责任公司组织对这三项工程进行审查后，批复同意增加投资2.13亿元。该项目实际总投资85.97亿元。项目分两期建设。其中一期工程建设从2008年3月18日开始，历时约583天；二期工程建设从2009年7月12日开始进行公用工程招标工作。2011年5月4日，PVC工程系统装置投料试车工作完成，历时约662天。

3. 项目设计、施工

100万吨/年聚氯乙烯循环综合利用项目分别由五家设计单位承担工程设计工作，其中化工装置区由中国天辰工程有限公司设计，热电装置区由中煤西安设计工程有限责任公司设计，水泥装置区由新疆建材设计研究院设计，厂前区由陕西华瑞勘察设计有限责任公

司设计,自备铁路由中铁第一勘察设计院集团有限公司设计。工程设计单位及施工图完成时间见表2-1-1。

表2-1-1 100万吨/年聚氯乙烯循环综合利用项目工程设计单位及施工图完成时间一览表

序号	单位名称			合同图纸完成时间
1	中国天辰工程有限公司	化工	一期工程	2008-08-30
			二期工程	2010-03-05
2	中煤西安设计工程有限责任公司	热电	一期工程	2008-08-15
			二期工程	2010-03-05
3	新疆建材设计研究院	水泥	一期工程	2008-10-30
			二期工程	2010-03-05
4	陕西华瑞勘察设计有限责任公司	厂前区		2008-05-30
5	中铁第一勘察设计院集团有限公司	自备铁路		2008-07-15
	总体设计			2010-03-05

(二) 100万吨/年聚氯乙烯升级改造项目

2013年以来,北元集团投产运行的100万吨/年聚氯乙烯各装置运行稳定。2015年,由于国家环保政策要求,公司将高汞触媒全部替换为低汞触媒,替换后低汞触媒的转化效率比原高汞触媒下降约15%,导致聚氯乙烯装置产能衰减严重。加之,引进的日本智索工艺聚合釜单釜实际产能低于设计产能,且已有的4条聚合生产线受设备配置和工艺限制导致产品单一等问题,公司对100万吨/年聚氯乙烯项目进行升级改造。100万吨/年聚氯乙烯项目自备电厂外观如图2-1-1所示。

图2-1-1 100万吨聚氯乙烯项目自备电厂

三、50万吨/年电石技改扩建项目

(一) 项目概况

2009年,北元集团对神木县锦源化工有限责任公司进行并购重组,由西安正衡资产评估有限责任公司对该公司资产进行了评估。并购后,由陕西北元化工集团有限公司(占股51%)与原神木县锦源化工有限责任公司合股组建。锦源化工有限责任公司现为陕

西北元化工集团有限公司控股子公司，注册股本金1.6亿元，位于锦界镇枣稍沟村，总占地面积313490平方米（470亩）。该项目是北元集团对锦源化工并购重组后，双方合股共建。项目总投资174457.81万元，主要建设装置包括年产50万吨电石装置、年产50万吨白灰装置、2×25 MW资源综合利用发电装置，年产1.2亿标立方二氧化碳转化煤气装置以及辅助公用和办公、生活设施。2010年9月项目开工，分两期建设；2015年9月底，项目所有装置全部建成。该项目用水由神木高新技术产业开发区供水公司供给，供电和供热由自备电厂提供。安全环保采用布袋除尘、在线监测、生化处理等措施，符合国家规定的劳动卫生标准和国家现行环保政策要求。

（二）项目规划

2013年，北元集团在该项目以前履行审批手续的基础上，向陕煤集团上报了由西安精典石化工程有限公司、西安康索能源化工工程科技有限公司联合编制的《陕西北元集团锦源化工有限公司电石技改扩建项目可行性研究报告》；2013年9月，陕煤集团对报告进行了批复。2014年4月15日，陕煤集团对项目初步设计进行了审查，依据项目建设规模、装置水平等，批复项目概算投资为12.90亿元；同年4月29日，对项目施工组织总体设计进行了审查批复。2014年1月和12月，榆林市环保局对建设内容变更后环评报告进行了两次调整。2015年4月，陕煤集团委托北京华建联造价工程事务所对项目初步设计概算进行了核查，由于项目建设期间设计、概算缺漏项，设计变更及工程量签证、建设内容变化等导致建设周期延长，投资费用增加，12月16日批复将概算调整为16.59亿元。2016年9月，由于原批复的4台40500 kVA密闭电石炉达不到50万吨产量规模，加之硅钙市场萎缩，神木县发改局根据陕西省委、省政府《关于在神木县府谷县开展直管县试点工作的实施意见》（陕发〔2014〕5号）文件精神，将原6台40500 kVA密闭电石炉调整为4台40500 kVA、2台63000 kVA密闭电石炉，原硅钙生产线技改为工业硅生产线，完善了项目手续。

（三）项目设计、施工

50万吨/年电石技改扩建项目按照电石、白灰、热电、碳化和厂前区5个装置区分两期设计和施工。其中电石装置由大连化工研究设计院设计，锦州天晟重工有限公司总承包建设。2012年11月1号、2号电石炉建成；2013年7月3号、4号电石炉建成；2015年9月5号、6号电石炉建成。白灰装置由北京嘉永会通能源科技有限公司总承包建设（含设计）。2013年12月1号白灰窑建成；2014年9月2号、3号白灰窑建成。热电装置由中煤西安设计工程有限责任公司设计、江苏华能建设工程集团有限公司建设，2012年11月1号机组投运并网发电；2012年12月2号机组投运并网发电。二氧化碳转化煤气生产装置由陕西冶金设计院设计、内蒙古鄂尔多斯创异机械环保设备有限责任公司总承包建设，2014年6月二氧化碳转化煤气生产装置建成。厂前区由陕西省建协设计研究院设计，陕西建工集团总公司、陕西省建筑装饰工程公司建设，2014年6月厂前区建成。项目土建工程由陕西建安工程监理有限公司监理，安装工程由陕西诚信建设监理有限责任公司监理。电石技改扩建项目工程设计单位及施工图完成时间见表2-1-2。

四、135万吨/年原盐及采输卤工程

（一）项目概况

2010年，该项目是北元集团为降低生产成本而规划建设的。项目总投资6.32亿元，

表2-1-2　50万吨/年电石技改扩建项目工程设计单位及施工图完成时间一览表

序号	单位名称	装置区	合同图纸完成时间
1	陕西省建协设计研究院	厂前区	2011-05
2	大连化工研究设计院	电石	2011-06
3	北京嘉永会通能源科技有限公司	白灰	2012-04
4	中煤西安设计工程有限责任公司	热电	2012-06
5	陕西冶金设计院	二氧化碳转化煤气生产装置	2012-09

分两个采区共建设46口井，主要建设内容包括卤井建井工程、采卤工程、输卤工程及配套的供配电、给排水、采暖等公用及辅助工程。其中瑶渠采区在100万吨/年聚氯乙烯循环综合利用项目厂区内建20口井，锦界采区在锦界镇三道峁村建26口井。2015年2月全部建成投产，所生产的卤水全部作为100万吨/年聚氯乙烯装置生产的原料。

（二）项目规划

2013年6月，由自贡市井矿盐矿山开发设计公司编制了《陕西北元化工集团有限公司135万吨/年原盐及采输卤工程可行性研究报告》。2013年9月，陕煤集团对报告进行了批复；同年10月，对项目初步设计文件进行了审查，依据项目建设规模、内容等，同意项目概算总投资为63235.64万元。2014年5月，神木县发改局下发《关于同意陕西北元化工集团有限公司配套135万吨/年原盐及采输卤项目开展前期工作的函》（神发改函〔2014〕24号），同年，北元集团办理了项目选址意见书，并委托陕西凯利达安全技术有限公司编制了《安全预评价报告》，上报榆林市安监局组织专家进行了评审；2014年6月9日，榆林市安监局对项目安全预评价进行了备案批复；2014年7月16日，水土保持方案通过榆林市水保监督总站审查批复（榆市水监函〔2014〕33号）。2015年，中国地质调查局西安地质调查中心编制了《陕西北元化工集团有限公司135万吨/年原盐及采输卤工程环境影响评价报告书》，榆林市环保局组织审查并批复（神环发〔2015〕39号）；2016年7月22日，北元集团办理了《锦界勘查区采矿许可证》；11月30日，项目正式备案（神发改发〔2016〕663号）；2017年6月，对项目变更环评进行了批复，9月11日办理了《瑶渠勘查区采矿许可证》。项目分两个采区进行建设，总工期52个月。

（三）项目设计、施工

2013年，自贡市井矿盐矿山开发设计院完成项目设计工作。瑶渠采区位于100万吨/年聚氯乙烯循环综合利用项目厂区内，包括20口盐井及配套的采输卤、供配电等工程，由陕西煤田地质监理事务所监理，江苏长江地质勘查院、山东省煤田地质局第二勘探队等5家单位钻井施工（2009年9月16日开钻，2012年10月25日完工）。建安工程由吉林吉化华强建设有限责任公司、陕西建工安装集团有限公司和大庆汉维长垣高压玻璃钢管道有限公司3家施工单位施工（2012年4月5日开工，2012年11月9日完工）。

锦界采区位于三道峁村，包括26口盐井及配套的采输卤及供配电等工程，由陕西煤田地质监理事务所监理，靖边县建平油井技术服务有限公司和靖边县兴源钻井技术服务有限公司钻探。2012年9月22日，钻井工程开钻；2014年11月12日，钻井完工。建安工程由陕西建安工程监理有限公司监理，榆林成信建工集团有限公司、陕西建工第九建设集团有限公司和陕西建工第三建设集团有限公司等 8 家施工单位施工，于 2013 年 10 月开工，2015 年 2 月全部建成。

五、12 万吨/年甘氨酸项目

（一）项目概况

2018 年，北元集团筹划上市期间，经过充分调研、论证，围绕企业现有产业链延伸拟确定 12 万吨/年甘氨酸项目、100 万吨/年中颗粒真空制盐项目、3 万吨/年 ADC 发泡剂及配套项目、10 万吨/年 CPE 及 2 万吨/年 CPVC 项目为募投项目。2020 年，企业上市后，为推进募投项目落地建设，组织对 4 个项目的工艺技术、市场情况等进行了详细调研，最终结合国家产业和环保政策以及北元集团发展规划确定先实施 12 万吨/年甘氨酸项目。该项目是北元集团主导从研发设计、中试测试、工艺设计、设备选型、项目建设以及投产运行的重点建设项目，其"混合溶剂法"甘氨酸生产工艺拥有自主知识产权。项目以乙酸、液氯等为原料，建设 18 万吨/年氯乙酸生产装置、12 万吨/年甘氨酸生产装置及配套公辅工程。项目采用荷兰诺力昂公司授权的当前国际上最先进的"乙酸催化氧化法"生产中间产品氯乙酸，再采用先进的"混合溶剂法"生产最终产品甘氨酸。

（二）项目规划

2018 年 5 月，由天津渤化工程有限公司编制完成了《陕西北元化工集团有限公司 12 万吨/年甘氨酸项目可行性研究报告》，同年 6 月 14 日，在神木市发展改革和科技局进行了备案（神发改审发〔2018〕159 号）；同年 11 月 9 日，办理了林地手续（林资许准〔2018〕585 号）；同年 11 月 15 日，环境影响报告书通过榆林市环境工程评估中心技术评估并经神木市环保局批复（神环发〔2018〕583 号）；同年 12 月 4 日，项目在陕煤集团进行立项（陕煤司发〔2018〕591 号）。2019 年 5 月，办理了土地手续和项目选址。2020 年 6 月 12 日，办理备案文件延期的函（神发改科技函〔2020〕139 号）。2021 年 8 月，陕西派菲特水利设计有限公司编制《陕西北元化工集团股份有限公司 12 万吨/年甘氨酸项目水土保持方案报告书》；同年 9 月，神木市行政审批服务局下发《关于陕西北元化工集团股份有限公司 12 万吨/年甘氨酸项目水土保持方案审批予行政许可决定书》（神行批字〔2021〕644 号），中国国际工程咨询有限公司同月编制完成《陕西北元化工集团股份有限公司 12 万吨/年甘氨酸项目节能报告》。2022 年 4 月 2 日，陕西省发展和改革委员会通过了 12 万吨/年甘氨酸项目节能报告审查（陕发改环资〔2022〕454 号）。同年 7 月 1 日，神木市水利局下发取水许可证（编号为：D61 0881S2022—0046）。10 月 26 日，陕西省应急管理厅下发《关于陕西北元化工集团股份有限公司 12 万吨/年甘氨酸项目安全条件审查的批复》（陕应急批复〔2022〕56 号）。

（三）项目设计、施工

为验证"混合溶剂法"生产工艺的成熟性，2018 年，公司与上海旗云合作建设了 100 吨/年甘氨酸中试装置，于 2020 年建成开车，连续运行 30 天，生产甘氨酸 30 余釜，产品质量符合国家标准《工业级甘氨酸》（HG/T 2029—2004）。整个生产过程和工艺由中科合创（北京）科技成果评价中心（国家科技部认证）组织专家进行了技术评价，最终一致认定"混合溶剂法"甘氨酸生产工艺达到国内领先水平。2021 年 10 月，公司委托中国天辰工程有限公司为项目总牵头设计院，并负责 18 万吨/年氯乙酸装置设计；委托胜邦科技股份有限公司负责12万吨/年甘氨酸项目设计,青岛华鹏工程咨询集团有限公司负责整体项目监理。截至2022年12月,项目开展了前期设备订货、设计和招标工作,确定土建施工单位。

六、募投项目配套建设产氯装置项目

（一）项目概况

2021年,经核算募投项目建成后每年共需消耗氯气29.6万吨,而公司现有100万吨/年聚氯乙烯循环综合利用项目烧碱装置没有多余的氯气供募投项目使用。因此,为确保募投项目顺利实施,公司拟规划给募投项目配套建设产氯装置。该项目以卤水为原料,建设内容包括年产35.5万吨产氯装置（其中35.5万吨产氯装置中包括供募投项目使用的29.6万吨产氯装置和公司2017年退出的9万吨/年烧碱装置）以及公用工程和辅助设施,考虑到现有烧碱装置的液碱未来销售及市场需求问题,同步建设60万吨/年固碱装置及配套库房等工程。项目建成后,所生产的氯气全部供募投项目使用,烧碱既可配套解决下游装置原料供应问题,又能作为商品外售,氢气一部分替代现有电解水制氢装置节约能源,一部分供给甘氨酸装置使用,剩余部分作为产品外售。

（二）项目规划

2021年2月,中国天辰工程有限公司编制了《陕西北元化工集团股份有限公司募投项目配套建设产氯装置项目可行性研究报告》;同年4月10日,该项目在神木市发展改革和科技局取得项目备案确认书（项目代码:2101-610821-04-01-440837）;同年6月7日,项目在陕煤集团立项（陕西化工司发〔2021〕56号）;同年9月7日,陕西派菲特水利设计有限公司编制的《陕西北元化工集团股份有限公司募投项目配套建设产氯装置项目水土保持方案报告书》通过神木市行政审批服务局审批,取得《神木市行政审批服务局关于陕西北元化工集团股份有限公司募投项目配套建设产氯装置水土保持方案审批准予行政许可决定书》（神行批字〔2021〕644号）;同年12月5日,项目职业病危害预评价报告通过专家审查。2022年3月6日,项目节能报告通过陕西省发展改革委员会组织的专家审查;同年3月14日,经神木市发展改革和科技局审批,将项目原建设内容中"主要产品29.6万吨/年氯气"变更为"主要产品35.5万吨/年氯气",其余内容保持不变。同年4月29日,陕西省发展和改革委员会通过了募投项目配套建设产氯装置项目节能报告审查（陕发改环资〔2022〕646号）。10月26日,陕西省应急管理厅下发《关于陕西北元化工集团股份有限公司募投项目配套建设产氯装置项目安全条件审查的批复》（陕应急批复〔2022〕57号）,项目环境影响评价报告编制完成。

（三）项目设计、施工

根据北元集团整体规划,项目计划一次性规划分两期建设,一期建设20万吨/年产氯装置和40万吨/年固碱装置。项目由中国天辰工程有限公司设计,青岛华鹏工程咨询集团有限公司监理。截至2022年12月,项目场平施工完,开展了前期设备订货、设计和招标等工作。

七、锂电材料-碳酸酯类联合装置项目

（一）项目概况

公司12万吨/年甘氨酸项目建成后,氯乙酸装置生产过程中副产氯化氢约7.8万吨。

为高效利用氯化氢，提高资源利用率，2021年，北元集团拟建设锂电材料－碳酸酯类联合装置项目。该项目采用国内自主研发的生产工艺，以乙二醇、氯化氢为原料通过氧化法合成环氧乙烷，再和二氧化碳、甲醇、乙醇通过酯交换法生产碳酸酯类产品，主要产品为碳酸乙烯酯、碳酸二甲酯、碳酸甲乙酯、碳酸二乙酯。建成后，每年可生产碳酸酯类产品约20万吨。

（二）项目规划

2021年6月，北元集团委托河北英科石化工程有限公司编制了《陕西北元化工集团股份有限公司锂电材料－碳酸酯类联合装置项目可行性研究报告》；同年12月，在神木高新技术产业开发区管理委员会办理入园手续（神高新管发〔2021〕134号），同月在神木市发展改革和科技局办理备案手续（项目代码为2112－610821－04－01－503742）。2022年3月21日，项目"社会稳定风险评估报告"通过神木市委政法委员会审核（神政法稳评发〔2022〕16号）；同年4月21日，项目节能报告通过陕西省发改委组织的专家审查；同年6月9日，陕西省发展和改革委员会通过了锂电材料－碳酸酯类联合装置项目节能报告审查（陕发改环资〔2022〕940号）；同年7月21日，项目可研报告通过陕煤集团审查，并于11月4日下发可研批复（陕煤司发〔2022〕705号）。

八、厂前区项目

厂前区项目主要包括办公楼、北元大酒店、科研中心、公寓楼、餐饮中心、职工活动中心和体育场，总占地面积200010平方米。2008年8月开工，2012年12月完成所有工程建设内容。本工程项目由陕西华瑞勘察设计有限责任公司和中国建筑西北设计研究院有限公司设计，陕西建工集团总公司承建主体工程，陕西省建筑装饰工程公司承建装饰装修工程，榆林方兴建设工程监理有限责任公司、青岛华鹏工程咨询集团有限公司负责监理。

（一）办公楼工程

办公楼建筑面积21967平方米，2008年8月1日至2010年10月10日建设完成，2010年10月10日正式使用，总造价8919万元。

（二）职工公寓楼工程

1号—4号公寓楼合计总造价8987万元。其中，1号公寓楼建筑面积13005平方米，于2008年9月2日至2009年8月9日建设完成，总造价2109万元；2号公寓楼建筑面积13520平方米，于2009年7月2日至2010年3月15日建设完成，总造价2180万元；3号公寓楼建筑面积13520平方米，于2010年3月11日至2011年3月15日建设完成，总造价2231万元；4号公寓楼建筑面积13520平方米，于2010年8月3日至2011年7月15日建设完成，总造价2467万元。

（三）职工餐饮中心工程

职工餐饮中心建筑面积12471平方米，于2008年10月10日至2009年9月15日建设完成，造价3535万元。

（四）科研楼工程

科研楼建筑面积13282平方米，于2009年6月10日至2011年7月15日建设完成，造价7560万元。

（五）北元大酒店工程

北元大酒店建筑面积9522平方米，于2008年9月10日至2010年12月15日建设完成，造价5684万元。

（六）职工活动中心工程

职工活动中心占地约8319平方米，造价约7600万元。由中国建筑西北设计研究院有限公司设计，陕西建工集团总公司承建主体工程，陕西省建筑装饰工程公司负责装饰装修工程，青岛华鹏工程咨询集团有限公司进行监理。

（七）体育场工程

体育场建筑面积28272平方米，造价830万元，于2012年3月15日至2012年7月30日建设完成，由陕西华瑞勘察设计有限责任公司设计，陕西国龙奥星体育设施有限公司承建，青岛华鹏工程咨询集团有限公司进行监理。

厂区道路硬化及雨水管网等诸项工程，分别由陕西光达建设有限公司、神木凯路建筑工程有限公司、榆林神通建筑工程有限公司及陕西瑞龙建筑工程有限公司、陕西建工集团第九建筑工程有限公司参与建设，主干道共计9条，总投资约7851万元。

第二节 项目投融资

一、投融资概况

2003年北元化工建厂以来，共建设了10万吨/年聚氯乙烯项目、100万吨/年聚氯乙烯循环综合利用项目、50万吨/年电石技改扩建项目、135万吨/年原盐及采输卤工程和100万吨/年聚氯乙烯升级改造项目，规划建设项目有12万吨/年甘氨酸项目、募投项目配套建设产氯装置项目、锂电材料–碳酸酯类联合装置项目、200兆瓦农光互补光伏发电项目、100兆瓦光伏外送项目。到2022年底，项目计划总投资1883259.53万元，其中企业自筹资金598129万元，银行贷款1017350万元，融资租赁51300万元，企业固定资产折旧资金25055万元。

二、投资完成

（一）100万吨/年聚氯乙烯循环综合利用项目与升级改造项目

1. 100万吨/年聚氯乙烯循环综合利用项目

该项目概算总投资838400万元，实际完成881230.65万元。其中建筑工程208725.1万元，安装工程61393.6万元，设备材料购置费455091.1万元，其他费用156020.9万元。

2. 100万吨/年聚氯乙烯升级改造项目

该项目资金来源为企业自筹资金75128万元。项目概算总投资78482.13万元。截至2019年12月底，该项目实际完成投资88154.74万元，其中建筑工程18353.26万元，安装工程32089.25万元，设备材料购置21258.89万元，其他费用（待摊投资、进项税）16453.34万元。

（二）50万吨/年电石技改扩建项目

1. 资金来源

表 2-2-1　2003—2022 年北元集团建设项目投融资完成情况统计表

单位：万元

项目名称	计划总投资合计	融资来源						实际投资完成					
		合计	企业自筹	银行贷款	融资租赁	募集资金	企业固定资产折旧金	合计	建筑工程	安装工程	设备材料购置	待摊投资	进项税	其他投资
10 万吨/年聚氯乙烯项目	…	…	…	…	…	…	…	…	…	…	…	…	…	…
100 万吨/年聚氯乙烯循环综合利用项目	838400.00	780000.00	280000.00	500000.00	—	—	—	881230.65	208725.10	61393.60	455091.10	—	—	156020.90
50 万吨/年电石技改扩建项目	165900.26	154300.00	23000.00	80000.00	51300.00	—	—	174457.80	40496.10	29586.58	45141.83	40754.84	15127.28	3351.17
135 万吨/年原盐及采输卤工程	63235.64	52152.00	24952.00	27200.00	—	—	—	53723.99	37182.54	9937.63	2585.75	2087.84	1619.13	311.10
100 万吨/年聚氯乙烯升级改造项目	78482.13	—	75128.00	—	—	—	—	88154.74	18353.26	32089.25	21258.89	6256.14	10197.20	—
12 万吨/年甘氨酸项目	168460.57	168460.57	36418.07	—	—	132042.50	—	4309.47	506.45	—	—	—	—	3803.02
募投配套建设产氯装置等项目	245454.63	245454.63	73636.39	171818.24	—	—	—	3153.37	1546.50	—	—	—	—	1606.87
厂前区项目	40699.00	40666.00	40699.00	—	—	—	—	50966.15	38963.74	2682.00	4639.78	—	—	4680.63
锂电材料－碳酸酯类联合装置项目	187800.00	187800.00	56340.00	131460.00	—	—	—	—	—	—	—	—	—	—
100 兆瓦光伏外送项目	50000.00	50000.00	10000.00	40000.00	—	—	—	187.2	—	—	—	—	—	187.2
200 兆瓦农光互补光伏发电项目	100000.00	100000.00	20000.00	80000.00	—	—	—	309.57	—	—	—	—	—	309.57
合计	1938432.23	1778833.2	640173.46	1030478.24	51300.00	132042.50	0	1256492.94	345773.69	135689.06	528717.35	49098.82	26943.61	170270.46

注："…" 表示统计数据不详；"—" 表示无统计数据。

该项目资金来源分为企业自筹和银行贷款两部分。自 2013 年以来,该项目股本金 165900.26 万元,其中北元集团占 51%,民营企业占 49%。银行长期贷款 80000 万元,融资租赁 51300 万元,自筹资金 23000 万元。

2. 投资完成

该项目概算总投资 165900.26 万元。截至 2015 年 9 月底,该项目实际完成投资 174457.8 万元,其中建筑工程 40496.1 万元,安装工程 29586.58 万元,设备材料购置 45141.83 万元,待摊投资 40754.84 万元,其他投资 3351.17 万元,待抵扣增值税进项税 15127.28 万元。

(三) 135 万吨/年原盐及采输卤工程

1. 资金来源

该项目资金来源为企业自筹和银行贷款两部分。截至 2014 年底,该项目企业自筹资金 24952 万元,银行贷款 27200 万元。

2. 投资完成

该项目概算总投资 63235.64 万元。截至 2015 年 2 月,实际完成投资 53723.99 万元,其中建筑工程 37182.54 万元,安装工程 9937.63 万元,设备材料购置 2585.75 万元,待摊投资 2087.84 万元,其他投资 311.10 万元,待抵扣增值税进项税 1619.13 万元。

(四) 12 万吨/年甘氨酸项目

该项目资金来源为募集资金和企业自筹两部分,截至 2022 年 12 月,募集资金 132042.5 万元。

(五) 募投项目配套建设产氯装置项目、锂电材料－碳酸酯类联合装置项目、100 兆瓦光伏发电项目、200 兆瓦农光互补光伏发电项目

以上项目的资金来源皆为企业自筹和银行贷款两部分。

(六) 厂前区项目

厂前区等项目主要包括办公楼、北元大酒店、科研中心、公寓楼、餐饮中心、职工活动中心和体育场,项目计划完成投资 40699 万元,实际完成投资 50966.15 万元。

2003—2022 年,北元集团建设项目投融资完成情况见表 2-2-1。

第三节 技 改 项 目

北元集团技改项目主要围绕 100 万吨/年聚氯乙烯循环综合利用项目各装置工艺技术及设备优化开展技术改造,打通循环产业链。2015 年,以解决系统瓶颈问题为主,通过改造实现装置的达产达效。2016—2020 年,围绕安全、环保和提质增效开展技术改造。2021 年、2022 年,围绕节能减排及信息化、自动化和智能化进行改造升级。截至 2022 年,北元集团和各分、子公司实施技改项目 268 项,累计投资 18.97 亿元,使公司各装置在达产达效、提质增量、节能降耗和安全环保方面取得了良好的效果和效益。

一、北元集团技改项目

2013—2022 年,北元集团共实施技术改造项目 35 项,估算总投资 35955.87 万元。截至 2022 年 12 月,已完工 28 个项目,累计投资 26896.52 万元。北元集团技改项目见表 2-3-1。

表 2-3-1　2013—2022 年北元集团技改项目一览表

序号	年份	项目名称	投资(万元)	备注
1	2013	科研楼 A 区二、三楼改造	33	年度技改项目
2		科研楼实验室配置	45	年度技改项目
3		视频会议室	66.9	年度技改项目
4		二期防雷设施完善	121.32	年度技改项目
5		厂前区增加净水设施	19	年度技改项目
6	2014	信息化二期工程	834	年度技改项目
7		厂区 3 号大门改警务室	15	零星技改项目
8	2015	中水回用项目	203	年度技改项目
9		厂区北侧环境治理工程	246	零星技改项目
10		厂前区生活水备用水源技改	19	零星技改项目
11		厂前区消防系统改造项目	20.5	零星技改项目
12	2016	消防气防站	1151.41	年度技改项目
13		集团电气系统安全性、稳定性改造	365.52	年度技改项目
14		信息化三期工程	897.61	年度技改项目
15		集团厂前区增加非机动车停车棚	49.09	零星技改项目
16	2017	北元集团车辆排号系统	60	零星技改项目
17		人力资源考勤排班系统	70	零星技改项目
18	2019	信息化网络安全项目	767.5	年度技改项目
19		OA 系统建设项目	98	年度技改项目
20		中心机房扩建升级改造项目	275	年度技改项目
21		信息化系统综合监管平台项目	153	年度技改项目
22		库房扫码管理建设项目	78.36	年度技改项目
23		1688 系统集成项目	35	年度技改项目
24	2020	厂区生活水水质改善项目	789.25	年度技改项目
25	2021	厂前区配电系统扩容改造	397.53	年度技改项目
26		厂前区室外管网改造	139.25	年度技改项目
27		厂前区建筑消防设施完善	106.63	年度技改项目
28		生产厂区控制室搬迁项目	7970.09	年度技改项目
29		安全实训基地项目	5000	年度技改项目
30		北元大酒店房间装修改造	400	年度技改项目
31	2022	节能减排专项改造项目	3000	年度技改项目
32		5.95 MW 分布式光伏发电项目	3500	年度技改项目
33		电气系统智能化改造项目	1986	年度技改项目
34		电子巡检及智能化改造项目	4000	年度技改项目
35		信息化优化升级与安全生产信息化建设项目	3000	年度技改项目
		合　计	35911.96	

二、分、子公司技改项目

(一) 化工分公司

2013—2022年，化工分公司共实施技术改造项目109项，改造范围包括10万吨/年聚氯乙烯、100万吨/年聚氯乙烯装置和配套的135万吨/年原盐及采输卤工程。截至2022年12月，已完工107个项目，累计投资65601.14万元。化工分公司技改项目完成见表2－3－2。

表2-3-2 2013—2022年化工分公司技改项目一览表

序号	年份	项目名称	投资(万元)	备注
1		聚合增加应急电源	13.60	年度技改项目
2		部分设备更新	127.00	年度技改项目
3		电解氯酸盐分解槽更换	86.05	年度技改项目
4		二期电解蒸汽冷凝水回收利用	34.99	年度技改项目
5		一、二期增加化盐水换热器	44.88	年度技改项目
6		二期除尘系统改造	544.33	年度技改项目
7		二期5号至6号转运站增加栈桥	119.30	年度技改项目
8		清净系统碱洗冷却塔改造	125.20	年度技改项目
9		增加空压机	674.05	年度技改项目
10		单体回收压缩机改造	374.97	年度技改项目
11		公用7摄氏度水流量提升改造	176.77	年度技改项目
12		现场防晃电改造	96.42	年度技改项目
13		305站增加应急电源	6.79	年度技改项目
14		二期电解地沟废水回收	16.03	年度技改项目
15	2013	乙炔二期电石渣仓增加氮气炮	30.05	年度技改项目
16		二期部分配电室增加空调	30.92	年度技改项目
17		含汞废水改造	176.11	年度技改项目
18		乙炔压滤刮板机改皮带机	16.01	年度技改项目
19		580罐区增加废酸泵	6.98	年度技改项目
20		干法乙炔增加斗提机	48.85	年度技改项目
21		干法洗涤冷却塔改造	264.79	年度技改项目
22		乙炔分厂新增上清液凉水塔	684.95	年度技改项目
23		聚合消防喷淋系统改造	27.81	年度技改项目
24		引入神木化工氮气管线改造	98.24	年度技改项目
25		二期干燥新增罗茨鼓风机	40.74	年度技改项目
26		上清液冷却塔改造	67.15	年度技改项目
27		乙炔生产水改造	90.99	年度技改项目
28		含汞废水用废硫酸中和改造	88.36	年度技改项目
29		聚合增加出料过滤器	31.88	年度技改项目

表 2-3-2（续）

序号	年份	项目名称	投资(万元)	备注
30	2014	化工一分公司改造项目	1487.34	年度技改项目
31		乙炔增加冷冻机组	113.40	年度技改项目
32		氯化氢增加合成炉	932.00	年度技改项目
33		聚合增加尾气吸附装置	306.00	年度技改项目
34		一期B线除尘系统改造	874.00	年度技改项目
35		聚合产能提升	123.00	年度技改项目
36		部分管道材质更换	594.00	年度技改项目
37		废硫酸高温裂解项目	12240.00	年度技改项目
38		更换干法乙炔洗涤冷却塔	160.05	年度技改项目
39		乙炔增加避雷塔改造项目	24.24	年度技改项目
40		蒸发碱性冷凝水回收利用	222.60	年度技改项目
41		湿法发生器自动加料系统改造	10.00	零星技改项目
42		压滤彩钢房顶改造项目	90.00	零星技改项目
43	2015	无离子水站改造	300.00	年度技改项目
44		污水处理改造	219.00	年度技改项目
45		转化系统改造	140.16	年度技改项目
46		部分设备更新	103.14	年度技改项目
47		聚合产品质量及产能提升项目	97.58	年度技改项目
48		公用废水处理改造	438.00	年度技改项目
49		电气四条线独立供电改造	213.96	年度技改项目
50		烧碱装置改造	1652.00	年度技改项目
51		干法乙炔综合改造	5.00	年度技改项目
52	2016	乙炔气回收改造	1028.41	年度技改项目
53		聚合装置阀门改造	364.00	年度技改项目
54		聚合回收系统改造	187.78	年度技改项目
55		二期盐水系统改造	191.11	年度技改项目
56		含汞废水处理改造	473.98	年度技改项目
57		PVC二分厂聚合厂房彩钢更聚合干燥分离组新增彩钢房	109.03	零星技改项目
58		干法发生器用水改造	41.56	零星技改项目
59		部分配电室增加空调	29.78	零星技改项目
60		化工液氯装置增加安全仪表系统	96.00	零星技改项目
61		厂前区换热站远程自动系统技改项目	19.05	零星技改项目
62		清净系统自动化改造	69.00	零星技改项目
63		PVC二分厂生活服务楼暖气改造	92.90	零星技改项目
64		聚合干燥二次输送系统改造	70.05	零星技改项目
65		聚合新增助剂储罐	22.70	零星技改项目

表2-3-2（续）

序号	年份	项目名称	投资（万元）	备注
66	2017	化工分公司循环水节能改造	0	年度技改项目
67		合成炉副产蒸汽回用干燥床改造	110.50	年度技改项目
68		PVC二分厂精馏系统改造	297.51	年度技改项目
69		PVC二分厂转化器改造	496.99	年度技改项目
70		环保设施升级改造	1035.45	年度技改项目
71		二采区输卤管道更换	3099.00	年度技改项目
72		废水汽提塔板更换	35.00	零星技改项目
73	2018	一次盐水增加预处理器	750.00	年度技改项目
74		烧碱黑点治理项目	285.00	年度技改项目
75		自动化控制系统改造	355.00	年度技改项目
76		烧碱废硫酸提浓项目	2000.00	年度技改项目
77		二采区采卤管道更换	3270.00	年度技改项目
78		PVC二分厂包装机改造	220.00	年度技改项目
79		PVC二分厂空压制氮系统改造	420.00	年度技改项目
80		PVC二分厂除盐水脱氧改造	230.00	年度技改项目
81		PVC二分厂乙炔回收系统改造	410.00	年度技改项目
82		PVC二分厂无离子水站增加预处理装置	140.00	年度技改项目
83		PVC分厂包装工段吨包包装机改造	200.00	零星技改项目
84		固碱蒸发脱硫脱硝技术改造项目	1000.00	年度技改项目
85		增加安全仪表系统	1800.00	年度技改项目
86	2019	变电站高压系统增加防误闭锁	131.1	年度技改项目
87		配电室高温治理	70.46	年度技改项目
88		变电站检修电源箱双电源改造	244.29	年度技改项目
89		580罐区增加一台玻璃钢罐	96.08	年度技改项目
90		DCS供电方式改造	203.4	年度技改项目
91		乙炔自动化改造	340.04	年度技改项目
92		循环水节能改造	368.16	年度技改项目
93	2019	母液水制纯水项目	4657.79	年度技改项目
94		PVC铁路站台增加防雨棚项目	2245.97	年度技改项目
95		化工安全环保设施改造项目	249.44	年度技改项目
96	2020	一采区新增两对盐井及2号井补救井工程	2723.51	年度技改项目
97		聚合三期母液水VOC$_S$治理项目	232.73	年度技改项目
98		电石泥压滤机自动化改造	209.68	年度技改项目
99		乙炔、氯碱DCS系统升级改造	594.13	零星技改项目
100		动检新增电力故障记录屏	54.51	年度技改项目
101		化学品密闭取样改造	273.64	年度技改项目

表2-3-2（续）

序号	年份	项目名称	投资（万元）	备注
102	2020	厂区高压线改造项目	2300	年度技改项目
103		一期聚合回收水环压缩机性能提升改造项目	943.58	年度技改项目
104	2021	精馏尾气深度处理装置改造	2115	年度技改项目
105		电解槽增加槽压自动监测系统	974.41	年度技改项目
106		二期聚合水环压缩机改造	1020	年度技改项目
107		触媒库改造项目	10.78	零星技改项目
108	2022	电石库粉尘治理项目	1894	年度技改项目
109		乙炔料仓增加在线分析检测系统	208.96	年度技改项目
合计			65601.14	

（二）热电分公司

2013—2022年，热电分公司共进行技改项目41项，对化工配套的4台发电机组及配套设施进行技术改造。截至2022年12月，已完工39个项目，累计投资24199.02万元。热电分公司技改项目完成见表2-3-3。

表2-3-3　2013—2022年热电分公司技改项目一览表

序号	年份	项目名称	投资（万元）	备注
1	2013	1号、2号炉磨煤机冷风门更换	55.82	年度技改项目
2		1号、2号机各增加一台真空泵	88.49	年度技改项目
3		供电系统改造	391.32	年度技改项目
4		污水处理排污管线	15.33	年度技改项目
5		0.4千伏母线增加防晃电装置	36.25	年度技改项目
6		3号、4号机组母线改为绝缘母线	302.60	年度技改项目
7	2013	电气系统ECS改造	24.70	年度技改项目
8		35千伏母线差动保护改造	36.75	年度技改项目
9		厂区电话网络及机房改造	7.78	年度技改项目
10	2014	筒仓至露天煤场增加输煤皮带	40.00	年度技改项目
11		二期厂用系统增加备用电源	187.00	年度技改项目
12		1号—4号锅炉增加脱硝项目	9466.00	年度技改项目
13	2015	汽轮发电机组加化妆板	131.50	年度技改项目
14		锅炉本体改造	190.22	年度技改项目
15		一期35千伏出线电缆技改	53.50	年度技改项目

表 2-3-3（续）

序号	年份	项目名称	投资（万元）	备注
16	2016	空冷岛冲洗装置自动化改造	132.02	年度技改项目
17		空冷岛加雾化装置	101.28	年度技改项目
18		筒仓输煤系统增加火灾报警及喷淋系统	56.00	年度技改项目
19		热电35千伏一期二次电缆技改	89.27	零星技改项目
20		热电污水处理新增板框压滤机	62.54	零星技改项目
21	2017	磨煤机提效改造	161.23	年度技改项目
22		5号启备变差动保护完善	47.00	年度技改项目
23		厂用系统增加无功补偿	281.43	年度技改项目
24		空冷系统降低真空度改造	300.00	年度技改项目
25	2019	供电系统增加五防闭锁	75.63	年度技改项目
26		配电室高温治理	204.19	年度技改项目
27		汽轮机一段抽汽增加调门	58.33	年度技改项目
28		输煤筒仓增加电梯	211.78	年度技改项目
29		110千伏配电系统升级改造	1194.01	年度技改项目
30		1号、4号炉电除尘高频电源改造	117.41	年度技改项目
31		煤场环境治理项目	2870.1	年度技改项目
32		电网故障录波器、自动同期装置改造	102.2	年度技改项目
33	2020	No3、4主变冷却系统改造	127.92	年度技改项目
34		二期DCS控制系统升级	225.07	年度技改项目
35		No1、3、4锅炉蒸汽脉冲式声频清灰装置改造	240.68	年度技改项目
36		4号汽轮机通流改造	2560.03	年度技改项目
37	2021	水质在线分析系统优化改造	126.56	年度技改项目
38		机炉协调控制优化项目	200	年度技改项目
39		1号2号4号锅炉磨煤机动态分离器改造	605	年度技改项目
40	2022	热电汽轮机通流改造项目	3022.08	年度技改项目
41		空冷风机优化	0	年度技改项目
		合计	24199.02	

（三）水泥有限公司

2013—2022年，水泥有限公司共实施技术改造35项，主要对化工配套的两条水泥生产线及配套装置进行工艺、设备、安全环保改造，提高设备台时运转率，稳定水泥质量。截至2022年12月，已完工33个项目，累计投资26515.9万元。水泥有限公司技改项目完成见表2-3-4。

表2-3-4 2013—2022年水泥有限公司技改项目一览表

序号	年份	项目名称	投资(万元)	备注
1	2013	二线增加干电石渣外卸装置	19.83	年度技改项目
2		一线出磨用胶带斗提改造	93.91	年度技改项目
3		一线空压系统增加储气罐	17.45	年度技改项目
4		窑尾烟气脱硝项目	252	年度技改项目
5	2014	二线预热器增加提升装置	29.56	年度技改项目
6		烘干机上料皮带改造	32.00	年度技改项目
7		一线回转窑燃烧系统改造项目	70.70	零星技改项目
8	2015	窑尾热能综合利用改造	1273.00	年度技改项目
9		更换2号线入窑提升机	89.25	年度技改项目
10		二线窑头余热利用改造	470.76	年度技改项目
11		电收尘改造项目	2680.00	年度技改项目
12		二线水泥磨出辊压机提升机更换	109.93	年度技改项目
13	2016	一二线水泥磨磨内系统改造	113.00	年度技改项目
14		二线熟料输送机改造	89.90	年度技改项目
15		一二线DCS系统升级改造	38.30	年度技改项目
16		一线篦冷机改造	825.36	年度技改项目
17		二线水泥磨系统改造	533.68	年度技改项目
18		一二线水泥互换	309.00	年度技改项目
19	2016	一二线原料系统磨机改造	75.00	年度技改项目
20		水泥一线辅材破碎机改造项目	15.30	零星技改项目
21		水泥窑尾增湿塔用水优化项目	16.36	零星技改项目
22		一线高温风机变频器改造项目	51.28	零星技改项目
23		中控办公楼窗户改造项目	28.79	零星技改项目
24		水泥打饭点改造	48.40	零星技改项目
25	2017	熟料外排改造项目	284.00	年度技改项目
26		六联体库扬尘治理	192.00	年度技改项目
27		水泥系统扬尘治理	2322.00	年度技改项目
28		水泥烧成系统余热综合利用项目	2309.00	年度技改项目
29		二线篦冷机更新	781.26	年度技改项目
30		一线水泥磨系统改造	954.64	年度技改项目
31	2018	水泥新增散装库	650.00	年度技改项目
32	2019	水泥原辅料堆棚封闭项目	550.29	年度技改项目
33	2021	煤输送系统增加破碎机	352.95	年度技改项目
34	2022	新建炉渣堆棚项目	1837	年度技改项目
35		水泥环保改造项目	9000	年度技改项目
		合计	26515.9	

(四) 锦源化工有限公司

2015年9月，50万吨/年电石技改扩建项目全部建成投运后，从2016年起，锦源化工有限公司主要针对现场作业环境、安全操作进行了改造，截至2022年12月，共实施技改项目44项，累计投资38244.63万元。锦源化工有限公司技改项目完成见表2-3-5。

表2-3-5　2013—2022年锦源化工有限公司技改项目一览表

序号	年份	项　目　名　称	投资(万元)	备注
1	2016	锦源化工新增煤棚	960.00	年度技改项目
2		锦源化工新增白灰筒仓	664.00	年度技改项目
3		锦源5号、6号电石炉增加炉气分析仪	45.00	年度技改项目
4		锦源110千伏电气系统增设稳控装置	34.00	年度技改项目
5		锦源5号、6号电石炉增加出炉机	175.00	年度技改项目
6	2016	锦源化工40.5千伏安密闭电石炉改造	240.00	年度技改项目
7		锦源热电锅炉烟气排放连续监测项目	22.00	零星技改项目
8	2017	增加除尘设备	117.75	年度技改项目
9		厂区消防系统改造	105.25	年度技改项目
10		电石炉增加出炉机	287.33	年度技改项目
11		净化灰返炉内燃烧	944.32	年度技改项目
12		锅炉脱硫改造	2921.48	年度技改项目
13		炭材烘干系统改造	1437.33	年度技改项目
14		氨水熄焦改清水熄焦项目	1136.56	零星技改项目
15		尾气炉净化煤气项目	193.00	零星技改项目
16	2018	除尘系统改造项目	950.00	年度技改项目
17		新增立式烘干窑	1700.00	年度技改项目
18		煤棚水雾抑尘治理项目	90.00	年度技改项目
19		石灰石上料系统环境治理项目	1900.00	年度技改项目
20	2019	锦源锅炉脱硝超低改造项目	1362.77	年度技改项目
21		制氮车间新增离心机	223.63	年度技改项目
22		碳化煤气风机改造	212.86	年度技改项目
23		焦粉和面煤场地环境治理项目	639.91	年度技改项目
24		电石炉增加出炉机器人	2331.74	年度技改项目
25	2020	原料分厂增加烟气监测装置	397.47	年度技改项目
26		原料分厂煤气气柜安全距离改造项目	407.64	年度技改项目
27		复合炉半干法熄焦改造	1334	年度技改项目
28		电石炉二楼防爆刚性隔离	288.09	年度技改项目
29		碳化工段DCS远程控制改造	558.52	年度技改项目
30		空冷岛自动冲洗装置改造	105.17	年度技改项目
31		原料分厂沸腾炉掺烧煤气改造	52.37	年度技改项目

表 2-3-5（续）

序号	年份	项目名称	投资（万元）	备注
32	2020	筛分楼除尘器搬迁改造	293.94	年度技改项目
33		控制系统搬迁改造	661.88	年度技改项目
34		公寓楼住宿改造	126.04	年度技改项目
35		2×130吨/时循环流化床锅炉改造项目	4755.37	年度技改项目
36		锦源化工3号电石炉净化系统除尘器改造	42.08	零星技改项目
37		原料分厂碳化工段焦粉仓新增称重系统	47.31	零星技改项目
38	2021	炭材除尘灰回收利用项目	278.43	年度技改项目
39		新建兰炭外销系统	792.12	年度技改项目
40		电石炉、复合炉增设智能巡检系统	290	年度技改项目
41		碳化工段挥发性有机物及扬尘综合治理	2300	年度技改项目
42		固体物料储存环境治理项目	3650	年度技改项目
43	2022	焦油罐区改造项目	2200	年度技改项目
44		剩余炭材除尘灰回收项目	390	年度技改项目
45		热电灰库盘活利用项目	300	年度技改项目
46		热电分厂制浆装置搬迁改造项目	280.27	年度技改项目
		合　计	38244.63	

三、其他重点技改项目

（一）3万吨/年废硫酸裂解再生项目

2014年，北元集团为解决化工乙炔清净工序产生的废硫酸处置带来的环保问题，决定投资15000万元建设废硫酸裂解再生项目。项目选用美国孟莫克专有工艺包，采用EPC总承包方式，由中江能源回收（上海）有限公司承建，项目位于公司厂区内。同年8月，北京蓝图工程设计有限公司编制了《陕西北元化工集团有限公司3万吨/年废硫酸裂解再生项目可行性研究报告》，同年10月，神木县发展改革局对项目备案，批复项目总投资1.5亿元。项目在集团公司100万吨/年聚氯乙烯装置现有空地内建设，不需要办理土地、项目选址等手续。同年9月，项目开工建设。2015年6月，陕西大唐节能科技有限公司编制了《陕西北元化工集团有限公司3万吨/年废硫酸裂解再生项目节能评估报告》；同年8月，中检评价技术有限公司编制了《安全预评价报告》，上报榆林市安监局审查，并于同年11月出具危险化学品建设项目安全条件审查意见书。2016年1月，有关部门对项目安全设施设计进行了审查和批复；同年4月，神木县环保局对项目环境影响评价报告进行了审查和批复。该项目由北京蓝图工程设计有限公司负责施工图设计，中江能源回收（上海）有限公司总承包建设，青岛华鹏工程咨询集团有限公司监理。期间，2015年7月，安装工程开工一个月后，由于总包单位中江能源回收（上海）有限公司资金短缺，经北元集团协调，10月工程由江苏索普化工建设有限公司接收续建，于2016年5月建成投运。在试运行过程中，因废热锅炉腐蚀，进行了再次改造，项目最终于2016年底建成投运。该项目可研估算投资15000万元，资金全部由公司固定资产折旧费中拨付。截至2016年底，项目实际完成投资12240万元。

（二）输卤管线技术改造项目

该项目根据国家《产业结构调整指导目录》（2011年版本），要求隔膜烧碱生产装置必须在2015年底前退出市场。为了响应国家淘汰落后产能的政策，北元集团关停原隔膜烧碱生产装置，保留原VCM转化、PVC和公用工程等生产装置，所缺少的氯化氢由80万吨/年离子膜烧碱装置提供。由于隔膜装置和离子膜烧碱装置之间相距6千米左右，在充分研究论证的基础上，北元集团决定将原闲置的输卤管线改造后，作为氯化氢长距离输送管道，并在离子膜烧碱装置的基础上增加氯化氢干燥和压缩装置，保障安全输送，项目投资1000万元。2014年5月，青岛海湾化工设计研究院有限公司编制了《陕西北元化工集团有限公司输卤管线技术改造项目可行性研究报告》；同年7月，陕西永安科技评价有限公司编制了《安全预评价报告》；同年9月，榆林市安监局组织审查并下达审查意见书；同年10月项目开工。2015年8月，神木县发改局对项目进行了审查和备案；同年5月建成投运；9月由榆林市安监局组织对项目安全设施设计进行审查。输卤管线技术改造项目由中国天辰工程有限公司设计、青岛华鹏工程咨询集团有限公司监理，土建工程由榆林中科建设工程有限公司承建，安装工程由中国化学工程第十三建筑有限公司承建，管道由陕西建工安装集团有限公司承建。资金全部由公司固定资产折旧费中拨付。截至2015年5月，完成投资3038万元。

（三）热电锅炉烟气脱硝项目

北元集团自备电厂装机容量为4×125兆瓦机组，配4台480吨/时高压煤粉锅炉，投运以来，氮氧化物排放浓度为580~590毫克/立方米，超出最新颁布的《火电厂大气污染物排放标准》（GB 13223—2011）中100毫克/标准立方米的要求。2014年，北元集团采用低氮燃烧+SCR脱硝技术对4台锅炉进行改造，项目总投资1.1亿元。同年6月，由北京国信恒润能源环境工程技术有限公司编制了《陕西北元化工集团有限公司热电锅炉烟气脱硝项目可行性研究报告》。2015年4月和7月，榆林市安监局分别对该项目进行了安全预评价、安全设施设计专篇审查；同年4月，榆林市环境科技咨询服务部编制了《热电锅炉烟气脱硝项目环境影响报告表》；同年7月，榆林市神木县环保局组织审查并做了批复；同年8月，神木县发改局对该项目进行了审核和批复。2014年4月—2015年9月，项目采用总承包模式设计与施工，4台锅炉低氮燃烧由徐州燃控科技股份有限公司负责改造，1号、2号锅炉脱硝改造工程由蓝天环保设备工程股份有限公司总承包建设，3号、4号锅炉脱硝改造工程由北京国信恒润能源环境工程技术有限公司总承包建设，青岛华鹏工程咨询集团有限公司监理。2015年9月18日完工并投运。项目可研估算投资11000万元，资金全部由公司固定资产折旧费中拨付。截至2015年9月，完成投资9466万元。

（四）电石渣互换输送带技改项目

该项目属于窑尾热能综合利用改造项目部分内容。2015年10月，水泥有限公司结合化工项目干、湿电石渣的排放量与一、二线回转窑的运行情况，新增4条电石渣输送带及辅助设施，建成一、二线电石渣互换项目，实现一二线电石渣的成功互换。电石渣互换项目投运后，二线回转窑运转率得到了很大的提升，同时有效缓解了一线电石渣供不应求的问题。该技改项目实施后，使水泥有限公司生产实现单条生产线运行同时消耗化工项目干、湿渣，也保障了检修工作的顺利开展。

（五）水泥烧成系统余热综合利用

2018年，按照"安全可靠、技术先进、不影响水泥熟料生产"的原则，水泥有限公司开始在两条线的窑头分别建设一台双压窑头AQC余热锅炉用于生产蒸汽，充分回收新型干法水泥熟料烧成系统废气余热，同年11月正式投运。根据蒸汽用途及冷却机废气余热条件，考虑蒸汽输送距离，确定余热锅炉生产的中压蒸汽压力为1.2兆帕、蒸汽温度为240摄氏度（过热度40摄氏度），并入2千米外的北元热电1.0兆帕蒸汽管网；低压蒸汽压力为0.55兆帕，蒸汽温度为165摄氏度（过热度10摄氏度），低压蒸汽并入1千米外的北元化工0.4兆帕蒸汽管网。

（六）扬尘治理技术改造项目

2017—2018年，水泥有限公司对原、辅材料上料扬尘进行了全面治理。二线原料工段的钢渣、硅废石上料使用液压卸车平台，原料车辆可直接倒车进入液压平台进行卸料，通过料斗、板喂机、带式输送机、提升机将原材料输送至库内进行储存；一、二线制成工段进厂辅材运输车辆在卸车处将物料卸料至料斗中，物料通过板喂机、带式输送机、提升机尾部进料处进入上料斗提，并输送至相应的混合材料库中储存。原料、辅材的卸车棚顶部均安装有收尘器，避免卸车时产生扬尘。截至2018年8月，二线原料工段的钢渣及硅废石、一二线制成工段的辅材已实现了直接上料，替代了原有铲车上料，降低了铲车使用费用，彻底解决了铲车上料产生的扬尘。此外，二线原料液压卸车平台为行业内首套原材料液压自动卸车系统。

（七）母液水制纯水项目

北元集团100万吨/年聚氯乙烯生产装置每小时产生母液水340~380立方米，母液水被生化处理后作为工业水回用于乙炔发生、采卤分厂循环水站和热电脱硫装置，由于母液水水质电导率较低，作为工业水回用后利用价值较低，而且母液水温度偏高，补入循环水站会造成循环水站电耗增加。此外，母液水中含有可生化性较差的大分子有机物，会影响换热设备换热效率和加重管道腐蚀。2019年，北元集团决定投资建设340立方米/时母液水深度处理装置，利用管道将深度处理后的母液水送至热电除盐水装置制纯水，热电污水处理废水送至乙炔发生装置使用，实现了生产污水零排放。同年3月28日，该项目在神木市发展改革局办理备案手续（项目代码2019-610821-26-03-011906），由天津红科朴业科技有限公司设计，青岛华鹏工程咨询集团有限公司监理，土建工程由榆林中科建设工程有限公司承建，安装工程由陕西建工安装集团有限公司承建，外管工程由中油吉林化建工程有限公司承建。项目于7月开始施工，2020年6月底施工全部完成。资金来源全部由公司固定资产折旧费中拨付。截至2020年6月，实际完成投资4657.79万元。

（八）复合炉半干法熄焦改造

2019年，锦源化工有限公司为解决传统水捞焦工艺在生产运行中环境污染大、出焦含水高、故障频繁等行业普遍性问题，经调研论证，将复合炉水捞焦改造为新型后置水封双层底板后驱动半干法熄焦。同年3月27日，该项目在神木市发展改革局备案（项目代码2019-610821-26-03-010442）。项目采用EPC总承包模式由西安煤矿机械专用设备有限公司负责设计、供货和安装，土建工程由陕西骐薪建筑工程有限公司承建，青岛华鹏工程咨询集团有限公司监理。项目于2020年7月开始施工，2021年5月底全部施工完成。

项目资金全部由公司固定资产折旧费中拨付。截至2021年6月，实际完成投资1334万元。

四、技改项目成效

（一）达产达效

2013—2015年，公司通过增加空压机、乙炔增加冷冻机、氯化氢增加合成炉、聚合增加尾气吸附装置以及单体回收压缩机、转化系统、烧碱装置改造等，解决了100万吨/年聚氯乙烯循环综合利用项目各装置运行存在的瓶颈问题；2016年锦源化工50万吨/年电石技改项目投运后，针对氮气系统压力不足的问题，将现有螺杆式压缩机更换为离心式压缩机，满足了生产所用氮气量；2017年拆除了1号、2号卧式烘干窑，新建一套20吨/时立式烘干窑，对公司4号汽轮机组进行通流改造，保留低压外缸，更换高压缸、高压转子、低压内缸、低压转子、各级隔板及两个主汽调门等本体部分，实现了系统达产达效。

（二）产能优化

2014年，根据国家《产业结构调整指导目录（2011年版本）》规定"氯碱行业在2015年必须淘汰隔膜法烧碱生产装置"，公司关停了2006年建设的8万吨/年隔膜法烧碱生产装置，结合2012年建成的80万吨/年离子膜烧碱产量富余的实际情况，建设了氯化氢输送项目，将100万吨/年聚氯乙烯装置产生的乙炔气体输送至10万吨/年聚氯乙烯装置，满足了国家置换落后产能政策要求，实现了节能降耗，同时优化了产能结构，提高了生产技术水平。2020—2022年，根据现有井组运行情况，在瑶渠采区先后新增6对双定向井组已全部建成投运，使瑶渠采区实现独立全卤制碱。

（三）提质增效

2015年，为回收电石渣浆中吸附和溶解的乙炔气，公司投资建设了乙炔气回收装置，项目的实施既可减少排放到空气中的乙炔造成的环境污染，按回收乙炔气量计算，每年又可节省费用1700万元，经济效益显著；2016—2017年，将水泥有限公司运行的三代篦冷机更换为四代篦冷机，并对水泥磨系统进行了改造，提高了磨机的台时产量，每年可增产水泥约10万吨；2018年实施了水泥烧成系统余热综合利用项目，将窑头冷却机产生的大量余热回收生产为中低压蒸汽，供化工系统使用，每年可产生经济效益约500万元。2019年，化工将深度处理后的母液水全部回用于热电除盐水系统制纯水，与改造前相比，每小时可节约生产水360立方米，每年可减少COD量82吨，全年实现创效1000万元以上；2020年，锦源化工完成3台复合炉熄焦改造后，可以节约煤气使用量约9720立方米/（台·天），全年可节约煤气量320.76万立方米，折合标准煤778.5吨；2021年，锦源化工将炭材除尘灰回收后回用于沸腾炉，每天可节约燃料费用约1.5万元，年可节约495万元。

（四）环保达标

2014—2022年，为满足环保政策要求，公司累计投入6.9亿元左右对环保设施进行了完善。2014年8月，为解决化工乙炔生产过程中产生的75%废硫酸处置带来的环保问题，投资建设了废硫酸裂解再生项目。该装置可将废硫酸全部转化为浓硫酸回用于生产，年可解决废硫酸处理费约7000万元；2015年5月，为满足国家《火电厂大气污染物排放标准》（GB 13223—2011）要求，公司对热电4台锅炉进行了烟气脱硝技术改造，使氮氧化物浓度控制在100毫克/标准立方米，达到国家排放标准；2016年为锦源化工新建了白灰筒仓和煤棚,改善了现场作业环境;2017年为进一步降低二氧化硫及烟尘等污染物排放总量,公司对锦源化工2台循环流化床锅炉进行了烟气脱硫改造,将二氧化硫排放浓度降至35毫克/标准立方米(6%氧气,干基)以下,粉尘排放浓度降至5毫克/标准立方米(6%氧气,干基)以下。2018年,按照国家环保新要求,在脱硝改造基础上对热电锅炉进行了超低改造,实现了氮氧化物排放浓度低于50毫克/标立方。2019年,按照环保要求,建设热电密闭煤棚,对水泥原辅料堆棚进行封闭,给锦源化工新建焦粉仓和面煤仓,实现了原辅料的棚储或仓储。2020年,对聚合三期母液水VOC_s进行治理,给化工装置各取样点增加密闭取样装置,将锦源化工筛分楼除尘器由地面搬迁至楼顶,并将热电两台循环流化床锅炉改为燃气锅炉。2021年,集中对锦源化工碳化工段挥发性有机物及扬尘进行综合治理。2022年,对化工电石库粉尘进行治理,开展水泥环保绩效A级达标改造,建设锦源化工固体物料储存堆棚,进一步改善现场环境。

第四节 项目施工管理

一、施工组织管理

(一)项目组织机构及职责

2003年以来,北元集团为推进项目建设,确保项目设计、施工、采购、试生产等工作顺利进行,在各施工阶段及时组织成立专门组织机构,负责施工管理。2013年10月,对原项目建设指挥领导小组成员进行了调整,领导小组专门负责建设项目协调与管理工作,办公室设在规划发展部,主要负责项目日常管理和协调工作。2013年北元集团项目建设指挥领导小组组织机构如图2-4-1所示。

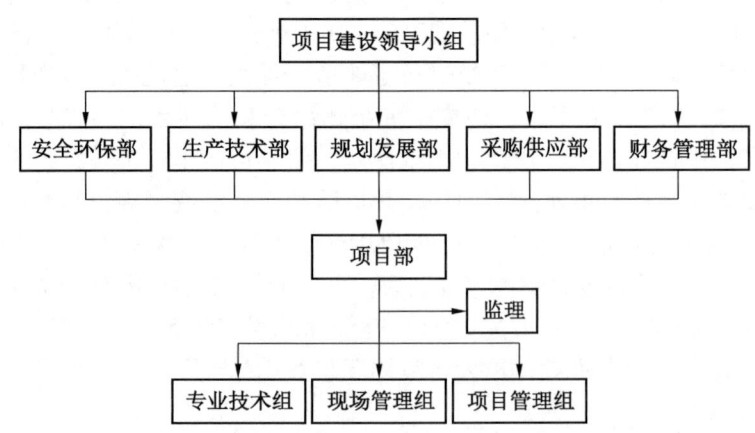

图2-4-1 北元集团项目建设指挥领导小组组织机构图

2013年初,北元集团规划发展部下设有计划管理科、造价管理科和工程管理科3个科室,主要负责公司战略规划和基本建设项目管理工作。100万吨/年聚氯乙烯循环综合利用项目建成投运后,2013年3月14日,公司将化工、热电、水泥和服务中心技术改造项目管理职能调整至规划发展部，负责组织技改项目立项审查、设计委托、招投标、施工管理、组织验收、移交、工程结算及项目后评价工作。

2013年8月，北元集团对职能部门科室进行调整，将原计划管理科与造价管理科合并，并新增技术中心，调整后规划发展部下设技术中心、项目管理科和工程管理科，主要负责公司技术研发、战略规划和项目管理三方面工作。其中技术中心负责公司技术研发、实验室规划建设、科技成果及职工"五小"管理；项目管理科负责公司战略发展规划、项目前期策划、投资计划、招投标及合同、造价和后评价管理工作；工程管理科负责建设项目施工组织、工程资料、质保维修、竣工验收，并组织技改项目施工工作。

2015年6月1日，北元集团将规划发展部技术中心调整至生产技术部，职能科室由3个变为2个，分别为项目管理科和工程管理科，取消原技术研发管理职能，主要负责公司战略规划编制、执行以及基本建设项目、技术改造项目的全过程管理工作，包括项目前期手续、设计委托、招投标、施工管理、竣工验收、工程结算和项目后评价。

2021年8月13日，北元集团进行组织机构变更，取消规划发展部项目管理科、工程管理科，结合实际业务，设立规划计划管理模块、预结算管理模块和工程管理模块。主要负责公司规划管理和项目全过程管理工作，包括项目可研论证、前期手续、设计、招投标、施工管理、竣工验收和工程结算。

（二）制度

2003年以来，北元集团不断完善原有项目建设管理制度，并陆续出台新规定，形成了横向职能延伸、纵向专业化管理的制度体系，逐步规范了项目管理程序，提高了项目管理水平。2013年8月，修订了《技术改造项目管理办法》，并制定出台了《技术改造项目现场施工管理办法（试行）》（陕北元发〔2013〕180号），对技改项目审批立项、方案论证、施工管理、验收、结算和评价程序进行了规范；根据国家《招投标法》《招投标实施细则》以及陕煤集团《招标管理办法》，修订了公司《招标管理办法》，明确了招标范围、程序和要求。2014年3月，制定出台了《EPC总承包项目管理办法》，对EPC总承包项目的科学化、程序化和规范化管理提出了要求。2016年3月，对《工程管理办法》《工程签证管理办法》《投资控制管理办法》《建设项目工程造价管理办法》进行了修订，并围绕施工过程管理制定出台了《建设项目工程安全管理实施细则》《建设项目工程进度管理实施细则》《建设项目工程质量管理实施细则》，同时，针对职能化管理制定出台了《总图管理办法》《建（构）筑物管理办法》，第一次将全厂总图和建（构）筑物纳入制度管理体系。2017年10月，制定出台了《承包商管理办法》，并于2018年6月又进行了修订，进一步规范了承包商准入、退出和日常管理等工作。2019年10月，修订了《建设项目工程管理办法》，进一步明确了变更方案审批流程和五方责任主体项目负责人质量责任，按国家最新要求修改了工程质保金扣除比例。2019年11月，修订了《建设项目投资控制管理办法》，增加了设计变更和变更设计审批流程及要求，规范了工程结算审核程序。2020年10月，修订了《建（构）筑物管理办法》，进一步明确建（构）筑物维修审批流程、公共区域的职责、检查和评估周期。2021年10月，修订了《技术改造项目管理办法》，调整了立项报审程序，增加了项目变更、考核及科研项目转实施等内容，更加明确了参建各单位职责，并突出了项目负责制。2022年7月修订了《建设项目工程进度管理实施细则》《工程管理办法》和《总图管理规定》，8月修订了《建设项目工程造价管理办法》《建设项目投资控制管理办法》《工程签证管理办法》《EPC总包项目管理办法》，10月修订了《承包商管理办法》《建设项目工程安全管理办法》《建设项目工程质量管理办法》，进一步明确了责任，规范了管理程序，细化了管理要求。截至2022年12月，共建有项目管理制度14项，内容涵盖基本建设项目、技术改造项目、EPC总承包项目的招标、工程造价、签证以及安全、质量、进度和投资四大施工管理，各制度之间相互衔接、环环相扣，形成了项目的整体管理体系，对工程项目全过程进行了规范管理。

二、施工进度与质量管理

（一）施工进度管理

公司执行三级进度管理模式，按照项目建设总目标，逐级分解确定年度、月度及周计划，并通过检查考核以周计划保月计划、月计划保年计划、年计划保总计划的实现。每年初，公司规划发展部根据项目建设总目标制订年度投资计划（包括施工进度计划）下发各单位。为确保项目年度计划的实施，规划发展部组织制订关键工程节点计划，制定工程激励措施，并安排专人跟踪进度完成情况。与此同时，建立工程例会和进度检查制度，每天召开早工地例会，安排落实当天施工进度；每周召开监理例会，安排落实周施工任务；每月召开工程调度例会，安排落实月度施工任务，并协调解决施工过程中存在的问题。2014年，在建的135万吨/年原盐及采输卤工程三道峁频频遭到村民阻挡导致工程进展缓慢。11月份采输卤工程全面复工后，根据工期紧、任务重的实际情况，规划发展部组织相关单位召开专题会议，安排部署了采输卤工程管道、供电系统冬季施工措施，并确定了施工节点计划及奖罚方案，任务明确、责任到人、奖罚分明，动员所有参建人员蹲守现场，全力配合现场施工，最终确保项目保质保量按期完工。

2015年3月，公司针对锦源化工50万吨/年电石技改扩建项目因资金影响导致工期延期严重的情况，成立了由集团董事长担任组长的项目建设领导小组，重点协调解决资金问题，同时于3月25日—6月25日开展了"百日会战"活动，确定了单月工程节点和奖罚金额，并由锦源化工派人蹲点督促物资到货，北元化工落实专人负责进度检查与考核工作，确保项目于同年9月底全部建成。

2017年，公司为加快推进100万吨/年聚氯乙烯升级改造项目建设进度，2月成立了项目建设领导小组，并抽调管理人员专门负责项目建设任务，领导小组下设项目管理组重点负责施工进度计划管理工作。项目开工前制定了详细施工进度计划，按月分解落实，2018年4月制定工程激励措施，加大奖励力度，提高了参建单位施工热情，项目于12月底按期建成。

2020年，公司为推进募投项目建设进度，2月18日召开项目启动会，成立甘氨酸及配套项目建设领导小组，下设综合管理、技术管理、项目管理3个小组开展具体工作。3月建立例会制度，确定每周二上午召开项目组例会，安排每周工作并协调解决项目建设过程中存在的问题，建立微信工作群，每天通报项目进展情况，有序推进项目进度。

（二）施工质量管理

2013年，北元集团实行了"项目质量负责人负责制"，使质量管理职责更加明确，按照国家法规执行施工过程质量控制程序，由项目负责人审核施工方案的可行性，并专职对项目的施工过程质量进行监管。2014年，北元集团引进了青岛华鹏监理，形成了对项目施工过程质量的专业化管理。2015—2016 年，北元集团修订了《建设项目工程质量管理实施细则》，进一步明确了各职能部门和参建单位的项目质量管理职责。

2017 年以来，北元集团 100 万吨/年聚氯乙烯升级改造项目开工建设，公司从上到下对项目质量管理非常重视，提出了安全第一、质量第二、进度第三的项目建设管理原则。规划发展部每周组织施工现场质量大检查，对查出的问题，一方面通过监理通知单形式下发到施工单位督促整改，另一方面在每周工程例会上通报跟踪整改情况，并明确整改责任人和整改期限，跟踪督办。实行了隐蔽工程"三方会签"制度，在每项隐蔽工程施工完成后、下道工序施工前，由建设、监理、施工三方代表现场验收后填写验收意见并签字，合格后方可进行下道工序的施工。2018 年，北元集团实行了乙方供材料门外验收制度，有效解决了供应材料以次充好的问题。2020 年，北元集团大力推行场外预制，提高施工过程质量。

三、投资控制

2013 年开始，北元集团技改维修工程委托以费率计价模式为主，技改维修主要以签证方式确认工程量后进行结算，预结算编制、审核委托第三方造价咨询公司负责，规划发展部造价人员对结算报告进行复审后办理审批。2015 年，按照项目建设特点，在费率计价基础上，增加了固定总价、固定单价和工程量清单计价模式。技改维修工程委托通过组织入围单位进行竞价方式，委托具体施工任务，通过竞争机制有效控制了工程施工费用。制定、修订了《建设工程管理办法》《工程造价管理办法》及《工程签证管理办法》等制度，进一步规范了变更、签证和造价管理工作。2017 年，按照公司《竞价管理办法》要求，进一步规范竞价委托工作，优化了竞价机制和形式；引入了第二家造价咨询机构，造价超过 100 万元的工程结算由两家造价公司进行交叉审核，有效提高了结算审核准确率。2018 年，规范了工程进度款报审流程和审核付款程序，有效提高了进度审核效率。每月组织对各技改项目完成进度产值进行审核汇总，并与项目概算进行对比，分析项目投资控制完成情况，对投资完成情况及时进行调整或纠偏。2021 年，采用清单计价、固定单价承包、固定总价承包等灵活多变的多模式计价方式，更有效地对建设工程投资进行控制，更符合市场机制及陕煤集团对工程结算的要求。通过实施清单计价结算模式，按照既定的工程量清单确定的最终价格，在不提高设计标准的情况下，可为公司的项目建设成本控制提供准确、可靠的依据，也便于结算，大大减少结算过程中的争议问题。同时，通过采用模拟清单方式组织竞价，更有利于施工单位自主报价，进一步提高各施工单位清单报价的竞争性，促进承包商管理进入良性循环。2021 年，技改项目已实施清单计价竞价占比达到 65%。

四、承包商管理

（一）承包商准入

2014 年，100 万吨/年聚氯乙烯循环综合利用项目建设完成，公司委托原 100 万吨/年聚氯乙烯循环综合利用项目中部分承包商继续负责技改维修工程。2015 年，随着各分、子公司技改维修项目的逐年增加，公司对承包商准入和资质审查进行了规范，并制定承包商准入审查标准和审查流程。每年 3 月由规划发展部组织对拟准入承包商的资质、工程业绩和 HSE 业绩等进行审查，对首次合作的承包商，由规划发展部组织分、子公司相关人员进行考察,重点对企业项目业绩、安全业绩、综合实力及施工组织等方面进行考察。资质审查、考察合格的承包商经公司招标领导小组审议同意后,与准入承包商签订年度施工框架协议书。

(二)承包商考评

2015年,北元集团对承包商考评逐步进行了规范。每年12月由规划发展部组织监理单位和分、子公司对入围承包商进行综合考评,重点对各承包商安全、质量、进度、资料及结算管理进行综合考评。考评采用百分制,由规划发展部、监理单位和分、子公司进行考评打分。根据考评结果,对考评优秀的承包商,优先续签下一年度施工合同,对考评不合格的承包商予以清退,不再续签合同。截至2022年,北元集团合格承包商单位见表2-4-1。

表2-4-1 2022年北元集团合格承包商单位一览表

序号	承包商名称	项目经理
1	榆林中科建设工程有限公司	张 壮
2	四达建设集团有限公司	贾鹏旭
3	榆林成信建工集团有限公司	艾绍雄
4	陕西东旺建设工程有限公司	胡富忠
5	榆林市椿阳建筑工程有限公司	闫 静
6	陕西骐薪建筑工程有限公司	刘 鹏
7	陕西恒通秩秦建工有限公司	李晗伟
8	西北秦龙建设工程有限责任公司	袁 军
9	神木市兴利源建设工程有限公司	白治强
10	陕西绿宇明光景观装饰有限公司	田明亮
11	陕西跃云建设工程有限公司	杨 洋
12	华阴现代农垦建筑工程有限公司	崔海林
13	陕西光环建设工程有限公司	贺小慧
14	陕西建工第九建设集团有限公司	张月利
15	陕西建工安装集团有限公司	曹海勃
16	陕西同兴建工有限公司	蒋连胜
17	山东军辉建设集团有限公司	孙玉路
18	吉化集团吉林市北方建设有限责任公司	赵健丞
19	中油吉林化建工程有限公司	马 彪
20	河南省鼎瑞建工集团有限公司	杨兴旺
21	河南新天地建设集团有限公司	陈世帅
22	陕西煤化机电安装有限公司	马创朋
23	江苏索普化工建设工程有限公司	解国军
24	榆林亿邦联创消防技术服务有限公司	许 磊
25	河南蓝天防腐安装有限公司	吉永龙

表 2-4-1（续）

序号	承包商名称	项目经理
26	陕西省石油化工防腐绝热公司	董亚平
27	陕西三泰实业有限公司	高永顺
28	河南鼎苑建设有限公司	张东伟
29	中乾建设有限公司	耿殿涛
30	山东海光工程检验检测有限公司	武大千
31	湖北科规检测有限公司	李德斌
32	陕西宏瑞工程检测有限公司	闫茂生
33	机械工业勘察设计研究院有限公司	蔡怀恩

第五节 项目验收

一、验收管理

（一）验收机构、责任

2003—2023年初，北元集团为确保项目验收工作的顺利开展，在实施各类化工建设项目中，专门成立了由董事长担任组长的工程建设竣工验收领导小组，主要负责竣工验收日常协调工作。根据职能分工下设的成员部门负责各自职责范围内专项验收工作，其中建筑和安装工程由规划发展部组织，建筑工程邀请神木质监站；安装工程邀请陕西省石化质监站或专家验收；安全设施由安全环保部组织，邀请专家和榆林市安监局验收；环境保护设施由安全环保部组织，邀请神木环保局验收；水土保持设施由规划发展部组织，邀请神木水土保持站验收；职业病防护设施由安全环保部组织，邀请专家和神木卫健局验收；消防设施由安全环保部组织，邀请消防支队验收；档案由综合管理部组织，邀请神木档案局验收；财务决算审计由企业管理部负责，委托专业审计咨询机构进行；生产考核与评价由生产技术部组织，试生产验收由陕西煤业化工集团组织，邀请专家和陕煤集团相关部门验收。各专项通过验收后，规划发展部向陕煤集团提出验收申请，由陕煤集团竣工验收领导小组组织验收，并出具项目竣工验收鉴定书。2020年，100万吨/年聚氯乙烯升级改造项目验收时，建筑工程邀请煤炭工业神府建设工程质量监督站进行验收，安全设施、环境保护设施、职业病防护设施、水土保持设施专项验收均调整为由陕煤集团组织，邀请当地政府部门和专家验收，项目综合竣工验收程序保持不变。

（二）验收程序

2003—2022年，北元集团项目验收按照地方、行业和陕煤集团制定的《基本建设项目竣工验收管理办法》规定，始终遵循"谁批准、谁投资、谁验收"的原则，其中100万吨/年聚氯乙烯等大型项目综合竣工验收统一由陕煤集团组织，9个专项验收由北元集团工程建设竣工验收领导小组牵头，综合管理部、规划发展部、生产技术部、安全环保部、企业管理部和财务管理部配合完成。

二、验收节点

2003年以来,北元集团建设项目验收严格按照项目计划时间进行。其中重点和大型项目具体验收情况如下。

(一)100万吨/年聚氯乙烯循环综合利用项目与升级改造项目

1. 100万吨/年聚氯乙烯循环综合利用项目

2013年1月,100万吨/年聚氯乙烯循环综合利用项目专项全部通过验收。同年6月4日,北元集团申请100万吨/年聚氯乙烯循环综合利用项目综合竣工验收;6月28日,陕煤集团有关专家、相关部门和单位组成竣工验收组,对该项目进行竣工验收。2014年3月23日,陕煤集团印发了该项目竣工验收鉴定书。专项验收情况见表2-5-1。

表2-5-1 100万吨/年聚氯乙烯循环综合利用项目专项验收情况一览表

序号	项目		验收时间	验收单位
1	工程质量验收	建筑工程	2011-12	神木县建设工程质量安全监督站
		安装工程 100万吨/年聚氯乙烯一期	2012-04-05	陕西省石油化工建设工程质量监督站
		安装工程 100万吨/年聚氯乙烯二期	2012-10-12	陕西省石油化工建设工程质量监督站
		热电一期	2011-07-12	北元集团邀请专家
		热电二期	2012-08-14	北元集团邀请专家
		水泥一期	2011-08-14	北元集团邀请专家
		水泥二期	2012-08-14	北元集团邀请专家
2	消防验收	一期	2011-09-01	榆林市消防支队
		二期	2012-09-19	榆林市消防支队
3	安全设施验收	一期	2011-11-23	北元集团邀请专家,榆林市、神木县安监局参加
		二期	2012-10-22	北元集团邀请专家,榆林市、神木县安监局参加
4	水保设施验收	一期	2013-01-22	陕西省水土保持局
		二期	2013-01-22	陕西省水土保持局
5	职业病防护设施验收	一期	2012-01-08	陕西省安全生产监督管理局
		二期	2012-09-14	陕西省安全生产监督管理局
6	环保设施验收		2012-10-30	陕西省环境监测中心站
7	档案验收	一期	2012-10-18	陕西省档案局
		二期	2013-01-15	陕西省档案局
8	试生产考核与评价	100万吨/年聚氯乙烯一期	2010-11—2011-11	北元集团
		100万吨/年聚氯乙烯二期	2012-04—12	北元集团
		热电一期	2010-09—2011-07	北元集团
		热电二期	2011-11—2013-01	北元集团
		水泥一期	2010-09	北元集团
		水泥二期	2011-12	北元集团

表 2-5-1（续）

序号	项目		验收时间	验收单位
9	审计	工程结算审计	2012-04—2013-04	中审亚太会计师事务所
		财务决算审计	2013-06	中审亚太会计师事务所

2. 100万吨/年聚氯乙烯升级改造项目

2019年12月，100万吨/年聚氯乙烯升级改造项目各专项验收全部通过；同年12月18日，北元集团向陕煤集团申请100万吨/年聚氯乙烯升级改造项目（一期）综合竣工验收；同年10月27日，陕煤集团组织有关部门和专家分为安全生产环保组、财务审计组和综合组3个小组对该项目进行了竣工验收；2020年11月13日，陕煤集团印发了该项目竣工验收鉴定书。专项验收情况见表2-5-2。

表2-5-2 100万吨/年聚氯乙烯升级改造项目专项验收情况一览表

序号	项目		验收时间	验收单位
1	工程质量验收	建筑工程	2019-03-12	煤炭工业神府建设工程质量监督站验收
		安装工程	2019-12-04—05	北元集团组织，邀请相关专家，陕西省石油化工建设工程质量监督站
2	消防验收		2019-03-25	榆林市公安消防支队
3	安全设施验收		2019-06-01	榆林市、神木市应急管理局
4	职业病防护设施验收		2019-06-01	榆林市、神木市应急管理局
5	环保设施验收		2019-08-05	神木市环保局
6	档案验收		2019-12-20—21	陕西煤业化工集团有限责任公司
7	试生产考核与评价		2019-04-11—2019-12-03	北元集团
8	审计	工程结算审计	2019-12	北京华正鑫诚工程造价咨询有限公司
		财务决算审计	2019-12-30	陕西正大会计师事务所

（二）50万吨/年电石技改扩建项目

2017年3月，锦源化工50万吨/年电石技改扩建项目各专项全部通过验收；同年5月2日，北元集团向陕煤集团申请项目综合竣工验收；同年7月13日，陕煤集团组织有关部门和专家分为安全生产、财务审计和综合3个小组对项目进行了验收；同年9月20日，印发该项目竣工验收鉴定书，将卫生防护距离内居民搬迁工作作为遗留问题处理。电石技改扩建项目专项验收情况见表2-5-3。

表2-5-3 锦源化工50万吨/年电石技改扩建项目专项验收情况一览表

序号	项目		验收时间	验收单位
1	工程质量验收	建筑工程	2016-10-20	神木县建设工程质量安全监督站
		安装工程	2016-06-13—14	北元集团邀请专家

表 2-5-3（续）

序号	项目		验收时间	验收单位
2	消防验收		2016-09-29	榆林市公安消防支队
3	安全设施验收	一期工程	2014-11-20	陕西省安全生产监督管理局组织
		二期工程	2016-12-01	北元集团邀请专家，榆林市、神木县安监局参加
4	水保设施验收		2014-11-01	榆林市水土保持监督总站
5	职业病防护设施验收	一期工程	2014-11-20	陕西省安全生产监督管理局
		二期工程	2017-01-08	北元集团邀请专家，榆林市、神木县安监局参加
6	环保设施验收		2016-12-21	榆林市环境保护局
7	档案验收		2016-12-07—08	陕西省档案局
8	试生产考核与评价		2017-01-08	北元集团
9	审计	工程结算审计	2016-12-25—2017-03-23	北京华正鑫诚工程造价咨询有限公司
		财务决算审计	2016-12-08—2017-01-22	陕西正大会计师事务所有限责任公司

（三）135万吨/年原盐及采输卤工程

2017年12月21日，北元集团向陕煤集团申请135万吨/年原盐及采输卤工程（除消防设施外）综合竣工验收；同年12月底全部通过验收。2018年2月7日，陕煤集团组织有关部门和专家分为安全生产、财务审计和综合3个小组对该项目进行验收；同年4月25日通过验收；4月28日，陕煤集团印发了该项目竣工验收鉴定书。专项验收情况见表2-5-4。

表2-5-4　135万吨/年原盐及采输卤工程专项验收情况一览表

序号	项目		验收时间	验收单位
1	工程质量验收	建筑工程	2015-05-28	北元集团组织，神木县建设工程质量安全监督站参加
		安装工程	2015-05-29	北元集团邀请专家
2	消防验收		2018-04-25	榆林市公安消防支队神府经济开发区大队
3	安全设施验收		2017-06-12	北元集团邀请专家
4	水保设施验收		2017-09-15	神木市水土保持监督检查站
5	职业病防护设施验收		2017-04-08	北元集团邀请专家，神木县安监局参加
6	环保设施验收		2017-12-29	神木市环境保护局
7	档案验收		2017-08-30	神木市档案局
8	试生产考核与评价		2017-05-17	北元集团
9	审计	工程结算审计	2017-11-11—30	北京华正鑫诚工程造价咨询有限公司
		财务决算审计	2017-11-16—30	陕西正大会计事务所有限责任公司

第三章 生 产 运 行

　　北元化工集团 100 万吨/年聚氯乙烯循环综合利用项目是在原 10 万吨/年聚氯乙烯项目稳定运行的基础上建设的，该项目总投资 83.8 亿元，主要建设装置包括 100 万吨/年聚氯乙烯、80 万吨/年烧碱装置、4×125 兆瓦抽气式直接空冷汽轮发电装置，220 万吨/年工业废渣水泥装置。在生产管理中，北元集团不断合理调整机构，使生产管理实现扁平化，生产组织调度形成闭环管理，生产设备工艺更加科学、规范和标准化，产品质量逐年提升。引导产生一批 PVC 上下游企业，拉动了地方煤炭、电力、运输、服务等相关产业迅猛发展。

第一节 生 产 管 理

一、生产组织体系

（一）管理机构

　　2003 年，北元化工公司成立之初，设有生产处，全面负责生产管理工作。2009 年 9 月，公司机构变革，撤销生产处，职能由生产技术科行使。集团公司成立后，设立了生产技术部，下设生产管理科和技术管理科，负责北元集团所有生产技术管理工作。2012 年 4 月，北元集团为了进一步加强对各分、子公司产成品及中间产品、进厂原辅材料的质量管理工作，在生产技术部增设了质量管理科。2013 年初，北元集团下设有化工一分公司、化工二分公司、热电分公司、水泥有限公司、盐业分公司、锦源化工有限公司 6 个分、子公司和生产技术管理部门。同年 8 月，北元集团将生产技术部与安全环保部合并成立安全生产部，下设生产技术科、质量管理科、安全管理科、环保管理科，负责公司所有的安全、生产技术工作。2015 年，按照国家安全生产法规规定，北元集团于 6 月撤销安全生产部，再次成立生产技术部，将化工一分公司与盐业分公司并入化工二分公司，更名为化工分公司。2016 年 6 月，北元集团对所属水泥有限公司、锦源化工有限公司体制机构进行调整。水泥有限公司在管理体制上去"厂"设科，将其所属的动力检修分厂并至设备管理科，烧成分厂、制成分厂并至生产技术科，并设工艺、设备工程师和技术员。锦源化工有限公司生产管理系统下设生产技术科、热电分厂、电石分厂，2017 年成立设备管理科，将碳化分厂和白灰分厂合并为原料分厂，实现了管理扁平化、技术专业化、流程精简化的专业化管理。2021 年，北元集团设有生产技术部和化工分公司、热电分公司、水泥有限公司、锦源化工有限公司 4 个分、子公司。生产技术部下设生产管理科、质量管理科、调度中心。其中，生产管理科设有工艺技术员、设备技术员、计量技术员、电气技术员、能源技术员等岗位，分专业负责生产管理工作。化工分公司生产管理系统下设生产技术科、设备管理科、质量管理科、乙炔分厂、采卤分厂、氯碱分厂、动力检修分厂、聚氯乙烯分厂、聚氯乙烯二分厂，分别配备工艺、设备、质量工程师和技术员。热电分公司生产管理系统下设生产技术科、设备管理科、运行分厂、检修分厂、化水分厂，分别配备工艺、设备、锅炉、汽机、电气、化水技术员。同年8月，北元集团生产技术部除保留调度中心外，撤销原先生产管理科和质量管理科，设立了生产管理、设备管理、质量管理、电仪管理4个模块。化工分公司生产管理系统下设生产运营中心、设备运维中心和技术管理中心；水泥有限公司生产管理系统下设生产技术中心、设备管理中心、质量管理中心；热电分公司生产管理系统下设生产技术中心、设备管理中心；2022年10月，锦源化工有限公司机构改革，下设生产技术中心、设备管理中心。

（二）职能职责

2003年5月公司成立之初，生产调度系统作为生产系统的平衡指挥机构随之成立。主要负责公司生产平衡调度、技术管理与支撑及产品质量管理工作。期间，随着公司生产建设的发展，生产管理部门的业务也由最初的生产数据统计拓展到生产、技术、质量三大职能管理，从生产计划、检修计划、能源计划、科技创新计划、技术改造计划、生产调度、物料平衡、外围水电气供应协调、输供电线路工程建设协调、产品质量管控、质量管理体系建设到运行、名牌产品申报审核与管理、生产许可证的办理以及工艺、设备、现场、能源、电仪等20余项管理。2009年，生产技术部成立以来，主要负责公司生产平衡调度、技术管理与支撑及产品质量管理工作，负责组织编制和落实生产、检修、节能、特种设备、安全附件检验、电气预防性试验等计划，对计划完成情况进行跟踪、监督，并对相关数据进行统计分析；负责工艺技术、设备、能源计量、电气、仪表等运行情况的监管；负责建立健全并运行工艺、设备、计量、仪表、电气等管理体系；负责生产类固定资产的管理、生产外委维修、生产劳务承包的组织及生产技改方案的论证。2013年以来，北元集团根据企业生产管理变化实际情况，对生产管理机构职能职责进行充实完善和调整。同年8月，北元集团成立安全生产部，其职能为主要负责公司所有的安全、生产技术工作。2016年1月，北元集团下发的《质量管理办法》规定，质量管理科负责建立健全并运行质量等管理体系，负责组织编制原辅材料验收、产成品检验标准，负责生产证照的办理等工作。同年3月，北元集团下发的《工艺管理办法》等相关文件规定，工艺管理主要负责工艺系统过程管理，包括工艺指标的控制、工艺联锁、工艺操作规程、系统开停车、工艺记录、工艺纪律的管理。设备管理主要包括设备技术改造、全生命周期的设备质量、设备腐蚀、设备点检管理等工作。能源管理主要负责公司的用能分配、统计分析、能源台账的建立等工作。电气管理主要负责公司电气运行的安全管理及供配电分配。仪表管理主要负责公司仪表的到货验收、检定、校验、更换的全生命周期管理。调度中心主要负责生产物料、能源动力、产运销等调度以及生产安全事故应急指挥。2017年6月，北元集团下发的《科技创新管理办法》规定，技术中心负责新产品、新工艺研发及新技术的推广应用，负责专利申报和国家鼓励类资金的申请，负责产品包装设计等工作。2018年6月，生产技术部主要负责公司生产平衡调度、技术管理与支撑及产品质量管理工作。下设的生产管理科主要负责组织编制和落实生产、检修、节能、特种设备、安全附件检验、电气预防性试验等计划，对计划完成情况进行跟踪、监督，并对相关数据进行统计分析；负责工艺技术、设备、能源计量、电气、仪表等运行情况的监管；负责建立健全并运行工艺、设备、计量、仪表、电气等管理体系；负责生产类固定资产的管理、生产外委维修、生产劳务承包的组织及生产技改方案的论证。

二、规章制度

2003年以来，为了规范生产管理，公司先后编制出台了集团公司《生产管理制度》《技术管理制度》《调度管理制度》《非计划停车考核办法》《科技创新管理办法》《特种设备管理制度》《能源管理办法》《产品质量管理制度》《大宗原材料验收管理规定》《设备管道及钢结构表面涂色和标识管理规定》《特种设备管理制度》《扩建项目一期电气系统调度管理及事故应急预案》《特种设备安全管理手册》《技术资料整理归档管理规定》《技术例会管理规定》等多种生产技术管理制度，建立了集团公司技术管理体系和能源管理体系，规范了相关主任工程师、能源管理师的职责，并督促分、子公司完善了技术规程和相关生产、技术管理制度，从技术服务的角度，为项目顺利投产和达产打好了坚实的管理基础。2013年，北元集团不断强化和规范生产程序与管理，先后制定出一系列规范性的生产管理制度办法等。2014年1月，北元集团制定出《设备管道及钢结构表面涂色和标识管理规定》（陕北元发〔2014〕13号）；2016年，北元集团制定出《质量管理办法》（陕北元发〔2016〕44号）及《工艺管理办法》《生产设备设施管理办法》《特种设备管理办法》《生产调度管理办法》《报废生产设备设施拆除管理办法》《能源管理办法》《计量管理办法》《非计划停车考核办法》《关联物料管理办法》《电气专业管理办法》《仪表自动化管理办法》《工艺、设备设施变更管理标准（试行版）》；2017年，北元集团制定出《生产外委维修管理办法》（陕北元发〔2017〕185号）及《科技创新管理办法》《生产检修管理办法》《安全仪表系统管理办法》《危险与可操作性分析（HAZOP）管理办法》《技术管理体系》。2019年，为进一步完善工艺管控体系，北元集团制定出《规程设置/编写指南》；2021年，北元集团制定出《报警管理标准》，并重新修订了《规程设置/编写指南》《工艺、设备设施变更管理标准》。同年8月，生产技术部设备管理业务模块设立后，结合各分子公司机构改革情况，对《生产设备设施管理办法》《生产检维修管理办法》《特种设备管理办法》《生产备品配件管理办法》《设备故障管理办法》《设备点检管理办法》等8个制度进行了修订。

三、生产调度

2003年5月，公司生产调度系统随之成立，平衡指挥公司生产系统正常运转。2009年3月，在北元集团公司成立后，进一步加强了对生产系统的管控和过程中物料、能源的平衡调度指挥能力，促进循环产业链的高效、经济、稳定运行，各类生产信息能及时、准确传达与反馈。2011年，北元集团100万吨/年聚氯乙烯循环综合利用项目正式投产运行以来，成立调度中心，全面负责公司生产组织工作。调度中心以年度生产任务及分解生产计划为依据，开展生产组织工作，按照任务计划和临时生产任务的要求，发布调度命令并督促执行。调度中心在准确掌握生产活动运行情况，摸清生产客观规律和总结分析异常问题情况的基础上，组织各级生产管理人员积极完成生产任务。同年1月，从各分、子公司选拔了一批优秀调度员到集团公司总调度指挥中心实习，掌握生产调度及事故应急救援指挥能力。总调度指挥中心设施配备有比利时巴克公司的数字化大屏展示系统，浙大中控、上海宝信、西安大道、ABB、和利时、横河等一大批国内外先进的软件控制系统。为了进一步提高调度系统的远程监视指挥调度能力,同年又开始实施调度管理系统数据采集工作,并在数据采集工作完成的基础上拓展实施集团公司能源管理中心项目建设工作。在2011年还完成了 ISO 9001 体系认证对所有产品的全面覆盖工作。组织协调榆林市特种设备检验所完成了一期全部特种设备的注册工作,并且督促各在建工程单位及施工单位完成了二期特种设备的安装告知工作。适时出台了原辅材料验收标准,规范了原辅材料的入库质量管理工作。同时,在扩建项目中,为了做好扩建项目投产前期的组织准备工作,由生产技术部牵头组织成立了生产准备领导小组,并通过定期召开生产准备会,解决各分、子公司在生产准备过程中遇到的生产准备材料计划、人员配备及影响试生产的外围条件等问题,以便项目能尽快投入试生产。明确了各分、子公司关于生产准备中各相应部门的职责和程序,使供电、排水等问题及时得以解决。在工程监管中,公司安排电气专业人员专职负责供电线路施工的监督与协调工作,保障了公司35千伏供电线路与110千伏输供电线路的顺利建设,保证了系统及系统电网与外界电网的对接。同时由生产技术部牵头负责公司排洪总管和排污总管的建设,通过现场协调和制定项目节点任务,公司排洪总管和排污总管均在计划期前完成了建设任务,为公司后期生产污水接入外管网及汛期排洪工作奠定了基础。在盐井建设过程中,与四川自贡设计院多次磋商,对外聘请具有岩盐开采经验的技术人员现场指导施工,确保了公司盐井建设工作的顺利进行,有力地推动了公司后期全卤制碱的步伐。

2016年3月,北元集团专门下发文件,不断优化生产组织管理结构,充分发挥生产管理科室及调度中心的生产调度职能,维护生产系统稳定,以完成产量计划,寻求最优控制,实现生产系统经济运转过程的控制管理。同时,认真做好生产组织综合平衡和生产系统问题协调工作,及时收集各类生产信息,做好信息的传递和反馈工作,做到"上令下达,下请上报"。各分、子公司配置专业人员,各生产关联模块按照集团公司下达的生产任务积极组织生产,确保稳定运行,力争突破生产计划指标。在生产系统出现异常情况时,积极组织专业人员排查隐患恢复生产,同时将异常情况上报,保证生产信息畅通准确。

截至2022年,北元集团形成了调度系统间的生产组织闭环管理流程,保证生产系统安全、稳定、长周期、满负荷、优质高效运行。

四、产品项目简介

(一) 100万吨/年聚氯乙烯循环综合利用项目

(1)北元化工集团100万吨/年聚氯乙烯循环综合利用项目是在原10万吨/年聚氯乙烯项目稳定运行的基础上建设的,它是北元化工企业发展史上的一个里程碑。该项目包括100万吨/年聚氯乙烯、80万吨/年离子膜烧碱装置、4×125兆瓦抽气式直接空冷汽轮发电装置、220万吨/年工业废渣水泥装置、50万吨/年电石循环项目和135万吨/年卤盐项目。热电装置为化工、水泥装置提供蒸汽,余热发电,化工装置所产生的电石泥、盐泥废渣和热电装置所产生的粉煤灰,全部作为生产水泥的原料。项目每年可生产聚氯乙烯100万吨、离子膜烧碱80万吨、水泥220万吨。

(2)关键工艺技术。该项目在设计上体现了循环经济理念,以高起点、高技术、节能环保为指导思想选择装置。公司投资5238.1万欧元引进了伍德迪诺拉公司的离子膜电解工艺,实现了电解装置的高效、环保、节能;投资1030余万元引进韩国三星空气压缩机组,保证了项目运行过程中工艺空气及氮气的充足供应;先后投资275.2914万欧元和221万美元,引进瑞士博特的烧碱蒸发装置和日本智索PVC聚合干燥工艺技术,提高了产品附加值和市场应对能力;投资1800万元,引进行业中先进的硫酸盐膜脱硝装置,有力地降低了精制盐水中SO_4^{2-}的含量,实现了杂质离子向工业产品的有型转变;投资460万元,引进VCM尾气变压吸附工艺装置,充分利用了资源,最大限度地降低了生产成本,提高了副产品的质量,并实现了生产尾气的合理回收利用;投资4250万元建设了除尘、干法脱硫装置,降低了热电装置排烟烟气的含尘量和二氧化硫含量。建成后的生产线和产品质量指标均可达到国内外同行业先进水平。①BM2.7代离子膜电解槽、美国杜邦公司Nation2030型离子膜,该电解槽单台产能为4.2 t NaOH/时,烧碱浓度为32%、直流电耗为2100千瓦时/吨左右,传统的隔膜法金属阳极电解槽直流电最低为2350千瓦时/吨,与金属阳极电解槽相比,每吨烧碱可节约标准煤0.03吨,年可节约2.4万吨标准煤。②烧碱浓度装置采用瑞士博特降膜蒸发及浓缩工艺,选择的三效蒸发及终效浓缩蒸发器工艺路线充分利用二次蒸发的热能,与传统隔膜蒸发工艺相比,降低蒸汽消耗约2.9吨/吨烧碱,年可节约标准煤约10万吨。③聚合采用日本智索的聚合干燥工艺,聚合过程稳定、能效高。干燥采用沸腾床干燥技术,可使每吨产品的蒸汽消耗量降低到旋风干燥器的75%,生产每吨聚氯乙烯可节约0.04吨标准煤,年可节约4万吨标准煤,大大节约了蒸汽用量。④用电石渣代替石灰石生产水泥熟料,既节约资源又降低物料分解温度,节能量折标准煤30 kg/t,年可节约7.2万吨标准煤。同样是年产220万吨水泥,若按石灰石生产计算,年可减排CO_2约100万吨。⑤电石炉、焦化炉尾气发电年可节约标准煤4.5万吨,减排CO_2约1.2万吨。综上所述,公司每年累计可节约标准煤27.3万吨,减排CO_2超过100万吨。

(3)社会经济效益。2014年,项目全面建成投产。截至2022年,整个产业链销售收入突破350亿元,上缴各类税金28亿元。安排就业4000多人,直接转化原盐135万吨、电石165万吨,间接转化原煤600万吨,引导产生一批PVC上下游企业并带动地方煤炭、电力、运输、服务等相关产业迅猛发展,对促进地方经济社会全面可持续协调发展作出了贡献。

(二)其他产品

截至2022年,北元集团其他各类产品生产工艺流程简介见表3-1-1。

表3-1-1 2022年北元集团各类产品生产工艺流程一览表

序号	产品名称	工艺流程简介
1	聚氯乙烯树脂	聚氯乙烯装置采用日本智索悬浮法聚合工艺包,聚氯乙烯树脂生产采用悬浮法聚合生产工艺,流程为原料电石破碎为一定大小的粒度,密闭输送至乙炔发生器中和水反应,生成乙炔气体和以含氢氧化钙为主的电石泥;乙炔气通过洗涤冷却、硫酸清净等除杂工艺,得到的精乙炔气经压缩后输送至转化器中;在催化剂的作用下,乙炔与氯化氢在转化器中发生合成反应生成粗氯乙烯;粗氯乙烯经过水洗、碱洗、冷却压缩得到液态氯乙烯,通过精馏除杂工艺进一步提纯得到精氯乙烯;在反应釜中,精氯乙烯悬浮在水中,在引发剂作用下发生聚合反应生成聚氯乙烯浆料,浆料通过汽提工艺回收未反应的氯乙烯后,再通过离心分离除去大量水分,最后通过干燥、分筛得到成品聚氯乙烯

表 3-1-1（续）

序号	产品名称	工艺流程简介
2	烧碱	烧碱生产装置采用离子膜电解工艺，生产工艺流程为：采用水溶法采卤工艺，将淡水或淡盐水注入地下盐层中，氯化钠等盐分溶解后得到的饱和氯化钠水溶液返回地面卤水池。卤水通过一系列精制工艺，除去钙镁等有害阳离子、悬浮物及有机物等，得到精制盐水，将精制盐水输送至电解槽中，氯化钠和水在直流电的作用下，生成氯气、氢气及32%的碱液，32%的烧碱经蒸发浓缩为50%以上的成品烧碱销售；产生的氯气、氢气在冷却、除水、加压后输送至合成炉中燃烧，生成氯化氢气体，为聚氯乙烯生产提供原料，在生产过程中有液氯和盐酸等副产品生成
3	电能	热电发电机组工艺，采用4×125兆瓦高温高压抽凝发电机组及2×25兆瓦中压抽凝发电机组进行电能生产，设计产能40亿千瓦时/年。生产工艺流程为：原水经过絮凝沉降处理后经机械过滤器除去悬浮物，经双室双层阳离子交换器除去水中金属阳离子，再经单室阴离子交换器除去阴离子，最后经混合离子交换器除去残余的阴阳离子成为合格除盐水，贮存于除盐水箱作为锅炉补给水；原煤经带式输送机输送至原煤仓，经给煤机送至磨煤机磨制成一定粒度的煤粉，经动力风吹至锅炉炉膛燃烧，燃烧后的风烟经过脱硝、电除尘、脱硫、袋除尘净化后排入大气中。锅炉及发电机系统中，煤粉燃烧热量辐射在锅炉各受热面，除盐水依次经省煤器、高温除氧、低压加热器后，通过给水泵输送至高压加热器，最后进入锅炉汽包闪蒸为饱和水蒸气；锅炉汽包中的水通过下降管流至炉膛底部，在炉膛受热温度升高后继续进入汽包闪蒸；饱和蒸汽在炉膛顶部加热成为过热蒸汽后，依次进入汽轮机高压缸、低压缸做功，将热能转化为机械能；汽轮机传动发电机将机械能转化为电能，通过主变压器输送至用户；做完功的乏汽经凝汽器、空冷岛冷却凝结为水后继续回至锅炉
4	水泥	公司悬浮预热、窑外分解的新型干法水泥回转窑，设计产能220万吨/年。生产工艺流程为：将石灰质原料（电石渣）、黏土质原料、少量校正原料按照钙、硅、铁、铝含量配比后进行均化，然后输送到原料磨中磨成粉，称为生料；生料再次均化后输送至预热器中，充分利用回转窑和分解炉排出的废气余热加热，生料在旋风预热器中完成预热和预分解后进入分解炉，在分解炉中生料全部分解为以氧化钙、氧化铝、二氧化硅、三氧化二铁为主的氧化物料，再进入回转窑中进行熟料的烧成；在回转窑中碳酸盐进一步迅速分解并发生一系列的固相、液相反应，生成以硅酸三钙、硅酸二钙、铝酸三钙、铁铝酸四钙为主要成分的水泥熟料，经过冷却后输送至水泥粉磨工序，熟料中配比适当的混合材质、胶凝剂、性能调节材料等，粉磨至适宜的粒度，成为不同强度等级的水泥
5	电石	锦源电石生产装置采用4×40.5兆伏安及2×63兆伏安密闭式电石炉进行电石生产，设计产能50万吨/年。同时配套50万吨/年石灰窑、60万吨/年兰炭炉，为电石生产提供原料。生产工艺流程为：电石生产原料白灰与兰炭经筛分楼筛掉面料后，按一定的配比称量后混合，由大倾角输送带送至贮料仓中，经由下料管、布料器进入电炉，混合物料经电弧热、电阻热在1800~2200摄氏度的高温下进行反应后生成电石，熔融态的成品电石经炉嘴排出至电石锅内，由出炉卷扬机拉至冷却厂房冷却、储存，待电石温度符合要求后拉运至化工分公司作为原料使用。电石生产原料为白灰和兰炭，白灰由原料分厂白灰窑生产提供，兰炭由原料分厂复合炉生产提供，电石生产使用的电能由热电分厂提供。电石生产产生的煤气及复合炉生产产生的煤气送往白灰窑及热电分厂锅炉燃烧使用。整体生产系统自给自足，属循环产业链模式

（三）产品工艺管控

2003年以来，产品工艺管控一直严格按照国家关于化工企业工艺管理规定实施。从2011年以来，为了提升工艺管理水平，北元集团依据《化工企业工艺安全实施导则》（AQ/T 3034—2010）等国家、行业标准，专门制定了工艺管理体系及评价准则。具体内容为：

（1）定义了工艺技术文件内容，规定了工艺技术文件的形成、审批、封发执行、回收存档、销毁等，并定期组织检查；明确了各分、子公司的操作规程评审修订频次、修改方法，定期组织相关单位修订。

（2）对生产过程控制指标进行分级、分类，按日、周、月定期检查通报，形成生产过程控制指标由专人负责、按期检查考核、跟踪落实的闭环管理。

（3）对工艺记录的板型进行审核、校正，对记录的印刷、使用、填写、装订、存档作了明确规定，按要求定期检查评比。

（4）明确了生产系统开停车过程参与人员职责分工，明确了开车准备工作及情况、开车操作程序、紧急停车操作程序及应急预案，明确了开车过程风险识别、评价及预控措施。

（5）明确了工艺、生产、设备设施变更管理程序，严格按照申请、审批、实施、培训、验收归档的闭环管理程序运行。

（6）在工艺指标管理方面，分级分类管理，并定期检查、分析、考核，形成周期指标曲线，针对指标异常情况专项分析，实行"溯源管理"，追根溯源，以系统化思维分析原因，查出隐患点，形成整改意见，促进工艺指标稳定运行。

2022年8月，北元集团又修订了《工艺管理办法》（陕北元发〔2022〕296号）。

五、能源管理

2015年7月，北元集团为了规范能源管理工作，组建了能源管理中心，具体业务由生产技术部生产管理模块负责。能源管理中心主要负责日常能源调度平衡、计量数据分析以及对外能源统计数据的报送，同时对公司能源使用、计量、数据采集等工作进行监督、检查。每年组织宣贯国家《节约能源法》及国家单位产品能耗限额等相关法律法规及标准。全力引进国家鼓励、支持的节能科学技术的研究、开发、示范和推广，促进节能技术创新和应用。对新建项目进行能效评估、节能咨询评估和审计认证，对落后的高耗能用能产品、设备和生产工艺实行淘汰。2016年3月，北元集团制定了《能源管理办法》（陕北元发〔2016〕66号）；2018年5月，对《能源管理办法》（陕北元发〔2018〕163号）进行了修订，强化了公司能源使用过程监督与计量工作，提高了能源利用率，保护和改善了环境，实现了节能减排、经济运行的目标。

在节能减排方面，2013—2018年，北元集团每年根据陕煤集团节能减排指导意见，制订本公司年度能源需求计划和节能减排计划，各分、子公司按照北元集团计划制定出相应的实施细则，进行管理实施与考核。各分、子公司每年还制定节能对标方案，确定对标指标，按计划实施对标管理，持续降低各类能源消耗。北元集团各类产品生产能源总消耗标准煤量1163.38万吨。2018年8月，北元集团被中石化联合会授予电石法聚氯乙烯生产"2017年度能效领跑者标杆企业"。2017—2020年，北元集团连续四年被中石化联合会授予电石法聚氯乙烯生产"能效领跑者标杆企业（聚氯乙烯）"，同时被授予"十三五先进节能单位"。

2011—2021年北元集团各类产品综合能耗统计见表3-1-2。

表 3-1-2　2011—2022 年北元集团各类产品综合能耗统计

年份	合计		原化工一分公司/PVC装置				化工分公司				热电分公司	水泥有限公司				锦源化工有限公司	
	能源消耗总量(万吨标准煤)	电能消耗总量(万千瓦时)	单位产品综合能耗(千克标准煤/吨)		单位产品综合电耗(千瓦时/吨)		单位产品综合能耗(千克标准煤/吨)		单位产品综合电耗(千瓦时/吨)		单位产品综合能耗(千克标准煤/吨)	单位产品综合能耗(千克标准煤/吨)		单位产品综合电耗(千瓦时/吨)		单位产品综合能耗(千克标准煤/吨)	单位产品综合电耗(千瓦时/吨)
			PVC	烧碱	PVC	烧碱	PVC	烧碱	PVC	烧碱	电	水泥	熟料	水泥	熟料	电石	电石
2011		90705.41			771.08	2797.43			630.9	2597.76				47.7	102.5		3531.65
2012		182534.08			846.29	2582.73			544.73	2484.52				52.6	93.3		3553.77
2013	107.72	269189.3	219.80	724.32	735.15	2530.97	196.56	400.33	598.94	2579.05	459.33	81.90	105.72	92.85	75.59	1500.00	3482.40
2014	177.32	360417.07	179.86	693.46	715.66	2510.42	181.22	398.54	538.36	2599.43	453.49	78.20	96.07	79.31	63.89	1310.00	3303.09
2015	202.83	400584.14	186.59	676.80	710.97	2542.60	195.34	396.89	610.42	2580.56	390.50	71.80	90.03	80.33	66.03	1332.04	3202.89
2016	215.64	443867.58	188.22	—	687.91	—	175.69	378.61	565.83	2439.85	350.42	66.17	85.31	80.44	60.77	1372.77	3472.26
2017	239.69	491564.14	192.35	—	700.59	—	183.86	381.20	577.50	2425.03	341.62	64.32	79.47	78.32	58.03	1197.01	3462.81
2018	220.18	491304.22	205.03	—	726.57	—	172.65	365.92	571.16	2354.46	325.76	61.56	76.16	73.46	56.54	870.12	3325.58
2019	216.75	529848.35	196.6	—	704.27	—	164.78	366.94	592.14	2357.04	318.27	60.66	74.37	69.54	53.76	846.70	3307.39
2020	210.35	545356.92	184.54	—	652.51	—	155.87	356.94	565.83	2331.65	311.64	58.70	73.19	70.40	53.22	843.38	3282.76
2021	210.63	525284.35	200.03	—	654.97	—	161.44	357.62	571.84	2477.57	317.40	58.02	72.64	69.59	52.92	824.19	3276.93
2022	206.46	516617.35	201.16	—	646.21	—	157.92	362.41	522.02	2508.85	326.01	57.04	69.50	68.34	51.34	800.16	3269.19
平均/合计	2007.57	4847272.91	195.42	698.19	712.68	2592.83	174.53	376.54	574.14	2477.98	318.33	65.84	82.25	71.91	65.66	1089.64	3372.56

注："—"表示无统计数据。

第二节　技　术　管　理

一、化工生产与工艺管理

（一）化工生产工艺

截至2022年，北元集团关于工艺管理方面的制度共有7项，标准8项，分别是《工艺管理办法》《关联物料管理办法》《能源管理办法》《报警管理办法》《试生产管理办法》《安全生产信息管理办法》《碳排放管理办法（试行）》，标准有《工艺、设备设施变更管理标准》《SIL定级技术实施指南》《工艺报警器管理标准》《规程设置/编写指南》《水泥窑耐火材料使用技术标准》《粉煤灰技术标准》《循环冷却水系统技术标准》和《蒸汽及冷凝水技术标准》。

（二）化工生产控制管理

生产技术部负责全公司的仪表相关制度的建立、技改审批、体系评价等工作。各分、子公司负责具体仪表的维护保养、台账建立、产品试用、技术攻关等工作。公司为了提升仪表的运行效率，降低仪表的故障率，建立了《仪表自动化管理办法》；为了提高计量的准确性，提升计量管理水平建立了《计量管理办法》；为了加强安全生产，降低风险，依据SIS系统运行的实际要求建立了《安全仪表管理办法》。

二、化工原燃料管理

截至2022年，北元集团原燃料采购由采购供应部负责，到货质量由使用单位根据验收标准组织验收。原燃料存放设施，原煤筒仓可以存煤3万吨，堆场存煤4万吨。电石库有3个，锦源库存2800吨，化工PVC装置存500吨，电石储运装置库存8000吨。石灰石库存最大10万吨。在原燃材料质量控制方面采取的主要手段是，对现有化工71种、热电24种、水泥15种、锦源化工9种原燃料和4种包装袋制定了《原辅材料验收标准》，规定了采购入厂的原辅材料主要指标及相关标准。对于不合格原料严格执行公司原料处置程序，办理退货，同时对新厂家、新原料严格执行原辅材料试用程序，对不合格的原料供应商进行末位淘汰管理。原燃料运输外购煤主要通过带式输送机输送至热电筒仓；外购电石主要通过汽车拉运至化工电石库。燃料原煤通过锦界煤矿2号筒仓经带式输送机输送至公司，在公司内部经筛分破碎系统进入筒仓，再通过带式输送机输送到用户端。电石和石灰石通过汽车运输。

三、供排水管理

（一）执行管理标准

化工分公司综合污水处理装置、母液水处理装置、含汞废水处理装置，热电分公司综合污水处理装置等，根据《烧碱、聚氯乙烯工业水污染物排放标准》（GB 15581—1995）和《黄河流域（陕西段）污水综合排放标准》（DB 61/224—2011）中的二级标准执行。

（二）供排水系统设施、设备与能力

公司主要进水有两路，分别是神海水务公司与和瑞水厂。神海水务公司供水量最大

2000立方米/时，和瑞水厂供水量1000立方米/时。同时公司排水系统按清污分流的原则，主要分为生产排水系统、生活排水系统，配有两污水处理厂，日处理能力分别为5000立方米和2000立方米。

（三）供排水工艺指标

北元集团供排水工艺指标见表3-2-1。

表3-2-1 北元集团供排水工艺指标一览表

供 水 指 标		排 水 指 标	
pH	6.5~8.5	COD	≤300毫克/升
氯离子	≤250毫克/升	pH	6~9
总碱度	3.5毫摩尔/升	氨氮	≤25毫克/升
总硬度	4.5毫摩尔/升		
浊度	≤5 NTU		
电导	≤550微秒/厘米		

四、化工检修维修管理

截至2022年，北元集团先后出台了《设备维修保养管理办法》《生产外委维修管理办法》等多项管理办法。化工设备系统大检修范围主要围绕110万吨/年聚氯乙烯项目建设有4×125兆瓦发电机组、2×3000吨/年熟料生产线及配套50万吨/年电石生产装置进行，涵盖化工、发电、建材等多个板块。由于热电、化工、水泥生产相互配套循环，系统之间相互影响，停车检修需要统筹安排。公司检修项目分为外委维修项目及自行检修项目两种。外委维修的项目主要是工程量大、公司检修力量无法完成的项目及公司检修人员未能掌握的技术含量较高的检修项目。日常设备维护及日常小型维修项目则由公司检修队伍自行检修。公司检修队伍共计配备人员653名，其中化工分公司290名，热电分公司110名，水泥公司94名，锦源化工公司159名。公司在检修中坚持安全第一的原则，在检修前下发检修注意事项，对检修项目进行风险识别及风险分析，及时辨识风险并落实好防护措施，历次检修过程中未发生较大事故。

五、生产工艺控制先进技术应用

（1）公司80万吨/年离子膜烧碱采用伍德迪诺拉公司（德国、意大利合资公司）第四代、第五代电解槽，直流电耗可达到2100千瓦/吨，电解槽使用的离子膜为美国杜邦公司生产的全氟磺酸/羧酸复合膜，生产的32%烧碱含盐低，可直接销售。

（2）液碱蒸发采用世界先进的瑞士博特三效逆流降膜蒸发器工艺，该工艺路线充分利用二次蒸发的热能，与传统隔膜蒸发工艺相比降低蒸汽消耗约1.5吨，该工艺具有产能稳定、质量高，设备占地面积小、蒸汽消耗低、故障率小等特点。

（3）公司110万吨/年聚氯乙烯装置采用日本智索悬浮法聚合工艺包，使产品在性能和加工上更具优势。日本智索聚合工艺包具有以下特点：一是系统自动化程序。从聚合的进出料过程到气体的干燥过程，全部采用程序化控制；二是生产牌号品种多，可主要生产五型树脂和八型树脂，还可根据客户要求，生产三型、七型树脂；三是厂房布局合理。

（4）引进美国 MECS 废硫酸裂解再生浓硫酸技术，并在原有技术的基础上进行再创新，将公司生产过程产生的废硫酸通过焚烧裂解、氧化、吸收生产新的浓硫酸，达到循环使用的目的，进一步降低了生产运行成本，解决了电石法聚氯乙烯乙炔清净工序废硫酸处理难的环保问题。

（5）引进瑞士博特瑞姆斯烧碱废硫酸提浓技术，将 75% 的废酸提浓至 96%，实现循环利用，彻底解决了烧碱废硫酸处理成本高的问题。

（6）新型高频电源在电除尘技术中的应用。使用高频电源，可以使电除尘的除尘效率提高约 8%，出口排放浓度降低 30% ~ 40% 以上，每台炉每年节电约 25 万千瓦时。电除尘的高频电源改造还提升了电除尘粉煤灰的收灰量，提高脱硫灰斗电石渣的循环使用率，减少电石渣的耗量，减少脱硫副产物的排放量，使脱硫灰品质更稳定，有助于脱硫灰的综合开发利用。

（7）低压防晃电装置的应用。低压防晃电装置使用的是上海复华控制系统有限公司生产的 FHDZZ06 防晃电装置，当系统电网波动产生晃电现象时，该装置能为配电抽屉控制回路中的交流接触器提供电源，维持交流接触器处于吸合状态，防止现场设备跳停；当晃电时间超过设定值时装置判定为"断电"而非"晃电"，此时装置自动断开对接触器的供电，防晃电装置的使用有效解决了关键核心设备的跳停引起系统停车事故的发生。

（8）公司 35 千伏增加备自投自动切换装置：化工分公司 303 变电站国电和热电分公司 35 千伏进线电源的切换，使用的是 MBKQ-820 瓦无扰动电源切换装置，该装置具有手动切换、事故切换、非工况切换的功能，并联、串联、同时三种开关切换顺序可供选择；故障情况时，实现待合闸两侧的快速、同期捕捉、残压、长延时切换。为生产系统的稳定运行提供可靠的动力保障。

（9）通过 2017 年给热电分公司 10 千伏厂用电系统增加无功补偿装置，使得公司下网功率因数达到了 0.92，此项目被评为陕西省 2017 年度电力需求侧管理项目。

六、信息化建设先进技术应用

北元集团信息化与 110 万吨/年聚氯乙烯循环综合利用项目同步建设，搭建了基础硬件平台，实现了千兆到桌面的环网链路。主数据管理系统（MDM），统一了物料、设备及人员等数据的标准，实现了物资的精准采购；管理信息化（ERP）项目，实现了 OA、供应链及财务的自动化办公，提升了企业管理水平；生产制造执行系统（MES），实现了生产过程管理的全面管控，提升了安全生产的科学管理。公司先后被评为"陕西省两化融合示范企业""工信部两化融合管理体系贯标示范企业"。公司依托云计算、"互联网+"、大数据、物联网等新兴技术，在现有硬件平台和 ERP 系统、MES 系统的基础上，积极推进智能工厂建设，实现第三次跨越发展。公司信息化软件系统包括 OA 协同办公、NC5.7. 主数据、生产制造执行（MES）系统、电子商务（基础电子采购与电子销售）、基础商务智能分析、企业门户、移动办公、生产实时数据库、能源管理、阿里巴巴大企业采购平台、消费一卡通、北元大宗物料自动结算、无人过磅、人力资源考勤排班、营销物流排号等系统。2011年5月公司荣获了由省工信厅和省信息化领导小组办公室颁发的"陕西省信息化和工业化融合示范企业"荣誉称号。2014年初，公司申报获批为"国家两化融合贯标试点单位"。2014年5月4日，公司获批为"国家首批两化融合管理体系贯标试点单位"。2015年11月19日，通过了两化融合管理体系第一阶段评估审核。2016年11月12日，公司两化融合正式通过国家工业和信息化部的最终评审，并获得了两化融合管理体系贯标评定工作委员会颁发的"两化融合管理体系贯标评定证书"。2017年6月，公司通过了信息化和工业化融合管理体系首次监督审核。2018年4月，完成了两化融合管理体系内审。2018年6月，完成了两化融合管理体系管理评审。2018年8月，完成两化融合管理体系第二次监督审核。同时公司向国家工信部门申请信息化相关项目资金补助，截至2018年，共计申请补助资金1790万元。

第三节　产品质量管理

一、质量管理体系

（一）管理机构、职责

2003年，北元公司设有专门负责产品质量的管理部门。2009年，公司生产技术部成立后设有质量管理科，主要负责公司质量管理体系运行和日常质量管理工作，同时在5个分、子公司设立质量管理科或化验室，从事产品质量检测工作，持证上岗率达100%，基本保障了公司质量管理体系的稳定运行。2012年以来，北元集团生产技术部下设质量管理模块（2021年8月撤销质量管理科，设立质量管理模块），化工分公司和水泥有限公司设有质量管理中心或模块，热电分公司和锦源化工有限公司由生产技术中心或模块承担质量管理相关职责，主要负责北元集团全生命周期质量管理体系建设、特色产品序列体系推进、质量系统提升工作，具体内容包括原材料、辅助材料入厂检验、过程产品控制检验、产品出厂检验、过程质量监管、全员性"质量月"活动组织、QC活动开展等各项产品质量提升工作。集团质量管理模块牵头负责公司质量管理体系认证、名牌产品申报、工业产品生产许可证申报等工作。

（二）质量管理制度

北元集团先后制定了《公司质量手册和程序文件》《集团公司质量管理办法》和《原辅材料验收标准》。各分、子公司制定了《产品关键质量控制点管理办法》和《产品质量事故预防管理办法》，进一步加强了生产过程控制。同时，每年结合"质量月"活动，提高全员质量意识，并接受客户监督，坚持持续质量改进，确保产品质量。

（三）产品质量认证

北元集团于2006年通过了ISO 9001国际质量管理体系要求认证，产品质量运作水平逐年提高。2006年北元化工公司生产的PVC产品优等品率占35.88%，一等品率占44.62%。到2011年，北元集团化工一分公司生产的PVC产品优等品率占79.8%，一等品率占16.93%，合格品率占3.07%，极外品率占0.2%；化工二分公司生产的PVC产品优等品率占94.22%，一等品率占3.57%，合格品率占1.83%，极外品率占0.38%。截至2012年底，化工一分公司生产的PVC产品优等品率占94.07%，一等品率占5.08%，合格品率占0.75%，极外品率占0.1%；化工二分公司生产的PVC产品优等品率占97.93%，一等品率占1.51%，合格品率占0.51%，极外品率占0.05%；生产的高纯氢氧化钠优等品率占73.9%，一等品率占26.1%；液氯产品优等品率100%；盐酸优等品率100%。水泥有限公司生产的水泥产品纳入产品质量管理体系，合格率100%。盐业公司卤水浓度达标率100%。2012年，电石产品优等品率92%。

公司通过对生产过程的不断优化，产品质量不断提升。2008年，生产的聚氯乙烯（PVC）产品被评为"陕西省名牌产品"，"北元"商标被评为"陕西省著名商标"，并在2011年顺利通过了名牌产品复审，保持了"陕西省名牌产品"称号。

二、质量月活动

（一）全员性"质量月"活动

2012年9月，北元集团首次在全公司开展全员性"质量月"活动，从2013年开始，北元集团每年确立一个主题，持续开展活动，使员工质量意识和品牌意识不断增强，产品质量逐年攀升。

2013年，北元集团组织了以"质量在我手中，用户在我心中"为主题的全员性"质量月"活动，内容包括名牌产品审核、质量管理体系外审和产品质量评比。各分、子公司组织了以"质量在我手中，用户在我心中"为主题的座谈会、以"全员抓质量、共筑北元梦"为主题的质量演讲比赛、"金点子建议"征集评比等活动。

2014年，北元集团组织了以"技术提升质量，服务赢得市场"为主题的"质量月"活动，内容包括基层质量宣讲、产品质量提升评比、质量管理体系外审、聚氯乙烯名牌现场审核、质量评优、售后服务技术培训。各分、子公司组织了质量征文和"我为质量献一计"征集、"每天一故事"宣贯、"质量月"板报评选、质量宣传漫画展等活动。同年3月，高纯氢氧化钠产品被陕西省人民政府办公厅评为"陕西名牌产品"。同年12月，北元集团被国家标准委、国家发改委列为"国家级循环经济标准化试点企业"。

2015年，北元集团组织开展了以"严格过程控制、确保品质如一、提升产品质量"为主题的"质量月"活动，内容包括基层质量宣讲、质量管理体系外审、产品质量竞赛、"质量出自我手"建议征集、质量工作大会等活动。各分、子公司组织开展了质量知识竞赛、质量演讲比赛、质量教育影片观影等活动。

2016年，北元集团组织开展了以"夯实质量基础，抢占市场高地"为主题的"质量月"活动，内容包括基层质量宣讲、质量管理体系外审、产品质量竞赛、"我为质量献一计"建议征集、质量工作大会、QC活动成果展示及经验交流会等活动。各分、子公司组织开展了"产量与质量哪个更重要"辩论赛、树脂流动性目测大练兵、质量改进专题会、"今天的质量，明天的市场"演讲比赛等活动。同年3月，北元集团被陕西省质量技术监督局授予"质量信用A级企业"。

2017年，北元集团组织开展了以"提品质、增品种、创品牌"为主题的"质量月"活动，内容包括基层质量宣讲、聚氯乙烯"陕西省名牌产品"复审、产品质量竞赛、QC活动成果发布会暨专题培训会、质量工作大会、质量宣传展板巡展、聚氯乙烯产品质量交流会和水泥市场走访调研等活动。各相关单位组织开展了PVC产品宣传厅打造、《大国工匠》和《工匠精神》等书籍赠送、化验室趣味知识竞赛、新产品开发研讨会、优秀QC课题成果下班组推介会、质量知识竞赛、质量"金点子"意见征集、化学技术监督培训、质量专题改进会、工程质量竞赛等活动。同年7月,北元集团被陕西省工业和信息化厅授予2016年度陕西省质量标杆"推广全面质量管理实践经验单位"荣誉称号。同年9月,北元集团被全国塑料标准化技术委员会聚氯乙烯树脂产品分会授予"全国聚氯乙烯行业标准化工作先进单位"。北元集团自动化生产线如图3-3-1所示。

图3-3-1　北元集团自动化生产线一角(2015年11月摄)

2018年,北元集团组织开展了以"卓越质量'零缺陷'至善服务创品牌"为主题的"质量月"活动,内容包括召开质量工作大会、QC活动优秀成果发布会、质量精细化管理、聚氯乙烯产品质量交流会和水泥市场走访调研等活动。各相关单位组织开展了产品质量指标竞赛、《大国工匠》视频观影、群众优秀成果学习、水泥工匠评选、质量专题改进会、工程质量竞赛、采购质量提升等活动。同年7月,北元集团的2个质量信得过班组和6个QC成果被中国石油和化学工业联合会授予"质量管理优秀成果",其中化工分公司聚氯乙烯二分厂聚合工段荣获"优胜杯",参与国优评选。

2019年,北元集团组织开展了以"专业化管理质量、精细化控制质量、系统化提升质量"为主题的"质量月"活动,内容包括举办质量系统提升成果发布会、标准成果发布会、质量管理评优、重点客户走访并承办产品推介会、2019年供应商大会等活动,规划发展部组织开展以"抓程序　管过程　保质量"为主题的工程质量月系列活动,各分子公司开展了包括质量事故案例每日一学、检验技能比武大赛、"质量月"知识大闯关、质量管理工具授课比赛、售后服务提升论坛等。

2020年,北元集团组织开展了以"精准提升　精益生产　助推北元高质量发展"为主题的"质量月"活动,内容包括召开质量工作大会、举办知名企业先进质量管理经验分享、组织六西格玛成果发布会、开展先进企业质量对标、开展重点客户走访及满意度调查等活动。采购供应部组织开展"品质优先,质量第一"的物资质量专项提升活动,规划发展部开展"今天的质量缺陷,就是明天的安全隐患"的工程质量提升活动。

2021年,北元集团组织开展了以"筑质量基石　凝质量文化　创质量效益"为主题的活动。内容包括"质量月"启动仪式、质量管理评优活动、质量系统提升微视频展演、Minitab 趣味比赛、六西格玛成果汇报会、首届六西格玛岗位资格内部认证、产品客户满意度调查工作。采购供应部开展了以"推行全生命周期管理，系统提高采购质量"为主题的采购质量提升系列活动。规划发展部开展了以"消除质量缺陷，杜绝质量问题"为主题的工程质量月系列活动。各分子公司开展了包括质量基础管理标杆示范岗建设、化验员技能比武大赛、质量知识竞赛、质量应知应会考试、电极筒制作技能比武等活动。

2022 年北元集团组织开展了以"践行质量文化 共建'聚·和'家园"为主题的质量月活动。内容包括质量知识抽奖答题、质量文化展板宣传、质量工作大会召开、质量管理评优、质量工具应用技能考试、检验规程标准化视频发布、六西格玛成果汇报、质量故事演绎。质量"全员献计"评选、客户满意度调查等。各分子公司及相关部门开展了质量大咖分享会、质量主题案例汇智、售后服务提升论坛、产品指标竞赛、分布式光伏发电质量分析、光伏设备质量监督治理、工程质量观摩交流、建设工程承包商技能比赛、实验仪器操作资格评定等活动。

（二）质量工作大会

从 2015 年开始，北元集团每年召开以质量管理创新为主题的质量工作大会，对上一年度的质量工作进行总结，表彰质量活动中涌现出的优秀个人和团队，部署下年度质量工作重点，调动广大员工参与质量管理的积极性。

2015 年，北元集团质量工作大会的报告主题是"以市场为导向，争创一流品牌，积极推进贯穿产品全生命周期的全面质量管理"。公司总经理史彦勇作了总结性讲话，总经理助理刘延财在主题报告中提出了"建立北元特色的产品序列体系"和"产品全生命周期的全面质量管理"的质量管理总体目标，部署了质量管理工作重点是加强组织领导，提升原材料质量管理，推进生产过程精细化，强化仓储物流管理，完善售后服务体系，加快质量自主创新，加大质量管理监督考核，实现"全员、全面、全过程"质量管理等项工作。大会还对 2015 年质量管理工作中涌现出的 7 名优秀质检员、11 名优秀管理者、3 名优秀内审员和 4 个优秀质量改进课题组进行了表彰奖励。化工分公司副经理杨茂勤和水泥有限公司副经理朱先均分别作了"杜绝质量事故，持续改进产品质量"和"持续改进，满足客户要求"的表态发言。

2016 年，北元集团质量工作大会报告的主题是"以全生命周期质量管理体系和特色的北元序列产品，去抢占属于北元的市场高地"。公司董事长刘国强作了"深化改革，加强管理，全面推动公司产品质量迈上台阶"的讲话，总经理史彦勇作了总结性讲话，总经理助理刘延财在主题报告中回顾总结了公司 2016 年质量管理领导小组建设、全生命周期质量管理体系四大系统建设、特色序列产品打造、产品质量改进和产品品牌效益创建方面取得的成绩，结合国内外市场形势和企业发展状况，提出要继续推进"建立北元特色的产品序列体系"和"产品全生命周期的全面质量管理"的质量管理总体目标。大会还对 2016 年质量管理工作中涌现出的 7 名优秀质检员、7 名优秀管理者、3 名优秀内审员和 4 个优秀质量改进课题组、3 个质量工作先进集体进行了表彰奖励。化工分公司和水泥有限公司主管质量的经理分别作了质量表态发言。

2017 年，北元集团质量工作大会报告的主题是"培育质量文化，实施'三品'战略，以纵深推进全面质量管理，夯筑品牌价值"。公司总经理史彦勇作了总结报告，公司总经理助理刘延财在报告中回顾总结了2016—2017年公司质量管理工作在全生命周期质量管理体系打造、特色产品序列体系建设、循环经济标准化建设、售后服务体系平台完善、质量改进提升和QC活动开展等六个方面取得的成绩，结合国内外市场形势和企业发展状况，提出公司质量工作要始终秉承"客户的需求就是我们的标准"理念，以"三品"建设（增品种、提品质、创品牌）作为对接市场的三大抓手，深入建设具有北元特色的产品序列体系和推行贯穿产品全生命周期的全面质量管理体系，明晰产品市场定位，重视和大力培养质量专业人才，发扬工匠精神，培育质量文化和营销文化，全方位实施"始于识别市场需要，终于满足客户需要"的品牌强企战略，努力提升产品的质量技术水平，增强产品在国内外市场的竞争能力，引导企业向质量效益型发展。大会还对2017年质量管理工作中涌现出的40名优秀质量控制标兵、10名优秀质检员、10名优秀质量管理者、4个优秀质量改进课题组、10个质量管理先进集体进行了表彰奖励。

2018年，北元集团质量工作大会报告的主题是"追求卓越质量，推动管理落地，奋力谱写新时代企业高质量发展新篇章"。公司董事长刘国强、总经理史彦勇分别作了重要讲话。大会报告回顾了2017年质量工作大会以来，公司质量管理工作在全生命周期质量管理系统提升、特色产品差异化战略实施、客户售后服务平台使用效果、产品质量持续改进、群众性质量活动发展、质量信息化建设成果等6个方面取得的成绩，并指出今后质量管理要以"三品"建设为抓手，严把出入口质量品质，强化过程质量管理，明晰产品市场定位，培育"零缺陷"质量文化，培养更多的"北元工匠"，积极提倡质量创新，大力推进质量体系和标准落地，奋力谱写新时代企业高质量发展新篇章，追求卓越质量。大会还对2018年质量管理工作中涌现出的20名优秀质检员、40名优秀控制标兵、10名优秀管理者、10个优秀改进课题组、20个质量信得过班组、8个先进科厂、3个先进部门以及在第37次全国石油和化工行业质量大会中获得优秀成果奖的8个小组进行了表彰奖励。

2020年，北元集团质量工作大会报告的主题是"持续精进过程 聚焦质量提升 打造北元特色高质量发展精准模式"。公司党委副书记、总经理刘延财作了重要讲话。报告回顾了公司2018—2020年质量工作在管理体系、"三品"建设、质量提升、客户服务、标准引领等5个方面取得的成果，并指出今后质量工作要以高质量发展为核心要义，精益求精，臻于至善，做精主业，在质量、工艺、设备、电仪、采购、销售等专业上，开展更为深远的全面质量管理，要以缩小与乙烯法树脂质量差距为契机继续深化产品研究，以开展六西格玛和检验技能认定完善质量人才培养，以参与国家、行业等标准编制提升标准建设话语权，以科学改进项目实施落地质量专业工具，以过程质量控制和工序目标考核健全过程质量考核机制，以舍我其谁的勇气和担当，打造北元特色高质量发展精准管理模式。为荣获2020年高级检验工、2019—2020年质量管理工作的20名优秀质检员、40名优秀控制标兵、11名优秀管理者、10个优秀改进课题、20个质量信得过班组、8个先进科厂、3个先进单位进行了表彰颁奖。

2022年，北元集团质量工作大会报告的主题是"践行质量文化 共建'聚·和'家园 踔厉奋发打造具有北元特色的质量管理模式"。公司党委副书记、总经理刘延财作了重要讲话。报告回顾了公司2020—2022年质量工作在质量文化建设、质量体系管控、质量工具应用、标准引领创建等五个方面取得的成果，剖析了当前质量管理工作存在的问题，明确了今后努力的方向。指出今后的质量管理工作要突出"变革"的思维和"融合"的胸怀，在文化、体系产品标准和队伍建设方面统筹规划，详细部署，引领行业实现新突破，为公司实现高质量发展贡献质量力量。大会为荣获2020年质量管理工作中的20名优秀质检员、20名质量控制标兵、12名优秀质量管理者、20个质量星级班组、10个质量管理先进模块（中心）、3个质量管理先进单位进行了表彰颁奖。

（三）全生命周期质量管理体系

2016年，北元集团在"质量月"活动和"质量工作大会"的基础上，为进一步深化全面质量管理（TQM），专门成立了由总经理任组长的质量管理领导小组，负责公司质量管理工作，确定公司质量工作方针、产品市场定位，评审重大质量改进项目，每月组织召开质量工作会议，协调解决公司内部质量管理中存在的问题。质量管理领导小组下设采购供应、生产技术、营销物流和售后服务4个工作小组，重点开展生产物资的质量评价、设备材料验收标准起草、质量隐患排查、关键质量控制点管控、全员性"质量月"活动开展、质量改进项目实施、产品物流和防护制度完善、产品售后服务队伍打造、季度性市场走访调研、PVC质量售后服务平台投入等工作，彻底疏通了化工原料从入厂到产品出厂直至交付客户的全生命周期脉络，确保公司整体有效运作和良好的质量信誉，赢得了客户。

截至2022年，北元集团已经形成6种通用树脂、8种消光树脂和32种特种树脂的树脂产品序列体系，3种烧碱产品、1种液氯产品、3种盐酸产品的碱氯酸产品序列体系，8种水泥产品、熟料和1种脱硫剂的水泥产品序列体系。其中，树脂产品已远销华东、华南等地区和东南亚、欧洲、非洲等地区和国家，被普遍用于制作电缆、高档人造革、型材、管材、板材、薄膜、高强度管件弯头、消光软管和套管、装饰材料、医用软管等。高纯氢氧化钠产品分为32%、50%、98.5%（固碱）三种规格，主要销往山西氧化铝等企业，被普遍用于化学、纺织印染、涂料、农药、玻璃等行业。水泥产品分为普通硅酸盐水泥、砌筑水泥，类别有P·O52.5、商用混凝土P·O42.5、煤矿P·O42.5、道路P·O42.5、低碱P·O42.5、缓凝砌筑M32.5、P·O42.5水泥和砌筑M32.5水泥。

（四）质量系统提升项目

2018年10月16日，北元集团召开质量系统提升项目启动大会，党委书记、董事长刘国强在总结讲话中对质量系统提升提出四点要求：①要牢固树立新发展理念，以提高效益为中心，以提品质、增品种、创品牌"三品"建设为重点，开展全方位、系统化的质量提升行动，打造发展新引擎；②要培养高尖端质量管理型人才，持续增强质量控制能力，让先进的质量提升工具和方法在公司落地生根，全面提升企业发展质量；③要打造高效能质量管理体系，引进先进的质量管理方法，全面、系统、科学、定量地提升体系运行效率，打造具有北元特色的高效能质量管理体系；④要积极践行"以客户为中心，以市场为导向"的理念，用标准引领企业的发展和客户的需求，实现"产品竞争力、成本竞争力、效率竞争力、服务竞争力"的协同发力，全方位提升企业核心竞争力，全面推动企业高质量发展。

2019年，公司质量系统提升主要围绕管理体系质量、过程控制质量、营销服务质量、改进创新质量等4个模块开展。引入了PFMEA、SPC、QC七大管理方法、DOE、QFD等先进质量管理工具，绘制了32个主工艺（质量）流程图和54个子工艺（质量）流程图、

27个业务流程图，完成了1000个过程的潜在失效模式及后果分析（PFMEA），梳理出48个集团级关键质量控制点和123个分子公司级关键质量控制点；识别出了37家PVC重点客户、15家烧碱重点客户、21家水泥重点客户，并组织开展了2019年度重点客户走访调研和客户满意度调查，下发了《售后服务手册》；完成了6个六西格玛项目。

2020年，公司质量系统提升进一步夯实过程控制和质量改进工作。梳理了PFMEA、关键质量控制点、SPC，进一步规范了公司关键质量控制点、SPC、首末件确认等，完成了提高聚合干燥床温度控制能力、降低厂用电利用率等12个六西格玛项目及8项质量改进项目。组织所有化验员进行了质量意识、标准意识、抽样检验和测量误差等相关内容的培训，并开展了首次化验员技能鉴定工作，共评出30名高级检验工、83名中级检验工、144名初级检验工。

2021年，公司质量系统提升重点围绕关键控制点落地、质量改进及质量人才认证展开，修订了PFMEA、关键质量控制点、SPC、首末件确认等；完成了质量责任制建立；组织所有管理人员进行了5期六西格玛专项培训，组织所有化验员进行了3期化验基础知识专项培训，组织相关人员开展Minitab软件培训；开展了首次六西格玛岗位认证工作，评选出9名六西格玛内训师、23名六西格玛绿带、77名六西格玛蓝带。

2022年，公司质量系统提升主要围绕质量文化建设、质量基础管理、"以客户为中心"的售后服务机制建立和六西格玛项目推进等工作开展。

质量文化建设方面：在公司三届三次职代会暨2022年工作会上，公司党委书记、董事长刘国强发出了"坚定文化自信 聚力奋进前行 为打造世界一流化工企业而努力奋斗"的拼搏号召，强调要推进安全文化、廉政文化、质量文化等子文化建设。公司党委副书记、总经理刘延财提出要强化以客户为中心的机制落地，精确提炼质量管理文化，为公司质量管理积蓄力量。公司经过半年对三品建设、两大目标等质量硕果的提炼，并结合自身全生命周期质量管理体系建设经验，最终成功发布以"聚·和 高品质人类生活"为愿景的质量文化体系，包括质量理念、制度、行为和形象等四个篇章，涵盖质量方针、核心价值观、目标、责任等，构建了引领人类高品质生活的绿色循环"聚·和"质量之家管理模型。并组织开展了质量文化故事演绎、质量班组评比、质量大咖分享等活动，推动质量文化的落地。

其他工作开展方面：重点梳理修订了PFMEA、关键质量控制点、SPC、首末件确认；建立"以客户为中心"的售后服务机制，形成公司《售后服务工作手册》；组织开展了13个集团级和18个分子公司级六西格玛项目，并从项目推进、项目开展、目标达成、工具应用及推广价值等方面对集团级六西格玛项目进行了成果评选和发布。

三、产品认证与产品标准化

（一）产品认证

2006年，北元集团首次通过了ISO 9001国际质量管理体系认证，并按照ISO 9000体系严格开展质量管理工作。2018年，北元集团氯碱和水泥两个系列产品全部通过质量、环境与职业健康安全管理体系认证。同年，树脂产品优等品率达到98.55%，树脂专用料（SG5型材料和SG-5型软制品专用料）达标率达到98.48%，高纯氢氧化钠优一等品率达到100%，氯酸合格品率达到100%，水泥产品出厂合格品率达到100%，锦源化工公司电石化工检验平均发气量达到290.38升/千克。

截至2022年,北元集团产品认证质量一览表见表3-3-1,主要产品质量指标完成情况统计见表3-3-2。

表3-3-1 北元集团产品认证质量一览表

序号	体系名称	体系认证情况
1	质量管理体系	2006年3月,通过了质量管理体系认证,每年监督审核一次,每3年复审一次。2018年因国家标准换版,公司质量管理体系依据新标准进行建设并通过了审核
2	环境管理体系	2017年1月24日,通过了环境管理体系认证。2018年因国家标准换版,公司环境管理体系依据新标准进行建设并通过了审核
3	职业健康安全管理体系	2017年1月24日,通过了职业健康安全管理体系认证。2020年因国家标准换版,公司职业健康安全管理体系依据新标准进行建设并通过了审核

表3-3-2 2013—2022年北元集团主要产品质量指标完成情况统计表　　　　%

年份	PVC优等品率	专用料达标率	烧碱优等品率	水泥产品合格率
2013	94.67	62.69	100	100
2014	97.46	91.36	100	100
2015	98.56	92.11	100	100
2016	98.85	96.78	100	100
2017	99.18	98.96	100	100
2018	98.55	98.48	100	100
2019	98.28	96.69	100	100
2020	98.61	98.10	100	100
2021	98.83	98.80	100	100
2022	98.93	98.94	100	100

(二) 产品标准化

2013—2022年,北元集团在国家循环经济标准化试点建设期间,搜集国家、行业、地方、企业循环经济化标准1039条,其中国家标准167条,行业标准57条,地方标准1条,企业标准814条,电力电气标准1328条。2017年12月,在投用的循环经济标准化信息服务平台上,上传搜集到的各类标准2367条。

截至2022年,北元集团树脂、水泥、碱氯酸产品序列和碳化钙指标均采用并优于国家标准,同时经过历年不断的技术和工艺改进,优化和制定了《聚氯乙烯内控标准》和《水泥产品内控标准》。北元集团各类产品执行国家标准一览表和树脂特种产品序列试生产时间一览表分别见表3-3-3、表3-3-4。

表3-3-3 2022年北元集团各类产品执行国家标准一览表

序号	产品	类别	规格	标准文号
1	树脂产品	通用树脂	SG-3、SG-5、SG-5（高密）、SG-5软、SG-7、SG-8	GB/T 5761—2018 Q/SXBY-SJ·003—2021
		消光树脂	BYXG-3、BYXG-5 BYXG-8、BYCX-3 BYCX-5、BYXG1800 BYXG2100、BYXG2500	
		特种树脂	BY450、BY650、BYBW930 BYBW2100、BYBW2500 BYBW3000、BYFP1300 BY1450、BY1800 BY2100、BY2500 BY3000、BYDL1200 BYDL1350、BYDL1480 BYGJ800、BYGJ1000 BYGJ1500、BY550 BYGK1000、BYXG1200 BYBW3600、BY3300 SG-7型透明片材专用树脂	
2	水泥产品	普通硅酸盐水泥	P·O52.5 商用混凝土 P·O42.5 道路 P·O42.5 缓凝 P·O42.5 低碱 P·O42.5 煤矿 P·O42.5	GB 175—2007 Q/SXBY-SJ·004—2017 GB 3183—2017
		砌筑水泥	砌筑 M32.5 缓凝砌筑 M32.5	
		熟料		GB/T 21372—2008
		电石渣脱硫剂		Q/SXBY-SJ·014—2016
3	碱氯酸产品	高纯氢氧化钠（离子膜法）	HS-Ⅰ HL-Ⅰ HL-Ⅱ	GB/T 11199—2006
		次氯酸钠	10%	GB/T 19106—2013
		盐酸	工业合成盐酸 副产盐酸 高纯盐酸	GB/T 320—2006 HG/T 3783—2005 HG/T 2778—2020
		液氯	99.6%	GB/T 5138—2006
4	电石产品	电石		GB/T 10665—2004
		白灰		YB/T 042—2014
		兰炭		GB 25212—2010
		煤焦油		Q/SXBY-SJZ·006—2021

表3-3-4　北元集团树脂特种产品序列试生产时间一览表

序号	特种树脂牌号	特种树脂生产时间
1	BYXG-5型	2016-11-12
2	BYXG-3型	2017-04-15
3	BYXG-8型	2017-04-15
4	BY650	2017-05-05
5	BYBW930	2017-11-14
6	BY1450	2017-11-14
7	BY1800	2017-12-07
8	BY2500	2017-12-08
9	BY2100	2018-03-14
10	BY3000	2018-03-15
11	BYCX-5	2018-07-07
12	BYCX-3	2018-10-14
13	BY450	2019-06-30
14	BYBW2100	2019-10-21
15	BYBW2500	2019-10-22
16	BYXG1800	2019-10-25
17	BYXG2100	2019-10-27
18	BYXG2500	2019-10-27
19	SG-7型透明片材专用树脂	2020-03-11
20	BYFP1300	2020-10-25
21	BYBW3000	2020-10-26
22	BYDL1200	2020-06-23
23	BYDL1350	2021-06-15
24	BYDL1480	2021-06-12
25	BYGJ800	2021-11-04
26	BYGJ1000	2021-11-04
27	BYGJ1500	2021-11-04
28	BY550	2022-06-09
29	BYGK1000	2022-06-10
30	BYXG1200	2022-07-14
31	BY3300	2022-11-05
32	BYBW3600	2022-11-06

四、产品荣誉

截至2022年，北元集团聚氯乙烯、高纯氢氧化钠产品分别两度被陕西省人民政府授予"陕西省名牌产品"，四项管理成果分别获得国家标准委、国家发改委、陕西省质量技术监督局、陕西省工业和信息化厅和全国塑料标准化技术委员会聚氯乙烯树脂产品分会颁发的荣誉。北元集团产品品牌及荣誉见表3-3-5。

表3-3-5 2008—2022年北元集团产品品牌及荣誉一览表

序号	产品名称/单位	奖项名称	授予年度	授予单位
1	聚氯乙烯	陕西省名牌产品	2009年、2012年 2015年、2018年	陕西省人民政府
2	高纯氢氧化钠	陕西省名牌产品	2014年、2017年	陕西省人民政府
3	北元商标	陕西省著名商标	2008年、2011年	陕西省工商行政管理局
4	北元集团	陕西省质量工作先进单位	2011年	陕西省质量技术监督局
5	北元集团	国家级循环经济标准化试点企业	2014年	国家标准委、国家发改委
6	北元集团	质量信用A级企业	2016年	陕西省质量技术监督局
7	北元集团	2016年度陕西省质量标杆"推广全面质量管理实践经验"单位	2017年	陕西省工业和信息化厅
8	北元集团	全国聚氯乙烯行业标准化工作先进单位	2017年、2018年、2019年、2020年、2021年	全国塑料标准化技术委员会聚氯乙烯树脂产品分会
9	北元集团	全国氯碱企业质检工作先进单位	2022年	化学工业氯碱产品质量监督检验中心
10	生产技术部	全国氯碱企业质检工作先进单位	2018年	化学工业氯碱产品质量监督检验中心
11	生产技术部	工业产品绿色设计示范企业	2021年	工业和信息化部
12	水泥有限公司	2018年"弘朝科技杯"全国第16次水泥化学分析大对比"全优奖"	2018年	国家水泥质量监督检验中心
12	水泥有限公司	2019年"葛洲坝水泥杯"全国第17次水泥品质指标检验大对比"全优奖"	2019年	国家水泥质量监督检验中心与中国建材检验认证集团股份有限公司
12	水泥有限公司	2021年"砼灿杯"全国第18次水泥品质指标检验大对比"优良奖"	2021年	国家水泥质量监督检验中心与中国建材检验认证集团股份有限公司
13	水泥有限公司	2022年陕西省水泥品质指标检验大对比二等奖	2022年	陕西省水泥协会

第四节 机电设备管理

一、机械设备

(一) 前期机电动力和辅助生产系统管理

公司自创建以来,机电动力设备工作主要由公司的检修分厂负责。每个分、子公司的各个分厂均设有检修组,负责分厂内部日常机电动力设备工作。化工一分公司机电动力由动力检修分厂负责。动力检修分厂现有6台循环水泵、7台冷冻机、6台空压机、3台制氮机,负责向全厂供应循环水、氮气、压缩空气、仪表空气和冷冻水;供电电源由北锦Ⅰ、Ⅱ段,北亚和热化3526线路供应,进线电压均为35千伏,厂区内分为总变、动力变、蒸发变、聚合变、氯氢变,负责向全厂提供电力。化工二分公司机电动力主要由动力检修分厂负责。动力检修分厂现有15台循环水泵、18台冷冻机、3台空压机、2台制氮机;乙炔分厂有循环6台水泵、4台冷冻机、3台空压机、4台制氮机。聚氯乙烯分厂有8台循环水泵;氯碱分厂有4台冷冻机、5台循环水泵。供电由国电3614和3618以及热电分公司供应,其中,国电3614和3618为公司的应急备用电源,生产电力主要由热电分公司供应,化工二分公司电力主要通过1302、1303、1305、1307和2303、2305、2307变电所供应。热电分公司机电动力主要由运行分厂负责,主要为生产运行提供电力、循环水和压缩空气。热电分公司现有4台主变,容量为15万,同时有4台厂高变、1台启备变、6台循环水泵、13台空压机,分别负责工区供电、供水和供气。水泥有限公司机电和动力主要由动力分厂负责,主要为生产提供电力、压缩空气、循环水。2010年以来,随着设备管理过程中前期规划选型、计划购买、监造验收、到货验收、安装调试等方面对设备后期运行管理的影响越来越大,北元集团各级管理人员认识到设备前期管理的重要性,随即明确并建立运行了设备全生命周期管理,把设备前期管理作为设备管理的一项重要工作,作为设备正常运行管理的基础保障。截至2012年,电力系统分为一二期总降,空压机9台,循环水泵6台。锦源化工有限公司动力由电石分厂提供,电力由热电分厂提供。二期处于基建期,机电动力供应暂时不能确定。

(二) 集团公司成立后机电动力设备

2013年以后,随着化工、水泥、热电项目的陆续建成,集团公司的设备种类、型号、用途等与以前发生了巨大的变化,原有的管理模式已经不能满足目前庞大的设备体系,而且由于产业链的延长和循环经济体运行管理模式的应用,设备管理水平直接决定着整个产业链是否能够连续稳定运行,在此前提下,集团公司研究决定在集团公司及各分、子公司成立专职设备管理机构——设备管理(运维)中心或模块(集团公司生产技术部下设设备管理模块),同时组织成立了设备管理体系,进一步修订完善设备管理制度、特种设备管理制度、设备到货验收管理制度、设备分级承包责任制度、设备维护保养制度等制度,同时对设备管理试行标准化管理考核,从设备采购、到货验收、安装调试、档案建立、运行维护保养、备品备件管理、拆除报废更新进行全面管理,不断促进设备整体管理水平的提升。借助外聘专家多年积累的设备管理经验、方法,带动和培养公司新生设备管理技人员，拓展设备管理思路；通过企业内部对标和行业对标的方法，促进设备管理水平的提高。

2013—2015年，北元集团通过一系列措施对设备材料前期计划管理进行规范，对设备材料计划上报时间及审批流程进行规范，由每周上报规范为每月上报，将分、子公司和生产技术部审批简化为分、子公司负责人审批，逐步夯实了计划上报人、计划审核人、计划审批人员的职责，减少了设备材料的错报、多报等问题；对设备材料执行库存定额管理，将日常消耗类设备材料、通用备件类材料等执行定额管理，实现自动补库，减少了设备材料的计划上报，从根本上杜绝设备材料计划的错误录入；对设备材料计划到货积压进行核查考核，对错报、多报等造成积压情况进行考核。

2015—2017年，北元集团通过一系列措施对设备到货验收管理进行规范，成立了设备材料到货质量验收小组，明确了各类设备材料的验收参与人员和验收职责。2015—2016年，公司生产技术部组织各分、子公司编制了471种设备材料到货验收标准，并于2017年组织各分、子公司对已编制的设备材料到货验收标准进行了修订优化，为公司设备材料到货验收提供了标准依据。

2017—2018年，北元集团随着设备前期管理的推动落实，于2017年编制建立了公司设备前期管理办法，对设备规划选型、计划购买、监造验收、到货验收、安装调试等业务进行了规范，明确了设备前期管理过程中各部门职责及分、子公司职责。

2018年，北元集团结合过程安全管理中设备完好性的管理要求，对设备前期质量管控进行了进一步提升，由生产技术部牵头组织化工分公司对482台安全关键设备前期短缺资料进行收集补齐，共收集到资料223套（电子版34套），保证设备前期基础资料的完整性。

2019—2022年，北元集团先后下发了《设备前期管理办法》《设备前期管理标准》《设备规划选型技术指南》等制度和技术文件，严格了设备规划选型、采购管理、设备到货验收等业务，同时加强了设备前期技术资料的收集整理工作，从设备前期开始严把设备质量关。

二、设备运行基础管理

（一）设备分级分类管理

北元集团成立后，结合设备的重要程度，对设备实施A、B、C类分级分类管理，其中A类设备为集团公司级关键主机设备，B类设备为分、子公司级重要设备，C类设备为分厂班组级一般设备。设备分级分类管理的实施，夯实了集团公司级、分、子公司级、分厂级设备管理人员的分类监管职责。

（二）设备点巡检管理

2011年，北元集团紧随设备管理的发展，引入设备状态点检工具，推行设备专业人员点检和运行岗位人员巡检相结合的状态管理模式，其中设备专业人员点检严格按照点检"五定"实施，并将点检结果作为设备预防性维修的依据，运行岗位人员巡检作为辅助设备运行状态监测方式，保证中、夜班的设备稳定运行。2014年，北元集团通过对标学习，引入专业的点检工具及软件系统，标志着公司设备运行状态点巡检管理步入智能化，即通过运行设备的点检数据采集、数据系统录入、点检数据三区自动报警，对设备运行状态进行实时监控管理,保证设备的安全稳定运行。2015—2017年,北元集团通过点检系统的逐步优化完善,实现关键电气、仪表设备及全部转动设备的在线系统检测。2018年,北元集团为了加强专业点检人员、岗位人员的设备点巡检工作,编制了专业点检人员和岗位人员点检执行的《设备点检总基准书》,规范了设备的点巡检执行过程,同时为岗位人员配备了精密点检仪,将岗位人员的点检数据采集、录入点检系统,实现了设备点巡检的全覆盖。2019年,北元集团实行了三级点检制,为运行班组人员配备了精密点检仪,实现设备的24小时实施检测。2020年开始,北元集团利用系统数据中设备振动趋势图、波谱图、频谱图来分析设备振动的可能原因,编制诊断报告,结合实际情况分析判断振动原因。

(三) 设备润滑管理

设备润滑系统作为设备的"血液系统",对设备的长周期稳定运行起着至关重要的作用。北元集团自建立以来,始终坚持落实设备润滑管理过程中的"五定""三过滤",并在2015—2018年,先后在化工分公司、水泥有限公司、热电分公司、锦源化工有限公司建立"油品管理库",对润滑"三过滤"进行严格落实检查执行。2019年下发了《设备润滑管理标准》对现场设备的润滑作业过程等进行了规范,对执行的"五定""三过滤""二洁"进行了规范。从2020年开始,北元集团引入在线自动加油润滑装置,持续对现场润滑管理进行强化。

(四) 备品备件管理

至2018年,北元集团通过设备前期管理严格控制备品备件的计划管理,避免多报、错报;通过定额执行、定额优化,不断减少备品备件采购计划和库存积压物资,减少备品备件的资金占用;通过撤销现场二级库及进行专项检查考核、备品备件到货未领用考核、定额物资领用考核等,避免备品备件的积压浪费,提高备品备件的领用准确率。同时,在备品备件全生命周期质量管理中落实了多项措施,保证备品备件的质量可靠性。2015—2018年,公司先后编制建立公司设备材料到货验收标准,为公司备品备件到货验收提供依据;按照产品全生命周期质量管理思路,定期对各类设备材料供应厂商开展专项质量评价工作,评选出A类供应商,供公司选型参考,评选出C类供应商,执行末位淘汰,取消合作供应。2019年,北元集团为了进一步提高备件的使用率,盘活生产系统物资,取消生产现场"二级库",设立现场生产物资库,对生产现场备品配件和修旧利废工作进行统一管理,大大改善了现场环境,盘活了生产物资的使用。另外,从2019年开始,北元集团持续对阀门、换热器、输送带、滤布、风机、电动机等进行了专项质量评价,对不同供应商提供的备品备件进行了A、B、C使用质量等级评定,为备品配件的高质量采购提供了依据。

(五) 现场可视化管理

2012年,根据国家标准规范,编制形成公司《设备管道及钢结构标识标色》标准文件,并组织各分、子公司对照标准文件,从设备标识标牌的建立完善,管道表面色标色环的建立,到检修厂房、油品库房、二级库房的"6S"建设,不断提升公司现场可视化水平。2015—2018年,北元集团推行建设安全文化体系,其中物质文化,设备设施两大模块对公司设备管理工作提出了新的要求。安全文化建设期间,生产技术部牵头组织各分、子公司对设备振动、油位、温度、压力、电流等三区指标进行可视化标识,对设备的运转部位进行可视化隔离，对危险性检修作业现场进行可视化隔离，对现场孔洞、护栏、爬梯等进行可视化建设。2018年，北元集团结合公司现场可视化管理成果，编制形成了公司现场可视化实施标准书，对设备本体可视化建设项目及建设标准、检修车间可视化建设项目及建设标准进行了统一规范，对各类危险性作业的操作步骤、大型机组机构及工作原理等进行现场可视化管理，助推公司现场可视化水平的提升。2019—2020年，北元集团建立并下发了《可视化管理标准》，进一步强化了现场设备设施可视化建设工作。

（六）设备基础管理提升

2019年，北元集团成立了设备管理领导小组及设备管理工作小组，并在公司范围内开展"设备全生命周期"管理提升年活动。2020年，北元集团组织开展了以"全员参与除隐患，提升技能促管理"为主题的设备提升月活动，内容包括设备隐患排查治理、设备事故类比排查、设备技能培训、设备润滑标准提升、现场设备"6S"管理提升等活动。2021年，北元集团组织开展了以"精查找、严落实、细管理、稳运行"为主题的设备提升月活动，内容包括设备隐患排查、夏季高温设备治理、设备长周期稳定运行排查、设备事故模拟调查、技能比武与培训等活动。2022年，北元集团组织开展了以"群策群力 共筑设备安全防线"为主题的设备提升月活动，内容为组织全员开展事故剖析及类比排查、设备合理化建议填报、专项隐患排查治理、FMEA、JHA风险分析竞赛、管理亮点分享、设备管理人员考试及设备"四懂三会"关键操作抽考等工作。

（七）设备安全管理

为实现设备本质安全，保证设备连续安全稳定运行，结合"三管三必管——管业务必须管安全"的专业化管理要求，自2019年开始，每年组织对设备开展了安全评估，科学地辨识设备潜在的安全风险，有效地降低了设备事故的发生，其中2019年完成了11684台设备的安全评估工作，2020年完成了10778台设备的安全评估工作，2021年完成了33508台设备的安全评估工作，2022年完成了18203台设备的安全评估工作。在总结安全评估的过程中，逐步对安全评估模式进行优化，建立形成了基于风险的设备安全评估模式，即"编制设备安全评估工作计划→编制设备安全评估标准→开展设备安全评估工作→评估问题讨论→存在问题FMEA分析→制定整改计划→编制设备安全评估报告→问题整改、落实→下一评估周期"的新模式。

（八）设备完好性管理

2018年，北元集团开始推行过程安全管理，在借鉴国内外化工行业先进管理经验的基础上，综合设备全生命周期管理及业务管理实际需要，建立了基于风险的设备安全管理体系——设备完好性管理。分别由前期管理、腐蚀管理、泄漏管理、检验测试和预防性维护、拆除和报废、完好性验证、电气管理、仪表管理、安全设施、特种设备管理10个B级要素组成。通过直接定义和风险分析相结合的方式，制定安全关键设备的辨识原则，组织辨识并形成安全关键设备清单。重点管控安全关键设备的前期质量及运行过程的完好性，以实现安全关键设备从规划选型、购买、制造、安装调试、使用、维护、维修、改造、报废等全生命周期能够始终符合设计需求、功能完好、无故障运行，确保生产装置"安、稳、长、满、优"运行。

（九）设备管理体系建设

2011年，北元集团生产投运以来，坚持按照"全生命周期管理"思路，建立完善设备规划选型、计划购买、监造验收、到货验收、安装调试、使用维修、淘汰报废的全过程设备管理体系；逐步建立完善设备管理组织机构及人员，负责公司设备的基础管理工作，包括设备运行检查、设备事故（故障）监管、设备维修、备品备件、修旧利废、固定资产等管理工作，保证公司设备安全稳定运行，为生产组织提供基础保障。截至2018年，公司设备管理整体构架为：集团公司生产技术部组建设备管理专业小组，负责落实公司设备管理各项工作，并主要监督管理分、子公司A类设备，保证关键主机设备的安全稳定运行；分、子公司成立设备管理科，设立专职设备管理人员，负责组织开展各类设备管理工作，上传下达，并进一步规范设备管理各项业务，同时负责监督管理本单位B类以上设备，保证B类以上设备的安全稳定运行；各分、子公司按专业区域组建检修工段，负责设备的日常检修维护工作。

2014年，北元集团在开展设备管理标准化体系建设中，对设备管理业务进行拓展延伸，把设备的前期管理及淘汰报废作为设备管理模块进行管理，即设备规划选型、计划购买、监造验收、到货验收、安装调试、使用维修、淘汰报废的全过程管理，并下发至各分、子公司执行，每半年组织对照设备管理标准化体系内容，对各分、子公司设备过程管理进行评价验收，逐步提升公司设备管理水平。2013—2016年，北元集团每年组织对设备管理标准化体系进行修订评审，结合公司设备管理实际情况，对设备管理标准化体系不断进行完善，推动设备"全生命周期管理"的建设，截至2016年底，化工分公司、热电分公司、水泥有限公司已达到一级标准，锦源化工有限公司已达到二级标准。

2017年，北元集团与广州学府设备咨询有限公司合作，引进国内外先进的设备管理理念"TnPM"全员规范化管理，对公司设备全生命周期管理整体构架进行梳理优化，形成了15项全生命周期设备管理制度，并对《设备管理标准化体系》进行了优化，作为公司的长效设备管理体系，提升公司设备管理水平，使公司设备管理实现标准化、流程化、体系化。

2017—2018年，北元集团针对设备管理现状，多次参加国家设备管理协会的设备管理交流大会，对标学习同行业先进的设备管理方法，逐步确定设备信息化管理的建设目标，即与工业4.0接轨，并于2017年引入MES系统（信息化管理系统），将设备全生命周期管理模式与MES系统融合创新，实现设备管理信息化系统的建设，建立了包含设备前期管理、设备基础资料管理、设备运行管理、设备专业化管理、设备维修管理、设备备品备件管理、设备三维管理等14个主要模块功能，有效减少了人工数据收集、保存、查阅等多方面的工作，实现了设备的精细化、专业化及各业务的闭环管理。

2019年，北元集团根据设备"全生命周期"及"全生命周期费用"管理目标，结合设备管理实际需求及《设备管理体系应用指南》（T/CAPE 10002—2017）、过程安全机械完整性、安全文化、安全标准化、陕西化工集团设备管控体系要求，编制形成了第一版《陕西北元化工集团股份有限公司设备全生命周期管理体系实施标准》，并下发予以执行。

2019—2022年，北元集团在设备全生命周期管理过程中，为了进一步规范各项管理业务及设备前期、运行、检修等过程中的执行标准，先后编制下发了《设备润滑管理标准》《关键部位上锁管理标准》《设备防腐管理标准》《设备管道保温管理标准》《设备前期管理标准》《阀门验收标准》《可视化管理标准》《金属焊接技术标准》等19项技术标准，为设备全生命周期管理过程提供技术指导。

2022年，北元集团再次对《陕西北元化工集团股份有限公司设备全生命周期管理体系实施标准》进行了修订，调整了体系中的A、B级要素及相关执行内容。

（十）设备检维修管理

2013年以来，随着北元集团不断发展，逐步形成了以设备状态维修为基础、设备定修为保障的预防性维修机制，同时以年度系统停车检修、月度设备停机检修、日常设备停机维保等方式开展预防性计划检修工作。在维修中，根据关键主机设备行业标准或说明书，每年初制订关键主机设备的年度定期维修保养计划，并按计划组织实施；对所有设备进行状态监测，开展状态预防维修，保证设备的长效运行；对非关键及间歇运行设备在状态检测的基础上，以故障维修为主要维修方式。

2015年，公司全面开展设备计划检修工作。根据年初制订的关键主机设备年度维修保养计划，合理安排下年度系统停车检修时间，并按计划组织开展系统停车大修工作；年度维修保养计划中局部单机停机维保项目要求按月制定分解计划，同时结合设备状态维修，提前制订公司月度检维修计划，并严格按计划组织开展；其他日常点巡检发现的设备故障，则择机按日计划进行合理安排检修。

2016年，北元集团以先进管理成果"检修文件包"，全面推广实施检修作业标准化，提高检修作业过程的技术管理、质量验收等工作水平，避免设备检修质量事故的发生。同时，在设备检维修管理过程中一直提倡检修"工匠精神"，并坚持将"技能比武"的标准理念运用到日常检修作业，随着公司2013—2015年设备检修方案的编制，以及技术交底确认、模拟检修、完工验收交接等检修标准的逐步推行，公司于2016年全面推进应用先进管理成果"检修文件包"，形成公司统一的检修作业标准指导文件书，从检修过程的标准管理、质量控制等方面出发，提高公司设备检维修水平。

2018年，公司严格按照检修项目、风险分析、检修措施方案、置换隔离措施"清单制"对检修过程进行管控，防止临时性、无方案、无安全措施的检修。同时，通过检修材料及工器具准备、模拟检修、安全文明检修、检修作业标准化规范化管理，实现了系统检修安全"三零"、一次性开车成功、无检修质量事故等既定目标，达到了检修预期效果；形成了检修"清单制"管理的标准，要求所有检修必须实行计划制，按照方案清单、项目清单、风险分析及预防措施清单、检修标准清单、验收清单等清单，对系统停车检修的项目计划、方案确定、备品备件准备、检修组织、过程质量控制、检修完工验收等进行了统一规范。

2020年，北元集团结合设备检维修组织、实施过程及完工验收等先进管理经验，编制下发了公司《生产设备检维修管理办法》，对设备检维修及系统停车检修过程进行细化。

（十一）设施设备更新

2015—2017年，北元集团以实现设备本质安全为目标，根据国家标准规范对现有设备进行辨识，对国家明令淘汰、产能落后、防爆等级不达标等设备设施进行更新改造，使生产设备设施达到本质安全；对生产现场人机隔离、安全防护等对照标准进行整改完善，使现场环境达到本质安全。2019—2022 年，北元集团落实开展了设备安全评估工作，并将设备安全评估结果与设备设施更新工作相结合。其中，2020—2022 年，先后对氯乙烯气柜进行了技改更新，对精馏换热设备进行了更新。

（十二）获得荣誉

2017 年 9 月，公司申报的"设备可视化实施与应用"获得第 15 届中国设备管理协会"企业可视化管理创意奖"二等奖。2018 年 9 月，公司申报的"一种装卸车工具改善方法""一种液力耦合器专用拆卸器""TnPM 设备管理创新"分别获得第 16 届中国设备管理协会设备管理金点子奖一等奖、设备维护工具创意奖二等奖、管理创新三等奖等设备管理荣誉。2019 年，获得陕煤陕西化工集团设备点检对标先进单位，同年《设备点检与状态检修相结合主推设备安全高效运行》获得"第十二届全国石油和化工企业管理创新成果一等奖"。2021 年，《设备点检与状态检修相结合的设备管理模式》《复合炉熄焦系统技术改造》《智能润滑技术在设备管理的应用》分别获得设备管理与技术创新成果一等奖、一等奖和二等奖。2022 年，公司荣获设备行业全国最高奖项——第十二届全国设备管理优秀单位，同时公司《密闭电石炉智能冶炼技术研究应用》《声频吹灰器在煤粉锅炉上的应用》《高压变频器在水泥煤粉制备装置通风机上的应用》《5 千立方氯乙烯气柜技术改造》《基于风险的设备安全评估模式》等创新项目获得设备管理与技术创新成果一等奖和二等奖。

三、电气设备

2003 年以来，北元公司电气设备由专门部门负责管理。自 2013 年生产投运以来，为实现电气专业标准化管理，公司在严格执行国家及电力行业的各项标准、规范的基础上，充分发挥电气专业技术序列人员技术优势，不断编制并完善了北元集团电力系统的技术操作标准，为公司电力设备的选型、操作、维护、试验等工作提供了完整、精准的依据。为实现电气专业精细化管理，公司编制下发了《电气专业管理体系评价标准》，细化了 11 项电气专业管理要求及实施标准，不断推进各分、子公司电气专业精细化管理落地生根。截至 2022 年，北元集团电气专业已初步实现了操作标准化和管理精细化的目标，开始向智能化迈进。

（一）电力系统优化升级改造工作

2013 年，公司在化工分公司、热电分公司、水泥有限公司电力系统进行了防晃电装置改造工作，使电网电压波动引起重要低压电力设备跳闸问题得到了根治。

2014 年，化工分公司对 12 台整流变压器的冷却方式进行了技改，将以往强迫油循环水冷技改为强迫油循环风冷方式，并采用水雾喷洒散热片降温，提高了整流变压器冷却系统的安全性和整流变压器的冷却性能。

2016 年，公司投运聚氯乙烯二分厂 3526 线路，代替了北亚线路供电问题，为公司节约了大量购电成本。

2017 年，针对 35 千伏系统供电可靠性较低的问题，公司对热电分公司 4 台主变 35 千伏管型母线进行了全面技改，采取了半绝缘和全绝缘结合的方式，彻底解决了 35 千伏管型母线绝缘击穿问题，提高了 35 千伏系统的稳定性，同时对 35 千伏继电保护配置的升级优化，使 35 千伏系统供电稳定性得到显著提升。针对无功功率用量较大导致系统电压较低及公司力率调整罚款电费较多的现象，公司对化工分公司 PVC 二分厂无功补偿装置进行了扩容技改，并在热电分公司厂用 10 千伏系统增加了无功补偿装置，使得电力系统整体功率因数达到 0.92 以上，每年可为公司节约至少 300 万元的电费。同年 7 月，公司因该项目的突出效果被国家工信部评为"全国工业领域电力需求侧管理第三批示范企业"。

2018 年，公司深入调研分析并准确诊断公司各类电气事故，分别提出了"五大"有效的升级改造方案，及时扭转并提升了公司的电力系统稳定性。①针对化工分公司 10 千伏系统电力电缆单相绝缘击穿事故的频发现象，提出了将 10 千伏不接地系统改为经电阻接地系统的技术改造方案，大大降低了单相接地故障率，有效遏制了事故的扩大；②针对公司 35 千伏电力电缆绝缘击穿事故，通过试验和数据分析，提出了将存在较大隐患的 5 路 35 千伏线路电缆进行全部更换的设备升级改造方案，提升了电力系统关键电力设备的可靠性，有效遏制了大面积停电事故的发生；③针对各分、子公司 10 千伏电缆头绝缘频繁击穿事故，提出了将制作工艺不合格及试验不合格的电缆头全部重新制作的设备升级改造方案，提升了 10 千伏电缆头绝缘水平，有效遏制了电缆头绝缘击穿事故；④针对避雷器绝缘击穿事故，提出了将选型不对和质量较差的避雷器更换型号，并对质量过关的避雷器设备升级改造的方案，提升了 110 千伏及 35 千伏避雷器绝缘水平，有效遏制了避雷器绝缘击穿事故；⑤针对公司 DCS 系统的 UPS 电源不稳定问题，提出了使用双 UPS 供电、双电源并增加旁路电源的改造方案，有效提升了 DCS 系统的供电可靠性，减少了 DCS 系统失电恶性事故的发生。

2019 年，通过对电气系统的优化升级改造，共解决公司电气系统 24 项疑难问题，电气系统供电稳定性得到显著提升。成立专家小组，针对锦源化工有限公司电气系统结合工艺生产需求进行了深入的调研和分析，从一次供配电设计及二次保护配置方面提出了 8 项相应的供电稳定性优化改造方案，通过改造实施，使锦源化工有限公司本年度杜绝了电气原因导致的二级及以上事故，电气系统运行稳定性显著提升。对化工分公司电气系统运行现状进行了深入的调研和分析，提出并确定了 6 项故障防控技术优化改造方案，此六项方案的实施有效遏制了主变烧毁事故，大大降低了系统相间短路故障，有效遏制单相接地故障引起的相间短路故障，使化工分公司电气系统稳定性得到显著提升。

2020 年，针对主变低压 10 千伏侧近区相间短路故障，进行了防控技术改造项目，在化工分公司主变 10 千伏低压侧出线串联 12 台大容量高速开关，解决主变低压 10 千伏侧近区相间短路故障导致主变烧毁的问题。建设完成化工分公司 1307 智能 10 千伏变电站试点，为建设智慧工厂奠定电力系统智能化运维技术基础。全面推广 10 千伏不接地系统改造为经非线性电阻接地系统，公司 10 千伏电力系统单相接地故障得到有效防控，公司全年未发生 10 千伏系统单相故障，公司 10 千伏系统供电稳定性得到显著提升。对热电分公司 35 千伏系统进行了升级优化改造，将 35 千伏系统母线技改为 4 段母线并将 35 千伏系统开关柜内绝缘套管、绝缘子、母线刀闸等绝缘性能降低的元器件全部进行更新升级，全面提升了公司 35 千伏系统供电可靠性。组织成立电气专家小组，开展了四次"10 千伏电力系统稳定性"专项排查、提升活动,从 10 千伏系统配电室基础管理、供电结构、继电保护、设备隐患等方面为各分、子公司提出了 207 项优化改进建议,提升和加强了公司 10 千伏电力系统供电稳定性。

2021 年,对公司供电系统进行了系统性排查,全方面治理。

(1) 共梳理出了 27 项电气系统稳定性优化改造项目和保障措施,并编制下发了《电气系统稳定性专项整治提升工作方案》,进一步推进各分、子公司电气系统稳定性和故障防控技术得以全面提升,推进公司电气系统稳定性步入新常态。2021 年度电气系统稳定性显著提升,实现了二级及以上电气设备事故零目标。

(2) 组织各分、子公司按照《35 千伏及 10 千伏高压开关柜绝缘性能专项排查报告单》内容和要求,对公司 124 台 35 千伏开关柜和 893 台 10 千伏开关的安全距离及绝缘情况进行了一次专项排查,共排查发现 462 项设备隐患,并根据检查情况制定了相应的整改和防范措施,避免了 35 千伏及 10 千伏高压开关柜内因绝缘性能降低导致的故障。

(3) 以探索并解决疑难问题为方向,解决完成了水泥有限公司电气系统供电稳定性分析研究及治理项目,制定了水泥有限公司供电结构优化调整方案,实现了 35 千伏、10 千伏以及 0.4 千伏系统电力设备按照两条生产线分开供电的结构,通过实施后大大降低了水泥有限公司两条线同时停车事故的概率。对公司 35 千伏系统继电保护定值进行了重新核算和整定,制定了 10 千伏系统零序保护灵敏性检查和试验方案,进一步提升了故障零序保护灵敏性。进一步强化了电气系统运行稳定性。

(4) 在了解生产工艺需求的前提下,通过多方咨询,并通过各种试验和探索,最终寻找到了通过调整变频器和保护装置整定值,外部增加简易保护模块的方法,满足了集团公司生产工作需求和设备保护需求,成功攻克了变频器防晃电和 110 千伏零序保护两项问题。

(5) 为逐步推动并实现智慧工厂的建设,加快智能变电站科研项目的进度,协同热电分公司经过与各智能化变电站厂家的交流沟通,编制完善了热电分公司 35 千伏智能化变电站一体化监控系统改造科研项目方案。主要对热电分公司 43 台高压配电柜进行智能化改造,实现 35 千伏开关柜倒闸操作全程可视化,高压开关柜断路器触头温度、电气特性、机械特性在线检测及故障预警预告功能,同时采用无线测温技术,对故障率较高的电缆头实现了温度在线检测和预警预告功能。通过改造后,建设完成了 35 千伏智能化变电站,逐步推动并实现智慧工厂的建设。2022 年全面推进电气系统智能化改造,完成了热电分公司 35 kV 变电站、化工分公司 2307 站 10 kV 配电室、2309 站 10 kV 配电室和水泥有限公司一线 10 kV 变电站智能改造项目,为建设智能变电站奠定了基础。电动机变频节能改造工作成效显著,全公司电动机变频节能改造工作共改造完成 49 台,每年可节电 1201.8 万千瓦时,节约电费 657.3 万元,完成了公司电力系统节能降耗工作。

(二) 电气专业标准化作业管理

2015 年,公司编制下发了《电力设备预防性试验工作规定》,对、子公司电气预防性试验工作的周期、项目、标准、试验报告单进行了统一规范,并按时下发年度电气预防性试验工作计划。

2017年，公司邀请陕西省电力技工学校对101名电气员工进行了电工进网作业证的培训和考试，并办理了电工进网作业许可证，取得了电气试验、操作、检修资格证书，其中取得特种类进网证的员工有20名，取得高压进网作业证的员工有81名，使公司电气人员作业符合国家电力行业标准的要求。

2018年，公司编制下发了《35千伏电力系统技术操作管理标准》，为各分、子公司35千伏变压器、35千伏高压柜、35千伏电力电缆、35千伏避雷器、35千伏电压互感器、35千伏电流互感器、35千伏电力设备继电保护装置等7类电气一次设备的选型、运行、操作、维护和试验工作提供了完整的标准和依据，并规范了公司35千伏继电保护定值通知单、35千伏稳控装置方案，还对35千伏线路停送电管理工作做了详细的要求和规定。同时，公司还编制下发了《电力设备预防性试验规程》，对发电机、电动机、变压器、互感器、断路器等31类电力设备的预防性试验项目、周期和要求制定了统一的标准和规定，这些标准共涵盖30个现行标准规范的内容，为公司电气预防性试验工作提供了完整的标准依据。

2019年，组织各分、子公司编制了本单位电气专业岗位人员巡检路线图，进一步优化了巡检项目、巡检指标及巡检周期，并编制使用统一标准的巡检记录本。同时，各分、子公司根据要求编制并下发本单位电气专业岗位巡检管理细则，并严格执行。

2020年，编写完成5项电气专业技术标准：《电力电缆施工验收规范》《交流电气装置接地规范》《高压并联电容器安装使用规范》《爆炸危险场所电气设备选型规范》《电压偏差及不平衡度判定导则》；6篇疑难问题研究技术报告：《变频器及软启动设备防晃电功能技术研究报告》《化工分公司聚合搅拌电机频繁断轴原因及防范措施研究技术报告》《化工分公司聚合釜搅拌电机运行电流信号丢失故障研究与治理技术报告》《水泥有限公司高压变频器移相变压器安全运行分析与研究方案》《化工分公司PVC二分厂动力变压器频繁报瓦斯保护动作的研究治理技术报告》《北元集团35千伏电力系统供电稳定性与灵活性研究治理技术报告》。编制了《电气事故处理规程》，将一次设备及二次回路方面日常遇到的共182类故障的现象及处理方法进行了统计和汇总，为电气人员的事故处理提供了经验和依据，进一步提升了电气人员的事故处理能力和效率。

2021年，编制35千伏系统重大及复杂倒闸操作方案，确保了35千伏系统重大及复杂倒闸操作方案正确无误，操作过程准确安全，杜绝了电气误操作事故的发生。

2022年编制了《0.4 kV电气系统防晃电装置管理规范》《发电机、变压器、电动机本体试验操作规范》《电气预防性试验工作标准化管理规定》《电缆线路防火工程施工及验收规范》《电气专业典型操作精细化管理标准》《高压架空输电线路巡视及维护标准》等六项标准，进一步细化了电气管理标准，确保电气关键设备检修维护工作达到精益化管理，提升了电气设备的可靠性。

（三）电气专业管理体系标准建设工作

2015年，公司开始编制下发了《电气专业管理体系评价标准》，标准从电气管理机构、电气设备前期管理、变配电室运行与日常维护、电气两票管理、电气设备隐患缺陷管理、继电保护管理、电气设备检修管理、预防性试验工作管理、电气事故管理、电气安全管理、季节性电气管理等11个方面提出了详细的管理要求、实施标准和评价标准，为各分、子公司电气专业管理提供了合理、完善的管理方法和依据。

2017年，公司多措并举，使各分、子公司电气专业管理水平得以显著提升：①以公司《电力月报》作为各分、子公司电气专业相互对标和交流学习的平台，每月把各分、子公司在电气专业管理方面的亮点工作及具有创新性的管理思路进行展示，使各分、子公司相互学习，不断创新管理思路及方法；②抽调各分、子公司电气专业主管领导成立公司电气专项检查小组，定期对各分、子公司电力系统进行专项检查，相互"找茬"，发现和消除系统潜在的重大隐患，以达到专业化的监督管理水平；③当发生电气事故后，组织各分、子公司电气主管领导共同参与事故调查，深刻汲取事故教训，做到举一反三、共同防范，不断提升各分、子公司电气专业事故防范和隐患治理水平。

2018年，北元集团深入各分、子公司班组开展了电气专业专项排查诊断治理工作，帮助各分、子公司提升电气专业运行和检查维护管理水平；组织各分、子公司电气主管部门、分厂及班组人员，针对本单位电气一次系统、二次系统及继电保护、操作规程、人员技术水平和专业技能培训等五个方面存在的问题，制定了相应的整改措施，提升了各分、子公司的电气专业管理水平。化工分公司和热电分公司电气专业管理体系建设已经达到了一级标准。

2019年2月、4月、9月和11月，北元集团分别在水泥有限公司、热电分公司、锦源化工有限公司和化工分公司召开了4次"电气专业管理体系落地"工作交流推进会，协助4家分、子公司形成了《电气专业管理体系一级标准化建设推进工作方案》，使电气专业基础管理得到了大幅改善和提升。

2020年，北元集团以超前预防为切入点，不断优化并加强电力系统稳定。组织各分、子公司电气专业管理人员根据本单位电气设备大修情况，编制形成了《2020年度电气专业大检修过程量化与质量控制精细化管控手册》，对各分、子公司电气专业大检修所有项目、人员和时间进行了细化和量化，为2020年电气专业大检修工作提供了检修标准，保质保量地完成了本年度电气大检修工作。

2021年，北元集团开展了"学安规、考安规、强两票"、电气"两票"专项检查活动。一是组织电气专业技术员以上人员进行了安规学习及考试；二是组织各分、子公司电气技术管理人员开展电气"两票"专项检查工作，对各分、子公司2191份签发使用的工作票、操作票进行了专项检查，"两票"合格率为98.85%，通过检查发现工作票填写问题，并落实了整改措施，确保电气每一项操作准确执行，保障电气系统稳定运行，通过弥补电气"两票"管理短板，进一步夯实了电气作业安全管理基础。

2022年北元集团依据《电气专业管理体系评价标准》编写了典型操作票102份，进一步规范了电气设备倒闸操作，确保人身、电网、设备的安全，提高了管理水平。编写了《防雷、接地、防静电检标准》对各分、子公司接地装置进行了专项检查并提出整改意见，确保接地装置安全运行，防止雷击或触电发生人身伤亡和财产损失。委托机械工业防爆电气设备质量监督检测中心对公司29149台防爆设备进行了定期检查，使公司防爆设备符合《危险场所电气防爆安全规范》（AQ 3009—2007）的要求。

四、仪表、计量管理

(一) 自动化仪表

2003—2009年,随着施工的完成,仪表选型订货也进入日程,DCS控制系统选用了日本横河CS3000系统,自控阀门厂家选用了四川川仪、宁夏吴忠阀门制造厂,变送器选用了艾默生罗斯蒙特3051C系列。2014年,公司安排仪表技术人员在青岛海晶化工厂进行了为期10天的学习培训。回厂后公司全面展开仪表安装调试工作,12月一次开车成功,而二期的调试工作也如期进行。二期开车后,进入了常规的日常维护当中,期间未出现大面积的改造,零星地对一次盐水上盐皮带秤、乙炔清净塔液位、氯化氢吸收水调节阀、电解槽控制电路进行了微小改造,日常运行趋于正常。

2009—2012年,仪表专业重心转移到100万吨项目,仪表设备选型、订货、工程施工,仪表设备安装、调试、验收等,化工DCS选用了日本横河SC3000系列、浙大中控、ABB等品牌;水泥选用了日本横河CS系列、热电选用了和利时控制系统,于2011年底100万吨项目一期50万吨项目开车、2012年二期50万吨项目开车,因仪表设备使用寿命较短,属于性能稳定期,运行较为稳定。

2013—2015年,公司的仪表管理主要以解决生产瓶颈及生产稳定性为主要方向,先后进行了化工分公司乙炔发生器上水阀改造、氯化氢调节阀改造、弯管流量计改造、乙炔发生器上储斗料位开关的技改等,将前期生产运行过程中发现的问题及隐患进行了整改,保障了生产系统的连续稳定运行。

2015—2016年,公司仪表管理主要以提升基础管理为突破口,主要完成的工作有:①下发了《自动化仪表管理办法》,对现场的每一台仪表设备进行了挂牌识别,建立了仪表设备的包机人制度,并建立了最美包机人和最差包机人的奖惩制度;②实现了联锁仪表和非联锁仪表的分类管理,在联锁仪表及控制柜内明确注明设备联锁状态,防止误操作的发生;③依据仪表运行情况建立了修旧利废制度,根据仪表的价值不同,给予修旧人员一定比例的奖励,极大地鼓舞了员工的参与感,降低了仪表设备的更换费用;④加强职工业务技能训练,先后组织人员前往浙大中控、ABB等厂家进行培训,成为公司仪表专业的骨干。

2016—2018年,公司的仪表管理主要围绕"安、稳、长、满、优"开展,主要开展的工作有:①通过对标学习"杭州电化""宁波万华"等先进企业的管理经验,编制下发了适用于北元集团的《自动化仪表选型规范》《自动化仪表安装验收规范》《自动化仪表测试维护规范》;②先后对热电分公司二期、水泥有限公司DCS进行了升级改造,对控制系统"卡""慢"的现象进行了全面的整改,梳理出59类不能自动调节的回路,分析原因逐步整改,并将大型的PLC控制机组数据引入DCS实现了远程监视与控制,降低了岗位人员的工作强度;③依据公司整体安排需求,组织人员对前期不能投运的PVC包装线提升机系统进行了全面的检修和改造,为PVC直接上站奠定了良好的基础,聚氯乙烯二分厂新增的一条包装线,包装运行效率提升到25袋/分钟;④制订了《DCS失电应急处置》等一系列演练计划,提高了突发事故的处置能力。

2019年,公司自动化仪表各项工作均按计划顺利开展,具体如下:①编制了公司报警管理实施导则,以化工分公司聚氯乙烯分厂聚合二期工段为试点开展报警管理的梳理工作；②落实集团公司"四安全"研究课题，编制了公司的统一授时方案；③依据5w2h1e的原则对集团公司的《仪表自动化管理办法》进行集体讨论，意见统一后发起了制度会签流程；④依据年初制定的《2019年生产管理规划》，下发了仪表"四率"实施规范，对仪表"四率"的统计样表进行了试运行；⑤全面参与100万吨升级改造项目的验收和试生产过程，编制了集团级仪表管控检查表；⑥依据化工分公司"5·14事故"对集团公司所有的控制系统进行了一次全面的病毒排查，对乙炔控制系统的控制网络进行了梳理；⑦依据年初制定的科研计划，自行对各DCS周边的接地情况进行了检测，并出具了检测报告；⑧按计划完成了化工分公司、水泥有限公司（除集控室）的DCS双UPS的改造。

2020年，仪表专业结合公司2020年"生产过程的优化控制与最佳设计"的管理主题，扎实开展各项预定工作，基本完成年初制定的各项工作。经过前期摸底调研，共收集自动化改造项目112项，共完成了聚合工段、电解工段、PVC包装工段、热电分公司智能云控制4个项目6个智能工厂建设方案、9个APC优化项目，并最终确定了全年解决疑难问题5项，实施自动化改造项目4项，科技研发项目1项，跟踪配合科技研发项目1项，其中5项疑难问题全部完成，《锦源电石分厂6台净化系统空冷后温度计及布袋仓温度计频繁故障》疑难问题在解决过程中，自主设计了一款抗震型热电阻，并申请了1项实用型专利。另外在智能工厂建设的前提下，在化工分公司开展日本横河的"工厂资源管理系统-PRM（Plant Resource Managex）"试用工作，PRM软件主要功能是用于现场智能仪表设备管理，也可作为传统仪表设备台账的管理。

2021年，仪表专业以"夯实仪表基础管理、推进智能工厂建设"为主基调。①全面推进仪表规范、规程的落地，全员围绕"学规范、夯基础、增技能、防事故"的理念组织仪表人员对公司前期编制的各类规范进行学习；②持续开展以预防性维护代替故障性维修的检修工作方式，减少因仪表故障造成的停车事故，逐步以预测性维修代替预防性维修；③从解决生产运行隐患和提升装置长周期自控率入手，依托公司"高级报警管理"平台，减少无效报警信息对操作人员的影响，提高报警处理速度与准确性；④开展各种类型的技术培训活动，多频次、多种类进行，碎片化地针对现有仪表设备维护选型、新产品功能推荐等知识宣贯，增加维修维护技能的同时开阔了现场维护人员的眼界。

2022年仪表专业按照"以生产问题为导向、以行业政策为引领"，推动仪表专业由设备维护的单一工作模式，逐步过渡至以"提供自动化先进控制解决方案实现负荷自适应调整"为指引，以"提升人员技能促进设备高质量维护"为支撑的双轨发展的工作思路，全面推进各项工作。①全面推进电气系统智能化改造和电子巡检项目，为智慧工厂检查奠定了基础，完成了水泥有限公司煤磨、水泥磨、原料磨以及脱硝、炉渣烘干、余热锅炉等7项先进控制的应用，磨煤机运行效率提高15.37%，投运后年度节能创效23.42万元。推进固碱蒸发先进控制的应用，先进控制投用率达95%以上，装置蒸汽单耗降低2.5%以上，年度创效约86.62万元。持续推进水泥有限公司一线原料、烧成自动化改造、锦源化工热电分厂电子巡检及智能化改造项目等11项自动化改造项目。②按时完成公司重大隐患的整改工作，9月13日水泥有限公司DOS搬迁完成，9月19日热电分公司DOS搬迁完成，11月3日化工分公司DOS搬迁完成，生产集控中心全面投入使用。同时，编制下发了《生产集控中心管理规定》《生产集控中心定置摆放管理规定》，保障了生产集控中心良好的生产秩序，提高了生产集控中心管理水平，保证生产系统安全稳定运行。③编制了《聚合装置核心阀门阀体材质选型及定期维护要求》，弥补了现阶段仪表设备管理的漏洞，进一步细化了仪表管理标准，确保仪表关键设备检查维护工作达到精益化管理，进一步提升了电仪设备的可靠性，同时开展了自控阀门生产厂家综合评估工作，根据各分、子公司自控阀门的实际使用情况编制下发了《自控阀参数信息统计表》《自控阀生产厂家综合评估表》，共统计自控阀7078台，评估生产厂家114家，为后期阀门选型提供依据。

（二）计量管理

北元集团于2011年建立了第一个标准检定实验室，配备了专职的检定人员，取得了榆林市计量测试所对精密压力表标准装置、二等水银温度计标准装置、一等铂铑－铂热电偶标准装置、二等铂电阻温度计标准装置、便携数字压力计标准装置、二等玻璃量器标准装置、数字压力计标准装置、转速表检定装置、振动位移检定装置等9项标准授权。到2018年，公司有主标准器及其配套设备共60件，公司内检设备5800余件，外出送检设备2000余件。

2013年以来，对于贸易结算和安全防护的计量器具，公司制定了统一的比对校核计划，其中地上汽车衡每月比对校核2次，每年检定2次；液氯包装秤每月比对校核1次，每3个月检定1次；其他计量器具每月比对校核1次，每年检定1次；有毒可燃报警仪每季度进行1次量程测试，每年检定1次；其他生产过程的分析仪器每年进行1次检定或校准，实现了公司计量器具的精准计量。

2016年，公司下发了《计量管理体系》和《计量管理办法》，将公司的计量工作进一步规范化，依据计量管理体系的要求，每年对计量工作进行评审；依据《计量管理办法》对计量器具进行了A、B、C分类，其中A类计量器具以贸易结算、环境监测、安全防护为基础，规定了具体的检定周期；B类计量器具以过程监测为基础，依据实际需求制订检定计划。对所有检定过的计量器具进行标识管理，制定了合格、限用、停用、封存等不同的标识对计量器具进行分类管理。

2017年，生产技术部牵头研发出北元集团第一版计量管理软件，软件将所有的计量器具信息载入数据库，智能提醒检定时间。所有检定证书实现了在线查询及智能检索，证书电子版予以存档，实现了无纸化办公。

2018年全年检定计量器具1907台，其中标准计量器具64台，贸易结算流量计2台，称重计量器具72台，实验室天平27台，化验室加热/分析设备93台，水泥公司专用实验仪器47台，有毒有害可燃气体检测报警仪1604台，检定完成率100%。完成了6次计量专业检查，修订了《计量管理办法》，首次将能源计量的部分加入公司的计量管理工作中，从计量检定、校准、比对到能源贸易结算将计量工作向生产一线推进，不断细化计量分类，最终实现分级分项计量，发挥计量工作的专项性、准确性。

2019年，针对强制检定计量器具在榆林市市场监督管理局进行了备案，工作用计量检定器具也在中国电子质量监督门户网站进行了备案；全年检定/校准计量器具2482台，利于便携式流量计对各分、子公司及对外结算的流量计共计40台进行了比对和校准，并且绘制完成了各分、子公司的能源流向图和计量点采集网络图。

2020年，全年完成了2953台计量器具的检定工作，公司投资200余万元建成了专业的计量检定实验室并投入使用，在计量管理方面投运了自主开发的计量管理软件，实现了计量器具的预约检定，更加高效、合理地分配了检定资源，避免了集中送检、长时间等待等问题。

2021年，结合计量设备不准确排查清单，逐步从安装方式、工作原理、工艺条件等方面进行整改，严格按照公司《计量管理办法》规定的精度等级要求，定期校准进出厂计量设备、分子公司之间关联物料、分厂甚至班组的各类计量设备，为公司智能化工厂建设打好坚实的基础。

2022年，公司所有的计量器具在做到应检尽检的基础上，完成部分有毒气体及全部可燃气体的建标工作，编制完善了一氧化碳报警仪、氨气报警仪、氯乙烯报警仪、可燃有毒气体报警仪相关建标资料，4项气体报警仪建标顺利通过神木市行政审批服务局的考核，并于11月4日取得了气体报警仪计量标准考核证书。按照《用能单位能源计量器具配备和管理通则》（GB 17167—2006）全面开展能源计量器具安装、使用情况的普查与管理，严格按照能源计量器具配备率进行配备。对所有的对外贸易结算，分、子分公司关联物料计量器具进行定期核查，根据不同的计量器具特征，制定核查细则及项目并在系统中增加自动数据分析，及时关注计量器具使用情况。

（三）安全仪表

2013年以来，公司逐渐加大了对安全仪表的投入，由原来单一的ESD控制系统逐步建立了GDS、SIS。

2013—2018年，公司的有毒可燃报警仪由最初的333台增加至1647台。2016年公司下发了《安全仪表管理体系》。2017年按照国家安监总局114号文件精神，公司建设6套SIS系统，前期共梳理出246条SIF回路，其中SIL2等级的有91条；下发了《安全仪表系统功能安全管理体系程序》《SIL等级验证技术指南》等文件。2018年，氯碱一期和二期液氯包装SIS系统已建设完成并投入使用，并建设了10套GDS系统，其中9套已投用。2018年11月，依据《安全仪表管理体系》的规定，结合生产运行情况举行了北元集团第一次《安全仪表管理体系》内部评审，使安全仪表管理体系逐渐向"PDCA"管理迈进。

2019—2022年，组织开展了3次安全仪表系统功能安全管理体系评审工作，针对评审结果，修订了《安全仪表管理办法》，简化了部分流程、夯实了基本职责，使仪表专业管理做到了"管理透明化、制度合理化、流程简洁化"。

2022年，在现有《安全仪表系统功能安全管理体系》的基础上，确定了大型机组设备、气体报警仪、报警管理系统等保护层的管控措施，逐步完善安全仪表管控体系建设，确保日常管控有据可依、安全仪表安全可靠，进一步加强安全仪表系统全生命周期的管理。

（四）获得荣誉

2017年5月，公司在陕西省"世界计量日"主题宣传表彰大会上，被陕西省质量技术监督局授予"陕西省能源资源计量标杆示范企业"。2018年10月，公司参加了由神木市市场监督管理局组织的"压力表检定比赛"，在比赛中获得二等奖。2022年5月，公司在"5·20世界计量日"活动工作中，被榆林市计量技术研究院授予"计量活动日标杆企业";2022年11月,公司被陕西省工信厅、陕西省水利厅、陕西省发展改革委、陕西省市场监督管理局联合评选为"2022年省级节水标杆企业"。

2019—2022年,仪表专业在现场疑难杂症上狠下功夫,共研究现场疑难杂症问题13项,具体解决了锦源化工电石装置净化灰仓热电偶温度计受震动原因频繁故障问题,由原来的3~5天更换一次到解决后的半年更换一次;水泥有限公司窑尾分解炉温度测点故障问题、火焰探测器频繁烧毁现象、热电脱硫灰仓料位检测不准现象等故障问题,极大地解决了现场人员的劳动强度,也减少了危险场所的人员暴露率,促进了公司安全文化建设的落地。截至2018年,北元集团设备、电气、仪表使用及完好率情况见表3-4-1。

表3-4-1 2013—2018年北元集团设备、电气、仪表使用及完好率统计表　　　　%

年份	设备		电气		仪表	
	使用率	完好率	使用率	完好率	使用率	完好率
2013	91.2	93.7	93.5	94.2	94.5	97
2014	93.5	96.6	94.1	95.6	95.2	97.3
2015	98.3	97.9	97.2	96.7	98.7	98.8
2016	98.7	98.9	98.1	96.9	98.9	99.1
2017	99.3	98.5	99.2	98.8	99.3	99.6
2018	98.3	98.7	98.9	97.8	98.9	98.8

注:本表中统计数据均为公司关键主机年平均使用及完好率。使用率=实际运行时间/计划运行时间;完好率=完好台数/设备台数。

第五节　生产产品

一、主要产品

2005年,北元集团聚氯乙烯树脂(PVC)产品投产后,主要由化工一分公司承担生产。2009年9月,化工二分公司成立,于2010年开始生产聚氯乙烯树脂(PVC)。2015年6月,在北元集团产业布局调整中,化工一分公司并入化工二分公司,更名化工分公司,承担公司聚氯乙烯树脂(PVC)、烧碱等产品生产。

二、其他产品

北元集团其他产品生产主要有:电、水泥、电石、卤水等。

截至2022年底,北元集团产品产量统计见表3-5-1。

表 3-5-1 2005—2022年北元集团产品产量统计表

年份	化工一分公司 计划(吨) PVC	烧碱	化工一分公司 实际完成(吨) PVC	完成率(%)	烧碱	完成率(%)	化工分公司 计划(吨) PVC	烧碱	化工分公司 实际完成(吨) PVC	完成率(%)	烧碱	完成率(%)	合计 PVC(吨)	烧碱(吨)	热电分公司 发电(×10^4千瓦时)	水泥有限公司 水泥(吨)	熟料(吨)	锦源化工有限公司 电石(吨)	发电(×10^4千瓦时)	盐业分公司 卤水(立方米)	卤折盐(吨)
2005	23000	29900	21137.20		25673.29								21137.20	25673.29							
2006	45600		43458.50		40227.94								43458.50	40227.94							
2007	77850		80426.00		68659.26								80426.00	68659.26							
2008	77750		72098.00		59097.30								72098.00	59097.30							
2009	60000		61283.00		48529.60								61283.00	48529.60							
2010	95750		93624.00		69555.14								93624.00	69555.14	178846.156	31023					
2011	90000	67500	85647.00	95.16	64667.00	95.80	240000	180000	250954.00	104.56	193461.00	107.48	336601.00	258128.00	95339.69	487691.00	124808.00	16693.82			13628.69
2012	95000	70000	90634.00	95.40	66420.71	94.89	535000	390000	529805.00	99.03	383867.07	98.43	620439.00	450278.90	204966.95	975889.89	819442.35	19363.37	2052.47		
2013	90000	70000	94500.00	105.00	70466.58	100.67	670000	500000	670199.90	100.03	485038.55	97.01	764699.90	555505.13	224904.16	1024507.25	1059270.93	115252.11	33464.39		
2014	90000	65000	96100.00	106.78	71437.34	109.90	790000	570000	950040.45	120.26	665914.40	116.83	1046140.45	737351.74	302962.99	1362231.96	1505790.14	202038.45	36006.45		
2015							1020000	730000	1090927.38	106.95	760183.69	104.13	1090927.38	760183.69	292582.52	1366838.51	1304265.13	222807.94	40899.94		
2016							1100000	770000	1158249.80	105.30	810829.51	105.30	1158249.90	810829.51	347104.45	1453948.44	1592636.04	261430.55	40050.63		
2017							1100000	770000	1154187.80	104.93	782772.40	101.66	1154187.80	782772.40	345677.86	1719143.69	2016348.51	411662.27	40591.90		
2018							1180000	826000	1144976.00	104.09	789488.15	102.53	1144976.00	789488.15	328530.75	1932013.91	1917155.25	420027.97	42535.60		
2019							1200000	820000	1237666.34	104.89	839642.71	101.65	1237666.34	839642.71	360166.44	2065474.39	2019499.79	462550.16	39223.68		
2020							1200000	840000	1317806.09	109.82	883884.64	107.79	1317806.09	883884.64	372402.38	2173230.12	2176657.86	480018.90	49030.45		
2021							1250000	840000	1289915.99	103.19	867209.07	103.24	1289915.99	867209.07	366336.87	2307186.12	2125030.50	453456.00	26820.66	3170060	331262.03
2022							1250000	840000	1286052.58	102.88	863205.37	102.76	1286052.58	863205.37	345654.56	2250058.76	2240799.65	445137.80	26257.86		

第四章　安　全　生　产

　　北元集团高度重视安全管理工作，深化安全生产主体责任落实，通过采取一系列措施，构建安全文化、安全生产标准化、过程安全管理"三位一体"安全管理体系。在加强安全管理中，引进国内首创、国际领先的"金川模式"安全文化建设经验，按照"人本＋物本＝零伤害"顶层设计理念，全面开展安全文化建设工作，构建形成了具有北元特色的"4551"（四层次、五大专业化、五风险管控、一套评价标准）安全文化管控体系。通过持续开展安全检查、风险分级管控和隐患排查治理、重大危险源管理、危险化学品管理、安全教育培训等工作，防范各类生产安全事故发生。通过健全职业健康安全管理体系和职业病预防机制，定期开展事故应急救援演练，使员工安全防范意识和应急救援能力大幅提升。公司先后被授予省级"安全文化示范企业"和全国"安全文化建设示范企业"等荣誉称号。

第一节　安　全　管　理

一、管理机构

（一）机构沿革

　　2003年12月，在北元公司成立初期，为了加强对10万吨/年聚氯乙烯项目一期5万吨/年聚氯乙烯项目安全工作的领导，成立了安全领导小组。2004年7月，防汛领导小组成立。2004年8月7日，公司安全环保消防科成立，隶属于生产技术处，定员5人。2005年5月，公司生产技术处分设生产处和技术处，安全环保消防科归生产处管理。2006年8月，公司将安全环保消防科从生产处划归到技术处管理。2007年、2008年，公司两次分别对安全领导小组、事故应急救援指挥部、清洁生产审核领导小组及工作小组、组成人员进行了调整。2007年8月，公司危险化学品安全标准化领导小组成立，并启动了安全标准化管理工作。2009年8月20日，北元集团安全环保部成立，编制共计7人，负责安全、环保、消防、职业卫生等管理事务，各分、子公司均设有环保科；集团公司及各分、子公司负责安全环保的管理人员共计44人，分别由公司分管安全环保的副总经理和部长、业务主管、专员及各分、子公司分管安全环保的经理（副经理）、安全环保科长（副科长）、安全环保专员组成。2013年8月，北元集团成立安全生产部，将原来的生产技术部与安全环保部合并。2015年6月，按照国家安全生产法律法规要求，拆分安全生产部，再次成立安全环保部。同时，北元集团设有安全生产委员会，党委书记、董事长担任安委会主任，总经理和分管安全的副总经理担任副主任，相关领导、部门，以及各分、子公司主要负责人为成员，日常事务办公室设在安全环保部。各分、子公司设有安全环保科和基层安全生产委员会，分、子公司所属各分厂设有专职安全员。2019年7月30日，根据工作需要，安全督查科（科级编制）成立，隶属于安全环保部，主要负责安全生产工作落实情况的日常督查与检查，直接对公司安全生产委员会负责。2021年2月，根据中国化学品安全协会《关于加强专业安全管理有效预防危险化学品重特大事故的指导意见》，公司生产工艺、设备、电气、仪表和项目建设专业安全分委会成立，研究解决专业领域安全重大议题。2021年8月，根据陕煤集团《关于持续深入开展省属企业"总部机关化问题"专项整改工作的通知》（陕煤党发〔2021〕4号），对组织机构再次进行调整，撤销安全管理科、环保管理科、安全督查科，对应设立安全管理、环保管理、安全督查3个业务模块。同时，撤销了化工分公司、热电分公司、水泥有限公司、锦源化工有限公司安全环保科，对应成立安全环保中心，各自职责不变。2021年11月4日，公司职业健康管理业务模块成立，隶属安全环保部。至此，安全环保部所属业务模块由4个增加为5个，分别为安全管理、环保管理、安全督查、消防队、职业健康。截至2022年，北元集团共有专职安全管理人员106人。其中，注册安全工程师66人，占专职安全管理人员的62%，所有专职安全管理人员均持证上岗。

（二）安全职责

2003—2012年，公司安全管理部门按其职能主要负责公司安全、环保和消防管理工作，以及有关法律法规及上级文件精神的传达，安全生产（消防）和环保管理制度的建设，安全生产管理人员的培训教育和分、子公司安全生产工作的监督考核，安全生产活动开展情况的评价等。2013年，北元集团按照安全生产标准化建设的要求，对各级领导、各部门和分、子公司相关管理人员及各级组织安全生产责任进行了调整，形成了安全生产责任体系。2015年，北元集团以安全文化建设为契机，以实际岗位编制为依据，按照国家《安全生产法》和《企业安全生产责任体系五落实五到位规定》，以及"党政同责、一岗双责、齐抓共管、失职追责"的要求，对安全生产责任制进行了全面、系统地修订，明确了各岗位、各级组织的安全生产职责。2018年和2020年，北元集团在2015年安全生产职责的基础上，进一步对各级组织、各级人员的安全生产职责进行了细化和完善，建立了全员安全生产责任体系。2021—2022年，公司根据《安全生产法》"三管三必须"要求，对各级组织、各级人员的安全生产职责再次进行了细化和完善，健全完善了全员安全生产责任制，形成了横向到边、纵向到底的安全生产责任制体系。

二、制度建设

2003年，在北元公司10万吨/年聚氯乙烯项目建设期间，公司坚持"用制度规范人，用考核约束人"的原则，在及时识别和获取适用的安全生产法律、法规、标准规范的同时，于2004年8月至2005年3月期间，编制了34项安全生产管理制度。2004年11月和2005年4月，在10万吨/年聚氯乙烯项目一期工程氯碱和聚氯乙烯系统投料试车期间，公司发布了《禁火令》，实施禁火管理。2007年，公司按照安全标准化工作要求，坚持每两年对安全生产管理制度修订一次，确保了制度的适用性和时效性。2008年，公司在100万吨/年聚氯乙烯综合循环利用项目建设中，结合项目实际编制了《陕西北元化工集团有限公司安全生产管理制度汇编》，并相继制定下发了《安全责任制实施办法》《安全风险抵押办法》。这些制度、办法的实施，对项目安全施工、规范员工安全行为、确保项目100万吨/年聚氯乙烯综合循环利用一期工程的顺利试生产提供了安全管理依据。2010年10

月，公司 100 万吨/年聚氯乙烯综合循环利用项目一期工程经陕西省安全监督管理局批复进入试生产后，按照陕煤集团《安全基础管理考核办法》的要求，在全公司开展安全基础管理考核工作，进一步健全和完善了公司安全管理制度和安全操作规程。2011 年 8 月，公司在 2008 年的基础上，根据安全标准化要求对安全生产管理制度进行了修订，将原来的 34 项制度增加为 47 项，并对其进行了分类细化。同时，还根据不同时期的生产实际需求，制定和下发了相应的安全生产管理制度，其中包括《领导干部带班值班制度》《特种劳动防护用品管理办法》。2012 年 1 月，100 万吨/年聚氯乙烯综合循环利用项目二期工程进入试生产后，公司开始推行安全生产标准化工作，及时识别和获取国家及行业最新安全生产法律、法规和标准，组织各级安全生产管理人员进行培训学习，并要求各分、子公司进一步健全和完善安全生产管理制度，适时组织评审和修订。同年 11 月，公司相继制定了《危险废物管理办法》《关键时期安全生产管理规定》《安全生产费用管理办法》等制度，并对近年来公司出台的一系列制度、规定进行了修订和汇编。2013—2022 年，公司遵循"简单、量化、适用、可操作"的原则，研究建立让人本理念转化为行为习惯、让物本理念转化为技术标准的品牌转化器模式，建立了"人管人管事—人、制并管—制度管人、管事—制度管人、流程化管事—文化管人、模式化管事"的"五阶段"制度文化建设路径和方法，通过整合梳理，先后编制完善了包括《安全生产责任制》《安全培训教育管理办法》《安全检查与隐患治理管理办法》《安全风险评价管理办法》《重大危险源管理办法》《危险化学品管理办法》等 66 项安全生产管理制度、77 套操作规程、395 项应急预案，形成了完整的安全生产管理制度体系，各项安全生产管理制度反映出公司管理的特色，适合公司的发展，简单、易懂，便于执行，并能落实到位。初步形成了完整的安全生产管理制度架构体系。按照"管业务必须管安全"的原则，建立了各级人员安全生产责任清单以及制度隐含的流程和检查表，严格落实照单履责、照单监管、照单追责，形成强有力的制度约束和规范功能，"让制度标准成为行为习惯，让行为习惯符合制度标准"，实现由人治向制度管理的根本性转变。同时，定期组织对各级人员安全生产职责履行情况和各项安全生产管理制度的执行情况进行监督检查和考核，形成常态化和模式化制度管理体系。

三、"三位一体"安全管理体系

北元集团"三位一体"安全管理体系建设主要包括安全文化、安全生产标准化、过程安全管理内容。

（一）安全文化

2014 年 9 月 29 日，北元集团与中港金邦（北京）国际文化咨询有限公司签订了安全文化合作协议，引进了金川集团安全文化建设经验。按照"人本+物本=零伤害"顶层设计理念，构建具有北元特色的安全文化管控体系。组织召开了安全文化建设启动大会和安全文化建设专题会议，成立安全文化建设工作推进小组，按照《安全文化建设指导意见》和《安全文化可视化方案》，利用两年时间，分 4 个阶段按计划逐步推进安全文化建设，形成安全文化管控体系。在实施中，从启动到 2016 年，公司以安全文化"五阶段"为创建内容，逐步形成安全文化常态化考评机制。按周发布安全小知识、典型事故案例及行业安全管理动态，绘制了 26 项安全管控法漫画集，开展了"人员行为安全观察与沟通"活动，定期开展安全文化大讲堂，拍摄标准化作业视频，编制危险性作业指导书，通过以上安全文化建设亮点工程，搭建起了具有北元特色的安全文化管控体系。2017年，公司投入资金1450万元，搭建了"四层次模块、五大专业化模块、五风险管控模块和一个安全文化评价标准"为一体的安全文化管控体系，简称"4551"体系，进一步强化和巩固安全文化建设成果。同年，公司先后通过陕西省和全国安全文化示范企业评审，被授予省级"安全文化示范企业"和全国"安全文化建设示范企业"荣誉称号。2018—2022年，公司通过开展"重温安全理念、践行安全文化""践行安全文化理念，规范项目建设检修行为""安全文化季度亮点活动""安全生产月""百日安全""安全知识竞赛""安全文化辩论赛""亲情助安""安全文化宣讲"等活动，重塑安全文化灵魂，重拾文化引领信念，重温安全文化建设路径，把理念、制度、行为、物质文化建设再充实、再完善、再提升，营造了浓厚的安全文化氛围，充实安全生产管控体系，保障公司安全生产稳定运行。2022年公司顺利通过全国"安全文化建设示范企业"复审工作。截至2022年，公司在安全文化建设中取得成果主要有：①总结凝练出北元集团人人认可的八大安全理念，实行了全员安全承诺；②健全完善了以安全生产责任制为核心的66项安全生产管理制度、77套操作规程、395项应急预案；③从上至下导入并推行了7项行为规范；④研究制定员工救命法则8条，"保命"条款20条，"零伤害"条款40条，安全管控法26项，安全管理"十条"经验、安全生产"十二条"红线；⑤对厂区道路标识标线、管道色环色标、厂房及人车分流、设备设施的隔离防护、安全警示标识、关键工艺参数、设备参数以及重大危险源装置等进行了可视化建设和红、黄、绿三区管控。

（二）安全生产标准化

2007年8月，公司成立了危险化学品安全标准化领导小组，并启动了安全标准化管理工作，首次印发了《开展危险化学品安全标准化管理工作的实施意见》等管理制度。同年，公司被榆林市安监局确定为"安全标准化示范企业"。2008年10月，公司10万吨/年聚氯乙烯项目通过了危险化学品从业单位安全标准化二级达标验收。2011年12月，化工一分公司通过了危险化学品从业单位安全生产标准化新标准（安监总管三〔2011〕93号）的三级达标验收。2012年，公司在扩建项目中全面开展安全标准化工作。根据陕煤化集团《关于开展安全生产标准化工作的通知》，制定并下发了《安全生产标准化实施细则》，成立了安全生产标准化工作领导小组，明确了目标、实施步骤和工作要求，并多次邀请安全标准化专家对有关工作人员进行培训，定期对各分、子公司安全标准化工作进行了检查，下发了检查意见书督促整改。同时，派人参加了省安全生产协会组织的危险化学品行业安全标准化专业技术培训，取得了安全标准化自评员证书，并组织安全系统管理人员进行了安全标准化知识考试。2012年10月，由陕西省安全监督管理局牵头主办、公司组织承办的全省危险化学品安全生产标准化示范企业现场推进会胜利召开。会上作为安全生产标准化创建示范企业进行了经验交流，重点向与会代表介绍了公司近几年开展安全生产标准化的做法和取得的成果。2013年10月，集团公司和化工分公司顺利通过了危险化学品从业单位安全标准化二级达标验收（图4-1-1）。2013年11月，热电分公司通过电力安全生产标准化二级达标验收。2014年，公司为了实现国家安全标准化一级达标评审验收，在年初下发了《关于推进安全生产标准化工作的通知》，成立安全生产标准化工作领导小组，按照PDCA循环管理模式逐步提升，分阶段实施，年底进行了内部自评。

2015年3月4日,公司向榆林市安全生产监督管理局提交了《陕西北元化工集团有限公司关于申请安全标准化一级企业培植事宜的报告》,全面启动一级安全标准化达标创建工作,并委托中国化学品安全协会为专业培植机构,指导公司全面开展一级标准化创建工作。期间,每年邀请中国化学品安全协会对公司安全标准化进行至少两次检查指导。与此同时,2015年,水泥有限公司通过工贸行业二级安全标准化验收,并启动一级安全标准化达标创建工作;锦源化工有限公司通过危险化学品从业单位安全标准化三级达标验收,并启动二级安全标准化达标创建工作。2016年8月,公司通过陕西省安全监督管理局推荐,向国家安监总局申请了危险化学品安全标准化一级达标验收。经过两年的创建工作,2017年11月,水泥有限公司通过工贸行业一级安全生产标准化验收(图4-1-2),锦源化工有限公司通过危险化学品从业单位安全标准化二级达标验收。2017年9月5—8日,国家安监总局委托中国化学品登记中心7位专家通过查阅资料、查看现场、询问人员等方式对集团公司和化工分公司安全生产标准化一级达标情况进行了评审和验收,提出了整改意见。2018年,公司按照"统筹规划、突出重点、分步推进、持续改进"的工作方法,持续开展安全标准化一级达标创建工作,结合2017年中国化学品登记中心专家评审建议,并在过程安全管理专家的指导下,对化工"两重点一重大"涉及的SIS系统进行了SIL等级评估和SIF回路验证,确定了电解、氯乙烯合成、聚合等SIS系统升级改造方案,重点建立安全仪表功能管理体系,推进安全生产信息化建设,建立安全生产责任制考核机制,完善风险与隐患双预防机制,加强事故与应急、变更和承包商管理。2018年11月2日,热电分公司通过电力安全生产标准化一级企业现场验收(图4-1-3)。2019年上半年,公司以实现安全生产标准化一级达标为目标,重点推进完成危险化工工艺及重大危险源的SIS系统改造,9月17—20日,中国化学品登记中心4名专家对集团公司和化工分公司进行了安全生产标准化一级达标验收,并以85.82分通过现场评审(图4-1-4)。为了切实评估和反映公司安全生产标准化运行水平,2020年11月25—27日,公司邀请中国化学品登记中心4名专家,通过查阅资料、询问人员、现场检查等方式,对公司一级安全生产标准化运行情况进行了诊断检查。为了进一步深入推进安全生产标准化工作,2021年11月23—26日,公司委托哈尔滨市广安注册安全工程师事务所有限公司5名专家,通过查阅资料、询问人员、现场检查等方式,对集团公司安全生产标准化运行情况进行了诊断检查,有效促进了安全生产标准化工作不断提升。2022年7月25—29日,公司邀请中国化学品安全协会9名专家,通过查阅资料、询问人员、现场检查等方式,对公司一级安全生产标准化运行情况进行了诊断检查。

通过开展安全生产标准化建设,进一步夯实了安全生产管理基础,对危险源做到可防可控,大大减少了习惯性违章指挥和违章作业现象,控制了事故多发的关键因素,全面降低了事故风险,有效地预防了各类事故的发生,将事故消灭在萌芽状态,极大地推动了公司的安全发展、和谐发展,为全力打造本质安全型企业,实现安全生产长治久安奠定了坚实的基础。

(三)过程安全管理

2017年,北元集团引进过程安全管理,通过培养风险分析师专业团队,开展风险辨识和控制,推进双预防体系建设,完善并严格执行操作规程,保持设备设施完好性等加强安全生产管理。2019年,北元集团围绕"基于风险的安全管理"思路,将安全生产标准

图4-1-1 集团公司及化工分公司安全生产标准化二级达标验收评审会

图4-1-2 水泥公司安全生产标准化一级达标现场评审会

图4-1-3 热电分公司安全生产标准化一级达标现场评审会

图 4-1-4 集团公司及化工分公司安全生产标准化一级达标评审会

化体系、安全文化管控体系和过程安全管理各要素进行有效融合,形成包括法律法规和标准、机构和职责、安全信息管理、风险分级管控和隐患排查治理、装置运行安全、设备完整性、变更管理、应急管理等18个A级要素的具有北元特色的安全生产管控体系。同时,按照"人本+物本=零伤害"的顶层设计理念,坚持问题导向、目标导向和结果导向,建立了督查理念、督查准则、角色定位、督查导向等工作理念,形成了"不分昼夜、不定频次、直奔现场"的督查模式,创建运行了督查主题月、督查主题周、安全督查匿名交流平台、督查震惊、督查约谈等安全督查形式,固化凝练了"日曝光、周通报、月考核、季分析"的工作机制。2021年,公司开展实施消防安全标准化管理,建立包含10个A级要素、24个B级要素、68个执行内容等组成消防安全标准化管理体系,为生产系统"安、稳、环、长、满、优"运行奠定了坚实的基础。2022年1月,公司将探索建立安全督查全生命周期管控体系纳入了2022年度科技创新项目计划,通过研究应用线上"互联网+督查"平台,构建线上线下双轨督查模式,完善安全督查"专家"库,全过程、全周期以严肃、专业、务实、精准、迅速的工作作风,夯实了全员安全生产责任,引领督促各单位发挥专业安全管理职能,扎实有效推进了做好安全生产全过程务实管理工作,初步构建形成了公司安全督查全生命周期管控体系。

四、安全检查治理

(一) 施工安全管理

2003年以来,北元集团施工安全管理体系建设、人员配备、现场安全管理逐步规范。2014年3月,公司引入青岛华鹏工程咨询集团有限公司作为技改、维修项目监理单位。2015年3月开始,每年组织与各施工单位签订安全施工协议,明确各自的安全生产管理职责和应当采取的安全措施,并指定专人负责业务范围内的监督管理工作。2015年5月,青岛华鹏工程咨询集团有限公司配备专职安全监理工程师,负责施工过程安全专业管理。在技改项目开工前,组织工程管理人员开展项目施工过程安全风险分析,并制定相应的安全管控措施。2015年9月,为规划发展部配备了一名专职安全员,负责监督施工单位和监理单位的施工安全管理工作。2015年10月,规划发展部制定并下发了《规划发展部安全生产责任制》，明确了每个岗位的安全职责，并随着国家安全管理政策的变化及时对各岗位安全职责进行调整。2016年2月，根据实际情况，制定出台了《建设项目工程安全管理实施细则》，从开工前、施工过程、验收阶段、安全事故调查与处理等方面对新建、扩建、改建和拆除等工程的安全管理进行了规范。同年3月，规划发展部联合监理单位，每周三对施工现场临时用电、脚手架搭设、基坑作业、安全文明施工等进行专项检查，并将检查结果以监理通知单的形式下发，督促安全隐患的彻底整改。2017年6月，每月组织监理单位、工程管理人员对技改、维修项目施工现场进行安全检查，并将检查结果以整改通知单的形式下发至各施工单位督促整改，施工单位整改完成后，以书面形式对整改情况进行回复并复核，实现安全检查的闭环管理。2018年1月，规划发展部持续开展了承包商专项安全检查、技改维修工程专项安全检查、春季及综合性安全检查、节假日前安全检查、日常安全检查等各类安全检查，针对严重违规、违章行为进行经济处罚、停工教育等，不断消除承包商施工过程的安全隐患。同年3月，针对安徽索凯特工程建设有限公司施工人员对二线炉渣烘干机楼梯进行改造时，发生一起私自翻越钢框架爬到炉渣烘干机平台上进行高处作业，未系挂安全带，最终不慎坠落造成安全生产事故，公司对安徽索凯特建设工程有限公司作出罚款10000元处理；同年4月，监理单位在锦源化工有限公司增加一名安全监理，负责锦源化工技改、维修项目的安全监理，使施工安全监督监管不断加强。

（二）综合安全检查、治理

2003—2012年，公司长期坚持开展综合性、专业性、季节性、节假日等各类安全检查，建立了以定期检查和不定期检查两大类型；集团公司级、分子公司级、分厂级、班组级四个层级；综合性、专业性、季节性、节假日、日常性、临时性、事故类比、外聘专家诊断八种形式，以及从安全隐患排查计划、实施、整改、反馈、验收核销及登记建档"六步闭环"流程化的隐患排查治理管理体系。坚持开展节日前和春夏秋冬季节性安全大检查，对现场有毒、可燃气体检测仪、火灾报警系统、酸碱腐蚀、跑冒滴漏以及危险化学品装卸运输等专项检查。对查出的问题及隐患，严格按照整改措施、责任、资金、时限和预案"五到位"原则进行整改，隐患整改率为100%，做到了超前预防。同时，配合上级安监部门组织专家对公司进行了多次联合检查和会诊，对提出合理的、潜在的安全隐患问题，严格按照要求全部予以整改。先后共组织开展内部综合性、节假日、季节性、专业性等安全检查11次，下发安全检查意见书19份，排查出问题及隐患636项，整改完成636项，整改完成率100%。2013年以来，在原有安全检查基础上，按照《危险化学品企业事故隐患排查治理实施导则》和《安全生产事故隐患排查治理暂行规定》要求，集团公司及各分、子公司分别在年初制定下发年度安全生产检查计划，编制各类安全检查表，每年进行评审修订，并按计划组织开展检查。其中综合性检查由安全环保部牵头组织，主管安全的副总经理为总负责人，组织有关业务主管部门开展，主要以安全生产责任制和各项安全生产管理制度的落实情况等为重点，每半年不少于1次；专业性检查按照专业化分工，由各部门负责组织开展检查，主要以安全基础管理、消防、"两重点一重大"、职业卫生、工艺系统、设备设施、电气仪表、储运、承包商、公用工程、工程建设、技改、安全保卫、车辆交通、产品储存、装卸及运输等为重点，每半年不少于1次；季节性检查、节假日检查、日常性检查、事故类比和临时性检查主要由各分、子公司牵头组织，公司相关部门进行监督，重点突出防火、防爆、防中毒、防雷、防静电、防洪防汛、防暑降温、防滑防凝检查,以及生产装置是否存在异常状况、备品备件、生产及应急物资储备、安全保卫、干部带班值班、关键装置及重点部位、重大危险源等检查。对检查发现的各类问题及隐患,严格按照责任、措施、资金、时限和预案"五落实"原则限期整改完成。公司每年邀请行业专家对公司安全管理现状进行诊断检查,并配合上级安监部门组织专家对公司进行了多次联合检查和会诊,对提出合理的、潜在的安全隐患问题,认真落实责任人和期限,督促整改,及时反馈。2015年8月,公司按照"谁主管、谁负责"和"全员、全过程、全方位、全天候"的原则,建立了流程化的隐患排查治理机制和公司级、分公司与子公司级、科厂级、班组级4个层级的隐患排查治理体系。从设备设施、工艺系统、作业环境、员工行为和管理体系5个方面进行辨识、梳理,形成了岗位隐患排查对照标准和隐患数据库,分为A、B、C、D4个等级,与4个层级隐患排查体系相结合,实行分层、分级、分专业排查和管控。另外,结合安全文化建设,建立了隐患"市场化"运作激励机制,推动全员参与自主排查隐患,实现隐患自查自治。其中,2014年,共组织开展内部综合性、节假日、季节性、专业性等安全检查13次,接待外部上级部门安全检查2次,下发安全检查意见书18份,排查出问题及隐患677项,整改完成677项,整改完成率100%。2015年,共组织开展内部综合性、节假日、季节性、专业性等安全检查12次,接待外部上级部门安全检查4次,下发安全检查意见书23份,排查出问题及隐患471项,整改完成471项,整改完成率100%。2015—2018年,公司每月对各单位上报的隐患进行评审和奖励,进一步规范隐患排查、整改上报、评审奖励、检查验收的管理机制。按国家规定和标准,对涉及国家重点监管的"两重点一重大"进行现场合规性检查,对安全联锁、监控系统、ESD紧急停车系统、火灾报警设施、有毒可燃气体报警仪以及现场应急救援器材存在的问题要求及时进行整改。每年邀请行业专家,对公司安全生产管理现状进行诊断检查,制定相应措施并落实整改。2019年,根据应急管理部印发的《危险化学品企业安全风险隐患排查治理导则》,公司结合实际,健全完善隐患排查治理体系。严格对照导则分层级、分专业从安全基础管理、总图与设计、装置运行安全管理、设备设施管理、电仪管理、应急与消防等几个方面开展多次检查,对检查存在的问题及隐患,严格按照"五定"原则进行了整改。同时,配合中央、省委、市委上级单位开展了安全检查,尤其是对4月28日应急管理部明察暗访提出的问题积极督促落实进行了整改。2020年,公司按照应急管理部印发了《重大危险源安全专项检查督导指南》,分层级、分专业对重大危险源开展了全面检查,重点解决了可燃有毒气体报警仪、防爆电气设备设施、氯乙烯气柜紧急切断阀、锦源化工和PVC分厂外部安全防护距离等重大隐患的整改,切实做到将隐患排除在事故发生前。2021年11月26日,应急管理部组织专家对公司进行了重大危险源安全专项督导检查,提出现场控制室未按照全国安全生产三年行动专项整治要求搬迁完成,公司严格落实责任,制定整改方案及措施并积极落实整改。在此期间,2016年,共组织开展内部综合性、节假日、季节性、专业性等安全检查21次,接待外部上级部门安全检查4次,下发安全检查意见书28份,排查出问题及隐患696项,整改完成696项。2017年,共组织开展内部综合性、节假日、季节性、专业性等安全检查21次,接待外部上级部门安全检查16次,下发安全检查意见书35份,排查出问题及隐患769项,整改完成769项。2018年,共组织开展内部综合性、节假日、季节性、专业性等安全检查21次,接待外部上级部门安全检查26次,下发安全检查意见书31份,排查出问题及隐患

880项，整改完成880项。2019年，共组织开展内部综合性、节假日、季节性、专业性等安全检查24次，接待外部上级部门安全检查41次，下发安全检查意见书35份，排查出问题及隐患1568项，整改完成1568项。2020年，共组织开展综合性、节假日、季节性、专业性等安全检查17次，接待外部上级部门安全检查17次，下发安全检查意见书27份，排查出问题及隐患1307项，整改完成1307项。2021年，共组织开展综合性、节假日、季节性、专业性等安全检查15次，接待外部上级部门安全检查23次，下发安全检查意见书24份，排查出问题及隐患943项，整改完成943项。每年整改完成率皆达到100%。2022年，共组织开展综合性、节假日、季节性、专业性等安全检查15次，接待外部上级部门安全检查37次，排查出问题及隐患880项，整改完成880项。

五、安全风险管控

在北元公司成立初期，为了加强对10万吨/年聚氯乙烯项目一期工程5万吨/年聚氯乙烯项目安全工作的领导，2003年12月，公司首次成立了安全领导小组，全面负责项目工程建设的风险管控和安全管理。2004年8月7日，北元化工公司安全环保消防科成立，通过设立安全专职管理部门将安全管理围绕风险核心来开展，全面负责公司生产安全、环保和消防管理工作。2007年8月，公司成立了危险化学品安全标准化领导小组，并启动了安全生产标准化管理工作。通过建立安全生产责任制，制定安全管理制度和操作规程，排查治理隐患和监控重大危险源等工作建立预防机制，从风险角度为危险源的辨识、运行控制、绩效改进提供了多样方法和手段，进一步控制了风险活动，规范了生产行为。2009年8月20日，公司安全环保部成立，在集团层面设立专职安全管理部门，为基于风险的安全生产工作有序开展提供了有力组织保障。2010年，公司按照"管安全就要管风险，管风险靠技术"的理念，开始了风险管控体系建设，紧紧围绕安全生产标准化创建路径，制定了安全风险管理制度，并定期进行修订；成立风险评价工作领导小组，制定了风险分析范围、方法、准则等，逐步建立了比较完善的风险管控体系。2012年集团层面为了深入贯彻落实《国务院安委会关于深入开展企业安全生产标准化建设的指导意见》（安委〔2011〕4号）精神，进一步强化公司安全风险管控，全面突出"超前预防"，围绕安全生产法律法规和标准规范，规范和改进安全风险管理工作。2013年10月，公司顺利通过了国家安全标准化二级达标评审验收。2015年，公司全面启动安全生产标准化一级达标创建工作，同时以安全文化建设为契机，以风险管控为核心，建立全过程的风险管控预防机制。2017年，结合公司一级安全标准化、安全文化、过程管理和国家双预防体系建设要求，按照"把风险控制在隐患形成之前，把隐患消灭在事故发生之前"的思路，研究建立了"高风险—分级管控—可控受控—削减、消除—模式化、常态化"五阶段建设路径和方法，并形成了常态化运行模式。2018年，为进一步提高风险管控水平，公司结合过程安全管理工作实际，组织制定了过程风险分析评审标准，定期对风险管理工作进行评审和改进。为进一步加强各种风险分析方法的运用，公司分别组织制定了危险与可操作性分析（HAZOP）、工作危害分析法（JHA）、安全检查表法（SCL）分析技术指导手册，分层级组织全员进行了培训，便于各层级快速、准确掌握各种分析方法的精髓，并每年组织各职能部门和分、子公司开展风险评估专项活动，对生产系统各个环节、所有危险性作业、各类操作、检修项目以及所有设备设施、作业环境、危险化工工艺、关键装置、重点部位、重大危险源等进行系统的风险辨识和评价,对一、二级重大危险源和国家重点监管的危险化工工艺进行了 SIL 等级评定和 SIS 系统改造,从组织、制度、技术、应急等方面逐一落实管控措施,达到了消减、规避和降低风险的目的,并建立了安全风险数据信息表、绘制了"红橙黄蓝"四色空间分布图,建立了风险管控责任清单和措施清单(一表、一图、两清单),按照分级、分层、分类、分专业管理原则,形成了安全风险分级管控机制。2018 年 11 月,公司印发了《安全风险研判与承诺公告管理办法》,班组级在交接班时对布置的生产任务同步进行风险研判,并制定和落实风险管控措施,各层级每天对生产状况进行风险研判,层层承诺签字,确保风险可控,最后由公司总经理承诺签字并在大门外进行公告,接受社会监督。2019 年,公司提出了全面风险管控的概念,按照系统化和精细化安全管理思路,通过开展全员风险管控专项活动,从危险化学品、能量、非危险化学品、人员和生产作业活动 5 个方面,全面辨识、评估和控制所有安全生产风险,并制定和完善管控措施。同时,公司结合安全生产标准化、安全文化建设和过程安全管理等新思路、新要求,以安全季度亮点活动为载体,扎实推进风险分级管控建设工作。2020 年、2021 年、2022 年,公司按照全面风险管控思路,秉承"一切风险皆可控制"理念,每年对所辨识的风险进行一次全面审核,在之前辨识分析的基础上,补充完善危险、有害因素及管控措施,并优化完善安全风险隐患排查表,实现所有风险管控的再完善、再提升,总结提炼"一图三清单",进一步完善责任、管控、应急等层面安全风险要点,确保所有风险"可估、可防、可控、可溯"。通过全面风险考核工作的深入开展,进一步从规范安全风险管控知识培训、打造风险分析团队、强化分层、分级管控、完善风险管控责任和措施、规范作业标准等方面进行总结提炼,把安全风险管控贯穿于生产经营活动的各个环节,实现全员、全过程、全方位、全天候管控,风险管控责任落实到各层级、各专业人员,实时动态监控,确保一切风险可控、受控。2022 年 9 月,公司按照《危险化学品企业双重预防机制数字化建设指南(试行)》建立了双重预防机制数字化系统,实现企业与政府系统数据互联互通,实现双重预防机制与日常管理体系深度融合。

六、重大危险源管理

北元集团重大危险源点多面广,危险性大,安全管理难度大。2006 年 12 月,公司首次对《危险化学品事故应急救援预案》《聚氯乙烯分厂化学事故应急救援预案》和《氯碱分厂化学事故应急救援预案》进行修订,并印发了《重大危险源管理制度》,引入了"重大危险源安全设施检查表和储存总量控制表"方法。按照《危险化学品安全管理条例》和《重大危险源管理规定》中的有关规定和安全验收评价报告,在重大危险源管理系统中进行了申报,对重大危险源进行分级管理,采取分片包抓和限制储量等措施进一步强化管理,建立了定期巡检制度,修订和完善了重大危险源应急预案,进行了登记、建档、监测和评估工作,对涉及压力、温度、液位等重要参数的测量均装有远传和连续记录设备,在关键装置、重点部位场所装有氯气、乙炔、氯乙烯、氢气等各类有毒可燃气体检测报警仪 362 个,在调度中心设有 24 小时监控系统,在生产区域装有 383 个监控点,在重大危险源处装有 3G 无线视频监控 8 个,可随时通过电脑和手机进行监控,防止重大事故发生。2013 年以来,公司将重大危险源作为安全管理的重中之重,采取一系列措施强化管理:

（1）完善重大危险源安全管理制度、操作规程和应急预案，建立重大危险源管理体系。2017年2月，制定了《重大危险源管理办法》（陕北元发〔2017〕76号）；2018年2月，根据法律法规及安全生产标准化建设要求，对《重大危险源管理办法》进行了修订；2018年11月，制定下发了《重大危险源源长责任制管理办法》，每个重大危险源设置一名源长，公司总经理为总源长，一级重大危险源源长由分管安全生产的副总经理担任，建立了源长工作记录，定期对重大危险源管理情况进行监督检查。

（2）完善重大危险源管理档案。按照国家法律法规标准要求，定期邀请专业安全评价机构对重大危险源进行安全评估、登记和备案。2018年10月，公司邀请外部专业评价机构重新对重大危险源进行了辨识、评估和登记备案。

（3）配备足够的应急救援器材。严格按照国家最新安全生产法律法规和标准规范，设置和完善重大危险源安全监控设施。

（4）加强重大危险源隐患排查治理。建立完善安全责任区管理和公司督查、分子公司月查、分厂周查、班组日查的分级检查和管控机制。

（5）强化重大危险源风险分析和管控。采用HAZOP、LOPA等方法对重大危险源进行了专业安全风险分析，明确了薄弱环节和管控重点，进一步完善联锁保护、紧急切断、过程监控、SIS系统等安全仪表保护装置，提高工艺安全本质化水平，严防重大事故发生。

（6）强化重大危险源事故应急救援演练。2015年组织制定了重大危险源专项应急预案和现场处置方案。2018年10月，根据相关规范要求和公司实际情况，对重大危险源预案进行了修订和评审。公司每年制订年度演练计划，定期组织开展火灾、爆炸、中毒、泄漏等专项演练和评估，不断完善事故应急救援体系，消除薄弱环节，根据演练中发现的问题，定期对应急预案进行修订，提升公司员工应急救援能力。2018年，按照《危险化学品重大危险源安全管理暂行规定》（安监总局第40号令）要求，公司委托第三方评价机构对公司重大危险源进行了安全评估。2021年3月，应急管理部印发了《危险化学品企业重大危险源安全包保责任制办法》，公司组织各层级有关人员进行了宣贯学习，制定下发了公司《危险化学品重大危险源安全包保责任办法》，明确了重大危险源安全包保主要负责人、技术负责人、操作负责人各自安全职责，在各个重大危险源入口处设立了安全包保责任公示牌，建立了重大危险源安全包保主要负责人、技术负责人、操作负责人履职记录表和安全检查表，主要负责人每半年、技术负责人每季度、操作负责人每周对所负责的重大危险源进行监督检查，对检查发现的问题及隐患，及时按照"五定"原则督促落实整改，且纳入隐患排查治理台账进行管理，并建立了重大危险源安全包保履职档案。集团公司及各分、子公司安全管部门每年对重大危险源安全包保主要负责人、技术负责人、操作负责人履职情况进行监督、检查、考核与评估。同时，公司在化学品登记系统对重大危险源相关信息进行登记，将重大危险源有关信息接入了陕西省危险化学品安全风险监测预警系统中，每日在陕西省危险化学品安全风险监测预警系统填报有关信息，实时监控重大危险源。2021年10月委托北京国石安康科技有限公司对公司重大危险源进行了评估，11月12日组织专家对评估报告进行了评审，2022年1月25日向神木应急管理局申请并提交备案材料，2月25日取得备案登记。2022年，锦源化工有限公司委托第三方评价机构对重大危险源进行评估，共辨识评估重大危险源3个。截至2022年底，北元集团共有重大危险源 23 个。

七、危险化学品管理

截至 2022 年,北元集团在生产过程中涉及的危险化学品产品有次氯酸钠溶液(含有效氯＞5%)、硫酸、氯、氢氧化钠、氢氧化钠溶液(含量≥30%)、盐酸、二氯乙烷 7 种,危险化学品中间产品有一氧化碳、氯乙烯(稳定的)、氢、乙炔、二氧化硫、三氧化硫 6 种,危险化学品原料有氨、硫黄、碳化钙、甲烷 4 种,合计 17 种。其中涉及国家重点监管的危险化学品有氨、一氧化碳、氯、氯乙烯(稳定的)、氢、乙炔、甲烷 7 种,涉及剧毒化学品有氯 1 种,涉及国家重点监管的危险化工工艺有电解工艺、聚合工艺、氯化工艺、电石生产工艺 4 套。

北元集团高度重视危险化学品安全管理,在生产过程中依据国家《安全生产法》《危险化学品安全管理条例》等法律法规要求,2005 年 1 月,公司印发了《神府经济开发区北元化工有限公司化学事故应急处置紧急救援预案》《氯碱分厂化学事故应急预案》和《聚氯乙烯分厂化学事故应急预案》;2005 年 12 月,公司印发了《神府经济开发区北元化工有限公司环境保护与清洁生产管理制度》;2006 年 12 月,公司首次修订了《危险化学品事故应急救援预案》《聚氯乙烯分厂化学事故应急救援预案》和《氯碱分厂化学事故应急救援预案》;2015 年 8 月,制定了《危险化学品安全管理办法》(陕北元发〔2015〕148 号)、《仓库、罐区安全管理规定》;2016 年 1 月,制定了《易制毒化学品管理办法》(陕北元发〔2016〕43 号)等相关规定。每年制定危险化学品应急演练计划和检查计划,并定期进行演练和检查,推进了公司危险化学品安全综合治理。在 2015 年开展了危险化学品和消防安全专项检查活动,2016 年开展了危险化学品专项整治主题月活动,2018 年开展了危险化学品安全攻坚行动等活动。2017 年 7 月 12 日,公司顺利通过危险化学品登记证复审并取得证书,同年 9 月,通过非药品类易制毒化学品档案证明复审并取得证书。2018 年 3 月,公司以装置为单元,辨识并编制了化学品信息清单和化学品相容性矩阵图,进一步完善了公司工艺安全信息基础资料。2020 年,北元集团邀请评价机构对公司开展了安全现状评价;同年 4 月,按照国务院、省、市安委办及陕煤集团、陕西化工集团关于安全生产专项整治三年行动相关要求,公司制定了《危险化学品安全整治三年攻坚行动实施方案》,进一步深入推进了危险化学品安全管理。2022 年,公司新修订了《陕西北元化工集团股份有限公司危险化学品安全管理办法》。北元集团通过常态化管控危险化学品,保障安全投入,配备应急器材和设备(包括监测设施),规范危险化学品事故应急预案管理,建立应急救援组织体系等措施,进一步夯实了危险化学品安全管理的责任主体,有效防范和遏制了危险化学品生产事故。

八、安全培训

2003—2013 年,公司主要从以下几方面坚持对职工进行安全培训:①严格按照三级安全教育要求对每一名新进入的员工进行三级安全培训教育,并建立三级安全培训教育档案,每年组织对从业人员进行再培训,培训学时均达到并超过了国家规定学时;②每年邀请有资质的培训机构对安全负责人及管理人员进行安全资格证取证复审培训考试,年累计取得安全资格证 92 个,每季度组织各级安全生产管理人员进行公司级安全培训,年累计人数达 720 人次；③邀请省、市安监部门和质量技术监督局有关专家对特种设备管理、液氯充装站以及电工、焊工、架子、锅炉、水处理等特种作业人员进行取证培训考试，并按期进行复审，累计 956 人；④各分、子公司在严格执行三级安全教育规定的同时，针对不同的岗位、工艺和工种，进一步加强了从业人员的安全教育，每月进行一次分、子公司级安全教育，每半年进行一次安全知识考试，分厂每月组织一次安全教育，每季度进行一次安规考试，基层班组坚持每班进行安全、工艺和事故预想学习，并结合"传帮带、岗位描述、手指口述"等方法进行实训演练，进一步规范操作流程，持续不断地提高操作人员的操作技能和实战水平。从业人员在一年当中接受再培训学时可达到 48 小时，最大限度地享受到安全培训教育这一福利。公司长期通过各类培训，逐步提高了各级人员的安全综合素质。

2013—2022 年，北元集团严格按照《安全生产法》《生产经营单位安全培训规定》《特种作业人员安全技术培训考核管理规定》《特种设备作业人员监督管理办法》等开展安全培训工作。

（1）公司主要责任人与安全管理人员每年定期组织开展《安全生产知识和管理能力考核合格证》取证、复审培训，共计 16 学时，主要内容包括：安全生产法律法规、安全生产技术、安全管理、风险管理、应急管理、典型事故案例等知识。

（2）每年组织特种作业人员（电工、焊工、架子工、危险化学品操作人员）、特种设备作业人员（压力容器、压力管道、起重机械、叉车等特种设备管理人员等）进行取证、复审培训。

（3）新进从业人员三级安全培训教育，共计 72 学时，且考试合格后，方可作业。从业人员每年再培训时间为 20 学时，培训内容包括：国家有关安全生产法律和法规、安全生产基础知识、公司安全生产规章制度、安全操作规程、事故事件状态下的现场应急处置、危险化学品泄漏预防及处置、作业场所和工作岗位存在的风险和防范措施、公司及同行业典型事故案例等。

（4）每次培训结束后，对人员掌握情况进行抽考，每半年对培训的重点内容进行考试，确保人员熟练掌握安全培训知识。

截至 2022 年，北元集团职工安全培训累计 366244 人次。其中累计培训企业主要负责人 375 人次，累计培训安全生产管理人员 17545 人次，累计培训特种作业人员 27223 人次，累计培训其他从业人员 321101 人次。北元集团职工安全培训见表 4-1-1。

表 4-1-1　2003—2022 年北元集团职工安全培训情况统计表　　　　　人次

年　份	主要负责人	安全生产管理人员	特种作业人员	其他从业人员	合计
2003—2012	200	720	92	956	1968
2013	20	797	2221	10951	13989
2014	21	2026	3344	18924	24315
2015	16	1777	3456	24227	29476
2016	20	1459	2867	30595	34941
2017	18	2313	3526	24867	30724

表 4-1-1（续） 人次

年　份	主要负责人	安全生产管理人员	特种作业人员	其他从业人员	合计
2018	16	1810	2872	34932	39630
2019	16	1640	2113	43657	47426
2020	16	1668	2240	43260	47184
2021	16	1623	2168	42398	46205
2022	16	1712	2324	46334	50386
合计	375	17545	27223	321101	366244

九、作业安全管理

在建设 10 万吨/年聚氯乙烯项目期间，公司本着"用制度规范人，用考核约束人"的原则，根据项目工艺流程及生产特点编制了不同岗位的安全操作规程，同时及时识别和获取适用的安全生产法律、法规、规章、规程、规定及标准，转化为适用公司的安全操作规程。2004 年 10 月，在项目建设投产前编制下发了安全操作规程，组织操作岗位员工学习，并规定考试合格后方可上岗。2005 年 3 月，公司对各岗位安全操作规程进行了第一次修订。2006 年 11 月，公司对《神府经济开发区北元化工有限公司安全生产管理制度》中动火安全作业管理规定作了修订，完善了动火作业票证，首次引入了"风险分析"的安全管理理念。2007 年，按照安全标准化工作要求，公司不断健全和完善安全操作规程，根据工艺流程及操作特点编制了化工、热电和水泥项目的安全操作规程，并坚持每两年修订一次，确保了操作规程的适用性和时效性。2011 年 4—10 月，化工一分公司、化工二分公司、热电分公司和水泥有限公司分别对其安全操作规程进行了修订、完善和评审，并印成正式文本，标明标准编号和分发号，盖章下发至每位员工进行学习，做到了规范管理。化工二分公司、水泥有限公司分别于 2012 年 5 月和 11 月，对现有安全操作规程作了重新修订，使岗位操作管理进一步规范化，同时下发至每位员工手中，进行培训、学习和考试，达到上岗前熟知应会。2012 年 2 月和 11 月，公司 100 万吨/年聚氯乙烯综合循环利用项目一、二期工程经陕西省安全监督管理局竣工验收批复进入生产。2015 年 8 月，为了有效管控危险性作业安全，公司严格按照《安全生产法》《化学品生产单位特殊作业安全规范》（GB 30871—2014）、国家安全监管总局《关于加强化工过程安全管理的指导意见》（安监总管三〔2013〕88 号）及标准要求，制定了《危险性作业安全管理办法》（陕北元发〔2015〕148 号），对动火、受限空间、高处、临时用电、设备检修等九大类特殊危险性作业实行许可管理。分别在 2015 年 11 月、2016 年 6 月、2017 年第三季度、2018 年第二季度、2019 年第三季度、2020 年第三季度、2021 年第四季度组织开展危险性作业专项整治活动，通过开展专项治理活动，树立典型，固化推广最佳实践，提升危险性作业管理水平。2018 年 6 月，在公司统一指导下，各单位制作了《危险性作业可视化手册》，录制了《危险性作业标准化视频》，编制了《危险性作业专业化培训课件》，通过规范管理，实现了危险性作业安全管理纵向步调一致、横向标准统一，形成了便于操作的管理格局。2018 年 7 月，结合公司三年来危险性作业管理状况及国家有关要求，修订并完善《危险性作业安全管理办法》(陕北元发〔2018〕265号),进一步明确了特殊危险性作业和一般危险性作业的管控对象,建立完善了危险性作业计划管控机制,通过"一表两票(JHA风险评价表、特殊作业许可票、一般风险预控票)"危险性作业监督管理和监护人员持证上岗等方式,进一步规范了危险性作业安全管理基本要求和标准,优化和完善了危险性作业管理体系和架构。2019年,为了贯彻落实"减少危险性作业就是降低风险、避免事故"的理念,最大限度减少和控制危险性作业数量,降低作业风险,公司持续开展危险性作业"瘦身塑形"工作;同年8月,制定了《关于开展禁火日管理活动的通知》(陕北元发〔2019〕269号),明确在节假日、特殊时期严格执行"禁火"管理。2020年,公司积极推广监护人"精准帮扶"工作,破解监护管理难题,在危险性作业安全管理上走出一条新路径。同时,坚持每年对作业过程中的违章作业、违章指挥、违反劳动纪律的"三违"行为保持高压监管态势,通过"三违"曝光、"三违"帮教等措施,形成了"人盯人、人盯事、人盯现场、人带人"的管理局面。各单位每月评选优秀监护人,授予"北元监护工匠""优秀监护人"荣誉称号,树立了北元监护人的新形象。此外,公司通过开展"危险性作业实操比赛""危险性作业对标""危险性作业示范点打造""危险性作业票证基础管理专项整治""零伤害、保命"条款的检查等活动,持续全面提升危险性作业管理水平。

截至2022年,北元集团通过常抓不懈,基本形成了以"一个制度支撑(危险性作业安全管理办法)、管控两大类作业(特殊危险性作业和一般危险性作业)、一表两票监管(JHA风险评价表、特殊作业许可票、一般风险预控票)、四项基本保障(培训教材标准规范、实施危险性作业计划管控机制、定期统计分析评估、常态化监督检查)"的架构体系。进一步巩固提升了危险性作业管理标准,使各类作业活动实现"制度指导科学化、票证监管流程化、作业行为规范化、现场措施可视化"的四化管控模式。同时,逐步完善动火作业、受限空间作业移动视频监控,提升公司安全管理信息化、自动化、智能化水平,对危险性作业实现预警互联。从根本上提升了从业人员危险性作业安全风险意识和作业操作技能,杜绝因危险性作业导致的各类生产安全事故。

十、安全费用提取与使用

公司自成立以来,持续强化安全投入,确保生产系统安全稳定运行。根据《企业安全生产费用提取和使用管理办法》的要求,结合公司实际制定出台了《安全生产费用管理办法》,按提取标准提取安全费用。2013年,北元集团对《安全生产费用管理办法》进行了修订和完善,增加了热电、水泥安全费用提取标准。其中,热电安全费用计提根据上年度发电量,每度电按照0.0012元的标准平均逐月提取。水泥有限公司安全费用根据上年度水泥产量为计提依据,每吨水泥按照1.6元的标准平均逐月提取。2015年8月、2018年2月、2021年1月,公司再次对《安全生产费用管理办法》进行了修订完善。安全费用的使用范围主要包括:①用于完善、改造和维护安全防护设备、设施支出;②用于配备必要的应急救援器材、设备及维护保养和进行应急演练支出;③用于重大危险源、事故隐患评估、监控、整改支出;④用于安全生产检查与评价(不包括新、改、扩建项目安全评价)、咨询和标准化建设支出;⑤用于配备和更新现场作业人员安全防护用品支出;⑥用于安全生产宣传、教育、培训支出;⑦安全生产适用的新技术、新标准、新工艺、新装备的研发及推广应用；⑧用于安全设施及特种设备检测检验支出；⑨用于职业危害检测评价支出；⑩用于其他与安全生产直接相关的支出。2013—2022年末，北元集团累计提取安全费用29663.71万元，累计投入安全费用36975.91万元。北元集团安全费用提取及使用情况见表4-1-2。

表4-1-2　2013—2022年北元集团安全费用提取及使用情况统计表　　　万元

年　份	提取金额	使用金额	备　注
2013	1152.00	1152.00	用于10万吨装置和新建100万吨装置的安全生产
2014	1482.18	1482.18	用于10万吨装置和新建100万吨装置的安全生产以及安全文化建设
2015	1709.99	1709.99	
2016	2688.77	2714.46	用于10万吨装置和新建100万吨装置的安全生产以及安全文化建设、一级安全标准化达标创建
2017	2986.12	4257.41	用于10万吨装置和新建100万吨装置的安全生产以及安全文化建设、一级安全标准化达标创建、过程安全管理工作
2018	3896.96	5482.87	用于10万吨装置和新建100万吨装置的安全生产以及安全文化建设、一级安全标准化达标创建、过程安全管理工作以及SIS系统升级改造等
2019	3639.21	4491.75	用于10万吨装置和新建100万吨装置的安全生产以及安全文化建设、一级安全标准化达标创建、过程安全管理工作
2020	3785.16	4392.63	
2021	3796.08	5351.54	
2022	4527.24	5941.08	
合计	29663.71	36975.91	

第二节　职业健康管理

一、机构、职责

在北元化工公司成立初期，严格按照国家有关职业病防治的法规、政策、标准要求，遵循"预防为主，防治结合；分类管理，综合治理"的方针，2003年6月公司制定了《神府经济开发区北元化工有限公司职工劳动保护用品管理办法（基建期）》；2004年9月公司印发了《神府经济开发区北元化工有限公司劳动保护用品管理制度》；2006年8月，公司成立了职业病防治领导小组。制定相应的规章制度，主要包括职业危害项目申报、作业场所职业危害因素监测、职业病防护设施管理、特种劳动防护用品管理、职业卫生培训、职业危害告知等，并成立了职业病防治领导小组，全面负责职业卫生管理工作。2009年8月20日，北元化工集团公司安全环保部成立，编制共计7人，负责安全、环保、消防、职业卫生等管理事务，各分、子公司均设有安全环保科；安全环保部主要负责制定集团公司各类职业病防治制度、职业卫生操作规程、职业病危害事故应急预案、新改扩建项目职业病防护设施三同时及隐患排查、职业健康监护等工作。2007年6月公司首次修订了《劳动保护用品管理制度》和《安全防护用品管理制度》，2010年10月制定下发了《职业卫生管理办法》，2010年10月，公司100万吨/年聚氯乙烯综合循环利用项目一期工程进入试生产后，2011年8月公司根据生产实际需求，制定和下发了《特种劳动防护用品管理办法（试行）》。2012年1月和9月，公司100万吨/年PVC项目一、二期职业危害防护设施顺利通过了陕西省安监局的竣工验收。公司严格按照安全生产标准化工作要求，及时识别和获取国家及行业最新安全生产法律、法规和标准，进一步健全和完善安全生产管理制度，2012年11月《安全帽管理办法》出台。

2013年3月下发了公司《特种劳动防护用品配发标准》，北元集团高度重视职业健康安全管理，配备有职业卫生专职理人员，2015年8月对照《职业病防治法》修订了公司《职业卫生管理办法》《特种劳动防护用品管理办法》，进一步规范了职业病宣传教育培训、危害警示与告知职业病事故调查、处理及报告，建设项目职业病防护设施"三同时"，职业危害因素的检测、申报、备案，职业病体检、治疗、诊断，职业健康监护及职业卫生档案管理等。2018年6月编制并评审通过了《100万吨/年聚氯乙烯省级改造项目职业病危害预评价报告》，2018年7月完成了《100万吨/年聚氯乙烯省级改造项目职业病防护设施设计专篇》，2019年7月完成了《100万吨/年聚氯乙烯省级改造项目职业病危害控制效果评价报告》和职业病防护实施设计竣工验收。2022年，按照国家新规章，修订下发了《职业卫生管理办法》和《特种劳动防护用品管理办法》。

2019年以来，北元集团高度重视职业健康管理，2021年11月在安全环保部下设立了职业健康业务模块，增加了人员编制，由专人负责各项职业病防治工作，主要负责贯彻执行国家职业病防治法律、法规、标准和上级有关要求、规定；制定职业病管理制度、防治计划和实施方案，应急救援预案及建设项目职业病防护设施"三同时"等，公司的职业健康管理日益合法规范。

二、职业健康管理体系

北元集团职业健康管理体系主要围绕职业健康安全法律法规、标准和安全生产标准化工作要求开展职业健康管理体系建设，2013—2015年，初步形成了职业健康管理体系架构。2016—2018年，为进一步提升职业健康安全管理水平，公司以ISO 18000职业健康安全管理体系为职业健康工作指南，按照"方针—策划—实施与运行—检查和纠正措施—管理评审—持续改进"的PDCA循环管理要求，全面开展职业健康安全管理体系建设，以职业健康安全法律、法规、标准为依据，以危险源辨识、风险评价和风险控制策划为核心，开展职业卫生监测、健康监护工作，逐步改善了现场作业环境，建立健全了测量、监测与预防机制，编制完成职业健康管理手册和程序文件，每年进行一次外部管理评审，确保职业健康安全管理体系的适宜性、充分性和有效性，并持续改进。2017年1月，北元集团顺利取得了方圆认证标志。截至2018年，北元集团经过近两年的体系运行，已经将质量、环境、职业健康安全管理体系三证合一，有效整合了各类资源，并积极吸取其他体系的优点，改进和完善本体系的不足之处，有效提升了体系建设工作水平。

2018年以来，北元集团严格执行《职业健康安全管理体系要求及使用指南》GB/T 45001和公司安全生产管理体系相关要求，扎实推进职业健康安全管理体系落地。2018年1月，北元集团邀请专家对ISO 45001：2018标准进行培训，确保相关人员具备新版标准要求的能力。2021年3月针对ISO 45001：2018标准新增及变化要求修订并下发《职业健康管理手册和程序文件》。每年4月、11月开展2次内部审核和管理评审；每年邀请方圆标志认证集团陕西有限公司进行一次外审工作。改进和完善本体系的不足之处，有效提升了体系建设工作水平。2022年5月，邀请专家开展了内审员培训取证，2022年4月组织开展了内审，10月开展了线上外审，并顺利取得方圆认证。

三、职业病预防

公司自成立以来始终把职业健康与安全生产紧密结合，自2006年职业健康监管职能由卫健局转变为安监局，在各级政府的高度重视下，公司成立了职业病防治领导小组，全面负责职业卫生管理工作并严格按照国家有关职业病防治的法规、政策、标准要求，遵循"预防为主，防治结合；分类管理，综合治理"的方针，制定职业危害项目申报、作业场所职业危害因素监测、职业病防护设施管理、特种劳动防护用品管理、职业卫生培训、职业危害告知等管理制度。2012年1月和9月，公司100万吨/年PVC项目一、二期职业危害防护设施顺利通过了陕西省安监局的竣工验收。每年确定职业病防治计划和实施方案，定期组织开展职业卫生专项安全检查及隐患治理，对粉尘、噪声、高温、毒性物质等职业危害进行检测、治理，先后对化工分公司乙炔分厂电石储运、破碎，水泥有限公司原料储运、干粉库、水泥包装、水泥磨，热电分公司发电机组，锦源化工有限公司电石炉、原料堆场、煤棚等粉尘和噪声污染严重的场所进行了技术改造，取得了显著的效果，员工的作业环境得到了极大改善，有效预防了职业病危害事故的发生。同时，制定了各岗位特种劳动防护用品配备标准，包括安全帽、空气呼吸器、防化服、防毒面具、逃生器等40余种，并按期足额发放。定期组织对各单位劳动防护用品配发标准进行修订，及时更换适合岗位的新产品，切实保障职工职业健康安全。按国家规定要求组织新进人员进行上岗前职业病体检，对在岗人员每年组织在岗期间的职业病体检，对离岗人员全部进行离岗职业病体检后方可办理离职手续，并按规定建立健全了职业健康监护档案，完善职业健康安全管理体系。2020年北元集团先后按照国家相关法律法规和生产实际修订了职业病防治管理制度、操作规程和应急预案。按计划对员工进行职业卫生教育培训，提高员工职业病危害辨识能力、防护意识和实际操作技能。定期邀请专业机构对工作场所的职业病危害因素进行检测评价，对锦源化工原料分厂白灰工段白灰窑下料处13米平台化学物质、原料粉尘白灰工段石灰石库粉尘、热电分公司SCR区高温治理和锅炉粉尘等超标场所进行治理。按计划开展职业卫生隐患排查治理。2019年11月—2020年2月，以同行业法规标准为依据、以各岗位风险危害因素和异常事故应急救援为需求，对生产现场181个岗位1512项作业涉及的职业病危害因素进行全面辨识，在原有基础上增配特种劳动防护用品共6类27种2046件。每年对岗位特种劳动防护用品使用情况进行现场调研、厂家考察，为员工配备安全性能、舒适度、透气性更高的防砸鞋和降温马甲等个体防护用品，切实保障职工职业健康安全。定期组织开展职业病事故应急救援演练，提高各级人员事故应急救援管理水平，有效预防了职业病危害事故的发生。2021年办理了12万吨/年甘氨酸项目及配套建设产氯项目等新改扩建项目职业病危害预评价，并通过专家评审。2022年完成了烟气与烧碱制备碳酸钠、200兆瓦光伏发电等项目的职业病危害预评价报告，对可能产生的职业病危害因素及其对工作场所和劳动者健康的影响作出评价，确定危害类别和职业病防护措施，从源头对职业病危害因素进行控制，切实维护员工的生命安全与健康。

2022年为深入贯彻党的十九大、二十大及国家卫生与健康大会会议精神，助力健康中国战略实施，公司从以往重点关注职业病危害因素向关注所有危害员工健康的危害因素转变，积极开展健康企业建设工作，通过健全健康相关制度、打造健康环境、提升健康管理服务、营造健康文化等方面全方位全周期维护员工身心健康。

第三节 应 急 救 援

一、管理机构

（一）机构

2003年以来，公司设有事故应急救援指挥部，每年根据实际情况进行调整。事故应急救援指挥部由总指挥、副总指挥及相关职能部门及分、子公司为成员构成。事故应急救援指挥部下设指挥部办公室和日常事务办公室。2012年及以前，办公室设在集团公司安全环保部，在之后公司机构调整中，指挥部办公室设在生产技术部（调度中心），办公室主任由生产技术部部长担任。2011年5月，公司根据实际情况印发了《陕西北元化工集团有限公司综合应急预案》，成立了6支应急队。2012年9月，对综合应急预案进行了修订，在6支应急队的基础上增加了专家组。截至2022年，设的应急队分别为抢险救援队、消防救护队、物资供应队、工艺处置队、医疗救护队、环境监测队、后勤保障队和一个专家组。

（二）职能职责

负责24小时应急值守、信息报送、事故处置和生产指挥工作；日常事务办公室设在安全环保部，办公室主任由安全环保部部长担任，负责公司应急管理日常事务工作和生产安全事故应急处置的协调工作。应急救援指挥部主要负责贯彻执行国家有关法律、法规、标准和有关规定，全力做好公司应急救援管理和事故应急处置工作。应急救援指挥部职责：①负责下达启动和终止应急预案指令；②组织制定事故应急处置、抢险、抢修方案；③组织各应急救援队伍开展救援工作，安排、调用各分、子公司应急救援人员、物资、设备；④负责第一时间向上级有关部门汇报和向友邻单位通报事故情况，必要时向地方有关部门发出救援请求，引导相关上级单位应急救援人员进入事故现场，根据实际情况，向政府应急救援指挥部总指挥移交指挥权，并接受上级部门或政府的指令及调动；⑤保护事故现场和有关资料，组织事故调查分析，负责组织事故善后处理工作；⑥副总指挥协助总指挥开展应急救援的具体指挥工作，总指挥不在时，经授权，代替总指挥履行应急救援职责。

二、应急预案

2003年以来，北元集团持续健全完善应急救援体系，按照《生产经营单位安全生产事故应急预案编制导则》编制综合应急预案、专项应急预案和现场处置方案。2011年5月，印发了《陕西北元化工集团有限公司综合应急预案》，成立了抢险救援队、消防治安队、物资供应队、医疗救护队、交通运输队、生活保障队6支应急救援队伍。2012年9月，对综合应急预案进行了修订，在6支应急救援队伍的基础上增加了专家组。2015年，因组织机构调整进行了第二次修订；2018年，在进行第三次修订后，并将应急队更名为：抢险救援队、消防救护队、物资供应队、医疗救护队、环境监测队、后勤保障队和一个专家组。2021年，进行了第四次修订，增加了工艺处置队。截至2022年，公司应急预案体系分别为1部综合应急预案，即《生产安全事故综合应急预案》；6部专项应急预案，即《火灾、爆炸事故专项应急预案》《重大危险源事故专项应急预案》《电气事故专项应急预案》《特种设备事故专项应急预案》《中毒和窒息事故专项应急预案》《危险化学品泄漏事故专项应急预案》。化工分公司编制了1部综合应急预案、10部专项应急预案、231部现场处置方案；热电分公司编制了1部综合应急预案、10部专项应急预案、32部现场处置方案；水泥有限公司编制了1部综合应急预案、9部专项应急预案、23部现场处置方案；锦源化工有限公司编制了1部综合应急预案、9部专项应急预案、50部现场处置方案。生产安全事故综合应急预案与神木市高新技术产业开发区生产安全事故综合应急预案衔接，公司内部各级应急预案之间互相衔接。同时，各分、子公司编制了各岗位应急处置卡。所有预案按照规定至少每三年进行一次修订，修订完毕后由主要负责人签署发布，并及时进行重新备案。

三、应急救援队伍

（一）队伍构成

2003年以来，北元公司和各分、子公司均成立有兼职应急救援队，成员每年根据实际情况进行调整。2012年，北元集团和各分、子公司分别成立了事故应急救援指挥部、日常事务办公室和6个应急救援专业队（抢险救援队、消防救护队、环境监测队、医疗救护队、后勤保障队、物资供应队），主要负责火灾爆炸、危险化学品泄漏等事故的应急救援工作及解救受困人员、开展火情侦查、制订扑救方案、组织实施灭火等工作。2016年11月，公司依据《中华人民共和国消防法》和《城市消防站建设标准》，建立消防气防站，编制管理人员4名，消防队员26名（劳务派遣），其中驾驶人员6名，战斗人员20名，配备气防指挥车1辆、16吨水罐泡沫车1辆、干粉泡沫联用车1辆，主要负责公司消防应急救援工作。2018年，应急救援增设1个专家组。同年6月，公司组织机构调整，成立消防队，将消防气防站改为消防队（科级编制），隶属安全环保部，编制管理人员3名（劳务派遣1人），消防队员30名，新增32米举高喷射车1辆，实行24小时值班制度。2021年，应急救援增设工艺处置队，并新增2辆消防机器人、2架无人飞机、1辆消防机器人运输车。各分、子公司建立了义务消防队，配合专职消防队开展灭火救援工作。另外，距公司3千米处有锦界消防队，可在短时间内对公司开展救援。公司与锦界消防队、锦界开发区医院、周边6家重点化工企业签订了应急救护协议，协同做好应急救援工作。公司建立了医务室，可进行简单救护工作，严重时可及时转入锦界开发区医院或榆林市各医院。

（二）职能、任务

截至 2022 年，应急救援队和专家组的职能任务分别为：

（1）抢险救援队队长由生产技术部部长担任，牵头制定事故现场应急处置、抢险、抢修方案，负责组织公司抢险救援队开展事故处置工作；组织并参与抢险、抢修，调配应急救援人员、抢险工具、器材。

（2）消防救护队队长由安全环保部部长担任，负责现场被困人员、受伤人员抢救工作；第一时间安排消防队投入战斗，及时洗消、控制、扑救各类火灾、爆炸或危险化学品泄漏事故，防止灾情扩大；事态扩大后，联系锦界消防队等外部力量增援；负责收集信息并及时向总指挥提出安全环保方面的报告和建议；参与制定事故现场应急处置、抢险、抢修方案，组织、调配抢险、抢修等应急救援人员和防化、防毒及消防灭火等应急救援器材。

（3）环境监测队队长由安全环保部部长担任，负责抢险救援过程中和救援结束后现场水质、土壤、空气、污染源等部位有毒有害物质浓度的检测，提供警戒范围依据，并进行跟踪监测和数据信息报送；关闭雨排阀门，防止事故水进入外环境；必要时联系外部环境检测机构协助，对公司周边和事故区域大气环境质量参与监测；组织或参与事故调查工作。

（4）医疗救护队队长由综合管理部部长担任，负责做好人员有效医疗救护工作，抢救受伤人员，对重伤者及时送医抢救或救援；联系社会医疗单位、医院参与伤病员救治工作。

（5）后勤保障队队长由综合管理部部长担任，负责保障应急救援指挥部人员应急车辆及水、食物等日常物资需求；负责组织现场警戒、治安、保卫、疏散、道路交通管制工作；引导救援人员、消防、救护人员进入事故现场；保障内外部通信畅通，尤其要保证指挥人员、调度、抢险队伍人员对讲机等通信器材完好。

（6）物资供应队队长由采购供应部部长担任，负责事故救援时防护用品、应急物资调拨、分配和供应；若应急扩大，则及时向周边单位联系调用救援设备、器材等；负责公司应急物资储备库物资的检查、补充、维护、检验、更新等日常管理工作和调用，及时补充更换过期、失效的物资。

（7）专家组负责为事故救援提出技术指导并制定处置措施或方案。

（8）工艺处置队协助总指挥开展事故应急救援工作，参与制定公司工艺系统异常或事故情况下的应急处置方案，为应急救援指挥部提供工艺技术支持。各分、子公司按照总指挥要求成立现场指挥部，组织开展前期事故救援、人员抢救、灾情控制工作，并向形成指挥部及时报告事故情况；立即采取工艺控制、工程抢险、封堵、围挡、喷淋、转移等措施处置，切断和控制事故源，防止事故扩大；事故情况紧急时，可直接向公司消防队、锦界消防队、神木高新技术产业开发区医院报警求助；建立初期现场警戒区域、交通管制区域和重点防护区域，组织疏散所属区域无关人员，并核实人数，控制、记录进入事故现场救援人员的数量；事故险情扩大且无力控制时，应立即下达停车命令，有组织、有秩序地安排人员撤离。立即向集团公司汇报，提出救援支持建议；做好有毒有害物质和事故水、废液等的收集、清理和恢复秩序工作；协助总指挥制定事故现场应急处置、抢险、抢修方案，为事故处置提供技术支持、意见和建议；配合事故调查和事故报告材料的起草、编写。

四、救护设施、装备

2003—2015年，公司在生产现场和各基层岗位配备了足够的特种劳动防护用品和应急救援器材，主要有防毒面具、口罩、防尘口罩、防噪声耳套、耐酸碱服、防化服、防火服、正压式空气呼吸器、洗眼器以及各类规格型号的灭火器4755具，消火栓1354套、水泡40部，水泵接合器18套，火灾自动报警控制柜17台，事故应急柜19个，在关键装置和重点工艺部位装有安全连锁系统、水喷淋系统、高低液位报警系统、电气稳控装置、事故自动切断系统、ESD紧急停车系统和有毒可燃气体检测仪、视频监控等，以及投资60余万元建立了应急物资储备库，库内包括各类应急救援器材40余种。在关键装置、重点部位场所装有氯气、乙炔、氯乙烯、氢气等各类有毒可燃气体检测报警仪362个，在调度中心设有24小时监控系统，在生产区域装有240个监控点，在重大危险源处装有3G无线视频监控8个。各分、子公司分别建立有应急物资库，配备了各类应急救援物资，装置现场设置了事故应急柜、灭火器、消防水炮、消火栓、正压式空气呼吸器、逃生器等应急救援器材。2016年11月，北元集团建立消防、气防物资库和应急物资库，库内拥有正压式空气呼吸器、灭火防护服、隔热服、防化服等个人防护装备和救生器材、破拆器材、警戒器材、堵漏器材、有毒可燃气体检测仪器、通信器材及风速测定仪等消防救护设备。同时，在易燃易爆、有毒有害物质生产、储存区域安装有可燃和有毒气体监测仪，并与DCS系统连接，实行24小时监控；在易燃易爆生产、储存区域和人员密集场所安装了火灾报警系统；在重大危险源和重要生产、储存区域安装了视频监控器，并与调度中心、DCS系统连接。截至2022年，各类救援装备、设施分别见表4-3-1～表4-3-4。

表4-3-1　2022年北元集团1号气防指挥车配备器材功能明细一览表

序号	名称	单位	数量	功能及其作用
1	发电机	台	1	为车辆监控设备提供电源
2	急救包	个	1	现场紧急救护
3	灭火救援指挥箱	个	1	测量风速、温度、风量等
4	闪光警示灯	个	1	在夜晚点亮时很显眼，起到警示作用
5	荧光棒	根	1	夜间指挥车辆
6	防毒面具	个	2	进入有毒现场时保护自身安全
7	警告三脚架标志牌	个	3	放置车辆前后50米处，防止追尾
8	警示带	盒	2	用于危险地带、施工地带突发事件的隔离
9	手电筒	把	1	夜间照明逃生通道
10	防化服	套	1	进入有毒现场保护自身安全
11	隔热服	套	1	进入高温现场保护自身安全
12	空气呼吸器	台	4	用于灭火作业保护自身安全
13	电脑	台	1	临时制定作战方案（但未联网不能实现远程传输）
14	监视器	台	1	反馈现场情况，便于制订方案
15	救护担架	把	1	现场紧急救护

表4-3-1（续）

序号	名称	单位	数量	功能及其作用
16	摄像头	个	1	远程监护现场情况
17	（50M）线圈	个	2	远程连接发电机与用电设备
18	抢险救援帽	顶	1	进入现场佩戴，保护自身安全
19	电台	台	1	通信联络
20	对讲机	台	1	现场通信指挥
21	2千克灭火器	个	1	指挥车应急
22	配电箱	个	1	控制发电机用电
23	工作台	台	1	用于放置监视台，临时工作

表4-3-2 2022年北元集团2号水罐泡沫车配备器材功能明细一览表

序号	名称	单位	数量	功能及其作用
1	65水带	盘	8	供水
2	80水带	盘	8	供水
3	吸水管	根	4	供水、抽水
4	地上、下消防栓扳手	把	1+1	开启、关闭消防栓
5	水带挂钩	个	4	挂水带
6	三分水器	个	1	水带分流
7	水带保护桥	个	2	保护穿越马路水带
8	滤水器	个	1	吸水过滤杂物用
9	水带包布	个	4	包裹水带破漏处
10	吸水管扳手	把	4	开启、关闭吸水口
11	异径接口	个	10	80转65、65转80，转换接口
12	铁锹	把	6	灭火救援及破拆用
13	板斧	把	1	救援、破拆工具
14	铁铤	把	1	救援、破拆工具
15	直流开关水枪	支	2	喷射柱状水流
16	开花水枪	支	2	喷射雾状水流
17	泡沫吸管	根	1	吸取泡沫
18	泡沫软管	根	1	吸取泡沫
19	泡沫枪	支	2	喷射泡沫
20	二节拉梯	把	1	登高、救援
21	正压式空气呼吸器	具	4	为现场救援人员提供呼吸空气
22	手提式移动水泡	台	1	灭火救援为救援人员增大安全距离
23	吸水管分水器	个	1	双向抽水

表4-3-3 2022年北元集团3号干粉泡沫联用车配备器材功能明细一览表

序号	名称	单位	数量	功能及其作用
1	65水带	盘	8	供水
2	80水带	盘	8	供水
3	吸水管	根	4	供水、抽水
4	地上、下消防栓扳手	把	1+1	开启、关闭消防栓
5	三分水器	个	1	水带分流
6	水带挂钩	个	4	挂水带
7	水带保护桥	个	2	保护穿越马路水带
8	滤水器	个	1	吸水过滤杂物用
9	水带包布	个	4	包裹消防水带破漏处
10	吸水管扳手	把	4	开启、关闭吸水口
11	异径接口	个	10	80转65、65转80，转换接口
12	铁锹	把	6	灭火救援及破拆用
13	板斧	把	1	救援、破拆工具
14	铁铤	把	1	救援、破拆工具
15	直流开关水枪	支	2	喷射柱状水流
16	开花水枪	支	2	喷射雾状水流
17	泡沫吸管	根	1	吸取泡沫
18	泡沫软管	根	1	吸取泡沫
19	泡沫枪	支	2	喷射泡沫
20	绝缘钳	把	1	救援、破拆工具
21	二节拉梯	把	1	登高救援
22	正压式空气呼吸器	具	4	为现场救援人员提供呼吸空气

表4-3-4 2022年北元集团4号32米举高喷射消防车配备器材功能明细一览表

序号	名称	单位	数量	功能及其作用
1	80水带	盘	4	供水
2	吸水管	根	4	供水、抽水
3	地上、下消防栓扳手	把	1+1	开启、关闭消防栓
4	水带挂钩	个	4	挂水带
5	吸水管	个	4	消防池、河流取水
6	水带保护桥	个	2	保护穿越马路水带
7	滤水器	个	1	吸水过滤杂物用
8	水带包布	个	2	包裹消防水带破漏处
9	集水器	个	2	快速给车辆供水转换接口
10	投掷式灭火器	个	10	灭火器材

五、救援与演练

（一）消防救援

2016年11月，北元集团消防队成立，作为公司一支专职突击救援队伍。截至2021年7月，协助榆林市消防支队、锦界管委会、锦界消防大队扑救多起火灾，得到政府及消防部门的高度认可。先后参与社会救援及事故处置23次。具体救援情况见表4-3-5。

表4-3-5 2017—2022年北元消防队外出救援及事故处置明细一览表

序号	时间	被救援单位或地点
1	2017-04-05	锦界公草湾林场森林火灾处置
2	2017-04-17	锦界废品回收站着火事故处置
3	2017-12-20	乔家梁伟屹化工乙炔爆炸着火事故处置
4	2018-04-08	锦界榆能精益化工施工现场火灾处置
5	2018-07-11	瑞成玻璃厂停车场多辆电石车着火处置
6	2018-09-07	神木化工储罐着火事故处置
7	2018-09-11	锦中路电石车着火事故处置
8	2018-09-19	榆林环能煤化火灾事故处置
9	2018-11-27	瑞诚煤化皮带着火事故处置
10	2018-11-30	大柳塔恒源煤化着火事故处置
11	2019-02-06	锦界四区一彩钢房着火事故处置
12	2019-04-01	南北沟山地植被着火事故处置
13	2019-04-12	泰安化工氨水及设备转移，现场应急
14	2019-04-21	锦界盛世花园小区南侧彩钢房着火处置
15	2019-12-26	东风镁业焦粉库着火事故处置
16	2020-04-03	华航能源着火突发事故处置
17	2020-11-04	锦界电化路火灾事故处置
18	2020-11-20	东元精细化工锅炉塔火灾爆炸事故处置
19	2021-02-19	锦宏运输有限公司轮胎库着火事故处置
20	2021-02-24	热电氨区围栏外废旧电缆桥架着火处置
21	2021-05-03	泰安化工西侧绿化带着火事故处置
22	2021-07-30	锦兴化工有关着火事故处置
23	2021-08-27	锦大路停车场柴油罐车着火事故处置
24	2022-03-31	锦界北侧山体着火事故处置
25	2022-04-03	新东方镁业着火事故处置

表 4-3-5（续）

序号	时间	被救援单位或地点
26	2022-04-20	莽过梁村着火事故处置
27	2022-05-25	莽过梁村着火事故处置
28	2022-10-23	凉水井煤矿着火事故处置

（二）应急演练

2003年以来，公司按照《应急管理办法》，针对火灾、爆炸、中毒、有毒有害物质泄漏等，年初制订演练计划，并从演练程序、通信保障、物资储备和提升能力等方面制定严格的考核标准。公司每年组织一次公司级演练，分、子公司每半年进行一次演练，各分厂每月进行一次演练。通过演练，检验预案的科学性、可操作性，全面普及事故应急预防、报警、自救、互救等知识，进一步提高各级人员的事故应急救援水平。距公司3千米处有锦界消防大队，可在短时间内对公司开展救援；公司与锦界开发区医院签订了应急救护协议，并在公司建立了医务室，可进行简单救护工作，严重时可及时转入锦界开发区医院。截至2014年，公司综合应急预案和专项应急预案每年至少演练1次，现场处置方案每2个月至少演练1次。2016年11月，公司消防队成立以来，消防队结合各单位年度演练计划，制订消防队全年演练计划，坚持每两周至少参加1次生产现场应急救援演练，确保每个消防队员都能熟练使用各类应急救援装备和器材，熟知公司各装置区的物料危险特性、灭火救援方法及消防通道布局等基本知识，切实提高应急救援技术和能力。2018年，公司作为榆神危险化学品应急救援队理事长单位，制订应急救援队年度工作计划，通过组织培训、演练、检查等形式，加强各应急救援队相互之间的应急协作、配合、协防和联防能力，提升综合应急救援水平，助推了榆神工业园区的安全生产稳定局面。2015—2022年，公司共组织综合应急预案演练15次，专项应急预案演练47次，现场处置方案演练89次。分子公司级综合应急预案演练49次，专项应急预案演练269次，现场处置方案演练1363次。共计综合应急演练64次，专项应急预案演练316次，现场处置方案演练1452次。应急演练情况见表4-3-6。

表 4-3-6　2015—2022年北元集团及分子公司应急演练统计表　　次

单位		年份	综合应急预案演练	专项应急预案演练	现场处置方案演练
公司本部	北元集团	2015	2	0	14
		2016	1	8	16
		2017	2	8	16
		2018	2	7	15
		2019	2	9	10
		2020	2	7	10
		2021	2	4	9
		2022	2	4	9

表4-3-6（续) 次

单位		年份	综合应急预案演练	专项应急预案演练	现场处置方案演练
分、子公司	化工分公司	2015	2	8	38
		2016	1	2	16
		2017	1	6	72
		2018	1	5	91
		2019	1	8	74
		2020	2	9	73
		2021	2	7	76
		2022	2	11	163
	热电分公司	2015	2	2	20
		2016	1	6	18
		2017	1	6	24
		2018	1	13	19
		2019	1	11	31
		2020	2	11	35
		2021	2	16	66
		2022	1	7	11
	水泥有限公司	2015	2	3	18
		2016	1	9	20
		2017	1	9	18
		2018	1	10	22
		2019	1	9	20
		2020	2	9	22
		2021	2	14	23
		2022	1	9	46
分、子公司	锦源化工有限公司	2015	2	4	40
		2016	1	5	43
		2017	1	9	27
		2018	1	11	30
		2019	1	9	27
		2020	2	9	26
		2021	2	4	31
		2022	2	7	104
	化工一分公司	2015	2	9	18
	盐业分公司	2015	1	2	14
	合计		64	316	1452

第四节　生　产　事　故

一、事故规定

2003—2016年，公司明确了各类事故的报告、救援和现场管理程序，对各单位发生事故严格按照"四不放过"原则进行事故调查，按照"以事故结果定事故类型，以事故原因定事故性质"为导向，对事故责任人进行责任追究，并把承包商事故纳入公司事故管理。同时，结合事故案例大力开展事故警示教育活动，利用事故现身说教、事故责任人"过四关"、亲情助安、事故类比排查等活动，并对同行业发生的典型事故案例和公司发生的各类事故定期进行回头望，举一反三，警钟长鸣，提高各级人员的安全意识，努力实现"零伤害、零事故、零污染"的"三零"目标。

2017年，北元集团制定下发了《陕西北元化工集团有限公司事故管理规定》（陕北元发〔2017〕72号）。依据本规定，北元集团将生产过程中因操作或管理等责任导致发生的各类事故分为人身伤亡事故、火灾事故、爆炸事故、环境污染事故、设备设施事故、工艺事故、质量事故七大类。根据事故造成的人身伤害程度和直接经济损失，将各类事故划分为一级、二级、三级3个等级。公司各职能部门按照专业化分工对相应的事故进行管理。2022年，公司修订完善了《事故事件管理办法》，进一步明确了事故分类、分级、报告及调查等要求。目前，北元集团人身伤亡、火灾、爆炸、环境污染等各类事故等级划分见表4-4-1。

表4-4-1　北元集团人身伤亡、火灾、爆炸、环境污染等各类事故等级划分一览表

事故类型	事故等级	事故划分标准
人身伤亡、火灾、爆炸事故	一级事故	1. 造成1人以上重伤或者以上伤害 2. 造成3人以上重度中毒 3. 造成100万元以上直接经济损失
人身伤亡、火灾、爆炸事故	二级事故	1. 造成1人以上轻伤 2. 造成1~2人重度中毒或者2人以上中度中毒 3. 造成10万元以上100万元以下直接经济损失
人身伤亡、火灾、爆炸事故	三级事故	1. 造成1人以上轻微伤 2. 造成1人中度中毒或者2人以上轻度中毒 3. 造成1万元以上10万元以下直接经济损失
环境污染事故	一级事故	1. 疏散、转移厂外人员300人以上 2. 造成100万元以上直接经济损失 3. 造成重伤及以上厂外人员人身伤害或者3人以上重度中毒
环境污染事故	二级事故	1. 疏散、转移厂外人员100人以上300人以下 2. 造成10万元以上100万元以下直接经济损失 3. 造成厂外1~2人重度中毒或者2人以上中度中毒
环境污染事故	三级事故	1. 疏散、转移厂外人员50人以上100人以下 2. 造成1万元以上10万元以下直接经济损失 3. 造成厂外1人中度中毒或者2人以上轻度中毒

表 4-4-1（续）

事故类型	事故等级	事 故 划 分 标 准
工艺事故	一级事故	造成化工分公司或热电分公司全系统停车
工艺事故	二级事故	1. 造成化工分公司 2~3 条生产线停车，停供卤水 24 小时以上 2. 造成热电分公司 2~3 台机组跳停 3. 造成水泥有限公司单线回转窑停车电石渣外运 10 天以上 4. 造成锦源化工有限公司全系统失电 5. 造成水泥有限公司全系统停车
工艺事故	三级事故	1. 造成化工分公司电解单条线非计划停车 2. 造成化工分公司 VCM 装置任意两条线同时非计划停车 3. 造成化工分公司 PVC 装置全系统非计划停车 4. 造成热电分公司单台发电机非计划解列 5. 造成锦源化工有限公司单台发电机非计划解列
设备事故	一级事故	设备设施损坏造成 100 万元以上直接经济损失
设备事故	二级事故	设备设施损坏造成 30 万元以上 100 万元以下直接经济损失
设备事故	三级事故	设备设施损坏造成 10 万元以上 30 万元以下直接经济损失
危险化学品泄漏事故	一级事故	1. 剧毒性的危险化学品泄漏量液态超过 0.05 吨以上，气态超过 20 立方米，或者扩散距离超过 600 米以上 2. 高毒性、爆炸性或者易燃性的危险化学品泄漏量液态超过 0.1 吨以上，气态超过 30 立方米，或者扩散距离超过 800 米以上 3. 具有腐蚀性的危险化学品泄漏量液态超过 5 吨以上，气态超过 50 立方米，或者扩散距离超过 1000 米以上
危险化学品泄漏事故	二级事故	1. 具有剧毒性的危险化学品泄漏量液态超过 0.02 吨以上 0.05 吨以下，气态超过 10 立方米以上 20 立方米以下，或者扩散距离超过 150 米以上 600 米以下 2. 具有高毒性、爆炸性或者易燃性的危险化学品泄漏量液态超过 0.05 吨以上 0.1 吨以下，气态超过 20 立方米以上 30 立方米以下，或者扩散距离超过 600 米以上 800 米以下 3. 具有腐蚀性的危险化学品泄漏量液态超过 3 吨以上 5 吨以下，气态超过 30 立方米以上 50 立方米以下，或者扩散距离超过 800 米以上 1000 米以下
危险化学品泄漏事故	三级事故	1. 具有剧毒性的危险化学品泄漏量液态超过 0.01 吨以上 0.02 吨以下，气态超过 5 立方米以上 10 立方米以下，或者扩散距离超过 50 米以上 150 米以下 2. 具有高毒性、爆炸性或者易燃性的危险化学品泄漏量液态超过 0.02 吨以上 0.05 吨以下，气态超过 10 立方米以上 20 立方米以下，或者扩散距离超过 150 米以上 600 米以下 3. 具有腐蚀性的危险化学品泄漏量液态超过 1 吨以上 3 吨以下，气态超过 10 立方米以上 30 立方米以下，或者扩散距离超过 600 米以上 800 米以下
质量事故	一级事故（经济损失）	因产品质量问题导致公司直接经济损失（包括降级、降价、赔偿等）在 30 万元以上
质量事故	一级事故（客户投诉）	产品因包装、异物等引起质量问题或未达到内控标准而造成客户投诉，导致 5 个以上客户索赔或者退换货

表 4-4-1（续）

事故类型	事故等级		事故划分标准
质量事故	一级事故	出厂产品	1. 化工 PVC 不合格品连续出现 8 批以上，或者烧碱连续 96 小时以上不合格 2. 不合格水泥外销 3. 锦源化工供化工发气量低于 270 升/千克的电石供应量占月总供应量 6% 以上，或者出炉电石发气量连续 96 小时以上低于 290 升/千克
	二级事故	经济损失	因产品质量问题导致公司直接经济损失（包括降级、降价、赔偿）在 10 万元以上 30 万元以下
		客户投诉	产品因包装、异物等引起质量问题或者未达到内控标准而造成客户投诉，导致 3~4 个客户索赔或者退换货
		出厂产品	1. 化工 PVC 不合格品连续出现 5 批以上，或者烧碱连续 48 小时以上不合格 2. 公司内部出现 1 批不合格水泥 3. 锦源化工供化工发气量低于 270 升/千克的电石供应量占月总供应量 4% 以上，或者出炉电石发气量连续 48 小时以上低于 290 升/千克
		关键过程产品	1. 化工精馏 VCM 含乙炔（$x>10\times10^{-6}$）或者含二氯乙烷（$x>20\times10^{-6}$）连续 32 小时以上，或者一次精制盐水钙镁（$x>2\times10^{-6}$）连续 24 小时以上 2. 出磨水泥游离氧化钙（$x>2.0\%$）或者出窑熟料游离氧化钙（$x>2.2\%$）连续 48 小时以上 3. 热电供化工纯水质量波动，导致化工聚合进水指标超标持续 48 小时以上或者引发化工聚合停车 4. 锦源外卖焦粉中料挥发分（$x>10\%$），或者水分（冬季 $x>24\%$，夏季 $x>20\%$）连续 96 小时以上，或者烘干焦粉水分（$x>2.5\%$）连续 24 小时以上，或者白灰生过烧（$x>15\%$）连续 96 小时以上
	三级事故	经济损失	因产品质量问题导致公司直接经济损失（包括降级、降价、赔偿等）在 5 万元以上 10 万元以下
		客户投诉	产品因包装、异物等引起质量问题或者未达到内控标准而造成客户投诉，导致 1~2 个客户索赔或者退换货，或对公司品牌造成较大影响
		出厂产品	1. 化工 PVC 非优一等品连续 5 批以上，或者烧碱连续 24 小时以上不合格 2. 锦源化工供化工发气量低于 270 升/千克的电石供应量占月总供应量 2% 以上，或者出炉电石发气量连续 24 小时以上低于 290 升/千克 3. 其他不合格副产品外销（处置除外）
		关键过程产品	4. 化工供水泥电石渣氯离子（$x>0.04\%$）连续 48 小时以上，或者精馏 VCM 含乙炔（$x>10\times10^{-6}$）或者含二氯乙烷（$x>20\times10^{-6}$）连续 16~32 小时，或者化工氯化氢纯度（$x<92\%$）连续 8 小时以上，或者一次精制盐水钙镁（$x>2\times10^{-6}$）连续 8 小时以上 5. 出磨水泥 1d 强度（$x<9$ 兆帕）或出窑熟料 1d 强度（$x<11$ 兆帕）连续 8 个点以上 6. 热电供化工纯水质量波动，导致化工聚合进水指标超标持续 8~48 小时 7. 锦源外卖焦粉中料挥发分（$8\%<x\leq10\%$），或者水分（冬季 $x>22\%$，夏季 $x>18\%$）连续 96 小时以上，或者烘干焦粉水分（$1\%<x\leq2.5\%$）连续 8 小时以上，或者白灰生过烧（$9\%<x\leq15\%$）连续 96 小时以上

注：以上指的冬季为 11 月至次年 4 月，夏季为 5 月至 10 月。

二、事故查处、统计

2003—2004 年,公司未发生各类事故。2005—2012 年,公司发生人身受伤事故 29 起,人身轻伤事故 26 起,人身重伤事故 1 起,火灾事故 7 起,爆炸事故 7 起;生产设备事故 49 起,质量事故 20 起;交通事故 4 起。

2013—2022 年,北元集团调查处理发生的一、二级生产安全事故 72 起,其中一级安全事故 13 起,二级安全事故 59 起。在这些事故中,致人轻伤事故 31 起 57 人,中毒事故 3 起 9 人;火灾事故 5 起,爆炸事故 4 起,设备设施事故 12 起,工艺事故 15 起,质量事故 2 起。北元集团安全生产事故统计见表 4-4-2。

表 4-4-2 2013—2022 年北元集团安全生产事故统计表

序号	年份	事故类别									事故等级		
		人身伤亡				火灾(起)	爆炸(起)	设备设施(起)	工艺(起)	质量(起)	一级(起)	二级(起)	合计
		死亡(起/人)	重伤(起/人)	轻伤(起/人)	中毒(起/人)								
1	2005—2012	0	1/1	26	0	7	7	49	0	20	—	—	110
2	2013	0	0	8/12	0	1	0	0	1	1	3	8	11
3	2014	0	0	5/6	0	0	1	0	1	1	0	8	8
4	2015	0	0	3/4	0	0	0	0	2	0	1	4	5
5	2016	0	0	3/3	1/5	2	1	1	0	0	1	7	8
6	2017	0	0	1/1	1/2	0	0	1	3	0	0	6	6
7	2018	0	0	4/6	0	1	0	4	3	0	0	12	12
8	2019	0	0	1/5	1/2	0	1	1	2	0	2	4	6
9	2020	0	0	3/3	0	0	0	2	1	0	2	4	6
10	2021	0	0	0	0	0	0	1	1	0	1	1	2
11	2022	0	0	3/3	0	1	2	1	0	3	5	8
合计		0/0	1/1	57/57	3/9	12	11	61	15	22	13	59	182

注:此表对发生的各类三级事故未做统计。

三、事故案例

(一)锦源化工有限公司"1·28"火灾事故

2013 年 1 月 28 日 14 时 30 分,锦源化工有限公司电石分厂 2 号输料大倾角输送带着火,事故造成 2 号输料大倾角输送带、廊道及部分电缆烧毁,直接经济损失约 200 万元。事故发生后,集团公司、锦源化工有限公司有关人员和锦界消防队参加了灭火和应急救援，16时将火扑灭。

1. 事故原因

2号料仓兰炭经碳材烘干后的余料温度过高，兰炭料仓密封不严与空气充分接触后自燃形成红料，导致2号料仓料斗烧红，进而造成2号输料大倾角输送带着火。

2. 事故等级

根据《陕西北元化工集团有限公司安全责任制实施办法》（陕北元安发〔2012〕15号）考核标准，确定此次事故为一级火灾事故。事故直接、间接责任人分别受到罚款、扣除安全责任工资等处罚。

（二）化工一分公司"1·30"人员高空坠落事故

2013年1月30日11时35分，化工一分公司氯碱分厂液氯盐酸工段在3号合成炉点炉过程中，当班班长双某随意攀爬到3号合成炉对面的彩钢房顶，站在彩钢房顶从炉门口观察火焰，因个人疏忽大意，加之彩钢房顶腐蚀严重，不慎坠落至一楼，造成颅内蛛网膜出血、左手中指脱臼，头部缝合8针。

1. 事故原因

双某个人安全意识淡薄，违章作业，负主要责任；氯碱分厂人员培训教育不到位，开停车关键时期作业监督不到位，隐患排查不力，负管理责任。

2. 事故等级

根据《陕西北元化工集团有限公司安全责任制实施办法》（陕北元安发〔2012〕15号）考核标准，确定此次事故为二级人身伤害事故。事故直接、间接责任人分别受到罚款、扣除安全责任工资等处罚。

（三）化工二分公司"2·7"火灾事故

2013年2月7日0时33分，化工二分公司乙炔分厂一期发生岗位人员项某对9号发生器储斗活门连杆进行检查，0时46分DCS操作人员郝某未与项某取得联系便打开活门向下储斗加料，瞬间下储斗防爆膜发生爆破并着火，造成操作人员项某脸部、胸部和双手臂重度烧伤，现场部分电缆烧毁。1时20分，锦界消防队派出四辆消防车及二十多人，赶到现场与公司相关人员进行确认后，采用干粉灭火器于3时左右将电缆着火扑灭，事故得到有效控制。

1. 事故原因

DCS操作人员郝某给9号发生器所加电石中粉末含量较多（约占80%以上），在上储斗加料过程中，排气置换不合格，随后在下储斗加料过程中，大量电石粉末落入发生器内，并与发生器内的水及水蒸气发生剧烈反应，瞬间产生大量乙炔气体和热量，与储斗中的氧气发生闪爆并超压，造成下储斗防爆膜爆破着火。

2. 事故等级

根据《陕西北元化工集团有限公司安全责任制实施办法》（陕北元安发〔2012〕15号）考核标准，确定此次事故为一级火灾事故。事故直接、间接责任人分别受到罚款、扣除安全责任工资等处罚。

（四）锦源化工有限公司"3·25"人员烫伤事故

2013年3月25日14时35分，锦源化工有限公司电石分厂当班班长王某组织副班长郝某、巡视工高某和高某佩戴防护面罩及防护手套，配合电极糊厂家贺某（未佩戴防护面罩及手套）测量2号电石炉电极糊长度。14时41分，在测量第三根电极糊过程中炉内突然塌料，产生的高温气体从测量口喷出将5人烫伤。经医院确诊5名伤员为二度和三度烧伤。

1. 事故原因

电石原料白灰粒度小、粉末大，料层透气性差，塌料后炉内气体聚集导致压力过高，高温气体喷出，发生灼烫事故。

2. 事故等级

根据《陕西北元化工集团有限公司安全责任制实施办法》（陕北元安发〔2012〕15号）考核标准，确定此次事故为一级人身伤害事故。事故直接、间接责任人分别受到罚款、扣除安全责任工资等处罚。

（五）水泥有限公司"4·2"煤库爆炸事故

2013年4月2日21时53分，水泥有限公司煤库9号下料口下煤时夹有红料，岗位人员王某在现场下煤时，突然听到爆炸声，现场查看发现煤库顶部塌陷，筒体变形倾斜，顶部廊道彩钢损坏。

1. 事故原因

煤库设计存在缺陷，内部下料锥体角度小，造成内部卸空率低（不到80%），积煤严重；煤库发生三次自燃，产生大量一氧化碳气体未能及时排出，达到爆炸浓度，遇明火后爆炸；煤库顶部安全设施未启动，8个防爆膜均未爆破，造成能量急剧膨胀，将库顶部炸开。

2. 事故等级

根据《陕西北元化工集团有限公司安全责任制实施办法》（陕北元安发〔2012〕15号），确定此次事故为二级事故。事故直接、间接责任人分别受到罚款、扣除安全责任工资等处罚。

（六）热电分公司"5·16"人员受伤事故

2013年5月16日1时30分左右，热电分公司检修人员李某、梁某、王某在无运行人员监护的情况下，对检修完毕的2号脱硫塔底输送机输灰绞笼进行设备试转，李某站在输送机输灰绞笼上检查异响原因，并要求王某告知塔外操作的梁某不要启动设备，在王某传话过程中，梁某误听为启动设备，在设备运转的瞬间，李某双脚被输送机输灰绞笼卡住，摔倒受伤，经诊断为趾骨骨折。

1. 事故原因

检修分厂当事人安全意识淡薄、麻痹大意，未充分评估此项工作存在的安全风险，在下达口令后未经确认进行操作，导致此次误操作发生；当事人安全意识差，无自我保护意识，在带电的转动设备上违章工作；当班班长及值长把关不严，试转设备时运行人员未按规定在现场操作和监护，许可程序存在漏洞，检修人员擅自试转，违章操作；事故发生时现场工作负责人未做到有效监护。

2. 事故等级

根据《陕西北元化工集团有限公司安全责任制实施办法》（陕北元安发〔2012〕15号）和《热电分公司安全生产目标考核办法》，确定此次事故为二级人身伤害事故。事故直接、间接责任人分别受到罚款、扣除安全责任工资等处罚。

（七）化工二分公司"5·19"人员受伤事故

2013年5月19日14时25分，化工二分公司乙炔分厂检修人员谢某站在叉车托起的托盘上安装公用工程仪表空气缓冲罐安全阀时，叉车司机王某在移动叉车过程中误踩到油门，致使谢某右腿被夹伤，经诊断右腿窝刺伤、右胫神经损伤。2013年5月19日14时40分，化工二分公司聚氯乙烯分厂岗位人员在恢复一期合成精馏B线低塔再沸器与低塔过料管线时，因使用法兰扩张器方法不当，造成作业人员白某左脚前端小拇指、无名指、中指、食指4个脚趾骨折。

1. 事故原因

乙炔分厂检修叉车司机王某思想麻痹大意、误操作，造成谢某受伤，负主要责任；聚氯乙烯分厂岗位人员白某安全意识淡薄，对专用检修器具未做到"四懂三会"，自我防护意识较差，负主要责任。

2. 事故等级

根据《陕西北元化工集团有限公司安全责任制实施办法》（陕北元安发〔2012〕15号），两起事故均确定为二级人身伤害事故。扣除公司全体人员5月安全责任工资，对事故主要责任人全公司通报批评，各降岗3挡。

（八）化工二分公司"12·9"人员高处坠落事故

2013年12月9日19时，化工二分公司乙炔分厂二期发生岗位人员胡某、赵某、贺某和郑某给四区15号盘式给料机恢复紧螺栓时，胡某发现脚下钢格栅变形严重，存在安全隐患，主动和贺某将该块钢格栅移至楼梯口进行校正，同时嘱咐赵某和郑某注意孔洞。19时20分，郑某在该孔洞处不慎踩空掉至垂直破碎机平台上致双臂受伤，经确诊左胳膊脱臼、右胳膊大臂骨折。

1. 事故原因

岗位人员安全风险意识淡薄，在未做任何防范措施的前提下将钢格栅移走，增加安全隐患，负主要责任；郑某本人自我保护意识淡薄，在安全防范措施未落实的前提下进行作业，负次要责任；乙炔分厂岗位预控管理和培训落实不到位，负管理责任。

2. 事故等级

根据《陕西北元化工集团有限公司安全责任制实施办法》（陕北元安发〔2012〕15号），确定此次事故为二级人身伤害事故。事故相关责任人受到扣除安全责任工资的处罚。

（九）锦源化工有限公司"4·15"人员受伤事故

2014年4月15日0时许，锦源化工有限公司电石分厂原料工段4号窑鼓风机电机检修完毕后准备启动4号烘干窑，因机械负荷重无法直接启动，需将4号烘干窑滚筒盘动后再启动。7时原料工段一班人员准备盘车4号烘干窑滚筒，班长张某在滚筒上缠绕固定钢丝绳时，不慎从滚筒上滑落，经确诊，事故造成张某左手腕骨折、腰部和脖子均有不同程度的受伤，需住院治疗及休息一个月。

1. 事故原因

作业人员安全风险意识淡薄，自我保护意识不强，高空作业安全措施落实不到位，工作监护制度落实不到位。

2. 事故等级

根据《陕西北元化工集团有限公司生产安全事故考核办法（试行）》，确定此次事故为二级人身伤害事故。事故相关责任人受到罚款的处罚。

（十）锦源化工有限公司"5·24"冷渣机爆炸伤人事故

2014年5月24日9时40分左右，锦源化工有限公司热电分厂1号锅炉2号冷渣机发生爆炸，飞溅出的水汽冲到附近正在取卫生工具的司炉助手李某身上，经诊断李某面部及身上约25%深二度烧伤，需要住院治疗；另外造成1号锅炉2号冷渣机、10千伏配电室、2台罗茨风机、厂房柱子、管道、窗户、照明及监控系统等不同程度损坏。

1. 事故原因

2号冷渣机检修完毕启动前，操作人员未全部打开循环冷却水系统回水阀门，造成冷却水循环不畅，冷却水在冷渣机夹套内大量汽化超压，致使冷渣机内水套损坏，大量水、汽进入冷渣机与高温炉渣直接接触，瞬间产生大量蒸汽造成冷渣机爆炸，气流冲破冷渣机尾部端盖，造成冷渣机反向冲出，冲出的气浪造成部分设备损坏、移位和人员灼伤。

2. 事故等级

根据《陕西北元化工集团有限公司生产安全事故考核办法（试行）》，确定此次事故为二级爆炸事故。事故相关责任人受到罚款、降岗等处罚。

（十一）锦源化工有限公司"4·28"人员受伤事故

2015年4月28日23时左右，锦源化工有限公司电石分厂3号电石炉三班巡检工雷某和劳务派遣人员白某在四楼测量完电极糊柱高度后，雷某登上环形加料器踏步时不慎摔倒，左手被夹在减速机定位器与环形加料器之间，造成左手严重夹伤。经确诊和手术治疗，雷某左手食指、中指和无名指全部缺失，小指骨折。

1. 事故原因

电石分厂3号电石炉环形加料器踏步无防护栏，减速机转动部位未隔离封闭，锦源化工有限公司安全管理不到位，隐患排查治理不彻底。

2. 事故等级

根据公司《事故管理规定》及医院诊断结果，对照《人体损伤程度鉴定标准》（司发通〔2013〕146号），确定此次事故为一级人身伤害事故。事故相关责任人受到罚款、扣除安全风险抵押金等处罚。

（十二）锦源化工有限公司"6·21"人员受伤事故

2015年6月21日15时左右，锦源化工有限公司热电分厂组织李某、牛某、米某、付某、赵某5人对3号尾气炉进行清灰作业。15时30分，操作人员在南侧入孔门处用水枪冲洗过程中，炉膛内突然掉下大块积灰，由南北两侧入孔门溅出，将现场指挥操作的技术员李某、操作工牛某和米某烫伤。经诊断，李某背部22%轻二度烫伤，牛某左脸下侧7%轻二度烫伤，米某颈部轻微灼伤。

1. 事故原因

热电分厂未能严格执行节假日期间对重大检维修作业进行升级管理的要求，且未对检修项目进行风险辨识、评估，现场安全防护措施落实不到位，作业人员未穿戴耐高温防护服。

2. 事故等级

按照公司《事故管理规定》和医院诊断结果，依据《人体损伤程度鉴定标准》（司发通〔2013〕146号），确定此次事故为二级人身伤害事故。事故相关责任人受到罚款、扣除安全风险抵押金和安全责任绩效等处罚。

（十三）化工分公司"5·16"人员受伤事故

2016年5月16日12时左右，化工分公司氯碱分厂蒸发及固碱工段技术员马某在未确认管线是否带压和放净的情况下，带领岗位代主操尉某处理二期蒸发厂房一楼50%碱泵2P－1301B进口管道旋塞阀门压盖法兰处漏点，在拆卸过程中，阀门阀芯处温度约为60℃的32%的碱液喷至尉某全身多处。经医院诊断，尉某全身多处化学烧伤Ⅱ－Ⅲ度20%。

1. 事故原因

技术员马某在未确认管线是否带压和放净，且未执行酸碱区域作业"穿戴防酸碱服"零伤害条款要求，违章指挥、操作造成事故；代主操尉某安全风险意识不强，自我保护能力差，违章作业；氯碱分厂检修作业管理不到位，临时性检修作业未经分厂审核，未明确"三项负责人"，未落实检修安全防控措施，对酸碱区域作业"零伤害"条款监督管理不到位，检修"四不"管控法管理不到位，检修作业未能严格按照"无安全技术措施不操作"规定落实、执行，岗位风险预控管理工作开展不扎实，对检修存在的危险有害因素辨识不到位，未制定有效的防范控制措施。

2. 事故等级

根据公司《事故管理规定》的考核标准，确定此次事故为二级人身伤害事故。事故相关责任人受到罚款、扣除安全风险抵押金、待岗和免除职务等处罚。

（十四）锦源化工有限公司"6·5"人员中毒事故

2016年6月5日20时，锦源化工有限公司白灰分厂厂长叶某按照烘窑方案安排当班班长孙某负责对1号白灰窑煤气加压机管道盲板抽堵作业，随后孙某带领巡检工高某和刘某佩戴长管呼吸器拆除煤气加压机管道盲板过程中，煤气加压机管道中大量煤气喷出。孙某发现高某、刘某煤气中毒昏倒，随即汇报厂长叶某及当班调度成某，同时组织现场技术员张某、电气班长杨某施救，在施救过程中3人同时中毒。经确诊2人为有毒气体中度中毒、3人为有毒气体轻度中毒。

1. 事故原因

盲板抽堵作业风险辨识和分析评估不到位，1号白灰窑烘窑开车方案不严谨，无抽堵盲板作业、停运3号白灰窑或气柜切换并置换等相关内容，作业前未进行安全技术交底。

2. 事故等级

根据公司《事故管理规定》及医院诊断结果，对照《人体损伤程度鉴定标准》（司发通〔2013〕146号），确定此次事故为二级人身伤害事故。事故相关责任人受到罚款、扣除安全风险抵押金和降职等处罚。

（十五）化工分公司"7·11"缓冲料仓爆炸事故

2016年7月11日21时45分左右，化工分公司乙炔分厂DCS操作人员用3号缓冲料仓给二期发生四区8号粗料仓送料。22时DCS操作人员发现8号粗料仓含乙炔达0.47%，进入关键工艺参数黄区，立即停止给8号粗料仓送料。22时47分至23时16分，3号缓冲料仓一直处于备料状态（料位由0涨至53.15%），23时17分08秒DCS操作人员启动3号缓冲料仓给料机向二期发生三区送料，23时18分18秒3号缓冲料仓瞬间发生爆炸，造成3号转运站厂房南侧、北侧彩钢及窗户损坏，3号输送带支架及电缆桥架受损，3号缓冲料仓破裂。

1. 事故原因

直接原因为3号缓冲料仓加入部分电石粉湿料，该电石粉湿料与电石颗粒反应，并释放出大量的乙炔气，导致发生爆炸事故；间接原因为阴雨天气，电石风化严重，3号缓冲料仓加入的电石粉含量大，造成缓冲料仓内氮气置换不彻底；主要原因为乙炔分厂生产及工艺管控不到位，导致事故发生。

2. 事故等级

根据公司《事故管理规定》，确定此次事故为二级爆炸事故。事故相关责任人受到罚款和扣除安全风险抵押金等处罚。

（十六）锦源化工有限公司"8·27"人员受伤事故

2016年8月27日16时30分左右，锦源化工有限公司电石分厂当班班长姚某安排谢某、魏某更换6号电石炉本体二段胶管过程中，循环水喷溅至炉本体上瞬间汽化，造成谢某面颈部、双前臂、双腿烫伤。

1. 事故原因

电石分厂在安排作业人员从事高温烫伤的高处作业时，未穿戴耐高温防护服和防护面屏，也未采取任何隔离高温表面的措施，且循环水管线放净、吹扫不彻底。

2. 事故等级

根据公司《事故管理规定》，确定此次事故为二级人身伤害事故。事故相关责任人受到罚款和扣除安全风险抵押金等处罚。

（十七）锦源化工有限公司"4·19"人员中毒事故

2017年4月19日16时03分，锦源化工有限公司电石分厂4号电石炉净化系统因失电跳停，DCS操作人员李某立即联系巡检工王某和接班人员赵某，赵某和王某在处理过程中，大量煤气由盲板阀处喷出，赵某当即中毒晕倒，接班主操亢某立即对其进行施救，在施救过程中中毒晕倒，经确诊2名人员为一氧化碳急性中毒。

1. 事故原因

操作人员在未关闭送气蝶阀时将盲板阀开启，操作程序错误，人员安全意识淡薄，风险评估不到位，锦源化工未编制电石分厂净化系统紧急失电情况下操作规程，培训教育不到位，操作人员对工艺系统不熟悉。

2. 事故等级

根据公司《事故管理规定》及医院诊断结果，对照《人体损伤程度鉴定标准》(司发通〔2013〕146号)，确定此次事故为二级人身伤害事故。事故相关责任人受到罚款和扣除安全风险抵押金等处罚。

（十八）锦源化工有限公司"10·9"人员高处坠落事故

2017年10月9日13时50分，锦源化工有限公司原料分厂检修工段电工贺某、张某在更换1号石灰窑13米平台烟气释放阀处照明时，张某登梯拆除原有照明，贺某负责进行扶梯监护。13时55分左右，正在登梯（约80厘米高）换灯的张某被1号石灰窑换向释放阀瞬间释放的废气（约26千帕）吹出，坠落至13米平台底部，扶梯的贺某被吹至护栏处挡住，事故造成张某胸廓挤压伤、双髋骨等多处骨折伤，需住院治疗。

1. 事故原因

1号石灰窑烟气释放阀排气口方向安装不规范，排放口释放压力时易造成人员伤害；电气检修安排不到位，检修人员在检修作业时未告知现场岗位人员，且对检修现场的工艺风险不清楚，在换向释放阀处换灯作业时被换向的废气吹出坠落13米平台底部，导致事故发生。

2. 事故等级

根据公司《事故管理规定》及医院诊断结果，对照《人体损伤程度鉴定标准》（司发通〔2013〕146号），确定此次事故为二级人身伤害事故。事故相关责任人受到罚款、扣除安全风险抵押金、免除职务和留岗查看等处罚。

（十九）化工分公司"4·20"人员中毒受伤事故

2018年4月20日18时50分，化工分公司聚氯乙烯分厂一期合成工段班长任某组织岗位人员苏某和朱某拆除一期精馏A/B至一期氯乙烯气柜水分离器平衡管线的DN200盲板。19时10分，监护人任某在未告知苏某和朱某的情况下打开一期气柜进口U形管排净阀进行排水作业，导致一期气柜内的氯乙烯倒窜至水分离器，19时15分气柜周围氯乙烯气体报警仪瞬间报警，同时进行盲板拆除作业的苏某因吸入大量氯乙烯而中毒昏倒在脚手架上，监护人任某发现后立即上前施救，在救援过程中因方法不当使苏某从一层半脚手架上跌落至地面。经诊断苏某左肩锁关节脱位，急性颅脑损伤，头皮裂伤，胸部外伤左肺下叶挫伤，氯乙烯中毒。

1. 事故原因

直接原因为监护人任某违章操作，在监护高处作业及盲板抽堵作业过程中，同时打开一期气柜进口U形管的排净阀进行排水作业，导致气柜中的氯乙烯倒窜入水分离器，使正在作业的苏某中毒；管理原因为聚氯乙烯分厂开停车方案宣贯不到位，岗位人员未按照开车方案执行，同时聚氯乙烯分厂应急培训工作开展不扎实，异常情况岗位人员应急处置能力差。

2. 事故等级

根据公司《事故管理规定》，对照《人体损伤程度鉴定标准》（司发通〔2013〕146号），确定此次事故为二级人身伤害事故。事故相关责任人分别受到罚款和扣除2018年度安全风险抵押金等处罚。

（二十）化工分公司"7·9"人员受伤事故

2018年7月9日凌晨1时45分，化工分公司聚氯乙烯分厂一期聚合B线单体管线清理打压试漏完成后，分厂安全管理技术员汪某和聚合班长张某、白某在打开回收单体管线总阀的过程中，球阀手柄断裂，套筒滑落砸到汪某右小腿。经医院诊断为右侧胫骨下段骨折，后转往榆林市第一医院进行治疗。

1. 事故原因

直接原因为作业人员汪某自我保护意识较差，现场作业位置选取不合理，多人作业配合不到位，用力过猛，导致球阀手柄断裂造成小腿骨折。管理原因为聚氯乙烯分厂夜间检修作业前未有效识别人、物、环境、时间的匹配性，作业风险评估不到位，人员安排不合理，导致作业人员严重疲劳作业。

2. 事故等级

根据公司《事故管理规定》，对照《人体损伤程度鉴定标准》（司发通〔2013〕146号），确定此次事故为二级人身伤害事故。事故相关责任人受到罚款处罚。

（二十一）锦源化工有限公司原料分厂"8·30"立式烘干窑上料输送带着火致人受伤事故

2018年8月30日，锦源化工有限公司原料分厂6号立式烘干窑上料大倾角输送带发生着火，造成3名员工在灭火和撤离过程中被输送带壳孔洞喷出的热气和火苗烫伤。

1. 事故原因

造成料仓高温的原因：①6号烘干窑1号料仓筛网扁铁掉落导致卡料，造成1号料仓料层高温；②高温料进入底部料仓后，由于底部料仓一直处于高料位状态，排料过程中形成的局部死区造成料仓内温度升高，进而导致料仓第一层温度升高；③推料时间与温度联锁设置不合理，导致其他料仓温度上升，出现高温红料；④料仓料层高温后，排料时间过长引起四层以上各料仓温度升高。造成上料输送带着火原因：兰炭料层高温，尾气温度高，通入氮气后，引风机频率低，导致高温热气从烘干窑顶部窜出，致使机头滚筒胶皮软化，滚筒开始打滑摩擦，高温气体长时间烘烤机头包胶滚筒和空载输送带，引起输送带着火。

2. 事故等级

根据公司《事故管理规定》，对照《人体损伤程度鉴定标准》（司发通〔2013〕146号），确定此次事故为二级人身伤害事故。事故相关责任人受到罚款和扣除2018年度安全风险抵押金等处罚。

（二十二）热电分公司运行分厂"10·2"人员受伤事故

2018年10月2日2时50分，热电分公司运行分厂电气运行主操耿某站立在移动式平台上对3号发电机化妆板进行定期清扫作业，副操万某在下方监护并协助移动平台的过程中，因移动式平台倾斜跌倒，使正在上方作业的耿某从移动平台上掉落，右脚腕被平台砸中。经诊断为右侧胫骨下段骨折，随后送往神木市医院进一步检查治疗。

1. 事故原因

直接原因：主操耿某个人安全意识淡薄，在移动平台时，站立于移动平台之上；监护人万某未制止违章行为，作业过程中违章协助移动平台。间接原因：现场作业地面检查孔存在安全隐患，作业人员对现场作业环境风险辨识不到位；电气运行当班班长白某对夜间高处作业把关不严，安全交底不彻底，班组安全管理不到位；值长对作业环节缺乏指导监督。

2. 事故等级

根据公司《事故管理规定》，对照《人体损伤程度鉴定标准》（司发通〔2013〕146号），确定此次事故为二级人身伤害事故。事故相关责任人分别受到罚款和扣除2018年度安全风险抵押金等处罚。

（二十三）化工分公司乙炔分厂"8·30"人员受伤事故

2019年8月30日9时26分，化工分公司乙炔分厂检修工段4名检修人员负责检修一期清净厂房P-1306C硫酸泵，在拆卸泵壳螺栓的过程中，发现管道放净处有少量硫酸流出，监护人杨某安排4名检修人员至警戒线外，使用F扳手进一步关闭该泵进、出口阀门后，发现放净口硫酸流量仍无明显变化，随后将该泵出口蝶阀微开，瞬间硫酸大量喷出，将现场检修人员谢某某、王某某、高某、薛某某和杨某本人的脸、颈及腿等不同部位灼伤，随后当班主操许某赶到现场将打开的出口阀门关闭。

1. 直接原因

监护人员杨某操作失误，在硫酸泵运行且管道连通的情况下，私自盲目打开硫酸泵出口阀门，导致系统硫酸大量泄漏，发生喷溅伤人；设备检修作业安全防护措施落实不到位，3名检修人员未按照"酸碱区域作业零伤害条款"要求穿防酸碱服，1名人员虽穿有防酸碱服但未对头部进行防护。

2. 事故等级

根据公司《事故管理规定》，对照《人体损伤程度鉴定标准》（司发通〔2013〕146号），确定此次事故为二级人身伤害事故。事故相关责任人受到罚款和扣除2019年度安全风险抵押金等处罚。

（二十四）锦源化工有限公司原料分厂"12·4"人员烫伤事故

2020年12月4日12时50分左右，锦源化工原料分厂烘干工段1号、2号卧窑窑尾2号除尘器高温，在处置过程中，现场检修副操李某在打开2号除尘器1号仓检查口排水时，有积水从检查口排出。当打开2号仓检查口时，仓内高温灰瞬间洒落，将检修副操李某烫伤，公司立即安排人员将李某送往医院进行检查治疗，经诊断为全身多处烧伤Ⅱ度－Ⅲ度12%，吸入性烧伤，需住院治疗。

1. 事故原因

直接原因：2号布袋收尘器2号分格轮在电机正常运行的情况下，叶片转子不运转，导致焦粉无法排出；除尘器布袋长时间在高温环境下使用，布袋的耐热性能下降，在2号烘干窑停运时，2号风机一直处于运行状态，风机进口阀门开度20%持续12个小时左右，导致附着在布袋收尘表面的焦粉高温，引起布袋收尘高温；原料分厂现场处置应急预案流程不明确，应急处置预案无具体的着火处置措施，人员在进行应急处置时未穿戴任何特殊劳动防护用品。间接原因：原料分厂烘干工段岗位人员巡检不到位，未及时发现除尘器箱体积料；原料分厂2号烘干窑停运时，未严格按操作规程执行，2号除尘风机长时间运行，无停车记录，交接班记录不全面，未对设备的起停状态进行记录；现场应急处置过程中风险辨识不到位。对除尘箱体进行浇水降温时，未辨识出打开检查孔后高温灰洒落可能对人员造成的伤害。

2. 事故等级

根据公司《事故管理规定》，对照《人体损伤程度鉴定标准》（司发通〔2013〕146号），确定此次事故为二级人身伤害事故。事故相关责任人受到罚款和扣除2020年度安全风险抵押金等处罚。

（二十五）水泥有限公司"2·21"火灾事故

2022年2月21日，郑州富之蓝科技有限公司用高分子带电清洗剂对水泥有限公司一线水泥配电室配电柜进行带电清洗过程中，配电室地沟电缆着火，造成配电室多台配电柜及部分电缆烧毁。

1. 事故原因

事故的直接原因是一线水泥配电室安装母线桥架动火作业，高温焊渣掉入电缆沟内，引燃电缆沟内可燃物导致着火；间接原因是水泥公司未严格执行动火作业区域划分管理规定,作业前未办理二级动火作业票证,未落实安全措施;在母线桥架安装作业前未向施工人员告知配电柜前期清洗事宜,对母线桥架安装作业风险分析不到位,未分析出配电柜清洗后在一定条件下存在挥发可燃物的风险,且作业过程中未制定落实相应的安全管控措施;水泥公司对特殊作业安排不合理,组织在夜间凌晨进行作业,且作业过程中值班管理人员未在现场进行盯带,对公司"两盯一带"管理要求落实不到位。

2. 事故等级

根据公司《事故管理规定》,对照《人体损伤程度鉴定标准》(司发通〔2013〕146号),确定此次事故为一级火灾事故。事故相关责任人受到罚款和扣除2022年度安全风险抵押金等处罚。

(二十六)锦源化工有限公司"7·25"闪爆事故

2022年7月25日,锦源化工有限公司热电分厂1号锅炉在点炉过程中,炉膛发生闪爆,造成1号锅炉水冷壁四角焊缝开裂,锅炉炉膛严重变形,无人员伤亡。

1. 事故原因

(1)直接原因:锦源化工热电分厂技术员李某违章指挥,岗位司炉人员尚某违章操作,在启动1号锅炉燃烧器1号、3号旁路点火失败的情况下,明知不能开启燃烧器主路进行置换,但为了缩短启炉时间,技术员李某违章指挥岗位司炉人员尚某利用燃烧器主路对锅炉后墙至燃烧器管线内的氮气进行煤气置换,未按照《锦源化工有限公司热电分厂热机操作规程》中煤气锅炉运行规程第5.6条"燃烧器点火启动流程"中相关条款要求进行操作,致使大量煤气进入熄炉约16小时的热态炉膛后,煤气中的一氧化碳浓度达到爆炸极限,遇床层处高温浇注料(温度高达600 ℃以上)发生闪爆。

(2)间接原因:①锅炉燃烧器前煤气总支管安装的放散及取样管位置不合理,锅炉后墙至靠近燃烧器煤气管道处缺少放散及取样管,且长达15米、管径DN1200的管线存在死角及盲区,点火前采用旁路管径DN50管线煤气置换氮气时所用时间较长,设计存在缺陷,导致燃烧器前两次点火均失败。同时,置换的气体只能通过燃烧器进入炉膛,无法实现外排放散,且锅炉炉膛缺少煤气在线分析检测装置,也无法通过取样分析检测炉膛煤气含量,岗位司炉人员只能通过观察锅炉尾气系统过热器处氧含量测点含氧量来判断是否具备点火条件,缺少相关具体的操作程序及指标。②锦源化工对操作规程编写、审批、发放、执行及管理不到位,2021年11月20日发布、11月30日实施的《热电分厂热机操作规程》编写不具体,缺少锅炉后墙至燃烧器前煤气系统在开停车时,氮气置换空气、煤气置换氮气相关操作步骤及指标要求,第5.6条"燃烧器点火启动流程"中未明确启停的关键阀门位号、缺少手动点火失败置换炉膛等步骤,且未制定热炉、冷炉点火操作要求及步骤,岗位司炉人员仅凭经验进行操作,且已形成习惯性违章行为(2022年5月18日2号锅炉检修结束后点火也是如此违章操作)。同时,新版规程审批完成后,未按照集团公司《工艺管理办法》文件控制程序等管理要求及时发放在生产岗位,且未对岗位旧版规程进行回收、登记、销毁,新旧版操作规程在各岗位上重叠使用,管理混乱。③锦源化工热电分厂对热态锅炉进入煤气、空气混合物后的风险辨识不到位,锅炉燃料气由复合炉煤气(含一氧化碳16%),改为电石炉煤气(含一氧化碳74%),煤气中的一氧化碳浓度发生明显变化,但电石炉至锅炉煤气管道用煤气置换氮气后,未对管线煤气纯度进行化验,未辨识出煤气浓度升高存在的风险,且本次点炉未根据锅炉状态制定启炉开车方案及注意事项，依然按照冷态锅炉启动流程执行。

2. 事故等级

根据公司《事故管理规定》，对照《人体损伤程度鉴定标准》（司发通〔2013〕146号），确定此次事故为一级爆炸事故。事故相关责任人受到罚款和扣除2022年度安全风险抵押金等处罚。

第五章　环　境　保　护

　　北元集团安全与环保同属于一个部门管理，其机构沿革、环保管理等内容与"安全管理"章相同，此章不再重复。北元集团对环保工作高度重视，环保意识日益增强。公司和各分、子公司环保组织和机构健全，严格执行环保法规，实现了废气、废水、噪声达标排放，固体废物规范化处置，应急管理工作落地生根，环保实现零事故。

第一节　环　保　管　理

一、机构、职责

（一）管理机构

2003—2013年，北元公司成立有环保基础管理考核领导小组。组长由董事长担任，副组长由总经理担任，成员由公司安全环保部、生产技术部、规划发展部、企业管理部等部门负责人组成，领导小组下设办公室。办公室设在安全环保部，负责日常工作。同时，公司设有清洁生产审核领导小组，总经理担任组长，副总经理担任副组长，生产系统有关负责人为成员，常务办公室设在安全环保部，安全环保部部长担任主任；各分、子公司设有清洁生产审核工作小组，分、子公司经理担任组长，副经理担任副组长，参与清洁生产审核工作的人员为成员，常务办公室设在各分、子公司的安全环保科，安全环保科科长担任主任。公司安全环保部配有专职环保管理人员2人，环保主管和环保专员各1人。各分、子公司设有安全环保科，配有专职环保管理人员各1人。其中化工二分公司2人，环保主管和环保专员各1人。到2013年，公司共有环保专职管理机构6个，环保专兼职管理人员60人。2014年2月，公司成立了环境监测室，配备了专职监测人员。为各分、子公司配备了专职环保管理专员，明确划分职责，逐级把关，确保环保工作依法依规有序开展。截至2022年，监测人员均参加了陕西省环保厅组织的国控重点企业自行监测实验室人员培训和国控重点企业污染源自动监测设备监督考核及数据有效性审核培训，持证上岗。

（二）管理职责

　　从公司成立以来，严格按照国家《环境保护法》及环境保护"党政同责，一岗双责；统一领导，分级负责；全面覆盖，全员有责"的原则实施和管理。在此基础上，2016年1月，北元集团制定下发了《环境保护责任制》。2019年，制定下发了《环境保护责任制度管理办法》。2022年，对《环境保护责任制度管理办法》进行了修订完善，进一步明确了董事长、总经理是公司环境保护第一责任人，明确了相关单位和岗位的环保职责和工作范围，形成了符合公司实际的环境保护责任体系。

二、规章制度

2003年以来，北元公司制定有《环保管理考核办法》《环保设备运行管理制度》《环保档案管理办法》《环境统计制度》等多项管理制度。2014年，根据北元集团发展现状和实际需要，先后对环保管理等相关制度进行重新修订。2015年8月，对《环境保护管理办法》进行了修订。2016年1月，制定下发了《环境保护责任制》（陕北元发〔2016〕43号）。2016年6月、2018年4月，分别对《突发环境事件应急预案》进行修订，并在神木县环保局进行了备案。2017年2月，修订下发了《环境保护管理办法》和《危险废物管理办法》（陕北元发〔2017〕76号）。2019年3月，修订下发了《环境保护责任制》（陕北元发〔2019〕88号）。2019年4月，编制下发了《环境保护设施管理办法》《环境保护档案管理办法》《环境保护检查与隐患排查管理办法》《环境监测管理办法》《突发环境事件应急管理规定》（陕北元发〔2019〕134号）。2020年8月，修订了《固体废物污染防治管理办法》，制定了《环境保护设施停运报告管理办法》《水污染防治管理办法》《大气污染防治管理办法》（陕北元发〔2020〕290号）。2020年10月，修订了《环境保护管理办法》（陕北元发〔2020〕353号）。2021年3月，制定了《非道路移动机械管理办法》（陕北元发〔2021〕102号）。2021年3月，制定了《环保风险抵押办法》（陕北元发〔2021〕117号）。2021年5月，修订了《突发环境事件应急预案》，并在神木县环保局备案。2022年5月，修订了《固体废物污染防治管理办法》《环境保护设施管理办法》《环境保护档案管理办法》《环境保护风险分级管控及隐患排查管理办法》《环境监测管理办法》《突发环境事件应急管理办法》等6项制度；新建《建设项目环境保护管理办法》《环保培训教育管理办法》《实验室环境保护管理制度》《噪声污染防治管理办法》《放射源管理办法》《清洁运输设施管理办法》《特殊作业过程环境保护管理办法》《厂界环境质量管理办法》《环境保护信息报送及公开管理办法》《土壤污染隐患排查管理办法》《排污许可管理办法》等11项制度。截至2022年建立健全24项管理制度，形成制度汇编，发放至各装置、班组，确保环保管理有章可循。

三、环保管理体系建设

2016年10月开始，北元集团邀请方圆标志认证集团陕西有限公司协助建设职业健康安全和环境管理体系。在运行期间，公司严格按照《职业健康安全管理体系实施指南》（GBT 28002—2011）和《环境管理体系要求及使用指南》（GBT 24001—2004）标准要求，注重绿色环保建设，不断减少安全、环境风险带来的损失，改善员工的健康安全，树立良好的企业形象。2016年12月，北元集团对环境管理体系、职业健康安全管理体系进行了贯标审核。2017年1月获得环境管理体系、职业健康安全管理体系认证证书。2017年4月，北元集团质量、职业健康安全和环境管理三体系合一。2017年9月，方圆标志认证公司对三体系运行情况进行监督审核。2018年1月，北元集团邀请专家对环境管理体系进行换标培训，同年4月组织开展新标准内部审核工作，6月开展了外审工作，并于7月完成了证书更新。2019年，因证书到期，完成了换证工作。2018—2021年，每年组织开展2次内部审核工作，每年邀请方圆标志认证集团陕西有限公司进行一次外审工作。其中，在2021年公司参照安全生产管控体系建设思路，自主创建了一套具有北元特色的环境保护管控体系，包含 15 个 A 级要素、60 个 B 级要素。形成了以各要素管理要求、评审方法、评分标准的《环境保护管控体系评审标准》，并在各单位开始试运行。2022 年，北元集团联合陕西省环境科学学会、陕西化工集团将环境保护管控体系进一步优化，进而形成《陕西省工业企业环境管理体系指南》（T/SNSES 01—2022）团体标准，北元集团成为陕西省首家创建环保管理标准规范企业。

四、环境监测

2011 年，在公司编制的"十二五"规划环保规划专篇中，对公司"十二五"期间的环保和监测目标提出了明确要求。2012 年 6 月，制定并印发了公司《2012 年环保基础管理考核办法》，从指导思想、组织机构、考核内容、评分办法等作了明确规定，并要求各分、子公司结合自己的实际情况制定相应的环保基础管理考核办法。在 100 万吨/年聚氯乙烯循环综合利用项目上，根据生产工艺实际，不断加强环保设施竣工验收与监测工作的力度。2014 年 2 月，北元集团成立环境监测室，监测室设在北元集团化工分公司环保管理科，下设废水监测室和烟气监测室，主要负责环境监测事务及人员的调度与监管工作。2014 年 7 月，热电分公司污水处理排放口及 4 套锅炉烟气排放口在线监测设施通过有效性审核验收。自 2015 年 11 月起，北元集团国控在线监测设施全部委托第三方公司进行运行和维护。2015 年 8 月，北元集团自主开展污水总排口废水、电厂、化工及水泥工艺过程废气自行监测。2016 年 6 月，锦源化工有限公司 1 套锅炉烟气排放口在线监测设施通过有效性审核验收。2016 年 7 月，水泥有限公司 2 套窑尾烟气排放口在线监测设施通过有效性审核验收。同年 12 月，北元集团首次下发污染物检测计划，公司污染物监测工作主要分为在线监测、自行监测及委托监测。其中国控污染源主要污染物执行在线监测，对标准上规定的未能开展自行监测的，委托第三方进行监测，第三方监测主要包括项目竣工验收监测、国控污染源季度比对监测、特征污染物年度监测及环境空气质量监测等。根据榆林市关于开展 VOCs 整治工作通知的要求，2017 年，北元集团委托第三方对化工分公司开展了泄漏检测与修复（LDAR）工作，建立了挥发性有机物密封点管理台账。2018 年，公司自行购买监测仪器，落实专人负责，持续开展挥发性有机物泄漏检测与修复工作，每季度对 10242 个动密封点进行检测，每半年对 31020 个静密封点进行检测，建立检测台账并定期上传至榆林市 VOCs 信息管控平台。2018 年 11 月，开展了 VOCs 治理项目验收工作。同年 8 月，委托第三方监测单位开展土壤监测工作，并于 11 月出具 100 万吨项目及 10 万吨项目土壤监测报告，报告显示土壤均未受污染，地下水均达标。2019 年，公司将土壤、地下水列入自行监测方案中，委托第三方开展自行监测，监测结果全部合格。公司每年委托环保监测单位对公司各排放口和厂界进行监测，对敞开式循环水开展 TOC 检测工作，并对厂区进行走航监测。截至 2022 年，公司安装 VOCs 在线监测设施 4 套，其中 2 套固定源在线监测设施分别安装在 100 万吨/年聚氯乙烯项目和 10 万吨/年聚氯乙烯项目精馏尾气 2 个排放口，2 套无组织排放在线监测设施分别安装在化工 100 万吨聚氯乙烯项目厂区、10 万吨聚氯乙烯项目厂区；安装厂界扬尘在线监测 12 套，其中 100 万吨聚氯乙烯项目厂区 4 套，10 万吨聚氯乙烯项目厂区 4 套，锦源化工有限公司 4 套。厂区环境现状如图 5-1-1 所示。

图 5-1-1　厂区环境现状一角（2018 年 7 月摄）

五、辐射源管理

2011 年 11 月。北元集团获得陕西省环境保护厅核发的辐射安全许可证。2012 年 4 月，经陕西省环境保护厅同意（陕环批复〔2012〕191 号），公司从郑州科富锐科技有限责任公司购置一台 MZY300CPR1105 型便携式热值快灰仪（煤灰分测定仪），用于测量热电用煤的发热量，该热值快灰仪内置一枚 Am-241 放射源，活度为 1.85×10^8 BP，属 V 类源。2017 年 9 月，因北元集团法人代表及公司名称变更，公司申请对该辐射安全许可证进行了变更，并申请对该许可证进行了延期，有效期至 2021 年 11 月 28 日。2021 年 11 月 9 日办理延期手续到 2026 年 11 月 28 日。截至 2022 年，公司辐射源管理具有齐全的规章制度和专用库房，库房执行双人双锁管理，配备了 2 名专业操作人员，并取得了培训合格证书。公司根据辐射安全相关法律法规，对操作人员进行定期体检和培训，并委托专业的检测机构对环境辐射和人员辐射量进行定期检测，保证辐射安全。2022 年，北元集团为降低放射源安全风险，采购了无源设备替代了原放射源煤质灰分监测仪（1.85×10^8 Bq 的 241 Am 密封源），放射源于 2023 年 1 月 4 日经榆林市生态局批准后由陕西省放射性废物收贮管理中心回收，注销了辐射安全许可证书（编号：陕环辐证〔600010〕），获得《关于同意陕西北元化工集团股份有限公司注销辐射安全许可证的批复》（榆政审批生态函 5 号），目前北元集团不涉及放射源设备。

六、污染物与环保设施

（一）污染物

截至 2022 年，北元集团排放的污染物主要为生产废水和生活污水的 COD、氨氮、总磷、总氮；废气主要有热电锅炉燃烧烟气，水泥窑烧制尾气，电石、水泥生产过程粉尘；固体废物主要有热电产生的粉煤灰、脱硫灰，化工产生的电石泥、盐泥等；危险固废主要为化工生产过程中产生的废触媒、汞泥、含汞活性炭等。

（二）环保设施

分类配备的环保设施为：废水环保设施主要包括化工离心母液水处理系统、含汞废水处理系统、热电煤水处理系统、生活污水处理系统和综合生产污水处理系统；废气环保设施主要包括化工装置废氯气吸收塔，氯化氢尾气吸附装置，电石粉尘用布袋除尘器，氯乙烯精馏尾气吸附装置，PVC干燥旋风除尘装置，热电静电除尘器，脱硫、脱硝装置和水泥窑电袋除尘装置。2013年公司及各分、子公司环保设施分布情况见表5-1-1，2022年公司环保设施配备情况见表5-1-2。

表5-1-1 2013年北元集团环保设施分布情况一览表

序号	类型	名称	位置	作用	设计能力及运行水平	数量	备注
1	污水治理设施	污水处理装置	化工一分公司聚氯乙烯分厂	处理化工一分公司的综合废水	2400吨/天 运行良好	1套	达标后全部排至锦界污水处理厂
2	废水治理设施	含汞废水处理装置	化工二分公司聚氯乙烯分厂	处理含汞废水	120吨/天×2 运行良好	2套	处理达标后外排
3	废水治理设施	母液水处理装置	化工二分公司聚氯乙烯分厂	处理母液水	300吨/时×2 运行良好	2套	达标后全部回用不外排
4	废水治理设施	煤水处理装置	热电分公司化水分厂	处理含煤粉的冲洗水	200吨/天 运行良好	1套	达标后全部回用不外排
5	污水治理设施	生活污水处理装置	热电分公司化水分厂	处理厂前区的生活污水	50吨/时 运行良好	2套	达标后全部排至锦界污水处理厂
6	污水治理设施	污水处理及中水回用装置	热电分公司化水分厂	处理生产废水及生活污水	150吨/时 正在进行收尾建设，准备开始调试	1套	正在进行调试
7	废气治理设施	事故氯碱液吸收装置	化工一分公司氯碱分厂	吸收事故状态下的氯气	700立方米/时 运行良好	1套	达标后排空
8	废气治理设施	氯化氢尾气吸收装置	化工一分公司氯碱分厂	吸收氯化氢尾气中的氯化氢气体	150立方米/时 运行良好	6台	达标后排空
9	废气治理设施	氯乙烯尾气吸附装置	化工一分公司聚氯乙烯分厂	吸收氯乙烯尾气中的氯乙烯气体	700立方米/时 运行良好	1套	达标后排空
10	废气治理设施	电石粉尘布袋除尘装置	化工一分公司聚氯乙烯分厂	收集电石粉尘	20000立方米/时 运行良好	2台	达标后排空
11	废气治理设施	PVC旋风除尘装置	化工一分公司聚氯乙烯分厂	收集PVC粉尘	105000立方米/时 运行良好	2台	达标后排空
12	废气治理设施	事故氯碱液吸收装置	化工二分公司氯碱分厂	吸收事故状态下的氯气	7000立方米/时 运行良好	2套	达标后排空
13	废气治理设施	氯化氢尾气吸收装置	化工二分公司氯碱分厂	吸收氯化氢尾气中的氯化氢气体	1500立方米/时 运行良好	20台	达标后排空
14	废气治理设施	电石粉尘布袋除尘装置	化工二分公司乙炔分厂	收集电石粉尘	200000立方米/时 运行良好	35台	达标后排空

表5-1-1（续）

序号	类型	名称	位置	作用	设计能力及运行水平	数量	备注
15	废气治理设施	氯乙烯尾气吸附装置	化工二分公司聚氯乙烯分厂	吸收氯乙烯尾气中的氯乙烯气体	7000立方米/时 运行良好	4套	达标后排空
16	废气治理设施	PVC旋风除尘装置	化工二分公司聚氯乙烯分厂	收集PVC粉尘	1050000立方米/时 运行良好	2台	达标后排空
17	废气治理设施	烟气静电除尘装置	热电分公司运行分厂	收集烟气中的烟尘	2086000立方米/时 运行良好	4台	达标后排空
18	废气治理设施	烟气脱硫装置	热电分公司运行分厂	吸收烟气中的二氧化硫	2086000立方米/时 运行良好	4台	达标后排空
19	废气治理设施	防风抑尘网	热电分公司露天煤场	抑制煤尘	无组织排放	1套	
20	废气治理设施	烟气静电除尘装置	水泥有限公司烧成分厂	收集烟气中的烟尘	700000立方米/时 运行良好	4台	达标后排空
21	废气治理设施	布袋除尘装置	水泥有限公司	收集粉尘	1494000立方米/时 运行良好	96台	达标后排空
22	废气治理设施	防风抑尘网	水泥有限公司露天料场	抑制电石渣尘	无组织排放 运行良好	1套	达标
23	噪声治理设施	减振、消声器	各大型设备	减小噪声	运行良好		达标

表5-1-2 2022年北元集团主要污染物环保设施配备情况一览表

序号	排放口编号	生产设施名称	对应产污环节名称	污染物种类	设施编号	污染治理设施名称	投运年份、日期
化工分公司							
1	DA117	裂解炉（硫酸裂解烟气）	硫酸裂解	二氧化硫	TA154	吸收塔	2016
				硫酸雾	TA155	除雾器	
				氮氧化物	—		
2	DA118	熔盐炉（东线）	固碱蒸发	二氧化硫	TA156	脱硫装置	2018
				氮氧化物	TA157	脱硝装置	
				颗粒物	TA158	除尘装置	
		熔盐炉（西线）	固碱蒸发	颗粒物	TA161	除尘装置	2018
				二氧化硫	TA162	脱硫装置	
				氮氧化物	TA160	脱硝装置	
3	DW006	PVC装置污水处理	乙炔工段	总磷、五日生化需氧量、悬浮物、石油类、氨氮、总氮、化学需氧量	TW017	污水处理设施	2006
热电分公司							

表 5-1-2（续）

序号	排放口编号	生产设施名称	对应产污环节名称	污染物种类	设施编号	污染治理设施名称	投运年份、日期
1	DA001	1号锅炉	脱硫装置	SO_2	TA001	脱硫系统	2018-05
			脱销装置	NO_x	TA002	脱销系统	2014-08
			电除尘装置	粉尘	TA003	电除尘系统	2010-08
2	DA002	2号锅炉	脱硫装置	SO_2	TA004	脱硫系统	2018-05
			脱销装置	NO_x	TA005	脱销系统	2014-08
			电除尘装置	粉尘	TA006	电除尘系统	2010-08
3	DA003	3号锅炉	脱硫装置	SO_2	TA007	脱硫系统	2011-08
			脱销装置	NO_x	TA008	脱销系统	2015-09
			电除尘装置	粉尘	TA009	电除尘系统	2012-10
4	DA004	4号锅炉	脱硫装置	SO_2	TA010	脱硫系统	2011-08
			脱销装置	NO_x	TA011	脱销系统	2015-09
			电除尘装置	粉尘	TA012	电除尘系统	2012-10
5	DW006	生活污水处理	污水排放	pH、化学需氧量、氨氮、总氮、总磷、悬浮物	TW001	生活污水处理	2011-02
6	DW007	综合污水处理站	污水排放	总磷、五日生化需氧量、悬浮物、石油类、氨氮、总氮、化学需氧量	TW004	综合污水处理	2012-10
水泥有限公司							
1	DA125	一线窑尾系统	熟料煅烧	颗粒物 二氧化硫 氮氧化物	TA126	窑尾电袋复合收尘器 脱硝系统	2010-10
2	DA096	一线窑头废气处理	熟料煅烧	颗粒物	TA097	窑头电袋复合收尘器	2010-10
3	DA019	二线回转窑系统	熟料烧成	颗粒物 二氧化硫 氮氧化物	TA089	窑尾电袋复合收尘器 脱硝系统	2012-01
4	DA020	二线窑头窑尾煤粉仓	熟料烧成	颗粒物	TA093	煤磨单机袋除尘器	2011-01
锦源化工有限公司							
1	DA001	循环流化床1号锅炉	1号锅炉烟气	二氧化硫	TA001	脱硫设施	2018-04
				氮氧化物	TA002	脱硝系统	2015-08
				烟尘	TA003	除尘器	2012-10
		循环流化床2号锅炉	2号锅炉烟气	二氧化硫	TA004	脱硫设施	2018-04
				氮氧化物	TA005	脱硝系统	2015-08
				烟尘	TA006	除尘器	2012-10

七、化工危害与预防

（一）危害类别

截至2022年，北元集团化工安全环保危害类别主要有氯乙烯、高温、噪声、盐酸、烧碱、二氯乙烷、PVC粉尘、氯化汞、氯气、电石粉尘、硫酸、硫化氢、硅尘、粉尘、煤尘等。导致的职业病类别主要有氯乙烯中毒、中暑、耳聋、皮肤（眼睛）烧伤、二氯乙烷中毒、尘肺病、汞中毒、氯气中毒、皮炎（烧伤）、硫化氢中毒、硅肺病、尘肺病、煤工尘肺等。

（二）防护措施

截至2022年，北元集团化工危害类别、存在区域及工程防护、个人防护与预防措施见表5-1-3。

表5-1-3　北元集团化工危害类别、存在区域及工程防护与个人预防措施一览表

序号	职业危害类别	导致职业病类别	存在区域	工程防护设施	个人防护设施	防护措施
1	氯乙烯	氯乙烯中毒	聚合、合成、中控	轴流风机、氯乙烯报警仪	正压式呼吸器、防毒面具	远离火种、热源，工作场所严禁吸烟。个体防护用品配发符合要求，并正确佩戴，加强职业卫生宣传教育，做好个体防护用品佩戴的监督检查工作
2	高温	中暑	聚合、蒸发、热电	轴流风机、空调		个体防护用品配发符合要求，并正确佩戴，加强职业卫生宣传教育，做好个体防护用品佩戴的监督检查工作
3	噪声	耳聋	聚合、公用组、水泥	消声器	耳塞、耳罩	定期进行职业危害体检，不易长时间待在厂房，正确佩戴防护用品
4	盐酸	皮肤、眼睛烧伤	合成、中控、污水处理	轴流风机、洗眼器	风机、防酸碱眼镜、防护面屏	定期维护保养洗眼器、保证洗眼器处于有水状态
5	烧碱	皮肤、眼睛烧伤	合成、蒸发、中控、污水处理	轴流风机、洗眼器	风机、防酸碱眼镜、防护面屏	定期维护保养洗眼器、保证洗眼器处于有水状态
6	二氯乙烷	二氯乙烷中毒	合成	轴流风机、气体探测仪	正压式呼吸器、防毒面具	个体防护用品配发符合要求，做好个体防护用品佩戴的监督检查工作，定期进行职业危害体检
7	PVC粉尘	尘肺病	包装	轴流风机	防尘口罩、化学安全防护眼镜、穿化学防护服	厂房内通风流畅，员工佩戴自吸过滤式防尘口罩，戴化学安全防护眼镜，穿化学防护服，戴橡胶手套。避免产生粉尘
8	氯化汞	汞中毒	聚合、合成	轴流风机	正压式呼吸器、防毒面具	个体防护用品配发符合要求，做好个体防护用品佩戴的监督检查工作，定期进行职业危害体检

表 5-1-3（续）

序号	职业危害类别	导致职业病类别	存在区域	工程防护设施	个人防护设施	防护措施
9	氯气	氯气中毒	电解、氯气处理、中控	轴流风机	正压式呼吸器、防毒面具	若氯气泄漏，迅速撤离泄漏污染区人员至上风处，并立即进行隔离
10	电石粉尘	尘肺病	乙炔	轴流风机、除尘器	防尘口罩、化学安全防护眼镜、化学防护服	厂房内通风流畅，员工佩戴自吸过滤式防尘口罩，戴化学安全防护眼镜，穿化学防护服，戴橡胶手套。避免产生粉尘
11	硫酸	皮炎、烧伤	乙炔、氯气处理	轴流风机、洗眼器	防酸碱手套、防化服、防酸碱眼镜、防护面屏	做好个体防护用品佩戴的监督检查工作，定期维护保养洗眼器、保证洗眼器处于有水状态
12	硫化氢	中毒	乙炔、污水处理	轴流风机	正压式呼吸器、防毒面具	迅速撤离泄漏污染区人员至上风处，并立即进行隔离，做好个体防护用品佩戴的监督检查工作，定期进行职业危害体检
13	硅尘	硅肺病	脱硫	电除尘和布袋除尘	佩戴防尘口罩	1. 个体防护用品配发符合要求，并正确佩戴，加强职业卫生宣传教育，做好个体防护用品佩戴的监督检查工作，定期进行职业危害体检 2. 提高除灰系统的检修质量，防止漏灰、漏粉
14	粉尘	尘肺病	水泥	袋除尘	佩戴防尘口罩	1. 个体防护用品配发符合要求，并正确佩戴，加强职业卫生宣传教育，做好个体防护用品佩戴的监督检查工作，定期进行职业危害体检 2. 提高除灰系统的检修质量，防止漏灰、漏粉
15	煤尘	煤工尘肺	煤场	防风抑尘网	佩戴防尘口罩	1. 个体防护用品配发符合要求，并正确佩戴，加强职业卫生宣传教育，做好个体防护用品佩戴的监督检查工作，定期进行职业危害体检 2. 提高除灰系统的检修质量，防止漏灰、漏粉

八、绿色工厂建设

2011 年以来，随着企业不断发展壮大，北元集团提出了绿色工厂建设理念。在绿色工厂发展建设过程中，北元集团坚持走清洁绿色高效的发展之路，积极推进企业节能减排工作，践行"绿色、循环、低碳"发展理念，统筹经济建设与生态保护，不断加强环境管理，创新环保举措，努力打造绿色生态厂区，秉承"精诚建业、共赢发展"的核心价值观，走低碳循环发展之路，科学管理、不断超越，全力打造一流盐化工企业，奉献低碳多彩新生活。按照"减量化、再使用、可循环"的方式，抓好化工产品节能降耗、资源综合利用工作，全面推行"清洁生产"工艺技术的应用。公司还定期开展与绿色发展相关的教育、培训，制定绿色工厂建设规划，促进一体化绿色发展，走出了一条绿色环保的低碳循环工业化道路，实现共建美好家园的愿景。2017年8月，北元集团被国家工信部评为"2017年第一批绿色工厂示范企业"。2020年4月，国家工信部、省工信厅委托第三方机构对北元集团绿色工厂运行情况进行了复审并顺利通过，同年12月，省工信部进行了授牌仪式。公司旗下的水泥有限公司在2022年获得了省级"绿色工厂"荣誉称号。

九、环保宣传

2003年以来，北元集团每年组织安全环保知识竞赛，对环保应知应会内容进行宣贯培训，并根据公司环保管理办法及培训教育管理办法的要求，每年制定下发环保知识培训教育计划，按照计划对各层级人员开展培训教育。培训教育内容主要包括：国家环境保护法律、法规、规章及标准，清洁生产技术，环保设施种类及工作原理，同行业的典型环保事故案例，各单位的环境保护规章、制度，岗位相关的环保工艺技术，环保设施工作原理及操作规程，本单位的环境保护现场处置方案，本岗位危险废物种类、数量及其危害特性等。2013年9月，组织开展了"百日环保排查治理"活动，通过开展内容丰富、形式多样的活动，调动岗位人员的主观能动性，营造"人人关注环保、环保关系人人"的氛围。2014年9月，为了明确重点环保工作，督促问题检查及落实整改，组织开展了"百日安全、环保"活动。同年12月，为贯彻新的《环境保护法》，提升人员环保执法、守法意识，公司组织了95人参加《环境保护法》与企业相关的知识点考试。2017年3月，为确保公司污染物排放达到新标准要求，组织开展了"环保治理达标年"活动，对照新标准查摆问题，制订整改计划，并按计划全面落实。2018年，开展了"环保治理提升年""环境整治专项自查自纠""环境整治季度亮点""环保治理持续提升年""环保设施专项整治活动""大排查大整治百日生态保卫大行动""危险废物环境风险隐患专项整治活动"等活动，制定下发了《2018—2019年环境治理实施方案》。2019年10月，组织人员参加了省生态环境厅组织的《关于汞的水俣公约履约执法座谈会》及陕煤集团组织的烟气综合治理交流座谈会，认真学习和贯彻落实习近平生态文明建设思想。2021年，制定《环境管控体系》。2022年，修订有关制度7项，新建制度11项。实现以体系管环保，提升了环保管理水平。

北元集团环保获得的荣誉有：2017年7月，公司获国家工业和信息化部"绿色制造体系示范单位"。2021年5月，神木市人民政府授予公司2020年度生态环境保护工作先进单位荣誉。2022年4月，神木市人民政府授予公司2021年度生态环境保护工作先进单位荣誉。

第二节 污 染 治 理

一、废水治理

2003—2013年，北元集团本着落实"清污分流、污污分治、一水多用"的原则，已建成设施主要有化工装置含汞废水处理、母液水处理热电装置、煤水处理、污水处理、生活污水处理及中水回用装置。坚持对生产工艺过程废水进行专项治理，低风险回用，按标准要求排放。①将含汞废水经氧化还原、膜法过滤、树脂吸附、深度处理达到总汞含量小于 3×10^{-6} 以下回用于乙炔发生装置；②将 PVC 聚合母液水经生物膜法处理后用于循环水补水；③将热电装置纯水制备工序产生的酸碱中和水及烧碱装置产生的酸碱废水用于采卤；④将煤水经简单处理后用于煤堆场喷淋抑尘；⑤将不能简单处置利用的生产污水和生活污水，分别经"酸碱中和＋混凝沉降＋水解酸化＋接触氧化"工艺装置和 AO 一体化生化处理工艺装置处理后，部分水再经中水回用装置处理后作为循环水补水，剩余部分水达到《黄河流域（陕西段）污水综合排放标准》（DB 61/224—2011）中二级排放标准要求后，送园区污水处理厂处理排放。2016 年，公司投资 389 万元建设了含汞废水优化提升装置，实现了含汞废水处理标准升级。2020 年，公司投资 2500 万元，完成了对母液水进行深度处理后做纯水回用，经废水分级分质利用，基本实现了"近零排放"。排放口安装了视频监控及 pH、COD、氨氮、总磷总氮、流量等在线分析仪，并按规范设置了环境保护图形标识，与排污许可证一致，废水处理后排至锦界污水处理厂，经处理排入秃尾河。

二、废气治理

2003 年以来，北元集团在化工装置区采用碱液吸收、布袋除尘、活性炭变压吸附和旋风除尘等装置；在热电装置区采用电石渣干法脱硫、布袋除尘和静电除尘等装置；水泥装置区采用静电除尘等装置进行废气治理，废气和烟气中污染物的去除率可达 98% 以上。2013 年，公司投资 260 万元建成水泥烟气脱硝装置。2014 年 5 月，公司投资 120 万元完成了两套烟气在线监测装置的更新换代。2014 年 7 月，公司投资 260 万元建成聚合废气吸附装置。2014 年，公司投资 460 万元完成了化工装置电石粉尘综合治理。2015 年 3 月，公司投资 2680 万元先后对水泥装置一线、二线窑头窑尾烟气进行了电袋除尘改造，主要污染物指标全部控制在《水泥工业大气污染物排放标准》（GB 4915—2013）标准范围内。2017 年，公司投资 5704 万元对水泥公司进行扬尘治理、对化工分公司变压吸附装置进行提标改造。2018 年 4 月，公司投资 3706 万元对热电分公司 4 台锅炉烟气超低排放进行改造，主要包括对脱硝催化剂、电石渣双给料机、净烟侧在线仪表、脱硫布袋除尘器的系统性工程进行改造。改造完成后，在基准氧含量为 6% 的条件下，烟尘、二氧化硫、氮氧化物排放浓度分别不高于 10 毫克/立方米、35 毫克/立方米、50 毫克/立方米，烟尘、二氧化硫、氮氧化物分别减排 180 吨/年、195 吨/年、330 吨/年。2018 年，水泥有限公司投资 718 万元对一、二线原料堆棚、熟料外加堆棚进行了密闭；北元集团通过持续的环境治理，厂区环境明显改善。同年 5 月，公司率先完成电厂锅炉烟气超低排放改造工作，同年 12 月，公司通过享受超低电价补助现场验收。2018 年 7 月，陕西省环境保护厅对公司清洁生产审核评估工作进行了批复，8 月公司申报了榆林市市级文明示范单位材料。2019 年，北元集团投资近 2000 万元对化工装置 3 套母液水池和 2 套污水处理站废水池进行覆盖，减少了敞开液面 VOCs 溢散。水泥有限公司投资 1685 万元对一线电石渣堆棚进行了封闭。同年 7 月，热电分公司投资 1000 万元建设轻型钢架煤棚，同年 10 月，投资 340 万元在煤场筒仓增加 5 台除尘器。化工分公司建成 7 套变压吸附装置，采用降压解析、升压吸附工艺对有机物进行回收利用，采用多种吸附介质进行吸附，排放口安装了 VOCs 在线监测设施，确保达标排放。2020 年，水泥有限公司投资 420 万元对生产现场增加 8 台除尘器，进一步降低了污染物的排放浓度。2021年1月，投资1000万元在化工分公司氯乙烯合成工序原有VOCs精馏尾气深度处理装置的基础上，新建一套精馏尾气深度处理装置，该装置于2021年12月底建设完成，2022年3月投入运行。

三、固体废物治理

2003年以来，北元集团严格按照国家环境保护相关规定，将粉煤灰、炉渣、大部分电石渣输送至水泥装置生产水泥，剩余部分生产脱硫剂；将脱硫灰、盐泥运至园区垃圾场做无害化填埋处理；净化除尘灰继续焚烧利用；散点除尘灰用于脱硫剂；水处理污泥锅炉焚烧处置。对危险废物、含汞废物、二氯乙烷、废油、废硫酸、废催化剂等固体废物，均按照《危险废物收集、储存、运输技术规范》进行管理，按照《危险废物转移管理办法》转移至有危险废物处置资质的单位进行处置。2016年10月，北元集团投资12000万元建成了3万吨/年废硫酸裂解再生项目，将公司乙炔清净过程中产生的废硫酸全部处置，降低了危险废物处置运输环节的风险。2018年6月，公司利用装置的富余产能申请办理了危险废物经营许可证。同年，对VCM合成装置原有盐酸脱吸装置进行改造，改造后一期处理能力为浓酸40立方米/时，稀酸2立方米/时；二期处理能力为40立方米/时，稀酸4立方米/时；PVC装置浓酸脱析一套，处理能力为8立方米/时，将生产系统产生的氯化氢气体进行密闭循环利用，有效降低了环境风险。

四、噪声治理

2003—2022年，北元集团噪声防治主要采取隔音、消声等措施，公司在设备选型、订货时，就对设备噪声提出明确的限制要求，并优先选用高效、低噪声机电设备，从源头上降低噪声。对现有噪声本着"追本溯源"的原则，从管道振动、设备发声等方面进行分析，采取加装管道消音器、增加设备减震器、对设备进行封闭以及对值班室门窗的密封性进行改造等方式减弱噪声排放和噪声影响，确保噪声排放符合《工业企业厂界环境噪声排放标准》（GB 12348—2008）和《工业企业场区噪声控制设计规范》（GB J87—1985）要求。同时，每季度对厂界噪声开展自行监测工作。

第三节　应急预案与设施

一、应急预案

2003年以来，北元集团持续健全完善应急救援体系，按照《生产经营单位安全生产事故应急预案编制导则》编制综合应急预案、专项应急预案和现场处置方案。2011年5月，印发了《陕西北元化工集团有限公司综合应急预案》。2012年9月，对综合应急预案进行了修订，在6支应急救援队伍的基础上增加了专家组。2014年4月，北元集团《突发环境事件应急救援预案》在陕西省环境保护厅应急办公室首次备案；2016年3月对预案进行重新修订，5月在榆林市神木县环保局备案，6月公司开展了氯乙烯泄漏事故应急救援演练，检验了预案的可操作性，达到了预期效果。各分、子公司编制有《环境污染事件专项应急预案》和《现场处置方案》，并按照预案组织开展了培训和演练。2018年6

月，由于生产工艺变化，对《突发环境事件应急预案》进行了再修订，并在神木市环境保护局进行备案。截至2022年，公司每年年初下发应急演练计划，明确各单位应急预案演练的频次及参加人员，并对演练结束后的工作提出明确具体的要求。通过定期开展预案演练，检验了预案的可操作性，锻炼了应急抢险队伍，为实战打好了坚实的基础。

二、应急设施

截至2022年，北元集团环保应急设施有围堰、事故池、污水处理站、雨水管网系统、污水管网、应急阀门切换系统、应急提升泵、雨水总排口阀门、废水总排口阀门等。北元集团环保应急设施见表5-3-1。

表5-3-1　北元集团环保应急设施一览表

序号	名称	数量	规格	位置	备注
1	围堰	5		储罐区	现有
2	事故池	1	9720立方米	污水处理装置	现有
3	污水处理站	1	4800吨/天	公司西北角	现有
4	雨水管网系统	1		公司厂区地下	现有
5	污水管网	1		公司厂区地下	现有
6	应急阀门切换系统	1		氯碱一期DCS控制室	现有
7	应急提升泵	2		污水处理装置	现有
8	雨水总排口阀门	1		雨排总管出口	现有
9	废水总排口阀门	1		事故总管进口	现有

第四节　环　保　事　故

一、事故等级、处罚规定

2017年2月，北元集团修订下发的《陕西北元化工集团有限公司事故管理规定》(陕北元发〔2017〕72号)，对事故等级、事故范围、考核对象作了明确界定和划分。具体事故等级等内容见表5-4-1。

表5-4-1　2017年北元集团环保事故等级、范围、考核对象一览表

序号	事故等级	事故范围	考核对象
1	一级事故	1. 因有毒有害气体泄漏造成100人及以上疏散转移，且影响恶劣的 2. 因危险化学品、卤水泄漏造成水域、土地、林木严重污染或永久性破坏，直接经济损失在600万元及以上的 3. 因环保管理不到位，被省级及以上环保部门挂牌督办，造成严重社会影响的	集团公司领导，当日值班负责人，安全环保部、生产技术部正、副部长，环保管理、生产管理科正、副科长及专员，当班总调度，责任单位正、副职，生产技术科、安全环保科、设备管理科正、副科长及专员，当班调度，事故所在分厂正、副厂长，安全员，事故发生工段技术员、白班班长、当班班长、责任人

表 5-4-1（续）

序号	事故等级	事故范围	考核对象
2	二级事故	1. 因有毒有害气体泄漏造成 50~100 人疏散转移的 2. 因危险化学品、卤水泄漏造成水域、土地、林木污染或破坏，直接经济损失在 300 万（含）~600 万元的 3. 因环保管理不到位，被市级环保部门挂牌督办，造成较大社会影响的	安全环保部正、副部长，环保管理科正、副科长，责任单位正、副职，安全环保科正、副科长及专员，当日值班负责人，当班调度，事故发生分厂正、副厂长，安全员，工段技术员、白班班长，当班班长，责任人
3	三级事故	1. 因有毒有害气体泄漏造成 20~50 人疏散转移的 2. 因危险化学品、卤水泄漏造成水域、土地、林木污染、破坏，直接经济损失在 10 万（含）~300 万元的 3. 因环保管理不到位，被县级环保部门挂牌督办的	责任单位分管环保的经理、责任区经理，当日值班负责人，安全环保科正、副科长及专员，事故所在分厂分管环保的厂长，安全员，事故发生工段技术员、当班班长、责任人

2020 年 3 月，北元集团修订下发的《陕西北元化工集团有限公司事故管理规定》（陕北元发〔2020〕116 号），对事故等级、事故范围、考核对象作了明确界定和划分。具体事故等级等内容见表 5-4-2。

表 5-4-2　2020 年北元集团环保事故等级、范围、考核对象一览表

序号	事故等级	事故范围	考核对象
1	一级事故	1. 因环境污染疏散、转移厂外人员 300 人以上的 2. 因环境污染造成直接经济损失 300 万元以上的 3. 因环境污染造成厂外人员中毒导致重伤或者死亡，或者 3 人以上重度中毒 4. 受到省级环境违法挂牌督办、约谈或主要媒体负面报道的	集团公司领导，当日值班负责人，相关部门正、副部长，主任工程师，正、副科长，业务主管（正、副科级），涉及相关专业的工程师及技术员，当班总调度；责任单位正、副职，相关职能科室正、副科长，主任工程师，涉及相关专业的工程师及技术员，当班调度，事故所在分厂正、副厂长，涉及相关专业的工程师及技术员，安全员，事故发生工段技术员、白班班长、当班班长、责任人
2	二级事故	1. 因环境污染疏散、转移厂外人员 100 人以上 300 人以下的 2. 因环境污染造成直接经济损失 100 万元以上 300 万元以下的 3. 因环境污染造成厂外 1 人重度中毒，或者 2 人以上中度中毒 4. 受到地市级环境违法挂牌督办、约谈或主要媒体负面报道的（主要包括陕西电视台、陕西日报）	相关部门正、副部长，主任工程师，正、副科长，业务主管（正、副科级），涉及相关专业的工程师；责任单位正、副职，相关职能科室正、副科长，主任工程师，涉及相关专业的工程师及技术员，当日值班负责人，当班调度，事故所在分厂正、副厂长，涉及相关专业的工程师及技术员，安全员，事故发生工段的技术员、白班班长、当班班长、责任人
3	三级事故	1. 因环境污染疏散、转移厂外人员 50 人以上 100 人以下疏散、转移的 2. 因环境污染造成直接经济损失 30 万元以上 100 万元以下的 3. 因环境污染造成厂外 1 人中度中毒，或者 2 人及以上轻度中毒 4. 受到县市级环境违法挂牌督办、约谈或主要媒体负面报道的	责任单位分管经理、责任区经理，当日值班负责人，相关职能科室正、副科长，主任工程师，涉及相关专业的工程师及技术员，事故所在分厂分管厂长，涉及相关专业的工程师及技术员、安全员，事故发生工段的技术员、白班班长、当班班长、责任人

2022年11月，北元集团修订下发的《陕西北元化工集团股份有限公司事故事件管理办法》(陕北元发〔2022〕)，对事故等级、事故范围、考核对象及考核标准做了明确界定和划分。具体事故等级等内容见表5-4-3。

表5-4-3　2022年北元集团环保事故等级、范围、考核对象一览表

序号	事故等级	事故划分标准	考 核 对 象
1	一级事故	1. 疏散、转移厂外人员300人以上 2. 造成100万元以上直接经济损失 3. 造成重伤及以上厂外人员人身伤害或者3人以上重度中毒	董事长、总经理，分管安全、生产、技术工作的副总经理。集团公司其他领导。分子公司经理、部门部长、主任，分子公司副经理、副总师，部门副部长、副主任，分子公司业务中心负责人、装置长、部门业务模块负责人、一级业务主管，分子公司业务管理专员（二级业务主管）、副装置长、部门业务管理专员（二级业务主管），分子公司调度、班长，分管安全环保、生产、技术、设备、质量的管理专员、集团公司总调、部门业务管理专员
2	二级事故	1. 疏散、转移厂外人员100人以上300人以下 2. 造成10万元以上100万元以下直接经济损失 3. 造成厂外1~2人重度中毒或者2人以上中度中毒	分子公司经理、部门部长、主任，分子公司副经理、副总师，部门副部长、副主任，分子公司业务中心负责人、装置长、部门业务模块负责人、一级业务主管，分子公司业务管理专员（二级业务主管）、副装置长部门业务管理专员（二级业务主管），分子公司调度、班长，分管安全环保、生产、技术、设备、质量的管理专员、集团公司总调、部门业务管理专员
3	三级事故	1. 疏散、转移厂外人员50人以上100人以下 2. 造成1万元以上10万元以下直接经济损失 3. 造成厂外1人中度中毒或者2人以上轻度中毒	部门副部长、副主任，分子公司业务中心负责人、装置长、部门业务模块负责人、一级业务主管，分子公司业务管理专员（二级业务主管）、副装置长部门业务管理专员（二级业务主管），分子公司调度、班长，分管安全环保、生产、技术、设备、质量的管理专员、集团公司总调、部门业务管理专员

二、事故查处

2003—2005年，北元公司未发生重大以上环保污染事故及人身中毒、中毒伤亡事故。2006—2012年，公司共发生轻微环境污染事故8起。其中2006年、2007年和2010年各发生1起，2011年发生3起，2012年发生2起。2014年，发生1起氯气泄漏事故。2016年，分别发生1起二采区盐井泄漏事故和二采区3号长输管线漏点事故。2018年，发生1起电解B线氯气泄漏事故。截至2022年，公司共发生轻微环境污染事故8起，二级、三级事故各2起。针对事故，北元集团严格按照《事故管理规定》进行查处，依据事故调查报告认定的责任，划分出主要、次要责任，进行处理。北元集团环境污染事故统计及查处情况见表5-4-4。

表5-4-4　2003—2022年北元集团环境污染事故及查处情况统计表　　起

序号	年份	事 故 名 称	事 故 等 级			备　注
			一级	二级	三级	
1	2003		0	0	0	
2	2004		0	0	0	

表 5-4-4（续）

序号	年份	事故名称	一级	二级	三级	备注
3	2005		0	0	0	
4	2006		0	0	0	轻微环境污染事故 1 起
5	2007		0	0	0	轻微环境污染事故 1 起
6	2008		0	0	0	
7	2009		0	0	0	
8	2010		0	0	0	轻微环境污染事故 1 起
9	2011		0	0	0	轻微环境污染事故 3 起
10	2012		0	0	0	轻微环境污染事故 2 起
11	2013		0	0	0	
12	2014	"8·14"氯气泄漏事故	0	1	0	22 人直接受到罚款处理
13	2015		0	0	0	
14	2016	"8·5"二采区盐井泄漏事故	0	1	0	4 人直接受到罚款处理，3 人受到追缴罚款处理；扣化工分公司 10 月月度绩效 6 分
15		"12·20"二采区 3 号长输管线漏点事故	0	0	1	4 人直接受到罚款处理
16	2017		0	0	0	
17	2018	"3·21"电解 B 线氯气泄漏事故	0	0	1	18 人直接受到罚款处理
18	2019		0	0	0	
19	2020		0	0	0	
20	2021		0	0	0	
21	2022		0	0	0	
合计			0	2	2	

三、事故案例

（一）化工二分公司"8·14"氯气泄漏事故

2014 年 8 月 14 日 14 时 20 分，化工二分公司氯碱分厂二期二次盐水及电解工序 DCS 操作人员刘某发现电解 C 线阳极液卸料罐液位由 42.6% 突然上涨至 100%，立即汇报班长申某，同时现场电解岗位人员也发现厂房内有大量氯气泄漏。14 时 30 分，班长申某组织人员将电解二楼取样的岗位人员石某和中控分析人员李某救出。技术员杭某经现场检查确认为电解阳极液卸料罐后水封处跑冒氯气，并将情况汇报厂长和调度。14 时 35 分，电解 C 线停车。14 时 40 分，公司相关领导及安全生产部相关人员得知险情后，立即组织人员赶赴现场实施救援、疏散。在此期间，氯气泄漏造成热电分公司办公楼所有人员及检修分厂部分人员紧急疏散，5 名员工轻度中毒。

1. 事故原因

主要原因是化工二分公司未履行任何变更手续，将阳极液罐与卸料罐之间的 U 形水封由连续补水改变为间断补水，且在无明确补水规定的情况下，岗位人员补水不及时，造成 U 形水封缺水，氯气冲破 U 形水封发生泄漏。

2. 事故等级

根据公司《生产安全事故考核办法》，本次事故为二级环境污染事故。对事故相关责任人分别给予了处罚。

(二)化工分公司"8·5"二采区盐井泄漏事故

2016 年 8 月 5 日 14 时，化工分公司采卤分厂二采区 10 号盐井发生卤水大量泄漏，造成刘郭沟村、三道峁村农作物大面积污染、绝收，土地盐碱化，苗木大量损毁，在锦界工业区管委会协调下，北元集团与村民签订了近百万元的补偿协议。

1. 事故原因

直接原因为化工分公司卤水玻璃钢管道螺纹连接处公母扣脱开，间接原因为采卤分厂岗位人员对井组异常情况分析判断不准确，贻误了最佳处理时机，导致事故进一步扩大。

2. 事故等级

根据公司《事故管理规定》，本次污染事故为二级环境污染事故。对事故相关责任人分别给予了处罚。

(三)"12·20"二采区 3 号长输管线泄漏事故

2016 年 12 月 20 日 10 时，采卤分厂管线巡检人员雷某、李某在巡检至三道峁水库上游时，发现地面有少量盐水溢出，随即电话汇报二采区白班班长任某，任某立即赶赴现场，联系当班班长石某，查看各井组流量及压力变化，并通知人员赶赴现场组织围堵和安排停用对应井组，同时告知调度、工段技术员及厂长。后经开挖，确定为 3 号卤水长输管线泄漏。经测量，污染面积约 6 平方米。

1. 事故原因

DN600 的玻璃钢输卤管线质量存在缺陷，设计管道压为 1.6 兆帕，事发运行压力为 0.78 兆帕。

2. 事故等级

根据《北元集团化工分公司事故管理规定》，本次事故为三级环境污染事故。对本次事故责任人分别给予了处罚。

(四)"3·21"电解 B 线氯气泄漏事故

2018 年 3 月 21 日 15 时 38 分，一期电解 DCS 主操郭某发现 B 线电解东侧管廊架气体报警仪报警，立即告知当班班长韦某和主操任某，检查报警原因；15 时 38 分 36 秒，一期二次盐水一楼洗涤塔报警仪和二次盐水二楼真空泵周围报警仪报警；15 时 42 分 44 秒，B 线二盐三楼气体报警仪报警。二次盐水及电解工段长马某和白班班长申某组织岗位人员现场排查原因，发现电解 B 线管廊架西侧有氯气泄漏，立即疏散现场施工作业人员；15 时 43 分 27 秒，电解 B 线被迫紧急停车。后经核算，本次事故共泄漏氯气约 9 立方米。

1. 事故原因

电解 B 线氯酸盐分解槽氯气并总管（钛管）焊缝泄漏的微量含水氯气被管道保温棉吸收，在钛管高温表面处受烘烤，水分蒸发形成干燥的氯气与钛管发生反应，导致管道破损发生氯气泄漏。

2. 事故责任划分

生产技术科对技改项目风险分析及氯气含水指标监管不到位；设备管理科对材料检验及施工验收管理监管不到位；安全环保科对材料与危险化学品相容性辨识工作不到位，同时对人员疏散工作监管不到位；质量管理科对环境监测工作组织不及时；氯碱分厂对该项目改造论证、材料及项目验收不到位，事故发生后未及时启动氯气现场处置方案和组织人员有序疏散。

3. 事故等级

根据《北元集团化工分公司事故管理规定》，本次事故为三级环境污染事故。对本次事故相关责任人分别给予了处罚。

第六章 经 营 管 理

北元集团在经营管理中通过完善制度建设，持续推行企业综合绩效考核制，优化业务流程，提升管理水平，为企业经营管理规范化、制度化夯实了基础。建立健全人力资源管理体系，不断强化财务、物资仓储、营销管理，实行"集中管理，分级核算"的管理体制。先后通过收集财务管理部、生产技术部、营销物流部、采购供应部、规划发展部等相关部门的基础数据，向陕煤集团、神木市统计局、陕西省工信厅、榆林市工信局等上级主管部门提供公司主要产品产量、价格、成本、销量及公司营业收入、利润、税费、产值等指标数据。对内坚持报送"综合统计周报表"，月度报送"综合统计快报"，季度报送"生产经营情况分析报告"等方式为公司领导生产经营决策提供依据。为持续加强企业费用管控，落实费用主体责任，降低各单位费用支出，北元集团通过制定年度管控费用预算，对公司招待费和差旅费，分、子公司招待费、差旅费、职工教育经费、工会经费、办公费、后勤维修费、宣传费等费用实行预算管控，年底对费用使用情况进行考核兑现。

第一节 企业综合考核

一、考核体系构成

（一）制度建设

2003年，北元公司成立以来，一直以制度化、规范化管理为目标，对企业进行考核管理。2009年北元集团成立以前，主要建立了满足安全生产需要的出差、请销假管理、安全生产责任制等制度。2009年北元集团成立以后，逐步按集团部门类别建立了综合、党群、规划、财务、安全、生产、采购、销售等制度。2010年，公司聘请北京正略钧策管理顾问有限公司对集团管控和制度流程体系进行优化和完善，通过外部智力的介入，全面梳理了公司制度流程，形成了一套系统、科学的制度流程编制目录。围绕编制目录，结合公司实际，2011年，公司先后出台了《陕西北元化工集团有限公司制度管理办法》和《管理制度编制规范》，按照制度分类明确了制度草拟、会签、审批等流程及制度编制规范与要求，建立了制度宣贯、执行、跟踪、优化机制，为不断优化制度流程体系奠定了基础。2020年，公司按照管理制度化、制度流程化、流程信息化的原则，从严管控制度文本拟草环节，陆续将之前未进制度的业务流程融入对应管理制度，进一步规范业务流程，健全完善运行机制。一方面突出监督重点，从制度设计层面进一步加强对"关键少数"、重大决策和高风险领域的监督；另一方面起草单位在征集有关部门意见的基础上，基于公司实际，本着完善、优化、提升的目的，初步形成制度流程草案，并组织有关部门对制度流程的可行性进行充分论证，再次修改完善后组织会签及制度专题会审议，严格控制制度流程的科学性和可操作性,从源头控制制度流程的质量,为制度的有效运行打好了基础。2021年以来,公司坚持树立"制度设计+制度执行=制度落实"的制度建设理念,按照"有效、管用"的原则,持续优化制度体系,增强制度体系的系统性、实效性和刚性约束。特别是对照陕西省国资委《"三个体系"建设实施方案》(陕国资发〔2020〕137号)以及陕煤集团下发的《关于印发深化"三个体系"建设的实施方案》(陕煤司发〔2021〕527号)相关规定,持续规范现有制度,将之与法律法规、监管政策等进行对照检查,发现制度缺陷的,进行修改完善,发现个别制度缺失的,立即进行补建。现阶段,公司每年定期对所有制度、流程进行一次全面梳理,对急需修订的制度及时修订。到2022年,公司制定出各类管理制度共252项,共分为12大类,分别为公司治理类制度12项,综合管理类制度19项,党群工作管理类制度20项,规划发展类制度14项,企业管理类制度39项,财务管理类制度21项,安全环保类制度61项,生产技术类制度26项,营销物流类制度4项,采购供应类制度7项,证券事务类制度19项,科技研发类制度3项。通过作废闲置制度流程、建立新制度流程、完善和优化现行制度流程,公司的制度流程体系不断科学化,确保了制度流程精简高效运行。

(二)绩效考核管理

自2009年以来,北元集团按部门建立综合、党群、规划、财务、安全、生产、采购、销售等考核制度,不断改进和持续优化绩效考核机制,至2023年初已逐步形成了一套符合北元集团实际的生产经营绩效考核体系,对激励各单位安全生产积极性起到了重要作用。期间,北元集团每年修订下发《组织绩效管理办法》与年度重点工作任务通知,明确各单位目标任务和班子成员任务目标,压实责任。组织绩效考核中,通过设置内容具体、标准明确、要求合理的月度与年度绩效指标体系,逐月细化分解产量、成本、质量、利润、安全等各项指标,制定具有挑战性的考核目标值。根据各单位定位不同,在月度、年度考核指标中分别设置不同权重的利润指标,实现利润增收入增,利润减收入减。同时,不断加大和完善职能部门重点任务完成情况,定期检查督办和通报考核,层层传导压力,坚持"绩效考核+督查督办"双轮驱动,适时出台各种考核激励政策。

二、考核实施

(一)中层管理人员考核

2009年以来,北元集团遵循"价值贡献决定分配"原则,积极探索激励、成果收益共享机制,针对核心骨干,实施差异化激励,构建起"重能力、重实绩、重贡献"的激励机制。

1. 职业经理人考核

2019年、2021年,北元集团分别对子公司水泥和锦源经理班子实施职业经理人改革。通过理论考试、竞聘答辩的方式选聘正职,副职由正职提名并按干部管理程序聘任,任期三年,累计选聘职业经理人9人;职业经理人薪酬与业绩挂钩,主要考核利润完成情况,并实行超额累进利润共享机制,奖励金额上不封顶。职业经理人年薪由基本年薪、绩效年薪和超额共享激励组成,其中副职基本年薪是正职的80%,绩效年薪随考核浮动,并按照超额利润的1%~6%进行阶梯制累进奖励,上不封顶,副职的平均薪酬不超过正职的80%,职业经理人绩效年薪占年薪的75%左右,根据年度业绩考核结果兑现。职业经理人绩效年薪实行风险保证金制度,年度考核结束后绩效年薪的30%作为风险保证金,任期届满后经考评审计后连本带息予以发放。公司与职业经理人双方达成契约,通过签订《聘用协议书》,约定职业经理人聘期、责任、权利、义务、奖惩、离职、解聘、责任追究等条款,签订年度和任期经营业绩目标责任书,明确职业经理人考核指标和薪酬兑现规范。公司通过核定职业经理人基本年薪标准,突出职业经理人正职与副职薪酬待遇的差异化。同时制定了职业经理人负面清单,严格实行职业经理人任期考核管理,根据考核结果续聘或退出,职业经理人被解聘的,不再保留职务和身份,确保职业经理人"能进能出"。经过几年的探索和实践之后,职业经理人改革的契约化管理正式进入可复制、可推广的快车道。

2. 分、子公司经理班子考核

2015年下半年,公司率先对水泥公司经理班子试行经营责任制考核。同时对分、子公司经理班子实施年薪制考核,岗位工资与绩效奖设置比例为5∶5,50%岗位工资的岗位按月发放,50%的绩效奖在年度考核后发放。2016年,公司在总结水泥公司经理班子考核经验的基础上,对所属分、子公司经理班子实行年薪制考核,进一步夯实经理班子责任。同年,公司又在水泥公司全面试行经营责任制,实行全员绩效总额与年度利润挂钩考核,全员积极性得到充分调动,生产经营活力竞相迸发,实现了扭亏为盈。2017年、2018年,公司进一步创新考核方式,对各分、子公司员工实行年度组织绩效考核,对经理班子实行年度利润挂钩考核,激发了公司全体员工创新创效积极性,取得了显著成效。2020年,开始实施固定基本年薪的年薪制考核模式,即基本年薪按月发放,绩效年薪年底考核后兑现。分公司经理班子主要考核产量、成本、利润和重要的消耗指标,并增设奋斗考核指标,奋斗目标超额奖励上不封顶。

3. 职能部门中层管理人员考核

截至2022年,职能部门中层管理人员以固定岗级工资的方式实施年薪制考核,根据部门的业务性质和管理内容的不同设定不同的岗级,主要考核内容由所在部门的月度年度组织绩效系数、干部考评情况、公司利润和关联分子公司经理班子考核系数组成。职能部门中层管理人员实施年薪制考核,绩效年薪与个人业绩和分、子公司经理班子考核系数挂钩,同层级年薪差距不断拉大。主管级及以下人员实施超额利润激励,即完成利润奋斗考核目标,奖励一个月工资,充分体现了考核"强激励、硬约束"作用。

(二)任期制和契约化管理

2021年,北元集团领导班子开始实施经理层成员任期制和契约化管理改革并取得成功。建立了经营业绩目标与高级管理人员业绩相结合的考核指标体系,公司经理层成员签订了《岗位聘任协议》《年度和任期经营业绩责任书》,明确考核内容及指标,实现"管理契约化"。实行"基本年薪+绩效年薪+超额利润共享+任期激励"的绩效考核模式。

1. 考核形式

实行年度和任期"两期考核",年度经营业绩考核以年度为周期进行考核,一般在当年年末或次年年初进行。任期经营业绩考核一般结合任期届满当年年度考核一并进行。

2. 考核内容及指标

按照陕煤集团和化工集团下达的年度及任期考核目标要求,结合公司工作实际进行考核。年度考核主要根据公司与化工集团签订的《目标责任书》为考核依据，包括基本指标、分类指标、约束性指标和其他指标。任期考核由任期公司经营业绩指标和任期个人年度业绩指标组成。

3. 结果应用

依据年度和任期经营业绩考核结果，由公司党委和董事会按程序研究讨论后提出薪酬、决定聘任（或解聘）意见，报陕煤集团审批后形成聘任（或解聘）和薪酬发放决定，由公司按程序予以兑现和落实。

4. 利益目标明确

公司领导班子增设超额完成利润目标，每超1000万元，正职奖励1万元，奖励累计不超过36万元，副职平均奖励按正职的80%兑现。这一举措为建立经营班子人员契约化管理机制、培育高素质职业经理人队伍奠定了基础。

三、价格监管

（一）供销运价格管理

2012年4月19日，北元集团成立公司价格领导小组，价格领导小组下设办公室，办公室设在企业管理部。2012年5月25日，《陕西北元化工集团有限公司价格管理办法（试行）》颁布，6月1日生效。2014年修订了《价格管理办法》并于10月16日颁布执行，该办法对公司主要原料采购、产品销售、储运及内部交易等的结算价格确定及审批予以规范，办法规定每周组织一次定价会，主要研究原料、产品、储运价格及经营策略并形成会议通报下发。企业管理部侧重于监督审核各类价格调整审批工作，通过专项检查监督结算价格执行情况。2019年，企业管理部建立了主要原料及销售产品价格数据库，通过对比供销价格与市场主流价格的贴近程度判断公司供销运价格执行效果。2020年，企业管理部优化运营部门组织绩效，把供销运结算价格与市场主流成交价的贴近度作为运营部门的主要考核指标，实现了价格管理的过程监管到结果监管。《价格管理办法》的实施，有效规范了企业产品价格管理行为，进一步提升了公司经营管理水平。同时，不定期开展公司主要产品、原料的专项市场调研工作，实时反馈前沿信息，加强价格跟踪监督，依据市场实际情况提出价格管理建议，有效地发挥了市场监督职责。

（二）竞价管理

2016年9月1日，《陕西北元化工集团有限公司竞价管理办法》颁布并执行。2017年，对《竞价管理办法》进行修订，并于5月1日颁布执行。《竞价管理办法》是公司《招标管理办法》《价格管理办法》的补充，规范了《招标管理办法》《价格管理办法》之外的经济行为。企业管理部通过参与竞价、商务谈判、招标会议及专项检查等方式，发现问题并督促整改。《竞价管理办法》的实施，加强对各类竞价活动的监督，规范了公司竞价管理工作，促进和提升了竞价管理工作，降本增效成果显著。

四、对标管理

2012年3月，按照《陕西煤业化工集团有限责任公司2012年对标管理工作安排的通知》要求，北元集团制定下发了《关于开展对标管理活动的意见》，成立了专项对标领导小组，明确了对标管理活动的思路。公司通过问题自查和内外部对标活动的深入开展，在生产管理、安全管理、经营管理、技术创新、党建工作等方面取得了较好成果。通过全要素成本管控模式，有效地降低了PVC生产成本。组织人员前往陕煤黄陵矿业、锦界国华电厂、神木北站、神华布尔台煤矿等地对标学习先进经验和管理流程，同时从武汉邀请仓储6S专家进行了现场培训和指导。与日本横河、浙大中控、ABB、和利时等国内外知名企业进行合作，借鉴其优势资源和先进技术。公司荣获2011年度"陕西省信息化和工业化融合示范企业"称号。2019年，公司按照"聚焦短板、精准发力、深化实践、创新超越"对标主题，开展对标交流等工作，营造了良好的对标氛围。荣获陕煤集团2019年度目标责任考核"优秀企业"称号。2020年，公司独创的"126"对标管理模式作为对标管理先进典型在陕西化工集团进行经验交流，起到了良好的示范带动效应，公司被陕西化工集团评为"2020年度对标管理标杆单位"，实现了企业管理与经营业绩的"双提升"。2022年，北元集团依据《对标管理办法》，明确各单位对标工作职责、对标程序、日常管理以及对标评价与督导，使对标工作更加规范化、常态化。

五、综合统计

2003年至2023年初，北元集团一方面先后通过收集财务管理部、生产技术部、营销物流部、采购供应部、规划发展部等相关部门的基础数据，向陕煤集团、神木市统计局、陕西省工信厅、榆林市工信局等上级主管部门提供公司主要产品产量、价格、成本、销量及公司营业收入、利润、税费、产值等指标数据。对内通过报送"综合统计周报表"，月度报送"综合统计快报"，季度报送"生产经营情况分析报告"等方式为公司领导生产经营决策提供依据。按时完成公司布置的各类报表及报告任务，完成数据的收集、汇总、分析工作，做到不漏报、不迟报，提高统计分析的时效性、敏锐性和前瞻性。另一方面完成管控费用考核工作。为持续加强企业费用管控，落实费用主体责任，降低各单位费用支出，北元集团通过制定年度管控费用预算，对职能部门招待费和差旅费，分、子公司招待费、差旅费、职工教育经费、工会经费、办公费、后勤维修费、宣传费等费用实行预算管控，年底对费用使用情况进行考核兑现。

第二节 人　力　资　源

一、管理机构

2003年公司成立后，在公司办公室下设劳资人事科，主要负责职工招聘、培训、薪酬、社保等工作。2008年5月扩建项目筹建处成立后，又在综合处下设了劳资科，在此期间办公室的劳资人事科和扩建项目筹建处综合处劳资科同时存在。2009年7月，集团公司成立后，设立了人力资源部。2013年8月，北元集团在组织机构调整中，将人力资源部由职能管理部门调整为企业管理部下设的一个职能科室，更名为人力资源科。2014年10月，北元集团将分、子公司的人力资源业务正式并入集团企业管理部人力资源科。2021年8月，公司组织机构调整中，撤销企业管理部人力资源科，在企业管理部对应设立人力资源模块，编制15人。人力资源模块主要负责人事、薪酬、培训、社保等工作。其中的人事工作主要包含人力资源规划、人员招聘、岗位管理、劳动用工管理、劳动合同管理、人员异动管理等；薪酬工作主要包括日常薪酬管理、薪酬福利政策建设、绩效管理等内容；培训主要包括制订培训计划、组织实施各层级培训及监督管理、技术技能评聘管理、员工职业生涯规划等工作；社保工作主要包括社会保险缴纳，即"五险二金"（养老保险、医疗保险、失业保险、工伤保险、生育保险和住房公积金、企业年金）的建户、申报、缴费、业务办理等内容以及劳动保护用品管理等。

二、职工队伍

（一）职工人数

2003年5月，公司10万吨/年聚氯乙烯项目筹建初期，员工数量为41人，截至2022年，公司职工人数为4081人。其中，男职工3357人，女职工724人。2003—2022年北元集团职工人数统计见表6-2-1。

（二）职工构成

2003年公司建立初期，职工总数41人，工程建设人员占50%，其中本科及以上学历4人，大专学历15人，中专及以下学历22人。年龄在25周岁以下18人，26~35周岁21人，35周岁以上2人。截至2022年末，北元集团职工总数为4081人，其中研究生学历28人，本科学历882人，大专学历2140人，中专及以下学历1030人。年龄在25周岁以下469人，26~35周岁2560人，36~40周岁960人，46~54周岁204人，55周岁以上10人。2022年北元集团职工构成情况见表6-2-2。

三、劳动用工管理

（一）制度建设

公司自2003年成立以来，在人力资源管理上不断建章立制，并持续进行修订和完善。先后制定有《劳动管理制度》《员工日常行为规范》和《门禁管理规定》，主要对考勤、请假、劳动纪律、劳动合同、值班、员工调配、人事聘任以及职工的日常工作生活等方面进行了规范。2009年，北元集团成立后，逐渐建立了完整健全的人力资源管理体系，先后出台了26项人力资源管理相关制度，其中涉及劳动用工管理的有7项，分别为《人力资源工作管理办法》《劳务用工管理办法》《外聘人员管理办法》《人事档案管理办法》《政府选派人员管理办法》《实习管理办法》《员工离职管理办法》。截至2022年，先后制定出台了《劳动合同管理办法》《外聘人员管理办法》《员工体检管理办法》《员工培训管理办法》《招聘及录用管理办法》《外来人员实习管理办法》《薪酬管理办法》《社会保险管理办法》《工伤管理办法》《企业年金管理办法》《基本劳动保护用品管理办法》《员工借调管理办法》《员工个人绩效考核指导办法》《请销假管理办法》《待岗人员管理办法》《离职管理办法》《员工奖惩条例》《人事档案管理办法》《劳务派遣用工管理办法》《职业技能等级认定管理办法》，修订完善了《劳动用工管理办法》等20多项人力资源管理制度，使北元集团劳动用工管理工作不断朝着规范化、专业化、标准化方向迈进。

（二）用工形式

截至2022年，北元集团沿用以往的用工模式，主要有合同制用工、外聘用工和劳务派遣用工三种模式。合同制用工是公司直接与劳动者签订劳动合同的用工模式，纳入公司编制，公司为职工缴纳各项社会保险。外聘是指聘用年龄较大、工作经验丰富、具有专业

表6-2-1 2003—2022年北元集团职工人数统计表

	2003年	2004年	2005年	2006年	2007年	2008年	2009年	2010年	2011年	2012年	2013年	2014年	2015年	2016年	2017年	2018年	2019年	2020年	2021年	2022年
职工总数/人	41	223	515	548	650	769	1495	2537	3386	4131	4044	3930	3719	3549	3684	4119	4096	4149	4024	4081
男/人	30	150	353	375	484	596	1097	1833	2497	3199	3188	3121	2984	2850	2996	3381	3361	3398	3306	3357
女/人	10	73	162	173	166	173	398	704	889	932	856	809	735	699	688	738	735	751	718	724

表6-2-2 2022年北元集团职工构成情况统计表

部门（单位）	职工人数			性别结构				学历结构					年龄结构					
	月初	月末		男	占比(%)	女	占比(%)	研究生	本科	大专	中专	高中及以下	25岁以下	26~35	36~40	41~45	46~50	51~54	55岁以上
集团公司领导	16	16		16	100.0	0	0	7	5	4							3	3	4
综合管理部	71	71		61	85.9	10	14.1		14	17	10	30	3	15	1	5	3	6	2
党群工作部	12	12		8	66.7	4	33.3	1	7	3	1		1	4	21	10	14	1	
规划发展部	26	26		23	88.5	3	11.5	2	14	9	1		1	10	6	1			
企业管理部	30	30		14	46.7	16	53.3		25	3		2	2	13	10	4	1		
证券事务部	7	7		4	57.1	3	42.9		6	1				4	14				
法律事务部	2	2		0	0	2	100		2					1	3				
生产技术部	50	50		46	92.0	4	8.0		31	15	4			14	1	6	1		2
安全环保部	32	32		29	90.6	3	9.4		21	10	1			12	27	4			
财务管理部	32	32		11	34.4	21	65.6	3	24	5				20	16	2			
营销物流部	39	39		33	84.6	6	15.4		19	14	5	1		19	10	2	1		
采购供应部	82	82		76	92.7	6	7.3	7	34	39	5	4	1	38	17	13	5		
科技研发中心	29	29		17	58.6	12	41.4	1	22					17	25				
数智管理中心	14	15		14	93.3	1	6.7		11	2	1		2	6	12	2			
战略发展研究委员会	3	3		2	66.7	1	33.3	1	3		2			1	7	5	1		
甘氨酸项目组	26	26		23	88.5	3	11.5		13	11	2		8	2	12				
新进员工	0	0		0	0	0	0												
合计	471	472		377	79.9	95	20.1	21	251	133	30	37	10	182	184	52	26	10	8
化工分公司	2038	2035		1643	80.7	392	19.3	5	363	1179	397	91	267	1397	338	25	7	1	0
热电分公司	417	418		353	84.4	65	15.6		81	233	86	18	61	292	57	4	4	0	1
水泥有限公司	420	419		365	87.1	54	12.9	1	89	206	85	38	45	230	119	14	6	4	
锦源化工有限公司	731	731		613	83.9	118	16.1	1	93	388	159	90	86	457	137	26	19	5	1
新能源科技有限公司	6	6		6	100	0	0		5	1				2	3	1			
合计	3612	3609		2980	82.6	629	17.4	7	631	2007	727	237	459	2378	654	70	36	10	2
总计	4083	4081		3357	82.3	724	17.7	28	882	2140	757	274	469	2560	838	122	62	20	10

技术或管理特长，且不纳入公司编制的职工序列，一般签订为期一年的合作协议。劳务派遣用工指在临时性、辅助性、可替代性的岗位上，公司通过与劳务公司签订劳务协议，由劳务公司派遣到公司工作的劳动者。劳务派遣工与劳务公司建立劳动合同关系，公司与劳务派遣工之间只有使用关系，即只存在用工关系，不存在劳动合同关系。

（三）用工管理

用工管理主要分为员工招聘、合同签订、员工离职、劳动纪律等几个方面。

（1）员工招聘。2009年7月北元集团成立之前，对每年人员的需求没有系统性规划，人员的招聘主要为对每年人员流失的补充，招聘的对象较为单一，主要为榆林地区的人员。应聘人员经过面试、体检合格，经审批通过后即可持规定的相关证件的复印件、照片到公司报到。2009—2022年，北元集团每年10月前根据业务计划、编制、各部门岗位空缺情况，制定下一年度招聘计划并经主要领导审批后执行。招聘方式以校园招聘为主，根据需要参加各大院校的春秋两季双选会、组织开展校园专场招聘会。现场对符合岗位专业需求人员的简历进行收取和筛选，组织应聘人员面试，面试合格并经审批通过后通知录用结果和体检时间，录用人员持规定的相关证件的复印件、照片到公司报到。

（2）合同签订。2009—2022年，北元集团严格按照《劳动合同法》规定，与每一位员工签订劳动合同，第一次与员工签订为期3年期限的固定期限劳动合同，约定的试用期为3~6个月。第二次与员工签订为期5年期限的固定期限劳动合同，第三次与员工签订无期限劳动合同。

（3）员工离职。截至2022年，北元集团所有职工的离职均按照公司《员工离职管理办法》实施，经员工本人申请后，办理离职手续。对不辞而别或严重违反劳动纪律的职工，按照问题员工处理。员工与单位解除劳动关系的主要形式有主动辞职、协商解除劳动合同关系、劳动合同期满不续签。

（4）劳动纪律。截至2022年，北元集团企业管理部负责对各单位员工劳动纪律遵守情况实施监督检查，采取不定期普查与抽查相结合的形式进行劳动纪律检查。劳动纪律检查的内容包括考勤记录、出勤情况、行为规范、是否从事与工作无关的事宜、安全纪律等。劳动纪律检查人员发现员工违纪情况后，详细记录，检查结束后对相关违纪人员按照《员工奖惩条例》规定进行处理。

（四）员工档案管理

2013年以来，北元集团按照《中华人民共和国档案法》规定要求，不断完善档案管理工作。2016年2月，公司重新修订完善了《人事档案管理办法》（陕北元发〔2016〕58号）；2022年，制定了《人事档案管理提升方案》。档案管理趋于规范化，每收取一份档案均按照十大类重新整理。公司所有员工的档案统一编号、统一管理，每年进行一次系统的盘库工作。档案中有员工的学籍档案及进入北元后的人事档案，建立了员工档案电子台账。公司还在员工入厂时为其建立了基础人事档案，内容有证件照、毕业证复印件、学位证复印件、身份证复印件、户口本复印件、各类资格证复印件、员工信息表、招聘报名表、入厂体检表、原单位离职证明等。

（五）员工信息管理查询

2011年以前，北元集团员工信息管理主要包括员工花名册、离职员工记录、员工调配记录、员工请长假记录、职工构成等，每月的月报表分为电子档和纸质档分别保存。

2011年，公司全线启动ERP办公系统（NC系统），将人员信息管理提高到一个新的平台。NC系统更加全面地掌握了员工的信息并且可以随时生成员工个人简历，随时从NC系统中导出员工花名册、员工调配台账、员工离职台账并生成分析。2015年初，在ERP办公系统（NC系统）的基础上，全面开通了员工自助软件系统，员工可通过软件系统查询本人的基本信息及薪酬信息。2018年，公司又开通了手机App，员工可以直接通过手机查询考勤、薪酬等个人信息；2022年，NW系统上线，人员信息管理再上新台阶。

四、薪酬管理

北元公司成立初期，采用结构工资制的工资模式，将生产奖与安全奖也纳入薪酬体系中进行考核。2009年10月，印发了《陕西北元化工集团有限公司薪酬管理办法（试行）》，薪酬模式为岗位制和技能制为主的混合制薪酬模式，薪酬结构为"基本工资＋岗位津贴＋绩效工资＋福利津贴"。2011年8月，印发了《陕西北元化工集团有限公司薪酬管理办法（试行）补充规定》，将原办法中的"绩效工资"统一规范为"绩效奖"。"绩效奖"分为月度绩效奖和年度绩效奖。月度绩效奖点值由原来的400元调整为800元，年度绩效奖点值由原来的100元调整为200元。2012年3月，印发了《陕西北元化工集团有限公司薪酬管理办法（试行）》调整补充规定，其中将岗位层级由原"10＋1"调整为"10"个岗级，原"岗位津贴"规范为"岗位工资"，原十岗基本工资由900元调整为1000元，原"厂龄工资"规范为"工龄津贴"（包括厂龄津贴和其他社会工龄津贴）。"厂龄津贴"标准为每年递增50元，其他社会工龄根据个人人事档案记录由人力资源部审核确定，标准为每年递增20元。增加了"职称津贴"项目，标准为初级职称100元/月、中级职称300元/月、高级职称500元/月。"学历津贴"与"职称津贴"同时具备享受条件时，只享受其中一种，标准就高不就低。原"夜班误餐津贴"规范为"倒班误餐津贴"，仅限倒班人员（含四班三倒和三班倒），标准为大夜40元、小夜20元、白班10元，同时取消倒班人员免费供餐制度。原"生产值班津贴"和"行政值班津贴"统一规范为"晚间值班津贴"，标准为每个班50元。将"独生子女津贴"项目纳入薪酬体系，领取独生子女证的职工25元/月。增加了"高温津贴"项目，标准参照国家相关规定执行。日薪计算标准由原"（基本工资＋岗位津贴＋厂龄工资＋学历津贴）÷21.75"规范为"（基本工资＋岗位工资＋固定津贴）÷21.75"。2013年12月，北元集团在以前薪酬管理模式的基础上，结合公司发展实际，重新修订完善并印发了《北元集团薪酬管理办法》（陕北元发〔2013〕247号），该办法将日薪计算标准由原来的"（基本工资＋岗位工资＋固定津贴）÷21.75"调整为"岗位工资÷21.75"。2017年6月，公司经总经理办公会议研究通过了调整新进人员试用期待遇的提案，将中专学历人员试用期薪酬由1500元/月调增至2400元/月，大专学历人员试用期薪酬由1800元/月调增至2600元/月，本科学历人员试用期薪酬由2000元/月调增至3000元/月，硕士学历人员试用期薪酬由2500元/月调增至3500元/月，博士学历人员试用期薪酬由3500元/月调增至4000元/月。2021年3月，北元集团启动了岗位管理及薪酬体系优化项目，完成了岗位价值评估，确定了岗位层级图并设计了新的薪酬方案，新的薪酬体系会使公司内部薪酬更加平衡，与周边同类型企业相比更具竞争优势，薪酬激励作用更加明显。2003—2022年北元集团薪酬总额、奖金及津贴统计见表6-2-3。

表6-2-3　2003—2022年北元集团薪酬总额、奖金及津贴统计表

年份	工资总额（万元）	奖金（万元）	津贴（万元）	人均工资（万元）	人均工资增幅（%）
2003	45	9	4.05	0.9	
2004	234.15	46.86	21.08	1.05	16.67%
2005	713.48	142.7	64.21	1.39	32.38%
2006	1093.09	218.62	98.38	1.92	38.13%
2007	1728	345.6	155.52	2.6	35.42%
2008	2804	560.8	25.23	3.75	44.23%
2009	3293	810.6	30.59	3.4	-9.33%
2010	8238	689.88	35.91	3.9	14.71%
2011	12551.06	1493.65	645.65	4.46	14.36%
2012	21653.87	3449.74	1884.85	5.6	25.56%
2013	27757.07	5717.12	2450.04	6.75	20.75%
2014	29564.84	9443.04	2486.14	7.42	9.93%
2015	30926.65	11434	2445.4	8.16	9.97%
2016	32115.97	12988.02	2577.66	8.91	9.19%
2017	33819.18	14679.42	2651.13	9.58	7.52%
2018	38917.27	20143.52	2900.35	10.13	5.74%
2019	44177.44	22752.53	3211.93	10.86	7.21%
2020	50849.66	26389.72	3435.16	12.37	13.90%
2021	53566.43	30392.83	3564.14	13.19	6.63%
2022	59517.74	4088.95	5877.44	14.83	12.43%

五、福利待遇

截至2022年，北元集团职工持续享受的福利主要有春节福利费、中秋节福利费、夏季防暑降温费、探亲补贴、就餐补贴、女职工护理费、住宿补贴、取暖费。具体标准如下：

（1）春节福利费。2005年开始，正式员工标准为500元/人，试用期员工（包括试用期外聘人员）及分、子公司保运人员300元/人，培训期员工100元/人。2015年标准调整为正式员工（包括已转正外聘人员）1000元/人，试用期员工（包括试用期外聘人员）500元/人。

（2）中秋节福利费。2005年开始，正式员工（包括已转正外聘人员）500元/人，试用期员工（包括试用期外聘人员）、培训期员工及分、子公司保运人员300元/人。2015年标准调整为正式员工（包括已转正外聘人员）1000元/人，试用期员工（包括试用期外

聘人员）500元/人。

（3）夏季防暑降温费。2005年开始，根据陕西省人社厅、省财政厅《关于调整陕西省夏季防暑降温费标准的通知》精神，结合公司实际，公司每年为员工发放夏季防暑降温费，2011年以前标准为室内工作人员每天6元，室外工作人员每天10元，在外培训人员按每人100元发放。计发时间为每年6月15至8月15日。自2012年开始夏季防暑降温费执行标准见表6-2-4。

表6-2-4　北元集团员工2012年夏季防暑降温费执行标准一览表

类别	标准（元/天）	人员范围
高温	15	化工一分公司氯碱分厂蒸发现场人员、电解全体人员；聚氯乙烯分厂乙炔发生现场人员； 化工二分公司氯碱分厂蒸发现场人员、电解现场人员；乙炔分厂发生现场人员、电石储运现场人员； 热电分公司运行分厂锅炉和汽机现场人员； 水泥有限公司原料分厂烘干破现场人员；烧成分厂预热器、回转窑现场人员
室外	10	生产运行人员、检修人员、保安、化工二分公司和水泥有限公司现场发运人员
室内（非高温）	6	上述人员以外的其他人员

2016年，北元集团根据陕西省人社厅、省财政厅《关于调整陕西省夏季防暑降温费和高温津贴标准的通知》要求，结合公司实际，将夏季防暑降温费的标准也做了相应调整。调整后的标准为高温区25元/天、室外15元/天、室内（非高温）10元/天。2022年北元集团夏季防暑降温津贴标准见表6-2-5。

表6-2-5　2022年北元集团夏季防暑降温津贴标准一览表

类别	标准	岗位名称
高温	25元/天	（1）化工分公司：设备运维中心负责电解装膜静设备维修工。生产运营中心电解装置电解班长、操作工；固碱及硫酸装置蒸发及固碱班长、蒸发操作工、固碱包装机维护员、固碱操作工、脱硫脱硝操作工；硫酸裂解班长、硫酸裂解操作工；乙炔湿法装置湿法班长、发生操作工、清净操作工、渣浆处理操作工；乙炔干法装置干法班长、发生操作工、清净操作工；电石储运装置电石储运班长、电石破碎操作工、电石输送操作工；VCM装置班长、转化脱析操作工、转化操作工；聚合装置聚合班长、操作工、离心干燥操作工；PVC装置电石库管理员、乙炔运行班长、发生操作工、清净操作工、乙炔回收操作工、合成运行班长、合成操作工、聚合运行班长、聚合干燥操作工、聚合操作工；公用装置乙炔公用班长、采卤空压冷冻操作工、乙炔空压操作工；采卤装置采卤班长、采卤操作工 （2）热电分公司：生产技术中心热机工段热机班长及操作工。设备管理中心锅炉检修班长、检修工；汽机检修班长、检修工 （3）水泥有限公司：生产技术中心电石渣输送及烘干巡检工、窑尾巡检工、窑头巡检工、生料粉磨巡检工、熟料班长、水泥配料巡检工。设备管理中心公用检修班长及检修工 （4）锦源化工有限公司：热电分厂热机工段班长及操作工、检修工段班长及检修工。电石分厂电石工段电石班长及巡检工、行车工、上料工、开炉工；检修工段检修班长及检修工。原料分厂检修工段检修班长及检修工；白灰工段白灰巡检工；碳化工段碳化班长及巡检工、调火工、抽油工；烘干工段烘干班长及巡检工。设备管理中心电气检修、仪表检修班长及检修工

表6-2-5（续）

类别	标准	岗位名称
室外	15元/天	（1）各单位：保安、调度、发运班长及发运人员（不含过磅人员） （2）化工分公司：技术管理中心质量检验运行班长、质量化验员，有机中控班长、有机中控化验员，无机中控班长、无机中控化验员。设备运维中心工程业务员、维修班长、维修工、点检员、机械加工员。生产运营中心现场班长、操作工及巡检工（不含DCS操作工） （3）热电分公司：生产技术中心电气、燃运、脱硫除尘、水处理班长及操作工，氢区操作工，化验室班长、化验员。设备管理中心热工、电气、脱硫检修班长及检修工，计量检修工 （4）水泥有限公司：质量管理中心物理检验班长及检验员、控制班长及检验员、原料分析员。营销管理中心原料仓储管理专员，发运管理专员，现场车辆调度专员。生产技术中心水泥班长，公用巡检工，煤粉制备巡检工，水泥粉磨巡检工，水泥包装及散装巡检工。设备管理中心除公用检修班长及检修工以外的其他检修人员 （5）锦源化工有限公司：物资管理中心原料管理专员。生产技术中心化验班长、化验员，炉前化验班长、炉前化验员。热电分厂电气工段、公用工段、脱硫工段班长及操作工。原料分厂白灰班长，气柜巡检工，石灰石仓储员，原煤仓储员。电石分厂制筒工及班长
室内（非高温）	10元/天	上述以外的其他所有人员

（4）探亲补贴。2005年开始，父母或配偶在榆林市以外地区并在距公司200千米以外居住的在编员工，公司每年为其发放探亲补贴，补贴标准为父母或配偶在同一地方（县）居住的，每人每年补贴探亲费500元；父母和配偶不在同一地方（县）居住，且居住地均在距公司200千米以外的，每人每年补贴探亲费800元。2018年起，公司持续按照父母或配偶在榆林市以外地区并在距公司200千米以外长期居住的在编员工，每年为其发放探亲补贴，补贴标准为父母和配偶居住在同一地方（县）且距公司200千米以外的，或有一方长期居住在距公司200千米以外的，补贴800元；父母和配偶不在同一地方（县）居住且长期居住地均距公司200千米以外的，补贴1000元。

（5）就餐补贴。2018年7月起，北元集团开始为全体合同制员工（包括外聘人员）发放就餐补贴，每人每天补贴25元，依据本人实际出勤天数计发，自2021年1月起将标准调整为每人每天补贴30元。

（6）女职工护理费。2018年起，北元集团为全体合同制女员工发放女职工护理费，每人每月补贴50元，按季度发放。

（7）住宿补贴。2018年起，随着公司的快速发展，人员队伍不断壮大，公司现有公寓楼已不能满足员工住宿需求。为了缓解住宿压力，进一步改善民生，给广大员工营造更舒适的居住条件，公司决定对不在集团公司职工公寓楼住宿的正式员工给予住宿补贴，补贴金额500元/（人·月）。

（8）取暖费。2020年起，北元集团为进一步增强员工归属感和幸福感，根据陕西省人社厅《关于调整企业退休人员供热采暖补贴标准的通知》（陕人社发〔2017〕57号）及《陕西省城镇集中供热服务标准》（陕建市发〔2020〕80号）文件对榆林市取暖期的相关规定，结合公司实际，为全体正式员工发放取暖费，标准根据当地取暖期，每人每月590元。

2005—2022 年,北元集团职工福利发放情况统计见表 6-2-6。

表 6-2-6 2005—2022 年北元集团职工福利发放情况统计表　　　　　万元

年份	春节福利费	探亲补贴	夏季防暑降温费	中秋节福利费	就餐补贴	女职工护理费	住宿补贴	取暖费	合计
2005	25.45	4.48	20.6	25.75					76.28
2006	28.04	4.68	22.72	28.4					83.84
2007	31.5	4.83	24.5	32.5					93.33
2008	37.01	5.03	28.67	38.35					109.06
2009		7.88	14.57						22.45
2010		18.52	68.67	101.68					188.87
2011	121.6	39.24	118.18	130.67					409.69
2012	146.04	34.89	213.98	192.78					587.69
2013	201.35	36.05	244.08	200.01					681.49
2014	195.97	37.04	235.01	193.42					661.44
2015	329.45	33.89	226.06	366.05					955.45
2016	359.55	29.89	339.24	347.55					1076.23
2017	341.85	30.37	325.62	336.65					1034.49
2018	349.65	27.53	362.01	372.85	1337.17	42	94.65		2585.86
2019	393.05	39.94	388.42	401.15	2722.42	43.38	153.4		4141.76
2020	401.1	45.32	401.55	404.05	2869.07	43.52	165.35	963.18	5293.14
2021	410.05	43.76	389.41	401.15	3328.06	32.57	153.35	1203.42	5961.77
2022	401.15	42.08	355.77	399.75	3357.42	42.85	158.75		4757.77

六、社保管理

2008 年以前,养老保险和住房公积金缴费标准按照"基本工资+500 元"作为缴费基数缴纳,其他社保项目按社会平均工资的 60% 作为缴费基数缴纳。2011—2013 年,养老保险和住房公积金缴费标准按照岗级划分,具体标准为一岗、二岗、三岗按社会平均工资的 300% 作为缴费基数缴纳,四岗、五岗按社会平均工资的 200% 作为缴费基数缴纳,六岗、七岗按社会平均工资的 150% 作为缴费基数缴纳,八岗、九岗按社会平工资的 100% 作为缴费基数缴纳,十岗按照社会平均工资的 60% 作为缴费基数缴纳。其他社保项目仍旧按社会平均工资的 60% 作为缴费基数缴纳。2013 年以后各项社保缴纳标准及费用如下：

（1）养老保险。2013年、2014年，北元集团员工养老保险缴纳标准按岗级1~10岗分别以当年公布的社会平均工资300%~60%缴纳；2015年、2016年，1~7岗（科厂级以上）人员以本人上年度月平均工资为缴纳基数，上限不超当年公布的社会平均工资的300%，7岗（科长除外）人员以6355元、8、9岗以4370元、10岗以2850元为缴纳基数；2017—2022年，1~7岗（科厂级、主管级以上）人员以本人上年度月平均工资为缴纳基数，上限不超当年公布的社会平均工资的300%；公司科级、主管级以下人员根据岗级工资适当调整缴纳基数。2022年开始，主管以下人员直接以岗级工资为缴纳基数，下限均不低于当年公布的社会平均工资。

（2）住房公积金。2013年，北元集团员工住房公积金缴存标准按岗级1~10岗分别以当年公布的社会平均工资300%~60%缴纳；2014—2022年，住房公积金所有人员以本人上年度月平均工资为缴存基数，上下限严格按照住房公积金管理部要求执行。

（3）医疗（生育）保险。2013—2014年，北元集团员工医疗保险缴纳标准按不同级别适当拉开差距，上限不超当年公布的社会平均工资的300%，下限不低于社会平均工资的60%，本地户口参加当地合作医疗保险，外地户口参加城镇职工基本医疗保险。2015—2018年，对缴费标准进行了细化，上限不超当年公布的社会平均工资的300%，下限不低于社会平均工资的60%，全员参加城镇职工基本医疗保险。2019—2022年，中层以上管理人员及40周岁以上人员以本人上年度月平均工资为缴存基数，上限不超当年公布的社会平均工资的300%，下限不低于社会平均工资的60%，其他人员按层级适当拉开缴费差距。2022年主管级及以上和年满40周岁人员以本人上年度月平均工资为缴存基数，上限不超过当年公布的社会平均工资的300%，下限不低于社会平均工资的60%，其他人员按层级适当拉开缴费差距。

（4）失业保险。2013—2016年，北元集团员工失业保险缴纳标准按不同级别适当拉开差距，上限不超当年公布的社会平均工资的300%，下限不低于社会平均工资的60%，部分员工参保。2017—2019年缴纳标准不变，全员参保。2020—2022年，失业保险所有人员以本人上年度月平均工资为缴存基数，上限不超当年公布的社会平均工资的300%，下限不低于社会平均工资的60%。

（5）工伤保险。2013—2017年，工伤保险缴纳标准按不同级别适当拉开差距，上限不超当年公布的社会平均工资的300%，下限不低于社会平均工资的60%，全员参保。2018—2022年，工伤保险缴纳标准按人员类别不同适当拉开差距，行政系统人员按社会平均工资的60%作为缴纳基数，生产系统人员参照社会平均工资作为缴纳基数，上下略有浮动。

（6）企业年金。2018年1月开始，北元集团为员工缴存企业年金，所有人员以本人上年度月平均工资为缴存基数，上限不超陕煤集团规定的标准，下限不低于社会平均工资的60%；2021年起，北元集团年金缴存下限调整为不低于当地最低工资水平。

2008—2022年，北元集团员工累计社保缴费119537万元。其中，累计缴纳养老保险44801万元，医疗、生育保险12148万元，失业保险1808万元，工伤保险3686万元，住房公积金44061万元，企业年金13133万元。2008—2022年，北元集团职工社保缴费情况统计见表6-2-7。

表6-2-7　2008—2022年北元集团职工社保缴费情况统计表　　　　　　　万元

年 份	养老保险	住房公积金	医疗(生育)保险	失业保险	工伤保险	企业年金	合计
2008	231	258	87	5	28	—	609
2009	396	331	64	7	22	—	820
2010	738	722	161	39	89	—	1749
2011	1488	1533	309	55	154	—	3539
2012	1963	2074	542	74	262	—	4915
2013	2940	2626	510	62	333	—	6471
2014	3469	2882	505	45	375	—	7276
2015	3343	2710	952	29	373	—	7407
2016	3934	3284	809	26	273	—	8326
2017	4332	3530	826	89	216	—	8993
2018	4523	3831	1058	223	265	1453	11353
2019	4503	4160	1412	254	311	2032	12672
2020	3213	4736	1264	232	294	2776	12515
2021	4635	5411	1693	327	346	3222	15634
2022	5093	5873	1956	341	345	3650	17258

注："—"无统计数据。

七、劳动保护

2004年9月，北元公司结合实际首次制定了《神府经济开发区北元化工有限公司劳动保护用品管理制度》。制度中劳保用品包括基本劳保用品及特殊劳保用品，并规定了劳保用品的采购、管理、发放及配备标准。2007年6月，公司根据《安全生产法》和《劳动法》有关规定，结合生产实际情况，重新修订了劳动保护用品制度，出台了《陕西北元化工有限公司劳动保护用品管理制度》。制度中明确了特殊防护用品由安环科计划采购。基本劳动保护用品增加了涂胶手套、帆布手套、香皂等，并根据实际使用情况对个别劳保发放数量做了调整。2008年6月25日，公司制定了《陕西北元化工扩建项目筹建处劳动保护用品管理办法（筹建期）》，制度延续了2007年《陕西北元化工有限公司劳动保护用品管理制度》中小劳保的发放标准，根据公司的不断发展壮大，增加了劳保种类，如绝缘手套、防尘口罩、半皮手套、耳塞等防护用品。2011年7月，公司根据各岗位需求，出台了《陕西北元化工集团有限公司基本劳动保护用品管理办法（试行）》。制度中增加了小劳保种类，如沐浴露、洗发水，并结合生产人员和行政人员实际岗位需求，制定了不同的发放标准。2014年，北元集团根据员工需求及工作服实际使用情况，出台了劳保补贴政策，同时变更了交旧领新原则。在确保每位员工夏、秋季工作服各两套的情况下，到发放时间员工本人不愿更换的，可申请劳保补贴（补贴标准为劳保鞋40元、夏季工作服80元、秋季工作服100元、防寒工作服120元），补贴金额低于劳保采购价格，既节约了成本，又满足了员工需求，还有效减少了浪费。2016年1月，北元集团重新修订并下发了《基本劳动保护用品管理办法》(陕北元发〔2016〕44号),进一步规范和完善了内容。当月还下发了《关于调整基本劳动保护用品发放标准的通知》,对小劳保发放品种进行了优化,新增了洗衣液、洗手液,并增大数量、提升品牌质量。2018年起,公司为员工采购知名运动品牌运动鞋作为劳保鞋,发放标准约为200元/双·人·年。2021年,公司为员工发放夏季工作服(短袖、西裤),大大增加员工幸福指数。随着公司规模的不断壮大,劳动保护意识的加强,劳保的数量、种类也不断扩大。2021年,再次对小劳保发放品种进行优化。2022年北元集团小劳保发放具体发放标准统计见表6-2-8。

表6-2-8 2022年北元集团小劳保具体发放标准统计表

序号	种类	行政人员发放数量（人/年）	生产人员发放数量（人/年）
1	肥皂	12块	12块
2	洗衣粉	4袋	8袋
3	牙膏	2盒	2盒
		2盒	2盒
4	毛巾	1块	1块
		1块	1块
		1块	1块
		1块	1块
5	洗发水	2瓶	2瓶
		2瓶	2瓶
6	沐浴露	2瓶	2瓶
7	洗衣液	6桶	6桶
8	洗手液	4瓶	4瓶
9	牙刷	2支	2支
		2支	2支

八、职工培训

(一) 培训制度、设施与机制

自2005年员工培训管理制度建立以来,先后4次修订《员工培训管理办法》,为培训工作开展和管理提供制度保障,完善制度体系。2020年,北元集团打造多功能培训教室和电教室各1个,分、子公司各中心、装置、分厂均根据自身需求打造了培训教室,各级单位培训硬件及设备设施配置趋于完善,可满足各类培训需求。2018年、2019年,公司与北京东方仿真公司合作,针对化工工艺系统定制开发全流程仿真模拟培训系统,此外,各单位利用废旧设备设施和多媒体手段,自发建立了电气、仪表等实操平台,录制了标准化操作视频等,进一步丰富了培训载体。2019年,公司针对新员工建立了"师带徒"培养机制,进一步发挥老员工传、帮、带作用,提升新员工岗位培训效果;针对操作岗位员工开展"一述两清"学习活动,促进员工熟练掌握岗位安全生产职责,熟悉工作内容、生产工艺、作业风险、应急救援等应知应会内容,提升员工素质和安全管理水平。2022年,公司进一步明确了管理人员参加在职硕士学历教育相关政策,鼓励管理人员参加在职硕士学历教育,提升文化素养,增强文化自信和价值认同,深入推进"人才强企"战略。

(二)外出培训

2003—2008年,北元公司先后多次组织职工赴青岛海晶化工有限公司、神木职教中心参加在建项目的投产运行及化工、热电、水泥等专业理论学习,共计培训职工1043人次。2009—2012年,分别在内蒙古乌海市中盐吉兰泰盐化集团公司、国华热电、榆林银河上河发电厂、铜川秦岭水泥公司、锦龙水泥公司、亚华热电、河南昊华宇航化工公司、铜川耀州区陕西建材技工学校、府谷恒源电厂、府谷奥维佳能等单位,先后组织新招聘大专以上学历人员和职工参加了热电锅炉、汽机、电气专业、热电水化专业和水泥生料制备、水泥生产工艺、水泥煅烧技术及设备、水泥粉末工艺及设备、机修等实践知识培训,培训人员4180人次。2018年,分别在国华热电、锦龙水泥公司、榆林银河上河发电厂、铜川秦岭水泥公司、亚华热电、河南昊华宇航化工公司、铜川耀州区陕西建材技工学校、府谷恒源电厂、府谷奥维佳能等单位,先后组织新招聘大专以上学历人员和职工参加了热电工艺和水泥生产工艺及设备知识培训。组织管理人员在西北大学进行管理素养提升专项培训,组织安全生产管理人员在成都进行安全管理知识专项培训,组织优秀班组长在神南产业中心进行脱产培训,按照需求适时外派部分员工参加相关专业知识培训。2022年,组织中层以上管理人员外出对标学习,先后完成榆北煤业小保当煤矿及省外部分知名企业的研学工作任务。

(三)内部培训

2003年、2004年,北元公司针对项目建设及项目投运阶段实际,进行了内部集体学习,采用讨论、领导讲解等方式,重点开展了项目管理、企业制度、工作理念的培训,保障了公司项目的建设速度且按时投产。2005—2007年,随着项目的建成投产,公司内部制订年度培训计划,各科室、分厂依据年度计划重点开展操作技能的培训,制定了生产操作规程、安全规程、工作规程等培训学习资料。在行政管理培训方面,每月组织开展一次学习活动,采用讨论交流、视频学习、员工讲解等形式,由公司整体组织或科室内部组织,重点学习管理理念、工作思维、专业知识等内容,保障了项目由建设到经营的转变。2008—2012年,培训进一步正规化,成立了专门负责培训的培训科,制定了培训相关制度,完善了培训流程,规范了培训档案建设。培训主要采用外聘、外部讲述或参加外部培训班等形式。2013年以来,随着项目的建成投产,公司内部培训工作也逐渐步入正轨,培训流程不断优化,培训档案建设逐渐完善,培训管理实现了系统化。培训主要采取内部集体学习的形式,重点开展了项目管理、企业制度、工作理念培训。公司每年下发培训规划,各单位逐级分解,分层、分类、分专业开展培训,在培训计划之外,还通过邀请外部讲师的方式,按需求开展专项培训,如管理干部提升培训、营销业务知识系列培训、财务专业知识培训、国际贸易培训、技术人员系列培训、班组长轮训等,极大地提高了培训的针对性和有效性。2015年,北元集团实行安全文化建设,在培训模块开展"员工塑培"专业化建设,针对员工理论素养和操作技能,通过集中培训、专项技能演练等方式,使员工的安全素养和安全操作水平得到了进一步提升。到2018年,各分、子公司针对人才培养规划,通过总结提炼经验,在培训方式创新方面狠下功夫,化工分公司开展的"精岗计划""工艺沙盘推演""绘制工艺流程图"等,水泥有限公司开展的"管理公开课""岗位达标""手指口述""标准化操作视频录制"等,热电分公司开展的"标准化检修操作PPT制作"等,形成了百花齐放、人人争先的局面,丰富了培训形式,提高了员工参训积极性,为公司人才库的建立奠定了坚实的基础。2021年以来,公司进一步明确了管理人员参加在职硕士学历教育相关政策,鼓励管理人员参加在职硕士学历教育,同时开展技术技能人才评聘、管理人员对标研学、北元大讲堂等,提升文化素养,增强文化自信和价值认同,深入推进"人才强企"战略。

2003—2022年北元集团历年培训职工统计见表6-2-9。

表6-2-9 2003—2022年北元集团历年培训职工统计表 人次

年份	外出培训			内部培训			合计
	管理人员	生产人员	其他人员	管理人员	生产人员	其他人员	
2003	8	4	0	8	18	15	53
2004	14	148	7	26	187	10	392
2005	22	179	17	34	353	128	733
2006	15	231	13	41	372	135	807
2007	16	183	17	41	410	199	866
2008	12	148	9	43	487	239	938
2009	38	436	58	52	1124	319	2027
2010	53	874	75	64	2012	461	3539
2011	75	1236	110	135	2738	513	4807
2012	47	1083	95	186	3423	522	5356
2013	32	457	34	200	3399	445	4567
2014	46	318	30	210	3285	435	4324
2015	57	339	42	216	3087	416	4157
2016	73	246	45	223	2918	408	3913
2017	83	251	22	230	3075	379	4040
2018	128	224	29	247	3476	396	4500
2019	146	251	34	255	3406	435	4527
2020	183	266	45	248	3471	430	4643
2021	152	244	28	239	3343	442	4448
2022	220	215	33	261	3272	458	4459
合计	1420	7333	743	2959	43856	6785	63096

第三节 财务管理

一、管理体系构成

（一）管理机构

2003年5月，神府经济开发区北元化工有限公司设立财务处，下设财务科，编制共9人，岗位包括总账会计、成本会计、固定资产会计、往来会计、材料会计和出纳。2008年5月，神府经济开发区北元化工有限公司变更为"陕西北元化工有限公司"，原财务组织机构职能与人员编制同级平移。同时设立了筹建处财务处，专门负责基本建设项目的财务管理和会计核算工作。2009年7月，陕西北元化工集团公司成立，集团模式开始运行，成立财务管理部。财务核算分账，财务管理采用"统购统销"模式。同时成立化工一分公司，设立化工一分公司财务管理科，编制6人，主要负责核算原10万吨聚氯乙烯项目的成本。2009年10月，集团公司财务管理部下设财务管理科、资金管理科、会计核算科、销售核算科和化工二分公司、热电分公司、水泥有限公司财务管理科。2010年5月，基本建设项目进行分账，分为集团本部基建和化工二分公司、热电分公司、水泥有限公司基本建设4个独立核算主体账套，其中，化工二分公司、热电分公司、水泥有限公司设财务管理科，同时保留了化工一分公司财务管理科，兼并锦源化工后，于2010年9月设立了锦源化工公司财务管理科，2011年12月设立了盐业分公司财务管理科。2013年8月，北元集团组织机构变革，撤销原化工一分公司、化工二分公司、热电分公司和盐业分公司财务管理科，所属财务人员归属北元集团财务管理部。公司财务管理部下设预算管理科、资金管理科、会计核算科和成本核算科4个科室。水泥有限公司和锦源化工有限公司副科级以上财务人员实行会计委派制。根据财务系统组织结构调整，财务管理部将化工一分公司、化工二分公司、热电分公司和盐业分公司原有的基本建设账套和经营账套进行合并，同年10月1日起，启用新的财务核算账套，执行新的财务管理办法和财务核算流程，公司实行大财务管理。2015年6月，北元集团为进一步精简机构，提高工作效率，对部分组织机构进行再次调整，撤销了成本核算科，财务管理部下设职能科室由4个变为3个，分别为预算管理科、资金管理科和会计核算科，原成本核算科人员及业务并入会计核算科。同时，根据公司文件"撤销化工一分公司和盐业分公司，将其并入化工二分公司，并将化工二分公司更名为化工分公司"的机构调整要求，财务管理部随即将化工一分公司账套并入化工二分公司，由于135万吨/年采输卤工程项目未完工，暂时保留盐业分公司账套。2018年3月，135万吨/年采输卤工程竣工决算，盐业分公司账套转入化工分公司。2020年10月，公司在上海证券交易所正式挂牌上市，同年增加了募投项目甘氨酸项目账套、产氯装置项目账套、智能化工厂项目账套。2021年8月，公司对组织机构进行了调整，撤销了会计核算科、预算管理科、资金管理科，对应设立会计核算、预算管理、资金管理三个业务模块。

截至2022年12月底，北元集团财务管理系统共有41人，其中，北元集团本部31人（包含财务管理部部长1人，副部长2人，业务主管6人，委派子公司中心负责2人），水泥有限公司5人，锦源化工有限公司5人。学历构成：硕士3人，占总人数的7.32%；本科学历 27 人，占总人数的 65.85%；大专学历 9 人，占总人数的 21.95%。职称构成：取得高级职称的 4 人，占总人数的 9.76%；取得中级会计师职称的 13 人，占总人数的 34.15%；取得中级审计师职称的 7 人，占总人数的 17.07%；取得初级职称的 14 人，占总人数的 34.15%。年龄构成：35 岁以下的 23 人，占总人数的 56.10%；35 岁以上的 18 人，占总人数的 43.90%。

（二）制度、职责

1. 制度建设

2008 年 5 月，陕西北元化工有限公司出台了《陕西北元化工有限公司财务会计制度》《陕西北元化工有限公司资金管理办法》等多项财务制度。2013 年 5 月，公司制定下发了《融资管理办法（试行）》（陕北元发〔2013〕117 号）；同年 3 月、7 月、10 月，先后三次修订了《陕西北元化工集团有限公司财务审批程序》，出台了《内部资金结算办法》《应收账款管理办法（试行）》《发票管理办法》《陕西北元集团锦源化工有限公司财务审批程序》。2014 年 1 月，公司出台了《资金管理规定》（陕北元发〔2014〕9 号）；9 月，出台了《融资租赁管理及核算办法（试行）》（陕北元发〔2014〕177 号）；同年，还出台了《水泥成本核算及管理办法》《低值易耗品管理办法》《产成品管理办法》，修订了《发票管理办法》，下发了《关于规范报表报送及会计档案装订的通知》《陕西北元化工集团有限公司财务审批程序》。2015 年 4 月，公司制定下发了《固定资产管理办法》（陕北元发〔2015〕75 号）；同年，还先后下发了《关于报表报送时间及人员安排的通知》《关于规范会计凭证装订工作的通知》等考核办法，修订了《发票管理办法》《产成品管理办法》。2016 年 2 月，公司重新修订了《低值易耗品管理办法》（陕北元发〔2016〕58 号）；3 月，出台了《应收账款管理办法》（陕北元发〔2016〕66 号）；7 月，出台了《财务会计管理办法》（陕北元发〔2016〕139 号）；同年，北元集团还先后修订了《陕西北元化工集团有限公司财务审批程序》《陕西北元集团锦源化工有限公司财务审批程序》。2017 年 4 月，公司出台了《内部结算管理办法》《研发费用核算管理办法》和《内部协作管理办法》（陕北元发〔2017〕136 号）；7 月，制定出台了《商业汇票管理办法》《资产清查管理办法》（陕北元发〔2017〕268 号）；9 月，出台了《资产减值准备计提与核销管理办法》（陕北元发〔2017〕316 号）、修订了《发票管理办法》；同年，北元集团还先后下发了《关于规范坏账管理的通知》，修订了《固定资产管理办法》《银行承兑汇票管理办法》《水泥成本核算及管理办法》。2018 年 1 月，公司出台了《氯碱产品成本核算管理办法》（陕北元发〔2018〕2 号）、修订了《产成品管理办法》；8 月，出台了《产品成本核算及管理办法》；12 月，编写了《热电分公司产品成本核算及管理办法》。2019 年 3 月，公司修订了《陕西北元集团锦源化工有限公司财务审批程序》，4 月，公司出台《热电分公司产成品核算管理办法》（陕北元发〔2019〕166 号）。2020 年 9 月，公司修订了《商业汇票管理办法》。2021 年 12 月，公司修订了《氯碱产品核算管理办法》《热电分公司产成品核算管理办法》《研发费用核算管理办法》《资产减值准备计提及核销管理办法》（陕北元发〔2021〕419 号）。2022 年 1 月，公司修订了《备用金使用管理办法》《应收账款管理办法》《产成品管理办法》《内部结算管理办法》《资产清查管理办法》《会计档案管理办法》（陕北元发〔2022〕17 号）。

2. 财务职责

截至2022年，北元集团依据实际，对公司财务管理部门职责进行修改完善，公司财务管理部主要负责公司财务制度体系的建设，做好会计核算、预算管理、资金管理、资产管理、税务筹划以及成本控制等工作，加强财务分析与监督，为公司的发展和决策提供支持。具体职责为：负责公司财务制度体系的建立与完善；做好集团公司全面核算工作，定期编制会计报告；根据公司生产经营计划，组织编制公司全面预算；定期跟踪、分析预算执行情况，编制预算执行差异分析报告，及时向管理层反馈；做好集团公司以及分、子公司筹融资管理工作；根据公司实际经营情况，制订公司资金计划，合理调配资金，做好资金收支工作；建立资金安全防范体系，保证资金安全；制定集团公司税务筹划方案，合理规避税务风险，并组织实施；关注税务政策变化，做好公司纳税申报工作；定期核对往来账，防止呆坏账发生；定期组织存货、固定资产等资产的盘点工作，及时处理资产盘盈盘亏账务处理，做好公司资产管理工作；定期编制成本计划及成本报表，做好成本分析工作，加强成本管控；做好财务统计信息的搜集、整理、统计和报送工作；做好财务档案管理工作等。

（三）会计管理

2003—2022年，北元集团实行"集中管理，分级核算"的财务管理体制。财务管理部作为公司财务管理监督机构，在集团公司的领导下，统一管理集团公司的财务会计工作。各单位财务人员受本单位和集团公司财务管理部的双重管理。会计职责主要包括预算管理、资金管理、资产管理、会计核算、税务筹划管理、成本控制等六个方面。

（1）预算管理：建立健全全面预算管理体系；根据公司生产经营计划，组织编制公司的全面预算；定期跟踪、分析预算执行情况，编制预算执行差异分析报告，及时向管理层反馈；组织制定预算执行偏差纠正措施，并分解实施。

（2）资金管理：负责集团公司及分、子公司的筹融资管理；负责构建结算中心，实现收支两条线，进行统一核算；根据各单位的资金计划，合理调度和使用资金；定期汇总、编制公司的资金计划，并对执行情况进行监督和考核；合理预算资金，提高资金利用效率；建立资金安全防范体系，保证资金安全。

（3）资产管理：负责督促、指导资产管理单位建立健全资产管理台账，并指导资产管理单位开展固定资产管理工作，防止固定资产流失；负责定期组织存货、固定资产的盘点工作；及时处理资产盘盈、盘亏账务处理工作；参与固定资产投资方案的制定与可行性分析。

（4）会计核算管理：负责集团公司的全面核算工作，定期编制会计报告；负责公司财务信息化系统的安全运作；负责各项费用的报销、核算工作；定期核对往来账，防止呆、坏账的发生。

（5）税务筹划管理：制定集团公司税务筹划方案，合理避税、规避税务风险，并组织实施；负责集团本部和分、子公司的纳税申报工作；关注税务政策变化，主动申报税收优惠政策。

（6）成本控制：指导编制成本控制计划，并组织实施；跟踪、监督、分析成本控制执行情况，提供成本控制改进措施报告。

二、财务核算、预算

（一）会计核算

会计核算的主要内容包括：

（1）公司会计核算方法采用借贷记账法。

（2）公司会计核算以权责发生制为原则。

（3）公司会计核算以人民币为记账本位币。

（4）公司会计年度采用公历年制。

（5）会计核算以实际发生的经济业务为依据，按照规定的会计处理方法进行，确保会计指标口径统一、相互可比和会计处理方法各期一致。确需变更的，应在会计报表附注中说明。

（6）按照《会计法》和《企业会计准则》的有关规定建立会计账簿，进行会计核算，及时提供合法、真实、准确、完整的会计信息。

北元集团在会计年度内，每月终结5日内编制月度财务报表，每年度终结后4个月内配合审计机构编制年度审计报告，并完成年报信息披露工作。对固定资产的核算按照界定标准进行：

（1）2012年之前采用"价值在2000元以上且使用期限在一年以上的资产"的标准，2012年及以后，由于公司经营实际情况发生了变化，公司采用"价值在5000元以上且使用期限在一年以上的资产"的标准进行固定资产核算。

（2）固定资产成本初始计量严格按照国家相关规定进行计价。

（3）固定资产的后续支出账务核算原则，符合固定资产确认条件的，应当计入固定资产成本，同时将被替换部分的账面价值扣除；不符合固定资产确认条件的，应当计入当期损益。

（4）固定资产的处置核算。截至2022年，每年末由固定资产管理部门会同财务部门对使用单位的固定资产进行一次实地盘点。对盘盈、盘亏、毁损的固定资产，在查明原因的前提下，提交股东会审议批准后进行账务处理。

（二）财务预算

2011年，北元集团第一次编制有二级核算单位的报表。2012年，公司安排专人负责调研，并确定集团各部门和业务中心的三大期间费用实施方案，并对预算人员进行全面、系统的培训，为编报预算奠定坚实的基础。9月底，财务管理部组织召开预算布置会，明确预算编制原则、编制范围和内容、编制基础，提前完成陕煤预算编报。2013年，北元集团多措并举，不断推进和深化财务预算管理工作，将财务预算从点到面全面推进。9月，根据陕煤集团财务预算工作的相关要求，财务管理部精心组织、周密安排，成立财务预算工作小组，及时组织召开财务预算工作布置会，明确分工，制定时间节点，保质保量，按时完成财务预算编制工作。2014年，公司遵照"有预算不超支，无预算不列支"的原则，逐步推行刚性预算，严格控制非生产性费用支出。2014年初按照生产经营计划将预算按月分解，逐月编写财务预算执行报告，定期检查各单位成本费用预算执行情况，找出问题并反馈给相关单位对照整改，督促各单位关注修旧利废，厉行节约，降低成本费用，全年主要产品生产成本与上年相比均下降5%以上，预算管理走向常态化。2015年，公司不断促进有关部门夯实预算基础工作，预算编制的规范化和完整性水平不断提高，促进、规范了部门预算管理。年初公司制定并下发《关于加强2015年管理费用预算管控的通知》，财务部门严格按照年初预算标准，监督和控制各项费用支出，完善和优化各项费用审批流程，层层审核，进一步加强费用管控，实现了预算费用零增长的目标。2016年2月，公司邀请专家对各层级人员进行全面预算管理培训，发挥部门主管的主观能动性和全面预算统帅作用。同年5月，根据陕煤集团《关于进一步做好三年治亏创效实施方案有关工作的通知》，组织各业务部门和分、子公司制定出公司三年治亏创效实施方案；7月，开展预算调研工作，通过现场走访、座谈等方式，全面了解各单位预算编制、执行、管理现状，找出存在的问题，规范、细化成本费用核算；12月初，根据公司实际搭建全面预算指标体系，指导各分、子公司编制预算表格，为公司预算编制奠定基础；中旬，组织用友公司、上海汉德公司、东华软件公司讲解案例，传授预算管理重点知识，推进公司全面预算工作顺利开展。2017年初，通过不断细化预算表格内容，推动公司预算范围不断扩大、内容不断细化；巩固月度生产经营分析常态化机制，逐步加强各单位经营分析深度和广度；同年6月，公司对所辖单位逐个调研摸底，反复研判市场，认真修订了2016年制定的《陕西北元化工集团有限公司三年治亏创效实施方案》，深化对标管理，有力地推动了对标管理与全面预算工作的开展，管理水平进一步提升。2018年，公司结合"降本增效"目标，系统分析自身情况，深挖短板，积极建立适合的成本费用控制目标，通过降本增效活动，引导全员树立成本意识，将节约抓紧抓牢，杜绝浪费行为。根据公司现金资产实际情况，通过统一管理、统一调度、统一平衡，规划和控制资金流入、流出、周转的时间和金额，努力缩短循环周期。加强财务部门与其他业务部门的沟通协作，及时准确地了解各部门的月度资金计划。对预算周期内的资金流入、流出情况进行统计、汇总，合理安排资金的使用，从而提升货币资金使用效率，力争实现资金"零闲置"。2018年9月，根据公司预算指标框架，推动各板块建立消耗、费用等经济指标库，完善了预算指标历史数据，为今后预算指标测算提供参考依据。2019年，多管齐下，精细预算管控。加强预算管理，立足"零疏忽"，初步完成预算指标库的建立，有效推行月度分解预算，及时监控、定期通报、适时考核，传导竞争压力，强化全面预算管理的严肃性。强化费用控制，着眼"零浪费"，系统分析企业自身情况，深挖短板；推动建立消耗等经济指标数据库，共享基础数据；通过降本增效活动，引导全员树立成本意识。提升货币资金使用效率，统筹资金，实现"零闲置"，合理安排资金的使用，提升资金收益。2020年，试行以市场变化为依据、业务单元为载体的滚动预算模型，全面提高预算管理水平。每月测算完成月末、月初两版测算，并与实际情况进行对比、分析，不断修正预算数据，增强预算约束意识，提高预算指导公司生产经营能力。2020年3月开展聚氯乙烯、液碱、固碱、水泥、电石的日成本利润测算工作，实时向管理层提供公司产品创造利润水平，为经营决策提供数据支撑。编写全面预算管理办法并征求各单位意见，2021年，引入"归口+定额"的预算编制，持续细化全面预算，合理资源配置、加强经营管控和风险防范，指导生产实际，强化成本过程控制，促进公司实现发展战略，稳步提高发展质量和生产效益。持续低成本战略管理，深化和推进全面预算管理，按照"市场调研、综合平衡、自上而下、上下结合，分级编制，逐级汇总"的流程编报预算，开源节流，科学预测经营指标。完成全面预算信息化蓝图。2022年，落地公司全面预算设计蓝图，实现全面预算信息化系统上线，将线下的月度利润测算、年度预算测算等在线上多版本运行，预算统计表自动抓取、汇总、计算，对公司招待费、差旅费等刚性费用自动预警管控。结合市场情况、公司运转情况，持续完善、优化公司日成本测算、月度利润测算。升级全面预算信息化系统，实现日成本及月度预算测算、年度预算分解、预算调整、增收节支创效、考核等全部信息化，自动计算并将计算结果自动推送至客户端。实现预算对比分析自动化、经营情况报告主动化。全面预算信息化顺利上线、运转，高度业财融合，各部门之间交流、协调更畅通，工作效率、质量进一步提高。

（三）会计信息自查

2011年以来，北元集团按照陕煤集团每年下发的企业会计信息自查要求，建账立制，常抓不懈，推进了会计信息自查工作的制度化、规范化和常态化。2014年5月，按照陕煤集团《陕西煤业化工集团有限责任公司转发关于组织省级部分企业开展2014年会计信息质量检查工作的通知》精神，北元集团及时下发了《关于成立会计信息质量自查工作领导小组的通知》（陕北元发〔2014〕121号），公司财务管理部精心部署，统筹安排，按照规定的范围和内容，确定专人负责，历时3个月对公司会计核算形成的主体资料、会计业务处理方法、财务报表数据、关联方及其交易、查验货币资金收付记录方向、存货和往来款项、账外资产和"小金库"、对外投资合同、企业财务核算及其利益分配、费用成本类项目、收入与支出的配比、会计从业人员任职资格条件、会计档案与保管和销毁等业务进行全方位的自查，做到自查工作横向到边，纵向到底，不留死角，于2014年8月形成自查报告，上报陕煤集团财务资产部。对自查发现的问题进行全面整改，进一步提高会计基础工作水平。2015—2018年，陕煤集团连续四年下发做好会计信息质量自查工作文件，公司成立自查领导小组，全面有序开展自查工作。采用逐月检查凭证、账簿、报表的方法，重点对会计核算、资金管理、存货及往来款项管理、实收资本及对外投资、盈余公积金的提取、收入及成本费用的确认、国有资产管理及财政资金使用、会计档案管理、会计机构及会计人员设置、贯彻落实中央"八项规定"情况等十个方面进行了检查，并上报自查报告。其中，2017年，北元集团还按照陕煤集团下发的《陕西煤业化工集团有限责任公司关于开展会计基础工作专项问题重点单位整改情况现场检查验收的通知》要求，成立3个联合检查组，抽调财务人员及事务所人员根据问题清单及各单位上报的整改措施全面验收，北元集团被作为重点单位列入验收名单。检查组在2017年会计信息自查基础上，对2016年陕西省国资委财务决算批复、管理层建议书及其他各类税收财政等重点关注的问题，进行了为期3天的现场验收检查。北元集团在陕煤集团联合检查中荣获"会计基础工作检查一等奖"。2018年6月，公司下发了《关于开展2017年度会计基础检查工作的通知》，成立了以财务总监为组长、财务管理部部长为副组长、各单位财务科长重点负责的会计检查工作领导小组，落实责任人和时间节点，有序开展检查工作。为保障会计基础检查工作取得实效，本次检查工作采用自查自纠和交互检查相结合的方式，对会计核算情况、财务会计报告、会计机构及人员、会计档案、制度执行、2017年度财务决算中介机构提出问题整改情况等方面进行详细检查，通过检查取长补短，互相提高。2019年7、8月，根据陕煤集团有关文件精神，北元集团下发了《关于落实整改国资委2018年度财务决算审核意见的通知》，主要针对2016年国资委反馈意见及2016—2018年管理建议书中提出的问题和内外部检查存在的问题，公司每年组织专题落实整改会议，对公司存在问题的整改情况进行通报，并制定详细的整改方案。2020年5月，公司下发了《关于开展会计基础互查工作的通知》，加强会计基础工作规范化建设，指导和督促各单位按照《会计法》和《会计基础规范》要求开展日常会计工作，夯实会计基础工作，促进会计基础工作规范化长效机制，确保会计信息质量，健全内部会计管理制度，提升会计职能，不断提高会计工作管理水平。2021年9月，公司按照上级有关文件精神，开展了"关于开展整治财务会计信息虚假问题专项行动工作的自查工作"，并通过对外部审计单位等反馈问题的全面整改，及时总结经验，补短板堵漏洞，把问题整改融入日常的经营管理工作长抓不懈，建立健全长效机制，从根源上杜绝同类问题的发生。

三、资金管理

（一）资金基础管理

截至2022年，北元集团强化资金基础管理工作富有成效：

（1）在制度建设方面，优化业务流程，推行标准化管理，完善资金制度体系。先后出台和修订《资金管理规定》《备用金管理办法》《融资管理办法》《商业汇票管理办法》《内部结算管理办法》和《财务审批程序》等制度。

（2）在资金预算方面，严格执行陕煤集团预算编报规定，提前预测资金需求情况，统筹安排货款回收资金结构；固化资金平衡会运行模式，根据资金供给情况，分清轻重缓急，规范款项结算方法，合理控制付款节奏，以保证有效的资金存量，减少了闲置资金的占用率，提升付款效率，确保生产经营活动正常运行。

（3）在账户管理方面，加强银行账户归集，实行专款专用。公司在货币资金管理方面严格执行陕煤集团资金归集有关规定，资金结算统一通过财务公司结算平台进行，严控资金在外部账户存放；严格账户开立程序，及时清理业务结束的闲置账户；对于工资、社保、税务、工会经费和党费等业务，进行专户管理，实行专款专用；根据公司销售业务的发展要求，为了拓展销售渠道，开立外币结算账户，有序开展外贸收汇、结汇工作；为了确保账账、账实相符，定时进行库存现金、账户清查盘点工作，有效地控制了库存现金额度，规范了账户管理。2015年，公司在银行账户清查活动中，被陕煤集团评为银行账户管理"优秀企业"。

（4）加强银企合作，积极协调各有关银行及金融机构，享受托收全免手续费和优惠贴息率的政策；转变存款种类，与主要合作银行沟通协调开立协定存款和通知存款业务，提高了存量资金存款利率，增加了利息收入，进一步降低了资金成本，提高了存量资金收益。

（二）筹融资

2003年，北元公司实收资本为6610万元，到2004年实收资本全部到位，共计7000万元，分别由神木电化有限责任公司出资2940万元，榆林阳光投资有限责任公司出资2800万元，神府能源开发总公司出资630万元，神木县国有资产运营公司出资630万元。2007年公司进行增资扩股，由神木县民营企业6位自然人出资9400万元，同年12月底，公司实收资本增加至1.64亿元。年底，陕西煤业化工集团有限责任公司与十户民营企业合作再次增资扩股，注册资本金额达到16.8亿元。2008年，公司开始100万吨/年聚氯乙烯循环综合利用项目建设，向国家开发银行牵头的6家银团行借入项目借款50亿元，同时向陕煤集团借入内部借款37.6亿元补充项目建设资金缺口,所有项目贷款随着项目建设陆续到位,到2012年末借款规模达到80.46亿元;2013年,随着公司生产经营运转趋于稳定,经营效益逐年向好,项目借款进入还款期,公司借款规模呈逐年下降趋势。2014年,通过广东钰通租赁有限公司向中国银行融资租赁借款25.708亿元,期限3年,综合利率为6.4%,提前归还陕煤集团8%的内部借款,年节约财务费用4113万元;2015年,通过上海康信融资租赁有限公司向中国民生银行租赁保理借款13.56亿元,期限1年,综合利率为5.35%,置换高息借款节约财务费用1279万元;2016年,通过江西金租股份有限公司和上海歆华融资租赁有限公司向中国民生银行开展租赁保理业务,共筹集资金23.56亿元,期限1年,实际融资成本4.2%~4.35%,全部用于置换成本为6.4%和5.35%的高息融资租赁,节约财务费用2663万元。同年,公司还通过外币结汇、票据贴现、预收货款等途径,筹集资金15亿元,利用财务公司信贷平台向陕煤集团办理利率5.194%的1年期委托贷款业务,不仅解决了公司资金闲置问题,也为公司创造了可观的资金收益,扣除承兑贴现利息392万元,共增加利息收入6657万元。在优化资本结构、吸取新股东资本投入中,从2015年到2017年,公司持续拓展融资思路,通过引入新股东恒源集团、锦源化工股权平移和员工持股增资等措施,累计吸收资本金11.29亿元,大幅缓解了还贷压力。

截至2022年,公司在资金管理及运作方面,加强银企合作的力度,创新筹融资方式,坚持以"先筹后用、量入为出、留有余地"的原则,通过提高资金计划的准确性,盘活沉淀资金,灵活节点管控,将资金使用、资金存量、资金筹措结合在一起,实现按需融资,及时还贷,使公司资金链高效运转,企业有息负债规模逐年降低,由2013年初的80.46亿元降至2021年初的"零"元,大幅降低了财务费用,提升了企业利润水平。2013—2021年北元集团借款变动统计见表6-3-1。

表6-3-1　2013—2021年北元集团借款变动统计表　　　　　　　万元

序号	年份	年初余额	借入归还额			借款总额 (=年初+借入-归还+汇兑)
			期初借入	本年归还	汇兑损益	
1	2013	804570.00	146000.00	184145.00	-1650.00	764775.00
2	2014	764775.00	359080.00	396311.00	287.00	727831.00
3	2015	727831.00	133600.00	211447.00	2279.00	663263.00
4	2016	663263.00	329900.00	396205.00	1633.00	598591.00
5	2017	598591.00	210000.00	511070.00	-1208.00	296313.00
6	2018	296313.00	109172.00	236882.00	987.00	169590.00
7	2019	169590.00	5000.00	51283.14	-306.86	123000.00
8	2020	123000.00	60000.00	153000.00		30000.00
9	2021	30000.00		30000.00		0

注:此表数据不包含北元集团与锦源化工之间的内部借款。

(三)资金占用率、周转率

2013—2022年北元集团资金占用率、资金周转率统计见表6-3-2。

表6-3-2 2013—2022年北元集团资金占用率、资金周转率统计表

年份	资金占用率（%）	资金周转率（次）
2013	30.41	3.29
2014	19.15	5.22
2015	28.06	3.56
2016	45.59	2.19
2017	41.51	2.41
2018	31.59	3.17
2019	29.82	3.35
2020	53.90	1.86
2021	64.02	1.56
2022	75.24	1.33

四、票据管理

（一）"票据池"业务模式

2013年以来，北元集团资金流入流出规模较大，其中票据占比高达80%，使大量资金沉淀在票据中。2015年，公司通过认真研究国家在资金管理过程中的先进方式方法，并经常与金融机构沟通探讨，形成了集承兑汇票托管、承兑汇票委托收款、承兑汇票质押、签发承兑汇票、购买理财产品等业务的银行承兑汇票"票据池"综合服务业务管理模式。同年底，与长安银行开展了该业务。通过"票据池"服务业务的开展，有效地盘活了公司沉淀资金，利用应收票据和应付票据之间的时间差，增加资金收益，创造了财务价值，提高了票据管理安全性，提升了票据管理水平。2017—2020年北元集团推行票据池"两池并用"向"多池竞用"发展，先后与浙商银行、浦发银行开展集票据托管、质押、签发（换开）新票和购买理财产品为一体的"票据池"综合业务，年可融通资金规模达100亿元。北元集团票据池综合服务业务如图6-3-1所示。

（二）细化票据管理

2015年以来，北元集团积极对标资金管理标杆企业的票据管理方式方法，规范票据管理步骤，简化票据收取、背书、复印、粘贴、备查、支付和托收等工作程序，固化各环节操作标准，提高了银行承兑汇票管理水平。2016年、2017年，公司为了更好地利用公司授信额度，拓宽公司资金额度，润滑企业生产经营资金链，与陕煤集团财务公司沟通协调，利用在财务公司的信用额度，通过换开票据、质押保证金的方式签发敞口票据3.05亿元，增加了公司资金使用额度，缓解了短期资金紧张的压力。2016—2019年，遵循"远期先付，近期变现"的原则管理票据，严控票据到期时间节点，积极论证票据贴现可行性，实时开展票据的托收和贴现业务，北元集团以低于市场贴现价格先后11次分别向中国工商银行、招商银行、长安银行、中信银行、浙商银行和神木农村商业银行

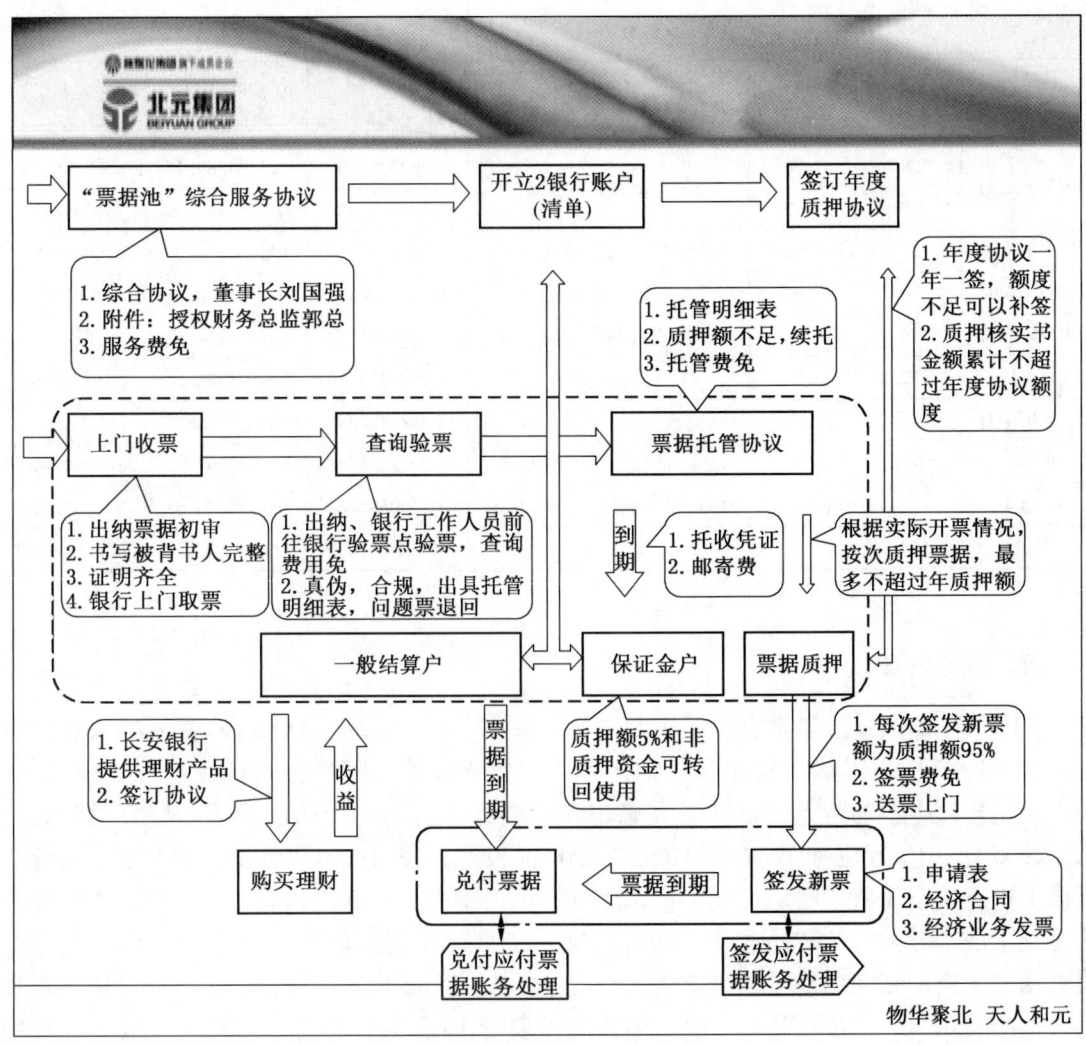

图 6-3-1 北元集团票据池综合服务业务图

办理票据贴现 23.22 亿元，贴息 0.31 亿元。持续推行电子银行承兑汇票和商业承兑汇票的使用，邀请合作银行上门向下游供应商推广电子承兑汇票，经过几年不懈的努力，截至 2022 年 3 月，公司电子票据占比达 100%。2016—2019 年北元集团票据贴现汇总见表 6-3-3。

表 6-3-3　2016—2019 年北元集团票据贴现汇总表

贴现时间	贴现张数（张）	贴现率（%）	贴现银行	贴现金额（元）	实际贴现金额（元）	贴现利息（元）
2016 年 9 月	349	2.59	工行榆林广济支行	512863412.09	508938570.10	3924841.99
2017 年 2 月	228	4.25	招商银行榆林分行	357932390.12	352544965.51	5387424.61
2017 年 4 月	150	4.60	陕西神木农村商业银行	219760326.26	215711342.36	4048983.90

表6-3-3（续）

贴现时间	贴现张数（张）	贴现率（%）	贴现银行	贴现金额（元）	实际贴现金额（元）	贴现利息（元）
2017年7月	258	4.50	工行榆林广济支行	237622058.99	233294289.15	4327769.84
	18	4.72		72091000.00	70598009.85	1492990.15
2018年4月	26	5.08	招商银行榆林分行（神木）	110423335.06	108053896.03	2369439.03
2018年4月	20	5.00	长安银行神木支行	50569539.64	49552554.26	1016985.38
2018年6月	76	4.95	招商银行榆林分行（神木）	103876482.04	101898134.58	1978347.46
2018年12月	52	3.22	工行榆林广济支行	201953317.65	199595553.08	2357764.57
2019年4月	12	3.3%	浙商银行西安太白路支行	51000000.00	50576224.99	423775.01
2019年5月	108	3.09%	工行榆林分行广济支行	199912205.08	198032598.02	1879607.06
2019年4月	47	3.08%	中信银行榆林分行营业部	204390667.00	202265016.01	2125650.99
合计	1344			2322394733.93	2291061153.94	31333579.99

五、成本管理

2004年，10万吨/年聚氯乙烯项目一期产品投产，北元公司组织相关部门认真学习《氯碱行业规程》，了解产品成本分配比例、归集方法等，同时去同行业进行专项对标，根据公司连续生产的特点，最终研究确定了一套符合公司实际的产品成本核算及归集方法。2005年，10万吨/年聚氯乙烯项目二期产品投产，公司成本核算及管理在上年运行的基础上进行修改完善，制定了成本核算底稿，不仅将成本核算流程固化于书面，也大幅提高了月末成本分摊、结转的准确性和时效性。2008年1月，制定并下发了经营情况分析表，涵盖生产计划完成情况及销售收入情况分析表、产品收发存分析表、各产品成本计算表、期间费用表、单位产品盈亏表、借款明细表等14张表，将生产、销售、成本、费用及利润等指标汇集在一起，让管理层能够更直观、更全面地了解公司生产经营情况。2010年起，公司开始组织召开月度经营情况分析会，编制生产经营情况分析表，按要求撰写财务分析和预算执行情况分析报告，全面反映当月经营成果，为公司管理层决策提供数据支撑。2011年5月，优化完善了公司经营情况分析表，增加了月度和年度主要经济指标完成情况分析汇总表、主要单耗及耗材变动分析表，产品利润构成分析表等表格内容。重视经营分析工作，集团公司按季召开经营情况分析会，分析公司面临的主要问题，提出解决意见，由各单位予以整改落实；各分、子公司按月召开经营情况分析会，及时发现降低生产成本中各项不正常消耗，防微杜渐；同时管理部门督促各分、子公司加大修旧利废力度，厉行节约，遏制浪费。2012年，为积极应对严峻的外部经济环境影响，公司不断完善经营分析管控体系，严格各项指标的改进措施，深挖各产业增收节支潜力，根据各单位实际情况，9月公司下发《全面开展"双增双节"活动实施目标》，从增加产量、扩大销量、减少库存、提高收入、降低成本、控制费用、节约原料、创造利润、加强管理等9个方面设置考核指标，全面提升公司内部成本管控水平，促进企业持续健康发展。2013年2月，公司制定并出台了《关于加强成本管理工作十三条意见》，从资金平衡、设备管理、税务筹划、费用控制等13个方面加强内部成本控制；对分、子公司每月进行预算宣贯和预算开展情况检查；加大对非生产性支出，尤其是办公费、招待费、差旅费等可控费用的控制和检查力度；对预算宣贯效果进行回访，及时掌握预算执行情况和成本控制情况，纠偏补漏，确保成本费用可控、在控。2014年，公司按照年度生产经营计划编制月度分解计划，逐月对各项预算指标执行情况进行分析，定期检查各单位成本费用预算执行情况，查找问题并及时反馈相关单位对照整改；9月，出台了《水泥成本核算及管理办法》，对水泥产品成本管理职责、核算范围、成本归集、分配等内容进行了规范。2015年，公司继续细化成本构成要素，发掘成本降低潜力，财务管理部协助生产单位自主进行成本分析，建立工段、分厂、公司三级分析体系，通过发现问题、分析问题解决问题，降低了各项消耗，增强了一线生产员工的成本意识。在核算过程中，优化成本核算方法，紧盯成本预算执行情况，通过正向激励，激发了员工的降成本积极性。2016年，公司开展了"降本增效"活动，多措并举，促进主要消耗不断降低；同时将经营分析作为强化经营管理的重要措施，督促各单位形成以生产部门为中心、财务等部门配合监督的经营分析体系。各单位严格执行集团公司分析要求，按时召开月度、季度经营分析会，透过数据对比原因，剖析生产过程中存在的问题，不断推进降本增效；同时，还针对各分、子公司经营分析水平参差不齐的情况，组织内部对标学习，列席学习标杆单位经营分析会，促进落后单位寻找差距，迎头赶上。2017年，公司不断深化和推进经营分析制度，巩固月度生产经营分析常态化机制，对当月生产经营活动进行全面分析，发现生产经营中存在的问题，提出合理化建议和改进措施；4月财务管理部制定了固化的财务分析模型，明确了分析内容，确定了分析方法；5月开展财务人员到生产一线学习、调研，到生产现场去熟悉工艺流程，达到财务分析与生产过程的有机结合，提高成本核算准确性和分析能力；9月，开展了主要产品成本专项审计工作，主要审核了直接原料、劳务费、修理费、成本归集与分配、成本变动分析等项目，对发现的问题及时反馈相关单位整改；12月，对《陕西北元集团水泥有限公司水泥成本核算及管理办法》进行再次修订，主要对各部门职责等进行了重新划分和明确，有效防范了内控风险。2018年，公司强化全面成本控制，健全分类成本控制体系，从注重可控成本控制转向注重全面成本管控，按照横向到边、纵向到底原则健全各单位责任成本管控机制，明确各成本费用项目控制的层级责任单位；1月出台了《氯碱产品成本核算管理办法》，8月出台了《锦源化工有限公司产品成本核算及管理办法》，明确了产品成本管理的职责、核算范围及要求，规范了产品成本核算的流程及方法，通过不断完善各类产品的成本管理办法，进而统一各产品成本核算标准。2019年，公司经营分析机制逐步成熟，形成集团公司季度全面分析公司整体经营情况，分、子公司月度生产经营分析常态化机制，启动生产单位自主成本分析，落实方案解决问题，引导全员以数据为导向的经营分析模式，深度剖析成因，挖掘内潜，发现降本增效空间，落实低成本战略；4月，下发了《陕西北元集团锦源化工有限公司经营统计分析管理办法》补充说明的通知，进一步明确了经营分析的口径及内容，召开时间、召开方式，改变了经营分析方式，从"市场因素""内部管控"量大方面着手"诊断"生产经营存在的问题并提出管控措施；5月，出台了《热电分公司成本核算管理办法》，明确了热电产品成本管理责任、核算方法等。6月，在化工分公司乙炔分厂开展班组核算试点推行工作，不断完善成本核算内容、细化成本核算级次。8月，锦源化工面对严峻的生产经营形势，为了进一步抓落实、降消耗、提效率，打造低成本优势，开展以"精益管理、提质增效，以低成本战略推动高质量发展"为主题的"低成本战略活动"，将生产指标、费用管控、技改工程进度等项目落实到责任人，按月考核，成效显著，装置运转率明细提升，主要消耗指标逐渐降低；9月，去米脂冀东水泥有限公司进行对标学习，对水泥行业成本核算口径、方法等进行了详细了解，提升了水泥成本核算水平和分析管控能力，建立财务指标库，健全经营分析评价机制。2020年，公司持续细化经营分析内容，扎实开展经营分析工作。按各公司的需求不断细化分析内容，以解决问题为导向，开展个性化分析工作。改变经营分析会召开形式，公司级经营分析会由传统通报模式改变为点评会形式。各单位汇报经营管理亮点、存在的问题及整改措施，深度剖析，相互借鉴，不断提高经营管理水平。完善主要经济指标分析体系和经营管理数据分析体系，建立财务数据指标库，按季度通报行业数据指标，形成"两金"占比常态化分析体系。深入贯彻落实公司年度工作会精神，持续推行"低成本"战略，建立健全"大成本"统筹管控经济责任体系，强化全面经营责任管控，激发内生动力，挖掘降本增效空间，提升企业竞争力；4月下发了《关于深入开展增收节支创效的工作的通知》，深挖利润"增长点"，堵住效益"出血点"，全员、全方位、全过程、全要素开展增收节支创效工作，主产品成本同比大幅下降。锦源化工推行班组核算，通过不断调研论证，搭建了6台电石炉单台成本核算模型，细化了成本核算层级，为公司降低生产成本、提高经济效益提供依据；5月去府谷能源对标电石成本核算，通过对标分析指出公司优质原料掺烧比例高于同行业，公司借鉴同行业掺烧比例，进一步降低公司电石生产成本。2021年，建立增收节支长效机制。财务管理部多次安排专人深入一线，协助各单位开展创效工作，实时掌握创效工作进展情况，按月督查督办。设置增收节支创效专项考核，严格专项考核和适时调整考核指标，对运营部门考核指标进行调整，严把销售关、采购关。优化经营分析模型，加入了人员薪酬、采购及销售情况预判分析，提高经营分析水平。组织对化工集团成本管理对标工作交流会所属9家单位成本管控做法在各单位进行学习借鉴，进一步提升公司成本管理对标的工作成效。及时修订了《氯碱产品成本核算管理办法》《热电分公司产品成本核算管理办法》《水泥有限公司产品成本核算管理办法》中机构名称、职责等内容，同时修改完善了成本分摊底稿。2022年，公司树立牢固"大成本"统筹管控意识，加大问题导向指引力度，强力推进企业低成本战略，不断提升企业核心竞争力。引入管理会计分析工具，不断优化经营分析模式，在对数据充分分析的基础上，结合内、外部环境影响因素，总结经营活动特点，重点反映存在的问题，及时反馈给各单位，实时指导生产经营。充分总结借鉴2020年、2021年创效工作开展经验，3月下发了《2022年关于深入开展增收节支创效工作的通知》，牢固树立"省下的就是挣下的"理念，与历史最优数据对标，寻找差距，挖掘新的创效点，找出各环节的瓶颈问题，拿出解决方案，降本增效，提高公司内生动力。推进向行业对标专项活动，以行业领跑者为目标，运用同行业上市公司的28项经营指标进行树标，深入分析成本差距，寻找不足进行整改。在NCC系统中增加成本模块，充分利用信息化技术，实现成本分摊、结转等业务一键生成，成本报表自动取数等，提高成本核算及分析效率。2013—2022年北元集团产品生产成本统计见表6-3-4。

表6-3-4 2013—2022年北元集团产品生产成本统计表　　　　　万元

年份	PVC	烧碱	水泥	熟料	电石	电
2013	401893.21	45350.18	19399.98	15618.96	17406.46	43738.14
2014	489136.85	57908.24	27882.08	19648.28	27540.92	56469.00
2015	464134.38	48889.20	25971.95	14201.81	34560.95	46155.49
2016	460152.41	49856.21	15752.09	14840.38	42359.17	66794.32
2017	512706.35	53490.70	20801.54	22440.72	89047.97	84011.34
2018	543581.25	53781.69	23240.00	21373.97	94790.23	81821.17
2019	578089.59	58408.45	24893.06	23190.13	105264.63	87543.28
2020	600048.92	62055.56	24546.12	22837.07	98110.25	84147.43
2021	887394.84	63513.65	29463.87	25115.09	132616.86	98844.54
2022	795847.95	67285.91	32204.76	31012.20	160008.31	123293.52

六、固定资产

2004年11月，北元公司一期5万吨/年PVC烧碱装置生产线建设完成并开车成功，项目共建成乙炔装置、一次盐水装置、聚氯乙烯生产装置等。2005年8月，北元公司二期5万吨/年PVC生产线建设与一期同步开工建设；9月，对一期5万吨/年聚氯乙烯建设项目进行了竣工决算，分别清理了债权债务，编制了决算报表。2006年8月25日，项目建设完成并成功验收，建成PVC、烧碱装置生产线，一、二期工程一次性开车成功。2007年，对二期5万吨/年聚氯乙烯建设项目进行了竣工决算，分别清理了债权债务，编制了决算报表。2007年，公司开始扩建100万吨/年聚氯乙烯循环综合利用项目，项目主要建设装置包括100万吨/年聚氯乙烯装置、80万吨/年离子膜烧碱装置。2008年7月5日，4×125MW发电装置开工建设。2009年9月15日，4×125MW发电装置二期项目开工建设。一期工程于2010年11月底建成。2010年4月，220万吨新型干法工业废渣制水泥装置开工建设。二期工程于2011年年底建成。2011年5月4日，PVC工程系统装置投料试车工程完成。2012年1月，100万吨/年聚氯乙烯循环综合利用项目新增职工活动中心、污水处理、输煤及储煤工程，当年年底项目尾留和新增工程全部施工完成。2013年，北元集团对100万吨/年聚氯乙烯循环综合利用项目进行了竣工决算，清理了债权债务，编制了决算报表，于6月27日取得了中审亚太会计师事务所出具的竣工验收报告，6月28日完成陕煤集团竣工决算领导小组的验收报告。2014年12月，按照陕煤集团文件要求，对固定资产折旧年限调整，房屋、设备等资产折旧年限延长，顺应了国家宏观经济调控。2015年1月，出台了《固定资产管理办法》，明确了固定资产的确认、计量、处置和信息披露及管理职责等相关规定，将固定资产纳入制度管理范围；4月，完成了100万吨/年聚氯乙烯循环综合利用项目资产移交工作，新建固定资产卡片3962张，金额85.56亿元。2015年5月，公司配套135万吨/年原盐及采输卤工程建设完成，共计建设了23对盐井。于2017年聘请陕西正大会计师事务所有限责任公司对135万吨/年原盐及采输卤项目进行竣工决算，清理了债权债务，编制了决算报表。2016年12月，为保证公司资产完好，提高资产营运水平，积极发挥财务监督职能，财务管理部对各单位固定资产进行了全面盘点，出具了盘点报告。2017年6月，根据公司机器设备的实际使用寿命，经公司2017年第二次董事会会议审议通过，对《固定资产管理办法》中折旧年限进行再次修订，本次主要调整化工专用设备、运输设备等部分机器设备折旧年限，确保各项资产科学核算，准确反映财务状况，满足上市要求；7月，锦源化工公司50万吨/年电石技改扩建项目竣工后，公司聘请中介机构对项目基本情况、项目建设用地情况、主要项目开工及试生产情况、项目资金来源情况、工程及财务结算情况、交付使用资产情况、工程实际投资与概算对比情况等进行审计并出具竣工决算报告，同7月完成资产移交工作；9月，出台了《资产清查管理办法》《资产减值准备计提及核销管理办法》。同时，对各单位固定资产进行了全面梳理，编撰了《固定资产目录》，建立了固定资产台账和低值易耗品台账，明确了固定资产范畴。2018年5月，制定下发了《关于严格执行固定资产购置审批程序的通知》，严格固定资产购置审批程序管理，将固定资产采购执行效果纳入关键事件考核，进一步增强了固定资产管理的计划性；9月，按照公司下发的《固定资产管理专题会议纪要》要求，完善了2018年1—8月已入账固定资产采购计划审批程序和2018年固定资产减值以及报废资料；10月，开展了《固定资产目录》优化工作，财务部门与生产技术部以及分、子公司设备管理相关人员经过多次调研、讨论，于10月底确定了新的《固定资产目录》。2019年3月19日，化工分公司100万吨/年聚氯乙烯三期项目建设完成正式进入试生产阶段。项目合理利用公司生产厂区空间，建成氢气处理和氯化氢、VCM转化、压缩及精馏、浓缩池、VCM储存、聚合等装置。2019年11月公司聘请陕西正大会计师事务所有限责任公司对该项目进行财务竣工决算审计，并在12月完成项目资产转固工作。2020年4月，热电分公司下发了关于组织机构变更的通知，财务管理部配合完成了组织机构变更之后固定资产最新核算部门的调整。2020年6月，为配合公司上市工作，组织对各公司所有固定资产进行全面盘点，发现问题、解决问题，减少上市期间固定资产核算问题。2021年8月，北元集团本部、化工分公司分别完成了组织机构变更，财务管理部配合完成了组织机构变更之后固定资产最新核算部门的调整。同年12月，为了提高资产管理水平，积极发挥财务监督职能，体现财务核算谨慎性原则，避免资产的虚增导致企业利润的虚增，同时保证企业财务资料的真实性、可比性，真实地反映公司资产状况，公司根据最新财务政策修订出具了《资产减值准备计提及核销管理办法》。2022年，陕西北元新能源科技有限公司成立，财务管理部对新能源公司前期账套及工程核算做好准备工作，对后期各项目形成的固定资产做好预期及核算标准。根据公司NCC上线工作安排，财务管理从固定资产计划、采购、验收、领用等程序不断优化，做到事前计划、事中管控、事后分析，加强资产核算口径及流程，不断改进公司固定资产管理工作。财务管理部将持续推进各单位固定资产挂牌管理，优化资产管理，不断改善生产部门固定资产台账管理。根据公司募投项目建设情况，持续跟进募投项目进度，对募投项目固定资产做好各项投资核算，做到不漏费用、不串投资、源头控制、准确核算。财务管理部从固定资产现场管理方面进行全面检查，对2022年各公司建立的固定资产管理台账进行检查，做到账账相符、账实相符。实现财务管理部固定资产卡片台账与生产现场工段台账资产名称、位置、使用等情况完全一致。2004—2022年北元集团固定资产统计见表6-3-5。

表6-3-5　2004—2022年北元集团固定资产统计表　　　　　　　　万元

年份	生产用固定资产			非生产用固定资产		
	原值	累计折旧	净值	原值	累计折旧	净值
2004	305.61	45.50	260.11	—	—	—
2005	22023.47	1201.13	20822.34	—	—	—
2006	22662.42	5336.09	17326.33	—	—	—
2007	34733.45	10968.80	23764.66	—	—	—
2008	36659.93	15718.98	20940.94	—	—	—
2009	36885.43	19925.37	16960.06	—	—	—
2010	46202.07	24736.20	21465.88	—	—	—
2011	318210.07	39135.73	279074.34	—	—	—
2012	828323.51	71061.63	757261.88	—	—	—
2013	849736.72	115464.80	734271.92	103673.27	16371.18	87302.09
2014	820632.75	120325.69	700307.06	102447.50	21449.69	80997.81
2015	881779.73	154613.14	727166.59	82788.12	23162.16	59625.96
2016	965866.10	197810.15	768055.95	108893.86	26459.43	82434.43
2017	945734.91	244230.15	701504.76	134440.13	37878.33	96561.80
2018	972113.87	300022.77	672091.10	107436.01	36190.97	71245.04
2019	1076461.93	359548.55	707584.74	113259.92	40765.79	72491.92
2020	1117432.80	421042.56	686564.32	114767.29	45103.64	69656.09
2021	1132729.49	483583.84	637146.81	115308.75	49174.26	66129.08
2022	1153292.55	541641.76	611650.79	109944.09	52399.13	57544.96

注："—"表示无统计数据。

七、利税

2005年，公司企业所得税西部大开发税收优惠政策备案，公司的企业所得税税率由原来的25%降至15%，极大地降低了公司的税负。2007年，公司再次通过主管税务局办理了西部大开发税收优惠政策备案。2012年，开始办理了水泥增值税即征即退。2013年4月，为了加强公司发票管理和财务监督，公司制定下发了《发票管理办法》，对发票的开具、移交、报销等进行了规范。邀请陕西益友税务师事务所有限责任公司对公司2012年度企业所得税申报事项进行鉴证，并出具了鉴证报告；5月，配合国税局完成2010—2012年增值税和企业所得税稽查工作；8月，配合地税局完成各类税种的稽查工作。2014年1月，为强化票据管理，要求业务部门在发票开出50天内送交业务会计，杜绝了增值税发票逾期现象，确保税负可控、在控；4月，邀请陕西益友税务师事务所有限责任公司对公司2013年度企业所得税申报事项进行鉴证，并出具了鉴证报告。同年5—12月，完成了公司高新技术企业认证工作，享受企业所得税税率15%的优惠政策；先后配合神木县国税稽查局、税务局完成了有关单位税务核查、协查工作。2015年1月，合理利用出口优惠政策成功办理出口退税手续，为公司节约了税款；4月，邀请陕西益友税务师事务所有限责任公司对公司 2014 年度企业所得税申报事项进行鉴证，并出具了鉴证报告；8月，理顺"三项"专用设备加计扣除工作，建立了设备的确认、审核、登记、报备管理体系。同年 11 月，协调完成 2012—2014 年度陕西省地税稽查工作，维护了公司利益。

2016 年，为配合税务稽查局完成黄金大案稽查工作，公司邀请陕西益友税务师事务所有限责任公司对 2015 年度企业所得税申报事项进行鉴证，并出具了鉴证报告；学习推行"营改增"新政策，为公司节约了成本；为推动上市工作，邀请陕西益友税务师事务所有限责任公司对公司 2013 年度、2014 年度企业所得税重新进行鉴证，并出具了鉴证报告；完成了神木县国税稽查局对公司出口退税业务稽查工作，未发现税收违法行为。2017 年，整理出版《税法实务与税收筹划》一书，为规范税务管理提供理论支撑；配合榆林地税局完成 2014—2016 年税务稽查工作；建立北元税务知识微信服务平台，提高了工作效率；办理西部大开发税收优惠政策备案，公司可按 15% 的优惠税率缴纳企业所得税；邀请陕西益友税务师事务所有限责任公司对公司 2016 年度企业所得税申报事项进行鉴证，并出具了鉴证报告；开展金税三期风控系统大数据对比协调工作，将收到的 75 份不符合规定的发票作废更换，避免进项税转出损失；根据新政策修改下发了《陕西北元化工集团股份有限公司发票管理办法》。2018 年，按照国家各类税费改革相关政策规定，严格执行税收政策；1 月，完成"费改税"相关申报工作，"水资源费"改为"水资源税"，由原来的水利部门征收改为税务机关征收。"排污费"改为"环境保护税"，由原来的环保部门征收改为税务机关征收，根据企业自动监测数据，计算交纳环境保护税；3 月，配合税务局完成 2017 年对外支付美元运费的税务协查工作；4 月，按照财政部、税务总局《关于调整增值税税率的通知》（财税〔2018〕32 号）规定，结合公司实际情况，财务管理部协调相关单位，落实税率调整政策相关事宜，多次组织召开宣贯培训，确保"营改增"后税务工作有序推进；5 月，办理了西部大开发税收优惠政策、安全生产专用设备优惠政策以及资产损失备案，配合中介机构完成了 2017 年度所得税汇算清缴工作；7—11 月，配合税务局完成了 2017 年 9 月至 11 月以及 2018 年 9 月至 10 月出口退税审核工作。2018 年，全年出口抵免税额共计 1688.20 万元，水泥增值税退税 2280 万元。2019 年，《财政部 税务总局 海关总署联合发布了 关于深化增值税改革有关政策的公告》（财政部 税务总局 海关总署公告 2019 年第 39 号）明确自 2019 年 4 月 1 日起增值税一般纳税人发生增值税应税销售行为或者进口货物，原适用 16% 税率的，税率调整为 13%；原适用 10% 税率的，税率调整为 9%。本次增值税实质性减税极大地降低了公司的实际税负。财务管理部认真研究国家税收政策，准确应用税务政策，配合业务部门做好政策切换期间业务合同补充协议的签订工作。2019 年，国务院印发《个人所得税专项附加扣除暂行办法》，明确自 2019 年 1 月 1 日起子女教育、继续教育、大病医疗、住房贷款利息、住房租金、赡养老人等 6 项专项附加扣除正式实施。本次专项附加扣除涉及面广，使纳税人在每月 5000 元"起征点"基础上，还将享受 6 项专项附加扣除带来的减税利好。政策实施以来财务管理部邀请陕西益友税务师事务所有限责任公司来公司开展专项附加扣除培训，确保每位员工能够准确认识并填写个税专项附加扣除。

2020 年初，爆发了新型冠状病毒肺炎疫情，公司在陕煤集团的带领下捐款捐物，为战胜疫情做出了积极的贡献，其中，公司生产的次氯酸钠作为消毒用品为战胜武汉及全国各地的疫情做出了不可磨灭的贡献；9 月 1 日，《中华人民共和国资源税法》正式实施，自新的资源税法实施以来，财务管理部积极与主管税务机关就公司钠盐缴纳资源税的税种和税率进行沟通，积极开展钠盐计税依据测算工作，确保钠盐资源税准确计税，避免税务风险；同年，财政部税务总局发布《关于进一步完善研发费用税前加计扣除政策的公告》（2021年13号），公告规定自2021年1月1日起制造业企业研发费用企业所得税100%加计扣除，研发费用加计扣除比例由之前的75%提升到100%，极大地提高了企业开展科技创新的热情。2021年，公司加计扣除研发费用16项，研发费用加计扣除3426.98万元，抵减企业所得税514.05万元；9月1日《中华人民共和国城市维护建设税法》正式实施，标志着城市维护建设税从暂行条例上升到法律法规。因神木撤县设市，所以对设立在神木市的企业城市维护建设税适用7%的征收率，公司所在的神木市高新区位于锦界工业园区，公司财务管理部积极与主管税务局沟通，最终确定公司的城市维护建设税适用5%的征收率。2014—2021年，北元集团连续八年获得"A级信用等级纳税人"荣誉。2016年、2020年多次荣登榆林市"诚信纳税人红榜"。2005—2022年北元集团上缴税费统计表6-3-6。

表6-3-6　2005—2022年北元集团上缴税费统计表　　　　　　万元

年份	上缴税金	年份	上缴税金	年份	上缴税金	年份	上缴税金
2005	80.51	2010	187.8	2015	29793.79	2020	87826.37
2006	1351.92	2011	209.17	2016	53695.25	2021	87558.54
2007	2999.45	2012	514.3	2017	93706.63	2022	74311.71
2008	2552.51	2013	1775.94	2018	106149.09		
2009	221.9	2014	16606.82	2019	89291.45		

八、财务管理创新成效

（一）筹融资方面

北元集团通过探索表外融资、争取政策借款、低息置换高息借款、申请提前还贷、科学有息负债结构等方式，灵活资金筹集与归还运作，借款利息由最高的每年5亿元降至2021年的年净增加收益约1.7亿元，有息负债规模截至2020年3月底为零，提前为公司下一步发展和募投项目的实施腾挪融资规模。2014—2017年，鉴于公司经营实际和企业融资难问题，公司积极论证新型融资方式，通过利用企业优质资产持续开展融资租赁，以低于市场价格的成本累计筹资62.828亿元，极大地缓解企业融资难融资贵的问题。2017年，公司有息负债多为1年期，公司每年倒贷形势严峻，加之央行降准后原有融资租赁融资成本高于市场价格，为化解融资困境，进一步优化有息负债结构，公司与金融机构多方洽谈，继续深入表外融资业务，最终通过长安银行与长安信托公司合作尝试办理期限2年、金额5亿元的信托借款，在优化有息负债结构和置换融资租赁借款的同时，探索了新的融资方式，开辟了新的融资渠道。利用公司对汉阴县梨树河村的扶贫项目成功向国家开发银行争取了利率为银行同期基准利率的贷款5亿元，置换了4.9%的银行借款。2020年，基于国家为激活受疫情影响的国民经济发展和央行多次通过LPR调整贷款利率的契机,借助公司进入地方防控疫情重点企业名单的机遇,积极联系进出口银行办理利率3.3%的流动资金信用借款3亿元,对原有高息保证借款予以置换,在充分利用政策融资的同时进一步降低财务费用。受益于公司上市和经营效益持续发力,公司在筹融资方面不断优化有息负债结构,2020年,借助国家为激活受疫情影响的国民经济发展和央行多次通过LPR调整贷款利率的契机,充分利用企业信用敞口6亿元,将公司剩余有息负债全部置换为低息无担保信用借款,节约利息支出810万元,提升了企业美誉度。

(二) 资金运作方面

2013年以来,随着生产经营日趋稳定,北元集团着重把资金运作重点转向间歇资金和沉淀资金盘活与增值增效上,在兼顾收益与风险的同时,秉承"向资金管理要效益"的理念,先后论证并实施票据池业务、委托贷款和资金理财增值等行之有效的措施,资金增值取得了不菲的成效。2016年,在贷款银行暂不同意提前还款的前提下,灵活调度经营间歇资金,兼顾收益与风险,通过财务公司平台以高于本公司当时贷款最高融资成本的收益率5.194%,向上级单位办理委托贷款15亿元,至少为公司增加利息收入4830万元用以对冲利息支出。科学管控资金时间节点,在推行刚性管控基础上,持续深化"利润+折旧留成"资金预算模式,扩大经营积累规模,适时接洽金融机构寻找合适理财产品,并在募集资金到位后提前谋划暂时闲置募集资金的价值再造。到2022年,先后与长安银行、西安银行、浙商银行、国开行等多家银行办理协定存款、通知存款、定期存单等兼顾收益与安全性的现金增值产品,实现经营积累和暂时闲置募集资金的增值增效。

(三) 税务筹划方面

北元公司2005年办理西部大开发税收优惠政策备案,取得陕西省国家税务局《关于神府经济开发区北元化工有限公司享受西部大开发企业所得税税收优惠政策的批复》(陕国税函〔2005〕511号)。2007年,再次通过西部大开发企业所得税税收优惠政策审核。2012年,办理了水泥增值税即征即退。2013—2015年,北元集团获得并享受高新技术企业优惠政策。2016年,重新取得了西部大开发优惠政策。水泥有限公司2011年至2018年持续享受增值税即征即退优惠政策和所得税西部大开发优惠政策。通过不断研究企业所得税税收优惠政策,2019年开始,公司享受研发费用加计扣除税务优惠政策,2019年研发费用加计扣除739.42万元,2020年研发费用加计扣除2100.84万元;积极享受节能、节水、环保设备专项设备抵税,2019年抵减企业所得税应纳税额234.56万元,2020年抵减企业所得税应纳税额59.47万元;500万元以下固定资产一次折旧,2019年抵减企业所得税应纳税额2683.96万元,2020年抵减企业所得税应纳税额12062.21万元。

(四) 固化分析、创新方式方面

北元集团固化月度生产经营分析常态化机制,对当月生产经营活动进行全面分析,及时发现生产经营中存在的问题,并提出合理化建议和改进措施。各单位经营分析深度和广度逐步加强和规范,形成了侧重不同的"集团公司—分、子公司—分厂"三级经营分析体系。2021年开始,分、子公司经营分析会从原来的次月15日前召开提前至12日召开;2022年开始,从上年的次月12日召开提前至10日召开,早分析早发现问题早指导生产经营。2020—2022年,公司创新经营分析会召开模式,由传统通报模式改为点评会形式。由各单位汇报经营管理亮点、存在问题及整改措施,深度剖析,相互借鉴,追赶超越,不断提高经营管理水平。

(五）获得的荣誉

2014年，被陕煤集团评为会计信息上报先进单位。2015年，在银行账户清查活动中，被陕煤集团评为银行账户管理"优秀企业"、会计信息上报先进单位、会计基础检查工作先进单位，被陕西省国资委评为省属企业管理工作先进集体。2016年，获榆林市国家税务局诚信纳税人名单"红榜"20强、国家税务总局榆林市税务局纳税信用A级纳税人、陕煤集团会计信息上报先进单位荣誉。2017年，获神木县人民政府"2016年度纳税先进企业"，神木县国家税务局、神木县地方税务局"2016年度纳税信用等级A级纳税人"、陕煤集团财务决算有关整改工作的先进单位荣誉。2018年，获榆林市国家税务局诚信纳税人名单"红榜"20强、国家税务总局榆林市税务局纳税信用A级纳税人荣誉；被陕煤集团评为2017年度财务信息考评优秀单位；撰写的《科学谋划 提质创效》一文在陕煤集团"促进财务管理水平提升暨第二届财务工作会精神落实推进会"上被评为一等奖。2019年，获国家税务总局神木市税务局纳税信用A级纳税人荣誉；被陕煤集团评为"财务管理工作先进单位""财务信息化规范运行先进单位""压降有息负债先进单位"；获中共榆林市委、榆林市人民政府"2018年度榆林工业企业财税贡献百强企业"。2020年，被陕煤集团评为优化"资产负债率先进单位""资金管理制度执行先进单位""NC财务核算系统规范运行整改先进单位"；被中共神木市委、神木市人民政府评为"神木市2019年度纳税大户"；被陕西化工集团有限公司评为"2019年度财务信息考评优秀单位"；被国家税务局评为"2019年纳税信用A级纳税人"。2021年，被陕煤集团评为有息负债压降先进单位；被陕西化工集团有限公司评为"成本管理对标工作"一等奖、2020年度会计信息考评优秀单位；被国家税务局神木市税务局评为"2020年纳税信用A级纳税人"；获神木市财政局"2020年度神木市会计知识竞赛优秀组织奖"。

九、主要经济指标

2003—2022年北元集团财务主要指标统计见表6-3-7。

表6-3-7　2003—2022年北元集团财务主要指标统计表　　　　　　　　亿元

年份	资产总额	负债总额	所有者权益	营业收入	利润总额	净利润	缴纳税金
2003	0.66	0.00	0.66				0
2004	2.18	1.52	0.65	0.01	-0.05	-0.05	0
2005	2.50	2.05	0.44	1.31	-0.21	-0.21	0
2006	3.13	2.75	0.37	2.87	-0.07	-0.07	0
2007	3.66	2.02	1.64	5.61	0.33	0.33	0
2008	16.16	5.71	10.45	5.36	-0.24	-0.21	0
2009	36.31	26.08	10.23	3.90	-0.41	-0.35	0
2010	65.33	48.59	16.75	6.72	-0.38	-0.35	0
2011	92.86	76.05	16.81	24.28	0.02	0.02	0
2012	110.05	89.07	20.97	37.07	0.22	0.37	0
2013	105.41	87.06	18.35	58.86	-2.57	-2.65	0.33

表6-3-7（续）

年份	资产总额	负债总额	所有者权益	营业收入	利润总额	净利润	缴纳税金
2014	105.87	86.25	19.62	68.62	0.50	0.32	1.66
2015	116.90	85.05	31.85	65.41	2.46	1.95	2.98
2016	135.57	92.24	43.32	76.77	13.76	11.47	5.37
2017	118.71	62.35	56.36	95.50	17.26	14.33	9.37
2018	114.16	45.51	68.64	96.04	20.15	17.16	10.61
2019	117.06	38.19	78.87	100.46	19.62	16.60	8.93
2020	154.14	28.90	125.24	98.53	19.70	16.84	8.78
2021	167.93	33.22	134.71	131.54	22.05	18.50	8.76
2022	167.38	30.84	136.54	125.90	16.04	14.47	7.43

第四节 物资采购

一、管理机构

（一）机构沿革

2004年8月，北元公司设供销处，下设供应科，分设原料组、原料库管组、材料组、材料库管组4个小组。2008年3月，公司扩建项目筹建处设物资处，下设设备科和材料科2个科室，并于2009年2月增设仓储科。2009年7月，公司撤销物资处，设立物资管理部。2009年9月，公司撤销扩建项目筹建处，物资管理部更名为采购中心，下设原料科、材料科、设备科。11月，增设物资管理科。2010年5月撤销物资管理科，2012年3月撤销设备科，增设采购管理科。2013年8月，公司撤销采购中心，新成立采购供应部，下设采供管理科、原料采购科、材料采购科和仓储管理科。2015年6月，公司将采供管理科并入仓储管理科，仓储管理科更名为物资管理科。2021年8月，公司撤销原料采购科、材料采购科、物资管理科，设立原料采购、材料采购和物资管理3个模块。截至2022年，采购供应部共有员工82人。

（二）管理制度

2003年以来，北元公司根据实际和业务要求陆续制定了相应的物资采购制度。2009年成立采购中心后，先后制定的制度有《陕西北元化工集团有限公司物资采购管理办法》《陕西北元化工集团有限公司常规物资寄售代销采购管理办法》《陕西北元化工集团有限公司零星和急用设备材料采购制度》等，并根据业务发展逐步进行修订完善。截至2022年，先后形成的各类制度有《物资采购计划管理办法》《供应商管理办法》《物资采购管理办法》《物资仓储管理办法》《寄售物资管理办法》《物资共享管理办法》《乙供材料认价管理办法》《采购供应业务全流程管理规定》《采购供应部基础管理规定》等，实现物资采购管理制度全覆盖。

（三）管理职责

2003—2022年，采购供应部门主要负责公司所有生产经营、工程项目技改、固定资产、信息化和后勤物资等采购工作，分管化工分公司、热电分公司和锦源化工的物资管理工作，并对水泥公司的物资管理工作进行指导和管理。主要职责如下：负责原材料市场调研，供应商考察、准入、评价和日常监管，建立持续稳定的供应体系和渠道；负责研究和制定采购策略、采购模式，进行采购成本管控；负责采购合同签订、执行管理、款项支付和合同档案管理；负责采购计划管理和全集团物资管理的监管考核；负责采购物资的质量管理、跟踪和考核；负责采购的售后协调、退换货、索赔等工作；负责物资库房管理、出入库、调拨、盘点和配送等工作；负责化工分公司、热电分公司的原料过磅工作；负责各单位积压物资管理、鉴定和处置，以及有价值的废旧物资和危险废物处置；负责公司主数据、1688采购平台、工业品超市等采购信息化系统管理；负责公司乙供材料的认价工作。

二、采购管理

2003年以来，北元公司坚持集中采购、分开结算、统一管理的原则。经过多年的不断探索和发展，公司不断创新采购模式，优化完善采购流程，强化供应商管理，加强价格管控，持续提升采购质量。

（一）采购模式

2003年以来，北元公司结合发展需要和业务实际，不断总结创新采购模式，到2022年，主要的采购模式有招标采购、战略采购、竞价采购、询比价采购、商务谈判和电商采购6种。

（1）招标采购。材料设备类物资采购单项合同估算价格在100万元及以上的，按陕煤化集团规定执行招标采购。2020年3月以后，执行招标采购的单项合同估算价由100万元提高到200万元。

（2）战略采购。对电石、煤炭等主要原辅材料，与供应商建立战略合作关系，签订年度框架合同，按需采购。

（3）竞价采购。设置竞价规则，供应商多轮参与报价，竞价结束后价格最低者中标。通过竞价充分引入竞争机制，有效降低了采购成本。竞价采购在竞价方式上进行了多次演变发展，先后经历了现场竞价、电话竞价、视频竞价、电采平台竞价和互联网云采购竞价5个阶段。

（4）询比价采购。指供应商根据公司采购需求计划进行一次报价，公司根据报价结果综合评选最佳中标供应商。询比价采购的报价方式，主要经历了现场报价、传真报价、电子邮箱报价、电采平台报价和互联网云采购报价5个阶段。

（5）商务谈判。对进口、专利、技术含量高的独家供应物资，实行商务谈判。早期的商务谈判主要由采购员独自完成，谈判效果一般，从2011年开始实行分级谈判，由采购员、业务主管、部长和分管领导逐级谈判，提高了谈判效果。

（6）电商采购。即与工业品电商签订低值易耗品采购框架合同，需求人通过登录电商专属网站下单，或者在公司的智能仓领料，通过系统集成，采购员每日根据下单到货或领用情况进行结算付款，既缩短采购周期，又提高了低价值易耗品质量。

（二）采购流程

2003年以来，北元公司坚持高效、规范、透明的原则进行物资采购活动。截至2022年，公司形成了联合考察供应商准入机制，公开组织采购，集体决策定标的采购管理程序。具体流程如下：

（1）原辅料采购流程。公司年初下达全年生产经营计划，采购供应部制定全年原辅料采购计划，并分解到月、到日。年初与供应商签订框架协议，约定协议供货量、基准价格和调价方式，按月、按日根据生产情况和库存状况联系供应商发货，到货原辅料过磅称重，由各单位质量部门组织化验，验收合格后办理入库手续。采购员按月进行结算，供应商核对开票，采购按合同支付货款。

（2）材料采购流程。各单位根据需求上报采购计划，采购供应部进行计划平衡，并分配给不同的采购员。采购员接收计划，初步估算金额后，按规定选择合适的采购模式并组织采购，随后将采购结果整理成汇报材料，经模块、部门和公司三级定标会通过后，与供应商签订采购合同。供应商组织备货，物资到货后由物资验收小组进行验收，验收合格后办理入库手续。供应商开具相应发票，按合同进行结算付款。如质保期内未出现质量问题，支付相应质保金。物资采购流程如图6-4-1所示。

（三）供应商管理

截至2022年，北元公司不断发展形成了完整的供应商管理体系。主要方式有：

（1）调研与准入。每年开展供应商招募，报名供应商经初步筛选后，与企业管理部、生产技术部和使用单位等进行联合考察，符合条件的办理准入手续，引入合作。

（2）关系维护。通过考察调研、交流互访、相互支持、提高服务等，维护和巩固与供应商的关系。

（3）供应商考评。通过多渠道、多方式对供应商开展全面考核。每半年考评一次，采取动态、静态和关键事件相结合的方式。静态考核从企业的基本情况、财务状况和质量管理体系等方面进行，分值占比30%。动态考核由采购、物资管理部门和使用单位共同参与，主要考核价格、质量、交货周期和协作配合等情况，分值占比70%。另外，对供应商合作过程中出现的售后服务、违约事件等及时记录，考评中进行倒扣分。通过考核，将供应商划分为5A、4A、3A、B级4个等级，根据考评结果决定是否继续合作，持续优化供应商队伍。

（四）质量和价格管理

2003年以来，北元公司物资采购到货后由各分、子公司物资管理科、质量管理科、生产技术科进行联合验收，生产技术部进行监督，采购部门给予配合。若到货物资出现不达标现象，采购部门按照合同规定对供应商进行严厉处罚，并纳入供应商考核体系中。同时在采购过程中运用规定标准、签订技术协议和强化监督等手段、措施对采购物资质量进行严格控制。

截至2022年，在质量管理方面公司形成了源头控制、过程管理和评价考核的"三重"管理机制，持续提高采购质量。具体内容如下：

（1）源头控制。选择行业规模、区域规模和品牌质量排名靠前的供应商合作，供应商准入严格执行先招募、再考察、后准入的管理办法，提高供应商品质。

（2）过程管理的主要措施是严格审核采购计划、与供应商签订技术协议和质量承诺书、派人驻厂监造、严格把关物资验收、送第三方检测等。

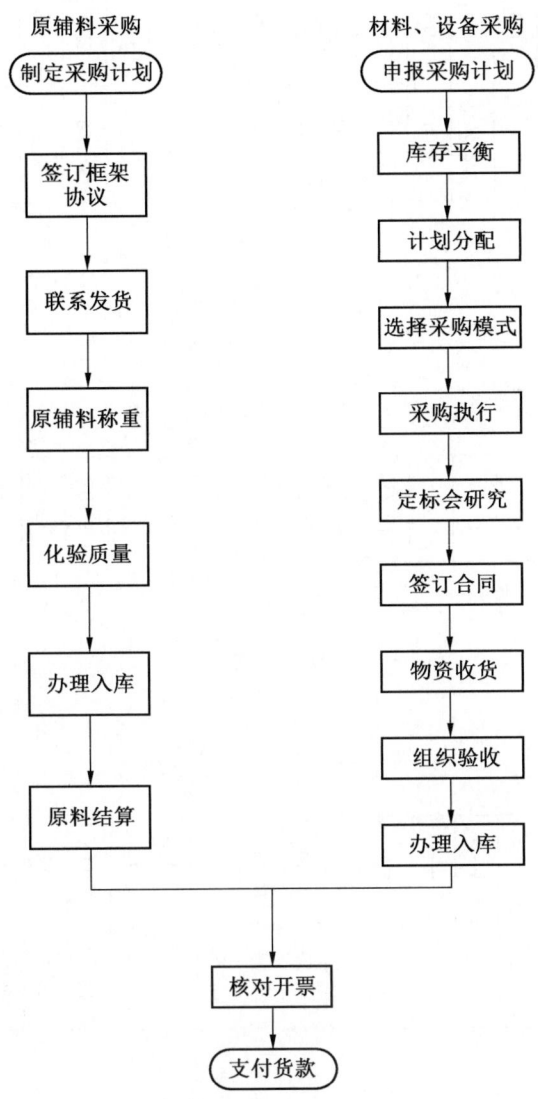

图 6-4-1 物资采购流程图

（3）评价考核，按月汇总物资质量情况，加大对质量问题供应商的处罚力度，结合供货质量调整采购策略，提高采购质量。

在价格管控方面公司形成了完整的价格管控体系。原辅料方面，加大市场调研，随时关注政策变化和市场走势，根据生产情况、库存状况和同行业价格，提出价格调整建议，部门研究通过后，上报公司定价会研究同意后执行。材料采购方面，每笔物资采购价格不仅对比供应商报价，而且参考历史价格、同行业采购价格或成本分析价格，综合评价后，上报公司定标会研究同意后采购。

（五）主要原材料采购

2003—2022 年北元集团主要原料、设备、材料采购情况统计见表 6-4-1。

表6-4-1 2003—2022年北元集团主要原料、设备、材料采购情况统计表

年份	电石 采购量(万吨)	电石 采购金额(亿元)	电石 主要供应商	原煤 采购量(万吨)	原煤 采购金额(亿元)	原煤 主要供应商	设备、材料及备品备件 采购金额(亿元)	设备、材料及备品备件 主要供应商	累计采购金额(亿元)	签订合同(份)
2003	—	—	陕西恒源投资集团电化有限公司、神木电化发展有限公司、神木煤集团神木能源发展有限公司	—	—	神华销售集团有限公司西安分公司、国能销售集团有限公司西安分公司	0.74	四川宜宾江源化工机械制造有限责任公司、南通星球石墨设备有限公司、湖北昌发容器制造有限公司	0.74	54
2004	—	—		—	—		0.14		1.14	270
2005	2.93	0.50		—	—		0.15		0.65	189
2006	7.15	1.7		—	—		0.86		2.56	206
2007	12.69	2.96		—	—		0.04		3.00	215
2008	11.31	3.53		—	—		19.23		22.76	268
2009	3.43	0.91		—	—		27.55		28.46	887
2010	16.46	5.39		15.53	0.74		14.49		19.88	1420
2011	48.98	17.71		50.04	2.38		8.31		28.4	1754
2012	87.89	28.24		132.92	5.1		3.45		36.79	1654
2013	108.99	32.16		159.40	4.47		2.51		39.14	2072
2014	146.56	38.82		194.06	4.74		2.18		45.74	3470
2015	151.88	34.70		183.75	3.66		2.50		40.86	2588
2016	161.92	36.54		219.19	4.98		1.91		43.43	2148
2017	160.20	42.24		206.83	8.44		7.25		57.93	2583
2018	158.29	45.96		177.45	7.37		5.74		63.39	2771
2019	170.72	47.52		187.77	7.77		3.17		58.46	2663
2020	179.17	49.48		192.84	6.9		3.65		60.03	3064
2021	175.52	81.24		190.11	11.20		5.67		98.11	3215
2022	175.78	70.49		189.67	13.57		7.27		91.33	4383

注："—"表示无统计数据。

三、仓储管理

（一）仓储管理

2003年以来，为了逐步提升仓储管理专业化水平，北元公司不断研究和探寻仓储管理的新模式、新方法。具体做法如下：

（1）采购中心坚持指导并检查各分、子公司开展物资仓储管理工作，做到安全存放、分类存放、库存合理等规范管理；指导并检查各分、子公司对物资的定期盘点、清查工作，做到账、卡、物一致；指导并检查各分、子公司仓库出入库单、验收单等单据的管理工作；负责仓库残次品以及积压物资的处理工作。

（2）进行季度考评工作。为了全面推进物资基础管理工作，规范仓库物资的接收、验收和存放标准，达到互相学习、互相借鉴、互相促进的目的，采购中心每季度联合财务管理人员对各分、子公司物资管理科工作进行全面检查考评，对考评中表现优秀的给予奖励，对考评中表现较差的给予批评和处罚。

（3）推行"6S"管理。2012年，公司实行"6S"管理，从整理、整顿、清扫、清洁、素养和安全6个方面，提升物资库房现场基础管理水平。

（4）2013年，实行电子出入库，实现了按日结账。同年开展物资库存考核，库存物库存物资金额从2013年的1.3亿元降至2022年的7000万元以下，提高了物资周转利用率，降低了财务成本。

（5）2014年，推行货位管理，在库存物资账、卡、物、位匹配率100%的基础上，为每项物资设置库、区、排、层、格的货位，进行精准定位，极大地提高了物资管理效率。

（6）2015年，推出定额管理，对生产单位使用频率高的物资规定了最低库存，低于最低库存时库管员主动补库，缩减了报计划时间，提高了到货及时性。同年，与周边企业签订物资共享协议，实行物资共享，对生产急需物资实行临时借用机制，极大提高了应急供应能力。

（7）2017年，建设了专业的危化品和危险废物库房，进行专业化管理。

（8）2020年，物资库房推行"11S"管理，在"6S"管理基础上，增加节约、学习、速度、服务和微笑，库房服务水平再上新台阶。

（9）2021年，实行"36104"管理，加强物资入库、储存、出库"三个阶段"的管理，落实物资分类存放、科学堆放、明确职责、加强保管、严格审批、保障安全的"六个"要求，严格执行不锈、不混、不冻、不腐、不霉、不变、不损、不坏、不漏、不爆的"十不"标准，实现物资管理保质、保量、保急用、保安全的"四保"目标。同年开始实行物资配送服务，打通了服务生产"最后一公里"，提升了服务生产水平。

（二）危险化学品和危险废物管理

1. 危险化学品管理

截至2022年，北元集团采购的危险化学品主要有电石、浓硫酸、引发剂、液氨等，为加强危险化学品安全管理，预防和杜绝安全事故发生，采购供应部严格按国家《危险化学品安全管理条例》进行危险化学品采购及仓储管理。具体做法如下：

(1) 向符合国家法律法规相关要求、资质资料齐全的供应商采购。

(2) 向危险化学品供应商索取"一书一签",向当地安全监督管理部门报备危化品采购情况。

(3) 加强危险化学品供应商安全宣贯,加大对危险化学品运输司机的安全教育,加大进厂车辆检查力度,危险化学品运输车辆合规率达100%。

(4) 建立了专业的危险化学品仓库,根据危险化学品理化属性,实行分类管理。

(5) 逐步完善库房安全环保硬件设施、安全环保管理制度,规范库房标识卡牌和台账记录,加强安全管理。

2. 危险废物管理

截至2022年,北元集团形成了规范的危险废物管理办法:

(1) 采购供应部负责公司危险废物贮存、处置以及污染防治的关键环节,围绕集团公司安全生产经营发展方针,建立了规范化、专业化的危险废物储存库,严格遵守双人双锁、定制区域划分、"先进先出"等原则,严格进行管理。

(2) 为了保证危险废物处置和转移过程合法、合规,主动进行危险废物申报登记、办理危险废物备案及转移等相关手续工作,组织危废处置拉运、资质审核,确保危险废物转移至有资质的单位,执行危险废物转移联单制度,保证合法合规处置危险废物。

四、采购物资分布与供应商

(一) 采购物资分布

2003—2010年,北元集团采购主要原料有电石和原盐。2010年,随着公司自备电厂投产,新增采购原煤,采购主要原料有电石、原盐和原煤。2015—2022年,公司自有盐井建成使用,取消了原盐采购,主要原料为电石和原煤。电石供应商主要分布于陕西神府地区以及内蒙古、宁夏、甘肃等省份;原煤供应以锦界煤矿为主,并适当从锦界周边煤矿采购部分进行补充;前期采购原盐的供应商主要在榆林定边、榆阳区、鄂尔多斯杭锦旗、青海格尔木、阿拉善盟查汗池和河南平顶山等地;设备材料供应商遍布全国30个省、市、自治区和全球8个国家。

(二) 主要合作供应商

(1) 国家能源集团神东锦界煤矿,于2004年开工建设,是国家发改委批准的国华锦能煤电一体化建设项目的重要组成部分。煤矿于2006年9月30日建成投产,设计生产能力为年产1800万吨。矿井位于榆林市神木市锦界工业园区,地处榆神矿区二期规划区的西北部,西临秃尾河,北接神府矿区,南靠锦界开发小区,东与凉水井井田毗邻。井田东西宽12千米,南北长12.5千米,总面积约137平方千米,探明地质储量20.93亿吨,可采储量15.78亿吨。

(2) 陕西恒源投资集团电化有限公司,系恒源集团全资子公司,位于陕西省神木市孙家岔镇神木市兰炭产业特色园区赵家梁片区,距神木城区30公里,总占地面积15.65公顷。公司注册成立于2001年4月,主营电石、白灰的生产和销售。拥有年产电石30万吨生产线一条,年产石灰石33万吨生产线一条,职工500人左右。

(3) 陕西煤业化工集团神木能源发展有限公司,成立于2009年11月,位于孙家岔镇柠条塔载能工业集中区，是由神木煤化工产业有限公司代表陕西煤业化工集团有限责任公司采用股份制形式，联合组建的新型能源环保型煤化工企业。公司主要从事兰炭、煤焦油、煤气、电力、电石产品的生产和销售。下辖联众、来喜、五洲、东源、洁能发电、电化等6个分公司，职工1600余人。能源公司占地面积66.40公顷，注册资本金13.99亿元人民币，项目总投资28.5亿元。形成了完整的煤—焦—电—化一体化循环经济产业链，具备年产兰炭260万吨、年产电石30万吨的生产能力及配套4×50 MW煤气发电机组。兰炭产品销往京、津、冀地区国内民用市场，远销日本、马来西亚等国际市场。

（4）鄂尔多斯市双欣化学工业有限责任公司，成立于2008年8月，注册资金3.2亿元，在职员工1300余人。公司位于内蒙古鄂尔多斯市鄂托克旗蒙西高新技术工业园区，主营业务为碳化钙及水泥熟料的生产、销售。已形成87万吨/年碳化钙联产氧化钙、综合利用电石渣日产3000吨新型干法水泥熟料的产能规模，碳化钙产品销售市场覆盖东北、华北、华中、华东地区十几个省市，广泛运用于PVA、PVC生产；水泥熟料在乌海地区占据稳定的市场份额，形成了较强的竞争优势。

（5）兰州助剂厂有限责任公司，国内最大的有机过氧化物生产基地。1966年由国家科委立项，由国家化工部投资，西北师范大学研制，我国第一家有机过氧化物的专业生产工厂。1972年被化工部确定为有机过氧化物产品定点生产厂家。公司位于兰州新区化工园区，注册资本1.1447亿元。工厂占地面积350亩，生产建筑面积20万平方米。工厂拥有6条自动化生产线，年产引发剂产品2万吨。有40余种产品，填补了我国有机过氧化物领域技术和产品发展空白，有20余个产品为独家生产。2021年，公司被认定为工信部第三批专精特新"小巨人"。主营业务有机过氧化物是西部地区鼓励类发展产业目录的支持产业。产品遍布除西藏以外的全国各省市区。产品出口三十个国家和地区，产品出口占总销售的20%左右。有15种产品实现常年出口，DEGUSSA、BASF等国际公司都是公司用户。

（6）江苏索普赛瑞装备制造有限公司，于2017年10月18日成立，位于镇江市京口区求索路18号，索普赛瑞是具有A级锅炉制造、A1级及A2级压力容器设计与制造、ASME S/U资质的现代化工厂，且含有独立的不锈钢制造厂区。索普赛瑞由江苏索普化工建设工程有限公司与赛瑞环保工程镇江有限公司合资成立，索普化建出资60%，赛瑞环保出资40%的国有控股企业。索普赛瑞主要经营范围：A级锅炉制造、销售；高压容器及第三类低、中压容器设计、制造、销售；秸秆、稻壳综合利用设备制造、销售；城市垃圾处理设备制造、销售；锅炉辅机、锅炉配件、化工设备、机械、金属结构件制造、销售；提供以上产品的相关技术服务；自营和代理各类商品及技术的进出口业务（国家限定企业经营或禁止进出口的商品和技术除外）；余热回收技术、节约能源开发技术、环境保护技术领域内的技术研究、开发及应用；金属材料销售。

（7）南通星球石墨股份有限公司，是全球石墨设备主要供应商之一，占地面积28万平方米，员工400多人，研发人员58人。已通过了"ASME"认证、"ISO 9001—2008国际质量体系认证""职业健康安全管理体系"认证、"环境管理体系"认证，同时通过A4级非金属压力容器与D1、D2级金属压力容器设计与制造许可的专业型制造企业，连续被评为行业AAA级资信企业、江苏省高新技术企业、国家火炬计划项目实施企业、产学研示范企业。公司被评为全国防腐行业二十强企业（非金属压力容器专业第一名），拥有发明与实用新型专利120多项。2013年被中国防腐协会授予"中国大型石墨化工设备研发生产基地"，被工信部认定为国家首批专精特新"小巨人"企业，制造业单项冠军企业。主要有大型正负压石墨塔器、石墨氯化釜、HCL合成（吸收）系统、盐酸深度（常规）解析系统、废水（废气）处理系统、硫酸浓缩、氯化氢干燥系统等工程；专业生产高品质的产品有：副产蒸汽氯化氢石墨二（三、四）合成炉、圆块换热与吸收设备、列管式挤压与浸渍型换热与吸收设备、反应釜、塔类及各种非标设备等。设备与系统方案远销印度、埃及、越南、伊朗、土耳其等。公司拥有立式（直径4.5 m）及卧式（直径4 m）浸渍、热固化釜、四氟乳液浸渍塑化设备及炭化处理装置，并实现自动化控制；引进全自动数控钻床（钻孔深度2米）及车床等多种设备。规划的星球科技园（二期）在2021年投入使用，预计年生产能力将提升30%。

（8）四川宜宾江源化工机械制造有限责任公司，位于四川省宜宾市翠屏区上江北工业开发园区，总生产厂房面积20万平方米，注册资金12800万元，员工900多人，其中工程技术人员200余人。公司有A1（高压限单层）、A2（第三类中、低压）压力容器设计、制造许可证，A级锅炉部件（仅限锅筒）制造许可证，ASME"U""S"型钢印认证，通过了ISO 9001质量体系认证。该公司专业从事压力容器、化工机械设计、制造，具备A1（高压限单层）、A2（第三类中、低压）压力容器设计、制造许可证，是一家集科研、设计、制造、安装压力容器、化工机械为一体的科技型民营企业，是中国化工装备协会的成员单位。该公司生产的各类塔器、换热器、聚合釜、反应器、大型储罐等非标设备及各种输送提升设备，用于石化、环保、化工、医药、冶金、轻工、电站等行业。

（9）华仪电气股份有限公司，位于浙江省温州乐清市，是华仪电器集团有限公司下属核心控股子公司。于2007年2月1日在上海证券交易所复牌上市，股票代码：600290。作为国内电力装备行业重点骨干企业，华仪电气始终专注于输配电设备和风电产品的设计和制造。公司已拥有户内外高压真空断路器、成套开关设备、风力发电设备、配电自动化开关及终端装置、高压开关元件等五大类二十多个系列产品，是国内同类企业中品种较全、覆盖面较广、知名度较高的企业。

（10）卧龙电气南阳防爆集团股份有限公司，于1998年3月3日成立，位于河南省南阳市，经营范围包括防爆电机、普通电机、特种电机、船用电机、核电用电机、核电用发电机、普通风机、防爆风机、防爆电器、高低压软启动、变频器类电机驱动装置、无功补偿器、滤波器、逆变器类特种电源、开关柜、输配设备、仪器仪表、电力电子装置及控制系统的研发、制造、销售、修理、技术咨询、技术服务、技术推广等，是国内同类企业中品种较全、覆盖面较广、知名度较高的企业。

五、采购管理创新

（一）采购模式不断创新升级

截至2022年，北元集团在招标采购、战略采购、竞价采购、询比价采购和商务谈判5种主要采购模式的基础上，创新出更多新的采购模式，促进采购管理不断发展。2013年，推出寄售采购，既解决了及时供应的问题，也减少了物资积压。2015年，电子采购平台上线运行,将竞价采购全部搬到线上,减少了组织竞价的时间,提高了工作效率。2018年,实行互联网云采购,向全网公开询价,采购过程更加公开透明。2019年,建成企业内部商城,由需求单位自主选择所需物资,提高了采购效率。2021年,推行网上工业品超市采购,提高了低值易耗品采购质量,缩短了采购周期。为提高领料速度,更好地服务生产经营,同年7月在公司建设工业品超市前置仓,对常用低值易耗品存有一定库存,供生产单位急需。另外,针对不同属性物资定制个性化采购策略,通过框架协议采购、年度供货、以产定耗、价格联动、订单采购等采购模式的应用,做到了精准采购,达到了提质增效的目的。五环谈判、六大费用成本分析、价格模型等成本分析方法的运用,有效地促进了采购成本管控。

（二）采购信息化高速发展

北元集团高度重视信息化建设,大力推动采购供应工作与数字智能化技术相融合,着力建设数字智能化供应链系统,推动采购工作高质量发展。2011年,建成了ERP系统,主要采购供应工作实现了上线运行。2018年,建成主数据管理系统,规范和统一了公司的物料编码,为后期精准采购奠定了基础。同年首次网上公开拍卖废旧物资,让全国范围的供应商都能参与竞价,打破了废旧物资处置的地缘限制；数字智能结算正式运行,实现了单车秒级结算,结算准确率达到100%；建成的无人值守称重系统,精简了人员,称重准确率达到100%。2019年,建成了仓储条码管理系统,做到了高效办理物资出入库、物资盘点和货位调整等；同年计划自动分配模块上线,实现对采购计划的智能管理。2020年上线电子签章,极大地提高了签署合同的效率。同年实行库存云共享,与供应商、客户之间搭建一个"大库存共享",盘活所有参与企业库存,并实现快速采购,助力公司节支创效。建成的ERP系统与云采购平台集成系统,实现了数据在两套系统的互通,架起了全流程采购"桥梁"。2021年,上线废旧物资处置云监控,实现对废旧物资处置过程全程云端管控；同年建成二维码见证取样,提高了取样匹配率和化验结果的准确率。2022年,建成了电子过磅单系统,采购全生命周期数据库,NCC电子签章等系统,实现了采购业务全流程智能化管控。

（三）业务流程合规检查

从2018年开始,采购供应部内部组织开展合规检查。每月针对各项制度规定执行情况、基础管理、专项督办事项、会议强调和安排重点事项等进行合规检查,每月1~2次检查通报,实现对业务管理的全覆盖。采购供应部结合物资采购管理实际,制定完善了一系列物资采购管理制度。为规范采购过程管理,防范和化解采购供应业务风险和漏洞,建立常态化监督检查机制,促进部门各项工作合规、健康运行。

第五节 市 场 营 销

一、管理机构

（一）机构沿革

2004年8月,北元公司供销处成立销售科,下设主产品销售组、副产品销售组。2009年7月,陕西北元化工集团有限公司营销中心成立,下设1个职能科室（营销管理科）、4个业务科室（PVC销售科、烧碱销售科、水泥销售科、氯酸销售科）。2013年8月，北元集团撤销营销中心、物流中心，成立营销物流部，下设营销管理科、PVC销售科、碱氯酸销售科、水泥销售科。2015年6月，北元集团营销物流部撤销营销管理科和水泥销售科，下设PVC销售科和碱氯酸销售科。2021年8月，北元集团营销物流部撤销PVC销售科和碱氯酸销售科，设立PVC销售、碱氯酸销售、市场期货管理3个业务模块。2022年8月，北元集团营销物流部新设立碳化产品销售模块。截至2022年，北元集团营销物流部编制部长、副部长、市场期货管理负责人、期货交易专员、市场调研专员、销售运维专员、计划管理专员、安全管理专员、统计员、PVC销售管理负责人、PVC销售业务专员、PVC物流业务专员、PVC运销专员、碱氯酸销售管理负责人、碱氯酸销售业务专员、碱氯酸物流业务专员、碱氯酸运销专员20个岗位，碳化产品销售管理负责人、碳化产品销售业务专员、碳化产品运销专员等共有从业人员39名，其中，中层管理人员2名，PVC销售模块19名，碱氯酸销售模块11名，碳化产品销售模块4名，市场期货管理模块4名；二级业务主管及以上人员12名，占比31%；大专及以上学历34名，占比87%；中共党员20名，占比51%；平均年龄37岁。

（二）制度建设

2004—2015年，北元集团先后制定了《营销中心日常管理制度》《物品摆放标准及要求》《人员二次绩效考核实施办法》《产品销售管理办法》《客户管理办法》《货款结算管理办法》《售后服务管理办法》《液氯钢瓶周转制度》《PVC期货套期保值业务管理办法》《水泥销售业务车补办法》等制度。2016年3月，修订完善《产品售后服务管理办法》《产品销售管理办法》《PVC期货套期保值业务管理办法》。2016年12月，制定出台《出口贸易管理办法》《PVC直销客户管理办法》。2018年，修订完善《客户管理办法》《组织绩效管理办法》《液碱承运商管理办法》；制定出台《PVC中转站（港）、异地库防护管理办法》《营销物流部奖惩规定》《营销物流部档案管理规定》。2019年1月，制定出台《聚氯乙烯期货交割纠纷及赔偿处置管理办法》。2022年1月，制定出台《经销商管理办法》。2022年5月1日起，修订后的《产品运销管理办法》开始实施。至此，北元集团共有营销管理制度11项，内容涵盖产品销售管理、出口贸易、物流管控、客户管理、售后服务等全流程营销管理，各制度之间相互衔接、环环相扣，形成了营销物流的整体管理体系，对营销全过程进行了规范管理。

（三）营销职责

2004年以来，公司营销部门主要负责公司产品的市场调研与开发、营销策划、市场管理、销售渠道建设、营销管理、客户管理与服务等。2013年以后，营销物流部全面负责公司产品销售、发运及异地库房的管理工作。截至2022年，北元集团营销物流部全面负责PVC、烧碱、液氯、盐酸电石、兰炭、焦粉面等产品销售、发运全过程管理，以及市场调研与开发、营销策划与渠道建设、客户关系维护与销售服务等管理工作。主要职责有：负责制定营销物流发展规划及产品运销计划；负责确定产品营销物流模式及运销策略；负责市场调研与研判及行业相关信息的收集、分析、研究及反馈；负责建立并完善产品营销体系、物流网络及业务流程；负责客户开发、维护、评价、管理等工作；负责贯彻执行公司产品价格，及时反馈市场变化信息与价格调整建议；负责商务谈判、合同签订、货款回收、结算对账、数据统计等产品运销业务全流程管理；负责产品技术服务和销售服务工作；负责异地仓储及公司铁路专用线的维护及管理；负责水洗渣铁、二氯乙烷、物料倒运等竞价承包运输与销售工作；负责产品运销环节安全环保管理；负责产品营销费用的预算管理与费用控制；负责完成公司安排的其他任务。

二、营销管理

（一）市场开发

北元公司于 2003 年开始建设 10 万吨/年聚氯乙烯项目，市场调研与开发工作同步展开。2004 年 8 月，开发了陕西、宁夏、内蒙古地区的液碱、液氯、盐酸市场。2005 年，开发了沈阳、湖州、天津、西安地区的 PVC 市场。2006 年，北元公司继续开发销售市场，将主要产品销售区域辐射至内蒙古、宁夏、陕西、辽宁、河北、江苏、上海、浙江、福建、广东等省市区。2007 年，北元公司产品销售市场网络基本建成。2008 年，北元公司销售市场趋于成熟，在年底全球金融危机爆发、生产装置停产技改时，预存部分 PVC 稳定维持了客户关系。2009 年、2010 年，北元集团为了确保 100 万吨/年聚氯乙烯循环综合利用项目投产后产品顺利销售，明确了 PVC 主要开发东北、华北、华中、西北、西南、华东及华南等七大片区重点客户，烧碱重点开发山西地区氧化铝企业，走访客户数百家。通过市场调研，结合市场需求和客户实力等情况，最终确定选择 PVC 代理商 18 家，并对各区域代理商产品销售市场进行了划分；确定选择烧碱客户 25 家，液氯和盐酸客户 9 家。随着后期项目陆续投产，通过精心调研与开发，销售市场网络日趋完善。2013 年，北元集团优化销售区域布局，积极开拓国内 PVC 下游市场，根据市场需求划分销售区域，根据产品型号细分市场，确定华东、华南、华北、西北、华中、东北六大片区。2014 年，北元集团重点优化经销商队伍，其中，华东片区由 11 家精简至 4 家，华北片区由 4 家精简至 3 家，西北片区由 3 家精简至 1 家；2015 年 6 月开始，北元集团与华北市场北京永生合作，PVC 产品进入薄膜制品领域。2016 年 4 月，北元集团对华南地区经销商按 SG-3 型、SG-5 型、SG-8 型进行区域划分；5 月，开始开发 SG-7 型 PVC 市场；8 月，开发了华东片区的江山和萧山 SG-8 型 PVC 主销市场。2017 年 3 月，首批 XG-3 型 PVC 树脂打入华北片区的淄博地区市场；6 月，BY-650 型 PVC 打入华东片区的江山地区市场，全年完成 4 种特种树脂销售。同时，调研开发了陕西、山西、河南地区的烧碱市场，新开烧碱直销用户 17 家，包括陕西延长石油物资集团江苏分公司、陕西未来能源化工有限公司、内蒙古中煤蒙大有限公司、鄂尔多斯煤制油分公司、神华煤制油化工有限责任公司、中煤陕西榆林能源化工有限公司、内蒙古中煤远兴能源化工有限公司等知名企业，并与中煤集团建立战略合作关系，成为其独家供应商，优化了烧碱客户结构，形成了氧化铝企业、片碱加工企业、周边直销用户及经销商相结合的烧碱销售格局。2018 年 1 月，北元集团对华东区域 PVC 经销商销售范围和产品型号进行了优化和细分；同年 2 月，1.25 吨大包装 PVC 通过集装箱运输销往华南市场；同年 5 月，对华北片区的山东地区经销商进行区域划分；同年 6 月，BY-2500、BY-3000 型 PVC 首次在华东市场台州地区销售；同年 7 月，PVC 产品首次供应地板行业；同年 8 月，BYCX-5 型 PVC 在华南市场广州地区销售。全年完成 13 种特种树脂销售。与此同时，北元集团加大盐酸和液氯市场的开发力度，与陕西神木化学工业有限公司建立盐酸供销业务，开发了关中地区及周边油田盐酸客户和宁夏、内蒙古地区液氯客户。2019 年 4 月，北元集团 0.8 吨大包装 PVC 首次进入华北片区的河北地区；同年 5 月，与华东片区的宁波韩佳和台州麟威两家透明片材客户开始合作，标志着 PVC 产品进入片材制品领域；同年 6 月，BYBW－930、BYBW－2100 型 PVC 在华东片区的温州地区销售；同年 7 月，北元集团片碱产品正式投放市场，产品序列进一步丰富，通过全面调研华北、华东、华南、西南等片碱下游市场，共开发 21 家片碱客户，产品辐射西南、华中、华北、华东等地区。同年，北元集团与中煤集团、兖州煤业签订液碱产品独家供应战略合作协议，建立了长期战略合作关系。2020 年 1 月，北元集团对 PVC 华东片区的浙江区域和江苏区域进行市场细分，新增一家江苏区域经销商；从 3 月开始，SG－3 型 PVC 环保树脂（不含双酚 A）在华南市场销售；同年 7 月，BYDL－1200 型 PVC 树脂打入华东片区宜兴市场；同年 8 月，BYXG－1800、BYXG－2100、BYXG－2500 型 PVC 在华东片区温州市场开始试用。同年，北元集团开发烧碱周边直销客户 6 家，并对烧碱系列产品粒碱、棒碱、食品级片碱的市场情况进行了全面调研。2021 年 10 月，北元集团 PVC 销售价格达到 16150 元/吨，SG－3 型和 SG－8 型售价较 SG－5 型销售差价达到 1500 元/吨，均创历史新高；同年 12 月，BYGJ－1000、BYGJ－1500 型 PVC 树脂在华东片区的义乌市场开始试用。2022 年 4 月，北元集团对华北片区的河北地区按照型号进行市场细分。2022 年 7 月，对华东、华中、华南、西南等片碱市场及危化品物流仓储站点，进行调研；2022 年 8 月，调研并开发西南地区液碱市场，打开了西南、重庆地区液碱销售市场。

（二）市场分布

（1）PVC 销售市场。2013 年，北元集团 PVC 销售市场覆盖东北、华北、西北、华中、西南、华东、华南七大区域。到 2022 年，北元集团 PVC 市场主要分布在国内华东、华南、华北、西北、华中、东北、西南七大大片区，覆盖北京、天津、河北、山西、辽宁、吉林、黑龙江、上海、江苏、浙江、安徽、福建、江西、山东、河南、湖北、湖南、广东、重庆、四川、陕西等省市。出口至阿富汗、阿根廷、阿联酋、阿曼、埃及、埃塞俄比亚、安哥拉、巴基斯坦、巴林、巴西、贝宁、多米尼加、俄罗斯、菲律宾、吉布提、加纳、柬埔寨、喀麦隆、卡塔尔、科特迪瓦、肯尼亚、留尼汪、马达加斯加、马来西亚、毛里求斯、孟加拉国、缅甸、莫桑比克、南非、尼日利亚、塞拉利昂、塞内加尔、斯里兰卡、苏丹、泰国、坦桑尼亚、土耳其、乌干达、叙利亚、伊朗、伊拉克、印度、印度尼西亚、越南等 56 个国家或地区。

（2）液碱产品市场。主要分布在陕西、山西、内蒙古地区，其中，山西地区市场覆盖大型氧化铝企业（中铝集团、信发集团、锦江集团和东方希望集团），陕西和内蒙古地区市场覆盖大型国有企业（神华集团、中煤集团）及片碱加工企业。

（3）片碱产品市场。分布在华北、华东、华南地区及国际市场。

（4）盐酸、液氯产品市场。主要分布在陕西、宁夏和内蒙古地区。

（5）电石、兰炭、焦粉面产品市场。主要分布在陕西、宁夏、山西、河北和山东地区。

（6）水泥销售市场。覆盖榆林市、北至府谷、南至佳县、米脂、横山；内蒙古区域北至鄂尔多斯，西南至乌审镇。

（三）营销模式

2013 年前后，公司产品主要通过代理、经销、直销、期货（专指 PVC）等方式销售。

其中，代理通过选择确定（唯一）代理商，指定区域代理销售产品。公司 PVC 产品采取代理销售模式。截至 2022 年，北元集团营销模式包括经销、直销、电商、期货（专指PVC）。其中，经销是通过选择确定（多家）经销商，指定区域经销某种或多种产品；直销是指直接与下游终端客户合作；电商是利用陕煤化工大宗商品线上平台，进行产品线上交易；期货是利用期货工具，规避现货市场价格波动带来的风险，锁定目标利润，操作方式以套期保值为主。

（四）产品定价

2004 年 12 月开始，北元集团组织全体销售人员于每周周一至周五召开产品定价会，分析产品市场，确定销售价格。2009 年 8 月开始，北元集团多次探讨定价机制，规范产品定价行为，并制定了《产品价格管理办法》，规定周一、周四召开定价会议。2010 年 10 月，北元集团与山西地区氧化铝企业合作，首次采用一月一定价的模式。2011 年 7 月，北元集团正式成立了产品定价领导小组，总经理任组长，纪委书记、分管领导任副组长，成员为企业管理部、生产技术部、财务管理部、采购中心、物流中心的负责人。2012 年初，北元集团将产品定价领导小组改为价格管理领导小组，由企业管理部具体负责。2014 年 10 月，北元集团价格领导小组全面负责产品销售的定价工作，修订《价格管理办法》。2019 年 3 月，北元集团首次参照网站报价确定部分终端客户液碱销售价格。截至 2022 年，北元集团企业管理部于每周三组织召开定价会，营销物流部结合市场行情、生产实际情况，建议产品销售、储运及内部交易的价格，价格领导小组经过商议确定后实施。如遇市场变化时，随行就市，紧跟市场变动，及时提出产品建议执行价格，经价格领导小组审批后执行。

截至 2022 年，北元集团 PVC、烧碱、盐酸、液氯产品营销数量、收入统计分别见表 6-5-1、表 6-5-2、表 6-5-3、表 6-5-4。

表 6-5-1 2005—2022 年北元集团 PVC 产品营销数量、收入统计表

年份	销量(万吨)	不含税销售收入（万元）	年份	销量(万吨)	不含税销售收入（万元）
2005	1.93	10273.99	2014	99.37	514435.31
2006	4.39	23934.21	2015	112.66	510185.19
2007	5.81	34305.11	2016	114.98	568277.47
2008	6.99	45572.41	2017	117.58	645230.37
2009	6.34	34344.38	2018	111.75	645376.63
2010	10.49	65629.74	2019	123.84	730561.17
2011	32.44	205198.21	2020	133.21	776756.96
2012	61.68	339292.72	2021	128.33	1041648.08
2013	74.29	407656.97	2022	124.68	844190.94

表6-5-2　2005—2022年北元集团烧碱产品营销数量、收入统计表

年份	销量(万吨)	不含税销售收入(万元)	年份	销量(万吨)	不含税销售收入(万元)
2005	0.96	870.35	2014	73.37	105292.88
2006	3.85	4101.32	2015	71.07	106938.61
2007	4.43	5795.18	2016	80.76	152126.46
2008	5.78	8526.55	2017	78.00	238441.16
2009	4.85	4725.73	2018	78.53	234477.85
2010	7.91	7622.97	2019	84.05	190624.38
2011	24.45	51966.62	2020	88.50	128048.94
2012	44.41	125686.22	2021	86.40	164056.98
2013	56.70	97359.04	2022	85.97	269506.96

表6-5-3　2004—2022年北元集团盐酸产品营销数量、收入统计表

年份	销量(万吨)	不含税销售收入(万元)	年份	销量(万吨)	不含税销售收入(万元)
2004	0.25	70	2014	10.08	861.39
2005	0.41	114.39	2015	8.14	283.80
2006	1.18	249.27	2016	11.20	855.98
2007	0.6	133	2017	8.35	253.40
2008	0.59	95.97	2018	10.33	118.38
2009	0.86	126	2019	10.38	84.25
2010	1.86	382.3	2020	9.22	280.08
2011	7.57	1311.69	2021	10.01	668.17
2012	9.99	758.48	2022	10.11	438.17
2013	8.38	763.98			

表6-5-4　2004—2022年北元集团液氯产品营销数量、收入统计表

年份	销量(万吨)	不含税销售收入(万元)	年份	销量(万吨)	不含税销售收入(万元)
2004	0.07	7.02	2011	0.64	277.66
2005	0.17	135.93	2012	0.8	71.73
2006	0.52	574.18	2013	0.89	171.68
2007	0.51	504.2	2014	1.78	521.43
2008	0.44	383.93	2015	2.35	688.62
2009	0.42	223.75	2016	2.22	315.14
2010	0.41	365.68	2017	1.03	2.88

表6-5-4（续）

年份	销量（万吨）	不含税销售收入（万元）	年份	销量（万吨）	不含税销售收入（万元）
2018	1.52	26.56	2021	0.16	157.74
2019	0.78	6.75	2022	0.11	26.29
2020	0.16	44.25			

三、出口贸易

2014年以来，北元集团产品陆续出口到马来西亚、越南、泰国、菲律宾、印度尼西亚、巴基斯坦、南非等国家。2015年，北元集团开展首单PVC出口业务。2017年5月，成功签订首单PVC国际信用证结算出口合同；8月，PVC产品成功打入非洲市场；12月，完成首单PVC自主报关业务。2018年2月，北元集团被认定为陕西省能源化工出口基地；同年5月，签订首单备用信用证结算出口合同，产品出口规模进一步扩大，并通过整合区域内优势资源，实现产品打包出口，持续提高出口竞争优势及盈利能力，提升了北元集团在国际上的影响力。2020年7月，北元集团实现首单跨境人民币结算出口贸易业务；同年9月，PVC产品成功打入南美洲市场。2021年2月，北元集团打通航线密度位居中国北方第一位的青岛港发运通道；4月，签订首单中国出口信用保险业务；同年5月，荣获榆林市"2020年度稳外贸工作优秀企业"称号；同年8月，成为知识产权海关保护单位；同年12月，签订首单液碱出口合同，成功打通液碱出口通道。2022年2月，北元集团荣获陕西省商务厅"2021年度优秀外贸企业"称号；同年3月，成功开展片碱产品首单出口业务。

2015—2022年，北元集团PVC出口累计27.84万吨，烧碱3.11万吨出口创汇2.92亿美元，创汇规模连续4年居榆林市首位，出口网络覆盖亚洲、非洲、欧洲、大洋洲南美洲等44个国家和地区。

四、物流运输、仓储

（一）运输

2006—2012年，北元集团PVC产品主要通过公路运输、铁路运输。其中，铁路运输通过锦界站、榆林站、包头站、太原站、西安东站等12个站点分散发运。2013年以来，北元集团PVC产品采用公路运输、铁路运输、海路运输和多式联运。其中，公路运输主要针对近距离的华北、西北片区；铁路运输主要针对华东、华南、东北、华中片区；海路运输主要针对华南片区，通过天津港、青岛港等港口中转，实现货物分流。2014年1月，北元集团开通铁路接取送达业务；同年12月，首次进行铁路装卸劳务招标。2015年6月，开通铁路新直通"一口价"运输业务。2016年6月，开通铁路批量快运业务。2017年4月，新开"一站式"门到港运输，扩大铁海联运规模，实现门到港一站式运输服务；10月，开通郑州南阳寨原车中转业务。2018年2月2日，北元集团铁路专用线正式开通运营；7月，营销物流排队系统正式上线运行；同年11月，开通铁路到达站点海安、向塘、长兴南。2019年6月,北元集团实现运输费用(公路、海运)网上竞价模式;8月,开通铁路到达站点郭塘、海宁、临平、浦江。2020年,北元集团新开通铁路到达站点乐化、东孚、嘉善、乐清湾、衢州。2021年5月,西部陆海新通道国际货运榆林班列在北元集团专用线成功首发,整改运输车辆挂靠经营,对合作的380余辆危运车辆进行排查整改,于2021年5月全部整改完成;同年9月,开通锦界—武当山—华南片区(大朗、揭阳南)江铁联运业务;与山东港口集团签订烧碱出口运输合同,建立烧碱产品出口物流通道。2022年,北元集团铁路到达站点已覆盖义乌西、上铺、湖州西、竹马馆、金华南、衢州、温州西、永康东、杭州北、海宁、临平、嘉善、长兴南、乐化、南昌北、奔牛、海安、舵落口、大朗、郭塘、增城西、江高镇、揭阳南、东孚、龙潭寺、金岭镇、新港、青岛、南仓、胶州、平原、柴村、沙岭、乐清湾等站点。海运承运商7家,公路运输承运商7家,劳务承包商2家。

(二)仓储

2006—2010年,为了开发PVC销售市场,北元集团在湖州、沈阳、上海、杭州、淄博等地设置了5个异地库。2011—2016年,随着产能释放和销售区域的不断扩大,北元集团陆续在大连、沈阳、淄博、杭州、常州、海安、金华、武汉、广州、西安等地设立了14个异地库房,覆盖所有销售区域。其中,2014年11月,设金华西异地库房;2015年,设西安储运库房和长兴岛港异地库房;2016年,取消上海晶通化轻异地库房,设衢州上铺库房。2017年,设广州郭塘、广州欧阳、武汉盛鑫、江苏海安异地库房。2018年,设湖州长兴南、杭州萧山、金华尖峰、杭州源航异地库房。2019年,取消仓前八达、杭州半山、武汉盛鑫异地库房,新增设海宁、武汉农资异地库房。2020年,取消大连长兴岛异地库房。2021年,取消金华601异地库房,新增小南垭异地库房。2022年,取消小南垭异地库房。2022年,北元集团在全国共设沈阳中储、山东正本、西安储运、武汉农资、双联海宁、南通海安、湖州长兴、湖州港务、常州武进、永康、金华尖峰、广州郭塘、广州欧阳、广州永发成都宏达15个异地库房,保障各销售区域供货的连续性和稳定性。

截至2022年,北元集团PVC产品发运、仓储数量统计见表6-5-5,烧碱产品发运数量统计见表6-5-6。

表6-5-5　2011—2022年北元集团PVC产品发运、仓储数量统计表　　　　万吨

年份	发运数量	仓储数量	年份	发运数量	仓储数量
2011	49.23	10.9	2017	83.98	23.11
2012	49.31	31.82	2018	88.7	30.52
2013	48.85	24.38	2019	101.27	30.76
2014	51.51	33.41	2020	103.29	38.14
2015	91.25	32.18	2021	100.29	45.03
2016	94.67	24.34	2022	100.22	45.82

表6-5-6　2010—2022年北元集团烧碱产品发运数量统计表　　　　　　　　万吨

年份	发运数量	年份	发运数量	年份	发运数量	年份	发运数量
2010	0.4	2014	39.06	2018	47.63	2022	49.79
2011	16.92	2015	42.57	2019	51.11		
2012	25.12	2016	48.77	2020	46.84		
2013	33.05	2017	48.21	2021	46.37		

五、客户管理

自北元集团成立以来，随着销售客户的不断增加，如何培养忠实、稳定的客户显得十分关键。2010年，北元集团出台了《客户管理办法》，对客户的开发、准入、评价、淘汰均有明确规定，使客户管理工作更加科学、规范。特别是对违反规定的客户的处罚有章可循，并通过一年一度的客户等级评估工作，建立起完善的优胜劣汰机制，培养出了一批可靠客户。2011年，北元集团评比出战略合作伙伴13户、诚信客户7户、优秀客户8户。2012年7月，北元集团充分利用信息化系统软件，完善了客户档案信息，为强化客户管理奠定了坚实的基础。2016年，北元集团重新修订《客户管理办法》，进一步对客户的开发、准入、评价、淘汰各个环节做了明确规定。2017年，北元集团开始对经销商进行季度考核、年度等级评估；1月，东北片区新增经销商大连申德。2019年2月，华东片区新增经销商上海星望；5月，华东片区新增经销商一石巨鑫。2020年10月，华北片区新增经销商河北琛宝。2021年2月，西南片区新增经销商四川久塑；8月，华南片区新增经销上海读谷、华东片区新增经销商河南东铵。2022年，北元集团举行经销商视频座谈会，出台《经销商管理办法》，对客户的准入、评价、考核、淘汰各环节予以规定，进一步规范了客户，让管理工作更加科学、规范、合理。北元集团共有PVC代理商20家，其中华东5家、华南5家、华北5家、东北2家、西北1家、西南1家、华中1家。

六、售后服务

在2010年之前，北元公司销售服务停留在发生质量问题后协助客户处理的层面上。2010年，北元集团编制了《售后服务体系》，对售前、售中、售后服务内容做了明确规定。2012年，北元集团积极推动客户服务管理工作，出台《售后服务管理办法》，进一步规范了售后服务流程，提高了客户满意度，为树立企业品牌形象奠定了良好基础。2016年3月，北元集团修订《售后服务管理办法》，通过定期或不定期实地走访、投诉电话、举办客户座谈会、发放客户满意度调查表等形式，收集终端客户或经销商关于产品质量、价格、交货期、服务等方面的意见或建议，形成客户满意度调查报告，并针对相关问题进行整改。2017年2月，北元集团PVC质量售后服务信息平台正式开通；9月，北元集团组织经销商及下游重点客户，召开产品质量交流会，赢得客户高度认可及下游市场一致好评。2018年8月，北元集团开展了客户满意度调查和市场客户走访，完成了市场口碑较好的18家树脂企业的30种牌号树脂取样对标，并对浙江明日和物产销售人员进行了技术培训和交流；10月，北元集团PVC产品质量售后服务信息平台升级开通了中英文两个服务界面,为国际客户提供扫码服务,实现与国际业务接轨。2019年,北元集团开展了客户满意度调查和市场客户走访,完成了市场口碑较好的5家树脂企业的19个树脂样品对标工作。2020年,北元集团PVC产品售后服务信息平台扫码服务平台,产品销售服务105次,产品技术交流80次,检验报告服务2500次。2021年,北元集团售后服务小组对PVC重点客户走访了1次,对128家客户满意度进行测评,PVC树脂好评度91.77%。2022年,北元集团成功召开公司经销商大会。同时,启用"氯碱产品质云平台",对片碱包装袋进行优化,增加"产品质量查询二维码",提升片碱售后服务水平。2022年7月之后,北元集团持续改进兰炭、湿焦粉面、烘干焦粉面产品质量,不断提升客户满意度。

第七章 公 司 上 市

随着100万吨/年聚氯乙烯项目建成投产和企业资产规模不断扩大,北元集团把未来发展的目光投向了资本市场。2015年,北元集团正式启动上市工作,成立"上市工作领导小组",组建了证券事务部,先后引入五家实力雄厚的中介机构,全面推进上市工作。2017年6月完成了股份制改制,设立陕西北元化工集团股份有限公司,选举产生了陕西北元化工集团股份有限公司第一届董事会、监事会成员,成立了战略、审计、提名、薪酬与考核四大专门委员会。2018年,向陕西证监局上报了上市辅导备案,2019年6月19日取得中国证监会的申报材料受理批文,2020年10月20日正式在上海证券交易所挂牌上市,实现了榆林地区主板上市企业"零"突破。公司股票代码601568,发行股票3.61亿股,发行价格10.17元/股,募集资金总额36.73亿元,募集资金净额34.4亿元。

第一节 上 市 筹 备

一、组织机构

(一) 上市工作领导小组

2015年3月4日,北元集团为了强化对上市工作的组织领导,成立了"陕西北元化工集团有限公司上市前期工作领导小组",明确了开展上市工作的相关领导及部门,并落实了责任。2015年7月7日,为了加快推进公司上市工作,经公司党政联席会议研究,成立了"陕西北元化工集团有限公司上市工作领导小组"。具体组成人员:组长:刘国强;副组长:史彦勇、郭建;成员:赵世强、郭宏福、李子景、申建成、刘建国、刘延财、折荣强、高小军、张玲芬、周燕芳。

公司上市工作领导小组办公室设在企业管理部,办公室主任由刘建国兼任。

(二) 上市工作领导小组职责

负责全面领导公司改制及上市工作;负责协调解决改制及上市过程中存在的问题;负责组织和协调中介机构开展推进上市工作;负责就公司改制及上市所涉事宜与公司股东、董事沟通和协调;负责就公司改制及上市所涉事宜与国有资产监督管理部门、证券监督管理部门、交易所及其他相关机构沟通和协调;负责办理和取得工商、税务、国资、安全、环保、土地、社保等部门的外部批文及证明;负责组织中介机构按计划向监管部门申报公司改制上市的申请文件。

(三) 聘请中介机构

2015年3月1日,北元集团2015年第一次董事会和股东会明确提出要明确目标、统一认识,全力支持公司上市。同年3月,公司主要领导带队前往陕煤股份、韩城市黑猫焦化等陕西省内上市公司考察上市工作,了解公司改制和上市的相关程序及经验;还组织中层以上管理人员及相关上市人员参加上市知识培训，邀请国内知名上市专家及上市财务、律师顾问授课，统一上市思想，提高上市理论知识水平。同时，公司相关领导对上市中介机构进行考察后，2015年6月，经公司2015年第二次董事会审议，同意公司与华龙证券股份有限公司、北京市嘉源律师事务所、希格玛会计师事务所三家中介机构开展上市相关业务合作。2017年年底，根据上市进展需要，公司又引进华泰联合证券公司加入上市团队开展上市工作。

二、资料完善

2015年4月，中介机构开展第一次上市尽职调查，收集资料并提出影响北元集团上市的主要问题和解决方案。据此，公司要求各单位加快办理完善相关手续工作，积极推进上市进度；10月，北元集团完成房产证办理。2016年7月，取得瑶渠三道峁盐资源采区采矿证；11月，取得100万吨/年聚氯乙烯项目环保竣工验收批复。2017年2月，取得锦源化工50万吨/年电石技改扩建项目环保竣工验收批复，办理取得原化一分公司及锦源化工房产证；4月，办理取得西部大开发税收优惠政策；5月，公司将工商登记机关由神木工商局迁移到榆林市工商局；9月，取得锦界厂前区盐资源采矿证；10月，取得锦源化工有限公司电力业务许可证。2018年1月，取得北元集团电力业务许可证；6月，取得锦源化工部分无证土地手续；8月，取得盐资源在国土资源部备案手续；6—11月，取得上市募投项目立项备案手续和环评手续。

三、股权确认

2017年3月，神木县政府出具了《关于确认国有资本出资和国有股权转让相关事项的批复》（神政函〔2017〕27号），对公司历史出资权属问题给予了确认；4月，榆林市供电局出具了《关于榆林阳光电力有限责任公司将所持北元化工股权转让给榆林阳光投资有限责任公司相关事宜的确认函》（榆供电函〔2017〕22号）。2019年4月，神木市人民政府出具了《关于确认陕西北元化工集团股份有限公司历史沿革有关事宜的批复》（神政函〔2019〕26号），对公司自设立以来的历史沿革给予了确认；5月，榆林市人民政府向上报陕西省人民政府上报了《关于确认陕西北元化工集团股份有限公司历史沿革有关事项的请示》（榆政字〔2019〕31号），取得了陕西省国资委《关于对陕西北元化工集团股份有限公司历史沿革中股权变动事项确认的批复》（陕国资资本发〔2019〕210号），对公司历史沿革进行了确认。

四、验资评估

（一）审计验资

2015年7月，经希格玛会计事务所（特殊普通合伙）审验，根据北元集团2015年3月1日股东会决议和修改的章程规定，新增股东陕西恒源煤电集团有限公司以货币出资10.29亿元，实收资本由21.21亿元增资至31.5亿元，出具了验资报告（希会验字〔2015〕第0064号）；6月，公司按照法律、法规完成了本次工商增资手续，公司股本符合上市要求。

2015年10月，经希格玛会计事务所（特殊普通合伙）对陕西北元集团水泥有限公司与陕西北元化工集团有限公司的往来款项余额（日期截至2015年9月30日）审计，出具了审计报告（希会审字〔2015〕第337号）。同月，根据公司2015年10月8日股东会决议和修改后的章程规定，陕西北元集团水泥有限公司新增股东陕西北元化工集团有限公司以货币出资8.00亿元，实收资本由0.10亿元增资至8.10亿元，经希格玛会计事务所（特殊普通合伙）审验，出具了验资报告（希会验字〔2015〕第0100号）。

2016年4月，经希格玛会计师事务所（特殊普通合伙）对2016年3月31日财务报表审计，出具了审计报告（希会审字〔2016〕第1935号）；12月，根据公司股东会决议和章程修正案规定，公司注册资本由31.50亿元变更为32.284亿元，经希格玛会计师事务所（特殊普通合伙）审验，出具了验资报告（希会验字〔2016〕0068号）。

2017年6月，陕西北元化工集团有限公司整体变更为股份有限公司，并由原全部股东作为股份有限公司的发起人，申请登记的注册资本为人民币322840.00万元，由全体发起人于公司变更登记前缴足。经希格玛会计师事务所（特殊普通合伙）审验，截至2016年12月31日，公司（筹）已收到全体股东缴纳的注册资本（股本）合计人民币322840.00万元，占注册资本的100%；全体发起人以陕西北元化工集团有限公司经审计的净资产扣除向股东分配的利润后，折合为股份有限公司股本计322840.00万股，占注册资本的100%，其余作为公司股本溢价计入资本公积，希格玛会计师事务所出具了验资报告（希会验字〔2017〕0038号）。同年12月，根据公司2017年11月29日第一次临时股东大会决议和上级部门相关文件精神，公司申请增加注册资本人民币2160.00万元，由榆林聚和股权投资合伙企业以现金认购方式认购公司2160.00万元股份，股本由322840万元，变更为325000万元，经希格玛会计师事务所（特殊普通合伙）审验，出具了验资报告（希会验字〔2017〕0117号）。

（二）资产评估

2015年4月，中和资产评估有限公司对北元集团拟增资扩股经济行为所涉及的公司股东全部权益，按评估基准日（2014年12月31日）的市场价值进行了评估，出具了评估报告（中和评报字〔2015〕第XAV1014号）。

2016年3月，中联资产评估集团（陕西）有限公司，对北元集团拟增资扩股经济行为所涉及的公司股东全部权益，按评估基准日（2016年3月31日）的市场价值进行了评估，出具了评估报告（中联（陕）评报字〔2016〕第1083号）。同月，该公司对北元集团拟增资扩股涉及的神木县锦界石盐矿采矿权按评估基准日（2016年3月31日）的市场价值进行了评估，出具了评估报告（中联评矿报字〔2016〕第1025号）。同月，中联资产评估集团有限公司对北元集团拟增资扩股涉及的陕北奥陶纪田瑶渠勘察区石盐矿详查探矿权按评估基准日（2016年3月31日）的市场价值进行了评估，出具了评估报告（中联评矿报字〔2016〕第1026号）。5月，中联资产评估集团（陕西）有限公司受陕西北元化工集团有限公司委托，对拟收购徐继红等自然人持有的锦源化工49%的股权经济行为所涉及的锦源化工股东部分权益，按评估基准日（2016年3月31日）的市场价值进行了评估，出具了评估报告（中联（陕）评报字〔2016〕第1075号）。

2017年3月，中和资产评估有限公司对北元集团拟增资扩股经济行为所涉及的公司股东全部权益，按评估基准日（2016年12月31日）的市场价值进行了评估，出具了评估报告（中和评报字〔2017〕第XAV1031号）。同月，陕西中和同盛矿业权评估有限责任公司对北元集团拟整体变更为股份有限公司,对锦界石盐矿采矿权按评估基准日(2016年12月31日)的市场价值进行了评估,出具了评估报告(陕同评报字〔2017〕第004号)。同月,陕西中和同盛矿业权评估有限责任公司对北元集团拟整体变更为股份有限公司,对陕北奥陶纪田瑶渠勘察区石盐矿详查探矿权,按评估基准日(2016年12月31日)的市场价值进行了评估,出具了评估报告(陕同评报字〔2017〕第005号)。同年11月,中联资产评估集团有限公司,对北元集团拟增资扩股经济行为所涉及的公司股东全部权益,按评估基准日(2017年6月30日)的市场价值进行了评估,出具了评估报告(中联评报字〔2017〕第2320号)。

第二节 IPO 上 市

一、IPO上市申报

2017年6月,北元集团完成了股份制改制,由有限公司变更为股份有限公司。

2018年2月7日,北元集团向陕西省证监局正式上报了上市辅导申请,并获得了省证监局的受理。

2018年2月起,按照陕西省证监局要求,公司每2个月报送1期上市辅导工作报告。

2018年8月至12月,根据中国证监会发布的IPO"51条审核红线",公司与中国证监会、上海证券交易所、陕西证监局进行主动沟通对接,做好上市前的准备工作。

2018年6月至10月,按照上市监管要求,北元集团配合中介机构开展现有股东、已退出股东、代出资股东及员工持股平台的核查与访谈。

2019年6月14日,公司通过陕西证监局现场检查及验收。

2019年6月17日,公司正式向中国证监会报送了申报上市材料。

2019年6月19日,公司收到中国证监会行政许可申请受理批文。

2019年8月30日,公司更新半年报财务数据,提交补充财务反馈意见回复。

2019年9月19日起,公司陆续收到证监会预审员书面问题5次,不定期口头问题30余次,完成了各类反馈意见、补充反馈意见的答复。

2020年2月26日,公司更新2020年年报财务数据,提交补充财务反馈意见回复。

2020年7月8日,公司顺利通过了中国证监会召开的初审会。

2020年8月7日,公司顺利通过了中国证监会发审委2020年第117次会议审核。

2020年9月18日,公司收到中国证监会《关于核准陕西北元化工集团股份有限公司首次公开发行股票的批复》(证监许可〔2020〕2124号),取得中国证监会上市核准发行批文。

2020年9月18日至9月28日,公司完成了14方股东证券开户工作和4500个关联方企业及个人网上网下新股申购核查报备,完成了新股网下投资者询价工作、股票代码申请和股份登记。

2020年9月29日,公司完成了A股网上路演投资者交流会。

2020年10月15日,公司完成了股份登记,10月16日收到上海证券交易所下发的《关于陕西北元化工集团股份有限公司人民币普通股股票上市交易的通知》(〔2020〕340

号),公司上市发行工作全面完成。

2020年10月19日,公司在上海圆满举办了上市恳谈会。

2020年10月20日,公司正式在上海证券交易所挂牌上市,成为榆林市第一家主板上市企业。公司股票代码601568,股票简称"北元集团",发行股票3.61亿股,发行价格10.17元/股。

截至2020年10月,北元集团从启动到成功上市,共组织召开上市协调会80余次,解决重难点问题200余项;办理各类合规证照104个,开具土地、环保等合规证明500余份;召开20次股东大会、42次董事会、17次监事会,审议通过300余项议案。

二、IPO上市运作

上市后,北元集团积极对标同行业优秀A股上市企业,持续完善公司治理,加强市值管理,提升信息披露质量,深化投资者关系管理,促进公司合规运作,保障企业健康高质量发展。

(1)持续完善公司治理,促进公司合规合法运作。截至2022年底,公司严格按照《公司法》《证券法》和上级监管要求,修订完善了《公司章程》《股东大会议事规则》《董事会议事规则》;出台了《董事会决议落实监督管理办法》等法人治理专项制度,建立了以公司章程为核心、"四会一层"议事规则为配套的企业制度体系,推动党的领导和公司治理深度融合、有机统一,引领和保障企业健康发展;高效召开股东大会、董事会、监事会,积极探索建立"三会"管理体系,深化决议督办落实机制,提高"三会"运行质量,保障顶层决策落到实处。

(2)持续加强市值管理,着力提升资本运作水平。截至2022年底,按照陕煤集团《关于做大做强现有上市公司加快培育新的上市公司努力实现A股市值5000亿目标行动方案》精神,公司认真研究论证,制定了《陕西北元化工集团股份有限公司市值提升行动方案》,全力推动"产业+资本"双轮驱动,用资本赋能企业高质量发展。加强组织领导,成立市值提升领导小组,出台一系列市值管理举措,统筹推进市值提升工作,保障公司市值实现持续增长。论证制定一系列重点任务,涵盖并购重组、对外投资、引入战略投资者、股权激励等多种资本运作手段,并确定责任部门、责任人及完成时限。紧盯时间节点,狠抓工作进度,落实具体责任人,实现责任主体有效覆盖,工作推进有效执行,确保工作目标顺利实现,力争"十四五"末公司市值规模达到1000亿元。

(3)提高信息披露质量,打造透明规范上市公司。截至2022年底,公司严格按照上海证券交易所关于信息披露的监管要求,及时、准确地披露定期报告和临时公告,确保投资者及时了解公司动态。同时,为了熟练掌握上交所上市规则与业务操作,公司组织证券、财务人员参加上交所新上市公司实务操作培训,组织股东、董监高及相关部门业务层开展"上市规范运作""防范短线交易"等专题培训,强化了合规运作意识。2021年8月,公司ESG实践案例成功入选中国上市协会发布的《上市公司ESG实践案例》,2022年荣获第十六届中国上市公司价值评选"ESG"百强奖,公司荣获上海证券交易所2021—2022年度信息披露工作A级评价。

(4)持续深化投资者关系管理,树立资本市场良好形象。截至2022年底,公司高度重视投资者关系管理,坚持"引进来"和"走出去"相结合,积极主动地开展参加重大投资者关系活动，以真诚、坦诚、开放的态度，借助各种媒体和手段，通过信息披露与交流，加强与投资者及潜在投资者之间的沟通，增进投资者对公司的了解和认同。持续健全和完善投资者关系管理制度，不断优化与投资者的沟通方式，采用包括股东大会、业绩说明会、路演推介、重要境内外资本市场会议和重要的财经媒体采访等形式，就公司的经营情况、财务状况及其他事件多渠道、多层次地与投资者进行沟通，持续加强与投资者之间的信息交流，提高信息透明度。2021年公司荣获第二十一届中国上市公司百强高峰论坛上市公司"中国百强企业奖"，第二十四届上市公司社会责任"金牛奖"。证券事务部获得中国上市公司协会"2022年度上市公司董办优秀实践奖"。

（5）持续强化内幕信息管理，防范杜绝内幕交易行为。上市后，公司认真贯彻落实新证券法和交易所规定，在全公司开展了十九项上市制度专题学习活动和《刑法修正案》学习，以培训、制度、交流等多种形式强化内幕知情人、内幕信息防控及保密意识。按照"一事一备"原则，建立了涉及年报、募投项目等事项的内幕信息知情人档案，如实、完整地记录内幕信息在公开前各环节所有内幕信息知情人。加强对内幕信息生成、传递、披露等环节的跟踪监督与管理，在年报、季报披露窗口期，对内幕信息知情人买卖公司股票情况进行自查，实现监管关口前移，有效防范了内幕交易，切实维护了公司及投资者合法利益。

三、IPO上市管理与成效

截至2022年，北元集团上市以来，借助资本市场动能，积极完善企业治理，加快募投项目落地，加速产业转型升级，迎来了新一轮发展机遇，企业高质量发展呈现新态势。

（1）完善公司治理，保障企业稳健发展。公司始终坚持"两个一以贯之"，严格按照监管规定建立健全现代企业制度，不断完善以公司章程为根本，以各治理主体议事规则、工作细则为主体，以相关配套规范性文件为支撑的公司治理规则制度体系建设，形成各司其职、各负其责、协调运转、有效制衡的法人体制和产权清晰、权责明确、管理科学的决策机制，实现了党委把方向行稳致远、股东大会行权规范透明、董事会作决策科学合理、监事会监督有效有力、经理层抓落实高质高效，保障了企业依法经营、合规运作。

（2）加强"三会"运作，顶层决策精准落地。不断加强董事会建设，规范董事会决策程序，全面落实董事会职权，进一步完善董事会授权管理制度，推动经理层任期制和契约化管理，保障经理层依法行权履职，在高效规范的法人治理推动下，公司产值、资产、营业收入、利润各项经济指标大幅增长，实现了安全形势稳中向好、经营业绩连年攀升、市场竞争力显著增强、发展动能强劲有力的良好局面，企业竞争力和发展活力竞相迸发。

（3）加快项目落地，推动企业转型升级。公司紧紧围绕"3060"双碳目标，进军新能源、新材料领域，坚持绿色低碳高质量、多元融合发展。利用上市募集资金，加速推进甘氨酸及配套产氯装置、300 MW光伏发电等项目落地，积极拓展产业链条，加快产业升级改造，推动企业转型升级，激活了发展新动能，为公司高质量发展奠定了坚实的基础。

（4）畅通融资渠道，降低企业财务成本。上市后，公司通过资本市场实现直接融资和间接融资"两条腿"走路，有效降低融资成本，为公司的持续发展获得稳定的融资渠道，形成了良性的资金循环。通过上市募集资金，有效改善了企业现有的资产结构，降低资产负债率及偿债风险，提高企业抗风险能力，同时减轻经营负担，让公司轻装上阵。

（5）提升品牌价值，增强企业综合竞争力。上市后，公司行业知名度和品牌影响力大大提升，为企业积聚了无形资产。"北元"牌 PVC 和烧碱市场销量、出口量持续增长，PVC 产品在全国市场占有率稳居国内前三，公司成为榆林地区首家开展液碱出口业务的企业，市场竞争力显著增强。企业上市后争取了更多政府支持，同时吸引了许多新客户、供应商及合作伙伴，通过强强联手，为企业高质量发展积蓄了能量和后劲。

第八章 科技创新

北元集团科技管理机构几经调整，形成集团级、公司级、分厂级三级梯队结构。在实施中，北元集团坚持每年开展职工科研成果、合理化建议、"五小"革新等评比，形成职工人人参与科技创新的文化氛围；规范了知识产权管理，鼓励职工发明创造，在科技创新项目建设、专利申报、论文发表等方面取得显著成效。

第一节 科技管理

一、管理体系构成

（一）机构、职责

北元集团于2009年9月成立科研中心（未配备人员），科研工作业务仍由刚成立的生产技术部下设的技术管理科负责。2012年4月，北元集团科研中心正式展开运作，科技工作由科研中心全面负责。2013年8月29日，北元集团下发《陕西北元化工集团有限公司职能部门科室设置方案（试行）》的通知，撤销科研中心，在规划发展部下设技术中心，科研中心职能划归技术中心。2015年6月1日，北元集团下发《关于调整部分组织机构（试行）》的通知，撤销规划发展部下设的技术中心，在生产技术部下设技术中心，并在四个分、子公司下设生产技术科。2018年6月1日，北元集团下发《关于调整公司部分组织机构的通知》，成立科技研发中心，下设综合室、研发室、设计室、分析室，撤销生产技术部技术中心。主要负责北元集团科技创新发展规划和科技创新工作计划的编制；研究制定企业技术研发战略规划和研发计划；确定新产品开发定位及技术研究方向，科技创新、科技信息工作的管理；新产品、新技术的研究开发、中试、试生产方案的审核，并组织市场推广工作；新项目、新技术储备库的建设，协调解决新项目新技术调研、论证、选择和研究相关工作；新工艺、新技术工艺包设计、技术文件审核、技术交底、设计评审及进度质量控制及公司研发平台的建设与管理工作。根据北元集团的实际发展情况，修订了《知识产权管理办法》《研发经费管理办法》，出台了《科技创新项目管理办法》《科技成果管理办法》。

（二）技术管理体系构建的原则

2016年2月，北元集团确立技术管理体系构建的原则：

（1）技术管理体系按照专业构建，技术队伍要科学配置。根据公司所涉及的工艺、设备、电气、仪表、土建、暖通、结构、给排水八大专业配置专业人才，实现专业工作事务由专业人才负责，使公司技术工作向专业化、精细化方向发展。

（2）技术管理体系中人员责权明确，体现层次、差异化。根据不同专业人员负责工作的不同，确定责权时体现差异化，避免因业务技术水平不能胜任相关工作，导致工作事务不能及时处理，影响企业技术进步。

（3）建立健全技术人才培养机制。根据公司技术管理体系对人才的需求，除高薪聘请、引进高端人才外，必须建立适合企业自身发展的高水平技术人才培养机制，为企业不同层次的技术人才需求培养出高水平专业技术人才，做好人才储备。

（4）技术管理体系中科技研发工作既要独立于生产系统，又要服务于生产并引领企业的发展与创新。企业中大多数科技研发工作是以生产需求为研究方向来开展研究开发工作的，以此打造核心竞争力，引领企业的发展与创新。2018年6月，北元集团成立科技研发中心，中心按照职能分工设计中心办、综合室、设计室、分析室，其中，综合室负责公司整体科技创新管理，研发室负责公司研究开发工作，室内根据公司发展方向分为无机组、水处理组、催化组、聚合组、精细化工组，设计室按照设计职能分为工艺设计、设备设计和电仪设计，分析室负责公司研发平台建设及日常检测分析。

（三）组织体系、架构

2012年9月，公司成立科学技术委员会专家咨询委员会和科技评审委员会，分别负责公司科技项目管理、科技项目论证与技术服务、科技项目评价与总结工作。2013年北元集团技术管理体系组织架构如图8-1-1所示。

2013年以来，北元集团技术管理体系随着机构的变化也相应有所调整。2016年2月3日，建立了北元集团技术管理体系组织，其主要框架如下：北元集团技术管理体系由集团总工程师负责，根据集团公司、分（子）公司、分厂不同层面技术工作不同，构建三级（集团级、公司级、分厂级）梯队技术结构，评聘各专业技术人员，开展公司各级技术、科技研发及管理工作。2021年8月，北元集团制定下发了《岗位职级体系设置与管理办法（试行）的通知》，进一步明确了公司管理、技术、技能等序列。2021年北元集团技术管理体系组织架构如图8-1-2。2022年起公司执行职级体系。

二、管理制度

2012年4月，自科研中心成立，组织体系健全后，北元集团及各分、子公司先后制定并下发的科技制度有《陕西北元化工集团有限公司化工二分公司关于建立技术管理体系的通知》《陕西北元化工集团有限公司化工一分公司关于技术管理制度（试行）》《知识产权管理办法（试行）》《科技创新管理办法》《科技资金管理办法（试行）》《技术技能等级评聘管理办法（试行）》《技术管理办法》和《陕西北元化工集团有限公司化工二分公司技术管理制度》。2018年6月，根据北元集团的实际发展情况，修订了《知识产权管理办法》《研发经费管理办法》，出台了《科技创新项目管理办法》《科技成果管理办法》。2021年5月，修订并出台了《科技创新成果管理办法》《科技创新项目管理办法》《知识产权管理办法》。

三、人才培养

（一）培训学习

2013年以来，北元集团重视人选培养工作，同年12月，邀请浙江大学包永忠教授对公司技术人员进行了"氯乙烯合成和聚合最新技术研究进展"培训。2014年3月，邀请陕西煤业化工技术研究院信息中心专家对公司科技创新管理人员进行了"科技情报信息

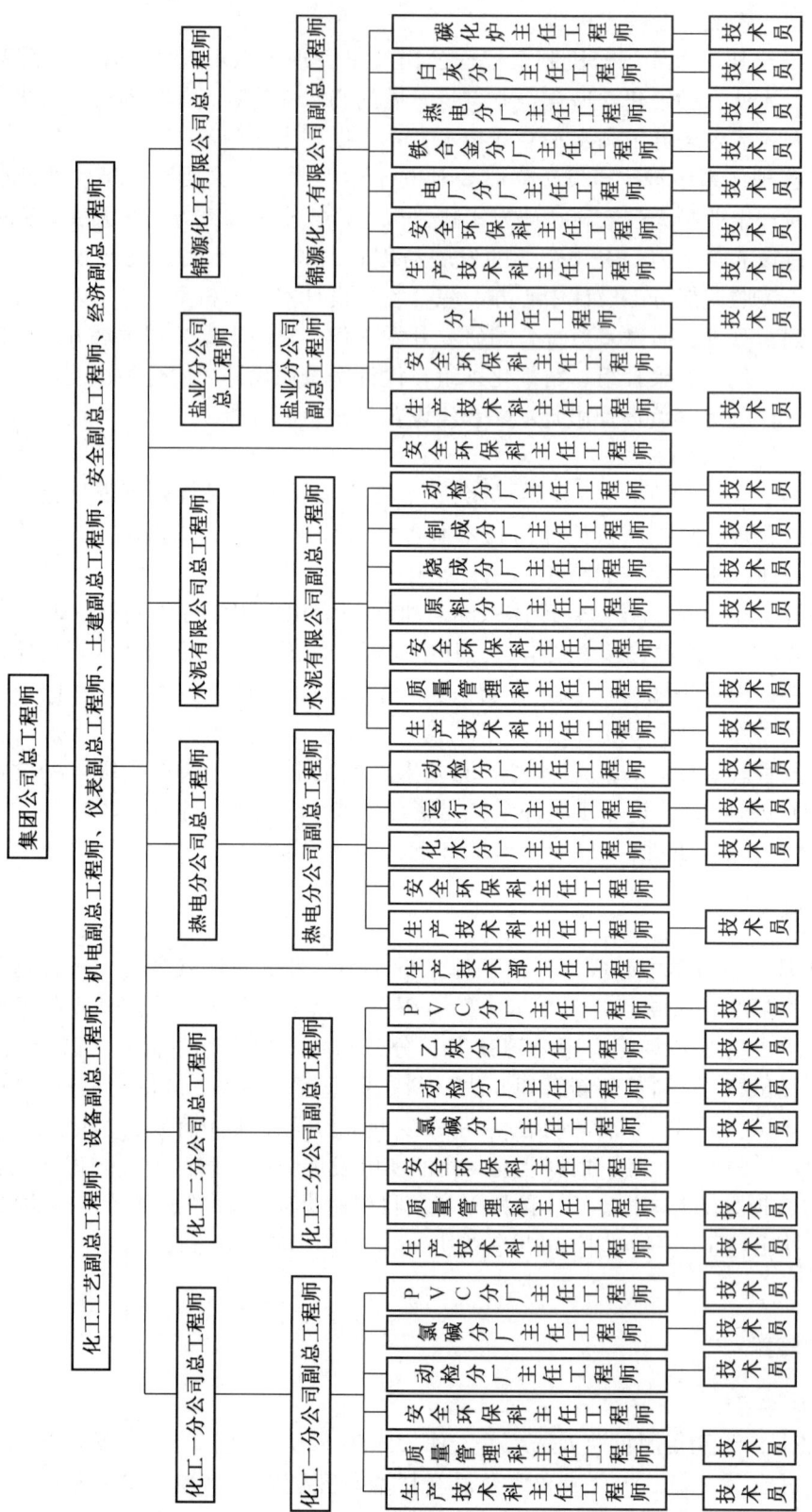

图 8-1-1 2013 年北元集团技术管理体系组织架构

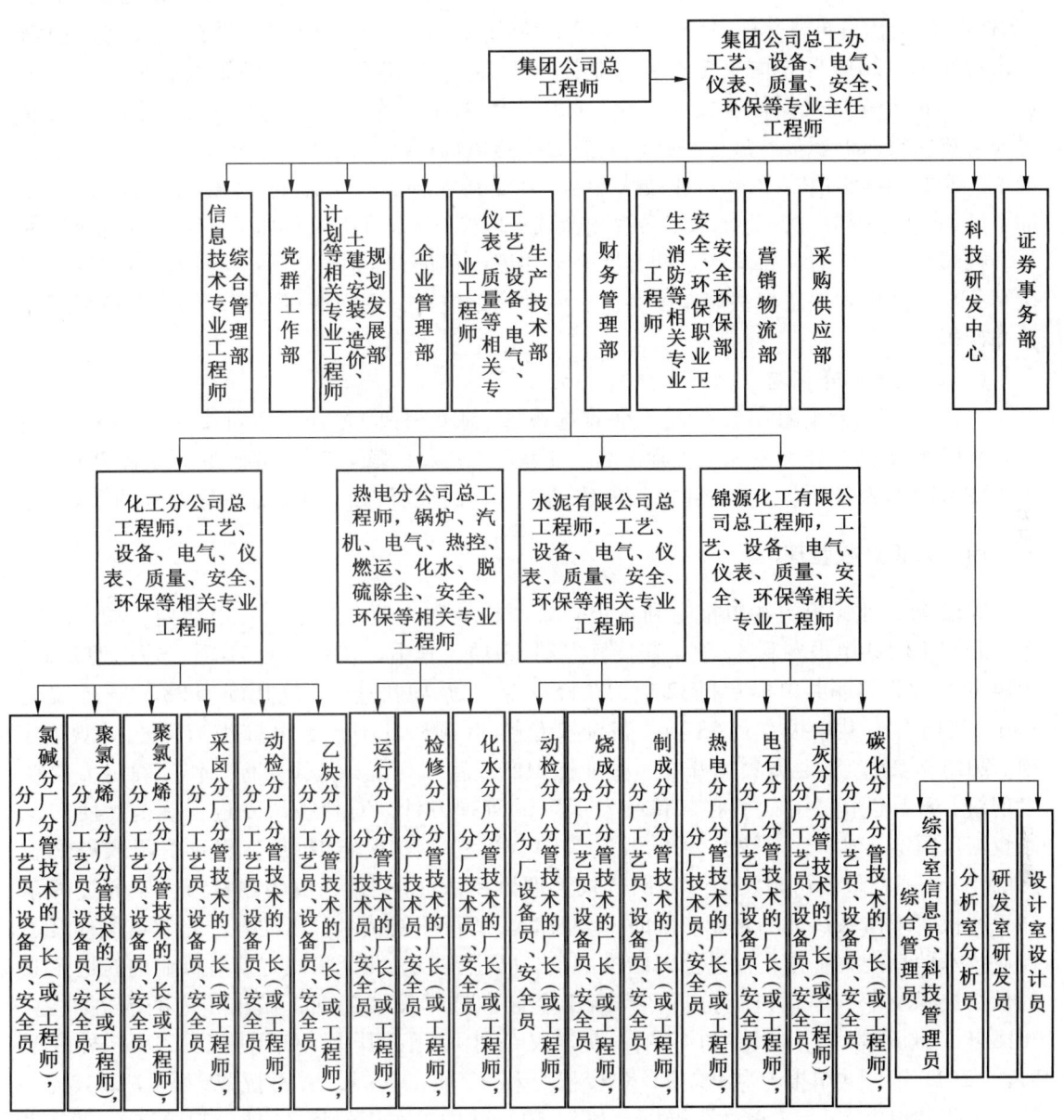

图 8-1-2 2021 年北元集团技术管理体系组织架构

与企业自主创新"培训。2014 年 6 月,外派技术人员到西安参加"企业知识产权管理规范要点解读"。同年 12 月,外派人员在福建福州市参加了"2014 年全国聚氯乙烯行业技术年会暨中国聚氯乙烯绿色发展论坛"。2015 年 12 月,外派人员在广州市参加了"2015 年全国聚氯乙烯行业技术年会"。2016 年 8 月,北元集团外派人员在新疆石河子参加了"2016 年全国聚氯乙烯行业技术年会"。2017 年 9 月,外派人员在青岛市参加了"2017 年度氯碱行业环保工作年会"。2017 年,邀请榆林学院亢玉红老师对公司 150 多名技术人员进行了为期 5 个月合计 80 课时的化工原理培训。2018 年 10 月，外派人员在重庆市参加了"2018 年氯碱化工自备热电系统生产技术交流会议"。2019 年 10 月，外派人员在广西南宁市参加了"2019 年全国聚氯乙烯行业技术年会"。2020 年 7 月，外派人员在重庆市参加了"2020 年全国烧碱行业技术年会"。2021 年 4 月，邀请中国氯碱协会副主编李素改对公司技术员以上职员开展了科技论文撰写技巧培训；同年 7 月，外派人员在哈尔滨市参加了"2021 年全国聚氯乙烯行业技术年会"。受新冠肺炎疫情影响，2022 年 4 月组织参加了第 39 届全国氯碱行业技术年会视频会议；2022 年 12 月组织参加了全国烧碱行业技术年会视频会议。同时，每季度定期开展全员知识产权培训工作，培训内容涉及专利挖掘与撰写、知识产权相关法律法规制度宣贯、专利检索技巧、论文撰写技巧、知识产权管理体系建设等。

（二）技术职务评聘

2017 年，北元集团在各类人才培养选拔过程中，评聘主任工程师 2 名，工程师 15 名。2018 年 2 月，评聘主任工程师 1 名，工程师 29 人。截至 2022 年，北元集团获得高、中级技术职称的 288 人，其中正高级职称的 2 人，高级职称的 30 人，中级职称的 256 人。

四、知识产权管理

2012 年，北元集团共申报专利 4 项，获授权专利 4 项，其中，实用新型 4 项。2013 年，北元集团共申报专利 34 项，获授权专利 33 项，其中，实用新型 31 项，外观型 2 项。2014 年，北元集团共申报专利 32 项，获授权专利 30 项，其中，实用新型 28 项，外观型 2 项。2015 年，共申报专利 53 项，获授权专利 38 项，其中，实用新型 37 项，外观型 1 项。2015 年 11 月，北元集团开展《企业知识产权管理规范》体系贯标工作，确定了"技术创新、产品创优、有效管控、持续发展"的管理方针，对科技研发进行规范，使知识产权工作贯穿于生产、研发、采购及销售的全过程。2016 年 10 月，北元集团取得中规（北京）认证有限公司颁发的《知识产权管理体系认证证书》，成为榆林市首家通过国家知识产权管理体系认证的企业。同时，为及时了解行业新技术、新动态，北元集团开展了行业技术信息搜集工作，促进公司结构调整、转型升级。北元集团定期对行业内先进企业的最新技术及专利申请进行分析，判断出企业的技术发展趋向，做出相应的改进措施。2016 年，北元集团共申报专利 47 项，获授权专利 40 项，其中，实用新型 37 项，外观型 3 项。2017 年，共申报专利 98 项，获授权专利 21 项，其中，实用新型 21 项。2018 年，北元集团共申报专利 14 项，获授权专利 81 项，其中，实用新型 78 项。2018 年，北元集团的专利《一种合成氯乙烯用的低汞触媒》获"第十八届中国专利优秀奖"。2019 年，北元集团共申报专利 26 项，获授权专利 19 项，其中，实用新型 17 项，发明 2 项；同年，北元集团申报并获批了国家知识产权优势企业、陕西省知识产权示范企业。2020 年，北元集团共申报专利 38 项，获授权专利 25 项，其中，实用新型 23 项，发明 2 项。2021 年，北元集团共申报专利 61 项，获授权专利 62 项，其中，发明专利 2 项，实用新型 58 项，外观设计 2 项。2019 年，北元集团获批国家知识产权优势企业、陕西省知识产权示范企业，2022 年，共申报专利 52 项，获授权专利 60 项，其中，发明专利 3 项，实用新型 57 项。2022 年 10 月，通过国家知识产权优势企业复核。截至 2022 年底，公司累计商标数量 85 项，外部发布标准 25 项。

五、高新技术企业认证

2013 年，北元集团开始开展高新技术企业认证工作。2013 年年底，北元集团顺利通过国家高新企业认证，有效期为 2013—2016 年。2016 年，北元集团第三次申请高新技术企业认证，并于同年年底通过认证，有效期为 2016—2019 年。2019 年，北元集团第三次申请高新技术企业认证，并于同年年底通过认证，有效期为 2019—2022 年。2022 年 4 月，北元集团第四次启动高新技术企业认证工作，并于同年 10 月份认证通过。

第二节 科 技 项 目

一、研发项目

2003 年以来，公司实施的科研项目板块有：

（1）隔膜电解工序电解槽采用改性膜新技术。化工一分公司现用的 30 - Ⅲ型电解槽存在电耗高、电流效率低、电槽腐蚀严重、运行周期短等问题。为了优化隔膜电解单元，进一步降低电耗和检修成本，公司通过考察、调研，认为意大利伍德迪诺拉公司的 PMX - PLUS 新型隔膜较为优越。该隔膜具有化学稳定性好、耐腐蚀、较强的渗透率和较低的电耗，运行寿命可达 6 年以上等特点，使用该膜后可大大提高电解系统的运行水平，同时从根源上杜绝致癌物质石棉绒的介入，有效地控制石棉绒纤维对人体的污染。该项目由氯碱分厂负责，规划发展部、化工一分公司协助实施，投资 300 万元，所需资金全部到位。项目实施后，单槽槽电压降低 100 毫伏，每年节约用电 550 多万度，减少因更换隔膜所用的石棉绒约 6.4 吨。

（2）污水处理装置采用中水回用新技术。化工一分公司污水经过处理后直接排放至开发区污水处理厂，公司的环保压力较大，对水资源也是一种浪费。2010 年，公司试用荷兰水务公司工业水处理技术，新建一套工业污水处理示范装置，对处理后的污水进行二次处理并使其回用到相关用水工序。初步确定了两种回用方案：方案 1 是将水处理成无离子水指标；方案 2 是将水处理成工业水指标。该项目由荷兰工业水处理公司实施，安全环保科负责，生产技术科协助实施（项目由荷兰水务公司进行设备制作）。通过与荷兰公司沟通论证，该示范项目技术及投资费用全部由荷兰水务公司承担。该项技术实施后，公司的污水排放降低了 30 立方米/时，大大减轻了公司的环保压力。公司根据处理效果，进一步将全部污水进行处理后回用，达到了污水零排放。

（3）2011 年，经陕煤集团批准的科技计划项目有电石渣浆乙炔气回收利用、精馏塔改造、电解单元节电技术改造、氯氢水雾酸雾捕集器改造 4 个项目。以上项目均由化工一分公司组织实施，项目的具体执行情况如下：①电石渣浆乙炔气回收利用项目。电石渣浆乙炔气回收利用项目是将电石渣浆当中的残留乙炔气通过真空脱析的方式，收集回收利用，以降低生产成本，也是公司首次采用 BOT 模式与凯迪霍克公司促成的节能环保项目，该项目于 4 月底招标完成并开始施工，5—9 月完成了土建，年底顺利投运，运行稳定。②精馏塔改造项目。精馏塔改造项目是在原有装置的基础上，通过技术革新，将在用的泡罩塔更新为垂直式筛板塔，通过改造，精馏塔运行过程中的自聚现象明显减轻，精馏塔的连续稳定运行时间明显延长，处理能力和操作弹性显著增强，氯乙烯单体质量也有所提高。③电解单元节电技术改造项目。电解单元节电技术改造项目计划于2013年底全部完成。实施该项目的目的是对现有隔膜电解槽阳极片钌钛涂层进行重涂，从而降低槽电压，减少副反应，提高电流效率。四川泸州鸿江已完成21台电解槽的阳极片涂层重涂。截至2011年底，由于重涂后的阳极片未达到预期效果，暂停与此单位的合作；对江阴安凯特试涂的两台电解槽的运行情况进行观察，运行效果达到预期再与江阴安凯特协商下一步合作事宜。④氯氢水雾、酸雾捕集器改造项目。该项目于2011年5月在化工一分公司系统大检修过程中改造完成，通过对系统一段时间的观测，确认此项改造基本达到预期效果，H_2O/CL_2控制在100×10^{-6}，硫酸单耗12千克/吨氯气，且氯压机进口酸泥附着情况明显改善（在此之前每季度必须清理一次，改造后运行同周期不需要清理）。

二、重点科技项目应用

2008年4月，北元公司100万吨/年聚氯乙烯循环综合利用项目开工建设。该项目是在总结了10万吨/年聚氯乙烯生产线运作经验的基础上，通过对相关行业的调研考察、反复论证以及对行业中新工艺、新设备、新技术的引进和应用，最终形成了一整套全新的循环经济产业模式。其中，为了实现高效、环保、节电，公司投资5238.1万欧元引进了伍德迪诺拉公司的离子膜电解工艺；为了保证项目运行过程中工艺空气及氮气的充足供应，公司投资1030余万元引进了韩国三星空气压缩机组；为了提高产品附加值和市场应对能力，公司先后投资275.2914万欧元和221万美元引进了瑞士博特的烧碱蒸发装置和日本智索PVC聚合干燥工艺技术；为了充分利用资源，最大限度地降低生产成本，提高副产品的质量，合理回收利用生产尾气，公司分别投资1800万元和460万元引进了行业中先进的硫酸盐膜脱硝装置和VCM尾气变压吸附装置；为了减少热电装置尾排烟气的含尘量和二氧化硫含量，公司投资4250万元建设了干法脱硫除灰装置。

期间，北元集团还与北京中科百旺环保科技有限公司签订了50万吨/年聚氯乙烯项目含汞废水处理工程技术协议，该项目采用EPC的合作方式，项目总投资300万元，该装置已于2011年6月成功运行，处理后的废水含汞量小于5×10^{-9}；与北京凯蒂霍克科技开发有限公司采用EPC的合作模式，投资380万元，完成了10万吨/年聚氯乙烯生产线电石渣浆乙炔气回收利用装置的建设，该装置每小时可从电石渣浆中提取C_2H_2 35立方米，折合实物消耗电石约122.5千克，年可节约资金约343万元；与青岛博丰化工签订了PVC助剂生产合作意向书，初步确定生产四种型号的聚氯乙烯生产用引发剂，此项目预计投资902万元；与贵州大学、贵阳白云银星化工有限公司确定了低汞（无汞）触媒合作研发项目，研发资金145万元，集团公司和贵阳白云银星化工有限公司各承担50%，集团公司和贵阳白云银星化工有限公司分别作为项目新产品的试用方和生产方开展工作，研发成功后三方均作为知识产权持有者，按约定的效益比例分享研发成果。该项目的相关专利申请处在审查阶段；与广州市浩蓝环保工程有限公司签订了工业污水处理装置设备的供货、安装、调试协议，总投资1897.7262万元，装置投运后，中水回用率可达到60%以上，可有效降低生产成本，达到节能减排的目的；与天辰设计院合作研究硫酸清净废硫酸处理项目，该项目自2012年2月开工建设，5月完成了设备安装并投用，填补了硫酸清净工艺废硫酸难处理的空白。根据市场需求，公司与智索技术专家对公司聚氯乙烯配方进行了适时调整,并从生产单一的 SG-5 型聚氯乙烯树脂向 SG-8 型聚氯乙烯树脂拓展,公司产能大幅提升。

截至2022年,北元集团科技研发项目统计见表8-2-1。

表8-2-1 北元集团科技研发项目统计表

序号	项目名称	目的	项目说明	负责单位	项目执行年份
1	乙炔清净废硫酸处理装置粗石膏利用研究	变废为宝,降低生产成本	与高校或科研院所合作,分析了解其成分,研究确定其应用领域,确保该装置产生的4.2万吨左右的粗石膏应用于工业化生产	科研中心	2013
2	电石渣脱硫灰利用研究	降低生产成本	与高校、科研院所或企业合作,改善电石渣脱硫工艺,确保电石渣脱硫灰100%得到应用	热电分公司	2013
3	$Na_2SO_4 \cdot 10H_2O$ 再利用研究	变废为宝,降低生产成本	与高校、科研院所或企业合作,研究确定其应用领域,在条件允许的情况下,完善工艺,将其加工成成品销售	科研中心	2013
4	10000 吨甲酸钙项目研究	变废为宝,降低生产成本	与高校或科研院所接触,了解电石尾气净化提纯技术与氢氧化钙羰基化合成甲酸钙工艺的发展情况,根据实际情况确定具体实施时间	科研中心 锦源化工	2013
5	富氧再利用研究	变废为宝,降低生产成本	与企业合作或自行建设氧气加工厂,将氧气加工成工业氧或医用氧,为公司创造效益	科研中心	2013
6	氧热法复合床电石炉技术引用	提高产能,降低消耗	根据氧热法复合床电石炉技术实际发展情况,确定方案实施	科研中心 锦源化工	2013
7	电石渣浆乙炔气回收利用	变废为宝,节约生产成本	利用真空脱析原理,回收利用电石渣浆中残留的乙炔气	化工二分公司	2013
8	煤泥综合利用	节能减排,变废为宝	外购煤泥用于供热、发电,可节约原煤25万吨/年,折合标准煤17万吨/年	锦源化工	2013
9	水泥装置余热利用	节能减排,变废为宝	建设余热发电装置,实现发电9兆瓦时	水泥有限公司	2013
10	锅炉烟气脱硝与余热利用	节能	设置烟气余热利用装置和脱硝装置,达到节能、降成本、环保的目的	热电分公司	2013
11	1200 bags/h PVC 包装机引用	减少设备故障率,提高工作效率	联系专业机构进行现场检测,确定方案后再实施	化工一分公司	2013
12	水泥、PVC 包装袋生产	降低生产成本	采取并购周边包装袋厂或增设包装袋加工装置,解决公司包装袋的需求问题	科研中心	2013
13	引发剂、终止剂生产	降低生产成本	增设 PVC 生产用引发剂、终止剂生产装置,解决公司引发剂和终止剂的需求问题	科研中心	2013

表 8-2-1（续）

序号	项目名称	目的	项目说明	负责单位	项目执行年份
14	循环水无动力节能改造	节电	利用循环水回水冲击水轮机给循环水冷却塔风叶做功，达到给循环水降温的目的	各分、子公司	2013
15	高压电机变频改造	节电增效	通过运用新技术或装置，对电机的转速依据负载进行调整，使其在对应工作负荷的情况下，调整到相应的转速，达到节电的目的	各分、子公司	2013
16	能源管理系统及调度系统改造	便于组织生产管理，降低生产成本	与专业机构共同确定方案，并根据公司要求组织实施	生产技术部各分、子公司	2013
17	1 万吨/年硫化碱项目研究	变废为宝，降低生产成本	与高校或科研院所接触，了解硫化碱生产工艺技术发展情况，进行调研市场，根据实际情况确定具体实施时间	规划发展部化工二分公司	2014
18	干法乙炔综合优化	延长生产系统安全稳定运行周期，降低生产成本	对气相管喷头、洗涤冷却塔列管、破碎机肘板锤头等设备进行研究改造；研究反应后的电石渣的出料安全性，控制干灰含水稳定性；与日本电气化学及其他国外先进技术企业商讨、合作、改造，提高发生器使用率，降低生产成本，改善现场环境	化工二分公司	2014
19	PVC 合金产品研究	开发新产品	与陕煤化技术研究院和浙江大学合作研究开发 PVC 下游产品	规划发展部	2014
20	废硫酸裂解再生浓硫酸	变废为宝，降低生产成本	与企业合作引进废硫酸裂解再生浓硫酸工艺技术，建设 5 万吨/年废硫酸裂解再生生产装置，实现废物再利用，从根本上减少环境污染，提高经济效益，达到循环经济的目的	规划发展部化工二分公司	2014
21	锅炉低氮燃烧及脱硝技术研究与应用	使氮氧化合物排放达到排放标准	与企业合作引进锅炉低氮燃烧及脱硝技术，彻底解决锅炉结焦及煤粉的充分燃尽问题	热电分公司	2014
22	电石自动出炉机技术研究	安全环保，降低生产成本	与日本电气化学合作，引进电石自动出炉机技术，避免安全事故发生，降低生产成本	锦源化工	2014
23	煤气储存项目	节能环保，降本增效	结合锦源化工的实际厂区布置状况、电石生产尾气排放量、白灰生产气体需求量、地理位置及气候条件等，选用适当的煤气气柜，保证白灰生产的连续稳定	锦源化工	2014
24	含汞废盐酸提纯应用	环保	与企业合作，引进膜法除汞技术，除去含汞废盐酸中的汞，使盐酸得以净化，用于生产和销售	规划发展部化工二分公司	2014
25	固废物循环再利用项目	节能增效、环保	将生产电石过程中产生的白灰面、焦粉面，通过拌和凝固制球技术，压制成一定强度、质量稳定的球团，然后与一定比例的白灰、焦粉混合作为原料返回电石炉进行再利用	锦源化工	2014

表 8-2-1（续）

序号	项目名称	目的	项目说明	负责单位	项目执行年份
26	干法乙炔综合优化	提高生产系统安全稳定性和自动化操作水平，改善现场作业环境	对气相管喷头、洗涤冷却塔列管、破碎机肘板锤头等设备进行研究改造；研究反应后的电石渣的出料安全性，控制干渣含水稳定性；与国内外科研院校或企业商讨、合作、改造，提高发生器使用率，降低生产成本，改善现场环境；对除尘系统进行改造，降低空间粉尘含量；对干法乙炔渣浆沉降系统进行改造，降低系统水消耗，提高运行稳定性	化工二分公司	2015
27	开发电厂锅炉烟气脱硫剂	变废为宝	与高校、科研院所或科技公司合作，以乙炔生产装置排出的电石渣为基料，制备一种烟气脱硫剂，用于电厂锅炉烟气脱硫，开辟电石渣利用的新渠道	规划发展部 化工二分公司	2015
28	全厂水平衡优化研究	提高水资源利用率	通过对全厂水平衡研究，掌握全厂用水数据，提出可行的节水优化方案，降低企业的总体水消耗量；对循环水水质、含汞废水处理进行分析研究，改善循环水水质，提高含汞废水出水稳定性	安全生产部	2015
29	水泥质量优化与研究	提高水泥质量	对水泥配料、烧成状况、粉磨混合材的选择和添加量、水泥粒度分布、晶型结构、热平衡等进行全面分析研究，逐步解决设备、工艺等方面存在的问题，提升出厂水泥应用稳定性和客户满意度	安全生产部 水泥有限公司	2015
30	浓盐水回用研究	废物回用	全面分析研究全厂高浓度含盐废水成分，寻找合理的浓盐水回用技术，去除浓盐水杂质离子，处理后废水用于采卤，提高资源利用率	化工二分公司	2015
31	PVC 树脂质量优化研究	提高 PVC 树脂质量	根据市场、客户需求，通过对生产工艺、配方调整、单体质量等方面分析研究，进一步优化 PVC 树脂质量，为创造一流 PVC 树脂品牌提供保证	安全生产部 化工二分公司	2015
32	特种树脂调研与研发	为特种树脂开发做前期准备	掌握特种树脂的研究动向、发展趋势，下游客户需求变化、发展动态；研究开发适合公司生产工艺、市场需求的特种树脂	规划发展部 营销物流部	2015
33	PVC 树脂中试装置预可研	为中试装置建设做前期准备	调研国内中试装置建设情况，搜集相关中试装置设计规范和数据，并进行分析、论证，形成具有可靠性的可行性研究报告和设计数据，为公司 PVC 树脂中试装置的建设做基础准备	规划发展部	2015
34	北元化工工艺设计规范编制	规范公司工艺设计图纸格式，便于统一管理	通过收集整理公司现有装置工艺设计相关规范，修改、完善、构建适用于公司的工艺设计规范	规划发展部	2015

表 8-2-1（续）

序号	项目名称	目的	项目说明	负责单位	项目执行年份
35	建立科技图书馆、科技期刊阅览室	建立公司科技文档室	通过购买科技方面的专业数据库、书籍、报纸、杂志，建立文档，便于员工查阅相关技术信息，进行技术资料、信息的检索和搜集	规划发展部	2015
36	新型化学建材预可研	为公司后期产业规划、产品结构调整做准备	通过市场摸底、客户走访，归纳总结产品发展趋势，并收集整理相关技术发展动态情报	规划发展部营销物流部	2015
37	二采区地下岩层三维模型建模研究	提高盐矿资源开采率	了解地下地质情况、原盐赋存情况，优化盐矿开采方式，提高原盐开采率，为进一步开采原盐做技术储备	盐业分公司	2015
38	水泥回转窑低氮、富氧燃烧技术应用研究	降低氮氧化物含量和煤耗	通过对燃烧系统的改造，分析燃烧温度、烟气中氧浓度、烟气高温区停留时间等对煤粉燃烧效果的影响，提高燃烧效率，降低生产成本和窑尾氮氧化物含量；分析水泥回转窑在富氧工况下运行数据的变化规律和对回转窑烧成的影响，研究回转窑一次风富氧率对熟料烧成质量、产量、熟料烧成能耗的影响及降低水泥熟料烧成能耗的优化规律，得出回转窑最佳的富氧浓度	规划发展部水泥有限公司	2015
39	废硫酸裂解富氧燃烧技术应用研究	降低废硫酸裂解天然气单耗和氮氧化物排放量，并实现资源回收利用	分析研究最佳的制氮机富氧空气回收方案，合理利用该部分排放掉的富氧空气，作为新建废酸裂解工艺所需的助燃空气，提高燃烧强度和燃烧效率，降低裂解炉燃料单耗，实现资源回收和有效利用	规划发展部化工二分公司	2015
40	化工一分公司产业优化研究	环保、产业改造	淘汰隔膜电解槽装置，从化工二分公司给化工一分公司供氯化氢气体至VCM合成，进一步发挥乙炔、合成、聚合及公用系统装置的生产能力，合理利用固定资产残值；化工二分公司电解槽增加单元槽，在保证化工一分公司氯化氢需求的情况下，不影响化工二分公司生产能力；采用浓硫酸清净工艺代替次氯酸钠清净工艺，降低水耗，降低生产成本，从根本上解决电石渣含氯的问题，解决污水排放难题	规划发展部化工一分公司化工二分公司	2015
41	含盐废水用于采卤处理技术研究	实现公司工业废水"零排放"；实现煤化工行业含盐废水应用于采卤	（1）分析测试公司内部含盐废水水质成分，研究其对采卤返卤盐水指标、盐水精制系统及精制后盐水指标的影响，实现公司内部工业废水的分级、分质利用； （2）调研煤化工行业含盐废水处理技术发展情况和处理成本，对煤化工水质成分进行分析，研究经济合理的处理措施，实现煤化工含盐废水满足采卤用水指标要求	生产技术部化工分公司热电分公司	2016

表 8-2-1（续）

序号	项目名称	目的	项目说明	负责单位	项目执行年份
42	PVC专用树脂研究	开发高附加值的PVC专用树脂	(1) 通过调查研究市场，了解客户对PVC高端软制品，管材、型材专用树脂的特定需求，并依据客户需求设计PVC生产配方和反应体系； (2) 研究分析聚合体系和分散体系对聚合度大小、粒径分布、表观密度、吸油率、鱼眼、塑化透明度、颜色等产品指标的影响； (3) 跟踪产品投放市场后的应用情况，比对产品各项指标与客户要求的吻合度，制定专用标准，进而不断优化调整产品配方，改进生产工艺	生产技术部 营销物流部 化工分公司	2016
43	电石渣浆乙炔回收装置技术优化研究及工程设计	回收电石渣浆中乙炔气，降低电石单耗，使乙炔回收率≥85%（纯乙炔）	(1) 通过对现有装置存在的问题进行分析、诊断，设计一套高效、全面的电石渣乙炔回收工艺装置，其中包括物料衡算、热量衡算、设备结构设计以及工艺流程设计； (2) 设计一台高效的乙炔脱吸塔和气相中渣浆除沫装置； (3) 解决电石渣浆运行过程中易堵塞的问题	生产技术部 规划发展部 化工分公司	2016
44	含汞废水吸附法深度治理	含汞废水汞含量≤3×10^{-9}	(1) 在现有含汞废水处理装置基础上增加深度处理装置，研究树脂吸附法对含汞废水除汞效果的影响，探讨吸附剂优选、吸附平衡曲线及吸附床层高度设计等； (2) 通过对现有工艺优化分析，提高现有装置处理后的水质和出水稳定性，降低废水中有机物和悬浮物的含量，提高树脂的使用寿命	生产技术部 规划发展部 化工分公司	2016
45	废硫酸裂解联产亚硫酸钠工艺研究	利用废硫酸裂解所产SO_2烟气制备亚硫酸钠，间接提高废硫酸裂解装置经济性，降低生产成本	(1) 完成废硫酸裂解烟气制亚硫酸钠吸收装置设计，其中包括物料衡算、热量衡算、设备结构设计以及工艺流程设计； (2) 研究最佳的工艺控制参数，使所产亚硫酸钠具有产品质量好、液体纯净度高、杂质少的特点	化工分公司 规划发展部	2016
46	合成炉副产蒸汽回收利用研究	回收化工合成炉副产蒸汽	(1) 通过对现有生产区域内用气点的综合分析，寻找一种高效的、投资较少的副产蒸汽回收方式； (2) 研究分析蒸汽用气点回用至合成炉副产蒸汽后，对生产工艺过程前后的影响	生产技术部 热电分公司 化工分公司	2016
47	氯乙烯回收单体精制研究	提升回收单体质量，进而提高PVC树脂质量	(1) 研究合理的净化工艺，以去除回收单体中所含各种杂质，主要包括碱洗、干燥脱水、精馏等工序对净化后单体成分的影响； (2) 分析研究净化工艺控制参数对回收单体质量的影响； (3) 对比分析精制回收单体、新鲜单体制备的聚氯乙烯树脂质量和乙烯法聚氯乙烯产品质量	化工分公司 规划发展部	2016

表 8-2-1(续)

序号	项目名称	目的	项目说明	负责单位	项目执行年份
48	湿法乙炔装置电石自动化加料技术应用研究	提高生产过程自动化程度，降低操作人员劳动强度，减少人力投入	(1) 研究湿法乙炔发生器小缸、上储斗、下储斗电石料位的测量，以提供可靠的测量结果； (2) 根据工艺操作条件及要求研究安全、可靠的自动加料程序，并考虑在异常状况下的程序应急及运行方式； (3) 研究优化湿法乙炔工艺加料过程，减少加料耗时，提高发生器利用效率	化工分公司	2016
49	电石法乙炔装置除尘系统优化改造研究	空间粉尘由300毫克/立方米降为20毫克/立方米左右	通过分析电石粉尘的产生原理和对加料系统的影响以及现有除尘系统存在的问题，研究并制定合理的乙炔装置区粉尘治理方案，其中包括除尘点布局、除尘器安装位置优化、除尘管线布置以及合理的除尘风量	化工分公司规划发展部	2016
50	氮气系统改造研究	优化氮气使用，评估现有氮气系统能力，提出氮气系统改造方案	(1) 研究造成乙炔分厂氮气流量大、压力低的原因； (2) 各氮气及压缩空气用户在使用过程中压力、流量的需求关系； (3) 对比现有空压、制氮装置的实际生产能力，得出氮气系统改造方案	化工分公司	2016
51	自动化改造研究	实现乙炔清净、一次盐水全自动化改造，减少操作人员，降低生产成本	研究分析乙炔清净系统、一次盐水系统实现全自动化改造的可行性，拿出自动化改造的实施方案和经济对比分析，并完成安全风险预评估	化工分公司	2016
52	母液水处理及循环利用研究	提高母液水水质，实现母液水循环利用	通过对聚合母液水水质的分析，研究降低母液水中COD、悬浮物等杂质的有效方法，制定合理的母液水回用方案，提高水资源利用率，降低水消耗	化工分公司	2016
53	螺杆压缩机压缩回收单体应用研究	降低回收单体电耗，解决现有水环压缩机压缩能力不足的问题	(1) 分析对比螺杆压缩机和水环压缩机进行回收单体压缩回收的经济性； (2) 研究螺杆压缩机对回收单体质量和树脂质量提升的影响； (3) 研究分析回收单体对螺杆压缩机性能的影响； (4) 完成螺杆压缩机进行回收单体压缩的分析报告	化工分公司	2016
54	电石渣在水泥配料中的应用研究	消化部分电石渣干粉的余量，解决外排问题；降低水泥配料成本，达到降本增效的目的	(1) 研究电石渣作为混合材料在不同品种水泥配料中的最佳配比； (2) 研究电石渣掺入后对不同品种水泥凝结时间、流动度、水化速度、强度、混凝土适应性等物理指标的影响； (3) 研究电石渣掺入对水泥产量及细度的影响	水泥有限公司	2016

表8-2-1(续)

序号	项目名称	目的	项目说明	负责单位	项目执行年份
55	化工淤泥在生料配料中的应用	解决化工分厂淤泥外排问题；节约排污费用，达到降本增效的目的	研究淤泥中无机物经高温系统后，对烘干破系统挂壁的影响及熟料煅烧系统的影响，提高系统配料和生料质量的稳定性	水泥有限公司	2016
56	煤矸石在水泥生料配料中的应用研究	降低熟料煤耗，改善熟料质量	(1) 主要对煤矸石的特性进行分析，结合配料成分需求及煅烧工艺情况进行匹配优化，寻找最佳配比，降低熟料煤耗，改善熟料质量； (2) 煤矸石在原料配料中的使用情况，要解决电石渣分解温度低、煤矸石具有一定的发热量、熟料化学反应会提前出现等问题，需要及时跟踪，控制好工艺参数	水泥有限公司	2016
57	钢渣在水泥生料配料中的应用研究	提高熟料中镁含量，改善生料易烧性和熟料外观，提高熟料质量	分析钢渣的理化性能、活性情况，研究钢渣配料对煅烧工艺的影响及熟料质量的改善作用	水泥有限公司	2016
58	电除尘器优化改造研究	提高电除尘器的除尘效率；降低电除尘器的能耗	(1) 提高电除尘器的除尘效率，按照试验前后对比及分析，将除尘效率提高到95%以上，提高粉煤灰的收集量； (2) 降低电除尘器的能耗，按照试验前后对比分析，在同等除尘效率时，使新型高频电源比原工频电源节能20%以上	热电分公司	2016
59	1号、3号、4号炉汽包平衡容器水位计改造研究	克服温度对单室平衡容器及参比水位密度的影响，保证汽包水位保护装置连续稳定投运	分析汽包平衡容器水位计的影响因素，研究制定合理的水位测量改造方案，实现汽包水位保护装置连续稳定投运	热电分公司	2016
60	污水处理污泥掺烧原煤应用研究	解决污泥处理难的问题，降低运行成本	分析研究合理的污泥掺烧比例和水分，将其掺烧至原煤中进行处理，降低污泥处理费用和运输费用	热电分公司	2016
61	锅炉脱硝优化烟气分配应用研究	解决脱硝改造后省煤器温度较低的问题	通过计算机流场模拟方式，通过研究调整进入一二次风空预器的烟气量比例，确保一二次风温满足设计要求	热电分公司规划发展部	2016
62	热电汽轮机汽耗现状调查与分析研究	降低汽轮机汽耗，提高经济效益	四台汽轮机组汽耗4.8千克/千瓦时左右，大于设计值，造成蒸汽利用效率不高。通过分析现有汽轮机组气耗较高的原因，研究并制定降低气耗的解决措施	热电分公司	2016

表 8-2-1（续）

序号	项目名称	目的	项目说明	负责单位	项目执行年份
63	柴油掺混废机油点火应用研究	回用生产过程中更换下来的废机油，替代部分柴油点火，降低生产成本，解决废机油处置问题	（1）分析研究最佳的废机油净化工艺；（2）废机油掺混后黏度单因素影响分析；（3）分析研究掺混后对油泵、喷嘴和点火效率的影响；（4）最佳的掺混比例、废机油加热方式、柴油和废机油混合工艺	生产技术部热电分公司水泥有限公司	2016
64	北元集团电网孤网运行研究	实现北元集团孤网运行，减少电费支出，降低生产成本，增强企业盈利能力	在现有工况条件下，着重研究北元集团现行电网运行，将负荷控制模式升级改造为调频控制方式，用能量平衡调节系统代替大网对负荷平衡的能力	生产技术部热电分公司化工分公司	2016
65	提升聚合干燥风送系统能力的研究	评估聚合干燥风送系统输送能力，依据评估结论拿出提升系统能力的改造方案	对PVC分厂一次、二次风送系统和二分厂聚合一期风送系统输送能力进行评估，拿出提升输送能力的改造方案	化工分公司	2016
66	含汞废酸中氯化氢回收利用研究	实现含汞废酸零产出	（1）研究分析最佳的乙炔氯化氢配比，减少氯化氢的过量度；（2）评定现有脱析装置运行情况，分析现有装置运行的瓶颈问题，核算脱析成本；（3）研究转化含汞盐酸最佳的处理方案，实现含汞废酸零产出	化工分公司	2016
67	乙炔回收综合利用研究	减少乙炔损失，提高乙炔综合利用率，降低电石单耗	研究分析合理的干法乙炔干渣和洗涤液中乙炔回收方式；研究合理的湿法发生器储斗排气收集方式，并进行氮气、乙炔分离，从而实现乙炔、氮气回收利用	化工分公司	2016
68	PVC二分厂水资源综合治理研究	实现母液水零排放，实现纯水制水装置浓水回收利用	（1）分析研究母液水分流治理方案，即母液水补发生器、母液水补循环水、母液水回用聚合浆料系统等方案；（2）通过处理前后水质分析，实现母液水合理、高效、安全回收利用；（3）研究论证纯水制水装置浓水回用方案，提高水资源利用率	化工分公司	2016
69	矿层可燃气体收集利用研究	回收利用返卤携带可燃气体	研究返卤总管中携带的可燃气体最佳收集回收方式以及利用方式（净化、加压、储存）	化工分公司	2016
70	卤水管道耐腐蚀材料应用研究	寻求可靠的卤水耐腐蚀材料，提高卤水管道使用寿命	根据石油、化工行业使用情况，通过在卤水管道内衬超高分子聚氯乙烯，提高卤水管道使用寿命	化工分公司	2016
71	盐泥注井分析研究	实现盐泥注井循环利用	研究分析盐泥注井后对返卤卤水质量的影响，论证盐泥注井具体实施方案	化工分公司	2016

表 8-2-1（续）

序号	项目名称	目的	项目说明	负责单位	项目执行年份
72	芒硝综合利用研究	实现芒硝综合再利用	调研行业内芒硝处理方式，寻求最佳的芒硝综合利用方案	化工分公司	2016
73	氯化氢干燥废酸回用至氯气干燥系统研究	实现高浓度废硫酸的再利用	分析研究现有装置硫酸浓度较高的原因，论证研究降低硫酸浓度的措施及废酸回用至氯气干燥系统可行性方案	化工分公司	2016
74	制氢装置纯氧综合利用研究	回收制氢装置排空的纯氧，提高资源利用率	寻求合理可行、安全可靠的纯氧回收和利用方式	化工分公司	2016
75	提高树脂塔运行周期的研究	延长树脂塔运行时间，减少再生次数	研究提高树脂塔运行周期的可行性方案，降低树脂塔再生酸碱消耗，提高树脂的利用率	化工分公司	2016
76	合成炉底座积泥清洗研究	节约维护成本，降低合成炉安全运行风险	论证研究最经济、合理的方式，以改善进入合成炉水质情况（现部分夹套为循环水冷却）或采取合理措施解决合成炉底座泥沙沉积问题	化工分公司	2016
77	提升干法破碎系统破碎能力的研究	提升单台破碎机能力，降低电耗	通过分析现有破碎机设备结构方面存在的问题，进而对现有破碎机进行改进或寻求其他形式的破碎机进行代替	化工分公司	2016
78	湿法发生器溢流研究	实现发生器液位控制自动化	研究发生器溢流管安装高度与发生器液位的关系，确立溢流管线与发生器内液位平衡控制点，防止发生器内液位降为零	化工分公司	2016
79	电石库粉尘治理研究	改善电石库现场环境，降低粉尘污染	寻求合理、可行的电石库除尘方案	化工分公司	2016
80	合成汞流失查定	查定 VCM 合成过程中汞流失去向	通过查定汞触媒使用过程中汞流失方向，分析造成汞流失的因素，优化生产工艺控制参数	化工分公司	2016
81	二氯乙烷综合利用研究	寻求二氯乙烷资源利用方式	调研行业内二氯乙烷处理方式，寻求合理的、适合北元的处理方式	化工分公司	2016
82	采卤注井背压综合利用研究	利用注井背压回用，降低采卤能耗	（1）添置井组返卤管线压力检测装置并收集相关数据，对井组注井余压的可利用性进行评估； （2）根据评估结果，对现有采卤管线进行技术改造，改变卤水的输送方式，用余压直输代替设备输送； （3）寻求其他合理的余压利用方式	化工分公司	2016

表 8-2-1(续)

序号	项目名称	目的	项目说明	负责单位	项目执行年份
83	电解槽旧离子膜重复利用研究	提高离子膜利用率,降低生产成本	(1) 分析研究旧离子膜的弹性、磺酸层、羧酸层情况,并与新离子膜形成对比,建立数据库; (2) 分析研究旧离子膜白化现象对系统运行的影响,并建立数据库	化工分公司	2016
84	锅炉捞渣烘干改造方案研究	降低锅炉炉渣含水量,进而减少水泥炉渣烘干热量消耗	通过综合评定现场可利用余热,寻求一种最佳的余热利用方案(余热来源、烘干方式、实施方案),对炉渣进行烘干干燥,降低炉渣中水分含量	热电分公司	2016
85	四台机组三段抽气增加液动快关阀可行性研究	提高机组异常情况下的安全性能	论证研究汽轮机三抽供除氧器加热蒸汽管道上增加液动快关阀可行性方案	热电分公司	2016
86	定排连排余热回收利用研究	实现定排、连排水蒸气回用,提高余热和水资源利用率	通过对定排、连排水蒸气量和排放规律的分析,寻求一种合理的水蒸气回收方式,提高资源利用率	热电分公司	2016
87	脱硫灰资源综合利用	解决脱硫灰处置问题	分析脱硫灰成分及影响脱硫灰成分稳定性的原因,并论证脱硫灰资源化利用方案的可行性	生产技术部 热电分公司	2016
88	六联体库防爆及粉尘治理研究	彻底消除爆炸隐患,实现无粉尘排放	通过技术研究和行业内调查,研究消除六联体库防爆及粉尘治理的最优方法,实现安全环保生产	水泥有限公司生产技术部	2016
89	炉渣和电石炉灰在生料配料中的应用	通过成分分析,优化配料方案和熟料煅烧工艺,改善熟料质量,降低生产成本	通过分析原料配料中各种原料化学成分,设计出不同配料方案,并进行对比分析,得出最佳的配料方案,达到提高熟料质量、降低生产成本的目的	水泥有限公司	2016
90	水泥烧成系统余热综合利用研究	提高余热回收利用率,降低熟料成本	通过对水泥回转窑窑头余热和窑体辐射热等热能的综合评定、分析和研究,针对公司实际情况寻找一种最佳的余热回收利用方案,提高回转窑余热综合利用率,实现水泥回转窑余热高效、合理利用,降低熟料煤耗	水泥有限公司	2016
91	电石渣制油井水泥基础技术研究	调查研究电石渣制油井水泥的可行性	(1) 调研周边油井水泥的市场需求及油井水泥的种类; (2) 考察国内现有的油井水泥生产企业情况,便于后期确定生产油井水泥的研究方向; (3) 研究电石渣生产油井水泥熟料的技术指标和工艺参数; (4) 研究不同种类油井水泥的熟料配料方案; (5) 各种油井水泥外加剂的调研与研究、应用	水泥有限公司	2016

表 8-2-1（续）

序号	项目名称	目的	项目说明	负责单位	项目执行年份
92	提高煤气脱焦效率研究	提高煤气脱焦效率	(1) 分析研究现有捕焦系统存在的问题，优化工艺控制参数，进一步降低煤气焦油含量； (2) 寻求一种合理、高效的煤气脱焦技术	锦源化工	2016
93	电石炉除尘灰回收综合利用研究	提高资源利用率，降低生产成本	(1) 对电石炉除尘灰成分进行全面的分析； (2) 分析除尘灰各成分含量高低对锅炉系统运行的影响； (3) 分析研究 CaO 含量高低对锅炉烟气脱硫效果的影响； (4) 探讨合理的除尘灰固化方式以及与煤矸石拌和比例、拌和方式，确保其均匀稳定加入系统中	锦源化工	2016
94	电石渣资源化利用研究	拓展电石渣综合利用渠道	寻求电石渣多元化利用技术	生产技术部	2016
95	电石法聚氯乙烯生产工艺与煤化工技术耦合可行性研究	论证盐化工和煤化工技术耦合可行性	调查研究工业园区内产业集群间技术耦合的可行性，为公司 VCM 制备寻求新的生产工艺	生产技术部	2016
96	水煮煤技术调查研究	水煮煤技术调研	调查研究水煮煤技术开发进展情况，为公司技术投资做前期准备	生产技术部	2016
97	姜钟法生产技术发展现状调查研究	姜钟法生产技术调研	调查研究姜钟法生产技术发展现状，寻求 VCM 制备新技术，为 2020 年《国际汞公约》履约前做好技术分析	生产技术部	2016
98	氧热法电石生产技术发展现状调查研究	氧热法电石生产技术调研	通过调查研究氧热法电石生产技术的现状，分析研究该技术在公司推广应用的可行性，降低电石生产成本	生产技术部	2016
99	无汞触媒技术调研	调研行业内无汞触媒的开发应用情况	跟踪调研行业内无汞触媒的开发情况，依据调研结果进行中试试验	生产技术部	2016
100	电石泥压滤机改造	调研新型的电石泥压滤机	通过对新型压滤机的使用情况及经济性进行调研，引进适合公司需求的压滤设备，降低公司生产成本和人员劳动强度	化工分公司	2016
101	新型耐火材料的应用	调查新型耐火材料，提高耐火材料使用寿命、降低设备表面温度、降低热损失	通过对新型耐火材料的调查研究，引进使用适合公司实际的新型耐火材料，降低能耗，提高热利用率，提高运转率	水泥有限公司	2016

表 8-2-1（续）

序号	项目名称	目的	项目说明	负责单位	项目执行年份
102	机械清库装置的应用	调查使用机械式清库装置，实现自动化清库	通过对机械清库装置的调查研究和引进，降低人工清库作业风险，减少清库费用	水泥有限公司	2016
103	出磨生料在线配料的应用	出磨生料无须人为调节配比，实现在线监测数据，自动调节配料	提高出磨生料的合格率，减少人为因素对质量的干扰，减少人员的配置，提高生产运行的稳定性	水泥有限公司	2016
104	PVC树脂聚合实验室建设	建设PVC树脂聚合实验室，具备小实验和树脂性能评价分析功能	（1）具备原料净化后纯度、聚合助剂评价分析功能；（2）具备新产品开发小实验功能；（3）具备树脂粒径分析、成型加工、配方设计等功能	生产技术部	2017
105	PVC聚合过程绿色助剂应用研究	实现电石法聚氯乙烯生产绿色制造，产品各项指标满足PVC出口检测标准对苯酚类、偶氮类物质的限制要求	环保型助剂替代传统助剂试用研究：通过对新型环保型助剂成分分析，建立新型环保型助剂聚合分散体系和反应体系，确保产品质量各项指标满足客户要求	化工分公司	2017
106	火电装置自控系统优化研究与应用	提高全厂自动投入率，减少运行人员操作量，保证系统经济性、稳定性	结合公司自动控制特点，分析现有自动化装置投运率低的原因，拿出提高自动化控制水平的实施方案	热电分公司	2017
107	新型密封技术在锅炉炉底的应用研究	降低炉底漏风，减少锅炉辐射散热损失，避免水冷壁下联箱排污管腐蚀，提高锅炉运行经济效益	（1）探讨炉底传统水封改造为迷宫式进口合金特氟龙水封可行性，并对比改造前后经济成本；（2）对比改造前后对水冷壁下联箱排污管腐蚀情况	热电分公司	2017
108	锅炉受热面泄漏报警系统应用研究	提前发现受热面泄漏，避免事故扩大	（1）分析锅炉受热面泄漏的原因及影响；（2）制定锅炉受热面泄漏检测方案；（3）对比分析增加检测系统后的设备性能和安全经济效益	热电分公司	2017
109	汽轮机组降低背压新技术应用研究	降低空冷机组的背压，提高机组经济性，增加发电负荷	探讨空冷系统增加湿冷尖峰冷却器和水环真空泵入口增加洗涤冷却塔两种方案的技术可行性，并拿出具体实施方案	热电分公司 生产技术部	2017

表 8-2-1(续)

序号	项目名称	目的	项目说明	负责单位	项目执行年份
110	新型辅料在生料配料中的开发及应用	实现新辅料的开发与利用；降低生料配料成本，达到降本增效的目的	(1) 全面对周边原料资源进行调研、取样、分析检验； (2) 设计出合理的新型辅料配料方案； (3) 新型辅料对工艺参数的要求及适应情况的研究，根据配料方案进行经济性对比分析； (4) 新型辅料对熟料质量影响情况的研究	水泥有限公司	2017
111	电石炉炉壁温度测试研究	通过炉壁温度的测量，掌握电石炉炉壁耐火砖使用情况和炉内温度的实际情况	(1) 分析电石炉操作特点； (2) 探讨炉壁测温装置的选型和安装位置； (3) 根据测量温度与炉况真实温度差距，分析校正系数的选取； (4) 评价电极焙烧情况	锦源化工生产技术部	2017
112	氯气干燥废酸提浓技术应用研究	将75%氯气干燥废硫酸提浓至95%，实现内部循环利用	(1) 了解硫酸提浓技术现状及在氯碱行业的应用情况，并做出评价分析； (2) 对比不同蒸发浓缩技术方案、材质选择及经济效益分析	规划发展部 生产技术部 化工分公司	2017
113	电石渣用于电石生产基础技术研究	电石渣制生石灰满足电石生产要求，为电石渣利用寻求新的应用渠道	(1) 研究电石渣成型工艺技术，包括水分、压力、煅烧温度、外加结合剂等对冷热强度的影响； (2) 研究电石渣煅烧后各成分对电石生产的影响，包括磷、硫、外加引入杂质等	生产技术部	2017
114	无汞触媒应用工艺技术研究	获得无汞触媒工业化试用的各项工艺控制参数	(1) 探讨新型无汞触媒对现有合成转化系统的适应性； (2) 自主开发中试反应器，进行无汞触媒工艺实验，确定经济、合理的工艺控制参数及转化器设计参数	生产技术部 化工分公司	2017
115	地下盐层开采情况研究	掌握区域岩盐地质情况和原盐赋存情况，提高原盐开采率	通过对岩盐地质构造形态、水溶后溶腔形态变化的研究，进而了解地下盐矿开采情况，准确掌握卤井服务年限，提高原盐开采率	化工分公司	2017
116	一种计量检定管理软件开发与应用	改善现有计量管理模式，实现计量检定的信息化管理、资源共享、台账共享、无纸化存储等	(1) 自主开发一款计量检定管理软件，软件具备自动打印证书、存储数据、数据提取功能，并形成检定基础数据库； (2) 软件开发成功后在全公司全面联网，实现管理自动化	生产技术部 综合管理部 化工分公司	2017
117	新型物位计研究与应用	研究适合水泥六联体库环境中应用的料位计	(1) 考察调研不同类型物位计的技术特点及应用情况； (2) 分析研究水泥六联体库内环境特性，包括水蒸气、乙炔气、电石渣粉尘等因素对物位计测量准确性的影响，有针对性地开发适合该工况条件下的物位计	生产技术部 水泥有限公司	2017

表 8-2-1（续）

序号	项目名称	目的	项目说明	负责单位	项目执行年份
118	新型干法气相刮刀研究与应用	干法发生器使用周期从40天延长到60天	（1）探讨乙炔气中夹带粉尘的含量，从源头上改善刮刀堵塞问题； （2）研究新的气相刮刀结构，减少粉尘在刮刀处的堆积量	化工分公司	2017
119	合成炉闪蒸罐防腐技术研究	解决合成炉闪蒸罐腐蚀问题	研究合成炉闪蒸罐所用除盐水对设备的腐蚀原因及处理措施，并得出进闪蒸罐除盐水pH、温度等最佳控制指标	化工分公司生产技术部	2017
120	陶瓷球作为球磨机研磨体应用研究	调查同行业陶瓷球在水泥磨中的使用情况，并根据调研结论进行相关应用试验	（1）调查了解陶瓷研磨球的技术特点及行业使用情况； （2）分析陶瓷球的相关性能及对磨粉系统的影响； （3）探讨该技术引进的可行性，根据调研结论进行相关应用试验	水泥有限公司	2017
121	新型烘干工艺技术应用研究	提高烘干窑生产产力，降低炭材粉化率、电耗及生产成本	（1）调查了解立式烘干窑、网袋式干燥器的技术特点及应用情况； （2）结合公司现有实际，完成新型烘干工艺应用可行性分析	锦源化工	2017
122	降低白灰生过烧分析研究	降低白灰生过烧，稳定质量，为电石提供合格的原料	（1）分析石灰石粒度及粉料对白灰生过烧的影响； （2）探讨工艺操作及控制等因素对白灰生过烧的影响； （3）形成优化方案	锦源化工	2017
123	白灰成球工艺技术研究	固废利用，降低成本，同行业推广	（1）研究白灰粉成球工艺技术，分析压力、温度、含湿量以及外加结合剂等因素对成球强度的影响； （2）分析研究白灰风化后成分变化及在电石生产中的应用情况	锦源化工生产技术部	2017
124	锅炉超低排放技术应用研究	根据公司现有除尘系统特点，研究切实可行的超低排放实施方案	（1）调查了解行业内超低排放技术路线及技术现状； （2）根据公司现有实际情况，探讨最佳的超低排放改造技术方案	热电分公司	2017
125	水泥窑尾烟气旁路放风技术应用研究	探讨旁路放风技术在水泥窑尾系统应用的可行性	（1）调查了解旁路放风技术特点、发展现状及应用案例； （2）结合公司实际情况，探讨该技术应用于水泥窑尾系统的可行性	水泥有限公司	2017
126	引发剂连续滴加技术应用研究	实现单条生产线测试产能提升10%，改善下游PVC加工性能，提升PVC产品质量	（1）研究并建立适用于CiD技术的聚合体系； （2）对比分析CiD技术与传统技术产品质量和生产成本的差异； （3）评价CiD技术合成PVC产品对下游产品加工性能的影响	化工分公司	2018

表8-2-1(续)

序号	项目名称	目的	项目说明	负责单位	项目执行年份
127	离子膜电解槽节能新技术应用研究	单元槽槽电压由3.3伏降低至3.1伏；预期吨碱电耗为2.2兆瓦时左右	(1) 完善电解槽直流电耗的计量； (2) 总结分析行业内不同结构类型电解槽膜极距改造方案和存在的问题； (3) 结合北元自身烧碱装置生产工艺特点，从电解槽进液方式及压力控制、氯氢压差控制、开停车操作、运行工艺参数调整及优化、异常工况处理等方面考虑，形成适合北元烧碱装置的膜极距改造方案； (4) 探讨膜极距改造后对碱中含盐、氯中含氧、离子膜运行效率和使用寿命的影响	化工分公司	2018
128	煤粉细度在线监测技术在锅炉系统中的应用研究	实现锅炉系统煤粉细度的在线监测功能，应用后飞灰含碳量下降至3%~4%，炉渣可燃物下降至3%~4%	(1) 对比分析不同煤粉在线监测技术的性能特点和优缺点，寻求一种适合公司现有锅炉系统的煤粉在线监测系统； (2) 根据现有锅炉运行特点，探讨研究煤粉在线监测系统与锅炉配风、煤磨系统、燃烧系统三者之间的关联方式，最终实现自控调整锅炉燃烧； (3) 对煤粉细度在线监测系统的应用效果进行评价	热电分公司	2018
129	硅粉作为水泥混合材料的应用研究	实现水泥新型辅料的开发与利用；降低水泥生产成本，改善水泥性能	(1) 对硅粉来源进行调研； (2) 对硅粉进行活性试验和全分析研究； (3) 对硅粉和粉煤灰进行同配比小磨试验，对比分析水泥物理性能、混凝土性能； (4) 根据水泥性能设计出硅粉作为混合材料配料的方案	水泥有限公司	2018
130	低温耐热材料在回转窑系统中的应用研究	将三次风管及预热器表面温度降低至130℃，提高热效率	(1) 考察调研不同低温耐热材料的性能特点和应用于电石渣水泥的现状； (2) 结合公司特点，探讨并制定低温耐热材料在水泥系统三次风管、预热器试用方案； (3) 对低温耐火材料应用效果进行评价	水泥有限公司	2018
131	循环流化床锅炉系统优化控制研究	提高热电分厂自动化水平，实现自控率>90%，产气煤耗下降1%~2%	(1) 充分分析现有锅炉自控系统存在的问题和缺失内容； (2) 针对锦源化工循环流化床锅炉运行特点，从锅炉配风系统、给煤系统、给水系统等方面进行优化，稳定锅炉燃烧工况，确保锅炉蒸汽温度、压力等各项参数稳定在指标范围内； (3) 完成项目实施后评价	锦源化工	2018
132	循环水系统除垢技术应用研究	解决循环水系统结垢问题，提高设备的运行效率	(1) 充分分析量子除垢技术的性能特点和抑制设备结垢的机理； (2) 探讨量子除垢器在循环水系统合理的安装位置，并开展应用试验； (3) 综合对比分析循环水系统量子除垢技术和化学除垢技术优缺点和经济性； (4) 完成应用效果评价	生产技术部 化工分公司 热电分公司	2018

表 8-2-1（续）

序号	项目名称	目的	项目说明	负责单位	项目执行年份
133	互联网创新平台在采购系统的应用研究	实现公司互联网+采购的创新模式；扩大企业采购的寻源半径，降低采购成本，提高采购效率	（1）了解互联网+采购模式在企业的应用状况；（2）结合公司采购特点，论证互联网+采购创新平台在公司应用的可行性和应用效果预评价，制定详细的实施方案，并组织实施；（3）对互联网创新平台应用采购系统进行评价	采购供应部	2018
134	乙炔渣浆管道系统除垢技术应用研究	解决乙炔电石渣浆输送管道结垢问题，延长管道检修周期，降低维修成本	（1）研究分析电石渣浆管道结垢原因及机理；（2）探讨非金属管道替代碳钢管道作为渣浆输送管道的可行性及非金属管道防结垢机理；（3）开展非金属管道替代金属管道应用试验，并完成效果后评价	化工分公司生产技术部	2018
135	聚合引发体系 TX23 替代 EHP 优化研究	拓宽不同牌号 PVC 树脂聚合用引发剂种类，降低引发供应风险，提高公司生产和质量的控制能力	（1）探讨 TX-23 替代 EHP 形成新的引发体系对聚合时间和树脂质量的影响；（2）开展新引发剂应用效果评价	化工分公司生产技术部	2018
136	水泥窑协同处置危废技术应用研究	形成公司水泥窑协同处置危废的技术方案	（1）调研国内水泥协同处理装置的技术路线、工艺特点及应用现状；（2）调研分析榆林地区危险废物的种类、理化性能及作为水泥窑处置的可行性；（3）结合公司水泥生产系统实际运行情况，完成水泥窑协同处置固废物的技术方案编制	生产技术部 安全环保部 水泥有限公司	2018
137	电石渣在建筑领域的应用研究	（1）电石渣稳定土基层各项性能指标达到《公路路面基层施工技术细则》规定要求；（2）电石渣替代石灰节约道路建设成本 100~300 元	（1）开展电石渣应用于工程建设的基本特性分析；（2）研究电石渣稳定土、电石渣粉煤灰稳定土的强度影响因素，包括养生期、掺合料等，结合拌土、冻融试验，确定陕北地区电石渣稳定土、电石渣-粉煤灰稳定土的合理配比；（3）开展电石渣稳定土试验路铺筑及检测，对电石渣稳定土应用性能等进行分析比较	规划发展部 生产技术部	2018
138	高含盐废水中有机物降解技术研究	（1）废水中 TOC 含量小于百万分之七；（2）废水水处理费用小于 4.5 元/吨	（1）对生产废水水质进行全分析，充分掌握废水中有机物含量、类型及水质变化规律；（2）采用催化氧化法+吸附法相结合方式，针对不同方式的催化氧化工艺和不同类型活性炭、生物活性炭和有机物吸附树脂对比筛选，探讨其工艺条件，并评价对有机物的去除效果、吸附容量及再生方式；（3）探讨不同组合工艺降低高含盐废水中有机物的方案和经济性	生产技术部 热电分公司	2018

表 8-2-1（续）

序号	项目名称	目的	项目说明	负责单位	项目执行年份
139	电石炉料共成型技术研究	所制炉料可承受1200℃以上高温并具有一定强度，在料层中不会崩裂粉碎	（1）研究电石渣杂质去除的有效方法； （2）研究兰炭末、煤粉单独成型最佳冷热强度的工艺参数和黏结剂配方； （3）研究电石渣与兰炭末、煤粉混合共成型最佳冷热强度的工艺参数及黏结剂配方； （4）研究电石渣、兰炭末、煤粉混合共成型后干燥、碳化、煅烧等最佳工艺条件	生产技术部	2018
140	全卤盐水质量优化研究	（1）一次精制盐水 $Ca^{2+}+Mg^{2+}<500×10^{-9}$； （2）确定磷酸去除 Ca^{2+}、Mg^{2+}的工艺条件	（1）开展磷酸去除 Ca^{2+}、Mg^{2+}的分析实验，并探讨影响去除效果的相关因素； （2）对比评价磷酸去除工艺与现有工艺的运行效果和经济性； （3）完成磷酸去除 Ca^{2+}、Mg^{2+}的工艺改造方案编制	生产技术部化工分公司	2018
141	PVC聚合干燥尾气除尘方案优化研究	形成PVC聚合干燥尾气除尘方案，尾气排放达到国家最新标准	（1）分析PVC干燥尾气洗涤塔运行存在的问题及原因； （2）完成干燥系统风机进出口风压富裕量核算，制定除尘改造方案	化工分公司	2018
142	脱硫灰二次氧化处理工艺研究	脱硫灰用作水泥缓凝剂且满足水泥生产要求	（1）探讨脱硫灰成分波动的影响因素，并制定措施； （2）通过增加脱硫灰后续氧化工序，探讨氧含量、pH等因素对氧化速率的影响； （3）根据试验结果设计脱硫灰氧化工艺，并完成工艺包设计； （4）小范围应用于水泥生产并完成效果评价	热电分公司	2018
143	含汞废水及正渗透浓水处理技术研究	实现含汞废水及反渗透浓水"零排放"	（1）适用于不同难降解有机物的高级氧化技术（AOPs）研究； （2）正渗透膜分离技术（FO）理论以及应用研究； （3）粗盐洗涤技术可行性研究； （4）开发 AOPs+MVR 水处理技术，整合AOPs和MVR，分步骤实现有机物降解和盐、水分离； （5）研究 FO+MVR 技术+生化处理	科技研发中心	2019
144	聚合过程中补加部分氯乙烯单体工艺技术研究	通过对聚合反应配方和工艺控制参数的调整，提高聚合单釜产量和PVC树脂质量	（1）研究分析聚合过程中补加部分氯乙烯单体对聚合反应的影响，对分散体系和引发体系对树脂粒径分布、表观密度、吸油率等指标影响分析； （2）论证生产装置聚合过程中加氯乙烯单体技术改造方案	科技研发中心	2019

表 8-2-1（续）

序号	项目名称	目的	项目说明	负责单位	项目执行年份
145	电石法聚氯乙烯透明片专用高端树脂开发	开发一款电石法聚氯乙烯透明片高端专用树脂	（1）研究分析聚合分散体系和引发体系对树脂透明度、雾度、色泽、晶点等性能影响；（2）研究小试试验和工业化放大过程中聚合配方调整规律；（3）形成 PVC 透明片高端专用树脂评价技术标准	科技研发中心	2019
146	甘氨酸中试装置	完成甘氨酸中试装置的建设	（1）研究分析国内甘氨酸技术分布及现状；（2）确定符合公司生产状况工艺技术；（3）完成甘氨酸中试装置设计及建设；（4）完成中试装置的效果评价	科技研发中心	2019
147	聚合母液水制纯水工艺技术应用研究	母液水浊度小于 1 NTU；COD 为 0～2 mg/L；SS 小于 1 mg/L；电导率小于 1 μs/cm；产水率大于 95%；母液水处理成本小于 2.69 元/吨	（1）探讨研究臭氧氧化对母液水有机物去除效果的影响，包括臭氧浓度、pH 值、停留时间等；（2）分析活性炭和生物活性炭对处理后母液水有机物去除效果的影响；（3）研究分析母液水制纯水装置再生废水利用方式	科技研发中心	2019
148	电石炉料面自动处理控制系统研究	实现电石炉料面自动处理；降低人力消耗，消除人员安全隐患；实现电石安全化、自动化生产	研究采用机器人代替人工操作，实现对电石炉料面的自动处理	科技研发中心	2019
149	固碱包装线自动化应用与研究	每套包装线减员三分之二	从包装自动化入手，改变现有的部分包装线设备结构及包装袋的运行路径，增加部分工序优化包装过程	生产技术部	2019
150	母液质量对树脂"鱼眼"的影响研究	降低树脂中"鱼眼"数量，提升树脂质量	（1）使用过滤器对聚合浆料离心后的母液水进行过滤，降低母液水中残留树脂颗粒和悬浮物含量，消除母液水含树脂颗粒造成二次聚导致树脂"鱼眼"超标的隐患；（2）使用开停车首末件质量确认表对关键装置、设备进行控制；（3）使用 SPC 对树脂"鱼眼"进行监控，数据趋势异常时排查原因，采取措施	生产技术部	2020
151	聚氯乙烯二分厂汽提蒸汽及干燥蒸汽冷凝水除铁研究	降低汽提蒸汽及干燥蒸汽冷凝水的含铁，提高树脂质量	（1）在汽提蒸汽管线增加耐高温的过滤器进行除铁；（2）在进干燥蒸汽冷凝水管线上增加除铁装置，最大限度地降低铁对树脂质量的影响	化工分公司	2020

表 8-2-1(续)

序号	项目名称	目的	项目说明	负责单位	项目执行年份
152	新型耐火材料、耐热件在熟料烧成系统的应用研究	实现新型耐火材料的应用，降低耐火材料的更换频次	(1) 全面调研同行业和电石渣制水泥企业熟料烧成系统耐火材料、耐热件使用情况； (2) 论证新型耐火材料、耐热件在我公司实际试用的可行性； (3) 利用检修部分区域实施； (4) 根据试用情况对项目进行总结并确定后期的实施方案	水泥有限公司	2020
153	主变低压 10 kV 侧近区相间短路故障防控研究与应用	限制短路电流，避免故障电流烧毁关键设备，引起系统电压波动，提高供电电压，确保供电系统稳定运行	(1) 分析现有生产系统运行问题； (2) 在主变低压 10 kV 出线侧增加限流装置，采用限流电抗器与大容量高速开关并联运行方式	生产技术部	2020
154	乙炔氢氯化反应钌基催化剂应用工艺技术研究	开展钌基无汞催化剂的氯乙烯合成工艺技术运行经济性评价	(1) 开展不同氯化氢和乙炔分子配比下，考察催化剂寿命、转化率及选择性，分析催化剂应用性能； (2) 开展钌基无汞催化氯乙烯合成工艺优化研究，考察温度、移热方式、压力等工艺参数对催化剂性能的影响	科技研发中心	2020
155	电石炉智能冶炼技术研究应用	实现自动化配料、电炉自动操控、净化自动操控的电石炉冶炼智能化，并达到电石炉节电增产的目的	(1) 配料站系统自动上料，对 12 个料仓、自动配料、上料、输送进行自动化改造； (2) 对电极自动升降、炉压自动控制技术进行研究	锦源化工	2021
156	磨煤机石子煤排放系统的应用	现场环境吸尘<2.5 mg/Nm³，总尘<4 mg/Nm³；作业时间每台磨煤机每天节约 20 min；保障作业人员人身安全	将现有磨煤机石子煤排放装置技改为等压排放密封收集装置，在磨煤机下设计一用一备两台气动插板排渣门，保证在工作及排渣工程中磨煤机系统严密不泄漏。密封舱设有石子煤堵塞手工疏通人孔，石子煤收集箱使用叉车进行倾倒，可以大大降低人员劳动强度	热电分公司	2021
157	电石料仓乙炔气在线监测技术应用研究	实现电石料仓及干渣仓乙炔进行在线分析，降低岗位人员劳动强度	将一区 4 个缓冲料仓、2 个粗料仓、2 个细料仓、1 个干渣仓内含乙炔检测由手动间隙分析改为在线检测，共用一套（一拖九）在线乙炔浓度分析仪，将监测数据传送至二期 DCS 控制室并对乙炔含量上限值设置报警值，实现干法一区电石料仓及干渣仓乙炔浓度 24 小时在线检测	化工分公司	2021

表 8-2-1（续）

序号	项目名称	目的	项目说明	负责单位	项目执行年份
158	聚氯乙烯分厂VCM精馏尾冷自动切换应用研究	实现VCM精馏尾冷自动切换	3台尾冷，串联运行，气相进出口设自控阀，自动切换、化冻（运行方式A→B→C切换后C→A→B再切换后B→C→A）	化工分公司	2021
159	风悬浮风机在电石渣制水泥中的应用研究	降低水泥库底风机噪音降低至80分贝以下；杜绝漏风漏油，减少维护成本；提高风机工作效率	在水泥库底试用一台风悬浮风机，代替原有的罗茨鼓风机，以达到降低能耗，降低噪声的目的	水泥有限公司	2021
160	乙炔发生器储斗置换尾气回收装置的应用与实施	通过了解行业内实施及运行情况，收集现场实际运行数据，联系四川开元设计院，增加变压吸附回收装置，实现氮气和乙炔气回收再利用	在乙炔分厂增加一套变压吸附装置，将乙炔分厂湿法发生器加料过程中外排的乙炔气和氮气重复回收利用	生产技术部	2021
161	PVC干燥D线自动控制研究	通过仙境控制技术减少人工操作，缩小温度控制波动范围，稳定干燥过程中PVC含水，抑制输送过程产生的静电，提高PVC质量	（1）利用数据采集软件收集现场运行的实时数据，利用这些数据对现场各工艺数据间影响关系进行分析；（2）利用回路分析软件进行回路分析，给出分析评分，检测控制回路的性能；（3）实现PID回路的自动整定；（4）利用已收集的数据及分析结果进行建模，并不断的优化控制模型	生产技术部	2021
162	135万吨/年原盐及采输卤项目中水不溶物循环使用研究	通过盐泥注井装置的投用，将二期一次盐水工段产生的盐泥全部注入井下，沉积在老旧盐井溶腔底部，实现环保生产	选择化工分公司采卤分厂一采区三期配水控制室北侧空地增加盐泥注井装置，该装置由缓冲罐、盐泥注井泵及其配套的管线、仪表组成。二期一次盐水装置产生的盐泥液通过盐泥泵送至缓冲罐内进行机械搅拌，再由盐泥注井泵注入一采区6号井内循环使用（5号井作为备用井）	生产技术部	2021
164	湿法发生器联锁气柜自动控制	实现湿法发生器给料机自动控制，液位程序自动控制，气柜液位自动控制，发生器无须人员操作，降低人员劳动强度，减少人员误操作。运行稳定后DCS人员每人可操作6台发生器	（1）湿法发生器给料机进料根据气柜液位进行自动启停；（2）在一台发生器试验将发生器加水和渣浆分离器喷淋管道单独配制，实现加水和喷淋独立控制	化工分公司	2021

表 8-2-1（续）

序号	项目名称	目的	项目说明	负责单位	项目执行年份
165	不同品种混合材对水泥干缩性的影响研究	通过对粉煤灰、镁渣、炉渣、锰渣、石灰石开展单掺实验，得出不同种类混合材对干缩率影响的定性结论；通过对粉煤灰、镁渣、炉渣、锰渣、石灰石进行复掺实验，得出不同掺量混合材对干缩率影响的定量结论；结合实验研究定性和定量结论，同时结合配料成本，得出改善水泥干缩率最优配比	（1）通过对粉煤灰、镁渣、炉渣、锰渣、石灰石开展单掺实验，得出不同种类混合材对干缩率影响的定性结论；（2）通过对粉煤灰、镁渣、炉渣、锰渣、石灰石进行复掺实验，得出不同掺量混合材对干缩率影响的定量结论；（3）结合实验研究定性和定量结论，同时结合配料成本，得出改善水泥干缩率最优配比	水泥有限公司	2021
166	DOE实验设计在水泥配料中的应用研究	通过开展水泥混合材DOE混合配料试验设计研究，探究P.O42.5水泥中炉渣、石灰石、锦源粉煤灰、热电粉煤灰、外购粉煤灰、锰渣等最优的混合配合比	通过开展水泥混合材DOE混合配料试验设计研究，探究P.O42.5水泥中炉渣、石灰石、锦源粉煤灰、热电粉煤灰、外购粉煤灰、锰渣等最优的混合配合比	水泥有限公司	2021
167	新型中压电缆专用特种树脂研究	完成一种新型中压电缆专用树脂的试生产；开发一个新目标客户	在化工分公司完成一种新型中压电缆专用树脂的试生产。并开发一个新目标客户	生产技术部	2021
168	新型高压电缆专用特种树脂研究	完成一种高压电缆专用特种树脂的试生产	在化工分公司完成一种高压电缆专用特种树脂的试生产。并开发一个新目标客户	生产技术部	2021
169	PVC透明制品性能评价方法研究	摸索PVC透明片材和透明薄膜的加工配方及加工工艺条件，通过相关仪器检测其晶点、透明度、雾度、颜色等指标	（1）对标选择PVC透明片材及薄膜加工设备；（2）摸索不同型号PVC透明片材和薄膜的加工配方及试样配方工艺条件，制备透明制品；（3）通过相关仪器测量制品中的晶点、透明度、雾度、颜色等指标；（4）形成透明片材和透明薄膜质量评价方法	科技研发中心	2021

表 8-2-1（续）

序号	项目名称	目的	项目说明	负责单位	项目执行年份
170	氯乙烯合成气中副产物检测方法研究	建立氯乙烯合成过程中副产物成分定性分析方法，对转化、精馏及聚合过程中气体组分进行检测分析，掌握各生产过程中的杂质气体组成	（1）研究具有代表性的取样容器和取样方法； （2）摸索氯乙烯合成过程中副产物成分定性分析的方法； （3）根据定性的成分建立定量检测方法； （4）对转化气、VCM 单体、回收单体的气体组分进行含量检测分析	科技研发中心	2021
171	不同企业 PVC 树脂加工性能评价	通过对不同企业树脂在加工方面的性能的检测，逐步建立同行业树脂质量数据库，对比找差异，找准优质产品标杆	（1）定期收集行业不同型号的优质 PVC 树脂； （2）对不同型号树脂进行加工性能方面的实验检测及评价； （3）逐步建立行业树脂质量数据库	科技研发中心	2021
172	甘氨酸生产自动化升级研究	实现混合溶剂法甘氨酸生产工艺自动化控制；完善混合溶剂法甘氨酸生产工艺包	（1）国内甘氨酸生产工艺自动化技术调研； （2）结合混合溶剂法甘氨酸生产技术，对各操作单元自动化控制进行设计和论证； （3）对甘氨酸生产过程中自控、安全仪表等系统进行设计完善； （4）形成完整的混合溶剂法甘氨酸生产工艺包	科技研发中心	2021
173	二氧化碳转化综合利用项目	开展二氧化碳与煤、兰炭在高温下进行还原转化试验，完成试验装置过程物料平衡测试，为后期二氧化碳尾气治理的工艺设计提供基础参数	在不同温度和流量下，开展 CO_2 高温还原转化试验，研究反应温度、停留时间、气体流量等对反应效率、固体产品特性（固定碳含量、比表面积和吸附特性）的影响，同时在稳定工况下，计算 CO_2 反应率以及对煤热解过程的影响，分析本技术在 CO_2 减排方面的效果	科技研发中心	2021
174	烟气与烧碱制备碳酸钠生产技术研究	采用公司 NaOH 溶液与锅炉烟气制备碳酸钠，探索制备的相关工艺条件，为工艺设计提供基础参数	在 NaOH 溶液中通入锅炉烟气进行反应，摸索 NaOH 溶液的浓度、反应温度、反应时间等相关工艺条件，对混合液中 Na_2CO_3、NaOH 以及杂质离子含量的影响，评价产品质量。同时考虑烟气中 CO_2 的纯度要求，以及烟气的净化、提纯等相关事宜	科技研发中心	2021
175	超低聚合度产品开发	开发超低聚合度 550 特种牌号树脂	（1）研究生产特种树脂使用的各助剂相关特性； （2）研究特种树脂生产配方，结合生产配方形成具体的试生产方案； （3）在聚合装置试生产超低聚合度 550	科技研发中心	2022

表 8-2-1（续）

序号	项目名称	目的	项目说明	负责单位	项目执行年份
176	超高聚合度产品开发	开发超高聚合度3600、3300特种牌号树脂	（1）研究生产特种树脂使用的各助剂相关特性； （2）研究特种树脂生产配方，结合生产配方形成具体的试生产方案； （3）在聚合装置试生产超高聚合度3600、3300	科技研发中心	2022
177	高抗冲牌号树脂产品开发	开发高抗树脂特种牌号树脂	（1）研究生产特种树脂使用的各助剂相关特性； （2）研究特种树脂生产配方，结合生产配方形成具体的试生产方案； （3）在聚合装置试生产高抗冲牌号树脂	科技研发中心	2022
178	地热井导热水泥的制备与研究	成功制备导热水泥样品，研究不同原料对水泥导热系数的影响	（1）研究影响水泥导热系数的各类影响因素； （2）研究不同材料对水泥导热系数的影响； （3）研究不同材料对水泥各项性能的影响及最佳掺入量	科技研发中心	2022
179	高醋酸乙烯酯含量的氯醋共聚树脂产品开发	开发一款高醋酸乙烯酯含量，其含量大于13%的氯醋共聚树脂	（1）研究不同的醋酸乙烯酯加入方式对氯醋共聚树脂醋酸乙烯酯含量和树脂性能的影响； （2）研究醋酸乙烯酯含量变化对聚合分散、保胶体系和反应体系的影响，确定最佳的工艺参数； （3）建立氯醋共聚树脂透明性、溶解性、加工塑化和流变特性等应用评价方法	科技研发中心	2022
180	氯醋多元共聚树脂产品开发	开发一款三元氯醋共聚树脂或多元共聚树脂	（1）研究第三单体加入在二元氯醋共聚生产工艺的基础对其影响，确定合适的悬浮聚合工艺； （2）研究第三单体加入对氯醋共聚聚合分散、保胶体系和反应体系的影响，确定最佳的引发体系和聚合工艺参数； （3）研究第三单体加入对氯醋共聚树脂分散性能、黏附性能的影响，确定合适的添加方式、时间及第三单体种类； （4）研究氯醋共聚树脂的溶解性、透明性、跟其他材料的相容性、分子量分布均匀性及杂质含量等方面，建立三元氯醋共聚树脂的应用评价方法	科技研发中心	2022
181	电石净化灰渣提取钙镁技术研究	利用锦源净化灰渣，通过化学处理法，制备轻质碳酸钙、氢氧化镁制品，产品纯度达到99%以上	（1）研究净化灰渣的较佳的酸化工艺条件（主要包括反应时间、反应液pH环境、反应温度、溶液浓度等）； （2）研究较佳的碳酸钙制备工艺条件； （3）研究较佳的氢氧化镁制备工艺条件； （4）研究滤渣的有效处置工艺	科技研发中心	2022

表 8-2-1(续)

序号	项目名称	目的	项目说明	负责单位	项目执行年份
182	"双碳"背景下氯碱产业发展策略研究	探索研究双碳背景下公司产业发展模式	(1) 开展以氢、氯为基础原料的高附加值产品技术分析，主要包括产业重构过程中减碳降碳技术、氯碱化工和精细化工产品工艺技术； (2) 开展清洁能源+储能+化工+氢能+零碳一体化转型发展策略研究分析，主要包括开展清洁能源（光伏、风能）和煤电耦合技术和新型电力系统研究分析；开展制氢、储氢、氢能利用等相关技术研究分析	科技研发中心	2022
183	工业废渣制备化学激发材料的技术研究	通过研发化学激发材料，并改善当前化学激发材料存在的缺点，发挥修补/防护用碱激发材料优势特征，满足修补砂浆性能规范，使其更好服役于混凝土设施中；通过制备可替代水泥基的CBC（化学键陶瓷）胶凝材料，实现园区工业废弃物的回收再利用	课题一： (1) 根据修补/防护用材料性能要求，确定及优选硅铝质原材料及激发剂。采用相关试验开展修补/防护用碱激发材料性能优化，确定最佳配合比设计及制备工艺及养护制度优选，探索碱含量、原材料掺量、水灰比、养护制度等因素对碱激发材料的作用规律，为修补/防护用碱激发材料设计提供理论依据； (2) 针对制备的砂浆材料，采用改性材料，如纳米SiO_2、纳米$CaCO_3$材料等，改性水泥基材料可获得功能性复合材料，考虑采用纳米材料改性修补/防护用碱激发材料，对其性能优化，增强界面黏结强度及力学性能。探索纳米材料对碱激发材料的水化特性、力学性能、微观结构演变等影响规律，揭示改性材料的作用机理； (3) 探究修补/防护碱激发材料早期水化特性及水化动力学，解析水化动力学参数，揭示碱激发材料水化机理及纳米材料对碱激发材料水化动力学作用机理，是修补/防护用碱激发材料工程应用的先决条件 课题二： (1) 研究胶凝材料的组成要素； (2) 研究胶凝材料中激发材料、辅助材料的组成、比例和作用效率； (3) 研究胶凝材料的凝结硬化特征； (4) 研究胶凝材料的固结机理和微观结构	科技研发中心	2022
184	氯化氢合成炉降膜吸收尾气回收利用研究	研究合成炉降膜吸收尾气回收利用技术，回收氢气资源，降低生产成本	(1) 对合成炉降膜吸收尾气量、尾气成分进行检测分析； (2) 对尾气回用至合成炉和尾气去变压吸附装置处理方案进行论证； (3) 对尾气处理成本进行核算分析； (4) 与相关厂家进行技术交流并调研，编制合成炉降膜尾气回收利用方案	科技研发中心	2022

表 8-2-1（续）

序号	项目名称	目的	项目说明	负责单位	项目执行年份
185	深层盐穴压缩空气储能工程技术研究	形成深层盐穴压缩空气储能可行性方案	（1）储气库选型选址研究； （2）工艺方案； （3）装机方案； （4）电气方案； （5）工程建设方案； （6）投资收益	科技研发中心	2022
186	新型节能风机在燃煤锅炉上应用研究	将锅炉六大风机由传统的风机形式改为新型节能风机。通过优化离心风机蜗壳的结构来提高风机的效率或者减少风机的噪音；通过改进离心风机叶轮的结构或者叶片的造型等来改善风机的性能等；降低风机能耗20%左右，按照8200小时计算，改造一台二次风机年可节约164万千瓦时电量，可节约524.8吨标煤（折合原煤656吨），可降低二氧化碳排放1364.48吨，按照每度电0.4548元的核算，每年可节约74.587万元，改造后1年可回收投资	（1）叶轮：在原国内标准风机及英国戴维森风机基础上，原创了边界层反吹技术，有效解决了风机叶轮的边界层紊流。采用最新的等减速形式，叶片采用对数螺旋线设计，从而得到95:5的风机静动压比，在中、高压使用环境下，节能效果更为明显； （2）机壳：在进行严格的流场分析，使气体（空气）减少风机气流流动损失，全系列产品采用矩形形钢作为加强筋，提高风机整体刚度，消除风机踹振； （3）轴端密封：采用特殊负压设计结构，风机漏气率保持到1‰以下； （4）热熔耐磨处理：采用三元流设计，使用特殊硬质合金材料，使含固态气流较均匀地在叶片的整个工作面上流动，降低了粉尘对叶片进出口根部的集中冲刷，提高了整个叶轮的耐磨性，设计使用寿命10年	热电分公司	2022
187	35 kV 开关柜一键顺控智能操作系统应用研究	建设完成热电分公司35千伏开关柜一键顺控智能操作系统，实现35千伏开关"全程视频监控下的一键顺控"倒闸操作	智能操作系统可根据需要下发一键停电或送电指令，智能开关柜会根据底盘车、接地刀闸、隔离刀闸和断路器的机械位置和电气状态，自动完成这三个器件的顺序化操作，无须多个命令分布执行。操作人员只需在监控室即可以完成，真正实现智能操作和无人值守	生产技术部	2022
188	氯氢配比智能控制应用与研究	实现氯氢自动配比自适应控制	通过建设智能升降负荷控制器、智能比值控制器、氯氢平衡控制器、氯氢流量特性前馈控制器和氢气流量前馈控制器，实现氯氢自动配比	生产技术部	2022

表8-2-1（续）

序号	项目名称	目的	项目说明	负责单位	项目执行年份
189	氯压机节能技术研究	通过调研行业内新型节能高效氯压机技术，应用于生产系统，降低氯压机能耗	对目前行业内先进的氯压机节能技术进行调研，根据生产系统现状，研究确定氯压机试验改造技术方案。通过正常生产运行，收集运行数据，对生产数据进行分析汇总，总结节能降耗情况，形成总结报告	生产技术部	2022

第三节　科　技　成　果

一、技术创新成效

（一）职工"五小"科技创新

从2011年起，公司科技创新协会在职工中组织开展了"五小"科技创新系列活动，得到广大职工的积极响应，充分调动了广大职工的创造性。截至2022年，公司累计表彰职工"五小"创新成果691项。北元集团职工"五小"技术创新成果统计见表8-3-1。

表8-3-1　北元集团职工"五小"技术创新成果情况统计表　　项

年份	成果	年份	成果	年份	成果
2012	97	2016	50	2020	100
2013	30	2017	47	2021	60
2014	31	2018	100	2022	
2015	56	2019	60		

（二）主要技术创新获奖项目

2015年5月，在榆林市科技局组织的第三届创意创新创业大赛中，北元集团成果《多功能阀门打压、电机转子拆除器》获三等奖，《一种减震管道支架》《轴承轴向游隙测量仪》获优秀奖。2018年5月，北元集团成果《北元化工一分公司产业优化改造》获陕西煤业化工集团公司2014—2017年度科技进步一等奖，《低汞高性能触媒的合成研究》获陕煤集团2014—2017年度科技进步二等奖，《废硫酸裂解再生浓硫酸技术引进》《水泥质量优化与研究》《电石渣制油井水泥基础技术研究》《钢渣在水泥生料配料中的应用研究》《电石渣浆乙炔回收装置技术优化研究及工程设计》分别获得陕煤集团2014—2017年度科技进步三等奖，《电石渣用于火电脱硫》获得2014—2017年度陕煤集团职工创新奖三等奖。2019年5月，北元集团成果《兰炭聚氯乙烯产业链规模化联产技术应用》获2019年中国产学研合作创新成果奖一等奖。2020年12月，北元集团成果《兰炭聚氯乙烯产业链规模化联产技术应用》获中国石油和化学工业联合会科技进步二等奖、《煤-兰炭-电石-聚氯乙烯产业链及园区示范》获榆林市科学技术奖二等奖。2021年5月，北元集团成果《合成氯乙烯金基无汞催化剂的研发与工业应用》获天津市技术发明一等奖。2021年9月，北元集团成果《煤-兰炭-电石-聚氯乙烯产业链及园区示范》获陕西省第十届煤炭工业优秀科技成果特等奖，《废硫酸裂解再生浓硫酸技术应用研究》获陕西省第十届煤炭工业优秀科技成果三等奖；12月，北元集团成果《一种工业废渣油井水泥及其制备方法》《废硫酸裂解再生浓硫酸技术应用研究》《PVC新牌号树脂研究》分别获2020年榆林市科学技术奖三等奖。2022年，北元集团成果《兰炭聚氯乙烯规模化联产关键技术与应用》获陕西省科技进步二等奖。

二、科技论文

截至2022年，北元集团职工共对外发表科技论文713篇。曾获第十四届自然科学优秀奖4项，其中二等奖2项，三等奖2项；第十五届自然科学优秀奖11项，其中，二等奖3项，三等奖8项；第十六届自然科学优秀奖28项，其中，一等奖2项，二等奖10项，三等奖16项。北元集团职工对外发表科技论文见表8-3-2。

表8-3-2 北元集团职工对外发表科技论文一览表

序号	作者	题名	刊名	年份
1	吴明静、王子彦、史彦勇、梁志纯	PVC和CPE不同配比对干混料性能的影响	聚氯乙烯	2008
2	刘延财、史彦勇、李裕茂	小型透平机的操作与维护	氯碱工业	2008
3	史彦勇、王奋中、徐生智、吴明静	CPE、ACR等加工助剂对PVC-U流变性能的影响	聚氯乙烯	2009
4	徐生智、王奋中	过氧化物引发剂的选择标准	聚氯乙烯	2009
5	靳党会、党增琦、叶鹏云	干燥后氯中含水量偏高的原因	氯碱工业	2009
6	靳党会、党增琦、叶鹏云	隔膜法电解装置节电措施	氯碱工业	2009
7	赵春海、王伟、王奋中	探讨PVC生产职业病危害安全管理	聚氯乙烯	2010
8	党增琦、靳党会	酸雾吸收装置	氯碱工业	2010
9	王伟、孙继国、王卫明	浅析危险化学品企业火灾与预防措施	安防科技	2010
10	徐生智、王奋中、马艳	浅谈氯碱企业用水和减排	聚氯乙烯	2010
11	朱宽堂、李世强、郭云鹏	联合粉磨系统调试过程中出现的问题及对策	水泥	2011
12	王伟、孙继国、叶鹏云	氯气职业病危害及防护对策	现代职业安全	2011
13	王伟、王奋中、孙继国	北元化工的班组管理实践	现代职业安全	2011
14	王伟、王奋中、孙继国	北元化工的班组安全管理实践	化工管理	2011
15	高海阳、张雄堂、杨茂勤、靳党会	氯碱系统氢气柜投运后利弊分析	氯碱工业	2012
16	王伟、赵国平、孙继国、乔卫峰	氯气职业病的危害与防护对策	中国氯碱	2012
17	曾宪军、边新民、魏福强	电石渣做原料在3000 t/d生产线的生产实践	水泥	2012

表 8-3-2（续）

序号	作者	题名	刊名	年份
18	曾宪军、魏福强	窑内耐火砖损坏的分析及处理	水泥	2012
19	李鹏智、张雄堂、靳党会	硫酸清净乙炔工艺改造总结	聚氯乙烯	2012
20	边新民、曾宪军、魏福强	电石渣喂料系统的技术改造	水泥	2012
21	王伟、李周清、叶鹏云	陕西北元化工启动"2356"管理机制	现代职业安全	2012
22	曾宪军、康联幸	煤立磨选粉机的技术改造	水泥	2012
23	刘延安、康文国	隔膜法烧碱生产装置的节能降耗措施	氯碱工业	2012
24	王奋中、刘建平、李周清	ESD控制系统在小型聚合釜中的应用	聚氯乙烯	2012
25	边新民、曾宪军、魏福强	电石渣烘干破碎系统结皮的分析及处理	水泥	2012
26	边新民、曾宪军、魏福强	电石渣输送装置的改造	水泥	2012
27	张隆刚	停车排液过程中的单槽压力控制	氯碱工业	2012
28	李子景、周燕芳、谢利	"营改增"对公路运输企业税负的影响研究	金融经济	2013
29	杜亚峰	精准定向技术在盐矿开采中的应用	中国井矿盐	2013
30	刘建平、王贵珍	提高PVC树脂质量的研究	聚氯乙烯	2013
31	张晓娟、刘成伟	防雷浪涌保护器的应用	科技风	2013
32	李子景、周燕芳、乔霞	杜邦财务分析体系对净资产收益率影响因素的确定	现代经济信息	2013
33	张雄堂、刘延安、王贵珍	副产蒸汽氯化氢合成炉运行探讨	氯碱工业	2013
34	王伟、赵国平、乔卫峰	氯碱企业动火作业安全管理	中国氯碱	2013
35	王伟、赵国平、叶鹏云	COD_{cr}监测仪在氯碱废水处理中的应用	中国氯碱	2013
36	马建国、火瑞钦	干法乙炔生产装置设备的应用与改造	聚氯乙烯	2014
37	高骞、李专成、闫建国、刘勇、钟国院	聚合釜搅拌电动机的改造	聚氯乙烯	2014
38	任建虎	水泥厂电石渣储库的精细化管理措施	水泥	2014
39	包飞、张雄堂	SG5型PVC树脂粒度分布的优化	聚氯乙烯	2014
40	熊磊、张明	低汞触媒试用总结	中国氯碱	2014
41	潘登、钟国院	气动调节阀在氢气压缩机运行中的故障及消除	氯碱工业	2014
42	刘强、刘鑫	管状带式输送机应用及故障分析	设备管理与维修	2014
43	柳加喜、刘鑫	干法乙炔工艺的改进	聚氯乙烯	2014
44	刘强、刘鑫	干法乙炔装置设备运行与改造	聚氯乙烯	2014
45	刘勇、李专成、刘玉斌	聚合釜三通球阀的改造	聚氯乙烯	2014
46	魏福强、刘生发	系统用风对水泥磨台时的影响及提产措施	四川水泥	2014

表8-3-2（续）

序号	作 者	题 名	刊 名	年份
47	曾宪军、李世强	电石渣干燥系统的优化	水泥	2014
48	魏福强、曾宪军	选粉机内风短路对水泥粉磨系统的影响及改进措施	水泥技术	2014
49	王贵珍	组合塔在电石法氯乙烯生产中的应用	聚氯乙烯	2014
50	曾宪军、李世强、樊德金	电石渣回转滤饼喂料机刮板的改造	水泥	2014
51	马建国、付长江、张雄堂	干法乙炔生产系统的改造	聚氯乙烯	2014
52	熊磊、张明	乙炔硫酸清净中硫酸单耗的影响因素	中国氯碱	2014
53	任建虎	电石渣烘干系统防异物的改造	水泥	2014
54	包飞、刘延财	改善PVC树脂流动性的措施	聚氯乙烯	2014
55	王伟、孙继国、蒋海宾	事故树评价氯乙烯球罐火灾爆炸	中国氯碱	2014
56	李专成、闫建国	UPS防晃电装置在实际生产中的应用	氯碱工业	2014
57	訾伟	电石渣制水泥生产线湿电石渣与干电石渣在系统中的互用	水泥	2014
58	何强、韩慧珏、罗海斌、张建宏、张隆刚、张建雄	硫酸中和处理氯乙烯合成工业废水运行总结	聚氯乙烯	2014
59	尤文军、訾伟	湿电石渣除杂措施及烘干系统的改造	水泥	2014
60	李宏安、李世强、李红荣	粉煤灰与100%电石渣配料生产熟料技术	中国水泥	2014
61	刘勇、马长长、苗亚玲	影响PVC树脂质量的因素及改进措施	中国氯碱	2014
62	张雄堂、张友平、雷强	调整108 m³聚合配方 优化树脂质量	中国氯碱	2014
63	马建国、张雄堂、李鹏智	干法与湿法乙炔发生工艺的对比	聚氯乙烯	2014
64	王伟、房宝平	VCM含汞废水的处理与职业卫生分析	中国氯碱	2014
65	曹辉辉	用电石渣配料生产水泥熟料的工艺设备优化	四川水泥	2014
66	杜亚峰	推行全面预算管理 提升企业管理水平	低碳世界	2014
67	刘鑫、梁锋、何强	XGZ型刮板输送机的应用及改造	聚氯乙烯	2014
68	刘强、刘鑫	FU700输送机故障分析处理	设备管理与维修	2014
69	曹辉辉	回转十嘴包装机系统的几点改进措施	四川水泥	2014
70	刘成伟、张晓娟	横河CS3000在硅酸盐水泥行业的应用	现代工业经济和信息化	2014
71	周燕芳	解读市场环境下的财务管理措施	财经界	2014
72	杜亚峰	析当前我国企业管理中的常见问题及其解决措施	广东科技	2014
73	周燕芳	会计实现成本核算的技能分析	财经界	2014
74	董永兵、白永平	基于PLC控制下自动包装系统电议的日常维护	电子技术与软件工程	2015

表8-3-2（续）

序号	作　者	题　名	刊　名	年份
75	苗亚玲、陈大江、李鹏智、雷强、刘勇	PVC树脂水含量的控制	聚氯乙烯	2015
76	赵省军	汽提塔运行不稳定的原因和改进措施	聚氯乙烯	2015
77	董恒恒、张友平、边新民	电石渣和粉煤灰预均化的探讨	水泥	2015
78	陈大江、苗亚玲、刘勇、李鹏智、雷强	氯乙烯自聚原因分析及改进	聚氯乙烯	2015
79	刘勇、李鹏智、韩慧珏、雷强	PVC树脂静电问题及解决措施	中国氯碱	2015
80	董恒恒、张友平、苏义德	电石渣制水泥窑灰处理改造	水泥	2015
81	李志彪	建筑工程造价管理现状及完善对策	住宅与房地产	2015
82	慕毅、徐生智、陈飞虎、熊磊	含汞副产盐酸吸附法除汞的试验研究	聚氯乙烯	2015
83	王飞、刘勇、徐锦程、曹文奇	喷码机在PVC包装过程中的应用	聚氯乙烯	2015
84	吕佳飞、徐柯、田俊明、叶鹏云、杨永峰	含汞废水装置技术改造总结	中国氯碱	2015
85	贺永斌、杨茂勤、白虎雄	离子膜片碱结块的原因	氯碱工业	2015
86	王亚平	PVC生产技术安全环保性研究	当代化工	2015
87	宁春波、韩云峰、蔡苗	PVC生产中电石渣浆的综合利用	聚氯乙烯	2015
88	马骥	水电解制氢装置在氯碱生产中的应用	氯碱工业	2015
89	姬爱玲、梁金忠、陆韬	浅谈"金字塔"式的两化融合战略建设思路	中国管理信息化	2015
90	王亚平	氯乙烯精馏系统技术改造总结	化工管理	2015
91	刘成伟、张晓娟、李世强	炉渣烘干系统的几点改造措施	水泥	2015
92	张文功	延长三次风管耐磨热电偶使用寿命的技改	水泥	2015
93	边亚平	盐井定向对接施工工艺研究	化工管理	2015
94	孟云芳	新型干法水泥生产技术的现状及其发展前景研究	四川水泥	2015
95	刘诚诚、孙亚云	氯碱生产废水的回收处理	氯碱工业	2015
96	宁春波、韩云峰、蔡苗、汪江江	浓硫酸清净乙炔工艺优化	聚氯乙烯	2015
97	宁春波、韩云峰、梁锋	电石干湿法生产乙炔水平衡研究	中国氯碱	2015
98	张隆刚、张国奇、张雄堂、杭艳虎、韩慧钰	伍迪离子膜电解槽电流效率与电耗匹配情况及优化管理	氯碱工业	2015

表8-3-2（续）

序号	作　者	题　名	刊　名	年份
99	火瑞钦、梁锋、何强	乙炔生产中废渣、废液的循环利用	中国氯碱	2015
100	曹辉辉	用窑头废气烘干电厂湿炉渣的技术改造	水泥	2015
101	刘鑫、刘强、韩慧珏	湿法乙炔发生装置改造	聚氯乙烯	2015
102	潘登、董永兵、王进、刘玉斌、刘海瑜、景行	用S7-200 PLC实现两台电机的自动切换	化工自动化及仪表	2015
103	韩云峰、宁春波、刘小勇	电石法生产PVC树脂的电石查定分析	中国氯碱	2015
104	王建超、薛志清	工业水与纯水腐蚀碳钢的试验	氯碱工业	2015
105	刘树才	浅析火电厂电气工程项目进度优化管理	中国高新技术企业	2015
106	吕佳飞、熊磊	变压吸附在氯乙烯精馏尾气回收中的应用	中国氯碱	2015
107	曹辉辉	辊压机进料系统的改进	水泥	2015
108	魏福强	水泥钢板仓结块分析和处理	水泥	2015
109	曾宪军、李世强	浅谈电石渣制水泥生产线的设备管理	水泥技术	2015
110	曹辉辉	$\phi 4.2\,m \times 13\,m$水泥粉磨系统的改造	水泥技术	2015
111	刘树才	浅谈火电厂建设中电气安装与调试	科技经济市场	2015
112	尤文军、訾伟	粉体计量秤的改造实践	水泥	2015
113	黄安博、叶鹏云	提高整流系统稳定性的经验	氯碱工业	2015
114	张文功、王金柱、张小建、胡军峰	托轮轴瓦循环水快速带压放尽的改造	水泥	2015
115	张文功、王金柱	大块熟料破碎的方法	水泥	2015
116	周燕芳	浅谈工程项目竣工财务决算存在的问题及对策	财经界	2015
117	任建虎	辅材库下料结构的改造	水泥	2015
118	黄安博	离子膜电解整流主柜主回路等效电路	氯碱工业	2015
119	任建虎	电石渣粉体秤的改进	水泥	2015
120	李慧	北元化工应收账款管理存在的问题及对策	财经界	2015
121	张明、党增琦、熊磊、慕毅	PVC干燥工序二次输送系统压力损失分析	聚氯乙烯	2016
122	张国奇、刘延安、高海阳、张岐林、韩云峰、蒲晓龙	氨吹除塔在氯碱生产中的应用	中国氯碱	2016
123	王宇	浅谈氯碱化工企业冬季安全生产管理实施措施	化工管理	2016
124	张政、李庆春	主数据在集团型企业的应用研究	中国管理信息化	2016

表 8-3-2（续）

序号	作　者	题　名	刊　名	年份
125	韩慧珏、李彦斌、刘勇、张海峰、崔鹏	108 m³ 聚合釜 PVC 生产产能提升总结	中国氯碱	2016
126	王贵珍、卢文军、孟瑞、马雄、张建雄	聚氯乙烯生产过程中水资源综合治理	聚氯乙烯	2016
127	张文功	回转窑筒体磨损及处理方法	水泥	2016
128	高龙、王建军、赵来喜、韩铁生	低汞触媒装填、操作及应用结果	聚氯乙烯	2016
129	贺志强、赵鹏	浅谈化工企业班组建设	化工管理	2016
130	马骥、杨茂勤、张柱、刘文远	两套氯氢处理装置合并运行的生产实践	氯碱工业	2016
131	张波、边伟军、张国奇	氯化氢合成工艺技术改造	氯碱工业	2016
132	冯乐、李专成	10 kV 小电流接地系统零序过流保护的可靠性分析	氯碱工业	2016
133	汪江江、杨建辉、宁春波	湿法乙炔发生器技术改造	聚氯乙烯	2016
134	宁春波、叶鹏云、王彦东	高效浓缩机在 PVC 生产中的应用	中国氯碱	2016
135	曹国玉、高树丽	离子膜法烧碱装置氯、氢平衡的解析	氯碱工业	2016
136	高海阳、王贵珍	氯乙烯转化器的生产管理	聚氯乙烯	2016
137	宁春波、韩云峰、王正、张柱	聚氯乙烯生产过程节能降耗总结	中国氯碱	2016
138	董恒恒、张友平、徐生智、乔瑞泽	100% 电石渣制水泥生熟料饱和比倒挂分析	水泥	2016
139	康强、谢明军	工业自动化仪表与自动化的控制技术分析	电子测试	2016
140	李世强、李宏安	提高电石渣生产水泥熟料强度与改善颜色的措施	水泥	2016
141	马长长、白林、刘勇、雷强、王小伟	汽提塔稳定运行的控制措施	聚氯乙烯	2016
142	柳加喜、王彦东、蔡苗、闫娇	干法乙炔工艺的改进	聚氯乙烯	2016
143	董恒恒、徐生智、张友平	电石渣碳化率对水泥生产的影响	水泥	2016
144	刘成伟	电除尘器改为电袋复合除尘器的技术改造	水泥	2016
145	李志彪	混凝土屋面及彩钢屋面漏水维修	住宅与房地产	2016
146	刘诚诚、孙亚云、张明	干法乙炔与湿法乙炔的水平衡	聚氯乙烯	2016
147	潘登	伍迪 BM2.7 离子膜电解槽电仪运行	氯碱工业	2016
148	白永明、高骞、叶鹏云	电缆线路过电压的原因及治理措施	氯碱工业	2016

表 8-3-2（续）

序号	作 者	题 名	刊 名	年份
149	慕艳梅	关于人力资源管理与信息化建设的思考	中外企业家	2016
150	王贵珍、卢文军、徐振华、陈振业、任江涛	浓硫酸清净乙炔工艺运行总结	聚氯乙烯	2016
151	李宏安	浅谈水泥售后服务的几点体会	水泥	2016
152	宋利东、梁峰、刘鑫	FU链式输送机改进探讨	设备管理与维修	2016
153	董恒恒、张友平、苏义德	浅谈电石渣制水泥干粉秤系统稳流改造	水泥技术	2016
154	刘鑫、刘强、刘延财	乙炔生产中降低电石单耗的方法	聚氯乙烯	2016
155	李鹏智、韩铁生、乔志平、徐柯	废盐酸脱吸系统的技术改造	聚氯乙烯	2016
156	张宇、慕毅	新型湿法乙炔与干法乙炔工艺装置的比较	中国氯碱	2016
157	李专成、冯乐	陕西北元化工二期35kV电压波动情况调查分析	氯碱工业	2016
158	黄安博、田冯宜	离子膜电解整流主柜连锁保护及改造	氯碱工业	2016
159	姬文彬、火瑞钦	化工企业设备管理效益分析	化工管理	2016
160	汪江江、杨建辉、宁春波	湿法发生器加料操作系统改造	聚氯乙烯	2016
161	潘登	氯碱生产中DCS供电系统运行分析	氯碱工业	2016
162	刘成伟、贺会荣、张晓娟、陈进耀	几例水泥厂电仪故障及其应对措施	水泥	2016
163	姬文彬	匹配化建设在设备管理中的重要作用	科技创新与应用	2016
164	马润霞、汪江江、宁春波	乙炔清净系统改造总结	中国氯碱	2017
165	张明、王奋中、康文国、熊磊	7℃冷却水系统腐蚀原因及解决方法	聚氯乙烯	2017
166	王光	絮凝、沉降技术在循环水处理过程中的运行总结	聚氯乙烯	2017
167	慕毅、袁丽华、师学文、徐生智、高世军	氯碱企业含盐废水处理及综合利用研究	中国氯碱	2017
168	党增琦、熊磊、李凌燕	氯化氢气体长距离输送项目总结	中国氯碱	2017
169	宁春波、杨美、马润霞	干法乙炔装置运行总结	中国氯碱	2017
170	张国奇、刘延安、张波、邬广军、高海阳	烧碱蒸发系统碱性冷凝水的回收利用	氯碱工业	2017
171	陈鹏	简析电石渣代替石灰石生产水泥熟料的技术经济分析	四川水泥	2017

表8-3-2（续）

序号	作 者	题 名	刊 名	年份
172	王奋中、曾宪军、王亚平、袁丽华	100%电石渣水泥生产线电石渣系统的优化改造	中国水泥	2017
173	白文彦、马瑞、王贵珍	硫酸清净乙炔工艺浓硫酸单耗的降低	聚氯乙烯	2017
174	王大伟、白露超	FU700型链式输送刮板机技术改造	聚氯乙烯	2017
175	张波、谢鹏、杨茂勤	干燥氯化氢含水量的控制与研究	氯碱工业	2017
176	方占飞	试论CN盐水过滤工艺在盐水精制方面的应用	化工管理	2017
177	李艳如	联碱工程盐水车间生产工艺及应用研究	化工管理	2017
178	李海清	离心泵引水罐的应用及优化	化工设计通讯	2017
179	景行、高骞	轴流风机在化工企业的应用和管理	中国氯碱	2017
180	冯乐、陈飞虎、马生伟、张军峰	电缆头击穿导致全厂失电事故原因及防范措施	氯碱工业	2017
181	王磊、王雄	125 MW空冷机组提高运行真空度的探讨	山东工业技术	2017
182	张伟雄	汽轮机轴封系统对机组真空的影响及防范对策	中国设备工程	2017
183	曹国玉、张军锋、高树丽、鲁尚高、刘诚诚	PVC母液水回用干法乙炔发生装置经济性分析	聚氯乙烯	2017
184	马宁	干法乙炔生产过程中电石粉尘的回收利用	聚氯乙烯	2017
185	张波、边伟军、张国奇	氯化氢合成炉改造研究	中国氯碱	2017
186	董恒恒、慕毅、尤文军、李宏安	电石渣作为高效脱硫剂对SO_2的减排机理探讨	水泥	2017
187	史彦勇、张明、柳彪、曹文琦、白柱柱、张建雄	PVC离心母液处理装置的改造措施	聚氯乙烯	2017
188	乔志平	浅谈化工过程安全风险辨识与管控	化工管理	2017
189	刘勇、刘建平、苗亚玲、何洪保、马长长	PVC干燥尾气洗涤塔带料原因分析及优化改造	中国氯碱	2017
190	刘丁丁、米海军、李专成	提高制氢装置的稳定性	氯碱工业	2017
191	张小军、白文彦、张征国、乔志刚	解决35 kV单芯电缆屏蔽层接地问题	氯碱工业	2017
192	武江波、任虎、刘强、杨德志	浅谈碱度及钙硬度对循环水系统腐蚀的影响	科技资讯	2017
193	王宇	企业班组建设标准化的探索与实践分析	化工管理	2017

表8-3-2（续）

序号	作 者	题 名	刊 名	年份
194	潘登、钟国院、闫建国	ECS-100控制系统程序设计应用实例	化工自动化及仪表	2017
195	董恒恒、李宏安、尤文军、张明	电石渣制水泥用于道路施工裂缝的消除措施	水泥	2017
196	史彦勇、曾宪军、王奋中	水泥回转窑富氧燃烧技术之所见	中国水泥	2017
197	赵军、贺小芳	干法乙炔生产中的电石粉尘危害和回收利用	中国氯碱	2017
198	任虎、武江波、刘强	浅谈化工企业班组安全管理	山东工业技术	2017
199	王雄、王磊	北元4×125 MW汽轮机润滑油系统常见故障的特征及原因分析	山东工业技术	2017
200	李小岗、刘瑞、贺荣	锅炉飞灰可燃物高的原因及对策	山东工业技术	2017
201	杨德志、陈杨、屈勇	浅谈质量的重要性	科技风	2017
202	常平	钨合金在碱性环境下饱和浓盐水环境中的腐蚀试验研究及应用	中国井矿盐	2017
203	曹国玉、张军峰、郭小艳、杨伏东、高琦、高树丽	氯化氢气体含冷凝酸导致检测过氯案例分析	聚氯乙烯	2017
204	张红芳、王凤君	北元化工 成熟企业的"动车管理模式"	企业管理	2017
205	李瑞军、李波涛	浅析电流互感器二次回路	黑龙江科技信息	2017
206	姜丽、何强	氯化氢合成工序过氯事故分析	氯碱工业	2017
207	景行、白永明	35 kV/10 kV电气系统常见故障分析	氯碱工业	2017
208	曾宪军、王奋中、王亚平	浅谈水泥窑脱硝技术	中国水泥	2017
209	鲁铭、卢文军、曹晓平、陈振业	小型聚合釜涂釜系统的改进	聚氯乙烯	2017
210	李江、徐柯、韩慧珏、王小伟	电石法PVC生产中汞污染减排措施	聚氯乙烯	2017
211	张小军、贺雄雄	板框压滤机电气控制系统的改进	聚氯乙烯	2017
212	高勇强、郭利平	浅谈节能技术在建筑工程施工中的应用	化工管理	2017
213	王玉光	机电设备安装常见的问题及解决方案	化工管理	2017
214	孙龙彬、张国奇、贺小明、刘建楼、侯学文	两种型号氯化氢合成炉对比	氯碱工业	2017
215	周燕芳	浅谈北元集团技改工程核算存在的问题及对策	财经界	2017
216	杨德志、付少华、闫志刚、孟涛	浅论聚氯乙烯质量的影响因素与控制措施	山东工业技术	2017

表 8-3-2（续）

序号	作 者	题 名	刊 名	年份
217	王大伟、白露超	板框式压滤机故障分析及改造方案	聚氯乙烯	2017
218	贺小明、郝建兵、乔礼友、胡海龙、张柱	氯化氢合成炉点炉防爆膜爆破分析总结	中国氯碱	2017
219	董恒恒、边新民、张友平、张明	努力打造具有水泥企业特色的全生命周期质量管理体系	水泥	2017
220	靳宝宝、乔礼友、高燕军	电石法聚氯乙烯中低汞触媒的应用	中国氯碱	2017
221	郝建兵、贺小明、张柱	PVC聚合工序产能低的原因分析及相应整改措施	中国氯碱	2017
222	冯乐、王坤、李专成、肖林	下网电力率调整电费增加原因及改善措施	氯碱工业	2017
223	罗亚忠、刘强	浅谈如何搞好班组安全管理	化工管理	2017
224	梁金忠、姬爱玲、苗亚飞	ERP在企业采购及库存管理中的重要性	中国管理信息化	2017
225	张政、折荣强、李庆春	采购电子商务系统在集团型企业的应用设计	中国管理信息化	2017
226	慕毅、郭瑞芬、张宇、党增琦、赵秀宝	不同乙炔生产工艺电石渣中乙炔含量的研究	聚氯乙烯	2017
227	赵省军、马建国、王正	聚合釜不稳定运行的原因分析和改进措施	中国氯碱	2017
228	董恒恒、马少华、孟庆权、王奋中、曾宪军	浅谈出磨水泥互换对水泥质量稳定性的改进	水泥	2017
229	张艳东	离子膜电解整流装置的现场调试	当代化工研究	2017
230	乔治岗、张征国、张小军、李晓娇	无功补偿装置扩容后的效益分析	氯碱工业	2017
231	潘登、钟国院、闫建国	氯碱企业自动化及仪表管理探索	氯碱工业	2017
232	郝二军	给水泵液偶常见问题的判断与修复	山东工业技术	2017
233	柳彪、刘强	谈谈如何提升班组安全管理	化工管理	2017
234	张小军、李晓娇	电动机现场指示灯干扰问题的解决方案	聚氯乙烯	2017
235	张小军、姜波	避免"晃电"影响低压供电系统运行的措施	聚氯乙烯	2017
236	徐柯、苏维朵、韩铁生、杨永峰	低汞触媒在电石法聚氯乙烯生产中的应用	聚氯乙烯	2018
237	孙龙彬、蒲晓龙	氯化氢合成过氯原因分析及控制措施总结	中国氯碱	2018

表 8-3-2（续）

序号	作　者	题　名	刊　名	年份
238	张国奇、张波、贺永斌、高海阳、白虎雄、黄振宇、侯学文	二次精制前的过滤盐水加酸工艺	氯碱工业	2018
239	侯雄财、陈树培、牛东、李静华	PVC生产中电石消耗的降低	聚氯乙烯	2018
240	姜波、尚宝翠、薛云平、黄晓涛、张瑞	盐酸脱吸系统在电石法氯乙烯生产中的应用	聚氯乙烯	2018
241	孙龙彬、杜燕、高鹏飞	氢气压缩机运行中存在的问题及解决方法	中国氯碱	2018
242	宁小钢、熊磊	聚氯乙烯生产废水制纯水技术的应用总结	中国氯碱	2018
243	刘凯、杜元鹏、高云、丰晔、高燕军	氯碱盐水中氯酸盐产生原因及消除措施	氯碱工业	2018
244	刘国强、薛红娟、于虎朝	"北元模式"开辟混合所有制企业党建新途径	国企管理	2018
245	曾宪军、陈鹏、朱先均、乔陆军、尤文军	电石渣制G级油井水泥实验研究	中国水泥	2018
246	尚宝翠、姜波	氯乙烯精馏工序的技术改造	聚氯乙烯	2018
247	闫巧峰	天然气与煤粉在回转窑中的应用区别	四川水泥	2018
248	张庆乐、张征国、张小军、姜波	输电线路光纤差动保护误动作原因分析及防范措施	氯碱工业	2018
249	鲁斌、李红荣	电石渣干燥系统的技改	水泥	2018
250	訾伟、张文功	$\phi 4.2 m \times 13 m$磨机滑履开裂故障的解决	中国水泥	2018
251	惠建伟、李斌、张鸿鸿	电石脱氧冶炼含铝材料应用实践分析	世界有色金属	2018
252	李斌、惠建伟、张鸿鸿	金属冶炼企业特殊作业安全管理方法研究	世界有色金属	2018
253	马瑞、王贵珍、白文彦、牛东	聚氯乙烯生产消耗控制及技术改造	聚氯乙烯	2018
254	钟国院、刘玉斌、王进、董高登、刘宗颖、杜耀鹏	横河CS3000 DCS系统故障分析及处理方法	聚氯乙烯	2018
255	乔志平	VOCs泄漏检测与治理方法研究	化工管理	2018
256	乔志平、张志欣	浅谈北元特色的企业安全文化	化工管理	2018
257	曾宪军、陈鹏、王亚平	国内外电石渣制水泥生产技术进展	中国水泥	2018
258	韩慧珏、刘勇、高燕军	悬浮聚合生产PVC过程纯水节水总结	中国氯碱	2018

表8-3-2（续）

序号	作 者	题 名	刊 名	年份
259	高燕军、刘勇、苗亚玲、崔万理	PVC聚合干燥尾气达标排放可行性研究	中国氯碱	2018
260	李子景	关于国有化工企业采购改革的问题与思考	当代化工研究	2018
261	冯强强、刘延安、刘文远	氯化氢干燥系统运行总结	氯碱工业	2018
262	董高登、刘玉斌、高雄、田冯宜	降低烧碱生产单耗的有效控制措施	氯碱工业	2018
263	刘丁丁、张波	HAZOP分析法在辨识操作规程中风险方面的应用	氯碱工业	2018
264	姬爱玲、刘永田、刘晓民	浅谈主数据管理系统在大型企业多业务系统中的应用	化工管理	2018
265	鲁铭、白文彦	PVC-SG3型树脂粒度分布的优化	聚氯乙烯	2018
266	王贵珍、陈鹏、高玉发	降低电石法氯乙烯合成用触媒单耗的措施	聚氯乙烯	2018
267	贺喜贵	均化库生料喂料波动大的故障分析与处理	水泥	2018
268	鲁铭、卢文军	改进PVC树脂增塑剂吸收量的措施	聚氯乙烯	2018
269	王贵珍、陈鹏、马瑞、高玉发、牛东、姜波	乙炔发生系统常见问题与改进措施	聚氯乙烯	2018
270	王伟、咼艳、张隆刚	氯乙烯受限空间作业危险分析与安全措施	中国氯碱	2018
271	韩慧珏、刘建平、王小伟、刘勇、杨永峰	聚合母液水优化处理及循环利用	中国氯碱	2018
272	冯乐、徐生智、陈飞虎、鲁尚高、翁明	零序保护误动作事故分析及防范	氯碱工业	2018
273	刘永田、张政、陆韬	生产实时数据库在盐化工企业的应用	化工管理	2018
274	史彦勇、宁小钢、熊磊	悬浮法聚氯乙烯生产过程排污水资源化处理新工艺开发和应用	煤炭加工与综合利用	2018
275	苗亚玲、刘勇、乔志平、靳宝宝、刘强	108 m³聚合釜满釜危害及防范措施	聚氯乙烯	2018
276	王大伟、刘建平、梁虎伟、刘强、火瑞钦	湿法乙炔发生装置的技术改造	聚氯乙烯	2018
277	王伟、魏芳丽	液氯储槽泄漏环境风险评价	中国氯碱	2018
278	何亮、陈鹏、高海荣	水泥厂煤粉制备系统安全稳定运行	四川水泥	2018
279	杨德志、付少华、屈勇勇、张丹东	浅谈北元特色的"五型"班组建设	化工管理	2018

表8-3-2（续）

序号	作　者	题　名	刊　名	年份
280	史彦勇、任志荣、熊磊	交联PVC树脂的研究进展	聚氯乙烯	2018
281	刘勇、白林、苗亚玲、雷强、常峰、刘强	PVC树脂质量的优化	聚氯乙烯	2018
282	梁正、李小娜、张波、贺永斌	氯化氢干燥水分分析的准确性分析	中国氯碱	2018
283	马骥、杨茂勤、蒲晓龙、冯强强、张静、康军	氯化氢干燥装置运行总结	氯碱工业	2018
284	王小敏、刘玉斌	电解用极化电源运行方式探讨	氯碱工业	2018
285	康文国、王奋中、张军锋、任志荣	氯碱工业固体废弃物处理与综合利用研究	中国氯碱	2018
286	曹国玉、张军锋、高树丽、刘王存、魏工勋、雷园	含汞废水深度处理技术总结	中国氯碱	2018
287	李海清	化工企业技术创新现状及突破点研究	化工管理	2018
288	刘文远	论化工机械设备管理及维修保养技术	化工管理	2018
299	刘海胜、王飞、张萍	浅述企业建立专业消防队伍的必要性	消防界	2018
290	靳宝宝、马润霞、徐振华、乔礼友、高燕军	VCM合成中副产盐酸深度脱析研究	中国氯碱	2018
291	张波、刘延安、谢鹏、张国奇	氯化氢气体中游离氯的有效控制	氯碱工业	2018
292	贺磊	企业开展精准扶贫工作需把握几个"精准"	中国煤炭工业	2018
293	曾宪军、王奋中、王亚平	浅谈水泥工艺质量管理中的人机料法测环	中国水泥	2018
294	梁虎伟、刘强、刘建平、姚海军、蒋海宾、火瑞钦、王大伟	电石装卸装置的技术改造	聚氯乙烯	2018
295	刘强、段瑞、刘鹏、张兆飞、冯鹏	化工企业配电系统中谐波的治理措施研究	科技风	2018
296	张小军、白文彦、张征国、边福兵	提高低压电气设备运行稳定性的措施	氯碱工业	2018
297	刘玉斌、王进、李晓芳、高茂刚、高燕军、王文魁	氯碱企业供配电系统优化改造总结	氯碱工业	2018
298	边亚平	北元集团锦界矿区2号井组采注比失衡简析	中国井矿盐	2018
299	张小军、张征国、牛东、张庆乐	提高低压供电系统运行稳定性的措施	氯碱工业	2018

表 8-3-2（续）

序号	作　者	题　名	刊　名	年份
300	董高登、高骞、刘玉斌、杜耀鹏、白小东	整流变压器瓦斯继电器频繁报警的原因及处理措施	氯碱工业	2018
301	陈鹏、贺会荣、尤文军	蒸发式冷气机在水泥配电室降温应用初探	水泥	2018
302	郭利平	建筑工程防渗漏施工技术探析	居舍	2018
303	李专成、阎建国、高骞	管带机电仪故障分析及处理措施	聚氯乙烯	2018
304	陈鹏、李宏安	延伸下游产品服务　拓展水泥市场	水泥	2018
305	景行、高骞、杜耀鹏、高雄	采用UPS为氯碱企业供电的经验	氯碱工业	2018
306	董高登、刘玉斌、高骞、闫建国	离子膜整流系统的节能降耗经验	氯碱工业	2018
307	焦理芳	建筑项目施工管理制度创新的重要性及其优化策略分析	建材与装饰	2018
308	王大伟、刘建平、梁虎伟、刘强、火瑞钦	乙炔生产环境下的设备油镜（盖）技术改造	聚氯乙烯	2018
309	刘建平、刘强、姚海军、火瑞钦、王大伟、付锦东、崔顺利	空压机冷却器清洗技术改造	聚氯乙烯	2019
310	鲁铭、白文彦、苗丽、姜波、郭志强	氯乙烯单体中二氯乙烷含量对聚氯乙烯树脂质量的影响	聚氯乙烯	2019
311	曹晓平、白文彦、牛东	湿法乙炔发生器产能低的原因及解决措施	聚氯乙烯	2019
312	熊磊、孟祥龙、宁小钢	氯乙烯生产无汞化研究进展	中国氯碱	2019
313	袁靖、田键	一起发电机定子线棒损伤原因及处理方法	技术与市场	2019
314	张柱、武红艳、高燕军	干燥床优化控制可行性分析及改进措施	聚氯乙烯	2019
315	康文国、张军锋、孙龙彬、方沛霖	淡盐水脱氯真空度提升及运行分析	中国氯碱	2019
316	付长江、王伟、何强	电石法乙炔装置除尘系统优化改造	中国氯碱	2019
317	史彦勇、宁小钢	聚氯乙烯合成用触媒浅谈	化学世界	2019
318	熊磊、曾宪军、高海荣	干湿电石渣互换系统在水泥生产线上的应用	水泥	2019
319	刘强、刘建平、王大伟、惠建伟、火瑞钦、陈大江、赵二军	电石炉炉前设备技术改造	聚氯乙烯	2019

表8-3-2（续）

序号	作者	题名	刊名	年份
320	刘勇、刘佳林、苗亚玲、白文彦	氯乙烯自聚原因及解决方案	聚氯乙烯	2019
321	苏维朵、徐柯、韩云峰、杨永峰	VCM精馏尾气净化氢气流向问题	聚氯乙烯	2019
322	陈鹏、杨鹏飞、李宏安、张小建	以持续创新和卓越的追求满足客户需求	水泥	2019
323	李宏安、曾宪军、尤文军	硅粉作水泥混合材的试验研究	中国水泥	2019
324	张建宏、丰晔	DM40密度计用于液碱浓度测定的可行性	氯碱工业	2019
325	徐向平、慕毅、高世军、杨莉	折点加氯法在卤水预处理中的应用	氯碱工业	2019
326	冯乐、刘海瑜、李鹏智、张军锋、陈飞虎、赵建荣	10 kV供电系统中性点接地方式改造项目研究	氯碱工业	2019
327	景行、郝雄伟、赵建荣、李爱军、白永、董高登	小电流选线接地装置和非线性高电阻柜在10 kV供电系统中的应用	氯碱工业	2019
328	姬爱玲、陆韬	论大型企业的仓储条码的系统管理	智能城市	2019
329	张宇、乔瑞泽、马建国	氯乙烯气柜运行分析	聚氯乙烯	2019
330	王伟、高燕军、靳宝宝	氯乙烯气柜的爆炸危险评价及防范措施	聚氯乙烯	2019
331	刘延财、孙燕、孙龙彬	如何做好生产系统日常检维修安全工作	中国氯碱	2019
332	曹国玉、高树丽、李治刚、武晶晶、高永利	不同过滤器滤膜性能及运行经验的对比分析	氯碱工业	2019
333	李刚、李强、刘丁丁、马磊	零序电流互感器的作用及安装使用注意事项	氯碱工业	2019
334	李锐、贺永斌、杜元鹏、张国奇、魏自强	板式换热器常见故障及处理	氯碱工业	2019
335	申强、贺永斌、李少芳、杭燕虎	离子膜电解槽泄漏应对措施	氯碱工业	2019
336	康文国、李鹏智、孟庆权、孙龙彬	仪表空气露点超标原因及防范措施	氯碱工业	2019
337	曾宪军、刘力新、许文彪	水泥回转窑窑门装置的改造	水泥	2019
338	刘国强	党建引领低成本战略 助推北元集团高质量发展	中国石油和化工	2019
339	韩伟、尤文军、马少华	镁渣作为混合材配料的试验研究	水泥	2019
340	王贵珍、杨春辉	电石渣浆中乙炔回收装置的应用	聚氯乙烯	2019

表 8-3-2（续）

序号	作 者	题 名	刊 名	年份
341	李鹏智、孙龙彬、鲁尚高	液氯工序氯气易泄漏部位及管控措施	中国氯碱	2019
342	刘凯、慕慧峰、徐向平、高云	离子膜电解法槽电压的影响因素	氯碱工业	2019
343	曾宪军、朱先均、柳玉	煤粉炉系统在电石渣制水泥生产线的应用	水泥	2019
344	许文彪、罗仑昆、刘生发	提高水泥联合粉磨系统产量的经验	水泥	2019
345	曾宪军、任志荣、袁丽华、高世军	化工盐泥作水泥混合材实验研究	中国水泥	2019
346	刘秋艳、高灏、王会林、师学文	卤水长输管线的腐蚀研究	中国井矿盐	2019
347	苗亚玲、刘勇、訾军、张国文、李彦飞、崔龙龙	VCM 聚合反应过程中异常问题的处理措施	聚氯乙烯	2019
348	高仁、叶鹏云、王小伟、白林	PVC 树脂流动性的控制	聚氯乙烯	2019
349	孙龙彬、杜燕	氯化氢工序出酸系统研究与应用	中国氯碱	2019
350	刘延财、杜元鹏、刘佳、沈靖宗	离子膜电解槽单槽切并系统小结	氯碱工业	2019
351	王宏飞、贺永斌、李少芳、杜元鹏、张国奇	离子膜起泡的原因及防范措施	氯碱工业	2019
352	赵鹏、张国奇、李少芳、杜元鹏、高燕军、王文魁	氯碱生产过程中副产次氯酸钠的有效利用	氯碱工业	2019
353	李红荣、闫巧峰、黄敬	电石渣制水泥企业窑尾烟筒的防腐案例	水泥	2019
354	刘勇、苗亚玲、李彦飞、刘志雄、崔龙龙	PVC 生产用环保型终止剂的应用研究	聚氯乙烯	2019
355	杜萌	化学实验室检测及质控研究	化工管理	2019
356	孙龙彬、杜燕、张波	氯化氢工序出酸系统存在问题及应对措施	中国氯碱	2019
357	姬爱玲、刘晓民	浅谈考勤智能化在企业管理中的应用	信息系统工程	2019
358	王会林、魏自强、王文魁	全卤制碱中卤水指标的优化控制	氯碱工业	2019
359	袁丽华、高世军、张磊刚	一次盐水中钙镁离子含量超标的影响因素	氯碱工业	2019
360	靳党会、张国文、张明、杨莉	伍迪 BM2.7 型离子膜电解装置优化改造	氯碱工业	2019
361	乔志平、张志欣、贺江、闫志刚	新环境下化工安全生产及管理对策研究	化工管理	2019

表8-3-2（续）

序号	作者	题名	刊名	年份
362	杜萌	PVC树脂质量检测方法及运用探究	化工管理	2019
363	王会林、魏自强	浅谈盐井结晶堵的预防及解堵措施	中国井矿盐	2019
364	师学文	神木地区盐井运行过程中溶腔变化研究（静态试验）	中国井矿盐	2019
365	徐柯、苏维朵、徐振华、杨永峰、韩铁生	含汞废水中氯离子含量的有效控制措施	聚氯乙烯	2019
366	孙龙彬、蒲晓龙、李鹏智、周玉艳、王海雄	液氯中三氯化氮的控制与防护	中国氯碱	2019
367	薛锦卫、贺喜贵	组合式选粉机上轴承漏油的分析与处理	水泥	2019
368	张雄、李少芳、张国奇、马玉银	氯气泄漏的处置方法与应急措施	中国氯碱	2019
369	李鹏智、康文国、张军锋、乔瑞泽、孙龙彬	化工生产中变更管理控制及案例分析	中国氯碱	2019
370	任志荣、丰晔、熊磊	硫酸裂解副产物的形成机理及危害研究	中国氯碱	2019
371	李专成、闫建国、高骞	电力电缆在化工生产中的应用与技术规范	氯碱工业	2019
372	翁明、杨伏东、石锦鹏	电石生产经济性的研究	聚氯乙烯	2019
373	曹国玉	通过解吸装置实现含汞废酸的循环利用	聚氯乙烯	2019
374	王会林	一次盐水全卤优化改造运行总结	中国氯碱	2019
375	刘丁丁、贺永斌、刘文远	HAZOP风险分析在操作规程风险辨识的应用	中国氯碱	2019
376	白飞雄、李专成、吴虎成	低压交流回路指示灯感应电的产生原因及处理方法	氯碱工业	2019
377	潘登	化工企业自动化仪表工程施工管理总结	化工自动化及仪表	2019
378	李红荣、闫巧峰、许文彪	干电石渣储库防爆管理措施	水泥	2019
379	王贵珍、郭亮琴	影响转化器使用寿命的因素	聚氯乙烯	2019
380	鲁斌、张军锋、李红荣	水泥窑微油点火技术的应用	水泥	2019
381	闫娇、梁锋	乙炔渣浆管线结垢分析	聚氯乙烯	2019
382	田冯宜、高雄、闫锦秀、刘玉斌、王进	7℃水换热系统含氯乙烯的监管及处置措施	聚氯乙烯	2019
383	常帅、薛云平	氯乙烯气柜结构和使用注意事项	聚氯乙烯	2019

表 8-3-2（续）

序号	作 者	题 名	刊 名	年份
384	高燕军、张柱、韩云峰、高茂刚、石锦铭	氯乙烯气柜运行过程中存在的风险及安全防范措施	聚氯乙烯	2019
385	赵帅、闫建国、吴虎成	提高低压电动机运行的稳定性	聚氯乙烯	2019
386	高琦、张国文	卤水管线化学除垢总结	氯碱工业	2019
387	刘宗颖	六月，轻拾记忆	国企管理	2019
388	刘国强	"北元模式"创新党建工作	国企管理	2019
389	孙龙彬、徐朋、杨莉	事故氯系统运行总结	氯碱工业	2019
390	边亚平	北元化工锦界矿区卤井布置探讨	中国井矿盐	2019
391	赵俊明、孙继国、王宇航	氯碱工业废酸处置技术及经济分析——以陕西北元化工集团股份有限公司为例	环境教育	2020
392	侯亚东、王小伟、李胜利	原子荧光测汞仪与冷原子测汞仪测定化工废水中汞含量的差异性对比	聚氯乙烯	2020
393	李彦飞、赵锴、马生伟、李利军	设备点检管理中存在问题及解决措施	中国氯碱	2020
394	高海阳、武林、赵鹏、杨茂勤	硫酸提浓装置在氯碱工业中的应用总结	中国氯碱	2020
395	张明、张增利、康文国	一级重大危险源液氯储存单元的风险控制	氯碱工业	2020
396	贺喜贵、贺会荣、薛锦卫、张强红、赵景波、刘迪津	水泥厂横河DCS系统中报警管理的优化	水泥	2020
397	贺永斌、白虎雄、杨茂勤	浅谈HAZOP分析在废硫酸裂解装置的应用	硫酸工业	2020
398	张建宏、李胜利、孟宁、侯亚东、王小伟	PVC消光树脂凝胶含量测定方法对比研究	聚氯乙烯	2020
399	柳加喜、王彦东、刘勇、罗宏浩	干法乙炔发生器长周期运行的影响因素	聚氯乙烯	2020
400	张军锋、孙龙彬	基于风险的变更管理问题与对策	中国氯碱	2020
401	鲁斌、乔瑞泽、韩慧珏	电石渣库乙炔富集治理实践	中国氯碱	2020
402	李芮、李万林、武海梅、高勇强	煤基甲醇合成工艺技术选择及生产效率影响因素浅析	中氮肥	2020
403	王伟、刘文远、高燕军	HAZOP评价方法在液氯充装中的应用	氯碱工业	2020
404	高海阳、冯强强、曹磊磊、白虎雄、高鹏飞、刘文远	氯化氢合成炉使用脱氧纯水的运行总结	氯碱工业	2020
405	张文功、朱先均、訾伟	100%电石渣制水泥窑尾烟囱防腐处理及分析	水泥	2020

表 8-3-2（续）

序号	作者	题名	刊名	年份
406	白虎雄、贺永斌、白荣荣	硫酸计量泵及管道存在的问题及解决措施	硫酸工业	2020
407	石秀玲、贺雄雄、孟瑞、拓增	高压配电柜的改进	聚氯乙烯	2020
408	高朋、党增琦、栗培龙、沈明汉、曾宪军	电石渣-粉煤灰稳定土强度影响因素分析	路基工程	2020
409	张广伟、王小敏	高压开关柜"五防"闭锁改造总结	氯碱工业	2020
410	李宏安、曹辉辉、杨海明、曾宪军	电石渣制水泥生产线的技术改进	中国水泥	2020
411	白虎雄、贺永斌、白荣荣	浅析废硫酸裂解装置冷凝酸的产生与控制	硫酸工业	2020
412	张国文、罗宏浩、刘小正	干法乙炔电石渣浆系统改造总结	聚氯乙烯	2020
413	王贵珍、马建国、包飞	质量工具在PVC树脂质量改进中的应用	聚氯乙烯	2020
414	苗亚玲、李彦斌、张峰	聚合引发剂使用的制冷剂石脑油替换为防冻液乙二醇	聚氯乙烯	2020
415	李胜利、崔鹏、罗海斌	激光衍射法和机械筛分法测定PVC树脂粒径分布的对比	聚氯乙烯	2020
416	翁明、石锦鹏、孙龙彬	一种电石炉电极长度测量方法	中国氯碱	2020
417	高鹏飞、张国奇、蒲晓龙、高海阳	水电解制氢装置运行过程中存在问题及改进措施	中国氯碱	2020
418	孙龙彬、李鹏智	氯氢处理工序联锁问题及解决方法	氯碱工业	2020
419	冯乐、王奋中、张军锋、马生伟	低压变频器晃电跳闸原因分析及抗晃电方案探讨	氯碱工业	2020
420	王卫明	企业数字智能化供应链管理的探索与实践	企业改革与管理	2020
421	曹辉辉	煤粉制备系统的安全管理方法	水泥	2020
422	黄振宇、李渊	中国西北地区聚氯乙烯产业分析研究	广东化工	2020
423	马生伟、何学聆	设备全生命周期管理在生产企业的应用	中国氯碱	2020
424	田彩梅、杨琳静、马少华	消除CMP指示剂滴定氧化钙终点反色现象的试验研究	水泥	2020
425	李世强、宫晓宁、曾宪军	浅谈业主方对EPC工程项目的风险管控	价值工程	2020
426	王春艳、靳宝宝、何乃娜、包飞、张建宏、王贵珍	六西格玛管理在降低PVC树脂"鱼眼"中的应用	聚氯乙烯	2020

表8-3-2（续）

序号	作　者	题　名	刊　名	年份
427	孙龙彬、张枫然、侯学文、张军锋	氯碱企业安全生产信息管理	氯碱工业	2020
428	熊磊、张明、曾宪军、杨莉	新形势下传统能源化工的循环经济产业链模式	氯碱工业	2020
429	崔军军、李艳军	电石渣制水泥回转窑后结圈的原因与解决办法	水泥	2020
430	李宏安、申忠杰、尤文军	电石渣制高抗硫酸盐硅酸盐水泥的实践	中国水泥	2020
431	王小伟、侯亚东	PVC树脂下游加工性能的实验室模拟评价	聚氯乙烯	2020
432	苗亚玲、贺志强、徐玮、何洪保	蒸汽喷射真空脱氧技术与膜真空脱氧技术的对比	聚氯乙烯	2020
433	李红荣、杨鹏飞、闫巧峰	提高电石渣制水泥企业生料KH值合格率的几项措施	水泥	2020
434	刘英飞、刘强	110 kV电石炉变压器高压套管发热原因分析与处理	电工技术	2020
435	赵建荣、杜耀鹏、张文武、何强、闫建国	化工企业电气检修常见的危险因素及安全对策	聚氯乙烯	2020
436	李刚	氯碱企业10 kV高压电动机保护定值整定计算实例	中国氯碱	2020
437	赵建荣、白飞雄、白永明、李专成、樊进超、薛小彬	低压无功补偿功率因数不达标改造总结	氯碱工业	2020
438	苗亚玲、郭大富	聚氯乙烯生产工艺废水处理装置的优化改造	聚氯乙烯	2020
439	曹晓平、张隆刚、孙龙彬、靳宝宝	化工企业变更管理实施中存在问题及改进建议	聚氯乙烯	2020
440	李世强、曾宪军	浅谈降低电石炉电极糊消耗的措施	云南化工	2020
441	张文功、朱先均、郑亚娜	磁性联轴器在水泥厂高转速风机上的应用	水泥	2020
442	赵建荣、王小敏、何强、张文武	PLC技术在电气工程及其自动化控制中的应用	通信电源技术	2020
443	牛东	乙炔发生器发气能力不足的原因及对策	聚氯乙烯	2020
444	鲁铭、白小利、白文彦、张征国	聚合引发剂TX23替代EHP的应用对比	聚氯乙烯	2020
445	李亚珍、高鹏、曹国玉、王靖、陈飞虎	超声波检漏仪的应用与研究	中国氯碱	2020

表 8-3-2（续）

序号	作　者	题　名	刊　名	年份
446	钟国院、白静、董永兵、王进、李爱军、王峰	电解槽氯氢压差控制常见故障与治理措施	氯碱工业	2020
447	李红荣、杨鹏飞、张强红	降低出厂水泥温度的措施	水泥	2020
448	高锦东、高树丽	浅谈"人性化"安全管理	中国井矿盐	2020
449	刘春光、撒鹏刚、康玉军、刘艳雄、张苗苗	304不锈钢热水罐出现腐蚀裂纹的研究	聚氯乙烯	2020
450	丰晔、徐永胜、任志荣	脱硫灰用作湿法脱硫剂的可行性分析	聚氯乙烯	2020
451	王奋中、翁明、鲁斌、李云	关于电石炉散点除尘灰在热电脱硫装置的应用研究	中国氯碱	2020
452	孙龙彬、杜燕、杨莉	盐酸罐区风险因素与控制措施	氯碱工业	2020
453	曹辉辉、任盼盼	解决水泥厂电石渣输送系统冬季运行问题的方法	水泥	2020
454	李慧	北元化工成本控制分析	今日财富	2020
455	马鹏军、刘春光、张隆刚、付长江、闫娇	硫酸清净系统酸雾捕集器过滤效能研究	聚氯乙烯	2020
456	高鹏飞、张国奇、蒲晓龙、赵建荣、李艳龙	旋膜式除氧装置在氯化氢合成工序的应用	中国氯碱	2020
457	孙龙彬、张军锋、李彦飞	控制危险性作业数量的举措	氯碱工业	2020
458	常平、师学文	关于陕北盐田北部盐井设计方案的探讨	中国井矿盐	2020
459	景行	离子膜整流变压器的几种散热方式	氯碱工业	2020
460	康文国	化工企业岗位员工操作技能的提升	中国氯碱	2020
461	王关东、李强	氯碱企业供电系统中存在的问题及改进措施	氯碱工业	2020
462	李专成、孙继国、张文武、闫建国	MNS低压配电柜在化工生产中的常见问题及处理方法	聚氯乙烯	2020
463	景行、郝雄伟	浅谈电气低压重启功能在化工企业的应用	氯碱工业	2020
464	崔军军、李艳军	电石渣制水泥窑尾烟室漏料的处理	水泥	2020
465	张波、刘丁丁、赵鹏、杨茂勤	膜极距与有极距电解槽同线运行工艺	氯碱工业	2020
466	张琦	祖国就在身旁	中国盐业	2020
467	曾宪军、许文彪	钢丝胶带入库提升机的设计优化	水泥	2020
468	曹云锋、于星	提升电石生产运行过程中安全管理水平的策略	化工管理	2021
469	张应开、苗亚玲	氯乙烯合成系统排酸及取样工艺的优化	聚氯乙烯	2021

表8-3-2（续）

序号	作　者	题　名	刊　名	年份
470	王春艳、刘勇、包飞、白林	氧对PVC树脂粒径影响的探索性试验	聚氯乙烯	2021
471	牛东、郭大富、冯小雪、周浪、白小利、徐振华	硫酸泵机械密封泄漏原因及对策	聚氯乙烯	2021
472	张翠、汪江江、王军林、郝建兵	乙炔回收运行过程中常见问题及处理方法	聚氯乙烯	2021
473	高海荣、刘毅、王金柱、刘成伟、何亮	浅析超重力技术在半焦行业挥发性有机物治理技术的应用	山东化工	2021
474	曹晓明、何俊富	化工企业隐患排查治理体系的研究	化工管理	2021
475	刘真、陆飞	化工仪表智能自动化的应用	化工管理	2021
476	刘喜、马宁、张文武、柳加喜、彭敬英、纪永强、王军林、付长江	电石法乙炔产生废气收集治理技术探讨	聚氯乙烯	2021
477	郭大富、郝建兵、苗亚玲	PVC树脂生产中产生塑化片的原因与改进措施	聚氯乙烯	2021
478	李胜利、张建宏	热稳定性测定仪法测定PVC树脂及其制品的热稳定性	聚氯乙烯	2021
479	王光、王文魁、徐玮、杨陇利	压缩空气干燥工艺对比	聚氯乙烯	2021
480	魏自强、徐永胜、师学文	陶瓷膜过滤装置与凯膜过滤装置运行对比总结	中国氯碱	2021
481	刘小龙、张鸿鸿	电气自动化控制设备可靠性探究	石河子科技	2021
482	张鸿鸿、高海妮	关于PLC控制在电石炉电极升降控制中应用的研究	石河子科技	2021
483	黄治国、徐生智、魏辉、王大伟	聚四氟乙烯在汽轮机油系统密封中的应用	设备管理与维修	2021
484	崔锋、何俊富、曹晓明	提升化工企业应急管理能力的措施	化工管理	2021
485	焦勇	提升火电厂电气设备稳定运行的策略	化工管理	2021
486	张涛、陆飞、焦勇	电厂电石渣-石膏湿法脱硫工艺的应用	化工管理	2021
487	李爱军、王峰	安全联锁在氯乙烯气柜上的应用	聚氯乙烯	2021
488	王紫宏、张云	火电厂变压器常见故障及处理措施	化工管理	2021
489	李爱军、吴月玲、王峰	集散控制系统改造方案及运行评价	中国氯碱	2021
490	李利军、马生伟、王海雄	机械设备润滑管理存在的问题及改进方案	中国氯碱	2021
491	李万林、李芮、孙乖绪、何丽蓉、王正	Davy、Lurgi、Topsoe甲醇合成工艺对比分析及其应用情况	中氮肥	2021

表 8-3-2（续）

序号	作　者	题　名	刊　名	年份
492	李刚、武艳龙、高骞、申亭	电力系统中氧化锌避雷器的选型及应用	氯碱工业	2021
493	王光、高腾飞、高茂刚	循环水处理工艺的优化	聚氯乙烯	2021
494	呼利军、刘诚诚	论循环流化床锅炉节能降耗	化工管理	2021
495	李权、魏辉、何俊富、王峰	火电厂锅炉运行节能问题探讨	化工管理	2021
496	付锦东、任晓慧、李强、刘诚诚	兰炭冶炼的自动化控制与探讨	化工管理	2021
497	贺辽辽、魏辉、崔永、何俊富	火电厂锅炉大气污染防控技术研究	化工管理	2021
498	崩喜军、徐欢	化工机械设备安装与维修中常见问题及优化策略	化工管理	2021
499	陆飞、刘诚诚、刘真	130 t/h 循环流化床锅炉燃气化改造技术	化工管理	2021
500	张云、王紫宏、刘诚诚	化工企业电气自动化系统的实践应用	化工管理	2021
501	白文彦	PFMEA 在 PVC 质量控制中的应用	化工管理	2021
502	刘艳荣、丁增荣、魏辉、崔永	火电厂电气设备运行安全管理及故障处理	化工管理	2021
503	蒋辰龙、弓健	化工生产技术管理对安全生产的影响	化工管理	2021
504	陈慧、丁增荣、何俊富、白建行	火电厂安全风险的精细化管理	化工管理	2021
505	弓健、张丽军、刘小龙	化工危险性作业风险分析与管理	化工管理	2021
506	李强、付锦东、陆飞	自动无功补偿装置在电石炉的应用	化工管理	2021
507	何学玲、高刚	化工企业质量控制管理的研究	化工管理	2021
508	任晓慧、付锦东	煤化工企业节能降耗现状及优化对策	化工管理	2021
509	李宏安、乔长坤、姬岚	水泥温度对新拌混凝土用水量与坍落度的影响	中国水泥	2021
510	王会林、常永江、常胜、魏自强	全卤制碱过程中不同精制工艺的应用对比总结	中国井矿盐	2021
511	高海荣、王莉萍	长焰煤热解特性及产物分布	化工管理	2021
512	张丽军、蒋辰龙	提升电石企业安全生产标准化的路径研究	化工管理	2021
513	王进、白永明	湿法制乙炔电石自动加料的研究及应用	中国氯碱	2021
514	白宁、惠婷婷、何俊富	电气自动化技术在火电厂的应用	化工管理	2021
515	张永胜、魏辉、何俊富、赵华、崔永	火电厂锅炉腐蚀的原因及对策	化工管理	2021

表8-3-2（续）

序号	作　者	题　名	刊　名	年份
516	刘国强、李云	锅炉冷渣机热量回收利用的研究与应用	中小企业管理与科技（上旬刊）	2021
517	于星、曹云锋	热能与动力工程中的节能技术研究	化工管理	2021
518	王云岗、李楠	化工安全管理及事故应急策略	化工管理	2021
519	张晓刚、何亮、刘成伟	煤焦化企业生产安全问题及应对策略	化工管理	2021
520	赵华、魏辉、崔永、何俊富、张永胜	火电厂安全管理中存在的问题及对策	化工管理	2021
521	陈大江、刘艳龙、韩超	危险化工工艺安全管理存在的不足及对策	化工管理	2021
522	李世强、鲁斌	干、湿电石渣制备水泥生料工艺措施	中国水泥	2021
523	白小利、郭志强、张征国、鲁铭	PVC树脂生产过程中除铁技术的应用	聚氯乙烯	2021
524	高茂刚、赵春虎、苗亚玲	安全仪表系统在氯乙烯悬浮聚合中的应用	聚氯乙烯	2021
525	张辽波、郝茜	煤化工设备的维修保养管理研究	化工管理	2021
526	王峰、薛琴、何俊富、李权	火电厂节能降耗技术分析及应用	化工管理	2021
527	刘迪津、钟国院、高鹏、臧春华	综合报警管理在横河DCS系统上的应用	中国氯碱	2021
528	冯乐	全密封式电力变压器瓦斯保护动作及渗漏油故障研究与治理	中国氯碱	2021
529	韩云峰、高燕军	降低离子膜烧碱三效逆流降膜蒸发装置蒸汽单耗研究	中国氯碱	2021
530	杨茂勤、刘丁丁、白虎雄、贺永斌、张静	不同离子膜在不同型号电解槽上的运行测试	氯碱工业	2021
531	刘延安、张国奇、张隆刚	废氯气处理装置技术改造	氯碱工业	2021
532	丁文亮、孙永亚	化工工艺设计中与安全及危险的相关问题	化工管理	2021
533	王贵珍、王芸芸	乙炔发生单元电石单耗的降低	聚氯乙烯	2021
534	白永平、王进、米海军、刘玉斌	浅谈主变低压侧近区相间短路故障及限流技术	中国氯碱	2021
535	刘延财、王奋中、曹国玉、高树丽	循环水电化学除垢技术在化工企业的研究与应用	中国氯碱	2021
536	陈治慧、张波、刘延安、白虎雄	离子膜电解槽经济运行指标探索	中国氯碱	2021
537	康文国、王奋中、孙龙彬、张静	氯碱生产中氢气全生命周期查定与分析	氯碱工业	2021

表8-3-2（续）

序号	作者	题名	刊名	年份
538	杨鹏飞、李宏安、尤文军	坚持高质量发展 拓展售后服务职能	中国水泥	2021
539	王小伟、侯亚东、李胜利	质量工具在PVC过程质量管理中的应用	聚氯乙烯	2021
540	徐向平	电渗析实验分离废水中氯离子的研究	中国氯碱	2021
541	翁明、陈凤凤	电石电耗偏高原因分析及优化解决方案	中国氯碱	2021
542	栗培龙、柳玉、高朋、曾宪军、沈明汉	聚丙烯纤维增强的电石渣稳定土试验研究	公路	2021
543	李慧	新形势下财务信息化发展的问题与对策研究	纳税	2021
544	白小利、张征国、卢文军、鲁铭、郭志强、拓增	PVC生产中DCS系统报警优化改造	聚氯乙烯	2021
545	李文桃	精馏工序对氯乙烯质量的影响	聚氯乙烯	2021
546	冯鹏、闫建国	生产运行电力系统中电气自动化技术的应用研究	中国氯碱	2021
547	王关东、赵建荣	供电系统存在的问题及改进措施	中国氯碱	2021
548	王伟、崔鹏、高燕军	氯乙烯泄漏、蒸气云爆炸事故模型分析	中国氯碱	2021
549	王子恒、孙佳玮、宁小钢、徐向平、边文海、秦英哲、李娜	高通量氧化石墨烯膜制备及渗透汽化处理废水	高校化学工程学报	2021
550	李艳军、崔军军	电石渣制水泥生产线箅冷机堆雪人的原因与处理	水泥	2021
551	訾伟、张琦、屈艳亭	电石渣制水泥生产线干电石渣库的扬尘治理探索	水泥	2021
552	高茂刚、靳宝宝、胡海龙	电石法聚氯乙烯生产中电石损失的查定	聚氯乙烯	2021
553	段瑞、白永明	离子膜电解整流系统中极化电源的重要性	中国氯碱	2021
554	朱继明、董高登	整流装置冷却系统常见问题与对策	中国氯碱	2021
555	李思颂、高骞	提高制氢系统稳定运行的几点措施	中国氯碱	2021
556	李世强、曾宪军	40500 kV·A电石炉达标达产的措施	盐科学与化工	2021
557	蒲晓龙、白虎雄、冯继文、张翻梅	硫酸提浓技术在烧碱生产过程中的应用	氯碱工业	2021
558	马少华、张小建、曹辉辉	100%电石渣制水泥均质性提升的措施	水泥	2021
559	张妮、魏自强、常永江	卤水各组分分析优化总结	中国氯碱	2021
560	刘静、杭燕虎、沈靖宗	离子膜电解槽阴阳极出液管打火探讨	中国氯碱	2021

表8-3-2（续）

序号	作　者	题　名	刊　名	年份
561	丰晔、魏自强	全卤制碱卤水除氨系统运行总结	中国井矿盐	2021
562	高海荣、刘英飞	110 kV 电石炉变压器偏档运行的可行性分析	电工技术	2021
563	边福兵、纪保舟、张小军、白小利	电气联锁运行稳定性的提高	聚氯乙烯	2021
564	刘艳龙、刘诚诚、李强	关于电厂空冷岛自动冲洗改造的研究	山东化工	2021
565	白文彦、赵省军、郑亚娜	废水汽提塔运行不稳定的原因和优化改造	中国氯碱	2021
566	曹国玉、叶鹏云、刘建楼	公用冷冻水优化利用研究与实践	中国氯碱	2021
567	高海阳、白虎雄、张杰	聚乙烯管在氯碱生产中的应用	氯碱工业	2021
568	郭志强、王桃艳、屈建强	聚合母液水回用运行中存在的问题与优化	聚氯乙烯	2021
569	王峰、韩云峰、董永兵	高级报警管理系统在化工行业的应用	氯碱工业	2021
570	高琦、常永江	降低一次盐水工序助剂消耗的措施	氯碱工业	2021
571	茆支帅	MRO 膜法除硝装置运行总结	氯碱工业	2021
572	张明、康文国、焦理芳	卤水中碘对离子膜电解的影响	氯碱工业	2021
573	常胜、崔万理、魏自强、王环	蒸发工序烧碱预热器泄漏及应对措施	氯碱工业	2021
574	田明明、高刚、刘强	电石炉炉墙损坏原因分析与维修要点	石河子科技	2021
575	白飞雄、王关东	管状带式输送机电气改造	氯碱工业	2021
576	徐玮、吴月玲、李江、张应开、王顺	108 m³ PVC 聚合釜高压回收系统存在问题的研究	聚氯乙烯	2021
577	王会林、罗梁、魏自强、刘春光	全卤制碱过程中预处理器结构损坏的原因及预防措施	中国氯碱	2021
578	王进、刘玉斌、白永平	控制系统接地改造	氯碱工业	2021
579	高刚、何学玲	变频调速技术在电石冶炼配料系统中的应用	化工管理	2021
580	田明明、刘小龙、呼顺利、石锦鹏	密闭电石炉漏水原因、解决办法及预防控制策略	化工管理	2021
581	郏仁海、刘小龙、弓健	化工企业检修作业中的危险点控制策略	化工管理	2021
582	闫东东、闫巧峰、赵华、曹锦龙、王慧	螺杆空气压缩机跳闸的原因分析及优化措施	化工管理	2021
583	杨飞、梁利平、李涛	基于环形双膛石灰窑的结瘤原因分析和预防措施探讨	新型工业化	2021
584	孙龙彬、闫巧峰、张军锋	故障假设法在变更管理中的高效应用	氯碱工业	2021

表 8-3-2（续）

序号	作者	题名	刊名	年份
585	潘登、张隆刚	氯碱生产过程中氯氢压力控制分析	氯碱工业	2021
586	李胜利、刘小勇、张建宏、常爽	PVC树脂杂质粒子数检测方法对比研究	聚氯乙烯	2021
587	徐欢、崩喜军	电石企业行车事故分析及防控策略研究	化工管理	2021
588	李爱军、白静、靳宝宝	安全仪表系统在离子膜电解槽上的应用	氯碱工业	2021
589	高海荣、张鸿鸿	六大提升工程在化工企业安全管理高质量发展中的作用	化工管理	2021
590	李云、孙龙彬、王敏、张军锋、鲁尚高	固碱熔盐炉固废优化控制与利用研究	中国氯碱	2021
591	石艳霞	论提高企业全面预算管理工作实施成效	当代会计	2021
592	刘迪津、钟国院、王进、高鹏	FF-H1在氯乙烯温度采集的应用	中国氯碱	2021
593	高世军、付长江、吴月玲、袁丽华	磷酸盐精制盐水试验研究	氯碱工业	2021
594	杨茂勤、白虎雄、贺永斌、郭磊	固碱生产系统熔盐炉运行中的问题及解决措施	氯碱工业	2021
595	孙龙彬、何学玲、康文国、张军锋	氯碱企业工艺卡片的设置与应用	氯碱工业	2021
596	石艳霞	"一带一路"倡议下企业成本管控新思路	中国外资	2021
597	纠建、王进	管带机控制原理及常见电仪故障处理的研究	中国氯碱	2021
598	孙龙彬、李利军	能量隔离中上锁挂签管理流程步骤分析	中国氯碱	2021
599	孙龙彬、刘峰、王奋中	氯化氢石墨冷却器运行总结	氯碱工业	2021
600	李世强、曾宪军	提高电石发气量的措施	聚氯乙烯	2021
601	李平、李思颂	整流系统冷却装置常见问题及处理方法	中国氯碱	2021
602	孙龙彬、高云、杜燕、刘文远	TQZ-140型副产蒸汽氯化氢合成装置运行总结	氯碱工业	2021
603	刘建楼、杨菲	循环水替代7℃水在氯乙烯精馏装置中的应用研究	聚氯乙烯	2021

表 8-3-2（续）

序号	作　者	题　名	刊　名	年份
604	孙龙彬、张军锋	变更管理与安全管控体系各模块之间的关系	氯碱工业	2021
605	曹辉辉	电石渣配料生产线回转窑结圈分析与处理	水泥技术	2022
606	魏自强、高远、丰晔	全卤制碱过程中化盐水系统改造运行总结	中国井矿盐	2022
607	刘建楼、李艳飞、曹国玉、侯学文	循环水系统节能研究	中国氯碱	2022
608	施素帆	氯碱化工企业增收节支创效工作探讨	中国氯碱	2022
609	高仁、白文彦	108 m³ 聚合釜引发剂用量及加入技术对树脂质量的影响	中国氯碱	2022
610	刘王祥	新能源光伏发电技术应用的思考	当代电力文化	2022
611	杨琳静、马少华、田彩梅	水泥质量检测的影响因素及优化策略	建筑实践	2022
612	薛锦卫	滑履瓦冷却水系统的故障分析与优化改进措施	科技新时代	2022
613	秦智、訾伟、张文功	空气悬浮鼓风机在100%电石渣制水泥工厂中的应用	科技新时代	2022
614	高鹏、任建虎	电石炉净化炉气布袋仓温度计故障原因分析及解决方案探讨	科技新时代	2022
615	王磊	电石渣用于CFB-FGD脱硫工艺的探讨	科学与财富	2022
616	张建锋	实验室条件下混凝实验研究	科学与财富	2022
617	李伟	浅谈通过改变采样方式降低氨逃逸的故障率	科学与技术	2022
618	马少华、李杰	硫代硫酸钠降铬剂在水泥生产中的应用试验	水泥	2022
619	崔军军、李艳军	C3下料管频繁堵塞的原因及解决措施	水泥	2022
620	任盼盼、曹辉辉、刘生发	微晶高温耐磨材料在电石渣制水泥企业的应用	水泥	2022
621	崔军军、刘昆、李艳军	电石渣制水泥生产线增湿管道挂壁的原因及解决办法	水泥	2022
622	姬文明、杨琳静	不同品种混合材对水泥干缩性的影响研究	水泥	2022
623	曹辉辉	电石渣配料生产线回转窑结圈分析与处理	水泥技术	2022
624	高鹏、钟国院	先进控制技术在PVC干燥中的应用	中国氯碱	2022

表 8-3-2（续）

序号	作　者	题　名	刊　名	年份
625	谢强、崔军军	水泥脱硝分体计量技术的改造与应用	中国水泥	2022
626	张雄、李锦锋	110 kV 变电站主变压器冷却系统改造技术研究	装备维修技术	2022
627	闫琮	关于引风机叶轮失效原因分析	装备维修技术	2022
628	康刚	集汽集箱管座角接头焊缝裂纹原因分析及处理	装备维修技术	2022
629	鲁斌、李云、翁明	电厂粉煤灰烧失量偏高治理实践	工业锅炉	2022
630	贺诚、白保安、孙少伟	实现化工厂气体高效利用的措施	化工管理	2022
631	贺虎艳、崔军军、姬岚	煤粉计量称改造应用实践	建筑创作	2022
632	孟瑞、胡大伟、白小利	聚合釜喷淋阀的改进研究	聚氯乙烯	2022
633	白锋锋	PVC 生产聚合工序装置节能降耗的措施	聚氯乙烯	2022
634	张波、白虎雄、赵鹏	氢气气柜运行保障措施	聚氯乙烯	2022
635	马鹏军、付长江、徐锦程	干法乙炔发生器干渣料位的检测	聚氯乙烯	2022
636	崔万理、苗亚玲	HAZOP 分析在 108 m³ 聚合釜 PVC 生产中的应用	聚氯乙烯	2022
637	赵省军、白文彦、白林、苗亚玲、李宁	PVC 树脂中杂质的产生原因和控制措施	聚氯乙烯	2022
638	罗梁、白小利、张国奇	氯乙烯精馏系统尾气冷凝工艺的改进	聚氯乙烯	2022
639	柳加喜、王彦东、张隆刚	干法乙炔无填料洗涤冷却塔研究	聚氯乙烯	2022
640	胡大伟、孟瑞、徐锦程、白小利、安宁	氯乙烯输送过程中常见问题分析	聚氯乙烯	2022
641	李彦飞、赵锴	模拟检修在安全管理中的应用实践	聚氯乙烯	2022
642	高世军、贺妮、吴月玲、袁丽华	激光粒度仪测量 PVC 树脂粒径的影响因素	聚氯乙烯	2022
643	丰晔、王建军、张征国	聚合回收系统运行异常的原因及优化改造措施	聚氯乙烯	2022
644	张征国、张隆刚、徐玮	聚氯乙烯干燥系统运行稳定性的提升	聚氯乙烯	2022
645	张隆刚、张征国、徐玮	氯碱行业低碳减排改进措施	聚氯乙烯	2022
646	刘欢荣、白小利、鲁铭	碳酸氢钠和氢氧化钙中和剂在 PVC 生产中的对比研究	聚氯乙烯	2022
647	赵省军、白文彦、徐锦程、徐保卫	分散剂配制搅拌系统的改造	聚氯乙烯	2022
648	刘喜、魏自强、付长江	干、湿法乙炔装置水平衡研究	聚氯乙烯	2022
649	柳加喜、付长江、刘磊	湿法乙炔发生工艺的优化	聚氯乙烯	2022
650	罗海斌、刘强、苗亚玲	氯乙烯球罐紧急注水系统的应用	聚氯乙烯	2022

表 8-3-2（续）

序号	作 者	题 名	刊 名	年份
651	姜涛、王小伟	绘制分光光度法校准曲线的若干问题	聚氯乙烯	2022
652	马飞、蔡苗、汪江江	仪表气干燥系统中干燥机运行指标控制	聚氯乙烯	2022
653	王贵珍、魏自强、白小利	氯乙烯单体中乙炔含量的控制	聚氯乙烯	2022
654	纪保舟、边福兵、白小利、张小军	防晃电技术在PVC生产中的应用	聚氯乙烯	2022
655	乔礼友、赵省军、徐锦程	聚合釜盘管的清洗	聚氯乙烯	2022
656	刘秋艳、高灏、徐锦程	电石渣将乙炔回收系统循环水冷却器腐蚀原因及改进措施	聚氯乙烯	2022
657	吴蓓、罗海斌、王小伟	影响PVC树脂质量的因素	聚氯乙烯	2022
658	王建军、徐柯、张岩	氯乙烯精馏尾气深度处理的研究与应用	聚氯乙烯	2022
659	贺小芳、李亚利、贺永斌	浅析离心泵机械密封渗漏原因分析及改进措施	科技新时代	2022
660	李治刚、武晶晶	膜法分盐浓缩在处理氯碱化工废水中的应用研究	科学与技术	2022
661	蒋辰龙	自动化技术在电石安全生产中的作用自动化技术在电石安全生产中的作用	科学与技术	2022
662	乔雄雄	智能化设备点检技术在化工企业设备管理中的作用	科学与技术	2022
663	杨飞	论石灰窑烟气治理技术	科学与技术	2022
664	毕康	化工设备管理及维修保养探析	科学与技术	2022
665	薛志清、王玲、张征国	工业循环水处理技术探讨	科学与技术	2022
666	常胜、李艳如	冷凝水输送泵能力不足原因分析及解决措施	科学与技术	2022
667	茹支帅、高海阳、常永江	浅析化工安全管理存在的问题及解决方法	科学与技术	2022
668	高俊、何天	板式换热器常见故障及检修方法	科学与技术	2022
669	张云飞、张杰	氯压机常见故障及处理方法	科学与技术	2022
670	王福金、周浪	浅谈电动机的日常维护与保养	科学与技术	2022
671	刘毅、王宇航、赵俊明、马一鸣、米文飞	化工企业大气污染防治技术研究	科学与技术	2022
672	薛荣、申虎军	离子膜电解槽阴阳极出液管打火治理研究	科学与技术	2022
673	申强、苏亚玲	用"四面镜子"分析企业应急管理的发展方向	科学与生活	2022

表8-3-2（续）

序号	作 者	题 名	刊 名	年份
674	高强、刘强	PLC在电仪工程和自动化控制中的应用分析	科学与生活	2022
675	曹海潮、彭贵兵	氯化氢合成炉安全运行研究	科学与生活	2022
676	彭贵兵、曹海潮	塑料焊接工艺在化工行业的应用研究	科学与生活	2022
677	崔鹏、王建军、徐玮	浅析聚合体系含氧影响因素及应对策略	科学与生活	2022
678	侯学文、崔鹏、徐玮、高茂刚	降低108 m^3聚合釜清釜频次的应用研究	科学与生活	2022
679	梅乐、徐锦程	聚合废水泵机械密封泄漏原因分析及改进措施	科学与生活	2022
680	白虎雄、雷锦旗	废硫酸裂解再生联产亚硫酸钠的设计与运行	硫酸工业	2022
681	袁丽华、吴月玲、田彩梅	氯化铵与硫酸制备氯化氢的评价方法研究	氯碱工业	2022
682	刘延安、武红艳、张柱	氯碱工业废硫酸高温裂解技术应用分析	氯碱工业	2022
683	申强、苏亚玲	电解槽开车的操作要点	氯碱工业	2022
684	沈靖宗、刘静、侯学文	伍德-迪诺拉离子膜电解工艺自动化改造	氯碱工业	2022
685	申强、苏亚玲	电解槽打火的原因及控制	氯碱工业	2022
686	王峰、侯学文、李云	氯碱行业二氧化碳排放量核算工业	氯碱工业	2022
687	白静、董永斌、张征国、李爱军	离子膜电解槽槽电压检测系统常见故障及改进措施	氯碱工业	2022
688	刘丁丁、张慧泉、张文武	HAZOP分析在离子膜电解装置工艺变更的应用	氯碱工业	2022
689	董永兵、燕丽梅、白静	PID评估与整定系统在氯碱生产中的应用	氯碱工业	2022
690	高刚	浅论化工检验分析仪器管理	山西化工	2022
691	高刚	浅析石灰石及石灰质量对电石生产的影响	山西化工	2022
692	刘小龙	浅析化工企业电气工程的安全管理策略	石河子科技	2022
693	王会林、张康、常胜、刘延安、张征国	酸洗在盐井维修过程中的实践应用	中国井矿盐	2022
694	常胜、王会林、魏自强	采卤泵电机超电流原因分析及解决办法	中国井矿盐	2022

表 8-3-2（续）

序号	作者	题名	刊名	年份
695	魏自强、高远、丰晔	全卤制碱过程中化盐水系统改造运行总结	中国井矿盐	2022
696	高锦东、梁锋、魏自强	岩盐矿山安全生产管理浅析	中国井矿盐	2022
697	陈康、李思颂	整流变压器常见故障及处理措施	中国开发区	2022
698	张杰、张云飞	化工企业离心泵常见故障及维护管理	中国科技信息	2022
699	何天、高俊	氯化氢合成炉运行中故障及改进措施	中国科技信息	2022
700	周浪、王福金	螺杆压缩机常见故障诊断及问题处理	中国科技信息	2022
701	刘凡	石灰窑煅烧石灰石温度优化控制	中国科技信息	2022
702	杨建辉	化工生产的安全管理与评价	中国科技信息	2022
703	曹晓明	化工生产工艺中的安全管理思路研究	中国科技信息	2022
704	曹国玉	VCM合成热水塔余热利用可行性研究与实践	中国氯碱	2022
705	孙龙彬、乔志平、惠建伟	氯碱企业安全检查与隐患整改模式	中国氯碱	2022
706	白保安、贺诚、魏自强	热水型溴化锂机组的经济运行	中国氯碱	2022
707	徐永胜、王环、徐向平	全卤制碱中硫酸根及钙离子脱除技术探讨	中国氯碱	2022
708	高仁、李志梅	聚合系统关键质量控制点的管控	中国氯碱	2022
709	贺登成、燕丽梅	氯气液化系统在氯碱工艺中的影响	中国氯碱	2022
710	赵省军、申斌、张隆刚	聚氯乙烯聚合回收系统氧含量高的危害和改进措施	中国氯碱	2022
711	惠建伟、杨文、白保安	关于化工循环冷却水日常运行的过程管控	中国氯碱	2022
712	鲁斌	企业班组建设与高技能职工队伍建设研究	中国水泥	2022
713	李杰	基于混料法的炉渣配料对水泥性能的影响	中国水泥	2022

三、授权专利

2012年以来，北元集团对发明专利加强管理，对申报发明专利严格履行审批程序，在以往工作的基础上，为及时了解行业新技术、新动态，于2016年10月，北元集团成立技术信息收集小组，激励员工科技创新勇气，坚持定期对行业内先进企业的最新技术专利申请进行分析，研判企业技术发展趋向，做出相应的改进措施。2018年，北元集团的《一种合成氯乙烯用的低汞触媒》获"第十八届中国专利优秀奖"。截至2022年，北元集团共获得有效授权专利422项。其中，获发明专利9项，实用新型专利401项，外观设计型专利12项。北元集团获得授权专利见表8-3-3。

表8-3-3 北元集团获得授权专利一览表

序号	单位	专利号ZL.	发明名称	申请类型	授权通知日	发明人
1	陕西北元化工集团有限公司	201320017120.3	一种塔型垃圾分离器	实用新型	2013-05-10	苏义德
2	陕西北元化工集团有限公司	201320172172.8	一种低压防晃电控制装置	实用新型	2013-07-15	吴锟龙
3	陕西北元化工集团有限公司	201320172174.7	一种滤饼机回转下料器清料装置	实用新型	2013-07-17	樊德金
4	陕西北元化工集团有限公司	201320172175.1	一种高温任线链斗式输送机计量装置	实用新型	2013-07-17	吴锟龙
5	陕西北元化工集团有限公司	201320172279.2	一种湿电石渣下料溜子	实用新型	2013-07-12	苏义德、尤文军、樊德金、任建虎
6	陕西北元化工集团有限公司	201320172518.4	一种发生器活门密封套结构	实用新型	2013-08-09	孟瑞
7	陕西北元化工集团有限公司	201320172519.9	一种发生器活门密封圈结构	实用新型	2013-08-09	孟瑞
8	陕西北元化工集团有限公司	201320292122.3	一种多角度分度盘	实用新型	2013-10-09	王福金、梁晓宇、郭林伟
9	陕西北元化工集团有限公司	201320292124.2	一种气割割枪	实用新型	2013-10-08	王福金
10	陕西北元化工集团有限公司	201320292125.7	一种取样风筒	实用新型	2013-09-03	康军、于安明、王伟
11	陕西北元化工集团有限公司	201320292136.5	一种回转窑尾烟室防护斜坡结构	实用新型	2013-11-28	赵建耀
12	陕西北元化工集团有限公司	201320292532.8	一种整流变压器保护抗干扰装置	实用新型	2013-09-03	李专成、任宁波
13	陕西北元化工集团有限公司	201320292535.1	一种吊装支架	实用新型	2013-10-09	王大伟、张世贵、谢爱飞、辛波
14	陕西北元化工集团有限公司	201320292577.5	一种实用型减速机拆除器	实用新型	2013-09-03	刘勇、王大伟
15	陕西北元化工集团有限公司	201320292660.2	一种取样器	实用新型	2013-09-03	赵省军
16	陕西北元化工集团有限公司	201320383168.6	一种回转器预热器检修人孔	实用新型	2013-12-23	赵建耀
17	陕西北元化工集团有限公司	201320383236.9	一种水泥塔内的组合式储分隔仓	实用新型	2013-11-21	赵建耀
18	陕西北元化工集团有限公司	201320383670.7	一种原煤库内下料口结构	实用新型	2013-11-06	赵建耀
19	陕西北元化工集团有限公司	201320383681.5	一种乙炔生产用加水阀	实用新型	2013-11-27	刘勇、王进
20	陕西北元化工集团有限公司	201320383683.4	一种管道保温装置	实用新型	2013-10-30	张隆刚、韩慧珏
21	陕西北元化工集团有限公司	201320383781.8	一种变频器保护装置	实用新型	2013-10-17	李专成、任宁波
22	陕西北元化工集团有限公司	201320554668.1	一种堵漏卡子	实用新型	2014-01-08	贺贝
23	陕西北元化工集团有限公司	201320555290.7	一种发生器活门锁	实用新型	2013-12-25	王奋中

表 8-3-3（续）

序号	单位	专利号 ZL	发明名称	申请类型	授权通知日	发明人
24	陕西北元化工集团有限公司	201320555304.5	一种母液水冷却塔	实用新型	2013-12-31	王备中
25	陕西北元化工集团有限公司	201320808605.4	一种水泥回转窑窑门装置	实用新型	2014-04-01	杨永强、曾宪军
26	陕西北元化工集团有限公司	201320811883.5	一种法兰防护罩	实用新型	2014-03-31	贺永斌
27	陕西北元化工集团有限公司	201320812049.8	一种水泥回转窑窑尾烟气烘干电石渣装置	实用新型	2014-03-31	张小健、曾宪军、李红荣、边新民、杨永强、陈飞虎
28	陕西北元化工集团有限公司	201320816013.7	一种防塔器	实用新型	2014-04-03	李杰、韩慧珏
29	陕西北元化工集团有限公司	201320292137.X	一种机封拆卸装置	实用新型	2013-09-04	谢亚雄、刘强、申伟
30	陕西北元化工集团有限公司	201320292659.X	一种机封拆卸用拉玛器	实用新型	2013-09-04	刘强、高颢
31	陕西北元化工集团有限公司	201320383682.X	一种内嵌式阀座拆除器	实用新型	2013-11-13	李亚珍、王福金、熊磊、张明
32	陕西北元化工集团有限公司	201330353173.8	内嵌式阀门修理工具	外观设计	2013-11-04	熊磊、张明、李亚珍、王福金
33	陕西北元化工集团有限公司	201330616693.3	防塔器	外观设计	2014-05-22	韩慧珏
34	陕西北元化工集团有限公司	201420091183.8	一种触媒填装漏斗	实用新型	2014-06-04	李杰、刘勇
35	陕西北元化工集团有限公司	201420091826.9	一种铜排折弯器	实用新型	2014-05-29	白永明、刘海瑜
36	陕西北元化工集团有限公司	201420091827.3	一种 VCM 转化器粗氯乙烯取样口	实用新型	2014-06-16	张宇
37	陕西北元化工集团有限公司	201420091828.8	一种皮带小车电缆轨道滑线轮	实用新型	2014-06-03	李专成、景行
38	陕西北元化工集团有限公司	201420160929.6	一种发生器软连接结构	实用新型	2014-06-27	孟瑞、王贵发、徐振华、白文彦
39	陕西北元化工集团有限公司	201420160930.9	一种多功能链条精洗机	实用新型	2014-07-10	王大伟、白露超、张世贵、刘强、文武
40	陕西北元化工集团有限公司	201420160970.3	一种缝纫机调试装置	实用新型	2014-07-07	高强、李专成
41	陕西北元化工集团有限公司	201420161167.1	一种角钢扭曲变形矫正器	实用新型	2014-06-26	辛波、白露超、申伟、张世贵、刘鑫、郭瑞芬、刘强
42	陕西北元化工集团有限公司	201420161168.6	一种联轴器对轮压盖	实用新型	2014-06-27	白露超、张建强、李越、梁峰、张世贵、王大伟

表8-3-3（续）

序号	单位	专利号ZL	发明名称	申请类型	授权通知日	发明人
43	陕西北元化工集团有限公司	201420161240.5	一种联轴器尼龙棒拆除器	实用新型	2014-06-27	白露超、梁峰、张世贵、王大伟、刘鑫、火瑞钦、刘强
44	陕西北元化工集团有限公司	201420161450.4	一种画规	实用新型	2014-07-17	康文国、李利军
45	陕西北元化工集团有限公司	201420161531.4	一种多功能拔取器	实用新型	2014-06-27	张世贵、王大伟、白露超、柴艳存、景辉
46	陕西北元化工集团有限公司	201420374875.3	一种乙炔发生器用折叠挡板	实用新型	2014-10-16	刘强、杜小军
47	陕西北元化工集团有限公司	201420375087.6	一种注水器	实用新型	2014-09-25	彭敬英、宁春波
48	陕西北元化工集团有限公司	201420375088.0	一种实用型防雨器	实用新型	2014-09-26	张世贵、白成刚、王大伟、刘强
49	陕西北元化工集团有限公司	201420375161.4	一种水泵油封	实用新型	2014-10-10	张世贵、王大伟、柴艳存、谢爱飞、景辉、王明虎
50	陕西北元化工集团有限公司	201420375163.3	一种带有滤芯液封杯的酸雾捕集器	实用新型	2014-09-25	马建国、刘强、付长江
51	陕西北元化工集团有限公司	201420560162.6	一种石墨块打压试漏器	实用新型	2014-11-25	张波、张国奇、党保安
52	陕西北元化工集团有限公司	201420560438.0	一种内置弹性小球除尘器	实用新型	2014-11-28	赵省军
53	陕西北元化工集团有限公司	201420560514.8	一种选粉机的进风管结构	实用新型	2014-11-28	魏福强、张建峰、许文彪
54	陕西北元化工集团有限公司	201420560622.5	一种胶带输送机气动式清扫器	实用新型	2014-12-01	张建峰、薛锦卫
55	陕西北元化工集团有限公司	201420560646.0	一种液力耦合器扭力扳手	实用新型	2014-12-22	任建虎、杨伟伟、訾伟
56	陕西北元化工集团有限公司	201420560907.9	一种多功能阀门打压、电机转子拆除器	实用新型	2015-01-15	李亚渗、王福金、张明
57	陕西北元化工集团有限公司	201420560908.3	一种皮带筒调节支架	实用新型	2014-12-10	张世贵、李浪、王大伟
58	陕西北元化工集团有限公司	201420560910.0	一种钢锤链式电石渣下料筛网装置	实用新型	2015-01-04	任建虎
59	陕西北元化工集团有限公司	201420561427.4	一种电石渣生产水泥大块高温熟料速破水枪装置	实用新型	2014-12-31	张文功
60	陕西北元化工集团有限公司	201420560609.X	一种转化器捕装触媒挡板	实用新型	2014-11-28	罗海斌

表 8-3-3（续）

序号	单位	专利号ZL	发明名称	申请类型	授权通知日	发明人
61	陕西北元化工集团有限公司	201420561169.X	一种氯气纯度分析用气量管	实用新型	2014-11-28	李小娜、张国奇、王小平
62	陕西北元化工集团有限公司	201430361780.3	包装袋（SG-5型聚氯乙烯树脂）	外观设计	2015-01-16	张明、熊磊、慕毅
63	陕西北元化工集团有限公司	201430361971.X	包装袋（SG-8型聚氯乙烯树脂）	外观设计	2015-01-15	张明、熊磊、慕毅
64	陕西北元化工集团有限公司	201520256231.9	一种大型起拨器	实用新型	2015-07-07	孟瑞、白文彦、王贵珍、徐振华
65	陕西北元化工集团有限公司	201520256232.3	一种绞笼填料密封装置用导气环	实用新型	2015-07-06	孟瑞、王贵珍、徐振华、白文彦、卢文军、陈振业
66	陕西北元化工集团有限公司	201520256235.7	一种母液过滤器	实用新型	2015-07-09	徐振华、孟瑞
67	陕西北元化工集团有限公司	201520256603.8	一种减震管道支架	实用新型	2015-08-06	乔小龙、康文国、李利军
68	陕西北元化工集团有限公司	201520256604.2	一种回转窑三风测温热电偶装置	实用新型	2015-07-14	张文功、王金柱、张小建、贺会荣、曾宪军、李红荣
69	陕西北元化工集团有限公司	201520257124.8	一种绞笼填料密封装置	实用新型	2015-07-06	孟瑞、王贵珍、徐振华、白文彦、卢文军、陈振业
70	陕西北元化工集团有限公司	201520257125.2	一种双环便携式电焊钳	实用新型	2015-07-03	叶锦龙
71	陕西北元化工集团有限公司	201520257131.8	一种回转窑轴瓦循环水快速带压放尽装置	实用新型	2015-07-08	张文功
72	陕西北元化工集团有限公司	201520257464.0	一种电石渣粉状物料配料装置	实用新型	2015-07-07	任建虎、苏义德、曾伟、温淼、李世强
73	陕西北元化工集团有限公司	201520257465.5	一种低压带延时自动重启装置	实用新型	2015-06-17	吴现龙
74	陕西北元化工集团有限公司	201520385502.0	一种手动锯孔机	实用新型	2015-08-17	王大伟、王海勇、申伟、王明亮、武利军
75	陕西北元化工集团有限公司	201520389820.4	一种多功能拉压器	实用新型	2015-08-14	柴艳存、王大伟
76	陕西北元化工集团有限公司	201520389923.0	一种带压拆卸阀门铜套的固定工具	实用新型	2015-08-18	张伟雄、周新民、张明

第八章 科技创新 333

表 8-3-3（续）

序号	单位	专利号ZL	发明名称	申请类型	授权通知日	发明人
77	陕西北元化工集团有限公司	201520389958.4	一种联轴器柱销拆装器	实用新型	2015-08-14	王大伟、常英峰、李小利
78	陕西北元化工集团有限公司	201520389960.1	一种机械吊装支架	实用新型	2015-08-14	王大伟、张世贵、谢爱飞、王明虎、高云
79	陕西北元化工集团有限公司	201520389987.0	一种大型钢材输送车	实用新型	2015-08-19	王海勇、王大伟、王军
80	陕西北元化工集团有限公司	201520389988.5	一种轴平衡检测装置	实用新型	2015-08-04	刘伟强、张世贵、王明亮
81	陕西北元化工集团有限公司	201520390031.2	一种多功能捆绑装置	实用新型	2015-08-20	谢亚雄、王大伟
82	陕西北元化工集团有限公司	201520390032.7	一种联轴器压盖	实用新型	2015-08-18	张建强、王大伟、吴川、李小利
83	陕西北元化工集团有限公司	201520390035.0	一种机械手动打孔、切割机	实用新型	2015-08-14	王大伟、张世贵
84	陕西北元化工集团有限公司	201520390091.4	一种承拆装置	实用新型	2015-09-11	王海勇、王大伟、王明亮
85	陕西北元化工集团有限公司	201520389925.X	一种多功能支架	实用新型	2015-08-25	张世贵、王大伟、李浪、谢爱飞
86	陕西北元化工集团有限公司	201520389989.X	一种微型可移动支撑托盘	实用新型	2015-08-14	王大伟、张世贵
87	陕西北元化工集团有限公司	201530214931.7	包装袋（SG-3聚氯乙烯树脂）	外观设计	2015-10-23	徐生智、陈飞虎、张明、熊磊、綦毅
88	陕西北元化工集团有限公司	201520714876.2	一种检测整流控制器脉冲不全的装置	实用新型	2015-11-17	黄安博
89	陕西北元化工集团有限公司	201520713908.7	一种电机控制回路	实用新型	2015-11-19	薛小彬
90	陕西北元化工集团有限公司	201520714520.9	一种更换断路器合闸线圈的工具	实用新型	2015-11-17	景行、白杰、康永宁
91	陕西北元化工集团有限公司	201520713580.9	一种低压大功率电动机连接片	实用新型	2015-11-19	黄安博
92	陕西北元化工集团有限公司	201520713966.X	一种变压器自动温控冷却系统	实用新型	2015-11-19	冯乐、孙卓辉
93	陕西北元化工集团有限公司	201520713579.6	一种F型防滑扳手	实用新型	2015-11-26	周保飞
94	陕西北元化工集团有限公司	201520713911.9	一种万向扳手	实用新型	2015-11-26	薛志清
95	陕西北元化工集团有限公司	201520714519.6	一种小型叶轮拆装器	实用新型	2015-11-26	王飞、张志欣、孙永亚

表8-3-3（续）

序号	单位	专利号ZL.	发明名称	申请类型	授权通知日	发明人
96	陕西北元化工集团有限公司	201520713909.1	一种大型闸阀远程自动控制电路	实用新型	2015-12-01	刘江、李专成
97	陕西北元化工集团有限公司	201520713910.4	一种投入式液位测量装置	实用新型	2015-11-30	郝雄伟、钟国院、刘玉斌
98	陕西北元化工集团有限公司	201520713906.8	一种汞转型处理装置	实用新型	2015-12-01	徐珂、靳宝宝、李院院
99	陕西北元化工集团有限公司	201520714877.7	一种行车集电器双电源的装置	实用新型	2015-11-30	景行、白杰、康永宁
100	陕西北元化工集团有限公司	201520713956.6	一种快速堵漏卡子	实用新型	2015-12-01	孟瑞、徐振华、白文彦、卢文军、陈振业、高建军、王贵珍、郭志强
101	陕西北元化工集团有限公司	201520772036.1	一种电机按钮保护装置	实用新型	2015-12-08	张明、王福金、徐生智、陈飞虎、熊磊、慕毅
102	陕西北元化工集团有限公司	201520713907.2	一种操作球阀的手柄	实用新型	2016-01-08	张永强
103	陕西北元化工集团有限公司	201521034989.4	一种MRO膜端盖取出器	实用新型	2016-04-15	薛锦涛、刘海江、马磊
104	陕西北元化工集团有限公司	201521036911.6	一种便携式扩张器	实用新型	2016-04-11	何天、张国奇、马磊
105	陕西北元化工集团有限公司	201521035166.3	一种合成炉人孔下拉器	实用新型	2016-03-23	张杰、王伟、张国奇
106	陕西北元化工集团有限公司	201521035126.9	一种检修标准化多功能工具车	实用新型	2016-03-22	张建强、张世贵、王大伟、吴川、李小利、高云、张文武
107	陕西北元化工集团有限公司	201521034932.4	一种酸碱安全取样器	实用新型	2016-06-21	张文武、张文功、宁春波
108	陕西北元化工集团有限公司	201521036836.3	一种笼冷机弧形阀驱动装置	实用新型	2016-03-23	张文功、李广、曾宪军
109	陕西北元化工集团有限公司	201521039046.0	一种笼冷机托辊喷灰处理装置	实用新型	2016-03-22	张文功、胡军峰、曾宪军
110	陕西北元化工集团有限公司	201521036915.4	一种斗式提升机液力耦合器专用拆卸器	实用新型	2016-03-18	刘小东、曹辉辉、刘生发
111	陕西北元化工集团有限公司	201521035232.7	一种非粉末性物料下料封结构	实用新型	2016-03-25	任建虎、苏义德
112	陕西北元化工集团有限公司	201521037026.X	一种管道补漏管卡	实用新型	2016-04-07	薛锦涛、刘海江、王小平

表 8-3-3（续）

序号	单 位	专利号ZL.	发 明 名 称	申请类型	授权通知日	发 明 人
113	陕西北元化工集团有限公司	201521035365.4	一种快速清理回转窑煤粉燃烧器头部积料装置	实用新型	2016-03-23	张文功
114	陕西北元化工集团有限公司	201521036914.X	一种潜水泵出口分流装置	实用新型	2016-03-22	党保安、杜玉龙、贺文彦
115	陕西北元化工集团有限公司	201521037028.9	一种防尘、防漏油漏斗	实用新型	2016-03-18	王大伟、张世贵
116	陕西北元化工集团有限公司	201521069081.7	一种阀门门杆加长装置	实用新型	2016-03-31	张文刚、张泽尧
117	陕西北元化工集团有限公司	201620660907.5	一种吊装重物的三脚架	实用新型	2016-10-28	冯二波
118	陕西北元化工集团有限公司	201620660809.1	一种风叶拆卸器	实用新型	2016-10-20	管建平、贺会荣
119	陕西北元化工集团有限公司	201620687238.0	一种管道设备对中工具	实用新型	2016-10-25	王小平、武海亭、贺文彦、张国奇
120	陕西北元化工集团有限公司	201620668913.5	一种过滤器排气阀疏水装置	实用新型	2016-10-21	刘强
121	陕西北元化工集团有限公司	201620668052.0	一种链板机润滑油加油装置	实用新型	2016-10-21	王飞、葛健、徐保卫、罗海滨、刘勇
122	陕西北元化工集团有限公司	201620668914.X	一种汽提塔塔加消泡剂装置	实用新型	2016-10-25	何洪保、高仁、刘勇、郭大富、韩慧丑
123	陕西北元化工集团有限公司	201620668053.5	一种全天候多功能警戒装置	实用新型	2016-12-22	赵来喜
124	陕西北元化工集团有限公司	201620668171.6	一种熟料存样盒	实用新型	2016-12-20	乔陆军、曾宪军
125	陕西北元化工集团有限公司	201620668172.0	一种制作法兰垫子的割刀	实用新型	2016-11-01	牛雄雄、陈洽、赵来喜、韩铁生
126	陕西北元化工集团有限公司	201620660906.0	一种专用链条定位器	实用新型	2016-11-24	王飞、孙永亚、徐保卫、罗海滨、刘勇
127	陕西北元化工集团有限公司	201620782343.2	一种实用型锯弓	实用新型	2016-11-15	杨歧伟、王小平、马磊
128	陕西北元化工集团有限公司	201620687585.3	一种组装饭板式换热器测量装置	实用新型	2016-10-26	薛锦涛、张彬彬、李峰、王小平、马磊
129	陕西北元化工集团有限公司	201620687368.4	一种机械密封试漏装置	实用新型	2016-10-26	何天、贺文彦
130	陕西北元化工集团有限公司	201620686540.4	一种管道补漏管卡	实用新型	2016-12-21	王乐乐、曹随军、薛锦涛、王小平、马磊
131	陕西北元化工集团有限公司	201620781532.8	一种旋转检修作业平台	实用新型	2016-12-07	孟瑞

表8-3-3（续）

序号	单位	专利号ZL	发明名称	申请类型	授权通知日	发明人
132	陕西北元化工集团有限公司	201620781930.X	一种静止设备吊装工具	实用新型	2016-12-26	孟瑞
133	陕西北元化工集团有限公司	201620781375.0	一种发生器减速机防水装置	实用新型	2016-11-15	白文彦
134	陕西北元化工集团有限公司	201620781840.0	一种电机轴伸端降温装置	实用新型	2016-12-12	孟瑞
135	陕西北元化工集团有限公司	201620781531.3	一种防滑脱扳手	实用新型	2016-11-24	张伟伟
136	陕西北元化工集团有限公司	201620781929.7	一种集油检修作业平台	实用新型	2016-11-15	孟瑞
137	陕西北元化工集团有限公司	201620781939.0	一种集油检修作业平台用油槽	实用新型	2016-12-09	孟瑞
138	陕西北元化工集团有限公司	201620782342.8	一种拆割测量圆形物件的工具	实用新型	2016-11-16	张国奇、魏自强、王环、韩慧廷、韩云峰
139	陕西北元化工集团有限公司	201630298647.7	镗刀盘	外观设计	2016-09-19	王奋中、陈飞虎、张明、李亚珍、王金、熊磊、慕毅
140	陕西北元化工集团有限公司	201630339350.0	包装袋（SG-5型聚氯乙烯树脂软）	外观设计	2016-09-30	张友平、孟庆权、董恒恒、马晔、张明
141	陕西北元化工集团有限公司	201630339366.1	包装袋（SG-7型聚氯乙烯树脂）	外观设计	2016-09-06	张友平、孟庆权、董恒恒、马晔、张明
142	陕西北元化工集团有限公司	201620687583.4	一种立体镗刀盘	实用新型	2017-02-10	王奋中、陈飞虎、张明、李亚珍、王福金、熊磊、慕毅
143	陕西北元化工集团有限公司	201620781940.3	一种塑料化工桶起盖器	实用新型	2017-01-05	姜波
144	陕西北元化工集团有限公司	201621006073.2	一种多功能阀门压力试验装置	实用新型	2017-01-17	田敏先
145	陕西北元化工集团有限公司	201621016799.4	一种水罐自动排水控制系统	实用新型	2017-01-16	刘建平、王彦东、毕康
146	陕西北元化工集团有限公司	201621016956.1	一种泵轴承锁母专用工具	实用新型	2017-01-16	李专成
147	陕西北元化工集团有限公司	201621015779.5	一种变压器重瓦斯保护电气回路	实用新型	2017-01-23	申宇星
148	陕西北元化工集团有限公司	201621016957.6	一种可调式恒温烘干箱	实用新型	2017-02-22	薛小彬
149	陕西北元化工集团有限公司	201621022627.8	一种半自动防尘防高温伤害密封取样器	实用新型	2017-01-13	白永明、高茂刚、王天东

（此行发明人：柳加喜、王大伟、彭敏英、王彦东）

表 8-3-3（续）

序号	单位	专利号ZL	发明名称	申请类型	授权通知日	发明人
150	陕西北元化工集团有限公司	201621016958.0	一种多功能小型扳手	实用新型	2017-01-16	杜小军
151	陕西北元化工集团有限公司	201621015780.8	一种发生器盘根卡子	实用新型	2017-01-11	杜小军
152	陕西北元化工集团有限公司	201621006074.7	一种含氧仪水份及粉尘吸收装置	实用新型	2017-01-17	姜丽
153	陕西北元化工集团有限公司	201621016959.5	一种卷皮带装置	实用新型	2017-01-22	王大伟、张世贵、高云、刘强
154	陕西北元化工集团有限公司	201621006075.1	一种凉水塔喷头	实用新型	2017-01-13	汪江江、申少龙、刘强、蔡苗
155	陕西北元化工集团有限公司	201621021454.8	一种实用型皮带拉紧装置	实用新型	2017-01-22	王海勇、申伟、王大伟、梁春浪、王明亮
156	陕西北元化工集团有限公司	201621017026.8	一种实用型法兰管道校正器	实用新型	2017-01-16	张建强、王大伟、李小利
157	陕西北元化工集团有限公司	201621015957.4	一种实用型放净扭转器	实用新型	2017-01-11	常英峰、王大伟、辛波、谢爱飞
158	陕西北元化工集团有限公司	201621015959.3	一种实用型分离器	实用新型	2017-01-13	王大伟、高云
159	陕西北元化工集团有限公司	201621015960.6	一种刮板机箱体扩张器	实用新型	2017-01-16	常英峰、王大、谢爱飞
160	陕西北元化工集团有限公司	201621017027.2	一种实用型填料切割装置	实用新型	2017-01-16	王大伟、常峰
161	陕西北元化工集团有限公司	201621016155.5	一种耙齿	实用新型	2017-01-16	王大伟、高云
162	陕西北元化工集团有限公司	201621022628.2	一种异形破碎机地脚螺栓	实用新型	2017-01-19	宋利东、马宁、刘强、王大伟、罗星星
163	陕西北元化工集团股份有限公司	201710562032.4	一种实验室制备水泥熟料的方法	发明	2019-09-24	曾凭军、李海涛、王奋中、张新爱、朱先均、张明
164	陕西北元化工集团股份有限公司	201720916512.1	一种拔轮器保护装置	实用新型	2018-01-15	张勇、张国奇、马磊
165	陕西北元化工集团股份有限公司	201720916479.2	一种多功能脚手架调平装置	实用新型	2018-01-04	曹海潮、王小平、张国奇、李小娜
166	陕西北元化工集团股份有限公司	201720915037.6	一种多用途画规	实用新型	2018-01-25	杨歧伟、王小平、刘海江、梁正
167	陕西北元化工集团股份有限公司	201720944195.4	多功能拉拔器	实用新型	2018-01-09	李换蕾、刘勇、马长长、常峰
168	陕西北元化工集团股份有限公司	201720944193.5	缓冲料仓粉尘过滤器	实用新型	2018-01-16	童宇川、周宝生、李卫东、李志梅
169	陕西北元化工集团股份有限公司	201720944194.X	法兰矫正器	实用新型	2018-01-08	周保飞、刘晓峰、陈治平、李江、高龙、乔志生、韩铁生

表8-3-3（续）

序号	单位	专利号ZL	发明名称	申请类型	授权通知日	发明人
170	陕西北元化工集团股份有限公司	201720944190.1	多功能法兰分离器	实用新型	2018-01-11	弓健、杨舟、刘勇、常峰
171	陕西北元化工集团股份有限公司	201720944174.2	一种压力容器视镜防护罩	实用新型	2018-01-03	赵来喜、韩铁生、乔忠平
172	陕西北元化工集团股份有限公司	201720943368.0	一种尾气洗漆塔	实用新型	2018-02-23	刘勇、何洪保、雷强、杨永峰、白林、马长长
173	陕西北元化工集团股份有限公司	201720943344.5	一种废水曝气装置	实用新型	2018-01-11	刘强、刘勇、徐保卫、白柱柱
174	陕西北元化工集团股份有限公司	201720943372.7	一种螺杆压缩机压缩回收系统	实用新型	2018-01-03	雷强、刘勇、白林、杨永峰、张建雄
175	陕西北元化工集团股份有限公司	201720943354.9	一种流化床干燥器列管运输工具	实用新型	2018-01-04	吴兵兵、刘勇、马长长、常峰
176	陕西北元化工集团股份有限公司	201720944168.7	一种管道快速堵漏器	实用新型	2018-02-23	周保飞
177	陕西北元化工集团股份有限公司	201720944183.1	槽型刀口角尺	实用新型	2017-12-27	辛波
178	陕西北元化工集团股份有限公司	201720970339.3	一种乙二醇溶液制冷系统	实用新型	2018-01-23	张明、熊磊、党增琦、张宇、刘勇
179	陕西北元化工集团股份有限公司	201720969198.3	一种异型管道吊装支架	实用新型	2018-01-18	张世贵、张建强、王大伟
180	陕西北元化工集团股份有限公司	201720969199.8	一种卡钳	实用新型	2018-01-18	张世贵、王大伟、高云、叶盼盼
181	陕西北元化工集团股份有限公司	201720969831.9	一种链条销子拆装工具	实用新型	2018-02-11	王大伟、王海勇、常英峰、王明亮、申伟
182	陕西北元化工集团股份有限公司	201720970374.5	一种耐磨损瓦座	实用新型	2018-01-18	贺鹏、张明
183	陕西北元化工集团股份有限公司	201720969845.0	一种列管换热器清洗工具	实用新型	2018-01-11	张明、姬文斌、王福金
184	陕西北元化工集团股份有限公司	201720969875.1	一种便携式手盖开启器	实用新型	2018-02-09	罗亚忠、徐保卫、刘强
185	陕西北元化工集团股份有限公司	201720969185.6	一种破碎机用肘板	实用新型	2018-02-23	马宁、白明静、马科、王大伟、乔斌斌
186	陕西北元化工集团股份有限公司	201720969277.4	一种气体取样球胆喷漆用装置	实用新型	2018-01-04	万雄虎、李艳龙
187	陕西北元化工集团股份有限公司	201720969832.3	一种电机联轴器找正辅助工具	实用新型	2018-01-04	王海勇、王大伟、王明亮
188	陕西北元化工集团股份有限公司	201720969828.7	一种联轴器找正辅助工具	实用新型	2018-01-02	王大伟
189	陕西北元化工集团股份有限公司	201721083917.8	一种低压设备现场操作抗干扰控制电路	实用新型	2018-03-07	刘江

第八章 科技创新 339

表8-3-3（续）

序号	单位	专利号ZL	发明名称	申请类型	授权通知日	发明人
190	陕西北元化工集团股份有限公司	201721092217.5	一种防爆气体取样装置	实用新型	2018-06-04	申宇星
191	陕西北元化工集团股份有限公司	201721092762.4	一种高压开关柜用摇把	实用新型	2018-01-30	白小东
192	陕西北元化工集团股份有限公司	201721109781.3	一种轴套拆卸装置	实用新型	2018-02-06	常英峰、王大伟、辛波、王明亮、白露超
193	陕西北元化工集团股份有限公司	201721108886.7	一种风机叶轮装辅助工具	实用新型	2018-02-11	王海勇、王大伟、王明亮
194	陕西北元化工集团股份有限公司	201721110447.X	一种实用型压滤机传动轴系	实用新型	2018-02-24	张建强
195	陕西北元化工集团股份有限公司	201721108875.9	一种实用型多功能吊装支架	实用新型	2018-02-06	张世贵、王大伟、张建强、申伟、李小利
196	陕西北元化工集团股份有限公司	201721110433.8	一种湿法发生器料仓活门铁饼拆装装置	实用新型	2018-02-14	王大伟、高云、申伟
197	陕西北元化工集团股份有限公司	201721116961.4	一种用于炭化工艺的煤气混合器	实用新型	2018-03-05	王奋中、梁虎伟、张明、熊磊、王大林、叶平
198	陕西北元化工集团股份有限公司	201721252487.8	一种用于测量腐蚀性液体的比重装置	实用新型	2018-03-02	张静、张国奇、贾过、高海阳、孙龙彬、刘文远
199	陕西北元化工集团股份有限公司	201721250870.X	一种用于拆卸铜套的装置	实用新型	2018-03-20	张云飞、贺文彦、王小平、武海亭、邹广军
200	陕西北元化工集团股份有限公司	201721252462.8	一种自调节式防腐碳刷支架	实用新型	2018-03-19	景行
201	陕西北元化工集团股份有限公司	201721253004.6	一种管道固定防水装置	实用新型	2018-03-06	孟瑞、折增、周浪、贺贝、姬亚龙、曹志清
202	陕西北元化工集团股份有限公司	201721255687.9	一种房顶通风防雨装置	实用新型	2018-04-10	孟瑞、折增、周浪、贺贝、姬亚龙、曹志清
203	陕西北元化工集团股份有限公司	201721251816.7	一种防止管道磨损管托	实用新型	2018-03-06	孟瑞、王乐、王军、延伟伟、王磊、杜伟、高建军、薛云平

表8-3-3（续）

序号	单位	专利号ZL	发明名称	申请类型	授权通知日	发明人
204	陕西北元化工集团股份有限公司	201721251819.0	一种防止发生器搅拌轴磨损的装置	实用新型	2018-03-19	孟瑞、王贵珍
205	陕西北元化工集团股份有限公司	201721257243.9	一种电石输送皮带清扫装置	实用新型	2018-03-12	孟瑞
206	陕西北元化工集团股份有限公司	201721250839.6	一种电机转子拆装工具	实用新型	2018-03-01	孟瑞、周浪、贺贝、拓增、姬亚龙、曹志清
207	陕西北元化工集团股份有限公司	201721253005.0	一种电机转子分拆器	实用新型	2018-03-01	孟瑞、王贵珍、白文彦、卢文军、贺贝
208	陕西北元化工集团股份有限公司	201721254441.X	一种稀油油器	实用新型	2018-03-08	孟瑞、王乐、孙海军、延伟伟
209	陕西北元化工集团股份有限公司	201721251838.3	一种电动机定子烘干装置	实用新型	2018-03-01	王华
210	陕西北元化工集团股份有限公司	201710892751.2	一种工业废渣油井水泥及其制备方法	发明	2020-10-12	曾笃军、朱先均、史彦勇、申建成、李海涛、刘延财、张新爱、王奋中、尤军、张明
211	陕西北元化工集团股份有限公司	201721271786.6	一种防止下料溜子变形的装置	实用新型	2018-04-02	张文功、闫巧峰
212	陕西北元化工集团股份有限公司	201721280494.9	一种回转窑灰处理装置	实用新型	2018-03-26	张建峰、郝瑞强、张小建
213	陕西北元化工集团股份有限公司	201721306270.0	一种回转窑托托油与水分离装置	实用新型	2018-04-26	何亮
214	陕西北元化工集团股份有限公司	201721357870.X	一种双电源不间断供电系统	实用新型	2018-06-15	冯乐、吴锟龙、李亚珍、张明
215	陕西北元化工集团股份有限公司	201721358799.7	一种蒸汽冷凝液的手自动控制抽水系统	实用新型	2018-04-03	冯乐、王奋中、李鹏智、张明
216	陕西北元化工集团股份有限公司	201730502912.3	包装袋（BY650型特种聚氯乙烯树脂）	外观设计	2018-05-18	张友平、孟庆权、董佰恒、张明
217	陕西北元化工集团股份有限公司	201730502477.4	包装袋（BYXG-5型消光聚氯乙烯树脂）	外观设计	2018-05-18	张友平、孟庆权、董佰恒、张明

第八章 科技创新

表 8-3-3（续）

序号	单 位	专利号乙	发 明 名 称	申请类型	授权通知日	发 明 人
218	陕西北元化工集团股份有限公司	201721368405.6	一种汽轮机盘车电机手动轮辅助装置	实用新型	2018-04-12	康刚
219	陕西北元化工集团股份有限公司	201721368403.7	一种空冷发电机组降耗系统	实用新型	2018-04-12	李海清、张宇、刘延财、徐生智
220	陕西北元化工集团股份有限公司	201721368423.4	一种阀门行程指示装置	实用新型	2018-03-29	周新民、张泽亮
221	陕西北元化工集团股份有限公司	201721368401.8	一种离心泵引水罐	实用新型	2018-03-29	李海清、徐生智
222	陕西北元化工集团股份有限公司	201721368407.5	一种文丘里混合器喷嘴及文丘里混合器	实用新型	2018-04-08	李海清、赵飞、张伟雄
223	陕西北元化工集团股份有限公司	201721368384.8	一种汽轮机主汽门阀头拆卸装置	实用新型	2018-03-27	周新民、路勇、尚鑫、郝二军
224	陕西北元化工集团股份有限公司	201721378125.3	一种制粉系统气体压力测量器件防堵装置	实用新型	2018-04-08	张文刚、曹宏伟
225	陕西北元化工集团股份有限公司	201721378124.9	一种圆形剪裁割具	实用新型	2018-04-10	韩慧珏、王福金、梁晓宇
226	陕西北元化工集团股份有限公司	201721377442.3	一种换热刈管清灰工具	实用新型	2018-04-16	贺永斌、刘延安、白虎雄、马慧少芳
227	陕西北元化工集团股份有限公司	201721378914.7	一种自动关闭防护门	实用新型	2018-04-02	贺永斌、刘延安、白虎雄、杜元鹏、武林
228	陕西北元化工集团股份有限公司	201721378916.6	一种切割组合工具	实用新型	2018-03-29	韩慧珏、王福金、梁晓宇
229	陕西北元化工集团股份有限公司	201721378131.9	一种轴平衡检测维修装置	实用新型	2018-03-22	韩慧珏、王福金
230	陕西北元化工集团股份有限公司	201721378133.8	一种蒸汽疏水箱	实用新型	2018-04-16	高峰、王小平、赵鹏、张国奇、杭燕虎、刘丁丁
231	陕西北元化工集团股份有限公司	201721378154.X	一种轴套取拔工具	实用新型	2018-03-26	张杰、李峰、高海阳、党宝安、张波、刘钰存
232	陕西北元化工集团股份有限公司	201721378941.4	一种管道堵漏装置	实用新型	2018-03-28	李峰、王小平、张波、邹广军、张国奇、冯强强

表 8-3-3（续）

序号	单位	专利号 ZL	发明名称	申请类型	授权通知日	发明人
233	陕西北元化工集团股份有限公司	201721386469.9	一种螺旋输送机轴矫正支撑装置	实用新型	2018-04-10	孟瑞、白文彦、于跃龙、马雄虎、贺云云、任飞
234	陕西北元化工集团股份有限公司	201721385795.8	一种压力介质设备的堵漏工具	实用新型	2018-04-12	孟瑞、王贵珍、白文彦、张征国
235	陕西北元化工集团股份有限公司	201721385793.9	一种便携式气瓶消防跌支撑装置	实用新型	2018-03-29	孟瑞、乔小龙、马向飞、徐林、延伟伟
236	陕西北元化工集团股份有限公司	201721387643.1	一种隔离感应电流的操作柱	实用新型	2018-03-27	张小军、边福兵
237	陕西北元化工集团股份有限公司	201711008992.2	一种氯碱含盐废水处理系统及方法	发明	2019-09-02	慕毅、刘国强、张宇、刘延财、王备中、徐生智、李鹏智、熊磊、高世军、袁丽泽、乔瑞华、张明
238	陕西北元化工集团股份有限公司	201721389331.4	一种齿轮减速机油气分离器	实用新型	2018-04-12	白文彦
239	陕西北元化工集团股份有限公司	201721393140.5	一种离心机转鼓运载小车	实用新型	2018-04-08	孟瑞、李秀峰、贺云云
240	陕西北元化工集团股份有限公司	201721401101.5	一种引水装置	实用新型	2018-03-30	张国奇、马玉银、李渊、张波、阳、邹广军
241	陕西北元化工集团股份有限公司	201721395749.6	一种塔身固定装置	实用新型	2018-04-04	刘延财、徐振华、白文彦、孟瑞
242	陕西北元化工集团股份有限公司	201721395748.1	一种储物箱吊装工具	实用新型	2018-03-30	孟瑞、王乐、王军、王伟伟、延伟伟、王磊、杜伟
243	陕西北元化工集团股份有限公司	201721402142.6	一种空冷机组夏季降背压和乏汽余热回收装置	实用新型	2018-03-30	张宇、王备中、党谱茜、徐生智、田键、奥利军、李海清、张伟雄
244	陕西北元化工集团股份有限公司	201721403422.9	一种自卸车自动覆盖苫布装置	实用新型	2018-04-02	张伟雄
245	陕西北元化工集团股份有限公司	201721403424.8	一种李森科承受器液氨专用取样架	实用新型	2018-04-17	王艳红、魏椒娟、段玉飞
246	陕西北元化工集团股份有限公司	201721475764.1	一种可伸缩管托	实用新型	2018-04-12	王贵珍

表8-3-3（续）

序号	单位	专利号 ZL	发明名称	申请类型	授权通知日	发明人
247	陕西北元化工集团股份有限公司	201721475913.4	一种聚合釜轴套拆卸工具	实用新型	2018-03-28	孟瑞、白文彦、于跃龙、任飞虎、马雄、王磊
248	中江环保工程扬州有限公司 陕西北元化工集团股份有限公司	201720368260.3	一种避免露点腐蚀的空气间接换热系统	实用新型	2017-12-16	刘纪状、高广才、宋平平、周杨、王渭清、庄永华、申建成、刘延财、党增琦、叶鹏云、刘延安、贺永斌
249	山东省章丘鼓风机厂有限公司 陕西北元化工集团股份有限公司	201721854971.8	净化灰综合利用氮气循环输送系统	实用新型	2018-06-28	刘金强、邱化慧、王克东、邵鹏令、刘成伟、张宇、梁虎伟、刘树才
250	陕西北元化工集团股份有限公司	201810112954.X	一种乙炔法氯乙烯合成工艺	发明	2020-05-26	宁小钢、熊磊、曾凭军、任志荣、史彦勇、刘延财、王奋中、慕毅、张宇
251	陕西北元化工集团股份有限公司	201820197548.3	一种非汞催化剂乙炔法氯乙烯合成装置	实用新型	2018-09-03	宁小钢、熊磊、曾凭军、任志荣、史彦勇、刘延财、王奋中、慕毅、张宇
252	陕西北元化工集团股份有限公司	201820194667.3	一种乙炔法氯乙烯合成装置	实用新型	2018-09-03	宁小钢、熊磊、曾凭军、任志荣、史彦勇、刘延财、王奋中、慕毅、张宇
253	陕西北元化工集团股份有限公司	201820277509.4	一种转化器取样及排酸装置	实用新型	2018-08-06	叶鹏云、刘建平、白宝银、杨永峰、振华、韩铁生、赵来喜
254	陕西北元化工集团股份有限公司	201820354760.6	一种安全阀阀座维修工具	实用新型	2018-09-05	张明、王福金
255	陕西北元化工集团股份有限公司	201820403815.8	一种电石渣浆乙炔回收系统	实用新型	2018-10-17	张宇、申建成、慕毅、熊磊、王奋中、党增琦、何强、付长江、高世军
256	陕西北元化工集团股份有限公司	201820470657.8	一种电石渣浆乙炔回收系统用渣浆缓冲罐	实用新型	2018-11-05	张宇、刘延财、高勇强、慕毅、汪江江、任志荣、叶鹏云、李鹏智、袁丽华
257	陕西北元化工集团股份有限公司	201820981563.7	一种气相刮刀	实用新型	2019-01-03	彭敬英、刘强、叶鹏云、王伟、何强

表 8-3-3（续）

序号	单位	专利号 ZL	发明名称	申请类型	授权通知日	发明人
258	陕西北元化工集团股份有限公司	201820981576.4	一种十字中心台虎钳	实用新型	2018-12-04	辛波、王福金
259	陕西北元化工集团股份有限公司	201820982455.1	一种实用型多功能百分表座	实用新型	2018-11-19	张世贵、王大伟、高云、张建伟、李小利、刘强
260	陕西北元化工集团股份有限公司	201820982374.1	一种聚氯乙烯树脂浆料取样器	实用新型	2018-11-26	徐玮、郭元、王海雄、高仁
261	陕西北元化工集团股份有限公司	201820982453.2	一种塔底防堵收集装置	实用新型	2019-01-29	童宇川、马伟、罗宏浩、付长江
262	陕西北元化工集团股份有限公司	201820982461.7	一种真空泵机封安装装置	实用新型	2018-12-04	王大伟、火瑞钦、刘强、柳嘉喜、白露超、何强、高云、刘建平、蒋海宾、姚海军
263	陕西北元化工集团股份有限公司	201821155107.3	一种皮带弧形夹板	实用新型	2019-01-29	辛波
264	陕西北元化工集团股份有限公司	201821173387.0	一种人工管道运输器	实用新型	2019-01-31	周保飞、何鹏东、陈冶、高龙、刘勇、乔志平、韩铁生
265	陕西北元化工集团股份有限公司	201821155984.0	一种实用型电石装卸装置	实用新型	2019-02-02	刘建平、刘强、梁虎伟、常峰、党保轮、火瑞钦、王大伟、付锦东、曾宪军
266	陕西北元化工集团股份有限公司	201822007098.X	活塞法兰分离器	实用新型	2019-10-10	高俊、张国奇、彭贵兵、张波、高海阳、王小平、曹海潮
267	陕西北元化工集团股份有限公司	201822260639.X	一种蓄电池专用拆装搬运工具	实用新型	2019-08-09	邱强、高军、王斌
268	陕西北元化工集团股份有限公司	201811326177.5	一种高含盐有机废水处理系统及方法	发明	2021-09-15	张宇、刘凯、熊磊、蔡毅、刘国强、史彦勇、刘廷财、陈鹏、宁小娟、袁丽华、高世军
269	陕西北元化工集团股份有限公司	201920104101.1	一种 10 kV 母联柜手车式核相辅助专用工具	实用新型	2019-07-19	刘鹏、高成军、刘玉斌
270	陕西北元化工集团股份有限公司	201820841001.3	一种 2000m³ 氯乙烯球罐紧急注水装置	实用新型	2019-06-27	王伟、张隆刚、钟国院、高燕军、韩慧廷

表8-3-3（续）

序号	单位	专利号ZL	发明名称	申请类型	授权通知日	发明人
271	陕西北元化工集团股份有限公司	201822091301.6	一种钻孔钻杆专用吊环	实用新型	2019-06-26	王伟、孟瑞、韩慧珏
272	陕西北元化工集团股份有限公司	201822084083.3	一种片碱机下料装置	实用新型	2019-07-03	高燕军、王文魁、韩文峰、张柱华、张隆刚、乔礼友、贾云军、徐振
273	陕西北元化工集团股份有限公司	201822085341.X	一种可翘煅制品卷展支撑装置	实用新型	2019-07-22	王伟、孟瑞、高燕军、韩慧珏、张征国
274	陕西北元化工集团股份有限公司	201822091302.0	一种小型聚合釜人孔安全联锁保护装置	实用新型	2019-07-19	王伟、孟瑞、韩慧珏、高燕军、张征国、郭志强
275	陕西北元化工集团股份有限公司	201822084067.4	一种异形件车削定位花盘	实用新型	2019-06-21	王伟、段军军、王福金、高燕军、韩慧珏
276	陕西北元化工集团股份有限公司	201822090092.3	一种块孔式石墨换热器石墨块拆装工具	实用新型	2019-07-03	王伟、孟瑞、高燕军、韩慧珏
277	陕西北元化工集团股份有限公司	201822085338.8	一种正压呼吸器微型安全充装桶	实用新型	2019-06-27	王伟、王飞、徐保卫、高燕军、王福金、刘海胜
278	陕西北元化工集团股份有限公司	201920623744.7	一种除尘灰脱脂系统	实用新型	2019-12-20	翁明、李云、王备中、李鹏智、辛军锋、刘诚诚
279	陕西北元化工集团股份有限公司	201921778111.X	一种便携式多功能消防扳手	实用新型	2020-05-14	王伟、张友平、辛波
280	陕西北元化工集团股份有限公司	201921778114.3	一种电解槽阴阳极进出料管线移运装置	实用新型	2020-05-22	张云飞、刘钰任、曹海潮、张国奇、党克安、张柱、高燕军
281	陕西北元化工集团股份有限公司	201921856817.3	一种自动复位吊钩防脱装置	实用新型	2020-05-29	李艳如、孟瑞、魏自强、张隆刚
282	陕西北元化工集团股份有限公司	201921856800.8	一种重物移动器	实用新型	2020-06-08	张杰、刘钰任、曹海潮、张彬彬、张柱、高燕军、韩云峰
283	陕西北元化工集团股份有限公司	201921857451.1	一种氯乙烯精馏尾气冷凝装置	实用新型	2020-06-18	张征国、白文彦、薛云平、张柱、王贵珍、孟瑞、姜波、高燕军

表 8-3-3（续）

序号	单位	专利号 ZL	发明名称	申请类型	授权通知日	发明人
284	陕西北元化工集团股份有限公司	201921873750.4	一种可移动式管廊架安全作业装置	实用新型	2020-06-22	王会林、李艳如、魏自强、李治平、张柱、高燕军、韩云峰
285	陕西北元化工集团股份有限公司	201921716957.0	一种压球机辊套装置	实用新型	2020-06-19	张宇、曾宪军、熊磊、柳玉
286	陕西北元化工集团股份有限公司	202021139448.9	一种电磁式完成双电源双母线带母联自动切换的电路结构	实用新型	2020-12-28	刘海瑜、冯乐、李鹏智、张军锋、马生伟
287	陕西北元化工集团股份有限公司	202021533517.4	一种电气保护闭锁装置	实用新型	2021-02-20	杨宝彦、白永平、张鹏
288	陕西北元化工集团股份有限公司	202020396430.0	一种高压开关柜的高压断路器控制电路	实用新型	2020-09-27	王小敏、董高登
289	陕西北元化工集团股份有限公司	202020396461.6	一种中性点接地电阻柜报警装置	实用新型	2020-07-16	张兆飞、尚彦鹏、高志龙
290	陕西北元化工集团股份有限公司	201922277271.2	一种往复锯	实用新型	2020-09-11	韩慧压、王福金
291	陕西北元化工集团股份有限公司	201921911274.0	多模式无催化合成氯乙烯的工艺装置	实用新型	2020-06-29	宁小钢、刘延财、张宇、陈鹏、熊磊、慕毅、任志荣、叶鹏云、陈树培、刘建华、袁丽华、丰晔、高世军
292	陕西北元化工集团股份有限公司	201922038196.4	一种移动式升降装置	实用新型	2020-07-14	王福金、韩慧压、刘佳林
293	陕西北元化工集团股份有限公司	201922277273.1	一种变压吸附制氮机放空富氧尾气回收装置	实用新型	2020-06-30	张宇、宁小钢、熊磊、任志荣、刘延财、曾宪军、丰晔、张国文、慕毅、张明
294	陕西北元化工集团股份有限公司	201921997638.1	一种用于树脂生产的气体输送系统	实用新型	2020-09-27	刘勇、宁小钢、熊磊、韩慧压、苗亚玲、高仁、刘佳林、韩慧压、高世军、张国文、张明
295	陕西北元化工集团股份有限公司	201922036743.5	一种干电石渣保温系统	实用新型	2020-07-07	张宇、李红荣、鲁斌、韩慧压、曾伟、郝瑞强、魏新华
296	陕西北元化工集团股份有限公司	201911161039.0	一种电石热尾气锅炉燃烧系统	发明	2022-01-06	刘成伟、王奋中、李鹏智、梁虎军、梁利平、蒋海棠、高海建平、姚海荣、魏辉

表8-3-3（续）

序号	单位	专利号ZL	发明名称	申请类型	授权通知日	发明人
297	陕西北元化工集团股份有限公司	201922277272.7	一种切割用往复装置	实用新型	2020-09-03	韩慧珏、王福金
298	陕西北元化工集团股份有限公司	202020577706.5	一种无机膜用于盐水精制装置	实用新型	2020-11-02	常永江、何强、魏自强、徐胜、尹存存
299	陕西北元化工集团股份有限公司	202021137420.1	一种干法乙炔设备缓冲料仓的备料装置	实用新型	2021-02-04	柳加喜、王大伟、李青锋、马建国、彭敬英
300	陕西北元化工集团股份有限公司	202023305205.0	一种降低片碱结块的冷却系统	实用新型	2021-08-17	贺永斌、杨茂勤、白虎雄、李锐、折胜波、张国奇
301	陕西北元化工集团股份有限公司	202021121042.8	一种聚合金出料装置	实用新型	2021-03-01	何洪保、白林、徐玮、张应开
302	陕西北元化工集团股份有限公司	202020361868.5	一种禾催化合成氯乙烯工艺用蒸汽包	实用新型	2020-11-25	宁小钢、熊磊、任志荣、刘建、慕毅、陈树培、张宇
303	陕西北元化工集团股份有限公司	202020652966.4	一种电极糊糊柱高度测量系统	实用新型	2020-09-30	翁明、付锦东、孙龙彬、石锦鹏
304	陕西北元化工集团股份有限公司	202020361890.X	一种结合室内风和室外风粉锅炉	实用新型	2020-11-25	张伟雄、徐生智、田键、奥利军
305	陕西北元化工集团股份有限公司	202021121083.7	一种结合雾化补水装置的空冷机组	实用新型	2021-02-05	张文刚、郝二军、刘勇
306	陕西北元化工集团股份有限公司	202021106539.2	一种电石炉电极把持器装置	实用新型	2021-01-12	李世强、刘延财、曾笔军、吴锟龙、康玉军、田明明、李宝金
307	陕西北元化工集团股份有限公司	202010745603.X	一种电石质量整制的方法	发明	2022-01-30	李世强、曾笔军、张友平、董佰佰
308	陕西北元化工集团股份有限公司	202020577727.7	一种变压吸附装置解析回收利用装置	实用新型	2020-12-16	宁小钢、任志荣、熊磊、陈树培、刘建、丰晔
309	陕西北元化工集团股份有限公司	202020578981.9	一种变压吸附装置的解析回收装置	实用新型	2020-10-26	熊磊、任志荣、慕毅、张国文、陈树培、刘建、丰晔

表 8-3-3（续）

序号	单位	专利号 ZL	发明名称	申请类型	授权通知日	发明人
310	陕西北元化工集团股份有限公司	202021137415.0	一种氯乙烯气相管道中冷凝水自动排水装置	实用新型	2021-03-12	王伟、王飞、贺志强、同娇
311	陕西北元化工集团股份有限公司	202021535572.7	一种板框式压滤机自动进料吹气装置	实用新型	2021-04-06	纠建、杨学华、王进、何强、白永平
312	陕西北元化工集团股份有限公司	202021138992.1	一种链板机传动装置	实用新型	2021-02-04	王福金、康文国、梁晓宇、杨茂勤
313	陕西北元化工集团股份有限公司	202021137432.4	一种浓缩机传动装置	实用新型	2021-02-04	王福金、梁晓宇、康文国、党增茹
314	陕西北元化工集团股份有限公司	202021138993.6	一种便携式换热器预膜装置	实用新型	2021-08-06	康文国、王福金、党增茹、叶鹏云
315	陕西北元化工集团股份有限公司	202010560343.9	一种固碱自动包装方法	发明	2021-12-07	刘延财、王奋中、尹建平、钟国院、鹏、贺永斌、李亚珍
316	陕西北元化工集团股份有限公司	202021535582.0	一种适用于输送带的金属自动分离装置	实用新型	2021-05-18	李伟、李端军、燕燕芬、呼端鹏、郝二军、王小波
317	陕西北元化工集团股份有限公司	202021137434.3	一种固碱包装自动供袋机装置	实用新型	2021-02-03	王奋中、尹建平、钟国院、李亚珍、高鹏
318	陕西北元化工集团股份有限公司	202021352298.X	一种氯氢乙烯汽提浆料回收系统	实用新型	2021-02-10	徐玮、白林
319	陕西北元化工集团股份有限公司	202021240036.4	一种实用型电石炉料面处理装置	实用新型	2021-01-29	刘建平、刘强、党保轮、王大伟、梁利平
320	陕西北元化工集团股份有限公司	202021352283.3	一种聚合釜淋密封装置	实用新型	2021-02-20	鲁铭、张征国、何强、王伟、孟端
321	陕西北元化工集团股份有限公司	202021930309.8	一种安全性高的离子膜电解槽出液管	实用新型	2021-03-16	高云、李治刚、曹磊磊
322	陕西北元化工集团股份有限公司	202021352454.2	一种聚氯乙烯合成转化过程余热利用系统	实用新型	2021-04-07	曹国玉、张军锋、高树丽、赵春虎、何鹏东
323	陕西北元化工集团股份有限公司	202021533466.5	一种聚合废水积油收集装置	实用新型	2021-04-07	马建国、张宇、何洪保、徐玮、曹文奇
324	陕西北元化工集团股份有限公司	202021535570.8	一种离心母液水沉降装置	实用新型	2021-04-29	马建国、张宇、何洪保、徐玮、曹文奇

表 8-3-3（续）

序号	单 位	专利号 ZL	发 明 名 称	申请类型	授权通知日	发 明 人
325	陕西北元化工集团股份有限公司	202021780615.8	一种电石炉料面自动处理控制装置	实用新型	2021-05-19	宁小钢、尹建平、丰晔、梁虎伟、熊磊、任志荣、付锦东、高玉发、葛健、屈波、武燚火
326	陕西北元化工集团股份有限公司	202022909675.1	一种氯乙烯悬浮聚合反应系统	实用新型	2021-09-13	刘勇、宁小钢、熊磊、綦毅、韩慧珏、刘佳林、徐向平、高世军
327	陕西北元化工集团股份有限公司	202022909861.5	一种取样器	实用新型	2021-09-24	韩慧珏、王福金、武林
328	陕西北元化工集团股份有限公司	202011427251.X	一种兰炭球团的制备方法	发明	2022-01-30	曾宪军、熊磊、柳玉、宁小钢、袁丽华、綦毅、陈树培、高世军、吴月玲、丰晔
329	陕西北元化工集团股份有限公司	202120404642.3	一种离子膜电解槽阴/阳极出液管	实用新型	2021-09-08	高云、李冶刚、曹磊磊
330	陕西北元化工集团股份有限公司	202120154862.5	一种压滤机轴	实用新型	2021-09-23	叶鹏云、韩慧珏、王福金、武林
331	陕西北元化工集团股份有限公司	202120498421.7	一种变压吸附解析气回收利用装置	实用新型	2022-01-11	宁小钢、任志荣、綦毅、梁虎伟、熊磊、丰晔、陈树培、刘建
332	陕西北元化工集团股份有限公司	202120317834.0	一种用于电缆敷设施工的工装	实用新型	2021-09-29	邱强
333	陕西北元化工集团股份有限公司	202120314949.4	一种 DCS 系统的电源监视装置	实用新型	2021-09-06	呼瑞鹏、李瑞军、李伟
334	陕西北元化工集团股份有限公司	202120317485.2	一种适用于模拟量控制回路的自动控制装置	实用新型	2021-08-18	李伟、呼瑞鹏、邱强
335	陕西北元化工集团股份有限公司	202120342334.2	一种清除物料中金属杂质的系统	实用新型	2021-09-30	李伟、李瑞军、燕瑞芬、呼瑞鹏、郝二军、王小波
336	陕西北元化工集团股份有限公司	202120154888.X	一种高温物料降温装置	实用新型	2021-11-02	常宁、张建峰、雷朋超
337	陕西北元化工集团股份有限公司	202120154894.5	一种平行下托辊防护装置	实用新型	2021-11-02	任建虎、曾伟、张琦
338	陕西北元化工集团股份有限公司	202120154864.4	一种煤磨袋收尘机构运行状态的检测装置	实用新型	2021-08-25	张晓娟、贺喜贵、张琦

表8-3-3（续）

序号	单位	专利号ZL	发明名称	申请类型	授权通知日	发明人
339	陕西北元化工集团股份有限公司	202120154885.6	一种消音器排出废气的收集装置	实用新型	2021-10-08	李广、任建虎、刘伟
340	陕西北元化工集团股份有限公司	202120154863.X	一种煤粉立磨热风通道的防护装置	实用新型	2021-09-28	张文功、譬伟、张建峰
341	陕西北元化工集团股份有限公司	202120154884.1	一种制备电石原料用兰炭的装置	实用新型	2021-09-24	柳玉、袁丽华、任志荣、曾宪军、熊磊峰、陈树培、刘建、王江涛、同巧峰、申忠杰、罗仓昆、杨琳静
342	陕西北元化工集团股份有限公司	202120497337.3	一种水电解制氢纯氧回收利用装置	实用新型	2021-09-10	任志荣、慕毅、张国文、丰晔
343	陕西北元化工集团股份有限公司	202120447651.0	一种无汞触媒合成氯乙烯的工艺系统	实用新型	2021-11-03	申建成、吴月玲、高世军、宁小钢、熊磊、慕毅、刘建、陈树培
344	陕西北元化工集团股份有限公司	202120738476.0	一种用于火电厂仪表的检定装置	实用新型	2021-09-30	李刘飞、袁靖、康强、李锦锋
345	陕西北元化工集团股份有限公司	202120856346.7	一种用于更换托辊的皮带支撑工具	实用新型	2021-10-11	樊智辉、张建军、同琮、李刘飞
346	陕西北元化工集团股份有限公司	202120655182.1	一种宽度、高度可调的龙门架	实用新型	2021-11-03	火瑞铁、王大伟、李彦飞
347	陕西北元化工集团股份有限公司	202120655734.9	一种阀门吊装辅助工具	实用新型	2021-10-08	火瑞铁、王大伟、李彦飞
348	陕西北元化工集团股份有限公司	202120719443.1	一种螺栓辅助紧固器	实用新型	2021-10-11	张波、曹海潮
349	陕西北元化工集团股份有限公司	202121046838.6	一种用于干法发生器下料口的干渣取样器	实用新型	2021-11-02	彭敬英、叶鹏云、马鹏军、付长江、宋利东
350	陕西北元化工集团股份有限公司	202120993313.7	一种高处坠落防护水平生命线装置	实用新型	2021-10-21	王伟、孟瑞、靳宝宝
351	陕西北元化工集团股份有限公司	202121053949.X	一种离心泵进口管道排气装置	实用新型	2021-10-27	张隆刚、王奋中、叶鹏云、撒鹏刚、彭敬英、王军林

表8-3-3（续）

序号	单位	专利号ZL.	发明名称	申请类型	授权通知日	发明人
352	陕西北元化工集团股份有限公司	202120993717.6	一种氧浓仪保护套管	实用新型	2021-10-26	白虎雄、高海阳、靳宝宝、郭磊、贺永斌
353	陕西北元化工集团股份有限公司	202121341138.X	一种液位计测量口清理工具	实用新型	2021-12-17	纠建、王进、杨学华、白永平、刘玉斌
354	陕西北元化工集团股份有限公司	202122723329.9	一种盐酸密闭打比重装置	实用新型	2022-03-09	张建宏、李胜利、赵鹏、侯亚东
355	陕西北元化工集团股份有限公司	202122723142.9	一种氯乙烯单体密闭采装置	实用新型	2022-03-09	王伟、靳宝宝、张隆刚、孟瑞
356	陕西北元化工集团股份有限公司	202121826440.4	一种井口封堵导流装置	实用新型	2021-12-10	王会林、方占飞、吴玉龙、贺志强
357	陕西北元化工集团股份有限公司	202121825956.7	一种VCM气体高压回收系统	实用新型	2021-12-13	杨茂勤、白林、王春艳、徐玮
358	陕西北元化工集团股份有限公司	202121826441.9	一种防止聚合釜顶管管口自聚的系统	实用新型	2021-12-13	徐玮、韩云峰、白林、张志欣
359	陕西北元化工集团股份有限公司	202121825999.5	一种废气吸附装置	实用新型	2021-12-13	杨茂勤、王伟、韩云峰、孟瑞
360	陕西北元化工集团股份有限公司	202121826431.5	一种聚合金釜涂釜系统	实用新型	2021-12-10	徐玮、高茂刚、韩云峰、白林
361	陕西北元化工集团股份有限公司	202121937865.2	一种双向蝶轮机构	实用新型	2021-12-27	何强、付长江、白露超、蔡苗、辛波
362	陕西北元化工集团股份有限公司	202121937829.6	一种卧式剃刀蒸汽加热器	实用新型	2021-12-27	高海阳、白虎雄、杨茂勤
363	陕西北元化工集团股份有限公司	202121937847.4	一种乙炔清净废水回用自动化控制系统	实用新型	2021-12-06	王伟、折增、孟瑞
364	陕西北元化工集团股份有限公司	202121937830.9	一种圆柱滚子链条断卡拆卸工具	实用新型	2021-12-27	杨茂勤、韩云峰、鲁铭、孟瑞
365	陕西北元化工集团股份有限公司	202121238201.7	一种脱氯氢化氢气体中氢气的装置	实用新型	2021-11-12	申建成、陈树培、刘建、蔡毅、熊磊、宁小钢
366	陕西北元化工集团股份有限公司	202130293024.1	包装袋（电缆专用树脂）	外观设计	2021-09-24	刘志雄、张友平、孟庆权、叶鹏云
367	陕西北元化工集团股份有限公司	202130292611.9	包装袋（共聚物）	外观设计	2021-09-26	刘志雄、孟庆权、张友平、叶鹏云

表 8-3-3（续）

序号	单位	专利号 Zl.	发明名称	申请类型	授权通知日	发明人
368	陕西北元化工集团股份有限公司	202122414101.1	一种水泥原料配料系统	实用新型	2022-02-07	鲁斌、翁明、孙龙彬、鲁尚军、徐林军、李艳
369	陕西北元化工集团股份有限公司	202121937407.9	一种聚合釜搅拌电机轴结构	实用新型	2022-03-25	韩慧珏、高骞、王福金
370	陕西北元化工集团股份有限公司	202121937876.0	一种渣浆泵机械密封结构	实用新型	2022-03-25	韩慧珏、雷强、王福金
371	陕西北元化工集团股份有限公司	202121351829.8	一种转化二氧化碳的复合炉装置	实用新型	2021-11-12	申建成、柳玉、马长长、李世强、磊、徐生智、刘成伟、李腾、曾宪军
372	陕西北元化工集团股份有限公司	202121825930.2	一种废氯气智能化吸收系统	实用新型	2022-01-12	高海阳、白虎雄、赵鹏
373	陕西北元化工集团股份有限公司	202122604362.X	一种多自由度旋转电石炉料面机器人	实用新型	2022-03-23	丰烨、魏自强、吴月玲、张国文、屈波、高玉发、葛健、柳玉
374	陕西北元化工集团股份有限公司	202122605067.6	一种沸腾炉结皮快速清理装置	实用新型	2022-03-23	高海荣、何亮、刘成伟、杨飞
375	陕西北元化工集团股份有限公司	202122723313.8	一种复合炉刮板机尾轮张紧装置	实用新型	2022-02-21	姬文彬、徐生智、刘强、刘成伟、涛、薛建平
376	陕西北元化工集团股份有限公司	202122565707.5	一种消光剂定量滴加装置	实用新型	2022-02-23	刘勇、苗亚玲、李彦斌、刘佳林
377	陕西北元化工集团股份有限公司	202122566342.8	一种消光树脂生产装置	实用新型	2022-02-17	刘勇、苗亚玲、李彦斌、刘佳林
378	陕西北元化工集团股份有限公司	202220028571.6	自动环炉小车控制系统	实用新型	2022-08-09	丰烨、魏自强、高玉发、屈波
379	陕西北元化工集团股份有限公司	202220028480.2	兰炭生产过程中粉尘及废气处理系统	实用新型	2022-07-27	徐生智、张国文、任志荣、刘成伟、何亮
380	陕西北元化工集团股份有限公司	202122572940.6	一种新型环保氨水气体吸附装置	实用新型	2022-03-30	黄冶国、魏辉、王大伟、王军军、刘诚诚
381	陕西北元化工集团股份有限公司	202220041909.1	用于石灰生过烧率分析的辅助反应装置	实用新型	2022-06-06	霍文蔚、刘诚诚、何学玲、梁利平

表 8-3-3（续）

序号	单位	专利号	发明名称	申请类型	授权通知日	发明人
382	陕西北元化工集团股份有限公司	202222151707067.9	一种辊压机膜位调节装置	实用新型	2022-11-07	薛锦卫
383	陕西北元化工集团股份有限公司	202220021613.3	卷扬机自动离合装置	实用新型	2022-07-22	田明明、党保轮、高刚、呼顺利、石锦鹏
384	陕西北元化工集团股份有限公司	202122566340.9	一种碳酸钠溶液的制备装置	实用新型	2022-03-29	张国文、任志荣、丰晔、曾宪军、熊磊、马长长
385	陕西北元化工集团股份有限公司	202122588224.7	一种烟道气回收利用装置	实用新型	2022-03-30	徐向平、杨莉、吴月玲、丰晔、王江涛、韩慧珏、张国文、刘建
386	陕西北元化工集团股份有限公司	202220467816.5	一种兰炭干法熄焦系统	实用新型	2022-05-18	陈鹏、徐生智、叶鹏云、翁明
387	陕西北元化工集团股份有限公司	202220468098.3	一种聚氯乙烯树脂粉料输送装置	实用新型	2022-05-30	韩云峰、徐玮、杨德志、侯学文
388	陕西北元化工集团股份有限公司	202220471103.6	一种PVC干燥尾气优化处理工艺装置	实用新型	2022-06-17	苗亚苓、刘勇、马长长、崔万理
389	陕西北元化工集团股份有限公司	202220468628.4	一种流化床PVC树脂水分的控制系统	实用新型	2022-06-23	苗亚苓、刘勇、马长长、崔万理
390	陕西北元化工集团股份有限公司	202222017596.9	一种化学污水处理设备	实用新型	2022-11-01	刘延财、李利军、王会林、吴月玲、焦理芳、李杰
391	陕西北元化工集团股份有限公司	202221491918.7	一种车辆止滑装置	实用新型	2022-11-18	惠建伟、刘文远、孙龙彬、朱志宏
392	陕西北元化工集团股份有限公司	202220531666.X	一种用于检测设备电流泄露器的报警装置	实用新型	2022-06-27	张波、刘丁丁、高筹
393	陕西北元化工集团股份有限公司	202220246266.4	冷开式循环水站排污水回收利用装置	实用新型	2022-08-04	熊磊、王江涛、余悦、徐向平、高世军、綦毅

表8-3-3（续）

序号	单位	专利号ZL	发明名称	申请类型	授权通知日	发明人
394	陕西北元化工集团股份有限公司	202220608380.7	一种气液法离子液体催化剂应用工艺装置	实用新型	2022-06-13	丰晔、熊磊、刘建国、于志勇、任志荣、刘继乐、慕毅、陈树培、刘建、张国文、余悦
395	陕西北元化工集团股份有限公司	202220468067.8	一种催化剂抽翻装置	实用新型	2022-06-09	熊磊、刘建、李杰、慕毅、陈树培、小钢
396	陕西北元化工集团股份有限公司	202220470836.8	一种乙炔法合成氯乙烯的装置	实用新型	2022-06-01	慕毅、刘建、田彩梅、丰晔、陈树培、熊磊、任志荣
397	陕西北元化工集团股份有限公司	202221159257.8	一种阀板研磨装置	实用新型	2022-07-20	韩慧玨、王福金
398	陕西北元化工集团股份有限公司	202222105824.9	一种冷却刮板机	实用新型	2022-07-15	杨飞、姬文彬、刘强、刘成伟
399	陕西北元化工集团股份有限公司	202220886800.8	一种防粘黏内壁的聚乙烯用融化装置	实用新型	2022-08-24	刘建国、杨莉、李利军、李杰、焦理芳、同巧峰、贺妮
400	陕西北元化工集团股份有限公司	202220885853.8	一种能提高混合效率的聚氯乙烯生产用搅拌装置	实用新型	2022-07-06	刘建国、同巧峰、杨莉、李利军、焦理芳、田彩梅、贺妮
401	陕西北元化工集团股份有限公司	202220885829.4	一种具有保温功能的聚氯乙烯输送装置	实用新型	2022-07-20	刘建国、杨莉、同巧峰、李杰、余悦、田彩梅、贺妮
402	陕西北元化工集团股份有限公司	202221158708.6	一种热装配辅助装置	实用新型	2022-07-26	韩慧玨、王福金
403	陕西北元化工集团股份有限公司	202221423716.9	电石炉炉眼查门自动启闭装置	实用新型	2022-09-28	呼顺利、高刚、梁利平、刘强
404	陕西北元化工集团股份有限公司	202221390159.5	一种V型造粉机补风扬料装置	实用新型	2022-08-31	魏新华、姬岚、李红荣、刘生发
405	陕西北元化工集团股份有限公司	202221397434.6	一种电石破碎机前自动给料装置	实用新型	2022-12-02	刘廷安、张征国、周亚明、孟瑞、魏自强

表8-3-3（续）

序号	单位	专利号ZL	发明名称	申请类型	授权通知日	发明人
406	陕西北元化工集团股份有限公司	202221400236.0	带有搅拌速转测量装置的聚合反应釜结构	实用新型	2022-08-15	潘登、王强、白永平、方尚兵
407	陕西北元化工集团股份有限公司	202221428268.1	一种防尘静电的仪器仪表防护装置	实用新型	2022-09-09	贺建建、徐生智、张鹏飞、李利军
408	陕西北元化工集团股份有限公司	202221229571.9	一种防止八级旋风分离器堵料的装置	实用新型	2022-09-21	徐玮、韩云峰、魏自强、王峰
409	陕西北元化工集团股份有限公司	202221397210.5	一种含氯乙烯废水处理装置	实用新型	2022-10-11	张国奇、张海锋、徐玮、魏自强
410	陕西北元化工集团股份有限公司	202221291013.5	一种聚氯乙烯树脂旋风分离装置	实用新型	2022-10-10	魏自强、边亚平、丰晔、徐玮、王峰
411	陕西北元化工集团股份有限公司	202221291969.5	可切换型重力卸灰装置	实用新型	2022-08-15	王奋中、张征国、孟瑞、张隆刚
412	陕西北元化工集团股份有限公司	202221413014.2	一种仪表维护固定装置	实用新型	2022-10-10	贺建建、刘强、李利军、张鹏飞
413	陕西北元化工集团股份有限公司	202221290652.X	一种蒸汽加热除尘器	实用新型	2022-09-29	韩云峰、付长江、边亚平、马鹏军
414	陕西北元化工集团股份有限公司	202221308955.X	移动式气瓶嘴保护装置	实用新型	2022-08-05	孟瑞、王伟弟、骈艳、魏自强
415	陕西北元化工集团股份有限公司	202221392250.0	一种电石生产用矿热炉烟罩	实用新型	2022-08-12	刘毅、赵俊明、王宇航、李鹏智
416	陕西北元化工集团股份有限公司	202221742867.0	一种不锈钢扎带拉紧器	实用新型	2022-10-19	田明明、高刚、呼顺利、王大伟
417	陕西北元化工集团股份有限公司	202221742790.7	一种分体式阀门铜套及其阀体	实用新型	2022-09-22	黄洽国、陆飞、魏辉、刘艳荣
418	陕西北元化工集团股份有限公司	202221577048.5	一种煤气风机轴端密封体	实用新型	2022-09-27	黄洽国、王大伟、魏辉、崔永
419	陕西北元化工集团股份有限公司	202221517391.2	一种粉煤灰计量系统	实用新型	2022-10-19	徐林军、冯二波、朱先均、杨海明
420	陕西北元化工集团股份有限公司	202221530702.7	一种用于窑尾烟室、分解炉缩口的抗结皮结构	实用新型	2022-11-02	李红荣、崔军军、刘生发、姬岚
421	陕西北元化工集团股份有限公司	202221518406.5	一种余热锅炉除氧系统	实用新型	2022-10-14	李红荣、崔军军、刘生发、冯天祥

第九章 数智化建设

北元集团数智化以"打造一流盐化工企业，奉献低碳多彩新生活"为宗旨，与100万吨/年聚氯乙烯循环综合利用项目同步建设。通过数据、技术、业务流程、组织结构的互动创新，打造"装置数字化、网络高速化、数据标准化、应用集成化、感知实时化"数智化体系，使企业向实现产品一流、效益一流、管理一流、服务一流的总目标转型升级。2016年荣获工信部"国家两化融合管理体系贯标试点单位"，2019年荣获陕西省工业和信息化厅"陕西省智能制造试点示范企业"，2020年荣获中共榆林市委网信办"优秀网络安全防护单位"，2021年荣获国家应急管理部"工业互联网+危化安全生产"建设试点单位，2022年，荣获陕西化工集团有限公司"2020—2021年度数智化建设先进单位"。

第一节 数智化管理

一、管理机构

北元集团信息中心成立前，数智化业务工作由神府经济开发区北元化工有限公司办公室管理，主要负责网络、电话、通信等业务。2007年10月，建立并开通"陕西北元化工有限公司网站"。2013年前，北元集团信息化建设工作由信息中心负责；同年8月，在公司机构调整，将"9部6中心"调整为8个职能部门，信息中心编入公司综合管理部，变更为信息管理科，科室编制9人。2021年8月，公司组织机构调整，将信息管理科变更为信息管理模块，模块编制10人，主要职责有：负责制订公司信息化建设的总体规划；负责公司信息化建设的实施方案设计、组织实施、项目管理、项目验收等工作；负责公司各信息化应用系统的管理维护及向各单位提供信息化技术支持服务；负责公司信息化数据、网络及设备的安全管理；负责公司 MES、ERP、OA 等应用系统的权限、流程的管理与维护；负责公司所有信息化基础硬件平台、办公电子设备、通信线路等的运维保养；负责公司信息化设备及耗材的采购。2022年，北元集团信息化专业团队由1名公司分管领导担任 CIO（首席信息官），由综合管理部部长、信息管理负责人和信息管理模块9名专业技术人员以及4名分、子公司兼职信息员组成。信息化团队主要负责公司所有信息化的规划、设计以及项目实施与运维工作；各分、子公司兼职信息员具体配合所在属地的项目实施及日常管理工作。在应用软件系统的建设方面，根据项目的实际情况从各业务单位抽取业务骨干和信息管理科人员共同组成项目临时建设团队，开展项目的建设工作。2022年5月，信息管理模块从综合管理部独立，成立数智管理中心，信息管理模块人员直接纳入数智管理中心编制，公司副总经济师担任中心主任，各单位至少设置专兼职数智化专员1名。中心负责贯彻落实国家、政府及上级单位方针政策；制定公司数智化相关制度、标准规范，组织开展公司数智化业务；负责数智化前沿技术的探索、论证与应用；组织编制公司数智化发展规划、年度计划；组织数智化项目可行性研究、方案审查与论证、技术审核、实施与管理、验收优化等工作；负责数据中心、应用系统、数据管理、网络及安全、基础设施等管理与运维工作；负责数智化物资计划的审核、到货验收和资产管理的监管工作；负责公司数智化年度及临时项目计划的审核；负责数智化业务的推广应用、培训、监督与考核；负责同政府机构、上级单位的数智化业务对接。各单位实施属地管理，负责本单位数智化相关业务的管理与维护。

二、制度建设

自2010年10月起，先后制定完善《陕西北元化工集团有限公司通讯设施管理办法（试行）》《网络资源及上网行为管理办法（试行）》《信息安全管理制度（试行）》等13项基础管理制度。2013年以来，先后制定完善《物流一卡通系统运行维护管理办法（试行）》《信息化设施管理办法》和《信息化项目实施管理办法》等20多项制度。截至2022年，先后修订、完善和出台了《数智化业务管理办法》《网络安全管理办法》《数智化设施管理办法》《数智化系统运营管理办法》《数智化项目实施管理办法》《两化融合管理职责》《两化融合基础保障制度》《计算机维护管理制度》《系统安全及风险预案管理制度》《计算机及网络设备管理制度》《数据备份、恢复管理制度》《用户管理及密码管理制度》和《计算机中心机房管理制度》《通勤车预约管理办法》《信息机房管理制度》《信息系统安全管理办法》《信息网站管理办法》《系统数据管理办法》《信息系统设备采购和管理办法》《信息系统用户和权限管理制度》《系统运行管理办法》《信息技术文件及资料管理制度》《计算机系统病毒防范管理办法》《外部接入信息系统管理制度》《信息安全应急管理办法》等。这些制度、办法的健全、完善，使北元集团数智化管理有章可循。

三、数智系统管理

2007年10月，随着"陕西北元化工有限公司网站"的开通，企业信息化建设大力推进，信息化的系统运行、业务应用、数据存储、安全运行等方面的基础管理工作显得越发重要，信息管理部门不断强化基础管理工作，定期检查，数据按时备份，预防病毒，搞好维护，保证系统安全运行。

2013年以来，北元集团每个信息系统总体分为两级管理，即集团管理层和业务管理层。集团管理层由综合管理部统一管理，主要负责总体规划、项目建设、上线运行系统维护、权限管理、流程配置以及系统的总体管控。系统管理层的每个系统配备专门的系统管理员管理应用系统；业务管理层的各业务单位配备1名业务管理员，主要负责本单位日常业务培训、相关系统业务的指导、系统需求变更的提出以及与信息管理科进行业务对接。2015年至2022年5月，根据《陕煤集团信息化建设项目管理办法》《建设项目工程管理办法》《技术改造项目管理办法》《招标管理办法》等规定要求，北元集团在进行项目前期立项审批、商务招标，成立项目领导小组和实施小组。领导小组组长由总经理担任，各相关副总经理或相关业务单位负责人为小组成员；项目实施小组成员由综合管理部信息管理科和参与项目建设业务单位的相关业务人员组成，并明确了两个小组人员的职责。同时，根据项目的实际情况，制定适合本项目的相关规定：坚持管理者参与，保证系统配置的合理性、适用性和易用性；建立完善的组织、考核、汇报机制；建立有效的沟通机制，做到下面有争议、项目组有建议、高层有决议；实行例会制度，总结上周任务完成情况，安排下周工作计划，落实考核和问题的解决进度；实行问题反馈单制度，对项目需解决问题，由各组形成传递单和审批单，指定负责人，明确解决期限，按时考核；实行组长负责制度，各组长和各公司负责人管理，负责问题的汇总、协调、落实、解决；坚持日报、周报、月报制度，内容包括每日、每周、每月完成和未完成的任务，解决未解决的重点问题，需要协调解决的问题和通报；实行资料集中管理制度；对项目实施形成会议纪要、决议、大事记，实施材料集中管理，总结管理成果，定期组织向中高层汇报。通过建立项目建设组织机构及相关管理规定，形成北元集团信息化项目管理体系，保障项目顺利进行。2022年5月，综合管理部信息管理职责全部转移数智管理中心。

四、建设管理体系

2010年1月，北元集团在实施两化融合中，起草了《北元集团信息化项目建设规划纲要》，对信息化和工业化的建设内容、时间要求、规模标准做了详细的规划。在总体规划的基础上成立了项目建设领导小组和项目实施小组，领导小组组长由集团公司总经理担任，项目实施由信息中心具体负责。信息中心制定管控措施，采取周例会制度和绩效奖罚制度来推进项目的实施。同时，积极申报国家级"两化融合"示范企业，实现国家对企业技术和政策的支持；推进能源管理，促进节能降耗，提高经济效益。2014年初，申报"国家两化融合贯标试点单位"。2014年5月4日，北元集团获批为"国家首批两化融合管理体系贯标试点单位"。2014年9月22日，北元集团召开了两化融合管理体系贯标试点企业启动大会，并成立了两化融合工作领导小组，经过现场调研差距分析等，形成了《北元集团战略管理调研报告》《北元集团两化融合差距分析报告》《陕西北元化工集团有限公司发展战略指导意见》《北元集团能力打造需求分析报告》等文件。2014年10月，两化融合领导小组会议确定了两化融合方针与目标。2014年12月15日，形成了《北元集团两化融合管理手册》和《北元集团两化融合程序文件》，并在全公司运行。2015年2月10日，通过"陕西北元化工集团有限公司两化融合管理体系文件"的专家评审。2015年4月2日，完成了两化融合管理体系内审。2015年5月7日，完成了两化融合管理体系管理评审。2015年11月19日，通过了两化融合管理体系第一阶段评估审核。2016年11月12日，北元集团两化融合正式通过国家工信部的最终评审，并获得了两化融合管理体系贯标评定工作委员会颁发的"两化融合管理体系贯标评定证书"。2017年6月，北元集团通过了信息化和工业化融合管理体系首次监督审核。2018年4月，完成了两化融合管理体系内审。2018年6月，完成了两化融合管理体系管理评审。2018年8月，完成了两化融合管理体系第二次监督审核。通过大力推进管理信息化、实施"两化融合"，大大提高了企业的核心竞争力。

第二节 数智化项目建设

一、主干光缆敷设

2007年以来，按照集团公司的实际需要，遵循总体规划、分步实施的原则，实施主干光缆的敷设：主干光缆由锦界电信公司机房出局，分别经明珠大道和振兴路形成环网至集团办公楼中心机房，建成网络光纤敷设总长度261芯公里，语音电缆敷设总长2705线对公里，为集团公司通信网、办公网、生活网、监控网、工业网、生产调度网等应用系统建立了高速公路；子干光缆到生产系统的敷设，由集团公司办公楼机房分别到化工一分公司、化工二分公司、热电分公司、水泥有限公司、锦源化工有限公司、科研楼、职工活动中心，均采用24芯单模铠装光缆；子干光缆到生活服务区的敷设，由集团公司办公楼机房分别到餐厅、4栋公寓楼、宾馆楼，均采用12芯单模铠装光缆；各分、子公司到各生产区域的敷设，由分、子公司机房到各分厂或办公区域，分别采用12芯单模铠装光缆。网络结构采用星型拓扑结构。截至2013年，搭建了6大网络系统，即办公网络系统、生活网络系统、生产调度网络系统、监控网络系统、通信网络系统、工业网络系统，建成了千兆到桌面并有万兆冗余网络系统的高速公路，满足后续信息化应用的需求。

二、综合布线

北元集团信息化基础设施建设与100万吨/年聚氯乙烯循环综合项目同步建设。2012年12月，完成综合办公楼、科研楼、1~4号公寓楼、宾馆楼、职工活动中心、化工一分公司十区37个厂房、化工二分公司77个厂房、热电分公司生产现场、水泥公司生产现场以及锦源化工办公和生产系统的综合布线工程。2013年，已完成建设的基础设施有办公网络系统、生产网络系统、监控网络系统、通信网络系统、调度网络系统、生活网络系统、调度中心系统、数据中心机房系统、主干及综合布线系统等9大硬件系统，建成了千兆到桌面的环网链路。2014年10月，对三道峁采区办公楼进行了网络综合布线，敷设了主干光缆，使三道峁采区与北元集团公司办公网正式连通。2015年2月，进行了北元集团公司科研楼以及原化工一分公司宿舍楼综合布线改造建设。2016年10月，进行了北元集团新建消防气防站弱电系统综合布线。2017年10月，进行了锦源化工有限公司生产现场值班室综合布线。2017年12月，进行了化工分公司、水泥有限公司以及热电分公司生产现场值班室综合布线。2018年，进行了100万吨聚氯乙烯升级改造综合布线，同年北元集团建成了千兆到桌面的环网高速公路；建设了公司中心机房至各分、子公司96芯主干光缆，各分、子公司至各分厂12芯支干光缆，总光缆长度为52千米；为厂前区9栋楼宇和各分、子公司54栋楼宇、厂房进行综合布线，全部实现千兆到桌面，满足了办公和生产通信及管理的需求。

三、调度指挥系统

调度指挥系统包含集团总调度和分、子公司的调度，可实现视频和语音双重调度以及中心机房调度。2011年4月投入运行，调度系统用于北元集团对下属分、子公司以及分、子公司对各自生产现场的生产过程的实时调度与管控，其功能有 PCS 实时生成数据、生产工艺流程、生产报表、工业电视、安防监控、ERP 信息、MES 信息、能源管理信息等。总调中心由大屏显示系统、视频调度系统、消防（防火、防水）系统、防雷接地系统、精密空调系统、照明系统组成。2021 年，完成调度指挥中心视觉电子信息系统改造，该系统的建成为集团公司领导和调度人员直观地优化生产、整合资源以及科学调度创造了条件。

四、中心机房

中心机房是为北元集团所有应用系统提供数据应用、数据交换、数据存储等功能的基础环境，2011 年投运。其建设内容包含精密空调系统、消防系统（防火、防水）、防雷接地系统、防静电系统、新风空调系统、综合布线和环境检测等系统。2019 年，机房在原有面积基础上扩建 93 平方米，扩容后机房实际面积约为 180 平方米。中心机房按应用功能分为 5 大区域，即数据中心区、办公网络区、监控网络区、生产网络区和机房安全管理区等。为了更好地管理和运营，将数据中心按重要等级划分区域，有基建区、数据中心区、监控管理区。

五、数据中心

数据中心是北元集团信息化应用的中枢神经，2010 年 7 月开始建设，遵循科学、合理、实用及冗余的原则，采取边应用边优化的方式建成投运。其功能主要表现在三方面：

（1）系统集成。将 5 大网络系统通过网络安全设备互连，以实现各个网络间特殊的通信使用，同时也是工业化和信息化融合的基础数据融合点。

（2）网络安全。网络安全主要包含网络防火墙、上网行为管理、网络入侵检测与防御系统、漏扫设备、文件鉴定器、流量传感器、数据库审计、堡垒机等设备，以及网络安全大数据平台、态势感知平台、企业级终端安全管理 3 大平台，通过安全设备和平台的联动应用，对公司网络外网攻击、内网访问及横向渗透的流量实时检测与分析，建立双预防机制，为公司的网络安全保驾护航。

（3）应用系统安全。为增强公司 ERP 系统、OA 系统、MES 系统、PI 系统等 20 多套系统的安全，建立了公司虚拟化管理平台，统一虚拟化计算资源服务、构建标准化基础架构、保证存储高可用性，对应用系统进行平台化管理。

（4）应用数据安全。为保证公司各应用系统数据库的数据安全，公司建立了核心数据库平台，并且与陕煤集团的数据机房实现了"两地两中心，数据互备"模式，充分利用了已有资源，节约了成本，达到异地灾备效果。同时主要服务器和存储都做了高可用性的双机互备；存储系统采用了两台 IBM DS5300 以及赛门铁克的备份软件和 SF 数据库同步软件；服务器系统全部使用 IBM 系列服务器，包括两台 IBM P750、10 台 IBM X3650 和 X3850 服务器；为保证各项应用服务的稳定运行，服务器采用双机热备；数据库系统采用 Oracle 11g 数据库系统和 PI 实时数据库系统，为公司 ERP、OA 以及 PCS 系统做后台支持。

六、其他项目

2011 年前后，先后完成了综合办公楼大厅 LED 显示屏、楼顶发光字、锦源化工系统集成等项目。2013 年 8 月，为了满足陕煤集团远程视频会议需求，北元集团建设了远程视频会议室，同时与陕煤集团视频会议系统进行了系统集成，将公司九楼会议室建成了陕煤集团视频会议系统分会场。2016年1月，实施宿舍楼、科研楼以及餐厅无线覆盖项目，满足了员工的无线上网需求；同年11月，建设了公司消防报警联网系统，对厂前区、化工分公司装置区与各分厂、热电分公司、水泥有限公司、锦源化工有限公司等区域消防系统进行了统一集成，实现了全厂消防系统的集中管理与控制。2018年4月，针对锦源化工有限公司以及化工分公司聚氯乙烯二分厂生活区无无线网络问题，对锦源化工有限公司职工公寓楼以及化工分公司聚氯乙烯二分厂职工公寓楼进行了无线网络覆盖，至此，公司所辖全部生活区实现了无线网络覆盖，满足了员工生活需求；同年5月，针对水泥有限公司承运商车辆管理困难问题，建设了水泥有限公司车辆GPS定位管理系统，实现了拉运水泥车辆的实时管控，有效地防止了各区域水泥拉运车辆串货、卸货。2019年至2023年初，建设了1688企业采购平台、网络安全项目、消费一卡通管理、大宗原料自动结算、无人过磅系统、融合通信系统、异地灾备项目、智慧园区管理、人员定位系统、应急广播系统、视觉电子信息系统、等级保护项目，重点建设以网络信息安全、敏捷通信、数据标准化、业务系统填平补齐等为主，实现公司内部业务横向与纵向的协同以及与上下游企业业务的协同。

七、信息化项目资金补助

2010年以来，北元集团积极向国家工信部申请信息化相关项目资金补助，截至2022年，共计申请补助资金2051万元。2010—2022年北元集团信息化项目建设政府补助资金统计见表9-2-1。

表9-2-1 2010—2022年北元集团信息化项目建设政府补助资金统计表　　万元

序号	年份	补助项目名称	金额
1	2011	2010年省级企业技术改造专项资金	146
2		2011年工业企业能源管理中心建设示范项目	1000
3	2012	重点产业振兴和技术改造专项项目	450
4	2014	国家两化融合管理体系贯标试点单位	10
5	2016	2016年陕西省两化融合专项资金项目（智能生产与集团管控系统项目）	40
6	2017	2016年度陕西省级外经贸发展专项资金区域协调发展项目资金申请	125
7	2018	2017年两化融合管理体系贯标示范企业资金申请	20
8		2018年陕西省两化融合专项资金项目（智能工厂基础平台建设项目）	60
9	2019	2019年智慧工厂示范企业	200
		合计	2051

第三节 智能工厂建设

一、厂区智慧设施建设

（一）监控系统

该系统从 2010 年 11 月开始建设，于 2012 年 10 月全部建成。系统主要包括生产监控系统和安防监控系统。生产监控系统主要针对生产区域内主要设备及重要安全点进行监控；安防监控系统主要针对办公区和整个园区的周界和公共区域安全而建，为安全防范、车辆管理、外来人员、进出生产区人员的管理等实施了全面的安全监控。视频监控系统采用集团公司和分、子公司及现场三级管理架构，为安全生产、职工幸福生活提供了有力保障。2013 年 7 月，锦源化工有限公司厂前区安装了安全防范监控设施，该设施包括锦源化工有限公司生活区、办公区和公司周围大门的安全防范监控系统，并将生产区的安全防范监控系统进行集成，统一上传到公司调度中心大屏。2015 年 4 月，实施了三道崾采区监控项目，涵盖了三道崾综合办公楼、材料库房、DCS 控制室、配电室、周界、输卤泵区、卤水池等区域；5 月，为化工二分公司电石采样新增安装监控设施，实现电石采样过程的监控，规避了人为操作电石化验数据造假的风险。2016 年 8 月，为职工活动中心室新增监控设施，增加了包括职工活动中心室内外 20 个高清摄像头，实现了职工活动中心室内外无死角监控。2017 年 9 月，对化工分公司聚氯乙烯二分厂乙炔工段发生器加料口视频监控进行了改造，新增高清防爆摄像机 14 台，彻底消除了安全隐患；11 月，按照安全标准化要求，在化工分公司重大危险源区域新增 18 台防爆摄像机，实现危险源区域监控全覆盖；12 月，对水泥有限公司 36 台摄像头进行维修，同时在厂区关键装置区新增 68 台高清摄像头，实现了水泥有限公司关键装置监控全覆盖。同时，为进一步规范危险化学品（以下简称"危化品"）的管理，在公司危化品库房新增防爆摄像头 14 台，实现危化品库房物资监控无死角；针对乙炔分厂监控摄像头投用时间长、故障频繁、摄像头模糊等问题，将化工分公司乙炔分厂原 127 台模拟防爆摄像头更换为防爆高清网络摄像头，同时在乙炔分厂一期排渣处增加 12 个防爆高清摄像头，2018 年 2 月全部投入使用。2018 年 6 月，针对 100 万吨/年聚氯乙烯升级改造新建项目需求，在新项目区域增加 76 台摄像头，满足了新项目生产需求；8 月，针对餐饮中心监控盲点多的问题，进行了集团公司餐饮中心监控系统升级改造，共安装摄像头 58 台，实现了关键区域的无死角覆盖；为满足消防高点监控需求，在生产厂区安装了 5 台高清摄像头；针对锦源化工有限公司库房及部分公共区域监控盲点的问题，在锦源化工有限公司库房及部分关键公共区域安装摄像头 26 台；同时，针对各分、子公司人车交叉作业密集区域和其他易发事故拐角等存在监控盲区的问题，在化工分公司、锦源化工有限公司、水泥有限公司、热电分公司的人车交叉作业密集区域共计增加摄像头 255 台。2019 年 4 月，餐饮中心超市新增 16 台摄像机，实现了收银情况实时监控，化工分公司聚氯乙烯气柜及包装区域安装 10 台防爆摄像机，实现了乙炔气柜及包装区域关键点位无死角覆盖，保障了人与物安全；7 月，北元大酒店监控升级改造，总计更换了 52 台摄像机，实现了酒店人员流动复杂区域的监控；为化工分公司氯碱生产装置安装 31 台摄像机，实现了生产过程各环节的全程监控。2019 年 8 月，为水泥公寓楼及库房新增35台摄像机，实现了水泥宿舍楼出入口、楼道无死角监控，库房关键位置监控；9月，对化工分公司输卤管涵新增防爆摄像机6台，实现了输卤管涵关键位置补盲；10月，为化工分公司聚氯乙烯二分厂新增5台摄像机，对关键装置盲区进行覆盖。2020年9月，为锦源化工电石、原料分厂更换了10台摄像机。2021年5月，对化工分公司重大危险源新增55台防爆摄像机，实现了重大危险源无死角监控。2022年，对热电监控升级改造，更换17台摄像机，新增111台摄像机，对热电分公司实现了关键设备全覆盖。对危化品库房新增监控项目，在危化品库房、化工二分厂8号库、PVC分厂包装物库、乙炔分厂压滤库安装10台监控摄像机，实现各库房的监控全覆盖，保障人员及物资安全。对化工分公司厂房出入口及分析室新增监控项目，在质检办公楼、氯碱办公楼、乙炔办公楼及化验室、二分厂质检办公楼及化验室安装13台监控摄像机，实现办公楼人员和化验室管理，杜绝化验室取样分析过程中弄虚作假。对水泥有限公司环保绩效A级达标监控项目，在水泥有限公司道路、一二线水泥工段、一二线烧成工段安装41台监控摄像机，实现水泥有限公司环保A级达标。对锦源电石炉监控改造，确保高危区域安全巡检。对生产厂区控制定搬迁项目DCS监控网监控部署，保障生产运营稳定运行，对集团厂前区办公楼、公寓楼、科研楼、餐饮中心、活动中心、北元酒店和周边安装安全防范监控系统共384个点位。截至2022年底，全公司共安装2067个监控点位，实现厂区全覆盖。

（二）数据中心扩容

2018年1月，随着信息化系统的不断增加，已有的服务器资源不能满足系统需求，为了使公司的信息化系统安全稳定顺畅运行，公司实施了服务器虚拟化项目。项目建设内容包括：虚拟化平台建设（包括计算资源池建设、存储资源池建设、网络资源池建设），存储双活系统建设（包括NC5.7、NC6.1、OA等7套应用系统迁移至虚拟化平台，MES、主数据等新建应用系统部署至虚拟化平台），数据库系统优化（包括原有的数据库系统进行重新规划、系统架构优化、硬件平台升级），对原有服务器硬件升级等。项目历时3个多月，于2018年4月全部部署完成，2021年因异地灾备项目建设需要对虚拟化平台进行版本升级。

2019年1月，随着信息化系统的扩容增加，机房设备热负荷陆续增大，原机房一台精密空调已满足不了机房制冷，实现恒温运行的需要。为了确保机房设备的安全稳定运行，公司实施了中心机房精密空调改造项目，主要是在原有机房空调旁边增加一台精密空调，同时对进入空调的水质系统中增加了软水系统，于3月正式投运。6月，由于中心机房的空间、电力系统、空调系统等都无法适应公司信息化建设的发展，公司实施了中心机房扩建项目，历时3个月，项目建设内容包括机房装修系统工程、机房配电系统工程、UPS及后备蓄电池系统、防雷接地系统、空调系统工程、消防灭火系统工程、机柜冷通道封闭及桥架系统、动力环境监控系统、监控大屏显示系统九大部分；7月，公司实施了网络安全建设项目，项目建设内容包括7台智慧防火墙设备、终端安全管理系统、态势感知与安全运营平台、威胁监测与分析系统、运维安全管理与审计系统，项目于12月建设完毕开始试运行。实现了对公司网络各区域边界进行安全防护，全网数据流量进行安全分析，设备操作日志进行审计，检测全网终端的安全情况，通过收集多元、异构的海量日志，利用关联分析、威胁情报等技术，结合威胁情报和攻击链分析，检测高级网络攻击和新型入侵行为，同时结合边界防护和终端检测及时阻断威胁。2021年1月，公司实施了异地灾备项目，8月完成验收，项目建设主要包括五部分内容：

（1）机房工程实施。北元集团机房综合布线、机房设备搬迁（涉及13台服务器、8台交换机、3套存储设备、23套应用系统），陕煤集团航天城机房综合布线、机房设备安装调试（5台服务器、4台交换机、1套存储设备）

（2）网络实施。北元集团数据中心网络路由调整、链路调整；陕煤集团专线网络建设、数据中心网络建设。

（3）虚拟化平台实施。北元集团虚拟化平台升级，灾备平台搭建，陕煤集团虚拟化平台建设。

（4）数据库容灾实施。北元集团数据库配置调整，数据同步系统部署，陕煤集团容灾数据库部署测试。

（5）北元集团备份系统升级，数据库备份系统、虚拟化备份系统统一升级，增加数据备份管理功能。实现了与陕煤集团的"两地两中心，数据互备"，充分利用了已有资源，节约了成本；对北元集团数据中心进行了重新规划和调整，采取了"最佳实践"的原则，对设备安装位置、网络结构、虚拟化平台配置、数据备份、应用系统配置进行了全面优化和调整，不仅提高了资源的利用率，还提升了应用系统和数据的容灾能力；对数据备份系统进行了全面升级，可实时查看和验证数据的有效性，全面保障了数据的安全；建立了北元集团和陕煤集团的网络专线，为后续业务的开展提供了基础网络平台。

2021年3月，实施了信息化系统综合监控管理平台建设项目，7月正式上线试运行，项目建设主要包括六大部分内容：

（1）集中监控管理建设，实现了对现有网络设备、网络安全设备、主干链路、小型机、x86服务器、虚拟化平台、存储、数据库、中间件等基础设施和ERP、OA、MES等应用系统的集中监控。

（2）资产配置统一管理，通过数字化管理方式，对资源配置信息全面梳理和统一管理。

（3）运维流程管理建设，建立运维流程管理、值班管理、运维知识库，系统内置事件、问题、服务请求、服务目录等流程，可提供系统排班管理、值班日志总结、值班统计等功能，针对值班人员进行记录追踪、调度和反馈，实现值班电子化管理，知识库的建设使运维知识有处可存、有处可寻，可使运维人员快速掌握解决问题的方法，提升运维效率、降低管理风险。

（4）运维分析展示建设，可扩展开发统计分析报表，通过对监控资源信息的展示、运维工单多维度数据汇总展现，可让运维服务人员实时跟踪业务运行状况，更准确地排除与定位故障。

（5）运维管理门户建设，提供统一的登录入口，可根据自身权限使用平台中相应的功能。

（6）系统集成对接建设，提供Restful API接口，可以实现与第三方系统的集成对接。

（三）等级保护

2020年，完成信息系统安全等级保护二级评测工作。公司邀请专业的等级保护评测公司对公司网络情况进行了全面的梳理和评测，经榆林市公安局网安支队专家的评测，取得了89分的高分，顺利拿到了榆林市公安局颁发的《信息系统安全等级保护备案证明》。同年，公司应邀参加了护网行动，并且进行了周密的安排和部署，成功阻止了大部分的网络安全攻击，被榆林市公安局网安支队授予"网络安全最佳防守单位"称号。2021年，公司取得热电和锦源涉电监控系统等级保护备案证明。2022年，公司取得ERP系统和MES三级、OA系统二级等级保护备案证明。

（四）会议室及大屏项目

2013年8月，北元集团公司建设了远程视频会议室，与陕煤集团视频会议系统进行了系统集成，建成了陕煤集团视频会议系统分会场。

2021年11月，实施了办公楼视觉电子信息系统建设工程项目，建设内容包含办公楼一楼大厅LED屏幕和办公楼十一楼LED屏幕的建设改造，主要针对LED屏幕、钢结构、控制系统、电路及控制线路、扩音系统、主控设备等模块进行工程改造，LED屏幕选用室内1.83 mm点间距产品，建设一套智能化办公楼视觉信息电子系统。该项目于同年年底完成建设。集团办公楼一楼大厅的显示屏采用LED小间距显示屏，并配置8个内嵌式音响配合视频、音频动画的展示。

2022年1月，实施了职工活动中心视觉电子信息系统建设工程项目，建设内容包含职工活动中心LED屏幕的设计安装调试工作，主要针对LED屏幕、钢结构、控制系统、电路及控制线路、主控设备等模块进行工程设计并施工安装，LED屏幕选择2.5毫米室内小间距产品，建设一套智能化职工活动中心视觉信息电子系统，该项目于当月完成建设。3月，实施了调度指挥中心视觉电子信息系统建设工程项目，建设内容包含总调中心LED屏幕的建设改造，主要针对LED屏幕、钢结构、控制系统、电路及控制线路、主控设备等模块进行工程改造。LED屏幕选择使用1.25毫米室内小间距产品，建设一套智能化职工活动中心视觉信息电子系统，该项目于当月完成建设。

2022年6月，根据集控室搬迁项目建设，在厂前区职工活动中心北侧建设生产集控中心，将生产厂区所有DCS室统一搬迁至新建集控室，根据项目整体规划，在新建生产集控中心建设一套LED大屏系统，建设内容包括建设一套206平方米的SMD封装、点间距156毫米的LED大屏显示系统，用于监控生产运行状况、生产视频指挥调度系统视频、数据信息以及DCS自动化控制系统等。同年9月，在化工分公司PVC装置新建集控室，建设面积14.58平方米，SMD封装、点间距1.25毫米的LED大屏系统，用于监控生产系统设备运行情况。

二、生产系统数智化建设

（一）能源管理系统项目

项目涉及公司所属单位的煤、水、电、气（汽）等能源介质。项目于2012年9月18日启动，2014年11月完成整个系统的建设。建设内容主要包括能源管理基础平台系统、能源调度中心、DCS实时数据采集、能源计量仪表的数据采集、计量仪表的采购及安装、能源管理生产网络系统的建设、现场控制系统改造、现场环境监测与监控以及能源管理中心基础配套设施建设9项内容。其中，能源管理基础平台系统包含了14个功能模块，包括能源综合监控平台、计划实绩管理、蒸汽管网模拟、调度优化管理、计量结算管理、运行支持管理、能耗预测分析、能源报表管理、能源考核管理、能源质量管理、统计分析管理、报警管理、指标管理、领导查询等;共采集了 DCS 实时数据的 10070 个能源点位,分析了 1894 个基础能源指标,设计了 77 张能源监控图、187 张能源统计报表模版、37 张统计分析图;在原有 824 块计量仪表的基础上,新增了 59 块仪表,实现了各分、子公司对煤、水、电、气(汽)等能源介质的信息化管理。通过能源管理系统建设,平均标准煤耗降低了 4.8 万吨。

(二)生产制造执行系统(MES)项目

系统选型为石化盈科 MES 产品。2017 年 5 月 16 日,该项目正式启动。项目建设内容包括计划管理、工艺管理、物料管理、能源管理、调度管理、质量管理、设备管理、安全管理、环保管理、应急管理、成本与绩效考核、实时数据库系统、项目管理、费用管理、移动应用以及企业集成平台(ESB)等 16 个模块的建设。2018 年 6 月底,除移动应用模块外,其余模块项目全面上线正式运行。2021 年,针对 MES 系统运行过程中存在的问题,积极与相关部门对接。截至 2021 年 10 月底,完成 MES 系统 320 余项问题的处理,并与 MES 系统厂家以及安全环保部对安全作业票模块建设方案讨论并确定最终方案,于 6 月动火作业票模块试运行。该系统涵盖了生产管理的全过程,是打通生产过程控制层 PCS 与经营管理层 ERP 的通道,为优化生产工艺、提升生产管理水平打好了基础。

(三)融合通信系统项目

2018 年 9 月 10 日,北元集团融合通信系统建设项目启动。项目建设内容包括数字集群对讲系统和融合通信系统软硬件设备的安装、调试和系统部署。其中数字集群对讲系统主要包括数字集群中心控制设备、32 信道数字集群基站、数字集群调度指挥台、50 部防爆集群对讲机终端,并对北元集团 200 部对讲机终端进行了集群升级;融通通信系统主要整合语音、视频监控、指挥调度、集群对讲、GIS 业务、4G 单兵等系统,建立集语音、视频、数据三位一体的全面系统,实现语音、视频、数据的融合与调度功能。2019 年 12 月,系统上线试运行。2020 年 4 月,对融合通信系统进行了版本升级,并正式投入使用。

(四)PI 实时数据库项目

2020 年 10 月,北元集团 PI 数据库升级改造项目开始实施。实施内容包括 PI 系统的升级(升级内容包括 PI–HA 系统建设、PI 专用域建设、PI AFserver 建设、PI Vision 移动应用建设、PI 工程服务端开发、PI 工程接口开发、PI 工程客户端开发);各分、子公司涉及未采集的 32 套装置 3 万余点数据采集以及 250 张 DCS 画面组态,同时将原有系统近 1000 张画面进行优化并全部接入 PI Vision 网页版系统;与 MES、报警管理等第三方系统的接口开发等工作。2021 年 2 月,系统正式上线试运行。

(五)人员定位项目

2021 年 10 月,公司人员定位项目正式启动。该系统建设内容包括厂区 4G 专网全覆盖、三维 GIS 地图建设、进入厂区一致性检测装置(门禁系统)建设、人员定位软件平台建设以及 AI 视频分析系统建设等内容,定位精度根据生产现场装置的危险程度分为 A、B、C、D 四个等级。A 级管控区域实现室内外的精准立体定位,定位精度 1~3 米;B 级管控区域主要包括未构成重大危险源,但相对比较危险的关键装置、重点部位或者黄区管控,定位精度 3~5 米;C 级区域定位精度 5~10 米;D 级区域为室外的空旷区域,定位精度 10~20 米。建设范围包括化工分公司(PVC 二分厂除外)、热电分公司、水泥有限公司区域。2022 年 6 月,乙炔分厂试点运行,10 月全厂正式运行。

（六）应急广播系统建设项目

2021年12月，开始实施应急广播系统，依托现有融合调度平台，本着"实用、可靠、先进、经济、安全"的指导思想，在切实满足国家相关标准的基础上，建设一套覆盖全厂区的全数字应急广播系统，系统包括覆盖全厂重点区域的广播终端覆盖、应急广播调度控制平台、实现一键全呼、分区广播、组内对讲、分级调度、信息推送、远程监听、应急联动、消防火灾报警联动等功能，同时与融合调度平台、有线电话调度、无线集群对讲、人员定位、应急指挥系统等联动，实现敏捷应急，全面提升企业的应急指挥调度。实施范围包括化工分公司（包含化工公共区、聚氯乙烯分厂、动力检修分厂、氯碱分厂、采卤分厂、乙炔分厂）、热电分公司及水泥有限公司内的重点作业集中的区域、生产过程中危险性相对较高的生产装置等区域，以上生产厂区急广播设备安装数量300个，其中化工分子公司重点管控区域应急广播安装数量191个、水泥分子公司重点管控区域应急广播安装数量52个、热电分子公司重点管控区域应急广播安装数量57个。2022年9月，正式投用。厂区一角如图9-3-1所示。

图9-3-1　厂区一角（2017年7月摄）

（七）"工业互联网+危化安全生产"项目

2021年4月7日，应急管理部发布《"工业互联网+危化安全生产"试点建设方案》，2021年4月14日，根据中华人民共和国应急管理部《关于印发"工业互联网+危化安全生产"建设试点单位和咨询专家组名单的通知》，北元集团确定为第一批试点建设单位。接到通知后，经过与石化盈科、中国安全生产科学院、树根互联、浙江中控等厂商调研交流，形成了试点建设方案，并于2022年2月正式通过评审。建设内容包括：工业互联网平台建设、安全生产基础信息数据库、双重预防机制、作业许可与作业过程管理、重大危险源、承包商、安全生产分析预警、智能巡检、AI视频分析、设备完整性、环保管理、职业健康、培训教育、变更管理、敏捷应急等系统的建设。项目分两个阶段进行建设。2022年9月完成了工业互联网平台、安全生产基础信息数据库、双预防机制、作业许可与作业过程管理、重大危险源、承包商管理、安全生产分析预警等模块招标并正式开始实施。截至2022年11月，双重预防数字化系统全面投入运行，双重预防机制数字化信息系统包含电脑管理端和移动App端。电脑管理端具备在线风险分析、线下风险分析结果导入、动态监控安全风险管控措施落实、隐患排查任务推送、隐患排查治理情况跟踪监督、隐患积分、机制运行效果评估、异常状态自动预警等功能。移动 App 端具备隐患排查任务和预警信息接收、现场隐患排查情况实时上报、隐患治理全程跟踪等功能。系统投运后，实现了风险与隐患的线上管控，提高了工作效率，保障了安全生产。其余模块正在实施过程中，预计 2023 年 6 月一期项目建成投运。二期项目预计 6 月完成招标，12 月全面投入运行。系统全部建成后，对提升企业安全生产效率、有效防范安全风险、实现安全生产数字化及智能化转型具有重大意义。

三、经营管理数智化建设

（一）ERP 智能化系统建设

2014 年 11 月 11 日，ERP 系统建设第二阶段项目正式启动，该系统选型为用友 NC6.3 产品。建设内容包括 ERP 第一阶段项目（NC5.7 系统以及 OA 系统的优化）以及移动办公应用、商务智能分析、电子商务平台、企业门户 4 个子项目的建设。NC5.7 系统以及 OA 系统的优化项目共优化 NC5.7 以及 OA 系统问题 612 个，并于同年 12 月对 OA 系统进行了全面升级。移动办公子项目建设内容包括 M1 移动办公和 NC 移动办公两个手机 APP 的建设，实现在安卓和苹果系统移动端的开发。2015 年 2 月 3 日，移动办公子项目正式上线运行，实现了移动端办公。商业智能子项目建设内容包括综合分析、财务分析、人力资源分析、销售分析、采购分析等 5 个主题的分析。同年 8 月 11 日起，商业智能子项目各个分析主题逐步上线试运行。电子商务子项目建设内容包括电子采购和电子销售 2 个模块。电子采购模块于 8 月 19 日正式上线试运行，主要建设内容包括供应商准入、供应商评估、采购方案编制、采购寻源－商务谈判、采购寻源－竞价流程、采购寻源－委托招标流程、采购寻源－销售运输招标流程、到货计划确认流程、供应商门户协同流程 9 大业务流程。电子销售模块于 2015 年 10 月 23 日正式上线试运行，主要建设内容包括经销商门户注册、电销挂牌交易、电销竞价、电销网上下单、承运商代下单、电销网上退货、经销商门户协同等 7 大业务流程。企业门户子项目于 2015 年 12 月 21 日正式上线试运行，主要建设内容是将公司现有的信息化系统统一集成在门户平台，实现所有信息化系统的单点登录。

2021 年 10 月，实施了 ERP 系统智能化升级项目。2022 年 2 月，完成 ERP 智能化升级项目第一阶段的升级工作，项目建设内容主要涵盖财务会计、资产管理、产品成本、供应链、人力资源、项目管理、友报账（费用管理）、友空间、友云采、银企联云、税务云、电子会计档案、大易云招聘、培训学习、流程化自动化（PRA）、供应商客户协同服务平台、全面移动支持等十七大业务领域（板块），全面构建北元集团信息化服务群。截至 2022 年 3 月，完成了一阶段全部功能模块，经过业务部门的验证，系统运行稳定，达到一阶段建设目标。系统的主要特点有：

（1）系统平台方面，进行了平台架构升级，从传统的 UAP 平台升级为更先进的 NCC 平台，全面引用用友原生技术架构进行升级，产品设计全面轻量化，无需重新部署安装就可优先使用各类云服务，对单据进行全新视觉轻量化升级，页面"简介、优雅、更轻量"，所有功能进行标准化 OpenAPI 处理，本次一阶段共对接 MDM（主数据）、OA（系统办公）、1688（电商平台）、LE（无人值守）四大外系统，全部采用标准 OpenAPI 进行对接处理。

（2）供应链方面，在存货核算模块引入先进的域处理方式，实现了原料优质优价结算功能、材料到货检验一体化应用、寄售采购一体化应用、采购价目表应用、销售价目体系化应用、电销平台下单模式重构、客商及车辆资质校验管控、重构销售业务流程。

（3）财务价值方面，提升了业财融合度，完善了费用管理系统，打通了银企联云，优化了票据业务、财务统计及报表。

截至2022年底，ERP智能化升级第二阶段取得显著成效，主要内容有：

（1）人力资源方面，人力资源于2022年8月正式上线，上线内容包括组织机构管理、岗位岗级管理、人员信息管理、人员变动、人员兼职、人事合同、假勤管理、考勤集成、薪资标准、薪资核算、薪资发放、员工自助、报表统计等，进一步提升了系统的实用性与便捷性。

（2）供应链方面，实现了客户销售信用管理、承运商线上路线竞价、汽运/铁运货物在途管理（海运在途管理完成开发测试工作，待上线）、电子签章管理、承运商路线竞价平台升级、项目生命周期管理、产品成本线上核算等，优化提升了供应链协同效率。

（3）财务价值方面，与税务云、商旅云、银企联云、电子会计档案的多云融合，实现了移动商旅、自助报账、标准管控、查重验伪、快捷支付、一键归档等智能化应用，加深和强化了业务融合程度，同时资金管理的综合结算效率直接提升了30%，完成了"业、财、税、金、档"的一体化管理流程，全面提升了财务管理和业务流程的运行效率。

2019年12月，实施了OA系统升级项目。2022年3月正式上线试运行，项目建设内容主要包括将OA系统从NC-OA升级到A8-7.1SP1版本，建设企业门户、流程审批、公文流转、文件制度公示等多功能为一体，与契约锁、BQ、NC、主数据等系统集成的协同办公系统，并在此系统上实现北元集团电子合同、电子公文及固定资产等业务管理。该项目极大地提升了系统的功能性，使得OA系统便于同其他业务系统进行集成；极大地丰富了移动端的功能性，通过移动端能完成绝大部分OA系统业务功能，使得业务办理不受限于时间、空间限制，随时可对地进行业务处理；系统升级后，采用自研表单设计器，避免了原来使用Infopath工具带来的局限性，同时流程仿真功能也极大地方便了表单管理员；基于CIP集成平台与第三方业务系统集成单点登录、业务待办和消息集成，形成了信息化业务系统的统一门户，实现业务在OA系统中统一审批；通过与契约锁的集成，实现了合同签署全流程线上管控。

（二）主数据管理系统建设项目

2017年5月，该项目正式启动。经过需求分析、标准制定、数据清洗、系统集成、数据转换、上线测试6个阶段，重点实施了标准制定、数据清洗、数据转换及系统集成4项建设内容，制定了物料、设备、仓库、客商、员工、组织机构、会计科目、银行档案、项目9大类企业数据标准。同时，主数据系统与NC5.7（人力资源、供应链管理、财务核算、资金管理、报销管理）、NC6.3（电子销售、电子采购）、MES系统、OA协同办公系统、移动办公系统、能源管理和计量系统等进行了集成。项目历时11个月，于2018年4月正式上线试运行。该系统的建成，统一了物料、设备及人员等数据编码的标准，实现了物资的精准采购。2021年10月，实施了ERP智能化升级主数据物料清洗优化工作，将主数据（MDM）系统由3.0版本升级到5.0版本，提升主数据（MDM）系统的技术架构、完善系统功能，在原有基础功能上继续满足标准API接口、物料数据清洗、人脸识别信息、移动 APP 审核、互联网平台对接等功能；实现客商准入功能所需的功能定制开发、客商数据清洗、系统集成；建设客商准入系统，并与天眼查平台对接，实现工商信息数据同步，法律风险预警等功能；物料主数据的数据治理评估，完成与 OA 系统、NCC 系统、MES 等系统的对接工作，确保物料主数据质量的全面提升。

（三）阿里巴巴大企业采购平台项目

2018 年 3 月，北元集团正式与阿里巴巴（中国）网络技术有限公司签订了战略合作协议，共同搭建了阿里巴巴大企业采购平台；4 月，阿里巴巴大企业采购平台项目正式投入使用。该平台的搭建，拓宽了企业采购平台，降低了采购成本，同时也提高了工作效率，实现了采购工作的高效化和阳光化。随着公司在阿里 1688 电子采购平台采购业务的逐步扩大，部分物资基本上实现了阳光采购，降低了采购成本。NC57 系统与 1688 电子采购平台两套系统间业务流程紧密，但是未进行系统集成，部分业务是线下进行的，给日常的采购业务带来了一定的困难。为弥补线下业务的不足，2019 年 10 月，实施了 NC57 系统和阿里 1688 平台集成项目，通过对 NC57 系统和阿里 1688 电子采购平台间业务流程的集成，进行了接口开发对接，实现了 NC 系统与 1688 系统平台采购协同一体化，极大地提高了采购效率，降低了业务人员的工作量。

（四）水泥公司车辆 GPS 定位系统项目

2018 年 5 月，针对水泥有限公司承运商车辆管理困难的问题，公司建设了水泥有限公司车辆 GPS 定位管理系统，完成了 GPS 实时监控、非目的地卸货报警、电子围栏、轨迹回放、订单报表、车辆信息查询、订单信息查询、历史消息查询等模块的开发。实现了拉运水泥车辆的实时管控，有效地防止了各区域水泥拉运车辆串货、卸货现象的发生。该系统在水泥运输、水泥货物交付过程中的作用有：

（1）实现了全程监控。系统自动监管并预警运输过程中的非法卸货，始终保持运输过程中的车货不分离，全方位、无缝隙、全覆盖，真正做到运输透明化。

（2）实时传感。将空压机传感器安装于车辆空气压缩机之上，以最低的成本、最快的速度获取目标车辆的实时空压机工作状态数据。

（3）电子围栏提高位置的准确性。区域外自动报警和指定区域内自动报警。

（4）提供报表中心。报表包括行驶报表和预警报表，非目的地卸车车辆将用红色字体表示，正常车辆使用黑色字体表示，一目了然，点击某一数据即可查看该车辆的详情情况。

（五）大宗物料自动结算及接口集成开发服务项目

2018 年 6 月 15 日，该项目正式开始建设，12 月正式建成投用。建设内容包括电石原料在 ERP 系统中大宗原料自动结算模块的开发以及与"无人值守系统"和"质量检测系统"的接口开发，完成了大宗原料基准价条款、质量条款、结算条款、补贴价条款、价格调整条款、结算明细、综合报表共 7 大模块的开发，最终实现了大宗原料在 NC 系统的自动结算功能。系统投用带来的改变有：

（1）实现了自动结算。采用预先设定好的算法及逻辑对进出原料自动结算，采集无人过磅系统内的信息，自动将供货商的送货信息（货物信息、净重、扣重、净重、车辆信息等）在系统中取回，然后根据系统内的结算条款对应采集的化验结果自动计算处理，形成结算单，减轻了结算人员的工作负担。

（2）提高了结算的准确性。实现结算及时、准确、高效，避免了人工计算所造成的不必要的错误。

（3）数据溯源更便捷。历史数据有据可查，防止人为作弊，安全、公平、可靠性高。

（4）提供了决策依据。能够及时出具数据分析，便于企业进行决策。

2020年6月，实施了原煤及水泥原料自动结算开发项目。项目建设内容主要包括：

（1）原煤及水泥原料结算条款的维护，根据原煤及水泥原料的议价规则和价格结算条款，和无人值守过磅数据和MES质检数据生成结算单，并把正确单价回写至到货单。

（2）原煤及水泥原料结算明细，通过NC系统关联原煤及水泥原料的结算条款规则，实现原煤及水泥原料采购结算明细的自动生成。

（3）NC系统采购发票生成，结算的相关信息关联"水泥原料结算明细"和"原煤结算明细"。

（4）与无人值守对接6个接口，使相关质检及重量数据被NC系统实时读取。

（5）统计报表，按部门生成原煤及水泥原料采购到货统计表和原煤及水泥原料综合统计表。

原煤及水泥原料自动结算开发项目建设的主要特点有：①提升了效益，减少了人工计算，加快结算周期，解放了生产力；②数据准确，通过与无人值守称重系统、MES质检系统无缝对接，实现自动取数、系统自动结算，确保数据准确；③数据安全，所有数据自动获取、自动结算，避免人为干预，确保数据安全、可靠；④决策分析，保留所有历史数据，为数据分析、企业决策提供依据。

（六）无人过磅项目

2018年6月，实施了无人过磅项目，12月该系统正式建成并上线运行。项目建设内容包括建设电石库地磅称重一卡通无人值守管理系统、配合自助收发卡系统、远程语音对讲系统、身份证识别系统、无人值守称重系统、确认装卸货系统、称重防作弊系统以及远程集中管理系统等。

系统投用给原料结算带来的改变有：

（1）实现了自动结算。采用预先设定好的算法及逻辑对进出原料进行自动结算，采集无人过磅系统内的信息，自动将供货商的送货信息（货物信息、净重、扣重、净重、车辆信息等）在系统中取回，然后根据系统内的结算条款对应采集的化验结果自动计算处理，形成结算单，减轻了结算人员的工作负担。

（2）提高了结算的准确性。实现结算及时、准确、高效，避免了人工计算造成的错误。

（3）数据溯源便捷。历史数据有据可查，防止人为作弊，安全、公平、可靠性高。

（4）提供决策依据。能够及时出具数据分析，便于企业进行决策。

2020年10月，实施了采购无人值守称重系统。2021年5月，系统正式建成并上线试运行，建设范围包括公司所有原料磅，总计9台，其中化工分公司（含二分厂）3台，热电分公司1台，水泥有限公司1台，锦源化工有限公司4台。建设内容包括硬件和软件两部分。硬件部分包括：自助终端及防护亭，智能刷卡设备，车牌识别自动抬杆设备，智能车牌识别及扫码刷卡设备，红外定位及视频监控系统，工业温度测控设备，语音、电子大屏及红绿灯提示引导系统。软件部分包括：微信预约排队，门岗自助制码、磅单打印，门禁系统进出厂车牌识别，磅房无人值守过毛重、皮重，无人值守称重系统客户端，道闸及车检器防砸车系统，手持终端确认装卸货及扣杂系统。该系统从采购合同签订到原料进厂，再到卸货扣杂、质检化验以及数据上传至 NC 系统，整个流程形成闭环。

2021 年 5 月，实施了销售无人值守称重及自动装车系统建设项目，2021 年 12 月，系统正式建成并上线试运行，建设范围包括公司所有涉及销售业务的地磅，其中化工分公司 2 台，热电分公司 1 台，水泥有限公司 8 台，锦源化工有限公司 1 台。建设内容主要包括：地磅称重无人过磅管理系统，配合自助收发卡系统，远程语音对讲系统，身份证识别系统，无人过磅称重系统，自动装车系统，确认装卸货系统，称重防作弊系统，远程集中管理系统等。系统实现信息实时传递，联网对数据进行实时管理，车辆称重各环节完整后，系统自动上传至数据库服务器，供相关部门负责人对数据进行万能条件查询汇总，数据根据汇总条件生成各种日报、月报、年报，报表支持打印导出，并可自动生成图形报表。

（七）人力资源考勤排班系统

2017 年 12 月，项目开始建设，历经需求分析、系统设计、系统开发、集成调试、试运行 5 个阶段。2018 年 5 月，在水泥有限公司试点运行成功后，在北元集团推广运行。系统包含业务申请模块、个人信息模块、薪资模块及考勤模块，最终实现了人员信息查询和业务单据办理的自助服务功能。业务申请模块主要是解决员工休假、出差和签卡日常业务单据申请办理；个人信息模块提供便捷人事信息查询功能；薪资模块实现不同维度薪资的查询功能；考勤模块方便员工实时掌握考勤动态，并跟踪更新考勤信息。

（八）营销物流排号系统

2017 年 12 月，项目开始建设。2017 年 7 月 6 日，历时 7 个月建成，并通过验收正式上线运行。该系统共有 5 个模块，分别是排号管理、微信管理、证照管理、屏显管理和黑名单管理。排号管理模块解决了从"销售计划下达→拍照审核→抽号排队→等待装货→进出车辆"等整个发运过程的管理，实现了有序排队；微信模块使司机不受时间和空间的限制，能够通过手机客户端在任意场合获取装货信息，方便了客户；证照管理模块具备违运证、行驶证、驾驶证、押运证、身份证和道路经营许可证有效期的预警功能，避免因证件不全或过期被路政等相关部门查扣货物不能按期送到的问题；屏显管理模块方便客户在司机休息室等待装货期间实时观看屏显，获取装车信息，提高了效率；黑名单管理模块杜绝了插队、套牌排队现象，使排队公平、公正。

（九）电子合同业务管理平台

2019 年 9 月，开始实施电子合同业务管理平台建设项目。2020 年 4 月，项目上线试运行，主要涉及公司采购业务的合同及技术协议电子签署，覆盖范围为集团公司及所属各单位。传统合同签署存在大量的纸质文件，文件寄送和管理十分不便且管理成本高，签署耗时长，实体印章的使用也存在一定风险。电子合同业务管理平台的上线，对合同签署过程进行全面、全过程管理，从合同的发起、审批、签订、存档、执行、存证全面管理，实现文件事前审核、事中监控、事后有据。系统上线后带来的变化有：

（1）合同全流程管理。合同的发起、审批、签订、存档、执行、存证全流程管控，实时跟进签署进度。

（2）降低签署成本。减少了传统纸质合同签署产生的邮寄费、打印费等，按年签署

5000份合同预计，每年为公司降本约28万元。

（3）操作简单、签署便捷。通过电脑、手机平板、手机等设备即可进行合同签署，不受时间地点的约束，极大地降低了签署难度。

（4）电子合同法律效力同等。电子合同管理平台遵循国家法律法规，所有经过契约锁平台签署的合同及技术协议都具有与纸质文件同等的法律效力。

（5）管理制度落地。合同签署全程电子化管控，不再依附于传统的制度约束，通过严格的审批签署流程保障合同签署的合法合规、真实有效。

（6）效率提升、数据共享。完全的线上电子化签署，使原本需要花费几周时间的合同签署过程缩短至数十分钟，且管理人员可以随时随地调阅、查询、管理采购合同。

（十）仓储条码管理项目

2019年7月，针对仓储条码管理项目建设需要，对化工分公司、热电分公司、水泥有限公司、锦源化工有限公司共计15个库房进行了无线网络覆盖。

2019年8月，公司上线了仓储条码管理系统，仓储条码管理系统的使用，优化了传统形势下的仓储管理模式，提高了仓库作业效率，提升了仓库数据的准确性和实时性。项目于同年5月开始建设，建设内容包括储条码采购入库、材料出库、其他出库、盘点、现存量查询共六大模块的开发，部署区域包含化工、热电、锦源、水泥下属等11个库房。系统投用后给仓储条码管理带来的变化有：

（1）提高了出入库的准确率。通过PDA扫码出入库，有效提高了出入库的准确率，杜绝了PC端手工出入库错发的现象。

（2）实时展示出入库信息。通过库房大屏准确提供出入库申请单列表信息，工作任务一目了然，避免漏发现象。

（3）提高了库存盘点效率。优化了盘点策略，实现了库房的实时盘点，提高了盘点的准确性和工作效率。

（4）自动生成出入库单据。由原来的电脑终端办理出入库单据，变为扫码自动生成出入库单据，降低了工作人员的劳动强度。

（5）自动提醒货位。货位实现了统一的二维码标识，通过移动终端实现出入库货位推荐提醒，实现快速出入库。

（6）实现仓库移动办公。通过PDA实现了出库、入库、盘点、查询的移动办公，提升了工作效率。

2020年5月，实施了仓储条码管理优化项目，项目建设历时5个月，完成了采购到货、出库申请审批、批量入库、批量出库、物料现存量跨公司查询5个模块的优化开发，项目按时投用。系统投用后在仓储条码管理过程中呈现出四方面的特点：

（1）提高到货单和出库申请单的审批效率。通过手持终端（PDA）办理到货单及办理出库申请单审批，实现移动办公，从此告别库房、办公室两头跑的局面。

（2）实现批量入库。实现按存货存放表信息一键推荐入库货位，只需确认数量，达到快速入库。

（3）实现批量出库。实现按现存量信息一键推荐出库货位，只需确认数量，达到快速出库。

（4）实现跨公司查询现存量。实现一键扫描即可查询物料存量清单，各公司下的存量做到心中有数。

(十一) 销售信用管理项目

2020年6月，项目正式开始建设，项目建设历时3个月，实现了进一步精细化控制销售经营活动，提升销售信息化管理水平，PVC销售科、碱氯酸销售科可对客户进行信用管控，通过对客户授信、承兑预收款、现金预收款等的精细管理，避免了无款销售及欠款销售情况的发生，通过电销平台从源头控制客户下单，并能实时查看客户分项余额及订单占用额度。系统投用后在销售信用管理过程中呈现出三方面的特点：

(1) 提升效益，根据客户余额从订单源头严格控制电销客户下单，减少了人工统计每个客户信用余额的工作量，提升了管理效益。

(2) 公平公正，通过信息化手段严格控制销售管理，避免无款销售及欠款销售等风险。

(3) 数据价值，历史数据有据可查并且安全、可靠，可对客户信用数据进行分析，便于实时掌握客户信用情况。

(十二) 库存精细化管理项目

2020年8月，项目正式开始建设。项目建设历时4个月，建设内容主要包括五部分：

(1) 数据期初导入，将现有的6700条物资分到各个班组并导入系统中，理清各班组现有库存数量。

(2) 增加班组信息，在物资计划单、采购入库单、出库申请单、材料出库单等单据中增加班组信息，以便后期物资出入库记入班组库存数量。

(3) 判断班组库存余量，出库领用时判断班组库存，如班组库存不足无法出库，防止跨班组使用物资。

(4) 增加班组之间库存调拨，如班组库存不足可以从其他班组进行调拨。

(5) 增加班组库存实时查询功能。

库存精细化管理项目的建设主要有以下特点：

(1) 提升了工作效率，将材料管理员的统计和核库工作量从每个月5天降到2小时。

(2) 通过物料独立查询和管理，提升了仓储流转率，降低了库存资金占用，预计在库存资金5000万元基础上降低2000万元。

(3) 明确了分工职责，可实时查询各分厂、科室、班组库存物资数量，便于细化考核各班组的物资库存情况，实现了化工分公司物资管理从分厂至班组的精细化管理。

(4) 库存精细化管理模块的上线，为集团公司实施全面预算管理奠定了坚实的基础。

(十三) NC财务凭证上传陕煤财务开发服务项目

2019年12月上旬，实施了NC财务凭证上传陕煤财务开发服务项目，项目建设内容包括：①梳理北元与陕煤科目体系，并建立对照关系；②梳理北元客商与陕煤客商，并建立对照关系；③陕煤系统新建北元辅助核算自定义档案；④北元初期余额数据录入陕煤系统；⑤北元凭证数据自动上传陕煤系统。项目于2020年6月1日完成建设并正常投入使用，将北元集团的总账和凭证每月10日自动上传陕煤集团。项目实施后改变了传统手工上报模式，通过北元与陕煤系统辅助核算档案对照、科目对照，实现财务凭证数据自动上传，降低了人力成本，同时避免了手工上报造成的错误，保证数据的准确性，提高了数据上传效率；通过传输专线确保了财务数据的安全、公平、可靠，陕煤集团可实时对北元财务数据进行查询和分析。

（十四）实体印控管理平台

该平台可实现实体印章用印审批、远程管控、日志查询审计等功能，达到用印过程资料归档保存的全流程线上管控的目的。实体印章用印全过程安全可控，降低了管理风险。启用了新冠疫情信息统计平台，对人员的出入、日常健康打卡进行管理，进一步把新冠疫情防控工作抓实抓细抓落地。

（十五）2022 年，公司实施了供应链上下游一体化智慧运销平台项目

公司原材料、产成品的运输涵盖了公路、铁路和海运等多种运输方式，并且存在运输途中切换运输方式的状况，是典型的多式联运场景。但是因没有统一的物流系统对原材料、产成品的物流运输实施监管，造成了货物运输过程中存在安全隐患，也无法实时同步物流信息给管理部门。供应链上下游一体化智慧运销平台系统与已有的主数据系统、ERP 智能化系统、无人值守称重系统集成，其中，包含销售订单、排队系统，装车系统及无人过磅等功能，以可视化的方式从生产、运输、销售、库存 4 个模块实施监管，推动公司智能化建设再上新台阶。

智慧运销平台系统 PC 端，通过与 ERP 系统、无人过磅系统、海康视频平台、主数据系统、危化品承运商系统、铁路系统、三方船舶信息系统集成，从产品类型、运输方式、区域划分、型号展示等方面对物流运输方式进行可视化展示。运销平台系统企业微信移动端是对业务部门的不同业务需求进行移动端的可视化展示，提供方便快捷的查看方式。运销平台系统司机导航微信移动端是通过微信小程序的方式对司机进厂后装卸货厂区内导航的展示，有效帮助司机快速找到目的地，规范司机厂区行为，提供安全保障。厂区测绘模块是对三大厂区通过应用正射影像数据及现场专业 RTK 设备测绘厂区数据，并通过现场调查结果，最终落地北元化工集团厂区导航电子地图，作为系统平台的二维地图使用，能够指导车辆按固定路线行驶及在异常突发情况下的车辆导航，完成厂区各种定制的 GIS 功能服务。

四、生活服务数智化建设

（一）无线网络覆盖项目

2016 年 1 月，实施宿舍楼、科研楼以及餐厅无线覆盖项目，满足了员工的无线上网需求。2018 年 4 月，针对锦源化工有限公司以及化工分公司聚氯乙烯二分厂生活区没有无线网络的问题，对锦源化工有限公司职工公寓楼以及化工分公司聚氯乙烯二分厂职工公寓楼进行了无线网络覆盖，公司所辖全部生活区实现了无线网络覆盖，满足了员工的生活需求。2019 年初，将集团公司所属有线电视全面升级为广电的高清互动电视服务，可为员工提供高清晰度数字节目的视频和网络服务。2022 年初，对所有职工公寓楼无线网络进行整体升级，切换为 200 兆带宽网络，极大地提升了用户的使用体验。

（二）消费一卡通管理系统项目

2018 年 6 月 12 日，项目开始建设，7 月试运行，10 月正式上线运行。项目建设内容包括权限系统、清算系统以及客服系统 3 个系统，主要实现了园区内所有消费网点的统一充值、消费功能，同时增加了微信扫码消费、查询、挂失等功能，不仅方便了员工，而且为门禁、车辆、访客、宿舍管理系统实现园区一卡通奠定了基础。

(三) 车辆预约管理平台建设项目

2019年11月，项目开始建设，12月正式试运行。项目建设内容包括：

(1) 采用企业微信作为移动服务端，包含员工乘车预约端、司机端和管理端3个模块，分别为员工、司机和管理员提供服务。

(2) 承载通勤车预约管理系统的电脑端，主要功能模块有员工与司机的管理、车辆管理、站点管理、线路管理、数据统计和基础配置等，同时负责算法的实现和设备数据的对接，是平台运行的核心和大脑。

(3) 硬件设备，通过定制的车载扫码器实现对车辆的实时定位并对员工的预约信息进行扫码验证。

通勤车预约平台的上线，主要有以下四方面的亮点：

(1) 员工乘车方便快捷，通过预约乘车，可确保每一位员工就近乘车，并且员工可实时了解车辆的运行状态，切实解决了员工乘车难的问题。

(2) 车辆调度精准便捷，根据实际预约人数进行车辆精准分配，以满足员工的乘车需求，增强了管理端对车辆的管控和应对能力。

(3) 车辆运行成本大幅度降低，分别对神木、榆林方向的通勤车线路进行优化整合，并根据实际预约情况提前确定通勤车的数量和行驶线路，避免了"跑空车""转大圈"的现象，有效降低了通勤车的运行成本。

(4) 车辆管理水平明显提高，车辆预约系统的投用和《通勤车预约管理办法》的发布，杜绝了非本单位人员"蹭车"的现象，规范了员工乘车秩序，同时对车辆运行情况和员工乘车信息都有详细的数据统计并生成报表，实现对通勤车运行的精细化管理。

(四) 北元集团智慧园区建设

2021年4月，实施了智慧通行系统建设项目，项目建设历时4个月，项目建设内容主要是通过打造统一管理的智慧通行平台，构建先进高效的园区人行、车行通行系统，达到对人员和车辆的数据化管理，实现公司对智慧通行集中管控。该系统投用后在门岗管理中呈现3方面的亮点：

(1) 效率提升，员工通过人脸识别出入门岗，车辆通过车牌识别出入门岗，降低了安保人员之前复核信息的工作量，提升了人员和车辆的通行效率，提高了员工的通行体验。

(2) 访客管理，访客可在手机端预约或者在访客机自主登记来访，被访人可直接对到访信息进行确认审批，简化了访客流程，提升了访客的到访体验。

(3) 数据管理，所有员工、访客和车辆的通行记录都有据可查，并以报表化呈现，提升了公司门岗的信息化管理水平。

2021年10月，实施了北元集团智慧园区建设项目，项目建设内容包括车辆管理、公寓管理、物业报修及分析云BI大屏四大模块，通过建设智慧园区中枢平台进行统一管理，公车管理系统实现用户用车申请全流程线上管控，可根据司机运行情况、用户评价等信息进行智能派车及给出系统评价，并能自动统计车辆油耗、行驶里程、运行时长等数据，整体提升车辆管理水平；物业报修管理系统实现员工维修工单后系统自动调派维修人员上门服务，系统可根据用户评价、服务次数、服务时长等信息自动考评维修人员，在提升用户体验的同时提高公司物业服务的管理水平；公寓管理系统中可以通过智能匹配算法快速为员工提供合理的宿舍安排，并具有公寓安全管理、资产管理、报表查询、客房管理等模块，提升公寓整体管理水平；分析云 BI 大屏可制作业务数据大屏展示，抽取异构系统数据，可生成实时数据分析，制作报表数量在 20 张以内。整个平台建设完成后会让用户体验到智能化系统带来的企业高效管理，员工的满意感和获得感会更强。

第十章 企业文化建设

　　北元集团自2003年成立以来，始终重视企业文化建设，遵循"以人为本"与"文化＋品牌"的战略思想，把企业文化建设和项目建设同规划、同实施、同发展，坚持"传承创新、融入实践"的工作方针，在探索和实践中形成了以责任为主线的"聚·和"文化体系，走出了一条"北元模式"引领下的独具特色的文化强企之路。

第一节 组织与实施

一、企业文化建设部署

　　21世纪初，企业文化建设在陕西省各煤炭企业陆续开展，各企业形成了具有各自特色的企业文化理念体系。期间，北元党政把企业文化建设列入重要议事日程，纳入企业管理的总体目标，定期研究有关事宜，从思想上、组织上为企业文化建设提供了必要条件。成立专门机构，组织实施，将企业文化建设的项目落实到各单位、部门，建立党政工团明确分工、各负其责、密切配合、齐抓共管的工作机制，共同肩负起在企业文化建设中的责任。2006年以来，每年初明确企业文化建设具体项目和资金需求，将企业文化建设所需资金纳入财务预算管理。根据企业文化建设总体规划与要求，按照一定比例投入企业文化建设经费，遵循专款专用、节俭效能的原则，由公司党政控制使用，确保了企业文化建设工作的顺利开展，通过先进企业文化推进公司各项工作。北元集团对企业文化建设从规划目标、主要措施、企业文化建设管理等方面做出明确规划和要求。2010年，北元集团制定了《陕西北元化工集团有限公司"十二五"规划》和《陕西北元化工集团有限公司2010—2012年企业文化建设规划纲要》(以下简称《纲要》)，从加强企业文化建设的重要性和紧迫性，企业文化建设的指导思想、基本原则、工作目标、主要任务和建设的保障措施6个方面做出明确规划，为企业文化建设工作的开展指明了方向。根据《纲要》内容，企业文化领导小组成员每季度都要深入各基层党支部、班组和工作场所，对企业识别系统和物质、安全、管理等方面文化建设内容进行检查，对全厂文明用语使用、着装标准、胸卡佩戴和劳动纪律等方面进行定期检查，指出不合格项，下达整改期限，并列入月度绩效考核。不定期开展物质文化、行为文化、制度文化和精神文化的检查工作，提升了企业文化理念在职工思想上的认识程度。通过不断完善制度建设，将文化理念蕴含在制度中，把制度逐渐转变成职工自觉遵守并按章执行的操守和习惯，企业文化"软实力"的激励和约束作用激发了员工的责任感和使命感，从而有效地规范了企业管理行为，提高了企业管理科学化水平，使企业文化建设与各方面工作协调、和谐、健康发展。2018年，北元集团制定了《陕西北元化工集团股份有限公司2018—2020年企业文化建设规划纲要》(陕北元党发〔2018〕17号)，从指导思想、总体思路、工作方针、组织机构、重点工作、考核和表彰等方面做出了具体规定和要求。为切实加强对企业文化建设的组织领导,成立了领导小组:组长由北元集团党委书记、董事长,党委副书记、总经理担任;副组长为班子其他成员;领导小组成员由各单位负责人构成;企业文化建设办公室设在党群工作部,部长任办公室主任,负责日常工作的组织和协调。同时,还专门制定了企业文化落地任务与考核标准,督促企业文化建设不断迈向新平台。北元集团企业文化落地任务与考核标准见表10-1-1。

表10-1-1　北元集团企业文化落地任务与考核标准一览表

名称	建设内容	评价内容	考核标准	责任单位	责任人	考核单位
理念文化(20分)	是否具有明确的目标导向(4分)	工作规划与决策机制	1. 查看各单位的年度计划,是否结合集团公司规划方案 2. 查看严格执行公司各项决策制度的记录	各分、子公司	单位负责人	企业管理部
	领导是否重视企业文化(7分)	会议精神的传达管理及公示管理	1. 查看各单位完成会议督办任务情况 2. 查看各单位厂务公开及党务公开、公示的内容	各分、子公司	单位负责人	企业管理部、党群工作部
		宣传管理	1. 查看各单位年度宣传工作计划及贯彻落实资料 2. 查看开展主题系列报道资料 3. 查看通讯员队伍建设情况	各分、子公司	单位负责人	党群工作部
		文化活动与载体应用	查看企业文化活动计划及落实情况	各分、子公司	单位负责人	党群工作部
		企业管理层的率先垂范与理念认同度	1. 抽考管理层企业文化理念 2. 查看各级管理层对企业文化进行宣贯的资料	各单位	单位负责人	党群工作部
	是否对企业文化有效宣传(5分)	宣传栏、学习园地建设情况	1. 查看宣传栏、班组是否有学习园地等载体 2. 查看文化长廊、宣传栏、学习园地等宣传阵地内容是否及时更新 3. 公司《聚和》刊物等文化载体,是否摆放在显眼位置,员工是否进行阅读	各单位	单位负责人	党群工作部
	企业理念的认同度(4分)	1. 内部员工的满意度 2. 合理化建议采纳与应用实施情况	1. 查看开展企业文化建设满意度调查情况 2. 查看开展企业建设合理化建议征集和采纳情况	各单位	单位负责人	党群工作部
制度文化(25分)	是否制定重大会议议事规则、奖罚办法等基本制度(4分)	查看制度文件清单及审核审批记录	1. 查看各单位是否严格执行公司已有通用类制度 2. 查看各单位是否结合自身实际,建立内部管理细则	各分、子公司	单位负责人	企业管理部
	是否对基本制度进行培训宣贯(3分)	查看相关培训记录	查看各单位是否对下发制度进行培训宣贯,培训是否形成培训记录	各单位	单位负责人	企业管理部

表 10-1-1(续)

名称	建设内容	评价内容	考核标准	责任单位	责任人	考核单位
制度文化(25分)	是否形成符合制度要求的流程体系(5分)	查看相关记录	查看各单位制度流程规范体系相关资料	各单位	单位负责人	企业管理部
	是否形成符合制度与流程的实操体系(4分)	查看相关记录	1. 抽查制度流程体系是否符合简单、量化、可操作等原则 2. 内容是否完整,是否具有可操作性	各单位	单位负责人	各职能部门
	制度与实际的符合性、匹配性(3分)	查看制度的文化审计资料及整改方案	1. 组织开展专项检查,论证制度的合理性 2. 不定期对各单位的制度执行情况进行抽查	企业管理部	部门负责人	党群工作部
	制度的标准化、精细化、科学化(6分)	查看制度的周延性,是否符合国家、行业标准	1. 查看各单位对业务范围内的法律政策进行识别的资料 2. 查看制度建设审批流程	各分、子公司	单位负责人	安全环保部、企业管理部
		查看制度的兼容性,是否转化为全面预算管理体系、全生命周期的质量管理体系、安全生产标准化体系等内容	查看各单位制定的制度流程、规程是否相互兼容、匹配	企业管理部	部门负责人	党群工作部
		查看岗位制度职责的分解细化清单	查看各单位是否及时修订岗位责任	各单位	单位负责人	企业管理部
行为文化(30分)	是否具有员工基本行为规范(3分)	查看文件清单及相关记录	查看各单位员工日常行为规范的执行情况	各单位	单位负责人	企业管理部
	是否有单位及个人的基本绩效和反馈(3分)		抽查各单位绩效考评反馈情况	各单位	单位负责人	企业管理部
	是否有明确的职业发展通道与内部职业规划及岗位职责划分(5分)	查看文件清单及相关记录	查看管理晋升办法、技术技能评聘办法、岗位说明及其执行情况	企业管理部	部门负责人	党群工作部
	是否形成集团、各单位、各科室分厂及个人四级绩效指标考核体系(3分)	查看文件清单及相关记录	查看考核管理办法及执行文件清单记录	各分、子公司	单位负责人	企业管理部
	绩效指标的全面性和针对性(4分)	查看记录表单	查看绩效考核指标真实性、有效性、可获得性和方便性的支持文件清单	各单位	单位负责人	企业管理部

表 10-1-1(续)

名称	建设内容	评价内容	考核标准	责任单位	责任人	考核单位
行为文化(30分)	员工行为规范的自律自控、标杆选树与推广(6分)	查看分层分类考核与员工奖罚办法的符合性,定期激励的文件清单	查看各类奖罚项目及其合理性	各单位	单位负责人	企业管理部
	干部作风建设(6分)	党风廉政建设与落实	查看党风廉政建设执行情况	各单位	单位负责人	党群工作部
物质文化(25分)	企业标识系统(1分)	查看文件与实物(规范的标识、厂旗、工作牌等)	查看现有实物是否符合视觉识别系统要求	各分、子公司	单位负责人	党群工作部
	企业的厂容厂貌(4分)	按标准检查作业环境的规范性	查看检查记录和整改情况	各分、子公司	单位负责人	党群工作部、生产技术部、安全环保部
	厂歌等听觉系统(2分)	企业仪式、外宣等使用情况	是否按照要求在大型活动、大型仪式上唱厂歌	各单位	单位负责人	党群工作部
	产品及服务的市场满意度(3分)	1. 查看执行标准,市场满意度调研 2. 查看市场占有率和服务标准的执行情况	1. 查看是否进行客户满意度调查并进行分析,提升公司产品品牌与服务品牌 2. 查看售后服务信息平台运行情况	生产技术部、营销物流部、采购供应部	生产技术部、营销物流部、采购供应部部门负责人	党群工作部
	品牌员工激励机制(3分)	查看激励标准执行情况	查看相关制度	各单位	单位负责人	企业管理部
	员工幸福指数(4分)	问卷调研分析	1. 查看是否开展员工满意度和幸福指数调研问卷活动 2. 查看《员工关怀体系》执行情况及各单位为员工办实事、办好事记录	各单位	单位负责人	工会、综合管理部、企业管理部
	企业内外部环境分析(2分)	运行支持与政策研究文件清单	查看是否进行政策研究,提供决策支持	规划发展部	部门负责人	党群工作部
	企业或核心人员品牌影响力(2分)	内外部问卷调研与文件清单	查看是否进行营销文化建设及品牌工程构建工作,并查阅相关文件清单	党群工作部、营销物流部	部门负责人	党群工作部
	企业管理模式品牌影响力(2分)					
	企业文化品牌工程构建(2分)					

二、企业文化组织实施

2003年5月，神府经济开发区北元化工有限公司成立，2007年，北元集团联合陕煤集团合股组建盐化工企业（国企＋民营模式）。5月，公司易名为陕西北元化工有限公司。该时期是北元集团企业文化理念酝酿萌芽时期，形成了以"责任、价值、凝聚、超越"为核心的企业文化理念体系。随着企业规模逐步发展壮大，2009年3月，陕西北元化工有限公司易名为陕西北元化工集团有限公司。2011年，北元集团对原有的企业文化理念进行梳理整合和创新重塑，分层次、分步骤地推进企业文化整合与品牌体系构建工作，确立了以"物华聚北·天人和元"为主题的"聚·和"文化体系，随之诞生了北元集团企业文化理念、企业文化标识，最终形成了具有企业特色的北元企业文化理念体系。2017年，陕煤集团针对所属企业跨行业、产权多元的现状，提出所属单位企业标识统一采用陕煤集团标识的要求，北元集团重新制作了与陕煤集团企业标识相组合的北元集团企业规范标识。公司按照陕煤集团企业文化建设规定要求，把企业文化建设工作列入各级领导的重要议事日程，纳入企业管理的总体目标，定期研究有关事宜，从思想上、组织上为企业文化建设提供必要条件。公司将企业文化建设的项目落实到各单位、各部门，建立了党政工团明确分工、各负其责、密切配合、齐抓共管的工作机制，共同肩负起在企业文化建设中的责任。每年初明确企业文化建设具体项目和资金需求，将企业文化建设所需资金纳入财务预算管理。根据企业文化建设总体规划与要求，按照一定比例投入企业文化建设经费，遵循专款专用、节俭效能的原则，由公司党政控制使用，确保了企业文化建设工作顺利开展。同时，公司党政领导不断加强对企业文化建设的领导和督促，将企业文化建设规划的实施、控制与及时完善、优化调整相结合，不断创新工作思路和方法，充分吸取企业文化理论的最新成果，与时俱进，将企业文化建设与各方面工作协调起来，做到和谐健康发展。2021年5月，公司将每年5月确定为公司"企业文化月"，开展一系列企业文化建设工作，引导广大员工积极践行企业文化。

三、企业文化主要活动

2013年，北元集团下发了《2013—2015年企业文化建设规划纲要》与《2013年企业文化建设实施意见》，并以企业文化落地为纽带，将安全管理、生产经营等工作与"安全生产月""十周年书画摄影展""劳动竞赛""技能比武""岗位描述"等活动紧密结合，多措并举，使文明创建工作深入推进，营造了团结一心、积极向上、奋发进取的氛围，坚定了广大职工创造美好未来的信心。同时，开展了党员纳新、节能降耗、修旧利废、6S精细管理、反"三违"承诺书签名、安全知识竞赛、十周年庆典、"清风伴我行"文艺演出、羽毛球、乒乓球、篮球、足球比赛等活动，极大地丰富了员工精神文化生活，增强了企业向心力和凝聚力。2013年9月28日，北元集团厂歌《北元之歌》正式发布。

2014年3月5日，北元集团以企业文化落地为契机，召开了企业文化交流会，与深圳市海洋王照明工程有限公司共同探索企业文化建设新方法、新思路，对公司企业文化建设产生了积极的推动作用。4月1日，北元集团邀请陕煤集团董事会秘书、总经理助理付战超围绕"从产业兴替 看陕煤战略"这个主题对管理干部做了专题讲座。4月15日，北元集团组织开展了"重温革命历程，践行群众路线"主题活动，积极践行党的群众路线教育实践活动。7月，北元集团编印了企业文化故事集，从不同侧面展现了北元发展的历史，传承着北元的企业文化。10月16日，北元集团组织举办了全员企业文化考试。12月，北元集团组织评选了2013—2014年"最美员工"，探寻人物事迹背后所蕴含的价值观和企业文化元素，以身边人教育身边人，弘扬社会公德、职业道德、家庭美德、个人品德。2014年，北元集团被评为中国企业文化建设优秀单位，被陕西省国资委评为企业文化示范单位，荣获2013年度中国企业文化建设先进单位和2014年陕西企业文化建设优秀成果奖；热电分公司获得陕煤集团2012—2013年文明单位称号，进一步扩大了企业文化品牌影响力。

2015年2月4日，北元集团召开了"迎新春·新老员工共话企业文化展未来"座谈会，重温了企业文化理念，加深了员工对企业文化的感悟，营造了良好的企业文化氛围。4月17日，北元集团组织召开了班组建设现场经验交流会，总结交流了班组建设经验，展示了班组建设成果。8月6日，北元集团举办了"我与北元共成长"企业文化演讲比赛，增强了广大职工的凝聚力和向心力，使企业文化真正成为促进企业进步、助推企业发展的核心竞争力。8月26日，北元集团邀请陕西省作家协会副主席、延安大学文学院院长、《路遥传》作者梁向阳教授进行了"走进《平凡的世界》，走进路遥人生"主题讲座。11月6日，北元集团邀请西北大学教授张红芳、和君咨询集团合伙人辛怀军进行了"发展中的'北元模式'"暨企业文化专题讲座，将企业文化价值观渗透其中，凝聚人心。2015年11月，北元集团通过创办安全文化长廊及安全文化宣传栏、安装厂区灯杆旗等，推进安全文化子文化落地。同年，北元集团被列为国家循环经济标准化试点，荣获"全国石化行业两化融合优秀实践奖"。

2016年5月，北元集团制作了员工安全基本行为规范、入厂安全告知视频、安全文化鼠标垫，对安全生产月主题活动进行了宣传，通过网站"安全管理""百日安全"，内刊《安全生产》，微信公众平台"企业文化"栏目，总结各单位安全文化建设的亮点，推进了企业文化建设。6月14日，北元集团召开了重温企业文化理念座谈会。10月，北元集团组建了企业文化内训师队伍，构建了纵向延伸的企业文化培训体系，通过横向和纵向的专题培训，使企业文化覆盖到班组单元。11月，北元集团开展了管理人员企业文化征文活动，强化了管理人员对公司企业文化的认识和理解。同年，北元集团被授予中国石油和化学工业联合会"最具竞争力企业""2016年中国石油和化工行业供应链管理十佳企业"称号、"第三届全国石油和化学工业新闻宣传工作先进单位"称号，荣登榆林市"诚信纳税人红榜"，被评为陕煤集团2015年度新闻宣传工作先进集体。

2017年，按照陕煤集团提出的所属单位企业标识统一采用陕煤集团标识的要求，北元集团重新制作了与陕煤集团企业标识相组合的北元集团企业规范标识。3月，北元集团下发了《关于开展2017年企业文化培训工作的通知》和《关于2017年企业文化落地考核工作的通知》，对公司全年企业文化建设工作进行了整体安排部署。5月，北元集团对厂区部分企业文化标识进行了整改，下发了《关于规范生产区域及厂区值班室宣传内容的通知》，指导基层单位规范使用公司形象标识，进一步营造了全新的企业环境。5月12日，北元集团邀请陕西师范大学国学研究院院长曹胜高教授进行了《国学与企业修为·国学与发展之道》专题讲座，对企业文化建设内化于心、外化于行产生了积极的推动作用。6月27日，北元集团开展了管理人员企业文化演讲比赛，起到了凝聚人心的作用。8

月，北元集团进行了 2017 年企业文化测试，进一步宣贯了企业文化理念。9 月 26 日，北元集团举办了"喜迎十九大、共筑中国梦、弘扬企业精神、实现追赶超越"合唱比赛，将企业文化价值观渗透其中，宣扬了企业文化，发挥了企业文化凝聚人、鼓舞人的作用。11 月 23 日，北元集团举办了"传承践行·发展创新"重温企业文化理念主题座谈会。12 月 22 日，由国家安监总局、中国石化联合会指导，中国化学品安全协会、中国化工报社、北元集团主办，湖北三宁化工股份有限公司冠名的第 3 届全国危化品安全知识竞赛总决赛在公司职工活动中心隆重举行。同年，北元集团荣获全国安全文化建设示范企业、陕西省企业信用协会 AAA 联盟会员单位，被评为全国石油和化工行业党建、思想政治工作先进单位，被授予陕西省先进集体、2016 年度陕西省质量标杆"推广全面质量管理实践经验"单位，被评为中国石油和化工企业 500 强、陕西省安全文化建设示范企业、第一批绿色工厂建设示范企业，北元集团党委书记、董事长刘国强荣获 2016 年度陕西省诚信奖"创新年度人物"称号。

2018 年 3 月 2 日，北元集团下发了《2018—2020 年企业文化建设实施纲要》，明确了"传承创新、实践融合"的企业文化建设工作方针，认真落实企业文化理念、行为、视觉识别"三统一"，着力构建"六种文化"（责任、创新、廉洁、执行、公正、务实），狠抓文化落地"六项工程"，实施"1234"岗位精细化管理模式，稳步推进企业文化建设工作，不断拓展丰富企业文化内涵。3 月 9 日，北元集团下发了《关于开展 2018 年企业文化培训工作的通知》，根据管理层级，有针对性地对企业文化理念、团队执行力、职业化素养等内容进行了培训。5 月，北元集团对厂区部分企业文化标识进行了整改，制定了展厅改造方案，打造文化环境，提升公司形象。5 月 23 日，北元集团组织召开了企业文化建设工作交流会，对企业文化建设内化于心、外化于行产生了积极的推动作用。6 月，北元集团以十五周年庆为契机，打造了《优秀文学作品集》《优秀新闻作品集》《优秀科技论文集》等一系列文化作品，组织开展了职工群众喜闻乐见的文艺活动和体育赛事，发挥了文化凝心铸魂的作用。8 月 24—25 日，北元集团举办了管理干部企业文化专题培训。7—9 月，北元集团对展厅进行了升级改造，更好地展示了公司形象。同年，北元集团荣获改革开放 40 周年企业文化建设标杆单位，荣获中国石油和化学工业企业文化建设先进单位、中国石油和化学工业公民楷模榜最具社会责任企业、中国石油和化学工业改革开放 40 周年"勇立潮头榜样奖"；荣获党建工作创新典范案例全国国企管理创新成果一等奖，被评为中国成长力企业百强单位、陕西省创新管理示范企业、陕西省劳动关系和谐企业、陕煤集团"两联一包"扶贫工作先进单位和"科技工作先进单位"、全国石油和化工行业新闻宣传工作先进单位。北元集团党委书记、董事长刘国强被评为 2017 年度陕西省创新人物。

2019 年，北元集团制定下发了《关于推进 2019 年度企业文化建设工作的通知》，明确了工作目标和 12 项具体工作，深入推进企业文化落地工作。从 5 月开始，举办党群系统企业文化宣讲会，使公司企业文化延伸至每一个班组，渗透到每一名职工，真正把企业文化建设工作落到实处。9 月 19 日，举办了"初心共筑中国梦 文化引领北元魂"管理人员企业文化演讲比赛，11 名参赛选手从不同的角度诠释了企业文化内涵，剖析了企业文化润物无声、春风化雨的作用。9 月，修订了《厂区标识牌管理办法》，规范厂区标识管理，保证各类标识牌正常使用。10 月，对《企业文化手册》进行了改版。10 月，围绕

"新中国成立70周年""五四运动100周年""弘扬爱国奋斗精神　建功立业新时代"、企业高质量发展、"北移"精神等内容开展征文活动,让更多的员工参与到企业文化建设中,创作一批高质量的文学艺术作品,为公司发展提供智力支持。编纂出版了《北元志(2013—2018)》,分为13个篇章,约66万字,全面真实地展示了公司2013—2018年的发展历程。完成了《陕煤志(2004—2018)》资料报送工作。围绕"聚·和"文化的核心理念和子理念,定期推出融入公司企业文化元素的小视频与小故事,利用民主管理微信群、综合服务平台QQ群、班前会、学习会、各类活动等载体,组织员工重温企业愿景、企业使命、核心价值观等,使广大职工把企业文化理念融入本职工作,对形成企业内部凝聚力和外部竞争力起到了积极作用。利用网站、微信、《聚和》内刊等多种载体,及时总结、宣传先进事迹、先进经验和企业文化建设中的闪光点,充分发挥典型人物、典型事例在企业文化建设中的导向、激励、示范和辐射作用,营造崇德向善、健康向上的企业氛围。公司荣获全国石油和化工行业新闻宣传工作先进单位、陕煤集团2018年度新闻宣传工作先进单位、陕煤集团企业文化建设先进单位等多项荣誉。

2020年,北元集团制定下发了《关于推进2020年度企业文化建设工作的通知》,明确了工作目标和13项具体工作,深入推进企业文化落地工作。围绕"敢于负责　勇于创新"的企业精神,开展"'敢负责、勇创新'小故事"作品征集活动,讲好北元故事,充分发挥典型模范的辐射带动作用,让广大员工学有榜样、行有方向、赶有目标。编印了《北元故事2020》文化作品,约12万字,分为企业文化故事、北元印象和节支创效3个篇章,既有对管理创新、企业精神的诠释,又有对甘于奉献、爱岗敬业的具体体现;既有满怀激情、奋勇争优的追梦人,又有敢于负责、勇于创新的暖心事;既有开动脑筋、积极作为的优秀团队,又有立足岗位、实干担当的突出个人。一个个感人的故事,诉说着公司广大员工的辛勤劳动,践行并弘扬着北元"聚·和"文化。编印了《北元力量》文化作品,约29万字,分为劳动模范篇、最美员工篇、"四优"党员篇、"四强"党支部篇、优秀班组篇、北元工匠篇6个篇章,既有公司"四强"党支部,又有优秀班组;既有历届劳动模范,又有历届最美员工;既有敢于改革创新的管理人员,又有致力于发明创造的技术人员;既有党员干部,又有普通员工。他们是公司各个领域的优秀代表,是企业"敢于负责、勇于创新"精神的模范践行者,是企业高质量发展的生动写照。围绕安全生产、经营管理、团队建设等工作,结合时代特点、企业实际,开展企业文化提升大讨论活动,在广泛调研、充分讨论的基础上,深入挖掘企业文化底蕴,系统总结、传承和弘扬公司在长期实践中培育和积淀的优秀文化基因,对企业文化的内涵加以补充、拓展、完善,提炼和培育独具特色、充满生机又符合企业实际的企业文化,增强其影响力和感召力。定期推出融入公司企业文化元素的小视频与小故事,使广大职工把企业文化理念融入本职工作,对形成企业内部凝聚力和外部竞争力起到了积极作用。公司荣获2019年度全国石油和化工行业新闻宣传先进单位、2019年度陕西省国资委国有企业文明单位、陕煤集团在抗击疫情一线和复工复产中做贡献先进集体、2018—2019年度文明单位、2019年度宣传思想先进单位、2020年陕西企业文化建设优秀成果奖等多项荣誉。

2021年,坚持"传承创新、实践融合"的方针,通过"固定动作+创新活动",稳步推进企业文化建设工作。4月27日,公司党委书记、董事长刘国强荣获"榆林市劳动模范"荣誉称号。4月28日,公司喜获"全国五一劳动奖状",这是公司获得的最高荣誉。将每年5月设立为"企业文化月",制定下发了《关于开展"企业文化月"系列活动的通知》《关于开展"喜迎建党100周年、全员读书五年计划"专项工作的通知》。5月6日,举办了以"传承文化、奋斗前行"为主题的首届"企业文化月"系列活动启动仪式,每月举办一次读书分享会,倡导读书风尚,激发全员阅读兴趣。5月7日,举办了"喜迎建党100周年 我在岗位勇作为"企业文化演讲比赛,通过比赛展现了北元人的日常点点滴滴,在平凡的岗位上兢兢业业,勤勤恳恳,感染带动着广大员工不忘初心,立足岗位,锐意进取,激励着广大员工不断为公司跨越发展贡献智慧和力量。5月26日,举办了"传承创新 奋斗前行"企业文化座谈会,与会人员围绕对不同阶段北元精神的理解、公司存在的问题以及对未来发展的意见与建议等方面,回忆了入职以来所见、所思、所悟,分享了自己与公司共成长的历程和对人生职场的感悟,重温了北元人敢为人先、不畏艰难、同甘共苦的精神,以真实的感受从不同的视角展现了18年来北元的发展与变化。5月31日,举办了"致敬时代楷模、汲取榜样力量"首届先进人物事迹报告会,以宣讲的形式分享自己的成长经历和奋斗成果,或用不同的视角描述企业发展变化和感人故事,生动翔实地讲述在平凡岗位上的不凡人生,诠释企业精神和文化内涵,让广大员工对弘扬企业文化有更深刻的理解。此外,还开展了企业文化征文、"最美劳动者"主题宣传、"重温企业文化 弘扬北元精神"视频征集活动等,定期对公司企业文化理念进行解读,诠释企业文化内涵和精髓,进一步加深了广大员工对"聚·和"文化的理解和践行。编印了《北元力量2021》《北元故事2021》《思想政治工作研究成果2021》等书籍,充分发挥了典型的示范、引导和激励作用,系统总结、传承和弘扬公司在长期实践中培育和积淀的优秀文化基因,传播企业发展正能量。9月,承办陕煤集团2021年第五期《梅花》编辑工作。12月8日,举办了陕煤集团2021年度"最美员工"颁奖晚会,通过人民网、新华网、陕煤集团抖音号进行了网络直播,当晚直播平台点击量达到887万人次。

2022年,北元集团制定下发了《关于开展第二届"企业文化月"系列工作的通知》,明确了11项重点工作,将"企业文化月"具体工作融入日常业务,扎实开展各项工作。4月21日,举办了"文化引领 务实前行"企业文化大使选拔暨展示赛,评选出11名"企业文化大使",深入各单位进行宣讲,引导广大员工积极践行企业文化。4月29日,公司党委书记、董事长刘国强荣获"陕西省劳动模范"荣誉称号。5月6日,举行了以"文化引领 务实前行"为主题的第二届"企业文化月"启动仪式,在职工餐饮中心门口举行了企业文化知识有奖问答活动。5月24日,举办了"初心最美赞楷模 传承奋斗向未来"先进人物事迹报告会,7位报告人分别通过本人或同事,用质朴的语言、翔实的事例和真挚的情感,从不同角度、不同层面讲述了他们在平凡岗位上书写的不平凡故事,展现了北元人与时俱进、开拓进取、务实重干、勇于担当的时代精神。首次从5月6日公司建厂日开始,在微信公众号上发布"北元历史上的今天",记录北元建厂以来发生过的大事要事,回顾企业奋斗历程。编印了《北元力量2022》《北元故事2022》《思想政治工作研究成果2022》《情暖梨树河》等系列文化书籍,积极开展"文化引领 务实前行"征文活动,评选出50篇优秀作品,进行了表彰奖励。编印了《质量文化手册》,初步形成了质量文化体系,下发了《"3356"廉政风险防控体系建设实施方案》,编印了《廉洁文化手册》,持续推进廉洁文化建设。从6月开始,开展了一系列工作推进责任理念落地深植。7月1日,举行了第二届"企业文化月"总结暨系列文化作品发布会。举办了第七届"青春杯"男子篮球联赛和第二届"青春杯"女子篮球联赛、庆祝中国共产主义青年团成立100周年系列活动、户外读书分享等文体活动,不断丰富员工工作生活。化工分公司生产运营中心电气二装置荣获"全国工人先锋号",公司荣获"2021年度陕西省国资委国有企业文明单位标兵"称号,公司党委书记、董事长刘国强荣获"陕西省劳动模范",副总工程师徐生智被授予"陕煤集团2020—2021年度劳动模范",化工分公司技术管理中心装置工艺管理专员白虎雄被授予"陕煤集团2020—2021年度陕煤工匠"。

第二节 企业文化理念

一、北元公司企业文化理念体系

2003—2007年,北元企业文化初步形成了北元企业文化理念体系:以"责任、价值、凝聚、超越"为核心的企业文化理念体系,具体由企业视觉识别系统、企业理念识别系统、企业行为识别系统3部分构成。

(一)企业视觉识别系统

(1)公司名称:陕西北元化工有限公司。

(2)简称:北元公司。

(3)企业标志：

企业标志释义:①徽标整体呈圆形,象征圆满成功;②徽标上方红色部分象征朝阳,下方蓝色部分象征大海,整体寓意海平面上升起的一轮朝阳,孕育无限生机;③徽标整体为"元"字,下方蓝色部分为"北"字,暗含"北元"2字,下方蓝色部分又可以看成"化"字和"工"字的异形,图形整体暗含"北元化工"4字,即公司名称;④徽标整体色彩由红、蓝两色组成,醒目、美观、和谐、充满活力。

(4)"北元"释意。①"北"字释意:"北"为方位词,意为企业位于我国北方地区。②"元"字释意:所有的化学成分都称为元素,故"元"表明了化工企业的性质;"元"为开始、第一、首要之意,表示企业锐意进取、蓬勃发展,在市场竞争中永远追求第一、创造第一。③"北元"合用:"北元"合称有简练、凝重之感,富有文化底蕴;"北元"合用表示企业雄踞一方,在市场竞争中独占鳌头,永创辉煌。

(5)品牌名称:北元。

(6)企业标准色:蓝色。蓝色象征北元人大海一般宽广、坦荡的胸怀,象征北元广纳人才,凝聚力量,发展壮大的雄心壮志。

(二)企业理念识别系统

北元企业核心理念概括为8个字,即"责任、价值、凝聚、超越"。

责任:企业作为社会组织必须要有责任感,要对社会、消费者、合作伙伴、股东和员工等承担责任。只有这样,企业才会保护环境,生产优质产品,诚信经营,关爱员工。员工要做一个有责任感的人,要对社会、企业、家庭、朋友和自己负责任,要遵章守纪,爱岗敬业,关爱照顾亲朋好友,追求自我完善和提高,努力工作,为社会贡献自己的力量。

价值:企业和员工都要树立正确的价值观念。公司在发展的同时,要尽力推动社会事业的全面进步,把企业发展与振兴民族和有益人类结合起来。员工要把提高自身能力、有益别人、有益团队、被人信任、受人尊重作为最大价值。

凝聚:企业发展壮大需要凝聚力,团队成功需要凝聚力,个人在团队中成功也需要凝聚力。公司高度重视凝聚力的作用,高度重视凝聚力的激发和引导。凝聚不是简单意义上的集合,而是通过个体的不断竞争,不断有机组合,形成奋发向上、充满活力的具有强大凝聚力的团队。

超越:企业发展需要与时俱进,不断超越自己和竞争对手;员工也要不断战胜自我,超越自我、完善自我、提高自我。只有在不断的否定中前进,才能形成有容乃大的非凡气度,进而组成战无不胜的强大团队。当企业或员工个人的力量积累到一定程度时,便会有质的飞跃,进入一片新天地,达到一个新高度。

公司认为,强烈的责任感和正确的价值观是基本的、相对稳定的,是企业和员工的基本品质,也是企业和员工要永远保持的本色。凝聚和超越可以产生无穷的活力和巨大的潜力,是企业和员工发展的基本条件和根本动力。"责任、价值、凝聚、超越"已成为公司企业文化建设的基本框架。

以公司核心理念为指导思想,北元理念系统涵盖企业宗旨、企业目标、企业精神、员工与企业关系、员工基本素质及企业系列价值理念。北元理念系统各部分内容,融合成为北元企业的最高意识形态,成为北元企业文化运作的源动力。

(1)企业宗旨:关爱人类,服务社会。

(2)企业目标:建好一个项目,培养一批人才,创造一个品牌。

(3)企业精神:敢于负责,勇于创新。

(4)企业经营管理理念:最佳管理、最佳产品、最佳服务、最佳效益。

(5)企业建设理念:文化北元、人才北元、创新北元。

(6)安全理念:安全生产,幸福生活。

(7)人才理念:人人都是一颗星。

(8)营销理念:诚信为客户,共赢求发展。

(9)质量理念:生产优质产品,培养优秀人才。

(10)学习理念:固本清源,吐故纳新;不懈追求,全面提升。

(11)工作理念:成功者想办法,失败者找理由。

(12)团队建设理念:"我们"比"我"更重要。

(13)发展理念:欲穷千里目,更上一层楼。

(14)企业与员工关系:发展企业,成就自我。

(15)员工基本素质:诚实守信,爱岗敬业;求真务实,创新有为。

(三)企业行为识别系统

员工行为培养的主题——细节决定成败。"天下大事必做于细""伟大源于细节的积累",公司在企业文化建设中,从小处着眼,从小事抓起,时时处处抓好企业管理环节中的每一个细节,不断规范员工的行为。公司牢牢树立了"企业管理无小事""抓管理从细节抓起"的观念,关注细节,抓好小节,不断教育员工"小中见大""细中见精",让员工牢固树立"小事当中成就大事"的观念。在日常行为管理中,提倡"举手显美德,小处见精神"的员工行为准则,要求员工从衣食住行、做人处事等方面都能引起重视,不断规范,并于每周日利用学习时间强调员工中存在的小节问题,及时纠正不规范行为,取得了实效。细节管理已成为公司企业管理的重要组成部分,细节文化已成为公司企业文化的重要内容。公司将在今后的企业文化建设过程中,坚持不懈地塑造细节文化,把细节文化建设成北元特色文化。

二、北元集团企业文化理念体系

2011年,北元集团对原有的企业文化理念进行梳理整合和创新重塑,分层次、分步骤地推进企业文化整合与品牌体系构建工作,确立了以"物华聚北·天人和元"为主题的"聚·和"文化体系,随之诞生了北元集团企业文化理念、企业文化标识,最终形成了具有企业特色的北元集团企业文化理念体系。2017年,按照陕煤集团要求,北元集团重新制作了与陕煤集团企业标识相组合的北元集团企业规范标识。北元集团企业文化理念体系由企业文化主题、企业标志、企业文化理念系统、企业行为识别系统、企业文化架构等组成。

(一) 企业文化主题

北元"聚·和"文化以责任为主线。"聚·和"借用了"天人合一"的中国哲学思想和"物华天宝"的时空概念,巧妙融入了北元文化主题中的"聚""和"以及企业名称中的"北""元"关键元素,继而进一步延展,与北元集团的发展实际相结合,既描述了北元的发展历史、发展方式,又描绘了北元追求人与自然和谐发展的蓝图。"物华聚北"寓意北元扎根于中国陕北,在企业发展过程中,以积极的整合意识和共赢拓展的合作心态,在不同层面聚集各方资源,始终致力于建设中国乃至国际一流的盐化工品牌企业。"物华"引自初唐四杰之一王勃的《滕王阁序》:"物华天宝,龙光射牛斗之墟;人杰地灵,徐孺下陈蕃之榻。"本意为万物之精华,此处延指各种对北元发展有利的优质资源,如陕北丰富的煤炭、岩盐等自然资源,管理、技术、营销、信息等方面的人才资源和其中蕴藉的智力、激情、奋进、包容、开拓创新等精神资源,以及符合市场运作需求的合作伙伴、资金、政策、地域文化等众多资源。"聚"既契合盐化工生产工艺"聚合"的特点,又体现"物华"——自然资源、人才、资金、合作伙伴、社会等对北元集团发展有利的优质资源的聚集。"北",原指方位,蕴含"向上、受人尊敬"之意。寓意北元集团立足中国陕北,面向世界各地,致力于成为受人尊敬的一流盐化工企业。

"天人和元"寓意北元在发展历程中,致力于追求人与自然的和谐统一。既以"和"促"聚",确保企业更好地向前迈进,同时更以发展追求社会的和乐、和谐与和美。"天人合一"是中国儒家和道家共同追求的至高境界。《礼记·中庸》说:"诚者,天之道也;诚之者,人之道也。"《道德经》说:"人法地,地法天,天法道,道法自然。"个中处处体现中国文化人文精神的精髓。一切人事均应顺乎自然规律,追求人与自然的和谐统一。"和",指和谐、和乐、和美、和合之意。"和文化"是中国传统思维的精髓及万物矛盾的整合观,蕴含对立中的统一和客观事物的有序运转。至于"元",有"始"和"一"之意。"和元"即"合一"。"天人和元"的寓意即北元聚集"天时、地利、人和"各种要素,通过低碳循环的生产方式,不断优化提升诸多资源的利用率,在力求保护自然环境的同时,为消费者、北元人及社会各界创造可观价值,追求人与自然的和谐发展。

正是在"聚·和"文化的引领下,北元集团在发展过程中,聚集各种对企业发展有利的资源,确保公司产量由10万吨/年到110万吨/年的跨越式发展,并朝着打造一流盐化工的大型企业目标迈进。由此,不仅在企业内部营造出一种"家庭式"的文化氛围,为北元人创造多彩的生活,给北元人以归属感和幸福感,同时,作为一个社会成员,北元人与消费者、合作伙伴、社会各界共同和谐发展。

(二)企业文化标志

企业文化标志即企业标识,是企业文化的主要构成部分。2013年以来,北元集团按照陕煤集团统一要求,于2017年制作了与陕煤集团企业文化标识相组合规范的、具有北元集团特色的企业文化标识,成为对外展示北元化工企业的重要标志。

(三)企业文化理念系统

1. 北元文化核心理念

(1)企业愿景:打造一流盐化工企业,奉献低碳多彩新生活。"盐化工"是北元集团的产业定位,也是北元集团在陕煤集团化工领域所承担的战略角色。北元集团追求的不仅仅是规模上的"一流",而且是产品质量、管理效率、市场品牌、人才团队、文化建设诸多方面的"一流"。同时,北元集团自开创以来,始终致力于低碳循环经济,为整个社会打造低碳、多彩、轻质的生活方式。

(2)企业使命:提供优质产品,培养优秀人才。企业始终致力于做好两件事:一是向市场提供优质产品;二是在内部挖掘和培养优秀人才。优质产品是获得市场认可的基本前提,是获得客户口碑的最好广告,是打造强势品牌的根本前提,也是抢占市场的有力武器,而优秀人才则是优质产品的有力支撑,是实现企业可持续发展的根本动力与核心竞争力。

(3)企业核心价值观:精诚建业,共赢发展。精诚建业是一种做人、做事的境界。"精",体现出科学精神,寓意高标准、严要求、重细节,展示精心成业和精细化管理的导向。"诚",折射出人文精神,是指为人做事诚实笃信。古人云:"商无信而不兴。"因而"精"和"诚"是达成北元集团"建业"目标的核心准则。"共赢发展"是北元集团始终恪守的价值导向,既体现了合作精神,也彰显了企业的博大胸怀。"共赢"与"发展"彼此支撑,没有"共赢",很难真正凝聚团队;没有"发展",也达不成真正的"共赢"。"共赢发展"体现着北元以人为本的理念,也是企业永续经营的基础。

(4)企业精神:敢于负责,勇于创新。敢于负责,体现了北元集团作为社会组织所具有的责任感。只有对社会、消费者、合作伙伴和内部员工等主动承担责任,北元集团才会生产优质产品,诚信经营,为社会创造更多价值。而每个北元人作为企业的一分子,要做一个坚定自信的人、乐意付出的人、敢于担当的人,积极对社会、企业、家庭、朋友和自己负责任,同时遵章守纪,爱岗敬业,关爱照顾亲朋好友,追求自我人格的完善和提高。勇于创新,体现了北元集团在求真务实的基础上,大胆开拓、不断创新的精神。勇于创新以敢于负责为前提,融汇在企业生产经营管理的各个环节,大到体制、机制和观念等的创新,小到技术改造、行为方式等的创新。企业和员工只有敢于负责、积极实践、主动变革、推陈出新,才能立足实际、不断突破。

(5)企业口号:我们勇于担当,我们永不止步。勇于担当是北元人追求卓越、勇为人先的价值取向。只有胆识兼备,锐意进取,才能不断推进企业战略,肩负起企业改革发展的重任和回报社会的使命。永不止步是北元人始终践行的信念，体现了坚韧不拔、迎难而上的精神。正是永不止步理念的引领，北元集团不断向着中国一流乃至国际一流的盐化工企业迈进。企业口号突出"我们"两字，强调了北元人合作与凝聚的重要性。只有上下团结一致、敢于担当、永不止步、孜孜追求、始终向前，方能精诚建业、实现共赢发展，切实为社会奉献低碳多彩新生活。

2. 北元文化子理念

（1）发展理念：发展企业，成就你我。
（2）建设理念：文化北元，人才北元，创新北元。
（3）经营理念：诚信为本，品质为先。
（4）竞争理念：文化引领，人才取胜。
（5）营销理念：诚信为客户，共赢求发展。
（6）品牌理念：责任成就品牌，品牌铸就未来。
（7）人才理念：人人都是一颗星。
（8）安全理念：安全生产，幸福生活。
（9）环保理念：低碳生产，高效利用。
（10）质量理念：客户的需求就是我们的标准。
（11）合作理念：共建、共赢、共享。
（12）廉洁理念：尚俭戒贪，清廉兴企。
（13）服务理念：想人所想，急人所急。
（14）工作理念：不为失败找理由，只为成功想办法。
（15）团队理念："我们"比"我"更重要。
（16）道德观：诚实守信，仁德谦逊。
（17）事业观：磨砺品格，点亮自我。
（18）学习观：学以致用，持之以恒。

（四）企业行为识别系统

1. 日常礼仪行为规范

（1）着装统一、整洁、得体。①服装整洁得体，衣扣整齐，不敞胸露怀，不挽袖挽裤，不穿奇装异服。②上班期间全体员工须穿工作服。

（2）仪容自然、大方、端庄。①头发整洁、大方得体，经常洗理，不染异色。男员工不留长须长发，女员工不留怪异发型。②女员工不浓妆艳抹，不留长指甲，不涂有色指甲油，不佩戴耀眼饰物；男员工应保持面部洁净，不留小胡子，不戴有色眼镜从事工作。

（3）举止文雅、礼貌、精神。①见面互致问候，男女交往有礼有节，举止文明大方。②坐姿端正，站姿挺拔，行为端庄。③多人同行时，不勾肩搭背，不并排齐行，做到"两人成排，三人成行"。④在公共场合不应剪指甲、化妆、抠鼻子、剔牙齿、挖耳朵、打哈欠、脱鞋、颤腿、伸懒腰。⑤乘通勤车时，严格遵守《乘车公约》，做到按时、文明乘车，在规定站点上下车。⑥自觉排队买饭，不插队，不拥挤，按量取食，杜绝浪费。⑦严禁践踏草坪、乱折花木，爱护公共环境卫生，保持环境整洁，严禁随地吐痰，严禁乱扔果皮、纸屑等杂物。⑧按时作息，及时熄灯，以免影响他人休息。⑨公司实施"无烟工厂",厂区禁止吸烟。外来人员有吸烟行为时应及时制止。

(4)语言规范、亲切、诚恳、谦虚。①工作中提倡使用普通话;语言规范、文明,不讲粗话、脏话。②语音清晰、语气诚恳、语速适中、语调平和、语意明确。③与他人交谈时,要专心致志,面带微笑。④用谦虚态度倾听,不要随意打断他人的讲话。⑤尽量少用生僻的专业术语,以免影响与他人的交流效果。

(5)人际关系。①同事关系,懂得理解与尊重他人,营造和谐的工作氛围。②尊重他人,肯定、赞扬他人的长处和业绩,对他人的短处和不足,进行提醒、鼓励。③相互合作,在意见和主张不一致时,应理解相互的立场,寻找能共同合作的方案。④注重沟通,员工要尊重领导,服从管理,听从领导的指挥安排;领导要关心爱护员工,经常与员工交流沟通;虚心接受他人意见,真诚对待他人,如有意见应当面说清,不背后议论。

2. 商务礼仪规范

(1)接待来访及外出拜访。①实行首任接待制,接待人员要态度和蔼,服务热情,尽快将来客带到接洽部门。②接待来访热情周到,做到来有迎声、去有送声;对于来访者提出的问题,要及时答疑,并做出明晰的解释;对于一时不能回答或解决的问题,要及时请示上级,积极提出合理的代替方案。③要事先预约,遵守访问时间,提前5分钟到达预约地点,如果因故迟到,提前用电话与对方联络,并致歉。

(2)使用电话。①电话铃响2~3声时接听电话,首先说:"您好,北元×××(单位),请讲。"②接到打给他人的电话时,应说:"请稍等,我请×××来听电话。"③接转接的电话时,应说:"对不起,让您久等了!"④对方寻找的人不在时,应说:"对不起,×××不在,您有事情需要转告吗?"或预留电话号码。⑤中途因故暂时中断通话时,应说:"对不起,请稍等一下。"⑥在办公室接打电话时,声音适中,不影响他人工作。⑦接听电话时应做准确记录,确保准确及时传达。⑧不打啰唆电话,把握"三分钟原则"。

(3)会议规范。①按时参加会议,不迟到,不早退;开会期间关闭手机铃声,原则上不接打手机。②开会期间如有紧急事务须立即处理,应向会议主持人或领导请假。③保持会场安静,按秩序就座,依次发言,认真聆听和记录,不得随意打断他人发言。④参加正式会议时,要穿戴整齐。⑤会议结束后,把座椅移回原位,拿着自己用过的水杯,有序离场。

3. 工作纪律规范

(1)严格遵守劳动纪律,按时上下班,不迟到、早退、溜岗、串岗、睡岗,上班时精神饱满,工作积极。

(2)办公场所要保持安静、整洁,不可大声喧哗、吵闹,接打电话时语音柔和,音量适中,不影响他人工作。

(3)进他人办公室前,轻声敲门,待允许后方可进入。

(4)办公室保持清洁,办公桌上只准摆放必要的办公用品。暂时离开办公桌时应收起摊开的文件、资料,关闭电脑显示器电源。

(5)每天的工作做到"日事日结,日清日高",按时完成工作任务,保证事事有着落。

（6）保守公司机密，不得随意向外单位人员谈论或泄露公司有关业务和技术等方面的情况。

（7）不得利用工作机会和便利谋求私利，假公济私，贪污腐化。

4. 员工 6S 基本管理行为规范

（1）整理：定时整理，清除不必要的废弃物。所有设备、工具、物品合理定位，归类归位，取用方便，整齐有序。材料器具码放整齐，摆放有序。持证、挂牌上岗。按照设定的时间跨度完成工作任务。

（2）整顿：合理规划现场的空间和场所。做好必要的标识，减少寻找物品的时间。工具使用后及时清理，并放回原位。

（3）清洁：清扫责任区内杂物，保持工作场所整洁干净。保持设备、工具整洁完好。办公室内外整洁清爽，井然有序。个人装束整齐，卫生洁净。按照规定时间跨度完成清洁。

（4）规范：遵守作业规程，严禁违章指挥、违章作业。按照标准操作，上标准岗、干标准活、把毫米关，实现过程和结果的标准化。工作标准每天有所提高。

（5）素养：言行文明，协作配合，遵守职业道德规范。积极参加岗位培训，不断提高业务技术水平和操作技能。

（6）安全：不发生人身事故，不发生设备事故。

（五）企业文化架构

北元集团企业文化架构由企业标志、文化主题、核心理念篇和子理念篇 4 个层次构成，如图 10-2-1 所示。

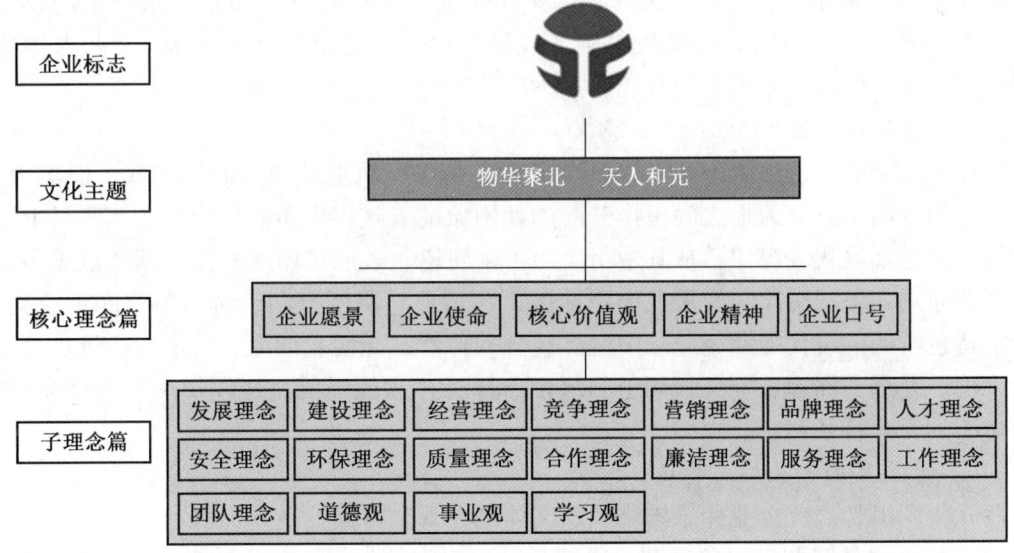

图 10-2-1　北元集团企业文化架构

第三节 企业标志

一、标志图案

2017年，按照陕煤集团统一所属企业文化标志的要求，北元集团形成组合规范的企业文化标志，如图10-3-1所示。

图10-3-1 北元集团企业标志

二、标志释义

北元集团企业标志左上方图案为陕煤集团企业标志，右方标写着"陕煤集团旗下成员企业"字样。下方图案为陕煤集团旗下成员企业——北元集团企业标志。两者构成了组合规范、统一的北元集团企业标志。

（一）陕煤集团企业标识构成、意义

陕煤集团企业标识由太阳、大地、煤田和4条飞行轨道及中文简称组成，图案大气、简约，有很强的动感。天地之间冉冉升起的朝阳象征着陕煤集团如日中天、蒸蒸日上、走向辉煌；黑色基底代表煤田，从其中衍生出4条轨道，表示集团煤、化、钢、电等多业并举的产业布局，象征集团将发展成为跨地区、跨行业、跨所有制、跨国经营的主业突出、新经济特色鲜明的现代能源企业。中国红蕴含着尊严、光明、活力、热情、能量；炭黑寓示着沉稳、厚重、深邃、资源；两色的组合凸显了"兴能强国、智领未来"的使命担当，符合集团的行业特征和产业定位。

（二）北元集团企业标志构成、意义

北元集团组合规范企业标志构成和意义体现在6个方面：

（1）标志整体呈圆形，象征圆满成功。

（2）标志上方红色部分象征朝阳，下方蓝色部分象征大海，寓意海面上升起一轮朝阳，孕育无限生机。

（3）标志犹如一双手托起一轮太阳，展示北元人积极进取、拥抱未来的精神风貌。

（4）标志流体曲线的运用，形成一张微笑的脸庞，昭示着北元集团团结凝聚、和乐向上的良好氛围，体现出北元集团"聚·和"文化的主题内涵。

（5）标志下方蓝色部分为"北"字，上下合并就成为"元"字，又可看成"化"字和"工"字的异形，整体包含"北元化工"四字。同时，标识由汉字组合而成，有着丰富的民族文化底蕴。

（6）标志整体色彩由红、蓝两色组成，醒目、美观、和谐、充满活力。

第四节　企业文化媒介

一、北元展厅

2013年5月，北元展厅建成投用，作为对外展示公司形象的重要窗口，包括序厅、公司简介、发展历程、产业模式、企业文化、企业管理、未来展望等板块内容。根据企业发展实际，2018年6月27日，公司对展厅进行了升级改造建设，于9月30日投用。展厅共分为序厅，物华聚北、开拓创新、聚合之业、绿色发展、天人和元、科学管理、大略北元、着眼未来等5个板块，内容涵盖了公司简介、发展历程、产业模式、企业产品、营销网络、节能环保、科技创新、知识产权、企业文化、安全文化、企业管理、未来愿景等内容。2013年5月至2022年6月，共接待各级政府领导及行业、国内外社会各界人士等15000人次，扩大了公司影响力。其中，接待了全国政协副主席刘晓峰，第十一届全国政协常委王显政，国家发展改革委发展规划司巡视员乔辉，中央统战部副部长，全国工商联党组织书记、常务副主席徐乐江，中组部干部教育局局长李小三，中国石油和化学工业联合会会长李勇武，中国工程院副院长谢克昌，工程院院士袁晴棠，著名经济学家张维迎，陕西省副省长赵刚，著名作家贾平凹等。

二、视频与微电影

2013年以来，北元集团开发制作的文化产品主要是企业视频。2013年5月，公司企业文化展厅建成，制作了企业宣传片、循环经济介绍等视频，以直观或互动的方式，全面展示公司发展取得的成就。2014年10月22日，在北元集团举行的微电影首映式上，播放了由公司纪委牵头拍摄制作的影片《纪委来了个年轻人》，由化工分公司拍摄制作的影片《北元之恋》《最初的梦想》，由热电分公司拍摄制作的影片《成长》。微电影聚焦系统内不同领域、不同岗位青年在北元大家庭成长成才的感人故事，用真实感人的镜头记录和反映了北元青年热爱工作、热爱生活的良好精神风貌。2015年6月，公司拍摄制作的安全文化微电影《我的劳保鞋》，化工分公司拍摄制作的影片《安全为了谁》《厂长》，锦源化工有限公司拍摄制作的影片《最美好的承诺》，水泥有限公司拍摄制作的影片《安全是最好的礼物》等，通过新颖的宣传方式，教育和引导广大青年职工不断加深对安全生产的认识，增强安全生产意识，起到了很好的安全宣传效果。2017年，北元集团拍摄制作了安全文化宣传片，全面总结公司安全管理工作亮点，展示企业形象；水泥有限公司拍摄制作了《质量检验标准操作》视频。该标准化作业视频时长90分钟，包括水泥比表面积测定、水泥打小磨、原材料烧失量测定等15个项目的标准化检验视频，全面涵盖了控制专业、物理检验专业及化学分析专业的重要质量检验项目；热电分公司拍摄了《交接班作业规范》《八大危险性作业规范》《保命、零伤害条款规范》《一般违章作业》等 11 个视频，对现场作业规范进行了宣传教育。2018 年，北元集团拍摄了《北元集团举行第五届职工岗位技能比武大赛》。2019 年，北元集团拍摄了《北元，我的家》《"五·一"劳动节，向您致敬!》《愿润之革命早日成功》《向前，向前》微电影；2020 年，北元集团拍摄了《感谢坚守的你》《节支创效　从一个螺丝帽开始》《"三线精神"传承人暨"北移精神"代表人物　申建成》等微视频，热电分公司拍摄了《亲情助安》微电影，水泥有限公司拍摄了《节支创效　点低成海》微视频，锦源化工有限公司拍摄了《老话里的好家风》《那一天没吃完的那碗饭》《入厂安全告知》等微电影；2021 年，北元集团拍摄了《参与节支创效，倡导绿色生活》《逐梦奋进　聚力起航》《唱支山歌给党听》微视频，营销物流部拍摄了《危化品安全运输宣传》微视频，企业管理部拍摄了《企业文化快问快答》《企业文化知识宣传活动》《防诈骗》等微视频，安全环保部拍摄了《消防技能比武出征仪式》《消防应急救援队宣传视频》《消防宣传日主题》等微视频；2022 年，北元集团拍摄了《抗击疫情　我们在行动》《北元集团 2021 年度"十大新闻"》《北元集团 2022 年度"十大新闻"》微视频，热电分公司拍摄了《爱岗敬业》《节支创效　从点滴做起》《廉洁好班风》《遵守安全生产法当好第一责任人》等微视频，水泥有限公司拍摄了《扬清风正气，做合格党员》微电影，锦源化工有限公司拍摄了《讲奉献　比作为　发挥党员先锋模范带头作用》《天上不会掉下馅饼》《不要和陌生人说话》等微电影，56 个党支部拍摄了《支部书记讲故事》微视频。

三、文化宣传册

（一）《物华聚北·天人和元》宣传册

为了做好公司形象宣传，树立良好信誉，提高企业知名度，2011 年，公司编印了《物华聚北·天人和元——陕西北元化工集团有限公司》（以下简称《物华聚北·天人和元》）宣传册。宣传册由公司简介、企业文化理念、企业组织结构、企业荣誉、循环产业链、合作共赢、企业风貌、上级领导关怀、产品与市场、产品介绍、100 万吨/年聚氯乙烯循环综合利用项目概况、"十二五"发展规划 12 个部分构成，图文并茂，印制精美。

（二）《企业文化手册》

健康向上的企业文化是一个企业战无不胜的动力之源。2011 年，北元集团将企业愿景、企业使命、企业精神、企业价值观以及与之相适应的思维方式、行为方式等理念，通过征集、研讨、论证等形式提炼整合，形成了包括理念识别、行为识别、视觉识别为主要内容的《企业文化手册》。《企业文化手册》分为企业介绍篇、文化主题篇、企业历程篇 3 个部分，由企业概况、文化主题、文化理念系统、行为识别系统、视觉识别系统、企业历程 6 个方面构成。《企业文化手册》语言精练，系统性强，视觉信息效应直观。

（三）《安全文化手册》

安全是企业发展的生命线，安全生产事关广大职工生命健康和切身利益，事关企业发展稳定大局。安全文化建设是安全工作的灵魂工程，也是实现安全生产和零伤害的基础工程。它使安全工作从物质层面提高到精神层面，使全员从被动执行向主动参与逐步转变，使管理"输血"走向了管理"造血"，让安全管理变成一种自觉习惯。《安全文化手册》分为四层次模块、五大专业化模块、五风险管控模块和综合篇 4 个篇章，其中四层次模块包括理念文化、制度文化、行为文化、物质文化；五大专业化模块包括生产组织、工艺系统、设备设施、项目建设、员工塑培；五风险管控模块包括人机环匹配化、风险管控、隐患治理、零伤害、应急建设；综合篇包括安全管理"十条"经验、安全生产"十二条"红线、26项安全管控法、安全活动、亲情助安。

（四）《质量文化手册》

2022年1月，北元集团正式启动质量文化建设工作，历经5个月的酝酿与沉淀，于2022年6月建成具有北元特色的质量文化体系，发布了《质量文化手册》，包括"聚·和高品质人类生活"的质量愿景等五大理念系统，引领人类高品质生活的绿色循环"聚·和"质量之家的质量管理模型及产品质量管理流程；覆盖产品研发、供应质量、过程控制、产品质量、产品防护、销售服务等过程的质量管控流程，以及质量策划与支持、质量控制等三大制度体系；"高标准、高效率、高质量"等针对个人行为的三大工作质量准则和内外部顾客满意、持续改进等针对集体行为的九大原则，以及SPC（统计过程控制）、PFMEA（过程失效模式及后果分析）、8D报告、安灯系统、首末件确认、六西格玛等质量管理工具三大行为系统。

（五）《廉洁文化手册》

廉洁文化建设作为企业文化建设的重要一部分，是压紧压实公司各级管理人员落实主体责任，督促全体党员坚定理想信念，助推企业高质量发展的重要一环。近年来，在陕煤集团纪委和公司党委的坚强领导下，公司纪委大力开展"本质廉洁型"企业创建工作，积极参与"德润三秦""德润陕煤""纪律宣传教育月"等系列活动，深入推进廉洁文化"六进"，强化全员廉洁教育和思想作风建设，力求将廉洁文化建在支部，推进到家庭，全力构建理念、制度、行为、物质"四位一体"的廉洁文化体系，总结提炼出"3356"廉洁风险防控体系，打造"惩防并举"的廉洁防控模式，编印并发布了《廉洁文化手册》。《廉洁文化手册》分为11个篇目，从理念、实践、教育等方面全方位阐述了廉洁文化建设的目的、意义等。

四、员工语录

为了贯彻落实公司企业文化，推进企业文化落地工作，营造人人参与企业文化建设的良好氛围，2012年5月，由党群工作部负责组织，利用3个月时间在广大员工中开展征集能引起共鸣、发人深省、有一定传播力的言论的活动。此项活动引起强烈反响，广大职工积极响应，纷纷参与，踊跃投稿。经过认真筛选，最终将精选出的部分优秀作品汇编成《员工语录》，共汇编了110名员工的142条语录，印刷5000册，印发给全体职工，人手一册，学习交流。公司每天在办公大楼大厅电子屏上播出一条员工语录，各分、子公司坚持在板报、宣传栏、电子屏等载体上刊载，进行学习宣传。《员工语录》内容涉及公司企业文化、企业管理、职业规划、人生寄语、生活感悟及格言、警句、座右铭等。语言质朴无华，内容客观务实，思想积极向上，充分展示了北元集团广大干部职工团结奋斗、蓬勃向上的精神面貌和积极进取、追求卓越的优良品质。员工语录是指企业员工根据企业实际，所说的一些能引起共鸣、发人深省、有一定传播力的言论。其意在于让广大干部职工深刻领悟公司"聚·和"文化的本质和内涵，进一步激发干事创业的激情，发展企业、成就你我；同时，使广大干部职工从中感悟为人处世的价值观，在人生与社会的大舞台上不断完善自我、超越自我,创造属于自己的美好未来,为企业、社会和谐发展做出更大的贡献。

五、其他文化资料

2008年,公司编印了《北元化工内部学习资料》,内容涉及公司基本情况,公司企业文化,《致加西亚的信》,不找借口找方法,细节决定成败,崇尚节约、从我做起,好员工好品质等;物流中心编印了《物流中心员工手册(试行)》,内容包括机构组织图、企业文化、集团公司制度、物流中心日常管理制度、工作流程、物流中心岗位说明书、物流中心相关工作标准化等。2009年,综合管理部编印了《陕西北元化工集团有限公司司机读本》,内容包括安全行车、车辆维护、司机日常礼仪及省情、市情、县情等。2011年,党群工作部编印了《党群工作手册》,内容主要包括党群工作组织机构、企业文化、党群工作部日常管理制度、工作流程、岗位说明书、党群工作业务表单等多个方面;锦源化工编印了《安全生产手册》,化工二分公司编印了《班组学习资料汇编》,内容主要有综合管理、生产管理、安全管理、班组管理好榜样、相关考试试题等。2012年,化工二分公司编印了操作规程、工艺规程、安全规程、设备检修与维护规程、大型分析仪器操作规程、仪器操作规程、原材料检验操作规程等;水泥有限公司编印了《班组学习资料汇编》等。2014年,公司汇编了《企业文化小故事》;2013年5月,北元集团出版了《陕西北元化工集团有限公司志(2003—2013)》,全书分为20章88节,40.8万字,全面展示了公司十年来的发展历程。2017年11月,北元集团根据企业发展实际,重新编印了企业文化手册、宣传折页,提升了企业形象,扩大了企业影响力。2017年8月,北元集团出版了《从知道到践道——打通企业文化认知到企业文化落地的途径》,该书梳理了企业文化建设与企业文化管理要素之间的关系,厘清了企业文化建设的思路和方法,探索了企业文化落地的模式,为企业提供了可资借鉴的经验。2017年,财务管理部编印了《税法实务与税收筹划》,该书涵盖了国地税各项税种的政策依据,为各类税种的计提、缴纳及筹划提供了政策支持和依据。热电分公司编制了《热电分公司企业管理丛书》,包括《安全管理手册》《生产管理手册》《基础管理手册》,规范了安全、生产、基础管理各项业务流程;编制了《外委承包商管理手册》,规范了外委承包商的入厂及作业规范。2018年,采购供应部编印了《采购供应部工作手册》,该手册涵盖了采购、供应相关工作制度、岗位说明书及工作流程等。2020年,北元集团编印了《党支部标准化建设手册》,系统地介绍了基层党支部的工作任务和要求、基本知识和工作方法,为全面提升各党支部标准化建设提供了依据。从2020年开始,北元集团每年编印《北元力量》《北元故事》《思想政治工作研究成果》,详细记录了公司改革、发展、跨越的不平凡历程和辉煌成就,集中展示了公司各条战线上涌现出的先进典型人物,凝聚了广大职工的智慧与汗水。2022年6月,北元集团编印了《情暖梨树河》,全方位记录了脱贫攻坚过程中贫困群众努力、帮扶单位助力、党委政府领导有力的可歌可泣的感人故事,全面总结了助力脱贫攻坚的典型做法。安全环保部编印了《安全生产管控体系评审标准》《典型事故案例汇编》《安全生产管理制度汇编》《生产安全事故应急预案汇编》《环境管控体系评审标准》《北元球迷俱乐部五岁纪念册》《健康企业体系手册》《健康企业体系评审标准》,企业管理部编印了《内部控制手册(2020年)》《制度汇编(2018年)》。同年8月,北元集团编印了《党支部标准化建设典型案例集》。

第五节 社会责任

一、组织机构

2000年以来，北元集团在担当社会责任中，成立以党委书记、董事长，党委副书记、纪委书记为负责人的对口帮扶组织领导机构，配齐干部，履行责任。按照中央、省委和国资委部署，陕煤集团做出精准脱贫的统一安排，选派德才兼备、吃苦耐劳、工作能力强的干部及时入驻帮扶对象村，实行驻村第一书记制度，用实际行动诠释国有企业应有的责任和担当。驻村以来，第一书记和工作队员带着责任、带着感情，专心致志、脚踏实地开展工作，与当地群众"同吃、同住、同劳作"结下了深厚情谊，树立了良好的企业形象。截至2022年，北元集团围绕"精准扶贫、包抓到户"的工作思路，公司领导多次带领党员干部深入帮扶村开展扶贫工作调研，走村入户精准识别，开展贫困户精准识别建档立卡工作，摸清核准全村贫困户基本情况和致贫原因，完善建档立卡工作，并根据每个贫困户的具体困难量身定制帮扶措施，因户施策、分类施策，有效解决了"要扶谁""谁去扶"和"怎么扶"一系列根本问题，使精准扶贫对症下药，靶向治疗，真正做到扶持一户、脱贫一户，实现了从"输血"扶贫向"造血"扶贫的转变。

二、社会公益事业

北元集团在建设和发展过程中，积极响应政府号召，参与当地慈善捐助活动和开展企地帮扶活动。2004年，为神木县慈善协会捐资4万元；2006年为神木杨家将研究基金会捐资100万元；2008年，为四川地震灾区捐款14万余元；2007年，在"双百帮扶"号召中，出资80万元为神木县解家堡乡关崖窑村修通西川公路，切实解决了当地百姓行路难的问题；2009年，为榆林市书法协会捐款5万元，为神木县慈善协会捐款5万元；2010年，在省、市、县"千企千村扶助行动"工作安排中，对口帮扶佳县朱家坬乡沙湾村，出资80余万元，解决了人畜饮水难问题，改善了通村道路问题，并开展就业扶助工作，改善了部分家庭贫困状况。2011年，踊跃参与神木三大慈善公益金活动，捐款2000万元，积极响应榆林市慈善协会倡议，购买3000册《学生安全预防与自救》图书赠予榆林市中小学生。除此之外，还积极帮扶贫困大学生、贫困员工，多次为地方贫困地区捐资捐物。通过多种措施有效融洽了公司与地方政府和当地老百姓的关系，营造了良好的建设和生产经营环境。2012年，公司响应陕西省委和陕西省政府号召，与安康市汉阴县蒲溪镇田禾村结为"两联一包"帮扶对子，公司专门成立了"两联一包"帮扶领导小组，7月赴田禾村实地考察，对强降雨造成的灾害，公司捐款5万元，解决了受灾群众的生产、生活问题，并计划用两年时间从基础设施、生产、生活等方面帮助该村发展，全力扶助村民增收，让群众得到更大的实惠。2013年以来，北元集团积极参加各级政府开展的社会公益活动，先后参加了神木市慈善基金组织开展的慈善活动，参与了榆林市"千企千村"帮扶工程、陕西省精准扶贫结对帮扶项目等，对口帮扶佳县朱家坬乡沙湾村、安康市汉阴县浦溪镇田禾村和安康市汉阴县双河口镇梨树河村、神木锦界镇乔巴泥沟村脱贫致富。

2014年以来，北元集团对口帮扶安康市汉阴县双河口镇梨树河村，按照"授人以鱼不如授人以渔"的工作思路，以增强贫困户"造血"功能为出发点开展精准帮扶工作。2016年，依据神木政府《关于25户重点企业对口帮扶25个贫困村的实施意见》精神，北元集团先后对口帮扶神木栏杆堡镇巴门沟村，锦界镇乔巴泥沟村、枣稍沟村、南北沟村，高家堡镇石圪佬村。截至2018年，累计向栏杆堡镇巴门沟村捐款7万元，向乔巴泥沟村捐献98万元资金和物资（捐赠50万元，价值48万元的"北元"牌水泥），用于田间道路改造和村民生产生活条件改善。2019年，向神木乔巴泥沟村捐赠扶贫款50万元，捐赠水泥500吨，投入资金15.25万元，帮扶三户贫困户（每人每月600元），合计2.16万元。截止到2020年底，安康市汉阴县双河口镇梨树河村全村190户530人贫困户全部脱贫。村集体产业发展始终坚持长短结合，以短养长，以长稳短保增效的模式，确保产业帮扶取得实效。村集体共计发展了180亩猕猴桃、100亩金银花、450亩拐枣经济林，3万羽蛋鸡养殖规模的自动化养鸡场，100头肉牛养殖规模的养牛场，搭建了46个日光大棚，重点发展蔬菜种植，栽种了200亩辣椒、80亩丹参，累计发展8000余只的散养土鸡，建设了幸和安置点烘干加工厂和冷库，入股汉阴县鑫聚蔬菜种植联合社和大唐信服，实现了产业发展的多元化和可持续性。全村除五保户和举家外出务工户外，所有户均有产业发展项目。村集体累计为贫困户分红3次合计18余万元。引导80余人到合作社务工，累计发放务工工资80余万元。通过土地流转、劳动务工、入股分红等合作方式，带动168户506人实现增收稳定脱贫，实现了从"输血"扶贫向"造血"扶贫的转变，为实现脱贫成果巩固厚植根基，为助力乡村振兴打下了良好的基础。2020年，为神木乔巴泥沟村捐赠扶贫款50万元，帮扶三户贫困户（每人每月600元），合计2.16万元。2020年，为榆林合力团投入资金200万元，为汉阴七叶莲农业科技有限责任公司投入资金300万元，用于消费扶贫。2021年，为榆林合力团投入资金250万元，为汉阴七叶莲农业科技有限责任公司投入资金350万元，用于消费扶贫。2020年以来，面对新冠肺炎疫情，公司全力支持疫情防控和受灾地区，以实际行动践行企业社会责任。2021年，向神木枣稍沟村捐赠20万元用于乡村振兴，向石圪佬村捐赠25万元用于乡村振兴，向南北沟村捐赠30万元用于乡村振兴。同时，还为榆林市横山、子洲等地留守儿童赠送图书1000余册，生活用品500余件；为雅安地震灾区及榆林市绥德、子洲洪水灾害地区等捐款捐物价值达29.5余万元。截至2021年，累计投入帮扶资金1188余万元，开展产业帮扶、消费帮扶、就业帮扶、教育帮扶等帮扶举措。组织所属党支部开展形式多样的"主题党日活动""金秋助学""节日慰问""志智双扶""困难学生资助""走访慰问"等活动，全方位、多角度开展帮扶工作。实现全体村民生活富裕，重在产业振兴。结对帮扶以来，北元集团累计投入产业帮扶资金260万元，帮助梨树河村成立了三个专业合作社，通过"党支部＋贫困户""合作社＋X＋贫困户""企业＋村集体经济组织＋贫困户""三变改革"等模式，吸纳社员覆盖全村脱贫户和有劳动力的农户，将脱贫户镶嵌在产业链条上。

为践行企业社会责任，2022年，北元集团向神木市锦界镇南北沟村捐赠15万元，向高家堡镇石圪佬村捐赠17万元，向神木市锦界镇乔巴泥沟村捐赠水泥300吨，折合人民币15万元。同年8月30日，北元集团按照陕煤集团统一安排部署，向定点帮扶村拨付年度帮扶资金40万元。2022年购买汉阴七叶莲鑫聚农业科技有限责任公司消费帮扶产品301.35万元，购买陕西合力品源文化产业有限公司消费帮扶产品200.06万元，购买清涧北国枣业有限责任公司消费帮扶产品21.60万元。新冠肺炎疫情发生后，北元集团积极克服内外部困难，迅速组织生产防疫物资，截至2022年12月底，累计向河南省、西安市、榆林市企事业单位捐赠次氯酸钠消毒液131675吨（折合），驰援各地疫情防控工作。

第十一章 行政事务管理

本章主要记述了北元集团审计监督、法律事务、企业行政管理、档案管理、友好来往等内容反映了综合管理及变化情况，企业行政管理工作不断强化，工作成效和质量越来越高，规范化程度不断提升。

第一节 审计监督

一、机构沿革

2003—2009 年，北元公司审计工作由财务处负责。2009 年 11 月 16 日，北元集团审计监察部成立，2012 年 3 月正式运作，定编 5 人，管理人员 2 人。2013 年 8 月，在北元集团组织架构调整中，撤销审计监察部，在党群工作部下设审计监察室，与纪委合署办公。2015 年 6 月，审计监察室并入企业管理部，更名为内控审计科，设立内控审计科科长和内控审计专员各 1 名。2021 年，公司实行总部机关去行政化改革，撤销了内控审计科，新设立内控审计模块，配有审计人员 2 人，其中业务主管 1 人、内控审计管理专员 1 人。

二、审计制度

2009 年，审计监察部先后制定的内部审计制度、办法有《陕西北元化工集团有限公司内部审计工作暂行规定》《陕西北元化工集团有限公司财务收支审计办法》《陕西北元化工集团有限公司内部控制审计办法》《陕西北元化工集团有限公司单位负责人经济责任审计办法》《陕西北元化工集团有限公司内部审计工作暂行规定》等。2013 年以来，北元集团先后出台的审计制度主要有《内部审计工作暂行规定》《财务收支审计办法（试行）》《内部控制审计办法（试行）》和《单位负责人任期经济责任审计办法（试行）》。2018 年以来，制定的内部审计制度有《违规经营投资责任追究办法》《内部审计查出问题整改办法（试行）》等，为公司内部审计的高效、顺利开展提供了制度保障。2021 年，制定下发《违规经营投资责任追究办法》《审计查出问题整改办法》等办法；2022 年，制定下发《内部控制评价管理办法》等制度，完善了内控制度管理体系。同时，北元集团强化审计问题整改，对近 3 年内外部审计查出问题整改情况进行"回头看"，督促建立长效管控机制，切实提高组织体系"免疫"能力。

三、资本验资审计

2003 年，由榆林神通有限责任会计师事务所对截至 2003 年 5 月 13 日的实收资本 2000 万元进行验资审计。2004 年，由榆林神通有限责任会计师事务所对截至 2004 年 2 月

10 日的实收资本 7000 万元进行验资审计。2008 年，由榆林神源联合会计师事务所对截至 2008 年 2 月 26 日增加的注册资本及实收资本情况进行审计，实收资本从 7000 万元增加至 68800 万元。2008 年，由榆林神源联合会计师事务所对截至 2008 年 10 月 20 日增加的注册资本及实收资本情况进行审计，实收资本从 68800 万元增加至 105800 万元。2010 年由榆林神源联合会计师事务所对截至 2010 年 3 月 3 日增加的注册资本及实收资本情况进行审计，实收资本从 105800 万元增加至 134000 万元。2010 年，由榆林神源联合会计师事务所对截至 2010 年 6 月 24 日增加的注册资本及实收资本情况进行审计，实收资本从 134000 万元增加至 163600 万元。2010 年，由榆林神源联合会计师事务所对截至 2010 年 7 月 7 日增加的注册资本及实收资本情况进行审计，实收资本从 163600 万元增加至 168000 万元。2012 年，公司审计监察配合希格玛会计师事务所完成公司增资扩股审计。

四、工程项目审计

（一）10 万吨/年聚氯乙烯项目工程竣工决算审计

2005 年，公司 10 万吨/年聚氯乙烯项目一期 5 万吨项目建成投运，公司委托陕西榆林振北有限责任会计师事务所对一期 5 万吨项目进行工程结算审计和财务竣工决算审计。2007 年，公司 10 万吨/年聚氯乙烯项目二期 5 万吨项目建成投运，公司委托陕西榆林振北有限责任会计师事务所对二期 5 万吨项目进行工程结算审计和财务竣工决算审计。

（二）100 万吨/年聚氯乙烯循环综合利用项目及其他技改项目审计

2007 年 11 月，公司与陕煤集团合作建设 100 万吨/年聚氯乙烯循环综合利用项目，由陕煤集团委托陕西衡兴会计师事务所对公司 2005—2007 年 1—10 月的资产、负债、现金流量情况进行专项审计和评估审计，并出具了相应的专项审计报告。2012 年，配合中审世纪造价咨询公司做好 100 万吨/年聚氯乙烯项目一、二期工程竣工结算审计工作，一期、二期工程竣工结算审计于 2012 年 12 月完成，并出具了结算审计报告。2013 年 6 月配合中审亚太会计师事务所完成 100 万吨/年聚氯乙烯项目一、二期工程财务竣工决算审计工作。2013 年，配合中审亚太会计师事务所完成了公司 100 万吨/年聚氯乙烯项目的财务竣工决算审计工作。2016 年，开展了热电分公司、水泥有限公司、化工分公司 2013 年、2014 年已完工的技术改造项目的财务竣工决算审计，对各项目建成后的经济效益等情况进行了项目后评价审计；对锦源化工 50 万吨/年电石扩建项目进行了工程竣工决算审计。2017 年，完成了锦源化工 50 万吨/年电石技改扩建项目决算工作审计，共核减造价约 699 万元；协助陕煤集团和会计事务所对 135 万吨原盐及采输卤工程进行了竣工决算审计，共核减造价约 130 万元。同年，通过对公司 30 项技改项目开展竣工决算审计，有效提升了技改项目的管理水平。2018 年，对公司 2017 年度安全费用及 2018 年 1—9 月外委维修费进行了专项审计。同年对化工分公司乙炔气回收改造项目、100 万吨/年聚氯乙烯升级改造项目等进行了财务决算审计。在内部控制审计中对公司的资产管理、原料采购、采购销售合同和工资管理进行了梳理和评价，在外部审计中沟通协调 135 万吨原盐及采输卤的竣工决算审计。2019 年，组织开展了防范和化解重大风险工作，对各类风险进行了梳理、排查，并下发了工作方案，方案中就具体风险隐患，制定了针对性管控措施，明确了责任领导和责任单位。对水泥有限公司二线窑头余热利用项目和锦源化工锅炉脱硫改造项目进行了项目后评价。组织外部审计机构对 100 万吨/年聚氯乙烯升级改造项目和废硫酸裂解项目进行了竣工决算审计工作。对化工分公司乙炔气回收改造和锦源化工电石炉净化灰返炉燃烧系统改造项目进行了财务决算审计。2020年，对化工分公司固碱蒸发脱硫脱硝技术改造项目进行了竣工决算及后评价审计。聘请外部审计机构对公司无汞触媒应用工艺技术研究项目进行了经济效益审计。对审计发现问题的整改情况进行了跟踪督办。2021年，对公司母液水制纯水项目、热电分公司煤场环境治理项目进行了审计。聘请外部审计机构对135万吨/年原盐及采输卤工程项目进行了后评价。2022年，对公司2021年度已转技改项目进行了竣工决算审计。

五、财务审计

2012年，由陕煤集团委托陕西衡兴会计师事务所对公司2008—2011年度财务决算进行了审计，出具了审计报告和所得税汇算清缴纳税申报鉴证报告。同年3月，由陕煤集团委托希格玛会计师事务所，以2011年12月31日为基准日，对公司的财务状况、经营成果和现金流量情况进行了审计，出具了审计报告。同年，配合希格玛会计师事务所完成分期财务决算审计工作。同时编写完成了部门各岗位说明书。2013年，对公司各单位的财务收支、技改项目、劳务费、合同管理等开展了专项审计，出具了审计报告，下达了审计决定，提出了审计意见。2014年，对公司2013年度的招投标竞价、各单位财务收支情况进行了专项审计。2015年，配合公司监事会完成对公司2014年下半年和2015年上半年经营状况的专项审计。2016年，对水泥有限公司2015年提成核算及提成分配等进行了专项审计，指出了在二次分配方面存在的内控风险，下发了整改建议；对聚氯乙烯、水泥、烧碱产品的应收账款回收、破包损失情况，以及回款风险、应收票据的管理情况进行了专项检查；在对锦源化工和水泥有限公司的劳务费、修理费审计时，对存在的问题提出了有针对性的建议，并对整改落实情况进行了跟踪检查。2017年，对北元集团各单位二次个人绩效考核情况进行了专项调研审计。同年，对水泥有限公司2017年上半年水泥欠款回款情况进行了专项考核审计，下达了2017年下半年清欠目标，督促水泥有限公司降低欠款金额；对煤管票管理、资金管理进行了专项检查；通过对各分、子公司的主要产品成本的专项审计，进一步健全了成本管控体系。2018年、2019年，对公司2017年度招待费、差旅费、办公费等管控费用进行了专项审计，对2018年1—10月劳务费进行了专项审计。对票据池业务开展情况进行了专项检查，促进了票据池业务风险管控。2019年，对公司2013—2018年的固定资产报废情况进行了专项审计。对锦源化工资金管理情况和各分、子公司绩效分配及奖罚情况进行了专项审计，对公司烧碱和PVC的销售业务进行了审计。2020年，在内部审计中，实施精细化审计，对公司后勤维修费、低值易耗品、废旧物资、工会经费、"四个一"捐款、广告宣传费用等业务进行了专项审计，持续补短板、堵漏洞。联合价格管理小组、销售及采购部门对片碱加工成本、块煤和面煤采购市场走访调研，为降低生产成本起到了积极作用。2021年，在内部审计中，对公司消防器材、信息化耗材、科技创新项目、铁路货车延时占用费、管控费用等5项业务进行了专项审计。结合上市监管要求，开展了公司2020年度内部控制评价工作。对北元大酒店资产管理、工资管理情况进行了专项审计。配合陕煤集团审计委完成工资管理、工会经费、科研项目3项专项审计。同时，配合希格玛会计师事务所完成了各年度财务决算审计。2022年，对2021年度内部控制、2021年度财务决算进行了评价和审计。

六、离任审计

2012年3月,配合陕煤集团对公司董事长离任进行审计工作,出具了审计报告。2013年,在完成了公司100万吨/年聚氯乙烯项目的财务竣工决算审计工作时,上报了原董事长李厚志的经济责任审计问题整改报告;对热电分公司原副经理李建伟和化工一分公司原经理王奋中进行了任期经济责任审计。2014年,配合陕煤集团完成了原董事长惠维渊的经济责任审计。2015年,对盐业分公司原经理折荣强任期经济责任进行了审计;配合陕煤集团完成了原董事长张文华的经济责任审计。2020年,配合陕西省审计厅完成了陕西煤业化工集团有限责任公司董事长杨照乾、总经理严广劳经济责任审计和公司2019年度资产负债损益审计。

第二节 法 律 事 务

一、管理机构

2003年以来,公司法律事务由归口部门管理,设立有法律事务管理岗位,聘请专业法律顾问,主要就有关法律问题提供参考意见,对重要的法律文书进行详细审查,并代理参加诉讼、调解或者仲裁等活动,初步形成法律风险防范机制。2013年,北元集团法律事务先后由综合管理部、企业管理部负责。2017年6月,陕西北元化工集团股份有限公司成立后,下设证券事务部,法律事务归证券事务部管理。

2020年12月24日,公司设立了法律事务部。法律事务部是公司法律事务归口管理部门,主要负责公司法律纠纷、案件处理、合同法律审核等工作,为公司各项生产经营活动提供法律保障和支持。其职责包括:①贯彻执行国家法律、法规,研究相关法律、法规政策,对企业重大经营决策提出法律意见。②负责公司分立、合并、破产、解散、投融资、担保、租赁、转让等重大经营活动、重大事项的法律前期尽职调查。对经营管理中的重大事项组织法律风险分析论证,提出相关法律意见。③负责参加公司投资、财务、安全、环保及党建等方面的重大法律风险防控工作。④负责处理涉及公司的诉讼、仲裁、行政复议和听证等各类法律纠纷,做好突发事件法律应急处理工作,整理并记录相关材料存档备案。⑤负责管理公司外聘法律服务机构,对外聘法律服务机构的工作进行监督和评价,为公司及所属单位提供有关法律咨询。⑥负责企业法律文化建设,定期进行法务知识培训,组织法律知识普及讲座,为企业员工提供法律援助等。⑦负责公司合同的法律审核工作。⑧完成公司交办的其他工作。

二、制度建设

2003年以来,公司法律事务由归口部门管理,制订有《法律事务管理办法》,对法律审核、案件管理、合同审核、授权管理、知识产权管理等予以规范。

2013年以来,先后对《法律事务管理办法》进行了完善修订,对法律审核、案件管理、合同审核、授权管理及法律事务问责与考核等予以规范,明确了法律事务归口管理部门,设立专职法律事务管理人员,外聘当地知名专业法律顾问,就公司业务相关的法律问题提供参考意见和建议,对重要法律文书进行详细审查,并代理参加诉讼、调解或者仲裁活动,形成了有效法律风险防范机制,保障了公司合法权益最大化。2019年,通过出台《企业主要负责人履行推进法治建设第一责任人职责实施办法》,对企业主要负责人在推进法治建设工作中的职责进行了明确和规定,推进了法治企业建设,保障了公司生产运营合法合规。

三、法律事务管理

(一)起诉、应诉程序

截至2022年,法律事务部针对合同纠纷引起的起诉案件,经办单位第一时间及时逐级向上汇报案件情况,并根据案件情况决定是否起诉,决定起诉后按照下列程序进行诉讼审批:经办单位整理案件基本情况材料,填写"法律案件起诉/上诉审批表",经公司总经理审核、董事长审批;经办单位积极收集证据、准备案件材料,法律事务部办理授权委托手续,做好立案、起诉(诉讼文书),并协助经办单位做好与外聘法律顾问、法院的沟通协调。针对应诉案件,涉案单位收到执法机构送达的各类法律事务信函、应诉文件等法律文书后,按照下列程序办理案件:经办单位在文书签收之日起2个工作日内将涉案法律文书等案件相关资料提交综合管理部办理外来文件表单,申请公司领导批示,并及时报法律事务部备案登记;根据公司领导批示,法律事务部协助经办单位办理法律案件;经办单位应当及时收集证据、整理材料,做好应诉准备工作;办案期间,法律事务部负责与外聘法律顾问沟通及办理授权委托等工作;案件办理终结,经办单位应当做好案件的整理归档,法律事务部对案件完整资料进行卷宗存档;案件处理过程中,涉及调解结案的案件,经办单位应将和解方案报送公司领导审批,同意后方可签署相关文书;案件审理完结后,经办单位及相关部门应严格按照人民法院判决书做好执行工作,对方当事人逾期不履行生效法律文书时,经办单位应及时告知法律事务部,并向人民法院申请强制执行。

(二)合同审查

法律事务部结合公司主要业务,会同相关部门编制合同模板,并经外聘法律顾问审定后发布使用。各单位可以根据实际情况对合同模板提出修改意见,经法律事务部审核同意后统一发布使用。法律事务部法务人员依据相关法律法规对公司各类合同进行审查。在审查过程中,遇到问题合同做回退处理,回退数量纳入年度考核,督促各单位加强合同管理。法律事务部对各单位提供各类合同的法律咨询和建议。同时,针对重大项目、重要经济合同、非标合同,法律事务部和外聘法律顾问共同论证,全程参与文书起草、修订、资质审查等环节,保证100%法律审核,预防合同纠纷和诉讼案件发生。2013—2022年,北元集团共登记签订合同61413份。截至2022年,每年平均审核合同约8000份。

四、商标注册

2018年,北元集团有聚氯乙烯、水泥等核准商品下的注册商标84枚,其中国内注册商标81枚,国际注册商标3枚,分别包括越南、马来西亚两个国家的注册商标。截至2021年,公司持有有效注册商标共计85枚,其中国内注册商标82枚,国际注册商标3枚,商标核准使用商品覆盖公司主要经营产品,法律事务部根据商标时效进行定期维护,保证注册商标的有效性与合法性。

五、法制宣传

2003年以来，公司法律事务由归口部门管理时，不定期邀请专家对公司管理人员进行相应法律知识的培训，提高法律风险意识。2020年以来，法律事务部逐步发挥普法职能，持续广泛开展普法宣传工作，以陕西省委普法办、陕煤集团法律与风控部发布规划、要求为依据，以公司经营相关时间节点为契机，开展经营相关法制宣传活动；以国家主要法制宣传任务（如宪法宣传周）为节点持续开展年度普法宣传工作；结合社会法律环境，开展职工权益相关法制宣传（妇女权益保护宣传、防范电信诈骗宣传），营造浓厚法律氛围，企业依法治企能力不断得到提高。

第三节 文秘与信访

一、管理机构

（一）机构

2003—2013年，北元集团综合管理部下设3个科室，分别为行政科、文秘科、接待科。2013年8月，在公司机构调整中，综合管理部与信息中心、服务中心3个部门进行了合并，下设6个科室，分别为行政管理科、信息管理科、后勤服务科、物业管理科、车辆管理科、安全保卫科。2015年6月，综合管理部后勤服务科与车辆管理科合并为后勤管理科，物业管理科与安全保卫科合并为物业保卫科。2017年7月，综合管理部设物业管理科、消防保卫科，撤销物业保卫科。2018年6月，综合管理部设物业保卫科，撤销物业管理科、消防保卫科。2021年，综合管理部撤销原科室成立行政管理模块、信息管理模块、后勤管理模块、物业保卫模块，人员编制115人。

（二）职责

截至2022年，综合管理部行政管理模块主要负责行政事务的检查、督办；公司级会议的组织、筹备、服务及会议室的管理；公司级会议或领导指定会议的记录及会议纪要的起草；公司大型接待的组织，外来参观、视察、调研、访问人员的现场接待与讲解；客饭票管理、400电话投诉处理；公司外部来文的接收、传阅、督办和对外文件的发送；内部文件的处理、审核、收发、传阅及日常保管；公司各类文件的起草和领导交办文件的草拟；公司信访管理、保密管理；公司档案建设、档案接收与保管、档案借阅和日常管理等；办公用品、烟酒、礼品等的采购与管理，礼品的接收、保管和领用管理；公司印章管理、介绍信及其他证明材料的开具；公司值班管理、领导带班值班管理及公司领导考勤管理、日常服务；合同管理，合同管理检查和合同号发放；部门培训管理、绩效考评等。

二、制度建设

2004年12月，制定神府经济开发区北元化工有限公司会议制度。2005年7月，制定公司车辆及驾驶员管理制度。2007年11月，制定公司人事档案管理办法。2009年12月，制定公司发文处理办法、公司档案管理规定、公司印章管理办法、公司会议管理办法、公司业务招待管理办法和公司接待办法。2010年3月，制定办公用品管理办法。2011年1

月,制定档案实体分类管理办法、会议管理办法。2012年5月,制定集团公司发文处理办法等相关制度。2014年11月,修订出台业务招待管理办法。2015年9月,修订领导干部带班值班管理办法。2016年1月,修订办公用品管理办法、印章管理办法、会议管理办法。2017年6月,修订出台信访维稳管理办法、档案管理办法、差旅费管理办法及补充说明。2018年2月,修订电脑费用补贴管理办法、证照管理办法、因私出国(境)管理办法、公文管理办法、差旅费管理办法、业务招待管理办法。2019年,修订出台招待费管理办法。2022年2月,修订完善公文管理办法、差旅费管理办法、办公用品管理办法、电脑费用补贴管理办法、信息化设施管理办法、物流一卡通系统运行维护管理办法、职工公寓管理办法、公务车辆管理办法、视频监控系统管理办法、领导干部带班值班管理办法、信访稳定管理办法、对讲机设备管理办法、职工活动中心管理办法等制度。

三、文秘工作

(一)发文、行文

2003—2022年,北元集团对机关各部门组织机构进行逐步优化,原综合管理部文秘科与行政科合并重组,新成立了综合管理部行政管理科,具体负责外来文件的传阅,公司级会议或领导指定会议的记录及会议纪要的起草,公司各类文件的起草和领导交办文件的写作,公司文件文字的审核及体例格式的制定,公司内部文件的收发、传阅及日常保管,文秘体系的建立及文秘人员的业务培训,印章管理工作,介绍信及其他证明材料的开具等。对于外部来文,根据文件传阅制度,及时向各部门传达文件精神,确保各项政策及时落实到位。对于内部发文,严格履行发文审批手续,拟稿层层审核,打字校对严格把关,发送、存档在最短时间内完成,确保发文质量。

(二)拟办文件

文秘人员坚持以"严谨、严密、严格"为准则,以"全满意、零失误"为标准,以"内容上求实、格式上求严、文字上求精、篇幅上求简"为要求,站在全局高度,为公司领导当"好参谋"、提"好建议"、出"好文案"。通过严把公文起草关、严把公文审核关、严把公文印制关、严把公文校对关,统一文件格式,严格公文收发程序,进一步规范公文处理,较好地完成了文件审核把关、会议记录纪要、来文提案办复、综合材料撰写等工作。2003—2013年,每年平均累计签发文件546份,签收外来文件952份。2014年,累计签发公司文件507份,签收外来文件774份。2015年,累计签发公司文件528份,签收外来文件791份。2016年,累计签发公司文件599份,签收外来文件755份。2017年,累计签发公司文件686份,签收外来文件943份。2018年,累计签发公司文件778份,签收外来文件833份。2019年,累计签发公司文件678份,签收外来文件1008份。2020年,累计签发公司文件737份,签收外来文件1094份。2021年,累计签发公司文件723份,签收外来文件1217份。2022年累计签发公司文件849份,签收外来文件1161份。

(三)培训学习

2003—2016年,为了提升公司文秘专兼职人员写作水平,北元集团组织建立了涵盖集团本部及分、子公司的文秘队伍。2017年5月,公司组织各单位文秘专兼职人员进行了为期一周的公文写作系统人员培训,2020年、2021年、2022年连续三年举办了公文写作培训班。2017年8月,结合公司实际,创新性地编制了公司公文写作手册,2021年制定了"公文标准化方案",为各单位文秘专兼职人员提供了公文写作学习教材,为提升公司整体公文写作水平奠定了基础。

四、信访工作

2003 年以来,信访工作主要由公司办公室负责接访,设有信息综合反馈系统、免费热线电话等。2013 年以来,北元集团持续运用信息综合反馈系统,免费热线电话,设立了专用邮箱,以接收各类反馈信息。该系统实行 24 小时无间断服务,主要包括信息征集、廉洁监督和员工应急救助,使投诉、反馈渠道畅通。为了维护公司稳定与发展,进一步规范信访程序,提高信访工作效率和工作质量,根据《陕煤集团稳定工作评估办法》《陕煤集团信访事项结案制度》,并结合公司信访稳定工作实际,2017 年 6 月 29 日,制定下发了《陕西北元化工集团股份有限公司信访稳定管理办法》,明确了各单位工作责任、工作程序、信访事项受理、信访工作要求及管理与考核方式,制定了详细的信访事项登记表及信访事项处理通知单,为信访人员提供了反映情况、提出建议和意见或者投诉请求的渠道。同时,公司致力于畅通信息综合反馈机制建设,通过开通 400 免费热线电话、公司综合系统服务平台、专用邮箱及 OA 公告栏等方式实行 24 小时无间断服务,接收各类反馈信息,并及时进行反馈。截至 2022 年,对客户反馈的公司产品、质量、服务以及管理等方面的意见和建议,及时反馈给产品生产单位和销售单位,责成落实整改;接到公司员工反映的各类问题后,及时反馈给相关领导,并责成相关单位落实办理。信访工作的满意度不断提升,也赢得了客户和公司员工的好评。公司未发生群体上访事件。

第四节 档 案 管 理

一、管理机构

（一）机构

2003—2012 年,在公司成立之初,设立了单独的档案室,隶属于办公室行政科。集团公司成立后,档案室划归到综合管理部行政科,设有档案管理专门岗位。2013 年初,北元集团档案管理工作隶属综合管理部,设有档案管理岗位,编制 1 人。同年 8 月,综合管理部下设行政管理科,具体负责公司档案管理工作。截至 2022 年,北元集团档案室设专职档案员岗位,编制 1 人;各分、子公司配备有 1 名兼职档案员,集团公司各职能部门、业务中心配备有 1 名兼职档案员。

（二）职责

截至 2022 年,北元集团档案室主要负责公司各类生产建设档案、设备随机档案、生产运行档案、各部门文书档案的管理;档案室日常管理,包括档案室设施设备维护、档案借查阅、档案管理制度制定、内部检查等;指导、检查施工单位的项目档案整理、整编、移交等工作。

二、制度建设

2003—2016 年,公司先后制定了《档案管理规定》《档案实体分类管理办法》《人事档案管理办法》《档案工作突发事件应急处置预案》《陕西北元化工 100 万吨/年聚氯乙烯循环综合利用项目资料收集控制措施》《陕西北元化工 100 万吨/年聚氯乙烯循环综合利用项目档案移交流程图》，以及上墙制度汇编，如《档案室职责》《档案员岗位职责和考核办法》《档案保密制度》《档案保管制度》等多项管理制度。2017 年 10 月，结合公司实际情况，修订出台了《档案管理办法》，明确了档案管理范围、部门职责、分类标准等内容，新增了档案借阅流程及档案管理考核条款，进一步规范了公司档案管理工作。截至 2022 年，北元集团先后制定、修订和完善了《档案管理规定》《档案实体分类管理办法》《人事档案管理办法》《档案工作突发事件应急处置预案》《陕西北元化工 100 万吨/年聚氯乙烯循环综合利用项目资料收集控制措施》《档案室职责》《档案员岗位职责和考核办法》《档案保密制度》《档案保管制度》《档案利用检查制度》《档案统计制度》《档案库房管理制度》《档案鉴定销毁制度》《北元集团档案工作网络》等。

三、馆藏设施

2003—2012 年，北元集团先后投入 200 余万元，用于档案场馆及配套设施、设备的建设。档案室面积达到 500 平方米，具备防火、防盗、防光、防高低温、防潮、防虫、防有害微生物、防有害气体等"八防"功能。集团公司档案室的办公室、编目室、阅览室合计约 75 平方米，配备了结实牢固的档案密集架、防磁柜、计算机、打印机、大型复印机（具备扫描功能）、装订机、不锈钢工作台桌等设施和设备，为档案工作顺利开展提供了充足的物力保障。公司与北京量子伟业时代信息技术有限公司合作开发建设北元集团档案管理信息系统。该项目投资 30 余万元，于 2012 年 8 月初开始实施，并投运，完成了 OA 系统开发对接。2022 年 7 月，北元集团数字化档案项目启动，并于 8 月开始对馆藏档案进行数字化加工，标志着公司档案管理工作步入全新阶段。

四、学习培训

在档案管理工作中，北元集团严格执行《中华人民共和国档案法》等法律、法规的规定，按照国家和行业的相关标准、规范的要求，科学、合理、高效地开展档案管理工作。公司先后招聘 2 名档案专业本科毕业生到公司档案室工作。2009 年，派出 2 名档案管理人员参加陕西省档案局的学习培训，提升了公司档案管理人员的职业水平。2014 年，公司派档案管理人员参加了陕西省档案局组织的岗位培训。2017 年，公司派档案管理人员参加了陕西省档案局组织的岗位培训，还派出 3 名相关人员参加了陕煤集团的档案管理培训，主要培训内容包括档案管理、档案信息化建设及工程档案划分。2018 年，公司安排档案管理人员参加了陕西省档案局组织的档案理论知识学习，进一步提升了档案管理人员的专业技术水平。2020 年，档案管理人员通过线上参加了由陕西省档案干部培训中心主办、西北大学继续教育学院承办的档案干部初任培训班，提升了档案管理人员档案专业素养和专业技能。

五、馆藏及成果

（一）馆藏

2012 年，档案馆藏内容主要为项目档案，其中项目一期共归档纸质档案 6574 卷（包括前期文件110卷、施工图1155卷、施工文件1488卷、竣工图1181卷、设备文件2009卷、财务档案631卷），电子文件（施工文件扫描版光盘）61张，照片206张，声像档案46盘；二期共归档纸质档案4883卷（包括施工图917卷、施工文件1447卷、竣工图790卷、设备文件1729卷），电子文件（施工文件扫描版光盘）37张。截至2022年，档案库房存放的各类资料主要有：10万吨/年聚氯乙烯项目、100万吨/年聚氯乙烯综合利用项目及升级改造项目建设资料，其中包括项目前期审批文件、设计图纸、现场施工、设施设备资料。各部门文书资料，分、子公司生产运行记录，财务凭证等资料，共计33000余卷，其中财务凭证12784卷、项目档案12839卷、生产运行记录6655卷、文书档案1326卷。

（二）成果

2013年以来，北元集团100万吨/年聚氯乙烯循环综合利用项目档案一、二期通过了陕西省档案局档案专项验收。2016年12月，锦源化工有限公司50万吨/年电石技改扩建项目通过了陕西省档案局档案专项验收。2017年以来，公司根据国家档案局、中国煤炭工业协会、陕西省档案局、陕煤集团在新时期档案管理工作的新要求，结合公司实际情况，根据档案工作AAA目标管理认证标准，制定了北元集团档案建设规划方案，并邀请陕西省档案专家对公司的档案管理工作进行指导，为公司档案管理工作的持续发展奠定了坚实基础。同年8月，135万吨/年原盐及采输卤工程项目档案通过神木市档案局档案专项验收。2019年12月，通过了100万吨/年聚氯乙烯升级改造项目档案专项验收。

第五节　友　好　往　来

一、对外往来

2008年5月，德国、意大利合资企业伍德迪诺拉有限公司来访北元公司，与公司签订引进40万吨离子膜电解槽装置合同。同年5月，公司与德国、意大利合资企业伍德迪诺拉有限公司签订引进40万吨离子膜电解槽装置合同。2009年9月，伍德迪诺拉有限公司来访公司，并签订了100万吨/年聚氯乙烯循环综合利用项目一期40万吨/年离子膜烧碱电解槽合作协议。2010年9月，比利时安特卫普省省长贝嘉蒂女士来公司参观考察。2013年3月，法国电力集团亚太总经理傅亚先生在陕西省地电集团负责人一行的陪同下，在北元集团参观考察。同年8月，日本电气化学株式会社渡边均专务董事一行来北元集团进行技术交流。2017年，一艘装有中国北元集团PVC产品的巨轮停靠在非洲尼日利亚拉各斯港口，标志着中国北元集团PVC产品迈入非洲消费市场。2018年5月，由加拿大、澳大利亚、罗马尼亚、以色列、土耳其、埃及、巴基斯坦、越南、缅甸等丝绸之路沿线国家政治、经济、文化、教育领域的11名知名人士及中央广播电视总台国际在线20余名记者组成的"2018丝路大V榆林行"采访团来北元集团采访采风。

二、对内往来

2005年3月，中宣部落实科学发展观新闻采访团来公司进行调研工作。2008年3月，国家开发银行陕西分行行长茆君才一行来公司考察。同年4月，国家开发银行陕西省分行行长茆君才一行来公司参观考察。同年12月，中央扩大内需检查组一行视察了公司100

万吨/年聚氯乙烯循环综合利用项目。2010年6月，著名经济学家、北京大学光华管理学院院长张维迎来公司考察调研，在听取了公司生产经营及扩建项目建设的基本情况介绍后，张维迎对公司的产业布局、生产规模、科学的发展理念和发展潜力给予了高度评价，并希望公司坚持以科学发展观为指导，充分发挥企业产业优势，不断加快自主创新和产品优化升级步伐，全面提升市场竞争力，为企业进一步做强做大奠定坚实基础。2011年2月，公司与上海奥古特国际咨询机构合作的品牌文化战略项目启动。同年4月，中国工程院副院长谢克昌和院士袁晴棠带领的煤洁净转化课题组来公司考察调研。同年9月，被誉为浪漫派文学"最后的骑士"的著名作家、陕西省文联副主席、陕西省作协副主席高建群来公司参观考察，在听取、了解和察看了公司的基本情况后，对公司100万吨/年聚氯乙烯循环综合利用项目以及低碳循环经济的产业模式给予了肯定，并希望公司继续坚持走循环发展之路，把北元打造成大型国际化煤盐化工基地和低碳循环经济示范企业。同年10月，宁夏回族自治区副主席赵小平在榆林市相关领导陪同下来公司参观考察。2012年2月，中国石油和化学工业联合会会长李勇武在陕煤集团副总经理尚建选的陪同下，来公司考察指导工作。同年6月，当代著名作家、陕西省作家协会主席贾平凹来公司参观考察，在听取总经理王凤君介绍了陕北能源转化的历史、陕北能源重化工基地的建设历史，以及北元的发展历程后，感叹地说道：自己是用文字在纸上书写历史的，而北元是在广阔的陕北大地上书写和创造历史的贾平凹对公司高瞻远瞩的战略眼光表示赞赏，并祝愿北元越办越好、越走越远，为陕西省经济发展做出更大的贡献。同年9月，全国人大教科文卫委员会副主任、国家体育总局原党组书记李志坚来公司参观考察。2013年5月，中国人民解放军总后勤部政委刘源上将、政治部主任刘生杰少将一行来公司考察调研。同年7月，北京大学环境科学与工程学院北方（神木）实践基地揭牌仪式在北元集团举行，北元集团成为北京大学环境科学与工程学院实践基地。同年5月，国家科技部21世纪中心主任郭日生、处长张巧显，北京师范大学资源学院教授刘学敏、清华大学公共安全研究院教授黄弘一行组成的调研组来北元集团调研。2016年9月，陕西省宋庆龄基金会副主席尹维祖来北元集团参观调研。2018年8月，陕西省工商联副主席郭慧娥一行6人，在榆林市工商联副主席张修前，神木市市委常委、统战部部长李文江，榆林市委统战部副部长、工商联党组书记李胜雄及神木市各大型企业负责人的陪同下，来北元集团调研。2019年1月，招商银行西安分行副行长胡永安一行，在招商银行榆林分行行长袁永进、副行长乔景林和冯晓鸿的陪同下来北元集团参观调研。同年5月，省政协副主席、党组副书记祝列克，省政协常委、港澳台侨和外事委员会主任张雷带领港澳台侨和外事委员会委员一行40余人，来北元集团考察调研。同年6月，由中国化工报副总编辑李小亮带队的专家组一行12人，来北元集团就能源化工"金三角"产业协同发展进行专题调研。同年10月，陕西省慈善协会志愿服务艺术总团来北元集团慰问演出。2020年5月，延安大学党委副书记田伏虎一行来北元集团洽谈校企合作事宜。同年8月，淮北矿业集团党委书记、董事长方良才一行来北元集团交流座谈。2021年7月，北元集团紧急生产29.4吨次氯酸钠原液，火速运往河南省许昌市长葛市，全力支援当地抗洪救灾工作。同年8月，中国人民银行榆林中心支行党委书记、行长罗航海一行来北元集团调研座谈。同年10月，西安海关副关长李玉一行来北元集团考察调研。2022年5月，山水集团山西水泥公司党委书记、董事长王超一行，来公司就企业经营管理进行对标。同年6月，西安海关副关长吴伟栋来公司就生产经营、外贸发展等情况进行调研指导。同年6月,国家外汇管理局陕西省分局国际收支处处长肖继五、中国人民银行榆林中心支行行长罗航海到公司就跨境金融政策落地增效专项活动调研指导工作。同年6月,中央统战部副部长,全国工商联党组织书记、常务副主席徐乐江一行,来公司调研指导贯彻新发展理念、推进高质量发展及乡村振兴等工作。同年7月,陕西上河实业集团有限责任公司董事长李小平一行,来公司就党建引领安全生产工作机制及考核评价机制、党建工作与生产经营工作融合的方式方法、基层党支部标准化建设等方面进行对标交流。同年7月,西北大学校党委常委、副校长吴振磊来公司就校企产学研合作进行调研交流。同年8月,陕西工人报社副社长焦晓宁一行,来公司开展"工报进百企·献礼二十大"调研采访活动;神木市委宣传部常务副部长白志强及10家中央级媒体人员来公司开展"央媒聚焦神木"采风采访活动。

第十二章 后勤服务

北元集团在发展生产建设规模的同时，注重职工物业后勤服务需求，不断加强后勤服务管理工作，从多方面为职工生活创造了条件，提供了便利，满足了职工生活和生产服务的需要。消防安保职责明确、分工到位、履职尽责。

第一节 后勤管理

一、机构沿革

2003年5月，北元化工公司建设初期，在办公室下设有总务后勤科，主要负责后勤财产、灶务、车辆、住宿、卫生、锅炉、浴室、多功能厅、设施维修、医务等管理服务工作，编制20余人。2009年3月，北元集团服务中心成立，下设有后勤服务、物业和车辆管理科等，编制73人。2013年8月，在公司机构调整中，服务中心并入综合管理部，下设6个科室，分别为行政管理科、信息管理科、后勤服务科、物业管理科、车辆管理科、安全保卫科。2015年6月，综合管理部后勤服务科、车辆管理科合并为后勤管理科，将物业管理科与安全保卫科合并为物业保卫科。2017年7月，综合管理部设物业管理科、消防保卫科，撤销物业保卫科。2018年6月，综合管理部设物业保卫科，撤销物业管理科、消防保卫科。2018年，综合管理部共设4个职能科室，分别为行政管理科、信息管理科、后勤管理科、物业保卫科。2021年，综合管理部撤销行政管理科、信息管理科、后勤管理科、物业保卫科4个职能科室，设立4个职能业务模块，分别为行政管理业务模块、信息管理业务模块、后勤管理业务模块、物业保卫业务模块。截至2022年12月，后勤管理业务模块有职工50人（劳务派遣8人），其中司机37人（劳务派遣8人）；物业保卫模块有职工31人（劳务派遣12人），其中物业人员16人（劳务派遣4人）。

二、制度职责

（一）管理制度

2009年，北元集团服务中心成立以来，先后制定了《职工公寓管理办法》《公务用车使用管理办法》《环境卫生管理办法》《车辆安全风险抵押管理办法》等管理制度。截至2022年，北元集团为加大职工后勤服务工作力度，先后制定、修订、完善的管理制度有《公务用车使用管理办法》《中层干部车辆费用补贴办法（试行）》《公务用车配备使用管理办法》《绿化管理办法》《餐饮管理办法》《现场餐厅管理办法》《厨房天然气使用安全管理规定》《职工活动中心管理规定》《体育场管理规定》《游泳馆管理规定》《超市管理规定》《医务室管理规定》《纯净水管理规定》《职工公寓管理办法》《环境卫生管理办法》《车辆安全风险抵押管理办法》《后勤财产管理办法》《安保及门禁管理办法》《后勤维修管理办法》等。管理制度使后勤服务工作适应了北元集团发展的需要，服务管理工作不断迈上新台阶。

（二）管理职责

截至2022年，北元集团后勤服务管理职能分为物业管理和后勤管理两部分。

1. 物业管理工作职责

物业主要负责集团本部固定资产的管理工作，指导和检查各分、子公司非生产固定资产的管理；负责集团本部办公与生活设施、设备的保养与维修等工作；负责厂前区电梯定期维护与保养，维修费用开票挂账结算；负责集团本部办公区、生活区的水、电、气管理；负责集团本部办公区、生活区的环境卫生检查与监督管理；负责厂前区生活供水系统管理的运行维护督查、维修和技改，定期检测水质；组织开展业务模块人员的安全教育、技术技能培训与考核；负责厂前区安全隐患排查治理和技术改造项目等的计划与实施；负责物业项目的预算管理、能源消耗管理和降本增效项目管理。

2. 后勤管理工作职责

后勤负责制定科室各项管理制度及制订工作计划，确保后勤管理工作有序开展；负责公司餐饮日常管理工作，逐步改善员工就餐环境，提高饭菜质量；负责公司车辆日常管理及调度，保障各类用车需求；负责厂前区及厂区园林绿化养护、监督检查等日常管理；负责集团公司办公设施、卫生用品、低值易耗品等财产采购与配备；负责医务室日常管理，保证医疗工作顺利进行，为员工的身体健康提供有力保障；负责职工文娱活动场所日常管理；负责公司纯净水管理，并监督各分、子公司纯净水使用情况。

三、服务设施

截至2022年，北元集团物业后勤服务设施主要有：餐饮中心、职工公寓楼、职工活动中心、体育场、游泳馆、北元大酒店，以及邮件收发室、理发店、超市、健身房。

（一）餐饮中心

餐饮中心一层、二层为职工餐厅，两层可同时容纳800人就餐。2011年7月，为缓解人员多的压力，新增了生态餐厅，实行24小时营业服务，品种多样，主要有炒菜、冒菜、砂锅、烧烤、串串、凉菜、冷饮、面点等小吃，满足职工就餐需求。2016年1月，公司实施"餐厅进厂区"的方案，陆续在生产厂区设置6个现场餐厅，基本满足生产一线员工就餐需求。

（二）职工公寓楼

2013年，北元集团本部建造的4栋职工公寓楼，全部投入使用，每栋公寓楼均有6层，共有1077个房间（标准间），可容纳3000多人住宿，每个房间内均设有阳台（具备冬暖夏凉的特性）、卫生间、洗浴等设施。截至2022年12月底，公寓楼配置电视机、饮水机各1077台，鞋架1077个。化工分公司PVC装置生活区建有2栋职工公寓楼，可容纳700多人，其中1号公寓楼于2003年投入使用，2号公寓楼于2009年投入使用。锦源化工有限公司建有3栋职工公寓楼，可容纳1100多人，于2013年底前投入使用；2021年7月，公司在厂前区新建净化水站及每栋公寓楼配备生活直饮水设备并投入使用。

（三）职工活动中心

职工活动中心于2011年8月3日开工，2012年12月25日投入使用。工程实体为地上 3 层，总建筑面积 8319.4 平方米，其中占地建筑面积 3102.2 米，建筑总高度 20.52 米。职工活动中心属多功能文体中心及配套用房建筑，观众厅设 872 座（其中一楼 603 座，二楼 269 座）。职工活动中心于 2012 年底前投入使用。负一层设乒乓球、台球、健身房室（2015 年搬迁至餐饮楼三楼）、配电室、升降舞台基坑。一层为文艺演出、电影放映、羽毛球等多项活动场地。二层设置了书画室、阅览室、棋牌室、摄影棚等。2016 年 10 月，北元集团职工活动中心作为第 11 届中国艺术节分会场。配合举办了两场（安徽话剧团、浙江话剧团）文艺节目演出；次年同月，配合举办了第 8 届陕西省艺术节（渭南话剧团）文艺演出，为公司赢得了荣誉，树立了形象；2021 年举办了陕煤集团 2021 年度"最美员工"颁奖晚会。截至 2023 年初，先后举办大小型文艺演出累计 33 次，参演人员 3627 人次，观众 30572 人次；举办大型会议 33 次，参加人数 21078 人次。

（四）职工体育场

职工体育场建筑面积 28272 平方米，工程造价 830 万元，于 2012 年投入使用。体育场内设 1 个足球场、4 个羽毛球场、3 个篮球场、400 米田径运动场健身广场，为职工开展健身活动创造了便利条件。截至 2023 年初，职工体育场先后成功举办比赛 153 次，参赛 14260 人次，观众约 88200 人次。

（五）游泳馆

游泳馆位于北元大酒店一层，总建筑面积 312 平方米，游泳池长 25 米、宽 15 米，可蓄水 600 立方米，能同时容纳 25～30 人游泳。游泳池内部硬件、安全设施齐全。截至 2022 年 12 月底，开展游泳培训 25 批，估计培训 300 人次，举办三届游泳比赛，累计参赛 193 人次，观众 263 人；配合公司大小型接待累计 600 人。

（六）北元大酒店

北元大酒店建筑面积 10000 余平方米，拥有 50 间高中档客房以及豪华就餐包间、宴会厅、多功能厅，可同时容纳 500 余人就餐。酒店还设有棋牌室、健身房、KTV 等。截至 2019 年，北元大酒店每年平均接待宾客 27000 余人次。2020 年，受新冠肺炎疫情的影响，北元大酒店暂停营业 3 个月，年平均接待宾客 17000 余人次。从 2021 年 12 月起，受新冠肺炎疫情的影响，北元大酒店暂停营业。

（七）其他设施

北元集团为职工生活服务的设施还有：①邮件收发室。2013 年以来，在集团办公楼设立了快递收发点，将锦界工业园区范围内所有快递公司包裹邮件集中配送至公司，再指定专人进行派发。2018 年 3 月，公司与外委快递公司合作，在办公楼 109 室设立快递服务点，同年 8 月，由综合管理部物业保卫科直接负责快递业务办理，2019 年 12 月快递室搬迁至办公楼 102 室，并要求外委快递公司安装智能快递柜投放快递，为公司各单位往来快件及员工个人快递收发提供了更加便捷的服务。②理发店。理发店原址位于公司科研楼一楼右侧，2018 年 4 月，理发店搬迁至餐饮中心三楼，提供理发、染发、烫发、拉直、营养、焗油、发型设计等服务，环境明亮、舒适、优雅，基本满足广大员工的需求。截至 2022 年，理发店平均每年服务职工 5100 人次。③超市。为进一步提高北元集团超市服务标准，为职工提供高效、实惠、便捷的购物服务，2018 年 11 月公司与神木市百荟国贸购物有限公司合作在餐饮一楼成立北元集团职工超市。超市面积总计 300 平方米（餐饮楼地下室设 150 平方米库房储备物资），超市进行多方位优化组合，服务人员共 14 名，其中店长1名、经理1名、员工12名,岗位职责明确,服务周到。超市经营商品品类多样,包括生活日用品、小吃、米、面、油、调味品、水果等不同种类数量约4000种,极大地满足员工需求。④洗衣房。洗衣房设在科研楼一层左侧,配有上海浩森洗衣设备,包括水洗机、干洗机、烘干机、烫平机、立体包装机,从洗衣到熨烫干挂一体化服务,快捷又方便。2018年3月,由于公司办公场所需要,洗衣房关闭。

四、医疗保健

2004年8月24日,神木县经济开发区北元化工有限公司内部医务室成立,地址位于公司科研楼二楼,配有3名临床医生,配有常用药品、外伤包扎药物、化工区应急抢救专业药品和氧气瓶、氧气袋、高压消毒锅等。2018年4月,医务室搬迁至餐饮中心三楼。2021年2月,医务室由神府经济开发区医院更换为神木中西医结合医院。该医务室是在公司原有医务室的基础上由公司委托神木中西医结合医院独立合法经营的。医务室内设2个输液室、1个观察室、1个隔离室(疫情备用)、1个理疗室、2个药房、2个宿舍,配有专业医务人员3名、护士3名、专业理疗师1名。药品分为常用药品和一系列急救用品共计300多种,由神木中西医结合医院负责采购,神木中西医结合医院轮流每天安排1名医生和1名护士值班,实行24小时值班制,物理理疗室配备具有经验的理疗师1名,可为员工提供推拿、熏蒸、颈部牵引、拔罐、针灸、刮痧等17项理疗项目。公司为广大职工提供了专业、优质、便利的服务,较为健全的医疗设施与医务人员的配备,确保了公司员工的身体健康。

2013—2022年,医务室组织开展医疗救护知识培训及宣传7次,平均每年接待患者5480人次,参加北元集团各类应急演练94次。

五、职工购房

2010年,为帮助公司职工购房,切实解决职工住房问题,北元集团成立了陕西北元集团职工住房筹委会,负责组织修建公司所在地锦界区域房屋或出面联系团购房。职工住房筹委会构成为:主任郭宏福,副主任赵世强,成员张雄堂、刘建国、王奋中、白廷瑜、闫党味。职工住房筹委会在综合管理部设立办公室,由综合管理部部长刘建国担任办公室主任。同年3月,职工住房筹委会先后8次组织在职职工分别在神南住宅小区、神木县西沙新区金陕世家小区、神木县西沙新区金陕世家C区住宅小区、锦界大区13号住宅楼、锦界小区、锦界镇政府限价商品房团购,报名购房职工总户数为1277户,按条件确定购房职工户数为1100户。其中,神南住宅小区30户、神木县西沙新区金陕世家小区334户、神木县西沙新区金陕世家C区住宅小区164户、锦界大区13号住宅楼30户、锦界小区357户、锦界镇政府限价商品房185户。同年5月,公司出台优惠政策,实行按揭贷款,最低首付30%,按揭70%。组织职工团购位于神木县西沙新区的金陕世家小区房屋。同时,对购房首付困难的职工给予免息借款。2011年10月,组织职工团购锦界小区住房,因房屋数量有限,优先员工职务、双职工、岗位等条件进行选购。2012年4月、9月26日、11月23日,先后3次组织职工团购锦界镇政府限价商品房,明确规定职工仍享受公司借款优惠政策,鼓励职工团购。

第二节 车辆管理

一、管理机构

2003年5月28日，北元化工有限公司成立总务后勤科，分管车辆管理工作，配置司机3人，职工通勤车2辆。2009年3月，北元集团成立服务中心，下设有车辆管理科。2013年8月，在公司机构调整中，服务中心并入综合管理部，在下设的6个科室中设有车辆管理科。2015年6月，车辆管理科并入后勤管理科管理。

二、车辆配备

2003年5月28日，北元化工有限公司配备职工通勤车2辆。至2012年12月末，配有通勤车11辆、公务用车20辆、垃圾车2辆、洒水车2辆、生产一线送餐车3辆。截至2022年，北元集团陆续配置通勤车18辆、公务用车15辆、消防车4辆、厂内用车及皮卡车8辆。北元集团车辆配备情况见表12-2-1。

表12-2-1 北元集团车辆配备情况统计表　　　　　　　　　　　辆

序号	车辆类型	车辆型号	数量
1	公务用车	途锐越野车	1
2		途昂越野车	3
3		奥迪	2
4		丰田越野	2
5		传祺商务M8	3
6		别克商务	1
7		帕萨特	1
8		沃尔沃	1
9		丰田中巴客车	1
10	皮卡车	皮卡	3
11	通勤车	厦门金龙客车	8
12		宇通客车	5
13		厦门金旅客车	5
14	消防车	重型载货专项作业车	4
15	厂内用车	重型载货专项作业车	1
16		重型载自卸货车	1
17		轻型封闭货车	1
18		无尘干扫车	1
19		重型载货专项作业车	1

三、管理与使用

2005年，北元集团开始实行职工通勤车，每天发往榆林、神木、锦界工业园区等地。2013年以来，北元集团综合管理部后勤业务模块负责公司所有车辆的统一调度与管理。为规范公司车辆调度管理，综合管理部坚持"统筹安排、集中派车、保障需求"的原则，制定了《公务车辆使用管理办法》《中层干部车辆费用补贴办法》《公务用车配备使用管理办法》《车辆安全事故现场处置方案》，提高了车辆使用效率与应急处置能力。同时，加强车辆和驾驶员的日常安全管理，通过制作"司机动态栏"，对司机出车情况进行量化管理，实现管理透明化，力争做到公平、公正。每月组织驾驶员针对交通安全法规及事故案例分析进行2次学习、2次测量血压和1次车辆安全大检查，时刻敲响安全驾驶警钟，确保车辆安全稳定运行。

第三节 物 业 管 理

一、管理体系

（一）机构沿革

2003年5月，北元化工有限公司办公室下设有总务后勤科和保卫科。2009年3月，北元集团服务中心成立，下设物业管理科、安全保卫科等。2013年初，北元集团安全保卫工作隶属公司服务中心管理；同年8月，在公司机构调整中，服务中心并入综合管理部，下设物业管理科、安全保卫科等。2015年6月，北元集团将物业管理科与安全保卫科合并为物业保卫科。2017年7月，综合管理部设物业管理科、消防保卫科，撤销物业保卫科。2018年6月，综合管理部设物业保卫科，撤销物业管理科、消防保卫科。2018年，在综合管理部设有物业保卫科，安全保卫工作归物业保卫科管理。公司设生活区监控室及15个大门门卫值班室，各分、子公司综合管理科配有安保分管机构，共编制89人，其中物业保卫科长1人、安全保卫管理专员1人、消防管理专员1人、各大门门卫88人。2021年，在公司机构调整中，综合管理部撤销物业保卫科，设为物业保卫模块。公司设生活区监控室及15个大门门卫值班室，各分、子公司综合管理中心配有安保分管机构，共编制87人（正式员工35人），其中物业保卫业务负责人1人、安全保卫管理专员1人、各大门门卫87人。

（二）管理制度

截至2022年，为了应对公司厂前区各类突发事件，维护公司正常运行秩序和稳定发展，结合业务模块所管辖区域，先后制定了《厂前区突发公共事件专项应急预案》《车辆安全事故现场处置方案》《职工活动中心火灾事故现场处置方案》《游泳馆溺水事故现场处置方案》《医疗救护手册》，使后勤安保服务工作有章可循。

（三）管理职责

北元集团安全保卫工作主要负责正大门日常来宾的接待登记、车辆进出检查、员工进出管理、视频监控管理、外来人员入厂安全培训教育、公司周界巡查、其他影响公司安全行为的防范与制止，以及公司快递室的管理工作；各分、子公司门岗主要负责进出生产厂区物流车辆的检查及 IC 卡的制办，对长期或定期与公司合作的外委劳务单位的人员车辆进出进行检查与登记。

（四）监控值班室

监控值班室安装有安达泰监控系统，设监控员 3 人，全面监控集团公司生活区及各大门安全、运行状态，同时负责外来人员入厂安全培训教育。

二、周界门卫安防管理

2003 年以来，北元集团周界门卫设有南大门出入口、1 号大门、2 号大门、3 号大门、4 号大门、5 号大门、6 号大门、7 号大门、8 号大门和化工分公司 PVC 装置区北大门、南大门，以及锦源化工有限公司办公区、生活区、电石分厂、碳化分厂、白灰分厂 5 个门岗等。

截至 2022 年，北元集团南大门出入口由综合管理部物业保卫科直接管理，主要负责来访人员、车辆的检查、接待登记，员工进出管理，公司周界巡查及其他影响公司安全行为的防范与制止，设 9 名运行人员。1 号大门由化工分公司综合管理中心门卫管理，大门安装有物流一卡通系统，配合营销物流部负责烧碱、PVC 成品以及其他运输车辆进出的管理，设 6 名运行人员。2 号大门由化工分公司综合管理中心门卫管理，负责进出厂区的物资运输车辆及外来施工人员的管理，设 6 名运行人员。3 号大门由集团公司综合管理部物业保卫门卫管理（处于关闭状态）。4 号大门由化工分公司综合管理中心门卫管理，大门安装有物流一卡通系统，负责进出厂区的电石运输车辆、外协单位工作人员的管理，设 6 名运行人员。5 号大门由水泥有限公司综合管理中心门卫管理，大门安装有物流一卡通系统，负责进出厂区的水泥及其他运输车辆、外协单位工作人员的管理，设 6 名运行人员。6 号大门由热电分公司综合管理中心门卫管理，大门安装有物流一卡通系统，负责进出厂区的原煤及其他运输车辆、外协单位工作人员的管理，设 6 名运行人员。7 号大门由化工分公司综合管理中心门卫管理，负责进出厂区的倒运设备车辆及火车站台的管理，设 3 名运行人员。8 号大门由集团公司综合管理部物业保卫科管理，主要负责生活区与生产区进出的外协单位人员、车辆的管理，设 3 名运行人员。化工分公司 PVC 装置区北大门、南大门由化工分公司综合管理中心门卫管理，北大门负责进出公司的外协单位人员、车辆的检查核实；南大门安装有物流一卡通系统，负责电石运输车辆、PVC 成品车辆的管理，同时负责生活区的安全保卫工作，设 9 名运行人员。锦源化工有限公司设有办公区、生活区、电石分厂、碳化分厂、白灰分厂 5 个门岗，由锦源化工有限公司综合管理中心管理，负责进出办公区、生活区外来人员、车辆的检查核实和安全保卫工作；电石分厂、白灰分厂门岗安装有物流一卡通系统，负责进出产品、物资运输车辆和外协单位人员的管理；碳化分厂门岗负责进出的原煤车辆核实、检查登记，共设有 27 名运行人员。厂区一角如图 12-3-1 所示。

三、安保管理

（一）管理工作

2003—2013 年，北元集团安全保卫科下设集团生活区监控室、消防值班室及 15 个大门门卫值班室。消防值班室安装有安达泰监控系统、GST 系列火灾自动报警及消防联动控

图 12-3-1 厂区一角

制系统，全面监控生活区及各大门安全、运行状态。2014 年，为了精简机构编制，公司关闭了 2 个门岗，减编保安人员 12 人。同年 5 月，公司安保部门配合 423 团预备役部队完成了拉练任务。2016 年，实行劳务派遣人员与正式人员相结合三班两运上班机制，保安人员一次性转生产岗位 40 人，吸纳劳务派遣人员 52 人，将原有保安人数由 102 人降到 87 人。同年 4 月，公司安保部门配合锦界镇政府人民武装部完成了民兵训练任务；同年 10 月，完成了中国艺术节期间的安保任务。2017 年 9 月，完成了陕西省艺术节期间的安保任务。2019 年 12 月，公司安保部门配合锦界镇政府人民武装部完成了民兵训练任务；2020 年全年受新冠肺炎疫情的影响，完成公司疫情防控措施封厂管控，每日对门岗及厂前区公共区域环境进行消杀。2021 年 5 月，完成西部陆海新通国际货运榆林班列神木首发仪式接待期间的安保工作；同年 7 月，安保部门配合锦界镇政府人民武装部完成了民兵训练任务；同年 12 月，完成了陕煤集团"最美员工"颁奖晚会期间的安保任务。

（二）事件处置

2013 年，妥善协调处理的事件有：①3 起外来人员讨薪讨资闹事事件（吉林华强人员进入公司在规划发展部部长办公室及办公楼大厅讨薪闹事事件；内蒙古电石车爆炸伤人家属围堵大门闹事事件；子洲、神木及腾龙煤电集团公司人员在办公楼控制人员进出，围堵门岗阻挠车辆人员进出讨资闹事事件）。②3 起内部打架闹事事件（热电分公司员工家属饮酒后经围墙翻入厂区，在化水分厂办公楼将厂长打伤事件；餐饮中心厨师之间打架事件；化工分公司员工醉酒后将人打伤事件）。③2 起偷盗事件（施工单位私自拆除安装好的亮化字牌事件；乙炔分厂外协单位人员偷盗电缆事件）。通过妥善处置这些事件，维护了公司正常的办公与生活秩序。

2014 年，妥善协调处理 2 起围堵大门闹事事件（电石车司机死亡家属围堵闹事事件；PVC 拉货司机从车上掉下摔伤昏迷不醒，家属多次围堵大门，阻挠生产运输车辆进出事件）、3 起外协单位人员偷盗事件（4 号门岗 2 名保安人员发现金伟公司倒垃圾车辆内夹带厂区拆卸的旧管线、铜线等物品事件；热电分公司外协单位人员偷盗电缆事件；化工分公司员工与外协单位合伙欲将废旧物资拉出厂外，被门岗保安查出事件）。

2015 年，妥善协调处理 4 起意外事故家属闹事事件（热电分公司员工开车肇事死亡事件；金伟公司工伤人员巫某某多次围堵大门事件；热电分公司所属外协单位蓝天环保公司人员烧伤事件；锦源化工有限公司员工开车肇事事件）。配合公安机关调查2起案件（配合榆林青山路派出所抓捕吸毒人员乔某某；配合横山派出所调查高某某）。

2016年，妥善处置金伟公司工伤人员巫某某多次围堵大门并强行闯入公司，扰乱正常办公秩序事件。

2017年，协调配合公安机关妥善处理6起劳务公司工伤纠纷事件，与公安机关多次联合处置鹏程人力资源公司员工饮酒死亡，家属围堵1、2、3、4、5、6号大门事件；配合处置化工采卤分厂员工刘某某因个人经济纠纷被债主围堵南大门事件；配合处置酒驾死亡员工崔某某家属堵门闹事2次；协调处置金伟公司员工死亡，家属围堵集团公司大门4次；协调处置金伟公司工伤员工巫某某围堵集团公司大门2次；协调处置鹏程人力资源公司员工围堵5号门岗闹事事件、1起热电分公司6号大门运煤司机与保安纠纷事件、1起外来人员在1号门岗醉酒闹事事件；配合公安机关人员调查外协单位及公司员工违法现象4次。

2018年，配合派出所处理保洁员贺某某与陕建安装工程公司员工颜某某打架事件；处理4起陕建安装工程公司员工讨薪围堵大门事件。

2019年，妥善处置三道峁村民因公司采盐用地围堵大门事件。

2020年，妥善处置钟星消防维保单位员工贺某某因公致残家属围堵大门事件。

2021年，妥善处置水泥有限公司5号物流门岗外来运送水泥的货车司机肇事死亡事件。受新冠肺炎疫情的影响，所有门岗全年对外来人员、车辆进行严格把控，对门岗及公共区域的消杀常态化。

2022年，妥善处置金伟公司员工上班期间因病死亡，家属围堵4号物流门岗事件。

第十三章 党群组织

北元集团在发展过程中，紧紧围绕中心工作，积极构建"北元模式"下的大党建格局，为公司各项目标任务的完成提供了坚强的思想、政治和组织保障。在党建工作中，结合实际对党组织构成进行了调整，全面推进党建质量管理体系建设，深入开展了以党的群众路线教育实践活动、"三严三实"专题教育、"两学一做"学习教育、"不忘初心、牢记使命"专题教育、党史学习教育为核心内容的五次党内教育，大力开展了"党建＋"和以"四强""四优"为主要内容的创先争优活动，不断增强党组织的生机和活力。党的宣传思想政治工作得到不断强化，创办了《聚和》内刊、微信公众平台、企业公众号，编印了企业文化手册、北元力量等系列书籍，强化了对外新闻报道，精神文明建设硕果累累。在党风廉政建设工作中，纪律检查履行教育、监督、惩处、保护职能。持续开展党风廉政建设责任制和反腐倡廉宣传教育月活动，打造"本质廉洁型"企业，党风廉政建设不断得到强化。工会组织在职工群众中持续开展技能比武大赛、"工人先锋号"、新班组建设，职工文体娱乐活动丰富多彩。共青团组织在党的领导下，充分发挥了党的助手和生力军作用，开展的"青字号品牌""青年安全教育"等系列活动富有成效。

第一节 党组织建设

一、组织机构沿革

（一）公司党组织机构

2003年10月30日，中共神府经济开发区北元化工有限公司支部委员会成立，共有党员7人。王凤君担任支部书记，李光耀为组织委员，邱筱林为宣传委员。2008年5月，中共陕西北元化工有限公司总支部委员会成立，委员会成员有李厚志、王凤君、史彦勇、邱筱林、杜亚峰、郭宏福、张雄堂、李子景、刘永田，李厚志担任书记，王凤君担任副书记。2009年4月，北元集团党总支向陕煤集团党委上报关于变更公司党组织隶属关系的报告。经批准，2009年5月31日，中共陕西北元化工集团有限公司委员会成立，公司党组织隶属关系由神府经济开发区党委变更为陕煤集团党委领导。2012年8月，经陕煤集团党委研究决定，任命惠维渊为陕西北元化工集团有限公司党委委员、书记，免去李厚志陕西北元化工集团有限公司党委书记、委员职务。2014年5月，经陕煤集团党委研究决定，任命张文华为陕西北元化工集团有限公司党委委员、书记，免去惠维渊陕西北元化工集团有限公司党委书记、委员职务。2015年6月，经陕煤集团党委研究决定，任命刘国强为陕西北元化工集团有限公司党委委员、书记，免去张文华陕西北元化工集团有限公司党委书记、委员职务。

（二）基层党组织机构

2010年3月19日，公司党委会议研究决定，成立中共陕西北元化工集团化工一分公司委员会（下设4个党支部）、中共陕西北元化工集团化工二分公司委员会（下设5个党支部）、中共陕西北元化工集团热电分公司总支部委员会（下设4个党支部）、中共陕西北元化工集团水泥有限公司总支部委员会（下设3个党支部）、中共陕西北元化工集团机关一支部委员会（含党群工作部、综合管理部、审计监察部、人力资源部、信息中心、服务中心）、中共陕西北元化工集团机关二支部委员会（营销中心、物流中心）、中共陕西北元化工集团机关三支部委员会（含采购中心）、中共陕西北元化工集团机关四支部委员会（含规划发展部、生产技术部、安全环保部、科研中心）、中共陕西北元化工集团机关五支部委员会（含企业管理部、财务管理部）。同时，撤销化工一分公司临时党委、化工二分公司临时支部、热电分公司临时支部、水泥有限公司临时支部及机关各临时支部。

2011年5月17日，公司党委会议研究决定，成立中共陕西北元集团锦源化工有限公司支部委员会。

2012年2月29日，公司党委会议研究决定，成立中共陕西北元集团盐业分公司支部委员会。成立中共陕西北元化工集团有限公司机关工作委员会，原机关一支部委员会、机关二支部委员会、机关三支部委员会、机关四支部委员会、机关五支部委员会隶属关系由陕西北元化工集团公司党委变更为陕西北元化工集团有限公司机关党工委。

2013年6月25日，公司党委会议研究决定，中共陕西北元化工集团热电分公司总支部委员会升格为中共陕西北元化工集团热电分公司委员会（下设4个党支部），中共陕西北元化工集团水泥有限公司总支部委员会升格为中共陕西北元化工集团水泥有限公司委员会（下设3个党支部），中共陕西北元集团锦源化工有限公司支部委员会升格为中共陕西北元集团锦源化工有限公司委员会（下设3个党支部）。同年10月14日，公司党委会议研究决定，对机关党工委所属支部进行调整，撤销中共陕西北元化工集团有限公司机关一支部委员会、机关二支部委员会、机关三支部委员会、机关四支部委员会、机关五支部委员会，成立中共陕西北元化工集团有限公司综合管理部支部委员会、中共陕西北元化工集团有限公司党群工作部支部委员会、中共陕西北元化工集团有限公司规划发展部支部委员会、中共陕西北元化工集团有限公司企业管理部支部委员会、中共陕西北元化工集团有限公司安全生产部支部委员会、中共陕西北元化工集团有限公司财务管理部支部委员会、中共陕西北元化工集团有限公司营销物流部支部委员会、中共陕西北元化工集团有限公司采购供应部支部委员会。

2015年12月25日，公司党委会议研究决定，成立中共陕西北元化工集团有限公司化工分公司委员会（下设7个基层党支部）、中共陕西北元化工集团有限公司安全生产支部委员会，撤销中共陕西北元化工集团化工一分公司委员会、中共陕西北元化工集团化工二分公司委员会、中共陕西北元化工集团盐业分公司支部委员会、中共陕西北元化工集团有限公司安全生产部支部委员会。

2017年7月18日，北元集团机关党工委会议研究决定，撤销中共陕西北元化工集团有限公司安全生产部支部委员会，成立中共陕西北元化工集团股份有限公司安全环保部支部委员会和中共陕西北元化工集团股份有限公司生产技术部支部委员会。

2019年3月30日，公司党委会议研究决定，成立科技研发中心党支部。同年8月24日，公司党委会议研究决定，同意化工分公司党委下设4个党总支（氯碱分厂党总支、乙炔分厂党总支、聚氯乙烯分厂党总支、聚氯乙烯二分厂党总支）和4个直属党支部

(机关第一党支部、机关第二党支部、动力检修分厂党支部和采卤分厂党支部),4个党总支按工段设立党支部,其中氯碱分厂党总支下设8个党支部、乙炔分厂党总支下设6个党支部、聚氯乙烯分厂党总支下设10个党支部、聚氯乙烯二分厂党总支下设7个党支部。

2020年4月30日,公司党委扩大会议研究决定,同意热电分公司设立生产技术科党总支,下设4个党支部。

2021年8月6日,公司党委会议研究决定,将中共陕西北元化工集团股份有限公司机关工作委员会变更为中共陕西北元化工集团股份有限公司直属工作委员会;将中共热电分公司机关支部委员会变更为中共热电分公司综合支部委员会;将中共陕西北元集团水泥有限公司机关支部委员会变更为中共陕西北元集团水泥有限公司综合支部委员会;将中共陕西北元集团锦源化工有限公司机关支部委员会变更为中共陕西北元集团锦源化工有限公司综合支部委员会。同年11月11日,公司党委扩大会议研究决定,撤销化工分公司党委4个党总支(氯碱分厂党总支、乙炔分厂党总支、聚氯乙烯分厂党总支、聚氯乙烯二分厂党总支),由35个党支部调整为28个党支部;撤销热电分公司党委1个党总支(生产技术中心党总支),增设2个党支部(安全环保中心党支部、生产技术中心第三党支部);水泥有限公司党委增设1个党支部(营销质量党支部);锦源化工有限公司党委增设2个党支部(原料分厂党支部、设备管理党支部);直属党工委增设1个党支部(证券法务党支部)。

截至2022年,公司党委下设1个直属党工委,4个基层党委,55个党支部。北元集团直属党工委所属党支部增至11个,分别为中共陕西北元化工集团股份有限公司综合管理部支部委员会、中共陕西北元化工集团股份有限公司党群工作部支部委员会、中共陕西北元化工集团股份有限公司规划发展部支部委员会、中共陕西北元化工集团股份有限公司企业管理部支部委员会、中共陕西北元化工集团股份有限公司财务管理部支部委员会、中共陕西北元化工集团股份有限公司营销物流部支部委员会、中共陕西北元化工集团股份有限公司采购供应部支部委员会、中共陕西北元化工集团股份有限公司安全环保部支部委员会、中共陕西北元化工集团股份有限公司生产技术部支部委员会、中共陕西北元化工集团股份有限公司科技研发中心支部委员会、中共陕西北元化工集团股份有限公司证券法律事务支部委员会。中共陕西北元化工集团股份有限公司委员会组织架构如图13-1-1所示。

图13-1-1 中共陕西北元化工集团股份有限公司委员会组织架构

截至2022年，公司历任党组织领导职务见表13-1-1。

表13-1-1 2003—2022年公司历任党组织领导职务一览表

单位	姓名	性别	籍贯	出生年月	职务	学历	任职时间	职称
北元化工公司党支部	王凤君	男	陕西神木	1962-09	书记	研究生	2003-10—2008-05	高级经济师
陕西北元化工公司党总支	李厚志	男	陕西西乡	1965-02	书记	研究生	2008-05—2009-05	高级工程师
陕西北元化工公司党总支	王凤君	男	陕西神木	1962-09	副书记	研究生	2008-05—2009-05	高级经济师
陕西北元化工集团有限公司党委	李厚志	男	陕西西乡	1965-02	党委书记	研究生	2009-05—2012-08	高级工程师
陕西北元化工集团有限公司党委	王凤君	男	陕西神木	1962-09	党委副书记	研究生	2009-05—2014-05	高级经济师
陕西北元化工集团有限公司党委	惠维渊	男	陕西三原	1958-12	党委书记	研究生	2012-08—2014-05	正高级工程师
陕西北元化工集团有限公司党委	张文华	男	陕西礼泉	1960-01	党委书记	研究生	2014-05—2015-06	正高级工程师
陕西北元化工集团有限公司党委	刘国强	男	河南伊川	1963-09	党委书记	研究生	2015-06—2017-06	正高级政工师、高级会计师、高级工程师
陕西北元化工集团有限公司党委	史彦勇	男	陕西神木	1974-03	党委副书记	研究生	2014-05—2017-06	高级工程师
陕西北元化工集团有限公司党委	赵世强	男	陕西汉中	1962-10	党委副书记	本科	2016-11—2017-06	正高级政工师
陕西北元化工集团股份有限公司党委	刘国强	男	河南伊川	1963-09	党委书记	研究生	2017-06至今	正高级政工师、高级会计师、高级工程师
陕西北元化工集团股份有限公司党委	史彦勇	男	陕西神木	1974-03	党委副书记	研究生	2017-06—2019-08	高级工程师
陕西北元化工集团股份有限公司党委	刘延财	男	陕西延长	1981-03	党委副书记	研究生	2019-08至今	高级工程师
陕西北元化工集团股份有限公司党委	赵世强	男	陕西汉中	1962-10	党委副书记	本科	2017-06—2020-05	正高级政工师
陕西北元化工集团股份有限公司党委	范智宏	男	安徽宿县	1973-11	党委副书记	研究生	2020-05至今	高级经济师
陕西北元化工集团公司纪委	赵世强	男	陕西汉中	1962-10	纪委书记	本科	2010-01—2017-06	正高级政工师
陕西北元化工集团股份有限公司纪委	赵世强	男	陕西汉中	1962-10	纪委书记	本科	2017-06—2019-06	正高级政工师
陕西北元化工集团股份有限公司纪委	郭宏福	男	陕西神木	1962-07	纪委书记	研究生	2019-06—2019-12	经济师

（三）组织管理机构

2003年以来，在公司组建初期，党组织管理工作由公司和党员所在的党组织管理。2009年9月12日，北元集团党群工作部成立。2013年8月4日，北元集团撤销综合管理部、党群工作部等部门，新成立综合管理部、党群工作部等8个部门。2017年7月12日，经公司党委会议研究，陕西北元化工集团股份有限公司一届一次董事会决定，股份公司下设综合管理部、党群工作部等10个职能部门。截至2022年，公司历任基层党组织负责人见表13-1-2。

表13-1-2　2009—2022年公司历任基层党组织负责人一览表

单位	姓名	性别	籍贯	出生年月	文化程度	职务	任职时间
机关党工委	赵世强	男	陕西汉中	1962-10	本科	机关党工委书记	2012-02—2020-05
	高小军	男	陕西富县	1984-10	本科	机关党工委副书记	2013-10—2018-08
	折荣强	男	陕西神木	1971-02	研究生	机关党工委书记	2019-03—2021-08
直属党工委						直属党工委书记	2021-08至今
化工一分公司党委	王奋中	男	陕西神木	1978-06	研究生	党委副书记	2010-05—2013-07
	陈鹏	男	陕西商洛	1982-11	本科	党委书记	2013-07—2015-12
盐业分公司党支部	高启明	男	陕西榆林	1958-09	本科	书记	2012-06—2013-11
	折荣强	男	陕西神木	1971-02	研究生	书记	2013-11—2015-12
化工二分公司党委	史彦勇	男	陕西神木	1974-03	研究生	党委书记	2009-09—2012-05
化工二分公司党委	刘延财	男	陕西延长	1981-03	研究生	党委副书记	2012-05—2013-07
						党委书记	2013-07—2015-12
化工分公司党委						党委书记	2015-12—2019-11
化工二分公司党委	蒋海宾	男	河北保定	1982-03	本科	党委副书记	2013-07—2015-12
化工分公司党委							2015-12—2017-01
	于虎朝	男	陕西兴平	1981-09	本科	党委副书记	2016-08至今
化工分公司党委	叶鹏云	男	陕西榆林	1982-04	本科	党委副书记	2018-08—2019-11
						党委书记	2019-11—2020-11
	王奋中	男	陕西神木	1978-06	研究生	党委书记	2020-11至今
热电公司党总支	张雄堂	男	陕西神木	1974-07	研究生	书记	2010-08—2012-05
	李建伟	男	陕西榆林	1971-05	大专	副书记	2012-05—2013-03
热电分公司党委	刘生宏	男	陕西延安	1957-10	本科	党委书记	2013-07—2015-12
	徐生智	男	陕西神木	1978-12	大专	党委书记	2015-12—2020-10
	梁虎伟	男	陕西神木	1974-05	大专	党委书记	2020-10至今
	崔志高	男	陕西佳县	1979-10	本科	党委副书记	2013-07—2020-10
	贺磊	男	陕西榆林	1988-02	本科	党委副书记	2020-10至今
水泥有限公司党总支	杜亚峰	男	陕西华县	1959-12	研究生	书记	2009-09—2010-11
	陈飞虎	男	陕西榆林	1976-02	大专	副书记	2010-11—2013-07
水泥有限公司党委	李世强	男	陕西神木	1967-02	大专	党委书记	2013-07—2015-12
	陈鹏	男	陕西商洛	1982-11	本科	党委书记	2015-12—2020-10
	王卫明	男	陕西神木	1981-07	研究生	党委书记	2020-10—2022-06
	杨鹏飞	男	陕西神木	1981-03	本科	党委副书记	2016-01—2022-06
						党委书记	2022-06至今
	刘艾田	男	陕西神木	1977-02	本科	党委副书记	2013-07—2016-01
	朱先均	男	河南西峡	1979-08	大专	党委副书记	2022-06至今
锦源有限公司党支部	张国伟	男	陕西神木	1972-01	高中	副书记	2011-06—2013-03

表13-1-2（续）

单位	姓名	性别	籍贯	出生年月	文化程度	职务	任职时间
锦源有限公司党委	王奋中	男	陕西神木	1978-06	研究生	党委书记	2013-07—2015-12
	李世强	男	陕西神木	1967-02	大专	党委书记	2015-12—2017-01
	郭建	男	河南孟州	1973-05	本科	党委书记	2017-12—2020-10
	梁虎伟	男	陕西神木	1974-05	大专	党委副书记	2015-12—2020-10
	徐生智	男	陕西神木	1978-12	大专	党委书记	2020-10至今
	蒋海宾	男	河北保定	1982-03	本科	党委副书记	2017-01—2020-09
	刘鹏	男	陕西铜川	1986-12	本科	党委副书记	2020-10至今

二、历次党代会

（一）第一次党代会

2010年1月14日，中共陕西北元化工集团有限公司首届党员代表大会召开。根据《中国共产党党章》规定和《关于中共陕西北元化工集团第一次代表大会选举工作的通知》（陕北元党发〔2009〕36号）安排，公司8个临时党委、支部，按照要求召开了党员大会，在全公司306名党员（预备党员116名）中，选举出席公司党代会代表65名，占党员总数的21.24%，其中各级领导干部代表占代表总数的44.5%，女党员代表占代表总数的20%，专业技术人员党员代表占代表总数的27.5%，先进模范人物代表占代表总数的8%。根据大会议程，审议并通过了党委书记李厚志作的题为《以科学发展为统领，坚持循环综合利用，为打造全国一流盐化工企业而努力奋斗》的工作报告。大会认为，公司党委以邓小平理论和"三个代表"重要思想为指导，贯彻落实科学发展观，紧紧依靠各级党组织和广大党员，以生产经营和项目建设为中心，扎实开展安全生产建设工作，积极推进内部改革，不断加强和改进党的建设，努力发挥政治核心作用，调动广大员工的积极性、主动性、创造性，促进了改革、发展、稳定各项工作任务的出色完成。大会同意报告提出的2010年及"十二五"发展思路。大会选举产生了中共陕西北元化工集团第一届委员会，李厚志、王凤君、赵世强、史彦勇、邱筱林、杜亚峰、慕生江任委员，李厚志担任书记，王凤君担任副书记。大会还选举产生了中共陕西北元化工集团公司第一届纪律检查委员会，赵世强、郭宏福、李子景、张雄堂、刘建国任委员，赵世强担任书记。大会形成了第一次党代会关于党委工作报告的决议。

（二）第二次党代会

2016年11月22日，中共陕西北元化工集团有限公司第二次党员代表大会召开。大会根据《中国共产党章程》规定和《关于中共陕西北元化工集团第二次代表大会选举工作的通知》（陕北元党发〔2016〕39号）安排，基层4个分、子公司党委和机关党工委各党支部，按照要求召开了党员代表大会和党员大会，在公司828名党员（预备党员26名）中，选举出席公司党代会代表165名。当选的165名代表约占党员总数的20%，其中各类专业技术人员代表占35%左右，先进模范代表占10%左右，女党员代表占15%左右，各级领导干部代表占40%左右。代表构成体现了党的先进性和广泛性。根据大会议程,大会审议通过了党委书记刘国强作的题为《统一思想、凝聚共识、创新驱动、科学发展,为全面推动企业转型升级而努力奋斗》的工作报告。大会充分肯定了公司第一届委员会成立以来所取得的成绩。大会认为,北元集团党委紧紧围绕中心工作,积极构建"北元模式"下的大党建格局,持续培育具有竞争力的企业文化,提升公司软实力,为公司"十二五"各项目标任务的完成提供了坚强的思想、政治和组织保障。大会同意报告提出的"十三五"发展思路。大会指出,今后五年,是公司上市、实现"十三五"目标规划的关键时期,是北元集团实施新一轮发展战略、实现跨越式发展的关键时期,要加快产业升级改造,要进一步利用资源、区位、成本等优势,实施科技带动,发展高端煤盐化工,优化产业结构,提升企业核心竞争力;要持续拓展延伸产业链,加强聚氯乙烯下游产品的开发应用,推动聚氯乙烯产品朝着系列化方向发展,做强主业;要加大与上下游企业的战略合作,实现互联互通、协同发展和可持续发展,全面增强企业抗风险能力;要响应国家"一带一路"倡议,涉足物流、商贸、新能源、新材料、金融等新产业,推动多元化发展;要加快与国际市场对接,加大产品出口力度,提升产品的知名度,使北元产品走出国门、走向世界;要创新"互联网+"运营模式,积极推进互联网+金融、互联网+采购、互联网+销售、互联网+物流、互联网+管理,以实现生产制造向智能制造转变;要全力推进企业上市,按照陕煤集团及北元股东会决议,要力争在2年内实现主板上市,并通过IPO(首次公开募股)筹资,募投新项目实现企业未来产业发展支撑。大会审议并通过了赵世强代表陕西北元化工集团纪委所作的题为《聚焦中心任务、强化执纪监督,为推进公司健康稳定发展保驾护航》的纪委工作报告。大会要求,未来五年,各级纪委要全面贯彻落实中央、省委、陕煤集团纪检监察工作精神,坚持全面从严治党,强化党内监督,把纪律挺在前面;创新体制机制,完善规章制度,深化标本兼治,打造本质廉洁型企业;坚定不移惩治腐败,下大力气加强作风建设;聚焦监督执纪问责,加强制度创新,推动纪检监察工作再上新台阶,为公司上市和"十三五"各项工作的推进提供坚强的纪律保障。大会选举产生了中共陕西北元化工集团第二届委员会,刘国强、史彦勇、赵世强、李子景、申建成当选委员,刘国强任党委书记,史彦勇、赵世强任党委副书记。大会选举产生了中共陕西北元化工集团公司第二届纪律检查委员会,赵世强、郭宏福、郭建、刘建国、刘延财当选委员,赵世强任书记。大会形成了第二次党代会关于党委工作报告、纪委工作报告的决议。

三、党委重大决定

(1) 2009年,根据陕煤集团党委深入学习和实践科学发展观活动领导小组统一部署,北元集团制定了《参加全省第二批深入学习和实践科学发展观活动实施方案》(以下简称《活动实施方案》)。《活动实施方案》的指导思想为:全面贯彻落实党的十七大精神,高举中国特色社会主义伟大旗帜,以邓小平理论和"三个代表"重要思想为指导,按照陕煤集团学习实践活动要求,以"以项目建设为中心,以生产经营为重点,突出安全、环保和节能工作,全力打造中国一流盐化工企业,回报股东,奉献社会,造福员工"为实践载体,组织全体党员特别是中层以上管理干部认真学习和实践科学发展观,查找、分析并解决影响企业发展的突出问题,进一步提高企业的决策水平、管理水平、盈利水平,推动企业快速发展。《活动实施方案》内容主要由基本原则、目标要求、参加范围、方法步骤、组织领导构成。

（2）2009年，为了切实推动公司廉洁文化建设，打造一支廉洁执业、团结高效的员工队伍，促进企业又好又快发展，北元集团制定了《陕西北元化工集团有限公司廉洁文化建设纲要》（陕北元党发〔2009〕12号）（以下简称《建设纲要》）。《纲要》明确指出了加强企业廉洁文化建设的重要意义、指导思想、总体目标和基本原则，指明了廉洁文化建设的主要任务和实现形式，稳妥安排了工作步骤，提出了加强企业廉洁文化建设的几点要求。

（3）2009年，为了全面提高公司各级党员干部的知识水平和综合素质，适应集团快速发展的要求，增强公司整体竞争力，确保公司发展战略目标的实现，根据《建立健全党员干部"三学"制度的意见》（陕煤化党发〔2009〕70号）精神，北元集团结合公司实际制定了《建立健全公司党员干部"三学"制度的实施意见》。《建立健全公司党员干部"三学"制度的实施意见》要求所属各支部、各单位要深化业务理论学习，逐步建立健全以学习政治、学习业务、学习管理为主要内容的党员干部"三学"制度。

（4）2009年11月3日，为进一步规范企业干部选拔任用、培养教育和管理工作，建设一支适合北元模式、具有北元特色的企业经营管理者队伍，形成科学的、富有生机与活力的企业管理干部选拔任用机制，适应集团公司快速发展和建设现代企业制度的需要，北元集团党政制定了《陕西北元化工集团有限公司干部管理办法》（陕北元党发〔2009〕27号）（以下简称《办法》）。《办法》规定，干部管理应遵循的主要原则是：①集体领导、民主集中、个别酝酿、会议决定；②党管干部、党管人才与依法办事相结合；③任人唯贤，德才兼备；④群众公认，注重实绩；⑤公开、平等、竞争、择优；⑥组织选用与市场配置相结合；⑦激励与约束相结合；⑧分层分类，动态管理。同时，《办法》对企业管理人员的层级、职数、编制、任期、选拔任用、考核评价、激励约束、培训及后备队伍建设、免职与辞职等方面做出了具体规定。

（5）2010年1月14日，北元集团在化工一分公司召开的中共陕西北元化工集团第一次代表大会上，通过了《关于加快项目建设，构建文化北元、人才北元、创新北元的决议》（陕北元党发〔2010〕7号）（以下简称《决议》）。《决议》结合企业实际，从4个方面提出要求：①认清形势，积极动员各方力量，全力加快项目建设进度；②继往开来，切实加强企业文化建设，努力构建"文化北元"；③营造氛围，制定人才强企战略，着力打造"人才北元"；④解放思想，鼓励创新与改革，积极构建"创新北元"。公司党委号召，要以第一次党代会的召开为契机，在"责任、价值、凝聚、超越"核心理念指导下，围绕"加快项目建设，构建文化北元、人才北元、创新北元"目标和公司"十二五"规划，高举科学发展旗帜，解放思想，统筹兼顾，勇于创新，不断超越，为把北元集团打造成为中国最大的一流盐化工企业而不懈努力。

（6）2010年，根据陕煤集团《2010—2012年企业文化建设规划纲要》和北元集团第一次党代会、2010年工作会会议精神，北元集团结合实际制定了《陕西北元化工集团有限公司2010—2012年企业文化建设规划纲要》（陕北元党发〔2010〕25号）（以下简称《规划纲要》）。《规划纲要》明确了加强企业文化建设的重要性和紧迫性，阐述了企业文化建设的指导思想、基本原则、工作目标、主要任务、保障措施，使企业文化建设与各方面工作协调起来，做到和谐健康发展。

(7) 2011年4月28日,公司党委做出《关于深入开展"为民服务、创先争优"主题实践活动的实施意见》(陕北元党发〔2011〕27号)(以下简称《实施意见》)。《实施意见》是根据陕煤集团党委《关于印发〈关于深入开展"为民服务、创先争优"主题实践活动的实施意见〉的通知》精神,并结合公司项目建设和生产经营工作实际做出在公司及所属各单位深入开展"为民服务、创先争优"主题实践活动。"为民服务、创先争优"主题实践活动的总体要求是,以"三问三比一承诺"(问政于民、问计于民、问需于民,比学习、比服务、比贡献,党组织和党员为民服务承诺)为抓手,贯穿于公司创先争优全过程,统领创先争优各项具体活动,促进各项为民服务措施全面落实。做到"三围绕"(紧紧围绕公司科学发展创先争优,紧紧围绕公司"十二五"开好头、迈好步创先争优,紧紧围绕迎接建党90周年创先争优)、"五突出"(突出联系群众,增强与职工群众感情;突出调查研究,明晰为民服务方向;突出比学赶超,提高为民服务本领;突出解决问题,化解矛盾,变上访为下访,什么问题突出就解决什么问题;突出兑现承诺,增强为民服务质量效果)。

(8) 2012年,为探索安全管理新模式,建立安全文化建设长效机制,促进公司安全管理上台阶,按照陕煤集团《关于进一步加强安全文化建设的意见》和北元集团《2010—2012年企业文化建设规划纲要》精神,公司党委制定了《北元化工集团公司2012年安全文化建设实施方案》(陕北元党发〔2012〕27号)(以下简称《实施方案》)。《实施方案》的指导思想是:贯彻执行国家安全生产法律法规,坚持"安全第一、以人为本、预防为主、综合治理"的安全工作方针,以科学发展观为指导,强化员工安全意识,加强安全宣传教育,普及安全知识,营造有利于安全生产的浓厚氛围,让安全发展理念深入人心。积极探索安全文化建设的新思路,打造符合北元实际的安全管理文化,提高安全管理水平,促进公司安全工作上台阶,实现企业和员工的和谐发展、可持续发展。《实施方案》明确了工作目标和具体措施要求。

(9) 2014年,公司党委根据陕煤集团党委《关于所属企业开展第二批党的群众路线教育实践活动的指导意见》(陕煤化群组发〔2014〕11号)要求,结合公司实际,制定了《关于开展第二批党的群众路线教育实践活动的实施方案》(陕北元党发〔2014〕19号)(以下简称《方案》)。《方案》总体要求以党的十八大、十八届三中全会和陕西省委十二届四次全会精神为指导,深入贯彻习近平总书记一系列重要讲话精神,落实"照镜子、正衣冠、洗洗澡、治治病"的总要求,以"为民、务实、清廉"为主题,以公司机关、领导班子和党员管理人员为重点,以贯彻落实中央八项规定精神、省委《实施意见》等一系列新规定新要求为切入点,弘扬延安精神,坚决反对"四风"。《方案》充分借鉴陕煤集团教育实践活动成功经验,主题不变、镜头不换,坚持正面教育为主,坚持开展批评与自我批评,坚持讲求实效,更加注重领导带头、层层示范,更加注重聚焦"四风"、解决问题,更加注重弘扬延安精神、发扬整风精神,更加注重敞开大门、职工群众参与,更加注重分类指导、有序推进,更加注重严格要求、严格督导,确保教育实践活动不虚、不空、不偏、不走过场。《方案》的主要内容分为重点任务、方法步骤、组织领导。活动分为3个阶段:第一阶段为学习教育、听取意见阶段;第二阶段为查摆问题、开展批评阶段;第三阶段为整改落实、建章立制阶段。活动开展时间为2014年3月下旬至7月中旬。

(10) 2015年,北元集团党委根据中央、省委、省国资委及陕煤集团党委有关会议文件精神，结合公司实际，制定了《关于开展"三严三实"专题教育的实施方案》（陕北元党发〔2015〕12号）。目标要求为深入学习贯彻党的十八大和十八届三中、四中全会精神，落实中央"四个全面"的战略布局，围绕公司"创新管理、提质增效"的工作主线，对照习近平总书记提出的"三严三实"要求，把思想教育、党性分析、整改落实、立规执纪结合起来，重点解决领导干部这个"关键少数"中存在的"不严不实"问题，切实做到心中有责不懈怠、心中有戒不妄为，为建设高效、安全、和谐企业，实现公司顺利上市凝聚强大动力。"三严三实"专题教育从2015年6月开始，范围为公司全体科厂级以上管理人员，重点从抓好学习教育、讲好专题党课、搞好专题调研、开好专题民主生活会、抓好整改落实、做到与降本增效和安全文化建设相结合等6个方面内容开展好专题教育。

（11）2015年，北元集团党委为了进一步丰富"北元模式"的内涵，着力解决影响和制约公司发展的矛盾和问题，探索促进公司改革发展的新思路、新途径、新举措，增强公司当下科学发展、安全发展、和谐发展的信心和决心，为公司持续健康发展提供强有力的思想保障，制定下发了《关于开展"发展中的'北元模式'"大讨论的通知》（陕北元党发〔2015〕19号）。活动目标要求：在公司股权多元化的基础上，紧密联系实际，进一步理清发展思路，完善工作措施、破解发展难题、解决实际问题，使集团上下在讨论中统一思想、凝聚力量，在攻坚克难中促进新一轮大发展，为谋划"十三五"发展奠定良好的思想基础。讨论重点内容：主要围绕如何进一步深化"聚·和"文化内涵，促进企业文化落地，增强企业软实力，促进企业不断健康快速发展，如何在"北元模式"体制机制创新的基础上进一步理顺管理体制，优化运行机制，在体制机制优化中找准发展方向，定位自身发展重点，通过讨论引导各级管理人员转变作风，树立正确的发展观，处理好企业产值增长与效益提升、规模扩张与质量提高之间的关系，解决好职工群众反映强烈的热点难点问题。方法步骤：主要围绕"北元模式"再发展、再创新、再丰富的要求，通过座谈会等形式广泛征求意见，凝聚集体智慧；开展调研，"向下走，寻良策"，问计于职工，从职工中寻找破解难题的良方；"向外走、拓空间"，跳出企业看企业，对标优秀企业的经验做法，借"他山之石"促进自我发展；撰写论文，形成成果，在讨论结束时撰写高质量的大讨论报告（论文），形成思想智慧结晶，指导实践。通过开展"发展中的'北元模式'"大讨论活动，从不同角度、不同层面出发，畅所欲言，热烈讨论。一次次精彩的发言讨论，思想的碰撞和激荡汇集着智慧，研究解决了公司在发展过程中存在的问题，深化了"北元模式"的内涵。

（12）2016年，北元集团党政为引导公司各级管理人员积极思考企业发展中存在和面临的各种问题，努力营造"人人参与、人人有责、群策群力、管理提升、从我做起"的工作氛围，助推企业又好又快发展，研究决定开展管理人员"立足本职　建言献策"活动。公司党委制定下发了《关于开展管理人员"立足岗位　建言献策"活动的通知》（陕北元党发〔2016〕11号），建言献策内容为有助于改进和完善公司科学发展的好思路，有助于加强组织建设、深化改革的好创意，有助于破解热点、难点问题的好点子，有助于提升科学管理水平、提高干部素质和能力的好方法，有助于改进工作作风、提高工作效率和服务水平的好办法，有助于推进工作、优化流程的好措施等。参与人员主要为公司科厂级及以上管理人员。活动共收集意见建议313条，建议上报公司的66条，内部研究处理

220条，不予采纳的27条。

(13) 2016年，北元集团党政为了进一步转变工作作风，增强干部服务意识，提高职能部门工作效能和服务水平，结合公司安全生产、经营管理实际，决定开展"转变工作作风、强化服务意识"主题活动，制定下发了《关于开展"转变工作作风、强化服务意识"主题活动的通知》(陕北元党发〔2016〕14号)。活动指导思想以"两学一做"学习教育为指导，以转变作风、提高效能为重点，围绕"转变工作作风、强化服务意识"主题，紧盯全年目标任务，提升职能部门服务质量，要求党员干部深入基层、排忧解难，促进各部门职能延伸、拓展。工作目标为以解决职能部门作风存在的突出问题、增强党员干部服务意识、提高工作效能为抓手，加强干部队伍建设，努力达到机关作风进一步转变、服务意识进一步强化、执行力度进一步加大、员工满意度进一步提升，为圆满完成年度目标任务提供坚实的政治保证。活动的主要任务为加强学习教育、在转变干部作风上下功夫、狠抓工作落实、在提高工作效能上下功夫、强化服务基层、在提升服务质量上下功夫。主题活动共分为宣传动员、查摆剖析、整改提高和总结考评4个阶段，时间从2016年4月中旬开始到6月底结束。

(14) 2016年，北元集团党委根据陕煤集团党委印发的《在全体党员中开展"学党章党规、学系列讲话、做合格党员"学习教育实施方案》，结合公司实际，制定了《在全体党员中开展"学党章党规、学系列讲话、做合格党员"学习教育实施方案》(陕北元党发〔2016〕19号)(以下简称《学习教育实施方案》)。《学习教育实施方案》明确开展"两学一做"学习教育，是面向全体党员深化党内教育的重要实践，是推动党内教育从"关键少数"向广大党员拓展、从集中性教育向经常性教育延伸的重要举措，是加强党的思想政治建设的重要部署，对于巩固拓展党的群众路线教育实践活动和"三严三实"专题教育成果，深入推进全面从严治党、保持发展党的先进性和纯洁性，进一步提升全体党员综合素质、推进企业改革发展具有重大意义。"两学一做"学习教育的主要内容有学党章党规、学系列讲话、做合格党员，主要措施方法有开展专题学习讨论、创新方式讲党课、召开专题组织生活会、开展"双评"及"四强四优"评选工作、召开领导班子专题民主生活会、开展"转变工作作风、增强服务意识"主题活动、立足岗位比贡献。《方案》内容主要由目标要求、学习教育内容、措施方法、组织领导构成。

(15) 2017年，北元集团党委根据陕煤集团党委关于《推进陕煤集团"两学一做"学习教育常态化制度化实施方案》，结合公司实际，制定了《推进"两学一做"常态化制度化实施方案》(陕北元党发〔2017〕32号)。《推进"两学一做"常态化制度化实施方案》总体要求为：①紧密联系本单位实际，把思想教育作为首要任务，坚持用党章党规规范党组织和党员行为，用习近平总书记系列重要讲话精神武装头脑、指导实践、推动工作，坚持学思践悟、知行合一，坚持全覆盖、常态化、重创新、求实效，不断增强党组织和党员"四个意识"(政治意识、大局意识、核心意识、看齐意识)，不断增强党内政治生活"四性"(政治性、时代性、原则性、战斗性)，不断增强"四自"能力(自我净化、自我完善、自我革新、自我提高)，做到"三个确保"(确保党的组织充分履行职能、发挥核心作用；确保党员领导干部忠诚干净担当、发挥表率作用；确保广大党员党性坚强、发挥先锋模范作用)；②党员干部要践行"四讲四有"标准，始终做到"四个合格"(政治合格、执行纪律合格、品德合格、发挥作用合格)，争做"五优"共产党员(政治素质优、岗位技能优、工作业绩优、群众评价优、发挥作用优),着力推进党建工作科学化水平,为公司安全环保、生产经营、项目建设、上市工作提供坚强的思想、政治、组织保障。

(16) 2018年,为进一步加强企业文化建设,增强企业文化创造活力,打造独具北元特色的企业文化品牌,发挥先进文化对提升企业发展能力、增强企业核心竞争力、引领企业可持续发展的积极作用,在总结近年来公司企业文化建设实践的基础上,根据陕煤集团《企业文化建设实施方案》(陕煤党发〔2017〕86号)精神,公司党委制定了《2018—2020年企业文化建设规划纲要》(陕北元党发〔2018〕17号)。《2018—2020年企业文化建设规划纲要》总体思路是在公司党委的坚强领导下,以"文化之根、管理之干、品牌之花"为文化建设指导思想,全面贯彻"传承创新、实践融合"的工作方针,认真落实企业文化理念、行为、视觉识别"三统一",着力构建"六种文化",狠抓文化落地"六项工程",实施"1234"岗位精细化管理模式,全面提高员工队伍素质,提升企业管理水平,增强企业核心竞争力。重点工作包括落实"三大系统"要素、构建"六种文化"、狠抓文化落地"六项工程"、实施"1234"精细化管理模式。

(17) 2018年,为了切实加强党风廉政建设,推动廉洁文化持续落地,营造风清气正的从业环境,打造"本质廉洁型"企业,北元集团党委制定下发了《创建"本质廉洁型"企业实施方案》,重点构建"四个保障"体系,即强化理念文化引领体系、完善制度文化体系、建立完善行为文化体系、构建全面覆盖物质文化体系,开展"五创"活动,即开展创建"本质廉洁型领导班子"活动、开展创建"本质廉洁型机关"活动、开展创建"本质廉洁型支部"活动、开展创建"本质廉洁型岗位"活动、开展创建"本质廉洁型家庭"活动,通过推进强化、深化建设、完善提升、评估总结表彰4个阶段,着力健全落实"本质廉洁型"企业保障体系,形成风清气正、干事创业、依法经营、诚实守信的良好企业风尚,促进公司健康发展、和谐发展。

(18) 2018年,按照省委、省国资委和陕煤集团党委的统一安排部署,北元集团党委决定在中层及以上管理人员中开展"讲政治、敢担当、改作风"专题教育,专题教育从2018年12月中旬开始,到2019年3月中旬结束,为期3个月。参加范围为公司领导和全体中层管理人员。主要内容是深入学习习近平总书记关于秦岭北麓西安境内违建别墅问题重要批示指示,传达学习中央《通报》精神和省委、省国资委专题教育动员会议精神,结合实际对公司专题教育进行全面安排部署。重点开展好5个方面的工作:①深入开展学习,坚决做到"两个维护";②以反面典型为镜鉴,扎实开展警示教育;③广泛听取意见建议,深刻查摆问题;④严格对照检查,深入开展批评与自我批评;⑤认真开展整改,着力构建长效机制。

(19) 2018年,为深入学习贯彻习近平新时代中国特色社会主义思想和党的十九大精神以及习近平总书记关于人才工作、知识分子工作的重要指示精神,根据陕煤集团《关于在全集团深入开展"弘扬爱国奋斗精神、建功立业新时代"活动的通知》(陕煤党发〔2018〕104号)要求,公司党委决定在全集团党员干部中开展"弘扬爱国奋斗精神、建功立业新时代"活动,指导思想是在全公司开展"弘扬爱国奋斗精神、建功立业新时代"活动,是贯彻落实习近平总书记重要指示精神重要举措。各单位要引导广大党员干部和知识分子在新时代自觉弘扬践行爱国奋斗精神,不忘初心、牢记使命,增强"四个意识",

坚定"四个自信",把个人理想自觉融入国家发展伟业和公司发展事业中来,争当各项业务领域"带头人",努力开创公司事业发展新局面。活动内容包括以学习教育为基础,提高爱国主义认识;以"百日安全"活动为契机,弘扬爱国奋斗精神;以组织纪律督查为抓手,发扬干事创业实干精神;以典型宣传为载体,营造浓厚建功立业氛围。

(20) 2019 年,按照中央、省委及陕煤集团党委"不忘初心 牢记使命"主题教育安排部署,北元集团党委先后印发了《开展"不忘初心、牢记使命"主题教育实施方案》(陕北元党发〔2019〕42 号)、《"不忘初心、牢记使命"主题教育四个专项工作安排》(陕北元党发〔2019〕51 号)、《关于在"不忘初心、牢记使命"主题教育中开展专项整治的实施方案》(陕北元党发〔2019〕55 号)、《"不忘初心、牢记使命"主题教育调研检视突出问题整改实施方案》(陕北元党发〔2019〕64 号),成立了"不忘初心、牢记使命"主题教育领导小组,开展了学习研讨专项工作、调查研究专项工作、检视问题专项工作、整改落实专项工作,针对调研检视聚焦问题分类细化,制定了具体整改措施。

(21) 2020 年,面对新型冠状病毒感染肺炎疫情防控工作的严峻局面,为贯彻落实习近平总书记重要指示批示精神和党中央《关于加强党的领导、为打赢疫情防控阻击战提供坚强政治保证的通知》、陕西省委《关于在新型冠状病毒感染肺炎疫情防控阻击战中充分发挥基层党组织战斗堡垒作用和党员先锋模范作用的通知》,以及省国资委党委、陕煤集团党委关于应对疫情的具体安排,充分发挥基层党组织战斗堡垒作用和党员先锋模范作用,北元集团党委先后下发了《关于在新型冠状病毒感染肺炎疫情防控阻击战中充分发挥基层党组织战斗堡垒作用和党员先锋模范作用的通知》(陕北元党发〔2020〕7 号)、《关于开展"加强学习教育,强化思想引领,凝聚打赢疫情防控阻击战强大合力"活动的通知》(陕北元党发〔2020〕8 号)、《关于激励党员干部在打赢疫情防控阻击战中履职尽责、担当作为的通知》(陕北元党发〔2020〕9 号),要求各级党组织和广大党员要迅速行动起来,充分发挥基层党组织战斗堡垒作用和党员先锋模范作用,以高度的政治自觉,以对职工群众生命安全和身体健康高度负责的态度,切实做到守土有责、守土担责、守土尽责,凝聚打赢疫情防控阻击战的强大合力,坚决打赢疫情防控阻击战。为认真贯彻落实中央、省委、省国资委和陕煤集团党委关于划拨专项党费用于支持疫情防控工作的精神,公司党委还下发了《关于划拨专项党费用于支持疫情防控工作的通知》(陕北元党发〔2020〕11 号),给各基层党组织划拨专项党费,用于慰问疫情防控一线的基层党员、基层党组织开展疫情防控工作等。

(22) 2020 年,根据陕煤集团《关于开展党建管理共创共建"结对子"工作的通知》(陕煤党发〔2020〕6 号)要求,北元集团党委与榆林化学公司党委开展党建管理共创共建"结对子"工作,建立了"结对子"日常工作制度、"结对子"品牌制度、职工群众评价制度,形成了"23456"党建"结对子"特色工作体系。2021 年,公司党委下发了《关于开展党支部"共创共建"结对子活动的通知》(陕北元党发〔2021〕44 号),在庆祝建党 100 周年之际,为高质量推进党支部标准化建设工作,有效助推党建与安全生产互融互促,在 56 个党支部开展了结对"共创共建"活动,采取"一对一"结对的形式,围绕党史学习教育、支部标准化建设、党员素养提升等内容和形式深入开展结对活动。

(23) 2020 年,按照陕煤集团党委支部标准化建设要求,对照《陕煤集团党委党支部标准化建设实施意见(试行)》(陕煤党发〔2020〕36 号),北元集团党委制定了《关于开展基层党支部标准化建设的实施意见》(陕北元党发〔2020〕21号),成立了建设领导小组,建设内容包括支部班子建设标准化、支部制度建设标准化、支部工作流程标准化、党员队伍建设标准化、支部阵地建设标准化,力争各支部打造叫得响、立得住、过得硬的支部品牌。

(24) 2020年,为进一步规范集团公司各级党委理论学习管理,完善深入学习贯彻习近平总书记重要讲话精神程序,提升学习效率、固化学习效果,根据陕煤集团党委《关于进一步提升党的领导力、加强党的建设若干意见》《深入学习习近平总书记重要讲话精神学习过程管理办法》等制度规定,北元集团党委制定下发了《深入学习习近平总书记重要讲话精神学习过程管理办法》(陕北元党发〔2020〕44号)。根据省委、省国资委党委和陕煤集团党委相关文件要求,每年初明确全年深入学习习近平总书记重要讲话精神的重点内容,安排制定年度学习计划,并于计划印发后的次月起,每月15日前及时跟进更新学习篇目。

(25) 2020年,按照陕煤集团党委巡察工作的统一安排部署(2020年6月5日至8月4日),陕煤集团党委第二巡察组对北元化工进行了为期两个月的巡察。巡察结束后,北元集团党委制定下发了《关于落实陕煤集团党委第二巡察组巡察北元化工党委反馈意见的整改方案》(陕北元党发〔2020〕109号),指导思想是深入贯彻习近平总书记在全国国有企业党的建设工作会议上的重要讲话精神和关于巡视工作重要讲话精神,牢固树立"四个意识",坚定"四个自信",坚决做到"两个维护"。以巡察问题整改为契机,加大纠错整改力度,确保巡察反馈意见全面整改落实到位,坚定不移推进党风廉政建设,不断强化作风建设,形成长效机制,以整改成效促公司综合管理水平全面提升,实现公司年度生产经营目标和企业更高质量、更可持续发展。北元集团成立了整改工作领导小组,具体工作由整改办负责,从安排落实阶段、推动整改阶段、检查考察阶段、巩固提升阶段入手,将整改项目细化为58条,按限期落实完成、限期落实见效、长期落实推动分类进行整改。

(26) 2021年,公司党委制定下发了《关于进一步推进党支部标准化建设工作的通知》(陕北元党发〔2021〕48号),推行"551063"支部标准化建设机制,即5大目标、5化举措、10个一工程、6项激励措施机制、3项惩处机制,推动公司形成大抓基层、大抓支部的良好态势,实现56个党支部全部达标目标,形成北元特色党支部标准化建设创新管理体系。全年接受陕煤集团党委5轮支部标准化检查,所有支部实现达标目标,4个党支部被陕煤集团党委评为党支部标准化标杆党支部,并入选陕煤集团党支部实践案例。

(27) 2021年,为进一步推进企业文化建设,深化广大职工对公司企业文化的理解和认知,增强企业文化的影响力和凝聚力,使独具北元特色的企业文化深入人心,并转化为广大职工的实际行动,为公司高质量发展做出更大贡献,北元集团党委制定下发了《关于开展"企业文化月"系列活动的通知》(陕北元党发〔2021〕35号),明确将每年5月确立为北元"企业文化月",通过丰富多彩的系列文化活动,增强企业文化创造活力,促进企业形象宣传,凝聚发展共识,打造独具北元特色的企业文化品牌,使企业文化成为指导广大员工行为、凝聚人心的源动力,为公司上市高质量发展提供文化支持、思想保证和精神动力。

(28) 2021年,北元集团党委根据中央、省委、省国资委及陕煤集团党委印发的《关于开展党史学习教育实施方案》，结合公司实际，制定了《关于开展党史学习教育实施方案》(陕北元党发〔2021〕31号)。《关于开展党史学习教育实施方案》明确在全党开展党史学习教育，是牢记初心使命、推进中华民族伟大复兴历史伟业的必然要求；是坚定信仰信念、在新时代坚持和发展中国特色社会主义的必然要求；是推进党的自我革命、永葆党的生机活力的必然要求。对于总结历史经验、认识历史规律、掌握历史主动，对于传承红色基因、牢记初心使命、坚持正确方向，对于深入学习领会习近平新时代中国特色社会主义思想，进一步统一思想、统一意志、统一行动，建设更加强大的马克思主义执政党，在新的历史起点上奋力夺取新时代中国特色社会主义伟大胜利，奋力谱写陕西新时代追赶超越新篇章，推动公司创建世界一流化工企业具有重大而深远的意义。《关于开展党史学习教育实施方案》对阶段划分及工作安排作了具体安排，党史学习教育贯穿2021年全年，突出学党史、悟思想、办实事、开新局，注重融入日常、抓在经常，面向全体党员组织开展学习教育实践。主要工作安排包括：突出学习成效，开展专题学习；加强政治引领，丰富学习载体；用好红色资源，组织专题培训；开展实践活动，促进成效转化；强化党性修养，召开专题组织生活会；结合实际，建立"3+3+X"三位一体党史学习教育体系。

(29) 2021年，根据中央和省委、省国资委党史学习教育要求及陕煤集团党委《关于开展"谋发展促经营 我为职工群众办实事"实践活动工作方案的通知》(陕煤党发〔2021〕55号)精神，公司党委通过走访调研、下发征集意见表等形式，广泛征集意见和建议，梳理归类党的建设、生产经营、安全生产、改革发展、人才培养、民生改善等六大类，共56项问题和建议的工作台账。北元集团印发了《关于印发"谋发展促经营 我为职工群众办实事"实践活动工作台账的通知》(陕北元党发〔2021〕55号)，扎实开展"我为群众办实事"主题实践活动，要求责任领导、责任单位对照工作台账严格销号管理，以"实"的行动和"硬"的举措，把办实事、解难题、谋发展、促经营贯穿到党史学习教育的全过程，持续凝聚企业发展合力。

(30) 2021年，为深入贯彻落实党的十九大和全国国有企业党的建设工作会议精神，加强和改进公司党的建设，优化和提升党建工作考核工作，推动公司高质量发展各项改革发展措施得到有效落实，全面从严治党迈上新台阶，北元集团党委制定印发了《党建目标责任考核办法》(陕北元党发〔2021〕130号)，重点考评党委（直属党工委、支部）安全生产工作、参与重大问题决策、加强领导班子建设、人才队伍建设、基层党组织建设、宣传思想及企业文化建设、党风廉政建设，考评企业党建工作责任制具体内容的落实和职工群众的评价情况，考评工作结合年终各项工作目标，于每年底与经营业绩、重点任务、安全生产、党风廉政建设责任制等考核一起进行，由公司党委成立党建工作责任制考核组组织实施。党建工作责任制考评结果作为公司党委对各单位领导班子及其成员工作业绩评定、奖励惩处、选拔任用的重要依据，作为实施"鼓励激励""容错纠错""能上能下"的重要依据，作为评选表彰先进基层党组织、优秀共产党员及优秀党务工作者的重要依据。

(31) 2022年，公司党委开展了2021年度"十大新闻"评选活动：①扎实开展党史学习教育，奋力谱写新时代高质量发展新篇章；②生产经营业绩创历史新高；③喜获"全国五一劳动奖状"；④获批200兆瓦光伏发电项目指标；⑤全年5种树脂新产品下线，推进产品转型升级；⑥国务院"双百行动"重大改革任务全部完成；⑦捐赠次氯酸钠持续助力疫情防控；⑧确定5月为"企业文化月"，开展系列文化活动；⑨西部陆海新通道国际货运榆林班列神木首发仪式圆满举行；⑩公司参加国家级职业技能竞赛实现"零"突破。

（32）2022年，为进一步深入学习贯彻习近平新时代中国特色社会主义思想，深化全面从严治党，切实加强作风建设，按照集团公司三届一次职代会暨2022年工作会精神，不断强化各党支部标准化、制度化、规范化建设工作，提升工作水平，转变工作作风，强化基层党支部建设工作，有效发挥基层党支部战斗堡垒作用，结合公司党支部标准化建设实际，制定下发了《关于开展倡导五种风气 深化"三型"党支部创建活动的通知》（陕北元党发〔2022〕23号）。各党支部要牢固树立"厉行节约、勤俭办企"的理念，开展倡导5种风气（学习之风、思考之风、研究之风、创新之风、务实之风），深化"三型"（学习型、创新型、服务型）党支部创建，进一步增强责任意识，保持奋发有为的精神状态，改进工作作风，增强服务大局、服务基层的自觉性和能力；提高工作效率，做到见事早、行动快、措施实，确保公司各项工作迅速落实。

（33）2022年，为深入贯彻习近平总书记关于安全生产重要论述，落实公司关于加强安全生产工作的部署要求，在全集团各级党组织牢固树立"党管安全"理念，坚持把党的领导、党的建设进一步融入公司治理各个环节，发挥各级党组织和党员干部在安全工作中的核心作用、政治作用、带头作用，激励引导广大员工强化安全生产意识、提高安全生产技能、深化安全生产实践、参与安全生产管理，为公司高质量发展提供强有力的安全保障。经公司党委研究，制定下发了《关于试点创建"党管安全"标杆党组织的通知》（陕北元党发〔2022〕42号），在全集团试点创建"党管安全"标杆党组织工作，全年力争创建10个以上"党管安全"标杆党支部，推树一批过得硬、叫得响的党建实践典型案例，全力打造可复制可推广借鉴的上市公司党建特色品牌。

（34）2022年，为深入推动党支部结对子"共创共建"活动，强化党建融入安全生产的引领作用，公司党委在2021年度基础上，制定下发了《关于开展党支部"结对子"提升活动的通知》（陕北元党发〔2021〕32号），通过开展召开一次对接会、签订一份协议书、开展一次对标学习、同上一堂专题党课、合办一次主题党日活动、开展一次研讨交流会等形式，不断优化提升基层党建工作质量。

（35）2022年，为了深入学习贯彻习近平总书记关于安全生产重要论述，推动各单位切实把安全生产摆到重要位置，树牢安全发展理念，根据《全国安全生产专项整治三年行动计划》，公司下发了《关于深入学习贯彻习近平总书记关于安全生产重要论述重要指示批示精神的通知》（陕北元党发〔2022〕21号），通过集中学习、个人自学、宣传引导等方式引导广大职工深刻理解把握习近平总书记关于安全生产重要论述的内涵，深入学习宣传贯彻习近平总书记关于安全生产重要论述，贯彻落实党中央、国务院关于安全生产的重大决策部署，牢固树立安全发展理念，以防范化解重大风险、及时消除安全隐患、有效遏制生产安全事故为目标，增强安全生产意识，提升安全素质，进一步推动安全生产管控体系有效落地，促进公司安全管理水平提升和安全生产形势持续稳定。

四、党员发展

从2004年起，北元化工从建立党支部到成立党总支，再到公司党委成立，历届党组织在党员发展工作中始终按照《中国共产党章程》《中国共产党发展党员工作细则》和

《陕西省发展党员工作规程（试行）》要求，认真贯彻执行"控制总量、优化结构、提高质量、发挥作用"十六字方针，以优化结构为关键，以提高质量为核心，以发挥作用为目的，把"党要管党、从严治党"贯穿于发展党员工作全过程，保证了党的先进性和纯洁性。公司党组织严格按照党员发展标准发展党员，坚持"成熟一个，发展一个"原则，把各岗位的先进分子皆纳入发展对象，主动积极做好宣传引导工作，将其吸引和凝聚到党组织周围，在具体工作中做到工作不走样、程序不变通、要求不降低，坚决杜绝违反程序或简化程序发展党员的现象，有效构建起"谁培养谁负责、谁谈话谁负责、谁预审谁负责、谁审批谁负责"的发展党员工作机制。截至2022年，北元集团党组织共发展549人，党员数量增至为837人。

五、党员教育

2003年10月，北元化工党组织建立之初，就逐步建立健全了"三会一课"学习制度。2009年4月，公司党委成立以来，不断完善党委中心组学习制度，公司各级领导班子和班子成员能够坚持采用集中学习和个人自学的方式，不断提高政治理论水平和工作能力。公司党组织坚持以理想信念为重点，开展多层次的主题教育培训，组织开展了党的群众路线教育实践活动、"三严三实"专题教育，持续开展"两学一做"学习教育、"不忘初心、牢记使命"专题教育、常态化实效化开展党史学习教育，深入学习贯彻党中央决策部署及习近平总书记重要指示精神。公司党委坚持"严"字当头，"学""做"并举，相继开展了"发展中的'北元模式'大讨论"、组织纪律督查常态化、管理人员"立足本职•建言献策""转变工作作风、强化服务意识""倡导五种风气 深化三型党组织"创建等活动。积极推进管理、技术、技能员工三支队伍建设，开展了"喜迎建党100周年，全员读书五年计划"专项工作，倡导读书风尚，激发全员阅读兴趣，形成了"人人讲学习，人人善学习"的浓厚氛围。创新方法，结合党员责任区建设，广泛成立"党员先锋队"，建立"党员示范岗"，试点打造党管安全党组织，开展"党员身边无三违""党员帮带群众""组织纪律督查""基层党建提升月"等活动，形成了党建工作融入生产经营的良好局面，使广大党员理想信念进一步坚定，党性观念进一步增强，改革意识进一步强化，优良作风进一步发扬，履职服务能力进一步提高，先锋模范作用进一步发挥，不断增强党的生机活力。

六、党费管理

2009年5月31日以前，陕西北元化工公司党组织隶属于神府经济开发区党委，中共陕西北元化工集团有限公司委员会正式成立以后，组织关系变更，隶属于陕煤集团党委。2017年7月，按照上级党组织要求，北元集团党委设立了党费专用账户，党费专用账户由财务管理部代管，严格按照中共陕西省委组织部规定，向上级上缴党费60%，自留40%。自留党费，主要用于培训党员，订阅或购买用于开展党员教育的报刊、资料、音像制品和设备，表彰先进基层党组织、优秀共产党员和优秀党务工作者，补助生活困难的党员，补助遭受严重自然灾害的党员和修缮因灾受损的基层党员教育设施。各级党组织在申请使用党费前须填写党费使用计划表，经党群工作部部长审核、党委副书记审核、党委书记审批。党费报销须由经办人、党群工作部部长、党委副书记签字，财务管理部专职党费管理人员审核,党委书记审批。严禁采取先用后批的方式支出党费。公司不定期组织相关人员对各单位党费收缴情况和使用情况进行核对检查,党委会定期听取党费使用情况并研究部署党费使用,每年度对党费使用情况进行报告、公示。

七、创先争优活动

自公司组织开展创先争优活动以来,各级党组织、广大共产党员和党务工作者,按照公司党委的工作部署,紧紧围绕生产经营、项目建设等各项中心工作,坚持以改革创新精神,深入开展以"四强""四优"为主要内容的创先争优活动,有力地促进了企业发展。在活动中涌现出一批思想先进、事迹典型、业绩突出的先进基层党支部、优秀共产党员和优秀党务工作者。2011年,北元集团公司党委决定,对化工一分公司动力检修分厂党支部等2个先进基层党组织、刘王祥等9名优秀共产党员、李庆春等7名优秀党务工作者予以表彰,分别授予"北元集团2010—2011年度'四强'党支部""北元集团2010—2011年度'四优'共产党员""北元集团2010—2011年度优秀党务工作者"称号。2013年,北元集团党委决定,对化工一分公司动力检修分厂党支部等5个先进基层党组织、刘延安等39名优秀共产党员、李庆春等8名优秀党务工作者予以表彰,分别授予"北元集团2012—2013年度'四强'党支部""北元集团2012—2013年度'四优'共产党员""北元集团2012—2013年度优秀党务工作者"称号。2016年,北元集团党委决定,对采购供应部党支部等8个先进基层党组织、许娜等40名优秀共产党员、刘涛等8名优秀党务工作者予以表彰,分别授予"北元集团2015—2016年度'四强'党支部""北元集团2015—2016年度'四优'共产党员""北元集团2015—2016年度优秀党务工作者"称号。2019年,北元集团党委决定,对化工分公司党委和生产技术部党支部等9个先进基层党组织、许娜等44名优秀共产党员、李渊等8名优秀党务工作者予以表彰,分别授予"北元集团2017—2018年度先进基层党组织""北元集团2017—2018年度优秀共产党员""北元集团2017—2018年度优秀党务工作者"称号。2021年,北元集团党委决定,对化工分公司党委和规划发展部党支部等10个先进基层党组织、姚敏等43名优秀共产党员、李渊等7名优秀党务工作者、赵振刚等10名优秀党支部书记予以表彰,分别授予"北元集团2019—2020年度先进基层党组织""北元集团2019—2020年度优秀共产党员""北元集团2019—2020年度优秀党务工作者""北元集团2019—2020年度优秀党支部书记"称号。

八、干部管理

(一)管理机构

2009年9月之前,北元化工公司的干部管理工作由公司办公室负责,行使干部管理职能。2009年9月12日,党群工作部成立以后,干部管理工作移交至党群工作部。

(二)管理制度

2004年8月,北元公司下发了《神府经济开发区北元化工有限公司机构设置及人员编制方案》,对管理干部职能进行了规范,对人员进行了定编。2006年1月,下发了《神府经济开发区北元化工有限公司机构设置及人员编制方案》,对相应部门管理干部职能进行了规范,对人员进行了定编。2008年3月,印发了《陕西北元化工有限公司管理人员竞聘上岗实施方案(试行)》,规定竞聘班长、组长、科长、厂长应坚持公平公正公开、动态管理、综合考评的原则。竞聘流程为发布公告、报名、资格审查、公布竞聘人员名单。通过综合评定、笔试、面试的方式，综合评定、择优录取。2009年11月，北元集团党政制定了《陕西北元化工集团有限公司干部管理办法》（陕北元党发〔2009〕27号）（以下简称《干部管理办法》），进一步规范企业干部选拔任用、培养教育和管理工作，形成科学的、富有生机与活力的企业管理干部选拔任用机制，适应集团公司快速发展和建设现代企业制度的需要，根据《中华人民共和国公司法》《中国共产党章程》《党政领导干部选拔任用工作条例》《陕西北元化工集团有限公司章程》和中央、省委、省政府、陕煤集团有关规定和精神，结合北元集团公司实际制定了《干部管理办法》。干部管理应遵循的主要原则是：①集体领导、民主集中、个别酝酿、会议决定；②党管干部、党管人才与依法办事相结合；③任人唯贤，德才兼备；④群众公认，注重实绩；⑤公开、平等、竞争、择优；⑥组织选用与市场配置相结合；⑦激励与约束相结合；⑧分层分类，动态管理。同时，《办法》对企业管理人员的层级、职数、编制、任期、选拔任用、考核评价、激励约束、培训及后备队伍建设、免职与辞职等方面做出了具体规定。2010年1月，北元集团在化工一分公司召开的中共陕西北元化工集团第一次代表大会上，一致通过了《关于加快项目建设，构建文化北元、人才北元、创新北元的决议》（陕北元党发〔2010〕7号）（以下简称《决议》）。《决议》结合企业实际，从4个方面提出要求：①认清形势，积极动员各方力量，全力加快项目建设进度；②继往开来，切实加强企业文化建设，努力构建"文化北元"；③营造氛围，制定人才强企战略，着力打造"人才北元"；④解放思想，鼓励创新与改革，积极构建"创新北元"。公司党委号召，要以第一次党代会的召开为契机，在"责任、价值、凝聚、超越"核心理念指导下，围绕"加快项目建设，构建文化北元、人才北元、创新北元"目标和公司"十二五"规划，高举科学发展旗帜，解放思想，统筹兼顾，勇于创新，不断超越，为把北元打造成为中国最大的一流盐化工企业而不懈努力。同年11月，印发了《陕西北元化工集团有限公司科处级干部年度考核考评办法（暂行）》，从德、能、勤、绩、廉5个维度对干部进行综合考核，考核结果分为优秀、称职、基本称职、不称职4个等次，以个人总结、群众测评、领导评定、横向联评为考核程序（考核结果＝群众测评分×40％＋领导测评分×30％＋组织测评分×30％）。其中2005年、2006年、2007年和2010—2012年末，坚持对干部进行了考核考评，促进了干部队伍管理。2019年10月31日，北元集团党委结合陕煤集团最新要求，重新修订了《陕西北元化工集团股份有限公司干部管理办法》（陕北元党发〔2019〕67号）。2020年9月8日，下发了《陕西北元化工集团股份有限公司干部管理办法补充规定》（陕北元党发〔2020〕78号），将公司管理干部岗位划分为4个职级，分别为公司领导、准高级管理层、中层管理层、科厂级管理层，新增了管理人员职务退出机制。2021年11月3日，在公司去行政化改革的基础上，下发了《关于建立业务主管竞聘上岗机制的通知》（陕北元党发〔2021〕129号），认真落实"三项机制"，深化"三项制度"改革，拓宽选人用人渠道，努力实现人岗匹配、人尽其才，促进优秀人才脱颖而出。同年11月10日，为了适应企业改革发展形势，结合建立现代企业制度要求，完善企业管理体制，健全法人治理结构，建设一支符合上市公司高质量发展的管理人才队伍。根据《中国共产党章程》等党内法规和国家有关法律，参照陕煤集团《中层管理人员管理办法》（陕煤党发〔2019〕170号）及公司《岗位职级体系设置与管理办法（试行）》（陕北元党发〔2021〕81号），结合公司实际，制定了《陕西北元化工集团股份有限公司管理人员管理办法》(陕北元党发〔2021〕128号)。2022年1月6日,为了规范公司管理人员职务退出管理,制定了《陕西北元化工集团股份有限公司管理人员职务退出管理办法》(陕北元党发〔2022〕3号),将退出范围及年龄、退出方式、退出待遇、退出管理等内容进行了详细解释。2022年5月31日,按照管理人员管理办法,并结合公司实际,制定了《陕西北元化工集团股份有限公司管理人员竞聘上岗管理办法》(陕北元党发〔2022〕63号),进一步健全了能上能下的竞争性用人机制。

(三)干部考核

公司在选拔任用干部时,按照制定的相关制度程序,进行考核。2003年中层干部调整4人次。2004年新提任中层干部2人次,科厂级干部18人次;降职免职干部4人次,其中中层干部1人次,科厂级干部3人次。2005年新提任中层干部4人次,科厂级干部15人次;降职免职干部8人次,其中中层干部1人次,科厂级干部7人次。2006年新提任中层干部3人次,科厂级干部20人次;降职免职科厂级干部10人次。2007年新提任中层干部1人次,科厂级干部28人次;降职免职干部3人次,其中中层干部1人次,科厂级干部2人次。2008年新提任中层干部9人次,科厂级干部26人次;降职免职科厂级干部6人次。2009年调整干部65人次,其中提拔中层干部5人次,科厂级干部6人次,平级调整54人次,降职免职1人次。2010—2020年,北元集团干部考核依据《科处级干部年度考核考评办法(暂行)》,对科处级干部履行岗位职责情况和完成年度工作任务情况,从德、能、勤、绩、廉5个方面对干部进行综合考核。考核对象为全公司副科级及以上干部。考核结果分为优秀、称职、基本称职、不称职4个等次。考核等级标准的确定以干部履行管理岗位职责和完成年度工作任务情况为基本依据。考核采取领导评定、群众测评和组织评定3结合的办法进行,考核结果既做定量分析也做定性评价,注重实效。其中,定量分析以百分计:领导评定占30%,群众测评占40%,组织评定占30%。将群众测评、领导评定和组织评定3方面打出的等级,根据统一的标准换算成量化分数,测评等级与量化分数的对应关系为:优秀,90~100分;称职,70~89分;基本称职,60~69分;不称职,60分以下。每一位科处级干部考核结果的计算公式是:考核结果=群众测评分×40%+领导测评分×30%+组织测评分×30%。以群众测评、领导评定和组织评定3方面为依据得出考核结果,在考核结果的基础上,由公司党委会讨论审定最终考核结果。考核结果存入本人档案,并作为对干部提拔任用、交流轮岗、奖惩以及培训等的重要依据。对于考核在后3位的科处级管理人员要给予黄牌警告或诫勉谈话,必要时也可以采取相应的组织措施进行处理。这种措施充分调动了科处级管理人员的工作积极性,激发了干部队伍的活力,不断提高企业管理水平。其中,2010年调整干部40人次,其中提拔中层干部4人次,科厂级干部6人次,平级调整22人次,降职免职8人次。2011年调整干部24人次,其中提拔中层干部8人次,科厂级干部5人次,平级调整9人次,降职免职2人次。2012年新提任中层干部9人次,科厂级干部36人次;降职免职科厂级干部2人次。2013年新提任中层干部8人次,科厂级干部21人次;降职免职干部16人次,其中中层干部8人次,科厂级干部8人次。2014年新提任科厂级干部15人次;降职免职中层干部3人次,科厂级干部9人次。2015年新提任中层干部11人次,科厂级干部33人次;降职免职中层干部2人次,科厂级干部3人次。2016年新提任科厂级干部7人次;降职免职中层干部 2 人次，科厂级干部 7 人次。2017 年新提任中层干部 7 人次，科厂级干部 24 人次；降职免职中层干部 3 人次，科厂级干部 5 人次。2018 年中层以上管理干部变动 14 人次，其中提拔 10 人，调离 1 人，兼任职务 2 人，转技术序列 1 人；科级干部变动 79 人次，其中提拔 35 人，免职 2 人，降职 1 人，调离 2 人，平级调动 8 人，转技术序列 31 人。2019 年中层及以上管理干部变动 5 人次，其中提拔中层正职 1 人，提拔中层副职 3 人，兼任职务 1 人；科级干部变动 24 人次，其中由副科（厂）长提拔为正科（厂）长 10 人，提拔副科（厂）长 13 人，降职 1 人。2020 年中层及以上管理干部变动 17 人次，其中提拔中层正职 3 人，提拔中层副职 14 人；科级干部变动 24 人次，其中由副科（厂）级提拔为正科（厂）级 10 人，提拔副科（厂）长 13 人，降职 1 人。2021 年，根据重新制定的《管理人员年度考核评价办法》(陕北元党发〔2021〕143 号)，考核对象调整为管理序列：准高级，中层正职，中层副职，分、子公司副总师；技术序列：首席工程师、一级主任师、二级主任师、高级业务主管、一级业务主管、二级业务主管。考核由综合理论考核、业绩考核、述职述廉述效、民主测评、谈话测评 5 个方面内容构成。考核采取百分制，考核对象分为 4 个类型，根据考核内容特点，结合各类型对象实际，赋予不同的权重。准高级、首席工程师成绩 = 综合理论考核 × 10% + 业绩考核 × 30% + 民主测评 × 60%（其中：民主测评 = 班子正职、分管领导评分 × 35% + 其他领导评分 × 25% + 同级评分 × 20% + 下属评分 × 20%）。中层正职、一级主任师成绩 = 综合理论考核 × 10% + 业绩考核 × 20% + 公开述职 × 10% + 民主测评 × 60%（其中：民主测评 = 班子正职、分管领导评分 × 30% + 其他领导评分 × 25% + 同级评分 × 20% + 下属评分 × 25%）。中层副职、二级主任师成绩 = 综合理论考核 × 10% + 业绩考核 × 20% + 公开述职 × 10% + 民主测评 × 60%。（其中：民主测评 = 班子正职、分管领导评分 × 30% + 其他领导评分 × 15% + 所在单位负责人评分 × 25% + 同级评分 × 10% + 下属评分 × 20%）。分、子公司副总师，高级业务主管，一级业务主管，二级业务主管成绩 = 综合理论考核 × 10% + 业绩考核 × 20% + 民主测评 × 70%。（其中：集团本部高级业务主管、一级业务主管、二级业务主管民主测评 = 分管领导评分 × 25% + 所在部门负责人评分 × 30% + 同级评分 × 20% + 下属评分 × 25%；分、子公司副总师，一级业务主管，二级业务主管民主测评 = 分管班子成员评分 × 30% + 其他班子成员评分 × 20% + 同级评分 × 20% + 下属评分 × 30%）。考核结果分为优秀、合格、基本合格、不合格 4 个等次。其中，优秀，95～100 分；合格，75～94 分；基本合格，60～74 分；不合格，60 分以下。优秀比例不高于 20%，基本合格和不合格比例不低于 5%。2021 年管理序列调整 10 人次，其中中层正职 2 人次，均为平级调动；中层副职 8 人次，提拔 2 人，平级调动 6 人。技术序列调整 85 人次，调整一级业务主管 41 人次，其中提拔 25 人、平级调动 12 人、离职 4 人；调整二级业务主管 44 人次，其中提拔 26 人、平级调动 18 人。

（四）优秀管理干部评选

2011 年，北元集团在干部管理中开始开展评选优秀管理干部工作，调动了干部的工作积极性，涌现出大批优秀管理干部。截至 2021 年，共有 165 人获得优秀管理干部荣誉，其中，2011 年 16 名，2012 年 17 名，2013 年 16 名，2014 年 17 名，2015 年 25 名，2016 年 35 名，2017 年 35 名，2018 年 36 名，2019 年 33 名，2020 年 32 名，2021 年 48 名，2022 年 54 名。北元集团优秀管理人员名单见表 13-1-3。

表13-1-3 北元集团优秀管理人员名单一览表

姓 名	性别	籍 贯	出生年月	学 历	政治面貌	授 予 单 位	授予时间
刘建国	男	陕西神木	1981-07	研究生	中共党员	陕西北元化工集团有限公司	2012-02
王奋中	男	陕西神木	1978-06	大专	中共党员		
王光平	男	陕西神木	1974-08	大专	中共党员		
党增琦	男	陕西渭南	1982-12	研究生	中共党员		
靳党会	女	陕西神木	1981-01	研究生	中共党员		
杨鹏飞	男	陕西神木	1981-03	本科	中共党员		
张海亮	男	陕西子洲	1984-11	大专	中共党员		
刘振荣	男	陕西神木	1964-01	本科	中共党员		
刘振军	男	陕西榆林	1974-04	大专	中共党员		
杨永峰	男	陕西榆林	1982-05	大专	中共党员		
马建国	男	陕西宝鸡	1983-06	本科	中共党员		
杨茂勤	男	陕西岐山	1979-06	本科	中共党员		
崔志高	男	陕西佳县	1979-01	本科	中共党员		
王 凯	男	陕西榆林	1976-07	本科	中共党员		
李红荣	男	陕西横山	1983-03	大专	中共党员		
刘双成	男	陕西榆林	1978-04	大专	中共党员		
刘建国	男	陕西神木	1981-07	研究生	中共党员	陕西北元化工集团有限公司	2013-02
折荣强	男	陕西神木	1971-02	研究生	中共党员		
王奋中	男	陕西神木	1978-06	大专	中共党员		
刘延财	男	陕西延安	1981-03	研究生	中共党员		
张玲芬	女	陕西延安	1981-11	本科	中共党员		
刘 娜	女	宁夏青铜峡	1985-10	大专	中共党员		
王 雄	男	陕西神木	1980-02	大专	中共党员		
王勇刚	男	陕西榆林	1975-12	本科	中共党员		
徐振华	男	陕西延安	1984-08	大专	中共党员		
刘王祥	男	陕西榆林	1969-07	中专	中共党员		
蒋海宾	男	河北保定	1982-06	本科	中共党员		
高 骞	男	陕西榆林	1973-10	大专	中共党员		
马建国	男	陕西宝鸡	1983-06	本科	中共党员		
崔志高	男	陕西佳县	1979-01	本科	中共党员		
张文刚	男	陕西榆林	1982-11	大专	中共党员		
李 正	男	陕西榆林	1981-10	研究生	中共党员		
曹辉辉	男	陕西榆林	1985-11	本科	中共党员		
刘建国	男	陕西榆林	1981-07	研究生	中共党员	陕西北元化工集团有限公司	2014-01
张玲芬	女	陕西延安	1981-11	本科	中共党员		
刘 娜	女	宁夏青铜峡	1985-10	大专	中共党员		

表13-1-3（续）

姓名	性别	籍贯	出生年月	学历	政治面貌	授予单位	授予时间
李慧	女	陕西榆林	1983-07	本科	中共党员	陕西北元化工集团有限公司	2014-01
李鹏智	男	陕西榆林	1983-09	本科	中共党员		
张友平	男	陕西渭南	1984-12	本科	中共党员		
王浩雄	男	陕西榆林	1982-11	本科	中共党员		
高海荣	男	陕西榆林	1985-07	本科	中共党员		
刘生宏	男	陕西延安	1957-01	本科	中共党员		
杨永强	男	内蒙古呼和浩特	1984-08	大专	群众		
何强	男	陕西榆林	1983-01	本科	中共党员		
高骞	男	陕西榆林	1973-10	大专	群众		
刘春光	男	陕西榆林	1978-01	本科	中共党员		
田键	男	陕西榆林	1974-08	本科	中共党员		
曹辉辉	男	陕西榆林	1985-11	本科	中共党员		
魏辉	男	陕西榆林	1983-12	大专	中共党员		
刘建国	男	陕西神木	1981-07	研究生	中共党员	陕西北元化工集团有限公司	2015-01
张玲芬	女	陕西延安	1981-11	本科	中共党员		
刘生宏	男	陕西延安	1957-01	本科	中共党员		
李正	男	陕西榆林	1981-10	研究生	中共党员		
李鹏智	男	陕西榆林	1983-09	本科	中共党员		
张友平	男	陕西渭南	1984-12	本科	中共党员		
焦永平	男	陕西榆林	1983-12	本科	中共党员		
苏国情	男	陕西榆林	1986-06	本科	中共党员		
王凯	男	陕西榆林	1976-07	本科	中共党员		
刘延财	男	陕西延安	1981-03	研究生	中共党员		
徐振华	男	陕西延安	1984-08	大专	中共党员		
何强	男	陕西榆林	1983-01	本科	中共党员		
边亚平	男	内蒙古包头	1980-10	本科	中共党员		
田键	男	陕西榆林	1974-08	本科	中共党员		
曹辉辉	男	陕西榆林	1985-11	本科	中共党员		
曹晓龙	男	陕西榆林	1983-11	大专	中共党员		
魏辉	男	陕西榆林	1983-12	大专	中共党员		
刘延财	男	陕西延长	1981-03	研究生	中共党员	陕西北元化工集团有限公司	2016-01
高小军	男	陕西富县	1984-10	本科	中共党员		
薛红娟	女	山西芮城	1980-08	本科	中共党员		
靳党会	女	陕西神木	1981-01	本科	中共党员		
李鹏智	男	陕西榆林	1983-09	本科	中共党员		
韩咏玲	女	陕西咸阳	1985-06	本科	中共党员		

表13-1-3（续）

姓名	性别	籍贯	出生年月	学历	政治面貌	授予单位	授予时间
刘娜	女	宁夏青铜峡	1985-10	大专	中共党员	陕西北元化工集团有限公司	2016-01
李正	男	陕西榆林	1981-10	研究生	中共党员		
张友平	男	陕西渭南	1984-12	本科	中共党员		
单建军	男	陕西榆林	1969-06	大专	中共党员		
焦永平	男	陕西榆林	1983-12	本科	中共党员		
王卫明	男	陕西榆林	1981-08	本科	中共党员		
张攀	男	陕西渭南	1986-11	本科	中共党员		
石孝雄	男	陕西榆林	1985-04	本科	中共党员		
陈鹏	男	陕西商洛	1982-11	本科	中共党员		
叶鹏云	男	陕西榆林	1982-10	本科	中共党员		
何强	男	陕西榆林	1983-01	本科	中共党员		
马建国	男	陕西宝鸡	1983-06	本科	中共党员		
刘延安	男	陕西延安	1982-01	本科	中共党员		
万鑫	男	陕西榆林	1971-01	大专	中共党员		
宁秀英	女	山西运城	1975-08	大专	中共党员		
张文刚	男	陕西榆林	1982-11	大专	中共党员		
曹辉辉	男	陕西榆林	1985-11	本科	中共党员		
李周清	男	陕西佳县	1985-10	本科	中共党员		
杨永兵	男	陕西榆林	1970-05	大专	中共党员		
单建军	男	陕西榆林	1969-06	大专	中共党员	陕西北元化工集团有限公司	2017-01
陈鹏	男	陕西商洛	1982-11	本科	中共党员		
叶鹏云	男	陕西榆林	1982-10	本科	中共党员		
王卫明	男	陕西榆林	1981-08	本科	中共党员		
徐生智	男	陕西榆林	1978-12	大专	中共党员		
高小军	男	陕西富县	1984-10	本科	中共党员		
薛红娟	女	山西芮城	1980-08	本科	中共党员		
韩咏玲	女	陕西咸阳	1985-06	本科	中共党员		
何平霞	女	陕西榆林	1986-02	大专	中共党员		
刘振军	男	陕西榆林	1974-04	大专	中共党员		
靳党会	女	陕西神木	1981-01	研究生	中共党员		
刘娜	女	宁夏青铜峡	1985-10	大专	中共党员		
李慧	女	陕西榆林	1983-07	本科	中共党员		
牛斌	男	陕西榆林	1985-03	本科	中共党员		
李鹏智	男	陕西榆林	1983-09	本科	中共党员		
张军锋	男	陕西咸阳	1984-09	本科	中共党员		
焦永平	男	陕西榆林	1983-12	本科	中共党员		

表 13-1-3（续）

姓　名	性别	籍　贯	出生年月	学　历	政治面貌	授予单位	授予时间
石孝雄	男	陕西榆林	1985-04	本科	中共党员	陕西北元化工集团有限公司	2017-01
王勇刚	男	陕西榆林	1975-12	本科	中共党员		
王　伟	男	陕西咸阳	1982-11	本科	中共党员		
马建国	男	陕西宝鸡	1983-06	本科	中共党员		
徐振华	男	陕西延安	1984-08	大专	中共党员		
钟国院	男	陕西榆林	1980-01	大专	中共党员		
王彦东	男	陕西榆林	1980-10	大专	群众		
杨永峰	男	陕西榆林	1982-05	大专	中共党员		
白文彦	男	陕西榆林	1985-04	本科	中共党员		
高　骞	男	陕西榆林	1973-10	大专	群众		
奥利军	男	陕西榆林	1986-02	本科	中共党员		
张文刚	男	陕西榆林	1982-11	大专	中共党员		
刘忠飞	男	陕西榆林	1984-10	本科	中共党员		
高海荣	男	陕西榆林	1985-07	本科	中共党员		
张小建	男	河南偃师	1965-11	大专	群众		
魏　辉	男	陕西榆林	1983-12	大专	中共党员		
崔　永	男	陕西榆林	1981-01	大专	中共党员		
郝有财	男	陕西榆林	1981-01	中专	中共党员		
薛红娟	女	山西芮城	1980-08	本科	中共党员	陕西北元化工集团股份有限公司	2018-01
高小军	男	陕西富县	1984-10	本科	中共党员		
张玲芬	女	陕西延安	1981-11	本科	中共党员		
孙继国	男	陕西榆林	1969-04	大专	中共党员		
刘　涛	男	陕西榆林	1986-08	研究生	中共党员		
慕艳梅	女	陕西榆林	1983-10	本科	中共党员		
李　慧	女	陕西榆林	1983-07	本科	中共党员		
李　正	男	陕西榆林	1981-10	研究生	中共党员		
焦理芳	女	陕西榆林	1981-10	大专	中共党员		
焦永平	男	陕西榆林	1983-12	本科	中共党员		
苏国情	男	陕西榆林	1986-06	本科	中共党员		
王奋中	男	陕西榆林	1978-06	大专	中共党员		
王卫明	男	陕西榆林	1981-08	本科	中共党员		
王勇刚	男	陕西榆林	1975-12	本科	中共党员		
石孝雄	男	陕西榆林	1985-04	本科	中共党员		
王　伟	男	陕西咸阳	1982-11	本科	中共党员		
刘延安	男	陕西延安	1982-01	本科	中共党员		
何　强	男	陕西榆林	1983-01	本科	中共党员		

表 13-1-3（续）

姓　名	性别	籍　贯	出生年月	学　历	政治面貌	授予单位	授予时间
杨永峰	男	陕西榆林	1982-05	大专	中共党员	陕西北元化工集团股份有限公司	2018-01
白林军	男	陕西榆林	1980-10	本科	中共党员		
徐振华	男	陕西延安	1984-08	本科	中共党员		
赵　鹏	男	陕西榆林	1983-12	大专	中共党员		
蔡　苗	男	陕西榆林	1985-07	本科	中共党员		
徐生智	男	陕西榆林	1979-12	大专	中共党员		
奥利军	男	陕西榆林	1986-02	本科	中共党员		
李瑞军	男	陕西榆林	1984-09	本科	中共党员		
赵　飞	男	陕西榆林	1976-10	大专	中共党员		
曹辉辉	男	陕西榆林	1985-11	本科	中共党员		
刘忠飞	男	陕西榆林	1984-10	本科	中共党员		
高海荣	男	陕西榆林	1985-07	本科	中共党员		
刘建平	男	陕西榆林	1978-06	本科	中共党员		
王金柱	男	陕西榆林	1979-06	大专	中共党员		
呼顺利	男	陕西榆林	1976-03	大专	群众		
梁利平	男	内蒙古乌审旗	1984-01	大专	中共党员		
魏　辉	男	陕西榆林	1983-12	大专	中共党员		
党增琦	男	陕西渭南	1982-12	研究生	中共党员	陕西北元化工集团股份有限公司	2019-01
王奋中	男	陕西神木	1978-06	大专	中共党员		
王卫明	男	陕西神木	1981-08	本科	中共党员		
刘　娜	女	陕西榆林	1985-10	大专	中共党员		
叶鹏云	男	陕西榆林	1982-10	本科	中共党员		
王　伟	男	陕西礼泉	1982-11	本科	中共党员		
杨鹏飞	男	陕西神木	1981-03	本科	中共党员		
刘建平	男	陕西榆林	1978-06	本科	中共党员		
张　政	男	陕西横山	1983-10	本科	中共党员		
刘　涛	男	陕西榆林	1986-08	研究生	中共党员		
贺　磊	男	陕西榆林	1988-02	本科	中共党员		
焦理芳	女	陕西神木	1981-10	大专	中共党员		
张红霞	女	陕西榆林	1984-02	本科	中共党员		
房宝平	男	陕西榆林	1984-08	本科	中共党员		
张军锋	男	陕西旬邑	1984-09	本科	中共党员		
苏国情	男	陕西榆林	1986-06	本科	中共党员		
焦永平	男	陕西榆林	1983-12	本科	中共党员		
石孝雄	男	陕西榆林	1985-04	本科	中共党员		
梁　军	男	陕西榆林	1986-08	本科	中共党员		

表 13-1-3（续）

姓　名	性别	籍　贯	出生年月	学　历	政治面貌	授 予 单 位	授予时间
熊 磊	男	陕西南郑	1986-09	本科	中共党员	陕西北元化工集团股份有限公司	2019-01
韩云峰	男	陕西宝鸡	1986-09	本科	中共党员		
赵 鹏	男	陕西横山	1983-12	大专	中共党员		
张征国	男	陕西榆林	1983-01	大专	中共党员		
白文彦	男	陕西佳县	1985-04	本科	中共党员		
蔡 苗	男	陕西榆林	1985-07	本科	中共党员		
雷 强	男	陕西安塞	1984-07	本科	中共党员		
奥利军	男	陕西榆林	1986-02	本科	中共党员		
张文刚	男	陕西榆林	1982-11	大专	中共党员		
李小岗	男	陕西榆林	1986-10	本科	中共党员		
杨怀刚	男	陕西神木	1973-09	高中	群众		
尤文军	男	陕西榆林	1985-02	本科	中共党员		
訾 伟	男	陕西神木	1984-12	本科	中共党员		
刘 强	男	陕西榆林	1984-06	大专	中共党员		
呼顺利	男	陕西榆林	1976-03	大专	群众		
惠建伟	男	陕西渭南	1986-12	本科	中共党员		
魏 辉	男	陕西榆林	1983-12	大专	中共党员		
薛红娟	女	山西芮城	1980-08	本科	中共党员	陕西北元化工集团股份有限公司	2020-01
张玲芬	女	陕西延安	1981-11	本科	中共党员		
孙继国	男	陕西榆林	1969-04	大专	中共党员		
王 雄	男	陕西神木	1980-02	大专	中共党员		
刘 娜	女	宁夏青铜峡	1985-10	大专	中共党员		
杨茂勤	男	陕西岐山	1979-06	本科	中共党员		
田 键	男	陕西榆林	1974-08	本科	中共党员		
朱先均	男	河南西峡	1978-08	大专	中共党员		
高海荣	男	陕西榆林	1985-07	本科	中共党员		
李鹏智	男	陕西榆林	1983-09	本科	中共党员		
许 磊	男	陕西延安	1985-02	本科	中共党员		
刘 涛	男	陕西榆林	1986-08	研究生	中共党员		
焦理芳	女	陕西榆林	1981-10	大专	中共党员		
慕艳梅	女	陕西榆林	1983-10	本科	中共党员		
房宝平	男	陕西榆林	1984-08	本科	中共党员		
鲁尚高	男	陕西榆林	1985-10	本科	中共党员		
李 慧	女	陕西榆林	1983-07	本科	中共党员		
苏国情	男	陕西榆林	1986-06	本科	中共党员		
焦永平	男	陕西榆林	1983-12	本科	中共党员		

表13-1-3（续）

姓 名	性别	籍 贯	出生年月	学 历	政治面貌	授 予 单 位	授予时间
张 攀	男	陕西渭南	1986-11	本科	中共党员	陕西北元化工集团股份有限公司	2020-01
熊 磊	男	陕西南郑	1986-09	本科	中共党员		
赵 鹏	男	陕西榆林	1983-12	大专	中共党员		
白文彦	男	陕西榆林	1985-04	本科	中共党员		
王 雄	男	陕西神木	1984-06	大专	中共党员		
刘忠飞	男	陕西榆林	1984-10	本科	中共党员		
刘 强	男	陕西榆林	1984-06	大专	中共党员		
韩云峰	男	陕西宝鸡	1986-09	本科	中共党员		
张 波	男	陕西佳县	1985-11	本科	中共党员		
王 进	男	陕西佳县	1986-11	本科	中共党员		
李瑞军	男	陕西榆林	1984-09	本科	中共党员		
王亚平	男	陕西榆林	1983-05	大专	中共党员		
崔 永	男	陕西神木	1981-10	大专	中共党员		
杨贵平	男	陕西神木	1984-10	大专	中共党员		
徐生智	男	陕西榆林	1979-12	大专	中共党员	陕西北元化工集团股份有限公司	2020-12
李鹏智	男	陕西榆林	1983-09	本科	中共党员		
叶鹏云	男	陕西榆林	1982-10	本科	中共党员		
张军锋	男	陕西咸阳	1984-09	本科	中共党员		
刘 娜	女	宁夏青铜峡	1985-10	大专	中共党员		
梁虎伟	男	陕西神木	1974-05	大专	中共党员		
田 键	男	陕西榆林	1974-08	本科	中共党员		
杨鹏飞	男	陕西神木	1981-03	本科	中共党员		
李 渊	男	陕西蓝田	1985-02	本科	中共党员		
马 薇	女	陕西榆林	1983-01	大专	中共党员		
焦理芳	女	陕西榆林	1981-10	大专	中共党员		
慕艳梅	女	陕西榆林	1983-10	本科	中共党员		
施素帆	女	陕西横山	1983-11	本科	中共党员		
房宝平	男	陕西榆林	1984-08	本科	中共党员		
马生伟	男	陕西靖边	1984-03	本科	中共党员		
曹晓龙	男	陕西榆林	1983-11	大专	中共党员		
王浩雄	男	陕西榆林	1982-11	本科	中共党员		
王 凯	男	陕西榆林	1976-07	本科	中共党员		
李伟东	男	陕西佳县	1984-07	本科	中共党员		
雷 强	男	陕西安塞	1984-07	本科	中共党员		
赵 鹏	男	陕西榆林	1983-12	大专	中共党员		
白文彦	男	陕西榆林	1985-04	本科	中共党员		

表13-1-3（续）

姓 名	性别	籍 贯	出生年月	学 历	政治面貌	授 予 单 位	授予时间
王 雄	男	陕西神木	1984-06	大专	中共党员	陕西北元化工集团股份有限公司	2020-12
訾 伟	男	陕西神木	1984-12	本科	中共党员		
刘 强	男	陕西榆林	1984-06	大专	中共党员		
韩云峰	男	陕西宝鸡	1986-09	本科	中共党员		
杜云虎	男	陕西安塞	1984-10	本科	中共党员		
张 波	男	陕西佳县	1985-11	本科	中共党员		
李瑞军	男	陕西榆林	1984-09	大专	中共党员		
王亚平	男	陕西榆林	1983-05	大专	中共党员		
崔 永	男	陕西神木	1981-10	大专	中共党员		
钟双斌	男	陕西靖边	1987-06	大专	中共党员		
王奋中	男	陕西榆林	1978-06	大专	中共党员	陕西北元化工集团股份有限公司	2021-12
杨鹏飞	男	陕西神木	1981-03	本科	中共党员		
梁虎伟	男	陕西神木	1974-05	大专	中共党员		
薛红娟	女	山西芮城	1980-08	本科	中共党员		
王 雄	男	陕西神木	1980-02	大专	中共党员		
李鹏智	男	陕西榆林	1983-09	本科	中共党员		
李军业	男	山东恒台	1966-03	本科	中共党员		
杨茂勤	男	陕西岐山	1979-06	本科	中共党员		
熊 磊	男	陕西南郑	1986-09	本科	中共党员		
张军锋	男	陕西咸阳	1984-09	本科	中共党员		
高海荣	男	陕西榆林	1985-07	本科	中共党员		
石孝雄	男	陕西榆林	1985-04	本科	中共党员		
许 磊	男	陕西延安	1985-02	本科	中共党员		
李庆春	男	陕西横山	1985-01	本科	中共党员		
张 健	男	陕西宝鸡	1986-06	本科	中共党员		
焦理芳	女	陕西榆林	1981-10	大专	中共党员		
李周清	男	陕西佳县	1985-10	本科	中共党员		
施素帆	女	陕西横山	1983-11	本科	中共党员		
张红霞	女	陕西榆林	1984-02	本科	中共党员		
张文武	男	陕西咸阳	1986-07	本科	中共党员		
马生伟	男	陕西靖边	1984-03	本科	中共党员		
曹晓龙	男	陕西榆林	1983-11	大专	中共党员	陕西北元化工集团股份有限公司	2021-12
翁 明	男	陕西三原	1985-02	本科	中共党员		
李伟东	男	陕西佳县	1984-07	本科	中共党员		
刘振军	男	陕西榆林	1974-04	大专	中共党员		
牛 云	男	陕西安塞	1986-07	本科	中共党员		

表13-1-3（续）

姓　名	性别	籍　贯	出生年月	学　历	政治面貌	授　予　单　位	授予时间
梁　军	男	陕西榆林	1986-08	本科	中共党员	陕西北元化工集团股份有限公司	2021-12
慕　毅	男	陕西定边	1986-06	研究生	中共党员		
韩云峰	男	陕西宝鸡	1986-09	本科	中共党员		
惠建伟	男	陕西渭南	1986-12	本科	中共党员		
张隆刚	男	陕西延安	1987-02	本科	中共党员		
张　波	男	陕西佳县	1985-11	本科	中共党员		
王　进	男	陕西佳县	1986-11	本科	中共党员		
鲁　铭	男	陕西榆林	1986-03	本科	中共党员		
白永明	男	陕西神木	1984-05	本科	中共党员		
付长江	男	陕西临潼	1986-12	本科	中共党员		
撒鹏刚	男	陕西宝鸡	1986-02	本科	中共党员		
赵　飞	男	陕西榆林	1976-10	大专	中共党员		
杜云虎	男	陕西安塞	1984-10	本科	中共党员		
李小岗	男	陕西榆林	1986-10	本科	中共党员		
訾　伟	男	陕西神木	1984-12	本科	中共党员		
李红荣	男	陕西横山	1983-03	大专	中共党员		
任建虎	男	陕西佳县	1989-12	大专	中共党员		
魏　辉	男	陕西神木	1983-12	大专	中共党员		
石锦鹏	男	陕西横山	1987-11	本科	中共党员		
张鸿鸿	男	陕西洋县	1985-12	本科	中共党员		
火瑞钦	男	宁夏固原	1985-03	本科	中共党员		
崔　永	男	陕西神木	1981-10	大专	中共党员		
王奋中	男	陕西神木	1978-06	大专	中共党员	陕西北元化工集团股份有限公司	2022-12
薛红娟	女	山西芮城	1980-08	本科	中共党员		
党增琦	男	陕西渭南	1982-12	研究生	中共党员		
周燕芳	女	山西侯马	1981-01	研究生	中共党员		
张玲芬	女	陕西延安	1981-11	本科	中共党员		
熊　磊	男	陕西南郑	1986-09	本科	中共党员		
张军锋	男	陕西咸阳	1984-09	本科	中共党员		
于虎朝	男	陕西兴平	1981-09	本科	中共党员		
曹辉辉	男	陕西榆林	1985-11	本科	中共党员		
刘忠飞	男	陕西榆林	1984-10	本科	中共党员		
肖　强	男	陕西西乡	1984-01	本科	中共党员		
张　健	男	陕西宝鸡	1986-06	本科	中共党员		
焦理芳	女	陕西榆林	1981-10	大专	中共党员		
宫晓宁	男	辽宁沈阳	1981-11	大专	中共党员		

表 13-1-3（续）

姓　名	性别	籍　贯	出生年月	学　历	政治面貌	授予单位	授予时间
李周清	男	陕西佳县	1985-10	本科	中共党员	陕西北元化工集团股份有限公司	2022-12
吕小刚	男	陕西神木	1989-12	本科	中共党员		
石艳霞	女	陕西神木	1985-12	本科	中共党员		
李　慧	女	陕西榆林	1983-07	本科	中共党员		
张文武	男	陕西咸阳	1986-07	本科	中共党员		
王亚平	男	陕西榆阳区	1983-05	大专	中共党员		
孟庆权	男	山西文书	1980-06	本科	中共党员		
曹晓龙	男	陕西榆林	1983-11	大专	中共党员		
康文国	男	陕西横山	1984-09	本科	中共党员		
蔡高伟	男	陕西咸阳	1987-02	本科			
甘绍垒	男	山东定陶	1987-10	大专	中共党员		
牛　云	男	陕西安塞	1986-07	本科	中共党员		
高　磊	男	陕西榆林	1983-12	本科	中共党员		
王艳霞	女	陕西神木	1985-12	本科	中共党员		
慕　毅	男	陕西定边	1986-06	研究生	中共党员		
刘　勇	男	陕西安康	1984-02	本科	中共党员		
李庆春	男	陕西横山	1985-01	本科	中共党员		
雷　强	男	陕西安塞	1984-07	本科	中共党员		
张　柱	男	陕西咸阳	1985-12	本科	中共党员		
贺永斌	男	陕西神木	1984-08	本科	中共党员		
张隆刚	男	陕西延安	1987-02	本科	中共党员		
韩云峰	男	陕西宝鸡	1986-09	本科	中共党员		
付长江	男	陕西临潼	1986-12	本科	中共党员		
孙龙彬	男	河北邯郸	1987-11	本科	中共党员		
常永江	男	陕西佳县	1984-04	本科	中共党员		
徐　柯	男	陕西西安	1986-12	本科	中共党员		
白永明	男	陕西神木	1984-05	本科	中共党员		
王　进	男	陕西佳县	1986-11	本科	中共党员		
刘钰存	男	陕西榆林	1987-03	本科	中共党员		
杜云虎	男	陕西安塞	1984-10	本科	中共党员		
张建军	男	陕西神木	1988-10	本科	中共党员		
惠培瑞	男	陕西米脂	1988-05	大专	中共党员		
尤文军	男	陕西榆林	1985-02	本科	中共党员		
王少山	男	陕西神木	1989-04	本科	中共党员		
李红荣	男	陕西横山	1983-03	大专	中共党员		
徐林军	男	陕西榆阳区	1987-02	大专	中共党员		

表 13-1-3（续）

姓　名	性别	籍　贯	出生年月	学　历	政治面貌	授　予　单　位	授予时间
王金柱	男	陕西榆林	1979-06	大专	中共党员	陕西北元化工集团股份有限公司	2022-12
钟双斌	男	陕西靖边	1987-06	大专	中共党员		
刘英飞	男	陕西榆林	1987-09	本科	中共党员		
马利俊	男	陕西神木	1975-01	大专	中共党员		

（五）干部培训

2008年以来，为加快公司管理队伍建设，使中高层管理人员具备必备的管理基础理论及先进的管理理念，与时俱进，为公司后续发展提供持续、可靠、科学的管理人才，公司坚持年年采取多种形式，组织了各种培训。公司先后与西北大学高培管理中心合作，邀请西北大学教授、上海奥古特文化咨询公司专家、陕西省委党校教授等，为公司科级以上管理干部进行专题讲座辅导，并借助陕西干部网络学院、学习强国等平台开展线上学习。截至2022年12月底，通过各种渠道培训中高层管理人员260余人次，技术人员2000余人次。

第二节　宣　传　教　育

一、机构、职责

2003年，北元化工公司自成立以来，新闻宣传工作由公司办公室行政科人员负责，设有内部报刊及网站；2009年9月，北元化工集团党群工作部成立后，设有宣传主管和宣传干事4人，承担意识形态、宣传思想、新闻舆论、精神文明建设、企业文化和统一战线等方面的职责。2010年，根据宣传工作需要，吸纳了28名基层通讯员，初步组建了新闻宣传队伍。2011年，新闻宣传工作得到进一步规范，建立了通讯员三级管理网络群，加强了业务工作交流与指导，并指导各分、子公司将宣传网络群延伸到基层班组，激发了全员参与宣传的主动性和积极性。2013年以来，北元集团党群工作部设有宣传主管和宣传干事3人。2021年8月，根据陕煤集团《关于持续深入开展省属企业"总部机关化问题"专项整改工作的通知》（陕煤党发〔2021〕4号）要求，公司对组织机构进行调整，党群工作部下设宣传（企业文化）模块，配备文化宣传管理负责人1人，文化宣传干事2人。2022年6月，宣传（企业文化）模块配备文化宣传管理负责人1人，文化宣传干事3人。截至2022年底，宣传思想管理体系形成四级网络体系，已发展专兼职通讯员300余人。

二、理论教育与意识形态

（一）理论学习

2003年以来，特别是2012年以后，公司党委高度重视理论学习中心组学习工作，按照陕煤集团党委要求，公司党委先后制定了《党委中心组学习制度》《党委中心组理论学习旁听督导制度》等一系列加强理论学习的制度和文件，从源头、制度上加强和完善党委理论学习中心组各项工作，拓展和深化学习内容，创新学习方法、注重学习质量，促进学习效果转化，着力构建领导班子理论学习的长效机制。在学习内容上，深入学习党的十八大、十九大、二十大及各次全会精神和习近平总书记系列讲话精神，领会和贯彻习近平新时代中国特色社会主义思想精髓。在学习机制上，成立了党委书记为组长，党委副书记为副组长，公司党委会和经理层领导人员等若干人员为组员的党委中心组。党委中心组全体成员从自身做起，带头学习，带头坚持学习制度，带头调查研究，推动党员干部形成注重学习的良好风气。在学习方法上，截至2022年，每年初制定党委理论中心组学习计划、专题学习研讨安排，全年理论中心组学习不少于20次，专题研讨不少于8次，围绕年度理论学习安排，将习近平新时代中国特色社会主义思想纳入中心组学习整个过程，做到原原本本学、全面系统学、及时跟进学和反复深入学。坚持按照学懂、弄通、做实的要求，为中心组成员配发自学书籍，制定个人学习计划，把"自选动作"做优做精，中心组成员在做好自身学习的同时，深入基层联系点讲党课、作辅导、搞调研，带动基层党组织系统学、深入学。在工作实践上，做到以上率下，重点发挥党委理论中心组的示范效应，强化理论培训，坚持问题导向，把事关企业创新发展、事关职工群众利益、事关基层党的建设等问题，进行合理分工分解，把调研选题落实到班子成员，通过召开座谈会、个别交流等形式开展调研，将员工反映的各类型问题通过职代会提案方式予以落实，切实将调研成果转化为解决问题的实际行动，突出指导督导和学以致用，坚定不移地把促进公司高质量发展作为理论学习的主要目标，把理论学习成果转化为推动公司改革发展和全面加强党的建设的思想举措。

公司党委坚持在规范制度、完善管理、强化约束机制上下功夫，为规范落实公司党委中心组及基层党组织理论学习，提供扎实依据，力争党委理论中心组学习规范化、科学化。在公司党委的带动下，各基层单位党委也开展了丰富多彩、形式多样、各具特色、富有成效的理论学习活动，做到学习有制度、有落实，年有计划、月有安排、季度有检查，不断创新中心组学习形式，变个人领学为集体讨论，在常学常新中加强理论修养，在真学真信中坚定理想信念，在学思践悟中牢记初心使命，使党的全面领导在制度上有规定、程序上有保障、实践中有落实。2019年11月，在中国石油和化工行业党建思想政治工作交流现场会暨中化政研会七届三次理事年会上，党委书记、董事长刘国强作了题为《坚持政治引领 服务中心工作 以党建护航企业高质量发展》的交流发言，在全国石油和化工行业推广北元集团的做法。2020年、2021年、2022年，连续被陕煤集团党委评为党委理论学习中心组学习先进集体荣誉称号。

（二）意识形态与舆情工作

1. 制度建设

公司党委按照中央、省委、省国资委党委和陕煤集团党委对意识形态工作的总体要求，围绕中心工作，在认真分析研究的基础上，先后制定了《中共陕西北元化工集团有限公司委员关于进一步加强意识形态工作的意见》（陕北元党发〔2017〕24号）、《中共陕西北元化工集团股份有限公司委员会关于印发〈意识形态工作考核实施细则（试行）〉的通知》（陕北元党发〔2020〕26号）、《关于成立集团公司党委意识形态工作领导小组的通知》（陕北元党发〔2021〕132号）、《关于加强突发公共事件新闻报道应急管理的通知》（陕北元党发〔2013〕56号）等制度和文件，加强党对意识形态工作的全面领导，牢牢把握意识形态领导权、管理权和话语权，为企业改革发展提供坚强的思想舆论保证。

2. 开展工作

按照中央、省委、陕煤集团党委和公司党委关于意识形态工作责任制的要求，把意识形态工作列入党建工作的重要内容，并将意识形态工作的目标任务、责任措施进行细化分解落实，并纳入企业党建目标责任考核范畴；每月分析研判思想领域的突出问题，对重大事件、重要情况、重要民情民意中的倾向性苗头性问题，明确责任措施，保证了企业党委对意识形态工作的领导权和主导权。严格落实党委书记第一责任人责任，建立健全党委统一领导、党政齐抓共管、党群工作部组织协调、有关部门分工负责的工作格局，形成各司其职、各负其责、主动担当、忠诚履责的强大合力。坚持政治学习，强化理论武装。落实党委中心组学习制度、领导干部"双重"组织生活会制度、谈心谈话制度、党支部"三会一课"制度等系列制度规定，及时传达学习习近平总书记关于意识形态工作的重要讲话、批示和省委、省国资委、陕煤集团党委关于意识形态工作的工作部署和有关要求，多角度多渠道开展理论武装工作，坚持做到形势教育、理论学习和政策宣讲下基层、进工段、到班组。每年根据形势变化，公司都要围绕重点工作，提出意识形态重点研判课题内容，以保证企业健康有序发展，形成了《挖掘弘扬"北移精神"的实践与研究》《新时期企业青年职工思想状况的调查与分析》《新形势下做好混合所有制企业意识形态工作的实践与探索》《探索党史学习教育成果转化的路径，助推企业高质量发展》等一批可资借鉴的意识形态工作重点研判课题报告，切实增强了意识形态的导向力、凝聚力、引导力。公司各级党委把网络舆情监测作为一项日常工作，制定了《关于加强突发公共事件新闻报道应急管理的通知》（陕北元党发〔2013〕56号），增强防范和化解舆论危机的能力，提升舆情管控水平。党群工作部作为业务主管部门，随时掌握网络舆论的动向、特点和趋势，尤其是对企业形象安全和队伍稳定的舆情或重大的虚假舆情及时掌控处置，并通过贴近生活、贴近实际、贴近职工的"小"载体，做到了日常形势宣传、成就宣传、主题宣传、典型宣传、热点难点和焦点问题引导、舆论监督。在舆论环境构建方面，加强与媒体的沟通交流，拓宽对外宣传渠道，壮大主流声音，构建良好的舆论生态格局。持续对新闻媒体和网络涉及公司的有关内容进行密切关注，对重特大突发事件及其苗头，以及社会关注的热点、敏感问题及早研究对策，科学评估，采用适宜方式积极做出回应。按照有关工作程序和要求，积极采取措施，认真做好舆情监控处置工作，及时化解矛盾，防止形成损害公司形象的社会舆论，促进和谐稳定发展。2022年9月，与上海蜜度信息技术有限公司合作，对公司网站和微信公众号实时发布的新闻内容错敏及链接进行巡检，并随时提供数据台账。

三、精神文明建设

2009年以来，北元集团党委及宣传部门在开展文明单位创建活动的过程中，形成领导高度重视、全员积极参与、党政工团齐抓共管，贯彻落实"依法治企"原则和"爱国守法、明礼诚信、团结友善、勤俭自强、敬业奉献"的公民基本道德规范，弘扬以爱国主义为核心的民族精神和以改革创新为核心的时代精神。深入开展"讲文明、树新风"道德实践主题活动，持续推进社会主义核心价值观进一线、进装置、进车间、进班组，并组织开展"社会主义核心价值观在北元"系列报道，发掘一线员工身上的"真、善、美"。积极抓好文明礼仪、文明餐桌和环境清洁工作，持续优化公共环境、公共秩序、公共关系，让社会主义核心价值观融入日常生活、体现在员工的生活习惯中。深入开展中国特色社会主义和"中国梦"宣传教育，开展党史、新中国史、改革开放史、社会主义发展史和国情、形势政策宣传教育，用中国特色社会主义的共同理想凝聚起北元人团结奋斗的强大精神力量。从加强"四德"（社会公德、职业道德、家庭美德、个人品德）"三观"（世界观、人生观、价值观）教育入手，突出"敬业、爱业、精业、创业"的教育内容，倡导5个做起（从我做起、从家做起、从身边做起、从小事做起、从现在做起），开展以纠正、制止不文明行为为主题的教育实践活动，把职业道德教育作为创建文明单位的基础性、长期性工作来抓，并把职业道德教育和企业文化建设结合起来，形成职业道德新风尚，增强了广大职工的凝聚力、创造力、竞争力。把"创先争优"活动融入文明创建工作中，以党支部创建带动所在单位创建，以党员争优秀带动职工争先进，以创先争优活动调动全队职工工作积极性和创造性，促进公司精神文明创建工作更加深入、有序、稳步地向前推进。

在创建中积极参与地方省市县级文明单位、省属国有企业文明单位和陕煤集团文明单位的创建评选活动。公司先后被评为陕西省国资委国有企业文明单位标兵、陕西省国资委国有企业文明单位、神木市文明单位、陕煤集团文明单位，化工分公司、热电分公司被评为陕煤集团文明单位，化工分公司被授予神木市文明单位荣誉称号，营造了良好的文明单位创建新局面。

公司充分发挥群众在精神文明建设中的主体作用，落实"精神文明重在建设"的方针，广泛、深入、持久地开展群众性精神文明创建活动，从而不断激发广大员工爱企业、做奉献、争当企业主人翁的热情，以强化企业科学发展的群众基础。坚持每两年评选表彰一次劳动模范和最美员工，发挥榜样示范作用。截至2022年12月底，共评选出丁佳佳等7批37名劳动模范和贺磊等5批28名最美员工，为全体员工在敬业奉献、助人为乐、见义勇为、孝老爱亲、自强自立等方面树立了道德榜样。开展道德实践活动，在所属单位组织开展职工道德大讲堂等活动，大力宣传先进典型，形成学习先进、争当先进的浓厚风气，使群众性的精神文明创建活动在公司高质量发展进程中起到了助推器的作用。通过大力弘扬劳模精神、工匠精神，大力宣传、表彰先进典型，发挥示范引领作用，造就有理想守信念、懂技术会创新、敢担当讲奉献的新时代企业员工队伍。积极宣传在精神文明创建活动中涌现出的先进典型，申报中国好人、陕西好人，推树陕煤集团创先争优先进典型、劳动模范、最美员工。其中，化工分公司设备运维中心工程业务员周保飞被评为陕煤集团2021年度最美员工。积极开展文明家庭创建活动，推进家教家风建设，发挥重点人群示范带动作用，组织开展文明家庭、最美家庭、五好文明家庭评选。

在完善员工关怀体系方面，扎实开展具有北元特色的春送书香、夏送清凉、金秋助学、冬送温暖等品牌活动和"四个一"志愿帮扶品牌工程，以服务职工的实效赢得职工群众的信赖。2016年3月，公司成立"心连心"义工服务队，下设自行车维修服务队、电器维修服务队、水暖维修服务队3支志愿服务队，服务范围涵盖榆林、神木、锦界三大片区。强化青年"志愿云"系统运用，围绕企业中心工作积极开展志愿服务，进一步做好青年突击队创建工作，鼓励广大青年勇于担当，敢于负责，挺身于急难险重任务前线，充分展示新时代北元人的良好精神面貌。化工分公司设备运维中心工程业务员周保飞荣获"2020年度陕西省岗位学雷锋标兵"荣誉称号。

在文明风尚培育活动方面，倡导幸福源自奋斗、成功在于奉献、平凡造就伟大的价值理念，开展爱国卫生运动，适应疫情防控常态化，丰富爱国卫生运动内涵，普及健康知识，倡导健康饮食文化，推进垃圾分类，推动养成文明健康生活方式。持续抓好制止餐饮浪费工作，推动制止餐饮浪费的长效机制。积极引导职工群众参与文明交通、文明旅游、文明上网等行动，践行文明实践，弘扬时代新风。

四、新闻宣传

（一）宣传管理

2006年，《北元化工报》创刊，2011年底更名为《北元报》（月刊）。2010年，根据宣传工作需要，公司下发了《陕西北元化工集团有限公司宣传报道工作管理办法》，同年10月，公司面向企业内部及社会各界开展了厂歌歌词征集活动。经过公司厂歌歌词评选委员会评选，对评出的获奖者进行了奖励。其中二等奖2名（2000元/人），三等奖3名（1000元/人），优秀奖6名（500元/人）。2012年，宣传始终坚持高标准、严要求，各项工作有了很大提高。各分、子公司也相继出台了符合自身实际情况的宣传管理办法及奖励措施，公司宣传工作逐步成熟，呈整体上升趋势，公司新闻宣传工作水平全面提升。根据公司发展实际，适时对2009年版《企业宣传画册》进行了重新修订和印制，进一步提升了企业形象与影响力；下发了《广告宣传品制作管理办法（试行）》，规范各单位宣传用品的制作、结算等；下发了《厂区标识牌管理办法》，统一规范管理，营造了良好的厂区文化环境。2013年以来，北元集团党群工作部设有宣传主管和宣传干事3人，每年按照北元集团党委下发的年度宣传工作要点开展工作。同年，北元集团停办《北元报》，创办了《聚和》内刊，设置了聚焦一线、科技创新、安全管理等栏目，内容更加丰富。2016年1月，根据宣传工作需要，公司对《宣传报道工作管理办法》进行了修订，对通讯员队伍管理、稿费发放、评稿例会制度等进行了规范，进一步加强和改进了新闻宣传工作。2017年4月，公司下发了《参加展会活动管理办法》。2019年9月，为加强公司广告宣传品制作管理，规范操作程序，提高工作效率，公司修订了《广告宣传品制作管理办法》；根据企业发展需要，2022年9月，公司再次修订了《新闻宣传工作管理办法》和《广告宣传品制作管理办法》，重新编印了北元集团企业文化手册、宣传折页，进一步提升了企业形象与影响力。同时，加大对基层专兼职通讯员的业务指导，党群工作部宣传人员定期深入基层一线，对基层通讯员进行业务指导和培训。每季度组织召开评稿例会，对来稿和发表情况进行通报，评选优秀稿件，其作者就写作思路、方法等进行交流分享，增加横向纵向交流机会。在通讯员培训方面，采取"请进来""走出去"方式相结合，邀请中国化工报、陕西工人报、三秦都市报记者及陕煤集团党委宣传部工作人员等来公司作新闻写作和摄影专题讲座；有计划、有组织、有安排地选派骨干通讯员，参加中国化工报、三秦都市报等主流媒体和陕煤集团组织的新闻宣传工作培训班，学习新闻宣传的先进技术、经验，不断提升宣传队伍的业务技能水平。公司在不断增强宣传工作人员"脚力、眼力、脑力、笔力"的同时，打造出了一支政治过硬、本领高强、求实创新、能打胜仗的宣传工作队伍，让公司宣传工作向更高的目标迈进。2021年，建立新闻宣传工作"九个一"专业素质提升工程（每天学习1小时，每周开展一次"新闻微课堂"提升交流活动，每月举行一次读书分享会，每季度举行一次评稿例会，每季度举办一次通讯员培训班，每季度开展一次"采风"活动,每半年开展一次"评星晋级",每年发表一篇论文,每年开展一次新闻宣传工作表彰会),激发了广大通讯员的写作热情,提高了新闻宣传报道能力与效率,营造了良好的新闻宣传工作氛围。

(二)媒体阵地建设

截至2022年,北元集团媒体阵地主要有:网站、报纸、《聚和》内刊、微信平台、企业号"北元之家"。

1. 网站

2005年,公司网站创办;2009年7月,对原有网站进行了改版;2010年,进行了第三期网站建设,增设了"在线投稿"服务专栏,开设了5个分、子公司网页,将以前的单一宣传窗口转变为形式多样的宣传平台。在前三期网站建设的基础上,2011年根据工作需要,网站进行了第四期建设,增设了"廉政建设""工会动态""青年工作""专家视角""文化品牌""服务平台""视频新闻""安全管理"专栏,丰富了宣传载体,充实了宣传内容。2018年4月,根据公司发展实际,以应用服务、贴近生产经营和职工生活实际为立足点,网站改版为综合性官网平台,同时建设手机平台。其中,布局共分20个板块,共设置词条及栏目30余个,综合性服务功能得到有效凸显。2020年8月,随着企业上市,公司将原来的网站设置为内网,重新建立了公司对外官网,官网主要设置了"关于我们""新闻中心""产品服务""企业文化""责任关怀""投资者关系"等模块,展示企业良好的社会形象。截至2022年,北元集团网站实行党群工作部负责制,并设有网站采编管理专员,确保信息及时更新。网站严格按照陕煤集团《网站管理办法》及北元集团《新闻宣传工作管理办法》等制度进行日常管理。网站的PV及权限不断提高,页面浏览量近6000万人次。

2. 报纸

2006年创刊《北元化工报》,2011年底更名为《北元报》(月刊)。《北元报》(原名《北元化工报》)自创刊以来,始终把握正确导向,做到了有针对性的宣传和引导,让广大员工及时、准确地了解公司的各项制度、方针、政策。2013年初,北元集团根据陕煤集团《关于印发〈内部新闻资源整合实施意见〉的通知》要求,结合《北元报》内容与网站重复及时效性不强等实际情况,于2013年1月起停办《北元报》,同时创办《聚和》内刊。

3. 《聚和》内刊

《聚和》内刊为综合性彩版季刊,栏目包括科技创新、安全生产、党建文汇、经营管理、聚焦一线、行业资讯、班组建设、市场动态、文化园地等,内容更加丰富,为公司顺利完成各项生产经营任务起到了鼓劲、加油、正面引导、舆论监督作用。2021年9月,公司对《聚和》内刊进行了提升改版,整体版面扩大、模块增多,对内容进行了拓展延伸,排版设计形式变化多样,积极展示企业发展新形象,凝聚企业发展正力量。截至2022年,已刊印40期,刊发稿件近2000篇。

4. 微信公众平台

2014年3月,北元集团开设了北元集团微信公众平台,及时发布企业最新动态、聚焦一线、员工论坛、政策学习等信息,集安全运用、职工教育、心连心服务为一体,凝聚人心,弘扬正能量。2018年5月,公司进行了微信平台二次开发建设。2018年,共发稿

522期，发布2100余条信息。

5. 企业号"北元之家"

2016年，北元集团开设了企业号"北元之家"，包括新闻公告、企业活动、知识百科、综合服务监督平台等39个栏目，为广大职工和安全生产提供更多的资讯服务。2022年，发布信息1000余条。

（三）通讯报道

2003年以来，公司通讯报道工作紧跟形势需要，紧密围绕公司中心工作进行，做了大量对内对外新报宣传报道工作。新闻宣传工作坚持以团结鼓劲、正面宣传为主导，坚持正确的舆论导向和"全面、准确、及时"的原则，紧密围绕公司中心工作，把握宣传工作主线，充分利用内外网站平台、微信公众号、《聚和》内刊、"北元之家"企业号、宣传栏等载体，向全体员工和社会各界大力宣传公司发展进程中的方针政策、重大举措、成功经验和卓越成就，弘扬企业精神，传播企业文化，以正确的舆论导向引导人，激励广大职工艰苦奋斗、顽强拼搏，为公司发展大局服务，促进各项工作顺利进行。公司新闻宣传工作主要内容包括：①各级领导来公司视察、检查、调研、指导工作，参加公司相关活动的宣传报道；②公司领导参加企业内部相关活动的宣传报道；③公司的发展战略、重要会议及公司领导重要讲话、重要文章的宣传报道；④安全环保、生产经营、产品研发、科技创新、技术改造等方面的宣传报道；⑤党的建设、宣传思想、企业文化建设、精神文明建设等工作，先进集体、个人的典型经验及先进事迹的宣传报道；⑥对各基层单位新闻宣传工作的指导。

2009年，宣传工作纳入党群工作部管理后，坚持高标准、严要求，宣传报道工作有了很大的改进和提高，每年编辑稿件量达1800篇左右。在对外宣传报道中，加大了重大项目节点任务完成情况和生产经营等大事件的宣传力度。与陕西电视台、榆林市电视台、神木县电视台和《中国化工报》《中国环境报》《陕西日报》《陕西工人报》《民生报》《榆林日报》《神木报》及中国氯碱网、中国企业党建网、西部水泥网、榆林新闻网等各类新闻媒介建立了良好的合作关系，《北元报》始终把握正确导向，做到了有针对性的宣传和引导，让广大员工及时、准确地了解公司的各项制度、方针、政策。每年坚持编辑印刷12期，平均每年编辑稿件1200余篇。公司每年度按照陕煤集团及企业整体工作安排制定新闻宣传计划，每季度根据阶段重点工作提出宣传要点和要求，各基层单位根据本单位具体情况制定新闻宣传计划，促进新闻宣传工作有的放矢。紧跟时代发展、紧跟企业改革创新步伐、紧贴生产经营中心，公司积极策划了"党史学习教育""不忘初心、牢记使命""乡村振兴""我和我的祖国""全员读书 书香致远""科技之春""反腐倡廉""班组建设""质量管理""节支创效""先锋""北元工匠""社会主义核心价值观在北元""检修进行时""点滴说变化"等系列专题报道，以新鲜的体裁、新颖的视角和深度的剖析，全面及时地反映企业各条战线上的新思路、新举措、新成就、新典型，描绘发展前景、提振团队精神、凝聚团队力量，唱响发展主旋律，传递北元"好声音"，传播企业正能量。形成了一批如《打造氯碱企业高质量发展新样版》《混改释放聚合效应》《圆梦路上书写壮美答卷》《从"熬资历"到"亮成绩"》等有影响力的稿件，刊发于《人民网》《新华网》《中国化工报》《中国环境报》《工人日报》《民生报》《陕西日报》《华商报》《三秦都市报》《陕西工人报》《榆林日报》等主流媒体，在省市级以上媒体发表稿件5000余篇，提升了公司品牌价值和对外影响力。2013年以来，北元集团宣传思想工作紧紧围绕公司生产经营中心工作，把握宣传工作主线，充分利用《聚和》内刊、网站、宣传栏等载体，大力宣传国家政策、法规以及公司有关会议精神、制度，让职工了解国际、国内形势，了解氯碱市场动态以及公司生产经营情况等，以正确的舆论导向引导人，激励广大职工艰苦奋斗、顽强拼搏，共同为企业的发展而努力。对内，公司组织策划了"北元·十二年""社会主义核心价值观在北元""点滴说变化""一线·检修·风采""挖潜降耗谋发展、提质增效促跨越""安稳长满优""一线风采""降本增效在行动""劳模""最美员工""先锋""一线建设者""检修进行时""学习提升""班组力量""党建+""党史学习教育""全员读书　书香致远""班组建设""节支创效"等系列报道，大力宣传公司典型事迹，传递北元"好声音"，传播企业正能量。同时还紧跟时代发展、紧跟企业改革创新步伐、紧贴生产经营中心，正确传达公司政策及重点工作部署，每季度按时开展评稿例会，定期举办新闻摄影理论和实践专题讲座，提高广大通讯员的业务技能，着力改变专职宣传人员"单打独斗"的被动局面。对外，公司每年举办媒企联谊活动，积极拓宽外部宣传渠道，加大对重大项目节点任务完成情况和生产经营等大事件的宣传力度，与陕西电视台、榆林市电视台、神木市电视台和《人民网》《中国化工报》《中国环境报》《陕西日报》《陕西工人报》《民生报》《榆林日报》《神木报》及中国氯碱网、中国企业党建网、西部水泥网、榆林新闻网等各类新闻媒介建立了良好的合作关系。2020年，在新冠肺炎疫情暴发后，公司积极选树宣传身边先进典型，生动讲述生产一线的"逆行者"故事、党员干部冲锋在前的担当故事等，汇聚北元人众志成城、共克时艰的强大正力量。涌现出《"大疫"无情，"大爱"暖心》《北元集团捐赠27.96吨次氯酸钠消毒液原液驰援武汉》《争分夺秒生产消毒液支援武汉》等一批正能量稿件，被主流媒体及新媒体转发近百次，展示了公司在疫情防控阻击战中，积极履行社会责任的担当精神。2022年，公司首次组织评选发布企业年度"十大新闻"，评选出2021年度北元集团"十大新闻"，即扎实开展党史学习教育，奋力谱写新时代高质量发展新篇章；生产经营业绩创历史新高；喜获"全国五一劳动奖状"；获批200兆瓦光伏发电项目指标；全年5种树脂新产品下线，推进产品转型升级；国务院"双百行动"重大改革任务全部完成；捐赠次氯酸钠持续助力疫情防控；确定5月为"企业文化月"，开展系列文化活动；西部陆海新通道国际货运榆林班列神木首发仪式圆满举行；公司参加国家级职业技能竞赛实现"零"突破。评选出2022年度"十大新闻"，即学习贯彻落实党的二十大精神，描绘企业高质量发展新图景；打赢疫情防控阻击战，守护员工健康与生产系统安全稳定运行；募投项目及配套装置建设项目开工，助推企业绿色低碳发展；一项技术成果达到国际领先水平，实现国际领先水平成果零突破；成立陕西北元新能源科技有限公司、数智管理中心；荣获"全国和谐劳动关系创建示范企业"；化工分公司生产运营中心电气二装置被中华全国总工会授予"全国工人先锋号"荣誉称号；全年5种树脂新产品下线，技术开发1种低碳水泥产品；举办首届职工健身运动会；党委书记、董事长刘国强荣获"陕西省劳动模范"荣誉称号。

五、思想政治工作研究

2012年6月，北元集团思想政治研究工作委员会成立，以党政主要领导为主任，专职党委副书记为副主任，公司领导班子其他成员、各单位负责人，各分子公司党委书记、副书记为成员。委员会下设办公室,办公室设在党群工作部,办公室主任由党群工作部负责人兼任。明确了工作宗旨、具体职责和工作方针原则,进一步创新工作机制,落实工作任务,提升工作水平,为促进公司思想政治工作研究奠定基础。

公司高度重视思想政治工作,着力提高理论研究质量。围绕大局,紧扣中心,积极开展思想政治工作状况以及基层热点、难点、焦点问题的调查研究。每年根据公司中心工作,围绕公司改革发展所面临的问题,广开言路,深入开展思想政治工作研究和大讨论活动,集思广益,共谋企业发展大计。2012年,为了促进公司管理理念和广大干部职工思想观念的革新,充分利用《北元报》、公司网站等宣传载体,精心挑选转载有关专家学者的理论文章,为广大干部职工提供学习研究的平台。开展了"深化企业文化改革,让员工共享文化发展""班组建设研究"等课题研讨活动,举办了中层干部培训班,广大干部职工积极撰文交流思想认识和研究心得,形成了一批有深度、有价值的研究成果。

2013年,公司以"贯彻十八大精神,推进党建科学化""深化以人为本的企业文化建设工作,推进和谐企业建设""员工思想政治工作与经营管理实践的融合""如何通过岗位增值实现管理提升"为主题,广泛动员干部职工交流思想认识和研究心得,形成理论成果。积极参加陕煤集团"弘扬延安精神,改变工作作风,密切联系党和群众血肉关系""贯彻十八大 推进党建工作科学化"为主题的理论研讨活动,撰写了《弘扬延安精神 不断增强企业发展竞争力》《统筹党建工作资源 聚集党建工作合力——集团企业党建资源整合的实践与思考》《加强党风廉政建设和反腐倡廉工作 为提高干部队伍整体素质夯实基础》等一批优秀理论文章,为促进企业文化协调有序发展营造了良好的理论氛围,理论研究工作迈上了一个新台阶。

2014年,下发了《2014年干部理论文章的通知》,以"氯碱循环经济企业深化改革发展的探索"为主题,撰写了《北元化工:以"安康杯"活动为契机,强化班组安全建设》《北元集团推进学习型党组织建设的实践与思考》等理论文章。广泛组织动员员工积极参加中煤政研会优秀成果评选活动,深入实际,调查研究,总结经验,撰写了如《80后职工队伍价值观培育的探索与思考》等优秀理论文章。

2015年,公司成立领导小组,在全集团范围内开展"发展中的'北元模式'"大讨论活动,作为巩固和扩大"三严三实"专题教育活动成果的拓展延伸,着力解决影响和制约公司发展的矛盾和问题,进一步丰富"北元模式"的内涵。围绕"如何进一步深化'聚·和'文化内涵,促进企业文化落地,增强企业软实力,促进企业不断健康快速发展"等主题,通过座谈会等形式广泛征求意见,凝聚集体智慧。本着"向下走、寻良策、向外走、拓空间"思想,开展调研,问计于职工,从职工中寻找破解难题的良方,对标优秀企业的经验做法,结合企业实际,撰写理论文章,形成思想智慧结晶,指导实践。

2016年,公司深入贯彻落实党的十八届五中全会精神,认真践行社会主义核心价值观,创建社会主义法治型企业,紧紧围绕中央经济工作会议提出的"五大任务",结合当前实际,开展了"治亏创效求生存 深化改革谋发展"为主题的理论研讨活动,深刻剖析和破解生产经营过程中的难题,积极探讨在当前经济下行压力加大的情况下如何应对困难和挑战的新思路,形成《浅谈如何在践行社会主义核心价值观的时代背景下建设法治企业》《新形势下混合所有制企业推进依法治企的思考》等一批具有鲜明观点的理论文章,对各项工作具有较强的指导作用。

2017年，公司深入贯彻落实党的十八大和十八届六中全会精神，以上市工作为中心，以安全生产稳定为基础，以创新管理为抓手，加强和规范政研工作，积极探索思想政治工作新途径。围绕"坚持五大发展理念，实现追赶超越发展"主题，深入一线调研，针对员工关心的热点、焦点、难点、盲点问题，结合企业发展实际，及时提出对策建议，切实解决存在的问题和难题。积极开展"北元模式"、混合所有制企业党建创新等理论研讨活动，选报《五大发展理念 落实才是硬道理》《以五大发展理念引领北元安全管理再上新台阶》等优秀理论文章，参加上海华谊'蜂花檀香皂'杯优秀研究成果评选活动并荣获奖项，提升理论研究水平。

2018年，公司深入学习宣传贯彻党的十九大精神，紧密结合公司"十三五"发展规划，围绕"夯实基础管理，守住安全底线，实现上市目标"工作主线，结合"落实新时代发展要求，推进北元第三次跨越发展"主题，组织相关人员深入基层调查研究，积极探索在当前情况下如何全面提升管理水平、推进改革创新、提高发展质量和企业效益，在实践基础上总结出可供借鉴和应用价值的思路和经验，撰写了《加强党建工作，实现混合所有制企业高质量发展》《从北元化工看国有企业与民营企业融合发展》等理论文章。理论文章《培育新时代背景下混合所有制企业党建新模式》荣获"2018全国国企党建工作创新典范"一等奖。公司党委统一部署，以"改革开放40年，看北元集团发展"为主题，组织开展了庆祝改革开放40周年理论研讨论文征集活动，在中国文化管理协会企业文化管理年会暨第五届"最美企业之声"展演活动中，公司荣获"改革开放40周年企业文化建设标杆单位"荣誉称号，在2018石油和化工行业领袖峰会暨《中国化工报》理事会第十四次年会上，荣获中国石油和化学工业改革开放40周年"勇立潮头榜样"奖。

2019年，公司紧紧围绕"不忘初心、牢记使命"主题教育，持续深化领导班子思想政治建设，通过党委中心组学习、党委会、专题研讨会和"三会一课"，学深学透党的十九大精神和习近平新时代中国特色社会主义思想，凝聚共识，为公司健康快速发展提供了思想源动力。围绕"如何挖掘'北移精神'，激发全集团党员干部职工干事创业的信心和决心""如何有效抓好青年思想政治工作，引领青年建功立业"等主题开展大讨论，形成《新时期企业青年职工思想状况的调查与分析》《挖掘弘扬"北移精神"的实践与研究》课题研究报告。围绕"助力陕煤集团高质量发展，献礼新中国成立七十周年"研讨活动主题，形成《从北元化工党建工作实践探究新时代混合所有制企业党建工作高质量发展之路》《新时代企业思想政治工作的思考》等理论成果，为公司和谐稳定发展提供了思想保障。

2020年，围绕"新时代煤炭行业职工思想政治工作的方法与路径"研讨主题，公司党委组织广大干部职工，积极探讨如何紧跟形势助推企业转型发展，加强企业党建工作、安全生产等方面的方法和措施，撰写了《职工心理压力成因及疏导机制构建的思考》《混合所有制企业思想政治工作引领高质量发展研究》《党建工作有效嵌入深度融合安全生产实践的探索与研究》等符合实际、操作性强的理论文章，为促进公司创新发展、追赶超越提供了理论指南。在公司内部开展了思想政治工作课题研究评选活动，征集到38篇研究成果，对遴选出的11篇优秀成果进行了表彰。参与陕西省2020年度思想政治工作优秀研究成果评选活动，有2篇论文分别荣获二等奖和三等奖。自2020年陕煤集团实施"陕煤政研精品五年行动"以来，公司每月向陕煤集团报送政研论文，作品多次被评为"优秀"。

2021年,公司以习近平新时代中国特色社会主义思想为指导,立足思想政治工作实际,聚焦思想政治工作重大理论问题、重大现实问题、重点工作探索和实践经验总结等方面,着力从体制机制、方式方法等层面进行探索实践和理论研究,撰写了《"北元模式"下的特色企业文化融合与重塑的实践与探索》《混合所有制企业党支部标准化建设的实践与思考》《党建"结对子"特色模式助力企业高质量发展》等具有深刻思想性、理论前瞻性和实践指导性的研究成果。向陕煤集团政研会选报了11篇研究成果,在陕西煤炭行业第十八次职工思想政治工作研讨活动中,有1篇论文荣获一等奖、2篇论文荣获二等奖、2篇论文荣获三等奖。在中国化工职工思想政治工作研究会"中国平煤神马杯"党建思想政治工作和企业(院校)文化建设优秀研究成果评审活动中,公司选报的论文《职工心理压力成因及疏导机制构建的思考》荣获二等奖。整理出26篇有价值的研究成果和实践案例,汇编成《思想政治工作研究成果2021》,为公司乃至行业思想政治工作研讨交流提供了可借鉴的经验。

2022年,公司坚持理论研究工作"有所发现、有所创造、有所前进",不断探索思想政治工作的新理念、新路径、新机制,总结形成了"六同六心"工作法,即旗帜"同向"、政治统领守初心,组织"同融"、服务生产有恒心,思想"同频"、干事创业筑匠心,党群"同力"、改革发展聚民心,善小"同行"、关怀职工暖人心,全员"同德"、成风化人强信心,进一步为企业凝心聚力高质量发展提供了坚强的组织和思想保障。紧紧围绕"迎接、宣传、贯彻党的二十大"主线和"党建融合深化年"思路,以"党建工作与生产经营深度融合研究""加强混合所有制企业思想政治工作研究""'奋进者文化'弘扬与深化研究"等为主题,立足企业实际展开研讨,形成了《新时代下混合所有制企业"1235"宣传思想工作机制的探索与实践》《充分发挥国有企业党委领导作用和党支部战斗堡垒作用研究》《企业班组建设与高技能职工队伍建设研究》等研究成果,遴选出13篇论文上报陕煤集团政研会,在陕西煤炭行业第十九次职工思想政治工作研讨活动中,有1篇论文荣获二等奖、2篇论文荣获三等奖。整理出22篇研究成果和实践案例,汇编成《思想政治工作研究成果2022》,为公司打造世界一流企业贡献智慧力量。

2012—2022年,公司每年积极组织参加中化政研会、中煤政研会、省政研会、陕煤集团政研会优秀理论成果评选,多次被评为"全国石油和化工行业党建、思想政治工作先进单位""省国资委系统思想政治工作先进单位""陕西煤炭行业职工思想政治工作研讨会优秀组织单位"等荣誉,多人被中国化工职工思想政治工作研究会评为"优秀思想政治工作者"。

六、政工职称评审

公司积极组织参加陕煤集团政工师职称评审工作。2014年,北元集团16人取得助理政工师资格;2016年,2人取得政工师资格,3人取得助理政工师资格;2017年,1人取得助理政工师资格;2018年,7人取得政工师资格,8人取得助理政工师资格,1人取得政工员资格;2020年,2人取得正高级政工师资格,1人取得政工师资格,1人取得助理政工师资格;2021年,2人取得高级政工师资格,6人取得助理政工师资格,3人取得政工员资格;2022年,4人取得政工师资格,11人取得助理政工师资格。截至2022年12

月，北元集团共有正高级政工师1人，高级政工师2人，政工师10人，助理政工师21人，政工员1人。

第三节 纪检监察工作

一、组织机构

(一) 北元集团纪委构成

2010年1月14日，北元集团召开第一次党员代表大会，选举并产生了第一届中共陕西北元化工集团有限公司纪律检查委员会，选举产生了5名委员，分别是赵世强、郭宏福、李子景、张雄堂、刘建国，赵世强担任纪委书记。2016年12月22日，北元集团召开第二次党员代表大会，选举产生了中共陕西北元化工集团有限公司第二届纪律检查委员会，选举产生了5名委员，分别是赵世强、郭宏福、郭建、刘建国、刘延财，赵世强担任纪委书记。2019年6月，按照陕煤集团纪委关于纪检监察机构专职专责化工作要求，公司召开党委会对领导班子成员职务及分工进行调整，公司时任党委副书记、纪委书记赵世强调整担任公司党委副书记、工会主席。公司时任工会主席郭宏福调整担任公司党委委员、纪委书记。同年12月10日，经陕煤集团党委研究决定，免去郭宏福党委委员、纪委书记职务。2020年5月6日，经陕煤集团党委研究决定，任命范智宏担任公司党委副书记、工会主席。同年5月24日，经北元集团党委研究决定，任命范智宏、陈鹏为公司纪委委员，免去刘延财、赵世强纪委委员职务。2021年1月8日，经公司党委会研究决定，公司纪检监察工作由公司党委书记、董事长刘国强代管，公司党委副书记、工会主席、纪委委员范智宏协助开展相关工作。2010—2022年北元集团历任纪委委员、纪委书记见表13-3-1。

表13-3-1　2010—2022年北元集团历任纪委委员、纪委书记一览表

姓　名	性别	籍　贯	出生年月	学历	技术职称	职　务	任　职　时　间
赵世强	男	陕西汉中	1962-10	本科	正高级政工师	纪委书记	2010-01—2019-06
						党委副书记	2016-11—2020-05
						纪委委员	2010-01—2020-05
						工会主席	2019-06—2020-05
						机关党工委书记	2012-02—2020-04
郭宏福	男	陕西神木	1962-08	中专	经济师	纪委书记	2019-06—2019-12
						工会主席	2010-07—2019-06
李子景	男	陕西神木	1961-08	研究生	经济师	纪委委员	2010-01—2016-11
张雄堂	男	陕西神木	1974-07	研究生	高级工程师	纪委委员	2010-01—2015-06
刘延财	男	陕西延长	1981-03	大专	中级工程师	纪委委员	2016-11—2020-05
范智宏	男	安徽宿州	1973-11	研究生	高级经济师	党委副书记	2020-05至今
						纪委委员	2020-05至今

表 13 - 3 - 1（续）

姓名	性别	籍贯	出生年月	学历	技术职称	职务	任职时间
郭建	男	河南孟州	1973 - 05	本科	高级会计师	纪委委员	2016 - 11 至今
刘建国	男	陕西神木	1981 - 07	研究生	会计员	纪委委员	2010 - 01 至今
陈鹏	男	陕西商洛	1982 - 11	本科	工程师	纪委委员	2020 - 05 至今

（二）北元集团纪检监察室构成

2018 年 5 月 16 日，北元集团纪委提请公司党委研究决定，成立公司纪检监察室。同年 5 月 28 日，经陕煤集团纪委批准，于 6 月 1 日成立纪检监察室，任命党群工作部副部长薛红娟兼任纪检监察室主任。2020 年 9 月 18 日，北元集团党委研究决定，免去薛红娟纪检监察室主任职务；同年 12 月 4 日，经公司党委研究决定，增设纪检监察一室；同年 12 月 23 日，北元集团党委任命刘涛为纪检监察一室主任，配有专职纪检干部 2 人。

（三）各分、子公司纪委、派驻纪检组构成

1. 化工分公司纪委构成

2013 年 7 月，北元集团党委任命蒋海宾为化工分公司纪委书记。2016 年 11 月 7 日，北元集团化工分公司第一次党员代表大会召开，选举产生了中共陕西北元化工集团化工分公司第一届纪律检查委员会，选举产生了 5 名委员，分别为李鹏智、蒋海宾、白林军、马建国、何强，蒋海宾担任纪委书记。2017 年 1 月，因人事工作调整，北元集团党委免去蒋海宾化工分公司纪委书记职务，任命于虎朝为化工分公司纪委书记。2020 年 5 月，北元集团党委根据陕煤党委《关于规范所属单位各级纪委书记分工和兼职的通知》文件要求，免去于虎朝化工分公司纪委书记职务，化工分公司纪检工作由集团公司纪委直属管理（代管）。2021 年 9 月，北元集团党委任命刘涛担任化工分公司纪委书记。2021 年 11 月 17 日，化工分公司召开第二次党员代表大会，选举产生了中共陕西北元化工集团股份有限公司化工分公司第二届纪律检查委员会，选举产生了 3 名委员，分别为刘涛、苏志强、赵振刚，刘涛担任化工分公司纪委书记。2013—2022 年化工分公司纪委构成见表 13 - 3 - 2。

表 13 - 3 - 2　2013—2022 年化工分公司纪委构成一览表

姓名	性别	籍贯	出生年月	学历	技术职称	职务	任职时间
蒋海宾	男	河北保定	1982 - 06	大学	政工师/工程师	纪委书记	2013 - 07—2017 - 01
于虎朝	男	陕西兴平	1981 - 09	本科	人力资源管理师	纪委书记	2017 - 01—2020 - 05
刘涛	男	陕西横山	1986 - 08	研究生	政工师	纪委书记	2021 - 09 至今
李鹏智	男	陕西神木	1983 - 09	大学	工程师	纪委委员	2016 - 11—2012 - 11
白林军	男	陕西神木	1980 - 10	大学	无	纪委委员	2016 - 11—2012 - 11
马建国	男	陕西陇县	1983 - 06	大学	工程师	纪委委员	2016 - 11—2012 - 11
何强	男	陕西榆林	1983 - 01	大学	工程师	纪委委员	2016 - 11—2012 - 11
苏志强	男	陕西神木	1984 - 11	本科	高级人力资源管理师	纪委委员	2021 - 11 至今
赵振刚	男	陕西神木	1979 - 02	大专	无	纪委委员	2021 - 11 至今

2. 热电分公司综合派驻纪检组

2013年7月3日，北元集团党委任命崔志高为热电分公司纪委书记。2016年10月28日，北元集团热电分公司召开第一次全体党员大会，选举产生了中共陕西北元集团热电分公司第一届纪律检查委员会，选举产生了3名委员，分别为崔志高、刘鹏、张文刚，崔志高担任纪委书记。2017年7月12日，北元集团党委任命崔志高为热电分公司纪委书记；2020年5月，北元集团党委决定热电分公司纪检工作由北元集团纪委直属管理（代管），免去崔志高热电分公司纪委书记职务；2021年9月26日，北元集团党委决定，撤销热电分公司纪委，由北元集团派驻纪检组组长，派驻纪检组组长归属北元集团纪委统一管理，任命欧阳华文担任热电分公司纪检组组长。2013—2021年热电分公司纪委构成见表13-3-3。

表13-3-3　2013—2021年热电分公司纪委构成一览表

姓　名	性别	籍　贯	出生年月	学历	技术职称	职务	任职时间
崔志高	男	陕西榆林	1979-01	本科	政工师	纪委书记	2013-07—2020-05
张文刚	男	陕西神木	1982-12	大专	高级工程师	纪委委员	2016-10—2021-09
刘　鹏	男	陕西铜川	1986-12	本科	政工师	纪委委员	2016-10—2017-07
万　鑫	男	陕西榆林	1971-10	专科	助理经济师	纪委委员	2017-07—2021-01
欧阳华文	男	广东连平	1994-02	本科	助理政工师	纪检组组长	2021-09至今

3. 水泥有限公司综合派驻纪检组

2016年1月27日，北元集团党委任命杨鹏飞为水泥有限公司纪委书记；同年11月1日，北元集团水泥有限公司召开第一次党员代表大会，选举产生了中共陕西北元集团水泥有限公司第一届纪律检查委员会，选举产生了3名委员，分别为杨鹏飞、高海荣、訾伟，杨鹏飞担任纪委书记。2020年5月24日，经北元集团党委研究决定免去杨鹏飞水泥有限公司纪委书记职务。同年5月27日，水泥有限公司任命苏志强担任纪委委员，免去高海荣纪委委员职务。同年12月3日，北元集团党委决定撤销水泥有限公司纪委。同年12月10日，免去杨鹏飞、苏志强、訾伟纪委委员职务。由北元集团派驻纪检组组长，派驻纪检组组长归属北元集团纪委统一管理，任命欧阳华文担任水泥有限公司纪检组组长。2016—2021年水泥有限公司纪委构成见表13-3-4。

表13-3-4　2016—2021年水泥有限公司纪委构成一览表

姓　名	性别	籍　贯	出生年月	学历	技术职称	职务	任职时间
杨鹏飞	男	陕西神木	1981-03	本科	助理政工师	纪委书记	2016-01—2020-05
高海荣	男	陕西佳县	1985-07	本科	—	纪委委员	2016-11—2020-05
訾伟	男	陕西榆林	1984-12	本科	工程师	纪委委员	2016-11—2020-12
苏志强	男	陕西神木	1984-11	本科	高级人力资源管理师	纪委委员	2020-05—2020-12
欧阳华文	男	广东连平	1994-02	本科	助理政工师	纪检组组长	2020-05至今

4. 锦源化工有限公司综合派驻纪检组

2016年6月3日，北元集团党委任命刘树才为锦源化工有限公司纪委书记；同年11月2日，锦源化工有限公司召开第一次党员代表大会，选举产生了中共陕西北元集团锦源化工有限公司第一届纪律检查委员会，选举产生了3名委员，分别为刘树才、魏辉、梁利平，刘树才担任纪委书记。2017年1月5日，因人事工作调整，北元集团党委任命蒋海宾担任纪委书记，免去刘树才纪委书记职务。2020年5月24日，经北元集团党委研究决定，免去蒋海宾锦源化工有限公司纪委书记职务，任命贺飞担任锦源化工有限公司纪检组组长（兼）。同年12月3日，撤销锦源化工有限公司纪委，免去梁利平、魏辉纪委委员职务。同年12月23日，北元集团党委任命欧阳华文担任锦源化工有限公司纪检组组长。2016—2021年锦源化工有限公司纪委构成见表13-3-5。

表13-3-5 2016—2021年锦源化工有限公司纪委构成一览表

姓 名	性别	籍 贯	出生年月	学历	技术职称	职 务	任 职 时 间
刘树才	男	陕西神木	1972-09	本科	机电设备工程师	纪委书记	2016-06—2017-01
魏辉	男	陕西神木	1983-12	大专	仪表工程师	纪委委员	2016-11—2020-12
梁利平	男	内蒙古乌审旗	1984-01	大专	电气工程师	纪委委员	2016-11—2020-12
蒋海宾	男	河北保定	1982-06	本科	政工师	纪委书记	2017-01—2020-05
贺飞	男	陕西神木	1985-04	本科	政工师	纪检组组长	2020-05—2020-12
欧阳华文	男	广东连平	1994-02	本科	助理政工师	纪检组组长	2020-12至今

二、制度建设

2010年以来，北元集团党风廉政建设工作有序开展，先后制定出台了《党风廉政建设责任制》《财务审批程序及审批权限》等20多项具体的制度措施。成立以党委书记为组长的落实党风廉政建设责任制工作领导小组，完善了"一岗双责"责任机制。北元集团党委负责人每年与各分、子公司及机关各支部负责人签订《党风廉政建设目标责任书》，进一步明晰责任制配套制度，认真落实陕煤集团《关于实行党风廉政建设责任制的规定》《党风廉政建设责任制考核和责任追究办法》《党风廉政建设主体责任和监督责任清单、监督检查及责任追究试行办法》等规定，以及《管理人员管理办法》《管理人员年度考核评价办法》《关于建立业务主管竞聘上岗机制的通知》《党建目标责任考核办法》，强化日常专项考核，将干部作风、廉洁从业行为作为考核内容的重要部分，为年度综合考评提供依据，将考核结果与奖惩评优相结合，与"一票否决"相结合，加强监督管理，进一步构建廉洁风险防控管理体系。持之以恒纠治"四风"，巩固、深化了党风廉政建设所取得的成效。2016年以来，北元集团通过建章立制，持续推进公司党风廉政建设不断向好向上向善。每年初定期召开党建暨党风廉政建设工作会，统筹安排部署全年党建和党风廉政建设工作，同直属党工委和各分、子公司负责人签订《党风廉政建设目标责任书》，制定印发该年度《党风廉政建设和反腐倡廉工作目标管理责任分解表》确保责任逐级压实，压力层层传导。同时，聚焦"两个责任"落实，制定公司党委、纪委及领导班子成员每年度党风廉政建设责任清单，每年底下发《关于开展党风廉政建设目标责任考核的通知》，督促各级管理人员高质量完成全年党风廉政建设工作目标。每年初同全体中层管理人员签订《廉洁从业承诺书》，做出廉洁从业承诺。为规范公司广大党员干部日常监督管理，制定下发了《关于规范领导干部家庭婚丧嫁娶行为的通知》和《关于建立中层管理人员廉政档案的通知》，明确中层及以上管理人员个人重大事项报告内容，建立公司全体中层管理人员廉政档案，并将其作为选人用人的前置程序，不断提升政治监督效能。为护航安全生产，聚焦疫情防控，公司纪委每年下发组织纪律督查通知，紧盯关键节日、关键岗位，下发"五一、端午"等纠治"四风"工作通知和《新冠肺炎疫情防控工作问责暂行办法》，印发《创建"本质廉洁型"企业实施方案》和《精品廉政文化建设的通知》，深化全员思想纪律教育和家风建设，通过监督管理、制度约束、学习教育"三位一体"不断巩固深化党风廉政建设工作成果。

三、党风廉政建设

2010年，北元集团纪委严格按照陕煤集团党委和公司党委工作要求，在搞好项目建设和生产经营工作的同时，将落实党风廉政建设责任制工作摆在十分突出的位置，通过进一步健全党风廉政建设工作机制，强化监督学习、加强宣传教育等一系列行之有效的措施，使党风廉政建设工作取得了一定的成绩。2011年，公司纪委紧密结合公司实际情况和发展需求，以创先争优活动为主线，不断深入推动公司党风廉政建设工作，为公司科学发展营造积极向上的客观环境。2012年，公司纪委全面贯彻落实党风廉政建设责任制，形成了良好的局面，突出表现为"三个到位"和"五个明显"。"三个到位"，即：①责任落实到位，建立健全一级抓一级、层层抓落实，覆盖全公司的责任网络体系；②宣传教育到位，制订了党风廉政建设宣传教育工作计划，全面开展了以"坚持一个理念、抓好两个重点、树立三个意识"为主题的廉政教育活动；③监督检查到位，以加强监督管理为重点，服务公司经营发展大局，加强人、财、物的监管，结合公司实际，积极开展廉政风险防控管理。"五个明显"，即：①各级党委（总支）、支部和各级领导干部贯彻落实党风廉政建设责任制的意识明显增强；②工作力度明显加大；③工作制度明显健全；④工作程序明显规范；⑤工作成效明显提高。党风廉政建设得到进一步加强。2013年以来，北元集团纪委将开展反腐倡廉宣传教育月活动常态化、制度化，每年集中开展一次反腐倡廉宣传教育月活动，对全体干部进行党的宗旨教育、理想信念教育和反腐败建设教育，深入学习贯彻党的十八大、十九大和习近平总书记系列讲话精神以及陕煤集团有关会议精神，坚持巩固深化落实中央八项规定精神。2015年，北元集团纪委在开展党风廉政建设工作中，全面贯彻落实党风廉政建设责任制，形成了组织健全、目标明确、纵向到底、横向到边的责任体系，为企业的持续健康发展起到了保驾护航的作用。公司在党风廉政建设工作中突出"四抓四重"（抓管理，重责任，坚定不移推进党风廉政建设工作；抓深化，重巩固，不断推进八项规定落地生根；抓源头，重监管，筑牢制度预防的防火墙；抓宣教，重实效，做到反腐倡廉警钟长鸣），构建了党员干部"不敢腐""不想腐""不能腐"的长效机制。在组织领导上，实行一级抓一级，层层抓落实，搭建了上下联动、齐抓共管的工作格局；在工作部署上，坚持把纪检监察工作与年度中心工作相结合，做到同部署、同检查、同考核。同时注重廉洁风险预防工作，形成了"四三四"廉洁风险防控体系，即查找四类风险（思想道德风险、外部环境风险、制度机制风险、岗位职责风险），建立三道防线（前期预防、中期监控、后期处置），抓住四个环节（建立 PDCA 闭环管理）。2016年，贯彻落实中央八项规定精神，深入推进作风建设。根据陕煤集团《关于进一步贯彻落实中央八项规定精神深入推进作风建设的实施意见》（陕煤化党发〔2016〕56号）要求，北元集团制定了《关于进一步贯彻落实中央八项规定精神深入推进作风建设的实施意见》（陕北元党发〔2016〕34号），以党的十八大精神为指引，查找公司各级党员干部在工作作风、厉行勤俭节约等方面存在的突出问题，听诊问病、对症下药，引导全体党员做守规矩、扬正气的表率，为公司各项工作提供坚强的政治保证、思想保证和组织保证。聚焦"五一、端午""中秋、国庆"等重要时间节点，紧盯"四风"问题，抓宣传教育、抓监督重点、抓工作落实、抓执纪问责，组织党员干部签订廉洁过节承诺书，针对核心岗位及管理人员进行节前廉政谈话，发送廉洁提醒短信，学习各类典型案例，观看《家风不正家难安》《不一样的焰火》等各类警示教育片及微视频40余部，并形成了警示教育案例汇编。灵活运用监督执纪"四种形态"，召开组织生活会、以案促改警示教育会，红脸出汗和监督执纪并用，对于有令不行，有禁不止的严肃惩处，发挥纠偏引领作用。实施的主要内容有改进调研风、改进文风、改进会风、厉行勤俭节约、保持政令畅通、规范公出活动、优化考核评比、验收纪律规矩、克服慵懒涣散等，并检查贯彻执行情况。2018年，北元集团纪委着力建设"本质廉洁型"企业，制定下发了《创建"本质廉洁型"企业实施方案》（陕北元党发〔2018〕4号）。"本质廉洁型"企业是以惩防体系建设和廉洁文化建设为基础的系统工程，它包含了理念、制度、行为、物质四个要素。创建"本质廉洁型"企业目标就是重点构建"四个保障"体系，开展"五创"活动，具体为构建以开发和挖掘内涵为主导，强化理念文化引领体系；以严格落实党风廉政建设责任制为保障，完善制度文化体系建设；以规范日常廉洁行为为基准，建立完善的行为文化体系；以营造廉洁文化环境为抓手，构建全面覆盖的物质文化体系的"四个体系"。开展创建"本质廉洁型领导班子、本质廉洁型机关、本质廉洁型支部、本质廉洁型岗位、本质廉洁型家庭"的"五创"活动。2019年以来，北元化工纪委立足监督本能，持续发挥纪检监察工作的"指挥棒"和"风向标"作用，持之以恒正风肃纪，以高质量监督促人员作风转变，以高质量监督护航安全生产，以高质量监督规避疫情防控风险，以高质量监督深化主体责任落实。建立了"强化职能、改进作风、提高效能"工作清单，持续深化"不忘初心、牢记使命"主题教育，围绕"守初心、担使命、找差距、抓落实"总要求，对各部门存在的问题，持续优化改进工作作风，提升工作效能。2021年，北元集团纪委持续深化"三转"，严格按照陕煤集团纪委关于健全纪检机构设置要求，健全并完善了纪检监察组织机构，成立了纪检监察一室，在化工分公司配备专职纪委书记，撤销热电、水泥、锦源三个分、子公司纪委，派驻纪检组组长，强化纪检监察职能向基层组织的延伸与管理，持续提升纪检监察工作效能。同时，定期组织相关纪检监察业务人员培训学习，积极参加陕煤集团纪委举办的纪检业务培训班和公司纪委培训、支部书记培训班学习及日常自学，集中学习《关于对中央和国家机关单位开展政治监督的探索与实践》《关于派驻监督工作的理解认识和实践探索》等视频内容，努力提升纪检监察干部业务能力和水平，努力锻造一支忠诚、干净、担当的纪检监察铁军。

四、廉洁文化建设

2013年以来,北元集团持续推进廉洁文化"五进"活动。开展党政主要负责人讲廉洁党课、廉洁大讨论、"身边廉洁故事"宣讲活动、"读书思廉"、廉洁文化作品征集等活动,营造了"风清气正的廉洁之风",为集团公司快速发展提供了良好的政治环境。公司纪委始终坚持横向到边、纵向到底的廉洁文化建设工作机制,努力构建具有北元特色的廉洁文化体系,以创建省级廉洁文化建设示范单位为目标,确保廉洁文化建设做到全覆盖。2018年,公司纪委大力开展"本质廉洁型"企业创建工作,着力构建理念引领、廉洁制度、廉洁行为、氛围营造的"四个保障"体系,推进"五创"活动。2019年,公司纪委构筑以"一网一刊一信两平台"为主要载体的党规党纪宣传教育平台,全面实施廉洁文化理念、制度、行为、视觉和环境建设等方面的系统构建。2020年,公司大力推进精品廉洁文化体系建设,积极探索廉洁文化建设的新方法、新途径,宣传廉洁从业思想,播种廉洁从业理念,全力推出一批廉洁文化精品。同年9月,公司荣获陕煤集团2018—2019年度廉政文化建设综合示范点单位。2021年,公司纪委坚持多措并举,多元融合的工作思路,将廉洁文化建设、纪律宣传教育月、企业文化月等系列活动有机结合,不断加强党风廉政建设教育。广泛开展"德润三秦""德润陕煤"家风建设系列活动,持续深化廉洁文化建设同企业安全生产的深度融合,持续弘扬企业清风正气,传播企业发展正能量。2022年,公司纪委秉持守正创新、固本培元的理念,不断做实增强廉洁文化建设"内功"。以三个维度、三个风险预警等级、五种方法、六类风险为主要内容,大力构建具有系统性、全面性的"3356"廉洁风险防控体系;结合企业实际,编印了《廉洁文化手册》,并在企业文化月总结会上进行发布,归纳并整理各级相关制度,编印了《党风廉政建设制度选编》和《"3356"岗位廉洁风险防控体系宣传册》,制定了《纪检组工作实施细则》,为廉洁文化建设和纪检监察工作提供了行动依据和操作指南。

五、信访接待与查办案件

(一)信访接待

2003—2012年,为了认真做好信访接待工作,公司纪委先后建立了信访接待、受理、处理工作机制,公司纪委严格按照《来信来访工作流程》进行信访登记,确保信访人的合法权利。来信来访处理率100%。2013—2018年,为了认真做好信访接待工作,进一步增强信访工作人员的责任意识,健全完善了信访接待、受理、处理工作机制,确保信访人的合法权利得到保障。截至2022年,共受理信访件6起,均已妥善处理,做到来信来访处理率100%,办结率100%。

(二)查办案件

2003—2012年,为了做好案件查办工作,先后建立了举报接待、受理、处理工作机制,认真做好举报登记、案件记录工作,确保举报人的合法权利。共受理自办件2件,办结率100%。2012年,在"项目建设质量管理年"活动中,开展"三查四定"工作,共查出各类问题82项并全部整改完成。2013年以来,进一步加强和健全完善了举报接待、受理、处理工作机制,使案件查办工作顺利开展。2020年4月,按照公司党委整体安排,公司纪委开展以案促改系列专项整治工作,公司纪委坚持把开展以案促改作为净化政治生态、夯实管党治党责任的重要抓手,以坚定决心和实绩实效增强"四个意识"、坚决做到"两个维护"。公司纪委成立了以案促改工作领导小组,制定了以案促改工作方案,聚焦"四个专项""四个查一查",坚持查改并进,同向推进的工作思路。将工程领域建设、违规收送礼金、巡察整改等一系列问题照单全收,严格排查领导干部违规插手干预土地开发利用等问题,有效杜绝工程领域质量验收过程履职不严、管理不细,存在风险漏洞等现象,始终突出"改"字当头,注重统筹结合。同时,为了规避风险,会同企业管理部持续健全完善"三个体系"建设,制定《违规经营投资责任追究办法》《深化"三个体系"建设的实施方案》,引进第三方专业机构,对公司232项制度、419项流程进行全面梳理,编制了《内部控制手册》。同时,紧盯安全生产领域监督执纪问责,坚持挺纪在前,加大安全生产事故问责力度,灵活运用"四种形态"。2022年,利用第一种形态进行诫勉谈话15人次;利用第二种形态进行党纪轻处分,试用期延期转正3人次;利用第三种形态进行职务调整3人次。截至2022年,共查办案件3起,给予党内警告处分2人,形成强大震慑力。

第四节 工会、共青团

一、工会工作

（一）组织沿革

2005年8月10日,北元化工公司第一届工会委员会成立,委员有邱筱林、张雄堂、韩秀泉、刘延财、刘亚雄、赵国平、张江等7人,邱筱林当选工会主席。2005年9月6日,北元化工公司工会委员会由神府经济开发区工会委员会批准成立,工会会员203名。2008年5月7日,北元化工公司第二届工会委员会成立,委员有郭宏福、张平、韩秀泉、刘永田、杨海涛、刘延财、赵国平等7人,郭宏福当选工会主席。工会会员增加到680名。2010年6月29日,北元集团召开了工会第一次会员代表大会,选举产生了集团工会第一届委员会和工会第一届经费审查委员会。工会第一届委员会组成人员为郭宏福、张平、折荣强、刘永田、刘延财、徐生智、刘生宏、闫党味、高小军、高雁、邵鹏,郭宏福当选为工会委员会主席;工会第一届经费审查委员会组成人员为张平、于虎朝、周燕芳、高小军、李正,张平当选为经费审查委员会主任。同时,成立了安全生产监督工作委员会、生活福利工作委员会、提案工作委员会、厂务公开工作委员会、劳动法律监督工作委员会。至2012年末,工会会员增加到4131名。2013年11月20日,因北元集团第一届工会委员会委员变动较大,经北元集团工会委员会一届四次委员会审议、表决,增（替）补刘建平、蒋海宾、崔志高、刘艾田4名同志为北元化工第一届工会委员会委员,选举高小军为工会副主席,增（替）补张玲芬、李生阳为北元化工工会经费审查委员会委员,选举周燕芳为经费审查委员会主任,增补靳党会、刘娜为工会女职工委员会委员。2015年1月29日,北元集团召开二届一次工会会员代表大会,选举产生了北元集团工会第二届委员会和工会第二届经费审查委员会。工会第二届委员会组成人员为郭宏福、高小军、刘建平、蒋海宾、崔志高、刘艾田、高雁等7人,郭宏福当选工会主席,高小军当选工会副主席。工会第二届经费审查委员会组成人员为周燕芳、张玲芬、李生阳,周燕芳当选经费审查委员会主任。工会第二届女职工委员会组成人员为高雁、靳党会、刘娜，高雁当选女职工委员会主任。2016年1月25日，北元集团工会第二届委员会委员、女职工委员会主任高雁离职，免去高雁第二届委员会委员、女职工委员会主任职务。2017年7月11日，陕西北元化工集团有限公司工会委员会更名为陕西北元化工集团股份有限公司工会委员会。2018年3月18日，北元集团工会第二届委员会委员、工会副主席高小军工作调动，免去高小军第二届委员会委员、工会副主席职务，选举折荣强为第二届委员会委员、工会副主席。2018年4月2日，北元集团召开了二届二次全委会增（替）补于虎朝、杨鹏飞为北元集团工会第二届工会委员会委员，增（替）补张健为北元集团工会第二届经费审查委员会委员。同年10月8日，因人事变动，经北元集团二届三次全委会会议替补并选举赵世强为北元集团工会第二届委员会委员、工会主席。2020年6月20日，因人事变动，经北元集团二届四次全委会会议替补并选举范智宏为北元集团工会第二届委员会委员、工会主席。2022年5月7日，北元集团二届五次全委会增补并选举汪艳、袁丽华为北元集团工会第二届女职工委员会委员。截至2022年4月，工会会员共计3984名，其中女职工707名。北元集团所属分、子公司下设4个分工会，分别是化工分公司工会、热电分公司工会、水泥有限公司工会和锦源化工有限公司工会。按照《工会法》《工会章程》规定，配有工会干部41人，其中女工干部16人。

（二）职代会（工代会）

2010年6月29日，北元集团召开第一次工会会员代表大会暨职工代表大会。大会听取了总经理助理郭宏福所作的题为《积极发挥工会职能，团结动员全体职工，为公司又好又快发展而努力奋斗》的工会工作报告，审议并通过了《北元集团"十二五"规划》《关于公司年金运行方案的报告》《关于业务招待费使用情况的报告》《关于审议员工奖惩条例的报告》《关于解决员工住房问题有关事项的说明》《关于职代会提案征集情况的报告》，选举产生了集团公司第一届工会委员会和经费审查委员会。2011年1月14日，召开工会一届二次职代会。会议听取了总经理王凤君所作的题为《立足新起点，明确新目标，开启新征程，实现新跨越，全力推动集团公司健康快速发展》的工作报告和题为《加强基础管理，突出提前预防，为全面提升公司安全管理水平而奋斗》的安全工作报告，审议并通过了《陕西北元化工集团有限公司关于一届一次职代会提案落实和一届二次职代会提案征集情况的报告》《集团公司2010年招待费使用情况报告》和《集团公司2011年生产经营计划说明》。2012年1月10日，北元集团召开工会一届三次职代会。会议听取了总经理王凤君所作的题为《继往开来谋发展，扬帆启航谱新篇》工作报告与题为《落实预防为主，夯实基础管理，为全力打造本质安全型企业而努力奋斗》的安全工作报告，审议并通过了《集团公司2011年招待费使用情况报告》《集团公司2012年生产经营计划说明》和《陕西北元化工集团有限公司关于一届二次职代会提案落实和一届三次职代会提案征集情况的报告》。2013年1月26日，召开了一届四次职代会。会议听取了总经理王凤君作的题为《以强化管理为主线，以安全生产和经营工作为重点，全力以赴完成2013年各项目标任务》的工作报告；听取并审议了《集团公司安全工作报告》等；民主评议了集团公司领导班子及班子成员和36名中层干部；签订了《2013年度经营业绩责任书》与《2013年度安全生产责任状》；表彰并奖励了2012年度先进集体和劳动模范及先进个人。2015年1月29日，北元集团召开了二届一次职代会。会议听取了总经理史彦勇作的题为《创新管理提质增效 推动公司生产经营工作再上新水平》的工作报告；听取并审议了安全工作报告、提案落实情况和提案征集情况的报告，民主评议了集团公司领导班子及班子成员，表彰奖励了2014年度先进集体、先进个人。2020年1月10日，北元集团召开了三届一次职代会。会议听取了总经理刘延财作的题为《做精主业 跃升发展 为打造氯碱化工领军企业而积极奋进》的工作报告；听取并审议了安全工作报告、职代会提案落实和提案征集情况的报告、2019年业务招待费使用情况的报告等，对公司领导班子及班子成员进行了民主评议；表彰奖励了年度先进集体、先进个人，签订了2020年度安全生产责任书和经营业绩责任书。2021年12月29日，受疫情影响，北元集团以视频会议的方式召开了三届三次职代会，会议听取了总经理刘延财作的题为《聚焦能源革命 加速绿色发展 坚定不移向着现代一流化工企业迈进》的工作报告；听取并审议了《集团公司安全工作报告》；审议并通过《关于三届二次职代会提案落实和三届三次职代会提案征集情况的报告》《关于2021年业务招待费使用情况的报告》《关于2021年劳动工资和参加社保情况的报告》《2022年生产经营计划说明》；审议了《集体合同（草案）》《劳动安全卫生专项集体合同（草案）》《工资集体协商专项集体合同（草案）》《女职工特殊劳动保护专项集体合同（草案）》；听取了《关于三届二次职代会团组长联席会议选举产生陕煤集团第三届一次职工代表大会代表情况的报告》；大会对公司领导班子及班子成员进行了民主评议；表彰奖励了2020—2021年度劳动模范和2021年度先进集体、先进个人，签订了《2022年度安全生产目标责任状》《2022年度环境保护目标责任状》《2022年度经营业绩责任书》《集体合同》《劳动安全卫生专项集体合同》《工资集体协商专项集体合同》《女职工特殊劳动保护专项集体合同》；表决通过了大会决议（草案）。北元集团除坚持定期召开职代会，逐步规范了民主评议领导干部程序外，还利用经营情况分析会、季度全员会、周例会、定价会、网站报纸、OA系统等形式强化规范公开工作，将项目建设、生产经营、干部廉政、奖金福利、竞聘上岗、物资采购、技术改造等职工最关心的热点列为公开内容，使职工代表民主参与、民主管理、民主监督的作用得到发挥。

（三）技能大赛与"工人先锋号"创建

2011年5月12—13日，首届职工岗位技能比武大赛由北元集团工会主办、生产技术部承办，39名员工参加，进行了生产统计、叉车驾驶、电气作业、焊工作业等4个项目的比赛。原化工一分公司魏文华获得叉车驾驶比赛项目第一名；原化工一分公司李艳茹、任培会、张小军获得电气作业比赛项目第一名；热电分公司李云利、段玉飞、王兵获得焊工作业比赛项目第一名；锦源化工公司任晓慧获得生产统计比赛项目第一名。经过综合评比，原化工一分公司代表队荣获比赛团体冠军。第二届职工岗位技能比武大赛由集团公司工会主办，原化工二分公司承办，比赛分为理论知识和实践操作两部分。其中，理论知识考试于2012年9月6日结束，实践操作比赛时间为2012年9月11—21日。比赛来自各单位18支代表队、520名员工，60名裁判及100余名工作人员参与，共进行了7大类22个项目的比赛，135名技术能手、5名优秀裁判员和3个分、子公司荣获奖项。2014年9月11—25日，第三届职工岗位技能比武大赛由集团公司工会主办，原化工二分公司承办。比赛来自各单位的12支代表队、678名员工参加，40名裁判及100余名工作人员参与，共进行了电气、仪表、化验分析、安全消防、统计、科技创新、检修及现场操作等8大类30个项目的比赛，189名技术能手、6名优秀裁判员和3个分、子公司荣获奖项。2016年

9月6—20日，第四届职工岗位技能比武大赛由集团公司工会主办，化工分公司承办。比赛共有来自各单位的367支参赛队、680名员工参加，49名裁判及100余名工作人员参与，共进行了电气、仪表、化验分析、安全消防、统计、科技创新、检修类及现场操作类等8大类30个项目的比赛，183名技术能手、10名优秀裁判员荣获奖项。2018年10月15—19日，第五届职工岗位技能比武大赛由集团公司工会主办，生产技术部和化工分公司承办。比赛共有来自各单位的246支参赛队、476名员工参加，50名裁判及100余名工作人员参与。比赛项目由第四届的8大类30个项目调整优化为21个项目，共有152名技术能手、10名优秀裁判员荣获奖项。2020年9月14—18日，第六届职工岗位技能比武大赛由集团公司工会主办，生产技术部承办。比赛共有来自各单位的163支参赛队、406名员工参加，50名裁判及100余名工作人员参与，共进行了电气、仪表、化验分析、安全消防、统计、检修类、现场操作类等7大类19个项目的比赛，132名技术能手、13名优秀裁判员荣获奖项。2021年开始改变赛制，由之前的每两年举办一次改为三年一届、一年一次。2021年10月，七届一次职工岗位技能比武大赛由榆林市总工会、集团公司工会主办，生产技术部承办。比赛共有来自各单位的93名员工参加，37名裁判及50余名工作人员参与，共进行了检修类、工艺操作类、电气类、仪表类、化验类、安全消防类等6个专业10个比赛项目的比赛，涉及9个工种。39名技术能手、7名优秀裁判员荣获奖项。对于荣获各项目一等奖的参赛选手，还授予了"北元集团技术能手"称号。

在开展"工人先锋号"创建活动中，2010年化工一分公司动力检修分厂电修班荣获陕西煤业化工集团"工人先锋号"称号，2012年化工二分公司荣获全国能源系统"工人先锋号"称号，热电分公司化水分厂污水处理运行二班和锦源化工有限公司热电分厂锅炉运行三班同时荣获陕西煤业化工集团"工人先锋号"称号，2018年4月，北元集团化工分公司动力检修分厂303电仪工段被陕西省总工会评为"工人先锋号"。2022年4月28日，北元集团化工分公司生产技术中心电气二装置被中华全国总工会授予"全国工人先锋号"荣誉。北元集团工会广泛开展职工"五小"、合理化建议征集和科技论文评比工作，引导教育职工争做创新能手，增进技术交流和技术协作，激发职工的创造潜能和活力。2012—2022年，公司累计表彰奖励"职工五小"成果631余项，其中含2012年97项、2013年30项、2014年31项、2015年56项、2016年50项、2017年47项、2018年100项、2019年60项、2020年100项、2021年60项。历年"职工五小"成果模型展展出作品200项，职工对外发表并被知网收录科技论文619篇。

（四）厂务公开

北元集团工会坚持科学发展观，持续推进企业厂务公开民主管理工作，在企业深化改革、加快发展的过程中，逐渐完善了以职代会为基本形式的厂务公开民主管理制度，总结了以职代会为主要载体、以公开企业改革发展近期安排和长远规划为着力点、以公开经营管理和安全生产为重点、以公开涉及职工切身利益的事项为焦点的"一体三点"厂务公开民主管理工作经验。2003—2022年，公司逐渐开展"春送文化、夏送清凉、金秋助学、冬送温暖"、访贫问苦、慰问一线员工等活动，最大限度地提高职工福利，维护职工的经济利益，并以厂务公开的形式，向企业广大职工进行宣传。在扎实推进厂务公开的同时，设立了灵活多样的信息反馈渠道，收集、倾听职工群众的心声。公司专门开通了400热线，24小时接听职工反映情况的来电；在厂内设立了职工合理化建议箱、总经理意见箱，定期有专人负责收集职工群众意见；每半年召开一次员工代表座谈会，广泛发动群众，集思广益，群策群力，通过民主参与的形式，为企业经营管理决策提供群众基础和智力支持。

（五）班组建设

从2010年起，集团公司先后制定并下发了《关于创建"五型"班组的实施意见》和《关于开展班组建设工作的实施方案》，确定了公司"五型"班组建设内容（学习型、安全型、清洁型、节约型、和谐型）和班组建设目标及开展步骤与考核细则。各分、子公司结合实际相继印发了《关于开展创建"五型"班组建设的实施方案》和《"五型"班组建设考评实施细则》。从集团公司到各分、子公司皆成立了"五型"班组建设领导小组，划分了具体职责，确定了创建目标。2013年以来，北元集团各级工会组织通过不断改进班组经验交流会的形式，内部学习，外部对标，使各单位班组建设水平不断提高，"标杆带动后进、标准带动全局"的工作思路逐步得到具体落实。2015年以来，新组建成立的化工分公司工会在班组建设上按照班组考评"八项制度"，坚持月月考评、月月整改提高，选树了首批全"五型"班组；热电分公司和水泥有限公司分别细化班组建设考核要点，强化了相关科室共建"五型"班组的职能；锦源化工有限公司根据实际出台了创建"五型"班组相关文件。各单位在推进班组建设上逐步形成了相对统一的标准，对带动公司全局发展起到了积极的推动作用。2018年，北元集团化工分公司工会和热电分公司工会分别荣获陕煤集团"模范职工小家"荣誉称号。2019年，北元集团化工分公司被陕煤集团工会评为"追赶超越·工会在行动"班组安全建设夯实单位；2020年，北元集团化工分公司被陕煤集团工会评为"模范职工之家"。2020年、2021年、2022年北元集团水泥有限公司工会荣获陕煤集团"模范职工小家"荣誉称号。2021年，结合公司发展实际，以现场调研及问卷调查的方式，针对班组建设现状对公司高层至生产一线人员进行了调研。根据调研结果，制定了以"打造终端战斗力·从优秀走向卓越"为主题的新班组建设规划方案，形成了《新班组建设实践转化方案》《新班组建设操作指导手册》《新班组建设组织推进手册》《新班组建设管理教练实践指导手册》等相关指导文件。同时组织完成了480名班组长、140名科厂长和中高层管理人员的差异化管理培训。明确了班组例会1+X实践、组织建设与轮值管理、案例汇智、管理机制实践等15个推进主题，分8个阶段推动。2022年，北元集团化工分公司生产运营中心包装装置被陕煤集团工会评为"模范职工小家"。同年，对照相关指导手册，新班组建设工作形成了常态化推进。在完成了第一、第二阶段的主题推进工作后，组织召开了首次兑标会，会上对现阶段涌现出的10个优秀班组、8个最佳进步班组、10名优秀赋能教练、20名优秀轮值班长、20名优秀轮值委员进行了表彰。班组员工的士气、活力、团队凝聚力得到了显著提升。

（六）工会理论研究

2010年以来，机关干部高小军、薛红娟撰写的《80后职工队伍价值观培育的探索与思考》荣获陕煤集团2014年度工运理论调研优秀论文一等奖，高雁、高俊玲撰写的《走企业发展与女工维权"双赢"之路，为女工创造保护环境》，刘艾田、蒋海宾、高勇撰写的《以"安康杯"活动为契机，强化班组安全建设》同时荣获陕煤集团2014年度工运理论调研优秀论文三等奖。高雁撰写的《用法治思维和法治方式实现企业工会依法治会新常态》荣获陕煤集团2015年度工运理论调研优秀论文三等奖，张健撰写的《浅谈新形势下企业文艺人才队伍建设》和贺飞撰写的《企业工会劳动保护工作探索》分别荣获陕煤集团 2017 年度工运理论调研优秀论文优秀奖。2018 年，北元集团工会始终从企业实际出发，从职工需求出发，从工会工作现实出发，积极发动全体专兼职工会干部主动参与工会理论研究工作。折荣强、张健撰写的《企业厂务公开工作中存在的问题及对策》荣获陕煤集团 2018 年企业民主管理优秀征文三等奖。2021 年，范智宏、张健撰写的《探索创新"双职工"子女托管服务，提高企业工会"精准化"服务水平》荣获陕煤集团 2021 年工会工作优秀调研成果一等奖。2022 年，北元集团工会编印的《北元工运 2022 年度论文集》收录了各级工会组织和工会干部在 2022 年度工会工作大调研中撰写的优秀理论成果共 38 篇。

（七）帮扶工作

北元集团各基层工会均建立健全困难职工动态档案。每年"双节"期间开展"送温暖"活动。2011 年，建立了公司职工紧急救援网络体系，公司职工在异地遇到困难时，拨打公司总调中心电话，公司可以利用各种客户关系网络，帮其联系到离他最近的人员去帮助，让职工个人无论身处何地都会感到公司就在身边。2012 年共看望慰问困难职工 126 人次，送去慰问金 173000 元；夏季开展"送清凉"活动，为一线职工送去防暑降温的西瓜、绿豆汤等，发放降温费每年人均 500 元；秋季开展"金秋助学"活动，为考上大学的职工子女送去助学金总计 36000 元，增强了广大职工的凝聚力和向心力。在职工因工受伤住院、生病住院、家庭亲人去世或家庭发生重大变故时，送去慰问金，解决职工实际困难。2016 年，工会下发了《员工关怀体系建设实施方案》，进一步明确了员工关怀的项目内容和要求。在"困难帮扶·暖人心"项目中，公司实时关注困难员工，确保第一时间给员工送去关怀与慰问帮助。在"志愿帮扶·显真情"项目中，从 2016 年开始，公司正式启动"四个一"志愿服务品牌工程，建立了日行一善、月捐十元、季捐一书、年捐一物。在"金秋助学·树榜样"项目中，公司每年为子女考上大学的员工家庭送去助学慰问金，并张贴喜报；在"亲子活动·安民心"项目上，共举办了六届职工家属子女夏令营活动，2018 年有 600 多个职工家庭参与；在"义工服务·献爱心"项目上，自 2016 年 3 月 5 日成立的"心连心"义工服务队开展活动以来，到 2018 年，已累计为广大员工提供服务 486 次。其中自行车维修服务 266 人次，电器维修服务 159 人次，水暖维修服务 61 人次。截至 2022 年，"四个一"志愿服务工程共帮助紧急特殊困难员工 99 人次，帮扶资金 49.3 万元。工会坚持每年开展"春送岗位、夏送清凉、金秋助学、冬送温暖"及志愿者服务、困难帮扶等活动，进一步提升员工归属感。通过组织员工进行职业健康体检、延长女工产假，购买女工特殊疾病互助保险，彰显人文关怀。创新性开展群团工作，充分发挥群众文体工作职能，搭建职工"三小一练"、岗位技能比武大赛等平台，一大批劳动模范、"最美员工""北元工匠"脱颖而出，彰显出新时代劳模精神、劳动精神、工匠精神。开展"一年一创新、月月有主题、人人都参与"丰富多彩、职工喜闻乐见的职工文化活动，通过各类球类比赛、越野赛、棋类比赛、户外竞技等文化活动，营造了良好的工作生活氛围，不断满足职工群众日益增长的精神文化生活需求。

（八）女工工作

2010 年 9 月 1 日，北元集团女职工委员会组建成立。截至 2012 年底，公司共有女职工 942 人，占职工总人数的 22.6%。在开展创建女职工组织规范化建设示范单位工作中，

2010年11月成立了化工一分公司、热电分公司工会女职工委员会。2011年7月，成立了化工二分公司工会女职工委员会。在组织实施女职工建功立业和素质提升两项工程中，组织动员广大女职工开展争创"三八"红旗手、"巾帼能手"竞赛等活动。公司先后涌现出一批优秀女职工，其中2人获得陕西煤业化工集团"巾帼能手"称号、1人被评为陕西煤业化工集团"先进女职工工作者"、4人获得榆神开发区"三八"红旗手称号。北元集团工会女职工委员会获得榆林市"巾帼示范岗"和陕西煤业化工集团"先进女职工委员会"荣誉。在公司职代会中女职工代表有23人，占代表总数的23.23%，她们参与公司生产经营、组织建设、管理制度等方面重大问题的决策，为维护女职工合法权益和特殊利益发挥了重要作用。2017年，公司荣获"2016年度神木妇女工作先进集体"荣誉称号，化工分公司乙炔分厂中控分析班荣获陕煤集团"巾帼建功示范岗"荣誉称号；化工分公司聚氯乙烯二分厂工艺管理专员王贵珍荣获陕煤集团第三届"巾帼能手"荣誉称号。2018年，公司科技研发中心分析管理专员田彩梅荣获陕煤集团"十大杰出标兵"。2021年，公司举办了首届庆"三八"妇女节表彰大会，表彰奖励了奋战在各条战线上的"杰出标兵""优秀女工工作者"，开展了"书香三八凝心聚力"读书征文、"六一儿童节"献爱心等活动，通过一系列接地气、聚人心的特色活动，营造了团结一心、积极向上、奋发进取的氛围。截至2022年4月，北元集团有女职工707人。在开展、创建女职工组织规范化建设示范单位工作中，各基层工会相继完善了女职工委员会，配齐了女工干部，组织动员广大女职工开展争创"三八"红旗手、"巾帼能手"竞赛等活动，形成了"创新思路，搭建成长平台；凝心聚力，发挥女工优势"的女工工作格局，积极打造女工特色品牌创建工程，形成了关爱女职工、维护女工权益的"五个一"行动（每年为女职工组织一次健康知识讲座，每年组织一次女职工健康体检，为女职工办理一份特殊疾病保险，按期签订一份女职工特殊权益保护专项集体合同，每月给女职工发放一份卫生津贴）、女工维权"四讲"（讲维权知识、讲特殊权益保护、讲民主参与、讲难题调解）等工作常态。集团公司工会女职委副主任汪艳荣获陕煤集团"先进女职工工作者"，化工分公司技术管理中心质量管理无机中控管理专员李小娜荣获陕煤集团第六届"巾帼能手"；北元集团女职工委员会编印了《北元集团"巾帼之骄"女职工风采展》画册，以图文的形式，展现了公司女职工的巾帼风采。

（九）文体宣教

2009—2012年，北元集团先后持续举办了庆"七一"诗歌朗诵比赛、元旦文艺晚会、职工拔河比赛、"卓越杯"桌球比赛、"迎五四·汇聚青春力量，共建和谐北元"诗歌朗诵比赛、"和谐杯"书画摄影展、"迎国庆·炫风采"联谊舞会、"青春杯"篮球赛、"青春旋律杯"卡拉OK大奖赛和"如何当好班组长"论坛会。同时，以公司网站和报纸为载体，宣传报道先进模范事迹50余次，编印《工会动态》九期，文体活动不断，内容丰富多彩，职工身心得到了陶冶。2016年10月，北元集团职工活动中心作为第11届中国艺术节分会场。公司配合举办了两场（安徽话剧团、浙江话剧团）文艺节目演出；次年同月，配合举办了第8届陕西省艺术节（渭南话剧团）文艺演出，为公司赢得了荣誉，树立了形象；2021年，举办了陕煤集团2021年度"最美员工"颁奖晚会。至2022年，职工活动中心先后成功举办大小型文艺演出累计33次，参演人员3627人次，观众30572人次；举办大型会议33次，参加人数21078人次。2012年，北元集团职工体育场投入使用。2013年以来，职工体育场先后成功举办比赛153次，参赛14260人次，观众约88200人次。截至2022年，北元集团游泳馆位开展游泳培训25批，约培训300人次，举办三届游泳比赛，累计参赛193人次，观众263人；配合公司大小型接待累计人数600人。2017年5月25日，北元集团职工活动中心投入使用，为广大职工娱乐健身、展现才华营造了条件。截至2022年，北元集团工会先后举办了五届"聚和杯"足球联赛、七届"青春杯"篮球赛、两届"青春杯"女子篮球赛、三届职工游泳比赛、十届青春旋律杯卡拉OK大赛、两届职工垂钓比赛，每年举办元旦晚会、元宵节活动、摄影展、书画展等。除此之外，还从关注员工的生命安全向关注健康安全、心理安全延伸，积极开展了心理健康辅导、养生培训等，培养员工积极、健康的心态，倡导绿色、阳光的生活方式，增进员工身心健康，增强员工的归属感和幸福感。同时，以公司网站和报纸为载体，发布《班组力量》《北元工匠》《北元劳模》《先锋》等先进报道70余篇，文体活动内容丰富多彩，使职工的身心健康得到很好保障。

（十）协会组织与活动

2016年1月21日，经北元集团工会委员会研究，对北元集团论坛协会、科技创新协会、文艺协会、文学书画协会、体育协会进行了重组；撤销了论坛协会，将文学书画摄影协会并入文艺协会，在文艺协会新增文学社、书画社、声乐舞蹈俱乐部、影像俱乐部；在体育协会新增乒羽俱乐部、户外运动俱乐部、棋牌俱乐部；在科技创新协会下设科技发明小组和科技论文创作小组，同时明确了各协会负责人和职责，对年度协会活动进行安排部署。

（1）文艺协会下设文学社、书画社、影像俱乐部、声乐舞蹈俱乐部。其职责是：负责公司文学、书画、摄影、声乐舞蹈及微电影拍摄等骨干人员的选拔和培养，组织定期的交流和学习，组织公司各类对内对外的文学、书画和摄影活动，组织各种大型文艺活动的创作和演出，丰富职工文化生活，营造良好的企业文化氛围。协会组织领导由主任和各社团、俱乐部负责人担任。

（2）科技创新协会下设科技发明小组和科技论文创作小组。其职责是：组织技术骨干、创新能手通过多种形式，不断学习新知识、新技术、新工艺，充分调动广大员工的学习兴趣和科技创新活力，开展"五小"活动，形成高质量的科技研究成果，壮大公司的科技研发力量，提升企业竞争力。协会组织领导由主任和各小组负责人构成。

（3）体育协会下设足球俱乐部、篮球俱乐部、乒羽俱乐部、户外运动俱乐部（长跑、自行车、钓鱼、自驾、游泳等）、棋牌俱乐部。其职责是：负责体育协会骨干的培养工作；负责公司各类体育活动的策划、组织工作；组织各类对外体育活动。协会组织领导由主任和各社团、俱乐部负责人担任。

截至2022年，按照"工会搭台、协会唱戏、职工参与"的思路，经过重组后的文艺协会、科技创新协会、体育协会三大协会，组织机构更加完善，协会章程和运作方式也逐渐成熟。各项协会活动从组织、实施、参与到活动效果都较以前有了明显提升。文学征文、"砥砺奋进向未来"摄影展、户外徒步等协会活动对于培养员工兴趣爱好起到了非常好的促进作用。员工文学作品在《延河》《延安文学》等省内大型文学期刊发表，书法和摄影作品在市、县、区各类比赛中获得较好成绩。体育协会牵头举办的足球联赛、篮球比赛、拔河比赛、垂钓比赛、游泳比赛、冬季越野赛等体育赛事，进一步丰富了广大员工的业余文化生活，陶冶了员工的性情，增进了职工之间的友谊和凝聚力。

二、共青团工作

（一）组织机构

2010年12月29日，北元集团团委成立，设团委副书记1人；分、子公司团委6个，团支部30个；共有共青团员2896人。2015年12月25日，经北元集团党委研究决定，撤销了共青团陕西北元化工集团化工一分公司委员会、共青团陕西北元化工集团化工二分公司委员会、共青团陕西北元化工集团盐业分公司总支部委员会，成立了共青团陕西北元化工集团化工分公司委员会（水泥、热电、锦源公司团组织未变）。2022年，设团委书记1人，分、子公司设团委4个，团支部19个，团员270人。

（二）团建工作

结合公司实际，努力抓好基层团建工作、学习型团组织、青年创新创效和团的文化建设等，激发各单位共青团活力，团结带领团员青年为实现集团公司高质量发展做出积极贡献。公司团委紧紧围绕公司中心工作，团结凝聚广大团员青年，创新工作思路，完善工作机制，以加强组织建设、青年人才培养等活动为重点，贯彻一个思路、突出两大品牌、推动"四深四促"。

（1）贯彻党建带团建的工作思路，积极开展"推优"工作。公司严格按照"党建带团建"和延伸"创先争优"活动内涵的工作要求和部署，创新思路，求真务实，坚持"成熟一个、发展一个"的原则，2011年以来共向党组织推荐优秀青年员工67名，作为党的发展对象。在"推优"工作开展过程中，各级团组织积极拓宽"推优"渠道，把发展优秀团员入党作为培养青年人才的重要途径，进一步激发了公司广大青年员工工作的积极性。

（2）突出特色团日活动和"青工风采"两大品牌，以特色团日活动为抓手指导基层团组织的活动开展，以"青工风采"为题材搭建青年职工施展才华的舞台。

（3）积极推动"四深四促"。深化"安全生产"品牌创建，促进企业健康发展。深化完善基础工作，促进团的目标创建。深化青年志愿者服务，促进公司和谐稳定。深化青年文体活动，促进共青团工作朝气蓬勃，欣欣向荣，使团组织在各项工作中发挥了生力军的作用。2013年以来，北元集团团委以加强组织建设、青年人才培养等活动为重点，贯彻一个思路、突出两大品牌、推动"四深四促"。到2018年，在"推优"工作开展过程中，各级团组织积极拓宽"推优"渠道，把发展优秀团员入党作为培养青年人才的重要途径，进一步激发了公司广大青年员工的工作积极性。在突出特色团日活动和"青工风采"两大品牌中，以特色团日活动为抓手指导基层团组织活动开展，以"青工风采"为题材搭建青年职工施展才华的舞台。截至2022年，北元集团团委坚持"围绕中心、服务大局"，以加强组织建设、青年人才培养等工作为重点，贯彻一个思路、突出两大品牌、推动"四深四促"，即深化"安全生产"品牌创建，促进企业健康发展；深化完善基础工作，促进团的目标创建；深化青年志愿者服务，促进公司和谐稳定；深化青年文体活动，促进共青团工作朝气蓬勃，欣欣向荣，使团组织在各项工作中发挥了生力军的作用。

（三）特色团日活动

2010—2014年，北元集团团委通过开展形式独特、内容新颖的中国式"愚人节"——

体会愚公精神辩论会，在清明节期间组织团员青年进行"学党史、知党情、跟党走　重温入团仪式"活动，在红五月期间开展唱红歌，跟党走等活动，进一步拓展共青团工作，全面宣传团的理念。2014—2018年，通过组织"畅谈青春梦想　感受企业发展"青年大学生座谈会、"在基层舞动青春、在一线建功立业"主题演讲比赛、"百人中秋话感恩"安全温馨寄语等活动，积极调动广大青年员工的工作积极性和团结意识。2018—2020年，通过开展"我做一天劳动纪律协管员""我是安全员""我为我班上一堂精彩实用的安全学习课""拍摄标准化作业DV""深化反违章，从严治隐患"反三违等活动，公司还组织开展了微电影首映礼，已展映了14部由公司员工自编自导自演的，以青年员工工作、生活为主题的微电影，展现出公司青年员工锐意进取、追求卓越的精神风貌。截至2022年，通过组织青年团员开展党史学习教育活动，深入学习习近平总书记"七一"讲话精神和来陕来榆重要指示批示精神，常态化开展"青年大学习"活动。深入开展"导师带徒""青春讲堂""青年读书会"等活动，增强青年学习新知识、掌握新技术、应用新方法的自觉性。通过评选"岗位技术明星""岗位技术能手"，选树典型，利用公司网站、《聚和》、宣传栏等渠道加强宣传，以鲜活的优秀青年人物形象、群体及其事迹，充分展现了北元青年立足生产一线、坚定信念、脚踏实地、团结拼搏的精神风貌，在全公司范围内营造了"学先进、争先进、创先进"的浓厚氛围。2022年，为庆祝中国共青团建团100周年，团结引领广大青年员工在学思践悟中踔厉奋发、砥砺笃行，以实际行动迎接党的二十大胜利召开，公司团委组织广大青年员工开展"党的青年运动史"等系列专题教育活动，组织广大团员青年广泛开展"庆祝建团百年、重温入团誓词""我和团旗合个影"等主题团日活动。

（四）青字号品牌活动

公司团委坚持将青年志愿者活动从"3·5"做到"365"。公司青年志愿者集体在组织开展"志愿服务到一线""送健康、树新风""学雷锋、说雷锋、做雷锋"等形式多样、内容丰富的志愿者活动的同时，公司团委还积极与神木县团委建立对接合作关系，于2012年3月组建大型青年志愿者服务队活动，先后组织60名青年志愿者服务于神木县民营经济博览会，组织75名青年志愿者开展"小小行动，大美神木"二郎山庙会志愿服务活动。同年5月，公司承办了"靓丽青春、炫动北元"神木县青年文艺志愿服务队走进北元大型文艺演出。近年来，公司各级团组织共组织青年志愿者参加志愿服务活动300多人次。到2012年底，公司注册登记的青年志愿者共有295名。2014年，牵头打造"四个一"志愿服务品牌项目，即"日行一善"争做北元好人、"月捐十元"筹集爱心基金、"季捐一书"内部学习交流、"年捐一物"扶贫帮困献爱心，打造对内惠民，对外彰显社会责任的品牌工程，累计帮扶紧急特殊困难员工34人次，帮扶资金19.8万元。2015年，在全国志愿云系统注册成立北元集团志愿服务队志愿者团体，注册登记青年志愿者1052名。2016年，成立"心连心"义工服务队，截至2022年4月，累计为广大员工提供志愿服务890余次。截至2022年末，公司注册登记的青年志愿者共有1064名，广大志愿者在"奉献、友爱、互助、进步"的精神感召下，通过一次次奉献践行自己的人生价值，并通过自己的行动带动了更多的人加入文明行列之中，面向企业、面向社会传递温暖，营造和谐的社会氛围。

（五）青年安全教育

公司团委始终坚持把日常的工作规范化，把规范化的工作精品化。各级团组织通过把服务企业安全生产工作作为融入企业中心、服务青年发展的一项重要工作来抓，不断提高青年的安全生产技能，增强青年的安全生产意识，发挥青年职工在安全生产中的示范带头作用。2011年6月，公司团委坚持每年组织开展安全月系列活动，通过深入厂区、班组、施工工地等场所，集中开展安全知识咨询、安全图片展、安全知识讲解，发起"从我做起反违章 众志成城保平安"倡议书，发放安全宣传手册，举行团员青年安全宣誓、安全生产签字仪式等灵活多样、形式活泼的安全生产宣传咨询活动，在全公司范围内弘扬安全文化、增强安全意识、营造安全氛围，进一步提高广大青年员工对安全的认识。2012年，公司团委先后获得榆林市2012年度"五四红旗团委"、神木县"优秀团组织"称号；化工二分公司乙炔分厂团支部获得陕煤集团2011年度"五四红旗团支部"荣誉，热电分公司化水分厂团支部获得榆神工业区2012年度"五四红旗团支部"荣誉，化工一分公司聚氯乙烯分厂荣获榆林市"青年文明号"荣誉；化工一分公司青年刘延安获得陕煤集团第三届"十佳青年岗位技术明星"荣誉，化工二分公司苏飞龙获得陕煤集团"2009—2010年度优秀团员"荣誉，营销中心雷锦旗荣获榆林市"2012年度优秀共青团员"荣誉，化工二分公司秦国权获得神木县青年志愿者"先进个人"荣誉，集团公司团委副书记张健荣获榆神管委会2012年度"优秀团干部"荣誉。2017年，化工分公司辛波荣获陕煤集团第六届"十佳青年岗位技术明星"荣誉称号。2019年，化工分公司辛波荣获陕西省国资委系统青年岗位能手荣誉称号、科技研发中心熊磊荣获陕煤集团首届"十大杰出青年"荣誉称号。2020年，公司团委荣获陕西省国资委2020年度五四红旗团委、陕煤集团2012—2013年度、2014—2015年度、2016—2017年度、2018—2019年度、2020—2021年度五四红旗团委，榆林市2012年度、2018年度五四红旗团委荣誉称号。2020年，党群工作部张健荣获陕西省国资委2019年度"优秀共青团干部"、化工分公司包装工段荣获神木市"青年文明号"荣誉称号。2021年，化工分公司氯碱分厂二期氯氢处理工段荣获陕西省青年安全生产示范岗、科技研发中心曾宪军荣获陕煤集团第八届"十佳青年岗位技术明星"称号，安全环保部张文武荣获陕煤集团第八届"十佳青年安全岗员"提名奖、党群工作部张健荣获全国煤炭行业2020年度"优秀共青团干部"、水泥有限公司李樊荣获陕西省国资委2020年度"优秀共青团员"荣誉称号。2022年，安全环保部荣获榆林市青年安全生产示范岗荣誉称号。

人　物　与　荣　誉

本章记述的诸多人物,是北元集团艰苦创业、继往开来的领军人、劳动模范、陕煤工匠。他们是广大职工中的先进代表,是北元集团宝贵的精神财富。本章还记述了北元集团历年获得的各类荣誉。

一、人　　物

（一）公司历任领导简介

1. 公司历任正职领导

王凤君

王凤君,男,汉族,1962年9月出生,陕西神木人,1983年参加工作,中共党员,研究生学历,高级经济师。

1983年7月,毕业于榆林农校。1983年7月至1987年5月,在神木县政府农业区划办公室工作。1987年5月至1989年9月,在神木县政府经济体制改革委员会工作。1989年9月至1995年2月,任神木县水泥厂副厂长。1995年2月至1997年5月,任神木店塔电厂筹建处办公室主任。1997年5月至2003年5月,任神木电化有限责任公司总经理。2003年5月至2007年5月,任神府经济开发区北元化工有限公司董事长、总经理兼党支部书记。2007年5月至2008年2月,任陕西北元化工有限公司董事长、总经理。2008年2月至2009年3月,任陕西北元化工有限公司董事长、总经理兼党总支副书记。2009年3月至2014年5月,任陕西北元化工集团有限公司党委副书记、总经理。2014年5月,调离北元集团。

李厚志

李厚志,男,汉族,1965年2月出生,陕西西乡人,中共党员,1983年7月参加工作,硕士学位,高级工程师。

1981年9月至1983年7月,在陕西煤校采煤专业学习。1983年7月至1989年5月,任澄合局权家河矿采二队技术员。1989年5月至1991年5月,任澄合局权家河矿生产科助理工程师。1991年5月至1993年7月,任澄合局权家河矿采二队队长。1993年7月至1994年3月,任澄合局王村矿矿长助理。1994年3月至1998年9月,任澄合局王村矿副矿长。1998年9月至2002年7月,任澄合局权家河矿矿长。2002年7月至2004年10月,任澄合局计划处处长（其间：2003年12月至 2004 年 12 月由陕西省委组织部委派，挂职宝鸡凤县副县长）。2004 年 10 月至 2005 年 5 月，任陕西煤业集团公司规划委业务主管。2005 年 5 月至 2006 年 2 月，任陕煤集团神木柠条塔矿业有限公司副总经理。2006 年 2 月至 2009 年 2 月，任陕煤集团神木柠条塔矿业有限公司党总支书记、副总经理。2009 年 2 月至 2012 年 8 月，任陕西北元化工集团有限公司党委书记、董事长。2012 年 8 月，调离北元集团。

惠维渊

惠维渊，男，汉族，1958 年 12 月出生，陕西三原人，1982 年 1 月参加工作，中共党员，研究生学历，正高级工程师。

1977 年 12 月至 1982 年 1 月，在西安矿业学院采矿专业学习。1982 年 1 月至 1991 年 12 月，在铜川矿务局桃园煤矿工作，先后任技术员、生产技术科科长、矿总工程师。1991 年 12 月至 1998 年 5 月，任陕西省煤炭工业局主任工程师。1998 年 5 月至 2004 年 1 月，任陕西煤炭工业多种经营总公司党总支书记兼副总经理。2004 年 1 月至 2012 年 1 月，任陕西省煤炭物资供应公司党委书记兼总经理。2012 年 1 至 7 月，任陕西煤业化工物资集团有限公司党委副书记、副总经理（主持工作）。2012 年 8 月至 2014 年 5 月，任陕西北元化工集团有限公司党委书记、董事长。2014 年 5 月，调离北元集团。

张文华

张文华，男，汉族，1960 年 10 月出生，陕西礼泉人，1983 年 6 月参加工作，中共党员，硕士研究生学历，正高级工程师。

1979 年 9 月至 1983 年 6 月，在西安矿业学院学习。1983 年 6 月至 1998 年 2 月，在铜川矿务局鸭口煤矿工作，历任技术员、助理工程师、工程师、副科长、科长、高级工程师、副总工程师、副矿长兼总工程师。1998 年 2 至 10 月，在铜川矿务局工作，任副总工程师兼生产处处长。1998 年 10 月至 2001 年 5 月，在铜川矿务局工作，任总工程师（其间：从 1999 年 8 月开始，兼管全局生产）。2001 年 5 月至 2008 年 6 月，在铜川矿务局任副局长，分管全局基建、多种经营工作（其间：从 2006 年 6 月开始，分管全局生产、安全、煤质、沉陷治理等工作）。2008 年 3 至 10 月，任陕西煤业化工集团府谷能源投资公司董事长、榆林神华能源公司常务副总经理。2008 年 10 月至 2009 年 9 月，在陕西煤业化工集团府谷能源开发有限公司工作，任总经理、党委副书记。2009 年 9 月至 2014 年 5 月，任陕西煤业化工集团府谷能源开发有限公司执行董事、党委书记。2014 年 5 月至 2015 年 6 月，任陕西北元化工集团有限公司党委书记、董事长。2015 年 6 月，调离北元集团。

刘国强

刘国强，男，汉族，1963 年 9 月出生，河南伊川人，中共党员，1980 年 3 月参加工作，研究生学历，正高级政工师，高级会计师。

1980年3月至1987年8月，先后就职于铜川矿务局陈家山煤矿办公室、财务科。1987年8月至1989年7月，在陕西科技大学工业会计专业学习。1989年7月至1991年6月，就职于铜川矿务局陈家山煤矿财务科。1991年6月至2002年2月，就职于铜川矿务局财务处，先后任资金科科长、成本管理科科长、综合管理科科长（其间：1998年8月至2000年12月在中央党校函授学院经济管理专业学习，取得本科学历）。2002年2月至2011年8月，先后任铜川矿务局财务处副处长、资产重组办公室主任、副总会计师兼资产部部长（其间：2005年9月至2008年7月在陕西省委党校在职研究生经济管理专业学习，取得研究生学历）。2011年9月至2014年4月，任榆林神华能源有限公司财务总监兼陕西北元化工集团有限公司、府谷能源投资公司财务总监（其间：2012年9月至2014年12月在西安交通大学学习，取得工商管理研究生学位）。2014年4月至2015年6月，任陕西北元化工集团有限公司党委委员、董事、副总经理、财务总监。2015年6月至2017年6月，任陕西北元化工集团有限公司党委书记、董事长。2017年6月起，任陕西北元化工集团股份有限公司党委书记、董事长。

史彦勇

史彦勇，男，汉族，1974年3月出生，陕西神木人，中共党员，1996年参加工作，研究生学历，高级工程师。

1992年9月至1996年7月，在西北大学化工系化学工程专业学习。1996年7月至2003年1月，在陕西神木发电有限责任公司工作，先后任生技科干事和化验室主任。2003年1至5月，调至神府经济开发区管理委员会项目办公室工作。2003年5月至2005年5月，在神府经济开发区北元化工有限公司工作，历任工程处处长、生产技术处处长。2006年9月至2007年7月，任神府经济开发区北元化工有限公司总工程师。2007年7月至2009年3月，任陕西北元化工有限公司副总经理兼总工程师。2009年3月至2014年5月，任陕西北元化工集团有限公司副总经理（其间：2008年9月至2011年7月，在西北大学工商管理MBA专业学习并取得硕士学位）。2014年5月至2017年6月，任陕西北元化工集团有限公司党委副书记、总经理。2017年6月至2019年8月，任陕西北元化工集团股份有限公司党委副书记、总经理。2019年8月，调离北元集团。

刘延财

刘延财，男，汉族，1981年3月出生，陕西延长人，中共党员，2003年8月参加工作，大专学历，高级工程师。

2000年9月至2003年6月，在榆林学院物理教育专业学习。2003年8月至2008年3月，先后任陕西北元化工有限公司氯碱分厂氯氢处理组组长，氯碱分厂副厂长、厂长，技改科副科长，生产科科长。2008年3月至2009年6月，任陕西北元化工有限公司生产处处长助理、生产科科长。2009年6至9月，任陕西北元化工有限公司筹建处工程处副处

长。2009年9月至2010年8月,任陕西北元化工集团有限公司化工二分公司副经理。2010年8月至2012年5月,任陕西北元化工集团有限公司化工二分公司副经理、总工程师。2012年5月至2013年7月,任陕西北元化工集团有限公司化工二分公司党委副书记、副经理、总工程师。2013年7月至2015年3月,任陕西北元化工集团有限公司化工二分公司党委副书记、经理、总工程师。2015年3至6月,任陕西北元化工集团有限公司总经理助理,化工二分公司党委副书记、经理、总工程师。2015年6至12月,任陕西北元化工集团有限公司总经理助理、化工二分公司党委副书记、化工分公司经理。2015年12月至2019年7月,任陕西北元化工集团股份有限公司总经理助理,化工分公司党委书记、经理。2019年7至8月,任陕西北元化工集团股份有限公司副总经理、化工分公司党委书记。2019年8月起,任陕西北元化工集团股份有限公司党委副书记、总经理。

2. 公司历任副职领导

李光耀

李光耀,男,1968年3月出生,陕西神木人,中共党员,大专学历,经济师。

1986年6月,毕业于榆林师范学校。1986年7月至1988年4月,在神木县政协办公室、文史经济科工作。1988年4月至1992年10月,在神木县计委工作。1992年10月至1997年4月,在神木县煤炭开发经营总公司工作,先后任办公室秘书、副主任、煤炭基金管理科科长。1997年4月至2000年7月,筹备神木县煤炭基金管理所,并任所长。2001年2月至2003年3月,任神木县煤炭销售服务站站长。2003年3至5月,任神木县煤炭工业局副局长。2003年5月至2007年7月,调任陕西北元化工有限公司供销处处长、总经理助理和副总经理等职务。2017年7月,调离北元集团。

邱筱林

邱筱林,男,1965年2月出生,陕西神木人,中共党员,本科学历,陕西省书协会员,陕西省第四期高级工商管理培训班毕业。

1985年9月至1989年7月,在延安大学中文系学习,任校学生会副主席、书画社社长、班级团支部书记。1989年7月至1996年3月,在神木中学任教。1996年3月至2003年5月,在陕西神木发电有限责任公司工作,任秘书、计生办主任、办公室副主任、政工科科长兼团委书记等职务。2003年5月至2008年3月,调任神府经济开发区北元化工有限公司(含陕西北元化工有限公司)工会主席、办公室主任等职务。2008年2月至2010年8月,任陕西北元化工集团有限公司副总经理。2010年8月,调离北元集团。

杜亚峰

杜亚峰，男，汉族，1959 年 12 月出生，陕西华县人，中共党员，1983 年 9 月参加工作，研究生学历，经济师。

1980 年 9 月至 1983 年 7 月，在渭南师范专科学校学习。1983 年 7 月至 1984 年 9 月，在铜川耀县（2002 年改为耀州区）中学任教。1984 年 9 月至 1993 年 7 月，在陕西复肥厂工作，先后任厂办副主任、硫酸车间主任、生产科长等职务。1993 年 7 月至 1996 年 8 月，任陕西复肥厂常务副厂长。1996 年 8 月至 1997 年 8 月，任陕西省华山化肥总厂副厂长。1997 年 8 月至 2008 年 2 月，任陕西华山化工集团有限公司党委委员、副总经理（其间：1999 年 9 月至 2002 年 7 月，在陕西省工商管理硕士学院工商管理专业学习）。2008 年 2 月至 2014 年 5 月，任陕西北元化工集团有限公司副总经理。2014 年 5 月，调离北元集团。

慕生江

慕生江，男，1961 年 4 月出生，陕西吴堡县人，1982 年 7 月参加工作，中共党员，研究生学历，高级会计师。

1980 年 9 月至 1982 年 7 月，在陕西煤炭工业学校学习。1982 年 8 月至 1988 年 4 月，在铜川矿务局财务处工作（其间：1983 年 9 月至 1986 年 12 月，在陕西广播电视大学经济类工业会计专业学习，并取得大专学历）。1988 年 5 月至 2004 年 2 月，在铜川矿务局工作，历任财务处成本科副科长、科长，财务处副处长、处长，副总会计师兼财务处处长。2004 年 2 月至 2008 年 2 月，任陕西煤业化工集团有限责任公司财务部副经理。2008 年 2 月至 2011 年 9 月，任陕西北元化工集团有限公司财务总监。2011 年 9 月，调离北元集团。

赵庆贵

赵庆贵，男，1964 年 11 月出生，吉林磐石县人，中共党员，本科学历，高级工程师。

1988 年，毕业于天津大学。1988 年至 1998 年，在吉化设计院工作。1998 年至 2006 年，任青岛石油化工厂 100 万吨/年重油催化裂化安装工程项目总监。2000 年 1 月至 2000 年 8 月，任青岛啤酒一厂包装线土建安装及新大楼氨系统改造工程项目总监。2000 年 10 月至 2001 年 10 月，任青岛石油化工厂 60 万吨/年柴油加氢装置工程项目总监。2001 年 11 月至 2002 年 6 月，任青岛煤气公司金家岭 24 万立方米 LNG 液化天然气站工程项目总监。2002 年 7 月至 2003 年 1 月，任青岛燃气集团 40 万吨/年焦化制气技改工程项目总监。2003 年 6 月至 2004 年 12 月，任神府经济开发区北元化工有限公司 10 万吨/年 PVC 工程项目总监。2005 年 5 月至 2006 年 6 月，任澳特莱寿光蔬菜加工基地工程项目总监。2007 年至 2008 年 3 月，任无锡确成硅化学 5 万吨/

年白炭黑工程技术总负责人。2008 年 3 月至 2009 年 3 月，任陕西北元化工有限公司 100 万吨/年聚氯乙烯项目计划处负责人。2009 年 3 月至 2011 年 3 月，任陕西北元化工集团有限公司总工程师。2022 年 11 月起，任陕西北元化工集团股份有限公司募投项目及配套项目副总经理。

赵世强

赵世强，男，汉族，1962 年 10 月出生，陕西洋县人，中共党员，1984 年 7 月参加工作，本科学历，文学学士学位，高级政工师。

1980 年 9 月至 1984 年 7 月，就读于陕西理工大学汉语言文学专业。1984 年 7 月至 1988 年 6 月，在韩城矿务局中学任高三语文教师、语文教研组长。1988 年 7 月至 1991 年 12 月，在韩城矿务局党委宣传部任《矿工报》编辑记者。1992 年 1 月至 2002 年 1 月，在韩城矿务局团委先后担任宣传、学少部长，副书记、书记等职务。2002 年 2 月至 2006 年 3 月，任西安煤矿安全仪器厂党委书记。2006 年 3 月至 2008 年 1 月，任陕煤集团张家峁矿业公司党总支副书记（负责党群全面工作）。2008 年 1 月至 2009 年 9 月，任韩城矿务局下峪口煤矿党委书记、韩城矿务局矿区工会副主席。2009 年 9 月至 2010 年 1 月，任陕西北元化工集团有限公司党群工作部部长。2010 年 1 月至 2016 年 11 月，任陕西北元化工集团有限公司党委委员、纪委书记。2012 年 2 月起，兼任陕西北元化工集团有限公司机关党工委书记。2016 年 11 月至 2017 年 6 月，任陕西北元化工集团有限公司党委副书记、纪委书记。2017 年 6 月至 2019 年 6 月，任陕西北元化工集团股份有限公司党委副书记、纪委书记。2019 年 6 月至 2020 年 5 月，任陕西北元化工集团股份有限公司党委副书记、工会主席。2020 年 5 月，职务退出。

郭宏福

郭宏福，男，汉族，1962 年 7 月出生，陕西神木人，中共党员，1982 年 7 月参加工作，研究生学历，经济师。

1982 年 7 月，毕业于榆林林业学校。1982 年 7 月至 1990 年 12 月，在神木林业局工作。1990 年 12 月至 1993 年 4 月，在神木保险公司工作。1993 年 5 月至 2004 年 1 月，在建设银行煤铁专支工作（其间：先后任大柳塔建行副行长、煤铁专支办公室副主任）。2004 年 2 月至 2008 年 2 月，先后任陕西北元化工有限公司办公室后勤科长、供销处处长。2008 年 2 月至 2010 年 8 月，任陕西北元集团有限公司总经理助理，兼营销中心经理、物流中心经理。2010 年 8 月至 2017 年 6 月，任陕西北元化工集团有限公司工会主席（其间：2009 年 9 月至 2011 年 12 月，在西北大学工商管理专业学习，取得硕士学历）。2017 年 6 月至 2019 年 6 月，任陕西北元化工集团股份有限公司工会主席。2019 年 6 月至 2019 年 12 月，任陕西北元化工集团股份有限公司党委委员、纪委书记。2019 年 12 月，职务退出。

张雄堂

张雄堂，男，汉族，1974年7月出生，陕西神木人，1996年7月参加工作，中共党员，研究生学历，高级工程师。

1994年至1996年7月，在陕西师范大学化工工艺与分析专业学习。1996年7月至2003年6月，在神木发电有限责任公司工作。2003年6月至2008年2月，在神府经济开发区北元化工有限公司工作，负责培训、生产管理，并先后任聚氯乙烯分厂厂长、生产技术科长、生产处处长。2008年2月至2009年3月，任陕西北元化工有限公司总经理助理兼100万吨/年聚氯乙烯循环综合利用项目工程处处长。2009年9月至2010年8月，任陕西北元化工集团有限公司总经理助理，兼生产技术部部长、化工二分公司副经理，负责集团公司的生产技术管理工作。2010年8月至2012年5月，任陕西北元化工集团有限公司总经理助理，兼生产技术部部长，热电分公司党总支书记、经理。2012年5至12月，任陕西北元化工集团有限公司副总工程师，兼科研中心经理。2012年12月至2015年6月，任陕西北元化工集团有限公司副总经理，兼副总工程师、科研中心经理。2015年6月，调离北元集团。

李子景

李子景，男，汉族，1961年8月出生，陕西神木人，中共党员，1983年8月参加工作，研究生学历，高级经济师。

1981年7月至1983年7月，就读于陕西省商贸学校财务会计专业。1983年7月至1989年7月，在神木建设银行工作，任信贷股长、会计股长等职务。1989年7月至1998年6月，在建行神府煤铁支行（正处级支行）工作，任计划科长、会计科长和筹资科长等职务。1998年6月至2003年6月，在建设银行神木支行工作，任行长、党支部书记。2003年6月至2008年7月，在陕西北元化工集团有限公司工作，任财务处处长。2008年7月至2011年3月，任陕西北元化工集团有限公司财务负责人兼财务管理部部长（其间：2008年9月至2010年12月，在西北大学工商管理专业学习，取得硕士学位）。2011年3月至2012年12月，任陕西北元化工集团有限公司总经理助理，先后分管采购中心、企业管理部，同时兼任审计监察部部长和陕西北元化工集团锦源化工有限公司董事长。2012年12月至2017年6月，任陕西北元化工集团有限公司副总经理。2017年6月至2019年2月，任陕西北元化工集团股份有限公司副总经理。2019年2月，职务退出。

范智宏

范智宏，男，汉族，1973年11月出生，安徽宿州人，中共党员，1995年7月参加工作，研究生学历，高级经济师。

1993年9月至1995年7月，毕业于秦皇岛煤炭工业管理学校劳动管理专业。1995年7月至2005年6月，先后在韩城矿业公司象山矿井担任人力资源部社保、统计、劳动定

额、薪酬业务主管。2005年6月至2008年5月,在韩城矿业公司象山矿井担任劳资科副科长。2008年5月至2011年4月,在韩城矿业公司象山矿井担任劳资科科长、人力资源部部长、经营一党支部书记。2011年4至11月,在陕北矿业公司担任人力资源部副经理。2011年11月至2013年4月,在陕北矿业公司担任人力资源部副经理(主持全面工作)。2013年4月至2014年5月,在陕北矿业公司担任人力资源部经理。2014年5月至2020年5月,在陕北矿业公司担任副总经济师兼人力资源部经理。2020年5月起,任陕西北元化工集团股份有限公司党委副书记、工会主席。

申建成

申建成,男,汉族,1965年11月6日出生,陕西西安人,中共党员,1987年7月参加工作,本科学历,高级工程师。

1983年9月至1987年7月,在西北大学化工系无机化工专业学习。1987年7月至2011年12月,先后任西安化工厂烧碱车间工艺技术员、工段长、技术组组长,总厂技术科主管工艺工程师、技术科副科长,生产处副处长,西化公司氯碱车间主任。2011年12月至2014年5月,在陕煤集团化工事业部工作。2014年5月至2016年11月,任陕西北元化工集团有限公司副总经理。2016年11月至2017年6月,任陕西北元化工集团有限公司党委委员、副总经理。2017年6月起,任陕西北元化工集团股份有限公司党委委员、副总经理。2022年11月起,任陕西北元化工集团股份有限公司党委委员、副总经理,募投项目及配套项目总经理。

郭 建

郭建,男,汉族,1973年5月出生,河南孟州人,中共党员,1992年7月参加工作,本科学历,高级会计师。

1990年9月至1992年7月,在陕西煤炭工业学校会计专业学习。1992年7月至1995年5月,任铜川矿务局桃园煤矿财务科会计员。1995年5月至1999年5月,在铜川矿务局财务处资金科工作(其间:1996年,任助理会计师;1995年6月,毕业于陕西财经学院会计专业)。1999年5月至2006年9月,任铜川矿务局财务处会计管理科会计(其间:1999年8月至2001年12月,在中共中央党校函授学院经济管理专业学习,取得本科学历)。2006年9月至2010年4月,任铜川矿务局财务处会计科科长(其间:2009年2月至2012年1月,在西北大学会计学专业函授学习,取得本科学历)。2010年4月至2012年4月,任铜川矿业公司财务部副部长。2012年4月至2014年2月,任铜川矿业公司财务部部长。2014年2月至2015年6月,任陕煤集团陕南投资开发公司财务总监(其间:2013年11月至2015年3月,参加西安交通大学举办的陕煤集团财务管理高级课程研修班)。2015年6月至2017年12月,任陕西北元化工集团有限公司董事、财务总监。2017年12月至2020年4月,任陕西北元化工集团股份有限公司董事、财务总监,锦源化工有限公司党委委员、党委书记。2020 年 4 至 10 月,任陕西北元化工集团股份有限公司副总经理、董事、财务总监,锦源化工有限公司党委委员、党委书记。2020 年 10 月起,任陕西北元化工集团股份有限公司财务总监、董事、副总经理。

刘建国

刘建国,男,汉族,1981 年 7 月出生,陕西神木人,中共党员,2001 年 7 月参加工作,硕士研究生学历。

2001 年 7 月至 2003 年 5 月,在神木马镇中学工作。2003 年 5 月至 2008 年 3 月,先后任陕西北元化工有限公司财务处科级主办干事、财务科科长。2008 年 3 月至 2009 年 7 月,任陕西北元化工有限公司筹建处财务处处长。2009 年 7 月至 2013 年 8 月,任陕西北元化工集团有限公司综合管理部部长(其间:先后兼任服务中心经理、企业管理部部长、陕西北元化工集团锦源化工有限公司财务总监)。2013 年 8 月至 2015 年 3 月,任陕西北元化工集团有限公司企业管理部部长。2015 年 3 月至 2017 年 7 月,任陕西北元化工集团有限公司总经理助理,兼企业管理部部长。2017 年 7 月至 2019 年 8 月,任陕西北元化工集团股份有限公司董事会秘书,兼企业管理部部长。2019 年 7 月起,任陕西北元化工集团股份有限公司副总经理、董事会秘书。

陈 鹏

陈鹏,男,汉族,1982 年 11 月出生,陕西镇安人,中共党员,2003 年 8 月参加工作,本科学历,工程师。

1999 年 9 月至 2003 年 7 月,在陕西省石油化工学校工业分析专业学习。2003 年 8 月至 2008 年 4 月,在陕西北元化工有限公司工作,先后任聚氯乙烯分厂乙炔组组长,聚氯乙烯分厂厂长助理、副厂长、厂长。2008 年 4 月至 2009 年 6 月,任陕西北元化工有限公司技术处技改科科长。2009 年 6 月至 2010 年 5 月,任陕西北元化工集团有限公司化工二分公司聚氯乙烯分厂厂长。2010 年 5 月至 2011 年 7 月,任陕西北元化工集团有限公司化工二分公司副经理(其间:2008 年 9 月至 2011 年 1 月,在中国石油大学化学工程与工艺专业学习,取得大专学历)。2011 年 7 月至 2013 年 3 月,任陕西北元化工集团有限公司化工二分公司工会主席(其间:2012 年 8 月至 2012 年 10 月,在陕煤化工集团中层领导研修班学习)。2013 年 3 月至 2015 年 6 月,任陕西北元化工集团有限公司化工一分公司党委书记、经理。2015 年 6 月至 2015 年 12 月,任陕西北元化工集团水泥有限公司执行董事、经理。2015 年 12 月至 2018 年 1 月,任陕西北元化工集团水泥有限公司党委书记、执行董事、经理。2018 年 1 月至 2020 年 4 月,任陕西北元化工集团股份有限公司副总工程师,水泥有限公司党委书记、执行董事、经理(其间:2015 年 9 月至 2018 年 7 月,在兰州大学法学专业学习,2017 年 4 月至 2019 年 7 月,在西北大学经济管理学院高级管理培训中心 CEO 总裁研修班学习)。2020 年 5 月起,任陕西北元化工集团股份有限公司副总经理。

单建军

单建军，男，汉族，1969年6月出生，陕西神木人，中共党员，1985年7月参加工作，大专学历。

1985年7月至1987年5月，在神木县宾馆工作。1987年5月至1990年4月，在神木县接待办工作。1990年4月至1997年1月，在榆林地区煤炭服务公司工作。1997年1月至2003年3月，任神木县电化有限责任公司供销科长。2003年3月至2005年11月，任神府经济开发区北元化工有限责任公司供销处长。2005年11月至2008年8月，任神木泰星电化有限责任公司总经理。2008年8月至2010年3月，任神木房地产开发公司工作项目经理。2010年3至12月，任陕西北元化工集团有限公司物流中心副经理。2010年12月至2011年3月，任陕西北元化工集团有限公司物流中心副经理兼服务中心经理。2011年3月至2012年12月，任陕西北元化工集团有限公司物流中心经理兼服务中心经理。2012年12月至2018年1月，任陕西北元化工集团股份有限公司营销物流部部长（其间：2017年3至2019年7月，在兰州大学经济管理系工商管理专业学习）。2018年1月至2020年4月，任陕西北元化工集团股份有限公司副总经济师兼营销物流部部长。2020年4至9月，任陕西北元化工集团股份有限公司副总经理、副总经济师兼营销物流部部长。2020年5月起，任陕西北元化工集团股份有限公司副总经理。

宁小钢

宁小钢，男，汉族，1974年8月出生，河北遵化人，中共党员，1998年7月参加工作，研究生学历，高级工程师。

1994年7月至1998年7月，在河北工业大学高分子化工专业学习。1998年7月至1999年7月，在天津大沽化工股份有限公司工作，任PVC分厂老聚合工艺员。1999年7月至2001年10月，任天津大沽化工股份有限公司PVC分厂新聚合工艺员。2001年10月至2005年10月，任天津大沽化工股份有限公司PVC分厂新聚合车间主任。2005年10月至2007年6月，任天津大沽化工股份有限公司PVC分厂副厂长。2007年7月至2012年10月，任天津大沽化工股份有限公司生产技术处副处长、处长（其间：2007年9月至2010年6月，在天津大学化工工程专业学习，取得硕士学位）。2012年10月至2015年10月，任天津乐金大沽化学有限公司常务副总经理、党委书记。2015年10月至2017年12月，任天津乐金渤海化学有限公司常务副总经理。2018年1至6月，任陕西北元化工集团股份有限公司副总工程师。2018年6月至2019年2月，任陕西北元化工集团股份有限公司副总工程师、科技研发中心主任。2019年2月至2020年5月，任陕西北元化工集团股份有限公司副总工程师、科技研发中心主任、化工分公司总工程师。2020年5月起，任陕西北元化工集团股份有限公司总工程师。

徐生智

徐生智，男，汉族，1978年12月出生，陕西神木人，中共党员，大专学历，工程师。

2003年8月至2004年8月，在神府经济开发区陕西北元化工有限公司工作。2004年8月至2009年9月，任神府经济开发区陕西北元化工有限公司聚氯乙烯分厂聚合组组长、聚氯乙烯分厂厂长助理、技改科科长、生产处聚氯乙烯分厂厂长。2009年9月至2011年3月，任陕西北元化工集团有限公司化工一分公司副经理。2011年3月至2013年8月，任陕西北元化工集团有限公司生产技术部副部长、部长。2013年8月至2015年12月，任陕西北元化工集团有限公司安全生产部部长、调度中心主任、生产技术部部长。2015年12月至2017年7月，任陕西北元化工集团有限公司热电分公司党委委员、党委书记、经理。2017年7月至2019年11月，任陕西北元化工集团股份有限公司热电分公司党委书记、经理。2019年11月至2020年10月，任陕西北元化工集团股份有限公司副总工程师，热电分公司党委书记、经理。2020年10月至2022年12月，任陕西北元化工集团股份有限公司副总工程师，锦源化工有限公司党委书记、执行董事、经理、总工程师。2022年12月起，任陕西北元化工集团股份有限公司副总经理，锦源化工有限公司党委书记、执行董事、经理、总工程师。

（二）劳动模范简介

1. 陕西省劳动模范

刘国强

2015年，刘国强担任公司党委书记、董事长以来，坚持以习近平新时代中国特色社会主义思想为引领，带领广大干部职工积极应对内外部环境变化，聚焦安全环保、生产经营、改革创新、队伍建设等重点工作，攻坚克难，努力践行绿色低碳循环发展之路，为企业谋发展、为员工谋幸福、为社会担责任，公司安全生产经营指标持续向好，带领企业跑出了一条高质量发展的"蝶变之路"。2015年企业首次实现盈利，2018年利润突破20亿元大关，2018年企业入围国务院国企改革"双百企业"，2015年至2022年12月，累计实现利润131.03亿元，上缴税金62.23亿元，2021年有息负债首次实现归零，资产负债率由2015年初的81.47%降为2022年底的18.42%，下降了63.05%。带领团队攻坚克难，于2020年10月在上海证券交易所主板上市，成为榆林市首家主板上市企业，职工人均收入逐年攀升，由2014年底的7.42万元增加到2022年的14.83万元，职工幸福指数大幅度提升。刘国强先后荣获2022年度陕西省劳动模范、中国石油和化学工业联合会优秀思想政治工作者、2018年度石油和化工行业影响力人物、全国优秀诚信企业家、煤炭工业部"清产核资工作先进个人"、第五届西部（丝路）风云人物、陕西省煤炭系统先进工作者、陕西改革开放40周年杰出人物、第八届陕西省优秀企业家、陕西省创新年度人物等多项荣誉。

2. 陕煤集团劳动模范

王凤君

王凤君在担任神木电化有限责任公司总经理时，公司自主开发的自动控制系统和独特的管理模式被晋陕蒙等很多电石企业推广。2003年合资组建陕西北元化工有限公司，筹建10万吨/年聚氯乙烯项目。生产的"北元"牌聚氯乙烯被评为陕西省名牌产品，北元商标被评为陕西省著名商标。2007年，牵头神木民营企业与陕煤集团强强合作，建设100万吨/年聚氯乙烯循环综合利用项目，为地方经济发展做出了更大贡献。打造了"文化北元、人才北元、创新北元"的发展之路和北元"聚·和"文化理念。积极参加社会公益事业，2004年为神木县慈善协会捐资4万元用于资助贫困大学生，2006年为神木杨家将研究基金会捐资100万元，支持历史文化保护。1983年参与编写的《神木畜牧业、综合农业区划报告》获陕西省政府农业类报告一等奖；1999至2002年连续4年被评为神府经济开发区先进个人；2003年被陕西省政府评为诚信个人；2004年被评为神府经济开发区建区十周年先进个人；2005年被评为"榆林市非公有制首届优秀民营企业家"，并当选为榆林市第二届政协委员会委员；2006年被评为"中国石油化工优秀民营企业家""榆林市建设中国特色的社会主义建设者"；2008年被评为"陕西省建设有中国特色的社会主义建设者"；2009年荣获陕煤集团2008—2009年度"劳动模范"荣誉称号。

史彦勇

2003年，在北元化工有限公司一期5万吨/年聚氯乙烯项目筹建期间，史彦勇不论严寒酷暑，都与施工人员摸爬滚打在施工现场，在他的主抓下，仅用一年左右的时间就生产出第一釜聚氯乙烯，实现了聚氯乙烯行业内建设时间最短、投资最省且一次性试生产成功的范例，为同行业企业所称道。在他担任技术处处长和总工程师期间，主持建立了符合北元生产实际的质量、安全和设备管理体系，并通过ISO 90001质量体系、清洁生产等认证，使公司生产管理水平不断提升，并向精细化方向迈进。在担任集团公司副总经理时，紧紧围绕"稳定运行、提高产量、降低消耗"的总体目标，顺利实现了100万吨/年PVC循环综合利用项目化工、热电、水泥装置一期全面投产和稳定运行。主持修订出台的"生产管理制度""非计划停车考核办法"，为生产稳定运行提供了基础保证。通过一系列行之有效的措施，规范了循环物料的输送和利用，实现了水泥装置100%利用电石渣生产水泥的目标，提高了资源利用率。曾先后荣获2003年度榆林市优秀共产党员；2004年度神府经济开发区优秀共产党员；2006年度神木县优秀共产党员；2008年度榆林市非公有制企业"优秀创业人才"。2011年荣获陕煤集团2010—2011年度"劳动模范"荣誉称号。

刘延财

2003年，刘延财认真学习钻研，与技术人员成功攻克了一道道技术难题，为10万吨

/年聚氯乙烯项目的生产运行做出了积极贡献，也为后来的 100 万吨/年聚氯乙烯循环综合利用项目积累了宝贵经验。2008 年，北元化工与陕煤集团合作建设 100 万吨/年聚氯乙烯循环综合利用项目，他被任命为项目筹建处工程处副处长，负责化工项目的施工工作。为了尽快适应新角色，他深入建设现场，对出现的问题反复研究分析，不断解决各种临时出现的新情况。因出色表现，同年 9 月，被任命为北元集团化工二分公司副经理。2010 年底，100 万吨/年聚氯乙烯一期项目刚刚开车，设备正处于磨合期，每天都有许多设备、工艺控制不正常等问题出现，为了尽快解决这些影响生产的瓶颈问题，保证生产安全、稳定、连续运行，他针对具体情况制定出有效的整改措施，使生产运行水平逐步稳定。他在日常工作中潜心钻研，积极开展修旧利废活动，完成大小技改项目百余项，并根据多年的工作实践经验，攻克了许多氯碱行业技术难题，同时在中国氯碱工业等期刊上刊登了多篇文章，为公司设备、工艺安全保驾护航，2011 年，被北元集团评为 2010 年度劳动模范。

徐生智

2003 年 8 月，徐生智加入北元大团队，从一名普通员工到层级管理者，直至成为集团副总工程师，从一线到职能部门，再到分、子公司负责人，他的每一步都走得坚实有力，他带领一个又一个团队开拓奋进，追逐梦想。徐生智政治站位高，工作能力强，敢于担当、乐于奉献，敢想敢干，管理意识和创新意识较强。特别是 2016 年在热电分公司工作期间，带领团队使生产实现了满负荷发电，保证了化工、水泥的达产达效。在锦源化工工作期间，带领团队攻坚克难，2021 年电石产量创历史最高，实现了安全零事故。在担任公司副总工程师期间，协助抓好环保工作，未出现污染事件，协助抓好生产管理工作，新增 5 种特种树脂品牌，为企业发展做出了积极贡献，被陕煤集团评为 2020—2021 年度劳动模范。

马建国

马建国，男，汉族，1983 年 6 月出生，陕西宝鸡人，中共党员，荣获陕煤集团 2014—2015 年度"劳动模范"和北元集团 2014—2015 年度"劳动模范"荣誉称号，时任化工分公司聚氯乙烯分厂厂长。

马建国拥有爱岗敬业、刻苦钻研、无私奉献的职业精神，他坚持敢想、敢试、敢闯的工作精神，大胆创新，努力寻求改进，通过对聚氯乙烯生产工艺的潜心研究，2015 年完成了电石自动取样器、湿法自动加料系统、除尘器改造、循环水回用干法乙炔等 4 项技改项目的实施投用，提升了自动化操作水平，降低了员工劳动强度，避免了安全风险。马建国与分厂其他人员共同研究的"一种新型刮板机""刮板机链条防脱销结构""新设计刮刀"获得国家三项专利。他还组织分厂员工申报发明专利 30 余项，获得国家授权专利 9 项。在实践中他潜心研究，与设计人员反复探讨和实验，进一步优化了系统工艺，降低了原辅材料和能耗消耗，硫酸单耗由 25 千克/吨 PVC 降低到 16 千克/吨 PVC，电石单耗由年初的 1.35 吨降至 1.32 吨 PVC 消耗，可节约成本 6000 余万元。

马建国积极带头撰写论文，他撰写的《干法乙炔装置设备的改造及应用》《干法乙炔生产系统的优化改造》《干湿法乙炔生产工艺对比分析》等论文在《聚氯乙烯》杂志上发表，论文《干、湿法乙炔生产工艺对比分析》获得第 35 届全国 PVC 行业技术年"恒星杯"优秀科技论文奖。

党增琦

党增琦，男，汉族，1982 年 12 月出生，陕西渭南人，中共党员，研究生学历。2004 年 8 月进入陕西北元化工集团股份有限公司工作，任工程师；荣获陕煤集团 2016—2017 年度"劳动模范"、北元集团 2016—2017 年度"劳动模范"荣誉称号，时任规划发展部部长。

2004 年，党增琦带着对公司的美好憧憬来到毛乌素沙漠，在这里一干就是 13 年，从班组长、技术员、厂长再到部长，他的人生是美丽的、无悔的。

2017 年，公司项目建设任务繁重，100 万吨/年聚氯乙烯升级改造项目和 30 项技术改造项目同时开工建设，这对负责公司项目建设管理的党增琦来说，既是考验又是一副沉甸甸的担子。为了安全、保质、按时完成全年施工任务，他每天早上 6：20 进入办公室，晚上 6：30 以后离开，大半年如一日，深入施工现场了解项目推进情况和存在的问题，参加施工安全、质量专项检查，不定期召开现场专题会、协调会，及时解决施工过程中存在的各类问题，即便这样也要抽时间到设计院协调项目方案和设计事宜，用他的话说"工作就像打仗一样"。正是他和所有项目管理人员牺牲了周末和平时的休息时间，才完成了 2017 年项目建设任务，向公司交了一份满意的答卷。对待工作，党增琦一直本着"用心做事、勤恳做人"的态度，把简单的事情认真做，自己能够完成的事情都是亲力亲为。在抓项目建设工作的过程中，他的"细"体现得淋漓尽致，在他的要求下，施工现场管理各方面都从细节入手，得到了领导和同事的一致好评。

参加工作 13 年以来，经过在实践中不断学习和艰苦磨炼，党增琦凭着满腔的工作热情和坚定的信念，精心谋事，潜心干事，把对上级的责任和对下级的责任结合起来，指导和解决实际问题，在岗位上默默地用自身的实践体现人生价值。

王　雄

王雄，1980 年 10 月月生，陕西神木人，中共党员，2002 年 7 月毕业于中航华兴航空技术学校机械制造专业，中专学历，工程师。2020 年荣获陕煤集团 2018—2019 年度"劳动模范"、北元集团 2018—2019 年度"劳动模范"荣誉称号。

王雄，十一年如一日扎根于生产一线，从普通员工成长为生产管理的中流砥柱，忘我奉献、以企为家，砥砺前行，连续为企业技术创新、安全生产做出巨大贡献，用写实的人生对"敢于负责，勇于创新"的北元精神做出了精彩诠释。

作为热电分公司运行分厂安全生产第一责任人,身为厂长的他勇于担当,主动作为,始终把抓安全生产工作放在首位。围绕岗位责任制落实工作,他承担起安全管理和安全监督职责,采取多种强有力措施层层落实安全生产责任制,牢牢绷紧安全生产这根弦,有力地保证了机组发电和供热安全,2019年全年热电分公司机组无人为原因"非停事故"。

作为运行分厂"带头人"的王雄一直注重言传身带,高标准、严要求地开展工作。2019年"百日安全"活动期间,他在生产现场一守便是4个多月。他和管理人员一起分担日常值班工作时,从不挑三拣四,吃住都在单位,更没有搞过特殊。当生产过程中遇到"疑难杂症"时,他总是第一时间去分析、查资料、想办法;当遇到紧急启停作业任务时,他总是首当其冲,第一个赶往生产现场,既做指挥员,又是战斗员。

王雄凭着对事业孜孜不倦的追求和精耕细作的敬业精神,栉风沐雨,砥砺前行,用实际行动诠释了如何做一名不忘初心,以企为家,"讲奉献、有作为"的好厂长,为企业高质量发展保驾护航。

3. 北元集团劳动模范

申建成

申建成自担任分管安全和项目建设副总经理以来,始终坚守"发展决不能以牺牲安全为代价"安全红线,践行"员工的生命安全与健康高于一切"的安全理念,以高度负责的政治责任感和使命感,抓实、抓牢、抓细安全生产和项目建设工作,为公司的高质量安全发展保驾护航。①提出了"大安全"管理理念,构建"党建+安全"融合机制,专业化安全管控和全员安全生产责任制得到显著提升;②建立"4551"安全文化体系并有效运行,公司获得全国和全省安全文化示范企业荣誉称号;③加强安全生产标准化建设,公司所属化工分公司、水泥有限公司和热电分公司分别通过了行业安全生产标准化一级达标验收;④建立北元特色的"三位一体"的安全生产管控体系,有效控制了大风险,消除了大隐患、预防了大事故;⑤创新了安全督查模式,安全监管模式获得地方政府称赞与推广;⑥加强项目安全专业化管控,组织制订了一系列工程建设标准,制定了公司"承包商管理标准",持续提升承包商管理水平。

在他的大力推进下,公司各级领导干部、管理人员和岗位员工的安全观念、思想和意识发生了重大变化,安全素养持续提升,事故数量连续下降明显,被评为公司2020—2021年度"劳动模范"。

陈 鹏

陈鹏全程参与了北元集团100万吨/年聚氯乙烯项目建设工作。2011年6月,项目建设进入投产前的关键时期,面对时间紧迫、任务繁重,陈鹏没有退缩,每天都要解决大量的工程协调、设计变更、设备材料催货等问题,为系统顺利开车保驾护航。同年9月,系统开车在即,为了加快进度,陈鹏每天早上都会一起开会,分片区进行走访,检查跟进工程进度,与各分区项目工程负责人现场碰头,沟通交流,共同解决问题,排除"困难",保障工程持续进行,每天晚上又会召集大家召开开车协调会,每周、每旬更要组织召开工

程协调会，协调一切积极力量促进工程进度，保证项目建设如期完成。经过连续几个月的"攻坚克难"，于 2011 年底顺利完成了 100 万吨/年聚氯乙烯综合循环二期项目建设任务。在负责 100 万吨/年聚氯乙烯项目建设阶段，陈鹏全身心投入工作中，带领全体工程人员辛苦付出，克服施工人员和工程管理人员不足、施工面广、外围协调难度大等问题，在未发生一起吊装事故、质量事故、安全事故的前提下，顺利完成了二期项目建设任务。陈鹏先后被榆神管委会授予"五一劳动奖章"，被陕煤集团评为"优秀工会干部"；2012 年荣获北元集团 2011 年度"劳动模范"荣誉称号。

王奋中

王奋中，男，1978 年出生，陕西神木人，中共党员，硕士研究生学历。2004 年参加工作，2017 年调入陕西北元化工集团生产技术部，时任生产技术部部长。

王奋中自参加工作以来，始终致力于钻研各种专业技术，解决生产疑难问题，主持研究并实施了多项科研技改项目，在公司节能降耗、安全高效生产、废物再利用等方面做出了卓越贡献；坚持开展发明创造工作，先后获得国家授权专利 18 项；结合生产实际撰写了 18 篇重要理论性文章，先后刊发在《聚氯乙烯》《氯碱工业》等行业知名期刊；参与编写节水型企业行业标准规范和悬浮法通用型聚氯乙烯树脂企业行业标准规范 2 部企业标准，引领行业共同进步。王奋中于 2013 年获得北元集团优秀科技工作者，同年获得陕西煤业化工集团有限责任公司"科技进步奖"。2014 年获得北元集团《一种母液水冷却塔》优秀专利，2013 年被北元集团评为"优秀党务工作者"，2021 年被北元集团评为"劳动模范"。

李红荣

李红荣，男，1983 年出生，陕西横山人，大专学历，中共党员。2005 年毕业于榆林学院化学教育专业。2005 年 7 月至 2008 年 10 月在陕西北元化工集团化工一分公司工作，曾担任氯氢处理工段班组长、工段长；2008 年 11 月至 2009 年 10 月在陕西北元化工集团有限公司人力资源部工作，任培训专干；2009 年 11 月起，在陕西北元集团水泥有限公司工作，荣获北元集团 2010 年度"劳动模范"荣誉称号，曾任原料分厂副厂长、制成分厂厂长。

2005 年李红荣从榆林学院毕业后，来到北元化工有限公司，成为当时 10 万吨/年聚氯乙烯项目工程建设和生产的一员。在化工一分公司氯氢处理工段工作期间，凭借自己吃苦钻研的精神，李红荣从最基层的员工干起，用自己出色的工作证明了自己的实力。短短 3 年时间从普通员工到班长，再从班长到工段长，赢得了氯氢处理工段的一致好评。2008 年 8 月，公司从生产系统抽调部分基层骨干作为培训专干，负责在建化工、水泥、热电项目新员工培训管理。这些培训专干在人力资源部的带领下，首先与职业培训机构对新进员工进行专业知识培训,理论培训 3 个月结束后,到生产管理比较好的企业实训。李红荣作为水泥公司新员工培训专干,在理论培训结束后,先后带队到秦岭水泥公司、冀东水泥公司等单位进行培训。在为期近一年的培训管理中,他与学员一起在生产线刻苦学习。凭着好钻研的韧劲,他用一年时间学习了水泥烧成、制成及检修等业务,从一个从事化工管理的水泥生产门外汉成为水泥生产专家。培训管理工作结束后,他被调配到北元集团水泥有限公司原料分厂工作,并很快担任分厂副厂长、烧成分厂副厂长,在兼任分厂负责人时,因制成分厂遇到许多生产的棘手问题,为了尽快解决制成分厂的技术、工艺难题,他再次被委以重任,被调任制成分厂厂长。2010 年 9 月 10 日,水泥有限公司原料分厂一次性投料成功,顺利完成了 9 月 10 日出生料的节点目标。调到制成分厂后,新问题接踵而来,即水泥磨不稳定,影响水泥的正常发运。经过李红荣的细心观察与报表分析,得出了导致产品质量不稳定的直接原因:操作员的操作水平不一。为了提高产品质量的稳定性与操作员的操作水平,李红荣在分厂班组之间实行了水泥产品质量竞赛,通过每月将各个班组的产品质量进行对比,并纳入绩效考核,以激发员工的工作主动性,提高操作员的责任心,进一步提高产品质量的稳定性。

刘王祥

刘王祥,男,1969 年出生,陕西神木人,中共党员,中专学历。1989 年至 2001 年 8 月在内蒙古伊化集团碱湖试验站工作,担任电气检修班班长。2001 年 9 月至 2008 年 8 月调至伊化集团下属企业河南省桐柏县安棚碱矿工作,担任热电厂电气工段长,并参与二期、三期热电厂项目施工管理工作。2008 年调入陕西北元化工集团化工一分公司动力检修分厂,任动力检修分厂副厂长,2009 年 9 月起,任陕西北元化工集团有限公司化工一分公司动力检修分厂厂长。

刘王祥自参加工作起,就一直从事电气工作,已有 20 多年的工作经验了,到北元集团工作以后,做出了很大贡献。2009 年以前,公司用的高压电缆头都是从外边请人来制作,仅单个电缆头就要花费几千元费用,而且质量可靠性得不到保证,他决定自己制作电缆头,在整流变电缆更换过程中,完成了 30 多根电缆头的制作,为公司节省了一大笔费用。2009 年,乙炔吊车经常出现故障,因为吊车出现故障就必须抢修,否则会影响系统正常运行,加上工作环境不好,电石粉尘到处飞扬,很刺鼻。在这种情况下,他和检修人员一道研究讨论解决方案,通过重新布局吊车线路,彻底解决了这一难题。2010 年,整流变的通信改造,由于整流变连锁整个无机系统,整流变通信故障,有时一星期连续几次停车,给公司造成巨大的经济损失。他看在眼里,急在心里,立即组织攻关小组,凭着他 10 多年的电气经验,敏锐地发掘出问题的根源,果敢地提出将整流变通信系统改造成光传输方式。他亲自带领电修人员加班加点,将整个系统在最短时间内调试完成。改造后,整流变系统再没有因为类似情况出现停车事故。2011 年,三大检修合并后,分厂人员数量增加,工作更加复杂多样,涉及的工作范围扩大等一系列问题接踵而来,而他处变不惊,沉着应对,先后制定了相应的岗位职责,分工到人,确保了每一项工作由专人负责,将各项工作落实到底。同时,他还加强成本管理,控制费用,大力发扬修旧利废工作,减少不必要的开支,坚决杜绝浪费现象。此外,他又提出用"技术创新"

节省成本的新理念,并收到了显著的成效。为了把各项工作做好、落实到位,他亲自牵头,不定期对各项工作进行检查,对查出的问题逐项逐条核对,并及时跟踪整改,保证设备在最佳状态下安全运行。近几年,由于管道腐蚀情况逐年恶化,又经常出现漏点,而设备都在运行中,管道中的高压介质无法进行焊接,只能请拥有专业设备的外委单位进行维修,工费比较高,为此,刘王祥亲自带领分厂检修人员,在保证安全和质量的前提下成立了专门的带压堵漏小组,仅2011年就成功带压补漏30余次,为公司节省了一大笔费用。

刘王祥曾获得多个奖项,先后被评为内蒙古伊化集团1995年、1996年先进工作者。2003年、2005年、2006年被评为河南省桐柏县安棚碱矿先进工作者和优秀员工。2011年被北元集团评为"四优共产党员"和"劳动模范"。

刘喜忠

刘喜忠,男,1972年出生,陕西神木人,大专学历,中共党员。1996年至2004年在神木县店塔电厂任锅炉运行班长。2004年至2005年在神木锦界亚华热电厂任锅炉专业工程师。2005年至2007年任亚华热电发电部副经理。2008年至2009年任北元集团热电科汽机专业负责人。2009年至2010年任北元集团热电分公司安全环保科副科长。2010年11月至2011年3月任北元集团热电分公司生产技术科副科长。2011年3月起担任北元集团热电分公司生产技术科科长,荣获北元集团2010年度"劳动模范"荣誉称号。

2010年下半年,热电分公司1号、2号机组刚刚投产,面对着工程尾留缺陷多、人员技术力量水平薄弱等大量难题,刘喜忠临危受命,勇担重担,着手开展生产管理工作。如何千方百计地消除设备缺陷,保证机组安全稳定运行是当时最主要的任务。为此,作为生产管理直接负责人的他,深入生产现场,带领相关人员一遍又一遍地检查设备,统计各专业的缺陷,并安排检修人员及时消除。2010年冬季,对于热电分公司可谓是一次严峻的考验。由于厂房供暖系统还不完善,加上土建尾留工程比较多,全厂防寒保暖成为热电分公司刻不容缓的问题。面对这些问题,刘喜忠迎难而上,召集相关人员召开专题会议,整理存在的问题,及时拿出解决方案,全力以赴投入防寒保卫战中。在现场他身先士卒,带领人员在厂房内用棉被、保温棉封堵孔洞;在脱硫岛内和员工一起架火炉,提高岛内温度,防止设备冻坏。在他的带领下,全公司展开防寒保温工作,保住了设备、管道安全,确保了机组稳定运行。2011年10月,热电分公司1号机组按照计划要进行首次大修,作为热电分公司生产技术科科长,他明白在机组大修期间自己的责任。此次大修任务艰巨,面对着检修项目多、检修工期紧、检修人员工作经验不足等重重困难。如何统筹布置、合理安排、千方百计地高质量完成此次1号机组大修及公用系统检修工作,通过此次大修提高机组的整体性能,是日后公司机组能够安全、稳定、持续运行的关键。为此,整整一个月,他日夜奋战在自己的岗位上,每天工作都在15个小时以上,制定方案、布置任务、协调问题、现场指挥,直至机组检修顺利完成,他才放心回家。

刘喜忠是一名普通员工,没有惊天动地的事迹,但他持之以恒、坚持不懈,所做的每一件事处处折射出他俯首甘为孺子牛的奉献精神,历经风雨,他逐渐成为热电分公司的中坚力量,为公司的发展做出了贡献。

张小建

张小建，男，1965年出生，河南洛阳人，大专学历，中共党员。1997年毕业于北京经济管理学院经济管理专业。1987年至2002年在河南偃师水泥厂工作。2002年至2009年在洛阳中合祥水泥有限公司工作，先后任动力科副科长、烧成车间主任。2010年7月起在陕西北元集团水泥有限公司工作，曾任烧成分厂工艺技术员，荣获北元集团2010年度"劳动模范"荣誉称号。

2010年7月，从他来到水泥有限公司烧成分厂的那一天开始就投入了紧张的施工、设备调试等工作中，直至2011年底一期生产线正常运行，他在保证不影响一期正常运行的情况下同时参与了二期紧张、忙碌的调试工作。在重要调试工作和维修工作中他始终坚持全程跟踪指导，蹲守现场，及时发现和解决工作中出现的各种问题，并予以纠正，避免了隐患发生，确保了设备正常运行。水泥有限公司部分工艺设计问题和设备本身问题，导致有些设备经常出问题，降低了设备运转率，加大了岗位人员的劳动力度。面对这些问题，张小建及时和公司相关领导进行沟通，先后参与了回转窑托轮系统调整、篦冷机油路系统改造、预热器下料系统改造、熟料收尘系统改造、原煤破碎系统改造、煤磨内部结构优化及窑尾和窑头密封改造工作。通过一系列的调整和改造，分厂总体运转率有了很大提高，回转窑的运转率基本达到85%以上，同时降低了岗位人员的劳动力度。在公司的正确领导和分厂所有人员的共同努力下，2011年初至年底，分厂设备的运转率由最初的35%以下提高到85%以上，熟料产量由最初的每月20000多吨上升到60000吨以上，游离钙的合格率也跟着熟料产量不断提高，煤粉细度由20%以上下降到15%以下，煤耗由300千克/吨熟料下降到130千克/吨熟料，熟料成本由300元/吨熟料下降到173元/吨熟料。

张小建凭借他对自身职业的责任感和对事业的高度忠诚，履行了一名共产党员的承诺，为水泥有限公司烧成分厂攻克了一个又一个技术难题，自身也成为一个值得职工群众信赖的人，一个可以被委以重任的人，得到了公司领导的认可和同事们的一致好评。

刘永田

刘永田，男，1960年出生，陕西神木人，中共党员，本科学历，助理经济师。2008年，有着20多年工作经验的他来到北元工作，先后担任公司筹建处综合处处长、办公室主任助理，荣获北元集团2011年度"劳动模范"荣誉称号。

2009年11月，信息中心成立，刘永田担任信息中心经理，带领信息中心全体人员，在充分学习同行业信息化建设成功经验的基础上，遵循"总体规划、分步实施、重点突出、防范风险"的原则，编制了《北元集团信息化建设规划纲要》，初步确定了公司工业化与信息化融合的整体思路和具体措施。按照分步实施的原则，刘永田和他的团队先后完成了信息化硬件平台的搭建工作，实现了主干光缆双链路千兆传输、万兆冗余的环网布局，保障了网络的高速畅通；采用安普六类综合布线，实现了千兆网络到桌面；建设了环境智能检测系统的标准机房等。公司的网络硬件设施建成后，得到了省工信厅的认可。2011年5月，公司荣获"省级两化融合示范企业"铜牌，成为榆林市唯一获此殊荣的企业。2011年3月，ERP项目正式启动，刘永田担任项目经理。在项目领导小组和信息中心主管领导的指导下，刘永田带领团队，建立组织机构，制定工作制度，选拔实施人员，初步实现了以管好"人、财、物"为目标的集团协同办公、财务核算（资金管理、报销管理）、供应链管理、人力资源管理等，以及以管好"计划、设备、生产"为目标的项目管理、生产管理、设备管理、质量管理、成本管理、资金管理和安全环保管理。下一步将以管好"大脑、客户"为目标，实现全面BI商务智能平台、电子商务平台和客户关系管理。在项目推进过程中，刘永田还积极争取各级政府对北元信息化建设的政策及资金支持。2012年4月和7月，他分别为公司申请到工信部和省工信厅的信息化资金补助，总额596万元，为实施ERP项目起到了积极的推进作用。刘永田经常说："思路决定出路，一个项目或一件事该不该做，该怎样做，关键是要拓宽个人的思维。"在他的理念引导下，团队成员在复杂的工作面前，思路清晰，有计划、有步骤地推进ERP项目建设。按照公司部署，信息中心须配合生产技术部完成DCS系统集成和能源管理，由于整个生产系统自动化程度高，系统集成难度大，既要考虑生产的连续性，又要考虑系统的安全性。为此，刘永田同专业技术人员一起，反复论证每一个细节，科学、系统地融合了DCS系统集成，一期共采集9835个信息点，并将476幅画面和18张参数表上传至总调中心，不仅为生产指挥系统提供了实时数据，而且为实现工业化和信息化的深度融合奠定了坚实基础。在推进信息化工作的同时，刘永田还狠抓项目前期土地、林业、盐资源探矿权的申领和其他对外协调工作。盐资源探矿权是公司100万吨/年聚氯乙烯项目建设的重要环节，对降低成本、提高效益起着举足轻重的作用。为此，刘永田下西安、上北京，多次协调，配合省国土厅和陕煤集团规划委人员，扭转了走招标、拍卖、挂牌程序申领探矿权的方式，实现了短平快预交价款拿到探矿权（证）的愿望，于2011年12月底获得了由国家统一配号、陕西省国土厅批准的盐资源探矿权，为公司整体部署盐井规划创造了条件。

杨永峰

杨永峰，男，1982年出生，陕西神木人，大专学历，助理工程师，中共党员。2003年毕业于陕西孙思邈国医药学院中医专业。2004年5月进入神府经济开发区北元化工有限公司工作。2005年至2009年在陕西北元化工有限公司聚氯乙烯分厂工作，先后任聚合组主操、聚合班长、聚合组副组长等职务。2009年10月任北元集团化工一分公司聚氯乙烯分厂副厂长职务。

2004年参加工作以来，杨永峰以高度的责任感，认真履行职责，兢兢业业、尽心尽力，扎实抓好本职工作，出色地完成了各项工作任务，为公司的发展壮大做出了积极贡献。刚入厂时，他参与了北元化工10万吨/年聚氯乙烯项目的工程收尾建设及安装投用投产工作。2004年4月7日，他亲自进料产出了北元第一釜PVC。在2007年至2009年担任班组长期间，他紧抓生产，工作有条不紊，将聚合进料、出料、倒料、清釜等各个环节统筹安排，合理优化，确保了产量、质量目标的实现。在此期间，他协助解决了树脂杂质超标问题、罐区水循环利用、罐区离心机油站冷却水循环冷却、聚合涂釜等一系列生产瓶颈问题。在他担任聚氯乙烯分厂副厂长期间，从主管安全工作到主管工艺生产，他牢记工作职责，不断学习，提高自己的业务技能，具备了较强的组织管理能力、综合分析能力及协调处理能力，能够应对处理日常工作中出现的各类问题，有效保证了分厂各项工作的正常运行。他善于学习，不断拓展自己的知识和思维，本着"学以致用，持之以恒"的学习观，在实际工作中，把学习的认识和总结转化成谋划工作的思路、改进工作的措施；把学习的体会和成果转化到推进分厂生产工艺安全发展、人员操作稳定和谐的实际中来。通过组织开展各种活动，进一步提高了员工的安全意识和业务技能水平，保证了系统的稳定运行。通过组织各种活动，强化了班组建设，营造了良好的班组氛围，牢固树立了"和谐发展""和谐促安全，促生产"的理念。杨永峰也十分善于提炼总结，总结了《班组建设与管理》，带动分厂班组营造了安全、和谐、奋进的班组氛围。他善于钻研，加大技术创新，改善生产工艺，通过调整聚合配方和助剂、调整聚合涂釜冲洗排水方式、创新技改聚合排水回收、母液水回用与气提、聚合釜放空优化、节水循环回用等多项技术改造，使PVC产量、质量不断提高，树脂损失量逐步减少。

杨永峰曾获多个奖项。2010年先后荣获北元集团化工一分公司科技创新一等奖、三等奖；2011年先后被评为"榆神工业园区安全生产工作先进个人"和北元集团"安全生产先进个人"，2013年荣获北元集团2012年度"劳动模范"荣誉称号。

高 骞

高骞，男，1973年出生，陕西榆林人，1994年毕业于陕西冶金工业技术学校电气专业。1994年7月进入郑州市中国第九冶金建设公司工作，历任班长、技术员、项目副经理等职务，参与过国家诸多重点项目工程建设。2013年荣获北元集团2012年度"劳动模范"荣誉称号。2009年4月起，任化工二分公司动检分厂副厂长。

公司100万吨PVC项目工程建设初期，人手欠缺，工作量大，作为"电气元老"的高骞一边组织现场施工，一边负责联系设备厂家，还要协调工地临时用电。凭着丰富的工作经验，面对复杂的施工现场，他临阵不乱，有条不紊。为了使工程早日投产，他带领电气人员爬地沟、拉电缆、装设备、试电机等，终于在2010年11月10日迎来了百万吨PVC项目的投产。

施工过程中的临时用电是一大难题，因为电缆多埋在地下，而几家承建方对这些不清楚，加上现场管理没有形成系统，所以时常会出现施工队不小心挖断埋在地下的电缆的情况，甚至导致全厂停电，严重影响建设进度。面对这一情况，他与各方领导协调，确立了新的方案——架空线路。之后，他联系施工队，组织电气人员，将所有临时用电电缆架空，用电情况得以改善，对加快工程建设起到了积极作用。生产厂区照明灯数量多、亮度差，为了提高照明用电效率，为公司节能降耗，他多次现场考察，制定出一套有效方案。他适当调整灯的高度，在不同地方合理集中和分散灯的数量，最大限度地保证了空间亮度的提高和电能消耗的降低。

2012年由于施工问题，出现了因电缆头制作工艺差导致高压开关柜爆炸事件，进而导致全线停车。为了防止类似事故再次发生，他积极采取措施要求电气运行各班在巡检时对电缆头部分进行温度测量并登记设备技术档案，并由技术员定期进行数据查看分析。对于电缆爆炸导致大面积停车事故,为了能使故障设备很快切出系统,他积极联系,对最初的整定值进行进一步的更改,在保证设备正常运行的前提下将整定值适当下调,并在变压器空载时进行了冲击试验和分析,避免以后出现不必要停车事故。2012年底由于一期整流变内部出现故障,通过对故障变压器的分析,最终找出了原因——水冷系统出现了问题。为了防止变压器再次出现类似故障,他将水冷系统进行淘汰,联系厂家将水冷改成风冷,变压器再也没有出现过油水交融的情况。2012年4月29日电缆沟着火,他紧急联系施工队放线、做电缆头、打耐压、恢复送电,整整半个月时间都没回过一次家,等到电缆完全恢复正常开车后,他整个人瘦了一圈。

张文刚

张文刚,男,汉族,1982年11月出生,陕西神木人,中专学历,中共党员。2001年7月毕业于内蒙古电力学校热工仪表专业。2001年8月至2002年6月在内蒙古乌海化工有限公司工作,担任运行值长等职务。2002年8月至2006年5月在亚华热电厂工作,担任运行电气班长等职务。2006年8月至2010年4月在内蒙古伊利化学有限公司工作。2010年4月在北元集团热电分公司工作(其间,2010年10月至2011年12月担任热电分公司生产技术科生产调度)。2011年12月起,任热电分公司生产技术科副科长,荣获北元集团2012年度"劳动模范"荣誉称号。

在安装设备时,他经常爬进锅炉过热器、省煤器,检查安装质量,不定期对汽包、烟道、风道进行检查,发现质量不合格的即严令返工,限期整改,对安装不合理的设备及时纠正。自机组投产以来,无法实现冷态一次性启动,在公司领导的指导下,各科、分厂的协调配合下,他多次总结经验,调整机组启动时轴封供汽温度,使机组从挂闸到并网控制在2~3小时,比原来缩短了4小时,胀差由原来人为无法控制,实现了人为可控,冷态启动可控在+3.6 mm左右,并出台操作指南,从根本上解决了机组冷态无法一次性启动的问题。

2012年,热电分公司Ⅱ期系统投入,Ⅰ、Ⅱ期给水主汽系统存在设计缺陷,给生产带来了极大的隐患,在交叉运行时机组出力受限的情况下,他对运行系统进行了多次优化、探索并总结,经过反复的讨论和可行性分析,对系统进行技改,最终克服了因系统设计缺陷造成的运行受阻,使机组能充分释放产能并提高系统的运行灵活性,确保化工、水泥的用电可靠性,以及稳定化工供汽。

张永刚

张永刚,男,汉族,1984年8月出生,陕西神木人,中共党员,荣获陕西北元化工集团有限公司2013—2014年度"劳动模范"荣誉称号,时任化工分公司聚氯乙烯分厂合成工段的白班班长。

2006年6月1日,张永刚进入北元,成为聚氯乙烯分厂合成工段压料岗位的一员。他仅用一年时间就被提升为合成工段压料岗位的主操,他多次被公司评为"优秀员工",他所带领的班组也多次被评为先进班组。

张永刚发明的手摇式氮气、仪表气管固定应急装置，让岗位人员在遇到各种设备及管线发生着火情况时，能够第一时间采取有效措施解决问题，同时避免了现场人员受到伤害以及设备事故发生；他的单体回收槽改造，不仅稳定了精馏系统的 pH 值，更使精馏塔的自聚问题得到初步解决，全面提升了氯乙烯的产量、质量。2014年，他组织制定了合成工段关于转化器的控制措施，制订了月抽翻计划，实行了各个环节检查验收和确认签字措施，明确了温度控制指标，让岗位人员有据可依。经过不懈努力，合成工段转化器的温度和压力得到了有效控制，每吨 PVC 触媒消耗也由原来的 1.73 千克降至 1.30 千克，全年可为公司节省资金 1685470.1 元。

刘小东

刘小东，男，汉族，1976 年出生，陕西神木人，中共党员，荣获陕西北元化工集团有限公司 2013—2014 年度"劳动模范"荣誉称号，时任水泥有限公司制成分厂副厂长。

从一线岗位工到分厂设备负责厂长；从公司刚刚投产的设备有效运转率不到 50% 到近 100%；从建立设备档案到设备档案电子化再到备品备件电子台账共享……刘小东的心里，装的都是设备。

为了便于分厂设备检修，刘小东先后发明了液力偶合器拆卸、离心风机叶轮拆卸、SEW 减速机拆装等专用工具，为分厂的设备检修提供了很大的帮助。其中液力偶合器拆卸专用工具，已经在公司各分厂广泛运用，还申请了专利，被大家一致称为"神器"。刘小东用他的知识带领着整个团队守护着设备的平稳运行，"可视化"培训便是他的一大法宝。刘小东将所有的设备及备品备件的型号、尺寸、保养注意事项等全部建立了电子档案，并将所有设备及备品备件附上图片，同时将现场所有设备拍照并配上 CAD 图，利用每次培训和检修给大家手指口述进行讲解。他的 PPT 课件，图文并茂，一个设备如何拆卸、拆卸有哪些注意事项、如何组装、有哪些组装要领等一目了然，即使是一名新员工也可以马上上手解决问题。"设备抢修应急预案"是刘小东的第二大法宝，他要保证，即使他不在公司，设备也要安全有保证，哪台设备、谁负责组织检修、谁负责技术把关、谁负责具体实施等，他将各项责任落实到个人，保证"事事有着落"。

赵来喜

赵来喜，男，汉族，1982 年出生，陕西榆林人，中共党员，荣获陕西北元化工集团有限公司 2013—2014 年度"劳动模范"荣誉称号，时任化工分公司聚氯乙烯分厂合成工段技术员。

2013 年元旦期间，脱析系统泄漏，零下十几度的寒冬，赵来喜在只能站一人的设备上处理泄漏点，脱析系统喷溅出的液体在他身上瞬间结冰，就这样他整整干了一上午。2014 年正月初六，气温零下十几度，精馏 7° 水设备泄漏，水相内含大量的氯乙烯，为了快速找出泄漏设备，排除重大安全隐患，从大清早开始，赵来喜用师傅教的土方法，逐台

检查设备，最终泄漏设备被找到。热水塔升温慢，赵来喜提出整改解决方案，在塔内焊接时因使用不上吊装工具，他带领大家用肩扛。

赵来喜不光在业务技能上是把好手，内部管理也是他的强项。他从完善制度上入手，严肃考核，并以身作则带动大家，坚持现场工作未完不离开现场、现场有事随叫随到，使人员素质得到了有效提升；为了改善现场工作环境，他在公司率先给安全消防箱基座、井盖、危险源区等画警示线，并坚持值班室、设备标识、马路硬化、责任区划分等措施的实施，使现场管理一跃进入分厂示范岗。他还积极解决生产系统隐患，在他的努力下，转化器阀门泄漏、热水塔升温慢、脱析系统泄漏、真空泵冷却水系统不换热、精馏撤压系统受堵、生产水系统泄漏、蒸汽系统泄漏等问题得到了彻底改造，系统突破产能的110%，全年触媒单耗降至行业新低，达0.99千克/吨，浓酸脱析运行达到行业先进水平，稀酸脱析一次胜利开车运行。工段多次荣获公司月度最佳贡献奖和最佳突破奖，2014年度被评为集团公司先进班组。

武占平

武占平，男，汉族，1973年出生，陕西神木人，中共党员，荣获陕西北元化工集团有限公司2013—2014年度"劳动模范"荣誉称号，时任锦源化工有限公司电石分厂技术员。

武占平总是以高度的敬业精神全身心投入工作中，一套以"精细化"管理为核心理念的电石炉管理经验，在他负责过的每一个工段，得到了成功实践。

电石生产是锦源化工的支柱产业。根据电石冶炼的实际特点，武占平对所负责工段的各班组在指标控制、工艺流程等方面都提出了具体要求，并结合工段全年生产目标任务，制订月计划和周计划，较好地对电石冶炼过程进行了全方位、动态的监控管理。2014年电石分厂2号、4号电石炉全年共生产电石101019.225吨，完成了工段年度目标任务的103.61%，有效促进了分厂及公司年度生产任务的顺利完成。

宁秀英

宁秀英，女，汉族，1974年出生，山西河津人，中共党员，高级水处理工程师，荣获陕西北元化工集团有限公司2013—2014年度"劳动模范"荣誉称号，时任热电分公司化水分厂副厂长。

公司污水处理站中水回用系统因设计及调试原因无法正常运行，且中水回用厂家多次上门售后得不到彻底解决，一时间成为公司生产的一大"顽疾"。不服输的宁秀英，主动承担起这一任务。宁秀英每天白天深入一线摸索系统设备，与售后人员交流学习，晚上在办公室查资料。终于，2014年3月，中水回用系统成功投用，仅这一项每天至少实现污水回收1000吨，每月节约水费达8万多元，且降低了公司污水总排量，减轻了公司环保压力。2014年，公司将化工冷凝水回收列为效能监察重点项目，宁秀英主动出击，改造冷凝水回收系统，将不合格冷凝水回收至日用水池，在日用水池处理后实现回收，二次利用。2014 年累计实现化工冷凝水回收 8 万吨，节约水费约 32 万元。

折荣强

折荣强，男，汉族，1971 年出生，陕西神木人，中共党员，荣获陕西北元化工集团有限公司 2013—2014 年度"劳动模范"荣誉称号，时任盐业分公司经理。

2014 年底，盐业分公司基本完成了一采区的管线技改工程，减少了管线泄漏的频率，提升了系统稳定运行水平，超额完成了年度生产任务。

二采区工程建设从 2013 年 10 月开工以来，用地问题一直是阻挠工程进度的最大障碍。2014 年底，村民因内部纠纷开始阻挡河道降水工程，管道无法正常铺设。折荣强与集团公司相关领导沟通后，带领集团综合管理部部分人员在施工现场搭起帐篷、生起火炉，严防死守半个月，确保管道施工尽快完工。

拓蔚蔚

拓蔚蔚，男，汉族，1983 年出生，陕西榆林人，荣获陕西北元化工集团股份有限公司 2016—2017 年度"劳动模范"荣誉称号。

拓蔚蔚 2010 年进入公司，时任采购供应部助剂采购员。2015 年、2016 年连续两年被采购供应部评为先进工作者。

2016 年 6 月有一段时间，石灰石、白灰供应紧张，多数电石企业都受到了影响，为了在严重缺货的市场环境中争得一席之地，拓蔚蔚给自己立下"绝不允许石灰石、白灰短缺而影响生产正常运行"的军令状。他连续几个月在内蒙古、宁夏、山西、陕西、甘肃的石灰石矿上进行地毯式搜寻，哪里有货就往哪里跑。想方设法考察新厂家，挖掘新货源，催盯到货。

2017 年，国家环保、安监检查形势严峻，各种原辅材料市场产量缩减，供应持续紧张，价格大幅上涨。尤其进入 9 月，部分氯碱企业因引发剂、碳酸钠、亚硫酸钠供应不足降负荷生产，再加上公司供应引发剂的两大供应商都处于停产状态，面对此种情况，拓蔚蔚再次"负重"出发，奔波上海、山东等地。短短 20 天时间他走遍了国内所有的引发剂生产厂家，最终成功引入了常熟日油、淄博正华及宁夏佳华，缓解了引发剂供应紧张的局势。

刘忠飞

刘忠飞，男，汉族，1984 年出生，陕西神木人，中共党员，荣获陕西北元化工集团股份有限公司 2016—2017 年度"劳动模范"荣誉称号。

2016 年，面对公司熟料库存大、销售任务艰巨的形势，刘忠飞积极组织相关人员对公司方圆 500 千米以内的熟料市场进行调研，相继开发内蒙古鄂尔多斯和包头、山西忻州

和吕梁、陕西延安和铜川的熟料市场,并尝试开发山东、河南熟料市场,增加熟料销售新途径。2016年以同比27万吨的销量增幅创造销量新纪录,2017年再次以27万吨的销量增幅改写了销售历史纪录。

除水泥、熟料销量不断提升外,刘忠飞还通过持续稳健的价格政策,实现了销售额连续两年的大幅度攀升,为水泥公司2016年扭亏为盈、2017年持续盈利奠定了基础。伴随着销量的稳步增加,公司市场占有率2016—2017年连续两年超过50%,逐渐成长为榆林市水泥市场的排头兵,主导地位日益凸显。

汪江江

汪江江,男,汉族,1987年出生,陕西榆林人,中共党员,荣获陕西北元化工集团股份有限公司2016—2017年度"劳动模范"荣誉称号。时任化工分公司乙炔分厂发生清净一期工段技术员。

2017年5月,乙炔分厂乙炔回收装置开车后,因生产工艺不成熟,又是新系统,出现了渣浆溢流罐液封压力低、循环水冷却器与乙炔回收真空泵进口之间压差大、解析塔液位高等一系列问题。汪江江作为工段技术员,和大家一起钻研新工艺,连续在岗位上奋战了两天两夜,留守现场查找原因。在他的带领下,经过大家反复试验和不断摸索,新装置上出现的问题迎刃而解。在乙炔回收系统连续运行时,发生器进料量普遍降低,发生器液位、压力等工艺指标不易控制,存在极大的安全隐患。面对困难,汪江江又继续投入查找问题的工作中。经过几天的观察和研究,他找到了影响系统运行的根源,并提出"在渣浆缓冲罐罐顶与循环水冷却器之间增加一根负压管线和DCS自控调节阀,以降低渣浆缓冲罐的压力"的建议。他的建议经采纳并实施后,发生器终于趋于平稳运行。

魏 辉

魏辉,男,汉族,1983年出生,中共党员,陕西神木人,荣获陕西北元化工集团股份有限公司2016—2017年度"劳动模范"荣誉称号。

作为电石装置的配套项目和公司效益增长点,热电分厂要向电石生产提供尽可能多的电力,才能有效降低电石生产成本。而要做到稳发满供,必须提高设备运转率,保证运行小时数。魏辉结合日常生产过程中遇到的难题,夜以继日地查阅相关学习资料,对标学习同行业的先进设备管理经验,积极加以研究转化,制定出最适合的技改方案,改善了设备的运行工况。此外,在他的主张下,热电分厂对锅炉水冷壁密相区埋管以上的裸露水冷壁管进行了热喷涂,并首次采用了蓝泥裙带防磨等一系列防磨措施,有效降低了锅炉的爆管现象,提高了机组的运行效率。2017年,是热电分厂积极实施技改、消除运行缺陷的重要一年。这一年,以魏辉为核心的热电分厂班子组织完成了1

号机组投运以来的首次大修工作，改善了机组的运行状况；这一年，热电分厂完成了输煤系统、锅炉输渣系统等散点收尘系统改造，改善了现场环境；这一年，热电分厂实施了湿法脱硫技改、3号尾气锅炉喷燃口改造，在促进烟气达标排放、提高锅炉出力、降低发电成本方面取得了突破性进展。

王 伟

王伟，男，汉族，1982年出生，陕西礼泉人，中共党员，荣获陕西北元化工集团股份有限公司2016—2017年度"劳动模范"荣誉称号。

2003年，初出校门的王伟，从北元集团的项目基建到试生产、稳定运行；从班长、干事、副科长、科长，再到分管安全的副经理，他一步一个脚印，安全管理的方方面面都有他的心血和智慧在闪耀。

身边的人提起"北元的安全专家"，都会不由自主地想起王伟。在长期的学习和实践中，王伟已经成为公司内部公认的安全专家，他积极邀请专家来公司指导，和专家探讨交流，提升公司的安全管理水平，但从来不盲从专家，对专家提出的问题总是结合标准规范，结合工艺原理对公司的安全管理"对症下药"。在他的不懈努力下，化工分公司安全文化工作得到集团公司的一致好评，其中理念文化、行为文化、风险管控、隐患治理、应急建设模块成为公司的标杆。

在安全管理中，王伟注重培养一支高素质、严纪律、能打硬仗的安监队伍，打造化工的安全"黄埔军校"。他注重言传身教，总是引导安全管理人员要高标准、严要求，注重学习工艺系统和标准规范，同时以身作则，带头执行。在他的带领下，公司培养出了一大批安全专业人才，通过打造化工安全管理的"黄埔军校"，增强了安全管理力量，促进了安全管控水平的提升。

李瑞军

李瑞军，男，汉族，1984年出生，陕西神木人，中共党员，荣获陕西北元化工集团股份有限公司2016—2017年度"劳动模范"荣誉称号。

从2004年到2017年，李瑞军从一名初入职场的小徒到技术"大拿"。提到李瑞军，领导们伸出大拇指："有担当，甘奉献，关键时刻显身手！"员工们伸出大拇指："敢拼搏，肯钻研，攻坚克难当先锋！"

作为一名检修分厂副厂长，李瑞军在工作中兢兢业业、务实创新，在分厂管理中全身心投入其中，从备品备件计划、设备缺陷消除、隐患治理到设备预修都全程跟踪，从劳动纪律到行为规范都能率先垂范，从工器具管理到检修现场"6S"管理都能制定标准，从检修试验到风险管理都能做到过程管控。

李瑞军主攻电气检修专业，但作为电仪专业的副厂长，为了使热工自动化优化改造项目有效推进，利用下班时间学习热控专业理论知识，现场向热控检修人员请教逻辑问题，配合外委专业人员进行安装调试，把自己领会贯通的内容，做成小课件向热控检修人员传授,同时带领热控检修人员学习优秀电厂设备设施安装工艺与参数、调试关键数据点等方式方法。在他和热控检修人员的努力下,2017年公司自动投入率从37%提升到63%,降低了操作人员的劳动强度,提高了设备的本质安全性,使热电分公司的自动化推进工作整体上了一个新台阶。

作为检修分厂副厂长,他为带好队伍、管好设备而努力;作为电仪专业组组长他为设备稳定运行、解决瓶颈问题而甘于奉献,经常投身于生产现场,舍小家为大家。他的这种爱岗敬业、敢于创新、甘于付出的精神,在热电分公司树立了良好的形象,得到了大家的一致好评,曾多次获得热电分公司"先进个人""劳动模范"称号。

叶鹏云

叶鹏云,男,1982年出生,陕西榆林人,中共党员,本科学历。2003年参加工作,2017年被任命为陕西北元化工集团股份有限公司化工分公司经理,2020年调入陕西北元化工集团股份有限公司生产技术部,时任生产技术部部长。

叶鹏云自参加工作以来,一直从事化工生产管理工作,作为化工生产责任人,他认真钻研公司产业链条主要工艺和生产管理理论知识,牢记"建设本质安全企业,打造行业安全典范"的使命,践行"生命至上,安全为天"的理念,攻坚克难、奋力拼搏,全面完成公司安全、产量、质量、效益任务,为公司更好更快地发展贡献力量。叶鹏云2015年、2016年、2018年、2020年被评为北元集团优秀管理干部,2019年被评为北元集团劳动模范,2021年被评为陕煤集团安全先进工作者,2021年被中国石油和化学工业联合会评为2020年度节能优秀管理者;负责的"废硫酸裂解再生浓硫酸技术应用研究"荣获第十届陕西省煤炭工业优秀科技成果三等奖,"设备点检与状态检修相结合的设备管理模式"荣获2021年石油和化工行业设备管理与技术创新成果一等奖;参与的"干法乙炔综合优化""化工一分公司产业优化研究"荣获公司科技项目成果奖,《一种避免露点腐蚀的空气间接换热系统》荣获公司专利成果一等奖,参与的"降低厂用电利用率""提高乙炔回收系统乙炔回收率"被评为优秀质量改进课题。

宋利东

宋利东,男,1986年出生,陕西神木人,中共党员,大专学历。2009年参加工作,2015年9月任陕西北元化工集团化工分公司乙炔分厂电石储运工段长。

宋利东自参加工作以来,一直扎根于一线,已有13年的工作经验,他用实际行动诠释着北元人"特别能吃苦,特别能战斗,特别能学习,特别能创新"的优良精神,以高度饱满的热情对待每一件工作,遇到不懂的事情都必须研究通透,弄得明明白白。他刻苦钻研,尽职尽责,集思广益,狠抓节能降耗和环境治理工作,粉尘浓度由原来的70毫克/立方米降至20毫克/立方米以下。通过分析电石风化速率,核算对比数据,总结出电石存放在3小时内为风化率最小的结论。制定了电石库电石储存标准,每天组织人员清理电石库地面颗粒，将其回用于系统，避免铲车碾压成粉末，造成电石浪费，通过这一小小的举措，每天可节约细小颗粒电石3吨左右，按每吨电石2000元计算，每年可节约成本200余万元。2018年12月获得陕西北元化工集团股份有限公司化工分公司"爱岗敬业模范"荣誉称号，2021年1月获得陕西北元化工集团股份有限公司"劳动模范"荣誉称号。

崔军军

崔军军，男，1985年出生，陕西神木人，中共党员，大专学历。2007年参加工作，2008年11月应聘于陕西北元化工集团水泥有限公司烧成分厂，时任白班班长。

崔军军自参加工作以来，一直从事水泥煅烧工作，已有10多年工作经验，到北元集团工作以后，对公司做出了很大贡献。2018—2019年，他参与论证并组织实施的技术改造和技术创新项目有30多项，很多项目中他既是发起者、组织人，又是带头人、实施人，先后解决了生料波动大、均化库温度高导致电动球阀使用周期短、熟料库顶冒灰、氨水消耗高等一系列问题。崔军军被评为2015—2016年度集团公司"四优共产党员"，2016年度集团安全生产先进个人，2018年水泥公司科技创新先进个人，2018年度集团公司优秀质量管理者。2018—2019年获得集团公司年度"劳动模范"荣誉称号，2018年荣获集团职工技能比武高空动火作业冠军，2019—2020年获得集团公司科技工作先进个人，2021年获得集团安全生产先进个人。

呼顺利

呼顺利，男，1976年3月出生，陕西神木人，中共党员，2019年11月毕业于中国石油大学北京网校化学工程与工艺专业，大专学历，助理工程师。时任陕西北元集团锦源化工有限公司电石分厂厂长。

1998年9月参加工作以来，勤学苦练，不断钻研专业技术，改进和创新管理方法。2016年4月荣获陕西恒源煤电集团电化有限公司2015年度"劳动模范"荣誉称号，2020年1月荣获陕西北元化工集团股份有限公司2019年度"劳动模范"荣誉称号，2021年1月荣获陕西北元集团锦源化工有限公司2020年度"突出贡献者"荣誉称号，2022年1月荣获陕西北元集团锦源化工有限公司2021年度"优秀管理干部"荣誉称号。

自2016年加入北元集团以来，创造了一个个骄人的成绩，电石产量实现稳步增长，从2016年的26万吨增长至2020年的48万吨。面对电石炉生产瓶颈问题，现场组织人员讨论研究，大胆尝试及时调整不合理的生产工艺指标，在他的领导下，提出了许多电石炉运行技术改革手段；在电石生产质量方面屡创新高，被大家赠予"电石炉全能专家"美誉称号。

杨鹏飞

杨鹏飞，男，汉族，1981年3月出生，陕西神木人。2010年6月加入中国共产党，

大专学历。2005年3月,在陕西北元化工有限公司工作,先后任营销中心烧碱销售科副科长、科长,营销中心副经理,水泥有限公司党委副书记、纪委书记、工会主席、副经理、经理等职务。

17年的工作经历,从基层销售业务员到水泥有限公司党委书记、执行董事、经理,杨鹏飞用自己独有的情怀奉献在北元这片热土上,责任、担当是他的初心,拼搏、进取是他的本色,在时代的潮流中,凭借着对北元水泥生产的无限热爱和一腔豪情,为公司的发展做出了极大贡献。2021年,水泥有限公司保持稳定的销售市场,水泥日出库破万吨,销量指标超计划完成,创历史最好。2018—2019年被北元集团评为年度优秀管理干部;2020—2021年度荣获北元集团年度"劳动模范"称号;2021年被评为北元集团年度优秀管理人员;2021年荣获陕西省企业"三新三小"创新竞赛项目三等奖。

惠建伟

惠建伟,男,1986年出生,陕西渭南人,中共党员,本科学历。2009年参加工作,2016年3月起任陕西北元化工集团化工分公司安全环保科副科长。

惠建伟自参加工作以来,一直从事安全管理工作,已有11年工作经验,为公司安全管理工作做出了很大贡献。2018年他提出了电石分厂特有的"345安全管理"建设、现场安全管理"六深化"、践行"六项安全"重点工作。2020年6月开始,他紧抓信息化管理建设,在OA系统中成功建立了管理流程,实现了危险化学品调拨使用和安全设施停用恢复风险超前预控。2021年,他提出要重点打造物本建设和科技强安工程,引进了在线监控检测报警仪38台、预警便携式报警仪30台,实现了动火和受限空间作业移动视频智能化运作;自主安装了烟感80个,感温电缆2700米,完善了火灾自动报警系统;新增、更换了视频监控55台,实现了重大危险源视频全覆盖及关键指标在线监测。

惠建伟被评为2011年北元集团安全生产先进个人,2012年化工二分公司先进个人,2013年北元集团先进工作者,2015年北元集团安全生产先进个人。荣获2015年北元集团化工分公司"党员先锋岗"荣誉称号。被评为2018年北元集团优秀管理干部,2021年北元集团优秀管理干部。荣获2021年北元集团"劳动模范"称号。

李小岗

李小岗,男,1986年出生,陕西神木人,中共党员,大专学历。从2009年开始在陕西北元化工集团工作,从2022年起任陕西北元化工集团股份有限公司热电分公司生产管理负责人。

2021年,受国家政策影响,原煤价格飙升,机组"口粮"供应迫在眉睫。为了解决这一难题,他积极协调保障原煤供应,同时调用大量外购煤,每天卸煤7000余吨。

作为中心负责人,他面对行业竞争日趋激烈和疫情带来的不利因素,找准节支点和创

效点，有效控制成本，合理组织生产运行工作，并积极协调榆林供电局，创造了公司历年来单日、单月及年度最高发电纪录。同时，他打破常规思维，指导脱硫专业通过调整搅拌机进水阀门开度，严格控制灰与水的比例，降低了脱硫灰渣的运输费用。仅这一项举措，就为公司节约固废物处理费用100余万元。

李小岗获得2013年度"北元集团先进工作者"，陕西省第四届职工科技奖评选二等奖，2017年、2018年、2019年、2021年度"北元集团公司热电分公司优秀管理干部"，2019年度"北元集团热电分公司行政管理先进个人"，2020—2021年度"北元集团劳动模范"。

陈树培

陈树培，男，1987年出生，本科学历，2011年11月进入陕西北元化工集团股份有限公司工作，时任科技研发中心研发室研发催化研发管理专员，从事研发室催化方向催化剂的应用技术研发工作。

电石法聚氯乙烯生产工艺无汞化是影响公司绿色可持续发展的核心关键因素，也是电石法聚氯乙烯行业未来发展的必然趋势。公司从2017年开始调研无汞催化剂的研究开发进展情况，从2018年开始着手建设公司第一套无汞催化剂中试装置；同年，陈树培由化工分公司聚氯乙烯二分厂工艺技术员成为科技研发中心一名研发员，负责公司无汞催化剂项目实施。

陈树培与他的团队经过几年的努力，与7家科研院校建立了科研合作关系，对金基、钌基和铜基等三类主流固体无汞催化剂进行了评价测试，共评价20多种不同型号的无汞催化剂，掌握了各种无汞催化剂的真实性能。同时，公司是国内电石法聚氯乙烯企业中无汞催化剂研究领域最广、建设试验装置最多的企业，其中金基催化剂工业化试验装置安全稳定运行20000小时以上，截至2021年底，已进入金基无汞催化剂合成氯乙烯工艺技术的工业化推广阶段，标志着无汞催化剂的工艺技术开发取得了阶段性成功，无汞催化剂应用技术开发处于行业先进水平。陈树培申请发明专利3项，受理3项；申请实用新型专利4项，授权3项；2019年被北元集团评为"北元集团2019年度先进工作者"，2021年被北元集团评为"北元集团2020—2021年度劳动模范"。

丁佳佳

丁佳佳，男，1987年出生，陕西吴堡人，中共党员，本科学历。2012年进入陕西北元化工集团营销物流部PVC销售模块工作以来，先后负责公司PVC直销、经销及出口业务工作，从2021年7月开始负责公司碱氯酸销售管理工作。

丁佳佳自参加工作以来，始终保持勤奋好学的习惯，同时敢于负责、勇于创新。10年来，他扎根外贸战线，从外贸"门外汉"到"业务通"，从销售内勤到一级主管，从最美员工到劳动模范，实现了外贸业务管理和个人职业素养双提升。业务方面，他抢抓机遇，攻坚克难，先后打通了公司PVC、液碱、片碱产品出口渠道，同时积极开展信用证结算、自主报关，尝试出口"佣金"新模式，推进"中国信用保险"分期分批结算，实现跨境人民币结算等业务，在疫情冲击外贸行业的背景下，公司外贸业绩却逆势而上，实现跨越式发展。2021年7月负责公司碱氯酸产品销售以来，他带领团队人员勇挑重担，在打通烧碱出口渠道的同时，加大国内直销客户开发力度，严格经销客户考核管理，公司烧碱产品市场布局及渠道管理更趋合理，碱氯酸产品盈利能力进一步提升。

丁佳佳被评为2015—2016年度"最美员工"、2020—2021年度"劳动模范"，2022年1月被任命为营销物流部一级业务主管，负责碱氯酸销售模块工作。

（三）陕煤工匠简介

辛 波

辛波，男，汉族，1987年2月出生，中专学历，时任陕西北元化工集团股份有限公司化工分公司乙炔分厂检修工段检修班长。辛波累计获得国家新型实用性专利5项，获得陕煤集团团委"十佳青年岗位技术明星"、陕西北元化工集团技能焊接比武"一等奖"和陕西北元化工集团股份有限公司"化工之星"等十几项荣誉；2018年4月，荣获陕煤集团"陕煤工匠"称号。

攻坚克难显"工匠精神"。他制作的物件，不管是预制的管件还是焊接的接口，不仅外表美观，质量也过硬。在工作中，他对每一项工作都要求极高，每一次任务他都要"刨根到底"。

创新发明做"工匠达人"。2012年，由辛波设计的"一种弧形手动夹钳"为北元集团的专利突破了零的纪录，该项目填补了国内在夹钳钳牙内置设计的空缺，成功替代了人工拔皮带头，辛波也成了北元集团的首例专利发明人。

乙炔分厂管带机是公司生产运行中至关重要的设备，其长度达800米，后拉牵引力度达10吨，如果用平常的角钢皮带夹板固定，无法夹持向前牵引，运行中皮带极易滑落造成事故。2016年某天，管带机发生了故障，导致两条生产线停止运行（公司共有4条生产线），如果不及时启用管带机，将给公司带来极大的损失。辛波接到命令后，来到管带机机头，对现场环境和角钢皮带夹变形情况进行分析后，又回到检修厂房反复试验，并提出了建议。他建议利用皮带自身向后拉产生的反作用力，制作两个弧形夹板，使用时夹住皮带，两边挡在皮带支架上，当皮带自身向后拉时，由皮带夹与皮带的摩擦使夹口缩小，达到自动锁紧。而牵引皮带时，弧形板外边向前拉伸，内边向中心收缩，中心开口缩小夹紧皮带。在他的带领下，检修人员紧急制作了两个弧形夹板，在极短的时间内解决了皮带厚重难以拉运的问题，为生产系统紧急启用赢得了时间。而弧形皮带夹板这一重大发明为公司解了燃眉之急，也为广大员工在创新工作道路上建标引航。

高超技艺展"工匠风采"。2016年以前，乙炔分厂经常出现角钢焊接的托辊支架扭曲变形，导致皮带托辊抱死、卡料的情况。如果重新进行焊接，则需要大量钢材和劳动力，同时存在滑脱、砸伤安全隐患。辛波对角钢扭曲变形原因进行分析及翻阅大量相关资料，最终制作出"角钢扭曲矫正器"，对角钢进行矫正处理，这样不仅节约了材料，而且节省了大量的劳动力。角钢矫正器已经成为乙炔分厂角钢矫正的主要工具。

辛波创造出的"五小"已有100余项，均在公司评比中获奖，并全部投入现场使用，如"双刃型刀口尺"拥有刀口直角尺所有功能，还可以应用于曲面测量画线工作；"T"型管卡主要应用于二期生产水管，能有效堵住漏点，以一天15个漏点漏生产水15立方米计算，一年可节约生产水5475立方米；"便携式架板"有效解决了架板过重或架板薄、质量无法保证等问题。

辛波获得的荣誉：2012年12月，获得《一种弧形手动夹钳》新型实用型发明专利；同年9月，荣获北元集团第二届职工岗位技能比武大赛检修类—焊接一等奖。2013年11月，获得《一种吊装支架》新型实用型发明专利。2014年8月，获得《一种角钢扭曲变形矫正器》新型实用型发明专利；同年9月，荣获北元集团第三届岗位技能比武大赛"制作榔头"项目亚军和第三届岗位技能比武大赛"焊接"项目冠军。2015年5月，《轴承轴向游隙测量仪》在陕西榆林第三届创意创新创业大赛中荣获优秀奖；同年7月，获北元集团2015年"检修先进个人"荣誉称号。2016年9月，获得北元集团第四届岗位技能比武大赛"制作榔头"项目冠军。2017年1月，获得北元集团化工分公司2016年度"化工之星"荣誉称号；同年2月，获得《一种实用型放净扭转器》新型实用型发明专利；同年5月，荣获陕煤集团第六届"十佳青年岗位技术明星"荣誉称号。2018年2月，获得《槽型刀口角尺》新型实用型发明专利；同年4月，被评为陕煤集团"陕煤工匠"。

张文功

张文功，男，1985年出生，陕西米脂人，中共党员，本科学历，注册安全工程师，设备管理工程师，水泥工艺高级工程师。2009年参加工作，历任榆林市职工产业改革评价员，陕西省职工产业改革评价员，陕西北元集团水泥有限公司烧成分厂运行班长、技术员、调度、厂长、科长、设备管理中心二级业务主管等职务。

自参加工作以来，张文功一直从事水泥生产、设备管理工作，在生产线上进行了创新改造，发表论文12篇、专利9项，为公司做出了较大贡献。2014年、2015年、2016年、2017年、2018年、2020年连续荣获水泥有限公司科技创新先进个人，2018年被评为集团公司先进工作者、集团公司科技创新先进个人，2020年获得陕煤集团2018—2019年度"陕煤工匠"荣誉称号。

针对二线制成循环风机叶轮磨损问题，张文功进行了专项研究，对外调研，引进了耐磨陶瓷叶轮，使叶轮使用寿命6个月延长至36个月；一二线炉渣烘干机推广应用了耐磨陶瓷叶轮和壳体，大幅度延长了风机的使用寿命；针对六连体库收尘风机叶轮积灰问题，引进了叶轮防积灰技术，在六连体库收尘风机上进行试用，收到很好的效果；针对现场液力偶合器漏油问题，引进行业先进技术磁性联轴器，用磁性联轴器代替液力偶合器，收到良好的阻隔振动的效果。

白虎雄

白虎雄，男，1989年出生，陕西榆阳人，中共党员，本科学历，中级工程师，二级建造师。2012年在陕西北元化工集团工作，时任生产技术部化工工艺管理专员。截至2022年，发表专业论文13篇，取得7项国家授权专利。

　　白虎雄从化工副操、主操、运行班长、白班班长、工段长一步步实现自己的职业理想。白虎雄全程参建了全国首套采用高温裂解方式处理电石法废硫酸装置，并担任装置运行后的首任装置长，在担任装置长期间，成功攻克了净化过渡段腐蚀不耐用、氧浓仪使用寿命短、烟气管道膨胀节易泄漏等问题，使硫酸裂解装置实现稳定运行。仅净化过渡段问题的解决就使设备采购费用降低100万元，并且打破了国外的技术垄断。论文《硫酸计量泵及管道存在的问题及解决措施》《浅析废硫酸裂解装置冷凝酸的产生与控制》均获得榆林市第十六届自然科学优秀学术论文二等奖，"一种硫酸工业中的石墨过渡段"获得2021年陕西省企业"三新三小"创新竞赛项目优秀成果三等奖。2021年白虎雄代表公司参加第十三届全国石油和化工行业职业技能竞赛并获得化工总控工赛项三等奖。2013年被评为北元集团先进工作者，2019年、2021年被评为北元集团先进科技工作者。2022年5月被陕西煤业化工集团股份有限公司授予"陕煤工匠"荣誉称号。

（四）中层管理干部

2003—2022年历任北元集团中层管理人员一览表

姓名	性别	籍贯	出生年月	学历	政治面貌	职务	任职时间
徐继红	男	陕西靖边	1967-03	研究生	中共党员	锦源化工有限公司总经理	2010-10—2016-05
						总经理助理	2016-05—2019-11
						副总工程师	2019-11至今
徐生智	男	陕西神木	1978-12	大专	中共党员	原安全生产部部长	2013-08—2015-06
						生产技术部部长	2015-06—2015-12
						热电分公司党委书记	2015-12—2020-10
						热电分公司经理	2016-07—2020-10
						副总工程师	2019-11至今
						锦源化工有限公司党委书记、执行董事、经理	2020-10至今
王卫明	男	陕西神木	1981-07	研究生	中共党员	营销中心经理	2011-03—2012-12
						采购中心经理	2012-12—2013-08
						采购供应部部长	2013-08—2022-01
						副总经济师	2019-11至今
						水泥有限公司党委书记、执行董事	2020-11—2022-06
						企业管理部部长	2022-01至今
						数智管理中心主任	2022-06至今
孙继国	男	陕西榆林	1969-04	大专	中共党员	安全环保部部长	2010-10—2020-09
						安全生产委员会副主任	2020-09至今
折荣强	男	陕西神木	1971-02	研究生	中共党员	物资管理部部长	2009-07—2009-11
						采购中心经理	2009-11—2012-12

(续)

姓名	性别	籍贯	出生年月	学历	政治面貌	职务	任职时间
折荣强	男	陕西神木	1971-02	研究生	中共党员	物流中心经理	2012-12—2013-08
						盐业分公司经理	2013-08—2015-03
						综合管理部部长	2015-03—2020-09
						工会副主席	2018-01至今
						直属党工委书记	2020-09至今
王奋中	男	陕西神木	1978-06	大专	中共党员	化工一分公司总工程师	2009-07—2013-07
						化工一分公司经理	2010-03—2013-07
						锦源化工党委书记、董事长	2013-07—2015-12
						生产技术部部长	2015-12—2020-11
						化工分公司党委书记、经理	2020-11至今
						副总工程师	2020-12至今
蒋海宾	男	河北保定	1982-06	本科	中共党员	化工二分公司党委副书记、纪委书记、工会主席	2013-07—2015-12
						化工分公司党委副书记、纪委书记、工会主席	2015-12—2017-01
						锦源化工党委副书记、纪委书记、工会主席	2017-01—2020-05
						综合管理部部长	2020-09至今
崔志高	男	陕西佳县	1979-01	本科	中共党员	热电分公司党委副书记、纪委书记、工会主席	2013-07—2020-10
						综合管理部副部长	2021-07至今
刘永田	男	陕西神木	1960-09	本科	中共党员	筹建处综合处处长	2008-03—2008-08
						办公室主任助理	2008-08—2009-07
						信息中心经理	2010-10—2013-08
						综合管理部部长	2013-08—2015-03
						规划发展部副部长	2015-03—2017-01
						综合管理部副部长	2017-01—2019-12
						信息化主任工程师	2019-12—2021-04
张政	男	陕西横山	1960-09	研究生	中共党员	信息化主任工程师	2019-04—2022-06
						数智管理中心副主任	2022-06至今
高小军	男	陕西富县	1984-10	本科	中共党员	党群工作部部长	2015-12—2018-02
						工会副主席	2013-11—2018-01
						党工委副书记	2013-10—2018-08
薛红娟	女	山西运城	1980-09	本科	中共党员	纪检监察室主任	2018-06—2019-02
						党群工作部副部长	2019-02—2020-09
						党群工作部部长	2020-09至今

（续）

姓名	性别	籍贯	出生年月	学历	政治面貌	职务	任职时间
刘涛	男	陕西横山	1986-08	研究生	中共党员	纪检监察一室主任	2020-12 至今
						化工分公司纪委书记	2021-09 至今
						新能源科技有限公司监事会主席	2022-01 至今
李裕茂	男	陕西黄陵	1973-11	研究生	中共党员	规划发展部部长	2009-09—2013-08
党增琦	男	陕西渭南	1982-12	研究生	中共党员	规划发展部部长	2017-01 至今
马建国	男	陕西宝鸡	1983-06	本科	中共党员	化工分公司副经理	2017-01—2021-01
						规划发展部副部长	2021-01 至今
张帅	男	陕西神木	1988-08	硕士研究生	中共党员	企业管理部副部长	2018-06—2020-04
石孝雄	男	陕西神木	1985-04	本科	中共党员	企业管理部副部长	2020-11 至今
周燕芳	女	山西侯马	1981-01	研究生	中共党员	财务管理部部长	2017-01 至今
						新能源科技有限公司财务总监	2022-01 至今
李正	男	陕西神木	1981-10	研究生	中共党员	财务管理部副部长	2018-06 至今
张龙	男	陕西佳县	1984-02	研究生	中共党员	财务管理部副部长	2018-06 至今
李鹏智	男	陕西神木	1983-09	本科	中共党员	生产技术部副部长	2017-01—2020-09
						安全环保部部长	2020-09 至今
靳党会	女	陕西咸阳	1981-08	研究生	中共党员	安全环保部部长	2017-01—2019-05
王伟	男	陕西咸阳	1982-11	本科	中共党员	化工分公司副经理	2015-06—2022-01
						安全环保部二级主任师	2021-08 至今
						安全环保部副部长	2022-01 至今
杨茂勤	男	陕西岐山	1979-06	本科	中共党员	化工分公司副经理	2013-07—2022-06
						安全环保部二级主任师	2022-06 至今
叶鹏云	男	陕西榆林	1982-10	本科	中共党员	化工分公司经理	2017-07—2020-11
						化工分公司党委书记	2019-11—2020-11
						生产技术部部长	2020-11 至今
刘建平	男	陕西神木	1978-06	本科	中共党员	化工一分公司副经理	2011-03—2015-06
						化工分公司副经理	2015-06—2017-07
						锦源化工副经理	2017-07—2021-01
						安全环保部二级主任师	2021-01—2022-03
						生产技术部副部长	2022-03 至今
刘树才	男	陕西榆林	1972-09	大专	中共党员	锦源化工副经理	2011-08—2017-07
						锦源化工总工程师	2017-01—2017-07
						生产技术部副部长	2017-07—2018-08
陈飞虎	男	陕西榆林	1976-02	大专	中共党员	水泥有限公司副经理	2010-08—2015-03
						生产技术部副部长	2015-03—2017-01

(续)

姓名	性别	籍贯	出生年月	学历	政治面貌	职务	任职时间
吴锟龙	男	陕西清涧	1964-10	大专	群众	生产技术部一级主任师	2013-08 至今
钟国院	男	陕西子洲	1980-01	大专	中共党员	生产技术部二级主任师	2019-04 至今
张友平	男	陕西蒲城	1984-12	本科	中共党员	生产技术部二级主任师	2018-02 至今
姚海军	男	陕西神木	1975-10	本科	中共党员	锦源化工有限公司总工程师	2017-07—2021-01
						生产技术部二级主任师	2021-01—2022-01
常平	男	陕西米脂	1966-07	大专	中共党员	盐业分公司副经理	2012-02—2015-06
						化工分公司副经理	2015-06—2018-05
						生产技术部二级主任师	2018-05—2022-01
李世强	男	陕西神木	1967-01	大专	中共党员	水泥有限公司副经理	2010-08—2010-10
						水泥有限公司总工程师	2010-10—2011-03
						水泥有限公司党委书记、经理	2011-03—2015-12
						锦源化工有限公司党委书记、总工程师	2015-12—2017-01
						规划发展部副部长	2017-01—2019-11
						生产技术部二级主任师	2019-11—2022-01
王雄	男	陕西神木	1980-02	大专	中共党员	物流中心副经理	2013-07—2013-08
						营销物流部副部长	2013-08—2020-09
						营销物流部部长	2020-09—2022-01
						采购供应部部长	2022-01 至今
刘振荣	男	陕西神木	1964-01	本科	中共党员	采购中心副经理	2012-03—2013-08
						采购供应部副部长	2018-08—2013-11
王勇刚	男	陕西神木	1975-12	本科	中共党员	采购供应部副部长	2018-06 至今
赵永华	男	辽宁沈阳	1955-10	大专	中共党员	企业管理部副部长	2013-08—2013-11
						采购供应部副部长	2013-11—2015-12
张攀	男	陕西大荔	1986-11	本科	中共党员	采购供应部副部长	2020-11 至今
张玲芬	女	陕西宜川	1981-11	本科	中共党员	企业管理部副部长	2015-03—2020-09
						企业管理部部长	2020-09—2022-01
						营销物流部部长	2022-01 至今
吴启虎	男	陕西米脂	1982-12	大专	中共党员	物流中心副经理	2011-03—2013-03
焦永平	男	陕西神木	1983-12	本科	中共党员	营销物流部副部长	2020-11 至今
刘娜	女	宁夏青铜峡	1985-01	大专	中共党员	企业管理部副部长	2017-01—2020-09
						证券事务部副部长	2017-07—2020-09
						证券事务代表	2019-07 至今
						证券事务部部长	2020-09 至今
						法律事务部部长	2021-01 至今
熊磊	男	陕西汉中	1986-09	本科	中共党员	科技研发中心副主任	2020-11 至今

（续）

姓名	性别	籍贯	出生年月	学历	政治面貌	职务	任职时间
于虎朝	男	陕西兴平	1981-09	本科	中共党员	人力资源部副部长	2010-03—2013-08
						综合管理部副部长	2015-03—2017-01
						化工分公司党委副书记、纪委书记、工会主席	2017-01—2020-05
						化工分公司党委副书记、工会主席	2020-05 至今
高海荣	男	陕西佳县	1985-07	本科	中共党员	锦源化工有限公司副经理	2018-02—2022-03
						化工分公司副经理	2022-03 至今
刘延安	男	陕西神木	1982-01	大专	中共党员	化工分公司副经理	2018-02 至今
张军锋	男	陕西旬邑	1984-09	本科	中共党员	生产技术部副部长	2019-11—2022-06
						化工分公司副经理	2022-06 至今
白宝银	男	内蒙古包头	1960-01	本科	中共党员	化工分公司副经理	2015-03—2017-01
						化工分公司总工程师	2017-01—2019-01
姚吉林	男	内蒙古包头	1953-04	高中		化工二分公司副经理	2012-05—2014-09
李建伟	男	陕西榆林	1971-05	中专	中共党员	热电分公司副经理	2010-08—2013-03
						热电分公司总工程师	2012-02—2013-03
刘生宏	男	陕西延安	1957-01	大专	中共党员	热电分公司经理	2013-03—2016-07
梁虎伟	男	陕西神木	1974-05	大专	中共党员	锦源化工董事长	2015-08—2016-06
						锦源化工党委副书记、执行董事、经理	2016-06—2020-10
						热电分公司党委书记、经理	2020-10 至今
贺磊	男	陕西榆林	1988-02	本科	中共党员	热电分公司党委副书记	2020-10 至今
						热电分公司工会主席	2021-07 至今
方忠夏	男	陕西神木	1973-03	大专	中共党员	热电分公司副经理	2011-12 至今
田键	男	陕西神木	1974-08	本科	中共党员	热电分公司副经理	2015-06 至今
李军业	男	黑龙江穆棱	1966-03	本科	中共党员	热电分公司总工程师	2019-11 至今
						生产技术部一级主任师	2019-03 至今
张文刚	男	陕西神木	1982-11	大专	中共党员	热电分公司副经理	2019-04 至今
李建伟	男	陕西榆林	1971-05	大专	中共党员	热电分公司副经理	2010-8—2012-02
						热电分公司总工程师	2012-02—2013-03
杨鹏飞	男	陕西神木	1981-03	大专	中共党员	营销中心副经理	2012-03—2013-08
						营销物流部副部长	2013-08—2015-06
						水泥有限公司副经理	2015-06—2016-01
						水泥有限公司党委副书记、纪委书记、工会主席	2016-01—2019-12
						水泥有限公司党委副书记、纪委书记、工会主席、经理（职业经理人）	2019-12—2020-05

(续)

姓名	性别	籍贯	出生年月	学历	政治面貌	职务	任职时间
杨鹏飞	男	陕西神木	1981-03	大专	中共党员	水泥有限公司党委副书记、工会主席、经理（职业经理人）	2020-05—2021-02
						水泥有限公司党委副书记、经理（职业经理人）	2021-02—2022-06
						水泥有限公司党委书记、经理（职业经理人）	2022-06至今
朱先均	男	河南西峡	1979-08	大专	中共党员	水泥有限公司副经理（职业经理人）	2015-06至今
						水泥有限公司工会主席	2021-03至今
						水泥有限公司党委副书记	2022-06至今
曹辉辉	男	陕西吴堡	1985-11	本科	中共党员	水泥有限公司副经理（职业经理人）	2018-02至今
刘艾田	男	陕西神木	1977-02	本科	中共党员	水泥有限公司党委副书记、纪委书记、工会主席	2013-07—2016-01
刘鹏	男	陕西铜川	1986-12	本科	中共党员	锦源化工有限公司党委副书记、工会主席	2020-10至今
何强	男	陕西榆林	1983-01	本科	中共党员	化工分公司副经理	2018-02—2021-01
						安全环保部副部长	2021-01—2022-03
						锦源化工有限公司副经理（职业经理人）	2022-03至今
梁利平	男	内蒙古乌审旗	1984-01	大专	中共党员	锦源化工有限公司副经理（职业经理人）	2018-02至今
王雄	男	陕西神木	1980-10	大专	中共党员	锦源化工有限公司副经理（职业经理人）	2021-01至今
刘强	男	陕西神木	1984-06	大专	中共党员	锦源化工有限公司副经理（职业经理人）	2021-01至今
王光平	男	陕西神木	1974-08	大专	中共党员	锦源化工有限公司副经理	2010-11—2013-03
张国伟	男	陕西神木	1972-01	高中	中共党员	锦源化工有限公司副经理	2010-11—2013-03
郝景瑞	男	陕西府谷	1963-11	本科	群众	锦源化工有限公司副总工程师	2012-04—2015-12
刘双成	男	陕西榆林	1978-04	大专	中共党员	锦源化工有限公司副经理	2015-03—2017-04
高启明	男	陕西神木	1958-09	本科	中共党员	服务中心副经理	2009-09—2012-02
						盐业分公司副经理	2012-02—2014-02
李彦飞	男	陕西榆林	1968-11	本科	群众	盐业分公司总工程师	2012-02—2014-02
张平	男	陕西神木	1973-90	大专	中共党员	办公室主任	2008-03—2009-07
						企业管理部部长	2009-07—2011-03
						采购中心副经理	2011-03—2011-12
						服务中心副经理	2011-12—2013-07

（五）获高、中级技术职称人员

至2022年北元集团获高、中级技术职称人员一览表

序号	人员编码	姓名	单位	性别	学历或学位	技术职称	任职资格时间
1	11090001	刘国强	集团本部	男	硕士	高级会计师	1998-12-31
2						正高级政工师	2020-09-28
3						高级工程师	2021-08-11
4	03080026	刘延财	集团本部	男	专科	高级工程师	2021-08-11
5	20050001	范智宏	集团本部	男	硕士	高级经济师	2017-12-31
6	14050002	申建成	集团本部	男	本科	高级工程师	2004-09-29
7	15060001	郭建	集团本部	男	本科	高级会计师	2007-12-31
8	03050003	刘建国	集团本部	男	硕士	助理工程师	2020-12-31
9	03080025	陈鹏	集团本部	男	中专	工程师	2018-03-19
10	17120009	宁小钢	集团本部	男	硕士	正高级工程师	2022-05-18
11	03080005	徐生智	集团本部	男	专科	工程师	2016-02-07
12	04080015	王卫明	集团本部		本科	助理政工师	2021-12-31
13	04050001	孙继国	集团本部	男	专科	高级工程师	2021-08-11
14	04040002	折荣强	集团本部	男	硕士	政工师	2019-12-31
15	04010001	王奋中	集团本部	男	硕士	高级工程师	2017-12-17
16	04050008	蒋海宾	集团本部	男	本科	政工师	2018-12-31
17						工程师	2016-02-07
18	08030005	刘永田	集团本部	男	本科	工程师	2018-12-04
19	07040002	崔志高	集团本部	男	本科	政工师	2017-12-31
20	08090001	薛红娟	集团本部	女	本科	高级政工师	2021-08-11
21	10070058	刘涛	集团本部	男	本科	政工师	2018-12-31
22	09090005	张健	集团本部	男	本科	高级政工师	2021-08-11
23	11010001	马薇	集团本部	女	专科	政工师	2016-11-21
24	12070053	李建军	集团本部	男	本科	政工师	2018-03-27
25	09120001	白小芳	集团本部	女	专科	政工师	2016-11-21
26	04080005	党增琦	集团本部	男	硕士	高级工程师	2022-05-26
27	03080018	马建国	集团本部	男	专科	工程师	2018-03-19
28	08020005	郭瑞斌	集团本部	男	专科	工程师	2017-12-17
29	05040001	宫晓宁	集团本部	男	专科	工程师	2018-12-04
30	03080014	郭利平	集团本部	男	中专	工程师	2018-12-04
31	09110001	刘永清	集团本部	男	本科	高级工程师	2021-04-16
32	10070064	李彦斌	集团本部	男	本科	工程师	2018-12-04
33	07030003	苗亚飞	集团本部	男	本科	经济师	2018-11-04
34	08110005	张秀利	集团本部	男	本科	经济师	2020-11-22

（续）

序号	人员编码	姓名	单位	性别	学历或学位	技术职称	任职资格时间
35	08110017	李周清	集团本部	男	本科	经济师	2020-11-22
36	12070026	赵松松	集团本部	男	本科	经济师	2019-11-03
37	10110054	马润霞	集团本部	女	本科	工程师	2018-12-04
38	08100004	曹颖	集团本部	女	本科	经济师	2020-11-21
39	09120118	王靖	集团本部	女	本科	经济师	2020-11-21
40	10040018	慕艳梅	集团本部	女	本科	工程师	2016-12-01
41	11080135	石鹏	集团本部	男	本科	经济师	2021-10-31
42	12070260	吕小刚	集团本部	男	本科	经济师	2021-10-31
43	11070108	沈鹏飞	集团本部	男	本科	审计师	2021-10-10
44	06080001	周燕芳	集团本部	女	硕士	高级会计师	2017-12-16
45	04100005	李正	集团本部	男	硕士	会计师	2014-10-26
46	10040009	刘方	集团本部	男	本科	会计师	2017-09-10
47	10040008	施素帆	集团本部	女	本科	高级会计师	2021-04-18
48						审计师	2013-10-13
49						经济师	2016-11-05
50	12120005	马艳妮	集团本部	女	专科	审计师	2021-10-10
51	11070094	李换霞	集团本部	女	专科	会计师	2021-11-14
52	17070002	李兴平	集团本部	男	本科	会计师	2021-11-14
53	08050006	李慧	集团本部	女	本科	会计师	2016-09-12
54	09070007	石艳霞	集团本部	女	本科	审计师	2014-10-19
55						高级会计师	2021-12-12
56	09070036	韩水霞	集团本部	女	专科	会计师	2015-09-13
57	10070024	郭志强	集团本部	男	本科	会计师	2021-11-14
58	11050105	梁改改	集团本部	女	本科	会计师	2021-11-14
59	11070102	李明月	集团本部	女	本科	会计师	2015-09-12
60	12070030	屈小艳	集团本部	女	本科	会计师	2018-09-09
61	12030006	高巧梅	集团本部	女	本科	审计师	2010-10-17
62	13070005	谢利	集团本部	女	本科	会计师	2018-09-09
63	10040007	张红霞	集团本部	女	本科	高级会计师	2021-12-12
64	03080024	叶鹏云	集团本部	男	本科	工程师	2017-12-17
65	03080010	刘建平	集团本部	男	本科	工程师	2018-12-04
66	16100001	姚海军	集团本部	男	专科	工程师	2018-09-12
67	08020006	马生伟	集团本部	男	本科	工程师	2017-12-17
68	04080130	钟国院	集团本部	男	专科	工程师	2017-12-17
69	08110023	康文国	集团本部	男	本科	高级工程师	2022-05-26
70	04100004	李亚珍	集团本部	男	专科	工程师	2017-12-17

(续)

序号	人员编码	姓名	单位	性别	学历或学位	技术职称	任职资格时间
71	08110030	李利军	集团本部	男	本科	工程师	2017-12-17
72	10040198	冯乐	集团本部	男	本科	工程师	2018-12-04
73	08110104	李云	集团本部	男	专科	工程师	2018-12-04
74	08110033	曹国玉	集团本部	男	本科	工程师	2018-12-04
75	04080023	刘王存	集团本部	男	本科	工程师	2018-12-04
76	13050146	翁明	集团本部	男	本科	工程师	2020-12-31
77	14020014	王海雄	集团本部	男	本科	工程师	2020-12-31
78	06060017	孟庆权	集团本部	男	本科	工程师	2018-12-04
79	10050004	张友平	集团本部	男	专科	工程师	2017-12-17
80	05070003	李鹏智	集团本部	男	本科	工程师	2017-12-17
81	03080013	王伟	集团本部	男	本科	高级工程师	2018-12-16
82	08110163	王亚平	集团本部	男	本科	工程师	2019-07-16
83	03080007	白林军	集团本部	男	本科	工程师	2010-01-29
84	09090248	靳宝宝	集团本部	男	本科	工程师	2018-12-04
85	12070192	张志欣	集团本部	男	本科	工程师	2021-12-31
86	09090032	赵俊明	集团本部	男	本科	工程师	2020-12-13
87	13050108	王宇航	集团本部	男	本科	工程师	2020-12-13
88	09080009	孙亚云	集团本部	女	本科	工程师	2018-03-19
89	09090206	张文武	集团本部	男	专科	工程师	2016-05-09
90	11070040	高远	集团本部	男	专科	工程师	2017-08-10
91	10040067	李专成	集团本部	男	专科	工程师	2017-12-17
92	10070052	刘小勇	集团本部	男	本科	工程师	2021-12-31
93	10060036	杨茂勤	集团本部	男	本科	工程师	2016-05-09
94	10040055	王飞	集团本部	男	专科	工程师	2019-07-16
95	07030002	张玲芬	集团本部	女	本科	审计师	2012-10-14
96	09070011	王富强	集团本部	男	本科	经济师	2019-11-03
97	10070062	蔡强	集团本部	男	本科	经济师	2018-11-04
98	06020002	张海亮	集团本部	男	专科	经济师	2018-11-04
99	09090102	刘小龙	集团本部	男	本科	经济师	2017-11-04
100	14020058	赵永强	集团本部	男	本科	经济师	2020-11-22
101	03100003	陈飞虎	集团本部	男	本科	工程师	2019-12-31
102	08060005	刘娜	集团本部	女	专科	经济师	2018-11-04
103	10070003	梁军	集团本部	男	本科	经济师	2016-11-05
104	09070006	王艳霞	集团本部	女	本科	经济师	2019-11-03
105						统计师	2016-10-16
106	12070025	龚学利	集团本部	女	本科	经济师	2018-11-04

(续)

序号	人员编码	姓名	单位	性别	学历或学位	技术职称	任职资格时间
107	11030053	王艳	集团本部	女	本科	经济师	2020 – 11 – 22
108	09090216	熊磊	集团本部	男	本科	高级工程师	2021 – 04 – 16
109	12070140	慕毅	集团本部	男	硕士	高级工程师	2021 – 04 – 16
110	09090401	曾宪军	集团本部	男	本科	高级工程师	2018 – 12 – 16
111	10070103	张明	集团本部	男	本科	高级工程师	2022 – 05 – 26
112						经济师	2021 – 10 – 31
113	09110004	杨莉	集团本部	女	本科	工程师	2019 – 12 – 31
114	06080013	韩慧珏	集团本部	女	本科	工程师	2017 – 12 – 17
115	09080021	刘勇	集团本部	男	本科	工程师	2018 – 12 – 04
116	13050077	徐向平	集团本部	男	本科	工程师	2019 – 12 – 31
117	14070061	任志荣	集团本部	男	硕士	工程师	2018 – 12 – 04
118	12070190	丰晔	集团本部	女	硕士	工程师	2019 – 12 – 31
119	10100016	马长长	集团本部	男	本科	工程师	2018 – 12 – 04
120	11070049	张国文	集团本部	男	本科	工程师	2019 – 12 – 31
121	09090130	袁丽华	集团本部	女	本科	工程师	2018 – 12 – 04
122	20050077	李樊	集团本部	男	硕士	工程师	2021 – 12 – 31
123	12030022	高世军	集团本部	男	本科	工程师	2021 – 12 – 31
124	08070002	张政	集团本部	男	硕士	工程师	2017 – 12 – 17
125	08070004	李庆春	集团本部	男	本科	工程师	2016 – 12 – 01
126	10040019	梁金忠	集团本部	男	本科	工程师	2007 – 08 – 22
127	08080003	姬爱玲	集团本部	女	本科	工程师	2015 – 12 – 17
128		姬爱玲	集团本部	女	本科	经济师	2014 – 11 – 01
129		姬爱玲	集团本部	女	本科	高级工程师	2019 – 11 – 09
130	11040002	刘晓民	集团本部	男	专科	工程师	2020 – 11 – 07
131	10070039	李斌	集团本部	男	本科	工程师	2019 – 12 – 31
132	04080031	刘延安	化工分公司	男	本科	工程师	2017 – 12 – 17
133	09080020	张波	化工分公司	男	本科	工程师	2017 – 12 – 17
134	11070077	刘丁丁	化工分公司	男	本科	工程师	2019 – 12 – 31
135	09080006	白林	化工分公司	男	本科	工程师	2020 – 12 – 31
136	09090173	鲁尚高	化工分公司	男	本科	工程师	2018 – 12 – 04
137	09120055	郭彩云	化工分公司	女	本科	工程师	2018 – 12 – 04
138	06110010	冯玉亮	化工分公司	男	本科	工程师	2016 – 02 – 07
139	05120024	王建飞	化工分公司	男	本科	工程师	2019 – 12 – 31
140	11080146	王小平	化工分公司	男	专科	工程师	2019 – 12 – 31
141	11080203	李刚	化工分公司	男	专科	工程师	2019 – 12 – 31
142	10040080	曹文奇	化工分公司	男	专科	工程师	2018 – 12 – 04

（续）

序号	人员编码	姓名	单位	性别	学历或学位	技术职称	任职资格时间
143	05090001	赵 鹏	化工分公司	男	专科	工程师	2018－12－04
144	13050087	王会林	化工分公司	男	本科	工程师	2019－12－31
145	11110198	周亚明	化工分公司	男	本科	工程师	2018－12－04
146	08060010	闫建国	化工分公司	男	专科	工程师	2017－12－17
147	09090160	刘玉斌	化工分公司	男	本科	工程师	2020－12－31
148	10040132	谢 鹏	化工分公司	男	本科	工程师	2019－12－31
149	10040079	边伟军	化工分公司	男	专科	工程师	2018－12－04
150	10060058	冯强强	化工分公司	男	专科	工程师	2020－12－31
151	09080010	付长江	化工分公司	男	本科	工程师	2018－04－24
152	12030162	冉书荣	化工分公司	女	专科	工程师	2019－12－31
153	11080099	李 强	化工分公司	男	专科	工程师	2019－12－31
154	04070005	米海军	化工分公司	男	专科	工程师	2016－02－07
155	11110244	刘丁丁	化工分公司	男	专科	工程师	2019－12－31
156	10110037	姜岗峰	化工分公司	男	专科	工程师	2016－09－23
157	10060072	王 伦	化工分公司	男	专科	工程师	2019－12－31
158	09090205	蔡 苗	化工分公司	男	本科	工程师	2018－12－04
159	08020009	刘建楼	化工分公司	男	本科	工程师	2018－12－04
160	10070088	高燕军	化工分公司	男	本科	工程师	2018－12－04
161	09090204	韩云峰	集团本部	男	本科	工程师	2018－12－04
162	12030027	张艳东	化工分公司	男	本科	工程师	2018－12－04
163	10110066	郑亚娜	化工分公司	女	本科	工程师	2019－12－31
164	10040182	高 琦	化工分公司	男	专科	工程师	2020－12－31
165	12070143	孙龙彬	化工分公司	男	专科	工程师	2019－12－31
166	09090128	惠建伟	化工分公司	男	本科	工程师	2019－12－31
167	10060069	任 虎	化工分公司	男	专科	工程师	2020－12－31
168	10070048	李艳龙	化工分公司	男	本科	工程师	2019－12－31
169	11080090	侯亚东	化工分公司	男	专科	工程师	2020－12－31
170	10040113	纪永强	化工分公司	男	专科	工程师	2020－12－31
171	09090185	李少芳	化工分公司	男	专科	工程师	2019－12－31
172	05060005	刘文远	化工分公司	男	专科	工程师	2018－12－04
173	08110015	马 瑞	化工分公司	男	专科	工程师	2018－12－04
174	04080103	杜耀鹏	化工分公司	男	专科	工程师	2019－12－31
175	05090005	高战军	化工分公司	男	本科	工程师	2016－02－07
176	09090243	徐 柯	化工分公司	男	本科	工程师	2018－12－04
177	06040004	张小军	化工分公司	男	专科	工程师	2020－12－31
178	12030302	王亚平	化工分公司	男	专科	工程师	2020－12－14

(续)

序号	人员编码	姓名	单位	性别	学历或学位	技术职称	任职资格时间
179	08020013	鲁铭	化工分公司	男	本科	工程师	2020-12-31
180	03080015	郭瑞芬	化工分公司	女	本科	工程师	2018-12-04
181	10070038	张国奇	化工分公司	男	本科	工程师	2020-12-31
182	09090188	魏自强	化工分公司	男	本科	工程师	2019-12-31
183	10040063	张岩	化工分公司	男	本科	工程师	2019-12-31
184	06050002	赵省军	化工分公司	男	专科	工程师	2019-12-31
185	11090161	柳加喜	化工分公司	男	本科	工程师	2020-12-31
186	03080019	高海阳	化工分公司	男	专科	工程师	2017-12-17
187	10110041	高雄	化工分公司	男	专科	工程师	2019-12-31
188	05070002	王文魁	化工分公司	男	专科	工程师	2019-12-31
189	08020019	李小娜	化工分公司	女	中专	工程师	2018-12-04
190	10070067	张妮	化工分公司	女	本科	工程师	2018-12-04
191	12070159	梁正	化工分公司	男	专科	工程师	2020-12-31
192	11110270	董高登	化工分公司	男	专科	工程师	2018-12-04
193	09080016	王进	化工分公司	男	本科	工程师	2016-02-07
194	10020003	包飞	化工分公司	男	硕士	工程师	2018-12-04
195	10070028	李胜利	化工分公司	男	专科	工程师	2020-12-31
196	06090008	王小伟	化工分公司	男	专科	工程师	2020-12-31
197	06040014	高仁	化工分公司	男	本科	工程师	2018-12-04
198	04080022	王贵珍	化工分公司	女	本科	工程师	2018-12-04
199	06090016	高灏	化工分公司	男	专科	工程师	2016-02-07
200	08110011	张征国	化工分公司	男	专科	工程师	2018-12-04
201	10110033	张飞	化工分公司	男	专科	会计师	2018-09-09
202	09090126	张隆刚	化工分公司	男	本科	工程师	2020-12-31
203	08020001	张军锋	化工分公司	男	本科	工程师	2017-12-17
204	13050060	高茂刚	化工分公司	男	本科	工程师	2021-12-31
205	11080024	王峰	化工分公司	男	本科	工程师	2021-12-31
206	08110035	白永明	化工分公司	男	本科	工程师	2021-12-31
207	10040149	方占飞	化工分公司	男	专科	工程师	2021-12-31
208	10070041	柳春峰	化工分公司	男	专科	工程师	2021-12-31
209	10040196	张广伟	化工分公司	男	专科	工程师	2021-12-31
210	09090151	白飞雄	化工分公司	男	本科	工程师	2021-12-31
211	12070097	王光	化工分公司	男	本科	工程师	2021-12-31
212	06110025	常永江	化工分公司	男	本科	工程师	2021-12-31
213	10040056	丁文亮	化工分公司	男	专科	工程师	2021-12-31
214	10040075	孙永亚	化工分公司	男	专科	工程师	2021-12-31

（续）

序号	人员编码	姓名	单位	性别	学历或学位	技术职称	任职资格时间
215	10070021	贾利战	化工分公司	男	本科	经济师	2017－11－04
216	09090217	蒋浪	化工分公司	男	专科	工程师	2021－12－31
217	08110042	李爱军	化工分公司	男	专科	工程师	2021－12－31
218	12070007	陈治慧	化工分公司	男	本科	工程师	2021－12－31
219	10070079	茆支帅	化工分公司	男	专科	工程师	2021－12－31
220	06040006	郭志强	化工分公司	男	专科	工程师	2021－12－31
221	10070026	于龙	化工分公司	男	本科	工程师	2021－12－31
222	09090223	马宁	化工分公司	男	专科	工程师	2021－12－31
223	04080034	孟海军	化工分公司	男	专科	工程师	2021－12－31
224	09090201	宋利东	化工分公司	男	专科	工程师	2021－12－31
225	09110007	方忠夏	热电分公司	男	专科	高级工程师	2020－08－08
226	10040181	贺磊	热电分公司	男	本科	政工师	2018－12－31
227	08100006	田键	热电分公司	男	本科	高级工程师	2021－04－16
228	09040023	赵飞	热电分公司	男	专科	工程师	2011－01－07
229	09090302	李小岗	热电分公司	男	专科	工程师	2019－12－31
230	08110108	张利青	热电分公司	女	专科	工程师	2018－12－04
231	08110088	张伟雄	热电分公司	男	专科	工程师	2018－12－04
232	10070151	方小苗	热电分公司	男	本科	工程师	2019－12－31
233	08110085	杨粉粉	热电分公司	男	专科	工程师	2018－12－04
234	08110081	冯少云	热电分公司	男	专科	工程师	2018－12－04
235	09090356	陈菲	热电分公司	女	本科	工程师	2020－12－31
236	08110002	袁靖	热电分公司	男	本科	工程师	2018－12－04
237	10040173	贾田宝	热电分公司	男	本科	工程师	2019－12－31
238	12030288	叶生玉	热电分公司	男	本科	工程师	2018－12－04
239	09090299	王磊	热电分公司	男	本科	工程师	2021－12－31
240	09090166	李伟	热电分公司	男	专科	工程师	2021－12－31
241	14070001	朱先均	水泥有限公司	男	本科	工程师	2019－12－31
242	09090395	曹辉辉	水泥有限公司	男	本科	高级工程师	2021－04－16
243	10040024	刘忠飞	水泥有限公司	男	本科	经济师	2018－11－04
244	10060005	王建勋	水泥有限公司	男	专科	经济师	2020－11－22
245	10040012	李强	水泥有限公司	男	本科	经济师	2021－12－22
246	10050010	刘晓艳	水泥有限公司	女	本科	审计师	2017－08－23
247	10040268	尤文军	水泥有限公司	男	本科	工程师	2018－12－04
248	11100002	宋小平	水泥有限公司	男	专科	工程师	2005－06－19
249	12030037	申忠杰	水泥有限公司	男	本科	工程师	2020－12－31
250	08110168	张飞	水泥有限公司	男	专科	工程师	2018－12－04

(续)

序号	人员编码	姓名	单位	性别	学历或学位	技术职称	任职资格时间
251	10070148	贺喜贵	水泥有限公司	男	本科	工程师	2018-12-04
252	04050007	訾伟	水泥有限公司	男	本科	工程师	2015-12-17
253	10070136	周艳利	水泥有限公司	女	本科	经济师	2021-12-22
254	05070005	李红荣	水泥有限公司	男	专科	工程师	2018-12-04
255	09120111	许文彪	水泥有限公司	男	专科	工程师	2019-12-31
256	09090402	张文功	水泥有限公司	男	本科	高级工程师	2022-05-26
257	12040143	梁利平	锦源化工有限公司	男	专科	工程师	2017-03-20
258	09090004	刘鹏	锦源化工有限公司	男	本科	政工师	2018-12-31
259	05010019	刘强	锦源化工有限公司	男	本科	工程师	2016-02-07
260	09040028	王雄	锦源化工有限公司	男	专科	工程师	2021-12-31
261	05120017	白文彦	锦源化工有限公司	男	本科	工程师	2017-12-17
262	12040064	张庆荣	锦源化工有限公司	男	本科	经济师	2014-11-01
263	09080012	刘诚诚	锦源化工有限公司	男	本科	工程师	2015-12-17
264	05010009	杨贵平	锦源化工有限公司	男	本科	工程师	2016-02-07
265	04080142	王金柱	锦源化工有限公司	男	专科	工程师	2018-12-04
266	10040122	白露超	锦源化工有限公司	男	本科	工程师	2018-12-04
267	12070258	刘英飞	锦源化工有限公司	男	本科	工程师	2017-09-01
268	09090218	火瑞钦	锦源化工有限公司	男	本科	工程师	2019-12-31
269	07030008	许保军	锦源化工有限公司	男	专科	工程师	2018-09-12
270	12070152	王大伟	锦源化工有限公司	男	专科	工程师	2019-12-31
271	12040007	张静	锦源化工有限公司	女	本科	经济师	2019-11-03
272	10100023	李静	锦源化工有限公司	女	本科	会计师	2017-09-10
273	13050058	弓健	锦源化工有限公司	男	本科	工程师	2020-12-31
274	08060018	刘成伟	锦源化工有限公司	男	专科	工程师	2013-12-30
275	04070009	张广林	锦源化工有限公司	男	高中	工程师	2014-12-17
276	12040144	杨飞	锦源化工有限公司	男	专科	工程师	2017-03-20
277	12040084	王健	锦源化工有限公司	男	专科	高级工程师	2021-11-06
278	11100001	王勇	锦源化工有限公司	男	本科	政工师	2021-12-31
279	04080136	何强	锦源化工有限公司	男	本科	高级工程师	2021-04-16
280	09090396	张鸿鸿	锦源化工有限公司	男	本科	工程师	2021-12-31
281	08080016	杨永兵	锦源化工有限公司	男	专科	工程师	2019-12-31
282	04080032	毕康	锦源化工有限公司	男	专科	工程师	2016-05-09
283	22020001	刘志刚	新能源科技有限公司	男	本科	工程师	2016-12-31
284	10040068	景行	新能源科技有限公司	男	本科	工程师	2016-02-07
285	09040018	高骞	甘氨酸及配套项目	男	专科	工程师	2016-05-09
286	09090163	潘登	甘氨酸及配套项目	男	本科	工程师	2016-02-17

(续)

序号	人员编码	姓名	单位	性别	学历或学位	技术职称	任职资格时间
287	09080007	苗亚玲	甘氨酸及配套项目	女	本科	工程师	2018-12-04
288	03080020	卢文军	甘氨酸及配套项目	男	本科	工程师	2017-12-17
289	10070086	张 柱	甘氨酸及配套项目	男	本科	工程师	2018-12-04
290	09090125	撒鹏刚	甘氨酸及配套项目	男	本科	工程师	2016-02-07
291	08020021	雷 强	甘氨酸及配套项目	男	本科	工程师	2017-12-17
292	11040035	师学文	甘氨酸及配套项目	男	专科	工程师	2019-12-31
293	04080147	边亚平	甘氨酸及配套项目	男	本科	工程师	2015-12-17
294	04110002	刘春光	甘氨酸及配套项目	男	专科	工程师	2019-12-31
295	04080127	张建宏	甘氨酸及配套项目	男	专科	工程师	2019-12-31
296	03080016	王彦东	甘氨酸及配套项目	男	专科	工程师	2017-12-17
297	07070016	乔瑞泽	甘氨酸及配套项目	男	本科	工程师	2020-12-31

二、荣　　誉

（一）最美员工

2013—2022年北元集团最美员工一览表

姓名	性别	籍贯	出生年月	学历或学位	政治面貌	授予单位	授予时间
王利荣	男	陕西神木	1982-02	高中	中共党员	陕西北元化工集团有限公司	2014-12
柳加喜	男	黑龙江齐齐哈尔	1986-11	本科	中共党员		
奥利军	男	陕西神木	1986-02	大专	中共党员		
曾宪军	男	河南卢氏	1986-01	本科	群众		
徐锦程	男	陕西榆林	1984-12	本科	中共党员	陕西北元化工集团有限公司	2016-12
杨宝彦	男	陕西吴堡	1986-10	本科	中共党员		
赵晓维	男	陕西神木	1982-10	本科	中共党员		
徐林军	男	陕西榆林	1987-02	大专	群众		
李伟东	男	陕西佳县	1984-07	大专	中共党员		
丁佳佳	男	陕西吴堡	1987-09	本科	中共党员		
刘钰存	男	陕西榆林	1987-03	本科	中共党员	陕西北元化工集团股份有限公司	2018-12
蒋 波	男	陕西神木	1988-02	大专	群众		
田彩梅	女	陕西佳县	1985-01	本科	群众		
薛锦涛	男	陕西佳县	1989-11	大专	群众		
张军锋	男	陕西旬邑	1984-09	本科	中共党员		
贺 磊	男	陕西榆林	1988-02	本科	中共党员	陕西北元化工集团股份有限公司	2020-12
慕 毅	男	陕西定边	1986-06	硕士	中共党员		

（续）

姓名	性别	籍贯	出生年月	学历或学位	政治面貌	授予单位	授予时间
施素帆	女	陕西横山	1983-11	本科	中共党员	陕西北元化工集团股份有限公司	2020-12
马伟	男	陕西神木	1988-02	大专	中共党员		
周保飞	男	陕西榆林	1989-02	大专	中共党员		
刘浩涛	女	陕西横山	1991-03	中专	群众		
李江	男	陕西榆林	1987-07	大专	中共党员	陕西北元化工集团股份有限公司	2022-12
武海亭	男	陕西佳县	1987-09	大专	群众		
张利青	女	内蒙古托克托县	1987-01	大专	群众		
杨粉粉	男	陕西神木	1985-07	大专	群众		
白亚兵	男	陕西榆林	1990-06	大专	中共党员		
董恒恒	男	陕西西安	1986-04	本科	群众		
田燕龙	男	陕西神木	1982-07	大专	中共党员		

（二）集体荣誉

2004年1月，北元公司被神府经济开发区评为开发区2003年度优秀企业。

2005年1月，北元公司被榆林市重点项目建设领导小组评为2004年度重点项目建设先进单位。

2006年2月，北元公司被陕西省安全生产委员会评为2005年度安全生产先进单位。

2006年11月，北元公司商标被榆林市工商局评为榆林市知名商标。

2007年4月，北元公司被陕西省诚信建设系列活动组委会评为陕西省质量服务信誉AAA级单位。

2007年11月，北元集团被榆林市人民政府评为2006年度榆林市守合同重信用企业。

2008年3月，北元集团被中国企业信用评价管理中心授予"构建和谐社会建设西部强省陕西省十佳诚信经营示范单位"称号。

2008年3月，北元集团被陕西省安全生产委员会评为榆林市2007年度安全生产先进生产经营单位。

2008年12月，北元集团被榆林市人民政府评为2007年度贡献财政百强企业。

2009年1月，陕西省人民政府授予北元集团生产的北元牌聚氯乙烯陕西省名牌产品。

2009年8月，北元集团被陕西省工商行政管理局评为2008年度陕西省守合同重信用企业。

2009年12月，北元集团财务管理部被陕西省国有资产监督管理委员会评为2008—2009年度财务工作先进集体。

2009年12月，北元集团财务管理部被陕西省石化行业管理办公室评为2009年度统计工作先进集体。

2010年1月，北元集团安全环保部被陕西煤业化工集团授予"安全先进部门"。

2010年2月，北元集团被榆林市企业联合会评为2009年度榆林市企联工作先进单位。

2010年3月,北元集团被榆林市安全生产委员会评为2009年度安全生产工作先进单位。

2010年3月,北元集团被陕西煤业化工集团评为2009年度项目建设管理先进单位。

2010年3月,北元集团被榆林市盐务管理局、盐业协会评为盐化工项目推进先进单位。

2010年5月,北元集团被榆林市评为榆林市2009年度社会扶贫工作先进单位。

2010年9月,北元集团被神木能源化工职业教育集团评为"会员单位"。

2010年9月,北元集团被中国化工情报信息协会评为2010年中国化工行业最具竞争力500强企业。

2010年12月,北元集团被陕西煤业化工集团评为2009年度劳资统计优秀单位。

2011年1月,北元集团被榆林市安全生产委员会评为2010年度安全生产工作先进单位。

2011年1月,北元集团安全环保部被陕西煤业化工集团授予"安全先进部门"。

2011年1月,北元集团被陕西煤业化工集团评为2010年度新闻宣传工作先进集体。

2011年2月,北元集团被榆神工业区评为榆神工业区2010年度优秀企业。

2011年2月,北元集团被榆林市人民政府评为2009年度实施品牌战略先进企业。

2011年2月,北元集团被榆林市人民政府评为2010年度全市工业节能降耗工作先进企业。

2011年2月,北元集团被榆林市人民政府评为2010年度全市贡献财政百强企业。

2011年3月,北元集团被榆林市工业和信息化局、国有资产监督管理委员会、中小企业促进局、企业联合会评为2010年度企业文化建设先进单位。

2011年3月,北元集团被陕西煤业化工集团评为2010年度项目建设管理先进单位。

2011年4月,北元集团被榆林市盐务管理局、盐业协会评为盐化工项目推进优秀单位。

2011年5月,北元集团被榆神工业区管委会党群工作部评为先进基层党组织。

2011年5月,北元集团被陕西省工业和信息化厅、陕西省信息化领导小组办公室授予"陕西省信息化和工业化融合示范企业"称号。

2011年6月,北元集团被神府经济开发区评为开发区2010—2011年度先进基层党组织。

2011年6月,北元集团财务部被陕西煤业化工集团有限公司评为财会工作先进集体。

2011年7月,北元集团100万吨/年聚氯乙烯循环综合利用项目一期氯碱工程被全国化学工业施工企业协会授予"2011年度优质工程奖"。

2011年8月,北元集团被榆林市慈善协会评为榆林市中小学安全预防与自救图书捐赠公益活动爱心单位。

2011年9月,北元集团被陕西省质量技术监督局评为陕西省质量工作先进单位。

2011年11月,北元集团被榆林市妇联评为榆林市三八红旗集体。

2011年12月,北元集团被陕西煤业化工集团评为2010年度人事统计优秀单位。

2012年1月,北元集团被陕西煤业化工集团评为安全生产管理标准化先进单位。

2012年1月,北元集团被榆林市共青团市委会评为榆林市"五四红旗团委"。

2012年2月，北元集团被陕西煤业化工集团工会评为2010—2011年度模范职工之家。

2012年2月，北元集团被陕西煤业化工集团工会评为2010—2011年度先进基层工会。

2012年2月，北元集团被陕西煤业化工集团评为2010—2011年度纪检监察工作先进集体。

2012年2月，北元集团被陕西省消防安全委员会评为陕西省2010—2011年度消防安全工作先进单位。

2012年3月，北元集团被陕西省劳动竞赛委员会评为2011年陕西省重点工程建设劳动竞赛先进集体。

2012年3月，北元集团被神木妇联评为创建"巾帼文明示范岗"先进单位。

2012年4月，北元集团被榆林市防雷减灾领导小组办公室评为2011年度全市防雷减灾工作先进单位。

2012年5月，北元集团被陕西省环境保护厅评为陕西省建设项目环境监理"先进单位"。

2012年6月，北元集团财务部被陕西煤业化工集团有限公司评为2011年度会计信息上报优良单位。

2012年7月，北元集团100万吨/年聚氯乙烯循环综合利用项目一期PVC工程被全国化学工业施工企业协会授予"2012年度优质工程奖"；同月，北元集团100万吨/年聚氯乙烯循环综合利用项目热电一期2×125兆瓦安装工程荣获"2012年度山东省安装工程（鲁安杯）奖"。

2012年8月，北元集团被中国人民银行评为中国人民银行景气调查定点企业。

2012年9月，北元集团被榆林市厂务公开领导小组评为全市厂务公开民主管理工作先进单位。

2012年10月，北元集团财务部在中国总会计师协会民营企业分会组织的第一届"天职杯"中国民营企业财务管理创新十佳案例评选活动中荣获"优秀案例"奖。

2012年11月，北元集团财务部被陕西省国有资产监督管理委员会评为财务管理工作先进集体。

2013年，北元集团团委荣获陕煤集团2012—2013年度"五四红旗团委"荣誉称号。

2013年1月，北元集团被陕煤集团评为2012年安全生产标准化先进公司，安全环保部被陕煤集团评为安全先进部门，化工一分公司被陕煤集团评为安全先进公司，化工二分公司动检分厂303站电气组被陕煤集团评为安全先进班组。

2013年2月，北元集团被榆神工业区管理委员会评为榆神工业区2012年度优秀企业。

2013年2月，北元集团被陕煤集团评为2011—2012年度知识产权先进单位。

2013年3月，北元集团被陕煤集团工会授予"先进女职工委员会"荣誉。

2013年3月，北元集团被中共榆林市委、榆林市人民政府评为榆林市发展非公有制经济优秀企业。

2013年3月，北元集团被陕煤集团党委评为2012年度新闻宣传工作先进集体。

2013年3月，北元集团被榆神工业区工会工作委员会评为2012年度榆神工业区工会工作先进单位。

2013年3月，北元集团被陕煤集团评为2012年度新闻宣传工作先进集体。

2013年4月，北元集团荣获中共榆林市委、榆林市人民政府颁发的"榆林市五一劳动奖状"。

2013年4月，北元集团荣获共青团陕煤集团委员会评选的陕煤集团青年岗位形象展示大赛优秀组织奖。

2013年5月，北元集团团委荣获共青团榆神工业区工作委员会2012年度"五四红旗团委"。

2013年7月，北元集团化工分公司氯碱分厂荣获榆林市总工会"先进职工小家"荣誉称号。

2013年10月，北元集团水泥有限公司被中国建筑材料企业管理协会评为2013年中国建材企业500强。

2013年11月，北元集团被陕煤集团评为2012年安全生产标准化先进公司。

2013年12月，北元集团被陕西省物流与采购联合会评为2013年度陕西省物流行业先进单位。

2013年12月，北元集团被中国文化管理协会、企业文化管理专业委员会评为中国企业文化建设先进单位。

2014年，北元集团化工一分公司荣获陕煤集团"安全生产标准化先进单位"荣誉称号；化工一分公司聚氯乙烯分厂聚合组、化工二分公司乙炔分厂二期发生清净组获得陕煤集团安全"先进班组"荣誉称号。

2014年1月，北元集团热电分公司荣获陕煤集团"安全先进公司"荣誉称号。

2014年2月，北元集团被榆林市人民政府评为榆林市工业转型升级示范企业。

2014年2月，北元集团被陕西省国资委评为企业文化示范单位。

2014年2月，北元集团被陕西省发改委评为2013年度陕西省经济社会发展调研信息系统信息工作优秀企业。

2014年2月，北元集团被陕煤集团评为2012—2013年度纪检监察工作先进单位。

2014年5月，北元集团热电分公司荣获陕煤集团"年度文明单位"荣誉称号；北元集团团委荣获陕煤集团2012—2013年度"五四红旗团委"荣誉称号。

2014年7月，北元集团被中国石油和化学工业联合会、中国化工报社评为全国石油和化工新闻宣传先进单位。

2014年10月，北元集团被陕西省企业家协会评为"2014年度陕西省企业文化建设优秀成果"单位。

2014年12月，北元集团被陕西省工业和信息化厅评为"全省工业运行百户重点监测企业先进单位"。

2014年12月，北元集团荣获中国石油和化学工业联合会、中国化工报社授予的2014年度中国石油和化工·企业公民楷模榜——节能减排奖。

2014年12月，北元集团被陕西省工业和信息化厅评为2014年全省工业降本增效先进企业。

2014年12月至2017年12月，北元集团商标被认定为陕西省著名商标。

2014年12月，北元集团被中国文化管理协会、企业文化管理专业委员会评为中国企业文化建设优秀单位。

2015年，北元集团化工二分公司荣获陕煤集团"安全生产标准化先进单位"荣誉称号；北元集团团委荣获陕煤集团2014—2015年度"五四红旗团委"荣誉称号；化工分公司动力检修分厂团支部荣获陕煤集团2014—2015年度"五四红旗团支部"荣誉称号。

2015年，北元集团荣获榆林市2015年度"青年安全生产示范岗"荣誉称号。

2015年，北元集团化工分公司辛波荣获陕煤集团第六届"十佳青年岗位技术明星"荣誉称号。

2015年1月，北元集团被陕煤集团评为"2014年安全生产标准化先进单位""2014年安全生产年单位"；热电分公司被评为陕煤集团"安全先进公司"。

2015年1月，北元集团被陕西省发改委评为2014年度陕西省经济社会发展调研信息系统信息工作优秀企业。

2015年2月，北元集团被陕煤集团工会评为先进女职工委员会。

2015年2月，陕西省人民政府授予北元集团生产的北元牌聚氯乙烯产品"陕西省名牌产品"荣誉称号。

2015年3月，北元集团被榆林市厂务公开领导小组评为全市厂务公开职代会四星级单位。

2015年6月，北元集团化工分公司氯碱分厂荣获陕煤集团党委"2013—2014年度四强党支部"荣誉称号。

2015年9月，北元集团被中国石油和化学工业联合会授予全国石油和化工行业两化融合优秀实践奖。

2015年10月，北元集团获陕煤集团2015年"蒲洁能化杯"员工乒乓球赛体育道德风尚奖。

2015年11月，北元集团被中华全国总工会授予"模范员工之家"荣誉称号。

2015年12月，北元集团被陕西省国资委评为省属企业管理工作先进集体。

2016年，北元集团化工分公司荣获陕煤集团"安全标准化先进集体"荣誉称号；热电分公司刘鹏、化工分公司杜云虎荣获陕煤集团2015—2016年度"优秀共青团干部"荣誉称号；化工分公司霍浩、热电分公司郄明利荣获陕煤集团2015—2016年度"优秀共青团员"荣誉称号。

2016年1月，北元集团被中国石油和化学工业联合会、中国化工报社评为中国石油和化工行业"十二五"最具竞争力企业。

2016年1月，北元集团被陕煤集团评为2015年安全生产年单位。

2016年2月，北元集团被榆林市总工会评为2015年度工会工作先进单位。

2016年2月，北元集团被陕煤集团评为2015年度新闻宣传工作先进集体。

2016年3月，北元集团被榆林市总工会授予"工人先锋号"荣誉称号。

2016年3月，北元集团被陕西省质量技术监督局评为2015年度陕西省特种设备使用管理先进单位。

2016年4月，北元集团被陕煤集团评为2014—2015年度文明单位。

2016年4月，北元集团被三秦都市报社评为2015年度三秦都市报优秀新闻采写实训基地。

2016年5月，北元集团化工分公司动力检修分厂团支部获陕煤集团2014—2015年度"五四红旗团支部"荣誉称号。

2016年6月，北元集团被中国石油和化学工业联合会、中国化工企业管理协会、中国化工情报信息协会评为2016中国化工企业500强。

2016年8月，北元集团被中国石油和化学工业联合会、中国化工报社评为全国石油和化工行业新闻宣传先进单位。

2016年12月，北元集团荣获陕煤集团"弘扬劳动精神"系列宣传报道活动优秀组织奖。

2016年12月，北元集团被陕西省工业和信息化厅评为全省工业运行百户重点监测企业先进单位。

2017年，北元集团被陕西省工业和信息化厅评为陕西省质量标杆"推广全面质量管理实践经验"单位。

2017年，北元集团化工分公司动力检修分厂电仪303工段荣获榆林市"工人先锋号"荣誉称号。

2017年，北元集团化工分公司乙炔分厂荣获陕煤集团工会"巾帼建功示范岗"荣誉称号。

2017年1月，北元集团被陕煤集团评为2016年安全生产标准化先进公司。

2017年2月，北元集团被陕西省能源化工地质工会授予"五一巾帼标兵岗"荣誉称号。

2017年3月，北元集团被三秦都市报社评为2016年度优秀新闻采写实训基地。

2017年5月，北元集团被陕西省质量技术监督局、陕西省发展和改革委评为陕西省能源资源计量标杆示范企业。

2017年8月，北元集团被陕煤集团评为"三会"议题管理先进单位。

2017年8月，北元集团被陕西省安全生产监督管理局评为陕西省安全文化建设"示范企业"。

2017年9月，北元集团被中国设备管理大会组委会授予2017中国设备管理大会暨第十五届全国TnPM大会企业可视化管理创意奖二等奖。

2017年9月，北元集团被全国塑料标准化技术委员会、聚氯乙烯树脂产品分技术委员会评为2016—2017年度全国聚氯乙烯行业标准化工作先进单位。

2017年11月，北元集团被三秦都市报社评为2016年度三秦都市报最佳活动组织奖。

2017年12月，北元集团被陕西省工业和信息化厅评为全省工业运行百户重点监测企业先进单位。

2017年12月，北元集团被中国石油和化学工业联合会、中国化工职工思想政治工作研究会评为党建思想政治工作先进单位。

2017年12月，北元集团被中国安全生产协会评为全国安全文化建设示范企业。

2018年1月，北元集团热电分公司工会被陕煤集团授予2016—2017年度"模范职工小家"荣誉称号。

2018年1月，北元集团被《中国企业报》集团、国务院国资委新闻局、中国企业发展论坛组委会、中国企业十大新闻评委会、中国企业园区国际合作联盟评为中国成长力企业百强。

2018年1月，北元集团被陕煤集团授予"2017年安全生产年单位"和"2017年安全生产标准化先进单位"荣誉称号。

2018年1月，北元集团被中国石油和化学工业联合会、中国化工报社评为全国石油和化工行业"新闻宣传先进单位"和"最具社会责任企业"。

2018年3月，北元集团网站被陕煤集团评为2017年度优秀网站。

2018年3月，北元集团被陕西省企业信用协会、陕西省重点行业市场调研活动组委会授予"2017年度创新管理示范企业"荣誉称号。

2018年4月，北元集团被中共榆林市委、榆林市人民政府授予"榆林市五一劳动奖状"。

2018年4月，北元集团被陕煤集团助力脱贫攻坚领导小组评为"陕煤集团两联一包扶贫工作先进单位"。

2018年4月，北元集团撰写的《科学谋划　提质创效》一文在陕煤集团"促进财务管理水平提升暨第二届财务工作会精神落实推进会"上获得一等奖。

2018年5月，北元集团团委被共青团榆林市委员会评为"五四红旗团委"。

2018年8月，北元集团被中国石油和化学工业联合会评为2017年度能效领跑者标杆企业（聚氯乙烯）。

2018年8月，北元集团被中国石化联合会和中国化工企业管理协会评为2018中国石油和化工企业500强（位列第153名）。

2018年8月，北元集团被中国石油和化学联合会、中国化工企业管理协会评为2018中国基础化学原料制造业百强企业（位列第43名）。

2018年9月，北元集团一种液力耦合器专用拆卸器被中国设备管理大会组委会评为2018中国设备管理大会设备维护工具创意奖二等奖；北元集团一种装卸车工具改善方法被中国设备管理大会组委会评为2018中国设备管理大会设备管理金点子奖一等奖，北元集团标准在设备管理中的建立和应用被中国设备管理大会组委会评为2018中国设备管理大会中国TnPM设备管理创新奖三等奖。

2018年9月，北元集团被国家税务总局榆林市税务局评为"A级信用等级纳税人"。

2018年10月，北元集团被中共锦界镇委员会、锦界镇人民政府评为2018年度脱贫攻坚工作先进帮扶企业。

2018年10月，北元集团被全国塑料标准化技术委员会聚氯乙烯树脂产品分会授予"全国聚氯乙烯行业标准化工作先进单位"荣誉称号。

2018年10月，北元集团被中国文化管理协会授予"改革开放40周年企业文化建设标杆单位"荣誉称号。

2018年10月，北元集团水泥有限公司获"弘朝科技杯"全国第十六次水泥化学分析大对比全优奖。

2018年10月，北元集团生产技术部被化学工业氯碱产品质量监督检验中心评为全国氯碱企业质检工作先进单位。

2018年11月，北元集团被中国化工报社授予中国石油和化学工业改革开放40周年"勇立潮头榜样"奖。

2018年11月，北元集团被中国石油和化学工业联合会、中国化工职工思想政治工作研究会授予"中国石油和化学工业企业文化建设先进单位"荣誉称号。

2018年11月，北元集团被陕西省煤炭安全生产监督管理局评为陕西省煤炭系统第二轮修志工作先进单位。

2018年11月，北元集团入选榆林国家税务局2018年诚信纳税人名单"红榜"20强。

2018年12月，北元集团微电影作品《我的劳保鞋》在中华全国总工会举办的"中国梦·劳动美"2018年第五届全国职工微视影大赛上荣获铜奖。

2018年12月，北元集团党建工作创新典范案例被中国企业管理研究会、中国财政科学研究院、创新世界周刊、国企管理编委会授予2018全国国企管理创新成果一等奖。

2018年12月，北元集团被陕西省生态文明促进会评为"环保爱心单位"。

2018年12月，北元集团被中国制造企业协会评为中国化工行业二十强。

2019年1月，北元集团被陕煤集团评为2018年度安全标准化先进单位、2018年度人力资源管理优秀单位，热电分公司被评为安全标准化先进公司，生产技术部、安全环保部被评为安全生产先进部门，公司消防队被评为安全先进应急救援队，水泥有限公司生产技术科熟料组一线运行四班、锦源化工有限公司热电分厂汽机检修班被评为先进班组。

2019年1月，北元集团在由中国化学品安全协会、中国化工报社举办的"北元杯"第四届全国危险化学品安全知识竞赛总决赛中获得第三名。

2019年1月，北元集团被中国企业改革与发展研究会、中国合作贸易企业协会授予"中国AAA信用企业"荣誉称号。

2019年1月，北元集团被中国石油和化学工业联合会指导小组、中国化工报社授予全国石油和化工行业新闻宣传工作先进单位。

2019年1月，北元集团被中国产品质量管理中心评为陕西省质量诚信示范单位。

2019年，北元集团被"一带一路"智库高端峰会诚信品牌三秦行组织委员会评为陕西省诚信管理创新AAA级单位。

2019年1月，北元集团被陕煤集团评为2018年安全生产年单位。

2019年3月，北元集团被公司被陕西煤业化工集团有限责任公司工会委员会评为先进工会女职工委员会。

2019年5月，北元集团被陕西省塑料工业协会授予高级会员单位。

2019年5月，北元集团被共青团陕西煤业化工集团有限责任公司委员会授予"青春心向党 逐梦陕煤新发展"诵读比赛优秀组织奖。

2019年6月，北元集团被榆林市统计局、榆林市工业和信息化局、榆林市能源局评为2018年度榆林工业企业主营业务收入百强企业。

2019年7月，北元集团被陕煤集团评为2018年度目标责任考核优秀企业。

2019年7月，北元集团被中国设备管理体系标准管理中心授予设备管理体系银级。

2019年7月，北元集团被陕西化工研究院有限公司评为常务副理事长单位。

2019年7月，北元集团被中国石油和化学工业联合会评为2018年度"聚氯乙烯能效领跑者"企业。

2019年7月，北元集团被中国煤炭利用加工协会评为《煤化工　副产工业硫酸钠》《煤化工　副产工业氰化钠》两项团体标准参编单位。

2019年8月，北元集团被陕西化工集团评为2018年度财务信息上报综合考核评比优秀单位。

2019年9月，北元集团被中国设备管理协会评为中国设备管理协会第六届理事会理事单位。

2019年9月，北元集团被中共榆林市委和榆林市人民政府评为2018年度榆林工业企业财税贡献百强企业。

2019年9月，北元集团被中国石油和化学工业联合会和中国化工企业管理协会评为2019中国石油和化工企业500强。

2019年9月，北元集团被全国节水标准化技术委员会确定为《节水型企业　氯碱行业》国家标准参编单位。

2019年9月，北元集团被全国化学标准化技术委员会和氯碱分技术委员会确定为《工业用氢氧化钠》国家标准参编单位。

2019年9月，北元集团被全国塑料标准化技术委员会和聚氯乙烯树脂产品分技术委员会确定为《悬浮法通用型聚氯乙烯树脂》国家标准参编单位。

2019年10月，北元集团被中国石油和化学工业联合会和中国化工企业管理协会评为第十二届全国石油和化工企业管理创新成果一等奖。

2019年11月，北元集团化工公司被陕西化工集团授予2019年安全知识竞赛一等奖。

2019年11月，北元集团被陕西化工集团授予2019年安全知识竞赛优秀组织奖。

2019年11月，北元集团被陕西履行《禁止化学武器公约》工作办公室评为2018年度禁化武履约先进集体。

2019年11月，北元集团被陕煤集团评为企业文化建设先进单位。

2019年12月，北元集团被陕西省国资委评为2019年度全省企业国有资产统计和监管企业财务管理、内部审计工作先进集体。

2019年12月，北元集团被新华网授予第六届绿色发展峰会2019最具影响力绿色发展企业品牌。

2019年12月，北元集团荣获2019国际公开拔河赛业余组第一名。

2019年12月，北元集团被陕煤集团评为2019年度人力资源管理先进单位。

2020年1月，北元集团被陕煤集团评为2018—2019年度信访稳定工作先进单位。

2020年1月，北元集团被陕煤集团评为2019年安全生产标准化先进单位。

2020年1月，北元集团被陕煤集团评为2019年安全生产年单位。

2020年4月，北元集团被陕煤集团评为2018—2019年度文明单位。

2020年5月，北元集团被陕煤集团评为抗击新冠肺炎疫情和复工复产做贡献先进单位。

2020年5月，北元集团被榆林市政府评为2019年度优秀民营企业。

2020年9月，北元集团在庆祝中华人民共和国成立71周年"放歌新时代，铸就新辉煌"大合唱比赛中获得三等奖。

2020年9月，北元集团荣获陕煤集团2018—2019年廉政文化综合示范点单位。

2020年10月，北元集团被中国物流与采购联合会评为"优秀采购案例"。

2020年10月，北元集团被汉阴县人民政府授予"汉阴县脱贫攻坚先进集体"。

2020年11月，北元集团被工业和信息化部评为国家工业产品绿色涉及示范企业。

2020年11月，北元集团被陕西省煤炭工业协会、陕煤集团评为陕西煤炭行业第十七次职工思想政治工作研讨活动优秀组织单位。

2020年12月，北元集团被全国塑料标准化技术委员会评为聚氯乙烯树脂产品分会全国聚氯乙烯行业标准化工作先进单位。

2020年12月，北元集团被陕西省英才委员会、中国英才数据库评为陕西"十三五"建功立业模范单位。

2020年12月，北元集团在"迎七一，党在我心中，永远跟党走"主题征文活动中获得"优秀组织奖"。

2020年12月，北元集团被中华人民共和国生态环境部主管《环境保护》杂志社评为"践行企业责任推进绿色发展"企业。

2020年12月，北元集团"一线好新闻，陕煤好故事"征文比赛活动中获得优秀组织奖。

2020年12月，北元集团被陕煤集团职工思想政治工作研究会评为2020年思想政治工作课题研究优秀组织单位。

2020年12月，北元集团被中共汉阴县委汉阴县人民政府评为"汉阴县脱贫攻坚先进集体"。

2020年，北元集团被陕西省生态文明建设促进会评为优秀会员单位。

2021年1月，北元集团被中共陕西省国资委员会评为思想政治工作先进单位。

2021年1月，北元集团被陕煤集团评为2020年度安全生产标准化先进单位。

2021年1月，北元集团被陕煤集团评为2020年安全生产年单位。

2021年2月，北元集团被中共榆林市委宣传部榆林市发展和改革委员会榆林市社会信用工作领导小组办公室评为榆林市首批诚信建设示范企业。

2021年3月，北元集团被陕煤集团评为2020年度中心组学习先进集体。

2021年3月，北元集团被陕煤集团评为2020年度宣传思想工作先进单位。

2021年4月，北元集团被榆林市商务局评为2020年度稳外贸工作优秀企业。

2021年4月，北元集团被评为榆林市英才交流协会理事单位。

2021年4月，北元集团被评为2020年度脱贫攻坚优秀帮扶企业。

2021年4月，北元集团被中华全国总工会授予"全国五一劳动奖状"。

2021年4月，北元集团被中共榆林市委政法委员会评为榆林市政法队伍教育基地。

2021年5月，北元集团被榆林市人民政府办公室评为2020年度安全生产先进企业。

2021年5月，北元集团被陕西化工集团有限公司评为"对标管理标杆单位"。

2021年5月，北元集团被陕西化工集团有限公司评为"专项对标示范单位"。

2021年5月，北元集团被陕煤集团评为2020年度目标责任考核优秀企业。

2021年6月，北元集团被中共神木市委神木市人民政府授予"全市脱贫攻坚企业结对帮扶突出贡献奖"荣誉称号。

2021年8月，北元集团在"中国共产党成立100周年"主题征文活动中获得优秀组织奖。

2021年9月，北元集团被榆林市安全生产委员会评为2021年榆林市危险化学品道路运输事故全省示范性应急演练工作先进单位。

2021年10月，北元集团被中国石油和化学工业联合会评为"十三五"石油和化工行业节能先进单位。

2021年10月，北元集团被中国石油和化学工业联合会评为2020年度能效领跑者标杆企业（聚氯乙烯）。

2021年11月，北元集团在陕煤集团化工板块化工安全生产知识网络在线答题活动中获得优秀组织单位。

2021年11月，北元集团被中国石油和化学工业联合会评为2021年中国石油和化工企业500强。

2021年12月，北元集团被陕煤集团评为2021年化工板块职工技能大赛工业废水处理工塞项团体一等奖。

2022年1月，北元集团被陕煤集团评为2021年安全生产先进企业。

2022年2月，北元集团被榆林市商务局评为2021年度外贸工作优秀企业。

2022年2月，北元集团被陕西省商务厅评为2021年度外贸工作优秀企业。

2022年3月，北元集团被神木市高新技术产业开发区管理委员会评为2021年度疫情防控先进单位。

2022年3月，北元集团被陕煤集团评为2020—2021年度信访稳定工作先进单位。

2022年4月，北元集团被榆林市红十字会评为"爱心企业"。

2022年4月，北元集团被榆林市总工会评为"工人先锋号"。

2022年4月，北元集团被中华全国总工会评为"全国工人先锋号"。

2022年4月，北元集团被陕煤集团评为2021年度中心组学习先进集体。

2022年4月，北元集团被陕煤集团评为2021年度宣传思想先进单位。

2022年6月，北元集团被陕煤集团评为2021年度"法治陕煤"建设先进单位。

2022年6月，北元集团纪委荣获陕煤集团2020—2021年纪检监察工作先进单位；化工分公司纪委荣获陕煤集团2020—2021年纪检监察工作先进集体。

2022年7月，北元集团被陕煤集团评为2021年度目标责任考核优秀企业。

2022年7月，北元集团荣获陕西化工集团化工板块2022年事故案例奖评竞赛三等奖。

2022年7月，北元集团荣获陕西化工集团化工板块2022年安全法规知识竞赛优秀奖。

2022年8月，北元集团荣获陕煤集团"能化杯"职工职业技能大赛优秀组织单位。

2022年8月，北元集团荣获上海证券交易所2021—2022年度信息披露工作A级评价。

2022年9月，北元集团荣获全国和谐劳动关系创建示范企业。

2022年9月，北元集团荣获第十六届中国上市公司ESG百强奖。

2022年9月，北元集团荣获陕煤集团（陕北片区）职工篮球赛第五名。

2022年9月，北元集团荣获十二届全国协同应用大赛陕西总决赛二等奖。

2022年10月，北元集团荣获国家知识产权优势企业。

2022年10月，北元集团荣获陕西省级节水标杆企业。

2022年10月，北元集团荣获陕西省高新技术企业。

2022年12月，北元集团荣获中国证监会上市公司治理最佳实践案例。

2022年12月，北元集团荣获2022上市公司董办优秀实践。

2022年12月，北元集团荣获陕煤集团2022年事故案例讲评竞赛二等奖。

（三）个人荣誉

2004年5月，公司董事长兼总经理王凤君被评为神府经济开发区建区十周年先进个人。

2004年7月，公司工程处、生产处处长史彦勇被中共榆林市委驻神木工委评为2003年度优秀共产党员；同月，被中共神府经济开发委员会评为2004年度优秀共产党员。

2005年3月，公司董事长兼总经理王凤君被评为榆林市非公有制经济首届优秀企业家。

2006年5月，公司董事长兼总经理王凤君被评为中国石油化工优秀民营企业家。

2006年6月，公司生产技术部靳党会被评为神府经济开发区2006年度优秀共产党员。

2006年10月，公司董事长兼总经理王凤君被评为榆林市优秀中国特色社会主义事业建设者。

2007年1月，公司安全环保部孙继国被神府经济开发区管委会评为2006年度神府经济开发区安全生产先进工作者。

2008年1月，化工二分公司王伟被神府经济开发区管委会评为2007年度神府经济开发区安全生产先进工作者。

2008年9月，公司总工程师史彦勇被中共榆林市委组织部、榆林市人事局、榆林市工商业联合会评为榆林市非公有制企业"优秀创业人才"。

2008年12月，公司董事长兼总经理王凤君被评为陕西省优秀中国特色社会主义事业建设者。

2009年1月，公司总经理王凤君获"陕西省优秀中国社会主义先进工作者"荣誉称号。

2009年1月，公司安全环保部李生芳获"2008年度神府经济开发区安全生产先进工作者"荣誉称号。

2009年1月，公司总经理王凤君被评为榆林市优秀创业企业家。

2009年7月，公司生产技术部周玉艳在榆林市政协组织的知识竞赛中获二等奖。

2009年8月，公司物流中心折荣强获"陕西煤业化工集团2007—2008年度效能监察工作先进个人"荣誉。

2009年12月，公司总经理史彦勇和王奋中、徐生智合著论文在2009年全国聚氯乙烯行业技术年会"美的杯"论文大赛中获得优秀奖。

2009年12月，公司党群工作部高小军被评为陕煤集团2009年度优秀通讯员。

2009年12月25日，公司财务部张玲芬被陕西省石化行业管理办公室评为2009年度统计工作先进个人。

2010年1月，公司安全环保部乔卫锋荣获2009年度安全先进工作者。

2010年1月，公司党群工作部高小军被《榆林企业》编辑委员会评为2010年《榆林企业》优秀通讯员。

2010年2月，公司总经理王凤君被评为榆林市"责任2009·保增长杰出企业家"。

2010年3月，公司化工二分公司蒋海宾被榆林市团委评为榆林市青年岗位能手。

2010年4月，公司总经理王凤君被陕煤集团评为2008—2009年度劳动模范。

2010年7月，公司生产技术部徐生智、靳党会获陕煤集团2009—2010年度科技创新工作先进个人。

2010年10月，公司党群工作部高小军撰写的论文《国有企业实行"三重一大"决策制度的实践与思考》获陕煤集团党风廉政建设论文活动二等奖。

2011年1月，公司党群工作部薛红娟荣获陕煤集团2010年度新闻宣传工作先进个人。

2011年1月，公司水泥有限公司刘成伟荣获陕煤集团安全生产先进个人。

2011年2月，公司化工二分公司陈鹏获陕煤集团2010—2011年度优秀工会干部。

2011年2月，公司化工一分公司李庆春获陕煤集团2010—2011年度优秀工会积极分子。

2011年2月，公司生产技术部徐生智获陕煤集团2009—2010年度优秀科技工作者。

2011年2月，公司生产技术部徐生智、马晔和化工一分公司王奋中撰写的论文《浅谈氯碱企业用水和减排》获陕煤化集团2009—2010年度科技论文优秀奖。

2011年2月，公司生产技术部靳党会获陕煤集团2009—2010年度优秀科技工作者。

2011年2月，公司生产技术部靳党会、规划发展部党增琦、化工二分公司叶鹏云撰写的论文《隔膜法电解装置节电措施》获陕煤集团2009—2010年度科技论文优秀奖。

2011年3月，公司党群工作部高小军被陕煤集团与职工思想政治工作研究会评为陕煤集团2010年度优秀思想政治工作者。

2011年3月，公司生产技术部靳党会被陕煤集团工会授予"巾帼能手"称号。

2011年6月，化工二分公司李鹏智被榆神管委会评为榆神工业区2010—2011年度优秀共产党员。

2011年6月，公司财务管理部李子景被陕煤集团评为"十大优秀理财人物"；财务管理部杨晶、李正被评为"财务工作先进个人"。

2011年6月，公司党群工作部高小军被陕煤集团党委评为陕煤集团2009—2010年度优秀党务工作者。

2011年7月，公司总经理助理李子景被陕西工商管理硕士学院评为第二届陕西MBA"杰出人才"，并获得"创业精英奖"称号。

2011年8月，公司党群工作部高小军写的散文《忧伤的江南》被中国散文学会评为2011年全国散文作家论坛征文大赛三等奖。

2011年9月，公司物流中心折荣强获陕煤集团2009—2010年度效能监察工作先进个人。

2011年9月，公司党群工作部高小军写的散文《陕北三思》被《散文选刊》杂志社评为"美文天下·首届全国旅游散文大奖赛"二等奖。

2011年11月，公司生产技术部靳党会被榆林市妇女联合会授予"三八红旗手"荣誉称号。

2011年12月，公司规划发展部牛斌获陕煤集团年度先进个人。

2011年12月8日，公司财务管理部张玲芬被陕西省工业和信息化厅评为2011年度全省工业经济运行监测优秀信息员。

2012年，公司副总经理李子景被陕煤集团评为2010—2011年度纪检监察工作先进个人。

2012年1月，公司化工二分公司韩咏玲获陕煤集团2011年度优秀通讯员。

2012年2月，公司安全环保部李静、党群工作部薛红娟撰写的通讯《一个共产党员的北元情怀》，荣获陕煤集团"煤化战线党旗红"征文活动优秀奖。

2012年2月，公司党群工作部高小军撰写的论文《国有企业实行"三重一大"决策制度的实践与思考》被中共陕西省人民政府国有资产监督管理委员会评为陕西省2010年国有企业反腐倡廉建设有奖征文二等奖。

2012年2月，公司纪委书记赵世强被评为全省扶贫开发工作先进个人。

2012年3月，公司安全环保部乔卫锋获2011年度陕西省消防安全工作先进个人。

2012年4月，公司化工二分公司刘延财获陕煤集团2011年度先进个人。

2012年4月，公司总工程师史彦勇被评为陕煤集团2010—2011年度劳动模范。

2012年5月，公司化工二分公司陈鹏被榆神管委会授予"榆神工业区五一劳动奖章"。

2012年5月，公司水泥有限公司李红荣获"陕煤集团公司先进个人"荣誉。

2012年6月，公司党群工作部高小军被榆神管委会评为榆神工业区2011—2012年度优秀党务工作者。

2012年6月，化工二分公司叶鹏云被榆神管委会评为榆神工业区2011—2012年度优秀共产党员。

2012年7月，公司总经理王凤君的论文《安全文化的实质是什么》在陕西省煤炭工业协会第十次政研会上被评为三等奖。

2012年7月，公司党群工作部高小军荣获第四期陕煤集团领导干部研修班优秀学员。

2012年7月，公司企业管理部王艳霞获陕煤集团统计信息先进个人。

2012年10月，公司副总经理张雄堂和生产技术部张友平、科研中心熊磊及化工二分公司卢文军、高仁撰写的论文《引进108 m^3 PVC聚合釜及工艺技术应用》，获2012年聚氯乙烯行业技术年会论文评选二等奖。

2012年10月，公司营销中心雷锦旗被评为榆林市优秀共青团员。

2012年10月，公司热电分公司习志群撰写的论文《关于职工安全教育与培训方式和效果的探讨》荣获中国安全生产协会主办的"创新安全管理 落实主体责任"征文活动纪念奖。

2012年11月，公司化工二分公司高海阳、集团公司副总经理张雄堂、化工二分公司杨茂勤、生产技术部靳党会撰写的论文《氯碱系统氢气气柜投运后利弊分析》，获第13届"佑利杯"论文交流三等奖；公司化工二分公司张隆刚撰写的论文《停车排液过程中的单槽压力控制》，获第13届"佑利杯"论文交流优秀奖。

2012年12月8日，公司财务管理部郭志强被陕西省工业和信息化厅评为2012年度全省工业经济运行监测优秀信息员。

2012年12月，公司营销中心王富强被评为陕煤集团2012年度优秀通讯员。

2012年12月，公司财务总监刘国强撰写的《基于"三维价值驱动型"的财务管控体系研究》被中国煤炭经济研究会评为2012年度煤炭经济研究优秀论文二等奖；撰写的《年薪制个人所得税筹划》被中国煤炭经济研究会评为2012年度煤炭经济研究优秀论文三等奖，并被中国管理科学理论文献编辑部评为2012优秀论文一等奖。

2013年，生产技术部王奋中被评为榆神工业区2013年优秀党务工作者。

2013年，科技研发中心曾宪军被评为2011—2012年度陕煤集团优秀共青团员。

2013年，化工分公司乔志平、高骞被陕煤集团评为先进工作者。

2013年1月，化工分公司张波被陕煤集团评为2012年度安全先进工作者；公司热电分公司屈晔军荣获安全先进个人。

2013年2月，化工分公司刘延安负责的《电石渣浆中乙炔气回收利用》项目荣获陕煤集团2011—2012年度科技进步三等奖。

2013年2月27日，在陕煤集团召开的"2011—2012年度科技表彰大会"上，水泥有限公司员工樊德金的《烘干破滤饼机刮板改造项目》荣获陕煤化集团职工技术创新成果三等奖；公司员工王奋中、边新民、曾宪军、魏福强等人撰写的7篇科技论文荣获陕煤化集团科技论文奖；化工一分公司王奋中、康文国荣获"陕煤集团优秀科技工作者"称号。

2013年3月6日，公司财务管理部周燕芳被陕煤集团评为财务工作先进个人。

2013年3月，公司总经理助理、化工分公司党委书记刘延财被陕西省能源化工地质工会评为陕西省能源化工地质系统工会积极分子；公司副总工程师、水泥有限公司党委书记、经理陈鹏被评为陕西省能源化工地质系统优秀工会工作者。

2013年4月，党群工作部张健被陕煤集团评为2012—2013年度优秀共青团干部，同年5月，被榆神工业区评为2012—2013年度优秀共青团干部。

2013年9月，财务管理部郭志强被陕西省工信厅评为优秀信息员。

2013年11月，综合管理部许鹏雄被陕西陆军预备役步兵第一四一师第四二三团评为优秀预任战士。

2014年，党群工作部薛红娟撰写的通讯《北元化工集团"北元模式"树企业文化》荣获全国石油和化工行业新闻宣传优秀作品三等奖。

2014年，党群工作部刘涛撰写的论文《北元集团推进学习型党组织建设的实践与思考》在陕煤集团"深化企业改革，实践发展陕煤梦"理论研讨活动中荣获优秀奖。

2014年，党群工作部王秧秧被陕煤集团评为新闻宣传先进个人，被榆神工业区评为优秀通讯员。

2014年，党群工作部薛红娟撰写的课题《80后职工队伍价值观培育的探索与思考》荣获2014年度中国煤炭工业优秀研究成果三等奖。

2014年，生产技术部张磊刚被榆神工业区评为特种设备安全先进工作者，化工分公司田冯宜被评为四优共产中共党员。

2014年，党群工作部张健被陕煤集团授予2013—2014年度"优秀共青团干部"荣誉称号；化工分公司王利荣、王伟荣获陕煤集团2013—2014年度"优秀共青团员"荣誉称号。

2014年1月,热电分公司贺飞被陕煤集团评为2013年度优秀通讯员,水泥有限公司王亚平被评为2013年度安全先进工作者。

2014年4月,公司总经理助理、化工分公司党委书记刘延财被陕煤集团评为2012—2013年度劳动模范。

2014年4月,热电分公司张文刚被陕煤集团评为2012—2013年度先进个人。

2014年5月,党群工作部张健荣获陕煤集团首届微电影展映"最佳编剧提名奖"。

2014年5月,化工分公司杨莉、扶保雄、刘秋艳获陕煤集团环保知识竞赛二等奖。

2014年5月5日,公司副总工程师、水泥有限公司执行董事、经理陈鹏被授予"榆神工业区五一劳动奖章"。

2014年7月,公司宁小钢被中共天津经济技术开发区企业委员会评为2013—2014年度优秀共产中共党员。

2014年7月,热电分公司田键、万鑫被中共榆神工业区工作委员会评为2013年度优秀共产党员;热电分公司崔志高被评为2013年度优秀党务工作者。

2014年10月,党群工作部薛红娟撰写的论文《"北元模式"引领混合所有制经济发展之路探析》荣获陕西省委"学习贯彻党的十八届三中全会精神与陕西实践"理论研讨征文活动二等奖。

2014年12月,化工分公司杨莉、张章获榆林市"安全生产法"知识竞赛二等奖。

2015年,党群工作部薛红娟撰写的通讯《一体多元 和而不同》荣获2014年度化工好新闻通讯类二等奖。

2015年,党群工作部刘涛撰写的文章《儿时故乡》在榆神工业区"全面深化改革"征文活动中荣获三等奖。

2015年,化工分公司马建国被陕煤集团评为2014—2015年度劳动模范;科技研发中心熊磊被评为2013—2014年度先进科技工作者。

2015年1月,热电分公司刘喜忠、水泥有限公司任建虎被陕煤集团评为安全先进工作者。

2015年2月,热电分公司张文刚一家被陕煤集团工会授予"五好文明家庭"荣誉称号。

2015年2月,综合管理部李渊、安全环保部房宝平被陕煤集团评为2014年度新闻宣传先进个人。

2015年3月,化工分公司董晓博获得陕煤集团青年职工形象展示大赛优秀奖。

2015年5月,党群工作部张健被陕煤集团评为2013—2014年度优秀共青团干部。

2015年5月,北元集团职工李亚珍、张明、王福金的《多功能阀门打压、电机转子拆除器》项目获得榆林市第三届创意创新创业大赛三等奖,康文同的《一种减震管道支架》项目、辛波的《轴承轴向游隙测量仪》项目获得优秀奖。

2015年5月,化工分公司王利荣、锦源化工有限公司王伟荣被陕煤集团评为2013—2014年度优秀共青团员。

2015年7月,化工分公司王宇获得榆林市科技局及知识产权局庆"七一"演讲比赛三等奖。

2015年8月,党群工作部王秧秧荣获国家高级摄影师证书和中国化工报化工好新闻图片类三等奖。

2015年9月,化工分公司刘延安负责的《电解单元节电改造》项目荣获陕煤集团2013—2014年度科技进步三等奖。

2015年9月,化工分公司马骥撰写的《水电解制氢装置在氯碱生产中应用的分析》,贺永斌、白虎雄撰写的《离子膜片碱结块的原因及治理》获得第33届全国氯碱行业技术年会暨第16届"佑利杯"论文交流会优秀奖。

2015年12月,党群工作部马薇的摄影作品《专注》在"转型发展中的陕煤化"职工摄影大赛中荣获"员工风采篇"优秀奖。

2015年12月,党群工作部贺磊的摄影作品《水墨北元》在榆神工业区第二届"书香杯"书画摄影大赛中获得摄影类三等奖。

2016年,化工分公司杜云虎荣获陕煤集团2015—2016年度"优秀共青团干部"。

2016年,化工分公司马建国荣获陕煤集团2015年度科技先进工作者。

2016年1月,公司党委副书记、总经理史彦勇,热电分公司徐生智被陕煤集团评为2015年度安全先进工作者;公司董事会秘书刘建国被评为2015年度人力资源先进个人。

2016年4月,党群工作部薛红娟、马薇、王秧秧被三秦都市报评为优秀通讯员。

2016年8月,党群工作部贺磊获中国监察学会化工分会2016年度优秀论文三等奖。

2016年11月,党群工作部王秧秧的摄影作品《工人肖像》荣获榆神工业区第三届"书香杯"书画摄影大赛摄影类一等奖。

2016年11月,党群工作部张健的摄影作品《臂》在榆神工业区第三届"书香杯"书画摄影大赛中获得三等奖。

2016年11月,综合管理部乔勇被陕西陆军预备役步兵第一四一师第四二三团评为"优秀学员"。

2016年11月,化工分公司马骥、刘文远撰写的《两套氯氢处理装置合并运行的生产实践》获得第34届全国氯碱行业技术年会暨第17届"佑利杯"论文交流会三等奖。

2016年12月,综合管理部李渊获陕煤集团"弘扬劳动精神"系列宣传活动三等奖。

2016年12月,热电分公司徐生智参与撰写的《一种合成氯乙烯用的低汞触媒》论文,荣获由中华人民共和国国家知识产权局颁发的中国专利优秀奖。

2017年,生产技术部张友平被全国塑料标准化技术委员会聚氯乙烯树脂产品分会评为标准化工作先进个人。

2017年,化工分公司杜云虎被陕煤集团评为优秀工会积极分子。

2017年1月,公司党委副书记、总经理史彦勇被陕煤集团评为2016年度安全先进工作者;企业管理部张玲芬被评为人力资源先进个人。

2017年2月,热电分公司张文刚被陕煤集团评为2016年度最美员工;热电分公司贺飞被评为2016年度新闻宣传先进个人;党群工作部马薇、化工分公司侯龙飞被评为2016年度新闻宣传工作优秀通讯员。

2017年3月,公司党委书记、董事长刘国强被陕西省企业信用协会评为2016年度陕西省诚信奖"创新年度人物"。

2017年3月,化工分公司王贵珍被陕煤集团工会授予第四届"巾帼能手"称号。

2017年3月,党群工作部王秧秧被三秦都市报评为优秀通讯员。

2017年5月，综合管理部许鹏雄、乔勇被中共锦界镇委员会、锦界镇人民政府评为民兵整组工作先进个人。

2017年5月，化工分公司王贵珍撰写的论文《浓硫酸清净乙炔工艺硫酸单耗的降低》荣获第39届全国聚氯乙烯行业技术年会暨第3届"宁夏新龙蓝天杯"优秀论文交流会二等奖。

2017年5月，化工分公司辛波荣获陕煤集团第六届"十佳青年岗位技术明星"称号。

2017年6月，化工分公司董晓博、任江涛在榆林市盐业系统演讲比赛中荣获第一名。

2017年7月，化工分公司呼利军被陕煤集团评为2015—2016年度优秀共产党员。

2017年8月，财务管理部李晓鹏被陕煤集团评为产权登记先进个人。

2017年9月，财务管理部张红霞被陕煤集团评为2017年度先进个人。

2017年11月，党群工作部张健的作品《员工关怀计划，让北元成为员工第二个"家"》荣获三秦都市报2016年度三秦好新闻二等奖。

2017年11月，化工分公司张波、刘延安、谢鹏、张国奇撰写的《氯化氢气体游离氯的有效控制》获第35届全国氯碱行业技术年会暨第18届"佑利杯"论文交流会三等奖。

2017年12月，公司党委书记、董事长刘国强被中国石油和化学工业联合会评为优秀思想政治工作者；公司副总经理李子景被评为中国石化行业供应链管理十佳人物。

2017年12月，党群工作部张健被评为中国安全健康教育2017年度共建健康陕西公益宣传先进个人。

2017年12月，党群工作部贺磊的作品《华灯初上》在榆神工业区第四届"书香杯"书画摄影大赛中获得摄影类三等奖。

2017年12月，党群工作部贺飞荣获陕煤集团2017年工会工作调研活动优秀调研成果优秀奖。

2018年1月，公司党委副书记、纪委书记赵世强荣获第四届全国石油和化学工业新闻宣传"十佳企业媒体领导人"称号。

2018年1月，党群工作部刘涛被锦界管委会评为优秀党务工作者。

2018年1月，党群工作部张健被陕煤集团评为2016—2017年度优秀工会干部。

2018年1月，党群工作部王秧秧撰写的通讯《田燕龙：原料供应线上的卫士》、马薇撰写的通讯《北元集团：两化融合释放新动能》分别荣获第四届全国石油和化工行业新闻宣传优秀作品三等奖。

2018年1月，综合管理部乔勇被陕西陆军预备役步兵第一四一师第四二三团评为优秀预备役军官。

2018年1月，企业管理部慕艳梅被评为陕煤集团人力资源先进个人；热电分公司徐生智被评为安全先进工作者。

2018年2月，党群工作部贺磊被陕煤集团评为纪检监察先进个人。

2018年2月，采购供应部王凯被评为国家统计局陕西省采购经理调查工作先进个人。

2018年2月，采购供应部方小苗被评为国家统计局榆林市采购经理调查工作先进个人。

2018年3月，公司党委书记、董事长刘国强被陕西省企业信用协会评为2017陕西省诚信奖创新年度人物。

2018年3月，综合管理部刘海胜被榆林市消防支队评为企业专职消防队优秀个人，并被中国煤矿体育协会评为全民健身活动先进个人。

2018年3月，综合管理部乔勇被榆林市公安消防支队评为企业专职消防队先进个人。

2018年3月，综合管理部乔勇、许鹏雄被中共锦界镇委员会、锦界镇人民政府评为民兵整组工作先进个人。

2018年3月，党群工作部马薇被陕煤集团评为2017年度新闻舆论工作先进个人；化工分公司侯龙飞被陕煤集团评为2017年度新闻舆论工作优秀通讯员。

2018年4月，党群工作部贺磊被陕煤集团评为优秀驻村第一书记。

2018年5月，公司党委副书记、总经理史彦勇撰写的《PVC产品专用树脂优化研究》《低汞高性能触媒的合成研究》《废硫酸裂解再生浓硫酸技术引进》《北元化工一分公司产业优化改造项目》被陕煤集团评为2014—2017年度科技进步二等奖。

2018年5月，化工分公司辛波荣获陕煤集团"陕煤工匠"称号。

2018年5月，党群工作部马薇的摄影作品《设备的守护神》荣获"纪念4·29国际禁止化学武器组织日"宣传作品展优秀奖。

2018年10月，公司党委副书记、纪委书记赵世强荣获中国文化管理协会授予的"企业文化突出贡献人物"称号。

2018年10月，党群工作部贺飞撰写的《基层企业如何延伸拓展监督触角，做到监督执纪严紧硬、驰而不息纠"四风"》荣获中煤政研会2018年度纪检监察优秀研究成果三等奖。

2018年11月，公司党委副书记、纪委书记赵世强被评为陕西省煤炭系统第二轮修志工作先进个人。

2018年11月，党群工作部薛红娟撰写的论文《加强党建工作，实现混合所有制企业高质量发展》荣获陕煤集团"落实新时代发展要求，实现陕煤高质量发展"优秀论文三等奖；撰写的论文《弘扬延安精神 求真务实 打造北元发展软实力》荣获陕煤集团"庆祝改革开放40周年"优秀论文优秀奖。

2018年11月，证券事务部梁军撰写的论文《从北元化工看国有企业与民营理论企业融合发展》荣获陕煤集团"庆祝改革开放40周年"优秀论文二等奖。

2018年11月，热电分公司李波涛撰写的论文《浅谈改革开放以来北元发展之路》荣获陕西煤炭行业第十五次职工思想政治工作研讨活动优秀研究成果三等奖和陕煤集团"庆祝改革开放40周年"理论研讨活动三等奖。

2018年11月，党群工作部贺磊荣获陕煤集团扶贫干部岗位风采展示大赛一等奖。

2018年12月，公司党委书记、董事长刘国强被西部风云网、陕西省中小企业服务中心、陕西省民族文化经济促进会、中国商报社陕西记者站、中国政府创新与管理研究中心陕西省办事处、西部风云评审委员会联合授予第五届"西部（丝路）风云人物"称号。

2018年12月，财务管理部周燕芳被陕西省国资委评为"省属企业财务管理工作先进个人"。

2018年12月，安全环保部靳党会撰写的论文《浅析北元安全文化如何落地》被《企业管理》杂志社评为全国安全文化优秀论文三等奖。

2019年1月，公司党委书记、董事长刘国强被中国企业改革与发展研究会、中国合作贸易企业协会授予"全国优秀诚信企业家"称号,并被中国石油和化学工业联合会指导小组、中国化工报社授予"2018年度石油和化工行业影响力人物"称号。

2019年1月,公司副总经理申建成,公司总经理助理、化工分公司党委书记刘延财,化工分公司经理叶鹏云,规划发展部雷强被陕煤集团评为安全生产先进工作者;锦源化工有限公司综合管理科刘鹏、企业管理部人力资源科林润被评为陕煤集团2018年度人力资源管理先进个人。

2019年1月,党群工作部马薇的摄影作品《工人肖像》被中国化工报社评为第五届全国石油和化工行业新闻宣传优秀作品二等奖;薛红娟撰写的评论《将改革进行到底》,张健的图片新闻《北元化工开展"国学"主题夏令营活动》被评为三等奖。

2019年1月,化工分公司辛波、王福金发明的《一种十字中心台虎钳》获得国家实用新型专利。

2019年1月,化工分公司徐玮、郭元、王海雄、高仁发明的《一种聚氯乙烯树脂浆料取样器》获得国家实用新型专利。

2019年1月,锦源化工有限公司热电分厂汽机检修班获得陕煤集团2018年度"安全先进班组"荣誉称号。

2019年1月,锦源化工综合管理科刘鹏获得陕煤集团2018年度人力资源先进个人荣誉称号。

2019年1月,热电分公司贺磊撰写的论文《让脱贫步伐更"轻盈"》荣获安康市脱贫攻坚好新闻三等奖。

2019年2月,采购供应部王勇刚被中国石油和化学工业联合会供应链工作委员会评选为石化行业供应链管理专家。

2019年2月,党群工作部李建军荣获陕煤集团2018年度新闻宣传工作先进个人。

2019年2月,企业管理部沈鹏飞荣获陕煤集团2017—2018年度内部审计先进个人。

2019年2月,营销物流部张玲芬荣获中国煤经会审计分会2016—2017年度内部审计先进个人。

2019年3月,水泥有限公司尤文军、马少华、罗仑昆撰写的论文《新型辅材在生料配料中的开发与应用》获2019年度陕西建材行业技术革新奖三等奖。

2019年3月,化工分公司郭瑞芬被陕煤集团工会评为2017—2018年度先进女职工工作者。

2019年3月,化工分公司童宇川、马伟、罗宏浩、付长江发明的《一种塔底防堵收集装置》获得国家实用新型专利。

2019年3月,化工分公司辛波发明的《一种皮带弧形夹板》获得国家实用新型专利。

2019年3月,科技研发中心田彩梅获得"陕煤十大巾帼标兵"荣誉称号。

2019年3月,热电分公司贺磊荣获双河口镇"优秀驻村第一书记"称号。

2019年4月,化工分公司姜亚雄荣获陕煤集团第六届矿山救援、第三届消防救援及第一届医疗救护技术竞赛消防救援综合体能单项项目个人第四名。

2019年4月,化工分公司辛波荣获共青团陕西省国资委工作委员会2018—2019年度"青年岗位能手"称号。

2019年4月,生产技术部马生伟主持、李利军参与的项目《MES系统在设备管理中的应用》荣获中国设备管理协会管理创新成果三等奖。

2019年4月，生产技术部刘建平《电石炉出炉小车技术改造》荣获中国设备管理协会三等奖。

2019年5月，财务管理部苏娴获得陕煤集团"青春心向党，逐梦陕煤新发展"纪念五四运动100周年诵读比赛三等奖。

2019年5月，公司员工张宇、王奋中、熊磊、张明完成的《兰炭聚氯乙烯产业链规模化联产技术应用》获2019年中国产学研合作创新成果奖一等奖。

2019年5月，公司员工张宇被《聚氯乙烯》杂志聘为第8届编委会副主任委员。

2019年5月，化工分公司牛东撰写的论文《乙炔发生器发气能力不足的原因及对策》，获得第41届全国聚氯乙烯行业技术年会暨第5届"宁夏新龙蓝天杯"优秀论文交流会优秀奖。

2019年5月，化工分公司苏维朵、徐柯、韩云峰、杨永峰撰写的论文《VCM精馏尾气净化氢气流向问题》荣获第41届全国聚氯乙烯行业技术年会暨第5届"宁夏新龙蓝天杯"优秀论文交流会优秀奖。

2019年5月，化工分公司赵鹏、张国奇、李少芳、杜元鹏、高燕军、王文魁撰写的论文《氯碱生产过程中副产次氯酸钠的有效利用》荣获第36届全国氯碱行业技术年会暨第19届"佑利杯"论文交流会三等奖。

2019年5月，科技研发中心熊磊获陕煤集团首届"十大杰出青年"荣誉称号。

2019年5月，科技研发中心张明被陕西省化工学会授予"陕西省石化青年科技突出贡献奖"。

2019年5月，企业管理部李周清获陕煤集团2017—2018年度"优秀共青团干部"荣誉称号。

2019年5月，热电分公司贺磊获陕煤集团"优秀驻村第一书记"荣誉称号。

2019年5月，水泥有限公司徐瑞瑞获陕煤集团2017—2018年度"优秀共青团员"荣誉称号。

2019年6月，党群工作部李建军被《化工简讯》评为2018—2019年度优秀通讯员一等奖。

2019年7月，化工分公司王伟、段军军、王福金、高燕军、韩慧珏发明的《一种异形件车削定位花盘》获得国家实用新型专利。

2019年7月，化工分公司王伟、王飞、徐保卫、高燕军、韩慧珏、王福金、刘海胜发明的《一种正压呼吸器微型安全重装桶》获得国家实用新型专利。

2019年7月，热电分公司贺磊荣获汉阴县脱贫攻坚"优秀帮扶干部"称号。

2019年7月，生产技术部康文国获2018年度石油和化工"能效领跑者"企业"节能优秀管理者"荣誉称号。

2019年8月，化工分公司张彤勋、李艳龙、马鹏飞、何强撰写的论文《探究氯碱企业土壤及地下水污染防治的可行性分析》在2019年全国氯碱行业环保年会论文评选中获得优秀奖。

2019年8月，企业管理部李周清、马润霞撰写的论文《浅谈企业如何提升安全文化管理水平》获得首届全国安全文化优化论文评选活动三等奖。

2019年8月，热电分公司贺磊在陕西省2018年脱贫攻坚考核中被评为优秀等次。

2019年9月，财务管理部李慧、张红霞荣获陕西省总会计师（财务总监）协会管理会计师专业认证优秀学员。

2019年9月，化工分公司蔡苗荣获榆林市十大行业百名标兵"能源化工标兵"称号。

2019年9月，热电分公司邱强负责的《一种蓄电池专用拆装搬用工具》获得国家实用新型专利。

2019年9月，生产技术部贺会荣，水泥有限公司陈进耀、张晓娟、贺喜贵、李利军、訾伟撰写的《高压变频器在水泥厂研究与应用》荣获陕西省建材行业技术革新二等奖。

2019年9月，水泥有限公司訾伟发表论文《高压变频器在水泥厂的应用》获得2019年陕煤生产杯陕西省建材行业技术革新奖。

2019年10月，党群工作部刘涛荣获陕西省煤炭行业第十六次职工思想政治工作研讨活动优秀理论文章二等奖。

2019年10月，党群工作部薛红娟撰写的论文《新时代企业思想政治稿子的思考》荣获陕西省煤炭行业第十六次职工思想政治工作研讨活动优秀理论文章三等奖；荣获2019年"助力陕煤集团高质量发展，献礼新中国成立七十周年"理论研讨活动三等奖。

2019年10月，党群工作部张健撰写的论文《新时代企业青年职工思想状况的调查与研究》荣获陕西省煤炭行业第十六次职工思想政治工作研讨活动优秀理论文章一等奖。

2019年10月，公司员工孙龙彬、杜燕、杨莉撰写的论文《氯化氢工序盐酸罐区风险有害因素与控制措施》获第37届全国氯碱行业技术年会暨第20届"佑利杯"论文交流会三等奖。

2019年10月，公司员工张宇被聘为中国氯碱工业协会聚氯乙烯专家组专家。

2019年10月，公司员工张宇被《氯碱工业》杂志聘为第8届编委会副主任委员。

2019年10月，化工分公司纠建、白小东撰写的论文《板框式压滤机自动化改造对电石渣浆处理效率提升的讨论》获得2019年全国聚氯乙烯行业技术年会暨"金泰杯"论文交流会优秀奖。

2019年10月，生产技术部李彦飞、马生伟参与的《设备点检与状态检修相结合助推设备安全高效运行》项目荣获第十二届全国石油和化工企业管理创新成果一等奖。

2019年10月，生产技术部张友平被全国塑料标准化技术委员会聚氯乙烯树脂产品分会授予全国聚氯乙烯行业标准化工作先进个人。

2019年11月，党群工作部马薇的摄影作品《守护》荣获国家禁化武宣传作品优秀奖；马薇本人荣获2018年度禁化武履约工作先进个人。

2019年11月，党群工作部薛红娟撰写的论文《在北京，终究没有丢掉老父亲》荣获陕西省盐业协会庆祝中华人民共和国成立70周年主题征文活动三等奖。

2019年11月，化工分公司高俊、张国奇、彭贵兵、张波、高海阳、王小平、曹海潮发明的《活套法兰分离器》获得国家实用新型专利。

2019年11月，锦源化工安全环保中心于星荣获陕煤集团安全知识竞赛一等奖。

2019年11月，科技研发中心熊磊获得中共榆林市委宣传部、榆林市科学技术局、榆林市科学技术协会共同授予的2019年"榆林市最美科技工作者"提名奖荣誉称号。

2019年11月，热电分公司王磊荣获榆林市第十五届自然科学优秀学术论文三等奖。

2019年11月，综合管理部杨永春获得榆林市"体彩杯"游泳比赛4×450米男女混合接力赛第二名，50米自由泳、50米蛙泳第一名。

2019年12月，安全环保部张文武获陕煤集团2019年首届职工文化艺术书法美术作品展摄影类优秀奖、美术类三等奖、摄影（纪实类）三等奖。

2019年12月，公司员工慕毅、袁丽华、师学文撰写的论文《氯碱企业含盐废水处理及综合利用研究》获榆林市第十五届自然科学优秀学术论文三等奖。

2019年12月，科技研发中心张明撰写的论文《7℃冷却水系统腐蚀原因及解决方法》《PVC离心母液水处理装置的改造措施》获榆林市第十五届自然科学优秀学术论文二等奖。

2019年12月，生产技术部曹国玉撰写的论文《通过解析装置实现含汞废酸的循环利用》荣获榆林市第十五届自然科学优秀学术论文二等奖。

2019年12月，生产技术部冯乐荣获庆祝新中国成立70周年全国首届当代翰墨名家作品展二等奖。

2019年12月，生产技术部刘王存书法作品《岳阳楼记》被评为陕煤集团2019年首届职工文化艺术节书法美术摄影作品展书法类二等奖。

2020年1月，党群工作部李建军荣获中国化工报社2019年度优秀通讯员。

2020年1月，化工分公司苏志强撰写的论文《职工心理压力成因及疏导机制构建的思考》荣获陕西煤炭行业第十七次职工思想政治工作研讨活动优秀理论文章一等奖。

2020年1月，热电分公司贺磊撰写的《132名贫困户当了"股东"》被中国化工报评为2019年石油和化工行业新闻宣传优秀作品三等奖。

2020年1月，热电分公司梁虎伟荣获2019年度陕煤集团安全生产先进工作者。

2020年3月，热电分公司康伟荣获陕煤集团2018—2019年度"优秀工会积极分子"称号。

2020年3月，水泥有限公司马少华参与的项目《新型辅材在水泥配料中的开发与应用》获2019年度陕西建材行业技术革新奖三等奖。

2020年3月，水泥有限公司杨鹏飞、朱先均、曹辉辉、尤文军、刘生发、马少华、张小建参与的项目《降低水泥中水溶性六价铬的应用研究》获2019年陕西建材行业技术革新奖二等奖。

2020年4月，党群工作部马薇荣获陕煤集团2019年度宣传思想工作先进个人。

2020年4月，党群工作部薛红娟撰写的《北元化工混改释放聚合效应》被评为2019年度"陕煤好新闻"。

2020年4月，党群工作部张健被评为陕西省国资委优秀团干部。

2020年4月，锦源化工综合管理科段阳阳荣获陕煤集团2019年度新闻宣传工作优秀通讯员。

2020年4月，水泥有限公司张文功被陕煤集团授予2018—2019年度"陕煤工匠"荣誉。

2020年5月，公司员工高海阳被陕煤集团评为抗击新冠肺炎疫情和复工复产作贡献青年先锋。

2020年5月，化工分公司李国瑞荣获陕煤集团班组长综合素质提升演讲比赛优秀奖。

2020年5月,锦源化工有限公司生产技术科中心化验室获陕西省能源化学地质工会"五一巾帼标兵岗"荣誉称号。

2020年6月,党群工作部李建军被评为《化工简讯》2019—2020年度优秀通讯员一等奖。

2020年6月,公司员工王伟、辛波发明的《一种便携式多功能消防扳手》获得国家实用新型专利。

2020年6月,热电分公司贺磊在陕西省2019年脱贫攻坚考核中被评选为优秀等次。

2020年6月,水泥有限公司张文功被陕西化工集团有限公司授予的对标管理辅导员荣誉。

2020年6月,营销物流部邵辉荣获中国石油和化学工业联合会委员会授予的"疫情防控工作先进典型个人"称号。

2020年7月,公司员工张云飞、刘钰存、曹海潮、张国奇、张杰、党保安、张柱、高燕军发明的《一种电解槽阴阳极进出料管线移运装置》获得国家实用新型专利。

2020年7月,公司员工刘静、崔鹏、张波、沈靖宗撰写的论文《离子膜电解槽氯酸盐分解工艺优化运行总结》获氯碱行业技术年会论文交流会优秀奖。

2020年7月,化工分公司沈靖宗、杜元鹏、刘静撰写的论文《浅谈离子膜电解装置废水循环利用》获氯碱行业技术年会论文交流会优秀奖。

2020年8月,安全环保部张文武获陕西禁止化学武器公约履约2019年度禁化武履约工作先进个人。

2020年8月,化工分公司王芬荣获陕煤集团2020年化工板块职工技能大赛化学检验员赛项个人优胜奖。

2020年8月,化工分公司王福金、韩慧珏、刘佳林发明的《一种移动式升降设备》获得国家实用新型专利。

2020年8月,热电分公司贺磊荣获陕煤集团助力脱贫攻坚优秀驻村干部荣誉。

2020年8月,生产技术部贺会荣撰写的论文《冷气机在配电室的应用》,荣获陕西省建材行业技术革新奖三等奖。

2020年8月,水泥有限公司李广撰写的论文《球磨机滑履稀油站高压油泵的改进》获得陕西省建材行业技术革新奖三等奖。

2020年8月,水泥有限公司訾伟撰写的论文《冷空气在配电室的应用》获得2020年尧柏特种水泥杯陕西省建材行业技术革新奖。

2020年9月,综合管理部崔志高、党群工作部贺飞荣获陕煤集团2018—2019年度纪检监察先进个人。

2020年9月,公司员工武永军荣获陕煤集团化工企业环保知识竞赛一等奖

2020年9月,锦源化工安全环保中心于星荣获陕煤集团化工企业环保知识竞赛一等奖。

2020年9月,科技研发中心田彩梅荣获陕煤集团化工板块第一届技能大比武三等奖。

2020年9月,热电分公司贺磊获中国能源产业发展年会"最美先锋战士"荣誉称号。

2020年9月,生产技术部景行撰写的论文《离子膜整流变压器的几种散热方式》荣获氯碱工业优秀论文二等奖。

2020年9月，化工分公司张广伟、王小敏撰写的论文《高压开关柜"五防"闭锁改造总结》获得论文交流会优秀奖。

2020年9月，生产技术部马生伟被陕西化工集团有限公司聘为"化工设备类专家"。

2020年10月，公司员工韩慧珏、王福金发明的《一种切割用往复装置》获得国家实用新型专利。

2020年11月，安全环保部张文武获榆林市消防安全委员会119消防奖"先进个人"。

2020年11月，党群工作部薛红娟撰写的《混合所有制企业思想政治工作引领高质量发展研究》荣获陕西省煤炭行业第十七次职工思想政治工作研讨活动优秀理论文章二等奖。

2020年11月，公司员工徐玮、白林、何洪保撰写的论文《回收单体精制研究总结》获得第42届全国聚氯乙烯行业技术年会暨第6届"宁夏新龙蓝天杯"优秀论文交流会优秀奖。

2020年11月，公司员工赵春虎、崔万理、苗亚玲撰写的论文《VCM回收系统生产瓶颈问题优化与改进总结》获得榆林市第十六届自然科学优秀学术论文二等奖、第42届全国聚氯乙烯行业技术年会暨第6届"宁夏新龙蓝天杯"优秀论文交流会优秀奖。

2020年11月，公司员工李胜利、张建宏撰写的论文《热稳定性测定仪在PVC树脂及其制品中的应用》荣获第42届全国聚氯乙烯行业技术年会暨第6届"宁夏新龙蓝天杯"优秀论文交流会优秀奖。

2020年11月，公司员工马鹏军、付长江、张隆刚、刘春光、闫娇撰写的论文《硫酸清净系统酸雾捕集器过滤效能研究》获得第42届全国聚氯乙烯行业技术年会暨第6届"宁夏新龙蓝天杯"优秀论文交流会三等奖。

2020年11月，公司员工宁小钢、陈鹏、徐生智、李军业、王奋中、熊磊、张明、曾宪军、慕毅完成的《以企业绿色高效发展为目标的循环经济产业链的深入实践》项目获得第十三届全国石油和化工企业管理创新成果二等奖。

2020年11月，公司员工高海阳、冯强强、曹磊磊、白虎雄、高鹏飞、刘文远撰写的论文《氯化氢合成炉使用脱氧纯水的运行总结》荣获第38届全国氯碱行业技术年会暨21届"佑利杯"论文交流会优秀奖。

2020年11月，公司员工蒲晓龙、白虎雄、冯继文、高海阳、张翻梅撰写的论文《硫酸提浓技术在烧碱生产过程中的应用》荣获第38届全国氯碱行业技术年会暨21届"佑利杯"论文交流会二等奖。

2020年11月，公司员工孙龙彬、高云、杜燕撰写的论文《TQZ-140型副产蒸汽氯化氢合成装置运行总结》获得第38届全国氯碱行业技术年会暨第21届"佑利杯"论文交流会优秀奖。

2020年11月，公司员工孙龙彬、王奋中撰写的论文《氯化氢石墨冷却器运行总结》获得第38届全国氯碱行业技术年会暨第21届"佑利杯"论文交流会三等奖。

2020年11月，公司员工杨茂勤、贺永斌、白虎雄、郭磊撰写的《固碱熔盐炉运行过程中存在的问题及解决措施》获得第38届全国氯碱行业技术年会暨第21届"佑利杯"论文交流会优秀奖。

2020年11月，科技研发中心张明、化工分公司张增利、生产技术部康文国撰写的论文《一级重大危险源液氯储存单元的风险控制》获第 38 届全国氯碱行业技术年会三等奖。

2020 年 12 月，财务管理部施素帆获得陕西省人民政府国有资产监督管理委员会（省国资委）"省属企业财务管理工作先进个人"。

2020 年 12 月，党群工作部李建军荣获陕西省行业信息宣传工作先进个人一等奖。

2020 年 12 月，党群工作部李建军的作品《"大疫"无情"大爱"暖心》荣获陕煤集团"一线好新闻·陕煤好故事"征文比赛二等奖和 2020 年度石油和化工行业新闻宣传优秀作品三等奖。

2020 年 12 月，党群工作部马薇的视频作品《感谢坚守的你》荣获陕煤集团"一线好新闻·陕煤好故事"征文比赛活动优秀奖。

2020 年 12 月，党群工作部薛红娟撰写的论文《混合所有制企业思想政治工作引领高质量发展研究》荣获陕煤集团思想政治工作优秀研究成果二等奖。

2020 年 12 月，公司员工刘国强、张宇、刘延财、申建成、宁小钢、徐生智，科技研发中心熊磊、张明完成的《煤－兰炭－电石－聚氯乙烯产业链及园区示范》项目获榆林市科学技术奖二等奖。

2020 年 12 月，公司员工张宇、王奋中、熊磊、张明完成的《兰炭聚氯乙烯产业链规模化联产技术应用》项目荣获中国石油和化学工业联合会"科技进步奖"。

2020 年 12 月，化工分公司梁正的作品《124149 吨次氯酸钠消毒液的背后》荣获陕煤集团"一线好新闻·陕煤好故事"征文比赛优秀奖。

2020 年 12 月，化工分公司梁正荣获 2019—2020 年度全省盐行业信息宣传工作先进个人二等奖。

2020 年 12 月，化工分公司王鸽鸽荣获 2019—2020 年度全省盐行业信息宣传工作先进个人三等奖。

2020 年 12 月，证券事务部杨宇被陕西省盐业协会评为 2019—2020 年度全省盐行业信息宣传工作先进个人。

2020 年 12 月，化工分公司叶小波的作品《发运一线的"定海神针"》荣获神木高新技术产业开发区"迎七一，党在我心中，永远跟党走"主题征文三等奖。

2020 年 12 月，科技研发中心熊磊荣获中共榆林市委组织部、共青团榆林市委、榆林市科学技术协会、榆林市科技局共同授予的第十届"榆林青年科技奖"。

2020 年 12 月，企业管理部曹颖被陕煤集团评为"人力资源先进个人"。

2020 年 12 月，热电分公司贺磊撰写的论文《企业开展精准扶贫工作需把握几个"精准"》荣获"黄陵矿业杯"扶贫工作优秀文集三等奖，《对梨树河村脱贫攻坚与乡村振兴有效衔接的思考》《在脱贫攻坚中发挥农民合作社的内源作用》荣获"黄陵矿业杯"扶贫工作优秀文集优秀奖。

2020 年 12 月，营销物流部王富强撰写的论文《防疫路上的排头兵》荣获第六届石油和化工企业品牌故事征文比赛优秀奖。

2021 年 1 月，化工分公司苏志强撰写的论文《职工心理压力成因及疏导机制构建的思考》荣获 2021 年度"中国平煤神马杯"党建思想政治工作优秀研究成果二等奖。

2021 年 1 月，水泥有限公司訾伟被评为陕煤集团"安全生产先进个人"。

2021年2月，党群工作部马薇的摄影作品《抗疫情、保安全，我们在行动》荣获2020年度石油和化工行业新闻宣传优秀作品二等奖。

2021年2月，党群工作部薛红娟撰写的作品《幸福梨树河村的小康"密码"》刊发于《待到山花烂漫时》(ISBN978-7-224-13935-8)。

2021年2月，企业管理部沈鹏飞、敖天星撰写的审计报告《2019年度后勤维修费、低值易耗品及废旧物资专项审计》，荣获陕煤集团2020年度优秀内部审计项目一等奖。

2021年2月，营销物流部张玲芬荣获陕煤集团2019—2020年度内部审计先进个人。

2021年3月，党群工作部冯永东获陕煤集团2020年度宣传思想工作先进个人荣誉称号。

2021年3月，党群工作部李建军作品《北元集团在上海证券交易所成功挂牌上市》被评为2020年度"陕煤好新闻"。

2021年3月，党群工作部汪艳荣获陕煤集团2019—2020年度先进女职工工作者。

2021年3月，党群工作部薛红娟被评为神木高新技术产业开发区管理委员会2020年度优秀党务工作者。

2021年3月，公司员工王福金、康文国、杨茂勤发明的《一种链板机传动装置》获得国家实用新型专利。

2021年3月，公司员工王福金、梁晓宇、康文国、党增琦发明的《一种浓缩机传动装置》获得国家实用新型专利。

2021年3月，化工分公司李小娜荣获陕煤集团"巾帼能手"称号。

2021年4月，党群工作部张健荣获全国煤炭行业优秀共青团干部。

2021年4月，化工分公司（VCM装置）张永强，获得BIM高级工程师证书。

2021年4月，化工分公司何洪保、白林、徐玮、张应开发明的《一种聚合釜出料装置》获得国家实用新型专利。

2021年4月，化工分公司徐玮、白林发明的《一种聚氯乙烯汽提浆料回收系统》获得国家实用新型专利。

2021年4月，锦源化工综合管理中心刘鹏、白小娟，安全环保中心于星荣获陕煤集团党史知识竞赛二等奖。

2021年4月，营销物流部张玲芬荣获陕煤集团授予的"2019—2020年度内部审计先进个人"称号。

2021年5月，党群工作部薛红娟被评为中国石油和化学工业优秀思想政治工作者。

2021年5月，公司员工刘延财、宁小钢完成的《合成氯乙烯金基无汞催化剂的研发与工业应用》项目获天津市技术发明一等奖。

2021年5月，公司员工张宇等完成的《煤-兰炭-电石-聚氯乙烯产业链及园区示范》项目荣获陕西省化工学会"陕西石化科学技术奖"。

2021年5月，公司员工张宇被聘为《聚氯乙烯》杂志第9届编委会副主任委员。

2021年5月，化工分公司曹国玉、张军锋、高树丽、赵春虎、何鹏东发明的《一种聚氯乙烯合成转化过程余热利用系统》获得国家实用新型专利。

2021年5月，化工分公司王水霞获得陕煤集团职工健步跑公开赛（5公里健步跑）女子组第六名。

2021年5月，化工分公司徐玮、吴月玲、李江、田俊明、张应开撰写的论文《108 m^3 聚合釜高压回收系统存在问题的应用研究》获得第43届全国聚氯乙烯行业技术年会暨第7届"宁夏新龙蓝天杯"优秀论文交流会优秀奖。

2021年5月，锦源化工安全环保中心于星荣获陕西省国资委党史知识竞赛二等奖。

2021年5月，锦源化工设备管理科王大伟撰写的论文《密封式电石炉系统装置技术改造》《智能声波清灰器在电石炉净化系统的应用》获第43届全国聚氯乙烯行业技术年会暨第7届"宁夏新龙蓝天杯"优秀论文交流会三等奖。

2021年5月，科技研发中心熊磊荣获陕西化工集团对标管理先进个人。

2021年6月，党群工作部李建军被《化工简讯》评为2020—2021年度优秀通讯员二等奖。

2021年6月，党群工作部薛红娟被评为陕煤集团优秀党务工作者。

2021年6月，规划发展部贺文彦撰写的论文《复合炉熄焦系统技术改造》荣获2021石油和化工行业设备管理与技术创新成果一等奖。

2021年6月，规划发展部雷强撰写的论文《智能润滑技术在设备管理的应用》荣获2021石油和化工行业设备管理与技术创新成果二等奖。

2021年6月，化工分公司侯学文、崔鹏、徐玮、高茂刚撰写的论文《降低108 m^3 聚合釜清釜频次的应用研究》获得2021年全国聚氯乙烯行业技术年会论文评选三等奖。

2021年6月，化工分公司李艳龙获得神木高新技术产业开发区生态环境知识竞赛三等奖。

2021年6月，化工分公司马建国、张宇、何洪保、徐玮、曹文奇发明的《一种离心母液水沉降装置》获得国家实用新型专利。

2021年6月，化工分公司徐柯荣获陕煤集团优秀共产党员称号。

2021年6月，化工分公司张杰在陕煤集团班组长综合素质提升培训中获得"优秀学员"荣誉称号。

2021年6月，锦源化工设备管理科王大伟申报的生产技术部马生伟、李利军参与的项目《复合炉熄焦系统技术改造》荣获中国设备管理协会2021石油化工行业设备管理与技术创新成果技术类一等奖。

2021年6月，生产技术部刘国强、刘延财、陈鹏、王奋中、叶鹏云、张军锋、李军业、马生伟、李利军、陈飞虎、崔贝贝等完成的项目《设备点检与状态检修相结合的设备管理模式》荣获2021年石油和化工行业设备管理与技术创新成果管理类一等奖。

2021年6月，水泥有限公司张文功的论文《磁性联轴器在水泥厂高转速风机上的应用》荣获水泥杂志2020年度优秀论文评选活动中荣获三等奖。

2021年6月，质量管理中心姬文明取得水泥物理性能检验员（高级）国家建筑材料行业职业资格证书。

2021年7月，公司员工刘丁丁在陕煤集团班组长综合素质提升培训中荣获"优秀学员"荣誉称号。

2021年7月，生产技术部冯乐在庆祝中国共产党成立100周年暨全国第二届"中华金陵杯"诗书画印艺术作品展中荣获金奖。

2021年7月，生产技术部贺会完成的《电石渣储库扬尘治理》项目荣获陕西省建材行业技术革新奖三等奖。

2021年8月,财务管理部高巧梅在陕西省注册税务师协会举办的税收惠民办实事深化改革开新局——第十一届全国税法知识竞赛(陕西赛区)活动中获得个人优胜奖。

2021年8月,化工分公司马浪花的作品《重温建党百年路,永不磨灭奋斗情》荣获"盐业情·跟党走·聚力同圆中国梦"庆祝中国共产党成立100周年主题征文活动纪念奖。

2021年8月,热电分公司贺磊荣获陕煤集团助力脱贫攻坚模范荣誉。

2021年8月,热电分公司贺磊陕西省2020年脱贫攻坚考核中被评选为优秀等次。

2021年9月,公司员工刘国强、刘延财、申建成、宁小钢、徐生智、科技研发中心熊磊、张明完成的《煤-兰炭-电石-聚氯乙烯产业链及园区示范》项目获陕西省第十届煤炭工业优秀科技成果特等奖。

2021年9月,公司员工贺永斌、杨茂勤、白虎雄、李锐、折胜波、张国奇发明的《一种降低片碱结块的冷却系统》获得国家实用新型专利。

2021年9月,公司员工康文国、王福金、党增琦、叶鹏云发明的《一种便携式换热器域膜装置》获得国家实用新型专利。

2021年9月,公司员工张宇完成的《废硫酸裂解再生浓硫酸技术应用研究》项目荣获第十届(2018—2020年度)陕西省煤炭工业优秀科技成果三等奖。

2021年9月,化工分公司侯龙飞的作品《疫情中的大"家"由我守护》获得全国能源化工地质工会"庆祝中国共产党成立100周年"主题征文二等奖。

2021年9月,化工分公司沈靖宗、刘静撰写的论文《伍德迪诺拉离子膜电解工艺自动化探讨》获第39届全国氯碱行业技术年会暨第22届"佑利杯"论文交流会优秀奖。

2021年10月,公司员工贺登成、杨宝辉撰写的论文《液化系统对氯化氢合成工序的影响分析》获第39届全国氯碱行业技术年会暨第22届"佑利杯"论文交流会优秀奖。

2021年9月,锦源化工安全环保中心于星荣获陕煤集团网络安全知识竞赛一等奖。

2021年9月,科技研发中心曾宪军、张斌荣获陕煤集团第八届"十佳青年岗位技术明星"称号。

2021年9月,热电分公司邱强负责的《一种适用于模拟量控制回路的自动控制装置》项目荣获国家实用型发明专利。

2021年10月,公司员工慕毅、汪江江、王军林完成的《电石渣浆乙炔回收装置技术优化研究及工程设计》项目获得2021年陕西省企业"三新三小"创新竞赛项目优秀成果三等奖。

2021年10月,化工分公司白虎雄、赵鹏、贺永斌完成的《一种硫酸工业中的石墨过渡段》项目获得2021年陕西省企业"三新三小"创新竞赛项目优秀成果三等奖。

2021年10月,锦源化工设备管理中心王大伟完成的《电石炉出炉机器人》项目荣获2021年陕西省企业"三新三小"创新竞赛项目优秀成果三等奖。

2021年10月,热电分公司王磊完成的《六西格玛在给水泵母管制运行节能降耗中的应用》荣获2021年陕西省企业"三新三小"创新竞赛二等奖。

2021年10月，水泥有限公司马少华参与的《降低水泥中水溶性六价铬的应用研究》项目荣获2021陕西省企业"三新三小"创新竞赛项目优秀成果二等奖。

2021年10月，水泥有限公司訾伟、刘小东、薛锦卫完成的《液力耦合器专用拆卸装置》项目荣获2021年陕西省企业"三新三小"创新竞赛项目优秀成果二等奖。

2021年10月，化工分公司韩慧珏、王福金、武林、杨贵平发明的《一种取样器》获得国家实用新型专利。

2021年10月，化工分公司姜亚雄荣获陕煤集团第七届矿山救援、第四届消防救援及第二届医疗救护技术竞赛消防救援综合体能单项项目个人第一名。

2021年10月，科技研发中心王江涛在陕煤集团2021年化工板块职工技能大赛工业废水处理工赛项中荣获团体一等奖。

2021年10月，热电分公司范理龙在陕煤集团2021年化工板块职工技能大赛工业废水处理工赛项中荣获团体一等奖和个人三等奖。

2021年10月，热电分公司王磊荣获第十四届全国石油和化工企业管理创新成果二等奖。

2021年10月，热电分公司张建锋在陕煤集团2021年化工板块职工技能大赛工业废水处理工赛项中荣获一等奖。

2021年10月，热电分公司张建锋荣获陕煤集团技能大师荣誉称号。

2021年10月，生产技术部贺会荣撰写的论文《浅谈报警管理在水泥厂横河DCS系统中的优化》荣获榆林市自然科学三等奖。

2021年10月，水泥有限公司薛锦卫、贺喜贵撰写的科技论文《浅谈报警管理在水泥厂横河DCS系统中的优化》荣获榆林市自然科学论文三等奖。

2021年11月，安全环保部张文武获榆林市总工会、北元集团七届一次岗位职工技能比武"优秀裁判员"称号。

2021年11月，党群工作部丁雄撰写的论文《混合所有制企业党支部标准化建设的实践与思考》荣获陕煤集团思想政治工作课题研究成果二等奖。

2021年11月，党群工作部李建军荣获陕煤集团《陕西煤业化工集团志》编纂工作先进个人。

2021年11月，党群工作部薛红娟撰写的论文《混合所有制企业思想政治工作引领高质量发展研究》荣获陕西省2020年度思想政治工作优秀研究成果三等奖。

2021年11月，党群工作部张健撰写的论文《探索创新"双职工"子女托管服务，提高企业工会"精准化"服务水平》荣获陕煤集团工会工作优秀调研成果一等奖。

2021年11月，公司员工高海阳、白虎雄、赵鹏发明的《一种废氯气吸收工艺》获得国家实用新型专利。

2021年11月，公司员工白虎雄、贺永斌、白荣荣撰写的论文《硫酸计量泵及管道存在的问题及解决措施》获得榆林市第十六届自然科学优秀学术论文二等奖。

2021年11月，公司员工白虎雄、贺永斌、白荣荣撰写的论文《浅析废硫酸裂解装置冷凝酸的产生与控制》获得榆林市第十六届自然科学优秀学术论文二等奖。

2021年11月，公司员工白永明、高骞、闫建国撰写的论文《浅析10千伏系统中性点接地方式的利与弊及改造方向》获得榆林市第十六届自然科学优秀学术论文三等奖。

2021年11月，公司员工孙龙彬、张凤然、侯学文撰写的论文《氯碱企业安全生产信息管理》获榆林市第十六届自然科学优秀学术论文二等奖。

2021年11月，公司员工张明、张增利、康文国撰写的论文《一级重大危险源液氯储存单元的风险控制》获榆林市第十六届自然科学优秀学术论文三等奖。

2021年11月，科技研发中心韩慧珏撰写的论文《电石渣库乙炔富集治理实践》获得榆林市第十六届自然科学优秀学术论文三等奖。

2021年11月，化工分公司纠建、白小东撰写的论文《板框式压滤机自动化改造对电石渣浆处理效率提升的讨论》获得榆林市第十六届自然科学优秀学术论文三等奖。

2021年11月，化工分公司刘秋艳、高灏、王会林撰写的论文《卤水长输管线的腐蚀研究》荣获榆林市第十六届自然科学优秀学术论文一等奖。

2021年11月，化工分公司孙龙彬撰写的论文《氯化氢工序出酸系统研究与应用》获榆林市第十六届自然科学优秀学术论文三等奖。

2021年11月，化工分公司王小伟、侯亚东撰写的论文《PVC树脂下游加工性能的实验室模拟评价》获得榆林市第十六届自然科学优秀学术论文二等奖。

2021年11月，化工分公司徐玮、白林、何洪保撰写的论文《回收单体精制研究总结》获得榆林市第十六届自然科学优秀学术论文二等奖。

2021年11月，化工分公司徐玮、石锦铭、马虎威撰写的论文《氯乙烯制备工艺研究进展》获得榆林市第十六届自然科学优秀学术论文二等奖。

2021年11月，科技研发中心曾宪军，水泥有限公司刘力新、许文彪撰写的论文《水泥回转窑窑门装置的改造》荣获榆林市第十六届自然科学优秀学术论文三等奖。

2021年11月，科技研发中心曾宪军、水泥有限公司许文彪撰写的论文《钢丝胶带入库提升机的设计优化》获榆林市第十六届自然科学优秀学术论文二等奖。

2021年11月，科技研发中心曾宪军、水泥有限公司朱先均、科技研发中心柳玉撰写的论文《煤粉炉系统在电石渣制水泥生产线的应用》获榆林市第十六届自然科学优秀学术论文三等奖。

2021年11月，科技研发中心熊磊、曾宪军，水泥有限公司高海荣撰写的论文《干湿电石渣互换系统在水泥生产线上的应用》获榆林市第十六届自然科学优秀学术论文三等奖。

2021年11月，科技研发中心熊磊、张明、曾宪军、杨莉撰写的论文《新形势下传统能源化工的循环经济产业链模式》获榆林市第十六届自然科学优秀学术论文二等奖。

2021年11月，科技研发中心张明、化工分公司张增利、生产技术部康文国撰写的论文《一级重大危险源液氯储存单元的风险控制》获榆林市第十六届自然科学优秀学术论文二等奖。

2021年11月，热电分公司邱强负责的《一种用于电缆敷设施工的工装》项目获国家实用型发明专利。

2021年11月，热电分公司王磊撰写的《六西格玛在给水泵母管制运行节能降耗中的应用》荣获榆林市第十六届自然科学优秀学术论文二等奖。

2021年11月，生产技术部康文国撰写的论文《化工企业岗位员工操作技能的提升》

《仪表空气露点超标原因及防范措施》《淡盐水脱氯真空度提升及运行分析》《一级重大危险源液氯储存单元的风险控制》荣获榆林市第十六届自然科学优秀学术论文一、二、三等奖。

2021年11月，生产技术部李彦飞撰写的论文《三级点检管理在氯碱企业中的实践》荣获榆林市第十六届自然科学优秀学术论文三等奖。

2021年11月，生产技术部鲁斌作为第一作者的科技论文《电石渣库乙炔富集治理实践》获得榆林市第十六届自然科学优秀学术论文三等奖。

2021年11月，水泥有限公司李世强、科技研发中心曾宪军撰写的论文《浅谈降低电石炉电极糊消耗的措施》获榆林市第十六届自然科学优秀学术论文二等奖。

2021年11月，水泥有限公司张琦撰写的论文《电石渣制水泥生产线干电石渣库的扬尘治理探索》获得榆林市第十六届自然科学优秀学术论文奖。

2021年11月，水泥有限公司訾伟、屈艳亭撰写的论文《电石渣制水泥生产线干电石渣库的扬尘治理探索》获得榆林市第十六届自然科学优秀学术论文奖。

2021年11月，生产技术部张友平设计的包装袋（共聚物）、包装袋（电缆专用树脂）被授予外观设计专利。

2021年11月，水泥有限公司杨鹏飞、朱先均、曹辉辉、刘生发、李红荣、郝瑞强参与的项目《预热器脱硝喷枪优化改造》获2021年陕西省建材行业技术革新奖三等奖。

2021年11月，证券事务部刘泽江在陕煤集团化工板块化工安全生产知识网络在线答题活动中荣获二等奖。

2021年12月，安全环保部张文武在陕煤集团化工板块化工安全生产知识网络在线答题活动中荣获二等奖。

2021年12月，安全环保部张文武获陕西省优秀省级专业应急救援优秀队员荣誉。

2021年12月，公司员工白虎雄、高海阳、靳宝宝、郭磊、贺永斌发明的《一种氧浓仪保护套管》获得国家实用新型专利。

2021年12月，化工分公司（VCM装置）李亚利获得碳排放管理师证书（高级）。

2021年12月，化工分公司（VCM装置）赵来喜获得碳排放管理师证书（高级）。

2021年12月，化工分公司白虎雄、肖洒、李椰婷获得第十三届全国石油和化工行业职业技能竞赛化工总控工赛项团体三等奖。

2021年12月，化工分公司张波、曹海潮发明的《一种螺栓辅助紧固器》获得国家实用新型专利。

2021年12月，科技研发中心曾宪军，水泥有限公司朱先均，公司领导刘延财、申建成、王奋中，科技研发中心熊磊，水泥有限公司尤文军完成的《一种工业废渣油井水泥及其制备方法》项目获2020年榆林市科学技术奖三等奖。

2021年12月，生产技术部张友平主持的《PVC新牌号树脂研究》项目获2020年榆林市科学技术奖三等奖。

2021年12月，营销物流部焦永平撰写的论文《以党建与经营深度融合助推企业高质量发展》荣获陕煤集团2021年思想政治工作课题研究成果优秀奖。

2021年12月，营销物流部王富强撰写的论文《以党建与经营深度融合助推企业高质量发展》荣获陕煤集团 2021 年思想政治工作课题研究成果优秀奖。

2022 年 1 月，化工分公司高建军获得陕煤集团 2021 年度安全生产先进个人。

2022 年 1 月，锦源化工安全环保中心王金柱荣获陕煤集团 2021 年度安全生产先进个人。

2022 年 1 月，锦源化工有限公司获陕煤集团 2021 年安全生产先进企业荣誉称号。

2022 年 1 月，水泥有限公司设备管理中心张强强取得心理咨询师职业资格证书。

2022 年 1 月，水泥有限公司质量管理中心梁小林取得国家高级心理咨询师职业资格证书。

2022 年 2 月，化工分公司设备运维中心工程组借调人员郑玉军（生产运营中心电解装置）取得国家一级注册消防工程师专业技术人员职业资格证书。

2022 年 2 月，企业管理部沈鹏飞、敖天星撰写的内部审计论文《新时期内部审计统筹企业发展和安全的积极作用》荣获陕西省内部审计协会 2021 年内部审计理论研讨论文三等奖。

2022 年 3 月，党群工作部汪艳荣获陕煤集团 2020—2021 年度优秀工会管理干部。

2022 年 3 月，公司员工何强、付长江、白露超、蔡苗、辛波发明的《一种双向棘轮机构》获得实用新型发明专利。

2022 年 3 月，锦源化工综合管理中心段阳阳获陕煤集团 2020—2021 年度优秀工会积极分子。

2022 年 3 月，热电分公司武卓妮荣获陕煤集团 2020—2021 年度优秀工会积极分子。

2022 年 3 月，热电分公司综合管理中心武卓妮荣获陕煤集团优秀工会积极分子。

2022 年 3 月，综合管理部许磊荣获陕煤集团 2020—2021 年度最美信访干部。

2022 年 4 月，安全环保部消防队米帅被榆林市消防救援支队表彰为"业务工作能手"。

2022 年 4 月，安全环保部消防队王宏被榆林市消防救援支队表彰为"灭火救援尖兵"。

2022 年 4 月，化工分公司白文彦作品《培育良好家风从自身表率做起》，在省国资委系统"德润三秦"家风建设活动中被评为"优秀心得体会"。

2022 年 4 月，锦源化工党委书记、执行董事、经理、总工程师徐生智荣获陕煤集团 2020—2021 年度劳动模范。

2022 年 4 月，生产技术部白虎雄荣获陕煤集团 2020—2021 年度"陕煤工匠"。

2022 年 5 月，水泥有限公司设备管理中心訾伟获 2021 年"新时代陕西建材行业优秀职工"荣誉称号。

2022 年 5 月，证券事务部刘娜当选陕西省第十七届运动会火炬手。

2022 年 6 月，采购供应部王雄、王勇刚、张攀被中国石油和化学工业联合会聘为石化行业物资采购专家智库专家。

2022 年 6 月，热电分公司综合管理中心李军业荣获第五届全国设备管理与技术创新成果二等奖。

2022 年 6 月，水泥有限公司设备管理中心訾伟荣获第五届全国设备管理与技术创新成果证书。

2022 年 6 月，综合管理部杨永春在陕西省国资委系统第三届职工健身运动会游泳男女混合接力赛比赛中获得亚军。

2022年7月，化工分公司（VCM装置）高凯凯获得碳排放管理技术证书（高级）。

2022年7月，化工分公司固碱及硫酸装置项目取得榆林市红十字会"红十字救护员证"。

2022年7月，化工分公司生产运营中心（包装装置）张丹东获得陕西省国资委系统第三届职工健身运动会4×50米接力第二名，200米蛙泳第三名，50米蛙泳第六名。

2022年7月，化工分公司生产运营中心（包装装置）张丹东获得榆林市第九届大漠游泳邀请赛2000米第四名。

2022年8月，化工分公司技术管理中心（无机中控）李娜获得陕西省第十七届运动会青少年组体育道德风尚奖。

2022年8月，化工分公司技术管理中心（设备管理专员）李江获得2022年陕西省企业"三新三小"创新竞赛三等奖。

2022年8月，化工分公司技术管理中心张隆刚获得2022年陕西省企业"三新三小"创新竞赛三等奖。

2022年8月，热电分公司王磊、李军业、梁虎伟参与项目《气密性油挡在汽轮机上的应用》荣获陕西省科学技术协会、陕西省工业和信息化厅2022年陕西省企业"三新三小"创新竞赛优胜奖。

2022年8月，锦源化工有限公司黄治国、魏辉、陆飞荣获陕西省科学技术协会、陕西省工业和信息化厅2022年陕西省企业"三新三小"创新竞赛优胜奖。

2022年8月，锦源化工有限公司崔顺利、王大伟参与项目《电石炉电容器增加测温技术应用》荣获陕西省科学技术协会、陕西省工业和信息化厅2022年陕西省企业"三新三小"创新竞赛三等奖。

2022年8月，锦源化工有限公司贺建建、刘英飞参与项目《模糊控制算法的电石炉炉压自动控制》荣获陕西省科学技术协会、陕西省工业和信息化厅2022年陕西省企业"三新三小"创新竞赛三等奖。

2022年8月，化工分公司生产运营中心（电气二装置）贺志刚获得陕西省"能化杯"职工职业技能大赛个人三等奖及团体三等奖。

2022年8月，化工分公司生产运营中心（电气一装置）冯鹏获得陕西省"能化杯"职工职业技能大赛个人三等奖及团体三等奖。

2022年8月，热电分公司生产技术中心王磊荣获中国智慧工程研究会"十四五"规划重点课题科研成果一等奖。

2022年8月，生产技术部康文国荣获榆林市总工会2022年北元集团七届二次职工优秀裁判员。

2022年8月，锦源化工有限公司陆飞、刘诚诚、杨永兵荣获榆林市工业信息化局、榆林市财政局首届"创客榆林"中小企业创新创业大赛优胜奖。

2022年8月，锦源化工有限公司徐生智、刘强、梁利平、石锦鹏、毕康、火瑞钦、刘英飞、王大伟、刘诚诚、付锦东、贺建建、刘真荣获中国设备管理协会第五届全国设备管理与技术创新成果一等奖。

2022年8月，锦源化工有限公司王大伟荣获榆林市总工会2022年北元集团七届二次职工岗位技能比武大赛优秀裁判员。

2022年8月，锦源化工有限公司丁启元、张小瑞荣获榆林市总工会2022年北元集团七届二次职工岗位技能比武大赛点检类一等奖、技术能手。

2022年8月,锦源化工有限公司王伟、贺治榜荣获榆林市总工会2022年北元集团七届二次职工岗位技能比武大赛点检类二等奖。

2022年8月,锦源化工有限公司李前、郑宝龙荣获榆林市总工会2022年北元集团七届二次职工岗位技能比武大赛仪表类三等奖。

2022年8月,热电分公司王磊、李小岗、燕瑞芬、张建军、梁虎伟、李军业、田键参与项目《主蒸汽母管制汽机侧供热机组特性建模及热电负荷优化分配研究》荣获中国智慧工程研究会"十四五"规划重点课题一等奖。

2022年10月,锦源化工有限公司徐生智、梁利平、刘强、王大伟、付锦东参与项目《复合炉熄焦系统技术改造》荣获第44届全国聚氯乙烯行业技术年会暨第8届"宁夏新龙蓝天杯"论文交流会优秀奖。

2022年10月,锦源化工有限公司崔顺利、刘强、刘英飞、王大伟参与项目《密闭式电石炉电容器增加测温技术的研究应用》荣获第44届全国聚氯乙烯行业技术年会暨第8届"宁夏新龙蓝天杯"论文交流会优秀奖。

2022年11月,热电分公司李军业、王磊梁虎伟、方忠夏、李小岗、张伟雄,公司领导刘国强、刘延财、申建成、陈鹏合作的《双碳政策下以减碳增效为目标的机组节能改造生产运行管理》项目荣获中国石油和化学工业联合会、中国化工企业管理协会第十五届全国石油和化工企业管理创新成果二等奖。

2022年11月,财务管理部周燕芳、施素帆参与项目《实施以降本增效战略为目标的全要素绿色低碳精益管理》荣获中国石油和化学工业联合会、中国化工企业管理协会第十五届全国石油和化工企业管理创新成果二等奖。

(四)(安全生产)先进个人、先进工作者

2008—2022年北元集团(安全生产)先进个人、先进工作者一览表

姓名	性别	籍贯	出生年月	学历或学位	政治面貌	获得荣誉	授予单位	授予时间
张 平	男	陕西神木	1973-09	大专	中共党员	先进个人	神府经济开发区北元化工有限公司	2008-01
何平霞	女	陕西神木	1986-02	大专	中共党员			
张小平	男	陕西神木	1978-11	大专	群众			
刘振军	男	陕西神木	1974-04	高中	中共党员			
王卫明	男	陕西神木	1981-07	大专	中共党员			
马利俊	男	陕西神木	1975-10	大专	中共党员			
王 伟	男	陕西礼泉	1982-11	大专	中共党员			
党增琦	男	陕西富平	1982-12	大专	中共党员			
徐振华	男	陕西黄陵	1984-08	中专	中共党员			
钟国院	男	陕西榆林	1980-01	大专	中共党员			
马建国	男	陕西陇县	1983-06	大专	中共党员			
王利娜	女	陕西榆林	1983-11	中专	中共党员			
赵来喜	男	陕西榆林	1982-09	大专	中共党员			

（续）

姓名	性别	籍贯	出生年月	学历或学位	政治面貌	获得荣誉	授予单位	授予时间
高银涛	男	陕西户县	1981-09	本科	中共党员	先进个人	神府经济开发区北元化工有限公司	2008-01
李新婷	女	西安周至	1983-04	中专	中共党员			
兰健	男	陕西神木	1985-10	中专	中共党员			
靳党会	女	陕西乾县	1981-08	大专	中共党员			
李小亮	男	陕西神木	1986-09	中专	群众			
高海阳	男	陕西清涧	1979-09	大专	中共党员			
暴海艳	女	陕西定边	1985-03	中专	中共党员			
陈大江	男	陕西安康	1984-07	大专	中共党员			
乔拴斌	男	陕西神木	1987-12	中专	群众			
田敬先	男	陕西榆林	1982-03	大专	中共党员			
马雄	男	陕西府谷	1984-05	高中	中共党员			
徐世飞	男	陕西榆林	1975-09	高中	群众			
何平霞	女	陕西神木	1986-02	大专	中共党员	先进个人	陕西北元化工有限公司	2009-01
杨凤霞	女	陕西神木	1974-07	大专	群众			
杨晶	女	陕西澄城	1981-05	大专	中共党员			
曹晓龙	男	陕西佳县	1983-11	大专	中共党员			
蒋海燕	女	陕西榆林	1981-03	本科	中共党员			
郭利平	男	陕西神木	1977-09	中专	中共党员			
张占国	男	陕西横山	1981-11	大专	群众			
韦彦宇	男	陕西定边	1981-12	高中	群众			
徐世飞	男	陕西榆林	1975-09	高中	群众			
王利荣	男	陕西神木	1982-02	高中	群众			
白建行	男	陕西靖边	1984-11	高中	中共党员			
白文彦	男	陕西神木	1985-04	中专	中共党员			
封耀宏	男	陕西铜川	1982-08	中专	群众			
王利娜	女	陕西横山	1983-11	中专	群众			
卢文军	男	陕西神木	1980-09	大专	中共党员			
赵省军	男	陕西靖边	1983-08	专科	中共党员			
李新婷	女	陕西周至	1983-04	中专	中共党员			
夏敏	女	陕西汉中	1983-02	中专	中共党员			
张增礼	男	陕西神木	1985-02	中专	群众			
于安民	男	山东烟台	1952-01	中专	中共党员			
高银涛	男	陕西户县	1981-09	本科	中共党员			
白林军	男	陕西神木	1980-10	本科	中共党员			
郭利平	男	陕西神木	1977-09	中专	中共党员	先进工作者	陕西北元化工集团有限公司	2010-01
陈大江	男	陕西安康	1984-07	中专	中共党员			

(续)

姓名	性别	籍贯	出生年月	学历或学位	政治面貌	获得荣誉	授予单位	授予时间
闫建国	男	陕西清涧	1973-11	中专	中共党员			
李正	男	陕西神木	1981-10	大专	中共党员			
田键	男	陕西神木	1974-08	中专	中共党员			
刘彦东	男	陕西清涧	1983-12	大专	中共党员			
刘艾田	男	陕西神木	1977-02	本科	中共党员			
孙兆祥	男	江苏建湖	1942-07	本科	中共党员			
康联幸	男	陕西西安	1959-11	大专	群众			
周玉艳	女	陕西横山	1982-03	大专	中共党员			
郭建林	男	陕西神木	1978-08	职高	群众			
马锋	男	陕西神木	1978-01	大专	中共党员			
张小平	男	陕西神木	1978-11	大专	群众			
贾志雄	男	陕西神木	1986-01	初中	群众			
于跃龙	男	陕西神木	1984-10	中专	中共党员			
王仙娥	女	陕西神木	1963-05	高中	群众	先进工作者	陕西北元化工集团有限公司	2010-01
张军锋	男	陕西咸阳	1984-09	本科	中共党员			
王建飞	男	陕西神木	1987-04	中专	群众			
项子义	男	陕西神木	1986-05	高中	群众			
李义雄	男	陕西神木	1963-08	高中	群众			
薛志清	男	陕西神木	1982-03	高中	中共党员			
王平	男	陕西神木	1984-05	大专	中共党员			
蒋海宾	男	河北保定	1982-06	大专	中共党员			
王丽芳	女	陕西榆林	1985-12	大专	群众			
刘亚雄	男	陕西神木	1979-06	大专	中共党员			
张成河	男	陕西榆林	1982-06	大专	中共党员			
王艳	女	陕西神木	1976-06	大专	中共党员			
杨晶	女	陕西渭南	1981-05	大专	中共党员			
赵国平	男	陕西神木	1979-12	大专	中共党员			
高小军	男	陕西富县	1984-10	本科	中共党员			
常峰	男	陕西神木	1981-12	大专	中共党员			
张春辉	男	陕西长武	1984-04	中专	中共党员			
王金柱	男	陕西佳县	1980-06	大专	中共党员	安全生产先进个人		
刘喜忠	男	陕西神木	1972-11	大专	中共党员			
刘成伟	男	陕西神木	1980-12	大专	中共党员			
李世明	男	陕西靖边	1982-07	大专	群众			
赵将	男	陕西绥德	1988-09	中专	群众	优秀学员		
张磊刚	男	山西运城	1986-11	本科	群众			

(续)

姓名	性别	籍贯	出生年月	学历或学位	政治面貌	获得荣誉	授予单位	授予时间
康慧萍	女	陕西府谷	1986-08	大专	群众	优秀学员	陕西北元化工集团有限公司	2010-01
钟强	男	陕西榆林	1988-09	中专	群众			
马建国	男	陕西陇县	1983-06	中专	中共党员			
蔡增顺	男	山东济南	1954-08	初中	中共党员			
张友平	男	陕西蒲城	1984-12	本科	中共党员			
高骞	男	榆林佳县	1973-10	中专	中共党员			
雷强	男	陕西安塞	1987-04	本科	中共党员			
陈大江	男	陕西安康	1984-07	中专	中共党员			
孙柳燕	女	陕西彬县	1984-10	本科	中共党员			
田键	男	陕西神木	1974-08	中专	中共党员			
张磊	男	内蒙古巴彦淖尔	1983-03	本科	中共党员			
曹世龙	男	陕西佳县	1987-12	中专	群众			
高俊玲	女	陕西洛川	1986-01	本科	中共党员			
王耀文	男	陕西横山	1985-01	大专	中共党员			
张小建	男	河南洛阳	1965-11	大专	中共党员			
温森	男	陕西横山	1988-08	中专	群众			
郝有财	男	陕西榆林	1981-01	中专	中共党员			
达文娟	女	陕西富平	1986-03	本科	中共党员	先进工作者	陕西北元化工集团有限公司	2011-01
孙兆祥	男	江苏建湖	1942-07	本科	中共党员			
王艳霞	女	陕西神木	1985-11	本科	中共党员			
王艳	女	陕西神木	1976-06	大专	中共党员			
张玲芬	女	陕西宜川	1981-11	本科	中共党员			
高银涛	男	陕西户县	1981-09	本科	中共党员			
彭新虎	男	陕西横山	1983-01	本科	群众			
王浩雄	男	陕西神木	1982-11	本科	中共党员			
李万荣	男	陕西横山	1984-06	大专	中共党员			
张政	男	陕西横山	1983-10	本科	中共党员			
高继荣	男	陕西神木	1974-02	初中	群众			
郭瑞斌	男	陕西子洲	1984-11	大专	群众			
高建军	男	陕西神木	1980-07	中专	中共党员			
杨莉	女	陕西子洲	1984-02	本科	中共党员			
张小军	男	陕西神木	1983-07	大专	中共党员			
贺小强	男	陕西神木	1981-06	高中	中共党员			
李生芳	男	陕西宝鸡	1979-05	本科	群众	安全生产先进个人		
李周清	男	陕西佳县	1985-10	本科	中共党员			
常峰	男	陕西横山	1981-12	中专	中共党员			

(续)

姓名	性别	籍贯	出生年月	学历或学位	政治面貌	获得荣誉	授予单位	授予时间
王雄	男	陕西神木	1980-10	中专	中共党员	安全生产先进个人	陕西北元化工集团有限公司	2011-01
刘小东	男	陕西神木	1976-03	高中	中共党员			
李旺修	男	陕西清涧	1960-01	初中	群众			
赵国平	男	陕西神木	1979-12	大专	中共党员	先进工作者	陕西北元化工集团有限公司	2012-01
范其略	男	陕西周至	1978-10	大专	群众			
白荣娟	女	陕西榆林	1984-03	高中	群众			
高洲洲	男	陕西子洲	1987-06	本科	中共党员			
闫建国	男	陕西清涧	1973-11	大专	群众			
韩永军	男	陕西靖边	1983-04	中专	群众			
梁锋	男	陕西蒲城	1985-07	本科	中共党员			
朱晓	男	陕西靖边	1986-10	本科	群众			
马玉银	男	陕西延安	1980-06	大专	中共党员			
刘玉斌	男	陕西佳县	1986-04	本科	中共党员			
景行	男	陕西子洲	1984-05	大专	群众			
康慧萍	女	陕西府谷	1986-08	大专	中共党员			
武丹	女	陕西神木	1981-11	本科	中共党员			
丁可	男	陕西西安	1955-03	大专	中共党员			
武世韬	男	陕西榆林	1976-09	大专	群众			
王凯	男	陕西神木	1976-07	本科	中共党员			
刘生发	男	陕西横山	1984-06	大专	中共党员			
贺会荣	男	陕西神木	1980-03	中专	群众			
李红荣	男	陕西横山	1983-03	大专	中共党员			
刘双成	男	陕西榆林	1978-04	大专	中共党员			
郝景瑞	男	陕西府谷	1963-11	大专	群众			
常平	男	陕西米脂	1966-07	专科	群众			
许磊	男	陕西延安	1987-02	本科	群众			
牛斌	男	陕西榆林	1985-03	本科	中共党员			
马强	男	陕西长安	1983-09	硕士	中共党员			
张军锋	男	陕西旬邑	1984-09	本科	中共党员			
张秀利	男	陕西神木	1983-04	本科	中共党员			
贺世平	男	陕西榆林	1964-12	高中	群众			
康文国	男	陕西横山	1984-09	本科	中共党员			
王军	男	陕西神木	1980-10	大专	群众			
王仙娥	女	陕西神木	1963-05	高中	群众			
刘鹏	男	陕西佳县	1985-04	中专	群众			
石孝雄	男	榆林神木	1985-04	本科	中共党员			

（续）

姓名	性别	籍贯	出生年月	学历或学位	政治面貌	获得荣誉	授予单位	授予时间
马彦飞	男	陕西神木	1983-11	本科	中共党员	先进工作者	陕西北元化工集团有限公司	2012-01
武锐鲜	女	内蒙古达旗	1978-01	大专	中共党员			
陆韬	男	陕西绥德	1980-12	本科	中共党员			
薛红娟	女	山西运城	1980-09	本科	中共党员			
牛云	男	陕西安塞	1986-07	本科	中共党员			
任建虎	男	陕西佳县	1989-12	中专	中共党员	安全生产先进个人		
王亚平	男	陕西榆阳	1983-05	大专	中共党员			
张小明	男	陕西延长	1987-03	本科	中共党员			
包飞	男	河南南阳	1982-08	硕士	群众			
惠建伟	男	陕西富平	1986-12	本科	群众			
杜耀鹏	男	陕西神木	1984-01	中专	中共党员			
韩涛	男	陕西三原	1981-09	大专	群众			
贺文彦	男	陕西神木	1985-01	中专	群众			
李鹏智	男	陕西神木	1983-09	大专	中共党员			
李彦芳	女	陕西宝鸡	1984-12	中专	群众			
王小飞	男	陕西榆林	1986-09	本科	群众			
薛伟	男	陕西榆林	1985-11	本科	中共党员			
李锦峰	男	陕西榆林	1982-08	大专	群众			
高虎虎	男	陕西佳县	1984-10	本科	群众			
吕伟	男	陕西横山	1984-06	本科	群众			
武占平	男	陕西神木	1973-05	中专	群众			
高林	男	陕西横山	1984-09	本科	中共党员			
高建军	男	陕西神木	1980-07	中专	中共党员			
李周清	男	陕西佳县	1985-10	本科	中共党员			
杨永峰	男	陕西神木	1982-05	大专	中共党员			
李慧	女	陕西靖边	1983-07	大专	中共党员	先进工作者	陕西北元化工集团有限公司	2013-01
任飞虎	男	陕西宝鸡	1985-03	中专	中共党员			
项子义	男	陕西神木	1986-05	高中	群众			
苗亚飞	男	陕西子洲	1984-01	本科	中共党员			
叶鹏云	男	陕西神木	1982-10	专科	中共党员			
刘鹏	男	陕西靖边	1987-03	专科	群众			
苗晓云	男	陕西佳县	1985-08	本科	中共党员			
任宁波	男	陕西杨凌	1985-11	本科	中共党员			
薛志清	男	陕西神木	1982-03	高中	中共党员			
高琦	男	陕西横山	1987-06	专科	中共党员			
高燕军	男	陕西神木	1986-03	本科	中共党员			

(续)

姓名	性别	籍贯	出生年月	学历或学位	政治面貌	获得荣誉	授予单位	授予时间
沈靖宗	男	陕西横山	1990-10	大专	中共党员	先进工作者	陕西北元化工集团有限公司	2013-01
马建国	男	陕西陇县	1983-06	中专	中共党员			
蔡苗	男	陕西榆林	1986-08	本科	中共党员			
白露超	男	陕西吴堡	1986-08	专科	中共党员			
郭凤萍	女	陕西神木	1980-02	中专	群众			
韩永军	男	陕西靖边	1983-04	专科	群众			
葛健	男	陕西榆林	1987-02	大专	群众			
武丹	女	陕西神木	1981-11	本科	中共党员			
习志群	男	陕西乾县	1959-05	大专	中共党员			
张成河	男	陕西榆林	1982-06	大专	中共党员			
段玉飞	男	陕西神木	1984-12	高中	中共党员			
马战明	男	陕西子洲	1984-01	本科	群众			
闫巧峰	女	陕西佳县	1988-09	本科	中共党员			
李彦成	男	陕西神木	1983-12	本科	群众			
刘生发	男	陕西横山	1984-06	大专	中共党员			
陈进耀	男	河南桐柏	1985-02	大专	群众			
高锦栋	男	陕西吴堡	1987-10	大专	群众			
郝有财	男	陕西榆林	1981-01	中专	中共党员			
魏辉	男	陕西神木	1983-09	大专	群众			
万红岐	男	陕西榆林	1968-02	高中	群众			
李文哲	男	陕西延长	1988-07	初中	群众			
陈磊	男	陕西佳县	1984-10	中专	群众			
黄美玲	女	陕西蓝田	1987-07	本科	中共党员			
李生阳	男	陕西榆阳	1987-10	本科	中共党员			
郭利平	男	陕西神木	1977-09	中专	中共党员			
蒋海燕	女	河北保定	1981-03	本科	中共党员			
李雪妮	女	陕西富平	1984-04	研究生	中共党员			
张红霞	女	陕西神木	1984-02	本科	中共党员			
马生伟	男	陕西靖边	1984-03	本科	中共党员			
梁亚军	男	陕西神木	1978-02	大专	群众			
牛培祥	男	陕西榆林	1982-04	本科	中共党员			
王凤争	男	陕西神木	1972-12	高中	群众			
梁金忠	男	陕西子洲	1983-02	本科	中共党员			
马锋	男	陕西神木	1978-01	大专	中共党员			
苗磊	男	陕西神木	1985-07	高中	中共党员			
冯峰	男	陕西米脂	1990-02	高中	中共党员			

（续）

姓名	性别	籍贯	出生年月	学历或学位	政治面貌	获得荣誉	授予单位	授予时间
房宝平	男	陕西榆林	1984-08	本科	中共党员	安全生产先进个人	陕西北元化工集团有限公司	2013-01
张春辉	男	陕西咸阳	1984-04	中专	中共党员			
孟海军	男	陕西神木	1984-01	大专	中共党员			
李伟	男	陕西榆林	1987-03	中专	群众			
乔礼友	男	陕西神木	1987-03	中专	中共党员			
赵建荣	男	陕西米脂	1985-11	本科	中共党员			
闫锦秀	男	陕西定边	1984-05	本科	群众			
李少芳	男	陕西宝鸡	1985-07	专科	中共党员			
贺志强	男	陕西清涧	1986-06	本科	中共党员			
方小平	男	陕西神木	1987-01	专科	群众			
杨伏东	男	陕西佳县	1985-09	本科	群众			
刘强	男	陕西米脂	1987-06	中专	群众			
李瑞军	男	陕西神木	1984-09	中专	群众			
田智强	男	陕西神木	1989-02	大专	中共党员			
屈晔军	男	陕西神木	1978-05	中专	群众			
王金柱	男	陕西神木	1980-06	大专	中共党员			
何亮	男	陕西绥德	1988-10	中专	群众			
张鸿鸿	男	陕西洋县	1986-02	本科	群众			
常平	男	陕西米脂	1966-07	大专	群众			
王永峰	男	陕西神木	1974-01	高中	群众			
崔长钧	男	陕西米脂	1977-04	中专	群众			
李渊	男	陕西西安	1985-02	本科	中共党员	先进工作者	陕西北元化工集团有限公司	2014-01
贺磊	男	陕西榆林	1988-02	本科	中共党员			
贺飞	男	陕西神木	1985-01	本科	中共党员			
王凯	男	陕西榆林	1986-07	大专	群众			
张红霞	女	陕西榆林	1984-02	本科	中共党员			
刘方	男	陕西榆林	1983-12	本科	中共党员			
高勇强	男	陕西佳县	1984-10	大专	中共党员			
刘永清	男	陕西神木	1983-05	本科	中共党员			
马来平	男	陕西榆林	1972-09	初中	群众			
丁佳佳	男	陕西吴堡	1987-09	本科	中共党员			
高建强	男	陕西神木	1984-03	本科	群众			
李伟东	男	陕西佳县	1984-07	大专	中共党员			
白云霞	女	陕西榆林	1976-03	大专	群众			
马彦飞	男	陕西榆林	1983-11	本科	中共党员			
张小明	男	陕西榆林	1987-03	本科	中共党员			

(续)

姓名	性别	籍贯	出生年月	学历或学位	政治面貌	获得荣誉	授予单位	授予时间
李强	男	陕西榆林	1983-12	本科	群众			
白明辉	男	陕西渭南	1985-02	本科	中共党员			
王小伟	男	陕西榆林	1984-03	大专	中共党员			
司春旺	男	陕西渭南	1984-03	中专	群众			
封建雄	男	陕西榆林	1987-06	大专	中共党员			
张小平	男	陕西榆林	1978-11	大专	群众			
蔡兵兵	男	陕西榆林	1988-07	中专	群众			
孟瑞	男	陕西榆林	1986-02	中专	中共党员			
马建刚	男	陕西宝鸡	1985-04	中专	群众			
张隆刚	男	陕西延安	1987-02	本科	群众			
撒鹏刚	男	陕西宝鸡	1986-02	本科	中共党员			
惠建伟	男	陕西富平	1986-12	本科	中共党员			
袁丽华	女	云南保山	1987-04	本科	中共党员			
马磊	男	陕西榆林	1988-11	大专	群众			
刘飞	男	陕西榆林	1984-03	本科	群众			
郝雄伟	男	陕西榆林	1983-06	大专	群众			
杜元鹏	男	陕西榆林	1984-10	本科	中共党员			
王小波	男	陕西神木	1985-07	中专	中共党员	先进工作者	陕西北元化工集团有限公司	2014-01
孙柳燕	女	陕西延安	1984-10	本科	中共党员			
王勇	男	陕西榆林	1985-12	大专	中共党员			
苗晓云	女	陕西榆林	1985-08	本科	群众			
崔顺利	男	陕西榆林	1986-08	大专	中共党员			
郭纲	男	陕西宝鸡	1982-10	大专	群众			
黄少飞	男	陕西宝鸡	1988-11	本科	群众			
马万荣	男	陕西神木	1989-06	本科	群众			
陈峰	男	陕西榆林	1989-02	大专	群众			
张岩	男	陕西榆林	1986-01	本科	群众			
谢军建	男	陕西西安	1985-04	大专	中共党员			
梁亚军	男	陕西榆林	1978-02	大专	群众			
张罗辉	男	陕西榆林	1990-05	高中	群众			
刘瑶	男	陕西榆林	1989-09	中专	群众			
白虎雄	男	陕西榆林	1989-10	本科	中共党员			
宁春波	男	陕西咸阳	1984-12	本科	中共党员			
汪江江	男	陕西榆林	1987-10	大专	中共党员			
柳加喜	男	黑龙江齐齐哈尔	1986-11	本科	中共党员			
李越	男	陕西榆林	1984-08	大专	中共党员			

（续）

姓名	性别	籍贯	出生年月	学历或学位	政治面貌	获得荣誉	授予单位	授予时间
高鹏程	男	陕西榆林	1987-08	中专	群众	先进工作者	陕西北元化工集团有限公司	2014-01
王鹏	男	陕西榆林	1986-05	大专	群众			
张岩	男	陕西佳县	1986-01	本科	群众			
李小岗	男	陕西神木	1986-01	大专	中共党员			
张小龙	男	陕西神木	1985-08	本科	群众			
吴月玲	女	陕西渭南	1985-08	本科	中共党员			
高虎荣	男	陕西佳县	1987-11	大专	群众			
曹宏伟	男	陕西清涧	1984-08	大专	群众			
李铁小	男	陕西神木	1984-01	中专	群众			
燕瑞芬	男	陕西神木	1986-11	大专	中共党员			
李欣	男	陕西榆林	1987-02	大专	群众			
徐礴力	男	陕西榆林	1979-12	本科	群众			
高璐璐	女	陕西榆林	1989-01	大专	群众			
杨敏	男	陕西榆林	1976-07	中专	群众			
尤文军	男	陕西榆林	1986-03	本科	中共党员			
张晓娟	女	陕西西安	1982-04	大专	群众			
张磊	男	陕西子长	1984-05	本科	中共党员			
李锐	男	陕西横山	1987-01	本科	群众			
吴军林	男	陕西神木	1971-10	高中	群众			
何学玲	女	陕西米脂	1989-07	大专	中共党员			
崔长钧	男	陕西米脂	1977-04	中专	群众			
郭二宝	男	陕西榆林	1989-05	大专	群众			
党保轮	男	陕西绥德	1978-11	高中	群众			
何俊富	男	陕西洛南	1989-01	大专	中共党员			
房宝平	男	陕西榆林	1984-08	本科	中共党员	安全生产先进个人		
高虎虎	男	陕西榆林	1984-10	本科	群众			
贺峰	男	陕西榆林	1985-01	本科	中共党员			
乔礼有	男	陕西榆林	1987-03	中专	中共党员			
乔志岗	男	陕西榆林	1979-02	大专	中共党员			
张春辉	男	陕西咸阳	1984-03	大专	中共党员			
杜耀鹏	男	陕西榆林	1984-01	中专	中共党员			
刘文远	男	陕西咸阳	1984-11	大专	中共党员			
何军	男	陕西榆林	1985-05	本科	中共党员			
石文华	男	陕西榆林	1988-11	中专	中共党员			
王亚平	男	陕西榆林	1983-05	大专	中共党员			
许文彪	男	山西朔州	1985-12	大专	中共党员			

（续）

姓名	性别	籍贯	出生年月	学历或学位	政治面貌	获得荣誉	授予单位	授予时间
王永峰	男	陕西榆林	1974-10	高中	群众	安全生产先进个人	陕西北元化工集团有限公司	2014-01
甄富乐	男	陕西榆林	1989-05	大专	中共党员			
姬爱玲	女	陕西榆林	1984-08	本科	中共党员	先进工作者	陕西北元化工集团有限公司	2015-01
汪冠水	男	陕西商洛	1984-04	本科	群众			
许娜	女	陕西榆林	1983-05	本科	中共党员			
贺磊	男	陕西榆林	1988-02	本科	中共党员			
贺飞	男	陕西神木	1985-01	本科	中共党员			
王艳霞	女	陕西榆林	1985-12	本科	中共党员			
刘方	男	陕西榆林	1983-12	本科	中共党员			
李鹏飞	男	陕西榆阳	1983-10	本科	中共党员			
康文国	男	陕西横山	1984-09	本科	中共党员			
曾宪军	男	河南卢氏	1986-01	本科	群众			
李亚珍	男	陕西榆林	1982-01	大专	中共党员			
张红霞	女	陕西榆林	1984-02	本科	中共党员			
牛云	男	陕西安塞	1986-07	本科	中共党员			
高磊	男	陕西绥德	1983-12	本科	中共党员			
李高强	男	陕西佳县	1983-06	本科	群众			
张成河	男	陕西榆林	1982-06	大专	中共党员			
李伟东	男	陕西佳县	1984-07	大专	中共党员			
王水霞	女	陕西神木	1982-02	大专	群众			
陈宏飞	男	陕西榆林	1989-05	大专	群众			
薛锦涛	男	陕西佳县	1989-11	大专	群众			
马鹏军	男	陕西榆林	1989-05	本科	中共党员			
张波	男	陕西榆林	1987-09	本科	中共党员			
温森	男	陕西榆林	1988-08	中专	中共党员			
张海伟	男	陕西靖边	1988-11	高中	群众			
黄国瑞	男	陕西武功	1985-10	本科	中共党员			
李小岗	男	陕西神木	1986-01	大专	中共党员			
李芳	女	陕西西安	1977-06	高中	群众			
张建锋	男	陕西横山	1985-12	大专	中共党员			
奥利军	男	陕西神木	1986-02	大专	中共党员			
闫琮	男	陕西神木	1989-03	大专	中共党员			
康强	男	陕西榆林	1986-07	高中	中共党员			
李云利	男	陕西神木	1983-01	大专	中共党员			
徐礴力	男	陕西榆林	1979-12	本科	群众			
高勇	男	陕西榆林	1985-02	本科	中共党员			

(续)

姓名	性别	籍贯	出生年月	学历或学位	政治面貌	获得荣誉	授予单位	授予时间
杨力江	男	陕西咸阳	1985-05	大专	群众			
罗莎	女	内蒙古原县	1988-10	大专	中共党员			
鲁斌	男	陕西横山	1989-02	大专	中共党员			
冯二波	男	陕西榆林	1986-02	大专	中共党员			
卢春红	男	陕西礼泉	1986-03	本科	中共党员			
王贵珍	女	陕西榆林	1980-08	本科	中共党员			
牛亚芳	女	陕西榆林	1986-06	中专	群众			
姜波	男	陕西榆林	1986-10	大专	中共党员			
张平	男	陕西榆林	1984-07	大专	群众			
蒋登虎	男	陕西榆林	1985-12	本科	中共党员			
闫开开	男	陕西榆林	1990-11	中专	群众			
韩云峰	男	陕西宝鸡	1986-09	本科	中共党员			
崔贝贝	男	陕西榆林	1990-05	大专	中共党员			
马鹏飞	男	山西应县	1986-11	本科	中共党员			
白永明	男	陕西榆林	1984-05	大专	中共党员			
马磊	男	陕西榆林	1988-11	大专	群众			
高成军	男	陕西榆林	1986-04	大专	群众			
申宇星	男	陕西榆林	1988-06	中专	群众	先进工作者	陕西北元化工集团有限公司	2015-01
王环	男	陕西榆林	1985-05	本科	群众			
刘丁丁	男	陕西榆林	1987-11	大专	群众			
高燕军	男	陕西榆林	1986-03	本科	中共党员			
付长江	男	陕西西安	1986-12	本科	中共党员			
汪江江	男	陕西榆林	1987-10	大专	中共党员			
白彦斌	男	陕西榆林	1987-07	中专	群众			
郭瑞芬	女	陕西榆林	1983-08	中专	中共党员			
白林	男	陕西榆林	1986-06	本科	中共党员			
郭大富	男	陕西榆林	1986-11	大专	群众			
李彦飞	男	陕西榆林	1988-10	大专	群众			
罗亚忠	男	陕西榆林	1986-10	大专	中共党员			
刘秋艳	女	陕西榆林	1992-04	中专	群众			
杜云虎	男	陕西延安	1984-10	本科	中共党员			
王健	男	陕西榆林	1984-11	大专	中共党员			
成朋君	男	陕西彬县	1984-09	本科	中共党员			
马海霞	女	陕西神木	1986-04	本科	群众			
张云	男	陕西神木	1989-07	大专	群众			
张海伟	男	陕西靖边	1988-11	高中	群众			

（续）

姓名	性别	籍贯	出生年月	学历或学位	政治面貌	获得荣誉	授予单位	授予时间
崔永	男	陕西神木	1981-01	大专	中共党员	先进工作者	陕西北元化工集团有限公司	2015-01
白小娟	女	陕西神木	1985-01	本科	中共党员			
郭二宝	男	陕西绥德	1989-05	大专	群众			
刘利军	男	陕西榆林	1979-11	初中	群众	安全生产先进个人		
王亚平	男	陕西榆林	1983-05	大专	中共党员			
张春辉	男	陕西咸阳	1984-04	大专	中共党员			
田俊明	男	内蒙古丰镇	1983-09	大专	中共党员			
陈海江	男	陕西榆林	1983-05	本科	群众			
任建虎	男	陕西榆林	1989-12	中专	中共党员			
高建军	男	陕西榆林	1980-07	中专	中共党员			
杜耀鹏	男	陕西榆林	1984-01	中专	中共党员			
张静	男	陕西榆林	1986-10	大专	群众			
贺峰	男	陕西榆林	1985-01	本科	中共党员			
侯壮	男	陕西榆林	1990-05	大专	中共党员			
宋利东	男	陕西榆林	1986-01	大专	群众			
石文华	男	陕西榆林	1988-11	中专	中共党员			
高鹏	男	陕西榆林	1987-06	大专	中共党员			
许彩元	男	陕西榆林	1975-10	初中	群众			
李渊	男	陕西西安	1985-02	本科	中共党员	先进工作者	陕西北元化工集团有限公司	2016-01
刘晓民	男	陕西榆林	1983-01	大专	群众			
王万良	男	陕西榆林	1971-08	高中	群众			
刘涛	男	陕西横山	1986-08	本科	中共党员			
李建军	男	陕西佳县	1990-05	本科	中共党员			
贺飞	男	陕西神木	1985-01	本科	中共党员			
慕艳梅	女	陕西榆林	1983-10	本科	中共党员			
刘方	男	陕西榆林	1983-12	本科	中共党员			
曹铭君	男	山东平度	1990-01	本科	中共党员			
宫晓宁	男	吉林沈阳	1981-11	大专	中共党员			
慕毅	男	陕西定边	1986-06	硕士	中共党员			
丁佳佳	男	陕西吴堡	1987-09	本科	中共党员			
牛云	男	陕西安塞	1986-07	本科	中共党员			
王强	男	陕西靖边	1985-09	本科	中共党员			
李伟东	男	陕西佳县	1984-07	大专	中共党员			
李文波	男	陕西渭南	1989-03	大专	群众			
房勇	男	陕西神木	1987-05	大专	群众			
李彦臻	女	陕西榆林	1986-11	大专	群众			

（续）

姓名	性别	籍贯	出生年月	学历或学位	政治面貌	获得荣誉	授予单位	授予时间
王海洋	男	陕西榆林	1985-09	本科	群众	先进工作者	陕西北元化工集团有限公司	2016-01
韩义锋	男	陕西神木	1985-06	高中	群众			
薛子平	男	陕西神木	1987-03	大专	群众			
许红梅	女	陕西神木	1984-09	大专	群众			
张瑞	男	陕西榆林	1983-12	大专	中共党员			
王双琴	女	陕西榆林	1987-02	本科	中共党员			
赵伟伟	男	陕西宝鸡	1986-05	本科	群众			
卢讲文	男	陕西神木	1982-01	本科	群众			
曹铭君	男	山东平度	1990-01	本科	中共党员			
肖强	男	陕西汉中	1984-01	本科	中共党员			
王强	男	陕西靖边	1985-09	本科	中共党员			
王磊	男	陕西神木	1987-03	大专	中共党员			
樊智辉	男	陕西吴堡	1990-10	大专	中共党员			
贺鑫	男	陕西神木	1991-01	大专	中共党员			
贾小蓉	女	陕西渭南	1985-03	大专	群众			
侯壮	男	陕西榆林	1990-05	大专	中共党员			
张伟雄	男	陕西神木	1982-12	大专	中共党员			
李铁小	男	陕西神木	1984-01	中专	群众			
邱强	男	陕西神木	1988-03	大专	群众			
冯二波	男	陕西榆林	1986-02	大专	中共党员			
刘晓燕	女	陕西榆林	1986-12	大专	中共党员			
杨琳静	女	陕西咸阳	1988-05	大专	中共党员			
梁亚军	男	陕西榆林	1978-02	大专	群众			
任文奎	男	陕西榆林	1982-11	大专	群众			
周奇彦	男	陕西榆阳	1986-08	本科	群众			
于芬利	女	陕西咸阳	1982-07	大专	群众			
袁丽华	女	云南保山	1987-04	本科	中共党员			
张增利	男	陕西榆林	1985-02	中专	群众			
高战军	男	陕西榆林	1981-11	本科	中共党员			
撒鹏刚	男	陕西宝鸡	1986-02	本科	中共党员			
马鹏飞	男	山西应县	1986-11	本科	中共党员			
白永明	男	陕西榆林	1984-05	大专	中共党员			
乔雨宵	男	陕西榆林	1973-01	中专	群众			
方尚兵	男	陕西榆林	1986-02	大专	群众			
白杰	男	陕西延安	1986-11	本科	群众			
高文平	男	陕西榆林	1985-11	本科	群众			

（续）

姓名	性别	籍贯	出生年月	学历或学位	政治面貌	获得荣誉	授予单位	授予时间
茆支帅	男	陕西榆林	1987-04	大专	群众	先进工作者	陕西北元化工集团有限公司	2016-01
孙龙彬	男	河北邱县	1987-11	大专	中共党员			
张国奇	男	陕西榆林	1985-11	本科	群众			
刘鑫	男	陕西宝鸡	1985-06	本科	中共党员			
付长江	男	陕西西安	1986-12	本科	中共党员			
曹喜喜	男	陕西榆林	1981-05	高中	群众			
马艳龙	男	陕西神木	1989-10	中专	群众			
马伟	男	陕西榆林	1988-02	中专	中共党员			
刘春荣	男	陕西榆林	1987-09	大专	群众			
李换蕾	男	陕西榆林	1989-02	中专	群众			
霍艳	女	陕西榆林	1987-06	中专	群众			
牛雄雄	男	陕西榆林	1988-10	大专	中共党员			
王鹏	男	陕西榆林	1986-05	大专	群众			
徐玮	男	陕西榆林	1989-05	大专	群众			
丁文亮	男	陕西榆林	1984-12	大专	中共党员			
郭凤萍	女	陕西榆林	1980-02	中专	群众			
高二岗	男	陕西榆林	1983-01	高中	中共党员			
王会林	男	陕西榆林	1990-03	本科	群众			
常胜	男	陕西榆林	1985-07	大专	群众			
段阳阳	女	陕西华阴	1989-06	大专	中共党员			
柴艳宏	女	陕西佳县	1985-08	大专	中共党员			
吴军林	男	陕西神木	1971-10	高中	群众			
黄治国	男	陕西靖边	1976-12	高中	群众			
刘春	男	陕西靖边	1985-01	大专	群众			
许彩元	男	陕西绥德	1975-10	初中	群众			
张子军	男	陕西神木	1989-04	高中	群众			
杨飞	男	陕西榆林	1979-08	大专	中共党员			
王须良	男	陕西榆林	1966-09	大专	群众			
肖青平	男	陕西韩城	1975-10	高中	群众	安全生产先进个人		
房宝平	男	陕西榆林	1984-08	本科	中共党员			
高虎虎	男	陕西榆林	1984-10	本科	群众			
惠建伟	男	陕西富平	1986-12	本科	中共党员			
鲁尚高	男	陕西榆林	1985-01	本科	中共党员			
王玉光	男	陕西咸阳	1982-11	大专	中共党员			
张文武	男	陕西咸阳	1986-07	大专	中共党员			
王富强	男	陕西榆林	1985-09	本科	中共党员			

（续）

姓名	性别	籍贯	出生年月	学历或学位	政治面貌	获得荣誉	授予单位	授予时间
苗亚飞	男	陕西榆林	1984-01	本科	中共党员	安全生产先进个人	陕西北元化工集团有限公司	2016-01
高永利	男	陕西榆林	1980-01	大专	群众			
白涛	男	陕西榆林	1988-04	大专	群众			
崔顺利	男	陕西榆林	1986-08	大专	中共党员			
康刚	男	陕西榆林	1980-01	高中	中共党员			
高瑞岑	男	陕西榆林	1990-12	大专	中共党员			
王亚平	男	陕西榆林	1983-05	大专	中共党员			
崔军军	男	陕西榆林	1985-02	大专	中共党员			
鲁斌	男	陕西榆林	1989-02	中专	群众			
许文彪	男	山西朔州	1985-12	大专	中共党员			
张隆刚	男	陕西延安	1987-02	本科	群众			
刘艳雄	男	陕西榆林	1986-08	本科	中共党员			
杜耀鹏	男	陕西榆林	1984-01	中专	中共党员			
刘丁丁	男	陕西榆林	1987-11	大专	群众			
张杰	男	陕西榆林	1987-06	大专	群众			
张鸿鸿	男	陕西汉中	1985-12	本科	中共党员			
郭春红	男	陕西榆林	1987-04	大专	群众			
张鹏	男	陕西延安	1985-09	本科	群众			
高凯凯	男	陕西榆林	1991-05	中专	群众			
白柱柱	男	陕西榆林	1988-02	大专	中共党员			
马长长	男	陕西西安	1985-10	本科	群众			
高建军	男	陕西榆林	1980-07	中专	中共党员			
薛云平	男	陕西榆林	1982-05	大专	群众			
贺平	男	陕西榆林	1992-03	大专	群众			
杜萌	女	陕西长安	1984-04	硕士	群众			
王永峰	男	陕西榆林	1974-10	高中	群众			
甄富乐	男	陕西榆林	1989-05	大专	中共党员			
闫东东	男	陕西榆林	1986-04	大专	中共党员			
白水川	男	陕西榆林	1989-07	中专	群众			
汪冠水	男	陕西商洛	1984-04	本科	群众	先进工作者	陕西北元化工集团有限公司	2017-01
马楠	男	陕西咸阳	1986-02	本科	中共党员			
李生阳	男	陕西咸阳	1986-10	本科	中共党员			
王艳霞	女	陕西榆林	1985-12	本科	中共党员			
贺磊	男	陕西榆林	1988-02	本科	中共党员			
贺飞	男	陕西神木	1985-01	本科	中共党员			
李鹏飞	男	陕西榆阳	1983-10	本科	中共党员			

(续)

姓名	性别	籍贯	出生年月	学历或学位	政治面貌	获得荣誉	授予单位	授予时间
李晓鹏	男	陕西铜川	1987-02	大专	群众			
丁佳佳	男	陕西吴堡	1987-09	本科	中共党员			
高磊	男	陕西绥德	1983-12	本科	中共党员			
卢讲文	男	陕西神木	1982-01	本科	群众			
董恒恒	男	陕西西安	1986-04	本科	群众			
苏娴	女	陕西榆林	1990-03	本科	中共党员			
肖强	男	陕西汉中	1984-01	本科	中共党员			
白建行	男	陕西榆林	1984-11	大专	中共党员			
李伟东	男	陕西佳县	1984-07	大专	中共党员			
武海峰	男	陕西榆林	1980-09	大专	群众			
闫琮	男	陕西神木	1989-03	大专	中共党员			
曹世龙	男	陕西佳县	1987-12	中专	群众			
田智强	男	陕西神木	1989-02	大专	中共党员			
高江波	男	陕西佳县	1985-06	本科	中共党员			
刘勇	男	陕西神木	1990-01	中专	群众			
段玉飞	男	陕西神木	1984-12	高中	中共党员			
屈晔军	男	陕西神木	1978-05	中专	群众	先进工作者	陕西北元化工集团有限公司	2017-01
冯二波	男	陕西榆林	1986-02	大专	中共党员			
王少山	男	陕西榆林	1989-04	本科	群众			
王峰	男	陕西榆林	1991-01	大专	中共党员			
原勇	男	陕西榆林	1987-07	大专	中共党员			
乔陆军	男	内蒙古鄂尔多斯	1984-07	大专	群众			
张建峰	男	河南洛阳	1975-04	大专	群众			
徐林军	男	陕西榆林	1987-02	大专	群众			
李国雄	男	陕西榆林	1990-12	中专	群众			
张飞	男	陕西榆林	1984-12	大专	中共党员			
杜云虎	男	陕西延安	1984-10	本科	中共党员			
蔡强	男	陕西榆林	1986-09	本科	中共党员			
韩云峰	男	陕西宝鸡	1986-09	本科	中共党员			
撒鹏刚	男	陕西宝鸡	1986-02	本科	中共党员			
马鹏飞	男	山西应县	1986-11	本科	中共党员			
刘志雄	男	陕西榆林	1988-11	本科	中共党员			
周丽	女	陕西榆林	1986-04	高中	中共党员			
乔雨宵	男	陕西榆林	1973-11	中专	群众			
高文平	男	陕西榆林	1985-11	本科	群众			
薛小彬	男	陕西渭南	1984-05	本科	中共党员			

(续)

姓名	性别	籍贯	出生年月	学历或学位	政治面貌	获得荣誉	授予单位	授予时间
韩刚	男	陕西延安	1989-07	本科	群众	先进工作者	陕西北元化工集团有限公司	2017-01
潘登	男	陕西渭南	1984-04	本科	群众			
张雄	男	陕西榆林	1986-08	本科	群众			
张静	男	陕西榆林	1986-10	大专	群众			
杨宝辉	男	陕西榆林	1988-01	大专	群众			
吴爽	男	四川射洪	1988-11	本科	群众			
张云飞	男	陕西榆林	1990-04	大专	中共党员			
孙鱼	女	陕西榆林	1984-01	大专	群众			
武红艳	女	陕西榆林	1987-04	大专	群众			
张国奇	男	陕西榆林	1985-11	本科	群众			
贾过	男	陕西泾阳	1989-08	大专	中共党员			
汪江江	男	陕西榆林	1987-10	大专	中共党员			
白露超	男	陕西榆林	1986-08	大专	中共党员			
张宇浩	男	陕西榆林	1985-06	本科	群众			
姜丽	女	陕西咸阳	1984-06	中专	中共党员			
闫利平	男	陕西榆林	1987-03	中专	群众			
刘喜	男	陕西榆林	1985-04	本科	中共党员			
张伟	男	陕西榆林	1986-11	大专	群众			
张志欣	男	陕西榆林	1990-10	本科	群众			
薛梅	女	陕西榆林	1985-12	大专	群众			
徐保卫	男	陕西榆林	1982-12	本科	中共党员			
姬晓生	男	陕西榆林	1990-04	大专	群众			
罗鹏成	男	陕西榆林	1991-01	中专	群众			
杜欢	女	陕西渭南	1993-02	中专	群众			
牛雄雄	男	陕西榆林	1988-10	大专	中共党员			
马雨龙	男	陕西榆林	1989-10	大专	中共党员			
武王凤	女	陕西安康	1984-09	高中	中共党员			
姬亚轮	男	陕西榆林	1984-08	初中	群众			
武小军	男	陕西榆林	1981-10	中专	群众			
刘制表	男	陕西榆林	1985-09	大专	群众			
王会林	男	陕西榆林	1990-03	本科	群众			
方占飞	男	陕西榆林	1985-08	大专	群众			
段阳阳	女	陕西华阴	1989-06	大专	中共党员			
张玲玲	女	湖北枝江	1988-08	本科	中共党员			
付锦东	男	陕西横山	1987-09	大专	中共党员			
张二娥	女	陕西榆林	1987-07	本科	中共党员			

(续)

姓名	性别	籍贯	出生年月	学历或学位	政治面貌	获得荣誉	授予单位	授予时间
刘双会	男	陕西神木	1972-10	高中	群众	先进工作者		
薛建平	男	陕西神木	1990-09	大专	中共党员			
闫东东	男	陕西佳县	1986-04	大专	中共党员			
焦勇	男	陕西神木	1988-10	大专	群众			
贺鹏	男	陕西清涧	1983-09	大专	群众			
薛红娟	女	山西运城	1980-09	本科	中共党员	安全生产先进个人	陕西北元化工集团有限公司	2017-01
贺世平	男	陕西榆林	1964-12	高中	群众			
石鹏	男	陕西榆林	1986-08	本科	群众			
乔卫锋	男	陕西榆林	1982-08	大专	中共党员			
张文武	男	陕西咸阳	1986-07	大专	中共党员			
高虎虎	男	陕西榆林	1984-10	本科	群众			
刘秦永	男	陕西佳县	1985-10	本科	群众			
张小飞	男	陕西榆林	1985-10	大专	群众			
王玉光	男	陕西咸阳	1982-11	大专	中共党员			
康文国	男	陕西榆林	1984-09	本科	中共党员			
武晶晶	男	陕西榆林	1985-03	大专	中共党员			
王富强	男	陕西榆林	1985-09	本科	中共党员			
宋志愚	男	陕西铜川	1987-02	大专	中共党员			
苗亚飞	男	陕西榆林	1984-01	本科	中共党员			
折进富	男	陕西榆林	1978-10	大专	群众			
高洲洲	男	陕西榆林	1987-06	本科	中共党员			
汪渊	男	陕西榆林	1985-10	本科	中共党员			
何亮	男	陕西榆林	1988-10	大专	中共党员			
贺峰	男	陕西榆林	1985-01	本科	中共党员			
许东东	男	陕西榆林	1984-01	本科	群众			
任兴	男	陕西西安	1988-01	大专	群众			
郭少龙	男	陕西榆林	1987-04	高中	群众			
任建虎	男	陕西榆林	1989-12	中专	中共党员			
崔军军	男	陕西榆林	1985-02	大专	中共党员			
曹鹏飞	男	陕西榆林	1987-06	大专	群众			
杜耀鹏	男	陕西榆林	1984-01	中专	中共党员			
刘玉斌	男	陕西榆林	1986-04	本科	中共党员			
白杰	男	陕西延安	1986-11	本科	群众			
冯强强	男	陕西榆林	1987-11	大专	中共党员			
赵伟	男	陕西咸阳	1984-12	本科	中共党员			
沈靖宗	男	陕西榆林	1990-10	大专	群众			

(续)

姓名	性别	籍贯	出生年月	学历或学位	政治面貌	获得荣誉	授予单位	授予时间
徐旺兵	男	陕西榆林	1987-09	大专	群众	安全生产先进个人	陕西北元化工集团有限公司	2017-01
刘卫星	男	陕西榆林	1983-05	本科	群众			
马瑞	男	陕西榆林	1984-12	大专	中共党员			
王利荣	男	陕西榆林	1982-02	高中	群众			
呼利军	男	陕西榆林	1987-06	中专	中共党员			
常胜	男	陕西榆林	1985-07	大专	群众			
白宁	男	陕西榆林	1988-02	大专	中共党员			
郑海江	男	陕西榆林	1990-10	大专	群众			
何学玲	女	陕西榆林	1989-07	大专	中共党员			
王慧	男	陕西榆林	1989-09	大专	群众			
刘伟	男	陕西榆林	1989-08	大专	群众			
邢彦虎	男	陕西榆林	1987-03	大专	中共党员			
李渊	男	陕西西安	1985-02	本科	中共党员	先进工作者	陕西北元化工集团股份有限公司	2018-01
白小芳	女	陕西榆林	1984-07	大专	群众			
慕艳梅	女	陕西榆林	1983-10	本科	中共党员			
乔广丽	女	陕西榆林	1988-06	本科	中共党员			
白飞	女	陕西榆林	1988-05	本科	中共党员			
李明月	女	青海湟源	1982-03	本科	群众			
李静	女	陕西咸阳	1986-08	本科	中共党员			
任志荣	男	陕西佳县	1987-08	硕士	中共党员			
李江	男	陕西榆林	1987-07	大专	中共党员			
宫晓宁	男	吉林沈阳	1981-11	大专	中共党员			
牛云	男	陕西安塞	1986-07	本科	中共党员			
高磊	男	陕西绥德	1983-12	本科	中共党员			
刘海胜	男	陕西佳县	1985-08	大专	中共党员			
甘绍垒	男	陕西榆林	1987-10	大专	中共党员			
刘中亮	男	陕西榆林	1986-07	大专	中共党员			
冯艳	女	陕西神木	1984-11	本科	中共党员			
王磊	男	陕西神木	1987-02	大专	中共党员			
王利军	男	陕西神木	1990-04	大专	群众			
常江江	男	陕西神木	1985-11	大专	中共党员			
杨天伟	男	陕西商洛	1988-12	大专	中共党员			
闫琮	男	陕西神木	1989-03	大专	中共党员			
刘勇	男	陕西神木	1990-01	中专	群众			
徐凤	男	陕西神木	1987-09	大专	群众			
任兴	男	陕西西安	1988-01	大专	群众			

（续）

姓名	性别	籍贯	出生年月	学历或学位	政治面貌	获得荣誉	授予单位	授予时间
杨琳静	女	陕西咸阳	1988-05	大专	中共党员			
周奇彦	男	陕西榆阳	1986-08	本科	群众			
王少山	男	陕西榆林	1989-04	本科	群众			
边林锋	男	陕西榆林	1981-03	大专	中共党员			
李艳军	男	陕西榆林	1987-01	大专	群众			
卜凤飞	男	陕西榆林	1989-04	大专	中共党员			
谢强	男	陕西榆林	1988-07	大专	群众			
任建虎	男	陕西榆林	1989-12	中专	中共党员			
张文功	男	陕西榆林	1985-08	本科	中共党员			
杜云虎	男	陕西延安	1984-10	本科	中共党员			
路艳飞	女	陕西榆林	1983-03	大专	群众			
张柱	男	陕西礼泉	1985-12	本科	群众			
撒鹏刚	男	陕西宝鸡	1986-02	本科	中共党员			
王小伟	男	陕西榆林	1984-03	大专	中共党员			
李新婷	女	陕西西安	1983-04	中专	中共党员			
李剑	男	陕西咸阳	1986-01	大专	中共党员			
郑伟伟	男	陕西榆林	1989-06	大专	群众			
武艳龙	男	陕西榆林	1986-11	本科	群众	先进工作者	陕西北元化工集团股份有限公司	2018-01
方尚兵	男	陕西榆林	1986-02	大专	群众			
丁雄	男	陕西府谷	1993-09	本科	群众			
杜元鹏	男	陕西榆林	1984-10	本科	中共党员			
梁正	男	陕西榆林	1984-10	大专	群众			
贾利	男	陕西榆林	1988-02	大专	群众			
白李艳	女	陕西神木	1980-09	本科	中共党员			
吴爽	男	四川射洪	1988-11	本科	群众			
文亚妮	女	陕西榆林	1986-04	中专	群众			
田治东	男	陕西榆林	1987-08	中专	群众			
冯强强	男	陕西榆林	1987-11	大专	中共党员			
白露超	男	陕西吴堡	1986-08	大专	中共党员			
郝虎军	男	陕西榆林	1992-03	大专	群众			
周文琛	男	陕西榆林	1986-07	大专	群众			
刘强	男	陕西榆林	1989-10	大专	群众			
马飞	男	陕西榆林	1987-01	本科	群众			
艾蕊丰	女	陕西榆林	1986-08	本科	群众			
郝志军	男	陕西榆林	1989-02	大专	中共党员			
马艳龙	男	陕西榆林	1989-10	中专	群众			

（续）

姓名	性别	籍贯	出生年月	学历或学位	政治面貌	获得荣誉	授予单位	授予时间
曹文奇	男	陕西榆林	1987-03	大专	中共党员	先进工作者	陕西北元化工集团股份有限公司	2018-01
刘刚	男	陕西榆林	1987-08	大专	群众			
马治荣	男	陕西榆林	1985-09	大专	群众			
郭元	男	陕西榆林	1992-05	本科	群众			
白林	男	陕西横山	1986-06	本科	中共党员			
高思维	女	陕西榆林	1989-03	中专	群众			
徐保卫	男	陕西榆林	1982-12	本科	中共党员			
王亚宁	男	陕西榆林	1988-11	中专	群众			
张伟伟	男	陕西榆林	1988-11	大专	中共党员			
李庆东	男	陕西榆林	1986-03	中专	群众			
胡大伟	男	陕西咸阳	1984-08	本科	中共党员			
鲁铭	男	陕西榆林	1986-03	本科	中共党员			
张萍	女	陕西宝鸡	1986-11	大专	群众			
茆支帅	男	陕西榆林	1987-04	大专	中共党员			
刘秋艳	女	陕西榆林	1992-02	中专	群众			
邓宝龙	男	陕西宝鸡	1989-03	本科	群众			
火瑞钦	男	宁夏固原	1985-03	大专	中共党员			
乔雄雄	男	陕西佳县	1989-04	大专	群众			
武焱火	男	陕西神木	1979-08	初中	群众			
石锦鹏	男	陕西横山	1987-11	本科	中共党员			
马振雄	男	陕西榆林	1987-01	本科	群众			
王军军	男	内蒙古达拉特旗	1989-04	高中	群众			
崔顺利	男	陕西榆林	1986-08	大专	中共党员			
刘飞	男	陕西榆林	1978-04	初中	群众			
马峰	男	陕西榆林	1978-01	大专	中共党员	安全生产先进个人		
贺磊	男	陕西榆林	1988-02	本科	中共党员			
石鹏	男	陕西榆林	1986-08	本科	群众			
谢利	女	陕西榆林	1989-01	本科	中共党员			
薛小彬	男	陕西渭南	1984-05	本科	中共党员			
郭宏	男	陕西宝鸡	1985-11	大专	中共党员			
房宝平	男	陕西榆林	1984-08	本科	中共党员			
王军虎	男	陕西渭南	1983-09	本科	中共党员			
康文国	男	陕西榆林	1984-09	本科	中共党员			
鲁尚高	男	陕西榆林	1985-01	本科	中共党员			
王富强	男	陕西榆林	1985-09	本科	中共党员			
宋志愚	男	陕西铜川	1987-02	大专	中共党员			

（续）

姓名	性别	籍贯	出生年月	学历或学位	政治面貌	获得荣誉	授予单位	授予时间
苗亚飞	男	陕西榆林	1984-01	本科	中共党员			
高建强	男	陕西榆林	1984-03	本科	群众			
贺峰	男	陕西榆林	1985-01	本科	中共党员			
高虎荣	男	陕西榆林	1987-11	大专	群众			
汪渊	男	陕西榆林	1985-10	本科	中共党员			
张华	男	陕西榆林	1984-11	大专	群众			
许东东	男	陕西榆林	1984-01	本科	群众			
王洁	男	陕西榆林	1986-09	大专	中共党员			
王亚平	男	陕西榆林	1983-05	大专	中共党员			
冯天祥	男	陕西榆林	1988-10	大专	群众			
屈艳亭	男	陕西榆林	1989-10	中专	中共党员			
张强红	男	陕西榆林	1985-05	大专	中共党员			
张晓娟	女	陕西西安	1982-04	大专	群众			
柳海军	男	陕西榆林	1987-10	大专	中共党员			
刘欢	男	陕西榆林	1990-12	中专	中共党员			
刘磊军	男	陕西榆林	1986-05	本科	群众	安全生产先进个人	陕西北元化工集团股份有限公司	2018-01
李少芳	男	陕西宝鸡	1985-07	大专	中共党员			
徐虎强	男	陕西榆林	1984-11	大专	群众			
魏任军	男	陕西榆林	1982-02	大专	群众			
赵军	男	陕西榆林	1987-07	大专	群众			
刘凤旗	男	陕西榆林	1990-11	大专	群众			
童宇川	男	陕西榆林	1988-03	大专	群众			
解鑫	男	陕西榆林	1989-01	中专	群众			
任雷	男	陕西榆林	1986-01	中专	群众			
呼利军	男	陕西榆林	1987-06	中专	中共党员			
张治飞	男	陕西榆林	1985-04	中专	群众			
康文明	男	陕西榆林	1987-01	大专	群众			
白宁	男	陕西榆林	1988-02	大专	中共党员			
惠建伟	男	陕西富平	1986-12	本科	中共党员			
李伟	男	陕西榆林	1989-07	大专	群众			
赵马娃	男	陕西渭南	1978-03	初中	群众			
王小东	男	陕西延安	1987-05	大专	群众			
高江	男	陕西榆林	1994-04	大专	群众			
李渊	男	陕西西安	1985-02	本科	中共党员	先进工作者	陕西北元化工集团股份有限公司	2019-01
刘军明	男	陕西榆林	1969-06	初中	群众			
贺磊	男	陕西榆林	1988-02	本科	中共党员			

(续)

姓名	性别	籍贯	出生年月	学历或学位	政治面貌	获得荣誉	授予单位	授予时间
贺 飞	男	陕西神木	1985-01	本科	中共党员	先进工作者	陕西北元化工集团股份有限公司	2019-01
梁利丽	女	山西太原	1985-09	本科	中共党员			
杨亚军	男	陕西神木	1989-11	大专	群众			
张晓芳	女	河南焦作	1983-02	本科	中共党员			
龚学利	女	陕西榆林	1987-04	本科	中共党员			
梁改改	女	陕西榆林	1987-09	本科	群众			
安飞飞	男	陕西横山	1990-06	本科	群众			
刘秦永	男	陕西佳县	1985-10	本科	群众			
冯 乐	男	陕西洋县	1985-11	本科	中共党员			
翁 明	男	陕西三原	1985-02	本科	中共党员			
高 磊	男	陕西绥德	1983-12	本科	中共党员			
李少龙	男	陕西扶风	1989-03	大专	中共党员			
苏血良	男	陕西神木	1983-10	本科	中共党员			
拓蔚蔚	男	陕西子洲	1983-02	本科	群众			
白世雄	男	陕西榆林	1987-08	大专	中共党员			
曾宪军	男	河南卢氏	1986-01	本科	群众			
侯龙飞	男	陕西榆林	1988-05	本科	中共党员			
叶小波	男	陕西榆林	1988-05	大专	群众			
高燕军	男	陕西榆林	1986-03	本科	中共党员			
崔贝贝	男	陕西绥德	1990-05	大专	中共党员			
李艳龙	男	陕西子洲	1986-07	本科	中共党员			
车海霞	女	陕西神木	1976-09	高中	中共党员			
董高登	男	陕西榆林	1986-01	大专	中共党员			
白保安	男	陕西清涧	1986-12	大专	中共党员			
王 玲	男	陕西神木	1986-04	中专	群众			
白 杰	男	陕西延安	1986-11	本科	群众			
李 强	男	陕西榆林	1987-08	大专	群众			
李录平	男	陕西榆林	1987-10	大专	群众			
张国奇	男	陕西榆林	1985-11	本科	群众			
蒲晓龙	男	陕西凤翔	1985-06	本科	中共党员			
曹海潮	男	陕西榆林	1990-07	中专	中共党员			
乔高强	男	陕西佳县	1987-04	大专	中共党员			
王玉龙	男	陕西绥德	1989-07	大专	群众			
陆 涛	男	陕西榆林	1987-06	本科	中共党员			
郭二卫	男	陕西榆阳	1987-06	本科	群众			
吴生虎	男	陕西榆林	1986-08	本科	群众			

（续）

姓名	性别	籍贯	出生年月	学历或学位	政治面貌	获得荣誉	授予单位	授予时间
郭瑞芬	女	陕西子洲	1983-08	大专	中共党员			
柳加喜	男	黑龙江齐齐哈尔	1986-11	本科	中共党员			
吴腾	男	陕西米脂	1986-02	大专	群众			
杨文	男	陕西榆林	1986-01	中专	群众			
罗宏浩	男	陕西米脂	1989-09	大专	中共党员			
李小利	男	陕西榆林	1988-02	中专	群众			
张斌	男	陕西绥德	1991-02	中专	群众			
李树慧	男	陕西榆林	1986-07	中专	群众			
白瑞军	男	陕西神木	1991-05	大专	群众			
孙小静	女	陕西榆林	1989-07	中专	群众			
张海锋	男	陕西定边	1988-04	中专	群众			
雷小余	男	陕西榆林	1992-12	大专	群众			
何二鹏	男	陕西神木	1992-09	中专	群众			
冯为军	男	陕西神木	1985-11	高中	群众			
王艳荣	男	陕西佳县	1991-08	大专	群众			
徐柯	男	陕西西安	1986-12	本科	中共党员			
刘欢荣	男	陕西榆林	1992-05	中专	群众	先进工作者	陕西北元化工集团股份有限公司	2019-01
边福兵	男	陕西神木	1986-06	中专	中共党员			
封建雄	男	陕西神木	1985-04	大专	中共党员			
白智慧	男	陕西横山	1987-01	大专	群众			
王桃艳	女	陕西子长	1983-05	中专	中共党员			
魏自强	男	陕西商洛	1986-06	本科	中共党员			
杨伟	男	陕西神木	1989-12	高中	群众			
刘义	男	陕西神木	1986-11	大专	群众			
赵永强	男	陕西神木	1990-04	本科	群众			
刘瑞	男	陕西榆林	1987-08	大专	中共党员			
贺宝平	男	陕西神木	1992-01	本科	群众			
李小亮	男	陕西神木	1986-09	大专	群众			
刘喜忠	男	陕西神木	1972-11	大专	中共党员			
屈晔军	男	陕西神木	1978-05	大专	群众			
王彪	男	陕西神木	1983-11	大专	中共党员			
王官雄	男	陕西神木	1987-11	大专	群众			
王少山	男	陕西神木	1989-04	本科	中共党员			
原勇	男	陕西神木	1987-07	本科	中共党员			
张小霞	女	陕西神木	1988-10	本科	中共党员			
郭少龙	男	陕西神木	1984-04	中专	中共党员			

(续)

姓名	性别	籍贯	出生年月	学历或学位	政治面貌	获得荣誉	授予单位	授予时间
罗仑昆	男	陕西米脂	1988-02	大专	群众	先进工作者	陕西北元化工集团股份有限公司	2019-01
焦志军	男	陕西神木	1986-02	初中	中共党员			
高少峰	男	陕西神木	1987-09	中专	群众			
薛锦卫	男	陕西佳县	1988-04	中专	中共党员			
张晓娟	女	陕西阎良	1982-04	大专	群众			
王勇	男	陕西富平	1978-05	本科	中共党员			
钟双斌	男	陕西靖边	1987-06	大专	群众			
张玲玲	女	湖北枝江	1988-08	本科	中共党员			
刘小丽	男	陕西神木	1986-10	大专	群众			
马欢欣	男	陕西榆林	1985-11	中专	群众			
石锦鹏	男	陕西横山	1987-11	本科	中共党员			
高瑞	男	陕西榆林	1990-07	高中	群众			
艾聪聪	男	陕西榆林	1992-07	中专	群众			
赵渊	男	陕西榆林	1995-08	本科	群众			
高亭	男	陕西榆林	1992-08	高中	群众			
杨凤霞	女	陕西神木	1974-07	大专	群众	安全生产先进个人		
马锋	男	陕西神木	1978-01	大专	中共党员			
白建军	男	陕西神木	1969-01	高中	群众			
李建军	男	陕西榆林	1990-05	本科	中共党员			
郭宏	男	陕西扶风	1985-11	大专	中共党员			
罗囡囡	女	陕西米脂	1986-06	大专	群众			
张小飞	男	陕西榆林	1985-10	大专	群众			
刘王存	男	陕西佳县	1982-12	本科	中共党员			
孙龙彬	男	河北丘县	1987-11	大专	中共党员			
宋志愚	男	陕西铜川	1987-02	大专	中共党员			
王富强	男	陕西榆林	1985-09	本科	中共党员			
蔡高伟	男	陕西咸阳	1987-02	本科	群众			
高雪峰	男	陕西榆林	1986-12	大专	群众			
高世军	男	陕西榆林	1983-01	本科	中共党员			
张小平	男	陕西神木	1978-11	大专	群众			
马建刚	男	陕西宝鸡	1985-04	大专	群众			
胡海龙	男	内蒙古乌兰察布	1988-02	本科	群众			
张伟	男	陕西神木	1986-11	大专	群众			
王飞	男	陕西榆林	1984-12	大专	群众			
焦秦云	男	陕西神木	1989-10	大专	群众			
艾先隆	男	陕西米脂	1984-12	大专	群众			

(续)

姓名	性别	籍贯	出生年月	学历或学位	政治面貌	获得荣誉	授予单位	授予时间
马慧	男	陕西绥德	1984-12	大专	中共党员	安全生产先进个人	陕西北元化工集团股份有限公司	2019-01
李润墩	男	陕西米脂	1986-07	大专	群众			
李浪	男	陕西米脂	1988-05	大专	群众			
朱鹏云	男	陕西米脂	1986-04	大专	群众			
李亚利	男	陕西米脂	1987-06	大专	中共党员			
郝耀伟	男	陕西米脂	1987-06	大专	群众			
袁磊	男	陕西甘泉	1984-12	本科	中共党员			
兰健	男	陕西神木	1985-10	中专	中共党员			
于龙	男	陕西榆林	1988-02	大专	中共党员			
杜帅宇	男	陕西子洲	1989-02	大专	群众			
徐涛	男	陕西绥德	1990-05	中专	群众			
刘龙	男	陕西榆林	1988-06	本科	中共党员			
范理龙	男	陕西榆林	1984-10	大专	中共党员			
惠培瑞	男	陕西榆林	1988-05	大专	群众			
杨建国	男	陕西榆林	1985-04	大专	中共党员			
赵飞	男	陕西榆林	1976-10	大专	中共党员			
王光斌	男	陕西神木	1984-09	本科	群众			
訾龙	男	陕西神木	1988-01	中专	中共党员			
马少华	男	陕西子洲	1987-03	本科	群众			
卢文强	男	陕西神木	1991-10	中专	群众			
秦智	男	陕西吴堡	1991-10	中专	中共党员			
蒋辰龙	男	陕西榆林	1988-10	大专	群众			
王慧	男	陕西榆林	1989-09	大专	群众			
张鸿鸿	男	陕西汉中	1985-12	本科	中共党员			
崔仲江	男	陕西榆林	1990-02	大专	群众			
亢永迎	男	陕西榆林	1990-10	大专	群众			
谢锋	男	陕西榆林	1987-06	中专	群众			
张宇熙	女	陕西神木	1992-01	大专	群众	先进工作者	陕西北元化工集团股份有限公司	2020-01
许娜	女	陕西神木	1983-05	大专	中共党员			
叶盼盼	男	陕西神木	1987-03	大专	群众			
贺飞	男	陕西神木	1985-01	本科	中共党员			
贺磊	男	陕西榆林	1988-02	本科	中共党员			
梁利丽	女	山西太原	1985-09	本科	中共党员			
曹颖	女	陕西西安	1984-07	本科	群众			
安飞飞	男	陕西横山	1990-06	本科	群众			
施素帆	女	陕西横山	1983-11	本科	中共党员			

（续）

姓名	性别	籍贯	出生年月	学历或学位	政治面貌	获得荣誉	授予单位	授予时间
刘秦永	男	陕西佳县	1985-10	本科	中共党员			
李云	男	陕西神木	1986-01	大专	中共党员			
刘志雄	男	陕西神木	1988-11	本科	中共党员			
李少龙	男	陕西扶风	1989-03	大专	中共党员			
韩思齐	女	陕西榆林	1985-07	本科	中共党员			
蔡高伟	男	陕西乾县	1987-02	本科	群众			
苏血良	男	陕西神木	1983-10	本科	中共党员			
陈康	男	陕西丹凤	1989-04	本科	中共党员			
乔广丽	女	陕西榆林	1988-06	本科	中共党员			
陈树培	男	陕西榆阳区	1987-07	本科	群众			
蒋登虎	男	陕西榆林	1985-12	本科	中共党员			
王小军	男	陕西神木	1986-06	专科	群众			
高茂刚	男	陕西神木	1987-08	本科	群众			
张伟	男	陕西神木	1986-11	专科	中共党员			
刘小勇	男	陕西神木	1986-01	本科	群众			
王水霞	女	陕西神木	1982-02	中专	群众			
董高登	男	陕西榆林	1986-01	大专	中共党员			
刘玉斌	男	陕西佳县	1986-04	本科	中共党员	先进工作者	陕西北元化工集团股份有限公司	2020-01
李刚	男	陕西神木	1989-10	专科	群众			
李强	男	陕西榆林	1987-08	大专	群众			
冯强强	男	陕西榆林	1987-11	专科	中共党员			
刘丁丁	男	陕西榆林	1987-11	大专	群众			
马慧	男	陕西绥德	1984-12	大专	中共党员			
蒲晓龙	男	陕西宝鸡	1985-06	本科	中共党员			
王海雄	男	陕西佳县	1989-12	本科	群众			
王耀慧	男	陕西横山	1986-12	本科	群众			
杨宝辉	男	陕西榆林	1988-01	大专	中共党员			
牛雄雄	男	陕西神木	1988-10	专科	中共党员			
张斌	男	陕西绥德	1991-02	大专	群众			
徐柯	男	陕西西安	1986-12	本科	中共党员			
常爽	男	陕西榆林	1992-10	中专	中共党员			
张海锋	男	陕西定边	1988-04	中专	群众			
高利雄	男	陕西神木	1989-02	大专	中共党员			
姜波	男	陕西榆林	1986-10	大专	中共党员			
李康康	男	陕西绥德	1987-04	大专	群众			
徐生杰	男	陕西神木	1990-04	专科	群众			

(续)

姓名	性别	籍贯	出生年月	学历或学位	政治面貌	获得荣誉	授予单位	授予时间
蒋浪	男	陕西子洲	1986-04	本科	中共党员			
张永刚	男	陕西神木	1987-11	大专	群众			
赵向阳	男	陕西子洲	1989-05	专科	群众			
郝志军	男	陕西榆林	1989-02	大专	中共党员			
王云岗	男	陕西神木	1989-05	本科	中共党员			
贾瑞朝	男	陕西吴堡	1991-09	大专	中共党员			
胡大伟	男	陕西咸阳	1984-08	大专	中共党员			
孟瑞	男	陕西榆林	1986-02	大专	中共党员			
任培会	男	陕西神木	1985-06	大专	群众			
温小萍	女	陕西榆林	1982-04	大专	群众			
赵飞	男	陕西神木	1989-05	专科	群众			
高琦	男	陕西横山	1987-06	专科	中共党员			
罗梁	男	陕西米脂	1986-09	大专	群众			
乔宝成	男	陕西靖边	1987-10	大专	群众			
白向春	男	陕西神木	1983-12	专科	群众			
李建平	男	陕西神木	1988-07	本科	群众			
孙东锋	男	陕西横山	1988-11	中专	群众	先进工作者	陕西北元化工集团股份有限公司	2020-01
何文军	男	陕西神木	1990-01	高中	群众			
高虎荣	男	陕西佳县	1987-11	专科	群众			
贾光军	男	陕西神木	1984-10	大专	中共党员			
刘勇	男	陕西神木	1990-10	大专	群众			
闫琮	男	陕西神木	1989-03	大专	中共党员			
连磊	男	陕西神木	1993-07	本科	中共党员			
马俊生	男	陕西神木	1984-01	本科	中共党员			
王峰	男	陕西神木	1991-01	专科	中共党员			
原勇	男	陕西神木	1987-07	专科	中共党员			
杨刚平	男	陕西神木	1987-01	本科	中共党员			
田彩梅	女	陕西佳县	1985-10	本科	中共党员			
乔雄	男	陕西神木	1988-11	专科	群众			
郝瑞强	男	陕西府谷	1985-06	本科	中共党员			
薛锦卫	男	陕西佳县	1988-04	中专	中共党员			
王健	男	陕西榆林	1984-11	大专	中共党员			
郭继	男	陕西榆林	1990-07	大专	中共党员			
崔锋	男	陕西绥德	1984-09	大专	中共党员			
付锦东	男	陕西横山	1987-09	大专	中共党员			
姬文彬	男	陕西横山	1984-03	本科	群众			

(续)

姓名	性别	籍贯	出生年月	学历或学位	政治面貌	获得荣誉	授予单位	授予时间
刘小丽	男	陕西神木	1986-10	大专	群众	先进工作者	陕西北元化工集团股份有限公司	2020-01
白建行	男	陕西靖边	1984-11	高中	中共党员			
徐欢	男	陕西榆林	1992-01	大专	群众			
张艳	女	陕西神木	1991-11	高中	群众			
薛飞飞	男	陕西佳县	1987-03	本科	群众			
高峰	男	陕西榆林	1988-11	中专	中共党员			
邢彦虎	男	陕西子洲	1987-03	大专	群众			
高瑜	女	陕西榆林	1990-03	本科	中共党员	先进工作者	陕西北元化工集团股份有限公司	2020-12
叶盼盼	男	陕西神木	1987-03	大专	群众			
李建军	男	陕西佳县	1990-05	本科	中共党员			
李芮	女	陕西横山	1988-03	大专	群众			
石鹏	男	陕西横山	1986-08	本科	群众			
郭志强	男	陕西榆林	1985-12	本科	群众			
孙伟	男	陕西神木	1990-12	本科	群众			
刘秦永	男	陕西佳县	1985-10	本科	中共党员			
曹国玉	男	陕西榆林	1982-12	本科	中共党员			
李彦飞	男	陕西榆林	1988-10	大专	群众			
李少龙	男	陕西扶风	1989-03	大专	中共党员			
韩思齐	女	陕西榆林	1985-07	本科	中共党员			
蔡高伟	男	陕西乾县	1987-02	本科	群众			
苏血良	男	陕西神木	1983-10	本科	中共党员			
龚学利	女	陕西榆林	1987-04	本科	中共党员			
高世军	男	陕西佳县	1983-01	本科	中共党员			
金玉涛	男	陕西宝鸡	1987-12	本科	中共党员			
王伟	男	陕西榆林	1979-07	专科	群众			
李爱军	男	陕西榆林	1985-01	大专	群众			
刘钰存	男	陕西榆林	1987-03	本科	群众			
高战军	男	陕西神木	1981-11	大专	中共党员			
马海霞	女	陕西榆林	1986-04	本科	群众			
王建超	男	陕西山阳	1983-08	本科	中共党员			
董永兵	男	陕西神木	1986-08	专科	群众			
冯强强	男	陕西榆林	1987-11	专科	中共党员			
郭磊	男	陕西榆林	1987-10	本科	群众			
李锐	男	陕西神木	1990-05	大专	中共党员			
张静	女	陕西榆林	1986-10	大专	群众			
白会强	男	陕西神木	1988-11	本科	群众			

(续)

姓名	性别	籍贯	出生年月	学历或学位	政治面貌	获得荣誉	授予单位	授予时间
贺涛涛	男	陕西榆林	1990-10	本科	中共党员	先进工作者	陕西北元化工集团股份有限公司	2020-12
辛波	男	陕西子洲	1987-02	大专	群众			
柴壮	男	陕西子洲	1995-08	本科	群众			
李伟伟	男	陕西榆林	1990-10	专科	群众			
马雨龙	男	陕西榆林	1989-10	本科	中共党员			
岳蕊祥	男	陕西渭南	1988-10	大专	群众			
张海锋	男	陕西定边	1988-04	中专	群众			
黄晓涛	男	陕西横山	1987-09	中专	中共党员			
孟瑞	男	陕西榆林	1986-02	大专	中共党员			
黄利军	男	陕西榆林	1984-11	大专	中共党员			
申宇星	男	陕西佳县	1988-06	大专	群众			
张华	男	陕西靖边	1984-11	专科	群众			
贾胜利	男	陕西子州	1983-01	专科	中共党员			
强昆	男	陕西神木	1994-10	大专	群众			
惠培瑞	男	陕西米脂	1988-05	专科	中共党员			
王磊	男	陕西神木	1988-08	本科	群众			
王彪	男	陕西神木	1983-11	本科	中共党员			
高勇	男	陕西神木	1985-02	本科	中共党员			
王峰	男	陕西神木	1991-01	专科	中共党员			
杨刚平	男	陕西神木	1987-01	本科	中共党员			
李强	男	陕西神木	1983-12	本科	群众			
郝瑞强	男	陕西府谷	1985-06	专科	中共党员			
薛锦卫	男	陕西佳县	1988-04	中专	中共党员			
段阳阳	女	陕西华阴	1989-11	大专	中共党员			
郭继	男	陕西榆林	1990-07	大专	中共党员			
焦勇	男	陕西神木	1988-10	大专	群众			
齐治琴	女	陕西吴起	1988-12	本科	中共党员			
白建行	男	陕西靖边	1984-11	高中	中共党员			
徐欢	男	陕西榆林	1992-01	大专	群众			
薛飞飞	男	陕西佳县	1987-03	本科	群众			
陶攀	男	陕西横山	1986-11	大专	群众			
贺世平	男	陕西榆林	1964-12	高中	群众	安全生产先进个人		
汪艳	女	陕西子洲	1988-11	大专	中共党员			
郭宏	男	陕西扶风	1985-11	大专	中共党员			
杨静红	女	河南三门峡	1987-12	本科	群众			
任红红	女	陕西榆林	1987-10	大专	中共党员			

（续）

姓名	性别	籍贯	出生年月	学历或学位	政治面貌	获得荣誉	授予单位	授予时间
秦小红	男	陕西榆林	1992-04	本科	群众			
武晶晶	男	陕西榆林	1985-03	本科	中共党员			
蔡强	男	陕西榆林	1986-09	本科	中共党员			
白鹏飞	男	陕西神木	1980-10	大专	群众			
杨莉	女	陕西子洲	1984-02	本科	中共党员			
屈原	男	陕西榆林	1995-08	大专	群众			
钟强	男	陕西榆林	1988-28	中专	群众			
乔雄	男	陕西榆林	1988-11	大专	中共党员			
边林峰	男	陕西榆林	1980-03	大专	中共党员			
姬文明	男	陕西榆林	1986-05	大专	中共党员			
屈艳亭	男	陕西榆林	1989-10	中专	中共党员			
曹云锋	男	陕西榆林	1989-05	大专	群众			
刘旭	男	陕西府谷	1985-05	大专	群众			
陈大江	男	陕西安康	1984-07	大专	中共党员			
何俊富	男	陕西洛南	1989-01	大专	中共党员			
弓健	男	陕西吴堡	1990-07	大专	中共党员			
蒋旗	男	陕西子洲	1991-10	中专	中共党员			
孙冬生	男	陕西横山	1993-02	初中	群众	安全生产先进个人	陕西北元化工集团股份有限公司	2020-12
张涛	男	陕西神木	1989-06	大专	群众			
蒋登虎	男	陕西定边	1985-12	本科	中共党员			
柳海军	男	陕西子洲	1987-10	专科	中共党员			
胡海龙	男	内蒙古乌兰察布四子王旗	1988-02	本科	群众			
高建军	男	陕西神木	1980-07	专科	中共党员			
王飞	男	陕西佳县	1984-12	专科	群众			
刘小勇	男	陕西榆阳	1986-09	本科	中共党员			
孟宁	男	陕西神木	1990-01	专科	群众			
杜耀鹏	男	陕西神木	1984-01	专科	中共党员			
刘飞	男	陕西榆阳	1984-03	本科	中共党员			
刘丁丁	男	陕西佳县	1987-11	本科	群众			
张杰	男	陕西子洲	1987-06	专科	中共党员			
纪永强	男	陕西神木	1988-10	专科	中共党员			
刘强	男	陕西神木	1986-09	专科	中共党员			
任虎	男	陕西乾县	1987-06	专科	中共党员			
孙慧	女	陕西神木	1995-02	本科	群众			
马瑞	男	陕西横山	1984-12	专科	中共党员			

（续）

姓名	性别	籍贯	出生年月	学历或学位	政治面貌	获得荣誉	授予单位	授予时间
王彦勇	男	陕西神木	1987-08	中专	群众	安全生产先进个人	陕西北元化工集团股份有限公司	2020-12
高锦东	男	陕西吴堡	1989-11	专科	中共党员			
徐涛	男	陕西绥德	1990-05	中专	群众			
高瑞岑	男	陕西佳县	1990-12	大专	中共党员			
张建军	男	陕西神木	1988-10	本科	中共党员			
侯壮	男	陕西榆林	1990-05	大专	群众			
李建平	男	陕西神木	1988-07	本科	群众			
刘浩	男	陕西子长	1990-03	中专	中共党员			
孟军	男	陕西神木	1987-11	本科	群众			
叶盼盼	男	陕西神木	1987-03	大专	群众	先进工作者	陕西北元化工集团股份有限公司	2021-12
毛增利	男	陕西榆林	1976-12	初中	群众			
李建军	男	陕西佳县	1990-05	本科	中共党员			
周奇彦	男	陕西榆阳	1986-08	本科	群众			
石鹏	男	陕西横山	1986-08	本科	群众			
韩水霞	女	陕西神木	1984-05	大专	群众			
李换霞	女	陕西神木	1988-10	大专	群众			
刘秦永	男	陕西佳县	1985-10	本科	中共党员			
王宇航	男	陕西绥德	1987-02	本科	中共党员			
刘志雄	男	陕西神木	1988-11	本科	中共党员			
李云	男	陕西神木	1986-01	大专	中共党员			
李少龙	男	陕西扶风	1989-03	大专	中共党员			
蔡强	男	陕西榆林	1986-09	本科	中共党员			
蔡高伟	男	陕西乾县	1987-02	本科	群众			
王磊	男	陕西神木	1990-01	大专	群众			
龚学利	女	陕西榆林	1987-04	本科	中共党员			
韩慧珏	女	陕西清涧	1982-12	本科	中共党员			
李玺	男	陕西汉中	1990-06	专科	群众			
王飞	男	陕西佳县	1984-12	大专	群众			
赵省军	男	陕西榆林	1983-08	大专	中共党员			
梁正	男	陕西榆林	1984-10	大专	群众			
杨少静	女	陕西宝鸡	1989-06	中专	群众			
崔贝贝	男	陕西绥德	1990-05	本科	中共党员			
冯强强	男	陕西榆林	1987-11	专科	中共党员			
姬亚轮	男	陕西米脂	1984-08	大专	群众			
屈彦鹏	男	陕西神木	1991-01	中专	群众			
王关东	男	陕西榆林	1988-11	大专	中共党员			

(续)

姓名	性别	籍贯	出生年月	学历或学位	政治面貌	获得荣誉	授予单位	授予时间
闫帅帅	男	陕西榆林	2000-03	专科	群众	先进工作者	陕西北元化工集团股份有限公司	2021-12
刘奇	男	陕西神木	1991-01	中专	群众			
刘静	女	陕西延安	1988-10	本科	群众			
李祥祥	男	陕西米脂	1986-02	中专	群众			
高琦	男	陕西横山	1987-06	专科	中共党员			
牛东	男	陕西横山	1986-02	大专	中共党员			
蒋贵双	男	江苏沛县	1985-12	大专	群众			
马建刚	男	陕西宝鸡	1985-04	专科	群众			
冯晨	男	陕西靖边	1995-03	本科	群众			
崔万理	男	陕西佳县	1986-05	专科	中共党员			
高燕军	男	陕西榆林	1986-03	本科	中共党员			
折胜波	男	陕西米脂	1990-10	本科	中共党员			
白彦斌	男	陕西横山	1987-07	大专	群众			
陈治	男	陕西安康	1986-10	本科	中共党员			
武卓妮	女	陕西神木	1988-10	本科	中共党员			
白涛	男	陕西神木	1988-04	专科	中共党员			
杨建国	男	陕西榆林	1985-04	中专	中共党员			
张宝宝	男	陕西佳县	1986-07	中专	群众			
贺宝平	男	陕西神木	1992-01	本科	群众			
薛锦卫	男	陕西佳县	1988-04	中专	中共党员			
张强红	男	陕西佳县	1985-05	专科	中共党员			
折小伟	男	陕西横山	1986-08	专科	中共党员			
杜良军	男	陕西榆林	1996-07	本科	群众			
王峰	男	陕西神木	1991-01	专科	中共党员			
田虎	男	陕西神木	1984-10	大专	中共党员			
曹云锋	男	陕西佳县	1989-05	大专	群众			
郭继	男	陕西榆林	1990-07	大专	中共党员			
付锦东	男	陕西横山	1987-09	大专	中共党员			
王大伟	男	陕西咸阳	1986-09	大专	群众			
崔顺利	男	陕西榆林	1986-08	大专	中共党员			
郭建君	男	陕西横山	1993-11	本科	群众			
何俊富	男	陕西洛南	1989-01	大专	中共党员			
王建平	男	陕西神木	1993-02	高中	群众			
薛锦涛	男	陕西佳县	1989-11	大专	群众			
曹富荣	男	陕西绥德	1981-10	大专	群众	安全生产先进个人		
丁雄	男	陕西神木	1993-09	本科	中共党员			

(续)

姓名	性别	籍贯	出生年月	学历或学位	政治面貌	获得荣誉	授予单位	授予时间
曹颖	女	陕西户县	1984-07	本科	群众			
郭志强	男	陕西神木	1985-12	本科	群众			
刘泽江	男	陕西神木	1996-01	本科	群众			
刘永清	男	陕西神木	1983-05	本科	中共党员			
李专成	男	陕西兴平	1980-10	本科	中共党员			
马生伟	男	陕西榆林	1984-03	本科	中共党员			
王富强	男	陕西佳县	1985-09	本科	中共党员			
王强	男	陕西绥德	1985-09	本科	中共党员			
柳玉	男	陕西子洲	1987-06	本科	中共党员			
杨琳静	女	陕西西安	1988-05	大专	中共党员			
李欣	男	陕西榆林	1987-02	大专	群众			
崔军军	男	陕西榆林	1985-02	大专	中共党员			
徐林军	男	陕西榆林	1987-02	大专	中共党员			
许文彪	男	山西朔州	1985-12	大专	中共党员			
陈进耀	男	河南南阳	1985-04	大专	群众			
杨建辉	男	陕西眉县	1986-10	本科	中共党员			
白小娟	女	陕西神木	1985-01	本科	中共党员			
王云岗	男	陕西神木	1989-05	本科	中共党员	安全生产先进个人	陕西北元化工集团股份有限公司	2021-12
焦勇	男	陕西神木	1988-10	大专	群众			
贺建建	男	陕西佳县	1988-02	大专	群众			
贺辽辽	男	陕西榆林	1989-01	中专	群众			
赵子军	男	陕西横山	1986-03	大专	中共党员			
刘小龙	男	陕西澄城	1989-09	大专	中共党员			
赵鹏飞	男	内蒙古巴彦淖尔杭锦后旗	1986-08	本科	群众			
于龙	男	陕西榆阳	1988-02	本科	中共党员			
纪永强	男	陕西神木	1988-10	专科	中共党员			
李艳龙	男	陕西子洲	1986-07	本科	中共党员			
徐保卫	男	陕西佳县	1982-12	本科	中共党员			
白小利	男	陕西佳县	1987-04	本科	中共党员			
谢鹏	男	陕西横山	1984-12	本科	群众			
张宁飞	男	陕西佳县	1986-06	专科	群众			
刘欢	男	陕西佳县	1989-10	中专	群众			
李剑	男	陕西永寿	1986-10	专科	中共党员			
雷锦峰	男	陕西榆阳	1990-09	专科	群众			
童宇川	男	陕西绥德	1988-03	专科	群众			

（续）

姓名	性别	籍贯	出生年月	学历或学位	政治面貌	获得荣誉	授予单位	授予时间
周文琛	男	陕西横山	1986－07	专科	中共党员	安全生产先进个人	陕西北元化工集团股份有限公司	2021－12
赵来喜	男	陕西榆阳	1982－09	专科	中共党员			
王亮亮	男	陕西米脂	1989－06	中专	群众			
吴琼	男	陕西横山	1987－12	专科	群众			
尹飞强	男	陕西榆阳	1987－01	专科	群众			
刘聪聪	男	陕西米脂	1990－02	本科	群众			
刘春荣	男	陕西榆阳	1987－09	专科	群众			
贺峰	男	陕西佳县	1985－10	本科	中共党员			
薛武峰	男	陕西佳县	1994－03	本科	群众			
高阳	男	陕西榆林	1983－08	大专	群众			
高童	女	陕西府谷	1995－11	大专	群众			
胡艳平	男	陕西榆林	1982－04	中专	群众			
杨文	男	陕西榆林	1981－12	大专	群众			
裴天文	男	陕西延安	1997－02	本科	群众	先进工作者	陕西北元化工集团股份有限公司	2022－12
张鹏飞	男	陕西榆林	1990－06	大专	群众			
冯永东	男	陕西榆林	1984－10	本科	中共党员			
周奇彦	男	陕西榆林	1986－08	本科	群众			
曹颖	女	陕西户县	1984－07	本科	群众			
郭志强	男	陕西神木	1985－12	本科	群众			
谢利	女	陕西神木	1989－01	本科	中共党员			
王宇航	男	陕西绥德	1987－02	本科	中共党员			
武海梅	女	陕西神木	1996－08	本科	群众			
鲁斌	男	陕西横山	1989－02	大专	中共党员			
陈康	男	陕西榆林	1995－08	本科	群众			
蔡强	男	陕西榆林	1986－09	本科	中共党员			
方沛霖	男	陕西渭南	1996－01	本科	群众			
苏血良	男	陕西神木	1983－10	本科	中共党员			
张渊	男	陕西神木	1987－09	本科	中共党员			
龚学利	女	陕西靖边	1987－04	本科	中共党员			
张国文	男	甘肃武威	1987－05	本科	中共党员			
王彦斌	男	陕西佳县	1995－10	本科	群众			
段晓娅	女	陕西子洲	1985－05	本科	群众			
田俊明	男	内蒙古自治区乌兰察布市	1983－09	专科	中共党员			
方尚兵	男	陕西神木	1986－02	专科	群众			
赵省军	男	陕西佳县	1983－08	专科	中共党员			

(续)

姓名	性别	籍贯	出生年月	学历或学位	政治面貌	获得荣誉	授予单位	授予时间
周丽	女	陕西横山	1986-04	高中	中共党员			
白永	男	陕西神木	1986-03	专科	中共党员			
王彦君	男	陕西神木	1989-02	专科	群众			
兰健	男	陕西神木	1985-10	中专	中共党员			
冯强强	男	陕西榆林	1987-11	专科	中共党员			
徐永胜	男	陕西神木	1987-12	本科	群众			
高燕军	男	陕西神木	1986-03	本科	中共党员			
贺志刚	男	陕西神木	1991-03	专科	群众			
高震	男	陕西佳县	1989-02	专科	群众			
李锐	男	陕西神木	1990-05	专科	中共党员			
尉向宁	男	陕西靖边	1989-12	中专	群众			
王斌	男	陕西神木	1989-06	中专	群众			
刘凤旗	男	陕西子洲	1990-11	专科	群众			
苏治强	男	陕西神木	1990-05	本科	群众			
李伟伟	男	陕西佳县	1990-10	专科	群众			
李文慧	男	陕西佳县	1985-01	专科	群众			
薛云平	男	陕西神木	1982-05	专科	中共党员			
刘鹏	男	陕西靖边	1987-03	专科	群众	先进工作者	陕西北元化工集团股份有限公司	2022-12
高琦	男	陕西横山	1987-06	本科	中共党员			
王小平	男	陕西神木	1988-02	大专	中共党员			
樊智辉	男	陕西吴堡	1990-10	本科	中共党员			
强昆	男	陕西神木	1994-10	大专	群众			
贾光军	男	陕西神木	1984-10	大专	中共党员			
王磊	男	陕西神木	1988-08	本科	群众			
高勇	男	陕西神木	1985-02	本科	中共党员			
王乐	女	陕西榆林	1987-05	大专	群众			
屈艳亭	男	陕西榆林	1989-10	大专	中共党员			
赵小华	女	陕西神木	1985-11	本科	群众			
刘江	男	陕西榆林	1994-10	本科	群众			
张利平	男	陕西神木	1986-06	大专	群众			
惠婷婷	女	陕西清涧	1988-05	本科	中共党员			
贺强	男	陕西神木	1993-08	大专	群众			
蒋辰龙	男	陕西子洲	1988-10	大专	群众			
白水川	男	陕西神木	1989-07	中专	群众			
邰喜军	男	陕西榆林	1991-12	中专	群众			
付锦东	男	陕西榆林	1987-09	大专	中共党员			

（续）

姓名	性别	籍贯	出生年月	学历或学位	政治面貌	获得荣誉	授予单位	授予时间
李涛	男	陕西榆林	1987-08	大专	群众	先进工作者	陕西北元化工集团股份有限公司	2022-12
李瑞	男	陕西靖边	1986-11	高中	群众			
马艳龙	男	陕西神木	1989-10	大专	群众			
崔顺利	男	陕西榆林	1986-08	大专	中共党员			
景行	男	陕西榆林	1984-05	本科	群众			
师学文	男	陕西子洲	1987-03	大专	群众			
蒋登虎	男	陕西榆林	1985-12	本科	中共党员	安全生产先进个人		
白小芳	女	陕西榆林	1984-07	专科	群众			
周奇彦	男	陕西榆林	1986-08	本科	群众			
张秀利	男	陕西榆林	1983-04	本科	中共党员			
马艳妮	女	陕西榆林	1989-02	专科	群众			
高鹏飞	男	陕西榆林	1989-10	专科	群众			
张文武	男	陕西咸阳	1986-07	专科	中共党员			
武晶晶	男	陕西榆林	1985-03	本科	中共党员			
杨莉	女	陕西榆林	1984-02	本科	中共党员			
白永平	男	陕西榆林	1985-12	本科	中共党员			
王强	男	陕西榆林	1985-09	本科	中共党员			
宋志愚	男	陕西铜川	1987-02	专科	群众			
高超超	男	陕西榆林	1992-10	本科	群众			
康孝强	男	陕西榆林	1994-08	本科	群众			
赵志雄	男	陕西榆林	1989-06	本科	群众			
张小平	男	陕西榆林	1978-11	专科	群众			
杭燕虎	男	陕西榆林	1987-09	专科	中共党员			
纪永强	男	陕西榆林	1988-10	专科	中共党员			
贺禄彦	男	陕西榆林	1987-08	专科	群众			
姬亚轮	男	陕西榆林	1984-08	专科	群众			
贺涛涛	男	陕西榆林	1990-10	本科	中共党员			
纪保舟	男	陕西榆林	1985-10	专科	群众			
贺宇龙	男	陕西榆林	1987-12	专科	群众			
刘喜	男	陕西榆林	1985-04	本科	中共党员			
刘耀军	男	陕西榆林	1993-05	专科	群众			
刘瑞	男	陕西榆林	1986-09	中专	群众			
张永龙	男	陕西榆林	1991-07	专科	群众			
谢永兵	男	陕西榆林	1998-01	专科	群众			
高增权	男	陕西榆林	1995-09	专科	群众			
李青锋	男	陕西宝鸡	1995-02	本科	群众			

(续)

姓名	性别	籍贯	出生年月	学历或学位	政治面貌	获得荣誉	授予单位	授予时间
赵来喜	男	陕西榆林	1982-09	专科	中共党员	安全生产先进个人	陕西北元化工集团股份有限公司	2022-12
刘强	男	陕西榆林	1986-09	专科	中共党员			
杜鑫	男	陕西榆林	1984-01	本科	群众			
徐涛	男	陕西榆林	1989-03	专科	中共党员			
白涛	男	陕西榆林	1988-04	专科	群众			
李林军	男	陕西榆林	1989-10	中专	群众			
郄明利	男	陕西榆林	1985-11	专科	群众			
贺峰	男	陕西榆林	1985-10	专科	群众			
段广军	男	陕西榆林	1985-09	专科	群众			
王平	男	陕西榆林	1984-10	专科	群众			
康书君	男	陕西榆林	1986-09	本科	群众			
任盼盼	男	陕西榆林	1990-08	中专	中共党员			
折小伟	男	陕西榆林	1986-08	专科	中共党员			
李体雄	男	陕西榆林	1987-07	中专	群众			
尤文军	男	陕西榆林	1985-02	本科	中共党员			
李欣	男	内蒙古鄂尔多斯	1987-02	专科	群众			
刘伟	男	陕西榆林	1990-06	中专	中共党员			
陈大江	男	陕西安康	1984-07	中专	中共党员			
陈凤凤	女	陕西榆林	1992-10	中专	群众			
弓健	男	陕西榆林	1990-07	专科	群众			
贺延强	男	陕西延安	1989-04	专科	群众			
王会腾	男	陕西榆林	1995-09	专科	群众			
朱兴元	男	陕西榆林	1997-09	专科	群众			
李伟	男	陕西榆林	1989-07	专科	群众			
王鹏	男	陕西榆林	1989-12	专科	群众			

(五)"四优"共产党员、优秀党务工作者

2013—2021年北元集团"四优"共产党员、优秀党务工作者一览表

姓名	性别	籍贯	出生年月	学历	获得荣誉	授予单位	授予时间
王雄	男	陕西神木	1980-02	大专	"四优"共产党员	陕西北元化工集团有限公司	2013-06
石艳霞	女	陕西榆林	1986-04	本科			
乔卫锋	男	陕西佳县	1981-09	大专			
刘永清	男	陕西榆林	1983-05	本科			
许娜	女	陕西榆林	1983-05	本科			
折卫君	男	陕西榆林	1985-04	本科			

(续)

姓名	性别	籍贯	出生年月	学历	获得荣誉	授予单位	授予时间
刘延安	男	陕西神木	1982-01	大专	"四优"共产党员	陕西北元化工集团有限公司	2013-06
康文国	男	陕西榆林	1984-09	本科			
刘美丽	女	陕西神木	1985-06	大专			
乔 岗	男	陕西榆林	1984-03	大专			
张永刚	男	陕西神木	1984-08	高中			
高玉发	男	陕西佳县	1983-08	中专			
刘勇林	男	陕西神木	1980-03	中专			
张伟伟	男	陕西榆林	1988-11	中专			
李新婷	女	陕西周至	1983-04	中专			
李 渊	男	陕西蓝田	1985-02	本科			
白永明	男	陕西神木	1984-05	大专			
黄安博	男	陕西宝鸡	1986-10	本科			
刘 强	男	陕西神木	1984-06	大专			
火瑞钦	男	宁夏固原	1985-03	本科			
田冯宜	男	陕西宜君	1981-07	本科			
张云飞	男	陕西榆林	1990-04	大专			
白李艳	女	陕西神木	1980-09	本科			
高洲洲	男	陕西榆林	1987-06	本科			
高 龙	男	陕西榆林	1986-03	本科			
高 仁	男	陕西榆林	1983-03	本科			
刘永清	男	陕西神木	1983-05	本科			
吴月玲	女	陕西宝鸡	1985-08	本科			
魏浩栋	男	陕西汉中	1989-02	本科			
刘 瑞	男	陕西榆林	1987-08	中专			
许生发	男	陕西榆林	1986-11	本科			
闫 琮	男	陕西榆林	1989-03	大专			
姬文明	男	陕西榆林	1986-05	大专			
朱晓东	男	陕西榆林	1987-06	中专			
李彦涛	男	陕西榆林	1989-05	中专			
晁明耀	男	河南漯河	1985-12	大专			
郝瑞强	男	陕西榆林	1985-06	本科			
何炫晓	女	陕西榆林	1989-02	大专			
张 静	女	陕西榆林	1988-12	本科			
甄富乐	男	陕西榆林	1989-05	大专			
张 健	男	陕西宝鸡	1986-06	本科	优秀党务工作者		
李庆春	男	陕西榆林	1985-01	本科			

(续)

姓名	性别	籍贯	出生年月	学历	获得荣誉	授予单位	授予时间
马建国	男	陕西榆林	1983-06	本科	优秀党务工作者	陕西北元化工集团有限公司	2013-06
钟国院	男	陕西榆林	1980-01	大专			
刘 鹏	男	陕西铜川	1986-12	本科			
刘喜忠	男	陕西榆林	1972-11	大专			
胡 磊	男	陕西榆林	1985-02	本科			
万 鑫	男	陕西榆林	1971-01	大专			
薛红娟	女	山西运城	1980-09	本科	"四优"共产党员	陕西北元化工集团有限公司	2016-06
白 飞	女	陕西榆林	1988-05	本科			
王浩雄	男	陕西榆林	1982-11	本科			
慕艳梅	女	陕西榆林	1983-10	本科			
李鹏飞	男	陕西榆林	1983-10	本科			
马生伟	男	陕西榆林	1984-03	本科			
杨海涛	女	陕西榆林	1982-08	大专			
许 娜	女	陕西榆林	1983-05	本科			
韩云峰	男	陕西宝鸡	1986-09	本科			
袁丽华	女	云南保山	1987-04	本科			
薛小彬	男	陕西韩城	1984-05	本科			
刘玉斌	男	陕西佳县	1986-04	本科			
白保安	男	陕西榆林	1986-12	大专			
汪江江	男	陕西榆林	1987-10	大专			
柴艳存	男	陕西榆林	1989-02	大专			
柳加喜	男	黑龙江齐齐哈尔	1986-11	本科			
曹 剑	男	陕西榆林	1987-06	大专			
白李艳	女	陕西神木	1980-09	本科			
冯强强	男	陕西榆林	1987-11	大专			
贺永斌	男	陕西神木	1984-08	中专			
高洲洲	男	陕西榆林	1987-06	本科			
丁文亮	男	陕西神木	1984-12	大专			
曹秀云	女	陕西榆林	1985-12	本科			
杜 伟	男	陕西宝鸡	1984-10	本科			
马 雄	男	陕西府谷	1984-08	高中			
王利娜	女	陕西榆林	1983-11	大专			
张永刚	男	陕西神木	1984-08	高中			
张 妮	女	陕西榆林	1986-09	本科			
张建军	男	陕西榆林	1988-10	本科			
樊智辉	男	陕西榆林	1990-10	中专			

（续）

姓名	性别	籍贯	出生年月	学历	获得荣誉	授予单位	授予时间
康刚	男	陕西榆林	1980-01	大专	"四优"共产党员	陕西北元化工集团有限公司	2016-06
燕瑞芬	男	陕西榆林	1986-11	本科			
田智强	男	陕西榆林	1989-02	大专			
康强	男	陕西榆林	1986-07	大专			
王亚平	男	陕西榆林	1983-05	大专			
李广	男	陕西榆林	1983-01	大专			
崔军军	男	陕西榆林	1985-02	大专			
何炫晓	女	陕西榆林	1989-02	大专			
田明明	男	陕西榆林	1969-03	高中			
甄富乐	男	陕西榆林	1989-05	大专			
刘涛	男	陕西榆林	1986-08	本科	优秀党务工作者		
赵松松	男	陕西咸阳	1989-02	本科			
杜云虎	男	陕西延安	1984-10	本科			
方小平	男	陕西神木	1987-01	大专			
高燕军	男	陕西神木	1986-03	本科			
贺飞	男	陕西榆林	1985-01	本科			
高勇	男	陕西榆林	1985-02	本科			
万鑫	男	陕西榆林	1971-01	大专			
李子景	男	陕西神木	1961-08	研究生	"四优"共产党员	陕西北元化工集团股份有限公司	2019-07
刘建国	男	陕西神木	1981-07	研究生			
刘娜	女	宁夏青铜峡	1985-10	大专			
李建军	男	陕西佳县	1990-05	本科			
刘国良	男	陕西神木	1990-09	大专			
焦理芳	女	陕西榆林	1981-10	大专			
苏娴	女	陕西清涧	1990-03	大专			
张文武	男	陕西咸阳	1986-07	本科			
周玉艳	女	陕西横山	1982-03	中专			
王浩雄	男	陕西榆林	1982-11	本科			
张成河	男	陕西榆林	1982-06	大专			
慕毅	男	陕西定边	1986-06	研究生			
靳宝宝	男	陕西西安	1987-11	本科			
崔贝贝	男	陕西绥德	1990-05	大专			
何孔	男	陕西神木	1991-11	大专			
高亚妮	女	陕西佳县	1986-11	本科			
张波	男	陕西佳县	1985-11	本科			
王小平	男	陕西神木	1988-02	大专			

(续)

姓名	性别	籍贯	出生年月	学历	获得荣誉	授予单位	授予时间
冯强强	男	陕西榆林	1987-11	大专	"四优"共产党员	陕西北元化工集团股份有限公司	2019-07
白露超	男	陕西吴堡	1986-08	大专			
王雷朋	男	陕西榆阳区	1989-10	中专			
谢亚雄	男	陕西榆阳区	1991-08	中专			
兰健	男	陕西神木	1985-10	中专			
丁文亮	男	陕西神木	1984-12	大专			
曹秀云	女	陕西榆林	1985-12	本科			
张伟伟	男	陕西榆阳区	1988-11	中专			
常英星	男	陕西米脂	1988-10	中专			
郑波	男	陕西榆阳区	1983-10	高中			
高琦	男	陕西横山	1987-06	大专			
陈菲	女	陕西西安	1985-11	本科			
贾胜利	男	陕西子洲	1983-01	大专			
刘刚	男	陕西米脂	1988-05	大专			
刘汉武	男	陕西神木	1986-09	中专			
袁靖	男	陕西延安	1984-11	本科			
原勇	男	陕西神木	1987-07	大专			
姬文明	男	陕西米脂	1986-05	大专			
卜凤飞	男	陕西榆阳区	1989-04	中专			
刘军军	男	陕西神木	1988-08	中专			
屈艳亭	男	陕西神木	1989-10	中专			
王勇	男	陕西富平	1978-05	本科			
何学玲	女	陕西米脂	1989-07	中专			
郭继	男	陕西榆阳区	1990-07	中专			
崔永	男	陕西榆林	1981-01	大专			
惠建伟	男	陕西渭南	1986-12	本科			
李渊	男	陕西蓝田	1985-02	本科	优秀党务工作者		
贺飞	男	陕西神木	1985-04	本科			
张晓芳	女	陕西神木	1988-10	本科			
郝小莉	女	陕西神木	1988-05	大专			
李新婷	女	陕西周至	1983-04	中专			
张建锋	男	陕西横山	1985-12	大专			
高勇	男	陕西神木	1985-02	本科			
段阳阳	女	陕西渭南	1989-06	大专			
姚敏	男	陕西神木	1979-03	中专	"四优"共产党员	陕西北元化工集团股份有限公司	2021-06
李建军	男	陕西佳县	1990-05	本科			

（续）

姓名	性别	籍贯	出生年月	学历	获得荣誉	授予单位	授予时间
梁 军	男	陕西榆林	1986-08	本科	"四优"共产党员	陕西北元化工集团股份有限公司	2021-06
高勇强	男	陕西佳县	1984-10	大专			
曹振茹	女	陕西横山	1985-11	本科			
曹晓平	男	陕西榆阳区	1985-12	大专			
翁 明	男	陕西三原	1985-02	本科			
王富强	男	陕西佳县	1985-09	本科			
刘亚雄	男	陕西神木	1979-06	本科			
张 明	男	陕西横山	1987-06	本科			
曹秀云	女	陕西榆阳区	1985-12	本科			
柳海军	男	陕西子洲	1987-10	中专			
高燕军	男	陕西神木	2010-07	本科			
冯玉亮	男	陕西靖边	1985-02	中专			
李瑞雪	女	陕西子洲	1987-05	大专			
王小伟	男	陕西绥德	1984-03	大专			
高亚妮	女	陕西佳县	1986-11	本科			
杜耀鹏	男	陕西神木	1984-01	中专			
马 慧	男	陕西绥德	1984-12	大专			
边伟军	男	陕西榆阳区	1986-06	大专			
乔艳霞	女	陕西神木	1984-09	大专			
贾瑞朝	男	陕西吴堡	1991-09	大专			
马雨龙	男	陕西榆林	1989-10	大专			
肖 洒	男	陕西宝鸡	1990-07	本科			
高二岗	男	陕西绥德	1983-01	高中			
边福兵	男	陕西神木	1986-06	中专			
茆支帅	男	陕西横山	1987-04	大专			
方小苗	男	陕西横山	1985-11	本科			
贾胜利	男	陕西子洲	1983-01	大专			
张海瑞	男	陕西佳县	1983-11	大专			
刘汉武	男	陕西神木	1986-09	中专			
田智强	男	陕西神木	1989-05	中专			
刘晓光	男	河南洛阳	1996-09	大专			
冯 峰	男	陕西米脂	1990-02	大专			
杨 雷	男	陕西榆阳区	1989-10	中专			
冯二波	男	陕西米脂	1986-02	大专			
屈艳亭	男	陕西神木	1989-10	中专			
晁明耀	男	河南南阳	1985-12	大专			

（续）

姓名	性别	籍贯	出生年月	学历	获得荣誉	授予单位	授予时间
赵子军	男	陕西横山	1986-03	大专	"四优"共产党员	陕西北元化工集团股份有限公司	2021-06
甄富乐	男	陕西榆阳区	1989-05	大专			
杨飞	男	陕西榆阳区	1987-07	大专			
谢元廷	男	陕西神木	1988-11	大专			
张鸿鸿	男	陕西洋县	1985-12	本科			
李渊	男	陕西蓝田	1985-02	本科	优秀党务工作者		
赵浩秦	男	陕西宝鸡	1986-06	中专			
丁雄	男	陕西府谷	1993-09	本科			
侯龙飞	男	陕西榆林	1988-05	本科			
武卓妮	女	陕西佳县	1988-10	本科			
汪晓敏	女	陕西神木	1985-04	本科			
段阳阳	女	陕西渭南	1989-06	大专			

（六）优秀质量管理者

2011—2022年北元集团优秀质量管理者名单一览表

姓名	性别	籍贯	出生年月	学历	政治面貌	授予单位	授予时间
王小伟	男	陕西绥德	1984-03	专科	中共党员	陕西北元化工集团有限公司	2011-09
乔瑞泽	男	陕西横山	1983-03	本科	群众		
袁红	女	陕西西安	1986-03	本科	群众		
李瑞军	男	陕西神木	1984-09	本科	中共党员		
闫巧峰	女	陕西佳县	1988-09	本科	中共党员		
宋军利	男	陕西宝鸡	1982-05	专科	中共党员	陕西北元化工集团有限公司	2014-09
刘勇	男	陕西安康	1984-02	本科	中共党员		
马慧	男	陕西绥德	1984-12	专科	中共党员		
朱先均	男	河南西峡	1979-08	专科	中共党员		
杜萌	女	陕西西安	1984-03	研究生	群众		
董恒恒	男	陕西西安	1986-04	本科	群众	陕西北元化工集团有限公司	2015-09
李均	男	陕西神木	1980-10	大专	中共党员		
王勇刚	男	陕西神木	1975-12	本科	中共党员		
丁佳佳	男	陕西吴堡	1987-09	本科	中共党员		
高磊	男	陕西绥德	1983-12	本科	中共党员		
包飞	男	河南南阳	1982-08	研究生	群众		
陈振业	男	陕西靖边	1983-10	中专	中共党员		
刘勇	男	陕西安康	1984-02	本科	中共党员		
李宏安	男	陕西乾县	1962-08	专科	中共党员		

（续）

姓名	性别	籍贯	出生年月	学历	政治面貌	授予单位	授予时间
曹辉辉	男	陕西吴堡	1985－11	本科	中共党员	陕西北元化工集团有限公司	2015－09
杜萌	女	陕西西安	1984－03	研究生	群众		
董恒恒	男	陕西西安	1986－04	本科	群众	陕西北元化工集团有限公司	2016－09
王凯	男	陕西神木	1976－07	本科	中共党员		
焦永平	男	陕西神木	1983－12	本科	中共党员		
卢文军	男	陕西神木	1980－09	本科	中共党员		
雷强	男	陕西延安	1984－07	本科	中共党员		
乔陆军	男	内蒙古杭锦旗	1984－07	专科	群众		
贺鹏	男	陕西清涧	1984－05	大专	群众		
熊磊	男	陕西南郑	1986－09	本科	中共党员	陕西北元化工集团股份有限公司	2017－09
王凯	男	陕西神木	1976－07	本科	中共党员		
焦永平	男	陕西神木	1983－12	本科	中共党员		
包飞	男	河南南阳	1982－08	研究生	群众		
何洪保	男	河北沧州	1977－09	本科	中共党员		
鲁铭	男	陕西靖边	1986－03	本科	中共党员		
李艳军	男	陕西神木	1987－01	大专	中共党员	陕西北元化工集团股份有限公司	2017－09
乔陆军	男	内蒙古杭锦旗	1984－07	专科	群众		
陈菲	女	陕西西安	1985－11	本科	中共党员		
赵华	男	陕西榆林	1982－09	大专	中共党员		
孟庆权	男	山西文水	1980－06	本科	中共党员	陕西北元化工集团股份有限公司	2018－09
王凯	男	陕西神木	1976－07	本科	中共党员		
王浩雄	男	陕西子洲	1982－11	本科	中共党员		
张建宏	男	陕西靖边	1984－12	专科	中共党员		
高仁	男	陕西横山	1983－03	本科	中共党员		
鲁铭	男	陕西靖边	1986－03	本科	中共党员		
崔军军	男	陕西神木	1985－02	大专	中共党员		
马少华	男	陕西子洲	1987－03	本科	群众		
魏淑娟	女	陕西西安	1983－08	中专	群众		
陈慧	男	陕西神木	1981－08	大专	群众		
马晔	女	陕西榆林	1982－12	本科	中共党员	陕西北元化工集团股份有限公司	2019－09
蔡高伟	男	陕西乾县	1987－02	本科	群众		
王浩雄	男	陕西子洲	1982－11	本科	中共党员		
张建宏	男	陕西靖边	1984－12	专科	中共党员		
高仁	男	陕西横山	1983－03	本科	中共党员		
鲁铭	男	陕西靖边	1986－03	本科	中共党员		
魏新华	男	陕西横山	1984－11	本科	群众		

（续）

姓名	性别	籍贯	出生年月	学历	政治面貌	授予单位	授予时间
马少华	男	陕西子州	1987－03	本科	群众	陕西北元化工集团股份有限公司	2019－09
王磊	男	陕西神木	1987－03	本科	中共党员		
刘诚诚	男	陕西延安	1986－01	本科	中共党员		
董恒恒	男	陕西西安	1986－04	本科	群众	陕西北元化工集团股份有限公司	2020－09
张子飞	男	陕西榆林	1984－05	本科	中共党员		
丁佳佳	男	陕西吴堡	1987－09	本科	中共党员		
张建宏	男	陕西靖边	1984－12	专科	中共党员		
郑亚娜	女	陕西绥德	1985－02	本科	群众		
任广	男	陕西横山	1982－10	专科	群众		
杨琳静	女	陕西乾县	1988－05	专科	中共党员		
杨海明	男	陕西府谷	1988－05	本科	群众		
魏淑娟	女	陕西西安	1983－08	中专	群众		
刘诚诚	男	陕西延安	1986－01	本科	中共党员		
石锦鹏	男	陕西横山	1987－11	本科	中共党员		
刘志雄	男	陕西神木	1988－11	本科	中共党员	陕西北元化工集团股份有限公司	2021－09
张子飞	男	陕西榆林	1984－05	本科	中共党员		
高磊	男	陕西绥德	1983－12	本科	中共党员		
郭宏	男	陕西扶风	1985－11	大专	中共党员		
王春艳	女	陕西神木	1986－05	本科	中共党员		
高仁	男	陕西横山	1983－03	本科	中共党员		
任广	男	陕西横山	1982－10	专科	群众		
徐林军	男	陕西榆林	1987－02	大专	中共党员		
乔长坤	男	陕西神木	1991－01	专科	群众		
王磊	男	陕西神木	1987－03	本科	中共党员		
石锦鹏	男	陕西横山	1987－11	本科	中共党员		
高虎	男	陕西横山	1985－11	中专	群众		
董恒恒	男	陕西西安	1986－04	本科	积极分子	陕西北元化工集团有限公司	2022－09
解国亮	男	陕西神木	1981－10	专科	中共党员		
牛云	男	陕西安塞	1986－07	本科	中共党员		
郭宏	男	陕西扶风	1985－11	大专	中共党员		
王贵珍	女	陕西吴堡	1980－08	专科	中共党员		
李宝玉	男	陕西神木	1989－07	专科	中共党员		
张应开	男	陕西神木	1988－02	中专	群众		
冯二波	男	陕西米脂	1986－02	专科	中共党员		
乔长坤	男	陕西神木	1991－01	专科	积极分子		
王磊	男	陕西神木	1987－03	本科	中共党员		

（续）

姓名	性别	籍贯	出生年月	学历	政治面貌	授予单位	授予时间
何学玲	女	陕西米脂	1989-07	本科	中共党员	陕西北元化工集团有限公司	2022-09
呼顺利	男	陕西神木	1976-03	专科	中共党员		

（七）优秀质检员

2014—2022年北元集团优秀质检员名单一览表

姓名	性别	籍贯	出生年月	学历	政治面貌	授予单位	授予时间
郄凤霞	女	陕西神木	1974-04	高中	群众	陕西北元化工集团有限公司	2014-09
刘巾宁	女	陕西神木	1982-01	中专	群众		
李舒琴	女	陕西子洲	1985-07	中专	群众		
李宝玉	男	陕西神木	1989-07	专科	中共党员		
申岸岸	女	陕西米脂	1990-06	中专	群众		
姜 涛	男	陕西米脂	1983-12	专科	中共党员		
张 妮	女	陕西子州	1986-12	本科	中共党员		
折林霞	女	陕西神木	1985-06	专科	群众		
乔海霞	女	陕西神木	1985-05	专科	群众		
霍文蔚	男	陕西绥德	1994-04	本科	群众		
袁丽华	女	云南保山	1987-04	本科	中共党员	陕西北元化工集团有限公司	2015-09
周 丽	女	陕西横山	1986-04	高中	中共党员		
李宝玉	男	陕西神木	1989-07	专科	中共党员		
李小波	男	陕西横山	1986-09	专科	群众		
乔长坤	男	陕西神木	1991-01	专科	群众		
高 俊	女	陕西神木	1984-09	专科	中共党员		
刘继芳	女	陕西神木	1986-10	本科	中共党员		
周 丽	女	陕西横山	1986-04	高中	中共党员	陕西北元化工集团有限公司	2016-09
冯小芳	女	陕西神木	1985-11	专科	群众		
姜 丽	女	陕西咸阳	1984-06	中专	中共党员		
董媛媛	女	陕西延安	1983-06	中专	群众		
杨琳静	女	陕西乾县	1988-05	专科	中共党员		
高 俊	女	陕西神木	1984-09	专科	中共党员		
刘 慧	女	陕西神木	1990-09	大专	群众		

(续)

姓名	性别	籍贯	出生年月	学历	政治面貌	授予单位	授予时间
车海霞	女	陕西神木	1976-09	高中	中共党员	陕西北元化工集团股份有限公司	2017-09
乔艳霞	女	陕西神木	1984-09	专科	中共党员		
常 爽	男	陕西米脂	1992-10	专科	中共党员		
梁 正	男	陕西绥德	1984-10	专科	群众		
宋 瑞	女	陕西定边	1990-03	专科	群众		
田彩梅	女	陕西榆林	1985-01	本科	群众		
吴月玲	女	陕西韩城	1982-09	本科	中共党员		
冯源源	女	陕西榆林	1992-03	大专	群众		
刘 慧	女	陕西神木	1990-09	大专	群众		
车海霞	女	陕西神木	1976-09	高中	中共党员	陕西北元化工集团股份有限公司	2018-09
侯亚东	男	陕西榆林	1989-04	专科	群众		
贺智林	男	陕西神木	1990-10	专科	群众		
李宝玉	男	陕西神木	1989-07	专科	中共党员		
孙 鱼	女	陕西榆林	1984-01	专科	群众		
李彩霞	女	陕西榆林	1987-08	中专	群众		
杨耀龙	男	陕西神木	1989-11	专科	群众		
张 妮	女	陕西子州	1986-09	本科	中共党员		
刘秋艳	女	陕西神木	1992-02	中专	群众		
刘欢荣	女	陕西佳县	1992-05	中专	群众		
郭丽丽	女	陕西延安	1990-04	专科	群众		
杨 美	女	陕西神木	1985-01	专科	群众		
李腾飞	男	陕西佳县	1994-09	专科	群众		
王 乐	女	陕西榆林	1987-05	专科	群众		
杨咏梅	女	陕西神木	1990-03	中专	群众		
高 俊	女	陕西神木	1984-09	专科	中共党员		
张 眉	女	陕西榆林	1983-06	专科	中共党员		
冯源源	女	陕西榆林	1992-03	大专	群众		
李 园	女	陕西西安	1989-04	大专	群众		
王水霞	女	陕西神木	1982-02	中专	群众	陕西北元化工集团股份有限公司	2019-09
周 丽	女	陕西横山	1986-04	高中	中共党员		
张 霞	女	陕西神木	1985-08	专科	群众		

(续)

姓名	性别	籍贯	出生年月	学历	政治面貌	授予单位	授予时间
李玉军	男	陕西米脂	1990-10	专科	群众	陕西北元化工集团股份有限公司	2019-09
李鑫	男	陕西神木	1995-02	专科	群众		
许红梅	女	陕西神木	1984-09	中专	群众		
李慧	女	陕西榆林	1988-07	高中	群众		
刘耀军	男	陕西神木	1993-05	中专	群众		
寇调调	女	陕西横山	1988-02	专科	群众		
赵俊杰	男	陕西榆林	1994-03	中专	群众		
王艳荣	男	陕西佳县	1991-08	专科	群众		
张琳	女	陕西泾阳	1987-11	专科	群众		
李腾飞	男	陕西佳县	1994-09	专科	群众		
杨美	女	陕西榆林	1987-05	专科	群众		
杨咏梅	女	陕西神木	1990-03	中专	群众		
赵静	女	陕西横山	1990-03	网络大专	群众		
张眉	女	陕西榆林	1983-06	专科	中共党员		
郄巧凤	女	陕西榆林	1989-09	专科	中共党员		
张丹	女	陕西神木	1988-05	大专	群众		
刘丹旭	女	陕西绥德	1989-04	中专	群众		
姜涛	男	陕西米脂	1983-12	专科	中共党员	陕西北元化工集团股份有限公司	2020-09
贺智林	男	陕西神木	1990-10	专科	群众		
罗媛媛	女	陕西安康	1984-10	中专	中共党员		
车海霞	女	陕西神木	1976-09	高中	中共党员		
王芬	女	山西运城	1986-11	专科	群众		
梁正	男	陕西绥德	1984-10	专科	群众		
姜丽	女	陕西咸阳	1984-06	中专	中共党员		
王洋	男	山西汉中	1989-10	专科	群众		
周丽	女	陕西横山	1986-04	高中	中共党员		
冯小雪	女	陕西横山	1988-01	中专	群众		
刘秋艳	女	陕西神木	1992-02	中专	群众		
王乐	女	陕西榆林	1987-05	专科	群众		
申忠杰	男	陕西米脂	1987-01	本科	群众		
郝小峰	男	陕西榆林	1986-02	本科	群众		

(续)

姓名	性别	籍贯	出生年月	学历	政治面貌	授予单位	授予时间
田彩梅	女	陕西榆林	1985-01	本科	群众	陕西北元化工集团股份有限公司	2020-09
高俊	女	陕西神木	1984-09	专科	中共党员		
张眉	女	陕西榆林	1983-06	专科	中共党员		
冯源源	女	陕西榆林	1992-03	大专	群众		
刘慧	女	陕西神木	1990-09	大专	群众		
曹雅	女	陕西靖边	1990-03	大专	群众		
张丽美	女	陕西神木	1987-06	高中	群众	陕西北元化工集团股份有限公司	2021-09
马海霞	女	陕西子州	1986-04	本科	群众		
周丽	女	陕西横山	1986-04	高中	中共党员		
乔高强	男	陕西佳县	1987-04	专科	中共党员		
罗响玲	女	陕西佳县	1987-04	专科	群众		
常爽	男	陕西米脂	1992-10	中专	中共党员		
梁正	男	陕西绥德	1984-10	专科	群众		
寇调调	女	陕西横山	1988-02	专科	群众		
武美荣	女	陕西佳县	1996-10	本科	群众		
王洋	男	山西汉中	1989-10	专科	群众		
郝志军	男	陕西神木	1989-02	专科	中共党员		
王乐	女	陕西榆林	1987-05	专科	群众		
王瑾	女	陕西神木	1984-04	本科	群众		
郝晓峰	男	陕西榆林	1986-02	本科	群众		
李腾飞	男	陕西佳县	1994-09	专科	群众		
马利虾	女	陕西榆林	1985-01	专科	群众		
乔海霞	女	陕西神木	1985-05	专科	群众		
张丹	女	陕西神木	1988-05	大专	群众		
冯源源	女	陕西榆林	1992-03	大专	群众		
陈凤凤	女	陕西榆林	1992-10	大专	中共党员		
聂文静	女	陕西横山	1990-08	中专	群众	陕西北元化工集团有限公司	2022-09
李幸琴	女	陕西横山	1991-08	专科	群众		
吴丹	女	陕西咸阳	1998-11	专科	群众		
薛锦辉	男	陕西吴堡	1998-03	专科	群众		
罗响玲	女	陕西佳县	1987-04	专科	群众		

（续）

姓名	性别	籍贯	出生年月	学历	政治面貌	授予单位	授予时间
乔妮妮	女	陕西榆林	1988-05	专科	群众	陕西北元化工集团有限公司	2022-09
徐鹏章	男	陕西横山	1990-03	中专	群众		
闫星宇	女	陕西榆林	1998-03	专科	群众		
周丽	女	陕西横山	1986-04	高中	中共党员		
艾燚	男	陕西米脂	1999-03	专科	群众		
冯小芳	女	陕西神木	1985-11	专科	群众		
李腾飞	男	陕西佳县	1994-09	专科	群众		
周壮	男	陕西横山	1999-02	专科	群众		
杨俊梅	女	陕西神木	1989-02	专科	群众		
张彦凤	女	陕西定边	1987-10	中专	群众		
郏巧凤	女	陕西榆林	1989-09	专科	中共党员		
呼瑞敏	女	陕西神木	1988-06	专科	群众		
杨荣	女	陕西西安	1986-10	专科	群众		
马毅	男	陕西绥德	1997-08	专科	群众		
高美美	女	陕西神木	1985-05	专科	群众		

（八）质量控制标兵

2017—2022年北元集团质量控制标兵名单一览表

姓名	性别	籍贯	出生年月	学历	政治面貌	授予单位	授予时间
乔瑞泽	男	陕西横山	1983-03	本科	群众	陕西北元化工集团股份有限公司	2017-09
李治刚	男	陕西神木	1984-11	本科	中共党员		
方小苗	男	陕西横山	1985-11	本科	中共党员		
武海峰	男	陕西榆林	1980-09	大专	群众		
牛云	男	陕西安塞	1986-07	本科	中共党员		
李瑞	男	陕西神木	1985-06	本科	中共党员		
王小伟	男	陕西绥德	1984-03	专科	中共党员		
姜涛	男	陕西米脂	1983-12	专科	中共党员		
王庆	男	陕西榆林	1984-09	专科	群众		
韩永康	男	陕西渭南	1992-02	专科	群众		
王亮亮	男	陕西米脂	1989-06	中专	群众		
马云飞	男	陕西神木	1985-11	专科	群众		
王宇航	男	陕西绥德	1987-02	本科	群众		

(续)

姓名	性别	籍贯	出生年月	学历	政治面貌	授予单位	授予时间
闫利平	男	陕西神木	1987-03	中专	群众	陕西北元化工集团股份有限公司	2017-09
崔海荣	男	陕西榆林	1989-02	中专	群众		
杨海龙	男	陕西神木	1988-05	专科	群众		
王亚宁	男	陕西清涧	1988-11	中专	群众		
李星月	男	陕西米脂	1990-01	中专	群众		
常富瑜	男	陕西米脂	1986-09	本科	群众		
李少华	男	陕西神木	1992-02	中专	群众		
刘亮亮	男	陕西神木	1986-11	中专	群众		
马云宝	男	陕西绥德	1987-04	专科	群众		
郭少龙	男	陕西神木	1987-04	专科	群众		
姬文明	男	陕西米脂	1986-05	专科	中共党员		
孟志雄	男	陕西神木	1981-01	专科	中共党员		
段强强	男	陕西佳县	1986-04	专科	群众		
杨海明	男	陕西府谷	1988-05	本科	群众		
任盼盼	男	陕西神木	1990-08	中专	中共党员		
刘 昆	男	陕西神木	1986-03	专科	群众		
高小舟	男	陕西横山	1983-04	专科	群众		
高 俊	女	陕西神木	1984-09	专科	中共党员		
张海瑞	女	陕西榆林	1983-11	专科	中共党员		
杨虎龙	男	陕西神木	1985-01	专科	群众		
张 岩	男	陕西佳县	1987-07	专科	群众		
石锦鹏	男	陕西横山	1987-11	本科	中共党员		
申孝春	男	陕西米脂	1983-11	大专	群众		
乔雄雄	男	陕西佳县	1989-04	大专	群众		
郝海军	男	陕西府谷	1992-09	大专	群众		
高利梅	女	陕西府谷	1986-06	大专	群众		
赵伟伟	男	陕西陈仓	1986-05	本科	群众	陕西北元化工集团股份有限公司	2018-09
翁 明	男	陕西三原	1985-02	本科	中共党员		
李利军	男	陕西榆林	1985-09	本科	中共党员		
苏血良	男	陕西神木	1983-10	本科	中共党员		
拓蔚蔚	男	陕西子洲	1983-02	本科	中共党员		
李少龙	男	陕西扶风	1989-03	大专	群众		
李万荣	男	陕西横山	1984-06	大专	群众		
丁文亮	男	陕西神木	1984-12	专科	中共党员		
郭 元	男	陕西神木	1992-05	本科	群众		
薛佳佳	男	陕西吴堡	1991-09	专科	群众		

(续)

姓名	性别	籍贯	出生年月	学历	政治面貌	授予单位	授予时间
苏亚玲	女	陕西渭南	1984-07	本科	群众	陕西北元化工集团股份有限公司	2018-09
岳蕊祥	男	陕西渭南	1988-10	中专	群众		
高玉发	男	陕西佳县	1983-08	中专	中共党员		
李庆东	男	陕西佳县	1986-03	中专	群众		
刘丁丁	男	陕西佳县	1987-11	专科	群众		
高 雄	男	陕西神木	1988-02	专科	中共党员		
王小敏	男	陕西咸阳	1986-10	专科	群众		
杨 文	男	陕西榆林	1986-01	中专	群众		
刘凤旗	男	陕西子州	1990-11	中专	群众		
魏自强	男	陕西商洛	1986-06	本科	中共党员		
白晓红	男	陕西靖边	1986-10	专科	群众		
孟志雄	男	陕西神木	1981-01	专科	中共党员		
冯永东	男	陕西米脂	1984-10	本科	中共党员		
任盼盼	男	陕西神木	1990-08	中专	中共党员		
刘 昆	男	陕西神木	1986-03	专科	群众		
王 瑾	女	陕西神木	1984-04	本科	群众		
白艳霞	女	陕西神木	1982-10	专科	群众		
宋壮壮	男	陕西绥德	1993-01	中专	群众		
张 飞	男	陕西横山	1987-02	中专	群众		
高 峰	女	陕西榆林	1990-06	中专	群众		
刘 义	男	陕西神木	1986-11	专科	群众		
王 雄	男	陕西榆林	1991-10	网络大专	群众		
郝二军	男	陕西榆林	1984-09	本科	中共党员		
薛飞飞	男	陕西佳县	1987-03	本科	中共党员		
贺艳军	男	陕西神木	1978-08	大专	群众		
张庆荣	男	陕西横山	1982-04	本科	群众		
吴文利	女	陕西横山	1990-11	大专	群众		
高美美	女	陕西神木	1985-05	大专	群众		
马万荣	男	陕西神木	1989-06	本科	群众	陕西北元化工集团股份有限公司	2019-09
李 云	男	陕西神木	1986-01	本科	中共党员		
李彦飞	男	陕西榆林	1988-10	大专	群众		
陈 康	男	陕西丹凤	1989-04	本科	中共党员		
张占国	男	陕西横山	1981-11	大专	群众		
牛 云	男	陕西安塞	1986-07	本科	中共党员		
高 磊	男	陕西绥德	1983-12	本科	中共党员		
王小伟	男	陕西绥德	1984-03	专科	中共党员		

(续)

姓名	性别	籍贯	出生年月	学历	政治面貌	授予单位	授予时间
高利兵	男	陕西神木	1989-07	专科	群众	陕西北元化工集团股份有限公司	2019-09
吴琼	男	陕西横山	1987-12	中专	群众		
张振军	男	陕西神木	1986-07	中专	中共党员		
李宝玉	男	陕西神木	1989-07	专科	中共党员		
安宁	男	陕西绥德	1988-03	中专	群众		
梁智源	男	陕西神木	1986-02	中专	中共党员		
郝树伟	男	陕西米脂	1985-05	本科	群众		
马云飞	男	陕西神木	1985-11	专科	群众		
蔡延强	男	陕西延安	1988-10	专科	群众		
武红艳	女	陕西佳县	1987-04	专科	群众		
高雄	男	陕西神木	1988-02	专科	中共党员		
王军林	男	陕西榆林	1986-07	专科	群众		
高琦	男	陕西横山	1987-06	专科	中共党员		
郭少龙	男	陕西神木	1987-04	专科	群众		
郝晓峰	男	陕西榆林	1986-02	本科	群众		
孟志雄	男	陕西神木	1981-01	专科	中共党员		
张晓娟	女	陕西阎良	1982-04	本科	群众		
万院东	男	陕西靖边	1988-11	专科	中共党员		
白亚宏	男	陕西旬邑	1984-01	专科	群众		
张勇	男	陕西神木	1986-06	本科	群众		
任盼盼	男	陕西神木	1990-08	中专	中共党员		
李彦陶	男	陕西定边	1985-08	中专	群众		
高童	女	陕西府谷	1995-11	专科	群众		
王利军	男	陕西神木	1990-04	本科	群众		
武占平	男	陕西神木	1973-05	中专	群众		
高刚	男	陕西神木	1988-05	本科	中共党员		
路娜	女	陕西榆林	1986-09	大专	群众		
米怡帆	男	内蒙古鄂尔多斯	1987-08	大专	中共党员		
田峰亮	男	陕西佳县	1989-09	大专	群众		
高云	男	陕西绥德	1987-08	本科	中共党员	陕西北元化工集团股份有限公司	2020-09
曹国玉	男	陕西榆林	1982-12	本科	中共党员		
李彦飞	男	陕西榆林	1988-10	大专	群众		
王敏	女	陕西神木	1985-09	本科	群众		
许健	男	陕西靖边	1986-11	大专	中共党员		
李瑞	男	陕西神木	1985-06	本科	中共党员		
韩思齐	女	陕西榆林	1985-07	本科	中共党员		

（续）

姓名	性别	籍贯	出生年月	学历	政治面貌	授予单位	授予时间
李胜利	男	陕西吴堡	1988-09	专科	群众	陕西北元化工集团股份有限公司	2020-09
冯小芳	女	陕西神木	1985-11	专科	群众		
郭彩云	女	陕西子州	1983-04	专科	群众		
苏治强	男	陕西神木	1990-05	本科	群众		
李学强	男	陕西神木	1990-12	专科	群众		
冯二女	女	陕西神木	1985-03	中专	群众		
高二岗	男	陕西绥德	1983-01	高中	中共党员		
郄林军	男	陕西神木	1986-11	本科	群众		
孙海军	男	陕西横山	1989-06	中专	群众		
白浩江	男	陕西榆林	1995-11	专科	群众		
周彦虎	男	陕西榆林	1987-06	高中	群众		
刘虎	男	陕西神木	1988-10	专科	群众		
李思颂	男	陕西榆林	1987-02	专科	群众		
杨文	男	陕西榆林	1986-01	中专	群众		
赵小岗	男	陕西神木	1986-09	本科	群众		
姬文明	男	陕西米脂	1986-05	专科	中共党员		
杨璐	男	陕西神木	1988-05	中专	群众		
李利军	男	陕西神木	1987-06	本科	群众		
宋壮壮	男	陕西绥德	1993-01	中专	群众		
高爱军	男	陕西榆阳区	1987-10	专科	中共党员		
郭爱	男	陕西榆阳区	1990-01	中专	群众		
柳阳平	男	陕西绥德	1985-06	专科	中共党员		
强昆	男	陕西神木	1994-10	大专	群众		
郭阳	男	山西临汾	1988-06	本科	中共党员		
贺永东	男	陕西榆林	1987-08	大专	群众		
康强	男	陕西榆林	1986-07	本科	中共党员		
郭海亮	男	陕西神木	1979-10	大专	中共党员		
李敏	男	陕西神木	1990-08	大专	群众		
郄智林	男	陕西神木	1988-10	大专	群众		
高磊	男	陕西神木	1988-03	高中	群众		
王峰	男	陕西榆林	1984-06	大专	群众		
杨飞	男	陕西榆林	1979-08	大专	中共党员		
牛维洲	男	宁夏固原	1983-08	本科	群众	陕西北元化工集团股份有限公司	2021-09
高冬生	男	陕西绥德	1986-11	大专	中共党员		
王敏	女	陕西神木	1985-09	本科	群众		
王磊	男	陕西神木	1990-01	大专	群众		

(续)

姓名	性别	籍贯	出生年月	学历	政治面貌	授予单位	授予时间
蔡强	男	陕西榆林	1986-09	本科	中共党员	陕西北元化工集团股份有限公司	2021-09
李少龙	男	陕西扶风	1989-03	大专	中共党员		
魏建雄	男	陕西佳县	1992-12	中专	群众		
薛佳佳	男	陕西吴堡	1991-09	专科	群众		
胡雁鹏	男	陕西榆林	1987-07	本科	中共党员		
王顺	男	陕西靖边	1985-09	专科	群众		
姬晓生	男	陕西横山	1990-04	专科	群众		
谢晓静	女	陕西靖边	1994-03	专科	群众		
梁智源	男	陕西神木	1986-02	中专	中共党员		
张庆乐	男	陕西西安	1982-10	专科	群众		
蒋贵双	男	江苏徐州	1985-12	专科	群众		
刘静	男	陕西延安	1988-10	本科	群众		
闫杨莉	女	陕西横山	1984-11	专科	群众		
王亮亮	男	陕西米脂	1989-06	中专	群众		
李思颂	男	陕西榆林	1987-02	专科	群众		
王江锋	男	陕西佳县	1989-06	专科	群众		
周增玉	男	陕西榆林	1989-06	中专	群众		
姬文明	男	陕西米脂	1986-05	专科	中共党员		
郭少龙	男	陕西神木	1987-04	专科	群众		
赵海军	男	陕西府谷	1984-12	专科	群众		
马云宝	男	陕西绥德	1987-04	专科	群众		
武志刚	男	陕西神木	1989-02	中专	群众		
艾显瑜	男	陕西榆阳区	1986-11	专科	群众		
惠聪聪	男	陕西清涧	1996-09	专科	团员		
王磊	男	陕西神木	1992-05	大专	群众		
强昆	男	陕西神木	1994-10	大专	群众		
闫银军	男	陕西神木	1983-06	专科	群众		
杜有有	男	陕西米脂	1987-10	中专	群众		
何学玲	女	陕西米脂	1989-07	本科	中共党员		
郭海亮	男	陕西神木	1979-10	大专	中共党员		
高刚	男	陕西神木	1988-05	本科	中共党员		
白孝荣	男	陕西绥德	1977-09	高中	群众		
王峰	男	陕西榆林	1984-06	大专	群众		
张辽辽	男	陕西榆林	1988-06	本科	群众		
罗卫东	男	陕西榆林	1982-12	中专	群众		
雷彩飞	男	陕西靖边	1989-02	中专	群众		

(续)

姓名	性别	籍贯	出生年月	学历	政治面貌	授予单位	授予时间
鲁 斌	男	陕西横山	1989-02	中专	中共党员	陕西北元化工集团股份有限公司	2022-09
王 斌	男	陕西铜川	1983-12	大专	中共党员		
蔡 强	男	陕西榆林	1986-09	本科	中共党员		
李国瑞	男	陕西横山	1987-08	专科	群众		
李 锐	男	陕西神木	1990-05	专科	群众		
张生富	男	陕西榆林	1988-03	专科	群众		
杨宝辉	男	陕西吴堡	1988-01	专科	群众		
刘丁丁	男	陕西佳县	1987-11	专科	群众		
姬晓生	男	陕西横山	1990-04	专科	群众		
刘春荣	男	陕西榆林	1987-09	专科	群众		
王小军	男	陕西神木	1986-06	专科	群众		
王 强	男	陕西绥德	1991-05	中专	群众		
高爱军	男	陕西榆阳区	1987-10	专科	中共党员		
郝晓峰	男	陕西榆林	1986-02	本科	群众		
王 磊	男	陕西神木	1992-05	专科	群众		
杨 美	女	陕西咸阳	1986-04	专科	群众		
焦 勇	男	陕西神木	1988-10	专科	群众		
王大伟	男	陕西咸阳	1986-09	专科	群众		
刘会智	男	陕西神木	1975-08	高中	群众		
田锋亮	男	陕西佳县	1989-09	中专	群众		

（九）优秀内审员

2014—2016 年北元集团获优秀内审员名单一览表

姓名	性别	籍贯	出生年月	学历	政治面貌	授予单位	授予时间
王小伟	男	陕西绥德	1984-03	专科	中共党员	陕西北元化工集团有限公司	2014-09
包 飞	男	河南南阳	1982-08	研究生	群众		
边新民	男	陕西西安	1962-08	专科	群众		
张建宏	男	陕西靖边	1984-12	专科	中共党员	陕西北元化工集团有限公司	2015-09
韩慧珏	女	陕西清涧	1982-12	本科	中共党员		
边新民	男	陕西西安	1962-08	专科	群众		
杨海涛	女	陕西神木	1982-08	大专	中共党员	陕西北元化工集团有限公司	2016-09
王小伟	男	陕西绥德	1984-03	专科	中共党员		
郝晓峰	男	陕西榆林	1986-02	本科	群众		

（十）优秀技术职务

2017—2022 年获得北元集团优秀技术职务一览表

姓名	单位名称	人员编码	技术职务	年份
梁金忠	综合管理部	10040019	信息工程师	2018
				2019
张 政		08070002	信息化主任工程师	2020
李庆春		08070004	系统工程师	2020
许 磊		09070003	一级业务主管	2021
李庆春		08070004	二级业务主管	2021
张 健	党群工作部	09090005	一级业务主管	2021
高勇强	规划发展部	09040020	工程管理工程师	2020
焦理芳	规划发展部	03080003	一级业务主管	2021
李周清	企业管理部	08110017	二级业务主管	2021
施素帆	财务管理部	10040008	二级业务主管	2021
张红霞		10040007	一级业务主管	2021
张文武	安全环保部	09090206	安全工程师	2019
				2020
			二级业务主管	2021
李鹏智	生产技术部	05070003	工艺主任工程师	2018
康文国		08110023	工艺工程师	2018
翁 明		13050146	工艺工程师	2019
李军业		19030001	设备主任工程师	2020
翁 明		13050146	工艺工程师	2020
			二级业务主管	
马生伟		08020006	一级业务主管	2021
曹晓龙		05020002	一级业务主管	2021
李伟东	采购供应部	07070006	二级业务主管	2021
刘振军		03100001	一级业务主管	2021
牛 云	营销物流部	09070014	二级业务主管	2021
梁 军	证券事务部	10070003	一级业务主管	2021
曾宪军	科技研发中心	09090401	研发工程师	2019
				2020
慕 毅		12070140	二级业务主管	2021
何洪保	化工分公司	13070002	工艺工程师	2017
钟国院		04080130	仪表主任工程师	2018
张隆刚		09090126	安全工程师	2018
梁 锋		09090202	安全工程师	2018

（续）

姓名	单位名称	人员编码	技术职务	年份
贺永斌	化工分公司	05010021	设备工程师	2018
付长江	化工分公司	09080010	工艺工程师	2018
张隆刚	化工分公司	09090126	工艺主任工程师	2019
白永明	化工分公司	08110035	安全工程师	2019
白　林	化工分公司	09080006	工艺工程师	2019
王会林	化工分公司	13050087	设备工程师	2019
张　柱	化工分公司	10070086	工艺工程师	2019
张　柱	化工分公司	10070086	工艺工程师	2020
王　进	化工分公司	09080016	仪表工程师	2020
贺永斌	化工分公司	05010021	设备工程师	2020
白　林	化工分公司	09080006	工艺工程师	2020
徐锦程	化工分公司	10040053	设备工程师	2020
王会林	化工分公司	13050087	设备工程师	2020
鲁　铭	化工分公司	08020013	质量工程师	2020
韩云峰	化工分公司	09090204	一级业务主管	2021
惠建伟	化工分公司	09090128	一级业务主管	2021
张隆刚	化工分公司	09090126	副总工程师	2021
张　波	化工分公司	18090032	一级业务主管	2021
王　进	化工分公司	09080016	二级业务主管	2021
鲁　铭	化工分公司	08020013	一级业务主管	2021
白永明	化工分公司	08110035	二级业务主管	2021
付长江	化工分公司	09080010	一级业务主管	2021
撒鹏刚	化工分公司	09090125	二级业务主管	2021
李波涛	热电分公司	09090325	电气工程师	2018
王　磊	热电分公司	09090299	汽机工程师	2019
郝二军	热电分公司	10040228	汽机工程师	2020
赵　飞	热电分公司	09040023	一级业务主管	2021
杜云虎	热电分公司	09070001	二级业务主管	2021
李小岗	热电分公司	09090302	二级业务主管	2021
常　宁	水泥有限公司	10020008	设备工程师	2020
訾　伟	水泥有限公司	04050007	一级业务主管	2021
李红荣	水泥有限公司	05070005	二级业务主管	2021
任建虎	水泥有限公司	09090391	二级业务主管	2021
火瑞钦	锦源化工有限公司	09090218	设备工程师	2019
何　亮	锦源化工有限公司	09090365	安全工程师	2019
刘英飞	锦源化工有限公司	12070258	电气工程师	2020

(续)

姓名	单位名称	人员编码	技术职务	年份
杨 飞	锦源化工有限公司	12040144	工艺工程师	2020
魏 辉		11020002	热电分厂厂长	2021
石锦鹏		17040001	电石分厂副厂长	2021
张鸿鸿		09090396	二级业务主管	2021
火瑞钦		09090218	二级业务主管	2021
崔 永		12050031	热电分厂副厂长	2021

（十一）社会团体、行业代表或委员

至 2022 年北元集团社会团体、行业代表或委员一览表

序号	姓名	工作单位	职务	代表或委员类别及职务	年份
1	刘国强	北元集团	党委书记、董事长	陕西省水泥协会榆林分会会长	2016-08 至今
				陕西省煤炭工业协会第二届理事会常务理事	2016-11 至今
2	杨凤霞	北元集团综合管理部	后勤管理科科长	榆林市第四届人民代表大会代表	2016-03 至今
3	张 健	北元集团党群工作部	团委书记	榆林市青年联合会第二届委员会委员	2018-01 至今

（十二）品牌产品

至 2022 年北元集团品牌产品一览表

序号	产品名称	奖项名称	授予单位	授予时间
1	聚氯乙烯	陕西省名牌产品	陕西省人民政府	2009 年
2	高纯氢氧化钠	陕西省名牌产品	陕西省人民政府	2014 年
3	北元商标	陕西省著名商标	陕西省工商行政管理局	2008 年

单 位 简 介

截至2022年,陕西北元化工集团股份有限公司旗下有5个分、子公司。分公司为化工分公司、热电分公司,子公司为水泥有限公司、锦源化工有限公司、新能源科技有限公司。

一、化工分公司

(一)公司概况

化工分公司前身为化工二分公司。2009年7月4日,北元集团化工一分公司成立,公司位于锦界工业园区内。一分公司前身为"陕西北元化工有限公司"。公司下设6个科室、3个分厂,分别为:综合管理科、物资管理科、财务管理科、质量管理科、安全环保科、生产技术科,氯碱分厂、聚氯乙烯分厂、动力检修分厂。年可产10万吨聚氯乙烯、9万吨烧碱、1万吨液氯,年可消化电石15万吨,工业原盐16万吨,用电约3亿千瓦时。2009年3月19日,陕西北元化工集团盐业有限公司成立,2012年5月9日变更为陕西北元化工集团有限公司盐业分公司,下设4个科室、2个分厂,分别为:综合管理科、财务管理科、生产技术科、工程管理科,采卤一分厂和采卤二分厂。2009年9月12日,化工二分公司成立,是北元集团最大的直接从事煤盐化工生产的分公司,占地面积116万平方米。2015年6月,在产业布局调整中,北元集团将化工一分公司、盐业分公司并入化工二分公司,更名为化工分公司,设有6个科室、6个分厂,分别为综合管理科、发运管理科、生产技术科、设备管理科、安全环保科、质量管理科,动力检修分厂、氯碱分厂、乙炔分厂、聚氯乙烯分厂、聚氯乙烯二分厂、采卤分厂。2021年8月,为进一步深化内部改革,强化专业化管理,压缩管理层级,提高组织管控效率,化工分公司经北元集团公司同意,撤销原6科室、6分厂组织机构,新成立5个中心,共设置14个业务模块和15个装置。5个中心分别为:综合管理中心、安全环保中心、技术管理中心、生产运营中心、设备运维中心。14个业务模块分别为:党群管理、行政管理、安全管理、环保管理、消防管理、工艺管理、设备管理、电仪管理、质量管理、生产管理、调度管理、静设备维修、动设备维修、电仪维修。15个装置分别为:电气一装置、电气二装置、电解装置、氯氢处理装置、固碱及硫酸装置、电石储运装置、乙炔湿法装置、乙炔干法装置、VCM装置、聚合装置、包装装置、PVC装置、采卤装置、发运装置、公用装置。各中心、装置共下设160个班(不含保安班),共有员工2044人,大专及以上学历人员占77%以上。截至2022年,化工分公司有110万吨/年聚氯乙烯树脂、80万吨/年离子膜烧碱生产装置,年可消化电石153万吨,自产卤水制碱,属全国一次性投产规模最大的PVC项目。主产品有SG-3、SG-5、SG-7、SG-8型等38种悬浮法聚氯乙烯树脂(PVC)及32%、50%高纯氢氧化钠(离子膜烧碱);副产品有工业用合成盐酸、副产盐酸、工业用液氯、次氯酸钠、片碱等。主产品聚氯乙烯树脂检测执行 GB/T 5761—2006，主要应用于生产人造革、薄膜、电线护套、板材、管材、型材、门窗等塑料硬制品；高纯氢氧化钠主要应用于造纸、制皂、纺织、印染、化纤、农药品、石油化工等工业领域。

化工分公司先后获全国能源化学系统"五一劳动奖状"，陕煤集团"安全生产标准化先进公司""科技工作先进集体""模范职工之家"，神木市"五四"红旗团委等荣誉称号。

化工分公司 PVC 包装生产线（2015 年 2 月摄）

（二）领导成员

截至 2022 年，历任化工分公司领导见下表。

历任化工分公司领导一览表

姓名	性别	籍贯	出生年月	学历	政治面貌	技术职称	职务	任职时间
史彦勇	男	陕西神木	1974-03	研究生	中共党员	高级工程师	化工一分公司经理	2009-07—2009-09
							化工二分公司经理	2009-09—2012-05
							化工二分公司党委副书记	2010-07—2012-05
王奋中	男	陕西神木	1978-06	大专	中共党员	高级工程师	化工一分公司副经理	2009-07—2010-03
							化工一分公司经理、总工程师	2010-03—2013-07
							化工分公司党委书记、经理	2020-11 至今
刘延财	男	陕西延长	1981-03	研究生	中共党员	高级工程师	化工二分公司副经理	2009-09—2013-07
							化工二分公司总工程师	2010-08—2015-06
							化工二分公司党委副书记	2012-05—2015-12
							化工二分公司经理	2013-07—2015-06
							化工二分公司党委书记	2013-07—2015-12
							化工分公司党委书记	2015-12—2019-08
							化工分公司经理	2015-06—2019-07

(续)

姓名	性别	籍贯	出生年月	学历	政治面貌	技术职称	职务	任职时间
陈鹏	男	陕西镇安	1982-11	本科	中共党员	工程师	化工一分公司经理	2013-07—2015-06
							化工一分公司党委书记	2013-07—2015-12
							化工二分公司副经理	2010-05—2013-07
							化工二分公司工会主席	2011-07—2013-03
孙继国	男	陕西榆林	1969-04	大专	中共党员	工程师	化工一分公司经理助理	2009-07—2009-11
徐生智	男	陕西神木	1978-12	大专	中共党员	助理工程师	化工一分公司副经理	2009-09—2011-03
宁小钢	男	河北唐山	1974-08	硕士研究生	中共党员	高级工程师	化工分公司总工程师	2019-02—2020-11
叶鹏云	男	陕西榆林	1982-04	本科	中共党员	工程师	化工二分公司副经理	2011-03—2016-01
							化工分公司副经理	2016-01—2017-07
							化工分公司经理	2017-07—2020-11
							化工分公司党委副书记	2018-08—2019-11
							化工分公司党委书记	2019-11—2020-11
姚吉林	男	内蒙古包头	1953-04	高中	中共党员	工程师	化工二分公司副经理	2012-05—2014-06
蒋海宾	男	河北保定	1982-06	本科	中共党员	工程师 政工师	化工二分公司党委副书记、纪委书记、工会主席	2013-07—2015-12
							化工分公司党委副书记、纪委书记、工会主席	2015-12—2017-01
王伟	男	陕西礼泉	1982-11	本科	中共党员	工程师	化工二分公司副经理	2013-07—2016-01
							化工分公司副经理	2016-01—2022-03
							化工分公司安全总监	2020-06—2022-03
高海荣	男	陕西佳县	1985-07	本科	中共党员	工程师	化工分公司副经理、安全总监	2022-03至今
杨茂勤	男	陕西岐山	1979-06	本科	中共党员	工程师	化工二分公司副经理	2013-07—2016-01
							化工分公司副经理	2016-01—2022-05
于虎朝	男	陕西兴平	1981-09	本科	中共党员	人力资源管理师	化工分公司党委副书记、工会主席	2017-01至今
							化工分公司纪委书记	2017-01—2020-05
刘涛	男	陕西横山	1986-08	研究生	中共党员	政工师	化工分公司纪委书记	2021-09至今
张军锋	男	陕西旬邑	1984-09	本科	中共党员	工程师	化工分公司副经理	2022-05至今

(续)

姓名	性别	籍贯	出生年月	学历	政治面貌	技术职称	职务	任职时间
刘建平	男	陕西神木	1978-06	本科	中共党员	工程师	化工一分公司副经理	2011-03—2015-06
							化工一分公司党委委员、工会负责人	2011-07—2015-12
							化工分公司副经理	2015-06—2017-07
常平	男	陕西米脂	1966-07	大专	群众	工程师	盐业分公司副经理	2012-02—2015-06
							化工分公司副经理	2015-06—2018-06
白宝银	男	山西大同	1960-01	本科	中共党员	高级工程师	化工二分公司副经理	2015-3—2015-06
							化工分公司总工程师	2015-06—2019-02
马建国	男	陕西陇县	1983-06	本科	中共党员	工程师	化工分公司副经理	2017-01—2021-01
刘延安	男	陕西延长	1982-01	大专	中共党员	工程师	化工分公司副经理	2018-02至今
何强	男	陕西榆林	1983-01	本科	中共党员	高级工程师	化工分公司副经理	2018-02—2021-01
折荣强	男	陕西神木	1971-02	研究生	中共党员	政工师	盐业分公司经理	2013-08—2015-03
							盐业分公司党支部委员、书记	2013-11—2015-12
高启明	男	陕西神木	1958-09	本科	中共党员	政工师	盐业分公司党支部书记	2012-02—2013-11
							盐业分公司副经理	2012-02—2014-02
李彦飞	男	陕西榆林	1968-11	本科	群众	助理工程师	盐业分公司总工程师	2012-02—2014-02
张雄堂	男	陕西神木	1974-07	研究生	中共党员	高级工程师	化工二分公司副经理	2009-09—2010-08
							化工二分公司总工程师	2010-03—2010-08
							化工二分公司党委副书记	2010-07—2010-08
张隆刚	男	陕西黄陵	1987-02	本科	中共党员	工程师	化工分公司总工程师	2022-12至今

（三）党群组织

1. 党组织构成

2010年3月19日，中共陕西北元化工集团化工一分公司委员会成立，下设机关、氯碱分厂、聚氯乙烯分厂和动力检修分厂4个党支部。同日，中共陕西北元化工集团化工二分公司委员会成立，设有公司机关、动力检修分厂、氯碱分厂、乙炔分厂、聚氯乙烯分厂5个党支部。2012年3月6日，中共陕西北元化工集团盐业分公司支部委员会成立。2015年12月25日，北元集团党委撤销化工一分公司党委、化工二分公司党委、盐业分公司党支部，组建成立了化工分公司党委。2019年8月，为进一步加强党的组织建设，发挥党建职能优势，夯实党务工作基础，更好地促进生产经营中心工作，化工分公司党委对下设的基层组织机构进行了调整，撤销原7个党支部（机关党支部、动力检修分厂党支部、氯碱分厂党支部、乙炔分厂党支部、聚氯乙烯分厂党支部、聚氯乙烯二分厂党支部、米卤分厂党支部),新成立4个党总支(氯碱分厂党总支,下设8个党支部;乙炔分厂党总支,下设6个党支部;聚氯乙烯分厂党总支,下设10个党支部;聚氯乙烯二分厂党总支,下设7个党支部)和4个直属党支部(机关第一党支部、机关第二党支部、动力检修分厂党支部、采卤分厂党支部)。2021年11月30日,结合组织机构改革情况,化工分公司党委调整了党组织机构设置,撤销了原有党组织设置,组建成立了28个党支部,分别为:综合管理中心党支部、安全环保中心第一党支部、安全环保中心第二党支部、技术管理中心第一党支部、技术管理中心第二党支部、技术管理中心第三党支部、设备运维中心第一党支部、设备运维中心第二党支部、设备运维中心第三党支部、设备运维中心第四党支部、生产运营中心生产管理党支部、生产运营中心调度管理党支部、生产运营中心电气一装置党支部、生产运营中心电气二中心党支部、生产运营中心电解装置党支部、生产运营中心氯氢处理装置党支部、生产运营中心固碱及硫酸装置党支部、生产运营中心电石储运装置党支部、生产运营中心乙炔湿法装置党支部、生产运营中心乙炔干法装置党支部、生产运营中心VCM装置党支部、生产运营中心聚合装置党支部、生产运营中心包装装置党支部、生产运营中心PVC装置第一党支部、生产运营中心PVC装置第二党支部、生产运营中心采卤装置党支部、生产运营中心发运装置党支部、生产运营中心公用装置党支部。公司共有313名党员(含预备党员9名)。

  化工分公司党委在集团公司党委的坚强领导下,充分发挥党委"把方向、管大局、促落实"作用,进一步推进党建工作与生产经营深度融合,推进基层党建创新、创效、创品牌,着力提升党建引领力、支部凝聚力、党员战斗力,切实把党建工作转化为公司高质量发展优势。各级党组织紧密围绕本单位中心工作,大力推动党支部标准化规范化建设,全面提升基层党支部工作质量,激发基层党组织的活力,发挥党支部的坚强战斗堡垒作用和广大党员的先锋模范作用,直面挑战和压力,团结带领广大团员青年努力进取,顽强拼搏,为北元集团新时代高质量发展作出了贡献。截至2022年,化工分公司党组织构成见下表。

2022年化工分公司党组织构成一览表

党组织名称	委员姓名	职务	任职时间
化工分公司党委	王奋中	书记	2016-03至今
	于虎朝	副书记	2018-08至今
	高海荣	委员	2022-03至今
	张军锋	委员	2022-05至今
	刘延安	委员	2016-03至今
	刘 涛	委员	2018-08至今
综合管理中心党支部	苏志强	书记	2021-11至今
	马俊生	组织委员、宣传委员	2021-12至今
	刘晓光	纪检委员	2021-12至今
安全环保中心第一党支部	惠建伟	书记	2021-11至今
	孙龙彬	组织委员、宣传委员	2021-12至今

（续）

党组织名称	委员姓名	职务	任职时间
安全环保中心第一党支部	杨永峰	纪检委员	2021-12 至今
安全环保中心第二党支部	乔志平	书记	2021-11 至今
	马 宁	组织委员、宣传委员	2021-12 至今
	孟海军	纪检委员	2021-12 至今
技术管理中心第一党支部	徐锦程	书记	2021-11 至今
	王 进	组织委员、宣传委员	2021-12 至今
	胡大伟	纪检委员	2022-12 至今
技术管理中心第二党支部	张征国	书记	2021-11 至今
	茹支帅	组织委员、宣传委员	2022-12 至今
	魏自强	纪检委员	2021-12 至今
技术管理中心第三党支部	李小娜	书记	2021-11 至今
	王小伟	组织委员、宣传委员	2021-12 至今
	郭瑞芬	纪检委员	2021-12 至今
设备运维中心第一党支部	周亚明	书记	2021-11 至今
	武国庆	组织委员、宣传委员	2021-12 至今
	张 伟	纪检委员	2021-12 至今
设备运维中心第二党支部	赵 鹏	书记	2021-11 至今
	冯玉亮	组织委员、宣传委员	2021-12 至今
	张建强	纪检委员	2022-12 至今
设备运维中心第三党支部	刘玉斌	书记	2021-11 至今
	白 永	组织委员、宣传委员	2021-12 至今
	梁小军	纪检委员	2021-12 至今
设备运维中心第四党支部	王会林	书记	2021-11 至今
	贺涛涛	组织委员、宣传委员	2021-12 至今
	曹海潮	纪检委员	2021-12 至今
生产运营中心生产管理党支部	鲁尚高	书记	2022-12 至今
	高燕军	组织委员、宣传委员	2021-12 至今
	石锦铭	纪检委员	2021-12 至今
生产运营中心调度管理党支部	崔 鹏	书记	2022-12 至今
	崔万里	组织委员、宣传委员	2021-12 至今
	罗亚忠	纪检委员	2021-12 至今
生产运营中心电气一装置党支部	董高登	书记	2022-05 至今
生产运营中心电气二中心党支部	白永明	书记	2021-11 至今
生产运营中心电解装置党支部	张军锋	书记	2021-11 至今
	李新婷	组织委员、宣传委员	2022-12 至今
	沈靖宗	纪检委员	2021-12 至今

（续）

党组织名称	委员姓名	职务	任职时间
生产运营中心氯氢处理装置党支部	张波	书记	2022-12 至今
	乔岗	组织委员、宣传委员	2021-12 至今
	杨宝辉	纪检委员	2021-12 至今
生产运营中心固碱及硫酸装置党支部	马慧	书记	2021-11 至今
	田治东	组织委员、宣传委员	2021-12 至今
	于冰冰	纪检委员	2021-12 至今
生产运营中心电石储运装置党支部	宋利东	书记	2021-11 至今
生产运营中心乙炔湿法装置党支部	蔡苗	书记	2021-11 至今
	蒋浪	组织委员、宣传委员	2021-12 至今
	周文琛	纪检委员	2021-12 至今
生产运营中心乙炔干法装置党支部	付长江	书记	2021-11 至今
	马伟	组织委员、宣传委员	2021-12 至今
	罗宏浩	纪检委员	2021-12 至今
生产运营中心 VCM 装置党支部	徐柯	书记	2021-11 至今
	牛雄雄	组织委员、宣传委员	2021-12 至今
	李亚利	纪检委员	2021-12 至今
生产运营中心聚合装置党支部	白林	书记	2021-11 至今
	高建华	组织委员、宣传委员	2021-12 至今
	张应开	纪检委员	2021-12 至今
生产运营中心包装装置党支部	丁文亮	书记	2021-11 至今
生产运营中心 PVC 装置第一党支部	鲁铭	书记	2021-11 至今
	边福兵	组织委员、宣传委员	2021-12 至今
	刘忠治	纪检委员	2021-12 至今
生产运营中心 PVC 装置第二党支部	张小军	书记	2021-11 至今
	解志强	组织委员、宣传委员	2021-12 至今
	杨君明	纪检委员	2021-12 至今
生产运营中心采卤装置党支部	常永江	书记	2021-11 至今
	高琦	组织委员、宣传委员	2021-12 至今
	黄利军	纪检委员	2021-12 至今
生产运营中心发运装置党支部	赵振刚	书记	2021-11 至今
生产运营中心公用装置党支部	刘强	书记	2021-11 至今

2. 工会组织构成

2010年11月9日，化工一分公司工会委员会成立，组建了经费审查委员会、工会女工委员会；2012年8月，化工一分公司工会成立了机关工会小组、氯碱分厂工会小组、聚氯乙烯分厂工会小组、动力检修分厂工会小组。2011年7月，化工二分公司工会委员会成立后，按照《工会法》《工会章程》和《基层组织选举条例》等有关规定和流程，在四大分厂组织成立了工会小组，下设论坛小组、体育小组、文艺小组、科技创新小组，组建了公司篮球队、乒乓球队和羽毛球队等。2013年以来，陈鹏同志担任化工二分公司第一届工会委员会主席，张炜和韩秀泉同志分别担任经费审查委员会主任、女职工委员会主任。2014年7月25日，盐业分公司工会召开第一次会员代表大会，在一届一次委员会议上，选举折荣强同志为工会主席，刘鹏同志为经费审查委员会副主任。2016年5月19日，因公司组织机构调整，组建成立北元集团化工分公司工会委员会，撤销北元集团化工一分公司工会委员会、化工二分公司工会委员会和盐业分公司工会委员会。2017年10月16日，因人事关系变动，化工分公司工会委员会召开工会委员会全体会议，经会议表决，同意免去蒋海宾、马建国、钟国院、韩秀泉4名同志化工分公司工会委员会委员职务，增（替）补于虎朝、李周清、高骞、包飞、郭瑞芬、杜云虎6名同志为化工分公司工会委员会委员，选举于虎朝同志为化工分公司工会委员会主席；同意免去韩慧珏同志化工分公司工会经费审查委员会委员职务，增（替）补包飞同志为化工分公司工会经费审查委员会委员；同意免去韩秀泉、韩咏玲、苗亚玲同志女职工委员会委员职务及韩秀泉同志女职工委员会主任职务，增（替）补郭瑞芬、路艳飞、雷宁宁3名同志为化工分公司工会女职工委员会委员，选举郭瑞芬同志为化工分公司工会女职工委员会副主任。2021年9月27日，因人事关系变动，化工分公司召开工会委员会全体会议，经会议表决，同意免去李周清、杜云虎化工分公司工会委员会委员职务，替补苏志强、马俊生为化工分公司工会委员会委员。

3. 纪委组织构成

2013年7月，北元集团党委任命蒋海宾为化工二分公司纪委书记。2015年12月，因组织机构合并，北元集团党委免去蒋海宾化工二分公司纪委书记职务，任命蒋海宾为化工分公司纪委书记。2016年11月7日，北元集团化工分公司召开第一次党员代表大会，选举产生了中共陕西北元化工集团化工分公司纪律检查委员会，产生了5名委员，分别为李鹏智、蒋海宾、白林军、马建国、何强，蒋海宾担任纪委书记。因人事关系变动，2017年1月，北元集团党委免去蒋海宾化工分公司纪委书记职务，任命于虎朝为化工分公司纪委书记。2020年5月，集团公司党委根据陕煤党委《关于规范所属单位各级纪委书记分工和兼职的通知》要求，免去于虎朝化工分公司纪委书记职务，化工分公司纪检工作由集团公司纪委直属管理。2021年9月，因工作需要，北元集团党委任命刘涛担任化工分公司纪委书记。2021年11月17日，北元集团化工分公司召开第二次党员代表大会，选举产生了中国共产党陕西北元化工集团股份有限公司化工分公司第二届纪律检查委员会，选举产生了3名委员，分别为刘涛、苏志强、赵振刚，刘涛担任纪委书记。2016—2021年，历任北元集团化工分公司纪委书记见下表。

2016—2021年历任化工分公司纪委书记一览表

姓名	性别	籍贯	出生年月	学历	技术职称	职务	任职时间
蒋海宾	男	河北保定	1982-06	本科	工程师、政工师	纪委书记	2013-07—2017-01
于虎朝	男	陕西兴平	1981-09	本科	人力资源管理师	纪委书记	2017-01—2020-05
刘涛	男	陕西横山	1986-08	研究生	政工师	纪委书记	2021-09至今

(四)产品产量

2005—2022 年,化工分公司主、副产品产量完成情况见下表。

2005—2022 年化工分公司主、副产品产量完成情况表

年份	主产品(万吨)				副产品(吨)		
	PVC		离子膜烧碱		液氯	成品酸	废酸
	计划产量	实际产量	计划产量	实际产量	实际产量	实际产量	实际产量
2005	2.3	2.11	0	0	—	—	—
2006	4.56	4.35	0	0	—	—	—
2007	7.79	8.03	0	0	—	—	—
2008	7.78	7.21	0	0	—	—	—
2009	6.0	6.13	0	4.85	4242.72	14066.5	0
2010	—	10.52	—	8.16	4406.81	3191.3	21611.39
2011	33.00	33.66	24.75	25.81	6424.35	19668.29	58116.82
2012	63.00	62.04	46.00	45.03	4808.89	3151.10	89042.68
2013	76.24	76.47	54.92	55.55	14145.42	25752.55	79810.45
2014	87.70	104.61	63.50	73.74	17761.62	23325.26	83515.25
2015	102.00	106.27	73.00	76.02	23408.14	10126.22	75441.41
2016	110.00	115.83	77.00	81.04	22241.25	42105.11	75299.20
2017	110.00	115.42	77.00	78.28	10125.42	53879.59	34221.54
2018	110.00	114.50	77.00	78.95	15223.79	89751.09	19871.65
2019	118.00	123.58	82.60	83.83	7755.05	89374.61	20867.05
2020	120.00	131.78	82.00	88.39	1605.60	89739.27	10477.08
2021	125.00	128.99	84.00	86.72	1560.58	96690.31	9514.79
2022	125.00	128.61	84.00	86.32	1087.72	79566.30	27031.34

注:"—"表示无统计数据。

(五)经济指标

截至 2022 年,化工分公司产值、利润分别完成情况见下表。

2009—2022 年化工分公司产值、利润完成情况明细表

年份	产值(万元)	利润(万元)	年份	产值(万元)	利润(万元)
2009	37238.05	-2352.94	2012	451956.03	16821.27
2010	71398.31	-3586.27	2013	514954.95	-10526.73
2011	259803.92	6185.67	2014	647386.74	9834.30

(续)

年份	产值（万元）	利润（万元）	年份	产值（万元）	利润（万元）
2015	595580.80	2850.78	2019	918949.26	191792.96
2016	725035.52	130107.28	2020	896258.71	164741.18
2017	872363.71	211159.78	2021	1211653.50	184444.82
2018	896608.15	204537.72	2022	1141615.21	198276.42

二、热电分公司

（一）公司概况

2009年9月12日，热电分公司成立，属北元集团分公司，占地20万平方米，装机容量4×125兆瓦。热电分公司下设6个科、3个分厂，分别为：综合管理科、财务管理科、物资管理科、生产技术科、安全环保科、设备管理科，运行分厂、检修分厂、化水分厂。截至2022年，热电分公司下设4个中心，分别为综合管理中心、生产技术中心、安全环保中心、设备管理中心。热电分公司主要承担着北元集团电、汽、水的供应工作，有职工414人，其中男职工349人，女职工65人。

热电分公司主要发电装置锅炉采用华西能源工业股份有限公司制造的4×480吨高温、高压煤粉锅炉，汽轮机采用中国长江动力集团制造的C125-8.83/1.0型直接空冷凝汽式汽轮机，发电机采用中国长江动力集团制造的QF-125-2型两极隐式汽轮发电机，年可发电约36亿千瓦时。环保配套设施有半干法脱硫系统、静电除尘装置、低氮+SCR脱硝装置及生产、生活污水处理系统。公司共设有5个环保国控点，均实现在线监测，固废物实现达标排放；2018年5月底完成了超低排放改造，并通过了环保部门验收。公司年可消耗原煤150余万吨，年消耗原水620余万吨，年制除盐水量约600万吨，年供化工蒸汽约170万吨。生产固废物和副产物基本实现循环利用。

热电分公司曾先后多次获陕煤集团"安全先进公司""文明单位""2018年安全生产标准化先进公司""安全生产标准化先进企业"荣誉称号；2021年1月荣获陕西省科学技术协会"三新三小"创新竞赛项目优秀成果"二等奖""三等奖"；同年10月荣获中国石油和化学工业联合会颁发的第十四届全国石油和化工企业管理创新成果"二等奖"荣誉。

热电分公司一角（2016年6月摄）

(二)领导成员

2009—2022 年,历任热电分公司领导见下表。

2009—2022 年历任热电分公司领导一览表

姓名	性别	籍贯	出生年月	学历	政治面貌	技术职称	职务	任职时间
白廷瑜	男	陕西神木	1950-07	大专	中共党员	工程师	经理	2009-09—2010-08
							副经理	2010-08—2010-10
张雄堂	男	陕西神木	1974-07	研究生	中共党员	高级工程师	党总支书记	2010-10—2012-05
							经理	2010-08—2012-05
李建伟	男	陕西榆林	1971-05	大专	中共党员	工程师	党总支副书记	2012-05—2013-03
							副经理	2010-12—2013-03
							工会主席	2010-12—2013-03
							总工程师	2012-02—2013-03
刘生宏	男	陕西延安	1957-01	本科	中共党员	工程师	党委书记	2013-07—2015-12
							副经理	2009-09—2012-02 2012-05—2013-03
							经理	2013-03—2016-07
徐生智	男	陕西神木	1978-12	大专	中共党员	工程师	党委书记	2015-12—2020-10
							经理	2016-07—2020-10
梁虎伟	男	陕西神木	1974-05	大专	中共党员	助理工程师	党委书记	2020-10 至今
							经理	2020-10 至今
崔志高	男	陕西榆林	1979-01	本科	中共党员	政工师	党委副书记	2013-07—2020-10
							纪委书记	2013-07—2020-05
							工会主席	2013-07—2021-07
贺磊	男	陕西榆林	1988-02	本科	中共党员	政工师	党委副书记	2020-10 至今
							工会主席	2021-07 至今
方忠夏	男	陕西神木	1973-03	大专	中共党员	高级工程师	副经理	2011-12 至今
田键	男	陕西神木	1974-08	本科	中共党员	高级工程师	副经理	2015-03 至今
李军业	男	山东桓台	1966-03	本科	中共党员		总工程师	2019-11 至今
张文刚	男	陕西神木	1982-12	大专	中共党员		副经理	2020-04 至今

(三)党群组织

1. 党组织构成

2010 年 3 月 19 日,中共陕西北元化工集团热电分公司总支部委员会成立。2011 年 7 月 19 日,经北元集团党委批准,成立并下设 4 个党支部,分别为机关党支部、运行分厂党支部、检修分厂党支部和化水分厂党支部。2013 年 6 月 25 日,经北元集团党委批准,撤销热电分公司党总支委员会，成立中共陕西北元化工集团有限公司热电分公司委员会。2020年4月30日，因组织机构调整，经集团党委批准，保留中共热电分公司机关支部委员会，并按照程序成立1个总支部，3个支部，分别为生产技术科党总支、生产技术科第一党支部、生产技术科第二党支部、设备管理科党支部。2021年11月19日，经北元集团党委同意，将热电分公司党组织机构调整为6个党支部，分别为综合党支部、安全环保中心党支部、生产技术中心第一党支部、生产技术中心第二党支部、生产技术中心第三党支部、设备管理中心党支部，共有党员88人（含预备党员3人）。截至2022年12月底，热电分公司党委下辖6个党支部，共有86名党员。其中，综合党支部共有党员7人，安全环保中心党支部共有党员7人，生产技术中心第一党支部共有党员16人，生产技术中心第二党支部共有党员18人，生产技术中心第三党支部共有党员19人（含预备党员1人），设备管理中心党支部共有党员19人。

截至2022年，热电分公司党委始终坚持"融入中心抓党建，抓好党建促发展"的工作理念，不断加强思想政治建设、干部队伍建设，落实党风廉政建设责任制和实施办法，充实中心组学习内容，加强对党员干部的监督和培养。通过党建质量标准化工作开展，为公司实现第三次跨越发展提供了坚强的思想保证、政治保证和组织保证。2022年热电分公司党组织构成见下表。

2022年热电分公司党组织构成一览表

党组织名称	委员姓名	职务	任职时间
热电分公司党委	梁虎伟	党委书记	2020-10至今
	贺磊	党委副书记	2020-10至今
	方忠夏	宣传委员	2013-08至今
	田键	纪检委员	2013-08至今
	张文刚	组织委员	2020-04至今
综合党支部	杜云虎	书记	2021-03至今
	武卓妮	组织委员、宣传委员	2021-11至今
	白丽琴	纪检委员	2021-11至今
安全环保中心党支部	赵飞	书记	2021-11至今
	郭银飞	组织委员、宣传委员	2021-11至今
	田智强	纪检委员	2021-11至今
生产技术中心第一党支部	陈菲	书记	2022-04至今
	张建锋	组织委员、宣传委员	2021-11至今
	高俊	纪检委员	2022-07至今
生产技术中心第二党支部	袁靖	书记	2013-07至今
	李锦锋	组织委员、宣传委员	2021-11至今
	樊智辉	纪检委员	2021-11至今
生产技术中心第三党支部	李小岗	书记	2021-11至今
	张伟雄	组织委员、宣传委员	2021-11至今
	贾胜利	纪检委员	2021-11至今

(续)

党组织名称	委员姓名	职务	任职时间
设备管理中心党支部	李瑞军	书记	2021-11至今
	康伟	组织委员、宣传委员	2021-11至今
	闫琮	纪检委员	2021-11至今

2. 工会组织构成

2013年12月8日,热电分公司工会委员会成立,组建了经费审查委员会、工会女工委员会。李建伟任热电分公司工会主席,工会委员为李建伟、杨凤霞、牛立军、田键、方忠夏;经费审查委员会委员为武丹、康慧萍、王彩霞,武丹为主任。杨凤霞为女职工委员会副主任,女职工委员会委员为杨凤霞、王彩霞、康慧萍。2013年8月2日,因原工会委员会委员李建伟、杨凤霞、牛立军,经费审查委员会委员武丹、康慧萍、王彩霞及女职工委员会委员杨凤霞、康慧萍、王彩霞调离,替补崔志高、张文刚、李瑞军三位同志为热电分公司工会委员会委员,其中崔志高为工会主席;刘喜忠、王艳红、孙悦为工会经费审查委员会委员,其中刘喜忠为工会经费审查委员会主任;高俊玲为女职工委员会委员。2017年10月13日,热电分公司召开工会委员会全体会议,免去方忠夏、田键、李瑞军热电分公司工会委员会委员职务,免去刘喜忠经费审查委员会委员、主任职务,免去孙悦经费审查委员会委员职务,免去高俊玲女职工委员会委员职务;替补万鑫、赵飞、宁秀英为热电分公司工会委员会委员,替补王雄、闫琮为热电分公司工会经费审查委员会委员,王雄为热电分公司工会经费审查委员会主任;替补宁秀英、陈菲、康伟为热电分公司工会女职工委员会委员,宁秀英为热电分公司工会女职工委员会主任。2021年7月30日,因人事变动,经北元集团公司党委研究决定,贺磊任热电分公司工会负责人。2021年8月10日,热电分公司工会委员会召开全委会会议,替补并选举贺磊为陕西北元化工集团股份有限公司热电分公司工会委员会委员、工会主席,替补杜云虎、李瑞军为陕西北元化工集团股份有限公司热电分公司工会委员会委员,替补奥利军、武卓妮为陕西北元化工集团股份有限公司热电分公司经费审查委员会委员,奥利军为热电分公司工会经费审查委员会主任。2022年5月30日,热电分公司工会委员会替补陈菲为工会委员会委员,替补武卓妮为工会女职工委员会委员,选举陈菲为工会女职工委员会主任,替补李小岗、闫琮、白丽琴为公司经费审查委员会委员,选举李小岗为工会经费审查委员会主任。

(四)生产经营

2012—2022年,热电分公司产品生产主要消耗指标情况见下表。

2012—2022年热电分公司产品生产主要消耗指标情况统计表

年份	标煤消耗量(吨)	厂用电量(万千瓦时)	消耗指标单耗(克/千瓦时)			厂用电率(%)		
			计划	实际	实际比计划	计划	实际	实际比计划
2012	844755.69	26344.2503	363.3	414.64	51.34	13.5	12.1	-1.4
2013	909094.97	27943.67	415	401.00	-14.00	13.00	12.42	-0.58
2014	1213025.06	33801.29	410	400.39	-9.61	11.00	11.16	0.16

（续）

年份	标煤消耗量（吨）	厂用电量（万千瓦时）	消耗指标单耗（克/千瓦时）			厂用电率（%）		
			计划	实际	实际比计划	计划	实际	实际比计划
2015	1142534.04	32097.73	396	390.50	−5.50	11.25	10.97	−0.28
2016	1233126.72	39983.85	375	350.05	−24.95	12.00	11.35	−0.65
2017	1144664.68	39114.75	360	341.62	−18.38	11.80	11.32	−0.48
2018	1070216.00	38325.00	355	325.76	−29.24	11.60	11.67	0.77
2019	1146299.59	40929.3325	350	318.27	−31.73	11.5	11.36	−0.14
2020	1160538.43	41990.7344	325	311.64	−13.36	11.45	11.28	−0.17
2021	1162753.88	41719.2126	320	317.4	−2.6	11.4	11.39	−0.01
2022	1126856.74	38716.3931	329	326.01	−2.99	11.4	11.2	−0.2

（五）产品产量

2010年以来，热电分公司通过强化生产组织管理、加强人员技能培训、实施设备技术改造，逐步实现了发电设备长周期稳定运行，公司发电量呈逐年快速递增趋势，满足了北元集团生产用电和发展需求。2010—2022年，热电分公司产品产量情况见下表。

2010—2022年热电分公司产品产量统计表

年份	发电量（万千瓦时）		供电量（万千瓦时）	上网电量（万千瓦时）	倒供电量（万千瓦时）	供化工蒸汽（吨）	制除盐水（吨）
	计划	实际					
2010	12000	17846	—	—	—	—	—
2011	103200	95339	—	—	—	—	—
2012	240000	202471	153340	79171	56738	1362521	1724097
2013	240000	224904	185676	13304	2483	1266204	5728460
2014	259000	302963	281076	24311	2863	1672854	6924400
2015	265000	292583	286414	8243	34187	1859073	6368358
2016	325000	347104	311166	13572	12457	1749023	5967893
2017	330000	345678	301118	15131	9689	1811557	5360301
2018	330000	328530	302108	8311	14299	1629742	6301205
2019	340000	360166	318337	11085	10188	1521496	5400350
2020	345000	372402	327630	9913	7132	1404465	4925473
2021	350000	366336	318708	10768	4858	1509291	4564220
2022	355000	345654	315271	2754	11491	1509705	4455832

注："—"表示无统计数据。

（六）修旧利废

2017年以来，热电分公司注重修旧利废工作，成效显著。截至2022年，热电分公司修旧利废情况见下表。

2017—2022年热电分公司修旧利废情况统计表

年份	项目总数（个）	原价值（元）	修复费用（元）	节约资金（元）
2017	286	4656053	53468	2895513
2018	275	3753447	54833	1799202
2019	246	2925638	55449	1819400
2020	347	5077977	96241	3157900
2021	296	4052058	76797	2519900
2022	110	3997880	37256	3160516

三、水泥有限公司

（一）公司概况

2009年9月12日，水泥有限公司成立，其前身为陕西北元化工集团有限公司，是北元集团全资子公司。厂址位于神木锦界工业园南区，占地27万平方米，注册资金8.1亿元。公司设计规模为年产通用硅酸盐水泥220万吨，硅酸盐水泥熟料180万吨，拥有2条日产3000吨熟料生产线、DCS集散控制系统和X荧光分析仪等高端检验设备，从规模到装备处于国内电石渣制水泥领域领先地位。公司是北元集团化工、电厂配套项目，利用聚氯乙烯装置所产电石泥废渣和热电装置所产粉煤灰生产水泥，属于国家循环经济、资源综合利用低碳型建材企业和国内首家实现100%电石渣制水泥企业。项目以化工100万吨/年PVC装置所产生的电石渣、电厂排出的粉煤灰、炉渣为原材料生产产品，电石渣代替石灰石，不仅纯度高、钙含量大，而且粉磨、煅烧能耗低，每年可减排二氧化碳气体100万吨，可降低温室气体带来的危害。

公司可处理8种固体废物，主要有电石渣、炉渣、粉煤灰、高铁炉渣、高铁粉煤灰、钢渣、锰渣、脱硫石膏。年可消化固废电石渣197万吨、粉煤灰40万吨、炉渣10万吨、钢渣16万吨、脱硫石膏13万吨、锰渣1.6万吨、镁渣0.6万吨，真正做到了企业固废的循环综合利用。公司始终致力于打造行业"循环利用"的标杆，持续追求企业安、稳、环、长、满、优高质量发展，把"吃干榨净"作为回报社会的前提和保障，以"绿色发展"的理念，奉献低碳多彩新生活为目标，共设有4个国控污染源排放点，废气排放全部按照国家要求进行达标排放。公司生产的主要产品有52.5R、52.5、42.5R、42.5、M32.5等不同强度等级水泥，满足了客户需求，实现了资源综合利用和节能减排，取得了良好的经济效益和社会效益。2014年9月，公司全面开展安全文化建设工作。按照"人本+物本=零伤害"的顶层设计理念，搭建具有北元特色的安全文化架构体系。2019年、2020年公司投入安全费用约600万元。公司现有专职安全管理人员8人。公司主要采用工作危害分析法（JHA）和安全检查表法（SCL）进行系统的风险辨识和评价。2015年1月，公司顺利通过了工贸行业安全生产标准化二级企业达标验收。2017年11月，公司顺利通过了工贸行业安全生产标准化一级企业达标验收。2019年11月8日，北元集团为顺应发展形势，落实国务院国资委"双百行动"工作，在水泥有限公司率先开展了职业经理人改革，开创了北元干部管理体制新模式，释放了改革新动能，水泥有限公司生产经营取得全面突破，产、销量及盈利指标不断刷新历史最好记录。截至2022年，公司下设7个中心，分别为：综合管理中心、生产技术中心、财务管理中心、安全环保中心、质量管理中心、营销管理中心、设备管理中心。公司人员编制420人。其中大专以上学历占66%以上，具有职称的技术人员占47.9%以上。

水泥有限公司一角（2012年3月摄）

（二）领导成员

历任水泥有限公司领导见下表。

历任水泥有限公司领导一览表

姓名	性别	籍贯	出生年月	学历	政治面貌	技术职称	职务	任职时间
杜亚锋	男	陕西华县	1958-02	研究生	中共党员	经济师	集团公司副总经理兼水泥有限公司党总支书记	2010-03—2011-03
闫党味	男	陕西西安	1962-04	本科	中共党员	高级工程师	副经理	2009-09—2010-10
李世强	男	陕西神木	1967-02	专科	中共党员	工程师	副经理	2010-08—2011-03
							经理	2011-03—2015-06
							总工程师	2010-10—2015-06
陈飞虎	男	陕西榆林	1976-02	专科	中共党员	助理工程师	党总支副书记	2010-11—2015-06
							副经理	2010-08—2015-06
刘艾田	男	陕西神木	1977-02	本科	中共党员		副经理	2011-10—2015-06
李红荣	男	陕西横山	1983-03	大专	中共党员	助理工程师	副经理	2013-07—2017-01
陈鹏	男	陕西商洛	1982-11	本科	中共党员	工程师	经理	2015-06—2015-12
							党委书记、经理	2015-12—2016-06
							党委书记、执行董事、经理	2016-01—2019-12
							党委书记、执行董事	2019-12—2020-10
王卫明	男	陕西神木	1981-06	本科	中共党员	政工师	党委书记、执行董事	2020-10—2022-05

(续)

姓名	性别	籍贯	出生年月	学历	政治面貌	技术职称	职务	任职时间
杨鹏飞	男	陕西神木	1981-03	本科	中共党员	政工师	副经理	2015-06—2015-12
							党委委员、副经理	2015-12—2016-01
							党委副书记、副经理、纪委书记、工会主席	2016-01—2019-12
							党委副书记、经理（职业经理人）、纪委书记、工会主席	2019-12—2020-05
							党委副书记、经理（职业经理人）、工会主席	2020-05—2021-02
							党委副书记、经理（职业经理人）	2021-02—2022-05
							党委书记、执行董事、经理（职业经理人）	2022-05 至今
朱先均	男	河南西峡	1979-08	大专	中共党员	助理工程师	副经理	2015-03—2019-12
							副经理（职业经理人）	2019-12—2021-02
							工会负责人、副经理（职业经理人）	2021-02—2022-05
							党委副书记、工会主席、副经理	2022-05 至今
曹辉辉	男	陕西吴堡	1985-11	本科	中共党员	高级工程师	副经理	2019-02—2019-12
							副经理（职业经理人）	2019-12 至今
刘忠飞	男	陕西神木	1982-09	本科	中共党员	经济师	副经理（职业经理人）	2020-12 至今

（三）党建工作

2010年3月19日，中共陕西北元化工集团水泥有限公司总支部委员会成立；同年10月18日，变更为中共陕西北元集团水泥有限公司总支部委员会。2013年6月，中共陕西北元集团水泥有限公司委员会成立，截至2022年，下设4个党支部，共有党员91名，其中正式党员87名，预备党员4名。4个党支部分别为：综合党支部、生产技术中心党支部、设备管理中心党支部、营销质量党支部。

公司党委自成立以来，在上级党委的正确领导下，切实发挥党组织的政治核心作用、战斗堡垒作用和党员的先锋模范带头作用，始终把党建工作与公司发展有机结合，围绕公司中心工作，充分发挥党组织的政治核心作用和党员先锋模范作用，积极探索公司党建与生产经营、企业文化有机结合的新途径，落实"党管安全"工作部署，夯实党员主体责任，建立健全党员教育管理和激励机制，形成"党建+安全"的新管理模式，以推动科技创新为动力，以塑造先进文化为抓手，为公司的跨越发展提供了强大的精神动力和组织保证。把学习习近平新时代中国特色社会主义思想作为重点，全力以赴开展支部标准化建设，努力建设一支充满朝气、求真务实、勇于创新的班子队伍，建设一支党性强、奉献精神强、大力探索新模式、技艺精湛的先锋党员队伍，为公司持续发展提供不竭动力。

（四）产品与工艺

1. 普通硅酸盐水泥

普通硅酸盐水泥是由硅酸盐水泥熟料、6%～20%的混合材料、适量石膏磨细制成的水硬性胶凝材料，代号为P·O，有42.5、42.5R、52.5、52.5R、62.5、62.5R等几个等级。

2. 粉煤灰硅酸盐水泥

是由硅酸盐水泥熟料、20%～40%的粉煤灰、适量石膏磨细制成的水硬性胶凝材料，代号为P·F，有32.5、32.5R、42.5、42.5R、52.5、52.5R等几个等级。其品种、性能、用途见下表。

普通（粉煤灰）硅酸盐水泥产品品种、性能、用途一览表

水泥品种	性能	用途
普通硅酸盐水泥 P·O52.5	1. 凝结时间较短，硬化快，早期和后期强度较高。 2. 浆体结构密实，抗渗性和抗冻性好，耐磨能力、抗腐蚀能力较强。 3. 水泥需水量小、干缩变形小。 4. 碱含量低	1. 可以广泛应用于各种工业与民用建筑工程，比如大型工业厂房、高层建筑、桥梁、机场等。 2. 配制高标号混凝土、大型钢筋混凝土、预应力混凝土、低温下施工混凝土
普通硅酸盐水泥 P·O42.5	1. 产品质量稳定，凝结凝化快，富裕强度高。 2. 水泥配制混凝土和易性好，与混凝土的外加剂相溶性强。 3. 抗冻性及耐久性好。 4. 色泽稳定，可广泛使用于外表面建筑物。 5. 配制的混凝土塌落度小，可满足混凝土搅拌站长距离运输的要求	适用于桥梁、码头、道路、高层建筑及地上、地下各部位的工程，可配置不同标号的混凝土
粉煤灰硅酸盐水泥 P·F32.5	1. 早期强度高，后期强度增幅较大。 2. 和易性好，干缩性小。 3. 耐腐蚀性好，水化热低。 4. 抗裂性、抗渗性、耐久性好	可用于一般的工业和民用建筑，尤其适用于大体积和水利工程的建筑以及地下、海港工程等

3. 生产工艺

（1）生料制备。来自化工分公司的电石渣滤饼经烘干、破碎后进入电石渣干粉库。石灰石、黄矸石、铁粉、砂岩通过辅助原料输送系统输送到原料调配库。来自热电分公司的粉煤灰通过管道直接进入原料粉煤灰库。各种辅助原料按化学成分的要求，经过调配、计量后，进入生料磨；电石渣干粉经计量后和出磨物料一起进入选粉机分选，细粉进入生料均化库，粗粉回磨继续粉磨。

(2) 熟料烧成。均化后的生料经计量后，通过悬浮预热器和管道型分解炉预热、分解，进入回转窑煅烧，烧成的熟料经篦式冷却机冷却后输送至熟料库。原煤经破碎、均化后送至原煤仓，计量后喂入煤立磨磨制成煤粉，煤粉经计量后送至煤粉燃烧器，分别喷入窑内和窑尾分解炉。

(3) 水泥制成。熟料、石膏、混合材料按生产不同品种、不同强度等级水泥的需求进行配比、挤压，挤压后的物料由提升机送入打散机进行打散分级，粗粉返回辊压机继续挤压，粒度≤2.0毫米的细颗粒进入水泥磨。

(4) 粉煤灰经转子计量秤计量后直接入磨。

(5) 出磨水泥经选粉、收集后送入水泥储存库。

(五) 产量、销量

1. 产量

历年水泥有限公司生产熟料、水泥产量见下表。

水泥有限公司历年熟料、水泥产量统计表　　万吨

年份	熟料	水泥	年份	熟料	水泥
2012	81.94	97.59	2018	190.02	192.9
2013	105.93	102.45	2019	201.95	206.55
2014	150.58	136.22	2020	217.67	217.32
2015	130.43	136.68	2021	212.5	230.72
2016	159.26	145.39	2022	224	225
2017	201.63	171.91			

2. 销量

历年水泥有限公司水泥产品销量见下表。

水泥有限公司历年水泥产品销售量统计表　　万吨

年份	水泥销量	年份	水泥销量	年份	水泥销量	年份	水泥销量
2011	47.90	2014	140.67	2017	171.65	2020	223.94
2012	96.07	2015	135.27	2018	200.91	2021	233.93
2013	102.4	2016	146.93	2019	209.37	2022	237.22

四、锦源化工有限公司

(一) 公司概况

2010年5月11日，神木县锦源化工有限责任公司与陕西北元化工集团有限公司签订《增资扩股锦源化工合作建设电石生产基地协议书》。同时，陕西北元集团锦源化工有限公司成立（简称锦源化工有限公司），注册资金16000万元，系陕北地区较大规模的电石

生产企业之一。2016年4月30日起，成为陕西北元化工集团股份有限公司全资子公司，陕西北元集团锦源化工有限公司成立于2004年7月。其前身为神木县锦源化工有限责任公司，主要装置2×12500千伏安电石炉、2×1200千伏安硅钙炉、3×1500千伏安硅钙炉。公司地址位于神木市锦界镇枣稍沟村，占地33万平方米。锦源化工有限公司下设5中心，分别为：综合管理中心、财务管理中心、安全环保中心、生产技术中心、设备管理中心。在册职工1000余人，其中合同制人员700余人，劳务派遣人员300余人。合同制员工中，具有大专以上学历人员占67%。

为了提高电石生产资源综合利用效率，进一步完善电石循环经济产业链，并为北元集团110万吨聚氯乙烯项目提供原料供给，公司经省发改委备案同意建设资源综合循环利用项目，选用4台40500千伏安、2台63000千伏安密闭电石炉，建设年产50万吨电石生产线，综合利用电石炉气，建设年产50万吨白灰生产线和2×25兆瓦余热发电机组，利用白灰窑产生的二氧化碳建设1.2亿标立方米/年二氧化碳转化煤气生产线。项目各生产线形成资源综合循环利用系统，环保节能作用明显。项目总投资约17.45亿元，于2011年4月开工建设，2015年9月全部建成。其中，2012年11月一期15万吨/年电石装置投产，2013年7月，一期剩余15万吨/年电石装置投产；2012年11月底2×25兆瓦余热发电机组投运；2014年10月，二氧化碳转化煤气生产线顺利投运；2014年12月，气烧石灰窑正常投运；2016年6月，二期20万吨/年电石生产装置于正式投运。

2016年9月至2017年3月，锦源化工公司为了彻底打通循环产业链，提高经济运行效率，结合实际依次对1号、2号、5号、6号电石炉进行了大修，大修后1号、2号炉可稳定在30000千伏安负荷运行，5号、6号炉可稳定在38000千伏安负荷运行。此外，2017—2022年，锦源化工通过技改手段着力解决生产瓶颈和环境治理问题。先后完成尾气炉改造、新建6号立式烘干窑、新增空压制氮机组以及煤棚水雾抑尘、锅炉湿法脱硫、复合炉熄焦、锅炉燃气改造等环保节能项目，有效促进了电石产能释放，提高了生产运行的安全性、稳定性和环保性，使企业经济效益和社会效益逐步凸显，成为北元集团的原料生产基地和新的效益增长极。

锦源化工公司一角（2014年10月摄）

（二）领导成员

历任锦源化工有限公司领导见下表。

历任锦源化工有限公司领导一览表

姓名	性别	籍贯	出生年月	学历	政治面貌	技术职称	职务	任职时间
李厚志	男	陕西西乡	1965-02	研究生	中共党员	高级工程师	董事长	2010-05—2012-07
李子景	男	陕西神木	1961-08	研究生	中共党员	经济师	董事长	2012-07—2013-07
王奋中	男	陕西神木	1978-06	大专	中共党员	工程师	党委书记	2013-07—2015-08
							董事长	2013-07—2015-08
徐继红	男	陕西榆林	1967-03	本科	中共党员	高级职业经理人	经理	2010-05—2016-04
							党委副书记	2013-07—2016-05
杨在仁	男	陕西府谷	1955-08	高中	中共党员		驻厂管理顾问	2012-12—2016-05
刘建国	男	陕西神木	1981-07	研究生	中共党员		财务总监	2012-07—2013-07
李世强	男	陕西神木	1967-02	大专	中共党员	工程师	党委书记	2015-12—2017-01
							总工程师	2015-12—2017-01
刘树才	男	陕西靖边	1972-09	大专	中共党员	助理工程师	副经理	2011-08—2017-07
							纪委书记	2016-06—2017-01
							总工程师	2017-01—2017-07
张国伟	男	陕西神木	1972-01	高中	中共党员		副经理	2010-11—2013-03
							党支部副书记	2010-11—2013-03
王光平	男	陕西神木	1974-08	高中	中共党员		副经理工会主席	2010-11—2013-03
郝景瑞	男	陕西府谷	1963-11	本科	群众		副总工程师	2012-03—2015-11
刘双成	男	陕西榆林	1978-04	大专	中共党员	土建工程师	副经理	2015-03—2017-01
梁虎伟	男	陕西神木	1974-05	大专	中共党员	助理工程师	董事长	2015-08—2016-05
							党委副书记	2016-05—2017-01
								2018-08—2020-10
							执行董事	2016-05—2020-10
							经理	2016-05—2020-10
蒋海宾	男	河北保定	1982-06	本科	中共党员	工程师 政工师	党委副书记	2017-01—2020-09
							纪委书记	2017-01—2020-09
							工会主席	2017-01—2020-09
刘建平	男	陕西神木	1978-06	本科	中共党员	工程师	副经理	2017-07—2020-10
姚海军	男	陕西神木	1975-10	大专	中共党员	工程师	总工程师	2017-07—2021-01
郭 建	男	河南孟州	1973-05	本科	中共党员	高级会计师	党委书记	2017-12—2020-10
徐生智	男	陕西神木	1978-12	大专	中共党员	工程师	党委书记、执行董事、经理	2020-10至今
							总工程师	2022-04至今
高海荣	男	陕西佳县	1985-07	本科	中共党员	注册安全工程师	副经理	2018-02—2022-03
							安全总监	2020-06—2022-03

(续)

姓名	性别	籍贯	出生年月	学历	政治面貌	技术职称	职务	任职时间
梁利平	男	内蒙古乌审旗	1984-01	大专	中共党员	工程师	副经理	2018-02至今
何强	男	陕西榆林	1983-01	研究生	中共党员	高级工程师	副经理、安全总监	2022-03至今
刘鹏	男	陕西宜君	1986-12	本科	中共党员	政工师	党委副书记、工会主席	2020-10至今
王雄	男	陕西神木	1980-10	大专	中共党员	工程师	副经理	2021-01至今
刘强	男	陕西神木	1984-06	本科	中共党员	工程师	副经理	2021-01至今
白文彦	男	陕西佳县	1985-04	本科	中共党员	工程师	副经理	2022-12至今

(三) 党建工作

2011年5月，锦源化工党支部成立；同年8月公司团委成立。2013年6月25日，经集团公司党委同意，锦源化工党支部升格为党委。截至2022年底，公司党委下设6个党支部，分别为综合党支部、安全环保党支部、设备管理党支部、生产技术第一党支部、生产技术第二党支部、生产技术第三党支部。公司党委共有党员104人（包含预备党员4人）。其中，综合党支部共有党员12人，安全环保党支部共有党员10人，设备管理党支部共有党员23人（含预备党员1人），生产技术第一党支部共有党员24人（包含预备党员1人）；生产技术第二党支部共有党员14人（包含预备党员1人），生产技术第三党支部共有党员21人（包含预备党员1人）。公司党委设有委员3人。

锦源化工党委在集团党委的正确领导下，围绕"1153"（坚持一项原则、健全一个体系、抓好五项重点、强化三项保障）党建工作举措，坚持抓基层、打基础，推行"固化+创新"党建工作法，以"查找业务弱项、落实工作标准"为出发点，不断总结党建工作经验，夯实党建工作基础，将党建工作优势融入安全生产经营工作当中，更好地发挥党建职能，助推公司安全生产等各项工作不断迈上新台阶。

(四) 生产管理

1. 生产系统、主要装置

公司50万吨/年电石技改扩建项目主要装置包括：50万吨/年电石，5万吨/年硅钙，50万吨/年白灰，1.2亿标立方米/年二氧化碳还原项目及配套2×25兆瓦余热发电机组。

2. 历年项目建设情况

50万吨/年电石技改扩建项目概算投资16.59亿元，于2010年9月开工，分两期建设，2015年9月底所有装置全部建成。其中50万吨/年电石装置1号、2号电石炉于2012年11月建成，3号、4号电石炉于2013年7月建成，5号、6号电石炉2015年9月底建成；1号白灰窑2013年12月建成，2号、3号白灰窑2014年9月建成；2×25兆瓦余热发电1号机组2012年11月并网发电，2号机组于2012年12月并网发电；1.2亿标立方米/年二氧化碳转化煤气装置于2014年6月建成；厂前区工程于2014年6月建成。

3. 科技工作

2013年5月，锦源化工有限公司成立了科学技术委员会和科技成果评审委员会，同年后半年制定了《科技创新管理办法》。全年共上报科技成果29项，其中被北元集团评为优秀及以上的11项。2014年共上报17项科技创新成果，其中11项获得北元集团奖励。2015年共评选出40项优秀成果，并对科技创新先进单位进行了表彰。2016年开展了首次"科技之春"活动，搭建了公司技术管理体系。全年共评选出28项优秀及以上科技创新成果。2017年共申报科技创新项目37项，其中被北元集团评为优秀及以上的24项。2017年申请国家专利1项并获授权。2018年授权国家实用新型专利1项。2019年职工"五小"成果被北元集团评为优秀及以上的12项。2020年职工"五小"成果被北元集团评为优秀及以上的26项，授权国家实用新型专利1项。2021年职工"五小"成果被北元集团评为优秀及以上的38项，授权国家实用新型专利2项，荣获2021年石油和化工行业设备管理与技术成果一等奖1项，2021年陕西省企业"三新三小"创新竞赛项目三等奖2项，发表科技论文89篇。2022年职工"五小"成果被北元集团评为优秀及以上的31项，授权国家发明专利1项、授权实用新型专利11项。荣获第五届全国设备管理与技术创新成果一等奖1项，2022年陕西省企业"三新三小"创新竞赛项目三等奖2项、优胜奖1项，首届"创客榆林"中小企业创新大赛优胜奖1项。年度发表科技论文23篇。

4. 经营管理情况

2011年12月，公司总负债额32784.41万元。随着基本建设转入生产经营，由于基建投入资金基本来源于集团公司及外部借款，未有股本金注入，导致负债增加。2017以来，锦源化工实施了多项技术改造，使各装置陆续达产，成本管控趋于精细，2017年实现扭亏为盈，此后连续四年保持盈利常态。到2021年底，公司总负债112501.83万元，资产负债率降至77.10%。2020年，公司生产电石48.00万吨、白灰48.98万吨、兰炭35.64万吨，发电4.90亿千瓦时，电石、发电产量创历史新高。2021年，锦源化工积极应对电网缺电及能源"双控"等外部影响，生产电石45.35万吨、白灰44.50万吨、兰炭40.73万吨，发电2.68亿千瓦时，全年实现净利润逾2.3亿元，开创经营管理历史最好局面。

（五）产品产量

电石是锦源化工有限公司的主要产品。其主要成分是碳化钙（CaC_2），工业品呈灰色、黄褐色或黑色，碳化钙含量较高的呈紫色；其创新断面有光泽，在空气中吸收水分呈灰色或灰白色；能导电，纯度愈高，导电性愈好；遇水分解成乙炔和氢氧化钙；与氮气作用生成氰氨化钙。电石是有机合成化学工业的基本原料之一，是乙炔化工的重要原料，由电石制取的乙炔广泛应用于金属焊接和切割。

电石的生产方法有氧热法和电热法。一般多采用电热法，即生石灰和含碳原料（焦炭、无烟煤或石油焦）在电石炉内，依靠电弧高温熔化反应而生成电石。

（1）电石生产工艺过程：烧好的石灰经破碎、筛分后，送入石灰仓储藏、待用。把符合电石生产需求的石灰和焦炭按规定的配比进行配料，用斗式提升机将炉料送至电炉炉顶料仓，通过料管向电炉内加料，炉料在电炉内经过电极电弧垫和炉料的电阻热反应生成电石。电石定时出炉，放至电石锅内，经冷却后，破碎成一定要求的粒度规格，得到成品电石。

（2）电石炉生产工艺：①配料、上料和炉顶布料。合格的原料由原料加工车间经计量、配料后，由斗式提升机送入电炉车间料仓内，由炉顶布料设施、固定带式输送机和环形布料机将料送入炉顶环形料仓。炉顶布料设施需要把炉料布入料仓，由电炉加料管分批加入电炉内。②电炉。半封闭电石炉是由炉体、炉盖、电极把持器、电极压放和电极升降装置等组成的，是生产电石的主体设备。电炉由变压器供电，炉料在电炉内经高温反应生成电石，并放出一氧化碳气体，生成的电石由出炉口排出，用烧穿器打开炉口，熔融电石流到冷却库小车上的电石锅内。电极的压放为油压控制，采用单层油缸抱紧提升电极锥形环油缸压紧导电鄂板，电极的正常升降由四楼液压大力缸控制，电极的升降、压放、抱紧、下料控制全部在二楼操作室按电钮控制。③电石冷却、破碎及包装。熔融电石在电石锅内用顶车机拉至走廊火包装车间进行冷却，电石砣凝固后，用桥式吊车和单抱钳将电石砣吊出，放在铸铁地面上冷却，冷却到适度后将电石破碎到合格粒度，然后分等级进行包装，送入成品库。锦源化工有限公司生产的电石全部销售给北元集团生产聚氯乙烯，具有运输距离近，运费低的优越性。锦源化工有限公司历年产品产量统计见下表。

2013—2022 年锦源化工有限公司产品产量统计表

年份	电石（吨）		硅钙（吨）		发电（万千瓦时）		白灰（吨）		兰炭（吨）	
	计划	实际	计划	实际	计划	实际	计划	实际	计划	实际
2010	18200	17611.63	1710	1495.97	0	0	0	0	0	0
2011	16500	16693.82	2500	952.81	0	0	0	0	0	0
2012	21450	19363.37	0	319.57	0	0	0	0	0	0
2013	150000	115252.11	0	0	25000	33464.39	0	0	0	0
2014	210000	202038.45	0	0	30000	36006.45	0	19815.23	0	19903.45
2015	330000	222807.94	0	0	35000	40899.94	0	173495.60	0	212705.69
2016	400000	261430.55	0	0	40000	40050.63	440000	261427.37	400000	270711.64
2017	400000	411662.27	0	0	37500	40591.9	440000	453871.96	400000	448017.67
2018	440000	420027	0	0	38500	42535	480000	501731	440000	447740
2019	440000	462550	0	0	39000	39224	510000	500627	470000	422807
2020	450000	480019	0	0	42000	49030	500000	489785	400000	356357
2021	470000	453456	0	0	30000	26821	500000	444950	450000	407347
2022	480000	445138	0	0	30000	26258	440000	458033	580000	573108

五、新能源科技有限公司

（一）公司概况

2022 年 1 月 20 日，陕西北元新能源科技有限公司成立，属北元集团子公司，公司下设三个中心，分别为综合管理中心、生产技术中心（含电站运行）和财务管理中心，现有员工 18 人，新能源科技有限公司拟建 300 兆瓦复合型光伏发电项目，计划总投资 16.2 亿元，占地约 648 万平方米，项目建成后预计年均发电量约 6.2 亿千瓦时，每年可节约标准煤约 21 万吨，减排二氧化碳放 63 万吨、二氧化硫 1.875 万吨、氮氧化物 0.945 万吨，还可以节约用水，减少传统火力发电废水、灰渣、烟尘的排放，节能减排效益显著。公司依托榆林市丰富的风、光、生物质等可再生资源与现有的土地资源及区域内良好的电网基础条件，大规模集中发展太阳能光伏发电，积极有序发展风电，探索"风光"互补项目，因地制宜利用盐化工开采形成盐穴开发压缩空气储能，提升能源消费绿电替代水平，突出科技创新、技术创新和体制创新，顺应时代发展趋势，利用风能、太阳能、储能、制氢等组合优势，探索多能互补集成优化发电项目，适时利用集团优势进行收购、兼并、重组，整合相关产业，同时立足神木锦界，布局陕西，放眼全国，进行区域外投资合作，注重多渠道、多途径募集发展资金，壮大北元新能源产业规模。

新能源科技有限公司一角

（二）领导成员

新能源科技有限公司领导见下表。

新能源科技有限公司领导一览表

姓名	性别	籍贯	出生年月	学历	政治面貌	职称	职务	任职时间
杨少君	男	陕西延安	1980-07	本科	中共党员	工程师	副经理	2022-04 至今
许磊	男	陕西延安	1985-02	本科	中共党员	助理政工师	副经理	2022-04 至今
刘志刚	男	陕西神木	1985-09	本科	中共党员	工程师	副经理	2022-04 至今

附 录

一、重 要 文 件

陕西北元化工集团有限公司2010—2012年
企业文化建设规划纲要

塑造具有鲜明时代特色的企业文化，实施文化战略管理，是实现公司2010年目标任务及"十二五"战略规划的必然要求。为了加快企业文化建设步伐，尽快形成与集团发展要求相适应的企业文化，根据陕煤化集团《2010—2012年企业文化建设规划纲要》（陕煤化党发〔2010〕4号）和公司第一次党代会、2010年工作会会议精神，结合公司实际，特制定本纲要。

一、加强企业文化建设的重要性和紧迫性

企业文化建设是现代企业管理的重要组成部分，也是企业精神文明建设的重要载体和基础。先进的企业文化是凝聚员工、激发员工积极性和创造性的精神支柱，是企业可持续发展的动力源泉。加强企业文化建设，是深入贯彻落实科学发展观，实现公司发展战略目标的必然要求。

公司成立以来始终重视企业文化建设，把企业文化建设和项目建设同规划、同实施、同发展。经过七年的实践，北元企业文化理念系统得到普及，有机地融入到企业生产经营、项目建设、团队管理等各项工作中，在提升管理水平、改善企业形象、提高市场竞争力等方面发挥了巨大作用，正在逐步被广大员工所认同，已经成为企业的无形品牌。

2010年是公司集团化变革转型发展的关键一年，也是为公司"十二五"开局奠定坚实基础的一年。随着集团化运作的深入推进和公司的快速发展，暴露出我们的企业文化还不完善，还不能适应集团发展的需要。新起点、新形势、新征程，新的发展目标，都对企业文化建设提出了更高的要求，都迫切需要进一步强化、创新企业文化建设，特别是要尽快建立集团公司统一的企业文化体系，加大整体推进企业文化建设的力度，使企业文化这一系统工程更具体、更直观、更贴近实际，更好地发挥企业文化对企业发展的引领和支撑作用。

二、企业文化建设的指导思想

全面贯彻党的十七大精神，实践"三个代表"重要思想和科学发展观，紧紧围绕公司"十二五"发展战略目标，加快建设符合"中国最大的一流盐化工企业"的发展方向、

具有北元特色的企业文化。大力弘扬并积极拓展以"责任、价值、凝聚、超越"为核心的品牌文化体系。积极推进文化强企战略，努力用先进的企业文化推动企业改革发展，提高企业创新力、提升企业形象力、增强企业核心竞争力，营造"企业有生气、产品有名气、领导有正气、员工有士气"的发展环境。把北元集团建设成为美誉度高、市场影响力强，具有独特视觉形象、独特企业精神和独特经营管理理念的现代企业。

三、企业文化建设的基本原则

（一）实践贯彻的原则

企业文化是企业广大员工生产、经营、管理实践经验的科学总结。企业文化建设不仅是文化的建设问题，而且是实践问题。要在企业文化理念指导下，创造具体可行的应用方式，使公司价值观念和行为规范，通过具体有效的方式传达到员工中间，从而更好地指导实践。企业文化建设的关键在于让文化经历从理念到行动、从抽象到具体、从口头到书面、从理论到实践的过程，得到员工的理解和认同，从而转化为员工的日常工作行为。在企业文化建设过程中，只有将自下而上的收集、整理、加工、提炼过程同自上而下的灌输、强化、教育、巩固过程结合起来，上下齐心协力，协调运作，才能把企业文化建设的任务落实到实际工作中去。

（二）讲求实效的原则

进行企业文化建设，要以科学的态度，实事求是地进行企业文化的塑造，不搞形式主义，在实施中起点要高，求精求好，要搞精品工程，做到重点突出，稳步推进。使企业文化建设真正做到定格于册，内化于心，固化于制，外化于行。

（三）重在领导的原则

企业文化在很大程度上表现为企业家（群体）文化，从一定意义上说，企业文化是企业家理念的升华，企业家是企业文化的倡导者、缔造者、推行者。各级领导干部在企业文化建设中要带头思考，带头实践，时时事事给员工做出榜样，要在企业文化建设中有创新、有建树。

（四）突出特色的原则

企业文化建设要突出企业的鲜明个性，追求与众不同的特色、优势和差别性。在企业文化建设过程中，必须牢牢把握企业过去、现状、未来的实际情况，要善于在实践中总结和提高，重视挖掘提炼和整理出具有企业鲜明特色的文化内涵，不断学习和借鉴国内外优秀企业文化，在继承、借鉴的基础上相融互补、推陈出新，建设具有北元特点和独具魅力的企业文化。

（五）兼容并蓄的原则

企业文化建设强调统一性原则，即在企业价值观念、基本行为和形象塑造上，企业上下内外前后要保持一致，形成规范化、标准化、整体化的良好形象；而企业文化又是个性化文化，不同的岗位有不同的行为规范和要求。要将统一性要求和个性化要求结合起来，做到兼容并蓄，使企业文化建设更好地体现不同单位、部门和员工的思想和工作实际。

四、企业文化建设工作目标

从 2010 年到 2012 年，经过 3 年的努力，公司企业文化建设要达到如下目标：争取用三年左右的时间，2012年初步建立起适应现代企业制度发展要求，符合科学发展本质，符合公司发展战略目标，体现企业与员工共同发展，具有北元鲜明特色的企业文化体系，努力构建企业文化建设与公司发展战略目标协调统一，和谐发展的格局。

使北元企业文化在陕煤化集团独树一帜、独具特色，在陕煤化集团树立起一个文化氛围浓、文明素养高、创新意识强的现代企业形象。努力使一个机制体制新、管理品质优、运行效率高的强盛北元位于行业发展的前列，真正成为名副其实的中国最大的一流盐化工企业。

通过企业文化建设，总结、凝练和培育鲜明的价值观和企业精神，挖掘和弘扬企业精神内涵，形成全体员工共同遵守的企业价值观，塑造企业"灵魂"，不断提升企业核心竞争力；进一步完善制度建设，将文化理念蕴含在制度中，从而有效规范企业管理行为，提高企业管理的科学化水平；规范全体员工行为，大力推进"6S"行为管理标准，抓好员工的行为养成教育，提炼和倡导"北元作风"；加强思想道德建设，提高员工的综合素质，进一步发挥创造力，促进人才全面发展；推进科技创新，形成产品、技术和服务品牌，不断提升市场竞争力；加强企业文化设施载体建设，做好环境美化和视觉识别系统规范工作，运用物质形象建设手段，营造企业整体文化氛围，提升企业整体形象，提高品牌效益。

在2012年以前，努力完善深化企业文化理论体系，挖掘丰富北元企业文化理念内涵，包括企业价值观、企业愿景、企业精神、企业传统、企业风尚等，提升企业文化的高度，发掘企业文化的深度；在突出企业文化理念的基础上，形成比较完整的企业形象文化，包括理念形象、视觉形象和行为形象，强化企业文化的渗透力。2010年到2012年，公司企业文化建设要实现三个统一：一是企业文化理念系统的统一；二是企业视觉识别系统的统一；三是基本管理制度和员工基本行为规范的统一。

集团公司所属各单位要配备专职或兼职的企业文化管理者和工作人员，确保企业文化建设各项工作落实到位。2012年底以前，各单位的办公用品、广告宣传、企业环境等，均应规范使用具有北元集团特色的统一的企业标识。

五、企业文化建设的主要任务

今后三年，是北元人用辛勤的汗水绘制更加美好蓝图的三年，同时也是抢抓机遇、克服困难、迎接挑战、再创辉煌的三年，要实现2010年生产经营产值达到36亿元、利润达到4000万元，完成项目建设投资30亿元；2011年100万吨/年聚氯乙烯循环综合利用项目全部建成投运，产值达到70亿元，利润达到4亿元；2012年产值达到105亿元，利润达到6亿元的宏伟目标，企业文化建设必须迈向文化管理，提升文化品质，培育文化氛围，打造文化底蕴，建设具有北元特色的企业文化，为实现"十二五"战略目标和企业做大做强提供坚实的思想与文化保证。

（一）加强企业文化理念系统建设

企业文化理念既要在继承中创新，又要在创新中发展。要继续巩固企业文化理念宣贯成果，进一步凝练、整合、融合企业文化理念体系。大力宣传"打造中国最大的一流盐化工企业"的发展目标和"责任、价值、凝聚、超越"的企业核心理念，为公司又好又快发展提供强大的精神支柱。集团公司要对企业理念做出准确的文字表述，实现企业核心理念与 15 个分支理念的融合，总结推广北元模式，统一广大员工的思想、观念和行为，发挥文化的导向作用。

要大力培育先进的企业文化理念，丰富和升华企业文化内涵。企业文化是动态的、随企业发展而发展的。公司在快速发展阶段需要的是以客户为上的"经营文化"和以人为本的"情感文化"。企业经营活动应该集中于为客户提供满足其需求的产品和服务，要紧紧围绕客户需求、市场需求，调整经营策略，为客户提供超越其期望的产品和服务，不断创新服务方法、提升服务品质、拓展服务内涵，用行动换真情，赢得客户的信赖，提高 100 万吨聚氯乙烯项目投产后产品的市场占有率。在企业要大力营造相互尊重、相互关爱、感恩企业的风气，并在这种风气的感染和潜移默化的影响下，使越来越多的人接受企业文化理念，加深对企业文化理念的认识和理解，自觉地用文化理念约束、规范自己的行为，越来越多的人奉献意识增强，产生新的凝聚力，不断提升企业发展推动力。

（二）加强制度行为文化建设

建立完善员工行为规范。以制度文化建设为重点，建立适应现代企业制度要求的规章制度、员工行为规范、经营机制和管理体制，形成具有北元集团特色的管理方式。规范生产经营、岗位培训、员工守则，完善文明公约、道德行为规范等，并逐渐落实到岗位及现场。继续加强员工培训工作，抓好新员工行为养成教育。在广大党员干部中，要完善党风廉政建设责任制和实施办法，加强对党员干部的监督和约束。要坚持把道德建设与各项业务工作结合起来，让社会公德、职业道德和家庭美德在企业、在岗位全面"开花结果"。

努力推进"文化北元，人才北元，创新北元"建设，发挥人的潜能和创造性，创建学习型组织。大力倡导终身学习的良好风气，着重提升员工的素质，挖掘员工的潜能，培育人才队伍，激发员工的积极性、创造性和团队协作精神，增强企业的凝聚力，激发企业的活力。健全和完善员工学习培训制度，突出抓好干部员工的知识和业务技能培训，要逐步建立适应公司发展需要的员工培训体系。大力推广校企合作，采取派出管理人员到全国知名的合作企业挂职等"走出去"形式和"请进来"、技术比武形式，全面提高员工素质，使每一位员工都成为岗位学习型员工，充分营造崭新的企业文化环境。

组织开展各种以宣传企业文化理念为主题的企业文化教育活动和实践活动，展示企业形象。开展各种评选活动，大力表彰先进事迹、好经验和企业文化建设中的闪光点，及时总结、宣传，充分发挥典型人物、典型事例在企业文化建设中的导向、激励、示范和辐射作用。发挥企业文化载体作用，建设好员工俱乐部、图书室、健身房等，成立书法、摄影等各种文艺协会，进一步推进以文化活动为载体的企业文化宣传教育活动，形成强势企业文化氛围。积极参加各种社会公益活动，加强对外交流，丰富企业文化内涵。坚持传统节日送温暖活动，开展入团、入党宣誓、重大节日纪念等活动，开展在重大活动中升国旗、唱国歌，进一步推广使用普通话，提倡节俭办婚事等新风尚。举办"北元文化艺术节"活动，筹备庆祝北元十年大型系列活动及编写、印刷《北元十年》画册。通过开展形式多样、内容丰富的活动，营造文明、健康的积极氛围，增强企业的凝聚力和向心力。

（三）加强物质形态文化建设

建立以安全为重点的安全文化。教育和引导企业及员工关爱生命，珍视健康，增强员工的安全意识，形成良好的安全习惯、安全行为、安全信念等。坚持文明生产、安全生产，达到预防事故、保护员工健康、提高工作效率的目的，实现企业和员工的和谐发展。

建立以"三进"活动为载体的廉洁文化。在原有廉洁文化建设的基础上，大力推进廉洁文化"进班子""进岗位""进家庭"，进一步从廉洁理念体系、岗位职责和岗位考核标准等方面全面丰富企业廉洁文化的内涵，推进公司廉洁文化建设向深层次发展，促进公司持续健康发展。

建立以质量为内在要求的品牌文化。"北元"品牌不只是一个符号、一种形象、一种品质，更重要的是一种内在价值。要继续将"生产优质产品，培养优秀人才"这种观念和要求贯穿于企业生产经营管理的全过程，以增强全员的质量意识，实行全面、全员、全过程的质量管理，以质量创品牌，以品牌树形象。进一步提升企业知名度和美誉度，塑造企业良好形象，使企业标识和品牌形象在集团公司内部和行业内部认知程度达到95%以上，公司客户的认知程度达到90%以上。

建立以科技进步为动力的科技文化。要着力营造"尊重知识、尊重人才、尊重劳动、尊重创造"的氛围，提高员工素质，建设学习型、创新型团队。要打破区域引进高端技术人才，整合人才资源，加大科研投入，积极引进新技术、新工艺，不断开发新产品。要积极推进产品研发，并研发新型化学助剂，加快产品升级，扩大产品的使用领域，提升企业核心竞争力。逐步建立科技创新奖励机制，鼓励更多的员工立足岗位勇于创新。

建立以改善民生为核心的人本文化。随着公司党工团组织的建立完善，要以维护广大员工的根本利益为出发点，构建灵活高效的信息反馈体系，听取员工心声，为员工办实事、办好事。不断改善员工生产、生活和居住条件，进一步充分发挥循环经济和低碳经济的优势，保护生态环境，把北元集团建成全国循环经济示范区。加大新建厂区的环境建设力度，建设花园式园区、员工安居乐业的园区。建立员工薪酬增长机制。2012年要逐步解决员工住房问题，完善员工公寓楼硬件设施，切实改善员工生活条件，使工安心工作，体面生活，提高员工幸福指数。

同时巩固公司诚信文化、节约文化建设成果，加强管理文化、成本文化、创新文化、学习文化、服务文化建设。

（四）规范企业形象识别系统

集团公司对企业的标识系统做出统一的规划与设计，塑造企业的直观形象。各单位要统一使用北元集团企业标志、企业标准字、标准色、企业歌曲、旗帜、员工服饰、画册、办公用品、产品包装等，并大力宣传，提升企业的知名度、美誉度，增强企业文化的感染力、冲击力。加强企业文化设施载体建设，充分利用企业文化宣传阵地，塑造企业文化环境形象。崇尚工作环境、生产环境和生活环境的美化、净化，做到窗明几净，秩序井然，美观整洁，生产环境达到安全、环保、绿化、美化，树立企业良好的公众形象。做好企业和产品的广告宣传，打造企业品牌，扩大企业的知名度和美誉度，形成浓厚的企业文化建设氛围。

（五）加强企业文化建设管理

探索新的企业文化宣传方式和手段，不断深化企业文化信息资源共享，拓宽企业文化宣传、传播平台，充分发挥企业文化导向作用。组织编纂出版企业文化系列培训教材，全面、系统地开展企业文化专业培训，培养一支具有较高水平的现代企业文化管理工作者队伍。做好企业文化建设的交流、宣传和资料收集整理工作，加强企业文化建设的案例收集、整理，发挥案例在企业文化建设中的作用。逐步建立企业文化建设的长效管理机制，加大对企业文化建设的指导、检查和考核力度，及时分析企业文化建设中存在的问题，要注重过程管理，并及时总结交流工作经验，促进企业文化建设稳步推进，努力实现从企业文化建设向企业文化管理的过渡。

六、企业文化建设的保障措施

（一）组织保障

各级领导干部在企业文化建设中要充分发挥组织领导作用。领导干部要站在全局的高度上看待企业文化建设，深刻认识公司企业文化建设的重要意义和巨大作用，不断加强对企业文化建设的领导和督促。要真正把企业文化建设列入各级领导的重要议事日程，纳入企业管理的总体目标，定期研究有关事宜，从思想上、组织上为企业文化建设提供必要的条件。

各单位要重视企业文化建设，要发挥先进典型人物的带动作用和全体员工的主体作用，形成合力，保证企业文化建设的正确方向。要按照集团公司规划的要求，认真研究并改进工作。要进一步加强企业文化的宣传、学习和教育，使企业文化建设与党的建设、项目建设、生产经营管理等工作有机地结合起来，使之相互促进、相得益彰。

（二）资源保障

建立资金和物质保障机制。企业文化建设必须从人力、物力、财力上予以保障。公司每年要明确企业文化建设具体项目和资金、人力等资源需求，将企业文化建设所需资金纳入财务预算管理。根据企业文化建设总体规划与要求，按照一定比例投入企业文化建设经费，主要用于企业文化宣传贯彻、人员培训、文化设施的建设、企业文化工作奖励等。按照专款专用、节俭效能的原则，由集团公司党委和集团公司控制使用，以确保企业文化建设顺利开展。

（三）机制保障

完善企业文化建设的运行、整合、激励、交流机制，逐步建立企业文化建设的长效机制。将企业文化建设的项目落实到各单位、部门和科室（分厂），要建立党政工团明确分工、各负其责、密切配合、齐抓共管的工作机制，共同肩负起在企业文化建设中的责任。

（四）思想保障

必须认识到企业文化建设是塑造以员工为中心的企业文化。企业文化建设要保障全体员工广泛参与，突出员工的主体性作用，要注重和善于挖掘、利用全体员工的积极性、主动性和创造性，营造平等、团结、民主、奋进的氛围。

必须认识到企业文化建设规划绝不能一成不变。要认真将企业文化建设规划的实施、控制与及时完善、优化调整相结合，不断创新工作思路和方法，充分吸取企业文化理论的最新成果，与时俱进。

必须认识到企业文化建设是一个系统工程。企业文化建设不是一朝一夕的事情，有一个循序渐进的发展过程，一定要避免和防止急功近利的短期思想，更要防止畏难情绪和不思进取的不良倾向，还要注重将企业文化建设与各方面工作协调起来，做到和谐健康发展。

陕西北元化工集团股份有限公司2018—2020年企业文化建设规划纲要

(陕北元党发〔2018〕17号)

为进一步加强企业文化建设，增强企业文化创造活力，打造独具北元特色的企业文化品牌，发挥先进文化对提升企业发展能力、增强企业核心竞争力、引领企业可持续发展的积极作用，在总结近年来公司企业文化建设实践经验的基础上，根据陕煤集团《企业文化建设实施方案》（陕煤党发〔2017〕86号）精神，特制定公司2018—2020年企业文化建设规划纲要。

一、指导思想

以十九大精神为指导，深入贯彻落实科学发展观，认真学习习近平总书记系列重要讲话精神，深入贯彻"四个全面"战略布局，牢固树立新发展理念，探索新形势下企业文化建设的特点和规律，构建符合时代需要、符合现代企业制度需要、符合企业个性化需要的文化体系，积极推进文化落地工作，使企业文化成为指导广大员工行为、凝聚人心的原动力。充分发挥文化引领、文化塑魂的作用，把北元集团建设成为美誉度高、市场影响力强，具有独特视觉形象、独特企业精神和独特经营管理理念的现代企业。

二、总体思路

在公司党委的坚强领导下，以"文化之根、管理之干、品牌之花"为文化建设指导思想，全面贯彻"传承创新、实践融合"的工作方针，认真落实企业文化理念、行为、视觉识别"三统一"，着力构建"六种文化"，狠抓文化落地"六项工程"，实施"1234"岗位精细化管理模式，全面提高员工队伍素质，提升企业管理水平，增强企业核心竞争力。

三、工作方针

（一）"传承创新"

传承意味着不忘本，创新意味着改变，意味着在原来基础上实现突破。习近平总书记强调："不忘本来才能开辟未来，善于继承才能更好创新。"不忘本来，尊重本来，继承优秀企业文化的目的，在于对其进行创新性转化和创新性发展。做好传承是前提，创新是目标和要求。我们要坚持继承与创新两者的辩证统一，正确处理好两者之间的关系，结合时代特点、企业实际，总结、传承和弘扬公司在长期实践中培育和积淀的企业文化基因，并结合发展实际，赋予企业文化新的时代内涵和现代表达形式，激活其生命力。要坚持在传承中创新，在创新中发展，遵循时代的新进步新进展，对企业文化的内涵加以补充、拓展、完善，增强其影响力和感召力。

（二）"实践融合"

文化管理是企业管理的最高境界，做文化最根本的目的是凝心聚力、引领发展，关键是解决好文化和管理"两张皮"的问题。多年来企业文化建设的实践充分说明，管理是一门科学，也是一种文化，没有文化的管理是缺乏灵魂、价值观苍白无力的管理。同样，企业文化也是一种管理，它需要把管理作为实际载体和现实平台。我们只有探索实践出科学合理、切实可行的载体和平台，形成独具自身特色的管理文化品牌，进而将文化理念和特征融入安全生产、经营管理、科技创新等企业管理的方方面面，才能有效整合思想意识、行为习惯千差万别的员工队伍，才能真正做到文化与管理的有机融合，才能实现文化落地生根、开花结果，推动企业蓬勃发展。

四、组织机构

为切实加强对企业文化建设的组织领导，集团党委成立领导小组：

组　　长：党委书记、董事长、总经理

副组长：班子其他成员

成　　员：各单位负责人

企业文化建设办公室设在党群工作部，部长任办公室主任，负责日常工作的组织和协调。

五、重点工作

（一）落实"三大系统"要素

2017年，公司党委结合发展实际，印发了新版《企业文化手册》，对企业理念、行为、视觉识别"三大系统"进行了规范。各单位要通过落实"理念识别系统"要素，引导员工将公司企业文化核心理念及其内涵入脑入心、付诸行动，达到"用文化理念凝心聚力"的目的；通过落实"行为识别系统"要素，让员工搞明白公司坚持什么、反对什么、提倡什么、禁止什么、标准是什么、目标是什么；通过落实"视觉识别系统"要素，凸显北元独特文化内涵，塑造公司高品质的品牌形象，增强北元人的归属感、自豪感和幸福感，提高公司品牌形象的知名度、印象度和美誉度。

（二）构建"六种文化"

面对新形势、新目标、新要求，公司结合实际情况，要构建"责任、创新、廉洁、执行、公正、务实"六种文化，营造风清气正、心齐劲足、健康和谐的发展氛围。

一是构建以"敢于负责、勇于创新"为主要内容的责任文化。责任是北元文化的主线，北元的责任文化倡导我们要敢于负责、勇于担当。责任是做好分内应做的事情，各司其职，各负其责，一级对一级负责，认认真真把事情做好，不折不扣地完成工作任务。同时工作中必须要有强烈的进取意识，敢于"亮剑"，敢于迎难而上、担当责任。管理人员在有成绩时要多讲"我们"，有错误承担责任时要多讲"我"。逃避责任，就会失去生存与发展的机遇，最终必然会被淘汰。只有勇于承担责任，才能得到别人的信任和尊重，获得成就感和自豪感。

二是构建以"与时俱进、追求卓越"为主要内容的创新文化。创新是时代的主题，任何时候都不过时。几年来，公司在产业链构建、体制机制革新、管理实践上不断创新，优势逐步凸显，促使企业从小到大，从弱到强。企业要发展壮大，就必须持续创新，要以"与时俱进、追求卓越"的精神、"逢山开路、遇河架桥"的意志、"敢为人先、不甘落后"的志气、"探索真知、讲求实效"的态度，在管理、技术等方面加大创新力度，创造技术优势，延伸技术价值，同时从日常经营管理入手，优化全面预算管理、精细化管理，进一步提升企业竞争力。

三是构建以"尚俭戒贪、清廉兴企"为主要内容的廉洁文化。廉洁是北元人受人尊敬的重要原因，也是北元人鲜明的个性特征。廉洁是红线、高压线，也是底线，任何人任何时候都不能碰触。各级人员必须严守政治纪律、组织纪律、廉洁纪律、群众纪律、工作纪律和生活纪律，自觉遵守《廉洁自律准则》，崇廉拒腐，尚俭戒奢，清白做人，干净做事；自觉传承勤俭节约、艰苦奋斗的优良传统，从严落实中央八项规定和公司关于加强作风建设、制止奢侈浪费的规章制度，在言行举止各方面为公司形象增光添彩，争做廉洁从业的表率，积极营造廉洁文化氛围。

四是构建以"令行禁止、恪尽职守"为主要内容的执行文化。执行力强是北元人敢于负责、勇于创新的精神气质。而执行力的关键是要抓好落实，要盯住人、盯住事，相互监督，把任务盯住，把工作做细、做实、做到位。面对公司快速发展，各级人员必须进一步认清形势、砥砺前行，全面提高执行力，要在工作中践行"不为失败找理由，只为成功想办法"和"想人所想、急人所急"的理念，弘扬立即行动、马上就办的精神，养成雷厉风行、干净利落的良好习惯，杜绝"上有政策、下有对策，搞变通、打折扣，甚至有令不行、有禁不止"的不良现象。

五是构建以"秉公办事、不徇私情"为主要内容的公正文化。在公司要形成这样一种价值观：让品行好、能力强、业绩突出的员工得到重用；让尽职尽责、能做好本职工作，对企业忠诚的员工得到尊重和善待；让能力差、态度不端正，不认同企业的员工逐步被淘汰。在北元，倡导办事守纪律、讲规矩。内部：在干部任用、人事安排、招投标上，要遵循简单纯洁，不徇私情，体现公平公正、公开透明的原则，继续坚持"能者上、平者让、庸者下"的用人机制，让干部能上能下，让员工将进步的着眼点放在努力工作上。外部：与客户、合作单位的关系上，办事简单、快捷，讲规矩，共赢发展，营造公平、公正的工作环境和氛围。

六是构建以"勇于担当、永不止步"为主要内容的务实文化。各单位要大力弘扬"迎着挑战上、克服困难走、不为逆境惧"的实干精神，把发展中的有利因素运用好，把逆境中蕴含的难得机遇把握好，撸起袖子加油干，努力让北元的发展步伐更加铿锵有力，让员工的生活更加幸福美满。坚决反对官僚主义、形式主义、享乐主义和奢靡之风。各级领导干部要以德服人，变"领导"为"服务"，变"指挥"为"协调"，大力弘扬艰苦奋斗、朴素简单、敬业奉献的精神，力戒空谈与浮夸、崇尚务实与求真，讲实话、出实策、办实事、办好事，带头解决影响企业发展的重大问题、制约安全生产的突出问题、涉及员工利益的热点问题，把心思集中在"想干事"上，把能力运用在"会干事"上，把力量凝聚在"干成事"上，形成上下声气相通、左右团结和谐、干群同心同向的良好态势，营造求真务实的良好氛围。

（三）狠抓文化落地"六项工程"

一是做好核心理念培育工程。各单位要加大对企业文化理念的宣贯力度，让广大员工深入了解集团的企业愿景、企业宗旨、企业精神、企业使命、企业价值观等核心理念及其内涵，充分认识企业文化建设的规划、思路、任务和目标，引导员工自觉将核心理念内化于心、外化于行,使之成为全体员工共同的行为准则,全面提升企业的凝聚力、向心力和战斗力。

二是强化制度健全完善工程。各单位要在企业文化落地中坚持内外双修、软硬管理相结合,处理好虚与实、无形与有形的关系,坚持走以组织建设推进企业文化、以制度建设深化文化、以组织形象统一文化、不断修订完善文化、考核监督执行文化、培训体系固化的文化之路。结合管理体制、组织形式、队伍结构的新变化,推进制度创新,及时修订、完善各种规章制度,提高制度的科学性、规范性和可操作性,夯实企业基础管理工作,并将制度内化到员工的心灵中,使制度成为员工的习俗化行为,上下顺畅、配合默契、奖惩分明、形成合力,使生产流程、服务流程、管理流程有效率、有活力,实现企业行为与员工行为的统一。

三是注重企业形象塑造工程。各单位要充分利用各种载体,坚持"贴近实际、贴近生活、贴近群众"的原则,广泛宣传企业改革发展新成就,要把各条战线上最先进、最感人、最典型的模范事迹报道出去,讲好北元故事、传播好北元声音,充分展示北元人良好的精神风貌,全面提升企业美誉度和知名度。同时要旗帜鲜明地抓好意识形态工作,加强意识形态阵地管理,要把握正确舆论导向,加强舆情监控,提升舆情应急处置能力,预防和避免因舆情突发事件对企业形象造成负面影响,切实为企业改革发展营造健康有序的舆论环境。

四是重视员工素质提升工程。各单位要以提升全员素质为目标,加强人文关怀,为广大员工成长成才创造条件、提供保障。要根据员工队伍特点,为不同员工提供不同成长成才渠道,让想干事的有机会,能干事的有舞台,干成事的有地位,让每一名员工都有出彩机会。要围绕"三支队伍"建设,建立健全人才引进、培养、选用、考核、激励等体制机制,着力打造高层次、高技能、复合型人才队伍,为企业发展提供人才保障。要坚持正确选人用人导向,积极推行轮岗交流、公开竞聘、挂职学习等制度,定期评选劳动模范、最美员工、岗位明星等先进模范,认真落实人才奖励和津贴规定,激励各类人才立足岗位、建功立业。

五是做好提升职工幸福指数工程。各单位要创新丰富文化载体,切实发挥好"工会搭台、协会唱戏、职工参与"的群众文体工作职能,充分发挥摄影、书法、绘画等协会作用,掀起文艺创作热潮,进一步推进以文化活动为载体的企业文化宣传教育活动,不断适应广大职工的文化需求,形成强势企业文化氛围。进一步深化厂务公开和民主管理,给员工提供透明的了解、监督平台,实现双向沟通、凝聚人心的目的。进一步丰富和拓展员工关怀体系的内涵,扎实开展夏送清凉、金秋助学、冬送温暖服务职工活动、"四个一"志愿帮扶活动和"心连心"义工服务活动,为广大职工提供更贴心、更到位的服务。通过开展形式多样、内容丰富的活动,营造文明、健康的企业氛围,增强企业的凝聚力和向心力。

六是推进文化落地深植建设工程。各单位要坚定不移地持续推进企业文化落地深植工程,结合工作实际,找准突破口和切入点,通过科学合理、行之有效的载体和抓手,将企业文化建设与安全生产、经营管理、制度管理、员工素质提升、创新创效等工作有机结合,有计划、有步骤、有特色地推进工作,使文化渗透在每位职工的思想言行中,延伸至每个班组,使企业文化内化于心、固化于制、外化于行。同时在持续推进安全文化落地的基础上,以打造本质廉洁型企业和全面推行过程质量管理为抓手,狠抓廉洁文化和质量文化子文化落地,激发广大员工参与企业文化建设的热情,为企业文化融入企业管理奠定基础。

(四) 实施"1234"精细化管理模式

今后,各单位要按照集团党委要求,全面实施"1234"精细化管理模式。

"1"是指紧紧围绕生产经营工作。

各单位要以"精"为目标,以"细"为手段,以"双述"活动、班组建设、信息化建设、节能降耗、作风建设等为载体推行精细化管理,将精细化理念贯彻到运营管理的整个过程中,促进生产经营管理科学化、规范化、常态化,增强企业发展竞争力。

"2"是指"双述"活动,即岗位描述、手指口述。

岗位描述:岗位描述是通过员工对岗位工作的理论描述,来提升员工岗位技能和熟练程度的自主培训方法。描述内容主要包括岗位基本情况、岗位关系、工作概述、工作职责、工作内容、工作流程、岗位风险评估、灾害治理、安全管理、应急救援、事故案例等。

手指口述:手指口述是指在重大操作上,特别是涉及安全的岗位操作上,让员工通过心想、眼看、口述、手指的指向性集中联动,不断提醒和确认的安全操作方法,强调一次做对,保证操作程序无差错、安全无隐患、质量无瑕疵。

"3"是指"三功"修炼,"三功"即知识功底、专业功力、技能功夫。

知识功底:员工从事岗位作业应具备的基础知识。各单位要以职工岗位应知应会知识为基础,以夯实职工理论知识为目标,开展多层次、全方位的培训工作,逐步提升员工专业知识水平。

专业功力:员工从事岗位作业的专业技能水平。修炼专业功力就是要修炼员工从事岗位作业所需要的眼力、听力、嗅觉力等。专业功力的深浅,决定员工作业的质量和效率。提升员工专业功力,一方面要建立符合岗位普遍特点、相对科学、专业的修炼平台;另一方面要组织专业人员开展专业研究,制订计划,组织修炼,开展竞赛,激发员工修炼的积极性。

技能功夫:员工掌握和运用专业技术的能力和造诣。技能功夫是员工作业水平高低的最直接体现,也是决定作业质量的最关键因素。第一层级是基本技能,就是从事本岗位工作必须具备的最基本的、熟练的技能;第二层级是技巧技艺,就是能够处理岗位复杂问题和疑难问题,或者能够创造高效率和高质量的本事本领;第三层级是绝招绝技绝活,就是特别高超的专业功夫、造诣和超人的技术能力。

"4"是指"四化"融合,"四化"即班组建设常态化、信息化建设数字化、科学发展创新化、基础管理体系化。

班组建设常态化:各单位要以"五型"班组建设为主线,紧紧围绕"标杆带动后进、标准带动全局"的建设思路,以安全责任落实、精细化管理、提升业务技能为抓手,通过全员念好"严""细""学"的班组管理"三字经"("严"教育,强化安全责任落实;"细"管理,强化精细化管理;"学"知识,提升业务综合能力),不断推进班组队伍内涵式发展。除此之外,积极开展对标学习和班组经济核算管理,推进生产管理体系化、标准化、精细化、匹配化,降低生产成本,实现效益创造,从安全宣教、隐患排查、应急演练、检修预演四方面着手，多举措提升班组建设水平。

信息化建设数字化：要以科学、规范的园区内部管理体系为基础，充分利用电子计算机、工业自动化监控、数据自动化采集、工业视频、网络通信及数据库等现代化信息技术，在规定的时间内，实现全公司信息的全电子化和流程化管理，全面实施掌控公司各级各类运行信息，并为公司决策提供有力支持。同时加快智能工厂建设，建立远程生产监控系统、综合生产管理信息系统等，全面建设数字化北元，促进企业实现管理转型，努力实现公司循环经济模式效益和规模效应最大化。

科学发展创新化：各单位要结合自身实际，立足岗位，开动脑筋，坚持问题导向，围绕解决安全生产中的难题、突破制约健康发展的瓶颈、培育企业发展的核心竞争力，构建以企业为主体、以市场为导向、产学研相结合的自主创新体系，积极开展发明创造和技术革新，不断总结提炼出一批能够更好地保障安全生产、提升效率效益的卓越管理法和精优作业法，探索实践出一批能够更好地改进工具、工序、工艺的发明专利，促进企业科学发展。

基础管理体系化：各单位要强化安全生产、管理体制、科技创新、项目管理、节能环保等方面对标学习，仔细寻找自身差距及其原因，认真制定、落实改进方案和措施，通过不断追赶先进、超越自我，实现"立标、对标、追标、达标、创标"的良性循环，达到"在对标中学习、在学习中改进、在改进中创新、在创新中提升"的目的，使各项经营指标逐步达到或超越国内外同行业先进水平。持续开展组织纪律督查活动，深入生产一线及时发现问题、纠正错误，查隐患、治病根，推动全公司作风纪律转变，增强服务群众意识，提高干部履职能力和工作效率。

六、考核和表彰

集团党委每半年对基层单位企业文化建设情况进行一次检查考核，考核采取百分制，考评得90分及以上，将被评为企业文化建设优秀单位；在取得企业文化建设优秀单位的基础上，考评得95分及以上，将被评为企业文化建设示范单位。

检查考核之后，集团将召开专题会议或现场推进会，对涌现出的"企业文化建设先进个人""企业文化建设优秀单位"和"企业文化建设示范单位"进行表彰。评选"企业文化建设优秀单位"和"企业文化建设示范单位"，如发生安全事故，将一票否决。

七、几点要求

一是加强领导，狠抓落实。各单位要充分认识企业文化建设的深远意义，党政正职是推进、落实企业文化建设目标任务的第一责任人，其他领导要明确分工、落实责任、积极行动、真抓实干，确保工作取得实效。

二是科学规划，统筹兼顾。各单位要在集团企业文化建设的总体框架下，结合自身发展实际，统筹规划，采取科学合理、行之有效的方法措施，认真落实各项工作要求，推进企业文化建设蓬勃开展。

三是积极宣传，广泛动员。各单位要大力宣传企业文化建设的重要意义和丰富内涵，定期组织开展培训学习，普及企业文化建设相关知识，引导员工自觉参与、积极推进，真正实现全员参与的目标。

四是认真考核、加强监管。企业文化建设办公室要定期深入基层单位调研，全面掌握各单位工作进展情况，对调研中发现的问题及时给予指导，帮助基层单位发现问题、解决问题。考核人员要坚持"公平、公正、公开"原则，实事求是、认真负责，确保考评质量。

五是不断总结，持续提升。在企业文化建设中，各单位要做好相关资料的整理、分类和归档工作，及时总结和推广好经验、好做法。各单位之间要相互学习、相互交流、取长补短、共同提升。

附件：2018—2020年企业文化落地任务与考核标准一览表。

附件

2018—2020年企业文化落地任务与考核标准一览表

名称	建设内容	评价内容	考 核 标 准	责任单位	责任人	考核单位
理念文化（20分）	是否具有明确的目标导向（4分）	工作规划与决策机制	1. 查看各单位的年度工作计划，是否结合集团公司规划方案 2. 查看严格执行公司各项决策制度的记录	各分、子公司	单位负责人	企业管理部
	领导是否重视企业文化（7分）	1. 会议精神的传达管理及公示管理	1. 查看各单位完成会议督办任务情况 2. 查看各单位厂务公开及党务公开、公示的内容	各分、子公司	单位负责人	企业管理部 党群工作部
		2. 宣传管理	1. 查看各单位年度宣传工作计划及贯彻落实资料 2. 查看开展主题系列报道资料 3. 查看通讯员队伍建设情况	各分、子公司	单位负责人	党群工作部
		3. 文化活动与载体应用	查看企业文化活动计划及落实情况	各分、子公司	单位负责人	党群工作部
	是否对企业文化有效宣贯（5分）	1. 企业管理层的率先垂范与理念认同度	1. 抽考管理层企业文化理念 2. 查看各级管理层对企业文化进行宣贯的资料	各单位	单位负责人	党群工作部
		2. 宣传栏、学习园地建设情况	1. 查看宣传栏，班组是否有学习园地等载体 2. 查看文化长廊、宣传栏、学习园地等宣传阵地内容是否及时更新 3. 公司《聚和》刊物等文化载体，是否摆放在显眼位置，员工是否进行阅读	各单位	单位负责人	党群工作部
	企业理念的认同度（4分）	1. 内部员工的满意度 2. 合理化建议采纳与应用实施情况	1. 查看开展企业文化建设满意度调查情况 2. 查看开展企业建设合理化建议征集和采纳情况	各单位	单位负责人	党群工作部

（续）

名称	建设内容	评价内容	考核标准	责任单位	责任人	考核单位
制度文化（25分）	是否制定重大会议议事规则、奖罚办法等基本制度（4分）	查看制度文件清单及审核审批记录	1. 查看各单位是否严格执行公司已有通用类制度 2. 查看各单位是否结合自身实际，建立内部管理细则	各分、子公司	单位负责人	企业管理部
	是否对基本制度进行培训宣贯（3分）	查看相关培训记录	查看各单位是否对下发制度进行培训宣贯，培训是否形成培训记录	各单位	单位负责人	企业管理部
	是否形成符合制度要求的流程体系（5分）	查看相关记录	查看各单位制度流程规范体系相关资料	各单位	单位负责人	企业管理部
	是否形成符合制度与流程的实操体系（4分）	查看相关记录	1. 抽查制度流程体系是否符合简单、量化、可操作等原则 2. 内容是否完整，是否具有可操作性	各单位	单位负责人	各职能部门
	制度与实际的符合性、匹配性（3分）	查看制度的文化审计资料及整改方案	1. 组织开展专项检查，论证制度的合理性 2. 不定期对各单位的制度执行情况进行抽查	企业管理部	部门负责人	党群工作部
	制度的标准化、精细化、科学化（6分）	1. 查看制度的周延性，是否符合国家、行业标准	1. 查看各单位对业务范围内的法律政策进行识别的资料 2. 查看制度建设审批流程	各分、子公司	单位负责人	安全环保部 企业管理部
		2. 查看制度的兼容性，是否转化为全面预算管理体系、全生命周期的质量管理体系、安全生产标准化体系等内容	查看各单位制定的制度流程、规程是否相互兼容、匹配	企业管理部	部门负责人	党群工作部
		3. 查看岗位制度职责的分解细化清单	查看各单位是否及时修订岗位责任	各单位	单位负责人	企业管理部
行为文化（30分）	是否具有员工基本行为规范（3分）	查看文件清单及相关记录	查看各单位员工日常行为规范的执行情况	各单位	单位负责人	企业管理部
	是否有单位及个人的基本绩效和反馈（3分）		抽查各单位绩效考评反馈情况	各单位	单位负责人	企业管理部

（续）

名称	建设内容	评价内容	考核标准	责任单位	责任人	考核单位
行为文化（30分）	是否有明确的职业发展通道与内部职业规划及岗位职责划分（5分）	查看文件清单及相关记录	查看管理晋升办法、技术技能评聘办法、岗位说明书及其执行情况	企业管理部	部门负责人	党群工作部
	是否形成集团、各单位、各科室分厂及个人四级绩效指标考核体系（3分）	查看文件清单及相关记录	查看考核管理办法及执行文件清单记录	各分、子公司	单位负责人	企业管理部
	绩效指标的全面性和针对性（4分）	查看记录表单	查看绩效考核指标真实性、有效性、可获得性和方便性的支持文件清单	各单位	单位负责人	企业管理部
	员工行为规范的自律自控、标杆选树与推广（6分）	查看分层分类考核与员工奖罚办法的符合性，定期激励的文件清单	查看各类奖罚项目及其合理性	各单位	单位负责人	企业管理部
	干部作风建设（6分）	党风廉政建设与落实	查看党风廉政建设执行情况	各单位	单位负责人	党群工作部
物质文化（25分）	企业标识系统（1分）	查看文件与实物（规范的标识、厂旗、工作牌等）	查看现有实物是否符合视觉识别系统要求	各分、子公司	单位负责人	党群工作部
	企业的厂容厂貌（4分）	按标准检查作业环境的规范性	查看检查记录和整改情况	各分、子公司	单位负责人	党群工作部生产技术部安全环保部
	厂歌等听觉系统（2分）	企业仪式、外宣等使用情况	是否按照要求在大型活动、大型仪式上唱厂歌	各单位	单位负责人	党群工作部
	产品及服务的市场满意度（3分）	1. 查看执行标准，市场满意度调研 2. 查看市场占有率和服务标准的执行情况	1. 查看是否进行客户满意度调查并进行分析、提升公司产品品牌与服务品牌 2. 查看售后服务信息平台运行情况	生产技术部、营销物流部、采购供应部	生产技术部、营销物流部、采购供应部、部门负责人	党群工作部
	品牌员工激励机制（3分）	查看激励标准执行情况	查看相关制度	各单位	单位负责人	企业管理部

(续)

名称	建设内容	评价内容	考核标准	责任单位	责任人	考核单位
物质文化（25分）	员工幸福指数（4分）	问卷调研分析	1. 查看是否开展员工满意度和幸福指数调研问卷活动 2. 查看《员工关怀体系》执行情况及各单位为员工办实事、办好事记录	各单位	单位负责人	工会 综合管理部 企业管理部
	企业内外部环境分析（2分）	运行支持与政策研究文件清单	查看是否进行政策研究，提供决策支持	规划发展部	部门负责人	党群工作部
	企业或核心人员品牌影响力（2分）					
	企业管理模式品牌影响力（2分）	内外部问卷调研与文件清单	查看是否进行营销文化建设及品牌工程构建工作，并查阅相关文件清单	党群工作部、营销物流部	部门负责人	党群工作部
	企业文化品牌工程构建（2分）					

二、通 讯 报 道

北元模式：引领企业　做大做强

——陕西北元化工有限公司探寻

在神府煤田腹地，有一个名不见经传的小企业经过几年的发展，成为省内外化工行业的佼佼者，它就是位于神木锦界工业园区的陕西北元化工有限公司。

成立于2003年5月的陕西北元化工有限公司，是一家年产聚氯乙烯10万吨，烧碱9万吨，液氯1万吨，盐酸1万吨，年可实现工业产值8亿元，上缴税金5000万元的民营股份制化工企业。2007年该公司的两次成功扩股，为企业实现跨越发展奠定了基础。第一次是2007年10月29日，与榆林十家民营企业联合，使公司股本金由7000万元增为10亿元，实现了民营企业的强强联合；第二次是2007年12月28日，与陕西煤业化工集团合作，股本金由10亿元增为16.8亿元，并决定投资80亿元共同建设100万吨/年聚氯乙烯项目。陕煤化集团的加盟，实现了民企与大型国企的成功联合，使北元化工走上了快速发展的道路。该项目建成后，预计年产聚氯乙烯110万吨，公司年收入过百亿元，北元将一跃成为全国最大的聚氯乙烯生产企业。

五年的时间，北元的股本金翻了24倍，企业建设规模翻了11倍。这是企业发展史上的一个奇迹。那么，北元是如何实现这一发展奇迹的？走进北元，深入采访北元，我们才知道了北元的艰苦发展历程。了解北元，认识北元，我们被北元走过的从小到大，由弱到强的创业路程深深地折服。也因此更深刻地认识到了北元由当初的"丑小鸭"变为今天的"白天鹅"的真谛。

战 略 模 式

思想有多远，我们就能走多远……

如果说一场战争的胜利取决于英明的指挥者，那么一个企业的成功则依赖于正确的战略思想。北元建设之初就确立了自己"关爱人类，服务社会"的发展宗旨，并且明确了"建好一个项目，培养一批人才，创造一个品牌"的经营目标，北元的战略实施步骤就是逐步实现"经营规模化，运作集团化，资本上市化，合作国际化"。这些战略目标，充分展示了北元做大做强的雄心壮志，也为北元今后的成长提供了强大而持久的动力。

北元的管理层认识到，尽管北元的10万吨PVC项目已做到了相当高的水准，但是要应对市场的残酷竞争，没有规模上的支撑迟早会被市场淘汰。基于这一点，北元没有坐井观天，它知道自己的处境，并提前做着努力。早在2006年9月，北元就开始谋划扩产，并于当年年底牵头召开了神木民营企业联谊会。会上向与会人员表明了北元走向联合，做大做强的想法，这一想法在当时并不被人看好，甚至被有些人认为是幼稚的想法。在巨大的压力面前，北元没有放弃，它知道这一目标对公司的重要性，它不仅仅是为了一个企业的发展，更是对700多名北元员工的前途负责。经过数十次反反复复的交流和沟通，北元人凭借自己良好的管理水平、百折不挠的团队精神和真诚的合作态度，实现了与当地民企的成功合作。民营企业的联合，在社会上引起了很大的震动，同时扩大了企业的知名度，增强了企业的吸引力。之后，公司又与陕煤化集团合作，开始建设百万吨PVC大项目。

经过几年的发展，北元现在已拥有一个电石项目、一个30万吨水泥生产项目、一个10万吨/年PVC投产项目、一个100万吨/年PVC在建项目，另外还有一个自备热电厂，240万吨/年废渣水泥项目。为了使这些项目都能协调运作，推动企业快速成长，北元紧抓机遇，坚持科学运作。公司一方面按照产业链和循环经济思路组织生产和建设，另一方面加强了各项目人员、物料、财务、文化等多方面的交流与融合，使6个项目既相互独立，又相互联系，为集团化运作最终成为一个五指并拢的"拳头"打好了基础。

一个牧场有没有发展前途，不只取决于它的载畜能力，还取决于草场占有的多少。对于企业来说资金就是"草场"。只有解决了资金上的后顾之忧，企业才敢想敢干的本钱。北元深知资金对企业长远发展的重要性，为此他们制定了上市的发展目标，并积极行动，千方百计向目标靠近。北元组织开展了上市培训工作，让全体管理人员深刻认识上市的好处，了解上市必需的条件，从而更加积极主动地参与企业上市工作，为上市做努力。上市目标的实现不仅能为北元项目建设及扩产提供资金支持，也能为北元将来拓展经营范围、扩大企业知名度、承担更大的社会责任提供支持。

随着经济的全球化，过去区域间的竞争早已演变为全球化的竞争，这种竞争同样带来了国际化的市场和国际化的合作，使现代人在思考问题的时候想得更多，看得更宽。在扩建项目的建设上，北元坚持用国际化的标准定位，关键设备全部采用世界一流的产品。先后与意大利伍德迪诺拉公司和日本智索公司成功合作,为建成世界一流的系统,生产世界一流的产品打下基础。国际化的定位,使北元不满足现状,更加精益求精地进行更深层次的改革。北元就像池养的海豚回归大海一样,将接受来自多方面的压力与竞争。但同时,北元得到的发展空间将更大,并在自我挑战与外来挑战中取得更大的进步。

为了实现这个战略目标,北元分四个战略步骤。这四个战略步骤可概括为"好、大、强、广"四个字。

"好"就是做好。无论北元将来的项目有多大,无论将来生产什么,北元的立足点永远是将事情做好,这在北元10万吨PVC项目中已经能得到证实,北元的精品工程理念已初见成效。正是因为10万吨项目的魅力,北元吸引了企业界人士的广泛关注。

"大"就是规模做大。在把现有项目做好的前提下,北元正在建设百万吨/年PVC项目,计划2009年下半年一期50万吨/年PVC生产线投产,2011年二期50万吨/年PVC生产线投产。届时,北元PVC年生产总规模可达110万吨,成为全国最大的PVC生产企业。

"强"就是一定要有实力。在企业规模做大后,北元要做的就是将企业做强,提高其运行质量和经济效益。正在建设的新项目体现了循环经济的理念,走了一条节能环保的路子,不但实现了煤、盐资源的就地转化,而且将废渣变为水泥,废水、废气也全部回收并利用。同时企业实现了生产经营集约化、设备装置现代化。北元努力将自己建成全国竞争力最强的PVC生产企业。

"广"指多元化经营。在实现做好、做大、做强目标之后,北元还要多元化发展。北元将要涉足的不仅仅是PVC的生产,还要拓展PVC上下游产品,还将从事与PVC毫无关系的饮食、电子、服务类产业等,以进一步扩展北元发展空间。

管 理 模 式

"把企业办成一所学校,把工厂建成一座军营"是北元管理者坚守的一条基本原则。

注重企业文化的先导作用。中华民族之所以伟大是因为它有着悠久的文化积淀。一个企业要做强做大同样需要良好的文化基础来支撑,有文化底蕴的企业,才会有魅力,才会有生命力。优秀的企业文化就像企业的灵魂一样,能给企业提供源源不断的动力。北元作为一个有长远发展目标的企业,在建厂之初就筹划建设了自己的企业文化,以"责任、价值、凝聚、超越"为核心理念,涵盖企业宗旨、企业目标、企业建设理念等十五个分支理念,形成了具有北元特色的企业文化体系。北元企业文化的精髓是以改变人的观念和价值观为根本宗旨,继而改变人的行为准则,就像用一种格式化的方法将电脑统一为一种运行模式一样,它使所有北元人的思想得到统一,言行得到统一。北元人把企业理念教育形象地称为"换脑子"。

北元的企业文化不是生搬硬套,也不是主观臆造,更不是用来装点门面的装饰品,而是北元的领导者在数十年的经营管理生涯中呕心沥血积淀结晶而成的,既有历史底蕴又有前瞻性和操作性。北元的企业文化从影响人、改变人开始,继而去影响生产经营的方方面面,起到了先导作用。北元的员工都能切实地践行企业理念,并在工作中感悟理念,形成了行为与理念的相互促动。

突出制度的基础作用。任何一个企业要想保持良好的运作,没有制度保证是无法实现的，但是很多企业的制度流于形式，没有发挥作用，北元人认为制度与其流于形式不如不去制定。北元不仅制定了自己的制度，包括各个方面各种各样的制度，而且北元所有的制度都能很好地发挥作用。北元制度建设有其独有的特点。一是有的放矢。北元的制度不是无病呻吟、空穴来风，它是广大管理人员在深化、细化管理过程中，为解决实际问题而制定的。例如《安全责任制》是为了让广大员工能够提高安全防范意识，杜绝安全事故而制定的；《生产责任制》《年终利润提成办法》是为了提高产量、质量，降低消耗，增加利润而制定的，这些制度得到了广大员工的一致拥护。二是公平、公正。北元的制度对所有员工都是平等的，上有公司领导带头执行，下有一般员工认真遵守，把在"制度面前人人平等"的理念体现得淋漓尽致。例如北元要求员工排队打饭，所有公司领导也不例外。三是全面系统。北元的制度从人的管理到物的管理再到流程的管理都是十分全面和细致的。在制定制度时，北元既注重制度的系统性，更注重制度的执行力，而且有严密的考核办法做保障，努力使制度最大限度地发挥效能。

从细节入手抓管理。北元管理最明显的特色就是细节管理。无论你什么时候走进北元，看到的总是干干净净的环境，这是在做了大量深入细致的工作后才能达到的效果；在厂区行走，所有员工都能做到三人成列，二人成行；办公室的窗帘无论是拉开还是关闭都折叠得整整齐齐；女员工头发或剪或盘都不过肩。另外，北元的打印纸正反面使用，办公室桌椅定位摆放，废旧物品分类存放并修旧利废，物品包装回收再利用，旧工作服回收撕成布条制成拖把或代替棉纱擦机器。所有人看见杂物都会随手捡起。更为重要的是北元人将这种细节理念体现在工作上，贯穿在管理中，落实在行动中，使它时时处处发挥作用。也正因为北元这种注重细节，精益求精的管理风格，使北元在短短五年就实现了突飞猛进的发展。

建立科学的流程规范。为了杜绝工作中出现各种各样的偏差或错误，北元开始了流程化管理探索，并取得了一定成效。北元将每一个岗位的工作任务，按完成的过程和标准制成固定的图文流程，统一工作方法，提高工作效率。同时用来培训指导员工工作，节省了培训时间和成本，使员工一到岗就能开始工作，综合素质在短期内能迅速得到提高。流程化的管理是北元规模化经营、跨越式发展的一项重要举措。

团队建设模式

企业的发展靠人才，更靠一支优秀团队。

全面系统地开展培训。在北元有这么句话"培训是最大的福利"。它不是一句空洞口号，而是企业对员工的一种承诺，同时也是员工对企业的一种要求。为此，北元建立了完整的培训体系。

首先是军训。军训在北元一方面是为了在短期内提高个人的身体素质，另一方面也是为锻炼员工的意志力，增强他们的团队精神和凝聚力。

其次是理念教育。北元的理念教育主要围绕企业文化展开，是北元培训中最重要的一部分。因为观念影响人的行为，行为决定人的习惯，习惯决定人的潜能发挥。理念教育可以让员工的价值观更贴近企业的价值观，从而自觉地遵循企业的要求，在成就自我的道路上不断进步。

最后是实践教育。北元的实践教育让每一个员工在提高动手能力的同时，加深对北元企业理念的理解和业务水平的提高。

北元的培训工作不仅有周密的计划,而且有详细的办法和考核措施。北元要求所有管理者必须是一名合格的培训师,管理者既是师傅,又是教练。北元每年进行的大大小小、种类众多的培训多达千余次,内容全面,形式多样,寓教于乐。在培训的同时,北元十分重视人才的使用,他们用行动将人们传统观念中的"教会徒弟,饿死师傅"改写为"教会徒弟,提拔师傅"。

创造公平公正的环境。北元坚持为每一个人提供公平公正的发展平台,使大家都有发展的机会和进取的信心。例如北元的人才招聘广告中有这么一句话,"凡报名应聘者一律不准托人情、找关系,否则取消其录用资格",这样直接明了的提示能写在招聘广告中,可见北元在创造公平、公正的竞争环境上的良苦用心。北元还实行管理干部公开竞聘制,凡干部岗位有空缺,都要通过召开竞职会聘用,而非直接任命。所有想一试能力、一展身手的人都可以报名参加竞聘。这样做既给有志员工提供了一个实现自我价值的平台,也引导他们能够认认真真地干好本职工作,争取用自己的行动和能力赢得机会,最终实现自己的梦想。

体现严格细致的要求。在北元的员工中,没有一个人打算混饭吃,如果有,那么他的饭碗有可能随时被端掉,如果有人护着他,那就连同护他的人的饭碗一起端掉。严格的要求促成北元人高效、务实、廉洁、严谨的工作作风,为公司赢得了认可。如果有人问北元为什么会发展那么快,了解北元的人都会告诉他们,就是因为北元的要求严、标准高、管理到位、方方面面细致入微,很多员工以企业为家。北元严格细致的管理还体现在平时的工作奖罚上,在其他单位看来微不足道的失误,在北元或许会受到重罚。北元在生产上提出了"四零"目标,即零安全事故、零环保事故、零泄漏、零次品,这四个目标充分体现了北元在管理上的高标准和严要求。

坚持带领和关爱。北元的管理人员都是北元的排头兵,遇到困难时第一个冲上火线的都是管理人员。北元的领导平时和员工一样,一起排队打饭,干一样脏、一样累的活,他们比员工更辛苦。北元十分关爱员工,企业执行了国家现行的社会保障制度,员工工资处于当地同行业领先水平。公司还实行了员工探亲补贴、双职工住房补贴、困难员工救助补贴、员工子女上大学助学金等办法。员工生日会收到总经理亲自签发的生日贺卡和生日蛋糕。今年北元又率先实行了员工退职制度,让年龄较大、工龄较长的员工提前带薪退职——开创了民营企业实行带薪退职制度的先河。这些制度的实施,彻底消除了员工的后顾之忧,并将北元人的心紧紧地凝聚在一起,使北元这个团队更有战斗力,更能战胜困难,也更具发展潜力。

五年的时间,北元在探索与实践中走出了一条"文化北元、人才北元、创新北元"的发展建设之路,打造了一种全新的企业发展模式。这种模式奠定了北元快速发展的基础,为北元成长壮大提供了源源不断的动力,使北元在发展中累创奇迹。(《陕西日报》2008年9月1日,刘仲平、严继文、于虎朝、罗喜林文)

振翅高飞的荆棘鸟

——记陕西北元化工集团有限公司创始人王凤君

张艳茜

一

对于"北元"以及"北元"的创始人王凤君,我一直不敢轻易动笔,那是我不曾接触的另一个领域、心灵世界和人格天地。我惟恐愚鲁笨拙的笔力,平庸了"北元",平庸了"北元"的主人。但是我知道,无论如何都无法绕过"北元"来轻松地讲述陕西神木的新型工业化发展之路。

于是,我开始努力的对"北元"进行深度解读。

1989年,一个叫王凤君的年轻人,怀着对未来"敢为天下先"的一腔饱满激情,离开了工作六年的县政府部门,离开了旱涝保收的"铁饭碗"。他要为自己寻找新的发展平台,谋求自身的裂变;他需要一个更广阔的空间,去放飞他的理想;他渴望在"大海"中锻炼自己、把握自己、施展自己。

激情激荡着王凤君,踏上了一条前途未卜的创业之路。从1989年的神木县水泥厂副厂长,到1995年调任店塔电厂办公室主任,再到1997年担任神木电化有限公司总经理。王凤君与神木县一同经历了从煤炭开发起步,到将煤炭就地转化,延伸煤炭产业链的艰难摸索过程。王凤君是这个过程的亲历者,也是积极的实践者。煤炭过剩时,他参与筹办电厂,将煤从燃料转化为电能。遭遇电力供大于求的压力时,为就地消耗电能,王凤君临危受命,担任新成立的神木电化有限公司总经理,1997年筹建了神木第一家电石厂。电石产业蒸蒸日上时,他又看准了电石的下游产品——聚氯乙烯,依托榆林地区丰富的电石、原盐资源,这个项目一旦在陕北能源化工基地建成,将具备着天然的优势。

2001年,王凤君率先开始考察调研聚氯乙烯项目。他多方奔走,在做出了项目建设的精确论证后,又去争取政府的支持和金融机构的信任。2002年7月,这个项目获得陕西省计委的立项批准。拿到项目立项批复,王凤君兴奋不已,但是,整个陕北地区还没有同类项目,王凤君没有成熟的经验可资借鉴。他将怎样面对项目建设中的诸多问题?比如聚氯乙烯项目复杂的化工工艺技术问题、一次性投资过大的资金问题、人才的使用和管理等问题。这些,都需要王凤君用思想和行动来回答。我们可以轻松地替王凤君回答,说喜欢挑战的王凤君也喜欢那句"无限风光在险峰";说"世上无难事,只要肯登攀"。但是,创业过程的每一步必定是极其艰难的,不像我们今天来做总结这么轻松而简单。

我们常说,做人,我们注重的是过程,但是做事,我们只注重结果。事业成功的舞台只为那些成功者搭建,这就是现实的冷酷性。在充满荆棘的道路上,唯有信念和忍耐能开辟出康庄大道。

澳大利亚著名女作家考琳·麦卡洛写过一部著名的长篇小说《荆棘鸟》,小说篇首的题记中讲述了这样一个悲怆昂扬的故事:在地球的南半球,有一种鸟叫荆棘鸟,它只有在找到一种特有的荆棘树,并让荆棘刺进自己的身体才能够纵情歌唱,它的歌声让所有会歌唱的鸟类都自惭形秽，所有听到歌声的人和鸟儿都会向荆棘鸟致以崇高的敬意……在采访中的某一天，我突然由王凤君想到了荆棘鸟。他像极了一只顽强向上、振翅高飞的荆棘鸟，从离开安乐鸟窝的那一刻起，它就开始了艰难地寻找荆棘树的旅程，直到如愿以偿。

二

王凤君科学地论证和坚定地延伸煤炭产业链的决心，获得了神木县政府和神府经济开发区管委会对聚氯乙烯建设项目的信心和支持。通过组建国有资产运营公司出资参股，以及与榆林供电局所属的阳光电力公司的合作，终于促成了北元化工企业于2003年5月7日正式成立，全面推进年产10万吨聚氯乙烯项目的建设。于是，就在我们忽略王凤君艰难创业过程的时候，王凤君在短暂的三年时间里，接二连三创造着奇迹，丰硕的成果令世人震惊。

2005年4月7日北元化工产出了第一釜聚氯乙烯，标志着10万吨一期项目实现系统全线投产。2005年4月13日满载着北元人三年来艰苦创业成果的第一车PVC销售出去。2006年8月，二期工程顺利投产，年工业产值达8个亿，上缴税金5000多万元，为社会解决700多个就业岗位。这期间，王凤君经历了建设之初的人才培养、设备订货、原料采购、建设管理、投料试车等多个环节的考验；解决了资金、技术、管理等多项难题；克服了设备、安全、队伍、市场等一系列问题的困扰。

信念是脊梁，支撑着不倒的灵魂。一座山接着一座山在王凤君的坚持与努力之下攀登而过。当他站在山巅的时候，他真正体会到了"会当凌绝顶，一览众山小"的豪迈气魄。那时候，远处众多的群山，在他眼里，风光无限好。

2006年底，"北元"的10万吨聚氯乙烯项目进入良性发展的阶段。居安思危，思想始终超前的王凤君意识到，将来10万吨项目也不过是个小项目，随着国家产业政策限制门槛儿的提高，不远的将来"北元"可能就会成为关闭的对象，必须进一步扩大规模，做大企业。但是，要干大的项目，仅靠一己之力单打独斗，是难以实现这个梦想的。此时，随着神木煤炭产业的迅猛发展，神木的民营企业家拥有了大量的资金，很多人苦于没有合适的项目投资，便将资金投向了外省。王凤君敏锐地看到其中潜在的机遇，他立即产生了一个设想：聚集民企资本，寻求合作伙伴，发展国家政策支持的优势项目。这个联合民企、通力建大项目的设想，得到了神木县和榆林市有关领导的支持。但是，这个愿望能实现吗？凭什么让民营企业家相信这个项目呢？即使民营企业家相信这个项目，但是怎么能让他们相信项目的执行者？继而投入资金呢？这可能吗？大家疑虑重重。王凤君要将不可能变为可能，他坚信真诚的力量。

2006年12月29日，在新的一年即将来临的日子。王凤君充满信心的在雪花飘飞中，邀请来当地有经济实力的多名老板、政府官员和经济界人士，组织召开了神木县民营企业联谊会，商讨民营经济发展问题。王凤君以饱满的热情，向与会者介绍了"北元"的情况，讲述了民营资本的理性运作，企业文化为先导的规范化、人性化管理模式，符合国家产业政策要求的循环经济产业。王凤君以战略家的缜密思考，阐明了产业链的延伸、产业的规模化升级，民企之间强强联合的可能性和必要性，以及产业整合等民企的发展思路和方法。与会者对"北元"已经取得的成就给予了充分的肯定，对企业的管理团队赞不绝口,很多人当下就萌生了强烈的合作发展欲望。会上政府官员和经济界人士又做了很好的引导性发言,初步形成了携手联合起来干一番大事业的共识。"北元"明确提出愿与大家合作,利用现有的企业和团队为平台,共同建设大型聚氯乙烯项目的设想,得到了很多人的响应。经过多次商谈,2007年3月13日,"北元"原有股东与当地数名老板签订了合作意向书,并且开始资产评估和项目前期工作。

2007年10月29日,在完成项目审批、资产评估的基础上,10个新老股东正式签订了合作协议书。"北元"的注册资本金由原来的7000万元增加到10亿元,这是神木县历史上投资额度最大、投资人数最多、建设规模最大的一次强强联合。这次联合,引导着民营资本走上了科学发展的循环经济轨道,为"北元"进一步做大做强奠定了坚实的基础。"北元"的扩股合作也是对增资扩股模式的拓展和创新。成功联合神木经济发展的主力军——民营企业,必将带动更多的企业走上合作发展之路。为此,"北元"做出了表率,成为其他企业迅速做大做强的榜样,对神木县域经济发展起到了重要推动作用。

有多大的胸怀就有多大的气势。联合了民营资本,王凤君要将"北元"做大做强的信心更加坚定,继续增资扩股的脚步没有停止,而且合作的空间愈加辽阔。仅仅两个月之后,"北元"又与陕西省最大的国有企业"陕西煤业化工集团公司"一拍即合——"北元"进行了二次增资扩股,公司股本金由10亿元扩增为16.8亿元,同时决定投资80亿元共同建设年产100万吨聚氯乙烯项目。由于陕煤化集团的加盟,使"北元"实现了民企与大型国企的成功联合,也使北元化工走上了快速发展的道路。

2008年4月28日,是一个阳光灿烂的日子。这一天,"北元"举行了100万吨/年聚氯乙烯循环综合利用项目开工奠基仪式。陕西省省长袁纯清在开工仪式上铿锵有力地发出了年产100万吨的聚氯乙烯项目开工建设的开工令,那一刻,意味着"北元"的历史进入了一个新的纪元——"北元"将成为全国最大的聚氯乙烯生产基地。每年可直接转化原盐150万吨,电石150万吨;间接转化原煤600万吨,并促进PVC上、下游产业链的形成,年销售收入将突破100亿元;每年可向国家贡献税金10亿元,提供4000个就业岗位。一个更节能、更环保、更高效的现代化企业将展现在世人面前,这同时也是陕西历史上规模最大的化工产业链蓝图!另外,"北元"与陕煤化集团的强强联手,实现了二者的优势互补,集聚了资本、多元化产业、管理、技术和人才优势,对神木县、榆林市、陕西省区域经济的协调发展具有积极的推动作用和示范作用。双方合作建设大型聚氯乙烯生产基地的举措,对我国西部氯碱化工产业发展必将产生深远影响,对陕北能源化工基地建设意义重大。

在这两次合作的过程中,王凤君本人身份也发生了很大的变化。为了促成强强合作,他毅然放弃了个人得失,先后由控股股东变为大股东,又由大股东变为小股东,他的职位也由过去的董事长兼总经理变更为只担任总经理。为此,王凤君无怨无悔:"在我生命历程中的这两次合作,我都有一种融入大海的感觉,而且一次比一次彻底。正是因为这种融入,才使我在市场波动的大潮中得以一次次生存,特别是在严峻金融危机的寒冬里仍然能泰然处之。我庆幸我的融入,更庆幸能有这样地融入机会。""北元"做大做强,"北元"的团队继续壮大,做一番惊天动地大事业的梦想,就在王凤君放弃自我、牺牲小我的同时,得以实现。

三

2008年6月的一天上午，当我和作家采风团第一次走进"北元"，参观完"北元"的厂区，大工业文明发展的壮观景象，还有"北元"企业特有的气势，震撼得我热血沸腾。

坐在会议室里，与"北元"的决策层座谈。对面三个穿着北元化工蓝色工作服的人，个个坐姿端正、人高马大、身材魁梧，朴素的工装难掩他们的英武之气。我一时恍惚，仿佛是在军营里。好似被人看出了我的心思，一个深沉的声音，从三个人最靠边位置响起，这个面带微笑、五官清晰、说话底气十足的人，一出口便语惊四座："我们努力把企业办成一所学校，把工厂办成一座军营。"这时候，我才知道，他就是"北元"的创始人王凤君。之前，按照惯例，我习惯地将坐在中间位置的人当成"北元"的掌舵人。谁知王凤君不显山露水地坐在边缘位置，尽管如此，却丝毫不影响他的感召力。"在'北元'有这么一句话：'培训是最大的福利。'我每到一个企业，首要的工作是抓培训，从人的观念更新、行为约束、技能提高、工作方法、管理方法、讲话水平等等都进行系统的培训和辅导，让每一个在企业工作几年的同志都能有所收获，有所提高，有所创造。为他们在以后的工作和生活中打下坚实的基础。"从认识王凤君那一刻起，我的耳朵不断捕捉着王凤君与众不同的"王氏语录"："军营式管理也是我管理模式的一大特点。军人有一项重要的训练就是野外生存能力考验。企业也要练就一种有良好生存能力的本领。我们的人员上下班排队，厂区行走要'三人成列，两人成行'，连吃饭也自觉排队，给人的感觉是进了工厂就像进了一座军营。军营式的管理也给企业带来可观的效益和良好的形象。"说到这里，王凤君孩童般率真地笑着说，"我一生中有两个比较大的遗憾：一是没有当过教师，二是没有当过兵。但是我在企业里弥补了这两个遗憾。""北元"员工说，王凤君还有一个重要的标志性经营理念，那就是除了努力生产优质的产品之外，还要尽量培养出优秀的人才。现在国与国之间、省与省之间、企业与企业之间的竞争，归根到底就是人才与文化的竞争。因为这一点，"北元"从建厂之初就着力打造有自我特色的企业文化。

可以这样说，煤老板们靠资源吸引资金，而"北元"则依靠企业文化的魅力，依靠优秀的团队建设吸引资金，吸引了国有大型企业和当地民营企业家的合作。"北元"在管理模式上有三个必须，一是必须以文化为先导。"北元"通过企业文化的宣传与渗透来影响员工的思想观念，进而统一员工的世界观与价值观，最终产生良好的结果。二是必须以制度为辅助。"北元"的管理体系在文化引导的前提下，辅助以制度化管理，最终的目标是让文化替代制度，使制度成为"一纸空文"——也就是自觉性超越制度化。三是必须以细节为手段。"北元"的细节管理体现在生产经营的边边角角、方方面面，文明始于举手之间，形象就在细微之处。"'责任、价值、凝聚、超越'是'北元'企业文化的核心理念。我们每一个人就好比是一块砖，是构成'北元'这个雄伟城墙中不可缺少的一分子。这就是我们所说的凝聚力，也是我们企业的灵魂。一支优秀的团队，在任何情况下，都能吸纳、团结一批批优秀的人才，使每一个人的潜力都能得到最大发挥，进而汇集成一股奋发向上的强大力量。应该说，经过这五年的发展，我们已经形成了这么一支值得信赖的优秀团队，并且形成了具有我们'北元'特色的发展模式，形成了我们企业自身的风格和行为规范以及价值体系。这些，必将为我们进一步的发展壮大提供更为强劲的动力。"

在王凤君羽扇纶巾、挥洒自如的讲述中,我突然间意识到,"北元"无所不在的气势,从"北元"外部遥看,是一种震撼人心无可抗拒的力量支撑;从"北元"内部审视,则是一种精心细致打造出的企业文化使然。这种企业文化,包含着无比智慧的浓度和强度。气势展示于空间,会呈现出伟大;气势展示于时间,则会形成回肠荡气的韵味。"北元"短短五年创造的伟大奇迹,集中体现在"北元"精英式的企业文化上,这才令"北元"有足够的文化韵味而使它的气势氤氲挥洒,延年不衰。

大家很感兴趣王凤君作为"北元"的创始人,如何从"北元"的"带头人"位置退居为"北元"的总经理次席?王凤君平静地笑谈:"2003年春天,我决定上马10万吨聚氯乙烯项目,当时确实是既无资金又无人手。虽然有政府的积极支持,但仅限于政策和一些外部条件的满足。真正在建设资金上的支持,只能靠有实力的股东和金融机构的支持。第一次与榆林供电局所属的阳光电力公司的合作后,我放弃了企业控制权,却使这个项目生存下来。而且让我没有想到的是,项目在融资、外部建设条件、用人等方面,都有很多好处,从而使项目得以顺利建成投产。2006年底,北元10万吨PVC项目运作进入良性循环阶段,下一步企业如何做大做强?我思考了很多,最后得出一条结论,就是要让企业发展,必须走强强联合、做大做强的道路;要想有效的合作,必须放下自我。也就是要想让企业当老大,老板自己不能当老大。我虽然失去了一些个人的东西,但我得到了强手的加盟,得到了企业的发展,得到了团队的壮大。企业通过资产重组、股份增加和规模扩大等运作,得到了实质性的发展。特别是我们联合民营企业的同时又与国有大型企业合作,使"北元"的资本实现了规模化,产权机制进一步明晰。既充分利用了国有大企业的政治和政策优势,又保持了民营企业的责任和务实风格,股东们共同的目标就是要致力于把"北元"打造为全国重要的PVC生产基地,将"北元"建成全国一流企业。所以说,这次合作的意义非常重大。"

那天的座谈结束,王凤君谦和地站立在正午热烈而炫目的阳光下与我们一行告别,完全没有一点气骄志满的高傲。挥手的那一刻,我再次感受到弥散在"北元"四周的那种特殊的气势。这种气势不仅体现在财富的聚合,人才的聚合,也体现在文化的聚合,品位的聚合。惟聚合,方能使气势贯通、高迈、辐射、弥散。相信这种气势在聚合过程中,最终沉淀为人文意义上的"北元"牌企业文化,深厚而隽永;进而形成做大做强的"北元"模式,经久永恒。

四

2009年春节前,我再次走进"北元",走进正在紧锣密鼓扩建中的100万吨聚氯乙烯循环经济综合利用项目工地。在每个路口竖立的"北元扩建项目"标志牌周到细心地引导下,一片占地面积2000多亩、视野开阔的"北元"扩建项目工地映入眼帘。那时,土建工程的基础已经出现在地面上。放眼秩序井然的阔大工地,不禁为它不久的将来遐想展望。这片曾经沙尘铺盖的荒漠地带,将有主要包括年产100万吨聚氯乙烯、年产80万吨烧碱装置、年产240万吨工业废渣水泥装置和拥有4×60兆瓦抽背式发电机组的一个个厂房巍然矗立。计划于2009年底建成第一条年产25万吨聚氯乙烯、年产120万吨水泥和2×60兆瓦热电的生产线投产。

刚刚参加完由陕西省委统战部、陕西省发改委等五单位联合组织的，在全省非公有制经济人士中开展的"第二届陕西省优秀中国特色社会主义事业建设者"评选表彰活动，从西安风尘仆仆载誉而归的王凤君出现在我的面前。也许因为长途奔波、也许因为从没有过休息日，王凤君看起来比大半年前显得疲惫许多。他曾经说过这样的话："努力把100万吨聚氯乙烯项目干好。为了干好这个项目，我做了最坏的打算，包括了我的身体甚至是生命。我将把全部精力用到项目建设上，把全部心血花在项目建设上。我给自己规定：不去应酬与项目无关的请吃，不去料理家事杂事，不去走动与项目无关的关系，不去耗费与项目无关的口舌和体力，每天必须工作十二小时以上，周六周日坚持上班。潜心把项目干好，实现我人生中最为重要的目标。"王凤君对得起刚刚荣膺的"陕西省优秀中国特色社会主义事业建设者"称号，也对得起他所有的付出。

一谈起"北元"的扩建项目，谈起神木县利用煤炭资源发展新型工业化的思路，刚才还显露疲惫的王凤君，立刻精神抖擞，眼神中闪烁着智慧的光芒，仿佛每个毛孔都散发着激情。我突然感觉，这个顶天立地的神木好汉就是为干大事而生的："北元的100万吨聚氯乙烯扩建项目，具有适应发展和竞争的综合优势。我们第一具备了规模优势，建成后年产能达到110万吨，成为全国最大的聚氯乙烯生产企业和最大的盐化工生产基地，整体竞争优势突出。第二是区位及资源优势，我们所在的地区，同时拥有生产PVC的两种主要原料——原盐和电石，还有丰富的煤、电等资源优势，具有发展PVC产业得天独厚的基础条件，是全国少有的PVC最优生产区。第三是循环经济优势，公司化工有四条25万吨聚氯乙烯生产线，同时建设了蒸汽锅炉和余热发电为生产装置供汽供电，化工产生的电石泥废渣和锅炉产生的粉煤灰全部作为水泥生产的原料，卤水电解后的淡盐水回到盐井下继续化盐节约了大量新鲜水，充分体现了循环利用的特点。第四是工艺技术优势，在扩建项目的建设上，北元坚持用国际化的标准定位，选择了国内外最先进、稳定的工艺路线和技术，引进了世界先进的设备装置。其中聚氯乙烯选用了日本智索公司的聚合、干燥技术，电解选用了意德合资伍德迪诺拉公司的电解槽装置，还引进了韩国、瑞士等国的一些先进设备装置，可确保建成后的生产线和产品质量指标均可达到国内同行业的领先水平和国际先进水平，实现更安全、更节能、更环保、更高效的生产目标。""北元"在成为全国最大聚氯乙烯原材料基地的同时，将促进下游产品的基地加工，进而衍生出深加工企业，由此带动3万人以上的就业规模。

说到为煤向电转化，煤向电及载能工业转化，煤、气、油、盐向化工产品转化的"三个转化"所做的努力，以及"北元"为民营企业跻身于三个转化大项目争得了宝贵的一席之地等话题时，王凤君的神情没有半点自得反而不无焦虑。他说："我们对煤的认识还远远不够。目前，国内只能将煤分离出十几种产品，而国际上，尤其是美国已经由煤衍生出几百种产品了。因为，每改变一种分子的结构，就能生产出新的化工产品。对煤的认识转变，促进了煤化工的发展，也决定了新型工业化的走向和速度。在神木，每一个做企业的，都在思考着如何从煤中提炼出新的东西，这已经成为神木人的共识和目标。现在，我们'北元'的100万吨聚氯乙烯扩建项目，以及神木境内建成和正在建设的很多化工项目，都在践行着将煤衍生为线形、环形产业链的循环经济综合利用理念。虽然我们很骄傲，又带头做了神木延伸产业链，走上新型工业化之路的排头兵。但是只要对煤的认识一天没有停止，我们前面的路就会漫长而遥远，而且充满着奥妙与神奇。"

2009年4月28日，是"北元"年产100万吨的聚氯乙烯项目在神木县的锦界工业园区开工建设一周年的日子。这天下午，各级政府领导踏上了刚刚组建为"陕西北元化工集团"的100万吨/年聚氯乙烯循环综合利用项目建设工地。一年前在一片荒漠之中，宣布这个项目开工建设的袁纯清省长，如今看到的，是项目一期的土建主体工程进入了收尾阶段，安装工程全面铺开，预计2009年第四季度可以建成并投入试生产。原计划2010年开工建设的二期工程也已提前开工，到明年将全部建成。项目总投资80亿元，到2009年年底，可累计投入达到50亿元以上，2010年再投入30亿元，将完成全部投资建设任务。

王凤君向袁纯清省长一行讲述了这个项目的综合优势，在谈到不久的将来上、下游产业链全部形成后，这个项目可以带来500多亿元的收入，是一个拉动效果非常显著的项目时，所有在场的人，无不为之振奋，情不自禁随着王凤君的讲述在憧憬中满怀了期待。

袁纯清省长对"北元"的项目建设工作给予了高度评价。他说，"北元"通过国有和民营合作投资建设一个年收入过百亿元的项目，真是很了不起。"北元"扩建项目起点高，技术工艺先进，并且形成了上、下游相互促动、优势互补的循环经济模式，有很大的市场竞争优势。面对金融危机，"北元"坚定信心，积极应对，推进项目建设，把2010年的建设计划也提前到今年实施，做得很出色，为全省保增长、扩内需作出了贡献。袁纯清殷切期望，"北元"继续抓紧建设工作，争取早日建成、早日投产、早日发挥效益。

五

在神木县的东北方向，有一个店塔镇。我在去店塔工业园区采访时，提出要去店塔镇的一个名叫"木瓜村"的小村子看看。王凤君曾多次满怀深情地提到这个小村子，那是他的家乡，生他养他的地方。那个曾经偏僻、贫困，条件极差，仅有七户人家的小村子，却走出来四五个家产在亿元以上的民营企业家。我其实是怀着太多的好奇，想实地看看——那只神奇的荆棘鸟是怎么飞出大山的？当然，其中不无包含着对王凤君的敬佩之意。

许多年前，当一个13岁的小小少年，只身离开木瓜村，离开家乡到20里以外的中学去上初中时，小小少年沿着山体陡峭的小路一路小跑下去，他要走很远很远的一段路，才能尽快重新望到因山体遮挡住目送他上学的妈妈的身影。每向前走几步，小小少年都要回过头来望一眼妈妈，而每一次回头，总能望见慈祥的妈妈那如雕塑般一动不动站立的身影。小小少年知道，那是妈妈期待的目光、心疼的目光在追随着自己迈出的每一个脚印，小小少年更知道，那是妈妈盼望自己早点走出山沟走向外面世界的呵护送行。每次回家后再返校，妈妈目光也都会专注地深情护送着他。直到有一天，长大的王凤君终于稳健而豪迈地彻底走出了木瓜村。他知道，那是妈妈用慈祥疼爱的目光，为他照亮了那条通往外面世界的山间小路。

在这条崎岖的小路上，走出去的王凤君懂得了一个人如果做到有能力不骄傲，有权势不骄横，有金钱不骄奢，一切泰然处之，才能赢得世人的尊重，才能有更大更广更多的发展机会。

在这条崎岖的小路上，走出去的王凤君懂得了在企业每做一件事首先必须事为项目所求，利为股东所谋。企业的发展靠人才，更靠一支优秀团队。企业团队的核心人物，必须是一个战略家、行政专家和经济学家。只有不断地学习，善于思考，勇于创新，才能具备这些素质，胜任团队的领导者。

在这条崎岖的小路上，走出去的王凤君懂得了"北元"建设之初确立的"关爱人类，服务社会"宗旨的重要，明确了"北元"的战略实施步骤，就是逐步实现"经营规模化、运作集团化、资本上市化、合作国际化"。这些战略目标，是"北元"做大做强的雄心壮志，也是"北元"今后成长强大而持久的动力。

还是在这条崎岖的小路上，走出去的王凤君懂得了人生就是一个从无到有，再从有到无的短暂过程。他已经走过了树立自我的过程，正在一步步放下自我完成忘我的过程。他说，在他任职期间，他要尽最大的力量使"北元"走上正常发展的轨道，建设好这支团队，完善好这个企业。他形容自己就像一个火箭助推器，当有一天，在实现了"建好一个项目，培养一批人才，创造一个品牌"的目标后，在他解甲归田之后，他要去完成他人生的终极目标——实现无我的境界。他要用创造的财富，创办一个基金会，从事慈善事业。

中国古人喜欢在自然界中寻找人生品质的参照物。于是，山的宁静沉着稳重被看做了仁者的标志，而水的灵动流畅开阔被看成了智者的象征。于是，"仁者乐山，智者乐水"就成了我对王凤君最好的诠释。生活在黄河流经的神木地界，又成长于黄土高原的厚重之上，王凤君与生俱来地拥有了黄河之水的开阔视野，通达流变，机敏锐进；而陕北高原又养成了王凤君黄土高坡一般的敦实朴素，坚毅忠诚，厚重沉稳。二者优秀品质的完美聚合，成就了一个高山流水，追求至善至美的开拓者、创业者、成功者王凤君。

站在"北元"扩建项目热火朝天的建设工地上，我仿佛看见一只羽毛像燃烧的火焰般鲜艳的荆棘鸟在振翅高飞，直插云天。(《陕西日报》2009年5月30日，作者系中国作家协会会员、《延河》杂志常务副主编、作家)

《陕西工人报》：

实践"北移精神" 传递"北元"情怀

党委书记、董事长　刘国强

时光飞逝，物华流转，北元化工走过了十六年的发展历程。十六载峥嵘岁月，十六载春华秋实，几代北元人自强不息，辛勤耕耘，追求卓越，书写了实践"北移精神"的奋斗篇章；彰显了陕煤人开拓创新，图强进取的坚强意志。

第一部分　问鼎陕北激情创业

习近平总书记讲：幸福都是奋斗出来的。时间追溯到2003年，在国家西部大开发政策、陕西省"三个转化"号召下，及2004年陕煤集团作出"稳定渭北、壮大彬黄、做强陕北"战略部署的引领下，为探索陕北能源化工基地可持续发展新路子送来了及时雨。

思路决定出路，北元化工应运而生，开始了建设10万吨聚氯乙烯项目。一批有担当、有责任的优秀人才奔赴陕北能源重化工基地，踏上陕北这片旷野，头顶蓝天、脚踏大漠，拉开了建设大西北的序幕。2004年，党增琦带着对未来的美好憧憬来到毛乌素沙漠，这一来就是十五年。从班组长、技术员、厂长再到部门负责人，陕北的黄沙吹皱了年轻的脸庞，高原的烈日晒黑了臂膀，岁月见证了他的成长。马建国，2003年从宝鸡来到北元的那天起，坚守"喊破嗓子，不如实干做出样子"的信念，从建厂、开车到正常投运和企业发展，日夜奋战在生产一线，抒写着自己的青春。

天南地北，这些"北移"人心甘情愿放弃家乡优越舒适的工作条件和生活环境，义无反顾地来到北元，他们克服重重艰难险阻，为实现项目早日投产昼夜不停地奋战着，在艰苦中体会着"幸福"，为北元奉献青春，在北元建功立业。灯火通明的鏖战场面在当时项目建设工地上最普通不过，大家你追我赶、争先恐后，千军万马战犹酣的局面，令人为之激动、震撼。正是在他们的努力和付出下，一座座现代化的厂房拔地而起，一条条生产线迅速投产。第一代北元人在资金困难、人才短缺的情况下，克服了难以想象的众多困难，用两年时间建成了年产10万吨聚氯乙烯生产装置。创造了同行业同等规模企业建设期最短、资金使用最少、建设期无重大安全事故的奇迹，也结束了陕北地区无聚氯乙烯的历史。

在这个漫长而艰苦的过程中，体现出北元人迎难而上、积极探索、勇于创新的艰苦创业精神。第一代"北移"人在这片沙漠里，演绎了一个个动人的故事，画出了北元历史上的第一个标点，书写出了"北移精神"最动人的音符，初步搭起了一个现代化化工企业的框架。

第二部分　志存高远奋勇而上

面对百舸争流、不进则退的市场经济大潮，北元人义无反顾迎接挑战，将渴望企业大发展、期待幸福生活的愿望一步步地变为现实。2008年4月28日，100万吨聚氯乙烯循环综合利用项目开工奠基，北元人开始了在陕北这片热土上的第二次艰苦创业，作为总投资86.8亿元的项目，北元人牢固树立信念，要给子孙后代留下经得起岁月考验的精品工程。

一代人有一代人的奋斗，一个时代有一个时代的担当。当时的工作和生活条件异常艰苦，创业者们住在临建房里，战严寒，斗风沙，只争朝夕，为建设北元奋斗着。众人划桨开大船。自此，一批又一批立志于西部建设、发展祖国能源化工事业的建设者们迅速从陕西关中、河南、山东、天津、山西甚至云南集结到北元。大家用团结奋斗、攻坚克难的勇气拉开了威武雄壮的建设帷幕，揭开了北元发展史的新篇章。在项目建设中，有一群巾帼英雄，特别吸人眼球，她们离开温馨的家庭，甚至放下家里嗷嗷待哺的孩子，来到条件艰苦的工地上，敢于向困难挑战，感冒发烧了，为了不影响工作，把手头的工作带回宿舍或家里，躺在床上继续干。冬季，在空旷的沙土地上，风雪无情地肆虐，给项目建设增添了许多困难，寒气常常渗透进大家的手套，手冻得发红发紫，结了厚厚的一层冻疮，有时候甚至僵硬得麻木，动一下就揪心一般痛。这对团队中的"北移"人来说，确实是个挑战，有些人思前想后，最后想出一个办法，每次手冻僵了，就抓紧铁杆，逼着自己紧握拳头，再松开，再紧握，或者用拳头轻轻敲打，使冻僵的手尽快热乎起来，早一分、早一秒投入项目建设。

这样的生动感人画面正是"北移"精神在北元的最好诠释和形象代言。为了完成项目实现目标，大家在七百多个日日夜夜里，加班加点，坚持每周休息一天，每晚8点下班，全力加快项目进度，展现出迎难而上、顽强拼搏的精神风貌和同心协力、顾全大局、全力以赴的精神品质。这些精神品质支撑着他们为早日投产昼夜不停地奋战着、贡献着自己的一份力量。

2011年12月23日，100万吨聚氯乙烯循环综合利用项目二期产品下线，标志着项目全面建成投产。北元走上了一条高效转化、循环利用、低碳发展的路子，逐步形成了"原盐、煤、焦、电、电石、聚氯乙烯、水泥、聚氯乙烯下游产品"的一体化循环生产模式，实现了从无到有，从小到大，从弱到强的完美蜕变，走出了一条既要绿水青山、又要金山银山的"绿色"发展新路。一个聚氯乙烯生产基地建成了，从此走上了大型现代化集团企业改革发展之路。

第三部分　不忘初心砥砺前行

初心筑长城，圆梦再长征。承载光荣历史，创造美好未来。16年的风雨沧桑，可以洗去北元人满身的征尘，却不能磨灭北元人继续长征的勇气。新一代北元人不忘初心，传承特别能吃苦、特别能战斗、特别能奉献的优良传统，担负起历史赋予的责任和使命，团结一心、奋发图强，不断续写企业发展的新篇章。

2017年6月26日，这在北元发展历史上是一个里程碑的日子，股份公司的成立让所有的北元人热血沸腾。现在的北元化工，从行业发展看，属于主业处于充分竞争行业和领域的实体企业，具有110万吨聚氯乙烯、88万吨离子膜烧碱、4×125兆瓦发电、220万吨新型干法工业废渣水泥、135万吨原盐及采输卤、50万吨电石的生产能力，是全国单体最大的聚氯乙烯生产基地。

习近平总书记讲"发展决不能以牺牲安全为代价"，北元积极践行绿色发展理念，严守安全底线、环保红线，向"循环"要"生机"，以"循环"促"转型"，实现环境效益与经济效益双丰收。以提品质、增品种、创品牌"三品"建设为重点，丰富产品序列，目前已形成了38种特色产品序列体系，产品销往全球30个国家和地区。以国务院国企改革"双百行动"为契机，以企业上市为抓手，实现产业转型升级。推进党务序列与安全管控两个"三位一体"体系的深度融合，激发活力，增添动能。实施低成本战略，创新驱动，助推企业高质量发展。

艰苦攀登建设路，汗水浇出幸福花。2015年公司首次实现扭亏为盈，2016年实现利润突破10亿元，2017年实现利润17.8亿元，2018年利润突破20亿元大关，上缴税金10.6亿元，人均工资突破10万元/年，资产负债率为39.75%。

为了实现企业可持续发展和长远发展，贡献国家、回报股东、服务社会、造福员工，公司于2015年正式启动上市工作，其中存在的困难不是一般人所能想象的。在北元人眼里，企业上市就是一个舞台，在这个舞台上，通过奋斗和奉献最能展示人生的价值。对存在的困难，全体北元人以超常的策略和执行力，全力以赴推动上市。用他们的话说就是为了上市，为了第三次跨越发展，必须要付出"脱皮掉肉"的努力。凝聚产生力量，团结诞生希望，四年来公司勠力同心，携手奋进，把时间往前赶，将困难估计足，以超常规的工作节奏和锲而不舍的工作干劲拼抢每一天，持续破解上市难题，全力扫清上市障碍，目前各项工作进入最后提速冲刺阶段。

精神是一种力量，能够把天南海北、志同道合的人都集结起来，大家千里相逢，共同创造着美好未来。来自五湖四海的铁军昂扬挺进北元发展建设中，固然风沙飞扬，固然气候干燥，然而勤劳朴实、学思践悟的北元人，攻坚克难、善作善成。上至领导干部，呕心沥血、鞠躬尽瘁，下至一线职工，不怕困难、不畏艰辛，从点滴做起，用勤劳的双手成就属于北元人自己的精彩人生。他们的行动和事迹凝结成为北元发展壮大的精神力量和支撑——"北移精神"。"北移精神"是舍"小家"为"大家"的大局意识，是爱憎分明的职业情感、知行合一的事业热情、公而忘私的企业情怀、奋不顾身为企业谋发展的顽强斗志。

风雨同舟，万众一心。一批又一批优秀人才借助陕北能源化工基地建设这个平台建功立业，实现了自己的价值。弘扬爱国精神，建功立业新时代，汗水挥洒，智慧闪亮，"北移精神"在陕北这片土地上凝练和升华，让北元在苍茫的毛乌素大漠上屹立崛起，永葆初心，熠熠闪光。

惟其磨砺、始得玉成。十六年的奋斗拼搏，十六年的改革创新，"北移精神"在陕北这片沃土上书写下壮丽篇章；而十六年的砥砺前行，"北移精神"亘古不变、历久弥新。"北移精神"彰显了陕煤集团12万职工放眼全局、建功立业的创业精神，迎难而上、艰苦奋斗的拼搏精神，敢为人先、励精图治的创新精神。

凡是过去，皆为序章。激荡人心的历史，积淀了"北移精神"。聚焦陕煤集团不惧坎坷、不断开拓、勇于探索的前进之路，一幅壮美画卷正徐徐展开。北元人将以更加饱满的热情，更加奋发的精神，更加务实的作风，更加昂扬的斗志，为实现跨越发展踏浪前行，为陕煤集团高质量发展贡献北元力量。

《中国化工报》：

一体多元和而不同

——北元化工打造混合所有制企业文化样板

北元化工 薛红娟

企业由小变大、由弱变强，员工人数从2005年的230人发展为4000余人，产值由2005年的1.59亿元跃为2012年的53.9亿元，增长了33倍，资产由10年前的6618万元发展到2012年的110亿元，增长了165倍。

这就是混合所有制经济发展模式——"北元模式"打造的传奇。陕西北元化工集团有限公司是由陕西煤业化工集团有限责任公司（简称"陕煤集团"）与十户民营企业合股组建的大型盐化工企业。

几年来，北元化工集团公司致力于建设与"北元模式"相契合的北元特色企业文化，并以此为核心竞争力，全力打造一流煤盐化工企业、低碳循环经济示范企业，在探索与实践中走出一条文化引领企业科学发展之路。

传承和创新相结合，用与时俱进的文化建设引领人

走进北元，值班室里、厂区管廊架上，"文化北元，人才北元，创新北元""一切为了发展，一切为了员工"等标语非常醒目，文化的气息无处不在，员工们时刻都受到文化理念的熏陶。2011年，公司对原有的文化进行梳理和重塑，坚持传承和创新紧密结合，从实际出发，确立了以"物华聚北，天人和元"为主题的"聚和"文化体系，并在实践中不断延伸和丰富符合自身实际的廉洁文化、安全文化、质量文化、诚信文化等子文化，使企业文化有机地融入企业生产经营各项工作中，为企业发展注入了不竭动力。

普遍性与特殊性相结合，用丰富多彩的文化载体带动人

在推进企业文化落地过程中，公司在实践中不断创新和丰富企业文化载体，既体现了时代精神，又充分展示了企业的特色。根据混合所有制企业特点，北元化工企业文化建设坚持陕煤集团"一体多元、和而不同"的原则，既突出了共性，又彰显了个性，做到了与陕煤集团文化的和而不同、共存共荣。他们根据化工企业高危特点，注重安全文化的宣贯与落地，着力构建本质安全型企业；根据职工队伍普遍年轻的企业实际，开展"师带徒"考评活动，成立了论坛、文艺、科技、文学书画、体育五个协会，为广大员工实现更大人生价值提供了广阔的平台。

理论与实践相结合，用刚柔并济的文化塑造人

现在的北元化工混合所有制企业运作日趋规范，建立了《员工奖惩条例》《安全生产管理制度》《科技创新管理办法》《产品销售管理办法》等97项制度。北元党政认为，把纸上的制度落实到实际工作中，制度才有持久的生命力。

几年来，公司将制度建设与企业实践相结合，梳理了岗位职责，健全了绩效考核体系，建立了覆盖生产、管理、经营的管理机制及覆盖企业战略规划、经营管理、生产控制各个层面的集成一体化系统，提高了公司生产、经营及管理水平。与此同时，以企业文化建设为纽带，将"创先争优""三问三解"、群众路线教育实践活动与生产经营中心工作紧密结合起来，通过节能降耗、修旧利废、6S精细管理、廉洁文化作品征集、"清风伴我行"文艺汇演等，使安全文化、廉政文化、质量文化等深入人心。在企业文化引领下，公司各项管理制度得到健全、完善，制度更适合企业实际，同时也赋予了北元文化更多的内涵，刚性的制度与柔性的文化相辅相成，形成了企业文化与管理实践相融合、制度管理向文化管理迈进的持续健康发展模式。

在"北元模式"的引领下，企业文化不断发挥着培育人、塑造人、激励人、引领人、带动人、凝聚人的作用，增强了企业软实力，促进了企业健康快速发展。经过十年的发展，企业做到了"五为"：为社会创造财富，为环境创造美景，为股东创造回报，为客户创造价值，为员工创造前途。

《中国能源报》、人民网：

激越向前的陕煤"北元模式"

记者　翟晓玲　于孟林

编者按：党的十八届三中全会对全面深化国资国企改革做出了总体部署，提出积极发展混合所有制经济，推进民营资本参股实施产权多元化，写下深化国企改革浓墨重彩的一笔。自国企改革的政策铿锵落地，企业纷纷响应号召，改革成果如雨后春笋。其中陕煤集团积极吸纳民营股份，与北元化工融资，共同建设100万吨/年聚氯乙烯项目，使北元一跃成为全国最大的聚氯乙烯生产企业。陕煤集团走在时代的前沿，成功实现了国企与民企联合共赢的格局,打造了被广为称道的"北元模式",开启了发展混合所有制经济新的一页!

这一奇迹是如何诞生的?中国能源报记者一行走进陕煤,走进北元,深度解析"北元模式",揭开北元十年砺剑、华丽变身的真谛,同时以陕煤集团北元化工为例,探索国企继续深化改革、发展混合所有制之路,以期百尺竿头,更进一步。

传奇"北元模式"
未雨绸缪,顺势而为开创先河

成立于2003年5月的陕西北元化工有限公司,位于神木锦界工业园区,是一家年产聚氯乙烯仅10万吨、烧碱9万吨、年产值8亿元、上缴税金5000万元的民营股份制小型企业。2007年10月,北元与榆林十家民营企业合股,公司股本金由7000万元增长到10亿元。虽然规模和资金增长了数倍,但北元仍然面临"资金、资源、管理"三大瓶颈。挑战存在的同时也是机遇来临的契机,北元以超前的战略眼光,把握住了新型工业化发展的脉搏。同年12月,北元与正在陕北地区寻求煤盐向化工领域转型升级合作伙伴的陕煤集团联合,这一想法当时并不被人看好,很多人认为资本雄厚、技术先进的国企体制与资金薄弱、技术落后但机制灵活的民企体制格格不入,民营资本可能有被国有资本吞噬之虞,也许会给北元带来灭顶之灾。

然而北元深刻认识到,面对日益激烈的残酷竞争,没有规模的优势和资金的支撑终将被市场淘汰,只有走合作共赢、优势互补的路子才是生存之道,因此,坚决摒弃了民企小富即安的瓮天之见,与陕煤集团建立了以共赢发展、互惠互利为前提的合作,签订了《增资扩股陕西北元化工合作建设大型聚氯乙烯生产基地协议书》。这与陕西省委、省政府提出的"三个转化"号召高度吻合,同时"煤炭—焦粉—电石""煤—焦粉/发电—电石—聚氯乙烯"产业链进一步延伸,使陕煤集团借助北元这个平台,快速实现煤向化工产业转化。北元也成为全国最大的聚氯乙烯生产企业,股本金由10亿元增为16.8亿元,到目前员工人数发展到4000余人,资产发展到110亿元,与2003年相比增长了约160倍。年销售收入120亿元,上缴税金超过10亿元,成为神木经济的一大支柱。此外北元积极吸纳人才,解决了当地就业问题。上下游产业链全线形成后,预计可拉动收入500亿元以上,新增税金30亿元以上,提供11000个就业岗位,得到了区域的极大支持。这是企业发展的一次质变、一次飞跃。十年巨变,沧海桑田,北元脱胎换骨,从一个名不见经传的小规模氯碱企业发展成为集采盐、发电、聚氯乙烯、水泥建材为一体的大型盐化工企业。

陕煤集团与北元的合作开创了陕西省乃至全国国企与民企合作的先河,这一成功"联姻"被称为"北元模式",这就是混合所有制经济发展所创造的传奇。在"北元模式"引领下,资源综合利用、规模经济优势突出、产业附加值高的现代化工业建设之路铺开。不但陕煤的多元化发展形势蒸蒸日上,抗风险能力提升,形成了健康良好的格局;北元也走出了独具特色的"文化北元、人才北元、创新北元"强企之路,为企业发展拓宽了空间。

聚和文化,凝聚力量的源泉

北元的快速发展离不开与"北元模式"相契合的独具特色企业文化的信念支撑。踏进北元便感受到浓郁的文化气息如春风扑面,一过保卫值班室就看到"一切为了发展,一切为了员工""敢于负责，勇于创新"等标语，并且设有专门的宣传栏，定期对员工进行企业文化培训。到了办公室，看到北元独创的企业文化刊物，如《物华聚北·天人和元》宣传册、《员工语录》《北元报》等。翻开宣传册第一页："聚和——物华聚北，天人和元，借用了天人合一的中国哲学思想和物华天宝的时空概念。物华是指北元得天独厚的资源优势；聚是指资源、人才、资金的聚集；和是指和谐，追求人与自然的和谐统一。"内刊《聚和》上刊登了众多优秀员工事迹，还有书法、文艺协会的活动，充分发挥了激励引导作用，使北元的各种文化理念深入人心，上下拧成一股绳。读到此处顿觉豁然开朗，原来北元人有这样成熟的企业文化体系作为核心凝聚力。

北元的"聚和"文化体系是于数十年经营实践中提炼的精华，既传承了丰厚的传统文化底蕴，又融合了现代企业体制的前瞻性。用温馨和谐的企业文化凝聚人、凝聚思想、凝聚力量，形成了充满活力、创造力，积极上进的团队。孟子曰：天时不如地利，地利不如人和。人心齐，泰山移，企业发展壮大需要依赖拥有强大凝聚力的团队，聚和文化理念充分展示了北元广纳人才、凝聚力量、发展壮大的雄心壮志，也体现了北元追求人与自然和谐发展的境界，符合我国可持续发展战略。

勇于担当，敢为人先之创新

"创新北元"的理念并不是一句口号，而是将创新精神真正融入到了北元的生产经营管理各个环节，大到体制、观念创新，小到技术改造、行为方式等的创新。从大处讲，在氯碱行业大洗牌阶段，北元率先冲破常规观念，与陕煤集团合作，开创先河，打破了国企与民企泾渭分明、相互挤压的格局，既发挥了国企资本雄厚、管理规范的优势，又发挥了民企机制灵活、对市场敏感的长处，不但增强了国企的活力，也大幅度促进了民企综合实力的提升。从小处看，北元的全体员工，不论是公司领导还是一线工人都身穿统一的工作服，佩戴工作证；多人同行时一定做到"两人成排，三人成行"；在餐厅买饭自觉排队，绝不混乱；接待来访客人态度和蔼、热情周到；入职的新员工都要接受统一的军训，真正做到了军事化管理标准；每一条走廊甚至林荫小路都干干净净，不见一片纸屑，不禁让人怀疑是身处在一个化工企业中，还是一个花园内。方方面面都极为规范，追求细节、精益求精，新颖的管理风格，使北元取得了突飞猛进的发展。

正是有着敢为人先的意识、勇于创新的理念、国际化的定位，使得北元不拘泥于现状，看得更远，站得更高，锐意进取，敢于突破成规，才缔造了"北元模式"的神话。

人尽其才，员工是腾飞的基石

企业的成就是员工汗水的凝结，是每一个北元人辛勤劳动的果实。北元的人才理念是：人人都是一颗星。本着对员工负责的态度，要求严、标准高、管理到位，落实到安全生产和幸福生活。北元还完善了各项活动设施，结合公司队伍年轻人多的特点，建造了具有一流水平的职工活动中心、体育场、游泳馆、青工素质拓展训练中心等。职工活动中心占地面积达3102.2平方米，上下共3层，包括807座观众厅，恢宏大气。其中设有乒乓球室、台球室、健身房、机房，还有琴棋书画、阅览活动室等。体育场内有篮球场5个、足球场1个、羽毛球场3个、网球场1个、田径运动场1个，还有健身广场。很多员工下班后就在活动中心运动或是看书，俨然将公司当成了大家园。

北元还制定了健全的人才保障机制，积极吸纳年轻有朝气、有活力的员工，尽量提高员工的待遇。2013年，4100名员工平均工资达6.8万元，工资水平处于当地和同行业领先水平，并且在近两年经济极不景气的形势下，丝毫没有降低员工的待遇。北元坚持对员工细致入微的关爱，不但执行国家的保障制度，还有额外的补贴和福利，例如员工探亲补贴、双职工住房补贴、困难员工子女上大学助学金等补贴办法。此外，还让年龄较大、工龄较长的员工提前带薪退职。这些举措将北元人的心紧紧地凝聚在一起，使北元这个团队充满蓬勃朝气和活力，发挥出了更大的潜力。

十年波澜壮阔的历史画卷镌刻了北元励精图治的奋发雄心和鹏程万里的凌云壮志。北元在陕煤的引领和扶持下，打造了一种全新的企业发展模式，生动诠释了深化改革、发展混合所有制经济的精义。

"北元模式"之启示

"北元模式"带给我们的启示，是具有危机意识和忧患意识，才能把企业自身优势发挥出来，只有走合作共赢、优势互补的路子才是生存之道。

合作的基石：梦想凝聚力量

北元的发展归功于经济体制的改革，即国企和民企混合所有制的发展。如何才能使两种迥异的体制水乳交融？那就是拥有共同的梦想。北元在秉承陕煤集团"奉献社会、造福员工""务实、尽责、诚信、合作"的核心价值理念基础上，又形成了更为详尽、完整的"聚和"文化体系。北元与陕煤集团战略思想的高度统一，领导班子的融洽和谐，企业员工的精诚团结，是北元做大做强做精的坚实基础。

一个企业只有拥有坚定不移并为之不懈奋斗的伟大目标时才能迸发出最惊人的力量！北元的建设坚持陕煤集团"一体多元、和而不同"的原则，既突出了共性，又彰显了个性，真正做到了与陕煤共赢合作、和谐发展、共存共荣、和衷共济，为实现企业辉煌梦、复兴中国梦而奋斗。

扬长避短：优势互补的共赢

混合所有制最大的活力在于不同体制的优势互补，有利于各种所有制资本相互促进、共同发展。陕煤集团与北元联合打造的"北元模式"正是对这一观念的深刻诠释。国企资源充足、资本雄厚、技术先进，但效率低、创新活力不足；民企则机制灵活、创新力强、效率高，但资金欠缺、技术薄弱、管理不规范。发展混合所有制经济，通过互靠双借，国企的规范性、程序性加上民企的积极性、市场敏感性，使国企的资源得到更高效配置，活力提升；民企得到强大的资金、技术、人才支持。两种体制碰撞激荡过程中，吸纳混合所有制带来的各项优势，逐步把国企运行中的缺陷和民营企业管理上的劣势去掉，不断优化管理，激励企业迸发活力。这种有利于提升竞争力、更容易实现利益最大化的共赢才是持续发展的坚实基础。

共同的事业心：责任和奉献

能承担多大的责任，就能取得多大的成功。敢于负责的企业精神，体现了陕煤和北元人追求卓越、勇于承担的价值取向以及作为社会组织所具有的责任感，也是陕煤与北元合作成功的信念基础。"丈夫贵兼济，岂独善一身"，一个有责任心的企业才能不断突破，开创美好未来。北元担负起带动地区经济发展的责任，成为神木全民创业的开路先锋，为带动区域经济发展作出了巨大的贡献。在北元文化的潜移默化中，广大员工也以强烈的责任感，将企业的发展当作自己的事业，将个体小我融入企业大我之中，成为北元和谐发展的不竭动力，使北元更有竞争力，更具发展潜力。以责任和奉献为宗旨的陕煤集团和北元集团携手奋进、栉风沐雨、历经千磨万击，才成就了"北元模式"的辉煌。

深化改革仍有空间
政企分开，产权清晰

政企分开，建立产权清晰的企业制度。国企改革不仅仅是企业的事情，政府也须转变观念，若不能破除企业政府化的魔咒，混合所有制模式改革的空间很狭隘，能走多远难下断言。尤其地方政府应当深刻领会并彻底贯彻党中央的政策，给企业松绑，给予大力支持、帮扶，而非与企业进行利益博弈。应当杜绝地方政府向企业"参股参人"这种严重制约企业健康发展的现象，为企业争取更大的空间，真正让企业成为自主经营、充满活力的市场竞争主体。呼吁政企分家落到实处，否则深化改革终究是纸上谈兵。

建立灵活人才机制

北元的迅速发展伴随着人员的快速扩张，虽然培养了大批优秀人才，但仍然有一些问题，如面对工作量剧增、工作标准提高，管理者的水平却没有同步提高；人力资源管理机制与员工队伍壮大不适应；人才技术与产业规模不适应，这将成为制约企业长远发展的一大瓶颈。因此，进行人才体制创新，提高管理者与全体职工的素质是亟待解决的问题。建立与现代企业制度相适应的灵活的人才机制，充分发挥人才的积极性、灵活性、创造性，物尽其用、人尽其才，是保证企业在全面深化改革大熔炉中脱颖而出的关键。

完善现代企业法人治理结构

法人治理结构是现代企业制度中最重要的组织架构，主要是指公司内部股东、董事、监事及经理层之间的关系。这四个部分的产生、组成、行使的职权、行事的规则等，以及各部分的职责义务、协调配合、相互制衡体现在一个公司的最高法律——公司章程中。现代企业制度所倡导的所有权、管理权分离也是为了实现企业存在的目的：利润最大化。三中全会鼓励发展混合所有制通过产权主体多元化，这并非经济改革的目的，而是深化国有企业改革的一个手段或者措施，发展混合所有制的根本目的是建立现代企业制度。

站在新的起点上，北元肩负着更大的社会责任和期望，如何在全面深化改革中奏响新的乐章，焕发新的活力，我们翘首以待。

《陕西日报》：

混合经济为国企运营注入"活水"

记者 贺韬 通讯员 孙鹏 何武宏

编者按：2014年3月，陕西日报就混合经济专题作了报道，"北元模式"被当作了重点解析报道，现将全文刊登如下：

发展混合所有制经济是十八届三中全会提出今后经济体制改革和深化国企改革的方向之一，有利于不同所有制经济的生产要素的合理流动和优化组合。

陕西省在发展混合所有制经济方面也进行了积极探索，并取得了显著效果。2010年省政府就出台了《关于鼓励和引导民间投资健康发展的实施意见》，有效促进了我省民间投资和国有民营合作的混合经济的发展。这种由国有企业主导、带动的民间资本项目整合，不仅实现了双方在体制、资源上的取长补短，还使这些"混血企业"在优势嫁接中快速做大做强。

"我们和民企的合作，从一开始就是企业做强做大的迫切需要。"陕煤集团董事长华炜介绍说，集团成立后，重点建设项目超过60个，投资总额接近1000亿元，钱从何来？项目如何快速做大？都成了严峻的问题，正是在这一背景下，集团开始与央企和民营企业合作搞大项目。

与陕煤集团开展合作的第一个民营企业是位于陕北神木县的北元化工公司。北元化工公司成立于2003年5月，由当地10个民营企业家东拼西凑筹资10亿元建成了一条年产10万吨的聚氯乙烯生产线，但企业进一步发展过程中遇到融资难、管理经验缺乏等困难。2007年12月，陕煤集团伸出橄榄枝，以40.48%的股权比例与北元化工合作组建了陕西北元化工集团有限公司。

陕煤集团的加入为北元化工的发展注入了一针强心剂，从此，该公司走上了一条快速发展的道路。

2011年12月，双方投资83.8亿元的100万吨/年聚氯乙烯项目建成投产，成为全国最大的聚氯乙烯生产基地。该项目包括100万吨/年聚氯乙烯、80万吨/年烧碱、4×125兆瓦抽气式直接空冷汽轮发电以及240万吨/年工业废渣水泥装置。同时循环经济特色鲜明，形成了"煤炭—焦粉—电石、盐/煤—焦粉/发电—电石—氯碱"的煤盐化工生态产业链，将现有资源"吃干榨尽"，整个生产过程没有废弃物排出，资源在生产全过程得到高效利用，提高了资源附加值，改变了氯碱产业"两高一资"的传统生产模式，实现了经济效益、社会效益和环境效益的有机统一。

北元化工公司的主要创始人王凤君在重组后仍然担任总经理一职。他说："民企的危机意识和国企的发展意识让双方在这一项目上一拍即合。对民营企业来说，我们有技术、人才和市场，但没钱，如果没有这个合作，在2008年金融危机时肯定就死掉了。对国有企业来说，他们管理比较规范，程序性比较强，纪律和制度比较严格，我们就采纳了，民营企业这种办事灵活务实的作风，也有利于企业，我们就采纳。这样就逐步把民营企业的劣势和国有企业的缺点在合作的过程中废除掉。"

目前，陕煤集团的"北元模式"，已被视为国企和民企合作的典范。

应该说，国企与民企各具特色。在成本控制、风险研判、市场感知上，民企要敏锐得多。对现有的一些民营企业采取并购、参股等方式合作重组整合，可以吸收和借鉴他们的灵活机制、反应敏捷、决策高效等优点，并发挥国企品牌过硬、管理规范、资金雄厚的优势，实现两种体制取长补短，这既是企业低成本快速扩张、做大做强最有效的途径，也是发展的大势所趋。

更重要的是，这种合作可以开创一种国有资本引导民营资本的发展新模式，在实现共同发展的同时，可以更好地履行社会责任，打造资源节约型、环境友好型企业。北元化工公司这几年的发展证明，国企与民企的特点形成了互补，双方优势得到了充分发挥，目前双方投资建设的全国最大的100万吨/年聚氯乙烯项目已经建成投产，取得了不错的经济收益，这充分说明"北元模式"是成功可行的，也进一步坚定了企业在这一合作模式上继续探索的信心和决心。

中国煤矿安全网：

北元化工："三部曲"促进产业升级

北元化工　张　明　熊　磊

科技创新是科技发展的生命之源，经济的发展需要科学技术提供发展的动力。近年来，公司积极响应创新驱动发展的号召，坚持以"科技兴企、科技强企"为指导思想，以"依靠技术创新，提升企业竞争力"为工作核心，不断完善科技创新体系，推进科技研发，培养科研团队，实施全员创新，谱写了公司科技创新工作三部曲。

一部曲：提纲挈领，减流程、提效率

2012年9月，为了健全和完善公司科技管理与研发组织机构，公司成立了科学技术委员会、专家咨询委员会和科技成果评审委员会，组织开展了一系列科技创新评审工作。随着产能的不断释放及科技创新的日新月异，为更好地发挥科技工作指导作用，公司将"三委会"机构精简，保留"科学技术委员会"，进一步明确职责，简化流程。同时，结合公司下发的"一个决定，十个办法"，对科技项目、成果管理、科技工作考核、科研资金核算范围及管理流程等进行了修订及完善，确保科技创新工作流程更加规范。

公司对科技工作实行季度考核和年终推优考核，根据考核结果，积极推广优秀成果，促进科技创新工作转化为生产力。

二部曲：纲举目张，抓生产、出成果

公司科技工作始终坚持"以科技项目为主线，以解决生产瓶颈为目的，为生产平稳运行提供技术支持"的思路，通过规范立项评审流程，强化项目执行管理，完善项目验收程序，确保项目立项的合理性和科技项目完成率。同时，对科研项目实行递进式研究，将科技项目划分为调查研究项目、研究开发项目和应用实施项目三类，提高科技项目研究的连续性，推动项目成果的应用转化。

科技成果重转化、强推广，以生产现场职工"小发明、小创造、小革新"立足，不断激发广大员工的创新热情。随着成果不断增多，公司细分了成果类别，将成果分为知识产权成果、职工成果、科技项目成果。通过成果分类，重新梳理各类成果申报、评审流程，使成果管理更加规范。针对职工成果，公司成立专业技术评审小组，采用现场评审验收的方式，由成果人简述成果开发的背景、技术原理、实施效果，再由评审小组现场提问，并与成果人互动交流，拓宽成果人的创新思路，促使成果人多角度考虑问题，优化成果的开发方案，以提升成果技术水平。

公司各项成果也荣获了上级部门的多项奖励，其中公司员工曾宪军发明的"一种水泥回转窑窑门装置"专利，获陕煤集团专利评选三等奖；化工分公司"电解单元节电改造"项目获陕煤集团科技进步三等奖；化工分公司"整流变压器保护抗干扰装置""硫酸清净工艺改进"成果，分别获陕煤集团职工科技创新成果二等奖、三等奖。截至目前，公司累计申请专利108项，授权专利106项，拥有有效专利108项，其中发明专利2项，实用新型103项，外观专利3项。

三部曲：因势利导，建项目、育人才

公司遵循产业现状和科技人才成长的规律，坚持以科学技术带动企业发展，以科技项目培养人才，以"内部培养为主，外部培养为辅"，加强"产、学、研"合作，将科技人才队伍建设作为一项重要战略任务抓紧、抓好。为了进一步规范科技人员管理，公司下发了技术管理体系，结合实际对技术体系内部人员进行评聘，抓好人才培养、吸引、使用三个关键环节，构建技术人才梯队，并通过技术攻关、科研项目将各类人才的积极性、主动性和创造性最广泛、最充分地调动起来。

2015年，公司科技创新捷报不断，员工马建国、刘建平、韩慧珏、曾宪军、熊磊被评为陕煤集团"优秀科技工作者"，马建国同时还被评为神木县"优秀科技工作者"。公司员工在相关行业期刊上发表论文200余篇，其中总工程师张宇撰写的《新型湿法乙炔与干法乙炔工艺装置的比较》荣获2015年聚氯乙烯行业年会一等奖，化工分公司刘鑫等人撰写的《硫酸清净乙炔工艺改造运行总结》荣获三等奖，陈治、王贵珍、卢文军、徐珂、宁春波、赵省军、薛志清等人撰写的7篇科技论文获优秀奖。

《中国安全生产报》：

激发企业内动力监管呼唤智慧化（摘选）

记者 刘永宏

安全生产工作的责任主体是企业，政府部门及公众所做的一切努力，必须通过企业的正确实施，才能见实效。

位于神木县锦界工业园区的陕西北元化工集团有限公司（以下简称"北元集团"）是神木县危化品行业的龙头企业，在安全生产上是县里的标杆，正在积极开展一级标准化创建工作。一进厂区，工作人员就提示记者要沿着路边走，只见平整的道路两侧各有一道白色实线，将路面分成了三部分。工作人员表示，这是为了人员和车辆的安全所设置的，人在白线的右边行走，车辆在中间通行，互不干扰。厂区道路上走人行通道，厂房内走安全通道，横穿道路走斑马线，不管有没有人监督，对于该企业员工而言，都已经养成习惯。

"如果这些细微的规则员工都能遵守，他们就一定能做到工作制度时刻不忘。"北元集团化工分公司安全环保科副科长惠建伟说。

北元集团依托榆林地区丰富的煤炭、电石和原盐资源优势，坚持规模化、多元化、一体化的发展模式，在每年10万吨聚氯乙烯项目稳定运行的基础上，建成了每年100万吨聚氯乙烯循环综合利用项目。

"从我们企业的发展历程看，一直是企业一把手主管安全生产工作。没有一把手对安全生产的重视，就是拥有再先进的技术，也很难实现安全生产。"惠建伟说，"从集团领导到基层员工，我们对待安全生产工作的态度是一致的，那就是不仅要遏制重特大事故，还要努力实现'三零'，即零事故、零污染、零隐患。"

要实现"三零"，北元集团认为人是最重要的。

前几年，该企业对照标准，对安全生产标准化体系进行完善。但随着企业生产规模、人员数量和产品种类都发生了变化，该企业内部各级人员对安全生产工作的认识出现了分歧，安全管理制度虽然越来越严格，但员工违章作业、班组长违章指挥等问题时有发生。北元集团急需一套行之有效的安全管理模式。

2014年9月，北元集团学习了金川集团股份有限公司的安全文化建设经验。目前，北元集团的安全文化建设接近尾声，从集团领导、安全管理人员到基层员工，都切身体会到了巨大的变化。

"在多年的日常安全管理中，我曾遇到许多问题。比如员工因违章受到伤害，违章的重要原因是员工的安全意识淡薄。但是究竟怎样做才能切实增强员工的安全意识呢？过去，这个问题一直困扰着我，现在结合金川集团股份有限公司的安全文化建设模式，我们找到了问题的答案。"惠建伟说。

对于预防事故发生，北元集团有自己的一套理论：任何作业活动都存在风险，只要进行科学辨识，风险是可以被识别的。风险控制得当的话，就不会升级为事故。

"管安全的重点就是管风险。要防范遏制重特大事故，就要管控好风险。因此，我们引进了风险管理方法。"惠建伟说，"员工的生命安全与健康高于一切，是我们的安全核心价值观。所有员工都要坚信这一点，在安排工作时将确保员工的生命安全和健康放在首位。"

在管好人的同时，北元集团十分重视对技术和硬件设施的升级完善。对于在用的设备设施，北元集团完成了对关键设备参数的红、黄、蓝三区划分，完善了人机隔离安全防护措施，对工艺系统隐患进行了排查和整改。

这些改造，让基层员工的安全感和工作环境舒适度大大提升，哪里可以行动，哪里要避开，一目了然。

记者看到，厂房里，绿色的安全通道，黄色的警戒线条，人与车分流，人与机械隔离，各自在所属区域作业互不影响。一些设备的转动部位安装了防护罩，有些还实施了安全隔离，使人与机器的危险部位完全隔离开来。每台设备、每条管道旁边都有色标、色环、介质名称的介绍，还配有图片，让操作的员工看一眼就知道管道里面是什么、有什么危害。

在设备与技术方面，北元集团采用德国的离子膜烧碱装置、日本智索公司的聚合系统、瑞士博特公司的降膜蒸发系统等，均属世界先进水平。这些设备在设计阶段就规避了很多安全风险，产出的产品质量较好。使用这些设备，北元集团实现了经济效益与安全生产的"双丰收"。

《中国煤炭报》：

晒晒陕煤人的"朋友圈"

北元化工 高 云 杜元鹏

记得小时候，每到周末，我们会上山帮助父母干点农活。村里人对我妈说："虎子他妈，你们虎子长大了哟，真懂事，会帮你们干活了。"父母听后脸上露出得意的笑容。看着父母的笑，我心里甭提有多么的高兴，那时我就懂得了——劳动是最光荣的！后来长大了，身边的人们总想出去走走，看看世界到底有多大，打开微信，你会发现，朋友圈里除了是晒美景的，还是晒美景的……在这里我要在我的朋友圈里晒一晒我的收获。

花丛中的拾荒者

这是我们的班长王宏飞，正在绿化带中打扫卫生。打扫卫生这简简单单的工作，大家看他干得多么细心认真，一片片小纸片，一颗颗小石子，他用自己的双手一点一点地拾进垃圾桶。这样地干活标准正符合他平时的工作作风。作为一名班长，他对待工作严谨认真，如工艺指标的把控，他要求精益求精，一旦有指标发生异常，他总要排查原因，分析可能造成指标异常的因素、可能带来的后果，并记录备案本次指标异常事件，与大家分享学习。

看见他认真干活的样子，我故意上去说："宏飞，打扫绿化带这么点儿事，你干吗那么认真？"他抬头看着我，笑着说："今天我认真地给花草除去阻碍它们成长的小石子，明天你们的生活和工作上遇到了阻碍，我也帮着你们除去！"简单的一句话触动了我，望着他的背影，此时感觉他在花儿的映衬下笑得那么美，身上也似乎散发着特殊的芳香。我真的很羡慕他，因为他是画中人。

高空中的舞者

我的徒弟杜哲，他刚来电解工段不到六个月。记得刚来的时候，他基础知识比较薄弱，对现场设备、工艺知识一窍不通。但他刻苦钻研，勤学好问，干工作积极上进，现在的他让班组每个人都刮目相看，给我们这个集体注入了新的活力，也让我们这帮"老人们"有了危机感。

这不，这会儿他正在十米高的管廊架上排查漏点，想想他刚来时上管廊架都怕得腿发抖，如今他在高空中行走自如，像一个舞者。看着他那忙碌的身影，顿时，感觉他比画中的烟筒更加高大，我真的很羡慕他，因为他是画中人。

隐形中的侠者

这是北元化工分公司氯碱分厂的检修人员，今天巡检人员发现 C 线 F 槽阳极液出液总管取样阀，阀体有沙眼，阳极液漏，立即上报班长，班长得知情况后，联系检修人员进行处理。检修人员现场观察后，开始着手处理，首先用塑料布包住下方镍管，避免被腐蚀造成二次事故，然后用胶粘和打关卡的办法进行处理。电槽二楼温度当时有 45 摄氏度，他们一干就是两个多小时，衣服和裤子全被汗水打湿。漏点处理好之后，他们站在厂房外边感受着凉风，边笑着说："这感觉就像是站在大海边吹着海风呀，爽！"

这群检修人往返在各个工段，为生产保驾护航，他们就像隐形中的侠者，在大家需要他们的时候，他们亮剑而出。我真的很羡慕他们，因为他们也是画中人。

这是我的朋友圈，是否感觉这里的风景怡人，这边风景独好。

《陕西日报》：

北元化工：混合体制的样本　循环经济的示范

记者　程靖峰

走进神木锦界工业园，占地 2700 亩的北元化工集团渐渐"闯"入人们的眼界：在陕北湛蓝的天空下，高耸的化工装置、密集的管路和林立的厂区蔚为壮观。令人惊叹的是，

13年前它还只是年产10万吨聚氯乙烯的民营企业。如今，已成长为聚氯乙烯年产能达110万吨，拥有多种产品的大型盐化工企业，并开创了区域所有制合作的新模式，被陕西省委、省政府称为"北元模式"。

成立于2003年的陕西北元化工有限公司原本是一家小型的民营股份制企业。2007年12月，通过增资扩股，北元与陕煤集团及神木当地部分民营企业、自然人合股组建新的公司。虽然规模和资金增长了数倍，但北元仍然面临"资金、资源、管理"三大瓶颈。2015年3月，通过国有与民营股东同比例增资，股东结构调整为国有加民营企业及自然人，股本金增至31.5亿元。陕煤集团与北元的合作开创了陕西省乃至全国国企与民企合作的先河，这一成功"联姻"被称为"北元模式"。

"'北元模式'从建立至今，已良性运行9年时间。通过发展混合所有制的尝试和探索，北元既发挥了国有企业在融资、人才、规范和资源配置方面的优势，又发挥了民营企业在灵活、快捷、敏锐方面的优势，双方优势互补。"北元化工集团董事长刘国强介绍说，国有企业把有限的资金放大，再继续扩展新的优势行业，起到"四两拨千斤"的效果。从民营到混合所有制的发展，北元从小到大，实现了快速发展，员工人数从500人发展为4000人，增长了8倍；产值由1.59亿元跃升为70亿元，增长了44倍；资产由6618万元发展到现在的125.24亿元，增长了189倍，这是混合所有制经济发展所创造的传奇。

北元化工所处的神府地区，煤炭资源丰富，加上其厂区地下广布原盐资源，相比其他电石法聚氯乙烯企业，拥有无可比拟的资源和成本优势。记者在北元化工的聚氯乙烯包装车间看到，煤炭、原盐经过一系列标准化的生产流程后"蜕变"为白色粉末状的聚氯乙烯。被一个个灰黄色的袋子包裹起来的成品被整齐码放在车间内，等待装车销往世界各地。如果不被告知这些产品来自于黑色的煤、白色的盐，见惯了煤尘满天飞的高能耗企业生产场景的人，很难将这些场面与盐化工、煤化工产业联系起来。

作为一家国家级循环经济示范企业，北元化工已形成了"煤、盐、焦、电、电石、聚氯乙烯、水泥"为一体的循环经济产业链格局，年可转化原盐135万吨、电石165万吨，间接转化原煤800万吨。在这条生态产业链条里，热电装置为化工和水泥装置提供电力和蒸汽，电石装置所产电石反应生成的乙炔气和烧碱装置产生的氯气、氢气用来生成PVC，PVC装置产生的电石泥废渣和热电装置排出的炉渣用来生产水泥，整个生产过程没有废弃物排出。

在"北元模式"和循环经济的引领下，北元化工资源综合利用、规模经济优势突出、产业附加值高的高端化工产业拉开帷幕。今年1—6月，公司生产PVC60万吨，烧碱41万吨，发电16.88亿度，实现营业收入33.9亿元，实现利润1.88亿元。去年3月，"北元模式"又翻开了崭新的一页，公司引入恒源集团作为战略合作伙伴，股权结构进一步优化，同时明确了上市目标。今年6月公司将锦源化工收购变更为全资子公司，股本金增至32.28亿元，股东变更为14方。与此同时，北元化工大刀阔斧进行机构改革，推行扁平化管理，向着上市目标做最后的冲刺。

"目前，我们对影响公司上市的重点难点任务，落实责任人专项跟踪办理，各项工作都取得实质性进展。公司力争在9月底前完成股份制改造，挂牌运营，在2017年上半年向中国证监会申报上市材料。"北元化工集团董事长刘国强告诉记者，北元化工有望成为榆林市首家在主板上市的企业，这将会为企业转型升级带来机遇，为地方经济社会发展注入新的活力。

《中国化工报》：

北元集团：两化融合释放企业新动能

北元化工　张　政　马　薇

　　北元集团的总调中心，调度人员在监控大屏前盯着化工、热电、水泥、电石四个分、子公司的生产现场、生产数据和能源消耗，在有条不紊地组织生产，实现全集团科学的生产管理、科学调度，这是北元集团实施两化融合取得的成果之一。

　　"北元集团的信息化同100万吨/年聚氯乙烯循环综合利用项目同步建设，从2009年开始建设至今，将信息化同企业管理、运营管理、安全生产管理深度融合，先后完成了基础硬件平台的建设、管理信息化ERP项目的建设和能源管理项目的建设，为北元集团打造智能工厂，提高企业核心竞争力奠定了基础。"2017年3月20日，北元化工两化融合管理体系负责人刘永田说。

提升管理水平

　　刘永田告诉记者，管理信息化ERP系统建设的目标就是将公司的管理制度和流程固化并优化，以提升企业管理水平。北元集团通过第一阶段已完成的OA协同办公、人力资源管理、供应链管理、财务核算、资金管理和报销管理等系统，为企业基础业务管理工作带来效益。

　　首先是实现了全面协同办公。刘永田表示，该公司下设九个部门，四个分子公司，日常办公事务错综复杂。通过建立OA协同办公系统，规范了日常工作的协同处理、公文管理、文件传阅、通知公告、审批流程、会议管理以及文档管理等，建立了清晰的纵横传达流程体系。"针对公司的实际业务应用情况可以对各项审批流程、业务表单进行相应调整，给工作带来了便捷，也使办公传统的纸质文档变为电子文档，每年可节约费用50多万元。"刘永田算了一笔账。

　　其次是促进了人力资源管理。据介绍，该公司建立了人力资源管理系统，实现了组织机构整合优化、岗位调整梳理，按照班组为单位进行最优化调整，工作岗位均衡评估合理分配，严格管理岗位人员调动，给公司成本核算带来便捷；建立了人员招聘管理、培训管理、人员信息管理、合同管理体系，极大方便了人力资源人员综合信息查询、培训等工作；建立了时间管理、工资管理、福利管理等业务的应用，完善并简化了职工薪酬福利计算、统计、发放等各个环节的管理。

　　此外，还提升了财务管理水平。北元化工建立了ERP系统，财务核算、资金管理以及费用报销等三大系统，搭建了完整的财务管理平台，提升了公司集团化财务的管控水平。

优化运营水平

　　"北元化工的循环经济产业结构，最突出的特点是产品多、原材料及备品备件品种多、内部交易多，因此必须要有一套完善的集采购管理、仓储管理、营销物流管理为一体的供应链管理系统,来保障企业的运营管理。"刘永田说,北元化工通过实施两化融合,将供应链系统的采购管理、营销物流管理与财务核算系统进行统一集成、无缝对接,使业务单据审批完后直接进入财务核算程序,既方便管理又降低劳动工作量,实现了信息化与企业运营管理的紧密融合。

在规范仓储管理方面,北元化工通过建立采购管理系统,从原材料及备品备件等物资的采购计划、订单、到货检验、到货验收、入库、出库等各个环节,全部实现了电子化的管理模式,提升了采购工作的科学化和规范化水平。尤其在仓储管理方面建立了一套存货编码体系,将原来的22余万条存货档案整合到4万条,为仓储管理奠定了基础。

在实施货位管理方面,将该公司各个实体库房和ERP系统中的虚拟库按照区、排、层、格的方式进行划分,再将货物与货位进行匹配,做到实物与系统存货完全相符,给存货核算、物资查询、物资出库以及盘库等工作带来了便利。

在建立物资寄售管理方面,对部分常用备品备件实行寄售管理,月底进行汇总结账,既保证了材料的及时供应又实现了该部分物资的零成本。通过采购管理系统的建设,既细化了采购管理各流程环节又规范了仓储管理,使得库存物资由原来的6亿多元降低到目前的8000多元,减少了库存资金占用率,降低了企业的运营成本。

在销售物流管理方面,该公司完成了经销商管理、销售订单、发货管理、销售合同、报表管理、发票管理、退货管理、内部交易管理以及物流一卡通管理等应用。通过该系统的建设,将北元化工销售管理各个环节根据管控的实际情况进行优化,并集成于统一的销售管理平台。同时,通过物流一卡通系统严格管控物流车辆的出入、装卸、过磅等过程,避免了车辆出入和过磅过程中人为因素造成的不必要的损失。

保障安全生产

安全生产是化工企业的命脉,也是行业信息化的主战场之一。在信息化与企业安全生产的深度融合方面,北元集团建立了以生产实时数据库系统、能源管理系统等MES生产执行制造系统为主,以生产视频监控系统为辅的全方位管理模式,加强生产过程监管,提高能源利用效率,保障生产装置安全运行。

"北元化工作为一家大型的循环经济产业链企业,要求对产业链上的各类物资、生产装置以及生产过程必须具有协调管理、统一调度的能力,才能实现整个产业链科学合理的循环。"刘永田说,为实现该目标,北元化工通过建立实时数据库系统,将分、子公司的DCS、PLC等自动化控制系统的40000多条生产实时数据与1000多张生产工艺流程集中采集到集团公司总调度指挥中心。通过该系统,集团总调度人员可以实时了解生产现场运行状况,并通过对现场实时数据的分析,来指导各产业链上的生产运行和资源调配。

在安全生产方面,为保障厂区及各生产装置安全,北元化工通过生产视频监控系统的建设对现场及主要生产装置进行监控管理。视频监控系统分布到生产现场的各个区域,对重点装置区及设备进行实时监控,提升了现场监管能力,保障了生产装置的安全运行。

此外,北元化工积极开展能源管理系统的建设,将公司的煤、水、电、汽等能源介质以及关键耗能设备进行统一管理、合理分配。该项目建成后实际年节能量为48043.49吨标准煤,降低了企业的能源成本。

两化融合关键在认识

作为一个新型氯碱循环产业项目，北元集团在工业"智造"的路上不断探索，实现集约化和精细化管控，取得了较好的成绩。这其中关键的一点是统一了思想认识、坚持了一把手工程。

管理信息化是一项系统工程，各级管理者和业务人员都要对企业信息化有统一的、正确的思想认识，要明确信息化建设是提高企业管理水平，将公司各项管理制度、流程固化落地的管理工具；是降低物料消耗，提高劳动生产率的重要手段；是提高企业的核心竞争力的科学方法，最终实现智能工厂。

一个企业的兴衰成败，三分技术，七分管理，工业化和信息化的深度融合必须是"一把手"工程，没有各级一把手的重视、推进与指导，两化融合是推不进的，它涉及企业从企业组织结构优化到生产经营管理，从制度落地到流程再造等方方面面的事情，这就意味着责、权、利的再分配问题。北元集团管理信息化项目所取得的成果，得益于企业"一把手"高度重视，推进有力。

《中国环境报》：

打造一流盐化工企业　追寻低碳多彩新生活

——记陕西北元化工集团股份有限公司低碳循环经济发展之路

北元化工　李　静

陕西北元化工集团股份有限公司组建于 2003 年，由陕西煤业化工集团有限责任公司与当地 12 户（之后为 10 户）民营企业合股组建，是陕西省混合所有制企业典范。作为一家国家级循环经济示范企业，北元集团围绕"打造一流盐化工企业，奉献低碳多彩新生活"企业愿景，立足煤、盐资源优势，积极发展循环经济产业，将本地的煤、盐资源最终转化成聚氯乙烯、烧碱、水泥等产品，带动了当地化工、建材、运输、服务等相关产业的快速发展。企业综合实力大幅提升，先后荣获国家循环经济标准化示范企业、全国两化融合示范企业、中国企业文化建设先进单位、陕西省高新技术企业、陕西省先进集体等诸多殊荣。"北元"牌聚氯乙烯和高纯氢氧化钠被评为"陕西省名牌产品"，"北元"商标被认定为陕西省著名商标。

延伸循环产业链　打造行业典范

北元集团围绕产业升级和产品结构调整，积极探索全新发展模式，由最初 10 万吨/年聚氯乙烯项目扩建为 110 万吨/年聚氯乙烯循环综合利用项目，公司的产业由单一生产企业发展为多元化产业，目前已形成了"煤、原盐、焦、电、电石、聚氯乙烯、水泥、聚氯乙烯下游产品"的一体化循环产业链条。在循环产业链中，热电装置为整个项目提供电力和蒸汽；电石装置所产电石反应生成的乙炔气和烧碱装置产生的氯气、氢气用来生产 PVC 树脂；配套水泥装置，将 PVC 生产过程中产生的电石泥废渣和热电装置排出的粉煤灰、炉渣用作生产水泥。同时，电石装置所产生的电石炉尾气，用作白灰装置煅烧石灰石和热电装置余热锅炉的燃料气，通过建设电石渣浆乙炔气回收装置、变压吸附装置、中水回用装置等实现了废气、废水等的再利用。整个生产过程没有废弃物排出,资源在生产全过程得到高效利用,实现了循环经济的生态产业链,改变了氯碱产业高能耗、高污染的传统生产模式,实现了经济效益、社会效益和环境效益的有机统一。

加大环保投入　践行绿色发展理念

如何实现发展与环保的"双赢",是企业在新常态下必须面对的一大课题。北元集团围绕"低碳生产、高效利用、源头控制、综合治理"的环保方针,着眼于环境的社会效益、长远的发展目标,积极推进技术革新与工艺改造,反复论证重大技改及环保减排项目,响应产业淘汰政策,自主淘汰了原10万吨聚氯乙烯项目隔膜电解装置,同时加大环保设施的投入,依靠科技的力量,配备了行业先进的污染物治理设施,近两年累计投入近4亿元进行环保设施升级改造。其中,投资1.1亿元建成投运了热电锅炉低氮燃烧与烟气SCR脱硝装置,大幅度削减了氮氧化物的排放量;投资2600余万元将水泥窑电除尘器升级改造为电袋复合除尘器,使除尘效率提升了50%;投资1.2亿元建成废硫酸裂解再生浓硫酸项目,实现了废硫酸的再利用,同时降低了环保风险;投资1162万元建成投运了含汞废水深度处理装置,率先达到了行业新标准要求。随着环保投入的不断加大,北元集团环境治理得到了明显改善,110万吨/年聚氯乙烯循环综合利用项目的循环经济产业链优势逐步凸显。

实施清洁生产　实现企业可持续发展

一直以来,北元集团高度重视国家相关法律、法规、方针、政策的贯彻落实,积极落实企业环保主体责任,秉承"低碳生产、高效利用"的环保理念,用实际行动捍卫碧水蓝天。多年来,北元集团积极推行清洁生产,实现循环经济的减量化、再利用和资源化,秉持"员工的生命安全与健康高于一切"的核心价值观,从源头入手,严格管控生产过程与末端治理,实现了"三废"的综合利用,在废水治理方面做到了循环再利用,将生产过程中产生的淡盐水用于采卤,综合污水、PVC聚合母液水、酸碱废水、煤水等经污水处理装置处理后进行回收利用。在废气治理方面实现了减量化,依据《电石工业污染物排放标准(征求意见稿)》和《烧碱、聚氯乙烯工业污染物排放标准(发布稿)》要求,提前开展环保设施效能评估,有计划地组织环保设施升级改造,确保满足环保管理要求。在固体废物治理方面实施了减量化、再利用,如增加除尘器,将捕集料全部回用于生产系统,再通过调整工艺操作对脱硫灰进行循环再利用等。

北元集团将秉承"敢于负责,勇于创新"的企业精神,加快产业转型升级,不断延伸循环经济绿色发展之路,全力推进企业安全发展、绿色发展、低碳发展、循环发展。

中国网:

北元集团:开辟"科技创新"新领域,跑出"科技创新"加速度

记者　武子云　通讯员　张妮

"科技"是"第一生产力","创新"就是"第一动力"。在这个比以往任何时候都更加需要"创新"的时代,北元集团深知重任在肩,为梦奔跑,不断开辟"科技创新"新

领域，跑出"科技创新"加速度，众志成城托起"科技创新"之"北元梦"。

决不放弃，加速"科技创新"。北元集团化工分公司一次盐水检修班持续作战半个多月终于完成了蓄水池液位自动补水装置系统的制作。该系统通过浮球开关进行自动补水来控制蓄水池液位，它的电路分为两路，一路为手动启动，另一路为自动启动。当转换开关打到手动时，现场人员可以在配电箱启动任意一台水泵。当转换开关打到自动启动时，浮球开关在设定的液位范围内，低液位启动，高液位停止，液位差控制在60厘米左右。新安装的电路不仅起到了保护水泵的作用，而且具有交流接触器和热继电器双重保护功能。此外，以前的蓄水池液位只能依靠岗位人员的经验进行启停水泵来补充液位，有很多不便，现在巡检人员再也不用因为看液位和启停水泵而烦恼，只需将其打到自动启动，按时巡检就可以了。

主动作为，加速"科技创新"。为了积极响应公司"提质增效"的号召，化工分公司一次盐水检修班充分发挥劳动者的聪明才智，借他山之石，找到"降本增效"的切入点。他们将两台消防泵的出水管连通合并为一根，在总出水管路上安装一个水表，既省去了一个水表，又能准确计量耗水，帮助运行人员在经济核算上迈出了一大步。

以前盐水泵都在出口压力表上进行排气，需要运行人员经常拆卸压力表，拆除时不仅排气不方便还会造成压力表渗漏。为了解决这一难题，一次盐水检修班在出口管线上安装了针型阀，并将排气出口管引流到地沟进行排气，既清洁环保，又安全方便。面对稀油站漏油不能彻底解决的难题，检修班创新性地提出在油管螺纹上涂上油漆并缠麻紧固，待油漆凝固后投入使用。经过一段时间的观察和使用，稀油站再无漏油现象，彻底解决了漏油的难题。淡盐水取样阀在车间外围，化验员取样极不方便，而且取样时溢洒的淡盐水也会对绿化带造成较大的损伤，检修人员想办法把取样阀改在控制室总管处，并将其引入地沟，这样不仅方便了化验员取样，还美化了环境。

牢记使命，加速"科技创新"。检修人员虽然不是直接生产人员，但他们服务于生产，一直是化工分公司科技创新的排头兵和主力军。在一次盐水成立科技展厅的过程中，检修班不仅牵头设计并制作了科技展览架，而且收集和制作了32件成品有序地置于展览架上，并为它们配上了美观的标签。在一次盐水组织的科技展品活动中，检修班制作的防脱卡子和科技展览架分别获得二等奖和三等奖。还有他们制作的专用工具DN150阀门锁母扳手、泵冷却水出口管线、压力变送器、台虎钳等小发明、小创造，都凝结了检修人员的汗水和智慧，彰显着他们正在跑出"科技创新"加速度，正在高质量发展的路上挥洒着他们的汗水。

《陕西日报》：

北元化工混改释放聚合效应

党群工作部　薛红娟

"推行职业经理人改革为的是把个人命运和企业命运捆绑在一起，使领导干部的思维方式在潜移默化的过程中发生根本性改变。"2019年5月6日，"双百企业"——陕西北元化工集团股份有限公司(以下简称北元化工)企业管理部副部长刘娜对记者说。职业经理人是北元化工入选国务院国资委"国企改革双百行动"企业后进行的一系列改革之一。

根据改革方案,2019年下半年北元化工下属水泥公司负责人将通过内部转聘方式,全面完成身份转换,从原来的国企领导干部转变为市场化的职业经理人,实现"身份市场化";严格目标考核和任期管理,签订劳动合同书、聘用合同书、年度/任期业绩合同书,实现"管理契约化"。

2007年,北元化工为扩大产能、升级换代,先后吸纳榆林7位民营企业家成为公司新股东。同年12月,陕煤集团以增资扩股的方式重组北元化工,开创了当地民企联合大型国企合作建设煤、盐化工项目的先河,为发展混合所有制经济树立了标杆。

"北元化工自成立之日起,一直在改革中发展,发展中改革。"北元化工党委书记、董事长刘国强说。

2016年对水泥公司来说是转型的一年。通过"压减"管理层级,水泥公司有效解决了机构庞杂、冗员多、组织机构运转效率低下等问题,企业对市场的响应更加迅捷,形成了专业、快速、高效的运行管控模式。

"现在一些在工作中产生的金点子能及时传递给公司领导。"水泥公司烧成三班班长卢文强对记者说。

2018年以来,北元化工围绕"国企改革双百行动"加快改革步伐,出台了17项综合改革计划,发出了向改革要效益的动员令。

开展员工持股改革,公司形成了大型国企相对控股、民营企业集体参股、管理和技术骨干持股的"1+13+1"股权结构,持股人员与企业共担市场风险,成为利益共同体。

探索混合所有制法人治理模式,公司完善"新三会"股东大会、董事会、监事会的职能,形成董事会与管理层相对独立运作、相互制衡的治理机制,同时有机结合党委会、职代会、工会为代表的"老三会",产生有利于公司参与市场的竞争合力,实现股东共享改革红利,企业创新和谐发展。

现在的北元化工充分享有改革红利,发展成为具有110万吨聚氯乙烯、88万吨离子膜烧碱、220万吨新型干法工业废渣水泥、135万吨原盐、50万吨电石生产能力的全国单体最大的聚氯乙烯生产基地。

眼下,北元化工下属化工分公司经理叶鹏云和同事们更关心产量、质量、消耗等指标。"2018年,公司进行精细化改革,以成本精细化考核为导向,建立了市场化薪酬与考核激励体系,将企业效益与职工利益紧密结合,充分调动了职工的工作热情。"叶鹏云对记者说,"新的考核办法和奖励机制出台后,每天上班,即便是普通职工也会紧盯着每一个生产环节,把工厂当自己家一样。例如,发现进货原料不合格,职工就会毫不留情指出来。"如今,挖潜增效在北元化工是常态,职工们在原料采购、项目建设、物流等成本上精打细算,想方设法降成本。化工分公司乙炔分厂党支部书记蔡苗深有感触地说:"从你让职工把工作干好到职工主动要把工作干好,干部作风、职工思想观念都发生了根本性转变。"

改革发挥了1+1>2的聚合效应,公司步入了健康可持续发展的快车道,2015年首次实现扭亏为盈，2016 年至 2018 年利润持续攀升，2018 年利润突破 20 亿元，上缴税金 10.6 亿元，人均工资突破 10 万元/年。

中化新网：

北元集团：让绿色成为企业高质量发展底色

党群工作部　李建军

"几座崭新的厂房从一片花林绿草中显露出来，道路整洁，设施井然，绿树成荫，花团锦簇，初夏时节的北元，透出清新盎然的生机与活力，使人心旷神怡，这是一座工厂，更是一片现代式花园。"这是走进北元集团厂区看到的一幕景象。

资源有限，循环无限。北元集团从建厂伊始，依托区域丰富的资源，坚持绿色、科学可持续的发展理念，形成了"煤、原盐、兰炭、电石、聚氯乙烯、水泥、聚氯乙烯下游产品"的一体化循环产业模式，改变了氯碱产业"两高一资"的生产现状，走出了一条低碳生产、循环经济、绿色发展的新路径。

环保工作只有起点，没有终点，永远在路上。北元集团将环保作为企业可持续发展的生命线，以节能、高效、减排为己任，以匠人精神瞄准"生产废水零排放"，加快产业转型升级，不断延伸循环经济绿色发展之路，用技术革新与工艺改造提高经济效益。

"对北元集团而言，环境保护并不是发展的包袱，而是推动企业供给侧结构性改革的重要抓手，抓环保就是抓发展质量，就是抓可持续发展。我们将继续走安全、绿色、低碳、循环发展的新路子，真正成为绿色发展理念道路上坚定的实践者、探索者。"北元集团安全环保部负责人介绍道。

近年来北元集团累计投入近 4 亿元对环保设施及节能减排项目进行了升级改造，建成投运了热电锅炉低氮燃烧与烟气 SCR 脱硝装置，2018 年 5 月提前完成热电锅炉烟气超低排放改造，主要污染物全部达到超低排放要求；为提高水泥窑尾烟气除尘效率，将水泥窑袋除尘器升级改造为电袋复合除尘器；建成了废硫酸裂解再生浓硫酸项目，实现了废物的再利用；建成了投运了含汞废水深度处理装置；同时，为改善生产生活环境对水泥公司生产过程进行了扬尘治理。

"现在操作人员遇到生产系统运行不稳定时，首先想到的是会不会影响到环保指标。"水泥公司生产技术科箅冷机操作工李小磊说。随着环保投入的不断加大，改造升级后，厂区环境持续好转，企业绽放出"绿色"容颜。

在环保投入持续加大的前提下，北元集团还积极推行清洁生产，实现循环经济的减量化、再利用和资源化，从源头入手，严格管控生产过程与末端治理，以"零容忍"态度，坚持不懈地抓好废水、废渣、余热等综合利用和循环使用。废水方面，将生产过程中产生的淡盐水用于采卤，综合污水、PVC 聚合母液水、酸碱废水、煤水等，经污水处理装置处理后进行回收利用；固体废物方面实施了减量化、再利用，如增加除尘器，将捕集料全部回用于生产系统，再通过调整工艺操作对脱硫灰进行循环再利用等；同时建设水泥余热综合利用项目，将水泥熟料窑尾预热器及窑头熟料冷却机产生的余热回收利用，降低水泥生产能耗同时削减环境热污染，环境效益显著。"现在公司正大门口24小时不间断地公示国控污染源在线监测数据，企业不仅要接受政府的监督，而且要接受社会公众的监督，老百姓零投诉才是环保的最高标准。"北元集团安全环保部负责人说道。清洁生产让北元集团实现了环境效益与经济效益的双赢。

此外，公司还通过增加厂区绿化面积，积极改善环境质量，目前厂区绿化面积占62.5公顷。"现在公司到处都是绿色，厂区的路面更整洁了，树木更绿了，花儿更红了，空气更清新了，环境也越来越好了。"生产一线员工说。

随着国家不断加快推进生态文明建设步伐和节能减排逐步深入，北元集团将继续坚持科学发展、绿色发展，以更非凡的气魄、更昂扬的姿态、更扎实的工作打造绿色北元，朝着符合新时代高质量发展要求的现代化企业目标奋进。

《陕西日报》：

混改增动力　发展显活力

薛红娟　郭　军

4月22日一大早，身穿深蓝色制服的西北现代医药物流中心物流配送员姬旺博和其他40多名物流配送员一起，按照物料单把医药物资送往西安各大医院。在疫情防控期间，西北现代医药物流中心承担着陕西防疫物资储备和调拨任务。

陕西医药控股集团派昂医药有限责任公司（以下简称陕药派昂）是我省混改的一个缩影。近几年，陕药派昂建设西北现代医药物流中心，打造西北最大的电子商务平台，成为西北销售规模最大的药品流通企业。

截至目前，省属竞争类企业60.43%的资产和76.42%的利润来自混合所有制企业，混合所有制经济成为陕西省属企业重要经济增长点。

1. 混合所有制经济成省属企业重要经济增长点

4月22日，阳光明媚。北元化工集团化工分公司乙炔分厂公用工程工段压滤机房二楼焊花飞溅。与此同时，企业聚氯乙烯包装车间一袋袋树脂成品正装车发往全国各地……

"原来的老厂产能只有10万吨，严重制约着企业发展。要生存，要实现更大发展，就要通过资本联合实现做大做强。"北元化工生产技术部部长王奋中感受颇深。

北元化工是省国资委确定的第一批混改试点企业之一。2007年，我省开始混改探索，2013年进行试点，2014年确定混改思路和目标，2016年混改在煤炭、石油等重要行业铺开。2019年，混改全面提速，省国资委向社会公布了59个混改项目，涉及装备制造、有色冶金、新能源、新材料及生物制药、建筑与现代服务等众多产业。目前，21个项目通过公司增资、转让部分股权、合资新设、投资入股等方式完成混改，累计引入非公资本811亿元。

"我们在推进混改过程中，着力引入高匹配度、高认同感、高协同性的战略投资者，坚持取长补短、相互促进、共同发展，切实做到以混促改，混则必成。"省国资委党委书记说。

省属企业中,陕煤较早涉足混改。目前,陕煤集团企业总户数432户,其中控股的混合所有制企业有162户,与集团及所属企业合作的非公有制主体170多个,引入非公资本400多亿元。通过混改,陕煤获得了煤炭、盐、水等资源,夯实了煤炭、化工等主业的产业基础;实施了产业升级改造,建成和储备了一大批项目。混改还让陕煤一举进入现代煤化工前沿。

2. 混改从"量"的扩大到"质"的飞跃

陕西混合所有制改革经历了两个阶段。以"北元化工"为代表的早期混合所有制经济模式,是以资源获得、规模做大为主要目标,侧重于"量"上的扩大和增长;后期以"陕西新型能源"为代表,通过深度挖掘企业经营管理和转型升级中存在的问题,以改革为手段实现企业发展"质"的提升和飞跃。

"从国有独资企业变为混合所有制企业,决策体系发生了变化。原来大小事项由上级企业决策,变为分层次决策,大部分事项由董事会决策。上级集团按负面清单进行管理。"4月22日,陕西新型能源董事会办公室副主任刘峰说。

上级集团归位放权,让陕西新型能源更大胆地拥抱市场。"市场机遇有时转瞬即逝。去年我们根据市场布局的烧烤炭和分布式新能源项目,没用一周时间董事会就批下来了,而在过去至少需要半年。"刘峰说。

股权激励是陕西新型能源混改的又一亮点。

陕西新型能源的职工对记者说:"公司召开项目决策会,即使这个项目与我的工作无关,只要我有空,也会到会议室听听。因为我是股东,自然关心企业的发展。如果对项目有看法,会后我还会通过相关部门负责人反映给公司。"

值得注意的是,资本市场逐渐成为国企混改的重要平台。

2011年11月,西北机器有限公司以控股方式与两位自然人合资成立了西安泰力松新材料股份有限公司(以下简称西安泰力松),混改后经营业绩连年攀升。西安泰力松也是省国资委系统第一家实现"新三板"挂牌的混合所有制企业。国有资本的流动性和带动力不断增强。

3. 混改倒逼综合性改革发力

实践证明,以混改为契机开展综合性改革,能够更好地放大国企改革乘数效应。近年来,省属企业以产权为纽带,通过"引资本、参主体",实现"转机制、激活力、强治理、增效益",培育壮大了一批新的龙头企业。

以做大主业为主线。截至目前,省属企业累计处置"僵尸企业"232户,重组出清企业262户,实现扭亏企业134户,累计减亏63.8亿元。管理层级基本控制在四级以内。2019年,新增投资主业集中度达99.1%,清理退出非主业和低效无效资产项目113个,主业更加集中。

在确保"党的领导不削弱、国有资产不流失"的前提下,今后凡新成立的竞争类企业要把是否吸引非公资本,形成股权多元化作为衡量新设企业市场竞争力、成熟度、可行性的重要标准。国有资本不再追求控股地位,以最大限度消除非公资本顾虑。

《陕西日报》：

北元化工：从复工复产到满工满产

党群工作部　李建军

4月24日上午，装料、封口、金属检测、喷码……北元化工分公司技术员丁文亮在聚氯乙烯生产车间，仔细查看生产线运行情况。

一台台橘黄色或纯白色的工业机器人，灵巧地将装满PVC的包装袋"抓"起来，"转身"摆放在链板机上。"大家再仔细一点，发现隐患及时消缺，决不能让机器人带病运行。"丁文亮叮嘱其他人。从复工复产到满工满产，企业要把失去的时间补回来。

北元化工是我省最大的盐转化企业，也是全国单体最大的聚氯乙烯生产企业，连续4年利润突破十亿元，其中2018年利润实现20亿元大关，产品销往全球近30个国家和地区。

随着疫情好转，下游行业陆续复工复产，市场需求逐步回暖。北元化工3月PVC销量较2月销量提高近90%，第一季度实现"开门红"。

这个"开门红"得来不易。元月下旬，受疫情影响，上游企业停工和物资运输受阻，部分物资面临断货；下游需求下滑严重，导致PVC和烧碱销售受阻，胀库压力剧增。

"为帮助上游包装袋供应商复工复产，2月10日，公司选派20余名经验丰富的职工入驻上游企业，全力辅助生产，确保了PVC包装袋生产需求。"该公司生产技术部部长王奋中说。

面对国内外严峻的形势，北元化工上下树立"省下的就是挣来的"和"过紧日子"的思想，实施"低成本"战略，大力开展增产降本、压缩非生产性支出等工作，为企业增收效益。

该公司每年采购成本占销售额的65%以上，原料采购金额在采购总金额中占比较大，是采购环节实现降本增效的关键。采购供应部借助数字化供应链系统，全面推动精细化管理迈上新台阶。截至3月底，北元化工原辅材料累计采购金额约17亿元，其中主要原料采购价格与预算价格比降低约5%，其他辅料、材料和设备类物资比上一次采购价格降幅达7%。一季度累计节支创效1.63亿元。

企业从恢复运行到高速运转，离不开政府帮扶。该公司党委书记、董事长刘国强说："企业复工复产之初，榆林市委、市政府派专人帮助我们协调解决销售不畅，产品库存压力大，以及资金回笼慢、流动资金紧张等问题。眼下，我们疫情防控和安全生产工作'两手硬'，做到目标不变、任务不减、标准不降、干劲不松，争取把疫情影响减至最低，助推企业实现追赶超越。"

《陕西日报》：

北元集团在上交所挂牌上市

实现榆林主板上市企业零的突破

记者 郭军

10月20日，记者从北元集团获悉：当日上午，伴随响亮的敲锣声，北元集团（代码：601568）在上海证券交易所挂牌上市，总股本361111.1112万股，发行价10.17元。这是榆林第一家在主板上市的企业。

据了解，北元集团2003年5月成立，依托榆林丰富的煤炭和原盐资源，主要生产聚氯乙烯、烧碱等产品，并构建了"煤—电—电石—氯碱化工—工业废渣综合利用生产水泥"一体化循环经济产业链，走出了一条高效转化、循环利用、低碳发展的路子。2017年6月26日，北元集团完成股份制改造成立股份有限公司。2019年6月17日北元集团向中国证监会申报了上市材料，2020年7月8日，通过证监会初审会，9月18日取得证监会核准发行批文。

据悉，近年来，榆林把推动企业上市作为经济工作的重要抓手，不断强化政策支撑、加大扶持力度、优化融资环境，全力以赴为企业上市开辟"绿色通道"。北元集团成功登陆上交所A股主板市场，实现了榆林主板上市企业零的突破。

《陕西日报》：

北元集团：牵住科技"牛鼻子"

党群工作部 李建军

11月30日，记者走进北元集团，只见一台台橘黄色或纯白色的工业机器人，灵巧地将装满PVC的包装袋"抓"起来，"转身"摆放在链扳机上；操作人员坐在集控室，不时地给电石炉出炉机器人发送着指令，机器人有条不紊地完成出炉、堵炉作业；调度大屏上，实时监控着各生产系统的运行情况。

只有牵住科技"牛鼻子"，企业才能实现高质量发展。近年来，北元集团通过完善创新体系，加大科技投入，注重人才队伍培养，不断提升企业管理水平，连续多年被评为全国石油和化工企业500强……

科研平台是科技创新的主要阵地。2017年，北元集团全面启动研发实验室建设，2018年6月成立科技研发中心，不断攻克制约产业发展的重大问题。

此外，北元集团与浙江大学、南开大学、浙江工业大学等国内高校建立了产学研合作，开展了无汞触媒工艺应用研究、电石渣资源化利用、甘氨酸技术储备等产学研项目。同时，该集团与瑞士博特合作，进一步降低电解槽在运行过程中的电耗；与美国孟莫克合作，解决了聚氯乙烯生产过程中废硫酸难处理、新硫酸采购成本高等问题。截至目前，北元集团授权专利289项，拥有注册商标82项。2013年该集团获批国家高新技术企业，2019年获批国家知识产权示范企业。

"科技创新最重要、最核心、最根本的是人才问题。只有拥有一流的创新人才，才能产生一流的创新成果，才能拥有创新的主导权。"北元集团党委书记、董事长刘国强如是说。

北元集团秉持"能上能下、能进能出"灵活用人机制，全面搭建学习成长平台，采取"走出去"与"请进来"相结合的培训方式，通过高端人才引进、特殊人才激励、外部人才联合等措施，与科研院所和国内知名院校在研究开发、成果转化、科技咨询、资源共享等方面进行产学研合作，进一步提升员工队伍专业素质，打通技术人员发展和晋升渠道，各类人才竞相涌现。

如今，技术能手、优秀人才在企业生产一线绽放光彩，成为最耀眼的"明星"。与此同时，科技成果转化，为企业持续创新搭建了一条集产学研用相结合的发展之路。

北元集团自主研发的电石渣浆乙炔回收装置充分回收了电石渣浆中的乙炔气体，年可降低生产成本约1600万元；自主完成了脱硫灰、脱硫石膏制备硫铝酸盐水泥技术开发工作；互联网创新平台在采购系统的应用研究，有效降低了销售中间环节的费用。

科学技术也为化工企业环保提供了有力支撑。走进北元集团，看不到废水、废渣，也闻不到异味。

近几年，该企业通过自主研发、引进先进技术等形式，开展环保集中整治工作。在废水处理方面，坚持"清污分流、污污分治"原则，将电石渣浆水上清液回用于乙炔发生装置，将生活污水回用于绿化灌溉，将母液水回用循环水补水，使外排污水率先达到行业新标准要求。在废气处理方面，对粉尘采用集尘、除尘处理，除尘率达99.5%以上；氯气通过氯气吸收装置、碱液喷淋等设施吸收处理，达到无氯气排放。在固废处理方面，将生产聚氯乙烯过程中产生的电石渣及热电装置产生的灰渣和脱硫废渣、粉煤灰用于生产水泥，年可节约6.6万吨标准煤。

截至目前，北元集团已形成了28种PVC树脂产品、7种碱氯酸产品、10种水泥类产品和3种电石及相关产品的特色产品序列体系。

中化新网：

北元集团：圆梦路上书写壮美答卷

党群工作部 冯永东

回首"十三五"，面对错综复杂的市场环境，北元集团把严守安全环保底线、狠抓生产经营管理、刀刃向内加大改革创新、克难攻坚完成改制上市，作为企业追赶超越高质量发展的"金钥匙"，作为克服困难、破解矛盾的"总开关"，团结带领全体员工，抢抓机遇、砥砺奋进，以新发展理念谋划未来、以行业最高标准提升工作、以"北元模式"优势彰显特色，在安全环保、生产经营、改革创新、民生福祉等诸多领域全面破题，创造了令人瞩目的辉煌业绩，书写了波澜壮阔的北元答卷。

砥砺奋进蹚出高质量发展新路子

2020年10月20日，北元集团成功在上海证券交易所主板上市，成为榆林市首家主板上市企业，为优化治理结构，引进优秀人才，拓展产品链条，加速产业升级，助力企业高质量发展增添强劲动能……振奋人心的背后，凝结着北元人敢闯敢干的勇气和奋斗不止的气魄。

2020年，一场突如其来的新冠肺炎疫情让全球经济按下了"暂停键"，企业停工停产屡见不鲜，经营状况蒙上一层厚重的冰霜。然而，在北元，一份韧劲冲破了困境。

2020年4月24日上午，化工分公司聚氯乙烯生产车间。装料、封口、金属检测、喷码……技术员丁文亮仔细查看生产线运行情况。"大家再仔细一点，发现隐患及时消缺，决不能让机器人带病运行。"丁文亮不时地叮嘱其他人。从复工复产到满工满产，是北元人团结奋进的体现。

一个个精彩瞬间，一组组跳动的数字，一批批优质产品，一项项科研成果，塑造着北元新面貌，彰显了高质量发展的北元力量。

"十三五"期间，公司综合实力迈上新台阶，营业收入465.26亿元，较"十二五"时期增加211.1亿元，增幅83.06%；累计实现利润92.62亿元；总资产154.14亿元，累计净还款63.33亿元，资产负债率由73.04%降至18.75%，累计上缴税金43.07亿元。出口规模和创汇收入位居榆林首位，连续多年被评为全国石油和化工企业500强。

值得一提的是，2020年，在疫情面前，公司紧抓复工复产，生产经营保持良好态势，实现营业收入98.54亿元，利润总额19.7亿元，PVC产品产量创历史最高。

积极布局高端化产品，在"十二五"末仅有6种型号树脂产品基础上，形成了28种树脂、7种碱氯酸、10种水泥和3种电石及相关产品的特色产品序列体系。抢抓"一带一路"发展机遇，产品销往全球近30个国家和地区。

基于安全生产，以低消耗赢得低成本、以卓越管理赢得稳定的效益，让北元集团显示出前所未有的"抗压"能力和竞争力，成为区域企业发展的一抹亮色。

安全环保守望绿色家园

蓝天白云交相映，天地人和气象新。冬日暖阳下的北元，呈现出一种别样的美。这些触手可及的美好，是实实在在的获得感，亦是北元安全、环保、绿色、低碳发展的场景。

五年来，北元集团始终坚持循环经济统领，以循环促转型，不断践行安全生产、绿色发展，低碳生活，实现了安全环保和经济发展的双赢。

坚守安全环保红线底线意识，通过安全生产标准化达标验收，形成了以安全文化建设为引领，以安全生产标准化为抓手，以过程安全管理为重点，具有北元特色的"三位一体"安全生产管控体系，为化工行业安全管理工作提供了可资借鉴的经验。以推进安全生产管控体系18个要素落地为核心，建立四层级风险管理机制，实现了风险管控责任与措施全覆盖，连续5年被评为陕煤集团安全生产先进单位，荣获"全国安全文化建设示范企业"等荣誉。

五年来，公司不断挖潜开掘"绿金"，无烟、无尘、无异味，成了企业生产"标配"。

在废水处理方面，依据"雨污分流、污污分治"的原则，结合生产系统二次水水质，将蒸汽冷凝水回用于除盐水系统，将聚合母液水经深度处理后回用于工业水系统，工业生产污水经处理后回用乙炔渣浆水系统，厂区生活污水经处理后回用于绿化灌溉，从而实现100万吨/年聚氯乙烯循环利用项目装置区废水"零排放"。在废气处理方面，通过变压吸附装置对生产过程中的尾气进行分离，回收利用其中的氯乙烯、乙炔、氢气等原料气，实现生产废气达标排放，彻底消除现场异味；在固废处理方面，将生产聚氯乙烯过程中产生的电石渣及热电装置产生的灰渣和脱硫废渣、粉煤灰用于生产水泥，积极发挥循环经济标准试点企业模范带头作用。

厂区上空空气干净透明，厂区内清净整洁，员工精神面貌焕发，五年积淀，北元"绿色发展"的理念在一个个具象的实践中彰显出来，走绿色可持续发展之路，绘就生态画卷，成为惠及广大员工的民生福祉，争当行业安全环保示范企业的信心更加坚定。

科技创新舞起追赶超越龙头

一台台橘黄色或纯白色的工业机器人，灵巧地将装满PVC的包装袋"抓"起来，"转身"摆放在链扳机上……应用行业前沿技术，是北元集团大力推进科技强企战略的一个缩影。

科技创新浪涛澎湃，内生动力不断增强。"十三五"以来，北元集团抢抓发展机遇，积极探索全新的发展模式，发挥"互联网+"大数据优势，与1688采购平台合作，建成数字智能化供应链系统，为公司转型发展创造了新空间，提供了新支撑，成功入围国务院国企改革"双百企业"，荣获"全国石油和化工企业管理创新成果一等奖"等诸多荣誉。科技发明如《兰炭聚氯乙烯产业链规模化联产技术应用》荣获中国石油和化学工业联合会科技进步奖二等奖。

科研平台拓展，创新阵地不断扩大。2017年，全面启动研发实验室建设，建成了水处理实验室、基础分析实验室、大型仪器分析实验室、高温分析室、聚合实验室及聚氯乙烯评价实验室等，自主研发能力大幅提升。2018年成立科技研发中心，重点对专业技术问题进行论证和研究，不断攻克制约公司产业发展的重大问题，强化对公司主业发展的技术支撑和引领作用。

此外，与高校建立产学研合作，开展无汞触媒工艺应用研究、电石渣资源化利用、甘氨酸技术储备等产学研项目。与美国孟莫克合作建立了国内首套电石法聚氯乙烯废硫酸裂解再生浓硫酸项目，解决了聚氯乙烯生产过程中废硫酸难处理、新硫酸采购成本高的问题。自主设计了电石渣浆乙炔气回收系统，实现了电石渣浆中的乙炔气体循环再利用，承担了省部级项目4项，获得省部级奖项5项，参与制定了5项行业标准。截至目前，公司授权专利311项，拥有注册商标86项，陕西省名牌产品2个。2019年获批国家知识产权示范企业、高新技术企业。

"民生底色"绘出绚丽风采

"公司新增通勤车，还优化了乘车路线，在家门口就能乘坐，这项便捷的服务，不得不点赞！"通勤车服务令广大员工喜上眉梢。

"最近你读书了吗？读了什么书？"购书、赠书以及读书分享活动，掀起了热烈的"读书潮"，让广大员工"智"享生活。

一项项惠民政策，又为员工增添不少幸福感与获得感。

企业发展成果惠及全体员工，逐年提升福利待遇，缴纳企业年金，规范各类社保和住房公积金，增加员工餐补，员工人均收入逐年增长。搭建职工"三小一练"、岗位技能比武大赛等人才培养平台,展现员工风采。开展金秋助学、"四个一"志愿服务、困难帮扶,解决员工吃住行等热点问题,持续美化厂区环境,提升了员工幸福感和归属感。

通过就业支持和资金助学等方式,累计向锦界镇乔巴泥沟村捐赠帮扶资金及物资195余万元;先后向汉阴县梨树河村投入扶贫资金200余万元,消费扶贫544余万元,创新"造血"扶贫模式,因地制宜建设自动化养鸡场、肉牛养殖场等项目,实现了整村脱贫,助力打赢脱贫攻坚战,积淀和谐、和乐、和美的"聚·和"文化,不断为企业绘制绚丽未来。

初心圆梦,再续征程。进入新发展阶段,北元集团必将锚定"十四五"战略目标不放松,发扬为民服务"孺子牛"、创新发展"拓荒牛"、艰苦奋斗"老黄牛"的精神,主动作为,齐心协力,勇往直前,在浩瀚的资本市场中弄潮搏浪、扬帆远航,为地区经济的腾飞贡献陕煤北元力量!

《中国煤炭报》:

北元化工:"三驾马车"协同发力

梅方义 何武宏

陕煤集团北元化工公司是全国单体最大的聚氯乙烯生产企业。"十三五"期间,北元化工凭借资源、规模、循环产业链、区位和体制五大优势,逐渐形成了"煤、焦、电、电石、聚氯乙烯、水泥"一体化循环生产模式,实现了从无到有、从小到大、从弱到强的蜕变。

作为陕西省首批入选国企改革"双百行动"企业之一,2018年以来,北元化工围绕"五突破、一加强"目标,纵深推进改革,挂牌上市、三项制度改革、党的建设"三驾马车"协同发力,不断丰富混合所有制企业内涵,综合竞争力大幅提升。2020年10月20日,北元化工在上海证券交易所正式挂牌上市,成为榆林市第一家在主板上市的企业。北元化工的典型区域混合所有制案例和煤盐资源综合利用新模式被陕西省委、省政府誉为"北元模式"。

抢抓上市机遇,汇聚发展新动能

2017年,北元化工启动了混合所有制企业员工持股试点,对41名骨干人员以定向增发的方式实施核心员工持股,41名骨干人员共持2160万股(对应出资4644万元)。改革后,北元化工建立了股权内部流转和动态调整机制,实现员工与企业风险共担、利益共享。

按照上市企业要求,北元化工实施了5项法人治理结构改革,修订完善了公司章程、"三会"议事规则等20项制度;引入4名独立董事,并在董事会下设战略、审计、提名、薪酬与考核4个专门委员会,落实董事会重大决策、选人用人和薪酬分配等职权。同时,北元化工建立了"党委领导核心,董事会战略决策,监事会独立监督,管理层全权经营"的治理体系。

北元化工将上市作为检验工作成效的重要标尺。2019年6月17日,北元化工向中国证监会正式申报了上市材料，2019年6月19日取得受理函，2020年7月8日通过中国证监会召开的初审会，2020年8月7日顺利通过了中国证监会发审委2020年第117次会议审核，2020年10月20日正式在上海证券交易所挂牌上市。

深化机制改革，释放发展新活力

深化劳动用工改革是北元化工深化机制改革的重要内容之一。该公司对所属水泥公司、锦源化工有限公司、热电分公司实施扁平化改革，优化管理层级，实现了减员增效。北元化工以"三定"为基础，修订完善了人事管理办法、员工离职管理办法等6项制度，打破了人员"只进不出、好进难出"局面，形成了合理流动的用工机制。2018年以来，北元化工从各大院校、社会公开招聘904人，其中引入总工程师、副总工程师等核心技术骨干16人；引导81名考评不合格、晋级不理想的班长及以上管理人员退出。

北元化工在水泥公司进行职业经理人制度改革，通过理论考试、竞聘答辩的方式招聘职业经理人3人，任期三年。职业经理人薪酬与业绩挂钩，实行超额累进利润共享机制，奖励金额上不封顶。职业经理人任期内进行年度和任期考评，考评合格的可以连任，不合格的予以解聘。北元化工建立了干部公开选拔任用机制，对干部任职情况进行考核，考核优秀的干部可担任更高岗位职务，对考核结果为基本称职的干部进行诫勉、警示谈话，对考核结果为不称职的干部给予免职、降职、降岗等处理，打造"能者上、平者让、庸者下"的竞争环境。

北元化工实行了"以岗定薪"的差异化薪酬分配机制，薪酬激励向生产一线、科研技术岗位倾斜，薪酬区间由3档扩展至5档，提高薪酬中绩效工资占比，普通员工绩效工资占比达40%，中层管理人员绩效工资占比达50%。2018年以来，北元化工60%的员工薪酬调增，10%的员工薪酬调减。北元化工实施了中层管理人员年薪考核机制，中层管理人员绩效年薪与业绩挂钩，同层级年薪差距拉大到1.5倍。通过改革，北元化工形成了"重能力、重实绩、重贡献"的激励机制，激发了生产经营活力。

强化政治引领，开创党建新局面

在所有改革工作中，北元化工坚持党委"把方向、管大局、保落实"与董事会"战略管理、科学决策、防控风险"的有机统一，推动落实党建进章程、把党组织研究讨论作为企业决策重大事项前置程序。

北元化工以建立完善党建质量管理体系为核心，以党支部标准化建设为抓手，积极探索混合所有制企业党建工作新路径，形成了一个体系（党建质量管理体系）、三级文件（《党建质量手册》《程序文件》《作业指导书》）、三项延伸（《党建质量记录手册》《"三会一课"记录本》《党支部一本通》）、三个意识（大党建、闭环管理、互融互促）、三种方式（横向拓展、纵向延伸、上下联动）、三项机制（鼓励激励、容错纠错、能上能下）的"133333"党建工作模式。

北元化工积极构建党建引领安全生产考核工作机制，形成党务序列、行政序列、技术序列"三位一体"管理机制，与安全标准化、安全文化和过程安全"三位一体"安全生产管控体系双轮驱动。

《陕西日报》：

从"要我干"到"我要干"
—— 改革让北元集团焕发了新活力

企业管理部　李周清

1月13日，北元集团下属锦源化工职业经理人选聘会正在火热进行。

"没有金刚钻，就别揽瓷器活。在这个台子上，说那些虚头巴脑的都没用，我们想听的是，你有啥办法为企业提质增效，让大家得实惠。"北元集团党委书记、董事长刘国强在选聘会上说。

2021年伊始，北元集团紧锣密鼓筹划起锦源化工职业经理人改革，并由此拉开了企业全年改革发展大幕。

自2018年10月以来，北元集团凭借被纳入全国"双百企业"契机，大胆实施改革，所属水泥公司先试先行探索职业经理人任期制和契约化管理。

"实行职业经理人改革后，我干好企业的使命感更强了。"1月14日，水泥公司职业经理人曹辉辉感慨地说。职业经理人考核分为年度考核和任期考核两种，3年期满考核合格可以续聘，被解聘的将不再保留职务，只保留劳动关系。2020年，北元集团对4家下属公司的3位经理进行了调整。

不仅是经理层，多年来，北元集团对中层干部也实施公开竞聘。2020年5月，在北元集团下属热电公司组织的公开竞聘中，一批来自生产一线的年轻人通过竞聘分别走上了党务、行政、技术岗位。刘国强说："以前选拔的干部，如果没有犯大错误就可以继续干，现在我们每年都要考核业绩。通过这些办法，让干部能上也能下。"2020年，北元集团中层调整后，65%正职为80后，干部队伍趋于年轻化，专业素养由单一型向复合型过渡。

对普通员工，北元集团建立了"以岗定薪"的差异化薪酬机制，薪酬激励向生产一线、科研技术岗位倾斜。北元集团建立了管理序列、技术序列"双通道"职业发展体系。以集团部门主任工程师为例，个人收入最高可以拿到与部门部长相当的薪酬，大大激发了技术序列人员的积极性。

对企业有贡献的员工，除"五险两金"外，还可以享受到餐食、降温取暖、重大节日福利等10余项补贴、补助相结合的福利保障体系，解决了员工的后顾之忧。

为进一步鼓励员工干事创业的积极性和主动性，北元集团总经理刘延财提出，探索职业经理人超额利润共享机制，超额奖励上不封顶；对核心管理和技术团队实施持股改革，与企业利益共享、风险共担。

水泥公司根据淡旺季产品产销不同，差异化设置一线人员绩效考核机制，促使基层班组实现了"要我干"向"我要干"转变。随着绩效改革的不断深入，技术人员的"项目制"、检修人员的"工时制"、管理领域的"揭榜挂帅制"等一系列改革陆续推进，有效激发了员工潜能，让企业焕发出新活力。

《中国化工报》：

打造氯碱企业高质量发展新样板

——记全国五一劳动奖状获得者陕西北元化工集团股份有限公司

党群工作部　马　薇　李建军

2020年10月成功登录A股主板市场的陕西北元化工集团股份有限公司，今年5月又荣获全国五一劳动奖状荣誉。这家入围国务院国企改革"双百企业"的国家循环经济标准化试点企业，近年来在混合所有制改革、发展循环经济、科技创新开发新产品等方面傲立氯碱行业的前列，走出了一条既有"颜值"更有"气质"的高质量发展之路。

改革激发企业全新动能

1月13日，北元集团下属子公司锦源化工公司举行职业经理人公开选聘会，经过竞聘演说、提问答辩、评委现场打分，徐生智最终从候选人中脱颖而出，成为该公司第一任职业经理人（正职）。随后，按照规定他将主导"组阁"领导班子成员。

北元集团是由陕煤集团、民营企业、自然人股东和员工持股平台组建的大型盐化工企业，开创了大型国企与地方民企深度合作、"先民营、后国有相对控股"的典型混合所有制模式，被陕西省政府誉为"北元模式"，成为陕西省混合所有制改革的典范。

2018年入围国务院国企改革"双百企业"后，北元集团确定了股权多元化和混合所有制改革、健全法人治理结构、完善市场化经营机制、建立激励约束机制、加强党的建设共17项改革实施项目，推行职业经理人机制正是其中之一。

2020年，北元集团在热电分公司推行扁平化管理改革，实施"管理人员能上能下"，取消了分厂管理层级，精简合并科室，科室直接管控到班组，班组长、机关管理人员全面竞争上岗。同年，又积极探索职业经理人新模式，率先在所属水泥公司试点，实行职业经理人超额奖励上不封顶考核机制，工作业绩和精神面貌都发生了明显变化。

同时，北元集团摒弃传统思维和模式，打破"铁交椅""铁饭碗""大锅饭"分配格局，持续推进岗位动态管理、劳动用工及优化薪酬分配三项制度改革，实行管理人员能上能下，岗位员工能进能出，工资收入能增能减，全面激发管理活力，挖掘员工潜力，推动企业"活血化瘀"。

北元集团企业管理部部长张玲芬对记者说，从一开始不理解和抵触到后来的逐步认同，改革之路并非一帆风顺。在试点运行并且时机成熟后，他们将逐步推广这些改革举措。

"改革就要动真碰硬。啃的都是硬骨头，打破陈旧的固有模式，建立一个重效益、重贡献、重考核新的分配激励机制，解决长期想解决而没有解决的难题。"北元集团党委书记、董事长刘国强说。

资源循环利用造福一方

循环经济赋予"北元模式"新内涵。作为国家循环经济标准化试点企业，北元集团所在区域地下蕴藏着丰富的原盐及卤水资源，发展氯碱化工具有得天独厚的资源优势。该公司采用国内外先进成熟、环保可靠的工艺技术，将煤盐资源吃干榨净、就地转化，形成了煤—盐—发电—电石—烧碱—聚氯乙烯—水泥绿色循环经济产业链。

近年来，北元集团以最高标准、最严措施严格安全和环保管理，让安全环保成为最大效益，为员工、周边和社会创造一个安全、稳定、和谐的生产与生活环境。走进北元集团，生产装置映衬在一片片绿色中，难以闻到异味。水泥公司还打造成了花园式工厂，满眼绿树成荫、花草茵茵。

据介绍，北元集团先后投入近6亿元实施环保改造，建成了废硫酸裂解再生浓硫酸、锅炉烟气超低排放改造、VOCs综合治理等项目。在此基础上，针对不同生产废水坚持"清污分流、污污分治"的原则，从源头控制，实现分质利用。比如，电石渣浆水上清液回用于乙炔发生装置；聚氯乙烯产生的废水通过生物+臭氧破坏技术制取无离子水，再返回生产系统；树脂再生系统的废盐水处理后注入盐井，二次盐水精制后进入卤水池；蒸汽冷凝水回用于除盐水系统，聚合母液水经深度处理后回用于工业水系统，工业生产污水经处理后回用乙炔渣浆水系统。而厂区生活废水处理后用于绿化灌溉。2020年7月，北元集团一举实现生产废水近零排放，目前运行趋于稳定。

北元集团积极履行社会责任，把打赢脱贫攻坚战作为自己的社会担当，大力开展产业、就业、消费等扶贫，先后为陕西汉阴县梨树河村投入扶贫资金790余万元，实现整村脱贫致富；为锦界镇乔巴泥沟村、栏杆堡村等累计捐赠195万元，建设养老院和改善公共设施。尤其是2020年初新冠肺炎疫情暴发以来，迅速组织生产防疫物资，向社会捐赠次氯酸钠消毒液10.15万吨，为打赢疫情防控阻击战贡献北元力量。

技术创新赋能提质增效

2018年6月，北元集团成立科技研发中心，组织实施科技攻关战略研究和新产品、新技术研发试验等，不断攻克制约产业发展的重大问题。

该中心主任熊磊告诉记者，他们相继与浙江工业大学、南开大学等国内高校建立产学研合作，主导开展无汞触媒工艺技术应用研究、电石渣资源化利用、甘氨酸技术储备等科研项目。建成了国内试验装置最多、功能最全的无汞触媒应用研究试验平台，拥有8套侧线生产和4套工业化试验装置，十几种无汞催化剂同时正在进行工业试验，截至目前累计运行1.4万小时，为今后实现产业化积累了关键工艺参数。

2020年7月，北元集团与上海某公司合作攻关的混合溶剂法甘氨酸中试装置投料开车，填补了国内同类技术的空白。熊磊介绍，该技术有效解决了传统氯乙酸水相法废水产生量大、能耗高、成本高等问题。去年9月经第三方评价认定，该技术成果居国内领先水平。

同时，北元集团与美国孟莫克合作建成了国内首套电石法聚氯乙烯废硫酸裂解再生浓硫酸装置，解决了聚氯乙烯生产过程中废硫酸处理难题，实现了电石渣浆中乙炔气体循环再利用；与蒂森克虏伯合作的离子膜电解槽节能技术研究，进一步降低电解槽在运行过程中的电耗；与日本智索开展了聚合釜经济性运行研究。

北元集团还实施"提品质、增品种、创品牌"的"三品"战略，先后开发BY450、BYXG1800、BYBW2100等牌号的特种树脂，丰富产品序列不断丰富，目前已形成了28种牌号树脂产品、7种碱氯酸、3种电石类相关产品等特色产品序列体系，成为企业提质增效的一大亮点。

"企业高质量转型发展的路上,科技创新必不可少。谁掌握了科技创新,谁就掌握了主动权。抓住了就是契机,错失了就是危机。"刘国强表示。

《中国化工报》:

北元集团:开辟"大质量"管理新路

党群工作部　冯永东

2021年11月9日,北元集团氯醋共聚树脂新产品BYGJ800、BYGJ1000、BYGJ1500下线。产品持续向差异化、多元化、高端化发展的北元集团,正在以质量系统提升项目为载体,紧盯市场,着眼改革创新,奋力开辟一条"大质量"管理的新路子。

绘就质量管理"全域图"

2018年,北元集团围绕"打造一流盐化工企业,奉献低碳多彩新生活"的企业愿景,通过质量文化建设、特色树脂技术推广、实验室信息化系统打造、生产物资质量评价、QC活动专业化提升等一系列举措,开启了公司的"大质量"时代。至此,一幅质量管理的"全域图",在企业发展新征程中徐徐展开……

"要将质量管理放在顶层管理设计中,全面构建产品质量、过程质量、服务质量等全域覆盖体系,积极树立北元'大质量'管理典范。"提及质量管理系统提升,公司党委书记、董事长刘国强表示。

在公司企业文化引领下,"一个方针、两大目标、三品建设、九大原则"质量管理架构现已形成。结合质量管理架构,建立了以质量体系建设、质量文化建设、质量队伍建设等内容为基石,以供应链质量、过程质量控制等内容为支柱,以产品多元、品质完美等内容为目标的质量管理模型"质量屋"。

近年来,公司积极与第三方质量管理咨询机构合作,从管理体系质量、过程控制质量、售后服务质量、创新改进质量四个方面,全面开展质量系统提升工作。2020年,公司开展了质量系统提升应用落地、六西格玛项目落地、化验员技能鉴定等工作,完善了专职质量岗位配置。2021年,公司开展了精益六西格玛项目,梳理了质量责任制,建设了内部认证体系,推出安灯管理系统,启动"以客户为中心"的机制建设,提升了基层管理人员、技术人员及中高层人员质量管理水平。

截至目前,公司已具备53种产品的生产能力,包括SG-5等33种牌号聚氯乙烯树脂产品,烧碱等7种碱氯酸产品,普通硅酸盐42.5等10种水泥类产品,电石等3种电石类产品。部分树脂产品能够与高端乙烯法树脂质量媲美。"北元"牌聚氯乙烯和高纯氢氧化钠产品被评为"陕西省名牌产品","北元"商标被评为"陕西省著名商标"。

"数字"赋能质量工作

"在设备本体上安装一个智能点检仪,就可以自动采集振动和温度数据。这些数据要比以往人工检测更加精确,更加及时,能更好地查看设备的运行状态。"点检管理技术员郭磊手指新安装的智能点检仪介绍道。

"自'窑专家'系统投运以后,参数调整次数明显比以前少了很多,设备运行更加稳定了,产量质量都提高了不少。"在水泥有限公司,模型预测控制技术应用于回转窑煅烧,进一步降低了生产耗能,提高了资源利用率,降低了生产成本。

从凭经验判断到用数字分析,让员工实实在在感受到了"数字"带来的甜头。而作为一个生产型企业,只有插上"数字"的翅膀,才能够实现质量提升,增加效益,进而实现公司高质量发展。

那么,"数字"如何赋能质量工作?

公司党委副书记、总经理刘延财有一套独特看法:"现在讲'质量',是'大质量'概念,从产品质量扩展到过程质量、经营质量、服务质量各个环节。这里还有'质量链'的概念,企业不仅要提升产品质量水平,还要做好整个供应链和产业链的质量。"

公司坚持以解决实际问题为出发点和落脚点,借助"数字"这把"金钥匙",开启了一个个解决问题的宝箱。引进浙大中控、和利时、横河等国际领先的自动化集散控制系统、可编程控制系统(PLC)、工业监控系统、安全联锁系统(SIS)以及有害气体报警系统(GDS),建成化工 307 配电室无人值守,逐渐实现了工业自动化,大力助推生产提质、经营提效、服务提升。先后十余次到二十多家企业进行对标交流,积极探索寻找适合企业供应链提升和发展路径。云采购、主数据管理系统、无人值守称重系统、仓储条码管理系统、网上商城、电子签章、云采购与 ERP 集成……伴随一个个"数字化"项目的相继上线运行,企业数字化转型这块"蛋糕"越做越大,成效日益凸显。

此外,公司还积极参与国家行业产品与技术标准创建工作,已累计参与《悬浮法通用型聚氯乙烯树脂》《工业用氢氧化钠》等 5 项国家标准,《煤化工 副产氯化钠》《煤化工 副产硫酸钠》等 9 项团体标准和 2 项行业标准。

"绿色"推动质量发展

"绿色",是北元质量管理的另一个关键词。

"要积极响应国家能源双控与碳排放政策要求,将绿色、低碳、环保作为全新质量属性,纳入全生命周期质量管理,做好生产平衡工作。"在 2021 年三季度经济运行分析会上,刘国强强调。

近年来,公司积极响应国家"双碳"号召,以科技创新为内核,不断探索转型发展新模式,走出一条绿色可持续发展之路。不断挖潜开掘"绿金",使无烟、无尘、无异味,成为北元生产的"标配"。在确保安全环保的前提下,公司积极优化生产工艺组织,严把采购进口关、生产过程关、销售出口关等"三关",以市场为导向,推行订单式生产模式,加大高附加值产品市场布局,多生产、多销售高附加值产品,努力做到成本最低、质量最优、效益最大。

从 2015 年提出"全生命周期质量管理体系和北元特色产品序列体系"两大目标以来,公司连续四年荣获"全国聚氯乙烯行业标准化工作先进单位"荣誉称号。2020 年,公司"聚氯乙烯综合利用循环经济标准试点"项目正式通过国家循环经济标准化试点企业验收。2021 年,在全国石油和化工行业碳达峰、碳中和发展论坛暨能效"领跑者"、水效"领跑者"发布会上,公司荣获"十三五"石油和化工行业节能先进单位和 2020 年度能效领跑者标杆企业。

《陕西工人报》：

让关爱开出梦想之花

化工分公司　冯玉亮

"用平凡书写不凡""在平凡的岗位上播撒'大爱'的种子"……关于他的赞美太多了，然而笔者却久久下不了笔，唯怕描摹不出他那一颗"梦想之花"的色彩。他就是北元集团化工分公司设备运维中心工程业务员周保飞，饱蘸爱心和奋斗的笔墨，书写着精彩的人生篇章。

爱是一种温暖力量

小善渐而大爱生。周保飞的父母年迈，他每隔三四个月就带着父母去医院做一次检查，为了护理好父母的身体和安排好饮食生活，他还专门咨询医生如何照顾老年人生活和饮食。他就是这样一个人，孝敬父母，关爱他人，在人生道路上不断闪耀着自己的光辉。

自2015年入党以来，他参与了大小几十次志愿者公益活动，受到各级慈善组织的好评，赢得了广大志愿者的普遍赞誉。

2016年11月5日，榆林青年志愿者服务队一行28人经过4小时的颠簸，到子洲县马塔留守儿童学校看望留守儿童。在这个特殊的学校里，孩子们有的是单亲家庭，有的是留守儿童让爷爷奶奶照看，他们没有零食、没有玩具，甚至没有一件像样的衣服。到了学校，周保飞看到25年如一日、坚持免费办学的"榆林道德模范""榆林好人"马维帅校长，腿上打着石膏拄着拐杖依然教学，他火热的心再一次受到了触动。几经奔走，他带着爱心捐助，与其他志愿者又一次去看望了这群深山里的孩子，为他们送去棉被、衣服、书籍等物资，送去了关怀和温暖。

2017年7月26日，天降暴雨，洪涝成灾，导致榆林市绥德、子洲两县严重受灾。面对灾情，周保飞立即加入榆林青年志愿者服务队，一起赶往灾区进行救援，尽管天空一直下着雨，但他们的救援工作却一刻也没有停歇。一瓶矿泉水、一个面包，就是他们的一顿正餐。有人问周保飞饿不饿？他笑着回答："说不饿是假的，但为了方便省时，随便吃点，多救援几处，自己会更安心一些！"

从2018年起，周保飞每月向陕北爱心树捐赠"爱的首付款"，为自闭儿童和残疾儿童筹集善款。期间，他还积极参与和组织榆林"让爱飞扬，你我同在"公益活动，2018年4月世界自闭症日，义卖残疾儿童手工艺品筹集善款……类似这样的公益活动，周保飞组织、参加不下30次。2020年以来，周保飞荣获陕西省"学雷锋标兵"、榆林星缘自闭症儿童康复教育中心"爱心使者"、榆林市慈善协会"三星级"慈善志愿者、绥德县陕北爱心树"为爱坚守"等多项荣誉……面对荣誉，他这样说："参加公益活动是一种生活态度和生活方式，让爱心撒播人间，这才是真正的意义所在。"

把埋头苦干精神融进骨子里

"保飞是一名不可多得的优秀人才。"北元集团化工分公司生产运营中心白班班长赵来喜说起周保飞，总是竖起大拇指，带着一种敬佩。

周保飞立足工作岗位，用勤劳和负责，为自己写下了一份沉甸甸的岗位职责"说明书"。每天清晨，他披着霞光，带着一本磨得有些发白的笔记本走进现场，逐一核对设备运行情况。那检查设备时认真的目光，仿佛是在注视自己的孩子，将设备的运行情况以及存在的问题一一详细列在笔记本中，然后匆匆组织和协调相关人员，一起分析解决问题。他经常拍着自己的"宝典"对班组人员说："生产系统的各种运行数据，我都记在笔记本里，你们也可以看一看，为我多提几个建议。"

工作中，周保飞善于把难事作于易、把小事作于细。从2011年入职以来，他把心思和精力都投入到了工作上，学习、钻研生产系统、工艺参数、设备维修技能等，在自己的岗位上兢兢业业，恪尽职守，先后获得"技术能手""先进工作者""优秀员工"等荣誉称号。

惟其磨砺，始得玉成；惟其笃行，弥足珍贵。周保飞立足平凡岗位，在崇德向善的道路上坚守初心，以实际行动书写着新时代的"雷锋故事"，开出永不凋零的"梦想之花"。

人民网：

北元集团：以"变"走好"双碳"目标下高质量发展之路

党群工作部　李建军

高质量发展，是追求，是方向，更是标准。2021年，北元集团在高质量发展领航坐标的引领下，紧盯"双碳"目标，聚焦聚力重点工作，勇挑重担，主动加压，用改革破解难题，靠创新赢得先机，实现营业收入131.54亿元，同比增长33.49%；利润总额22.07亿元，同比增长12%；员工人均年收入达到13.19万元，公司安全形势和经营业绩创历史最好，构建新发展格局迈出了新步伐，实现了"十四五"良好开局。

融入中心，党建引领聚合力

"各级组织和党员领导干部要在学习中深入思考，在学习中深化实践，将学习成果转化为发展思路，转化为工作能力，转化为务实举措，推动北元高质量发展。"北元集团党委书记、董事长刘国强在党委专题学习党的十九届六中全会精神会上讲道。

党在北元人心中，北元永远跟党走。作为混合所有制上市企业，北元集团坚持党的领导，全面贯彻新时代党的建设总要求，积极构建和完善"大党建"工作格局，围绕"13951"党建品牌管理体系，全面扎实开展党史学习教育，构建"3+3+X"工作机制，大力推进"654"支撑措施，把党史学习教育融入安全生产各项工作中，将学习成果转化为企业发展成效。

增加员工通勤车站点、提高员工就餐补助标准、发放新工作服……在开展"我为职工办实事"主题实践活动中，一项项惠民工程犹如涓涓细流沁入到每位员工的心田，真真切切为职工把好事办实、把实事办好。

加强基层组织建设，完成基层党组织"两委"换届选举工作，高质量推进党标准化建设工作,开展机关支部与生产支部结对子,形成北元特色"551063"党支部创新管理体系、"一核二驱三维"金字塔式党支部标准化建设体系、"23456"党建"结对子"特色工作体系等党建工作品牌,56个党支部全部通过陕煤集团达标验收,基层党建工作更加扎实。

首次承办陕煤集团"最美员工"颁奖晚会,开展首届"企业文化月"系列活动,编印《北元故事2021》等系列书籍,总结提炼上市、创业、改革等企业精神,为企业高质量发展注入精神动力。

常怀远虑,安全环保齐发力

安全工作,欲求"无近忧",便需有"远虑"。北元集团锚定全年安全生产目标,全力出击,层层压紧压实责任,全力推动安全生产工作行稳致远。

"我们必须统筹好发展和安全,增强机遇意识和风险意识,树立底线思维,站在讲政治高度抓好安全环保工作,让安全真正成为企业的效益和员工的福祉。"北元集团党委副书记、总经理刘延财讲道。

北元集团实施"科技强安"战略,加快智能化建设,深入推进安全生产管控体系落地,成立5大专业安全分委会,开展事故模拟调查,统筹推进"工业互联网+安全生产",优化MES系统安全环保模块,建立安全生产案例库、应急演练情景库,创建环境管控体系,打造本质安全型企业。

创新性开展安全督查工作,设立安全督查专项奖惩基金库,建立完善安全督查专家库,搭建安全督查匿名交流信息平台,通过安全督查震慑、安全重拳出击等曝光载体,定期组织联合督查和跟班督查,安全管理逐步由"重视"向"重实"转变,全公司277个班组中276个班组实现"零伤害",安全管控效果创历史最高水平。

锐意改革,释放发展新活力

大变革时代,创新者胜,应变者赢。2021年,面对新形势、新要求,北元集团聚焦国企改革"三年行动计划",完成25项重大改革任务,公司"双百行动"改革实践成功入选国务院国企改革典型案例集。

2021年1月,北元集团率先在所属单位锦源化工公司推行职业经理人改革,补齐管理短板,提高管理效能,释放发展活力。

"一年来,锦源化工以职业经理人改革为契机,革故鼎新、查缺补漏、改善环境、稳产创效,各项工作稳中向好,利润创历史新高。"在公司年度管理人员述职考评会上,锦源化工党委书记、经理徐生智说道。

全面开展岗位价值梳理,推进"总部去机关化"改革,构建管理、技术、技能"686"岗位职级体系,拓宽职工队伍晋升发展通道。开展经理层契约化和任期制改革,以效益为导向在锦源化工电石分厂试行厂长年薪制考核,激发基层管理动能。特别是化工公司推行专业装置化管理,缩减7个机构,压缩1个层级,精简岗位292个,企业焕发出了蓬勃生机,真正实现了在发展中改革,在改革中发展。

聚力赋能,科技创新再发力

"双碳"目标下,化工行业发展机遇与挑战并存,科技创新正是解困"密钥"之一。

面对新的发展机遇,北元集团瞄准行业科技前沿,引领科技发展方向,聚焦核心技术攻关,为企业解难题、储技术,勇做新时代科技创新的排头兵。

2021年，北元集团积极布局高端化产品，新研发了5种特种树脂，树脂序列产品达到33种，共形成了53种特色产品序列体系，不断填补国内市场空白，满足客户个性化需求，为提升企业核心竞争力提供有力的技术支撑。

先后成立了技能大师工作室、创客空间等科技创新实践载体，并组织成员对设备隐患、技术难点等问题展开头脑风暴，积极攻克技术难关，极大增强了科技人才实践创新能力。首次参加全国行业职业技能竞赛，荣获"化工总控工赛项团体三等奖"。

当下有为，未来可期。2022年，北元集团将围绕"16333"战略目标，把握新机遇，拓展新空间，打造新优势，锐意进取、勇毅前行、踔厉奋发、笃行不怠，在陕煤集团创建世界一流企业征程中建功立业，贡献北元力量，为党的二十大胜利召开献礼。

《中国化工报》：

北元步稳行疾　书写完美答卷

党群工作部　薛红娟　李建军

陕西北元化工集团股份有限公司成立于2003年5月6日，是由陕煤集团、2户民营企业、10方自然人股东和员工持股平台共同组建的大型盐化工企业，是陕西省混合所有制的典范，被省委省政府誉为"北元模式"。经过多年的拼搏，北元集团凭借资源、规模、循环产业链、区位和体制五大优势，实现了煤盐资源就地转化，带动当地化工、建材、运输、服务等相关产业快速发展，并对当地工业经济增长起到了重要作用。

展望"十四五"，北元集团将以高质量发展为主线，以科技创新为驱动力，坚持做大做强做优总基调，以低碳、低耗理念来推动氯碱化工全面转型发展，探索集盐化工、煤化工、煤电、有机化工原料、化工新材料、高端材料为一体的多产业融合，做优主业，做强关联产业，积极发展新型产业，全力构建全流程智能制造、绿色低碳的现代产业体系。

科技创新，释放强劲动力

科技创新是北元集团的驱动力。一直以来，北元集团坚持创新驱动发展，技术带动产业，大力实施科技兴企、质量强企、人才强企战略，强化产学研合作，核心技术不断突破。同时具有110万吨/年聚氯乙烯、80万吨/年离子膜烧碱、4×125兆瓦发电、220万吨/年新型干法工业废渣水泥、50万吨/年电石的生产能力。

"十三五"以来，北元集团成立了科技研发中心，建成了具备水质监测分析、物料特性分析、物质成分检测、聚氯乙烯聚合实验及性能评价等功能的现代化检测平台，与天津大学、南开大学等高校合作完成高含盐废水的深度处理研究等课题，自主设计了无汞触媒中试侧线、万吨级无汞触媒工业化示范装置，以及全国数量最多、功能最全的无汞触媒中试评价装置。

此外，公司以质量系统提升项目为载体，紧盯市场，着眼改革创新，奋力开辟一条"大质量"管理的新路子。随着质量管理体系建设的日臻完善，北元集团产品的行业影响力、工业自动化水平和科技创新能力，企业综合实力得到不断提升，"北元品牌"赢得了广大客户青睐。截至目前，北元集团已具备53种产品的生产能力，北元牌聚氯乙烯和高纯氢氧化钠产品被评为"陕西省名牌产品"。更值得骄傲的是，煤—兰炭—电石—聚氯乙烯—园区示范经鉴定，成果属国内首创，被评为"2019年中国产学研合作创新成果奖一等奖""第十届陕西省煤炭工业优秀科技成果特等奖"。

降本增效，实现行稳致远

北元集团坚持以降本增效为抓手，不断调整产业结构，优化资源配置，深挖系统潜能。公司通过反复试验以及调试，最终装置运行率和负荷率达到企业历史最优水平，电石单耗等多项指标处于行业领先。同时全力推进生产、设备、工艺、质量四大管控体系有效落地，化工、热电、水泥、锦源四大板块产业协同发力，生产系统实现了"安稳环长满优"运行。全方位推行低成本战略，深化预算管理，优化资金运作，提升经营意识、成本意识，生产经营持续向好，企业盈利能力和抗风险能力不断增强。发挥"互联网＋"大数据优势，与1688采购平台合作，建成了数字智能化供应链系统。

北元集团营业收入从"十二五"末的65.41亿元，增长到2021年的131.54亿元，增长101.1%；利润持续攀升，累计实现利润114.99亿元，上缴税金54.8亿元。先后获得全国五一劳动奖状、国家循环经济标准化试点企业、全国两化融合示范企业、全国安全文化建设示范企业、中国企业文化建设先进单位等荣誉，连续多年入围中国化工企业500强，多次被榆林市国家税局评为"A级信用等级纳税人"，被神木市评为"纳税大户"。

安全环保，赢得美好未来

安全环保一直是企业的根基。安全方面，公司坚持"人本＋物本＝零伤害"顶层设计理念，汲取国内领先安全文化建设经验，结合实际，凝练形成"4551"安全文化管控体系。以"控制大风险、消除大隐患、遏制大事故"为目标，牢固树立红线意识和底线思维，建立健全风险分级管控和隐患排查治理双预防机制，将"基于风险的安全管理"贯穿到生产经营各环节，大力实施科技强安工程，扎实开展安全标准化建设，推进基于风险的过程安全管理，促进安全文化、安全标准化及过程安全管理深度融合，构建了具有北元特色的"三位一体"安全生产管控体系，安全形势稳中向好，安全管控效果创历史最高水平。

环保方面，落实企业环保主体责任，实施了含汞废水处理、水泥系统扬尘治理、热电煤场环境治理、锅炉脱硫脱硝改造、锦源除尘系统改造及聚合三期母液水VOCs治理等项目，有效改善了现场作业环境，花园式工厂打造初见成效。先后荣获全国和陕西省安全文化建设示范企业、入选国家工信部第一批"绿色工厂"名单、通过危险化学品企业一级安全生产标准化达标验收，连续5年被陕煤集团评为安全生产先进单位。

成功上市，增添发展动能

近年来，面对世界经济复苏乏力、局部冲突和动荡频发、全球性问题加剧的外部环境，北元集团依然能够保持良好发展态势，安全环保持续向好，经营业绩持续攀升，改革创新稳步推进，团队建设坚强有力，企业硬核实力大幅增强。公司于2020年10月20日，在上海证券交易所成功挂牌上市，成为榆林市首家主板上市企业。

公司的上市之路可以追溯到2015年3月，那时北元集团正式启动上市工作，并于2017年6月完成了股份制改制。最终在2020年10月20日成功于上海证券交易所首发上市,募集资金总额36.73亿元,实现了榆林市主板上市企业"零"突破。"十三五"期间,北元集团始终坚持规范运作,不断加强风险管理和内部控制,完善生产经营各类合规手续,健全混合所有制企业运营机制,实现了企业稳健发展;持续强化公司治理,形成了治理结构完善、管理制度健全、权力边界清晰的治理体系,企业运行质量和决策效率大幅提升;不断扩大品牌效应,公司行业知名度和品牌影响力不断提升,企业综合竞争优势明显增强;打通直接融资通道,加速产业结构调整,培育企业发展新动能,为进一步提升企业资产证券化水平和推动高质量发展提供了保障和支撑。

守正创新,成果落地生花

纵深推进国务院"双百行动",完善混合所有制企业运营机制,规范法人治理结构。率先在水泥、锦源两个子公司实施职业经理人改革,在电石分厂试行厂长年薪制改革,考核实行"上不封顶"的超利分享机制,激发了管理团队干事创业的热情;全面推行新班组建设改革,推动班组实现全员、全过程、全方位、全要素的自主化管控,提升终端战斗力。在化工分公司推行"十"字形改革,横向缩减7个机构,纵向压缩1个层级,实行专业装置化管理,通过改革精简岗位292个,减少编制502个,解决了国务院安委办"三年行动"化工人员任职资格问题。实施机关去行政化改革,取消科室层级,实行专业模块管理,构建了"686"岗位职级体系,拓宽三支队伍晋升发展通道。严把采购入口关、生产过程关、销售出口关等"三关",实行"全链条"管理,扩大了与"一带一路"沿线国家的开放合作,改革发展达到"一子落,满盘活"的效果。

福祉民生,彰显社会担当

北元集团在企业建设和发展过程中,积极响应各级政府号召,参与各类民生和慈善事业,用慈善提升社会正能量、企业正能量和员工正能量。公司党委高度重视和关注对口帮扶安康市汉阴县梨树河村和神木市锦界镇乔巴泥沟村脱贫攻坚及助力乡村振兴的推进情况,帮助梨树河村成立了两个专业合作社,通过"党支部+贫困户""合作社+X+贫困户""企业+村集体经济组织+贫困户""三变改革"等模式,吸纳社员覆盖全村贫困户和有劳动力的农户,将贫困户镶嵌在产业链条上,实现了从"输血"扶贫向"造血"扶贫的转变。全力帮扶锦界镇乔巴泥沟村进行基础设施建设,为贫困户提供就业支持,展现了北元社会责任和担当。几年来,公司累计向汉阴县梨树河村投入帮扶资金260余万元,消费扶贫1070余万元;向锦界镇乔巴泥沟村捐赠帮扶资金及物资195余万元。2020年,帮扶村汉阴县梨树河村和锦界镇乔巴泥沟村实现了整村脱贫致富。公司连续多年荣获陕西省脱贫攻坚优秀等次、陕煤集团助力脱贫攻坚工作优秀单位、神木市脱贫攻坚优秀帮扶企业。

此外,新冠肺炎疫情发生以来,北元集团积极克服内外部困难,抢抓复工复产,及时调整生产工艺,迅速组织生产防疫物资,共向社会捐赠次氯酸钠消毒液约13.17万吨,为打赢疫情防控阻击战贡献力量。同时,为榆林市横山、子洲等地留守儿童赠送图书1000余册,生活用品500余件;为河南省、商洛市灾区及榆林市绥德、子洲洪水灾害地区等捐款捐物,帮助灾区群众渡过难关、重建家园。

北元集团：从"熬资历"到"亮成绩"

党群工作部　李建军

北元集团化工分公司王会林通过公开竞聘，成为一级业务主管。而他是一名90后，参加工作不到7年。

"这在很多老员工眼里不可思议，当然也有一些人不服气。"北元集团企业管理部负责人说，王会林上任半年多，就通过强化点检等手段，解决了部分设备长期故障率高的问题，这说明他虽然年纪不大，但他肯干、会干，能胜任这个职位。

陕煤集团旗下的北元集团，主要从事聚氯乙烯、烧碱等产品的生产和销售，入选全国国企改革"双百企业"。

过去在北元集团经常听到这样的声音，干多干少一个样，不干也没什么关系，反正资历熬到了，有钱拿、有官当。员工的工作积极性不高。

2021年，北元集团出台《业务主管竞聘上岗机制》，在所属企业全面推行管理岗位竞聘，明确了竞聘范围、组织程序、基本条件等内容。

北元集团化工分公司16个管理岗位公开竞聘，拉开了北元集团深化三项制度改革的序幕。"竞聘"迅速成为公司里的热词，共有57人报名参加公开竞聘，一个岗位最多有12人报名竞争。

有人摩拳擦掌，有人却在嘀咕：不会是走过场吧？

这次竞聘，由北元集团领导担任"面试官"，不允许任何人打招呼。经过自主报名、资格审查、笔试、竞聘答辩、组织考察、党委会议研究等环节，北元集团党委对竞聘的各个环节严格把关，竞聘过程规范严谨。"通过亮本事、亮实绩，我们希望把那些想做事、会做事、能做事的人放在合适的岗位上。"北元集团党委书记、董事长刘国强说。

王会林等竞聘上岗的年轻人，通过实干，让化工分公司充满了活力和朝气，尤其是激发了年轻人的创新力。此后，化工分公司陆续开展了PVC装置、电气装置、VCM装置等重要技能岗位竞聘，让一批来自生产一线的技能人才走上关键技术岗位。"竞聘为年轻人提供了展示才华的机会。"成功竞聘为二级业务主管的刘钰存说。

据悉，2021年竞聘活动开展后，北元集团新上岗一级、二级业务主管51人，平级调动30人，降职7人，一批管理能力突出的年轻职工脱颖而出。

2021年，北元集团热电分公司聚焦创新改革，将生产技术中心汽机、锅炉两个运行专业合并为热机专业。合并过程中，实施公开竞聘，最终选拔出10名热机管理人员和3名班长。同时，热电分公司进一步深化绩效改革，对检修人员绩效实施工时制管理、运行人员实施岗位薪点系数管理、行政人员量化业绩考核，促进了班组提质增效，提高了工作效率。

此外，北元集团还在锦源化工公司推行职业经理人改革，在锦源化工电石分厂试行厂长年薪制考核。化工分公司推行专业装置化管理，撤销原"六科室六分厂"组织架构，新成立"五大中心"，压缩1个层级，精简7个机构，缩减292个岗位，让企业焕发出了勃勃生机，真正实现了在发展中改革，在改革中发展。

借改革春风，2021年，北元集团实现营业收入131.54亿元，同比增长33.49%；利润总额22.07亿元，同比增长12%；员工人均年收入达到13.19万元，实现了"十四五"良好开局。

中化新网：

北元集团：党支部"互加好友"，结对共建扩大"朋友圈"

党群工作部 丁 雄

九层之台，起于垒土；管党治党，重在基层。2022年3月，北元集团党委在2022年党建暨党风廉政建设工作会后，迅速启动了党支部"结对子"提升工作，为基层党支部"联姻"当起"媒人"，给党建与生产经营深化融合提供了平台和载体，党支部"结对子"一时间成了基层党组织的热门话题。

支部"手牵手"，党建联动强根基

"小娜，你们党支部有没有匹配的结对子支部？我们支部想与你们支部结对子，共同成长、共同进步。"党支部"结对子"提升活动的通知刚下发，化工分公司党委包装装置党支部书记丁文亮就联系上了被评为"陕煤标杆党支部"的技术管理中心第三党支部书记李小娜。

3月24日，技术管理中心第三党支部与包装装置党支部进行了工作对接，签订了党支部"结对子"目标协议书，并就如何落实党支部"结对子"工作任务和活动进行了深入沟通交流。

在"仪式感满满"的党支部"结对子"目标协议书签字仪式上，伴随着与会党员的热烈掌声，两位党支部书记的手紧紧地握在了一起："我们要以此次活动为契机，加大交流频次，共享工作经验，围绕业务工作互帮、组织建设互助、党员干部互动等方面，不断提升党员服务水平，增强党组织的创造力、凝聚力和战斗力，为公司高质量发展贡献力量。"

2022年，北元集团党委通过创新工作思路，立足党建工作与业务工作的有机融合，在征求各基层党委（党工委）意见的基础上，按照优势互补的原则，让各党支部自行选择"配偶"，各党支部"一对一"或"一对多"结成对子，围绕做好党建及支部标准化建设工作，就党课一起上、党日活动一起搞、教育一起抓、典型一起树、品牌一起创、专干一起推、氛围一起造等党支部"结对子"任务，开展为期9个月的提升活动，实行年中检查、年底考核奖励，推动各党支部互学互促、互帮互助、共同提升，进一步巩固党支部标准化建设成果。

支部"同盟"，典型带动品牌效应

"开展党支部'结对子'提升活动，目的是进一步增强基层支部间的工作交流，充分发挥各示范点和标杆在党建品牌创建中的引领作用，提升基层党支部工作活力，让基层党建工作动起来、活起来、亮起来。"公司党群工作部负责人说道。

2022年，北元集团党委将56个党支部通过"结对子"的方式，划分为28个"同盟"组合，各结对支部在开展规定动作的基础上，自行创新党建及支部标准化建设工作，从支部自身特色工作着手，全力打造有实效、可推广的工作经验、模式，从实践中凸显特色党建品牌效应，并通过微宣传、新媒体等手段，实时"晒"工作、"晒"进度、"晒"成果，形成案例、汇编成册，将典型的做法传播到每个党组织，成熟一个、带动一批，切实打造"一支部一品牌一特色"的党建工作模式。

"今年，我们两个支部要在生产检修、牌号切换、售后服务及质量问题等方面积极对接、密切配合，在公司党委的正确指引下，将党建融入安全生产、经营等方面，努力实现党建引领、产销互助、资源共享、品牌同创的'结对子'党建品牌效应。"3月22日，营销物流部党支部与生产技术部党支部，在"结对子"动员会上达成了一致意见，营销物流部党支部书记张玲芬说道。

自2020年以来，公司党委按照陕煤集团党委要求，与榆林化学党委开展党建管理共创共建"结对子"工作，便致力于从党委层面探索建立"结对子"品牌体系。2021年，在深入开展党支部标准化建设和优化提升基层党建工作质量的基础上，北元集团党委立足党建工作实际，重细节、重过程、重基础、重具体、重落实、重质量、重效果，总结形成了"23456"（两个党委、三个制度、四级管理、五融措施、六大目标）"结对子"工作体系，有效提升了公司党建工作质量和水平，也为2022年开展党支部"结对子"提升活动提供了经验基础和理论支撑。

支部"共建共享"，携手共进促发展

党支部"结对子"提升活动，基础是党建，重心是发展。

2022年，公司党委将开展研讨交流会作为党支部"结对子"提升活动的一项任务，要求各结对支部在结对期间，组织党员采取集中学习与交流研讨相结合的方式，围绕"党管安全"相关方面的主题开展一次大讨论，为创建"党管安全"标杆党组织理清思路、总结措施。

此外，公司党委要求各支部以党课共享、资源共享、活动共享、品牌共享"四个共享"为目标，在共同学习的基础上，把共同解决党建工作难题和生产经营、企业管理、安全环保等工作"瓶颈"作为结对共建的重点，建立党员及党务工作人员日常沟通交流制度，定期或不定期将各自在开展业务工作中难以解决的问题情况纳入交流讨论范围，通过组织召开专题会议，集思广益、群策群力，发挥集体力量，解决共同问题，真正做到了党建工作与业务工作共进共赢。

前进没有止境，发展未有穷期。下一步，北元集团党委将深入贯彻落实陕煤集团党建工作会议精神，以"党建融合深化年"为主线，进一步推进党建工作与生产经营深度融合，推进基层党建创新、创效、创品牌，着力提升党建引领力、支部凝聚力、党员战斗力，以优异成绩迎接党的二十大胜利召开。

人民网：

北元集团：深耕厚植育文明之花
——北元集团创建陕西省国有企业文明单位标兵工作纪实

党群工作部　马　薇　李建军

厂区道路宽阔平坦、车辆进出礼让行人、窗明几净的办公环境、用餐"光盘"杜绝浪费……文明创建成果如缕缕清风扑面而来，公司犹如一个生命体，沐浴着党的光芒，吐故纳新，厚积薄发，一路一景，一人一物，时时处处展现着文明的气息与温度。

近年来，北元集团深入学习贯彻习近平总书记关于精神文明建设的重要论述，始终把精神文明建设作为公司培育新人、弘扬新风的重要抓手，搭建载体、突出特色，内抓管理、外树形象，坚持在文化建设、道德教育、社会责任等方面下足功夫，与企业发展统筹谋划，综合推进，物质文明与精神文明取得了双丰收。

以道德的沃土涵养文明

文明在于一言一行，创建源于一点一滴。走进北元集团，文明气息现于微细之处：一楼大厅两侧镶嵌着"聚""和"企业文化主题，氛围浓郁的社会主义核心价值观展牌多处可见，干部职工彬彬有礼、着装规范、精神饱满；安静、整洁的办公环境更是给人耳目一新的感觉。

近年来，在陕西省国资委党委及陕煤集团党委的坚强领导下，北元集团深入推进文明创建工作，成立了以党委书记、董事长为组长，党委副书记、总经理为副组长，其他领导班子成员和党群系统工作人员为组员的创建工作领导小组，形成了党委统一领导、主要领导亲自抓、分管领导具体抓、各单位齐抓共管的创建领导体制和工作机制。

"文明单位是一个单位的崇高荣誉，是单位形象、发展水平的集中体现。创建省国有企业文明单位标兵，是公司的一项重要任务，也是各级党组织义不容辞的责任，各单位要切实把党的领导落实到文明创建工作各领域各方面各环节。"北元集团党委书记、董事长刘国强说道。

公司党委把"文明单位创建"工作日常化、规范化、制度化，与建设优秀企业文化"软实力"融为一体，取得了实质性的效果。每年制定下发文明单位创建实施方案，通过党建专题会、党建工作专题研讨等研究部署全年文明创建工作，将文明创建工作纳入年度党建工作目标，并将目标任务分解到每个季度，定期督导目标任务完成情况，形成党建与文明创建交汇融合、双向提升。

抓好思想建设是开展好精神文明建设工作的前提和基础。通过举办党的十九届六中全会精神专题学习会、北元大讲堂、首届人物事迹报告会，组织学习习近平总书记"七一"重要讲话和来陕考察重要讲话重要指示精神，使干部职工的心灵一次又一次被净化、精神一次又一次被洗礼。

以文明的力量激发活力

"几座崭新的厂房从一片草坪中显露出来，道路整洁，设施井然，花团锦簇，透出清新盎然的生机与活力，使人心旷神怡，这是一座工厂，更是一片现代式花园。"这是走进北元集团厂区看到的一幕景象。

精神文明建设，绝非一日之功，更不会一蹴而就。北元集团持续推进文明创建，通过打造阵地、厚植企业文化、提高员工文明素养等措施，把文明创建工作激发出的干事创业热情不断融入企业安全生产、经营管理、科技创新、企业文化建设中，用文明创建成果助推企业高质量发展。

科技改变了公司的发展，也改变了厂区的环境。公司坚持绿色、科学可持续的发展理念，持续对环保设施及节能减排项目进行升级改造，积极推行清洁生产，实现循环经济的减量化、再利用和资源化，严格管控生产过程与末端治理，以"零容忍"态度，坚持不懈地抓好废水、废渣、余热等综合利用和循环使用，走出了一条低碳生产、循环经济、绿色发展的新路径。

随着环保投入的不断加大，改造升级后，厂区环境持续好转，企业绽放出"绿色"容颜。"现在公司到处都是绿色，厂区的路面更整洁了，树木更绿了，花儿更红了，空气更清新了，环境也越来越好了。"这是广大员工最直观的感受。

公司将每年5月份确定为"企业文化月"，举办了首届"企业文化月"系列活动，编印《北元故事》等文化作品，引导广大员工重温企业文化，积极践行企业文化。坚持在贯穿、结合、融入上下功夫，持续推进社会主义核心价值观进中心、进班组，深入开展"讲文明、树新风"道德实践主题活动，持续抓好先进典型的培育，让陕煤集团"奋进者"文化和北移精神等得到生动体现。

全力聚焦职工幸福，大力实施职工技能素质提升工程，持续开展职工岗位技能比武大赛、"职工五小"技术创新、"三小一练"职工文化建设等活动，大力弘扬北元工匠精神，提高员工道德素养、文明素质和业务技能。

以奉献的情怀承担使命

走进养老院看望空巢老人，开展义务植树、义务理发、义务维修、文明餐桌志愿服务活动……近年来，北元集团主动履行社会责任，让文明新风不仅覆盖全公司，更吹向"寻常百姓家"。

责任担当，是一个企业的灵魂，是一个企业的凝聚力、战斗力，也是一个企业的"品牌"。作为混合所有制上市公司，在企业发展壮大同时，始终不忘身上肩负着回报社会、服务人民的使命，在文明创建之路上积极践行使命担当。

北元集团扎实开展"心连心"义工服务活动，组织参与地方志愿者协会组织的各类活动，充分展示新时代北元人的良好精神面貌。化工分公司成立了"电气""自行车维修""水暖"三支义工志愿服务队，组织40余名志愿者利用业务时间为职工、职工家属、锦界有需求的其他单位职工提供电器维修、电路改造、自行车维修、水暖维修维护等志愿服务工作，全心全意为职工服务，累计解决问题800余项。"志愿红"已深入职工群众的心中。

在此基础上，将文明创建的规划图延伸到巩固脱贫攻坚成果同乡村振兴有效衔接工作中来，按照"美丽乡村、文明家园"建设"十个一"标准，深入汉阴县梨树河村，开展"道德讲堂"、政策宣讲、金秋助学，制定村规民约，积极开展村容村貌整治和助力产业发展活动，让帮扶村换上"新颜"，彰显北元社会责任。

2020年初，面对突如其来的新冠肺炎疫情，在做好公司的自身防疫之外，还生产捐赠次氯酸钠消毒液，积极投身抗疫工作。截至目前，累计向武汉、河南、西安以及榆林市企事业单位、居民小区捐赠次氯酸钠消毒液131675吨（折合），驰援各地支援疫情防控。

荣誉既是过去努力的结果，更是接续奋斗的动力。站在新的起点，北元集团将持续加强文明创建，进一步创新思路、灵活形式、务求实效，推进单位精神文明建设迈上新高度，为陕煤集团精神文明建设作出表率、贡献力量。

《中国化工报》：

为装置安全运行保驾护航

——记全国工人先锋号获得者、陕西北元化工集团化工分公司
生产运营中心电气二装置

李军 吴虎成

陕西北元化工集团化工分公司生产运营中心电气二装置，这支由原动力检修分厂改制的年轻团队，45名员工平均年龄仅30岁，凭啥荣获2022年"全国工人先锋号"荣誉称号？近日记者走进电气二装置采访。坚持实干、高效、创新的工作作风，勇于创新、敢于负责、乐于奉献，为PVC生产装置安全运行提供动力、保驾护航，成为他们成功的秘籍。

科学管理 节能降耗助生产

生产运行，电力先行。电气二装置承担北元集团化工分公司VCM、干湿法乙炔、电石储运、聚合、包装装置及公用工程的供电重任，涉及35千瓦、10千瓦和0.4千瓦不同的电压等级，点多面广，是直接关系到生产系统安稳长满优运行的关键因素。

"精心管理、控制过程、注重结果、追求安全。"这是电气二装置班组坚持的管理思路。

该装置党支部书记兼装置长白永明告诉记者，近年来他们围绕生产运行开展了一系列节能降耗攻关。比如针对配电室感性负载功率因数不达标，在无功补偿方面做好功率因数"大文章"。投入容性负载扩容改造补偿，实现就地交换，10千瓦配电柜功率因数高达0.96，低压系统功率因数由0.88提高到0.98，不仅提升了电网运行效率，而且降低了电耗。

303变电站10千瓦中性点接地系统及10千瓦高压快速开关响应速度也直接关系生产安全。2019年，电气二装置创新采用中性点非线性电阻接地系统，改造增加大容量快速开关，响应时间从60毫秒大幅减少至5毫秒，避免了相间故障以及大电流冲击事故，为主变系统安全运行奠定了坚实基础。

电气二装置还负责公司应急电源供应。来自锦界蟒过渠变电站的35KV国电3614、3622安保电源线路需保持热备用，虽然属空载电源，但连接的国电系统距离较远，周边环境复杂，易产生过电压，影响系统安全运行，成为困扰生产的"老大难"。该装置技术人员分析原因、查找症结后，自主完成了分接柜移位及中间头改造，将传统的铁磁式电压

互感器改为容式互感器。2019年改造后稳定运行至今,确保电源可靠备用。

近年来,他们累计创造"五小"成果356项,开展技术改造项目41项,攻克了诸多设备技术难题,涉及生产类11项,消除了影响生产系统安稳运行的瓶颈,由事后被动应对转为事前主动预防。

自主创新　智能改造攻难关

如今,大数据应用、智能化改造已成为化工行业发展趋势。电气二装置围绕智能升级改造大胆尝试,在该公司率先实现了高压配电柜智能化操作。

承担干湿法乙炔装置的1307变电站,成为电气二装置智能升级改造的样板。他们采用国内先进技术,在不影响生产的同时实施改造,每个配电柜至少安装2台摄像头及6个传感器,由后台远程执行机构替代人员操作高压设备。

2021年10月改造投运后,变压器、高压开关、电缆头、倒闸操作等指标参数实时通过电脑监控,工作效率极大提高,稳定运行得到切实保障,消除了安全隐患。"今年我们将逐步推广到35千瓦、10千瓦等其他变电站。"白永明对记者说。

电气二装置还设置构建了集控自动化系统主页面,实现了从电网运行参数到故障检测全过程、全方位监控,电压、电流、功率因数等参数实时显示,遇到特殊情况及时报警保护。在303变电站控制室,记者看到员工在电脑前轻点鼠标,配电柜、电缆室、装置运行工况等信息通过智能变电站监控系统在大屏幕一览无余,各类参数不停变化闪烁,系统显示连续运行500天。"这是该系统上线后,截至5月18日装置的实时运行情况。"白永明解释说。

党员带头　义工服务暖人心

"义工在线,有事儿您说话!"这是电气二装置"电气义工服务队"常挂在嘴边的一句话。

电气是一门专业性和实操性很强的职业。2016年3月以来,该装置党员发挥一技之长,免费为员工及家属开展电气专业方面的日常服务。在党员示范带动下,员工也积极参与,服务规模逐渐扩大,"电气义工服务队"应运而生。

他们秉承专业的电气维修和走出去服务的理念,持续开展志愿服务活动,服务区域涵盖榆林、神木、锦界及公司内部四大片区的生活区,累计提供服务上千人次,为公司员工节约支出10万余元。

"电的问题,就找我们!"印制在"义工服务队"名片上的字样十分醒目,服务项目包括电表安装、开光插座、照明灯更换、家电修理、维修各种电路问题等,并公布了每个区域及所有员工的手机电话。同时,他们还建立"心连心"义工服务微信群,成员达1630人。无数的感谢留言和图片,见证了义工服务温暖的点滴。

"刚开始工作量很大,我们忙得不可开交。倒班的员工利用业余时间义务干活,24小时全天候随叫随到,上门服务,随后又从企业内部逐渐扩展到社会层面。"白永明说,听说北元集团对口帮扶村神木市锦界镇乔巴泥沟村有需要,9名员工按专业不同分工,为村民更换旧线路、电表、照明灯,修理家电,整整忙活了一天。

"一个党支部就是一个战斗堡垒。"电气二装置党支部虽然只有5名党员,但党支部注重党建工作,加强政治理论学习,不断发挥党员模范带头作用,营造奋发向上的良好氛围。

三、散　文

行陕南　看幸福

王凤君

近日，与同事驱车前往扶贫点安康市汉阴县蒲溪镇田禾村考察。利用一天的时间，走进了秦岭南麓的陕南山区，领略了陕南的山水俊秀、民风淳朴，切身感受到另一种已被遗忘在记忆深处的本质意义上的幸福。

西康高速是西安通往陕南的最高等级的大通道之一。高速公路穿延在秦岭山间，不是在隧道中通行，就是在桥梁上看景，一路全是桥梁连着隧道，隧道接着桥梁。置身于深山之中，仿佛沐浴在大自然的怀抱，安静祥和，令人心旷神怡。一座座山峰相连，绵延不绝，起伏泰然，俊逸奇秀。山间的绿颇有特色，新嫩的绿、碧翠的绿、青黛的绿，相互交映，层峦叠嶂，一片郁郁葱葱，无限生机盎然。偶有丝丝缕缕的薄云从山间飘过，就像秀丽的姑娘围上了洁白的纱巾，若隐若现，飘逸洒脱，卓然不群。

"山有多高，水就有多高"是对陕南水系的准确描写。陕南森林茂密，降雨量多，水系发达，每个山谷都有清泉汇聚，溪水潺潺，清澈纯净。即使你坐在飞驰的汽车里，仍然可以看到风吹水面荡起的涟漪，还可看到河底洁白的卵石，甚至是自由穿梭的小鱼。

用"清风拂面，沁人心脾"评价陕南的空气一点也不为过。秦岭山脉的天然植被为陕南地区提供了巨大的氧吧，负氧离子特别高，空中飘浮粒子极少，水分相对比较多，空气清新湿润。在这样的环境中呼吸，清爽温润，酣畅淋漓，似乎心、肺，还有大脑都被清洗一新。想想在空气质量不好的地方生活，我们的肺脏倒成了环境的吸尘器。

陕南产业的最大特点是绿色、有机和富硒。大米、瓜果、油菜、豆制品、蔬菜、茶叶和饮用水等都具有绿色、有机、富含硒等稀有元素和丰富的维生素，对人体健康极为有利。独具特色的陕南菜，原汁原味，口感特好，很多人食用后的第一感慨，就是尝到了饭菜的原本滋味，找回了童年记忆的味道。这些地道的菜品，在陕南你去任何一家小餐馆就能吃上，或者你随便走进农民家里都能随手料理几个，保证让你吃个满意。

陕南大部分县区工业化程度低，财政收入不高，物价、房价较低。百姓生活节奏比较慢，悠闲自得。但是，重视教育、丰富文化生活却是陕南突出的又一特征。众多享有盛誉的民间书法家、文人、艺人，让我们看到了老百姓自得其乐、追求品味的生活百相。在这里，各阶层人的矛盾冲突较少，社会的安定和谐普遍较好。仔细想想，一个政党、一届政府执政的目的不正是让老百姓能享受到这些成果吗？（《陕西工人报》，作者系北元化工集团公司总经理）

忧伤的江南

高小军

（一）

在我的影像中，江南是朦朦胧胧、充斥着忧伤的。

（二）

为着寻找那份解不开的心结，迁客骚人多会于此。并非带着对江南的自我阐释来解读一个作为文化的江南，生于北方，多多少少的被诗词歌赋中的江南蛊惑，"堆金积玉地，温柔富贵乡"的苏杭比之肃杀、粗犷的北国，文化的江南像极了吴侬软语以及夜幕降临时闲散人群里传出的昆曲，有些使人无奈的安逸、甚至愁肠百结。从李煜《虞美人》"问君能有几多愁，恰似一江春水向东流"到易安的"红藕香残玉簟秋……此情无计可消除"再到"我达达的马蹄是美丽的错误"。

（三）

如果说铁马、秋风的北国冷而硬，那么杏花、春雨的江南显得柔软而忧伤。家在温州雁荡山脚下的朋友文龙在其《梦江南》中写道：多湖的江南，多河的江南，水做的江南/江南的荷花，江南的杨柳，守望江南/山水流韵，轻舟摇梦/冰清玉洁的雨是江南的忧伤/草长莺飞，风筝满天/春天的江南杜鹃啼血/秋天的江南憔悴了足音/钟声里的江南，黄昏里的江南，江南水乡/古典　朦胧　温暖//柳永的江南，徐文长的江南/江南的纸笺漫天飞扬/文人是没有白马的过客/悟得风如何空，天如何老/落日　瑶琴　空山//桃林在岸/桃花在江南女子的明眸里绽放凋谢/寂寞的身影漫江流淌/九曲回肠的悲伤凄凉/郁结在青石幽巷/月光　流水　洞箫/悄悄揩去圆月的清泪//杨柳轻轻拍打小河的怅眠/在梦中伴我走进江南/江南小女孩长成的母亲望眼欲穿/斜阳那端名叫天堂的纸鸢/伫立我江南故园的楼阁/寻不见扑进她怀抱的门//美丽断肠的江南/眠于梦中/眠于姜白石的词里。

（四）

上中学的时候，我时常翻看郑愁予写的一首现代诗《错误》：东风不来，三月的柳絮不飞/你的心如小小寂寞的城/恰若青石的街道向晚/跫音不响，三月的春帷不揭/你的心是小小的窗扉紧掩//我达达的马蹄是美丽的错误/我不是归人，是个过客……"我不是归人，是个过客"，所以"我达达的马蹄是美丽的错误"，不过，这马蹄声仅仅从前面路过，并不为她的企盼而停驻，因而是个错误。这首充满真情的《错误》打动了读者的心弦，也增添了江南街道向晚的伤感。比之一唱三叹的《雨巷》，郑愁予极尽真诚地写出了闺中少女曼妙的心思，十行小诗，七分哀怨，愁肠百结，雨打芭蕉、欲诉似泣。

（五）

前些天，我携妻由苏至杭，方下高速，但见单立柱广告高悬几个大字：江南十分好，绍兴九分九。绍兴是鲁迅、沈雁冰等名人的旧居，周作人在写故乡的乌篷船时，乡土里也似乎渗透了呢喃诉说，如果说在北中国，幽云十三州燕赵多悲歌慷慨之士，那么在一个文化的江南里，吴楚多文人雅士与婵娟名女，宰嚭亡吴国，西施陷恶名。浣纱春水急，似有不平声。就连隐逸之士王维也为此抒发一番感慨：艳色天下重，西施宁久微。朝为越溪女，暮作吴宫妃。贱日岂殊众，贵来方悟稀。

在苏堤西泠桥边，无数人拜谒的苏小小墓安放于此，静静地倾听着千百年来关于真情与才学获得的告慰与安抚。元遗山《题苏小像》写道：槐荫庭院宜清昼，帘卷香风透。美人图画阿谁留，都是宣和名笔内家收。莺莺燕燕分飞后，粉浅梨花瘦。只除苏小不风流，斜插一枝萱草凤钗头。

不论沉鱼落雁闭月羞花，无论殒身报国还是为情断肠，终究潮来潮去夕复朝，过往的故事演绎了江南无限的哀愁，虽然天堂赐地，终留下言志诗赋里一抹难以言说的美丽错误，"人人尽说江南好，游人只合江南老。春水碧于天，画船听雨眠。垆边人似月，皓腕凝霜雪。未老莫还乡，还乡须断肠。"

（六）

多少迁客骚人、文雅之士"夕贬潮州路八千"，漂泊孤旅中，极尽愁思，将美丽的误解或者误解的美丽化为对江南的深刻体验，徐徐流淌出属于江南独特的韵味，好比一川烟草、满城风絮，飘飘散散，成为南国文化的一缕脉络。正如大学毕业后曾在江南几个城市混迹的朋友蓝田在其空间里写的：诗意而寻找江南，成为我对江南的一个误解。应该说，是有了徐文长的江南、柳永的江南，才有了我的江南。

其实我早已知道，所谓江南，只是遗失在古老叙事中的一个美好意识，但身在江南（"长江以南"），就有一种内心美好情愫需要表达的冲动，虽然长江上帆影不再，过往的却仍旧是船。美好的怀旧，在不废江河万古流的执着中渐次沉寂，尘垢越厚，被风吹起的深沉就越值得回味，如咖啡之苦。江南的纸鸢漫天飞扬，文人，只是没有白马的过客。在李白的足迹里寻找失落，却明白了离情也是温情。凝视江上渐远的风帆，回望云水间的江楼，瞬间苍白了语言，只剩下史册上的断了线的平仄，穿越时空抵达了你我。这一刻，作为中国历史上最浪漫的诗人，看着远去的旧友，却无时无刻不在想念北方。

西望长安不见家，长安不见使人愁啊。原来江南，只是用来作为艺术的表达，而情绪埋藏的地方，叫作长安。（《全国散文作家精品集（2011年卷）》）

雷电的遐想

王秧秧

我都不知道自己在那个夏天的深夜里到底做着怎样的梦，就被那穿透内心与世界的声音惊醒了。睁开睡眼，确定那一闪一闪的光不是从天花板上的灯发出的后，怔了怔，所有思绪伴随着再一次巨响回归了清醒，原来外面的天空，正经受着电闪雷鸣的洗涤。我在这样孤单的恐惧里下意识地抱紧自己钻进被窝，像往常一样让自己想想美好的事情以至于忘掉外面世界带给我心底的恐惧。可不知道为什么，今天的我竟然一反常态地突然想看看伴随着我从小到大的恐惧到底是什么样子的，那雷声，那闪电在天的那一边到底是以什么样的姿态俯瞰着这个世界？

披了件衣服拉开阳台上的窗户，一股潮湿的风在我还没有准备的时候瞬间沁入鼻翼冲入大脑，透过这样的空气，我就像一个迎接挑战的战士望着放肆了很久躲在浓黑夜空下的雷电,那一道闪光在不远的眼前闪过后传来的雷鸣真的就像要劈开压抑的夜空。我就这样抬头看着,看着黑夜里的这一幕幕,俄尔却变得出奇的安然寂静。

看着黑幕里被强烈的闪光分成两半的世界,离我原来是这么近,在这样忽明忽暗的世界里我感觉到了自己真真实实的存在,就像站在巨人的肩膀上欣赏和接受着一直害怕的事物,感觉就像一条银色的绳子拉近了我与天空的距离,就连恐惧也变成了喜欢,震耳欲聋的声响也变得悦耳动听,一切曾经认为的不和谐此刻衬托着黑色的世界里唯一清醒的我,恍恍惚惚不知道是我丰富了深夜里孤寂的雷电还是雷电填充了我孤单的生活,我感受和感谢着这个世界带给我的惊喜。

其实我一直就不是孤单的,我有一切自己觉得快乐的小幸福和满足陪着我一起生活,无论沮丧与欣喜,无论给予与索取,无论收获与失去,我接纳上天赐予我的一切,就像大地包容着属于它自己的一切,柔和与刺骨的风,安静与多变的云,细润与瓢泼的雨,洁白与短暂的雪;湿的雾,冷的霜,暖的阳光,美的花草;洪水和地震的可怕,月的阴晴圆缺,人的悲欢离合……就是在这样的世界里,我深爱着这一切带给我的每一种情感并将其深深收藏,甚至珍藏。

电闪雷鸣过后,世界重新恢复了安静,远处黑的夜里亮着零零星星的灯光,一定是某个窗户里善良的母亲轻轻拍着自己的孩子,正在用温馨的故事赶走雷电带给孩子心头的恐惧,在这样爱抚下长大的孩子,你还会害怕什么呢?闭上双眼,带着这样的温馨画面重新入梦,我看到了我的梦里也有雷电也赶不走的静静的爱和满足的幸福。(《陕西工人报》2010年9月7日)

纯洁的幸福

周玉艳

夜幕早已揭开了清凉的面纱,天空依然不停地向下抛洒如毛的雨丝,像千万个细针一样扎在房顶上,汇聚而成的水滴从窗外的屋檐落下,不慌不忙地发出"嘀——嗒——嘀——嗒——"的声音,搅得我的心也好像浮上浮下。我极不耐烦地甩了下头,企图把这单调沉闷的声音从我身体里也甩出去。已经好几天了,像这样的天气一直笼罩着我们,冰凉着人们的心。

我从电脑前站了起来,转身走到女儿的床边。她早已睡着了,此刻正发出匀称的呼吸声。女儿天真无邪,活泼开朗,而且极易满足,一块小小的漂亮橡皮、一包绿箭口香糖或一个小玩具就会填满她的心,现在我的耳边还缭绕着她幸福的笑声呢。想着跟小家伙在一起的这些小事,脑子里一晃,这种似曾相识的感觉不是也经常出现在我们的孩童时期吗?

小时候,妈妈变戏法变出的一个小苹果,或口袋里掏出来已经融化黏纸的糖果,不是也会让我们满心欢喜吗?而如今父母在深夜里放在桌子上的那一杯热腾腾的牛奶竟然没有了昔日的温暖,上班前父母的那句"路上小心"的温柔话语竟变成了毫无意义的烦琐唠叨,同是一颗心面对相似的温馨却怎么感觉不到了幸福的味道?

可能我们已经在人生路上艰难地行走了多年,一直以来,岁月把我们的所见所闻都囊括进心里,沧桑又把我们的患得患失在心里画上了浓浓的一笔,而生活的现实和追求也使我们日渐疲倦与迷惘。也许是这些东西的分量太大使我们的心不堪重负，让我们没有多余的空间去品味幸福的滋味了。

我走到窗边，打开了窗户，霎时凉风扑面而来，依然如毛的雨丝立刻调皮地钻了进来，沾在我温热的脸上、眼皮上，一股凉意袭入心里，但我并没感觉到凉，反觉得异常舒畅清新，这是雨在刷新我心里的杂草，清除我多余的奢望啊！于是我尽情沉浸在秋雨的洗礼中。窗外的嘀嗒声依然如故，就在刚才还觉得无聊的雨滴此时却发出清澈、明亮、活泼的乐章，是那么清悠、宁静。

原来，只要我们的心过滤掉杂念，保持单纯的心态，每时从中都会溢出芬芳的幸福，一如女儿心里那株任性的百合。（《陕西工人报》2010年12月14日）

我 的 村 庄

刘 鹏

站在村里最高的麦场往下四望，我依山而建的小小村庄，如同一个小兽依偎着山脚慢慢地酣睡着。繁忙了一整天的村庄安静下来了，没有了冬天歇脚的牛儿在阡陌间踱步，没有了顽童肆意的嬉闹，只有我小小的村庄，依偎着虎头山静谧的休憩了。薄薄一层的新雪，轻轻地覆盖着每家的窑顶，柔柔地在夜空里发散着淡淡的荧光。雪层中的冰晶闪耀着，跃动的频率像极了呼吸，呼吸的声音回响在两山之间。

新年的夜空没有月亮，星光也吝啬于露出一丝光亮。整个天空浓墨一片，深远得望不到尽头。远处有人家的门前挂着两盏大红灯笼，在夜空中晕染出温暖的光。我的村庄是小小的，只有十几户人家，凌乱却又很有规律地分布着。一条条小道如同脉络一般串联起每一个亮着灯光的庄院，而每个庄院从窗口透出的光，经过雪地的折射连成一个大大的光幕笼罩住我的村庄，在漆黑的夜幕下，如同一个温暖的茧，缠绕着这个温暖的地方。

村前的小河也已经冰封了一个冬天。虽然是很小的一条河流，但她流经的村庄却都因她而得名。她也算是村庄里一位重要的人物了。在这里长大的每一个人的人生都跟她密不可分。小时候在其中戏水、捉鱼带给我们美好的回忆，长大了灌溉、饮用，是我们生活的保障。她安静地从村前流过了很多年，看着村庄里的人们一辈又一辈安静地生活。这条从雁门山而来的小河，我宁愿相信她是来自这个附近最高的山峰，是我的村庄和村里人心里抹不去的痕迹。

身后的堂屋里传出来一阵笑声，不知道是谁又讲了一个好玩的故事。长大后我们都离开了这个温暖的地方，也只有在每年的年末才会从不同的地方在同一个时间回来。就像每天夜晚的时候那些回巢的雀鸟。村庄不通汽车，从镇子里走到村里的四里路是一个奇妙的旅程。一点点扔掉那些夹杂的普通话变成标准的乡音，慢慢地让长时间坐车麻木的双腿渐渐地变得有了知觉，变得有力，脑海深处一些深深隐藏的回忆也一点一点变得清晰。走了不久，转了几个弯，我的村庄就突然出现在眼前，那一刻的我就真正属于了我的村庄。

空气里飘荡着柴薪燃烧的味道，混合着其他的味道变成了我的村庄特有的气息。再看一眼浓墨般漆黑的夜空下，发散着温暖的光的村庄。我转身走回屋里，再一次将自己深深地融入这个在虎头山下静谧休憩的村庄的空气里。（《陕西工人报》2011年3月15日）

乡 雨

刘 涛

　　梦中被几声惊雷吼醒，外面已是风雨大作，关起窗户，竟怎么也无法入眠。一束闪电照亮了窗户，瓢泼的大雨拍打着玻璃，不停歇的汽笛声交织着暴雨，在深夜的楼宇间穿梭。钢筋水泥把人与自然隔了起来，精疲力竭的城里人害怕这深夜的雷鸣，担心倾泻的大雨会威胁到生存的空间，其实是内心的孤独让贫瘠的精神世界在黑暗中恐惧一切来自异域的声响。

　　于是我思念起山乡村野的雨来，不论是"沾衣欲湿杏花雨"，还是"山雨欲来风满楼"，亦或是"梧桐更兼细雨，到黄昏，点点滴滴"，总是给人传达着某种意境。

　　春雨绵绵的日子不多，在黄土高原是最能体会到"春雨贵如油"了。从立春开始，乡下人就开始期盼能有一场透雨，好犁地播种。终于盼来雨是在清明过后，禁锢了一冬的黄土地松弛了，懒洋洋地等待春雨的洗礼。早晨起来，伸懒腰之际，你会发现门窗场院都已湿漉漉的，远处的山与树若隐若现，恰似一幅乡村水墨画。走在田埂上，脸会觉得冷冷的潮湿，水雾充斥着整个空间，烟从烟囱里刚出来便四下铺开。不知不觉，雨竟淅淅沥沥下了起来，此时也不用躲闪，任雨滴洒在身上，水珠顺着发梢流在脸上，渗入皮肤，流进心田。

　　一个偶然的夏日，乌云覆盖了村庄，瞬时恍如夜晚。突然天空裂开一条口子，漏下一道电光，将山川沟道照得雪亮，大地顿时又恢复白昼。霎时间，狂风袭来，树叶不停摇摆，电线发出尖锐的嘶鸣，未来得及归窝的母鸡扑闪着翅膀在原地打转，谁家的孩子放了只纸飞机，在天空扭着身躯越飞越高。只有庄稼人气定神闲地坐在炕上，手里拿着烟袋，眼睛望着窗外。随着一声先是沉闷继而爆裂的轰响，豆大的雨点泼洒在干旱的土地上，溅起一股泥土的味道。邻家的大叔说："好好下吧，庄稼都要旱死了。"

　　乡下的秋天是萧瑟的，秋天的雨更是凄凉的，如同一位惆怅的妇人，总有说不尽的哀怨。所以这秋雨，最是用来听的，听她的百曲衷肠，听她的凄楚迷离。秋天的雨不同于春夏，竟意外的多了起来，有时一下就好几天，不定哪一场雨后就山野微黄，一派成熟的色泽。下起雨来，正是睡觉的大好时间，秋雨潇潇，空气潮润，思想便容易呆滞，乡下人抱一枕头，酣然午睡。而敏感的诗人却睡不着，这淋漓的雨丝，这低沉的情愫，正契合他百转千回的心境。密密的雨帘，阴暗的光色，微凉的气候，细碎的声响，最能引起人无限的忧愁。就是这不断的雨线，寄托着多少文人墨客的哀思，留下多少经典的诗句呀。咀嚼这些美妙的文字，情绪随着想象无限延伸，植入寒雨之中。这样一个雨天，窗外诉说着你的过往，将你记忆中的感伤一点点拉回，纸上没写下一个字，愁绪却盛满了胸膛。雨不停地下着，不管你曾是怎样的浮躁，怎样的疯狂，终能静下来仔细品味。

　　乡雨是最原汁原味的，它是从天国洒向人间的圣浆，会带着乡下人的无私和无邪，为大地涂描不同季节独有的色彩。（《陕西工人报》2011年9月14日）

沙 漠 之 魂

王 焕

　　我不知道自己什么时候和沙漠结下了不解之缘，我喜欢在幻想中，走进那软绵绵的沙窝里去看人生，去体味生命来时孤独无望的足迹，去思索经过沙漠时那金黄容颜下面埋葬的寂寞和千年忧伤。就这样，沙漠在我心上，挥之不去。

　　我没有见过辽远而浩瀚的沙漠，但在我印象中，沙漠就是儿时去外婆家那条走不完的黄沙路，是我幻觉里常常不自觉涌现出藏着无数梦想的小沙丘，是我寻找灵魂里孤独的生命之源。

　　我把和沙漠的最初相遇，放在一个遥远的梦里，相信终有一天，那里会让我的生命如花般绽放，于是，我孤守着那一座寂寞的城，把自己小小的窗扉紧掩。

　　在我想象的视线里，车窗外的沙漠，就是一座小小的寂寞的城，仿佛徜徉在一条巨龙身下茫茫的苍野，它慵懒地躺在我心灵之窗前，被列车的速度无限地拉长，放大。

　　无尽的沙城，和荒凉的树木相依相偎，静静地守望着塞北广袤的大地。均匀的呼吸，使沙漠的生命在黄色胸脯上此起彼伏的延续着，我的眼帘里布满了黄，那是沙漠灵魂里特有的绚丽，黄土地特有的颜色，尊贵的、闪着金光的色泽。也许它就是塞北一个聚宝盆，荒凉的生命里蕴藏着天然宝藏的无限生机，它的每一根血管，每一节骨骼，每一寸肌肤里都孕育着塞北的精、气、神，血液里流淌着人类的生命源泉。

　　我不甘心做一个沙漠之囚，单把眼光放在一片死角里，我向往的是一种开阔的粗犷，粗犷里的细腻，细腻里奔放着人性自由和对寂寞的一种解读，但是我却常常心有余而力不足。

　　我只是希望能够走出那一片寂寞的城，能够永久的不再让它羁绊我的灵魂。在有限的时光和有限的生命里，我知道我再也无法抹除沙漠在我心底埋葬的孤独，也许在它的眼里，我只是一颗渺小的沙子，随风飞舞，漫无边际，也罢，我甘心做一颗沙子，常年流浪在沙漠里，把自己的思绪和梦放逐在沙丘之间。

　　无论风吹日晒，无论时过境迁，只要活着，那便是一个千古的传说，流传下我和沙漠流浪的故事，以及生命中那些不能承受之重，勇敢地托起一方太阳下的光辉。（《陕西工人报》2012年7月17日）

看 见

化工分公司 武 俊

清道夫的早晨

　　由于最近政府维护道路，家门前的那条路被封，所有经过此路的车都被迫改道河西绕路。这就逼得我要早起半个小时去坐通勤车。

　　这条路，是我再熟悉不过的一条路。每次路过都是匆匆来，匆匆去。这次我做了周密的计划，提前半个小时出发，我有的是时间。

说句实话，早晨的空气并不新鲜，还夹杂着昨晚的寒气。一个清道夫在路边打扫公路，一扫帚，一扫帚，很认真。在我们通俗的叫法中，他们应该是被称作"扫大街的"。我总感觉这个称呼虽然通俗易懂，但是总缺少一点点什么东西。但要我准确说出，却又不能。所以，我就叫他们"清道夫"，意思是一样的，感觉上却舒服了不少。

很早以前，小镇是没有清道夫的。那时候只有一条街，人也不多，每逢赶集，四村八方的人们来到镇上，小镇才略显生机。那时的天很蓝，流经小镇的那条溪水里时常会有鱼儿露出水面。街道地面无须打扫，我们穿着妈妈做的新布鞋，踩在厚实的泥土上，心里乐开了花。

只是后来，一切都在悄悄地发生变化，变化得让人目眩。小镇的人在增多，房屋也在增多，街道也在增多。相应的，可以一眼望穿苍穹的蓝天不见了，可以很放心地一脚就踩上去的土地不见了，每走一步都是小心翼翼。生怕踩下去，溅起的灰尘落满全身。

后来，街道边早晨就出现了一个个的清道夫。每天都起个大早，然后拿着扫帚清扫街道。渐渐地，清道夫成了每天这条街道的第一道风景线。他们清扫的街道看上去很干净，然而我却走得小心翼翼，我怕，我怕我踩碎你们刚刚扫出的世界。可我更怀念，怀念儿时不用清扫的街道，所以我还是在走，走得五味杂陈。清道夫们每天早晨清扫的仅仅是街道吗？

一间商店

去县城办事，时当中午，我口干舌燥。向路边望去，一家挂着"残疾人商店"牌子的门市映入眼帘。心念一动我便走入这家小店，店面不大，约二十平方米。柜台后面站着一位青年小伙问我："要什么？"他面带微笑，但右衣袖空荡荡的。我随便要了一瓶水，付钱、结账、找零，然后我拿起水转身时，却听见青年说了声："谢谢。"

猛然间我愣住了，就像混沌理论所说的那样，发生于易变动的物体或系统，该物体在行动之初极为单纯，但经过一定规则的连续变动之后，却产生始料未及的后果。这声"谢谢"就是这个始料未及的后果。当然，"后果"是个中性词。我的大脑完全处于一种非线性状态。

我想起去年冬天，我和朋友们走在街上被一个乞丐挡住要"买路钱"的场景。蓬头垢面的乞丐自以为是地挡在路中间，朋友在被逼无奈的情况下，给了一块钱。乞丐很轻蔑地看了一眼，然后接过钱，很不情愿地让路放行。

两相比较，情何以堪？

这声"谢谢"我该怎样来理解？我喜欢问自己。显然我是不愿意把它理解成断臂青年对我"光临"他商店的答谢，这是一种公平的交易，我需要一瓶水来解渴，而他有"水"这种商品。那么，就是断臂青年对他人的一种尊重。尊重别人也就是尊重自己，他让自己活得堂堂正正。这声"谢谢"让我记住了那个青年，也记住了那间商店。下次路过，我可能还要进去吧。

《红色恋人》

这是一部电影，主演张国荣，他扮演的是个地下工作者靳。给我最深震撼的不是靳伟大的革命情怀和浪漫坚贞的爱情，而是靳面对死亡时的淡定。在片子的结尾，我们看到的不是革命者面对敌人的枪口，高喊着口号，一副大义凛然视死如归的形象，而是在一片如茵的草地上，放着一把椅子，靳面色坦然地坐在上面，全然是高僧涅槃时的神态。最后，随着一声枪响，靳仰面跌倒。靳，手上腿上的铁链随着靳身体的跌倒，抛向了空中，像一只展翅高飞的雄鹰。

这画面似曾相识，瞿秋白的名字冒出我的大脑。他被敌人押着走到一处山花烂漫的地方，他微笑着对刽子手说："此地甚好。"然后面北盘腿而坐，饮弹就义。

他们其实都是书生，一个有节操的读书人，一个有理想的读书人。面对死亡时，他们选择了一种让我们难以忘怀的方式。没有台词，没有愤怒。

王阳明说："尔未看此花时，此花与尔心同归于寂。尔来看此花时，此花颜色一时明白起来。"我每天穿梭，仰望，希冀。我看见，发现这些形形色色的人们，现实的，虚幻的，历史的，最后都统统会与我会面，然后说一些关于柴米油盐酱醋茶的事情。不是吗？就连瞿秋白那样的革命者在临死时都会还原生命本真，给自己一个真实。何况清道夫，何况断臂的青年？

走过街头，迈出田野，种地的农民，车间劳作的工人，背着书包上学的孩子，漂泊异地的打工仔⋯⋯

这些和我一样蜷曲在社会底层的人们，其实也可以活得本真，活得自重。美国著名作家迈克尔·克莱顿在其畅销世界的名作《侏罗纪公园》里面借马康姆的口说出来一番极有见地的话："我们生活在一个有许多可怕限制的世界之中，限制你必须这样表现，限制你必须重视那样的事情，可是却没有人去思考这些限制及束缚。难道这还不够令人惊讶吗？在信息发达的社会里，根本没有人在思考问题。我们原先希望能摒弃文件，但是事实上我们却把思想摒弃了。"

是的，我们把思想摒弃了。所以我把题目写作"看见"。

秋临镇北台

党群工作部　刘　涛

一直就渴盼着能登上镇北台，总苦于时间紧迫。终于有了清闲，午后，约了友人，踏向榆林城东素有"天下第一台"之称的镇北台。

镇北台建于明万历三十五年，立于沟壑纵横的黄土高原，内夯黄土，外包砖石，依着广袤的毛乌素沙漠，连着万里长城，日夜守望着长安。

初秋的塞北，天高气爽，旷野苍茫。

来到镇北台脚下，怀着无比虔诚的心情，面对眼前这高台，不禁惭愧自己的渺小。徐徐秋风从四面八方吹来，秋日下的镇北台愈显沧桑。四层递缩的方形建筑逐层叠起，上窄下宽，整体呈梯形。踏着斜缓的通道，走几步，见左面立有"不到长城非好汉"的竖石，右躺"万里长城第一台"的横石，凉亭和翠柏环绕其间。台根下有一畦月季，红白相间，花开得正旺。斜向东北方，过一侧道，便到登台入口，嗖嗖的凉风打入口吹过，从十七世纪一直吹到今天。历史的脚步渐行渐远，唯有这镇北台，数百年来一刻不停地缅怀着曾经征战疆场的烈士。

进得入口，有青砖铺就的斜坡，连接着置于东墙的城门，南墙与长城相连，足有五、六米高，匠工精细，古老拙朴。脚踩青砖，似乎踏上了时光隧道，历史的踪迹若隐若现。经过斜坡，进得城门，向上攀数十台阶，便到达镇北台第一层。第一层城垣内屋宇环列，为当年守台戍卒营房，现尚存遗址，旁立一块石碑，书有万历年巡抚涂宗浚所题碑记。四周台基上设垛口，内侧有砖铺马道，环走四周，达数百米之长。二层南墙设一券洞，上书"向明"二字，经券洞，踏砖石台阶，可抵三层，四层为台顶。各层四面围以女墙，设垛口，台地面皆为青砖铺就。

就这样一座镇北台，我极力追忆四百多年前的情景。一个叫涂宗浚的巡抚骑着骏马，奉命来到榆林。大漠孤烟，长河落日，萧萧落木，茫茫黄沙。时，落于蒙汉交界处红山之上的易马市屡遭蒙古族入侵，为保护易马市的贸易正常进行，涂巡抚便修筑成这座明长城上最大的军事瞭望台，日夜派兵卒守望。台顶上旌旗飘飘，军卒肃立，易马市中蒙汉商人来来往往，驼队成群，盐、茶、皮革，大声吆喝，好一番热闹景象。

登得台顶，举目四望，数十里风光收入眼底，尽显今日之繁华。向东望去，层林繁茂，农田阡陌。南为古城榆林，仿古建筑历历在目，高楼林立，车水马龙；榆溪河源远流长，从古至今，水色清澈，波光粼粼，南下汇入无定河。西北方向，塞外风光显示得淋漓尽致，将眼光尽量放远，不禁心胸开阔，接连不断的沙丘，一直伸向天的尽头，沙柳成行，绿草如茵，宛然一片绿洲。镇北台附近，紧临款贡城、易马城，为蒙汉官员进行洽谈、举行进献纳贡仪式的场所及蒙汉互市的场所；西北侧有风景秀丽的红石峡，红石峡湖水碧绿，随波荡漾，映衬着百年古台，如一幅优美的画卷，诗意盎然。

头顶蓝天碧日，脚踏历史遗存，心中不由疑虑：天还是那片天？台还是那座台？

远去的历史，浩渺如烟，翻阅史册，记载着过往的凄凉。荒凉的高原，贫瘠的土地，然而这里却是重兵把守的军事要地，伤痛与穷苦困扰着边塞，也考验着边塞。长城内外古战场，金戈铁马，遍地狼烟，刀光剑影，厮杀阵阵。号角重回耳际，悲壮再入眼帘，历史的再现令人心惊胆战。"北风卷地白草折，胡天八月即飞雪"的恶劣气候和"誓扫匈奴不顾家，五千锦貂丧胡尘"的戍边将士，使得边塞在悲壮中增加了无限豪迈。范仲淹的一首《渔家傲》更是说尽戍边将士的悲苦："塞下秋来风景异，衡阳雁去无留意。四面边声连角起，千嶂里，长烟落日孤城闭。浊酒一杯家万里，燕然未勒归无计。羌管悠悠霜满地，人不寐，将军白发征夫泪。"戍边的将士用鲜血和生命守住了这方水土。

沧海桑田，历史的车轮碾碎了一切苦痛，把希望带到了今天。气势磅礴的镇北台，见证着今人的智慧和胆魄，见证着边塞往昔和今朝的变化。秋天的落日映照着高原，余晖洒在镇北台的女墙上，给青砖染上一层橘黄，为镇北台增添了无限苍凉和凄美。

春　晖

党群工作部　王秧秧

我出生于三月。

在那个大地又重新被春风揽进温暖怀抱的时节，一个二十出头的女子，也迎来了她初为人母的第一个生命，我像一枚幸运的种子，伴着春雨播撒进这个襁褓，从此发芽，开花。

小的时候，三月是个希望的季节。

从小，每年开春，春节的喜庆刚刚落幕，我的生日就伴着开学早早到来。那个时候，除了逍遥了整个寒假要硬着头皮赶作业之外，对开学还是充满了欣喜，新的课本文具，新的憧憬展望，再加上生日，那更算是双喜临门了。

孩子对生日的看重既有着礼物和红包的物质需求，也有着好运临门一切从头的心灵建设，而这放在一年之计在于春的开年，又是多么幸运而有趣的一件事。根据家乡的习俗，孩子在十二岁之前的生日都可以领到红包，而且更显得财大气粗的是，每个长辈给的钱都是用红绳捆成小卷挂在脖子上，虽然这些大大小小的卷，在隔天经由母亲收管之后都下落不明，但是在那天着实春风得意，甚至徒增了钱这么多却不知如何花的忧虑。事实上，那是多么容易知足的年纪，小时候家里条件不好，但赖于母亲宠溺，一到生日，便得到特权可以和弟弟去超市自由购物，限额二十元，在那个时候，分明觉得二十元是足够大吃大喝的了。两个小孩子在偌大的超市里推着小车四处穿梭，眼花缭乱，边拿边算，等觊觎已久的各种零食纷纷落网后，再怎么精打细算也还是常常超额，我们紧张得不知要淘汰掉哪个。母亲却从不苛责，有多少都包好，我和弟弟各自拎着，欣喜而庆幸，迫不及待，归心似箭。现在回头想，那些记忆里沉甸甸的购物袋其实并没有多少东西，可我们从来没有觉得干瘪，没有觉得遗憾，除了天真，更是因为母亲的包容和身教，包容了我们自以为的奢侈，教会了我们不经意的感恩。

随着生日一过，新学期也正式开始。每到新的学年，我和弟弟的治学大业都会拿到"一笔"基础建设基金用于文具的补给，当然也是限额供应，所以也会常常纠结是要换掉那个断了带子的书包还是那个有了坑的文具盒。弟弟常常顾了面子，我总是管了里子，所以一般选择了后者，书包可以拿给妈妈缝缝补补，但是文具盒这种精致而又时常要摆在桌面上的随身物件，一定是要看着赏心悦目的。尤其当你选了一个称心的多层式文具盒，给它里里外外贴上好看的贴纸，然后分门别类，把各种类型的笔和各种用途的尺子甚至小剪刀、指甲刀、指甲油等小玩意放在合适位置上的工程量和耗费的心力，我猜想和装修一幢豪宅是一样的，但女孩子总是擅长和享受这样的工作。这种工作还有一个等同于大厦落成后要剪彩的一项重要环节，那就是裁剪一张特别好看的纸条，抄一句特别励志的金句贴在文具盒的盖子里边，最好每次一打开就能扑面而来醍醐灌顶，为了应景，多半会写上"拼一个春夏秋冬，赢一生无怨无悔"类似句子。然后，在这个意气风发踌躇满志的仪式之中，一年的憧憬和征程便都展开了。

长大以后，三月是个离别的季节。

从小，我便对"妈妈的味道"得意扬扬，母亲不仅家常饭做得好吃，很多比较有特色的家乡小吃她也会做，再加上母亲总是善于学习和尝试，从小到大，不管市面上有什么受欢迎的食物，我都能吃到母亲的改良特供限量版。那时候，亲戚家的孩子不管住得远近都喜欢往我家跑，尤其是母亲今天又做什么好吃的，我负责把消息一散播，到了放学，孩子们便从各个学校陆陆续续匆匆忙忙地赶过来，母亲一边在灶台前忙活，一边招呼："来一个，吃一个，来一个吃一个啊。"我们端着碗顶着一脑门汗珠子，每每听到这句话，总是笑得前仰后合。随着年龄渐长，上了大学，每次回家，再没有课业的负担和升学的压力，母亲的唠叨也就少了，睡到日上三竿，玩到半夜两点，她也不呵斥，也不催促，更多的是换成了关问和叮嘱，只怕在家吃得花样不够多，味道不够好，担心我们在外面总是将就,我这时的酸楚便无法克制地涌上心头,百味杂陈,一言难尽。一边愧疚,母亲有所不知,其实自己拿着生活费也挺滋润,想吃什么就吃什么;一边又委屈,虽然那么自由自在胡吃海塞,但是却没有一个能比得上"妈妈的味道"。所以,每到这假期余额耗尽,还无法充值的时刻,心里便百般追悔与不舍,尤其是每每三月,春节在家养了一身好膘之后,离家的时候更是格外沉重,这种心情随着大学将近毕业的时候更加强烈,一边感慨往日不可追,一边感伤来日怎可待,毕竟赖在家的日子越来越少,再次归家的时期也越来越远。在寒暑假这一概念逐渐远离生活之后,春节就成了唯一的盼头,而三月就成了这盼头里最大的敌人,唯恐避之不及。

可随着年岁增长,我们总是要离开人母人父,继而又成为人母,成为人父,世事不可控,时光不可逆,季节轮换,岁月不息。

三月的美好就在于她像人生,像母亲,既有她的春风和煦,也有她的春寒料峭,给你希望,又给你感伤,而我们就像解冻的河流,在数年如一日的春日暖阳里,推开冬日的冰封,带上春雨的寄托,不舍地蜿蜒回望,不息地逶迤奔腾,只因怀有寸草心,只望报得三春晖。

陕北有只神奇的羊

化工分公司 孟海军

每到夏天,地铁、公交等很多公共场合,都会一而再再而三地上演"狼和羊"的故事。有公司就提醒女性说,穿着太暴露,可能导致色狼骚扰,请姑娘们自重一些;有女性朋友听了就不舒服,在车上打出了标语:"要清凉不要色狼"。当然,这是一则笑话。今天,与大家分享的是实实在在的羊,一只来自陕北的羊。大约在一万年前,人类就驯化了山羊,然后驯化了绵羊。通过现在已经出土的有关羊的骨化石等,可以推算出我国在新石器时代就有了养羊业,羊与人类历史自古以来就息息相关,关于羊的成语典故、历史故事不胜枚举。

在陕北,羊备受关注,因为这里地处陕西和内蒙古交界地带,是草原文明和农耕文明的交错地带,陕北人与蒙古人一样,与羊有讲不完的故事,与羊有诉不完的情感,这份情感很特殊、很微妙,概括起来就两个字:一个是"神",一个是"奇"。

全国各地都有羊,虽然羊的品种不同,但样子大体相同,两只眼睛四条腿,两只耳朵一张嘴,按说没什么神奇的,那为啥单说陕北的羊"神奇"?第一,之所以说陕北的羊"神",一方面与"神灵"有关,一方面与"精神"有关。

为什么说与"神灵"有关?有一首陕北民歌是这样唱的:"听见干妹子唱一声,浑身打战羊领牲。"羊与神灵关联,最明显的就是祭拜时,不像外地是杀牛杀猪,陕北主要是领牲用羊。什么情况下领牲?一种是在祭神时,陕北十年九旱、生活贫困,给神灵应承下要唱戏献牲的,一年下来村民安康、风调雨顺,老百姓就要兑现诺言,搭台唱戏,献上牲羊,实际上是一种朴素的祈福活动。还有一种情况是,过白事的时候要祭羊,所谓"斜阳徒步杨家庄,三五阴阳做道场。欲知亡者叮咛事,晚间领牲问羔羊"。要说还有一种与神灵有关的情况,那就是为了辟邪,哪个地方不顺了,人们就会在紧要位置立个"三羊开泰"的雕塑,希望能够借过往人流的吉言,甚至得到神灵的庇佑而转运。本身在古汉语中,"羊""祥"是通假字,一些表示吉祥善美的字都有羊的影子,比如祥、美、義、善、羡、鲜等。还有神话传说,女娲造人之前,先造六畜,第4天造出羊,用羊祭天神,天神才赐福气,吉祥如意。

为什么说与"精神"有关?记得小时候,我跟几个本家哥哥,一起给村里放过几年羊,那会儿还没有封山禁牧,3个猴娃娃掌管几百只羊,场面是何其壮观、我们是何等威武。那时候,尔林兔大草原是牛羊和孩子的乐园,捉鱼、游泳、放牧,日复一日重复着简单而快乐的事情,家乡的草原很美,儿时的故事有趣。跟羊相处时间长了,才发现羊的性格与陕北人的性格极其相似,当然"老绵羊"这种老实巴交的性格是主体,有陕北的学者曾概括了一下羊的优秀品质,最起码有5点:一是温顺,羊驯化得早,性格比较温和;二是不争,不爱跟其他动物争吃争喝;三是仁义,是人类忠实的朋友,忠义的义的古字"義"取羊字头;四是奉献,吃的是草,奉献的是皮毛和鲜美的羊肉;五是舍己,为了群羊安全,敢于拼死抵抗。

其实羊还是非常聪明和有个性的,看过羊顶架的,都知道羊有拼命精神,那绝对是不服输的阵势,娃娃们害怕羊顶架受伤害,往往提前终止它们的战斗。羊的这一股子倔劲、拼劲,是骨子里带来的,跟陕北人面朝黄土背朝天,与天斗、与地斗的性格有些相似。

第二,之所以说陕北的羊"奇",一方面与文化结合的密切程度很"奇妙",另一方面与生活关联的密切程度很"奇特"。提起陕北文化,留给外界的印象,最直观、最有名的莫过于陕北民歌,而与陕北民歌融合最密切、最奇妙的,"羊"算其中一个。"羊"成为一种具有陕北特色的文化符号、文化意象,成为一种精神和情感的寄托体。"羊肚肚手巾三道道蓝,咱们见个面面容易拉话话难……"这首陕北民歌,在全国的知晓率无疑是最高的。"大炖羊那肉离啦不了葱,酒曲它不酸不好听;甜盈盈的苹啦果水淋淋的梨,酸不溜溜才有一点人呀么人情味……""荞面圪坨羊腥汤,死死活活相跟上""初一走了十五来,一碗羊肉直放坏。手提上羊肉怀揣上糕,拼上性命和你交"……陕北民歌中,与羊的符号有关的歌曲非常多,歌声里的羊和羊肉显然是一种意象,羊肉最好,情感最真。

这一句句信天游,一首首陕北民歌,将羊在陕北人心目中的地位口耳相传。正是在这种吟唱中,羊不仅是生财之道、吃穿用度的必需品,还成为陕北人生活中不可或缺的一种文化感悟。

民间玩耍时有捆羊蹄蹄、点羊粪珠珠、狼吃羊、抓羊骨头等耍法。为了进行羊只交易,榆阳、横山、定边、靖边等地还经常举行赛羊会。佳县白云山道观每年农历七月二十一举办羊道会,据说这一日是魁星的生日。绥德县苏家岩寨山村还举办石绵羊庙会,据说有个石将军神可以防止大山崩塌、保佑一方安宁。

在处于农耕文化与游牧文化过渡地带的陕北,羊与老百姓的文化有关,更与日常生活关系密切。陕北人爱吃羊肉,一个是由于养的羊多,不吃这个没个好吃上的。二个是因为陕北羊肉好吃,吃了容易上瘾。陕北羊肉味道好的原因有很多,吹牛的解读文章也有很多,其实原因很简单,主要是因为黄土丘陵沟壑区的山羊,运动量大,又常吃"百里香"地椒,所以这里的山羊肉质鲜美,脂肪含量少。再加上蒙汉交界,烹饪方法杂交,调料下得比较重,炖出来的羊肉没有腥味膻味、口味独特、清香可口,除了炖羊肉外,具体关于羊的吃法多了去了，尤其以羊杂碎在陕北最为流行。

此外，陕北人过去还爱穿羊皮袄、羊皮裤，老人们常讲，"白天穿，晚上盖，天阴下雨毛朝外，虱子咬起墙头晒"，做羊皮袄也是一个具有陕北特色的工艺，过去能做羊皮袄的人算是村里的能工巧匠，备受人们尊崇。

陕北人还有铺羊毛毡的习惯，羊毛毡具有防潮、保暖、隔热的功能。"一孔孔的窑洞哟，一张张的炕。一张张的炕上哟，一条条的毡。睡在铺毡的炕上哟，那是一个舒坦……"沙毡看起来和用起来较为粗糙，棉毡的主要原料是绵羊毛，所以用起来柔软、细腻。擀毡是个技术活，有"大弓一响，黄金万两"的说法，相传这门手艺还是宋末及元朝时期由蒙古游牧部落传入。随着时代的发展和"席梦思"床、工业毛毯的出现，如今这门手艺基本失传了，但是制作羊毛地毯的手工艺仍然流传至今。关于羊毛的手工产品榆林有很多，但是发展最好的是临近榆林的内蒙古自治区鄂尔多斯市，那里有鄂尔多斯羊绒衫，人家已经走出国门，"温暖全世界"了。

这几年"狼性文化"最被推崇，有些所谓的精英人士到处演讲鼓吹狼性文化，这种文化就像兴奋剂一样。记得曾经有一位工商管理学教授在MBA课堂上向学生提问，在市场经济中，我们应该选择做"狼"，还是做"羊"？大部分学生选择做"狼"，小部分学生选择做"羊"。这位教授最后颇有警世意味地说：我们既不该选择做"狼"，也不该选择做"羊"，我们应该选择的，首先是做一个"人"。这个故事虽然有点像心灵鸡汤，但是它蕴藏的含义是极其深远的。

"羊羔羔吃奶眼望着妈，小米饭养活我长大。"在陕北，这里有羊，有故事，羊文化博大、神奇，我们是见证者、记录者、整理者。

"场"，在哪儿？

化工分公司　孟海军

岁末年初，基本上都在忙一件事儿，那就是系统总结今年、研判谋划来年，最终在考核上见分晓。现在，这考核、那考核，五花八门，花样繁多，虽然考核也有量化，但毕竟不是放在秤上称，各单位就得在总结上动脑筋、想办法，希望能为一年的工作润点色、添点彩，画上一个圆满的句号。

对于庄户人家来说，一年的收成也有一个"考核"，但这个考核不是纸上谈兵、对标对数，而是要真刀真枪、刀下见菜，那就是上"场"（cháng）、"打场"（dǎ cháng）。这个"场"对农民的考核，与各单位的考核大不一样，最大的区别至少有三点：一是它并非别人来考核农民，而是农民自己考核自己；二是结果不是哪个人、哪个组织说了算，也不是看得了多少分，而是自家的秤杆说了算，看粮食打了多少石；三是一般的考核还可以润色加彩，而这个"场"的考核，一点水分也掺不进去，来不得半点遮掩，今年收成几何，产粮几石几两，在"场"上立马见分晓。

什么是"场"、什么是"打场"？对于农村子弟来说记忆颇深，但城里人未必知晓。我查了一下，记录这方面的资料很少，零零星星有一些词句。"场"，是连接土地和农民的一个桥梁。在这个站点上，庄稼变成粮食，到了农民的麻袋和粮仓，进了农家的饭锅和饭碗。"场",成了庄稼的蜕变之所、农民的生命之源。在这里,输送出去的永远只有正能量,它能让人想起过去那些饥饿苦难的岁月,反思过往的一些得失,也能让人信心满怀地挺起胸膛、鼓足干劲,让农家子弟一代代长大成人,怀揣梦想,背着干粮,走出乡土,融入城市。

  烈日下,碌碡(liù zhou)在柔软的"场"上经过几轮打碾之后,人们用木杈由里向外、由外向里像旋风一样不停地翻晒着,秸秆被抖得蓬蓬松松。孩子们光着脚丫在上头翻跟头、打滚、嬉闹,当做他们的天然蹦床。"场",是承载农民家庭希望的一个地方。农民对这块儿硬地,有着天然不可割舍的情感,把"场"看做是一个非常神圣的地方。在那里一代代传承着父老乡亲的故事,寄托着农民丰收的梦、致富的梦。他们会把这块地,选在一个周围干干净净、通风条件很好的地方,上头经常收拾得干干净净。这块儿硬地,一般是用白泥摊开、压实、抹平,如果弄成水泥的,打场的时候果实容易被磙(gǔn)碾碎,那就得直接吃石磨面了。"场"的周围,全是秸秆垛子,有时候孩子们还会玩躲猫猫,钻进垛子里,弄得头上、衣服上全是秸秆。碌碡发出叽哽叽哽的响声,烈日炎炎下的庄稼人、调皮嬉戏的孩子们,共同构成了一幅美妙的乡土风情画。

  "打场",对农民来说,是对一年辛劳的最终检阅。这一年,自己的付出有没有成果,看你年初谋划是不是合理科学,是勤快了还是偷懒了,在打场的时候都会显露无余。当连枷(槤枷)落地时,当碌碡碾过时,当三轮四轮车在"场"上驶过时,噼里啪啦落地的果实,就是敲在纸上的成绩汇报单。关于连枷还要特别介绍一下,这个农具很多人不认识,其实早在先秦时期,中国的农民就用这个东西"打场",就算从唐朝时给这种农具定名为"槤枷",至今也有1000多年的历史了,槤枷就是原始的脱粒机。还有人说,有的朝代生产力不发达,连枷和平年代当农具、战乱年代做武器,今天使用的双节棍,就是连枷的改良品。那是看得见的、实打实的,听着让人心里放心、踏实和暖和。每年只有在打"场"的时候,农民的心情最高兴,悬了一年的心才真正放下来了。打碾了一天,该起"场"了,一家人用簸箕刮、扫帚扫,尘雾弥漫,热火朝天。扬场时,挥舞着木锨,嘴里吹着口哨,祈求风能更大一点、猛一点,糠在风中飞舞、飘落,小山包一点点变小,糜子、谷子一粒粒地落在人们的脚下。

  "打场",对农民来说,是一个盛大而神圣的仪式。说它"盛大",不是说规模有多大,而是说它很重要,对于一个家庭来说,关乎一家人饭碗的问题;说它"神圣",不是说这里面有什么讲究,而是说农民很认真,小心谨慎、仔仔细细,努力做到颗粒归仓,珍惜那来之不易的一粒米一颗豆。记忆中的打场越来越模糊了,虽然有形的"场"不太清晰,但精神的"场"越发强烈,情感只会随着时间的推移愈来愈浓。因为那里镌刻着庄稼人的记忆,凝结着一代代农民的辛勤与智慧,承载着我们农民子弟吃饱穿暖的初始梦想,更是我们一步步脚踏实地前行的基石。

  "场"在哪儿?"场"在乡土,那里有父辈们辛劳的身影;"场"在心中,那里有年轻人前进的动力。

石 碾 子

水泥有限公司　王耀文

　　从小生活在黄土高原上，随处可以看见样式相同、大小不一的石碾子，或在院子里，或在门外的某个角落里，或在村里某个宽敞的中心位置。儿时，谁家院子里有石碾子，农闲时的早晨或者傍晚，石碾子前的人络绎不绝，你来碾谷子，他来碾糜子，好一派热闹的景象。每当母亲围着一条围巾在石碾子旁忙活，我都会帮忙添谷子、扫豆子、赶毛驴，收拾碾好的东西。风雨交加的夜晚，寒雪飘飞的白天，石碾子像一位坚守哨岗的战士一样威武挺拔，任凭风雨的洗礼。她默默无闻养育了一代又一代的陕北人。

　　说起来，已经很久没有见到过这种景象，更不用说跟在毛驴后面在石碾子上转圈儿。

　　听奶奶说，我家院里的石碾子，是爷爷年轻时花费一个月时间做的。先在山上打磨好石碾，再把石碾滚到院子里，而要安全地把石碾从山上放回院子里，可算得上是"大工程"。在村里找来几十个精壮的汉子，碾盘和碾碌碡的中心都插上长木棍，木棍两端拴两条长绳，下坡时众人在后面使劲儿拽住，上坡时则要喊着号子使劲儿往前拉。爷爷是"工程"总指挥，口里吹着铁哨，时不时挥动双手，俨然一个英雄，这热闹、壮观的景象便是"赶碾子"。虽未见过，但在成长的岁月里，我不时想象出这一景象，被晒得黝黑的坚实臂膀上散发出太阳闪闪的光芒，鼓起的肌肉和细密的一层汗水或硕大的汗滴，向脚下的黄土地展示着他们在艰难岁月里不屈的力量，爷爷们的臂膀，一如光滑的青石碾盘和青石碾碌碡。

　　结实的木头簸枷框住了碾碌碡，碾盘中心插一根钢立轴，簸枷的一侧套在立轴上，碾碌碡便可以绕着立轴一圈又一圈地在碾盘上滚动起来，让你不得不佩服祖辈的智慧。就连那根胳膊粗细的推碾子的碾杠，细了似乎就会断掉，粗了似乎又太笨重，被磨得光溜溜的。碾盘的光滑不知是来自长时间的打磨，还是因为经受了岁月的磨合，摸上去粗糙中透着细腻。农闲时的石碾子最红火，刚刚收获的谷子和糜子碾成米，金黄的玉米碾成玉米粒煮粥，小米碾成面吃油糕，黑豆、黄豆或者大豆则碾成煮饭的"豆钱钱"。石碾子大忙的时候，就提前在碾盘上放个簸箕、小扫帚之类的东西排队，只要看到碾盘上放着排队的东西，就不会有人抢着占用石碾，即便只是约定俗成也是"规矩"，陕北人的敦厚一如沉默不语的石碾子。

　　夏天，碾盘就成了凉床。玩累了的孩童倒在冰凉的碾盘上就睡着了，碾盘上一边躺着碾碌碡一边躺着我，恍惚中还可以嗅到碾子上碾压谷物留下的清香。不知过了多长时间，小鸟飞来啄食散落的米粒，叽叽喳喳叫醒了我，我一翻身，小鸟扑棱一声全跑光了。这时候只觉得那张"床"无比宽大、无比安稳。直到现在，一提到"磐石"，我首先想到的还是那张碾盘，她和宽广的陕北大地一样，永远为这片土地上的儿女们敞开她的怀抱。

　　一晃之间，石碾子逐渐淡出人们的视线已近十余年，即使在人烟稀少的老家，一年也难得听到几次石碾子的吱呀声，碾子周围也早已没了往日的喧闹，青石碾碌碡静静地躺在碾盘上，孤独而又寂寥。此刻，只有石碾子碾出来的米、面的淡淡清香，溢上心头、溢出嘴角。

繁华待尽是归处

热电分公司　郭　云

凌晨五点钟醒来，没有心事，也没有困倦，悄悄起身给孩子掩好被子，给自己倒了一杯热水，静坐在窗前，等待着圹埌的荒野露出一抹白光。

冬天的清晨藏着一份孤傲清绝，像是古龙笔下荒寒的刀锋，犀利，凛然。我不明白为什么，冬是如此的寒凉冷冽，凉得足以冰透整个世界，凉得渗入血液里，冻僵腐朽破败的思想。我相信，在这个繁华待尽的萧索背后，隐隐中会有一种深沉的力量蓬勃而出。一座城市需要有人懂得，一冬寒凉需要有人参悟。

此刻想起了阳明先生的一句话，很符合现在的心境，"你未看此花时，此花与汝心同归于寂，你来看此花时，则此花颜色明亮起来"。高楼四望，一片浮白，万籁寂静，哪怕是一颗狭小无依的心，也可承载万物的周转起灭。一直想做一个内心柔软的闲人，像潺潺而流的溪水，像亭亭玉立的菡萏，像孽立不语的山峰，也许是岁月催人老，老得已经无法去丈量曾经走过的风雪雨霁，也不再追求那些可望而不可及的东西。"墨已入水，渡一池青花，风月花鸟，一笑尘缘了"，生活可能就是这样，渐渐地安于平凡，安于疏离，安于见与不见，我们无法再将余下的时间交与飞扬跋扈，交与枯燥无味，不再好高骛远，只愿做自己喜欢的事情，默默地看一树花开，等一袭烟雨霏微，日子清浅无恙就好。

收起丝丝缕缕的念想，窗外已是微亮，一轮红日冉冉升起，阳光透过厚重的烟尘落在了我的指间，轻轻摩挲，虽然感觉不到焦灼炙热的温度，却忽视不了直至心底的暖意。窗台边上，几枝横斜的绿植抖动着翠色流转的叶子，欣然地开始迎接晨曦的第一缕光芒。静静地洞悉着眼前的万物欲动，色彩明媚，一时间沉浸在难言的刹那盛放。

零下10摄氏度，泬寥恣意的北风，呼呼作响，提笔风驰，伴随着我贫瘠荒凉的文字，流经身体的四肢百骸。脑海里，燃起一缕苍凉，如若，一切的荒凉与辜负只是时光渐行渐远的堆叠，错过了那一幕桃花染红的纸扇，那一瓢饮恨离别的春水，都曾是当时只道是寻常。

太阳越过群山，所有的荒芜淡然抽离，那些被我们称之为烦恼的东西，在短暂而漫长的坐忘中，像冰雪一样消融。万丈霞光，金蛇乱舞，自然万物因而变得鲜活有序，阖着双眸坦然接受这无私的馈赠。一间陋室，不需多么敞亮，容纳下一颗安然语默的心甚好；一处景致，不需多么灿烂，搁浅下一段出离渐悟的话就行。呷茶，酾酒，静坐，临帖，简约而平凡，淡雅而通透，即使身处蝇营狗苟的俗世当中，也会寻得一方清净之所，一份隐逸闲散的心情，心放在寂静无声处，与世界互为远方。

一位禅者说："因伫足，而满目青山，自此青山，就有一方自足的天地，这一方天地，也许是漂浮后的休歇，也许是因缘而致的安然，也许是过尽千帆后的淡定，也许是孤峰顶上彻悟的一转，但人能如此，就有安顿。"当我们在星光熠熠的天空下与一弯明月遥遥相望，或者是背起行囊寻找六世达赖喇嘛仓央嘉措缘起缘灭的匆匆足迹，亦或是回顾一场岁月鎏金的影片时，会不会渴望一次彻底的自我放逐，释放潮起潮落的难言之隐。山一重，水一萍，一路的停歇，拾捡，每个善男善女眉眼间的山水是否能相通，驻足在一座有故事的城市，陶冶一川烟草，用明媚的色彩勾勒遇见的每个瞬间，小景致，大天地。

有时候迷惘，我们究竟需要经过多少春夏秋冬才可以做到繁华不惊，心如止水。远与近的距离，谁能说得清楚。唯愿怀揣着一份美好，不计较季节里一滴一点的得失，朝饮甘露之水，夕拾南山梅枝，一缕清香，一壶云水禅茶，悠闲扶手折菊，连同我的念想一起寄到你的身边。

写给父母的一封信

安全环保部　王军虎

亲爱的爸爸妈妈：

你们好吗？最近身体咋样？家里一切都好吗？我在这里挺好的，不用挂念！

收到这封信你们一定很诧异吧，想不到我现在还用这种方式和你们交流吧？自从参加工作之后间隔至少也有八年时间没有写过信了，手都生了。前一段时间我整理以前的东西时发现，在一些发黄的旧书中间夹着当年念书时候爸爸写给我的信，您在信中嘘寒问暖，反复叮咛的话语，字里行间流露出的真情和殷切期盼使我又感动万分，借此机会，儿子想把一些心里话说给二老听听：

自从上次回去看望你们以后，又有很长一段时间没有回家了，由于工作的原因，离家较远，顾不上照顾你们，我的心里充满了愧疚和不安。我知道爸爸的心脏不好，您一定要记着按时吃药，还有您的胃病最近怎么样了？天气越来越冷，家里面不烧暖气，您要记得多添加衣裳。妈妈动手术的伤口恢复得怎么样了，能下床走路了吗？每次记起这件事，我就特别恨自己，在您动手术的时候没能陪在您的身边，您不会怪我吧？咱们家里的条件不好，你们也不要对自己太苛刻，该花钱的时候不要舍不得，儿子在千里之外担心你们的身体，不要太劳累，你们的健康就是儿子唯一的心愿，照顾好你们的衣食住行是我应该做的。你们平安了，我在这里工作也比较安心。每次打电话，你们总是提醒我注意安全，好好吃饭，让我注意身体，不要操心家里面。其实我知道，并不是你们不希望我常回家探望你们，而是怕影响了我的工作。每次你们在电话那头的唠叨和嘱咐都是我前进的动力，你们质朴的语言，诉说着对我的思念，是为人父母对子女殷切的期盼。谢谢你们！我会永远记着你们的话，争取在工作中取得好成绩，回报多年来你们对我所有的付出，弥补不能在你们身边尽孝的缺憾。

昨天早上起来乘车，我感到气温明显降低，我想着给你们买上一身保暖衣服寄回家，你们的身体都不好，多年来一直都是你们操心我的衣食住行，上次回家我突然发现你们老了，你们蹒跚的脚步、疲惫的身影深深刺痛了我的神经，我突然发现肩头的责任重了。我们从事的是化工行业，危险性较高，为了不让你们担心，我一直告诉你们我们用电脑控制机器，没有想象的那么危险，浅显的道理对于一辈子务农、不晓得电脑为何物的你们根本不能理解，但你们对我的解释连连点头，深感欣慰，觉得你们终生的付出是值得的，努力的结果至少保证了自己的儿子不用像你们一样，过着一辈子脸朝黄土背朝天、靠天吃饭的日子。

记得那年我上大学，家里面没有钱给我交学费，爸爸带着我到信用社去贷款，拿着好不容易借来的存折抵押来的 7000 元贷款，我的眼睛湿润了，我暗暗发誓，这辈子一定要挣好多钱，将来孝敬父母，可现在的我发现，挣到钱并不能给你们带来幸福，因为寄给你们的钱不论多少你们都舍不得花，说是全部留着给我将来用，我从心底里感谢你们。

　　工作中，经常遇到和你们年龄相仿的劳务工，大家都习惯性地称他们为"民工"，每次看到他们漆黑的手指、满面的尘灰、苍老的面容时，我就有一种说不出来的亲切感。有一次，我碰到一个电石破碎工，他的两个孩子都在上大学，而他每个月只能挣到3000元左右的工资，为了不让孩子受委屈，他在上完夜班后承揽倒电石灰的活，之后才回去休息，下午继续上中班，每天如此。炙热的电石烘烤以及汗水沾上的碱性电石灰腐蚀，已经将他的胳膊钙化，一片片鳞片状的真皮在太阳底下格外醒目，我深深地被他的精神感动。在日常工作中，一旦遇到像他们一样的劳务工，我都会细心地询问他们的生活，耐心地给他们讲解安全知识，接近他们，让他们感受到关心和关爱，发自内心地希望他们不要因为不经意的疏忽造成终身的遗憾。像他们一样，你们曾经也可能是他们中的一员，你们也曾因为我们的生活没有着落而彻夜未眠，也曾吃过多少苦，受过多少罪，流过多少辛酸的泪水。作为家里唯一的男孩，我知道你们这辈子的不容易，常年的劳作和忧愁，粗大的皱纹爬上了你们的额头，银白色的头发告诉我你们不再年轻。我深深地向你们鞠躬，感谢你们多年来辛勤的付出。

　　说了这么多，留下的话下次有机会再说。现在家里的条件好点了，你们也该放心了，好好照顾自己，你们含辛茹苦地把我们培养成人，我们姊妹四个都已成家立业，自己能够养活自己了。你们不要常担心这个那个的，现在也该歇歇了。在这里再次祝愿爸爸妈妈身体健康，万事如意。

爱你们的儿子：王军虎

多读读书吧

——写在 2016 年 4 月 23 日世界读书日

党群工作部　刘　涛

　　古人有很多关于读书的名句，如杜甫的"读书破万卷，下笔如有神"，宋真宗赵恒的"书中自有千锺粟，书中自有黄金屋，书中自有颜如玉"，北宋刘彝的"读万卷书，行万里路"，南朝裴松之的"读书百遍，其义自见"，陶渊明的"好读书，不求甚解"。不同的人对读书的理解不同，境界也不同，但相同的是对书的喜爱和对读书的渴望。

　　在如今这样的信息时代，人们可以通过多种方式轻而易举地获得想要的信息，加之电子产品的日新月异，人们对书的概念似乎在渐渐淡化，读书的时间和精力也在锐减。其实这与人的价值取向也密不可分，当人们对金钱的欲望不断吞噬内心的宁静，浮躁的情绪便会持续蔓延，坐下来安静地读会儿书则成为难以企及的奢望。取而代之的是手机，在我们身边：地铁上、汽车上、走在路上、躺在床上、坐在餐桌前，我们随时可以看到一个个、一群群手捧着手机、脸膛映得发亮的人。当然，也有用手机看电子书的，但为数很少，而且电子书与纸质的书本比起来，总是欠缺了知识本应有的厚重。网上有一张很讽刺的图片，就是将一个青年侧身躺在床上玩手机的照片和清末一个躺在床上吸鸦片人的照片进行拼接，结果发现姿势何其一致。另外，据官方统计，2015年，我国国民人均阅读图书为

4.35本，而其他国家的状况是日本40本、韩国11本、法国20本、以色列60本。周恩来总理"为中华崛起而读书"的宏愿在和平时期的今天，虽然我们达不到这样的境界，但起码不能让中华五千年的灿烂文化在我们这一代成为断层。

读书为了什么？动机不同所达到的境地也不同。为治学而读书者，必将研究其精髓，悟其真理；为应试而读书者，多数记忆文本，理解表象；为爱好而读书者，则会择其所需，逐字精读；为消遣而读书者，只会粗略浏览，耗时而已（当然，这样的消遣已算作高尚的消遣）。培根在《论读书》中说："读史使人明智，读诗使人灵秀，数学使人周密，科学使人深刻，伦理学使人庄重，逻辑修辞之学使人善辩：凡有所学，皆成性格。"

多读读书吧，无论是文学、哲学、美学、经济学、管理学，不管你读的是哪个领域，都会使你终身受益。当代著名作家张抗抗呼吁"让读书成为我们的一种生活方式"，这其实是很多人向往而不可为的一种理想状态。有些人是因为工作和生活拖累，抽不开时间或者应该说是无法集中精力专心阅读，有些人是因为自身素质低，只是向往而不懂经营。其实，在这个浮躁的时代，人们普遍觉得孤独，读书本来就是对孤独者的一种考验，而只有让读书成为一种好的生活习惯，才能真正抵达内心的宁静，从而享受孤独，在喧嚣中获得一份满足。

为了推动更多的人去阅读，国际出版商协会将每年4月23日确定为"世界读书日"。为纪念这个伟大的日子，央视一套在2016年4月23日晚间播出了"2015年中国好书盛典"，针对社科类、文学艺术类等几个类别评选出了2015年年度好书，其中陈彦的《装台》、周大新的《曲终人在》、赵声良的《敦煌石窟艺术简史》、刘庆邦的《黑白男女》、孙玉石的《新诗十讲》、顾随的《苏辛词说》是值得精读的几本好书。最让我有感触的是盛典结束时主持人所说的一句话，她说："让在大地上翻书的声音能够成为我们身边最美的声音。"我们常说音乐动听，而在寂静中的翻书声不只动听，而且有质感有画面。试想在一个略有微风的清晨或者午后，面前放着一本好书，风翻几页，你翻几页，将会是怎样的怡情、舒心！

多读读书吧，在下班后的时间里，少一些灯红酒绿，少一些瞎谄吹牛，少一些无聊的肥皂剧，多去我们的阅览室，安安静静地看会儿书。那里虽然不大，但图书足够经典，虽然够不上知识的海洋，但已形成文化的河流。在那里，你会渐渐地认识到你的渺小，由衷地鄙视你的自负，特别是晚上十点钟走出阅览室，望着皓月当空，回想着刚刚所看的感动，你会情不自禁感受到读书带给我们的充实和满足，还会认真思考怎样的生活是我们需要的！

多读读书吧！

陕北老汉

水泥有限公司　王少山

陕北老汉都是些人精，年龄不同，"精"的方式和内容也不同。

五十岁的老汉，精于现实。种子什么时候下，庄稼什么时间收，什么山头种什么，都能说得头头是道；猪看脊梁肉，牛看后槽牙，骡马只看两步走，看一眼就入骨三分。六十岁的老汉，精于人事，半个县的户族，谁家门路高，谁家根底差，谁家祖宗当过官，谁家先人打过砖，他们了如指掌；方圆几十里的人，小时候的奇闻，大了后的作为，兴盛时的气派，倒霉时的可怜，甚至舅家何处，妻家何地，亲家何人，他们如数家珍。七十岁的老汉精于政治。从三皇五帝到唐宋元明，无所不谈；从李自成到毛泽东，细细评论。知识来源虽然单一，不是听瞎子说的，就是听戏里唱的，但自信程度十分惊人，"要知朝中事，深山问农人"，"书文上说的能有错？"八十岁的老汉醉心哲学，耳虽不聪，心口互问；眼虽昏花，傲视苍生。面对勃生春草，就说秋风无情，面对天真小儿，总讲大智若愚；称妙龄女郎为"水泡枣"，说恩爱夫妻有"前世仇"。年轻人说他们"脑子有病"，他们自称"高人无朋"。

　　陕北老汉有城府，哈着腰身走路，眯着眼睛看人。"背上背个铧，胸前挂个鼓"，无论什么事都要"划一划，估一估"。具体表现因穷富智拙而各不相同：穷老汉刚正，"三天没吃饭，还装成个卖米汉"。富老汉藏锋，"穿得烂，走得慢，腰里的票票常不断"；能老汉和气，你说什么，他听什么，听一句三点头，人总以为他是个"憨憨"，吃了亏后才知道他的厉害；笨老汉都有霸气，你说半天他不答，一开口就会气你一"跟斗"，说出的话能毒死苍蝇。

　　陕北老汉勤快。年轻时勤快的，老了照样地勤快；年轻时懒惰的，老了反常地勤快。身体好的上山干活，砍柴、锄地、滤粪、放羊，什么都能"拿起放下"；腰腿差的做辅助性营生，拾粪、照场、务菜、拦牛，一刻也不愿"消停"。老得下不了硷畔的，就一遍又一遍地扫院，不仅是为了院子干净，更为表现自己生命力的强盛；瘫得下不了炕的，也不肯闲着，不是剥玉米，就是搓麻绳，一边给孙子看孩子，一边帮儿子捻毛线，谁让他做营生，他就看见谁"眼明"。陕北老汉的勤快，表现在时时处处。天晴时干活，下雨时也干活；在家时做营生，出了门还做营生；给自家干活卖力，给别人干活照样卖力；高兴时干活地道，惆怅时干活仍然地道。假如两个老汉正干活时吵了起来，吵得越凶，活干得越紧，嘴里"亲娘祖宗"地骂，手里一丝不苟地干。即便相互有过节的老汉，平时不搭话，但见对方干的活需要帮助时，也会挺身而上，活干完了，照样谁也不理谁。

　　陕北老汉爱独处，活在一个人的精神世界。上了八、九十岁的老汉天气暖和的时候，他们会坐在对面的山坡上，静静地看村子。一家挨着一家地看，先看旧窑洞，后看新窑洞，先看物，后看人；一边看，一边回忆这家人早年时的情景。看一阵，叹息半天，嘴里念叨着一些年轻人陌生的名字。看到自己家时尤其认真，每一个山坡上都有他们的记忆，每一孔窑洞、每一架门窗，甚至每一把农具都有他们的心酸，看着看着就不由得老泪纵横。看完村子后，他们会转着脑袋在山头上扫视，眯了眼睛寻找坟头，找到一个，就定定地看半天，想半天。和他们熟悉的活人越来越少，让他们牵挂的坟头越来越多。最后，他们会把目光定格在自己将要去的那块坟地上，上面是他们父母，两侧是他们早去了的哥哥或者弟弟，往事一齐涌入脑海，他们的眼睛却一片空阔。他们最害怕看到的是自己子孙的坟头，但是那些坟头总是往眼里钻，这时候，他们会匆匆逃离，咬紧牙关不让自己哭出声来。冬天，他们会蹲在阳崖根，半闭着眼睛抽烟。一边抽一边打盹，口水流出来，一头挂在胡楂上，一头落在衣襟上，发出晶晶亮光。村里的阳崖根总是有限，因此，总是有几个老汉一块蹲着，一字排开，中间留有间隔，谁也不挨谁，相互间很少说话，各坐各的位置，各想各的心思。除问路的人或者叫他们回家吃饭的孩子，很少有人和他们搭话，因此十分安静。只有几只鸡在他们脚下觅食，一群麻雀在他们背靠的土崖上低语。这些活物也不是冲他们来的，是冲着冬日难得的阳光来的。夏天，他们会躺在树荫下乘凉，大都光着脊背，高挽着裤腿。躺累了，起来抽一锅子旱烟，然后接着躺。直到夕阳钻进了西山，远山传来了暮归的羊咩牛叫，他们才站起身子，旱烟锅子往腰带上一别，拍两把裤子上的黄土，操起家什给牲口上草，给羔羊拌料。

陕北老汉好客，越老越稀罕人。他们平时很少说话，一来客人，他们就高兴得不得了。他们把儿子孙子孝敬他的好酒拿出来让客人喝，把女儿女婿送给他的好烟递过去让客人尝，口头上说娃娃们给他买的，他不知道这东西的好赖，其实是变相地夸儿孙。一旦拉开话题，他们的话头就多了起来，没完没了地打问张家的老头是否还健在？李家的大娘子女孝顺不？先问村里的，再问亲戚的，然后问邻村的，认识的要问，听说过的也要问，直到儿孙们感到他们的话太多了出面拦挡，才能收住"话匣子"。特别是听说哪一个人死了，就会发一阵呆，嘴里总是念叨着：这个人没寿长，那个人没享福。客人走时，他们总要送出村口，送上山峁，一遍一遍地叮嘱以后一定再来。

陕北老汉爱管闲事，越老越"麻缠"。张家的耕地没犁通，李家的田苗没留匀，左邻的过年没挂灯，右舍的清明没上坟，他们都要指手画脚；谁家的儿媳不孝顺，谁家的女儿不稳重，谁家的儿子不勤奋，谁家的孙子不务正，他们总会嘟嘟囔囔。至于在家里，那就更管得多了。他们管大儿家柴草垛得乱，二儿家驴棚没垫圈，三儿家几天不扫院，四儿家菜园没有灌；他们嫌大儿媳炒菜费了油，二儿媳做面少了醋，三女子裁衣耗了布，四女子点灯不省油。为了管闲事，他们经常遭受邻家的抢白，子女的顶撞，特别是儿媳妇摔盆子掼碗的抢跶，指桑骂槐地挖苦，使他吃过不少哑巴亏。但他们过后了仍然要说，继续要管，总是觉得别人不如自己。

和陕北老汉最有感情的，就是他们的孙子。在他们眼里，谁也没有孙子亲；他们谁也不怕，就是怕孙子。孙子高兴了他们就高兴，孙子愁苦了他们就愁苦。逢集赶会，他们总要给孙子带点洋糖饼干；"打平伙"吃肉，他也只吃一半，一半留给孙子；和儿子儿媳闹别扭，只要孙子一出面，保证矛盾就地化解；谁要是欺负了他们的孙子，他们就和谁拼老命；就是临终咽气的那一刻，他们也想最后再看孙子一眼。一有闲时间，他们总爱给孙子们讲自己的过去。讲他们苦难时吞过糠、咽过菜，当过长工去还债，走过西口出过塞，背井离乡当乞丐；辉煌时当过兵、打过仗，战争年代入的党，进过人民大会堂；当娃娃时怎样在瓜地偷西瓜，如何在河滩捉"王八"，多少次给王麻子使过坏，多少回差点气死张巫神；当小伙子时一天能走百余里路程，一顿能吃半升米的糕面，一背背过四百斤的磨盘。不管这些故事讲了多少遍，他们还是一遍又一遍地重复着，生怕孙子们记不住。

这就是陕北老汉，他们每个人都有一段令人无限感叹的经历，每一段经历都是一个引人入胜的故事。

我家的五亩小麦地

水泥有限公司　李宏安

"农家少闲月，六月夏收忙"，这是前人们对过去六月夏忙的总结。今年，又到一年夏收季，我家的五亩麦子成熟了，收割机开到地旁，一个多小时将麦子收割完毕，连同晒干入仓也就 2~3 天时间。可以说，现在的六月夏收中是在休闲中度过。

改革开放，首先拉开了农村土地承包的大幕，经过几次土地的流转，最终，我家分到了五亩承包地且已 30 年未变动了。耕种与收获，年复一年，这 5 亩小麦地见证了 30 年来农业科技的发展，也记载了农业农村的变化。

农村刚实行土地承包制后，没有农用机械，耕地靠牛，收割指人。所以，家家户户都喂养了耕牛，我家也不例外，饲养了一头大黄牛，耕种着 5 亩小麦地。土地耕种中，牛拉着自制犁，人扶着犁把，来来回回，每次犁地宽度不到 15 厘米，像织网一样，要将土地一次一次的犁完。施化肥的过程中，人端着承满化肥的面盆，跟在犁后，一把一把地将化肥溜入犁沟内，土地耕完后，人站在牛拉的用藤条编织的磨耙上将地磨平，随后，又摇着牛拉摆麦篓将种子种入地内，这个阶段，算小麦播种结束，等待着来年的收获，五亩麦地的播种时间少说也得 10 天左右。

到了第二年的六月份，麦子成熟了，为了防止麦粒落地和与连阴雨发生霉变，因家劳力少，得去县城叫"麦客"收割麦子，"麦客"将麦秆一把一把用镰刀割下后，扎成麦捆，家人们用人力架子车将麦捆拉回垛在了碾打麦子的场内。收割的麦子全部入场后，每天早晨将收割的麦子摊开，待麦秆翻晒干，用牛拉着石碾子来回反反复复碾压，使麦粒与麦糠脱下，再将麦秆与麦糠分别堆起存放。晚上有风时，人用木锨一锨一锨的把麦糠抛向空中，借住着自然风把麦糠吹出，赶到天明，又要将麦粒与麦糠移到碾麦场的边缘，腾出场的中心重新摊碾麦子，直到收割的麦子碾完。

碾麦期间，最怕刮风下大雨，记得有一次，刚碾完麦子，天气突降大雨，雨水冲跑了麦糠与麦粒，我家损失了几百斤小麦。小麦收割上场后，家家在自家的场内搭了棚子，防风避雨，供晚上人入睡，等到麦粒全部入仓后，才能拆掉棚子，我家也一样。就这样 5 亩麦子从收割到入仓需要近一个月时间，而且，麦子收割期间全家出动，一个月干下来，人人都会消瘦，这个阶段最忙最累。

大约 10 年后，农用小型机械进入了农村，机械替代了耕牛，也替代了木制手摇摆麦篓。同时，麦子收割后，新型的小麦脱粒机也替代了石碾子，这个阶段，劳动强度与打碾麦子时间降低了一半。但是，小麦成熟后，还需要人力收割麦子，不过，因为有了脱麦机，夏忙季节，人们感觉有了清闲的时间。

随着改革开放的不断深入，中央出台的惠农政策，农业科技水平的提高，后 10 年来，耕地、收割小麦进入了全机械化的时代，耕地不用牛，收割不用人。我家的 5 亩麦地用三个小时就将化肥、小麦一次性播种，到了的收割季节，一会功夫机械完成了收割。这个时候，感到种地是一种乐趣。

今年，我站在金灿灿的麦田中，脑海中依然不能抹去过去耕种与收割小麦的景象，没有了原始的工具，没有了碾麦的场地，没有了躺在麦秸垛中熟睡的人们，没有了成片的麦秸垛，这种泥土气息无法抹去。仿佛，我家的大黄牛仍在默默无闻的犁着土地，支援夏收的"麦客"仍在头顶烈日、弯着腰收割着麦子，我家的脱麦机仍在打着麦粒，长辈们汗流浃背的劳动。这五亩地伴随着父亲已经故去，母亲年迈步履维艰，伴随着我进入了中年时代。

感谢改革开放解放了生产力，科技推动了时代的发展。党的政策又明确了土地承包责任制再次延长 30 年不变，我家的五亩地将继续耕种下去，它将会继续见证农业农村的发展，盼望着年年都是大丰收的未来！

黄河在盘塘流过

综合管理部　王万良

　　听朋友讲，流经盘塘段的黄河风景奇美。

　　马镇盘塘村在神木的东南端，距县城近五十公里的黄河边上，沿黄公路绕村而过。我以前也曾多次驱车经过那里，但大多是外出办事，匆匆的竟没有来得及欣赏沿途的美景。

　　我喜欢无羁无绊的独游，心之向往，独自以行。趁着假期的空闲，起了个大早，为了不再错过一路的风景，我特意选择了一个较为特殊的出行方式，独自骑行向盘塘出发。

　　出了城区沿着神盘公路，伴着窟野河水一路向南。正逢过年时节，平时川流不息的公路上，车辆少得令人诧异，只是偶尔的有一辆车子在身边经过。这宽展的公路，仿佛只是为了我的出行而修建的一样，平坦无阻。一个人骑行，虽然孤单却也内省，这倒也是一种调剂心情的极好的方式。

　　过桥梁、穿隧道、一路风景，一路兴奋。近五个小时的骑行将至盘塘。黑色柏油路沿着谷底蜿蜒前伸。没有汽车往来的路上安静的出奇。山谷显的更加空旷。偌长的公路只是我一人在独行，正午的暖阳驱走了山沟里的寒气，冷不丁一侧崖壁上的枯槁间山鸡"呱呱"，鸣声阵阵。索性冲着崖壁轻喝一声，绝壁回音，传响绵延，历久不绝。直惊得那成片的山鸡扑棱棱的飞起，贴着山坡，从一个山坳飞又入另一个山坳。

　　再行三五里过了收费站，一川大水便横在眼前。支好车子，难掩孩子般的兴奋，顾不了一路的劳顿，迫不及待的奔上黄河大桥，这满眼的景，没有一点人工修饰的痕迹，一切都是自然而然。行至桥中央，颇有意识的在大桥的人行道上分腿跨立，感知这足跨晋、陕两省的特殊意境。凭栏俯瞰，黄河在这无雨的季节里，变的温顺平和。河水早已褪去了往日的土黄色，清的有些发绿。宽阔的河面平波向远，静流无湍，水势极为平稳。

　　我曾多次领略过红碱淖的碧波万顷，浩渺无垠。但总是觉得那呆呆的一湖死水，远不如眼前的这一河清流奔涌向前，更令人心潮澎湃。就这么近距离、无遮拦的，赏这一河秋水在桥下流过，的确比以往路过时，在车上看水要令人震撼的多。

　　壮美的黄河水藏波隐澜，轻轻的、毫不张扬的上下翻卷，打着无数个微小的旋，沉稳的缓缓向前。正午的阳光明亮的耀眼，河面上波光潋滟。放眼极目，水涌天际，这伸向天边的大河，硬是让人看出了海的辽远。

　　恰时一阵风吹来，冷得似乎连那天空的云朵也打了一个哆嗦，在艳阳的朗照下，竟飘落几片轻柔的薄雪，正迎着太阳灿灿生光。置身在这绝美的景里，实在是让人临水忘忧。我兴奋地真想乘一叶扁舟，静卧于河中，揽一河波光，沉醉在这雄浑壮美的、水的怀抱怀里。更愿化作眼前那空中扬起的一片雪花，慢慢的飘落到黄河里，与这宽广博大的母亲河和为一体，汲取他的力量，永不干涸。

　　伫立在桥头，顺流远眺黄河两岸。河西岸陕西一侧的滩地上，良田千垧，枣树成林。

河东岸的山西一侧则绝壁巍巍，危岩突兀。面对这千百年来被黄河冲水出的的大川，我禁不住感慨起来，这表象上柔弱至极的黄河水，在平静中竟积聚着无坚不摧的力量，他挟势北来，汇百川之流，亘古不竭，万载不息，不舍昼夜的奔流。破黄土凿石山，曲折南行，硬是生生的将这黄土高原和吕梁山脉，切出个幽长千里的晋陕大峡谷来。

黄河是执着的，没有什么能够阻挡它奔流向海的渴望与决心。不管山高岭峻，从不退缩，永不止步。正如一个胸怀宽广、刚毅而笃定的汉子，只要他认定了一个目标，就一定会不畏千难万阻，历经磨难，必将会拥有一个和黄河般的、一泻千里的快意人生。

老屋里的人世间

党群工作部　薛红娟

终究还是拗不过，父亲于去年3月份回老家了，因为他要重新翻修老家的房子，那个充满我童年记忆的房子。

记忆里，老家的院子不大，北房是纯粹的土坯房，西房和南房算得上是半个砖坯房，在当时的村里很潮流，而我的童年，也是在这个院子里度过的。

父亲兄弟姊妹五个，早年家穷，在父亲两岁时爷爷不幸因病去世，大伯作为家里的长子除了养家之外，还要担负养活几个兄弟姊妹的生计，扛起养活两个弟弟，供他们上学的职责等。穷人的孩子早当家，大伯从小对自己很严格，也很勤快。在我记事起，大伯从来是很严肃的，也是非常勤劳的，大伯每天早上都会来到老屋，看看奶奶或者和奶奶聊会天，虽然当时我听不懂他们在聊什么，但是我隐隐约约知道那是一个儿子，尤其是一个长子对母亲的心。每当逢年过节的时候，大伯会给我五角或者一元压岁钱，那时候不知道有多开心，因为大伯在我们当时的孩童眼里就是这个家族的族长，他的威严与声望是我们心里可畏又可敬的。

老屋，承载了我的多少欢歌笑语，我的童年与快乐。我是我们这一辈里最小的一个，哥哥姐姐们都很疼我。等姐姐们长大成家后，来看望奶奶的时候，奶奶总是把她们带来的那些好吃的拿出来给我吃，总是担心我吃不好，姐姐们对我也是很包容心疼的。那年高一，突然家里人到学校找我，说是大伯病危，已经不会说话了，当时的我对生老病死毫无概念，只知道长辈们悲戚连连，看着堂哥堂姐们的悲伤与痛苦，我也隐隐约约流下了哀伤的眼泪，依稀还记得几个堂姐声嘶力竭的悲痛，我显得无所适从，因为当时奶奶也健在，我很心疼奶奶，我的童年是奶奶陪伴抚养长大的，我也多半是因为忍受不了白发人送黑发人的悲哀吧。奶奶是坚强的，在大伯的出殡仪式上，奶奶没有出来，我的一个表姐一直陪伴她聊天，但是在后来的日子里，我知道奶奶是一个多么伟大而又坚强的母亲。送走大伯后的第二天，我在老屋院子里独自一个人站了好久，空荡荡的院子里，给了我太多的不舍与思考。

老屋的记忆太多太多，因为农村的风俗，叔叔伯伯、表哥表姐们经常会来看望奶奶，我们有太多好吃的零食可以吃，院子里有姊妹们嬉笑逗骂的怀念，有当年父亲种菜卖菜的吆喝声，有长辈们溺爱疼爱的责骂声，有姊妹们长大后团聚的欢笑声。因为大伯的离开，伴随着参加工作的成长，我也改变了任性的一面，知道了心疼孝敬奶奶和长辈。奶奶也常在老屋里看我做饭炒菜，常常夸奖我比母亲干活利索。

老屋，承载了几代人的悲欢离合。从我记事起，我的姑姑是一个勤劳朴实的妇女，一心就是为了儿女和娘家，从来不讲究吃穿。小时候，知道姑姑来家里的时候，就知道是有烙饼吃的时候，姑姑来家里的时候，就知道家里繁重的农活，一两天就可以干完，邻居大人们和小伙伴们都很羡慕我有一个好姑姑，儿时的我不知道有多自豪呢！姑姑从来不讲究吃什么，印象里，一天三顿饭就是开水泡馍就咸韭菜。老屋留下了姑姑那一代人勤劳与善良的印记，可是上天不会眷恋她，当我远离家乡工作，得知姑姑患胃癌后，我们还是无可奈何泪流满面，在姑姑去世后，我不止上千次的站在老屋院子里，心里默念道，奶奶，您的女儿来陪你了，您再也不孤独了。

参加工作后，我越来越知道老屋在生命里的重要性。随着亲人们的聚少离多，老屋的土坯也出现了塌陷，院子里因长期不住人也长满了杂草，相聚在老屋的日子是少而短暂的，却又是期待而幸福的。而在外地工作的我只能在梦里回到老屋，只能在梦里回到儿时的童年，电话里常常叮嘱亲人保重身体，经常挂念大娘、二伯、小姑、姑父、堂哥、堂弟等亲人，总感觉他们是陪伴我成长起来的那一代人，在他们跟前，我们还是个孩子，虽然我们已经成家立业。

老屋的记忆是甜蜜的，也是沉重的，当得知儿时一起长大的表姐要出嫁的那一刹那，我泪流满面；当得知堂哥终于结婚成家的那一刹那，我泪流满面；当得知家里终于四世同堂的那一刹那，我情不自禁地想要去奶奶坟前告慰；当得知堂哥身患重病无药可救的时候，我泪落满面痛苦不已。儿时的一切浮在了眼前，虽然那时候很苦很苦，只有春节可以畅快的吃一顿饺子，可以稀罕的穿一次新衣服，可以欢快的一起贴对联，可以欢喜的走一次亲戚。物是人非，老屋却还在，父亲常在我跟前提起要修缮老屋，我也经常含糊应答，一方面有经济的考虑，一方面也因为这里有我们这一代人的悲欢离合、喜怒哀乐，更有我们这一代人的亲情渗透在骨髓里面。

随着亲人的相继离世，父亲也变得沉默寡言，看着年老的父亲母亲，终于在今年下定决心回去修建老屋。在老屋被拆掉的一刹那，父亲给我拍了好多照片，我看了好久，背着父亲泪流满面，我知道童年的记忆一去不复返了，亲人的音容笑貌只能在脑海和梦里，在老屋被重新修建的过程中，我埋怨父亲没有及时拍下当时的老屋各个角落，父亲不语，我后来也大抵明白了父亲的苦心，因为那里也有父辈的怀念和记忆，他将深沉的亲情都融进了新房里，只是一遍一遍地告诉我，新房有多么好，我知道他和我一样，只是不愿意走出那个年代美好的种种回忆。

老屋终于翻天覆地换新颜，可是每每在梦里，我总是想起了儿时的一切，想起了我的亲人和哥哥姐姐们，曾经是奶奶疼爱的孙子辈的我们这一辈人，肩上已经有重担，侄子已经有为人父母的，也有考上研究生的，也有即将要成家立业的，也有苦读寒窗的，他们下一辈或许理解不了上一辈的情怀，可是我们这一代人的记忆总是刻骨铭心的，终究他们是会明白的，也会代代相传的。

今年春节期间，和父亲说起，如果奶奶还在，院子里现在已经六世同堂了。父亲说，是啊，现在五世同堂家里几代人幸福在一起，很知足了。人间悲欢离合，世事变迁，唯有情怀如初，老屋里的人世间故事，善良、勤劳、朴实、节俭永远在延续。

儿 时 故 乡

党群工作部　刘　涛

　　有时会自我安慰，等过了中年，干脆归乡，像陶渊明一样淡泊名利，"方宅十余亩，草屋八九间，榆柳荫后檐，桃李罗堂前。"远离纷争，栽花种草，春耕秋收，冬日作文读书，夏日避于树影下看老者深深的皱纹和皱纹里可爱的笑容，再也不为忙碌的生活愁苦，不为未卜的前程担忧，更不为他人的算计愤怒……

　　常常贪恋儿时美好的时光，总会在梦境中回到那些久远的故事里，尽情的欢乐，醒来看着渐渐远去的故乡和纷纷离开故乡的乡亲们，会有挡不住的屡屡情思夹裹着惆怅不识时宜的漫身扑来。

　　儿时的故乡是欢乐的土地，蓝蓝的天、白白的云，放羊的明子唱着三哥哥和四妹妹的故事，送走了太阳，迎来了月亮。平娃哥偷偷地领着邻家的花儿妹妹溜过半坡山的杏树林，路过沙塌沟的小水塘，去了省城。那一群活泼的少年常常上山追野兔，下河抓青蛙，明朗的岁月，没有烦恼也没有忧伤。

　　贺老二家小卖部里的其他玩具和零食我没有钱买，只能站在柜台前看看。但是麻花是可以拿鸡蛋换的。当时，农村光景还不是很好，一个月能吃上两三顿白面馒头就已经算是好一点的庄户人家了，像炸麻花这种美味真是让人垂涎三尺啊。于是，我整天瞅着自家的鸡屁股，一看见下蛋，第一时间就拿去换麻花吃了，还没换几次就被母亲发现了，好一顿唾骂。

　　西涧的果园里有富士、红五星、黄元帅、青冠等等。一到夏天，稠密的果子挂满树身，远远的便可以看见招摇于枝头。我们这一帮孩子中，喜军是最"神奇"的一个，他不仅会讲许多鬼故事，而且总能挖到最粗的甘草，特别是对西涧的果树最为了解，包括哪种果树在哪个位置他都知道。在一个风和日丽的上午，在喜军的带领下，我们向西涧"进军"了，我们径直走到果园西南角的梯田下，喜军说梯田边的那棵是夏果，这个时候最好吃。但是，梯田太高，没法上去，搭人梯呗。喜军壮实，在第一层，第二层由瘦高的柱儿过度，最小最轻的我从第三层爬上去负责摘，我边摘边扔下去，他们捡。可是还没摘几个，承包果园的贺老大来了，他们几个一拥而散，却把我留在了上边。木堆儿跑不动，也被抓住。我俩被狠狠的训了一顿，打发了回去。我问木堆儿，有没有捡到苹果，木堆儿说没有，我从背心儿里掏出一个，一人一半。

　　云子他爸是木匠，给人家干活赚来了好多烟，家里藏了满满一箱子。有一天，大家提议，让云子把他爸的烟偷出来，大家去背圿的山洞里去抽，云子很爽快，偷出来一条黄公主，当时大概算是好烟吧。我们一伙六七个，钻在山洞里，将烟两三根筒起来，用力的抽，呛得边咳嗽边擦眼泪，一下午硬是把一条烟侵害了个尽光。

　　伯父给堂哥买了辆新自行车，我成了整天帮忙推车的跟班。大冷的冬天，呼呼的寒风吹得手都伸不出来，他们几个在谷场上骑车追赶，我躲在谷草垛子后避风，正好口袋里装着一盒火柴，我喜出望外的点燃了旁边的几根柴禾，心想这下可以暖和了，哪知风太大，一下就燃着了整个草垛。看到谷场起了火，村民们纷纷跑来救火，不知谁踢了我一脚，我撒腿就跑，藏在旧窑洞里一天没敢出来，等晚上了才回家。

突然有一天，三婶子成了巫婆，说自己跟上了桃花娘娘，可以给人看病，远近村子的人还真有人来询问，而她还真的就把别人的病给治了。

李四娶了个邻村的媳妇儿，就喜欢和人吵架，别人都躲着不愿和她争执，但是李三的媳妇儿，她的嫂子也是个硬茬。有一天，两人因为房背后的水路互不相让，站在垴畔梁上，朝着对方村子的方向，叫响对方的父母名字，咆哮着从中午对骂到太阳落山。

高大福是村里数一数二的有钱人，但是生了六七个女儿，却不见养小子。于是，高大福一喝醉就哭，一哭就骂他的老婆，大家就都笑他挣再多的钱有什么用，还不是没有根。

村头"嘭"一声巨响，就会有爆米花的香味传来。串乡小贩的拨浪鼓一响，会给我们见识很多新鲜的玩意。爷爷的旱烟袋总是会丢在院子里的石凳上，可他就是找不见……

好多年过去了，故乡的一草一木，故乡的人情世故，包括高粱坡上的那片苜蓿地，村头垒有喜鹊窝的白杨树，都会时不时的在脑海里出现，尤其是儿时的那些故事，成为我人生旅途中诉说不尽的温暖。

全家福的记忆

党群工作部　李建军

"一玉口中国，一瓦顶成家……家是最小国，国是千万家……"曾几何时，一首《国家》唱遍了大江南北。我和我的祖国，我和我的家，血脉相连，情牵一起，当沿着历史的足迹顺流回溯，我看到，那些关于家的回忆和温暖，我感受，那些关于国的历史与印记……

说起我对"家"最深的印象，那是定格在老照片里的记忆。那是一张全家福，两个满面沧桑的夫妻，手中抱着两个年幼瘦小的孩子，身边还围着两个少不更事的孩子，他们站在破旧坍圮的老屋门前，拍下的一张照片。那夫妻是我的爷爷和奶奶，而那其中一个孩子就是我的父亲。每当翻出这张照片，回忆起这段童年往事，父亲都会唏嘘不已。那是一个连最基本的温饱都无法满足的时代，那时候的祖国还是刚刚成立……

"新三年，旧三年，缝缝补补又三年。"这是父亲口中的故事，也是父母生活的那个年代最真实的写照。说起那时的新年，似乎是一段不堪回首的往事。那时，家里还没有电，天黑了就只能点上煤油灯，借着微弱的光芒一家人团聚在一起，也没有时钟，一切都需要依靠爷爷奶奶生活的经验来判断；即使是过年，餐桌上的主食也依旧是玉米，不见米饭，也更不用说肉了。孩子们围在桌旁，一个个都是瘦骨嶙峋，眼中充满了对食物的渴望，父母虽是心疼，却也无能为力；抬眼望去，兄弟姐妹们穿的也都是旧衣服，破了又补，补了又破，许多颜色也早已褪去，一件新衣也没有；而父母穿的也是早已被洗白了的"中山装"。年下时节，家里却很少有亲戚朋友，是因为交通不便。那时，村里几乎没有一条像样的路，到处是泥泞坎坷、崎岖不平的石子小路，每逢下雨天，出门都要经历"深一脚、浅一脚"的漫漫"征程"。也许有幸还能收到一份家书，便也算是这新年最大的温暖与感动。而房子，住的自然也是破旧的老屋，满带历史斑驳的岁月痕迹，虽没有"屋漏偏逢连夜雨"的艰苦，却也仅能遮风挡雨，勉强居住。没有合家欢聚的热闹，没有美味可口的饭餐,那时的新年对于父母来说,或许仅仅只是一个形式,只是为了迎接来年或许更加不易的生活的仪式。

这似乎是一段不堪回忆的往事,但这却是父母亲那一代人最真实、最刻骨铭心的童年回忆。这是虽没有兵荒马乱、战火连连,却也只是勉强维持温饱,安逸和平的生活的时代,而对父母来说或许就已经是极大的满足。物质贫乏,但精神尚可安乐,这大概便是一种美好,于我的父母,于我的长辈。

我对"家"的第二印象,依旧是停留在照片里的记忆,这还是一张新年全家福,但光景却与旧时大不相同。这是两个年轻人,他们脸上洋溢着发自内心的、幸福喜悦的笑容,他们手中怀抱着活泼可爱的孩子,孩子的眼睛里流露出对未来与美好的无限憧憬。这两个年轻人是我的父母,而那个孩子便是我。那是在老家窑洞门口拍摄的照片,与今日的高楼大厦自然不能相提并论,但也清新素雅,也略带着宁静美好之意。窑洞中没有多余的装饰,十分简单,住着我们一家人,回忆起来也十分美好。那时的我,或许还尚不记事,也只是于照片之中,翻阅也回忆起点点滴滴。

那时的新年,家里也算得上热闹。而对于还是孩子的我来说,最欢喜的时候,也莫过于过年。那时的物资虽然不像爷爷奶奶那时候那么贫乏,但也不像现在这样每天可以吃到山珍海味,每逢新年,父母总会尽力满足我们的需求,平日里吃不到的大鱼大肉,这时也会出现在饭桌之上,成为孩子们眼中的"山珍海味"。当然,过年也还有值得高兴的事,那便是可以置办上一两件新衣服,款式虽不是新潮,但也是让人满足的。除夕夜,家里热闹非凡,远方的亲戚会带着孩子们一同前来,道路平整了,也还有自行车和摩托车作为代步工具,遥远的距离当然便不再成为亲人间情感的阻碍。人一多,各种新年的娱乐活动便轮番上演,捉迷藏、丢手绢、扔沙包、跳皮筋,玩得不亦乐乎,自然也会围在很小的"傻瓜电视机"上看一些新年晚会节目,屏幕不清晰,但大家依旧十分满足。年下,不大的房子里热闹非凡,吃着粗茶淡饭,聊聊家常,其乐融融、无比幸福……

这是我生活的时代,祖国已经从成立伊始,逐渐发展起来,步入了改革开放的时代浪潮,物质生活的提升,精神文明的进步,经济的发展,社会的繁荣,已成为一股越演越烈的浪潮,向我们的生活席卷而来。天翻地覆的发展变化,琳琅满目的物质变迁也让人应接不暇。

再后来,我长大,家里的条件开始好转,我们慢慢的搬出了小房子,住进了宽敞的新房,小灵通、手机等通信工具和摩托车、三轮车、小汽车等交通工具遍布大街小巷,各式各样电视机、冰箱、电脑一应俱全……我们过上了在父母的童年都未曾想象过的生活。

顺着历史发展、时代变迁的脚步,时光留影的相册又再一次被翻阅,映入眼帘的是一张照片,色彩鲜艳而又崭新。画面上是六口人,一对夫妻抱着两个孩子,一个孩子手里拿着玩具,他们前面是两位老人,虽已过半百,却容光焕发,精神矍铄。这是我侄子一家的新年全家福,幸福而又美满的生活记忆。而照片的背后,是我用数码相机记录下这美好的时刻。我清楚地记得父母的感叹,这是在他们那个年代物资匮乏无论如何也无法想象到的生活。

而今的新年,似乎与往日并没什么不同。交通发达了,几乎家家户户都买上小汽车;往来密切了,通信也变得十分便利,随时随地,只需一个电话,一段视频,便感觉亲人仿佛近在咫尺。山珍海味、华丽新衣等等，即使是在平日里，也都是一应俱全。年味越淡了，或许是人们不再将一切的美好和渴望都寄托于这一天；而年味却又浓了，因为现在的每一天我们都能像过年一般幸福美满。

父母的童年，我的童年，还有我侄子的童年，不同的故事，不同的回忆见证着不同的历史。"家是最小国，国是千万家……"从食不果腹，到维持温饱，再到衣食无忧，从家的"缩影"中我们也感受到祖国的发展与强大。丰衣足食，国泰民安，绿水青山，蓝天白云……从物质追求，到精神享受，这不仅是一个时代的生活追求，更是一个时代的发展印记。

当家遇上国，是发展，是见证，那些藏在家中的往事正印证着国家的建设与发展，成为我们记忆深处永恒的美好。

秦 岭 旅 行 记

水泥有限公司　蒋艳飞

曾经在一本书中读到"旅行不是为了去远方，而是为了寻找通往心灵的近路。"有所感触，于是带着无限的憧憬，在短暂的假期里，向美丽的秦岭出发，去找寻我梦想中的无限繁华。

此行第一站是高原慢城太白县，沿陕西十佳乡村公路姜眉公路驱车前往。姜眉公路是在褒斜故道的基础上修建而成的连接川陕最短的公路，想到要一路穿越秦岭，深入腹地，心中充满期待。

满山满眼的绿色青翠欲滴，山下是石头河水库，宁静碧绿的水面，倒映着天光云影，水围山转，山因水而伟岸。显然，旅途的风景已渐次展开。一路攀升、蜿蜒的水库尽头，石头河铺天盖地而来，宽阔的河道里，水流清澈，大大小小形状各异、色彩缤纷的石头大有自成河流之势。相比之下，汩汩的流水更像是锦上添花的点缀。大自然的威力和手笔在此可见一斑。在满眼的石河里尽情地淘到自己喜欢的石子，尽兴而归，继续前行。

沿途是如棋子般散落在山间平地上的村庄，整洁、美丽，一派祥和安逸。金黄的麦田，碧绿的菜田，色彩纷呈的花田，恍若世外桃源。道路两旁，各种颜色的波斯菊、白色的雏菊，还有美丽的无名小花竞相开放，在微风里轻轻摇摆、翩翩起舞。美景入眼，音乐入耳，美丽的心儿已然逃离束缚，轻轻飘荡在这片祥和之中。要不是身边隆隆经过的货用大车，真不知还会神游多久。姜眉公路是一条美丽的风景线，也是一条生活的补给线。大山深处的太白县，大山另一边的巴蜀之地，若没有这条公路，生活也许会是另一种样子吧。

离开盆地，继续攀缘，终于爬上了高原，北望是看不到尽头的高原平地，向南则被更高的山岭阻挡。看这公园，已然有了城市风采，建筑物也和之前也有了区别，白墙黛瓦建筑随处可见，巴蜀之风已悄然进入视野。不知道曾经的栈道上，翻越秦岭一路南行的古人在这里会作何感想，只知作为今人，有种经过疲累后豁然开朗的心情和满满的期待，我相信，在那个山高水长的岁月里，这样的感受只会更加强烈吧。云横秦岭家何在？这里曾埋藏过多少国仇家恨，多少烟火人生，没有人说得清，因为故事一直在延续。

暮色时分，终于来到了太白县。街道宽阔，整洁，没有看到红绿灯，行人稀少，几乎可以说是冷清。去步行街漫步，门口屏幕上放的端午节短片，随后是电影，人们或围坐，或站立，安静悠然，你会觉得这样的生活真好。走进去有束河古镇的影子，依然是干净如初。

夜宿太白县。这里的夜晚安静如仙境，清晨醒来鸟鸣清脆，静谧怡然。

下一站是黄柏塬。车子在绿色的海洋里蜿蜒盘旋，山顶笼罩的雾气，在微风里丝丝飘飞，轻盈而美丽。终于到达一个制高点，正遇太阳升起时，雾渐渐淡去，隐没在群山里。下车小憩，低头看刚刚经过的一个个回旋弯道，也许卡丁车的乐趣也不过如此吧。继续前行，偶有松鼠从路间跑过，有美丽尾羽的飞鸟从林间掠过，细碎的阳光在树影间一路追索，可能它也迷恋车上的音乐？

一路小跑到达一片高山草甸区。幽深挺拔的松林间，繁茂的草地没及膝盖，充满野趣的茅屋、秋千散落其间，尽兴荡了一回。继而被旁边一处奇怪的景物吸引，走近一看，是一个木头阵，粗细均匀，长度一致的木桩像一个漩涡般由内而外盘旋开来，场面甚是壮观，让人禁不住胡乱想象。想想刚刚经过的大官，想想三国至今褒斜道上的血雨腥风、斗智斗勇，想想为北伐殚精竭虑、死而后已的孔明，这的确是一个埋藏故事的地方吧。下山，上山，观大岭云海，云海不见，却见淡蓝色的云烟迷蒙在层层叠叠青蓝色的山峰间，渺渺袅袅，空灵而梦幻，悬崖边的松树似一只风舞的绿凤凰。

继续下行，却见远处的山顶雾气再起，正可谓一日不同季，三里不同天。车子在峡谷间穿行，有河流出现，有小片农田，有树影间的房屋，终于到了山间小镇，黄柏塬镇。古旧的牌匾，精致的木楼，一样难挡商业气息的渐渐浸染。

旅途的终点就在不远处了。经过一座水电站，再经过一座废弃样子的别致大桥。我的思绪则从吱吱的独轮车声中穿越到战争年代，据说这里也有红军的足迹，便感叹斗转星移、物是人非。

大箭沟的五彩石，颜色绮丽，流水清澈见底，河床上的凹槽、洞穴如天然浴池，好一个华丽丽的水世界。顾不得烈日当空，索性脱了鞋子享受这夏日沁人的凉爽。一边水花飞溅，激流漩涡，一边大石后的平静水域里，又有小鱼在那里奋力上游。最爱水的我，真被这奇异的水世界所吸引。据说这里有娃娃鱼，可惜没见到，我只好踩踏着水花去追逗小鱼了，碰到喜欢的石头，还可以据为己有，大自然果然是最慷慨的。

去竹林漫步，没见大熊猫。去贵妃潭，自然没见贵妃。只是这石，这水，亦是美得让人心醉。

时间有限，留恋之余，只得踏上归程。窗外风景掠过，心头浮上沿途趣闻，传导着旅行的另一层意义。

神木二郎山赋

综合管理部　王万良

神木二郎山，奇伟峻拔，雄姿秀貌。山脊起伏，由南至北，山势蜿蜒，宛若游龙。地处神木西侧，故俗称"西山"。合天人之作，集险、奇、秀于一山，为一方游览胜境。

坐落于芹、窟两水间，汇流于山前。山挽河于左右，水绕山之两侧，成二水润山之态。山下窟野河，拱桥凌波，远观之，山、水、桥共融于一景，安泰祥和，如美图画卷，富有韵味。

断桥道不盈三尺，两侧石壁陡峭，左右危栏，崖风阵阵，让人怵目惊心，观之色变；古柏探身于悬崖之外，虬枝盘曲，树冠平伸，苍劲巍峨，柏香浓郁；庙阁小巧，临崖而建，方寸之间，尽显匠心。

二郎山景色秀美，四季风姿各异。

春日拾阶登山，环山俯视，美景尽览。西向视之，芹河一侧，松柏成林，桃杏争芳，花开艳艳，清风徐来，盈鼻沁心。东向而视，绝壁危崖，野柏耸翠，窟野河堤嫩柳依依，柔枝轻扬。极目远眺，可览一城繁华。

盛夏雨幕初歇，惊雷远逝，风收雨霁，东虹挂空，山影天光，美不胜收。倘有眼福造化，可观"现山"奇景。风造云塑，妙境之中，宛若另一"西山"叠现于天幕之上。山形、庙样、断桥、古柏，应有尽有，栩栩如生，别无二致，让人叹为观止！

秋深叶落，淫雨霏霏，晨晓暮晚，浅雾薄蒸。山底仰望，峰谷隐约，游人若现，幻若仙境。窟野河筑坝成湖，水阔澜轻，微波耀光，碧水潋滟，浩渺无极。雁字南徙，野禽来翔，傍晚夕照，霞光映天，有"落霞与孤鹜齐飞，秋水共长天一色"之境。

至若隆冬，千红落尽，薄雪浅披，翠柏透绿，苍石隐现。素笺墨韵，淡逸劲爽，清雅脱俗。天有鬼斧神工，人有妙想奇思。几十庙宇，因山就势，浑然天成。山如驼峰，状若笔架，人文精髓，意蕴无穷。

乡 村 喜 事

锦源化工　于　星

天还未明，"噼里啪啦"的爆竹声显得格外响亮。村里的老人说，这个村子是在百二十年前聚集起来的："大大小小也有好几十户庄稼人嘞，现在可就少喽。"老人磕磕烟杆，背着手、踱着步向村头走去。

村头三三两两的老人们念叨着满仓的收获和即将归乡的子弟，聚坐在向阳处聊天谝闲，外出务工的、做生意的、上班的，带着一年的期盼，大包小包地挤上回乡的大巴，不时响起的招呼声让村子又开始热闹起来。

寂静了一年的村子因为哪家喜事的消息，突然就像银瓶乍破般喧嚣起来。向阳地的人坐不住了，车里的人也更加着急回家，都赶着前去搭把手，凑个热闹，沾个喜气。在全村人茶余饭后的调侃中，主家早早开始张罗着择吉日、备酒席、请亲戚……

乡村喜事较于城里少了些酒店的富丽堂皇，少了些装饰上的精致别样，院里院外多了的是浓浓的质朴和喜气洋洋。满院的传统中国红，窑洞里喜字当头，万事俱备，只待新人。结婚正日的前一天下午，吹鼓手们敲锣打鼓，亲朋好友陆续赶来吃上一碗羊肉臊子饸饹面，商量操办着来日的喜事。

次日天刚蒙蒙亮，红豆稀饭就已经煮好了，迎亲的队伍各自盛上一碗，一边谈笑一边滋溜滋溜地品着，屋子里充斥着喜庆氛围。只听亲事总管一声吆喝："亲亲们，时候不早了,赶紧吃完准备迎亲了!"大家仿佛才记起有更重要的事要做哩,顿时停止笑谈,几口扒完碗中的稀饭,装好早已备齐各类礼品,赶早迎亲。

鸣炮三声,唢呐队吹吹打打,迎亲队紧随其后出发。一路热闹,到达新娘门前。女方的亲朋好友挤满屋内,每个人都喜笑颜开,心中却又"不怀好意"地轮番向新郎"发难",新郎需经历"压门""问答""找婚鞋",终于如愿站在新娘旁边。另一边,女方的亲事总管向迎亲领头人敬酒、表礼。

女方这边的喜宴比较简单,因为要赶在响午前必须将新娘迎回,这是有讲究的。

新娘进村,唢呐队放慢速度,大吹大擂,高昂的唢呐、紧密的锣鼓、抑扬的小号,还有让人百看不厌的"颠轿"节目……,全村男女老少都会在途经处看看,欢快的秧歌扭在前,迎亲回来的亲朋好友闹在后,新结的亲戚在簇拥在人群中感受着热忱与亲近,唢呐声中的祝福,欢呼声中的见证,全村的热闹都聚焦在这场喜事上。

鲜红的地毯铺满整院,彩旗和花篮为新人引出幸福大道,双方亲友又经历"挂门帘""入帐房窑""端洗脸水""收四角""坐席""献陪方""送娘家""送夜酒"等等。司仪熟练地主持词、真诚的祝福语、愉快的互动话不断地将熙熙攘攘的农家小院里的喜庆氛围推向高潮。两杯茶、一声"爸"、一声"妈"、两声"哎",从此两家变一家,老人们脸上笑开了花。

值得一提的是说快板,谁家有喜事,附近的乞丐都会闻讯而来,带着自信与喜悦,用一段快板为新人送上祝福:"迟不来,早不来,新人下轿我就来;高门箱,大柜子,花花枕头细被子……"老词老调里夹杂些与时俱进段子,听着极是欢乐。乡下有这样一个流传,说是吃百家饭的人的祝福最是大吉大利,待他们说畅快了,东家会热情的拿些喜糖、喜烟、喜钱、喜酒好好招待。

老话多、老理多,所以乡村办一场喜事时的琐碎尤其多。然而随着潮流发展,婚庆公司也走进了乡村,包办流程、承接酒席,婚庆服务的日益完善带给了主人家更多方便,再不需要忙的脚不沾地。

乡村喜事是两个人情感的结合,更是亲人们感情的交融。短短两三天时间,因琐事操忙而疏远的亲戚重新拉近了距离,不熟悉甚至不相知的两姓亲友建起了亲密的联系。妯娌们回味那些共同的回忆,唠唠各家的状况,谈谈彼此的儿女,讲讲时事新闻,男人借着酒场划两拳,小酌几杯,尽尽兴。皓月当空,谈笑声依然在小院内外回荡……

故 乡 的 炉 火

水泥有限公司　李利军

菊花黄,梧桐叶落,大雁南飞……秋天就这样一步步把自己移交给了冬天。寒冷的冬天说不上有什么让人留恋之处,只是心中有一团炉火在扑闪,一想起来就格外温暖。

多年来故乡一直都是这样的——临近冬天,家家户户都要准备好过冬的煤炭和柴火。"手中有粮,心中不慌"。在故乡,通常会买上满满一车煤泥和几袋黑亮的煤块。立冬过后,水开始结冰,屋里就应该生炉子了。傍晚,冷清的巷道空无一人,抬头望去,家家户户的烟囱冒着微微呛鼻的白烟,有的带着火星子冒出几尺高。炊烟袅袅,萦绕在屋顶上空，氤氲的烟火气把村庄渲染得忽明忽暗。屋内，炉子里熊熊的火苗舔着锅底，火光映红了人们的脸庞，在锅碗瓢盆的碰撞声中开始了晚餐。有了炉火，屋里屋外就是两个截然不同的世界，屋内弥漫着浓浓的暖意，屋外却连看门狗的叫声也清冷了许多。漫长冬夜，温暖的炉火让人沉沉欲睡。临睡前，用湿湿的煤泥盖住往上蹿的火苗，用铁钩扎一个小眼，盖好炉盖，就算封好了火，日子就这样从指缝间悄悄溜走。

冬天的火好比娘亲。窗外寒风瑟瑟，屋内温暖如春。家人朋友，左邻右舍围炉而坐，可敬可亲。

一到冬天，村民们几乎都闲下来了，游门串巷也是日常生活之一。几个人围着火炉，喝茶聊天，三纲五常，家长里短，都是闲聊的内容。但最终，大家还是把话题扯到了庄稼和收成上——这是庄稼人一辈子都离不开的话题。要是屋里炉火不旺，冷冷清清是留不住人的。这时，主人便把火捅一捅，续上一些炭火，添上茶水，接着继续聊……这种画面，如今只能留在记忆里。

冬天，村里的红白喜事最多。过事时，帮忙的人早就提前用砖砌好了一个大炉子，用泥把外面裹好，也有的用汽油桶焊的炉子，这两种炉子都费炭火，却能赶上劲儿。炭块一锹锹撂进去，火苗顿时跳跃起来，映得大师傅红光满面，大锅沸腾，人声喧闹。人们围着炉火，你一言我一语，炉火无形中成了一个圆心。村庄在炉火的见证下，人们像庄稼一样，一年年，一茬茬，生生不息。然而时光流转，一批又一批年轻人，好像等不及与村庄告别，离那"圆心"越来越远，漂至外面广阔的世界。

走出去的人们，似乎把所有的孤独留给了村庄。

但终究有一天，人们心中总会腾起那点明亮的"圆心"，回忆起那种温馨和恬淡。

清 晨 小 记

营销物流部　黄　蓉

一觉梦醒，不知今夕何夕。窗外安静，鸟鸣声夹杂着遥远的犬吠落到屋里，后山上大片的桑园在晨雾中若隐若现。雾是青色的，似云朵萃取了大山里最浓的绿，又散落在林间。时光仿佛在这里沉寂，一切都变得缓慢。

推门而出，清冷的空气扑面而来，已至五月，山风仍在人们未醒之时怀念春天。晨雾浸湿了茅草，露珠在叶尖凝结，无人的小径上，一树桐花开的轰轰烈烈，从漫山遍野扑面而来的绿意中渲染出一抹紫。有道是"人间四月芳菲尽，山涧桐花始盛开，听闻春归无觅处，不知转入此中来"用桐花替了桃花，此处却也极为合适。桐花壮美，老家多有栽种，院前屋后，井边巷口，闲林野涧处处盛开。但眼前这棵桐树，仿佛醒的晚了些，别人已是绿荫如盖，它却万花初盛，一树繁花开的安然。无论这世间如何，我便是我，我也只是我，泡桐树活的明白，我却不如它。桐花味道清奇，我自小不大喜欢，却在这桃小杏青的初夏，有了另一种做自己的感悟，长长的叹了一口气，许久不闻然记忆犹深，这是童年的味道，也是故乡特有的暗香。

山间的小路没有起点也没有尽头，随手扯一根树枝，滋滋啦啦的倒拖在地上，像巡山的大王，随便走走。从前这山里还住有一户人家，养了两只能赶山的大狗，是追野猪抓野兔的好手，当然，吓孩子也是一把好手。记得每每路过，总是被撵的一阵鸡飞狗跳，虽然大狗是拴在树下的，十米开外碰不到我，但只是扑上来的气势就足以吓的人飞奔逃窜，是以手里一定得拽着一根棍子才敢走。如今，山里的人家已经搬走，我也不再是那个被吓的鬼哭狼嚎的小豆丁，残垣断壁之下，只有那棵拴过大狗的石榴树还郁郁葱葱。旧的日子一直在远去，新的事物不停更迭，我们总要向前走，只是希望偶尔停下来的时候，有一个可以小憩的地方，这里安静温暖，容我放肆。

雾有些淡了，穿过竹林的时候甚至有星星点点的阳光从竹梢间落下。野竹笋已经吃过一茬又一茬，新竹剥落的笋壳也堆积了厚厚一层。随手捡起几片厚实干净的，拿回家让妈妈包粽子吃，井边路旁的艾蒿和菖蒲翠绿油亮，端午将至，人间安康。路过一片桑园，已经有人在摘桑叶，问过才知道，村里今年新修了蚕室，早上新鲜的桑叶是蚕宝宝们的午饭，宝宝娇嫩，蔫了的叶子是绝不能入口的。本想上前帮忙，却被亲戚塞了一大捧桑葚，让我去山上玩，说再往前走能看到汉江，很是漂亮。老脸一红，一大把年纪还被当作小姑娘，做不了农活，只配揣着零嘴到处闲逛，随即又释然了，也许在这些伯伯婶婶眼中，我即使年过三十，也仍然是当年那个爬树掏鸟窝的小皮猴，做惯了大人，偶尔做一次小丫头片子也很好。

一路被热情招待，到达山脊已然半饱。彼时晨雾散尽，汉江河在山的另一边盘踞，江平岸阔，碧波潋滟，晨光揉碎落在江面，又折射在林间。远远的听到渡口处有人在呼唤船夫，拖长的调子惊起岸边几只水鸟，许久过后，一叶小舟摇摇晃晃的向对岸荡去。

等船人的吆喝仿佛是声号角，大山醒了，江风带着夏日清晨特有的凉爽拂面而过，闭上眼，隐约还能听到孩童的欢闹，这笑声和着山间布谷，田里竹鸡，村落犬吠，暗暗留在心中。从此往后，无论我身在何方，总能在夏日清晨微风拂面的时候，听到这来自故乡的声音。

最是初夏好时节

水泥有限公司　晁明耀

五月初，天气欲暖，几缕南风几缕寒。东君羞得桃花躲，鸟掠晴空歌声传。

柳枝门前，不觉间抽出嫩绿。欣欣然弱柳拂风，鸟啼歌喉，婉转追逐，跳跃嬉闹，将夏的笑语传遍大地。近处的野菜，努力得睁开眼，于枯草间探出头，招摇着小小的嫩芽，仰望着高天白云，渴盼一场夏雨。园中的菠菜，早已舒展开墨绿的叶片，沐浴着阳光，一片蓬勃，散发着盎然生机。

路旁白杨，已蓬松了杨花，于微风拂动下，满树的花儿争相落下，如蚕宝宝般爬满路面，一阵风来，蠕动着身体前行。檐下的丁香，枝头绽开绿嫩的笑脸，伸展着娇羞的身躯，努力的生长着，等待，那一束香铃挂枝头，心醉满天涯。

田野里，返青的麦苗间早有农人忙碌着除草浇水。望着黑黝黝碧绿的庄稼一派昂扬的气息，深情的脸上洋溢着微笑，期盼一场喜悦的丰收。随行的娃儿，也挪动着小脚，欢快的前后奔忙着，不时传来父母担心的呵护声和娃儿清脆的童音。

吹面不寒杨柳风。人间最知道夏讯的，莫过于街头的靓女了。稍稍寒风不再，爱美的人便脱下冬装,换上了贴身的衣裙,凹凸有致的身材玲珑有韵。散发迷人的别致风采,换来更多的一瞥惊艳。在柔暖的怡然里,享受悠然轻松。

夏,来了……

抖落一冬的蛰伏,于拐角处将夏的繁盛,明媚,轻舞飞扬在眉间心上。迎阳而行,心随初夏。微笑着,心里便会温暖。天暖,心便也是暖的。心里旷达,便会眼望处醉了眸,飞翔处醉了心。

时光荏苒,往事轻藏。等一场绿,盼一场雨。人世间,有些人很近,近到彼此心灵契合,有些人却很远,远到一生只能遥望。红尘中,众花摇曳,你是离我最近的一朵。生命中总会遇到,遗忘,走散。唯有记忆中的水墨丹青,在时光的剪影里,依旧流光溢彩。

时光穿越薄寒,在五月的夏日里舒展。清风陌上婉转,平淡流年里,剪一段明媚与初夏同行。晨曦看草,夕阳望水,与时光对饮。日子在简单中行走着,细数光阴,慢读岁月。一个人,徜徉在文字里,看岁月清浅,品凡世安暖,思绪放飞。

流淌的岁月,馨香缕缕。思念,或浓或淡,日子,平静安澜。总有些明媚印在心底,总有段时光曾经难忘。柔情漫漫胸中起,婉约柔柔上心头。挽清风于陌上,静守春暖花开。走过四季,穿越烟火流年,我心无染。

抛却杂念,静守安然。时光,总是匆匆,水一程山一程,日夜不停。小酌把盏,快乐生活。生命的历程,不仅会看到绚丽的风景,还会触动心底的天空。领悟花落的声音,才愈加懂得流年如歌,无愧此生。

红尘摇曳,花开为谁浓?凝目温暖,氤氲如花的背影里满是拂面轻风。风吻花露,叶盛欢颜,葱茏处,是感动在人间。遇见,欢喜,心悦凡尘,微笑向暖,百转千回处,花事已荼靡。光阴风干了往事。回眸处,谁在红尘里静暖于心?

花开倾城,一朵倾心。岁月的转角,已蓬勃出嫩绿,昂扬出的诗意,迸发出的真情。葱茏岁月,花影云香,芬芳依旧,缱绻柔情伏笔,情怀浸染。只是,我们有太多的美好遗落在流年里,散失在无奈中。岁月唯美,书笺一纸,洗尽红尘,日子,随风化水,感动,静落成尘……

荷

锦源化工 张锦婷

记忆中去年的夏日,似乎格外的漫长,又似乎格外的燥热。

已经是下午了,走在路上,太阳依旧火辣辣的,没有丝毫减弱的感觉,空中热气腾腾,没有一丝风,背上、鼻尖以及额头瞬间便吐出密密的汗珠来。路两边的树木直直的站立着,为我带来这点点阴凉。

看到树荫下斑驳的影子,这让我想起了前段时间和大胖游玩,无意间发现的一个干涸的荷塘,那个时候的荷叶是那样绿,那样可爱,惹人心醉。

自从那次回来以后,那块干涸的荷塘成了我心心念念的地方,这个时候,那块荷塘应该已经开花了吧!

拿出手机，拨通大胖的电话。

"我们去上次的荷塘看看吧，荷花应该已经开了。"

"现在吗？"

"是的，很想去看看那片荷塘，不知道现在怎么样了？"我无法抑制内心的喜悦，急切地想去看看那柔嫩的荷叶。

"好的，10分钟后出发。"听得出来，大胖也很开心，我想他一定也很想念那片荷塘。

坐在摩托车上，一路上，吹着凉凉的风，看着路上的风景，真是舒服啊！

不知不觉，已经到了。还没下摩托，就看到那片荷塘上点缀着一些荷花。我飞快的下了摩托，卸下头盔，飞奔向已经孕育出花朵的荷塘。虽然稀稀疏疏，却丝毫掩盖不了它的美。

真美啊！放眼望去，一朵朵荷花出落得亭亭玉立，多像一片片云彩浮在这片荷塘之上，惹人疼爱。

荷塘依旧是干涸的，我和大胖慢慢下去，走入荷塘。偶尔也会有淤泥染了脚，可我们才不理会，这一朵朵荷花，一片片荷叶已经占满了我们的心房。

走在干涸的荷花池中，小心的看每一朵开的娇艳欲滴的荷花，可以看到不同样子的荷花，用手轻轻地触摸花儿，多美啊！这真是大自然的馈赠。稀疏的荷叶静静的伫立着，还带有丝丝花絮的小莲蓬依偎着墨绿的荷叶。

风儿从云端越过山尖吹过来，花儿和叶儿们便轻轻的摇曳着，满池的大朵荷花在阳光的映衬下，熠熠生辉。清清的荷香一个劲的往鼻子里钻，往心里钻。忍不住要凑近荷花，去嗅一嗅它的芬芳。

花儿和荷叶不时向我们点头微笑，我知道，它们是在欢迎我们，看到我们来看它们，它们也很开心，正如此刻开心的我们，这片荷塘于我们而言就像多年未见的老朋友一样亲密。

我被这一幅温馨的画面所打动，这一刻，阳光是自由的，风儿是自由的，荷叶是自由的，花儿是自由的，莲蓬是自由的，而我在这苍茫大地里，最是自由！

风儿带着阵阵荷香拂过我的脸庞，告诉我，她很快乐，我相信，因为我也很快乐。

一朵朵花儿开在干涸的池塘里，也开在我的心上，在没有水的地方，也可以开的这样热烈。这让我由衷地产生一种敬畏之心。人，也当如此，在恶劣的环境中，更应自由、热烈的活着。

这些花儿，洗去了我一身的燥热与疲惫，带来的是清爽与无尽的畅快。我爱这片干涸的荷塘，爱在心里最深处。

走之前，摘了几个已经干枯的莲蓬，这小小的干枯的莲蓬越看越像一件伟大的艺术品。打算带回家，插在花瓶里。

现在虽已到隆冬之际，但生活应该时时刻刻开出美丽的花儿。

四、诗 歌

感 春

赵世强

一

燕衔春光进农家,风剪垂柳催新芽。
又是一年曈曈日,塞上庭院不飞花。

二

细雨霏霏绿草茵,尘埃落泥护花根。
梨园落英殇春色,不见林中葬花人。

三

醉卧月下听虫鸣,残冬争春物未醒。
胡虏铁骑远古音,边关三月难寄情。

四

南归雁阵春未归,伊人消瘦望春回。
春来春往春依旧,物是人非唤春魂。

五

玉兰凋零孤芳尽,一杯愁绪春微睡。
不怨春色皆来迟,情到深处人自醉。

六

不尽桃花欲挽春,曾经艳色欲断魂。
阅尽人间风光事,零落成泥化为尘。

七

沙尘飞扬压云低,路上行人车马稀。
南国春意催人衫,塞外哪有春踪迹。

八

昨夜醉酒春难熬,晨昏天气何时了。

清明时节不见春，一夜飞沙催人老。

九

一夜细雨润酥酥，唤醒枯草一冬梦。
佳人贪睡春不醒，推窗放眼万里晴。

十

泊夜听雪初春寒，人生逢春一红颜。
风掠旷野追春去，万家灯火已阑珊。

十一

天若有情人亦老，多情了了无情恼。
夜守残月空等时，春风却被桃花笑。

十二

忽阴忽晴云雨色，才露春媚寒又侵。
春愁紧锁游子心，为伊消得人憔悴。

十三

风摆垂柳惊鱼虾，水暖鸭知荷露芽。
桃花枝头春风笑，早有樱花折回家。

十四

残雪悄隐草不青，儿童褪袄母未同。
嗔怒春风脚步慢，梦里戏水笑出声。

十五

鹅黄淡绿扑面来，误闯沙林一人家。
鸡鸣狗吠鸭鹅叫，主人笑迎一杯茶。

十六

浓妆艳抹粉登场，招蜂引蝶花更香。
独占春色醉游客，细雨垄上暗自伤。

十七

不求名利也无家，随风漂泊走天下。
无意争春心常乐，随遇而安无牵挂。

十八

荒郊野外点点绿，春风未至踏青稀。
待到层林尽染色，悄然隐遁不为知。

十九

水绕山村梨花俏，绿鸟比翼春意闹。
信手拈来春光色，相约佳人迟未到。

二十

春鳝瘦过秋鳝肥，秧苗绿莹鱼虾细。
春风吹皱田中水，正是农耕春忙时。

仿写十六字令
炭
——赞煤化事业十年大发展

王凤君

炭
沉睡大地亿万年
睁眼看
遍地红色染

炭
乌金畅游全世界
无意间
千里美名传

炭
循环转化令人赞
息瞬时
黑白显不凡

（《陕西工人报》2012年11月26日）

雨霖铃

李生阳

清辉初照，月影星稀、不见知了
清秋越过西域，还记否、满天芍药
默语低头顾盼，恨相见年少
声泣泣，何日相知，舍弃了身前荣耀
朝朝暮暮思君到，待重逢、少小相拥老
船头望断秋雨，烟袅袅，泪雨惆怅
剃度苦海，斩断青丝尘世烦恼
更不论前世今朝，孽缘无人悼

(《陕西工人报》2012年12月12日)

七绝二首

高小军

海棠花姿潇洒，花开似锦，自古以来是雅俗共赏的名花，素有花中神仙、花贵妃之称。

胭脂吟

吟拈诗语步前厅，良人东篱未说愁。
但觑西牖曾梳妆，海棠胭脂翠雨楼。

海棠幽梦

粉妆娇娆回眸看，照红日暖泪脂残。
春嫩香魂梦回唐，帝王杯中销冷婵。

(中国企业党建网2013年1月10日)

红碱淖

张丹

有人说
红碱淖是眸子

有人说
红碱淖是镜子
还传说
红碱淖是昭君的泪水
依我说
红碱淖是初恋的情人
你看
她碧波荡漾
含情脉脉

栖居的鸟儿
歌唱在红碱淖
鲜活的鱼儿
畅游在红碱淖
平躺着的湖面
波光粼粼
五彩缤纷

不远处憩息的铁木真
并未远去
当年
驰骋战场
战鼓雷鸣
千军万马
硝烟弥漫
气势磅礴
闪现在红碱淖的湖面

昭君远嫁单于
坚定而美丽的背影
在红碱淖的湖面上闪耀蒙汉和平的光辉
塞上群雁和鸣
那戍边的战士
在这沙漠的神湖中
看到了故乡
喝出了相思

捧起一窝神湖水
那透亮、油光的景色

映照着厚重的历史
有些绚丽和传奇
有些沉重和叹息

（《陕西工人报》2012年12月19日）

青春在五月里放歌

——为北元集团十周年庆典作

赵世强

男：绿色的五月
女：青春的五月
男：五月是生命灿烂的季节
女：五月是播种希望的季节
男：五月是浪漫温馨的五月
女：五月是释放幸福的五月
合：五月啊
　　更是放飞梦想的五月

女：五月的天空湛蓝又深邃
男：五月的云彩宁静又温柔
女：五月的空气清新中带着丝丝甜味
男：五月泛绿的大漠啊
　　是漫长冬季
　　思想绽放的芽

女：那绿了的小草
　　不是心情
　　是生命倔强的触须
　　伸向天空的手臂
　　渴望阳光、雨露
　　呵护与珍惜

男：走，我们去春天里聚会
　　在阳光里享受绿色的微澜
　　带给我们的好心情
　　构思关于青春的文章
　　畅想关于爱情的旋律

捕捉关于人生的主题

女：人生的五月
　　不是鲜花簇拥的大道
　　花开就有花落时
　　就像四季变迁光阴流逝
　　鬓发会在不知不觉中
　　失去亮丽
　　光嫩如玉的肌肤
　　也会悄悄爬满岁月的痕迹

男：青春
　　不是消费人生的开始
　　享受与索取
　　是透支生命的蛋白质
　　贪婪和无知
　　会像毒瘤一样
　　迅速吞食你的肌体
　　不思进取
　　只能使生命之树
　　过早地枯萎死去

合：啊！年轻的朋友
　　晒晒你的青春吧
　　在五月和煦的阳光下
　　把生病的细胞激活
　　把藏匿在思想中的污垢
　　用青春的热血洗刷
　　昂扬向上的精神
　　就像五月的风五月的雨
　　所到之处
　　生命一片翠绿勃发

男：辉煌的五月
女：盛典的五月
男：五月是记忆海洋中
　　永远点亮的灯塔
女：五月是创业道路上
　　永不磨灭的人生丰碑

男：从十万吨到百万吨
女：从单一经济到循环经济
合：北元人用热血
　　在陕北这块热土上
　　谱写着壮丽的生命乐曲

男：曾经我们是那样地稚嫩
　　曾经我们是那样地朴实
　　当风沙裹挟着楼兰的尘埃
　　掠过毛乌素沙漠的时候
　　我们创业的激情就像一锅
　　煮沸了的羊肉
　　汗水和着歌声
　　就是一杯纯美的酒
　　把疲惫和艰苦化作快乐的精灵
　　用双手托举起北元未来的蓝图
　　像太阳在大漠中冉冉升腾

女：没有抱怨
　　没有诉说
　　有的只是这支年轻团队的
　　热情和奋斗
男：一切为了发展
　　一切为了员工
　　这是陕煤化的要求
　　也是全体北元人共同的追求

合：十年风雨路
　　一朝清新还

男：北元十岁了
　　十岁的北元
　　经受住了创业的考验
　　但在企业发展的道路上
　　才刚刚迈出了第一步
　　我们比我更重要
　　人人都是一颗星
　　先进的理念
　　充满希望的愿景

　　　　需要在年轻人的手上
　　　　去编织描绘
　　　　去书写各自壮美的人生

女：啊，十岁的北元
　　当风沙被祁连山脉阻隔
　　当白云从蓝天飘过
　　大漠的春风扬起你青春的长发
　　请你回眸这壮观的奇迹吧
　　那一幢幢高楼
　　那一簇簇装置
　　有你有他有我
　　有我们大家共同的辛劳和收获
男：是爱，是爱付出后的自豪
女：是梦，是梦想成真的骄傲

男：循环经济模式
　　低碳环保设计
　　公私合营
　　是决策者们敢为人先的创举
女：安全生产　幸福生活
　　精诚合作　共赢发展
　　北元化工
　　正在向未来的目标全力冲刺

男：八千里路云和月
女：峥嵘人生亦蹉跎
男：百万图腾纳贤士
女：气定豪迈从头越

男：清新的五月
女：希望的五月
男：五月是青春丰满的季节
女：五月是理想展翅的季节
男：五月是生命之树发芽催绿的五月
女：五月是人生抖落一身尘埃的五月
合：五月啊
　　也是我们共同收获爱的五月

我爱你陕北

王凤君

我爱你陕北
头顶的蓝天
是那么宽广,那么清爽
它似乎覆盖了我的整个世界
又似乎就在我的眉梢和发尖
它仿佛落在了地上,而我
就在这天上人间

我爱你陕北
脚下的黄土地
是那样的朴实厚重
赤身躺在你的怀抱
是那样的踏实和温暖
崖壁上挖一个窑洞,鬼斧神工的自然
就能让我夏凉冬暖
炉灶的余热给土炕取暖
这是最具特色的智慧低碳

我爱你陕北
那四季迥异的鲜明性格
春风吹起,黄沙飞过,叫醒了沉睡的大地
柳梢起舞,嫩芽初上,引来万花竞相盛开
夏日炎炎,雷雨过后,清新弥漫
彩虹啊,拨弄天际的琴音
在我耳畔奏起了和弦
秋高气爽,薄云淡淡,一片丰硕啊
就在我眼前手舞足蹈
谷穗低头叩拜,苞谷笑得露齿
山药蛋也在暗地里鼓着气儿
还有那农夫焦褐色脸上绽放的笑颜
冬雪飞来,银装素裹
门外寒霜聚,屋里热气起
宰猪杀羊,碾米磨面,居家围坐,热闹过年
好一个幸福生活的画面

我爱你陕北
那百吃不厌的家常饭
千种杂食任你挑,还能让你降三高
荞麦面,豌豆饭,米拌汤,炸油糕
炖羊肉无膻气,水煮鱼有味道
还有那"一锅出"的热热闹闹的
猪肉酸菜炖粉条
"农家乐"到处有
吹拉弹唱里任你游
喝烧酒,是海量,还有一个灰习惯
死也不忘进门给你"三圪蛋"

我爱你陕北
解放前逃荒要饭把家养
革命时送粮送鞋送衣裳
站岗哨,传军情,打死不供革命人
忠贞养育了红色革命新时代
西部开发吹响号角
陕北的儿女勇立潮头唱大风
西煤东运,西电东送,西气东输
奉献是你品质的体现
三姐姐刺绣能剪纸
四妹子能演二人台
五哥哥唱响信天游
全村人扭起大秧歌
黄土地文化成了世界大遗产
物质精神双丰收,咱两手都能过得硬

我爱你哟,陕北
那山,那水,那百姓
我爱你哟,陕北
那男,那女,那情怀
我爱你哟,陕北
那天,那地,那自然……

词 二 十 首

赵世强

秋 中 感 怀

雨雾蒙蒙，秋意弄人。隔窗望，满眼着凉。游子衣单，客家收秋忙。

秋高气爽，惠风和畅。心里想，何处是家。安身立命，责任在肩上。

登 华 山

华山险，必须登，壁立千仞，鬼斧神工。绝顶望，日跃长空，紫气绕华松。

回心石，千尺幢，勇气可嘉，无限风光。仰山止，奇路通天，我为西岳狂。

行 香 子

人生无愧，青春无悔。虽相识，难得一会。心怀憧憬，真情可贵。不为名利，天可鉴，梦最美。

夜阑星醉，不是贪杯。仰天笑，邀月同归。浪游天涯，做个旅人。与谁为伴，影作陪，心相随。

蝶 恋 花

花褪秋澜冬来早。雾湿窗棂，却把残酒消。长夜难明梦难熬，玉人镜前孤影俏。

秋来秋去人亦老。少不更事，往事知多少。雁阵南归彩云飘，半山红叶渐枯凋。

锁 寒 窗

琴音难觅，鸳鸟飞急，夕阳隐去。半江月色，映衬一江灯火。涉险山，难舍美景，忘却归途路漫漫。见渔舟停处，孤寂静美，心潮泛滥。

去吧，难归隐，做浪人苦旅，身轻心闲。驿站歇马，把杯细嚼乡音。风土情，不拒外人，浮世尘埃丢山涧？夜阑时，繁星满天，谁与我争锋。

沁园春·汉江

秦巴裂缺，秀美一江，两岸人家。居千里画廊，渔舟晚唱。雾迷日出，水照斜阳。湾流遄急，深潭幽幽，纤夫攀石船破浪。少在家，激水江中游，豪情万丈。

曾时壮志满怀，晓寒窗灯下苦读忙。看日出日落，少年心想。浮云飘飘，雁飞北方。江水滔滔，峰峦叠嶂，不知游子也迷惘！今归来，陪老母散步，细品汉江。

声声慢·统万城

大漠劲风，孤雁单飞，万里黄沙骤起。剽悍红骑铁戈，血染旌旗。烈酒壮士美女，草原夜暂无战事。月迷处，美人醉，厮杀明天开始。

久窥中原丰腴，筑城廓，豪气冲天了得！蓄势待发，张弓拔箭射月？野心膨胀极致，到如今，残垣断壁。风凄凄，谁曾想辉煌遁去。

永遇乐·岳麓山

五岳不来，三山隐去，潇湘槐市。烟霞蒸腾，紫翠青葱、不与谁比高。聚贤荟萃，书雨常润，风景这边独好。慕名来，信步枫林，只悔没有早到。

莘莘学子，朗朗书声，赤心难得忠诚。福地千年，弦歌不绝，苦读乐其中。凰栖佳木，虎踞龙山，传承孔孟遗风。有道是，惟楚有才，于斯为盛！

满江红·雾霾

大好河山，雾霾猖，无处躲藏。逐名利，财算需要，盲目扩张。农田绿野成大道，移山拦河海景房。无房车，叹品质生活，扎堆忙。

有一天，雾锁城；似仙境，欣喜狂。以为是，海市蜃楼假象。待到下午不见日，天天都是一个样。人恐慌，盼风来吹霾，怎么想？

兰 陵 王

今世缘，彻骨冷秋冬寒。风乍起，峭寒袭人，真情无价不可道。秋芦映红衣，晚霞误入湿地。光影中，鱼鸟归巢，风语惊醒凭栏人。

看天地齐眉，弯月凌九霄，或圆或缺。年少如斯东逝水，情窦为谁开，秀发挽起，玉成美事人憔悴。我愿为谁醉？

难得，心无愧。花开终有时，落霞眩目，长歌箫声催人泪。问苍天大地，泣血长跪。相思除是，心相近，不必悔！

八六子·叹秦

秦直道，天下归统，狼烟血雾暂息。巍巍然轰轰霸业，王侯将相封赏，祈求长治。

灞桥柳雪风起，渭水泱泱恣肆，咸阳焚书坑儒。始皇帝，威势不可抗拒，权倾朝野，一言九鼎，享国富鸿运不想死，弃贤哲纵术士。呜呼哉，帝国烟消云去。

水龙吟·十月二庚

甲午初雪临幸，雾锁塞上枯枝俏。人生梦短，岁月流长，半生漂遥。才智少年，懵懵懂懂，悬梁开窍。想汉水村上，炊烟袅袅，羊肠路，乐淘淘。

而今两鬓斑白，回头望，往事缭绕。天命已过，惑从何来，天佑福报。淡泊行远，宁静谦恭，善德仁孝。"望吾庐甚处"？孝敬爹娘，归乡筑巢。

水 调 歌 头

塞上洌风寒，明月悬头空。风来风去无踪，醉饮难消痛。生来欲为何求，试问长天浮云，策马有何用！啸傲千尺仞，剑舞云端鹰。

布衣衫，柴火房，轻人生。放下所累，回归自然吟月明。晨跑林间曲径，夜听星语风鸣，只为心宁静。跳出三界外，觅幽有闲梦。

浣溪沙

飞花轻拈水波动，隔岸钓者心自明，欲收引线水张弓。

风依垂柳万种情，雨打荷叶见彩虹，花含月色暗香浓。

谢池春

细雨染春，点红露，雾乱影。故人觅新景，嫩芽锁路静。林鸟呢喃语，翠烟寂无声。游子吟，春动容。魂归故里，妙茶煮心清。

乳燕归巢，门庭暖，乐无穷。花落归根香，春靓人有情。他乡非故乡，故乡是梦境。享天伦，仁义重。霜染鬓发，盖棺论人生。

渔家傲·太湖

雁荡清幽湖水静，烟波浓似兄弟情。品茶暖酒画中景。垂钓人，蓑衣斗笠戏人生。

日暮船归渔家火，荡舟激水邀长风。商海风云侠气重。看帆影，浪起潮涌岸不动。

永遇乐·喀纳斯

神迹藏匿，仙踪难寻，传说是真。极寒苦地，异域风情，冰雪常滋润。世外桃源，色彩流觞，颜值泣鬼惊魂。行万里，跨越洪荒，只为附身一吻。

谷幽山险，车载云飞，古木参天景深。雪天相接，湖怪潜影，风起醉痴人。水岸似画，眼接不暇，远山尽染神韵。身在此，物外世界，归是不归。

念奴娇·梵净山

为山而来，佛祖在人间，人心思宽。风雨桥边莲花界，嚷嚷闹闹为何？文殊普贤，地藏观音，天王居中坐。弥勒九重，凡人难得正果。

人生经历漫漫，万苦千辛路，岂能荒度？幻梦俱迷，皈依化魑魅，却言礼佛。求神问仙，不如正己，心安即心佛？色界四重，物华难填欲壑！

沁园春·首飞

五月五日，一飞冲天，梦想成真。想坎坷岁月，大国无泪。几许叹息，何必悲催。初心不忘，飞天梦想，撸起袖子战鼓擂。曾记否？几代航空人，昼夜难寐。

浦东机场腾空，展英姿，亮相振国威。工匠凝心血，精益求精。追赶超越，报国无悔。九天揽月，五洋捉鳖，大飞机又填空白。看中国，大工业格局，吐气扬眉。

六玄令·红碱淖

碧波漾漾，水润毛乌素。云淡浪细，岸上美景乱湖影。曾时汉匈争霸，剑戟破长空。饮马黄昏，血染袍衣，唯有残月雀悲鸣。

驼峰马啸波淼，一眼望两省。客来激浪啖鱼，汉牧别样情。纵使千里相约，也算不虚此行。风轻天远，夏日秋凉，听昭君抚琴遗鸥声声。

陕北民歌歌词七首

赵世强

土炕炕暖酒把话话拉

山梁梁对着沟岔岔
土窑窑就爱窗花花
哥哥放羊满山山跑
妹妹我心思一天天在长大

唱支曲儿枣花花开
风儿捎话哥哥你快回来
土炕炕暖酒把话话拉
妹妹我今年一十八

红枣枣熟了就要落
哥哥你不摘鸟要啄
太阳落了山道道黑
哥哥你背我把家回

想起妹妹我心里疙瘩瘩地疼

姑娘们吃着黄馍馍
心里笑出个小酒窝
小伙儿忙着打平伙
老碗酒喝出豪放的歌

太阳出来阳坡坡红
想起我那妹妹心里疙瘩瘩地疼
去了你家三四回
裤脚脚都没粘你家炕沿沿的灰

有心跟你说句话
你家的小黄狗咬了我的腿巴巴
不信石头开不了花
苹果红时一定要把你娶回家

陕北道情

谷子黄　小米香
白云山下黄河浪
唱道情　喝羊汤
羊毛肚肚手巾绕着三道道梁

锣鼓响　尘飞扬
黄河岸边秧歌狂
天蓝蓝　黄土黄
陕北的汉子个个都是好儿郎

好儿郎　秧歌狂
锣鼓敲得震天价响
庆丰收　盖新房
骑着毛驴接新娘

小米黄

白云朵朵黄灿灿的米
蓝格莹莹的天底下精灵灵的你
土梁梁下生山峁峁上长
崖畔畔底下哥哥我有意
太阳出来亮闪闪
谷子熟了腰要弯
信天游放羊羊儿肥
哥哥我摔鞭抛石打中了你

羊圈里草厚小羊儿暖
炕火旺了梦儿甜
妹妹的心思就在我心里
哥哥我不疼你谁疼你

三十里铺四十道弯

三十里铺来四十道弯
唱曲唱到太阳落下山
驴拉磨子黄米米面
热腾腾的油糕炕上端

山圪坳里窑洞一间间
空着的一间等着妹妹你来填

隔着山头喊一喊
只见羊群不见妹妹的辫

红红的辣椒串又串
窑面面上的苞谷金灿灿
哥哥我嘴笨说不出的话
只好请媒婆上你家

正 月 红

正月里正　灯花儿红
热腾腾的馍馍刚出笼
暖暖的炕　浓浓的情
客人进门笑脸儿迎

鞭炮儿响　剪纸那红
亮亮的窗花透着好心情
温着的酒，说不完的话
鲜鲜的羊肉还在锅里腾

红红的脸　醉了的情
场里响起唢呐声
唱起来　跳起来
陕北的正月哟火辣辣的红

庄稼熟了就得收

阴坡坡的草哎崖垯垯上的枣
沟畔畔的庄稼树杈杈上的鸟
赶牲口的哥哥哎
天要黑了快到家里歇个脚

半夜夜醒来听鸡叫
实实地是看你睡得好不好
星星眨眼看不清你的脸
妹妹我心里想的谁也看不见

天不下雨地要裂
地儿肥了要耕作
崖垯垯上的枣花开了蜜要流
妹妹的心事哥哥你懂不懂

十五年,北移精神在成长

赵世强 刘 鹏

十五年呕心沥血
十五年励精图治
十五年艰苦奋斗
十五年追赶超越
十五年,一代人倾情奉献
十五年,一代人茁壮成长

十五年啊
青春在这里锤炼
理想在这里绽放
信念有了更加坚定的方向
在这天地之间的北方
在这风沙肆虐的塞上
一座座高压铁塔
一条条管线长廊
一座座矿山崛起
一幢幢车间厂房
陕煤逐梦的航船从这里起航
北移人用汗水和意志
在毛乌素沙漠这片神奇的土地
抒写了人生壮美的华章

这是一群怎样的创业者啊
他们背负行囊、义无反顾
像当年奔赴延安的青年
心中充满了对陕煤未来的向往
责任重于泰山
奋斗初心不忘
理想与使命
在这片热土上燃烧碰撞

他们从五湖四海走来
他们从八百里秦川北上
他们怀揣着妻儿的嘱托

肩负着陕煤发展的担当
他们把激情和使命
汇聚成北移创业的交响

无论是煤矿井下开拓
还是化工的场平打桩
工地就是战场
进度就是形象
安全施工
质量至上
管理者精心筹划
建设者热情高涨

冬日里，零下二十多度的严寒
只要工棚里有一旺炉火
工友们的笑声是如此爽朗
夏日酷暑，高原上的阳光
就像高炉里的铁水
泛着刺痛的光芒
只要工地上机器的轰鸣声不停
建设者的心里
如同高原刮过的一阵凉风
精神为之一振
斗志更加昂扬

但谁又知道或是懂得
有多少次梦里热泪盈眶
有多少回离家时的难忘

有多少个应该陪伴的日子
他们却拼搏在
热火朝天的施工现场

当他们离开满眼泪花的孩子
告别了嘘寒问暖的父母
每一次坚强转身的刹那
自己早已泪流满面
只因为心中有一个北移的梦想

如果舞台真能传递感情
请把愧疚传递给
期盼他们能常回家看看的爹娘
如果舞台真能传递掌声
请把感激之情传递给
等待他们回家团聚的爱人和孩子
十五年啊
北移精神在成长
十五年啊
青春无悔闪荣光

一个梦想
十个梦想
百个梦想
千万个梦想
汇聚成一道北移的能量
从南到北
从北到南
这就是陕煤人锐意进取
追求卓越的精神成长
这就是陕煤人造福员工
奉献社会的使命担当

从矿山走出的陕煤人
用汗水哺育了国家工业的发展
作为共和国的长子
深知肩上担子的分量
十五年砥砺奋进
十五年奋发图强
陕煤速度
陕煤激情
涌动的是陕煤梦
铸就的是北移魂

你好！陕煤
我们向
为了今天的陕煤而献出智慧和力量的先辈们
致敬
你好！陕煤

我们向
为了在追赶超越的征途上奋勇争先的陕煤人
致敬
致敬！奋斗的青春最美丽
致敬！陕煤的明天更辉煌

小 野 菊

党群工作部　王秧秧

柔和的风
牵扯着我的衣裳
带我来到你盛开的地方

蜿蜒的小路旁
起伏的山坡上
还没闻到浓烈的花香
你就簇拥着争相开放

没有惊艳　也不斗俏
将美丽静悄悄地绽放
淡淡的感动随着飘渺的风
充盈着我身体的每一个细胞

我们小的那时候
小小的心里
都装着欢乐的梦想
期待着
春暖花开时
太阳风会吹来什么颜色的光

终于那一天
春天的精灵敲着冬日的门窗
手牵着暖暖和煦的阳光
沁人心脾的清香
细雨温润的土壤
把你无声地带到这片土地上
从此开始

细细品味　人间的无常
从来不会听到你的抱怨

一朵一朵
阳光下你们努力成长
吸吮着晨间滴滴清露
拥抱着夜晚点点星光
瑟瑟冷风下你们尽情地歌唱
丝丝细雨掩挡不住沐浴的舒畅

小小的身体有小小的梦想
原来
天涯海角不是你们渴望去的地方
脚下的泥土才会散发遮不住的芬芳

朵朵野菊花
没有那些琐碎的烦恼
天天都在坚强地微笑
把用心收藏的每一个希望
替换着生命中的那些悲伤
就算
没有花团锦簇　热闹非凡
没有吸引人的花香
却常常吸引着蝴蝶停在花瓣上
不在乎惹人喜爱称赞连连
不羡慕五彩缤纷色彩斑斓
对于美丽
不争不抢
自己的气质偷偷欣赏
然后绽放着迷人的骄傲

季节不停地更换着美丽衣裳
小小野花点缀着裙角
轻舞飞扬
在某些不经意间
生命的乐章被你静静奏响
无声无息
却占据了我整个心房

等 待

高小军

（一）

研开一抹夕阳
熟宣铺就　真草篆隶　氤氲
古典意境依然难以呈现你当初的形容
用温柔的羊毫刷开记忆的门扉
你已在流觞对歌的诗行隐匿
似曾邂逅　那些线条如水纯净
但我却以韵脚的形式
与你隔窗相望

（二）

等着等着　就错过了
杯盏烘焙　千古以来锻造的温存
又一次投入黑色的渊薮
在洪荒剔净的站台
沉潜的魅惑幽灵般由远及近
高跟鞋把整个凝固的下午敲击得摇摇晃晃
在时间游移的方向　尚未驻足
但列车已将故事分成两段
一个在南　一个在北

（三）

需要怎样的力量
才能掩住一寸光阴的流逝
那些岁月的片段
依然在拾掇不再等待的理由
那些从神祇黯然退出的传说已经支离破碎
在梵音弥散的香氛中
天堂与一条河流如此接近
却仍有那么多人
因心事重重
在星云垂布的寂静中
游移不前

组诗《回不去的村庄》

党群工作部 刘 涛

回不去的村庄

我想起了
玉米 土豆 还有高粱
春天的小河 秋天的田野
暮色下的农夫 黄昏里的羊群

村庄 你是我通向远方的一扇窗
窗口的那头还有母亲的呼唤与眺望
在你博大的胸怀里
我如谷子般成长

村庄 当我沿着那条曲折的小路
看见了外面纷繁的世界
你就成了我永远的念想
这种念想如同一颗种子埋进了土壤
渴望长成伟岸的父亲或者博学的师长

我有多少怀念
就会有多少忧伤
分明在泪眼朦胧中看到了
大树 土地 和毛驴
我把你们画在纸上 写进诗行
陪伴我走向远方

耕 耘

毛驴在前
套着绳索和犁
头也不回
"呼哧呼哧"走着
农夫在后
一手扬着鞭杆 一手握着犁把
嘴里唱着哀婉的信天游
身后农妇不停地往下撒着种子
撒下的一粒粒种子就是一个个汉字

犁下的一条条土沟恰似一道道诗行
夏日的庄稼将会成为一篇美丽的文章

放羊的二蛋

二蛋有好几十只羊
每一只羊都有一个名字
每一个名字都是二蛋给起的
不管快乐和忧伤
二蛋都会给羊诉说
羊听懂了二蛋的话
上山下坡拼命地吃草

二蛋黝黑的脸上总是挂着笑容
对生活充满了信心
有人建议二蛋把羊群卖掉
给自己娶个媳妇儿
二蛋犹豫良久
说羊儿就是他的媳妇儿

有雪的早晨

雪是冬天唯一的花朵
开在烟囱上
炊烟黯淡了颜色
落在院子里
小鸡没有了立足的地方

这银装素裹的世界
远处的山丘
眼前的树木
都穿上了洁白的外衣
村庄这般干净
只有村口的小路上
早起拾粪的老头儿
留下一串不规则的脚印

土　地

这一片片土地
我见过你
春天的生机

夏天的浓密
秋天的丰收
冬天的孕育

这一片片土地
人们在你的怀里劳作
在你的眼前繁衍生息
你总是倾囊而出　不求索取

在社会的浪潮中
人们纷纷离开村庄
无私的土地
只能在寒风呼啸的夜里
轻轻地啜泣

踏　上　乡　土

证券事务部　梁　军

富衮厚重的乡土
你是瞬间凝固的万顷波涛
一座座峁梁
一道道沟壑
任凭岁月的利斧劈斩得千疮百孔
你依然流淌着不息的生命

我揭开乡间厚厚的土质
那里深埋着
亘古不变的神话
我抚摸着你结实的臂膀
与你朝夕相拥
诉说着轮回的故事

浩浩星空下
你碾碎了夜空的静谧
漫漫黄沙里
你留下了孤独的倦影
脚下乡土亲切的温暖

悄悄涌入你我心扉

假如可以（外一首）

化工分公司　马　骥

假 如 可 以

假如可以
我愿化作一只鸟
自由飞翔
阅无尽风光

假如可以
我愿化作一尾鱼
翻江倒海
乘风破浪

假如可以
我愿化作一朵花
含苞待放
芬芳四溢

假如可以
我愿化作一根蜡烛
燃烧自己
照亮别人

假如可以
我愿化作归隐南山的隐士
挥舞经幡
远离尘埃

假如可以
我愿化作深山的一粒石头
任凭风吹雨打
岿然不动

假如可以

我愿时光可以倒退
刷新碌碌无为的半生
重新开始

此　　刻

春日的阳光
并不温暖
狂暴的西北风
已然吹散了年味

春联被无情地撕烂
连窗玻璃也是支离破碎
思念随风
渐行渐远

在北方以北
在毛乌素边缘
在秃尾河畔
逝去的文明在石峁的废墟里
逐渐苏醒

成群的牛羊被赶上了精美的餐桌
供人享用

大漠深处的一隅始终是灯火阑珊
昼夜生产

此刻在我的故乡
春光潋滟
麦苗在春风中精神抖擞
绿意盎然
渭柳发出了翠绿的嫩芽
随风招展
离巢的蜜蜂装扮成花间浪子
四处觅食

此刻
我在他乡
思念故乡

夏 记 小 诗

营销物流部 黄 蓉

花 雨

一棵开花的树
安静地下一场花雨
珍珠一样的骨朵儿
打在伞上
那芭蕉叶做的狭长的伞
我端坐在树下
像蘑菇
听稀稀落落的雨声
清脆的不知名的鸟叫
以及妈妈做饭时
柴火噼啪的燃烧声
若能生根
必定在此长驻
听每一季的花雨
和老树说不完的心声

晨 雾

有多少秘密被隐藏
那浓郁的绿色之中
河谷酿了经年的老酒
在一朝拍开泥封
大山醉了
百鸟合奏的早叫曲也不能吵醒
那一片萦绕山头的浓雾
溪水缓缓地流着
悄无声息
我走在山间的小道上
如朝圣者
在露水和青草的阻碍下
磕磕绊绊地前行

夜 曲

无数的星子陨落

又在田间野草里缓缓升起来
月亮晃过山头
模糊了树影的轮廓
仲夏夜
我并不惧怕黑暗
静看竹笋壳最后的剥落
君子杂木不相与
但你听
蛙鸣中夹杂着夜枭哀嚎
夜凉如水
我愿做一次周公
张开翅膀
在这月光里嗷嗷叫

山 鹰

大山有一道豁口
缓缓地流淌出舒适的角度
烈日从纠缠的藤蔓间泻下
在林间
化作山鹰的翅膀
我只捡到一支羽毛
充斥着风的力量
从那一万五千米的高空落下
用自己的轨迹书写古老的字符
遥不可及
我躲在树影下张望
用目光测量
云之彼端的距离

回 家 的 路

营销物流部　韩思齐

我走过最美的路，是回家的路
尽管她崎岖蜿蜒，但却牵着那个养我长大的村庄
我走过最暖的路，是回家的路
尽管她有时泥泞，但那头却站着等我归家的父母

那是一条我永远忘不了的路，依依青草，亭亭白杨
那是一条我望眼欲穿的小路，皑皑白雪，灿灿谷垛

这是一条被时光遗忘的小路
路那边霓虹烁烁，路这边橘光暖暖
这是一个被时光眷顾的小村
村外车马穿梭，村里孩童跑闹

在这个村庄里，人们仍然相信
鞭炮可以吓跑年兽，门神可以保家平安
在这个村庄里，亲人仍然忙碌
姥姥包着饺子，舅舅炖着鸡肉
小姨剪着窗花，舅妈贴着福字
只是院里的嬉闹
已经从当初的我们，变成了我们的孩子

大中国的年，一年年红红火火地过着
大红的灯笼，一年年明明亮亮地点着
白雪依旧覆满了火红的春联
窗边依然氤开了晶莹的冰花

我仿佛依旧听见冰天雪地的小院里
舅舅又喊，放鞭炮，饺子下锅喽
一阵噼啪，惊跑了一群笑哈哈的娃娃……

红灯笼（外五首）

化工分公司　张二东

红　灯　笼

屋檐下的两个红灯笼
任风摇晃却永不碰撞
胜似牛郎与织女
孤独与欣喜
思念与牵挂

无　果

胃疼，佝偻身子

呼吸失去勇气
与两盒西药,对视一眼
就像一个吻
钻进我的肚囊
精神大作,安然无恙
两周后
疲乏的器官向剧烈的疼痛再次投降

小　麻　雀

这是一只小麻雀
瘦弱,渺小,几近垂死
狂风吹乱羽毛
决心撕裂它的肝脏
灵魂没有哭泣
却看到另一个世界
只因它吃了农夫撒下的诱饵
——米粒有毒

冲　破　殿　堂

一抹暖,一个熟烂脑子的声波
冲进窗格子
那孔窑洞,那个破铃铛
挡不住玩耍的天性
打元宝,跳皮筋,翻花绳,溜冰车
滚铁圈,顶拐拐……
通通涌现
不,还有那个浇花的小姑娘

悲　与　喜

你的细皮嫩肉
消失在膨变的肚脐
十月怀胎
臃肿爬满你的脸,你的腿
然后伸手
我被推出了子宫
我走上了摇篮
你走进了坟墓
我的出生正是你的死亡

春　生

榆溪河两岸
疲弱的树根们
嬉笑了
沉睡的树干
骤然吸饮起雪的杰作
躯体里
生命正在萌发

春 天 的 痕 迹

化工分公司　黄振宇

春　寒

春天的第一抹阳光
洒向大地
触手，已没有了严寒
花开了，柳绿了
念想缕缕绕心或远或近
阳光趁隙走了进来
吟着几句诗
春情意绵地安了家

春　风

吹吧
吹吧
柳梢吹绿了
桃花吹红了
燕子吹来了
青蛙吹醒了
散落在草丛的初心
吹得有模有样

春　念

一夜春风
裸露的山头
披上了春的色彩

待到春花烂漫时
捡起一瓣残花
撩动多情的嘴角
一页春情，一抹诗音
装作有文化的模样

春　　思

骑着一头小毛驴
背着酒壶
到处转悠
被春光撩动
自由自在地呼吸
这个梦是我做的
春风可以作证

小楼落雨，深深又浅浅

热电分公司　郭　云

一段诗意漉漉的雨声
沿着屋檐的低眉
悄悄地坠落
一点一滴
无言的律动

灵犀而忘
冰凉的雨水渗入了笔端
晕开的水墨情长
惹了青青柳色
湿了瓣瓣花蕊
遗失在街头的细雨
载着一柄柄纸伞悠然入韵
匆匆的脚步
牵着似曾相识的画面

一个人融入淋漓的世界
莫名的心安
欻然纷飞的雨啊

带着我
奔赴文字与灵魂的路口
一纸雨渍的涌动
恣意的挥洒
就像落在枝头的雨点
时而温柔翩翩
时而苍劲有力

隐在时光的葱茏里
闲坐、莳花、补阕
无眠、听雨、成诗
诵读一段淅淅沥沥的文字
洗涤内心的荒芜
喜悦时，悲伤时
都可以
随意地抒发
一切都是如此的简单清澈

不用多久
我们便会老去
或许
遗留在书页里的记忆会在某一天突然苏醒
那些回不去的曾经俨然会成为
泛黄的树叶
一枚枚的随风凋落
有些时候
终是要独自承受一份孤独，一份痛苦
总以为满身湿透地淋一场雨
才算不辜负青春
走过风雨才明白
忧来无方，临窗，喝茶，和世界妥协

奋力　成长

刘　鹏　于虎朝

当火红的朝阳再一次把光亮倾泻在毛乌素
当通勤车到站的刹车颠醒了还在持续的美梦

当豪迈的安全誓言回荡在凛冽的寒风中
北元人，新的一天，开始了

细碎的脚步踏碎了昨日的不快
餐厅里的豆浆油条熄灭了饥饿的火焰
整理整理着装，抖擞抖擞精神
出发

巡检工在设备间穿梭排查
监盘手在电脑前目不转睛
质检员在实验室点滴分析
调度员在指挥室紧张调控
每一个环节都精准把控
每一个细节都不轻易放过

电解槽间，负情绪已被分解
聚合釜里，正能量持续聚合
发电机旁，思想在飞快地旋转
回转窑内，希望正烈烈燃烧
电石炉前，热情像熔浆一样流淌
办公楼里，智慧在加速酝酿

那闪耀着乌金光芒的煤炭
那折射着钻石璀璨的盐卤
如流淌的热血
在管网间激荡
在设备里翻腾
幻化成热，幻化成气
幻化成多姿多彩的新生活

烧碱、盐酸，一点一滴汇成能量河流
聚氯乙烯、电石，一颗一粒铸成发展长堤
水泥，长成森林，遮风避雨
电力，束成彩虹，引领梦想
北元人创造品牌也成为了品牌

一些人似乎生来严肃
紧绷的脸，不苟言笑
隐患快整改

缺陷需治理
风险要管控
事故得预防
看似烦人的表情里
凝结着对企业和员工的忠诚
他们是行走在厂区里的"白细胞"
任何不稳定的因素即刻被吞噬
他们是安全与健康的卫士
守护在生命的底线

思想的误解正慢慢解开
坚硬的对抗正冰雪消融
安全生产的氛围愈加浓厚
幸福生活的笑脸已然绽放
让环境改变观念
让观念引领行为
让行为成为习惯
让习惯积淀文化
安全
永远是我们对企业和家庭最庄严的承诺

每一个人都在尽心尽力地诠释着责任
满是油污的手、脏兮兮的衣服
告诉了我，什么是北元人的干净
据理力争得面红耳赤
告诉了我，什么是北元人的工作友谊
为了忘带卡的员工尽快进门
后勤人无数次半夜送卡
告诉了我，什么是北元人的爱心情怀
为了员工的生活丰富多彩
党群人的思想拧成了花
告诉了我，什么是北元文化
为了企业的快速发展
企管人铁面执纪、督促进步
告诉了我，什么是北元人的侠骨柔情
为了数据的准确及时
财务人精打细算、加班加点
告诉了我，什么是分毫不差
为了项目早日建成

规划人披星戴月
告诉了我，什么是坚守执着
为了稳定可靠的原料供应
采购人东奔西跑、嘴皮磨破
告诉了我，什么是忠诚敬业
为了产品卖出好价钱
销售人殚精竭虑、费尽脑汁
告诉了我，什么是用心奉献

十四年来，
公司资产增长至132亿
年利润突破10亿元
十四年来
不毛之地
变成郁郁葱葱的现代化工厂
十四年来
北元从神木走出陕西
从中国走向世界
十四年来
生产经营齐攀升
民生工程暖心田

这些成绩金不换
这些成绩蕴深情
那些曾经的天真烂漫
已随着时光变成泛黄的风景
那些曾经的小伙姑娘
已成长为拖家带口的父亲母亲

多少个应该陪伴的日子
我们选择了坚持
多少个应该尽责的日子
我们选择了忙碌

当我们离开满眼泪花的孩子
当我们告别嘘寒问暖的父母
多少次坚强转身的刹那
自己早已泪流满面

有几人敢拍着胸脯
说自己是一个称职的父亲、一个称职的母亲
抑或一个称职的子女？
我们哑然，只因为心底对北元最无私的爱

这里留下了我们的青春热血
这里留下了我们的奋斗年华
这里有我们的喜怒哀乐、酸甜苦辣
这里——是我们的家

前人栽树，后人乘凉
吃水不忘打井人
那些曾经在北元的热土上洒过汗水的人们
那些挥挥衣袖不带走一片云彩的人们
那些为了今天奋斗过的熟悉而又陌生的人们
还有，今天依然坚守的人们
我们都必须谨记
他们都将永远载入北元发展的史册

市场竞争的战场硝烟弥漫
团结奋进的力量冲锋向前
你看，"十三五"的旗帜正高高飘扬
你听，上市的战鼓正隆隆作响
无论市场起起落落、商海风云变幻
只要信心在
只要团队在
就没有趟不过的万水千山、扛不过的风霜雪雨

北元是一棵树
当那颗小小的种子扎进陕北这片热土的时候
他就注定是一棵顽强生长的树
经过十四年的风雨洗礼
今天的他已参天伟岸

他的根须深扎在厚重的土壤里
他的铁干挺立在烈烈的狂风中
他的虬枝铺陈在变幻的天际间
他的果实成熟在时间的长河里

笔直的，是岁月砍削的痕迹
苍劲的，是时间的层层叠加
今天这棵树已傲然屹立在化工行业之林
正向着天空，向着远方，向着未来
奋力　生长

念在天涯，心在咫尺

营销物流部　乔　瑶

【壹念】

　　谁惊动了菩提下蛰伏的茧，谁撩拨了香案上思念的弦，谁独上高楼天涯望断，谁无语凭栏衣带渐宽，谁春风暗度胭脂不染，谁蓦然回首灯火阑珊；琵琶弦断嘈切，泪眼醉语花前，梧桐细雨凄惨，江枫渔火对愁而眠，金风玉露一朝聚散，春花秋月梦里怎欢？

【贰忆】

　　谁为谁许诺花田、剑指江山；谁为谁如花美眷，似水流年；谁为谁镜里朱颜、凤帔霞冠；谁为谁策马天涯、柳宿风眠。笔墨纸砚，只换得一张花笺；万水千山，只伴你红尘缱绻；长安未眠，只念你如火眉眼；弱水三千，独恋你倾世容颜。长忆浮生半日，两人一马江南！

【叁别】

　　谁为谁寒窗苦读，上得金殿；谁为谁走马长安，钦点状元；谁为谁折柳灞桥，苦等乡关；谁为谁老去渡口，暗凋朱颜。锦书难托，长叹天边归雁；白云悠悠，不见天际归帆！可怜他乡故少年，魂难归乡关；可悲岁月欺红颜，青丝白发间。晓风残月送孤帆，离人此去经年！

【肆断】

　　谁三生石前，梦里忘川望不穿；谁白衣血染，彼岸花开惊彼岸；谁鬼门关前，奈何桥也奈何断；谁半世情愿，苦海无边终劫难！忆只忆，佛前虔诚许愿，梦里挑灯几回看；悲只悲，姻缘如是了，几人终相伴？叹只叹，歌未断，缘未满，忘川梦里，三生石前！

走在回家的路上

化工分公司　侯　钰

（一）

山路弯弯

承载着地土的厚重
又伴随着一丝胆怯
数年前朝夕相伴的地方
而今却是匆匆过客
熟悉的山头地垄
换了颜色
那个曾经白羊遍地的山头
而今只留下几只孤单的野鸟
在山涧盘旋

（二）

小河哗哗
开唱秋的丰硕
昔日的镰刀锄头已经消失
轰轰的吼声斩断了记忆
细雨蒙蒙
整个天空布满母亲的温柔
承载着父亲密密的爱
谆谆教诲
满含期望的目光
加快成长的步伐
追赶记忆的脚步
一起成长秋的辉煌

（三）

思念悠悠情怯怯
熟悉陌生的农家小院
南归的双燕还在衔着秋泥
土墙上的野蔷薇泛起层层涟漪
破旧的窗户纸
经受几个春秋的风吹日晒
依旧傲然的守护着最后一丝温暖
等待游子的归来
墙角的那个陀螺失去了孩童稚嫩的笑声
风疏雨密
说声再见
亲爱的农家小院
待来年春暖花开时
再看你

（四）

时光推动着岁月的年轮
再一次迈进秋的天空
指缝间的空隙
突然有了一丝清凉的温度
农家的小院里兰花豆初绽芳香
山野的早晨突然早了一缕青烟
露珠悄悄的落在叶间
含着阳光溢满了整个世界
窗外娇羞的石榴
绽放出娇羞的红颜
粒粒丰满圆润的籽粒
缠绕着指尖温柔的诱惑
留一丝清香在嘴角

守望，春天

证券事务部　刘泽江

我梦想的春天
湿润的叶子顺流而下
娇嫩的花朵自由绽放
羞涩的三月
在世人的目光中打开清亮的翅膀
在光影中演示燃烧
她理所当然地获得缪斯的赞美
是的，这就是我们的春天

不，我的春天，她并没有到来
疫情把她禁锢在冰冷的魔窟里
她试图挣脱无形的束缚
一些贪婪的人
给自己贴上诅咒的印符
却用无辜者的生命
填补腥风血雨的空间
用严寒封堵住春天的出口

谁来拯救我们的春天

谁来宽恕无知的狂妄
用一把长剑荡清尘世的魔障
用一剂良药慰藉苦难的心灵
用振聋发聩的怒吼
去惊醒浑噩的灵魂
用宽厚的手掌
抚平这辽阔土地的创伤

于是，我看到了白衣的逆行者
她们化身于天使，披着圣洁的光辉
谁能阻止一双手
在大地的手术台上
进入河流取走毒瘤
谁能阻止一群人
用自己的血肉之躯
击开深渊之门迎接光明

是的，谁都不能阻止
对春天的渴望
谁都不能阻止
我们对美的追求
让所有的彷徨和泡沫的谣言化为虚无
让所有的卑劣和死亡的阴影随风飘逝
当大地坦露生存的贞洁
我们赞美
春天，喷薄出生命之光
永恒如初

村　　庄

水泥有限公司　雷佳刚

（一）

太阳喝完小溪里的水
裸露的河床渐渐显现
满脸的褶皱
过路的云
怀揣对土地依恋的思绪

怅然离去
父亲用锄头抵消一丝疲惫
孤独地留住田地里
苦苦等雨

（二）

风中带着热气
吹向隐匿在树叶里的绵杏
将夏的瞳孔
高高挂在树梢
石缝里的一丝清泉
伴着交错的沟壑
装扮难得的清凉
村落的小路边
大树像撑开的伞
为树荫下的人们
浇灭头顶上的炙热

（三）

枯黄的禾苗
打算等待晚霞退去才挺起腰板
固守着干裂的土地
期盼着能有一丝清凉浇灌
隔空之上
燥热的乡愁
随着夜幕降临爬上心头
小河畔有了青蛙的叫声
点点星光倒映在水中
一闪一闪的
像是在释放一整天的闷热
一家人围坐在院中
纳凉　赏月

致敬，亲爱的北元

党群工作部　冯永东

回望曲折的历史长河

那肆虐的沙尘风暴
陈述着茫茫塞北的贫瘠与荒凉
遥看浩瀚无垠的星海
那高耸的管架桥廊
是对时代的礼赞和对未来的向往
北元,十七年一路奋进
用辛勤在大漠中根植了绿色的希望
北元,在五年的逐梦路上砥砺前行
用奋斗谱写出企业上市的华章
这逐梦的征程
让偏远不再成为发展的羁绊
让发展闪耀出做强做大的光芒
今天,就让我们以无上的荣耀
致敬,亲爱的北元
致敬,亲爱的北元人

忘不了
在那艰难时刻
北元抿下酸涩,担起责任
用微笑把困难丈量
明确目标,坚定战略
把自己的命运牢牢执掌
在风雨中抒写奋斗者的情肠

面对新冠肺炎疫情
一声号召,令行禁止
用智慧与果敢
挺起了铁骨铮铮的脊梁
这是怎样一群忠诚的北元人啊
毅然放弃休息,主动到岗
日以继夜,加班加点
12万吨次氯酸钠消毒液
紧急奔向阴霾笼罩的汉口武昌

那厂区厂房里穿梭的身影
脸上写满坚毅和顽强
在凛冽的风雪中
在烈日的暴晒下
在阴暗的地沟里

在寒冷的桥架上
执着的北元人
把理想和追求融入安全生产
让北元梦腾升在广袤的北方

那上交所传来的锣音
多么有力，多么响亮
陕北大地掀起了阵阵热浪
北元，把这幸福的时刻
奔走相告，永怀不忘
共同庆贺来之不易的辉煌
作为榆林第一家主板上市企业
这是北元实力的彰显
这是北元人无比的荣光
就让我们以自豪宣告这心中的激昂
北元，已圆梦
北元，再启航

回首五年圆梦路
领导们是怎样披肝沥胆、呕心沥血啊
为上市披荆斩棘，除阻清障
在 80 余次专题会上
迸发着慎思和睿智的火花
200 余项重点、难点问题
承载着执着和不屈的念想
104 个合规证照
500 余份合规证明
迎来北元上市的惠风和畅

那厂区里通明的灯火
映衬着领航人敏锐又长远的目光
项目建设上的足印
诠释着"不破楼兰终不还"的信仰
从"三位一体"的安全生产管控体系
到以人为本的思想
从 48 种特色产品序列
到产品远销 30 个国家地区
无不体现着北元实力与担当
从集控室的数据

到电石炉旁的智能机器人
尽显着科技引领的榜样
无论是党建工作创新
还是民生改善，脱贫攻坚
都让我们志存高远，凝聚力量

北元人，虽不同姓，但却同心
"双百行动"的战歌一路回响
"低成本战略"的光辉穿破云天
节支创效的热情排山遏浪

北元人，虽不同样，但却同志
背上打造一流盐化工企业的理想行囊
用坚守和责任
奏响了系统稳定运行的华美乐章

多少次携手征战
为安全生产架设起顺畅的桥梁
有多少个节假日
牺牲了与家人团聚的时间
心中把父母的慈爱
妻儿的泪花珍藏
就让我们用成绩回报他们
北元也是咱的家
公司做大做强
咱的日子也敞敞亮亮

一句客户的赞扬
一句社会的褒奖
胜过多少百转柔肠
顺境时我们欢腾喜悦
尽情把成果分享
逆境时我们不离不弃
前进的步伐
任何困难都不能阻挡

又是一年春来早
又是一程启航时
随着"十四五"号角的吹响

北元又播撒下卓越的梦想
北元，即将迎接十八岁成人礼
壮志雄怀，气盖碧苍

北元，必将以过人的胆略
永驻一如既往的坚韧与顽强
北元，必将以奋斗者的姿态
长风破浪，逐梦远航

今天，就让我们以北元人的名义
把荣耀尽情宣扬
强强联合的"北元模式"
在新时代熠熠生光

今天，就让我们以北元人的名义
把成果尽情宣扬
一体化循环产业链
散发着与时俱进的时代光芒

今天，就让我们以北元人的名义
把信念尽情宣扬
初心圆梦北元美
扬帆起航再出发

今天，就让我们以北元人的名义
致敬，北元
致敬，北元人

行 在 途 中

热电分公司　张眉

寻了自然的芳踪
踩着涓涓溪流
脚底板儿抚弄着粒粒小卵石
在鱼儿吐出的水花中
捞起属于清风的梦想
将三两朵白云

随手丢在桃源人家

拾得了一份超然
划一叶扁舟，烟云着墨
竹篙凌波，摇一程山水
斜阳，碎影
在鸬鹚溅起的水晕中
捧起月儿模糊的脸庞
三两丝情愫
在渔歌子中，慢漾

暮晚处，斜阳启开柴扉
烟雨，收拢一片山色
归鸟叼起一缕月光，潜入夜色
行者的足音，依然在回响
尘世间，生命的轨迹越发粗重
柴门，犬吠，栅栏，舒展的余韵
是也抵不过洪荒万里的沉沦

岁月阡陌，红尘物语
原本不需要太过痴迷
只消有足迹，一如当初
印在心底的你
当落雪染白山头的时候
如果，依然记得
曾有的一抹玉影
请别问我，眷恋有多深
驿桥边上的寒梅
正，瘦枝凝香

编 纂 始 末

光阴似箭，岁月如歌。2023年是陕西北元化工集团股份有限公司成立20周年华诞，为全面、客观、真实地记载和反映北元集团的光辉发展历程，2022年2月，公司研究决定编纂《陕西北元化工集团股份有限公司志（2003—2022）》，为20周年华诞庆典献礼。编纂人员历经近一年的艰辛努力和紧张编写，顺利完成了这项十分艰巨而又光荣的任务，感到十分欣慰和喜悦。

在北元集团编写志书的决定作出以后，公司党群部部长薛红娟和李建军积极开展筹备工作，与特邀人员联系，安排编写工作计划和《陕西北元化工集团股份有限公司志（2003—2022）》大纲工作。同时公司组建成立了编委会，设立了编纂机构和编纂办公室。3月初，工作计划和大纲分别编写完成。3月3日，北元集团召开了编纂启动会，公司党委书记、董事长刘国强，总经理刘延财，党委副书记、工会主席范智宏和公司各部门负责人及联络员，各分子公司经理、综合管理中心一级业务主管及联络员（参加编写人员）参加了会议。会议由范智宏同志主持。在会上，公司党委书记、董事长刘国强作了重要讲话，对编写该志书的重要性、目的、意义等提出了明确要求；范宏智围绕编纂安排对这次编纂任务实施作了强调和要求；陕西煤炭志副总纂党德民同志应邀作了讲话；公司监察室主任刘涛宣读了关于成立《陕西北元化工集团股份有限公司志（2003—2022）》编纂工作领导小组的通知及志书编纂工作整体安排；党群工作部部长薛红娟同志按照编纂提纲宣布了编写任务分工和安排。在编纂启动会结束后，党德民同志利用精心制作的多媒体课件并结合大纲和编写常遇到的问题为参编人员进行了专门辅导。

北元集团各部门、单位承担的具体编写任务分工：序、图片（彩页）、凡例、概述、大事记、索引、编纂说明由党群工作部负责；第一章体制与机制由规划发展部、综合管理部承担；第二章基本建设由规划发展部、综合管理部承担；第三章生产运行由生产技术部承担；第四章安全生产由安全环保部承担；第五章环境保护由安全环保部承担；第六章经营管理由企业管理部、账务管理部、采购供应部、营销物流部承担；第七章公司上市由证券事务部承担；第八章科技创新由科技研发中心承担；第九章数智化建设由综合管理部承担；第十章企业文化建设由党群工作部承担；第十一章行政事务管理由企业管理部、工会、法律事务部承担；第十二章后勤服务由综合管理部承担；第十三章党群组织由党群工作部、工会、团委承担；人物与荣誉由综合管理部、党群工作部、企业管理部、安全环保部、生产技术部和科技研发中心承担；单位简介由化工分公司、热电分公司、水泥有限公司、锦源化工有限公司承担；附录里的重要文件由综合管理部承担，通讯报道、散文、诗歌及编纂始末由党群工作部承担。

在编写中，陕西北元化工集团股份有限公司党政领导高度重视，在安排上由公司党群工作部负责协调，副部长薛红娟同志全面负责资料收集落实，并对所收集资料进行把关，工作人员李建军同志积极协助配合，对所收集资料进行整理传递，对编纂中提出的修改意见和问题及时落实。2022年7月,《陕西北元化工集团股份有限公司志（2003—2022)》初稿形成后,打印分发各部门和分、子公司,进行资料补充、完善和修改工作。2022年8月形成复审稿。同月,由公司和机关各部门进行复审。编委会对所提修改意见、建议进行整理加工,9月末形成终审稿,呈交公司编委会审核。12月,终审稿通过评审后,呈交出版社,同时对出版社提出的修改意见及时处理修改。

在志书编写过程中,北元集团各部门和分、子公司密切配合与协作,使编纂工作得以顺利开展。在审稿中,坚持三审原则,反复征求意见,反复修改,最终定稿。《陕西北元化工集团股份有限公司志（2003—2022)》共十三章及彩页、序、凡例、概述、大事记、人物与荣誉、单位简介、附录、编纂始末,共计127万字。

2023年4月,这部全面、系统地记述陕西北元化工集团股份有限公司2003—2022年20年发展变化的志书,付梓出版,这是北元集团集体智慧的结晶。在志书编纂过程中,得到了北元集团党政领导的大力关心和支持,董事长、党委书记刘国强同志,总经理刘延财同志等领导非常重视并支持编纂工作,党委副书记、工会主席范智宏同志,对编纂工作认真负责,一丝不苟,全面把关,确保了编纂质量。党群工作部紧密协作,组织实施得力,机关各部门和分、子公司提供资料及时认真,为《陕西北元化工集团股份有限公司志（2003—2022)》能如期完成,作出了一定贡献。在此,谨向给予志书编纂工作支持和帮助的领导、参编人员和出版社同志等一并表示崇高的敬意和衷心的感谢!

由于编纂时间仓促,加之编纂人员水平所限,难免在编写过程有疏漏、失误和差错,谨望广大读者批评指正。

《陕西北元化工集团股份有限公司志》编纂办公室

2023年4月